TÊTE *s.f.* cabeça; *head* ────── tradução da palavra de referência

4 **Autant de TÊTES, autant d'avis** (1842)

'la variété infinie des avis fait que les sondages d'opinion sont nécessairement menteurs, et les consensus purement fictifs; tant de gens, tant de guises'

cada cabeça, cada sentença
cada cabeça, sua sentença
quantas cabeças, quantas carapuças
quantos homens, tantas opiniões
tantas cabeças, quantas sentenças

every man to his (own) taste
so many heads, so many wits
(so) many men, (so) many minds ────── indicação de que a palavra entre parênteses é opcional
(so) many men, (so) many opinions

♦ Do latim *quot homines, tot sententiae* (Terêncio, *Phormio*, 454; ── origem
Cícero, *De finibus*, 1, 15). Há correspondentes em italiano: *tante teste, tanti cervelli*, em espanhol: *cuantos hombres, tantos pareceres* e em alemão: *so viele Köpfe, so viel Sinne.*

⇒ Autant de GENS, autant de sens ────── remissão a provérbio paralelo em francês

VENT *s.m.* vento; *wind*

número do provérbio em ── 12 **Qui sème le VENT récolte la tempête** (1749)
cada palavra de referência

'les apprentis sorciers sont toujours frappés en retour par les mauvais démons qu'ils ont voulu manipuler'

colhe espinhos quem semeia abrolhos
quem semeia ódios colhe vinganças
quem semeia urzes colhe espinhos
quem semeia ventos colhe tempestades

he that sows the wind shall reap the whirlwind ────── provérbios paralelos em português e inglês
he that sows thistles shall reap prickles
sow the wind and reap the whirlwind

provérbio estudado em ── – (...) Comme dit un beau proverbe arabe: **"Les chiens**
verbete próprio   **aboient, la caravane passe."** Après avoir jeté cette citation, M. de Norpois s'arrêta pour nous regarder et juger de l'effet qu'elle avait produit sur nous. Il fut grand: le proverbe nous était connu: il avait remplacé cette année-là chez les hommes de haute valeur cet autre: "QUI SÈME LE VENT RÉCOLTE LA TEMPÊTE", lequel avait besoin de repos, n'étant pas infatigable et vivace comme: "Travailler pour le roi de Prusse". (M. Proust, *RTP*, t. I, p. 461-462)

(....)

♦ Frase do *Livro de Oséias*, 8, 7: *ventum seminabunt et tur-binem metent* (semearão vento e colherão tempestade). Há equivalentes em italiano: *chi semina vento, raccoglie tempesta*, em espanhol: *quien siembra vientos, recoge tempes-tades* e em alemão: *wer Wind sät, wird Sturm ernten.* ────── provérbios paralelos em outras línguas

⇒ Chacun est ARTISAN de sa fortune

Dicionário de provérbios

FRANCÊS · PORTUGUÊS · INGLÊS

Roberto Cortes de Lacerda
Helena da Rosa Cortes de Lacerda
Estela dos Santos Abreu

Dicionário de provérbios

FRANCÊS · PORTUGUÊS · INGLÊS

Provérbios franceses definidos por

Didier Lamaison

2ª edição revista e ampliada

Editora
UNESP

Direitos de publicação reservados à:

Fundação Editora da UNESP (FEU)
Praça da Sé, 108
01001-900 – São Paulo – SP
Tel.: (0xx11) 3242-7171
Fax: (0xx11) 3242-7172
www.editoraunesp.com.br
feu@editora.unesp.br

Dados Internacionais de Catalogação na Publicação (CIP)
(Câmara Brasileira do Livro, SP, Brasil)

Lacerda, Roberto Cortes de

Dicionário de provérbios : francês, português, inglês /
Roberto Cortes de Lacerda, Helena da Rosa Cortes de La-
cerda, Estela dos Santos Abreu. – 2. ed. rev. e ampl. – São
Paulo : Editora UNESP, 2004.

"Provérbios franceses definidos por Didier Lamaison".
ISBN 85-7139-525-X

1. Dicionários poliglotas   2. Provérbios - Dicionários
I. Lacerda, Helena da Rosa Cortes de. II. Abreu, Estela dos
Santos. III. Lamaison, Didier. IV. Título.

04-1938   CDD-398.903

Índice para catálogo sistemático:

1. Provérbios : Dicionários poliglotas francês-português-inglês 398.903

Editora afiliada:

Epígrafes

Ballade des proverbes

Tant grate chievre que mal gist,
Tant va le pot à l'eaue qu'il brise,
Tant chauffe on le fer qu'il rougist,
Tant le maille on qu'il se debrise,
Tant vault l'homme comme on le prise,
Tant s'eslongne il qu'il n'en souvient,
Tant mauvais est qu'on le desprise,
Tant crie l'on Noel qu'il vient.

Tant parle on qu'on se contredist,
Tant vault bon bruyt que grace acquise,
Tant promet on qu'on s'en desdist,
Tant prie on que chose est acquise,
Tant plus est chiere et plus est quise,
Tant le quiert on qu'on y parvient,
Tant plus commune et moins requise,
Tant crie l'on Noel qu'il vient.

Tant ayme on chien qu'on le nourrist,
Tant court chanson qu'elle est apprise,
Tant garde on fruit qu'il se pourrist,
Tant bat on place qu'elle est prise,
Tant tarde on que faut entreprise,
Tant se haste on que mal advient,
Tant embrasse on que chiet la prise,
Tant crie l'on Noel qu'il vient.

Tant raille on que plus on n'en rit,
Tant despent qu'on n'a chemise,
Tant est on franc que tout y frit,
Tant vault "tien" que chose promise,
Tant ayme on Dieu qu'on suit l'Eglise,
Tant donne on qu'emprunter convient,
Tant tourne vent qu'il chiet en bise,
Tant crie l'on Noel qu'il vient.

Prince, tant vit fol qu'il s'avise,
Tant va il qu'après il revient,
Tant le mate on qu'il se ravise,
Tant crie l'on Noel qu'il vient.

François Villon

Balada dos provérbios

Tanto a cabra cavouca que mau pouso sente,
Tanto o pote vai à água que há de se quebrar,
Tanto se esquenta o ferro que se põe candente,
Tanto o malham que irá em pedaços terminar;
Tanto se afasta alguém que o deixam de lembrar,
Tanto quanto o prezamos é o valor de alguém,
Tanto ele é mau que muitos hão de o desprezar,
Tanto clamamos por Natal que ele enfim vem.

Tanto alguém fala que de si mesmo dissente,
Tanto vale o bom nome como em graça estar,
Tanto promete alguém que enfim desdiz o assente,
Tanto se pede que afinal se há de ganhar,
Tanto algo é caro, tanto é mais de procurar,
Tanto o procuram que hão de o conseguir também,
Tanto é comum, é tanto menos de buscar,
Tanto clamamos por Natal que ele enfim vem.

Tanto o cão é estimado que acha o que o alimente,
Tanto corre a canção, que até se faz trautear,
Tanto se guarda a fruta, que apodrece, gente!
Tanto a praça é forçada que há de se entregar,
Tanto alguém tarda que se arrisca a malograr,
Tanto se apressa que não vai sair-se bem;
Tanto abraçamos que o abraçado há de arriar,
Tanto clamamos por Natal que ele enfim vem.

Tanto graceja alguém, que não ri finalmente,
Tanto se gasta, que a camisa vai faltar,
Tanto alguém dá, que não tem mais o que apresente,
Tanto vale "aí tens" como algo a se gozar,
Tanto alguém ama a Deus, que a Igreja há de acatar,
Tanto se esbanja que o pedir por fim advém,
Tanto o vento se move que há de o norte aflar,
Tanto clamamos por Natal que ele enfim vem.

Príncipe, tanto vive que cria juízo, o alvar;
Tanto alguém vai que a vez da volta sobrevém,
Tanto lhe batem que até siso há de mostrar,
Tanto clamamos por Natal que ele enfim vem.

(Trad. de Péricles Eugênio da Silva Ramos)

Ballade en proverbes du bon vieux temps

Il faut de tout pour faire un monde
Il faut des vieillards tremblotants
Il faut des milliards de secondes
Il faut chaque chose en son temps
En mars il y a le printemps
Il est un mois où l'on moissonne
Il est un jour au bout de l'an
L'hiver arrive après l'automne.

La pierre qui roule est sans mousse
Béliers tondus gèlent au vent
Entre les pavés l'herbe pousse
Que voilà de désagréments
Chaque arbre vêt son linceul blanc
Le soleil se traîne tout jone (sic)
C'est la neige après le beau temps
L'hiver arrive après l'automne.

Quand on est vieux on n'est plus jeune
On finit par perdre ses dents
Après avoir mangé on jeûne
Personne n'est jamais content.
On regrette ses jouets d'enfant
On râle après le téléphone
On pleure comme un caïman
L'hiver arrive après l'automne.

ENVOI

Prince! Tout ça c'est le chiendent
C'est encore pis si tu raisonnes
La mort t'a toujours au tournant
L'hiver arrive après l'automne.

Raymond Queneau

Balada em provérbios de tempos idos

Para fazer o mundo, tudo é preciso
Contar com velhos trêmulos é preciso
Amealhar segundos é preciso
Dar tempo ao tempo é preciso
Março anuncia a primavera
Para tudo há mês e hora
Atrás de tempo vem tempo
Não há outono sem inverno.

Pedra que rola não cria musgo
Ovelha tosquiada morre de frio
Junto da urtiga nasce a rosa
Parece não ter fim a tristeza
Ninguém foge ao seu destino
Para todos o sol nasce e brilha
A borrasca vem após a bonança
Não há outono sem inverno.

Quando velho, jovem não te sentes
No fim vão-se até os dentes
Dia de muito, véspera de nada
A ninguém a própria sorte agrada.
Como eram bons os brinquedos de menino
O telefone é um verdadeiro inferno
E haja lágrimas de crocodilo...
Não há outono sem inverno.

OFERECIMENTO

Alteza! Tudo isso é uma enrascada
E quem quer entender se amofina
A morte espreita em cada esquina
Não há outono sem inverno.

Les proverbes d'aujourd'hui

Les proverbes d'aujourd'hui
À notre époque ressemblent
Les proverbes d'aujourd'hui
Sont les clameurs de la nuit

Les oreilles ont des murs
Qui nous empêchent d'entendre
Les oreilles ont des murs
Des murs de chair, c'est plus sûr

La charrue avant les bœufs
Ainsi, ça les encourage
La charrue avant les bœufs
Fait les beaux terrains bourbeux

Les mains vides aux innocents
Aux corrompus les mains pleines
Les mains vides aux innocents
Aux assassins or et sang

Et lorsque les chiens aboient
La caravane s'arrête
Et lorsque les chiens aboient
On écoute enfin leurs voix

Les premiers sont les derniers
Les derniers, derniers quand même
Les premiers sont les derniers
Où sont passés les premiers?

Ne fais jamais ce que dois
De nouveaux devoirs surviennent
Ne fais jamais ce que dois
Surtout fais n'importe quoi

La cigale a tant chanté
Qu'elle devient richissime
La cigale a tant chanté
La fourmi morte l'été

Et tel qui rit vendredi
Rira bien encore dimanche
Et tel qui rit vendredi
C'est déjà bien ça de pris

Il n'y a ni moyen ni fin
Plus rien qui nous justifie
Il n'y a ni moyen ni fin
Devant la soif et la faim.

Guy Béart

Os provérbios de hoje

Os provérbios de hoje
Refletem o nosso tempo
Os provérbios de hoje
São clamores na noite

Os ouvidos têm paredes
Que não nos deixam ouvir
Os ouvidos têm paredes
Paredes de carne, é claro

O arado diante dos bois
Assim mais ânimo terão
O arado diante dos bois
Torna a terra um lameirão

De mãos vazias fica o inocente
O corrupto, de mãos cheias
De mãos vazias fica o inocente
Ao assassino, ouro e sangue

E quando os cães ladram
A caravana pára
E quando os cães ladram
Ouve-se enfim o seu ladrar

Os primeiros são os últimos
Os últimos, últimos são
Os primeiros são os últimos
Que fim levaram os primeiros?

Não faças o que deves
Que outros deveres aparecem
Não faças o que deves
Faz o que te aprouver

A cigarra tanto cantou
Que acabou riquíssima
A cigarra tanto cantou
E a formiga no verão se finou

E quem ri na sexta
No domingo também rirá
E quem ri na sexta
Ao menos isso lucrou

Não há meios nem fins
Nada que nos justifique
Não há meios nem fins
Diante da sede e da fome.

Vox populi, vox Dei

Vozes do povo, de quem serão?
Quem lhes deu corpo? Quem deu expressão
    quase dogmática
  – ora singela, ora enigmática –
    à sua linguagem,
    numas, grosseira,
    noutras sutil;
nestas, oriunda de alta linhagem,
naquelas, vinda de origem vil?

Vozes do povo, serão de quem?
    Tal qual no auto
    do grande Gil,
De Todo o Mundo... e de Ninguém!
E quer nos lembrem o agudo Plauto
quer nos recordem o bom Platão
    muitas igualam
os doutos juízos de Salomão
e, assim como este, julgam e falam.

Vozes do povo, que vozes são?
sejam sisudas, sejam burlescas
    são dicções breves e pitorescas
que, em frases feitas, cristalizadas
desde idos tempos, correm espalhadas,
de boca em boca, por más e boas
    bocas do mundo.
Razoar de coisas e de pessoas,
ligeiro agora, logo profundo!
São os lugares selectos, uns,
    outros, comuns
de tão vulgares e repetidos
    que andam nos lábios
    e nos ouvidos
de toda a gente – néscios e sábios.

Ditos dispersos, que posto achásseis
    versificados
    em rimas fáceis,
    em metros pobres,
– embora, às vezes, de pés quebrados, –
melhor conseguem suster-se em pé
que outros de engenhos raros e nobres.
    Visto que até
obras sublimes, de estros gloriosos,
hão de mais prestes cair no olvido
que esses dizeres – em estilo puído
de língua arcaica – sengos e diosos!

Vozes do povo! É bem sabido
que, se umas tomam como argumento
motejo frívolo e comezinho
ao qual revestem, como indumento,
    de tom escarninho,
outras dir-se-iam na transcendência
    dos pensamentos,
rasgos de gênio, teses de ciência,
brônzeas, solenes e lapidares
como legendas de monumentos.

Prístinas vozes que vêm de antanho!
Quantas, na idéia, bem singulares,
Quantas, na letra, de teor estranho,
    se nos figuram
como de estirpe mais do que humana!

Vox Dei lhes chamam... E assim perduram
    por toda a idade,
qual verbo eterno que do alto emana
nos imperiosos decretos seus,
para escarmento da humanidade!
Vozes do povo... Vozes de Deus!

        Alfredo da Cunha

Sumário

Prefácio à 2ª edição

De como, para nosso bem, um acervo perene se renova

Quem faz um dicionário de provérbios se dedica a uma alquimia positivamente miraculosa. Até mesmo porque, na verdade, os alquimistas raramente chegavam a bom resultado e, com isso, a aspiração, ou o milagre, se frustrava, e neste caso, ao contrário, o resultado é palpável, é belo, e ora se ratifica, se acrescenta. Dicionarizar provérbios é organizar uma sabedoria – e uma poesia – ao mesmo tempo individual e coletiva, estática e dinâmica, fugaz e permanente. É unir as diferenças do que, como nos mostra Ullmann, é "a natureza transitória da fala" e a natureza persistente, "puramente psicológica" e social da língua; e é ousar, ainda por cima, a reconciliação das duas "verdades distintas" da lingüística de Saussure: a sincrônica e a diacrônica. Particularmente, quando se lida com um repertório de diversas línguas (e, por conseguinte, de diversos quadrantes, povos ou civilizações), como é o caso, arrolando-se provérbios, adágios, aforismos, máximas que tanto são surpreendidos, e comparados, em sua forma e significado de hoje, nos seus contextos específicos, quanto são pesquisados e datados ao longo de séculos da história universal.

Na relação da fala com a língua, tudo depende do "mentar", do denominar. Isso é anterior à própria frase, e à racionalidade. Como Karl Vossler indica, "no 'mentar' está o valor espiritual da fala", até quando só incorpore o disparate, como em várias outras modalidades de expressão popular que não a dos adágios e anexins, como a da cantiga de roda, em que tudo é tão-só – mas deliciosamente – lúdico e coreográfico ("rebola-bola", "samba-lelê", "assim, assado; carne-seca com ensopado"). Daí a importância singular que adquirem os provérbios, como manifestação expressiva necessariamente racional e, quase sempre, normativa. Colecioná-los, portanto, é registrar um gigantesco, e generalizado, esforço coletivo de interpretar o mundo, e a existência humana. É certamente por isso, mas também para seduzir a memória com o senso das proporções e os adereços, que o adagiário, por vezes, confina com a poesia e se vale de suas técnicas. Câmara Cascudo lembra que "os adágios [no português] têm forma rítmica e, em sua maioria, com sete sílabas, mantendo a tradição da redondilha maior, tradicional no idioma"; usam-se rimas consoantes ("bem canta Marta depois de farta", em tetrassílabos perfeitos) ou toantes ("mais vale quem Deus ajuda do que quem cedo madruga", de redondilhas exatas) e diversas figuras de linguagem.

O leitor sabe, pela nota dos autores a esse respeito na Apresentação, que um (ainda inédito) levantamento de 20.000 expressões e locuções da língua francesa foi o ponto de partida deste dicionário, estruturado em torno das quase 3.000 formas proverbiais dali desentranhadas, e que, nesta edição, chegam a mais de 3.800. Tal alicerce não poderia ser mais feliz, nem se realizar com mais criteriosa solidez: a língua francesa é seguramente a de influência mais profunda nas demais línguas cultas da modernidade. A quem lembrar, sincronicamente, a irradiação do inglês nos nossos dias, lembraremos, diacronicamente, a imensa participação francesa no próprio léxico do inglês, desde a invasão normanda do século XI e com desdobramentos de quase meio milênio. Desse modo, ao associar provérbios do francês, português e inglês (e, em numerosos apontamentos, com o acréscimo do alemão, espanhol, grego, italiano e latim), Roberto Cortes de Lacerda, Helena da Rosa Cortes de Lacerda e Estela dos Santos Abreu mobilizaram um universo de ditos e sentenças populares – ou popularizadas – que consubstancia a linguagem e, conseqüentemente, a vida, os costumes da civilização ocidental.

Surpreendem-se assim, aqui e ali, tanto as diferenças e disparidades, quanto as semelhanças e identificações de um nosso saber "de todos" e a respeito "de tudo". Isso se pode verificar com um corte transversal dos grandes temas como, por exemplo, o amor: comparece uma visão otimista e idealizadora, no *omnia vincit amor* (o amor tudo vence) virgiliano (que gera, em Bocage, o célebre soneto "Não dês, encanto meu, não dês, Armia", cuja chave de ouro é "Obstáculos não há, que amor não vença", de energia shakespeariana) ou em *l'amour est comme la lance d'Achille, qui blesse et guérit* (o amor é como a espada de Aquiles: tanto fere como cura), assim como um realismo pessimista na contrapartida ovidiana de *auro conciliatur amor* (o ouro obtém o amor), de vasta descendência, por certo algo mais dramático em *l'amour est aveugle* (o amor é cego), já em Teócrito, do século III a.C.; tem-se também a apreensão psicológica – *en amour, il y a plus d'aloès que de miel*, não há amor sem amargor –, mais cáustica no inglês de *love is a sweet torment* e de cunho prático em "tosse, amor e febre ninguém esconde", que o leitor verá já existente no mesmo Ovídio de *amor tussisque non celantur*; há ainda otimismo na hipérbole burlesca do *amour apprend aux ânes à danser* (o amor ensina os asnos a dançar), do século XV, datado de pouco antes do célebre quadro *Provérbios* de Bruegel e com um tanto de seu espírito, mas não menos em sua versão mais objetiva, de língua inglesa: *love makes a wit of the fool*; o consulente descobre que o por si só proverbial arremate do "Soneto da Fidelidade" de Vinícius de Morais, "Mas que seja infinito enquanto dure", já se anuncia no francês *l'amour est éternel tant qu'il dure* e no inglês *love is eternal as it lasts* (o amor é eterno enquanto dura). E surgem ainda adágios práticos, "instrutivos", que se levados a sério evitariam tantas situações difíceis, quando não tragédias. O inglês de *love lasts as long as money endures* prefigura o Machado dos primeiros amores de Brás Cubas: "Marcela amou-me durante quinze meses e onze contos de réis" e está em *l'amour et la pauvreté font ensemble mauvais ménage* (o amor e a pobreza, juntos, se dão mal) que, em plena metade do século XIX, se insere no contexto operístico que deu *La Traviata*, de Verdi, e outros dramas da época.

Outra prospecção pode-se fazer no motivo da paz, a que o adagiário outorga um tratamento dialético. Se afirma *mieux vaut en paix un œuf qu'en guerre un bœuf*, em dois exemplares versos de seis e quatro sílabas rimados, correspondendo ao português "melhor é um pão com Deus que dois com o diabo", ao inglês *better an egg in peace than an ox in war* e ao espanhol *más vale pan solo en paz que pollos en agraz* (mais vale em paz um só pão, do que frangos na aflição), também faz a clássica advertência realista: *si tu veux la paix, prépare la guerre, if you want peace, (you must) prepare for war*, em italiano *chi vuol la pace, guerra apparecchi*, em espanhol *si quieres asegurar la paz, prepárate para la guerra*, em alemão *wer Frieden haben will, muss zum Kriege rüsten*, em português se queres a paz, prepara(-te) para a guerra, já no latim medieval *si vis pacem, para bellum* e, antes ainda, como nos mostram os autores, em Horácio, Lívio e mesmo no grego Tucídides. Porque nem a paz, como coisa alguma, pode ser incondicional: a *pax romana*, a paz da dominação de um lado e submissão, conformismo do outro, arrenego, não presta para ninguém. Por essa mostra, de amor e paz, se tem um painel convincente do que representa o *Dicionário de provérbios* – FRANCÊS • PORTUGUÊS • INGLÊS, ao abarcar, com generosidade única, o imenso patrimônio do conhecimento empírico acumulado pelo homem de variados tempos e lugares.

Um trabalho como este, num país como o nosso, é uma dessas coisas raras e comovedoras que redimem a inteligência de uma sociedade. Não se faz com alarde e refletores, não se apresenta – jamais – com estrépito ou agitação atlética, não atrai a ambição de nenhum arrivista sôfrego para vender a alma ao mais próximo diabo: é tarefa de mentes disciplinadas e sistematizadoras, que laboram em silêncio, com carinho e precisão, nos legando com uma competência modelar sua contribuição de enriquecimento intelectual e civilizatório. Vivemos numa terra que precisa cada vez mais de dicionários, enciclopédias, gramáticas, instrumentos de ensino e dignificação da língua; numa terra culturalmente invadida, devorada por trêfego processo de neocolonização, em que um inglês não sabido, mas cobiçado, arremedado, etiquetado na procura apressada de prestígio e compensações econômicas, se infiltra em toda parte, permeia todo o nosso cotidiano e, às vezes, as nossas melhores reservas de tolerância. Paralelamente, parece ter havido um complô contra o ensino da língua nacional, e continuam precários, falsos, sem substância e sem autenticidade os incentivos à leitura, ao convívio com o livro e com as bibliotecas.

Não exageramos acerca de uma coisa (a invasão do inglês) ou da outra (o parco, se não porco, ensino do português). É o próprio Ferdinand de Saussure, mestre já aqui mencionado, quem diz com toda a clareza que *"Les mœurs d'une nation ont un contre-coup sur sa langue, et, d'autre part, c'est dans une large mesure la langue qui fait la nation"*. Por isso é auspicioso haverem os autores, nesta nova edição de seu magnífico dicionário, ultrapassado os 6.000 provérbios em português, privilegiando ainda mais a nossa língua, como já o haviam feito: é ela, assim, o grande eixo cultural, entre o francês e o inglês, de um vasto panorama em que o mundo contemporâneo, e a história que o precedeu, se sintetizam em milhares de pequenos ensinamentos da sua experiência.

É uma preciosidade, portanto, todos nós – estudantes, estudiosos, curiosos de todos os ofícios e profissões, escritores, jornalistas, tradutores, o Brasil esportivamente patriótico e de tão escasso patriotismo em tudo o mais – podermos contar com uma obra de tamanha amplitude e utilidade. Ela tanto nos aprofunda a identidade como nos liga e nos irmana ao resto do mundo, ao Ocidente como um todo, possibilitando-nos compreender de estalo, em cada página, em cada consulta, por que, como diz Octavio Paz, *en lenguas distintas los hombres dicen siempre las mismas cosas. La universalidad del espíritu era la respuesta a la confusión babélica: hay muchas lenguas, pero el sentido es uno.* E vai aqui, cingido à própria natureza dos provérbios, o sentido maior da arte de traduzir, que raros, entre nós, cultivam com total aptidão (e ainda mais raros o respeitam): outra coisa não é senão essa universalidade de que fala Paz, não só pela coincidência homonímica a condição máxima da paz, da aproximação harmoniosa dos povos, em nova fase de imposição de uma língua sobre as outras, de uma cultura sobre as outras e de um *way of life* (por pior que seja) sobre os outros, às vezes assaltando-nos as casas "apenas" pela comunicação de massa, às vezes barbaramente, a ferro e fogo, com mísseis, tanques, helicópteros de guerra.

Quem traduz um texto tem de traduzir o seu contexto. Histórica e geograficamente. Como isso não costuma ser observado, a confusão aparece em toda parte. É por isso que Georges Mounin, teórico eminente, dá a um capítulo inteiro (de *Les Problèmes théoriques de la traduction*) o título "L'ethnographie est une traduction" para enfrentar o desafio das "civilizações múltiplas": desenvolve, então, um raciocínio que o leva a apontar que traduzir é "uma operação sobre fatos a um só tempo lingüísticos e culturais, mas cujos pontos de partida e de chegada são sempre lingüísticos". Ora, se provérbios, adágios, anexins são reunidos em sistemática comparação e conotação; se os autores os abordam a todo instante com definições, abonações nas várias línguas e remissões a ditos semelhantes; se as próprias palavras de referência já aparecem nos três idiomas básicos e ainda se estampa o paralelismo de provérbios em línguas diferentes, então passamos a ter um manual de intertextualidade que não perde de vista sua intercontextualidade, um paradigma do que de melhor se pode aprender – e ensinar – quanto aos problemas (e soluções) cruciais da tradução.

Um *Dicionário de provérbios* concebido e realizado com tais características se torna, conseqüentemente, quer uma plataforma propícia à busca da assinalada universalidade do espírito, quer um ponto de convergência e reunião de distintas fontes humanas e históricas da consciência. Alguns autores já se voltaram para as "semelhanças convergentes" no campo da lingüística, às vezes explorando mesmo a sugestividade das "cargas dinâmicas" de palavras isoladas e postas em confronto de dois ou três idiomas, como fez o romeno Matila Ghyka em seu primoroso *Sortilèges du verbe*, apresentando, em coluna tríplice, verbos do francês, inglês e alemão que, apesar das consoantes diversas, comunicam semântica e foneticamente uma noção similar, como em

déchirer (rasgar)	*to tear*	*zerreisen*
murmurer (murmurar)	*to whisper*	*flüstern*
respirer (respirar)	*to breath*	*atmen.*

Se temos ocasião, como agora, de fazer um cotejo desse tipo com enunciados completos, com sentenças de intenção prática, moral ou humorística em diferentes contextos de língua e civilização, contamos com uma obra de perspectiva admiravelmente integradora, em todos os aspectos. Muito mais do que instituições inteiras criadas para isso. Se as Nações Unidas e a Unesco se voltassem para a lingüística e para todos os entroncamentos da cultura e das civilizações, se zelassem por seus acervos e suas literaturas, por certo não fariam sempre "o que seu lobo mandou" e saberiam, com os provérbios, até que ponto *homo homini lupus* (Plauto), *l'homme est un loup pour l'homme, man is a wolf to man, der Mensch ist des Menschen Wolf, l'uomo è lupo all'uomo, el hombre es el lobo del hombre,* o homem é o lobo do homem, aprendendo, com Roberto Cortes de Lacerda, Helena da Rosa Cortes de Lacerda e Estela dos Santos Abreu, que *où le loup trouve un agneau, il y en cherche un nouveau* (onde o lobo acha um cordeiro busca outro), e *qui se fait agneau, le loup le mange* (quem se faz de cordeiro, o lobo o come): só a igualdade pode integrar as pessoas e os povos. Mesmo porque *quand les brebis enragent, elles sont pires que les loups.*

Mauro Gama

Advertência da 2ª edição

Esgotada dois anos após sua publicação, esta obra é reeditada com consideráveis acréscimos, assim quantificados:

- os provérbios franceses passaram de cerca de 3.000 a mais de 3.800;
- seus correspondentes em português somam, agora, mais de 6.000 e os correspondentes em inglês quase 4.500;
- os provérbios em espanhol e em italiano passaram a ser, respectivamente, 795 e 761, enquanto os em alemão totalizam 165.

Uma pesquisa mais completa da origem dos provérbios levou a um expressivo aumento dos índices gregos e latinos. Assim, os provérbios (e citações) nesses idiomas passaram, respectivamente, de 89 a 178 e de menos de 400 a 736.

Também expressivo foi o trabalho de coleta de abonações, sempre seguidas da tradução em português – o que reforça a utilidade deste dicionário voltado primordialmente para tradutores e usuários de idiomas. Há, assim, novas abonações de clássicos como Rabelais, Montaigne, La Fontaine, Molière, Racine, Florian, Brantôme, Marguerite d'Angoulême, Balzac, Mérimée, Daudet, Proust etc., e de autores (antigos e modernos) que ainda não figuravam nesta obra, entre os quais Marivaux, Lesage, Pascal, Descartes, Flaubert, Dumas, Feydeau, Brillat-Savarin, Duhamel, Bernanos, Charles Nodier, Violette Leduc, Elsa Triolet, Alain Gagnol, Florence Juliard e Amélie Nothomb.

Apresentação da 1ª edição

A origem dos provérbios perde-se na noite dos tempos. De criação anônima, foram porém registrados por diversos povos da Antiguidade. Há provérbios egípcios anteriores a 2500 a.C. e, na China e na Índia antigas, eles serviam para inculcar preceitos morais e transmitir idéias filosóficas. Coube, contudo, aos hebreus (em seu livro sagrado, a Bíblia) e aos gregos (em suas obras) utilizá-los literariamente, consolidando-lhes a forma. Entre estes, a poesia épica teve especial importância na gênese e divulgação dos provérbios, como ressalta Macróbio (*Saturnalia*, 5, 16, 6): "Tantas foram as máximas e apotegmas usados por Homero em sua obra poética que estes se tornaram proverbiais na boca de todos."

A Grécia antiga é, portanto, responsável pela divulgação de numerosos provérbios – ou παροιμίαι, como se dizia em seu idioma –, que permeiam os escritos de Hesíodo, Teógnis, Ésquilo, Sófocles, Eurípides, Platão, Aristóteles, Menandro, Demétrio, Teofrasto e muitos outros autores.

Entre os latinos, discípulos e continuadores dos gregos, são também vários os escritores que os consignaram e empregaram, como Plauto, Terêncio, Catão, Lucrécio, Cícero, Publílio Siro, Virgílio, Horácio, Fedro, Quintiliano, Sêneca, Quinto Cúrcio, Juvenal, Aulo Gélio, Festo, Macróbio, Isidoro...

O Antigo Testamento (em especial o *Livro dos Provérbios*, o *Eclesiástico* e o *Eclesiastes*, atribuídos a Salomão) e os Evangelhos também constituem um considerável repositório de máximas de cunho moral ou religioso.

A essas três ricas fontes geradoras ou transmissoras de provérbios na Antiguidade, veio somar-se – na Idade Média, no Renascimento e ao longo dos séculos seguintes – o gênio criador de um Chaucer, um Villon, um Dante, um Shakespeare, um Tasso, um Cervantes, um Camões, um Rabelais, um La Fontaine, a dar forma, cada qual em seu idioma, a pensamentos que eram patrimônio comum da cultura ocidental.

E, mesmo hoje, no limiar de um novo milênio, os provérbios continuam a ganhar vida em várias partes do mundo. "A vitalidade dos provérbios árabes e persas é notória", observa Alain

Rey, que demonstra encanto e surpresa diante de um fenômeno genuinamente brasileiro: a criatividade das frases ou legendas que enfeitam pára-choques de caminhões.

Embora no Brasil, mesmo nos grandes centros urbanos, seja freqüente o uso de provérbios, a literatura sobre o assunto só dispõe, além de velhos clássicos (Antônio Delicado), e de outros não tão velhos assim (Leonardo Mota, Mário Lamenza e José Pérez), de compilações ou obras de alcance restrito.

Ora, a formulação e o sentido de um provérbio interessam tanto ao homem comum como ao profissional do texto, sobretudo o tradutor ou intérprete, à procura de equivalências entre provérbios de idiomas e culturas diferentes.

Foi o que norteou e inspirou a elaboração deste trabalho, cujo ponto de partida é um levantamento (ainda inédito) de cerca de 20.000 locuções e expressões da língua francesa, com seus equivalentes em português e inglês, e quase sempre seguidas de abonações.

Desse repertório, foram selecionadas perto de 3.000 formas proverbiais francesas que constituem o eixo deste dicionário. Apresentam-se em ordem alfabética*, a partir de uma palavra de referência, e vêm seguidas de:
- definição;
- eventual datação e origem geográfica;
- listagem dos correspondentes ou equivalentes em português e inglês;
- abonações, observações diversas;
- em muitos casos, a origem histórica, os correspondentes ou equivalentes em grego, latim, italiano, espanhol e alemão;
- remissões a provérbios semelhantes ou opostos (todos estudados neste dicionário).

As páginas de guarda mostram como esses dados aparecem em cada provérbio.

Além da bibliografia (com as obras de referência e o *corpus* das abonações), o dicionário contém uma série de índices que visam a facilitar a consulta:
- índice das palavras de referência;
- índice dos provérbios em alemão (161), espanhol (mais de 700), francês (cerca de 3.000), grego (89), inglês (cerca de 4.300), italiano (mais de 700), latim (quase 400), português (cerca de 5.100);
- índice das abonações;
- índice onomástico.

O índice das palavras de referência (1.048) remete à página em que cada uma aparece; quando há mais de um provérbio com a mesma palavra, essa freqüência vem assinalada entre parênteses.

---

* A ordenação é estabelecida pela palavra inicial do provérbio, seja esta artigo definido, indefinido, ou qualquer outro vocábulo. Consideram-se as palavras ligadas por apóstrofo ou hífen como uma só palavra. O mesmo se aplica aos índices de todos os idiomas. Por exemplo:

La bête...   Fazei o bem....   There is something...
L'abeille... Fazei-vos mel...   There's a nigger...
              Faze-me as barbas...

Os demais índices remetem à palavra de referência.

Assim, caso se queira saber como se diz em português o provérbio inglês *the danger past and God forgotten*, a consulta ao Índice dos Provérbios Ingleses remeterá para DANGER, 3: lá estão arrolados 9 provérbios correspondentes em nosso idioma, entre os quais *o rio passado, o santo já não (é) lembrado* e *passado o perigo, esquece-se o santo*.

Se o problema for encontrar correspondentes em francês para o provérbio português *Deus dá o frio conforme a roupa*, a consulta ao Índice dos Provérbios Portugueses remeterá para BREBIS, 1 e DIEU, 10. Nesses verbetes se verá que os correspondentes franceses são: *à brebis tondue, Dieu (lui) mesure le froid/vent* e *Dieu donne le froid selon la robe/(le drap)*.

Se se quiser saber a origem do provérbio *Deus dá nozes a quem não tem dentes*, o Índice dos Provérbios Portugueses remeterá para DIEU, 6, onde figura a explicação buscada.

Note-se que os índices dos provérbios portugueses e ingleses registram variantes que podem, pela disposição alfabética, encontrar-se muito distantes entre si.

A par de formas proverbiais portuguesas e/ou brasileiras já arroladas pelos repertórios existentes, incluem-se outras que pertencem ao registro falado ou figuram em escritores modernos.

Definição

Várias foram as definições propostas pelos estudiosos para *provérbio*. Abrangente até os séculos XVII e XVIII, o termo designava 'qualquer locução ou expressão considerada de uso comum' (como confirma o quadro de Bruegel conhecido como *Provérbios*). Assim sendo, até aquela época incluía-se sob o rótulo de provérbio o que, a partir do século XIX, se passou a distinguir como adágio, aforismo, anexim, apotegma, ditado, frase feita, gnoma, máxima, pensamento, refrão, rifão, sentença etc.

Tal como se entende hoje, 'provérbio é uma sentença completa e independente – em geral de criação anônima –, que exprime, muitas vezes de modo metafórico, um pensamento, um preceito, uma advertência, um conselho...'.

São também provérbios os adágios, os aforismos, os anexins, os apotegmas, os ditados, as gnomas, as máximas, os pensamentos, os refrães..., mas não frases feitas do gênero *prendre des vessies pour des lanternes*, 'confundir alhos com bugalhos' (ing. *to believe that the moon is made of green cheese*) ou *c'est blanc bonnet et bonnet blanc*, 'tanto faz dar na cabeça como na cabeça dar' (ing. *it's six of one and half a dozen of the other* ou *it is tweedle-dum and tweedle-dee*), mais propriamente idiotismos ou idiomatismos de cunho metafórico, sem nenhuma conotação proverbial.

Na prática, a distinção entre esses termos nem sempre é fácil, mas, em teoria, pode-se dizer que:

• adágio (< lat. *adagium, ii* ou *adagio, onis*, do v. defectivo *aio*, 'afirmar, dizer', derivado de **ag-yô*, a despeito de Festo, gramático latino do século II d.C., tê-lo tirado de *ad agendum*, 'o que induz a agir') é um dito sentencioso, de característica mais popular que o provérbio;

- aforismo (< gr. ἀφορισμός, οῦ, do v. ἀφορίζειν, 'exprimir de maneira concisa') é uma sentença que enuncia uma regra, uma verdade ou um preceito;
- anexim (< ár. *an-nashid*, 'coplas recitadas') é sinônimo de adágio;
- apotegma (< gr. ἀπόφθεγμα, ατος, do v. ἀποφθέγγεσθαι, 'enunciar uma sentença, falar com concisão') é um dito breve e incisivo, semelhante ao aforismo; é também uma frase memorável de uma personagem ilustre;
- ditado (< lat. *dictatum, i*, depreendido do *pluralia tantum dictata, orum*, forma substantivada do part. pass. do v. *dictare*, 'dizer repetindo, ditar; prescrever, recomendar, aconselhar') é sinônimo de adágio ou rifão;
- gnoma ou gnome (< gr. γνόμη, 'pensamento, projeto, desígnio; máxima moral') é uma sentença de intenção moral ou doutrinal;
- máxima (< lat. med. *maxima* [*sententia*], literalmente 'a maior sentença') é uma sentença expressa com nobreza e que encerra uma reflexão moral ou uma regra de conduta; em outras palavras, é um provérbio de cunho erudito;
- refrão e sua forma dissimilada rifão são vocábulos tomados ao espanhol *refrán*, oriundo do provençal antigo *refranh*, 'estribilho'; designam sobretudo provérbios de origem popular, geralmente rimados e de tom por vezes jocoso.

Características formais

Sendo transmitidos oralmente, é natural que – além de apresentarem inúmeras variantes – os provérbios utilizem recursos destinados a ajudar a memorização. Beneficiam-se de processos retóricos, podendo ter uma estrutura métrica ('onde força há, direito se perde'), ou no mínimo rítmica, com rima ('muito riso, pouco siso', 'não há atalho sem trabalho', 'o prometido é devido') ou assonância ('do prato à boca se perde a sopa', 'Deus consente mas nem sempre'). Podem usar de aliteração (às vezes acompanhada de rima): 'filho de peixe peixinho é', 'cordeiro manso mama sua mãe e a alheia', 'água mole em pedra dura tanto dá até que fura', ou de repetição: 'do nada, nada se faz', 'quando um mono se veste de seda, se mono era, mono se queda'. Neles, não raro, se encontram expressões hiperbólicas ('quem a fama tem perdida morto anda nesta vida', 'por um prazer, mil dores'), elípticas ('rei morto, rei posto', 'parentes, serpentes'), enigmáticas ou obscuras ('março marçagão, de manhã focinho de cão e de tarde sol de verão'), arcaicas ou de sabor arcaizante ('a pássaro dormente tarde entra o cevo no ventre', 'ladrão de agulheta asinha sobe à barjoleta/barjuleta'). Seu caráter popular explica por que chegam às vezes a violentar a sintaxe: 'uns comem os figos, a outros rebenta-lhes os beiços', 'a mulher e a colher só não faz o que não quer' (neste caso, para respeitar a rima), 'amor e reino não quer parceiro'.

Seja como for, ensina Alain Rey, "Apesar das evidentes diferenças culturais, todos os provérbios possuem em comum um certo tipo de conteúdo. Suas afirmações são gerais ou generalizáveis, o que é marcado em francês pelo emprego de artigos definidos ('Quand le chat n'est

pas là...'), pela ausência de artigo ('Bon chien chasse de race'), pelo uso de outros determinan-
tes ('Tel maître, tel valet'). Envolvem categorias lógicas simples (implicação, exclusão etc.).
Quando não afirma (utilizando então um verbo no presente ou eliminando o verbo, para assi-
nalar a ausência de tempo histórico), o provérbio aconselha ou ordena, recorrendo ao impera-
tivo, à forma *il faut* ['é preciso'] etc."

* * *

Pelas equivalências aqui apresentadas em, no mínimo três idiomas (francês, português e
inglês), ou às vezes até em oito, este dicionário oferece, desde elementos para dirimir simples
dúvidas de enunciado – ou colher sugestões de ordem textual –, até subsídios para pesquisas
de caráter antropológico e cultural.

E, como qualquer obra desse gênero pode ser enriquecida ou aperfeiçoada, reservou-se
um espaço no final do volume para as anotações e descobertas do leitor.

Abreviaturas, siglas e sinais convencionais

a (+ ano)	antes		*prep.*	preposição
a.C.	antes de Cristo		*pron.*	pronome
adj.	adjetivo		*pron.dem.*	pronome demonstrativo
ant.	antigo		*pron.ind.*	pronome indefinido
aprox.	aproximadamente		*rég.*	régionalisme (regionalismo)
ár.	árabe		s	século
b.-lat.	baixo-latim		s.	singular
c.	*circa*		*sc.*	*scilicet*
cf.	confrontar		*s.f.*	substantivo feminino
conj.	conjunção		*s.m.*	substantivo masculino
d (+ ano)	depois		*s.pr.*	substantivo próprio
d.C.	depois de Cristo		ss.	seguintes
EUA	americanismo		*s.v.*	*sub voce*
fig.	sentido figurado		trad.	tradução
fl.	*floruit*		*v.*	verbo
GB	britanismo		var.	variante
gr.	grego		*v.i.*	verbo intransitivo
infrm.	informal		*v.imp.*	verbo impessoal
ing.	inglês		*v.pr.*	verbo pronominal
interj.	interjeição		*v.t.*	verbo transitivo
inv.	invariável		*v.t.i.*	verbo transitivo indireto
lat.	latim		=	remissão a provérbio sinônimo
lit.	literalmente		•	complementação do provérbio francês
loc.prov.	locução proverbial		◆	comentário e/ou provérbios em outras línguas
med.	medieval		∴	remissão a outra abonação
part.pas.	particípio passado		≠	remissão a provérbio antonímico
pl.	plural		⇒	remissão a provérbio paralelo

a

ABANDON *s.m.* negligência, descuido; *state of neglect*

L'ABANDON fait le larron (1559)

'une chose, une personne que l'on néglige est vite convoitée'

o mal fechado, mal guardado
o que faz o ladrão é a ocasião
riqueza abandonada ensina a ser ladrões

a careless hussy makes many thieves
let alone ['neglect'] makes many a loon

"Voylà, mes dames, pourquoy je dis que, si le pauvre mary eust esté bien vigilant après sa femme, ne l'eust pas ainsy perdue, car la chose bien gardée est difficille-ment perdue, et L'HABANDON FAICT LE LARRON. (M. d'Angoulême, Reine de Navarre, *L'Heptaméron*, in *CF*, p. 1.057)

– Aí está, minhas senhoras, por que digo que, se o po-bre do marido tivesse vigiado a mulher, não a teria per-dido, porque coisa bem guardada dificilmente se perde, e O DESCUIDO FAZ O LADRÃO.

⇒ AISE fait larron

ABBÉ *s.m.* abade, padre, vigário; *abbot, priest*

1 Il n'y a point de plus sage ABBÉ que celui qui a été moine

'qui a su obéir saura commander'

aprende a obedecer, aprenderás a mandar
obedece e saberás mandar

he can ill be master that never was scholar

⇒ Homme ne connaît mieux la MALICE que l'abbé qui a été moine

2 Quand l'ABBÉ danse à la cour, les moines sont en rut aux forêts (1611)

= Quand l'ABBÉ tient taverne, les moines peuvent aller au vin

3 Quand l'ABBÉ tient taverne, les moines peuvent aller au vin (sXV)

'si l'autorité s'autorise des écarts, le peuple se croit permis tous les débordements'

se o prior joga cartas, que farão os frades?

a sleepy master makes his servant a lout
well kens the mouse when the cat's out of the house

♦ Melanchthon (*Carmina*, 4, 371): *dum abbas apponit tesseras, ludunt monachi* (quando o abade lança os da-dos, os monges jogam). O provérbio existe em italia-no: *quando il guardiano gioca alle carte, cosa faranno i fra-ti?*, em espanhol: *si el prior juega a los naipes, ¿qué harán los frailes?* e em alemão: *wo der Abt die Würfel dreht, da doppeln die Mönche.*

⇒ VOYAGES de maîtres, noces de valets

ABEILLE *s.f.* (*Apis mellifera*) abelha; *bee*

Les ABEILLES, en juillet, ne valent grain de millet

dicton météorologique

enxame de maio, a quem o pedir dá-o; o de abril, guar-da-o para ti (aprox.)
enxame de março, apanha-o no regaço; o de abril, não o deixes ir; o de maio, deixa-o

a swarm of bees in May is worth a load of hay, but a swarm in July is not worth a fly

⇒ Au mois de MAI, les essaims font les charrettes de foin

ABÎME *s.m.* abismo; *abyss, gulf*

L'ABÎME appelle l'ABÎME

'il existe un entraînement, un goût, une culture du malheur, qui font que le malheureux tend à l'être toujours davantage'

o abismo chama o abismo
um abismo chama outro (abismo)
um abismo traz outro consigo

deep calleth to deep

- ♦ A fonte é o latim bíblico *abyssus abyssum invocat* (Salmos, 42, 7).

- ⇒ UN ENNUI NE VIENT JAMAIS SEUL

ABONDANCE *s.f.* abundância; *abundance*

1 ABONDANCE de biens ne nuit pas (sXVIII)

'mieux vaut trop avoir que pas assez' [se dit quand on accepte, par mesure de prévoyance, une chose dont on a déjà suffisamment]

antes de mais que de menos
antes mais que menos
antes sobejar que faltar
mais vale que sobeje do que falte
o que é bom nunca é demais
o que é demais mal não faz

an abundance of goods does no harm
plenty is no plague
store is no sore
wealth does no harm

Estropiado em H. de Balzac:

– Ah! voilà, fit Mistigris, on est jeune, on est aimé! on a des femmes, et comme on dit: *ABONDANCE DE CHIENS NE NUIT PAS*. (DV, p. 80)

– Ah! aí está – disse Mistigris –, a gente é jovem, é amado! tem-se mulher e, como dizem: *ABUNDÂNCIA DE CÃES NÃO PREJUDICA*. (Trad. de Vidal de Oliveira)

- ≠ ABONDANCE ENGENDRE FÂCHERIE

- ⇒ Ce qui ABONDE ne nuit/vicie pas

2 ABONDANCE engendre arrogance

'trop avoir mène à trop se croire'

a fartura faz bravura

plenty breeds pride

- ♦ O provérbio tem equivalentes em italiano: *abbondanza genera baldanza* e em alemão: *Gut macht müssig*.

3 ABONDANCE engendre fâcherie*

* *Fâcherie* = 'dégoût'.

'la richesse mène à dégoût, satiété et déplaisir'

abundância gera fastio
da abundância vem o fastio
da abundância vem o tédio
fartura traz fastio
o que é demais aborrece
(tudo) o que é demais enjoa

abundance of things breeds disdainfulness
abundance of things engenders disdainfulness

- ♦ Do latim medieval *copia parit fastidium*.

- ≠ ABONDANCE DE BIENS NE NUIT PAS

4 ABONDANCE engendre nausée

- = ABONDANCE engendre fâcherie

5 De l'ABONDANCE du cœur la bouche parle
(sXV: *de l'abondance du cœur la langue parle*)

'le cœur débordant d'amour rend éloquent'

a boca diz quanto lhe manda o coração
a boca é porta e serventia do coração
a boca fala da abundância do coração
a boca fala do que está cheio o coração
a língua não mente o que o coração sente
da abundância do coração fala a boca
fala a boca o que sente o coração
quando o coração está cheio, transborda a boca

out of the abundance of the heart the mouth speaks
what the heart thinks, the tongue speaks
when the heart is a fire, some sparks will fly out of the mouth

- ♦ Cf. Mateus 12, 34: *ex abundantia cordis enim os loquitur* (com efeito, a boca fala do que sobeja no coração).

ABONDER *v.i.* abundar; *to abound*

Ce qui ABONDE ne nuit/vicie pas

- = ABONDANCE de biens ne nuit pas

- ♦ Do latim *quod abundat non nocet/vitiat*.

ABSENCE *s.f.* ausência; *absence*

1 En l'ABSENCE du seigneur, se connaît le serviteur

'affranchi du contrôle d'un supérieur, un subordonné assume des responsabilités qui révèlent la mesure de ses capacités, en bien comme en mal'

é na ausência do senhor que se conhece o servidor
na ausência do senhor (é que) se conhece o servidor

a servant is known by his master's absence

– Ainsi soit! dit Paillard; mais il n'est pas ainsi. Hélas! il s'en faut bien! "EN L'ABSENCE DU SEIGNEUR, SE CONNAÎT LE SERVITEUR." Depuis que notre Henri est mort, et le royaume en quenouille tombé, les princes jouent avec la quenouillette, la quenouilleuse... (R. Rolland, *CB*, p. 75-76)

– Amém! – disse Paillard – mas não é bem assim. Antes fosse! NA AUSÊNCIA DO SENHOR É QUE SE CONHECE O SERVIDOR. Depois que, morto o nosso Henrique, o reino caiu nas mãos das mulheres, os príncipes só querem jogar damas. (Trad. de Ivo Barroso)

2 L'ABSENCE est le plus grand des maux (1679)

'ce dicton de la sagesse amoureuse, qui connaît d'autres formulations (par exemple: *loin des yeux, loin du cœur*), dénote la souffrance des amants séparés, et met en garde contre les effets périlleux de l'éloignement; mais on prétend aussi que la séparation fortifie l'amour...'

a ausência é o maior dos males

absence is the mother of disillusion

Deux Pigeons s'aimaient d'amour tendre. / L'un deux s'ennuyant au logis / Fut assez fou pour entreprendre / Un voyage en lointain pays. / L'autre dit: Qu'allez-vous faire? / Voulez-vous quitter votre frère? / L'ABSENCE EST LE PLUS GRAND DES MAUX: (...). (La Fontaine, *F*, IX, ii, 1-7)

Dois Pombos terno amor unia, / mas um deles, que em casa se entedia, / é bastante insensato e procura empreender / viagem a longínqua região. / O outro lhe diz: "Que vais fazer? / Vais deixar teu irmão? / A AUSÊNCIA É O MAIOR MAL; (...). (Trad. de Milton Amado e Eugênio Amado)

3 L'ABSENCE est l'ennemie de l'amour (sXIX)

= Loin des YEUX/de l'ŒIL, loin du cœur

ABSENT *s.m.* ausente; *absent*

1 ABSENT n'est point sans coulpe, ni présent sans excuse (1842)

'l'absent a autant de torts que le présent d'excuses'

nem ausente sem culpa, nem presente sem desculpa

he is neither absent without fault, nor present without excuse

♦ Provérbio de origem espanhola (1659): *ni ausente sin culpa, ni presente sin desculpa.*

2 Les ABSENTS ont (toujours) tort (1717)

'on sacrifie de préférence les intérêts de ceux qui ne sont pas là pour se défendre'

os ausentes nunca têm razão
quem está ausente não há mal que não tenha e que não tema
todo (o) ausente acusado sempre com culpa é achado

the absent are always in the wrong
those who are absent always get the blame

Machado de Assis usou este provérbio francês no conto "D. Benedita" (*Papéis avulsos*, in *OC*, v. 2, p. 309):

– Meus senhores, é preciso desmentir esta máxima dos franceses: – *LES ABSENTS ONT TORT*. Bebamos a alguém que está longe, muito longe, no espaço, mas perto, no coração de sua digna esposa: – bebamos ao ilustre desembargador Proença.

♦ Da comédia de Destouches, *L'Obstacle imprévu* (I, vi). O provérbio existe em espanhol: *quien está ausente, todos los males teme y tiene* (Cervantes, *D. Quijote*, I, xxv).

♦ J. Renard (*J*, p. 340) completa o provérbio com humor: "Les absents ont toujours tort de revenir." (Os ausentes nunca têm razão em voltar.)

ACCOMMODEMENT *s.m.* acordo, arranjo, jeito; *compromise, agreement*

Un mauvais ACCOMMODEMENT vaut mieux qu'un bon procès

'il en coûte moins de s'arranger à l'amiable que de plaider, si bonne que soit l'issue du procès'

antes mau concerto que boa demanda
antes um mau amanho que uma boa demanda
é melhor uma ruim acomodação que uma boa questão
mais vale má avença que boa sentença
mais vale mau ajuste que bom pleito
mais vale ruim composição do que boa demanda
mais vale um mau acordo que uma boa sentença
melhor é mau concerto que boa demanda

a lean agreement is better than a fat judgement
a lean compromise is better than a fat law-suit
a poor compromise is better than costly litigation
agree, for the law is costly
an ill agreement is better than a good judgement
law is a lickpenny

♦ Lê-se em Tito Lívio (30, 30, 19): *melior tutiorque est certa pax, quam sperata victoria* (é melhor e mais segura a paz certa que a vitória esperada). Há correspondentes em italiano: *meglio un magro accordo, che una grassa sentenza* e em espanhol: *más vale mala avenencia, que buena sentencia.*

⇒ Il y a moins de mal souvent à perdre sa VIGNE qu'à la plaider

ACHETER *v.t.* comprar; *to buy*

1 Mieux vaut ACHETER qu'emprunter

'quand on sollicite une faveur, on contracte des obligations envers ceux qui l'accordent; la relation commerciale est indemne de ces obligations'

melhor é comprar do que pedir emprestado
melhor é comprar que rogar

better buy than borrow

2 Qui dénigre veut ACHETER

'tel feint de dédaigner ce qu'il veut à la maison'

quem desdenha quer comprar

he that blames would buy

♦ Cf. o *Livro dos Provérbios*, 20, 14: *Malum est, malum est, dicit omnis emptor* ("mau, mau", diz todo comprador).

⇒ Qui dit mal de l'ÂNE le voudrait à la maison

ACHETEUR *s.m.* comprador; *buyer*

Il y a plus de fous ACHETEURS que de fous vendeurs

'on perd raison plus aisément en achetant qu'en vendant, et c'est cette propension à déraisonner qu'exploitent cyniquement les experts en marketing de notre société de consommation'

há mais tolos que compram do que tolos que vendem

there are more foolish buyers than foolish sellers

ADMIRATION *s.f.* admiração; *admiration*

ADMIRATION est fille de l'ignorance (1687)

'l'admiration suppose une distance qui favorise l'ignorance, ou en est favorisée; érotiquement, c'est un principe de séduction; politiquement, un principe d'autorité'

a admiração é filha da ignorância

wonder is the daughter of ignorance

♦ Diz-se em espanhol: *la admiración, de la ignorancia nació.*

ADVERSAIRE *s.m.* adversário; *opponent, adversary*

Héraclès lui-même ne combat contre deux ADVERSAIRES (1568: *contre deux Hercule ne peult*)

'il faut sérier les problèmes, et n'en jamais traiter deux à la fois; chaque chose en son temps'

nem mesmo Hércules pode lutar contra dois adversários

not even Hercules could contend against two

Var. em F. Rabelais:

– Vous estez (dist Pantagruel) bien couraigeux. Hercules ne vous combatteroit en ceste fureur, mais c'est ce que l'on dict, que le Jan en vault deux, et HERCULES SEUL N'AUZA CONTRE DEUX COMBATRE. (*TL*, p. 86)

– Sois muito valente – disse Pantagruel. – Nem Hércules lutaria contra vós com tal ardor; mas dizem que Jan vale por dois, e HÉRCULES NÃO OUSOU ENFRENTAR SOZINHO DOIS ADVERSÁRIOS.

♦ Cf. Erasmo (*Adagia*): *ne Hercules quidem adversus duos.*

∴ Voir aussi AUTANT VAUT L'HOMME COMME IL S'ESTIME.

⇒ HOMME seul est viande à loups

AFFAIRE *s.f.* negócio, assunto; *business, matter*

1 **Celui que l'AFFAIRE touche de plus près est le dernier à le savoir**

'celui qui est le plus concerné par un sujet ne l'apprend qu'après tout le monde'

à porta do farol faz escuro
o corno é o último a saber (que o é)
o mal do cornudo, ele não o sabe e sabe-o todo o mundo
o marido é (sempre) o último a saber
o pé do candeeiro é o pior iluminado

the cuckold is the last that knows of it
the darkest place is under the candlestick
the goodman is the last who knows what's amiss at home
the husband is always the last to know

♦ Observa Juvenal (*Saturae*, 10, 342) a propósito do marido enganado: *dedecus ille domus sciet ultimus* (ele será o último a saber da desonra de sua casa).

2 **Dieu nous garde d'un homme qui n'a qu'une AFFAIRE** (1821)

= Prends garde à l'HOMME d'un seul livre

3 **Il vaut mieux avoir AFFAIRE à Dieu qu'à ses saints**

= Il vaut mieux s'adresser à DIEU qu'à ses saints

4 **Les AFFAIRES du cabri ne sont pas celles du mouton** (Martinique)

= À chacun son MÉTIER, les vaches seront bien gardées

5 **Les AFFAIRES font les hommes** (1842)

'un homme complet ne se forge que dans l'action'

a prática faz o mestre
a prática faz o monge
aprende e serás mestre
usa e serás mestre

practice makes perfect
practice makes perfectness
use makes mastery
use makes perfect
use makes perfectness

⇒ On APPREND en faillant

6 **Les AFFAIRES sont les AFFAIRES** (sXIX)

'les affaires ont leur morale propre, qui se moque de la morale'

negócio é negócio

business is business

– C'est vrai, LES A, A, A, AFFAIRES SONT LES AFFAIRES, dit le tonnelier. Cela pooooosé... mais néanmoins, vous compre, ne, ne, ne, nez, que c'est di, di, di, difficile. Je, je, je n'ai pas d'aaargent, ni, ni, ni le temps, ni le temps, ni... (H. de Balzac, *EG*, p. 100)

– É v... v... verdade, NE... NE... NEGÓCIOS SÃO NEGÓCIOS. Isto p... p... posto... Mas, com... com... compreende que é di... di... difícil. Eu não te... te... tenho nem di... di... dinheiro, nem tempo, nem tempo, nem... (Trad. de Moacyr Werneck de Castro)

♦ Locução proverbial inglesa, cunhada por George Colman, the Younger, em 1797, na peça *The Heir at Law*. Em francês, é o título de uma comédia de Octave Mirbeau, representada pela primeira vez em 20 de abril de 1903.

AFFECTION *s.f.* afeição; *affection*

AFFECTION aveugle raison (1611)

'on n'aperçoit pas les défauts des personnes que l'on aime'

a afeição cega a razão
a paixão cega a razão

affection blinds reason

♦ O provérbio existe em italiano: *affezione accieca ragione* e em espanhol: *la pasión tapa los ojos a la razón*. É de lembrar o conhecido trocadilho latino *amantes, amentes* (os amantes são insanos), cunhado por Terêncio (*Andria*, 1, 3, 13), e que tem equivalência exata em espanhol: *amantes, amentes.*

⇒ L'AMOUR est aveugle

ÂGE *s.m.* idade; *age*

1 Avec l'ÂGE, on devient sage

'la sagesse vient avec le temps, c'est-à-dire avec l'expérience'

com o tempo, vem o tento
idade e experiência valem mais que adolescência
lobo velho não cai em armadilha
macaco velho não dá pulo em galho seco
macaco velho não mete a mão em cumbuca*
macaco velho não põe a mão em cumbuca
macaco velho não trepa em galho seco
macaco velho não trepa em ramo seco
porco velho não se coça em pé de espinho
tatu velho não se esquece do buraco

* "Segundo contam Pio Corrêa e vários outros estudiosos, o macaquinho novo, inexperiente, quando se depara com uma sapucaia aberta e cheia de gostosas amêndoas vai com muita sede ao pote, enfiando a mão na cumbuca para pegar um punhado delas, de uma só vez. Assim, quando tenta retirar a mão lá de dentro, ele não consegue ou se machuca, pois sua mão cheia de amêndoas não passa pela estreita abertura da sapucaia. O macaco velho não age assim. Com a sabedoria de quem aprendeu se machucando algumas vezes quando ainda era jovem, ele usa as pontas dos dedos para retirar as amêndoas uma a uma, enquanto vai comendo.

Ao que parece, foi a predileção dos macacos pelos frutos da sapucaia que deu origem ao provérbio: 'Macaco velho não põe a mão em cumbuca!'" (Silvestre P. Silva, *FB*, p. 224)

an old dog barks not in vain
an old dog does not bark for nought
older and wiser
time brings wisdom

⇒ Vieux BŒUF fait la raie droite

2 Chaque ÂGE a ses plaisirs (sXVII)

'à chaque époque de la vie correspond une manière différente de la goûter'

cada idade com seu prazer

every pleasure has its season

♦ O provérbio figura no título de uma comédia de Tristan Bernard, representada em 1899: *Une aimable lingère ou Chaque âge a ses plaisirs – Proverbe de château.*

3 L'ÂGE n'est fait que pour les chevaux (1690)

'on apprécie à l'âge les chevaux et non les gens; pour l'homme, l'âge est sans importance, dès lors qu'il a la santé; ce proverbe est également utilisé pour dissuader un indélicat de parler d'âge à une personne âgée'

cada qual tem a idade que aparenta
cada qual tem a idade que parece ter
idade não é documento
os olhos e os anos não medem da mesma maneira

a man is as old as he feels, and a woman as old as she looks

4 On a l'ÂGE de ses artères (sXIX)

'les véritables signes du vieillissement ne sont pas visibles'

nossa idade é a de nossas artérias

a man is as old as his blood vessels

♦ Axioma do médico e poeta francês Henry Cazalis.

5 On a l'ÂGE de son cœur

'peu importe l'âge que l'on a pourvu qu'on le porte bien'

a idade do homem está na mente e no coração
a velhice não está nos anos

a man is as old as his heart

6 On apprend à tout ÂGE (sXIX)

'une éducation d'homme n'est jamais achevée; l'acquisition du savoir se poursuit tout au long de la vie'

nunca é tarde para aprender

A

quanto mais se vive, mais se aprende
quanto mais vivemos, mais aprendemos
todos os dias se aprende algo

a man may learn wit every day
it is never too late to learn
it is never too old to learn
live and learn
though old and wise, yet still advise ['get advice']

Il est resté un moment près d'elle; comme il lui disait: "ON APPREND À TOUT ÂGE", elle a répondu, d'un ton un peu solennel: "Oui, j'ai appris que j'avais une péritonite." (S. de Beauvoir, *MTD*, p. 72)

O médico ficou por instantes perto dela; como ele lhe dissesse: "NUNCA É TARDE PARA APRENDER", ela respondeu, num tom um pouco solene: "Sim. Só agora fiquei sabendo que tinha uma peritonite." (Trad. de Álvaro Cabral)

♦ Diz-se em italiano: *non si è mai troppo vecchi per imparare.*

AGNEAU *s.m.* cordeiro; *lamb*

1 D'où vient l'AGNEAU, là retourne la peau (1610)

= BIEN mal acquis ne profite jamais

2 Il ne faut pas faire cuire l'AGNEAU dans le lait de sa mère

interdiction d'origine biblique

não cozerás o cabrito no leite de sua mãe

thou shalt not seethe a kid in his mother's milk

♦ Cf. *Êxodo*, 23, 19.

3 Mieux vaut tondre l'AGNEAU que le pourceau

'mieux vaut tromper les riches que les pauvres'

mais vale lograr um rico do que um pobre

better skin the rich than the poor

4 Ne confiez pas votre AGNEAU à qui en veut la peau (sXIII)

= Folle est la BREBIS qui se confesse au loup

5 Qui se fait AGNEAU, le loup le mange (1781)

= Qui se fait BREBIS, le loup le mange

AIDE *s.f.* ajuda, auxílio; *help, assistance*

Un peu d'AIDE fait grand bien

'le bras secourable qu'on nous tend réconforte d'une façon peu proportionnée à l'aide effective qu'il apporte'

qualquer ajuda é bem-vinda

qualquer auxílio, por diminuto que seja, vem sempre a tempo

everything helps, quoth the wren, when she pissed into the sea

⇒ Bon DROIT a besoin d'aide

AIGLE *s.m.* (*Aquila chrysaetos, Aquila verreauxi* etc.) águia; *eagle*

1 L'AIGLE ne chasse point aux mouches (1842)

'l'homme supérieur dédaigne les petites proies'

(as) águias não caçam moscas
o leão não caça pardais
os leões não se entretêm a caçar pardais

eagles catch no flies

♦ Do latim *aquila non captat muscas*, citado por Erasmo nos *Adagia*. Dizia-se também em latim: *de minimis non curat praetor* (o pretor não se ocupa de assuntos de pouca monta).

2 L'AIGLE n'engendre pas la colombe (1842)

'd'un naturel guerrier et dominateur ne peut advenir une pacifique progéniture'

as águias não dão pombos
cobra não gera passarinho
de cobra não nasce passarinho
um caranguejo não gera pássaro(s)

eagles do not breed doves

♦ A idéia está em Horácio (*Carmina*, 4, 4, 31): *neque imbellem feroces progenerant aquilae columbam* (águias ferozes não geram pomba pacífica).

⇒ Les CHATS ne font pas des rats

3 L'AIGLE seul a le droit de fixer le soleil (1761)

'les plus grandes audaces ne sont autorisées qu'aux puissants'

apenas a águia pode olhar para o sol

only the eagle can gaze at the sun

≠ UN CHIEN REGARDE BIEN UN ÉVÊQUE

AIGUILLE *s.f.* agulha; *needle*

1 L'AIGUILLE habille les autres et demeure nue

'il arrive qu'on puisse faire pour les autres ce qu'on ne peut faire pour soi-même'

a agulha veste os outros e vive nua

a whetstone, though it can't itself cut, makes tools cut

♦ Cf. Horácio (*Ars poetica*, 304-305): *Ergo fungar vice cotis, acutum / Reddere quae ferrum valet exsors ipsa secandi.* (Portanto vou fazer como a pedra, que não é capaz de cortar mas serve para afiar a lâmina.)

2 On ne peut cacher AIGUILLE en sac (sXIII: *alène ne se puet celer en sac*; 1568: *l'on ne peut cacher aiguille en sac*)

'la vérité finit toujours par percer'

agulhas em saco não podem estar que não deitem a cabeça fora

you cannot hide an eel in a sack

⇒ L'HUILE et la vérité finissent par venir au sommet

AIGUILLON *s.m.* aguilhão, ferrão; *thorn, sting*

1 Celui qui regimbe contre l'AIGUILLON deux fois se pique (sXIII: *qui contre aguilon regibe, deux fois se point*)

'le châtiment s'aggrave pour celui qu'il révolte'

não adianta dar murro em ponta de faca
não adianta remar contra a maré
não dê murro(s) em ponta de faca
não dês coice contra o aguilhão
ventos contra a corrente levantam mar imediatamente

he that blows in the dust fills his eyes with it
it is hard to kick against the prick
it is ill striving against the stream

G. Sand reformula o provérbio:

– Quand même le bon Dieu permettrait cela, dit Madeleine, il faut savoir souffrir ce qu'on ne peut empêcher. IL FAUT surtout NE PAS EMPIRER SON MAUVAIS SORT EN REGIMBANT CONTRE. (*FC*, p. 295)

– Mesmo que Deus o permitisse – disse Madeleine –, é preciso saber suportar o inevitável. E QUALQUER TENTATIVA EM CONTRÁRIO SÓ PODE PIORAR A PRÓPRIA SORTE.

♦ Cf. Plauto (*Truculentus*, 768): *si stimulos pugnis caedis, manibus plus dolet* (se deres murros num aguilhão, tuas mãos é que sofrerão).

2 Dure chose est regimber contre AIGUILLON

= Celui qui regimbe contre l'AIGUILLON deux fois se pique

⇒ Qui crache contre le CIEL, il lui tombe sur la tête/(le visage)

3 Petit AIGUILLON pique un gros âne (rég., Provence)

= Une petite MOUCHE fait péter un bel âne

AIL *s.m.* (*Allium sativum*) alho; *garlic*

Qui se frotte à l'AIL ne peut sentir la giroflée

'les fortes sensations laissent des traces ineffaçables, qui occultent toutes les autres; une existence rude ne dispose guère à la subtilité des sentiments'

quando se pisa o alho, o almofariz conserva o cheiro

the smell of garlic takes away the smell of onions

AIMER *v.t.* amar; *to love*

1 AIMER est bon, mieux: ÊTRE AIMÉ (sXVI: *aymer est bon, mieulx estre aymé, l'ung est servir et l'autre dominer*)

'que l'amour aime l'amour, cela s'entend au sens actif comme passif; ce proverbe privilégie le sens passif'

melhor é ser amado que amar

there is more pleasure in being beloved than in loving

2 AIMER n'est pas sans amer*

* "Ou plus simplement *aimer est amer*. Ce jeu de mots était un vrai calembour dans l'ancien temps, où l'on disait *amer* pour *aimer*." (M. Quitard)

'même le plaisir est mêlé de souffrance'

amar é sofrer
amor com dor se paga
muito padece quem ama
onde há amor, há dor

love is full of troubles
of honey and gall in love there is store
the course of true love never did run smooth (Shakespeare)

♦ Lê-se em Plauto (*Trinummus*, 260): *Amor amara dat tamen / Satis quod aegre sit* (o Amor reserva muita amargura, muitos motivos de tristeza); e, na *Cistellaria* (68), indaga-se: *an amare occipere amarum est, obsecro?* (será pois coisa tão amarga, pergunto-te, apaixonar-se?). Cf. a máxima de Publílio Siro (*Sententiae*, I 37): *in venere semper certat dolor et gaudium* (em todo amor há luta entre a dor e o prazer). Diz-se em italiano: *amore non è senza amaro*.

⇒ Qui d'AMOUR se prend, de rage se quitte

3 C'est trop AIMER quand on en meurt (1558)

'ce proverbe prend le contrepied du mythe de Tristan, dont Denis de Rougemont a montré l'essence morbide'

muito ama quem por amor morre

they love too much that die for love

4 Quand on n'a pas ce que l'on AIME, il faut AIMER ce que l'on a (1667)

'il faut ajuster ses désirs à la réalité, si elle ne peut les satisfaire'

não tenho tudo o que amo, mas amo tudo o que tenho
quem não tem cão caça com gato

one makes the best of a bad job
when you can't get what you like, you must like what you have

♦ "Bussy-Rabutin, *Lettre à Mme de Sévigné*, 23 mai 1667." (M. Maloux) Machado de Assis cita este provérbio, atribuindo-lhe porém outra paternidade: "S. Ex.ª disse na Câmara que quer a abolição imediata, mas aceitou o projeto passado e aceita este, pela regra de Terêncio: QUANDO NÃO SE PODE OBTER O QUE SE QUER, É NECESSÁRIO QUE SE QUEIRA AQUILO QUE SE PODE. Regra que me faz lembrar textualmente aquela outra de Thomas Corneille:

QUAND ON N'A PAS CE QUE L'ON AIME,
IL FAUT AIMER CE QUE L'ON A.

Terêncio ou Corneille, tudo vem a dar neste velho adágio, que diz que quem não tem cão caça com gato." ("Balas de estalo", in *OC*, v. 3, p. 469)

⇒ Qui ne peut GALOPER, qu'il trotte

5 Qui AIME bien châtie bien (sXIII: *bien labeure qui chastoie son enfant*)

'la tendresse incline à l'indulgence; mais l'amour, en voulant le bien de l'aimé, peut exiger qu'on fasse violence à la tendresse'

antes a criança chore que a mãe suspire
criança mimada, criança estragada
o mimo desensina
o muito mimo perde os filhos
quem bem ama bem castiga
quem cria e não castiga mal cria
quem cria tem lei
quem dá o pão dá a educação
quem dá o pão dá o castigo
quem dá o pão dá o ensino
quem dá o pão sem castigo não vai ao paraíso
quem não castiga não cria
quem não faz filho chorar chora por ele

he that spares the rod hates his son
spare the rod and spoil the child
the light-headed mother makes a heavy-headed daughter

"Allons, me dit-il, ne faites pas l'enfant, rentrez une minute; QUI AIME BIEN CHÂTIE BIEN, et si je vous ai bien châtié, c'est que je vous aime bien." (M. Proust, *RTP*, t. II, p. 559)

"Vamos", disse ele, "não se faça de criança, entre por um minuto; QUEM BEM AMA BEM CASTIGA e se eu bem o castiguei é porque bem o amo." (Trad. de Mário Quintana)

♦ Provérbio cuja idéia se encontra em vários trechos de Salomão, sobretudo neste: *Qui parcit virgae odit filium suum; qui autem diligit illum instanter irudit* (*Livro dos Provérbios*, 13, 24). (Quem poupa a vara odeia o filho; mas quem o ama castiga-o.)
Cf. o latim medieval: *qui bene amat bene castigat*. E lê-se num monóstico de Menandro: Ὁ μὴ δαρεὶς ἄνθρωπος οὐ παιδεύεται. (O homem não é educado se não for esfolado.)

♦ Objeta, porém, Montaigne em "De l'affection des pères aux enfants" (*E*, II, viii [t. I, p. 546]): "I'accuse toute violence en l'education d'une ame tendre, qu'on dresse pour l'honneur et la liberté. Il y a ie ne sçay quoy de servile en la rigueur et en la contraincte; et tiens que ce qui ne se peult faire par la raison, et par prudence et adresse, ne se faict iamais par la force. On m'a ainsin eslevé: ils disent qu'en tout mon premier aage, ie n'ay tasté des verges qu'à deux coups, et bien mollement. I'ay deu la pareille aux enfants que i'ay eu: ils me meurent touts en nourrice; (...) Ie n'ay veu aultre effect aux verges, sinon de rendre les ames plus lasches, ou plus malicieusement opiniastres." (Sou inteiramente contrário a qualquer violência na educação de uma alma jovem que se deseje instruir no culto da honra e da liberdade. O rigor e a opressão têm algo de servil e acho que o que não se pode obter pela razão, a prudência, ou a habilidade não se obtém jamais pela força. Fui educado assim, dizem-me, desde a minha primeira infância. Só duas vezes me bateram e ainda assim com muito cuidado. Teria agido da mesma forma com meus filhos, mas todos morreram cedo demais. (...) O único resultado que pude constatar no emprego da vara ou do chicote foi tornar as almas mais covardes e mais obstinadas no mal. – Trad. de Sérgio Milliet.)

⇒ ENFANT par trop caressé, mal appris et pis réglé

6 Qui m'AIME me suive! (sXIV: *qui me ayme si me suyve*)

'celui qui prend une décision difficile, exige qu'on lui prouve son attachement en épousant ses choix'

ame-me ou deixe-me!

let him that loves me follow me
love me or leave me!

– (...) O, si vous me y faictes vostre lieutenant, je tueroys un pigne pour un mercier! Je mors, je rue, je frappe, j'attrape, je tue, je renye!
– Sus, sus (dict Picrochole), qu'on despesche tout, et QUI ME AYME SI ME SUYVE! (F. Rabelais, *G*, p. 151)

– (...) Oh! se me nomeásseis vosso lugar-tenente, eu mataria um pente por um merceeiro! Mordo, esperneio, machuco, seguro, mato, renego!
– Sus! Sus! – exclama, então, Picrocolo. – Prepare-se tudo e QUEM GOSTAR DE MIM ME SIGA! – Trad. de Aristides Lobo)

"Moi, je pars dans une heure.
– Vous partez?
– Bolibine est déjà à Petersbourg... Manilof m'attend pour passer la frontière... je rentre dans la fournaise. On entendra parler de nous." Tout bas, elle ajouta avec un demi-sourire, plantant son regard bleu dans celui de Tartarin qui fuyait, se dérobait: "QUI M'AIME ME SUIVE!" (A. Daudet, *TA*, p. 204)

– Eu vou embora daqui a uma hora.

– Vai embora?

– Bolibine já está em Petersburgo... Manilof aguarda-me para atravessar a fronteira... volto à fornalha. Vamos dar o que falar... – e acrescentou baixinho, com um meio sorriso, mergulhando o olhar azul no de Tartarin, que fugia, se esquivava:

– QUEM GOSTA DE MIM ME SIGA!

♦ "Montaigne attribue à Cyrus ce mot devenu proverbe: ce prince exhortait ses soldats en disant: *Qui m'aime si me suive.*" (Le Roux de Lincy)

Cf., porém, *Petit Robert* (*s.v.* **SUIVRE, 3.**): "ALLUS. HIST. *Qui m'aime me suive!* (mot attribué à Philippe VI de Valois, que ses barons hésitaient à suivre dans son expédition en Flandre)."

7 Tout ce qu'on AIME paraît beau

'la beauté de l'aimée est dans le regard de l'amant, qui transfigure toute laideur'

até a coruja acha os filhos bonitos
o escaravelho a seus filhos chama grãos de ouro
o menino e o escaravelho a sua mãe parecem de ouro
o menino e o escaravelho a sua mãe parecem espelho
quem ama o feio, bonito lhe parece
quem ama o tolo, esperto lhe parece

fair is not fair, but that which pleases
if Jack's in love, he's no judge of Jill's beauty
in the eyes of the lover, pock-marks are dimples
love sees no faults
the crow thinks her own bird(s) fairest
the crow thinks her own bird(s) whitest
the owl thinks her own young fairest
there's only one pretty child in the world, and every mother has it

⇒ Il n'est nulles laides AMOURS

AIR *s.m.* ária, canção; *aria, tune, air*

L'AIR ne fait pas la chanson

'pas plus qu'une chanson ne se résume à son approximative mélodie, la réalité ne s'appréhende d'une façon impressionniste, partielle'

as aparências enganam
as aparências iludem
nem sempre o que parece é

appearances are (often) deceptive
appearances can be misleading
things are not always what they seem

⇒ Les APPARENCES sont (souvent) trompeuses

AISE *s.f.* bem-estar, comodidade, prazer; *ease, comfort, joy, pleasure*

1 AISE et mal se suivent de près (sXVI)

'du bonheur au malheur on bascule aussitôt, tant ils se trouvent en relation de complémentaire dépendance'

como a noite segue ao dia, segue a dor à alegria

sadness and gladness succeed each other
there is not the thickness of a sixpence between good and evil

⇒ Les PLAISIRS portent ordinairement les douleurs en croupe

2 AISE fait larron (sXIII)

'quand s'offrent les conditions d'un larcin, on devient aisément larron, car la porte ouverte tente même le saint'

o buraco chama o ladrão
o buraco desafia o ladrão
quem acha mole carrega
tirados os azos, tirados os pecados

ease makes thief

⇒ COFFRE ouvert fait pécher le juste même

ALLER *v.i.* ir; *to go*

1 À force de mal ALLER, tout IRA bien (1786; 1821: *à force de mal, tout ira bien*)

'le mauvais sort ne dure pas indéfiniment: qui résiste à ses coups finira par triompher'

em todo céu escuro existe ao menos uma estrela
quando a necessidade é grande, a Providência é vizinha
quando a necessidade é maior, o auxílio está perto

things at worst will cease (Shakespeare)
when things are at the worst they begin to mend
when things are at the worst they will mend

⇒ À BARQUE désespérée Dieu fait trouver le port

2 Toujours VA qui danse (1752)

'faire bien ou faire mal mais faire de son mieux'

o que se tem de fazer faz-se

if at first you don't succeed, try, try, try again

ALORS *adv.* então; *then*

ALORS comme ALORS (1752)

= À la GUERRE comme à la GUERRE

ALOUETTE *s.f.* (*Anthus campestris*) cotovia; *lark, skylark*

1 L'ALOUETTE en main vaut mieux que l'oie qui vole

= Un OISEAU dans la main vaut mieux que deux dans la haie

2 Les ALOUETTES rôties ne se trouvent pas sur les haies

= Les COLOMBES ne tombent pas toutes rôties

♦ "Au XVIᵉ s., l'alouette était le gibier favori du campagnard français." (P. Vigerie)

3 Pour l'ALOUETTE le chien perd son maître (1557)

'l'appât de la proximité nous fait oublier le bien lointain'

por uma dúzia de pardais se deixa voar um açor

ambition loses many a man

AMANT *s.m.* amante; *lover*

Les dieux se rient des juremens et mensonges des AMANTS

'l'amour est un insatiable consommateur de promesses et de mensonges, qui ne prêtent à aucune conséquence'

Júpiter ri-se dos perjúrios dos amantes
Júpiter (se) ri dos perjuros amantes

at lovers' perjuries, they say, Jove laughs (Shakespeare)
Jove laughs at lovers' perjuries
Jupiter laughs at lovers' perjuries

La dame, feignant n'y entendre rien, lui répondit: "Dieu ne doit point ainsi être prié en vain: mais les poëtes disent que LES DIEUX SE RIENT DES JUREMENS ET MENSONGES DES AMANTS: parquoi, les femmes qui aiment leur honneur ne doivent être crédules ni piteuses ['charitables']." (M. d'Angoulême, Reine de Navarre, *H*, p. 133)

A dama, fingindo nada ter notado, respondeu-lhe: "Deus não deve ser invocado em vão: mas os poetas dizem que OS DEUSES RIEM DAS JURAS E MENTIRAS DOS AMANTES: por isso as mulheres que prezam sua honra não devem ser crédulas nem caridosas".

♦ Cf. Tibulo (*Elegiae*, 3, 6, 49-50): *periuria ridet amantum / Iuppiter et ventos inrita ferre iubet* (Júpiter se ri das falsas juras dos amantes e ordena que os ventos as levem). Cf. também Ovídio (*Ars amatoria*, 1, 631): *Iuppiter ex alto periuria ridet amantum / et iubet Aeolios inrita ferre Notos*. (Júpiter, do alto dos céus, se ri das falsas juras dos amantes e ordena aos ventos do sul, súditos de Éolo, que as levem.)

ÂME *s.f.* alma; *soul*

ÂME saine dans un corps sain

'l'âme n'est dans sa pleine vigueur que dans un corps en pleine santé'

mente sã em corpo são

a healthy mind in a healthy body
a sickly body makes a sickly mind
a sound mind in a healthy body

♦ Expressão de Juvenal (*Saturae*, 10, 356): *mens sana in corpore sano*.

AMI *s.m.* amigo; *friend*

1 AMI au prêter, ennemi au rendre (1607)

'pour emprunter, on est ami; on cesse de l'être quand il faut restituer; amitié et affaires sont peu compatibles'

amigo a pedir, inimigo a restituir
amigos no emprestar, inimigos no entregar
quem empresta a um amigo cobra a um inimigo
quem empresta dinheiro perde o amigo e o dinheiro
quem quiser que o amigo se afaste empreste-lhe dinheiro ou traste
se queres ter um inimigo, empresta-lhe o teu e pede-lho

he that does lend, loses money and friend
if you would make an enemy, lend a man money, and ask it of him again
lend, and lose the loan, or gain an enemy
lend your money and lose your friend
neither a borrower nor a lender be (Shakespeare)

♦ Diz-se em espanhol: *quien presta a un amigo, compra un enemigo*.

⇒ Qui prête à l'AMI perd au double

2 AMI de plusieurs, AMI de nuls (1568: *ami de plusieurs, ami de nully*)

'l'entretien d'une seule amitié absorbe tellement qu'il interdit qu'on en serve plusieurs à la fois sans en trahir les lois'

amigo de todos, amigo de ninguém
amigo de todos e de nenhum, tudo é um
aquele que conta dez amigos não tem um
quem é amigo de todos não o é de ninguém

a friend to all is a friend to none
a friend to everybody is a friend to nobody
all men's friend, no man's friend

♦ Do latim vulgar *amicus omnibus, amicus nemini*, conexo com o grego οὐδεὶς φίλος ᾧ πολλοὶ φίλοι (ninguém é amigo de quem tem muitos amigos), consignado na *Ética para Eudemo*, de Aristóteles.

3 AMI de table est bien variable

'peu solides sont les amitiés nées de rapprochements fortuits'

amigo de mesa não é de firmeza
comida feita, companhia desfeita
enquanto ferve a panela, há amigos
enquanto há figos, há amigos
junto à panela que ferve não faltam amigos
merenda comida, companhia desfeita
se no pombal houver milho, pombos não faltarão

no friendship lives long that owes its rise to the pot
when good cheer is lacking, our friends will be packing

♦ Diziam os gregos: ζεῖ χύτρα, ζεῖ φιλία (ferve a comida, acende-se a amizade). E Petrônio observa no

Satiricon (38, 13): *sociorum olla male fervet, et ubi semel res inclinata est, amici de medio* (mal a panela pára de ferver e os negócios entram em declínio, desaparecem os amigos).

4 AMI du topin et de tasse de vin, tenir ne dois-tu pour bon voisin

= AMI de table est bien variable

5 AMI, or et vin vieux sont bons en tous lieux

'ce qui a subi l'épreuve du temps peut affronter celle de l'espace'

velha madeira, vinho velho, velhos amigos e velhos livros
vinho, ouro e amigo, quanto mais velho melhor
vinho velho, amigo velho, ouro velho

old friends and old wine and old gold are best
old friends and old wine are best
old wine and old friend are good provisions
old wood best to burn, old wine to drink and old friend to trust

♦ Cf. Cícero (*De amicitia*, 19, 67): *veterrima quaque, ut ea vina, quae vetustatem ferunt, esse debent suavissimae* (as mais velhas amizades são as mais agradáveis, tal como o vinho, que melhora ao envelhecer).

6 AMIS jusqu'aux autels

'la diversité des confessions peut créer des barrières infranchissables entre les amis'

amigo até o altar
amigos até onde não se ofenda a religião

a friend as far as the altar

♦ Do latim *amicus usque ad aras*. A idéia já estava, porém, em Teofrasto (citado por Aulo Gélio, *Noctes Atticae*, 1, 3): δεῖ μὲν συμπράττειν τοῖς φίλοις, ἀλλὰ μέχρι τῶν θεῶν (cumpre ajudar os amigos, mas sem ofender os deuses).

7 Au besoin l'AMI (1568; sXIII: *au besoin voit-on son ami*)

'les circonstances difficiles révèlent l'ami véritable'

amigo certo se conhece na fortuna incerta
é a dificuldade que prova a amizade
é na adversidade que se conhece o amigo
é na desgraça que se conhecem os amigos
é na desventura que se conhece o amigo
é na necessidade que se conhecem os amigos
é nos tempos maus que se conhecem os amigos bons
na necessidade se prova a amizade
no aperto e no perigo é que se conhece o amigo
os amigos são para as ocasiões

a friend in need is a friend indeed
a friend is never known but in time of need
a friend is never known till needed
prosperity makes friends, adversity tries them

prove your friend ere ['before'] *you have need*
true love kythes ['shows himself'] *in time of need*

♦ O provérbio figura em Ênio (citado por Cícero, *De amicitia*, 17, 64): *amicus certus in re incerta cernitur* (o amigo verdadeiro se conhece na ocasião incerta), e já existia em grego: ἐν τοῖς κακοῖς γὰρ ἀγαθοὶ σαφέστατοι / φίλοι (pois é na infelicidade que melhor se revela a amizade dos bons) (Eurípides, *Hécuba*, 1.226-1.227).

⇒ C'est dans le MALHEUR qu'on connaît ses amis

8 Avoir des AMIS, c'est être riche

'qui a beaucoup d'amis ne connaîtra pas le besoin; l'amitié est le meilleur des fonds de prévoyance'

quem encontrou um amigo encontrou um tesouro
quem tem amigos é rico

he that has many friends never wanted money

♦ Lê-se num monóstico de Menandro: φίλους ἔχων νόμιζε θησαυροὺς ἔχειν (se tens amigos, julga que tens tesouros); paralelo e muito citado é um versículo do *Eclesiástico* que diz: *qui autem invenit illum [amicum] invenit thesaurum*. Cf. também Plauto (*Truculentus*, 885): *Verum uetus est uerbum quod memoratur: ubi amici, ibidem opes*. (Diz com razão o velho provérbio: "Ter amigos é ter riqueza.")

9 Bien servir fait AMIS, et vrai dire ennemis (1568)

= Toute VÉRITÉ n'est pas bonne à dire

10 Blâme ton AMI en secret; vante-le devant les autres

'l'éthique de l'amitié comporte une exigence de solidarité'

o amigo se há de censurar em segredo e de louvar em público

admonish your friends in private, praise them in public

11 Les AMIS de mes/nos AMIS sont mes/nos AMIS (1842)

'les amitiés forment une chaîne à mesure qu'un ami se porte garant d'un autre ami'

amigo do meu amigo meu amigo é
quem ama Beltrão ama seu cão
quem ama Beltrão ama seu irmão
quem bem quer a Beltrão bem quer a seu cão

the friends of my friends are also my friends

– Je ne les connais pas depuis longtemps, lui ai-je dit. Et ils ont eu la bonne idée de m'emmener chez vous...
Il a souri de nouveau:
– LES AMIS DE MES AMIS SONT MES AMIS. (P. Modiano, *PLO*, p. 146)

– Não os conheço há muito tempo – disse. – E tiveram a boa idéia de me trazer à sua casa...

Sorriu de novo:

– OS AMIGOS DE MEUS AMIGOS SÃO MEUS AMIGOS. (Trad. de Maria Helena Franco Martins)

♦ Provérbio de origem hebraica: *Talmude, Baba Bathra* (século V).

⇒ Qui aime Bertrand aime son CHIEN

12 Les AMIS ont tout en commun

'l'idéal fusionnel de l'amitié exige un partage sans réserve; l'amitié est une société idéale dont la propriété est exclue'

entre amigos, bolsa aberta
entre amigos todas as coisas hão de ser comuns

among friends all things are common

♦ Cf. o ditado grego κοινὰ τὰ τῶν φίλων, geralmente atribuído a Pitágoras. Terêncio (*Adelphi*, 797) verteu-o para o latim – provavelmente a partir de uma comédia de Menandro da qual só restam fragmentos: *communia esse amicorum inter se omnia* (todos os bens dos amigos são comuns entre si; ou seja: os amigos têm tudo em comum).

⇒ Au FROMAGE et jambon, connaît-on voisin et compagnon

13 Les AMIS sont des voleurs de temps

'si, comme le veut le dicton précédent, les amis ont tout en commun, le temps est un de ces biens communs; ils s'en servent donc sans vergogne'

amigos são ladrões de tempo

friends are thieves of time

14 Les vieux AMIS et les vieux écus sont les meilleurs (1835)

= AMI, or et vin vieux sont bons en tous lieux

15 Mieux vaut AMI en place qu'argent en bourse (sXIV)

'... car l'amitié est le meilleur des fonds de prévoyance (cf. le proverbe: "avoir des amis, c'est être riche")'

mais vale amigo na praça do que dinheiro na caixa
mais vale amigo na praça que dinheiro na arca
mais vale um amigo na praça que cem mil-réis na algibeira

a friend in the market is better than money in the chest

♦ Cf. o latim *melior est amicus in platea quam aurum in cista* (mais vale amigo na praça que ouro no cofre).

16 Mieux vaut AMI en voie que denier en courroie* (sXIII)

* *Courroie* = 'ceinture où se trouve la bourse'.

'il est plus précieux, quand on voyage, de lier une amitié que d'avoir de l'argent en sa bourse; le tourisme contemporain gagnerait fort à se souvenir de ce proverbe'

viajas com gente boa, levas a fortuna à proa

a friend in the way is better than a penny in the purse

17 Ne te fie jamais à l'AMI réconcilié

= AMITIÉ rompue n'est jamais bien soudée

18 Pour se dire AMIS, il faut avoir mangé ensemble un minot* de sel

* *Minot* = 'ancienne mesure de capacité qui contenait la moitié d'une mine; le minot de Paris valait 39 litres environ'.

'ce n'est qu'après de longues années de fréquentation et d'amertumes diverses qu'on peut faire confiance à quelqu'un'

não te deves fiar senão daquele com quem já comeste um molho de sal
não te hás de fiar senão daquele com quem comeres um moio de sal
só se confia num amigo depois de comer com ele um quilo de sal
só se confia num amigo depois de comer com ele uma rasa de sal

before you make a friend eat a bushel of salt with him
you may poke a man's fire, after you've known him seven years, but not before
you should know a man seven years before you stir his fire

♦ Originalmente grega e consignada na *Ética para Nicômaco* de Aristóteles, a locução proverbial figura em Cícero (*De amicitia*, 19, 67): *multos modios salis simul edendos esse, ut amicitiae munus expletum sit* (temos de comer juntos muitos módios de sal antes que a amizade se torne efetiva). Diz-se em espanhol: *sólo has de fiar del que comió contigo una fanega de sal*.

19 Qui cesse d'être AMI ne l'a jamais été (1842)

'les liens de l'amitié ne peuvent, par définition, être dissous'

nunca foi bom amigo quem por pouco quebrou a amizade
quem deixa de ser amigo não o foi nunca

he that ceases to be a friend, never was a good one
he that forgets his friend is not a friend at all

♦ A idéia está em Cícero (*De amicitia*, 9, 32): *Verae amicitiae sempiternae sunt.* (As verdadeiras amizades são eternas.)

20 Qui prête à l'AMI perd au double

'... car en le redemandant, on perd son argent ou on se fait un ennemi'

quem empresta dinheiro perde o amigo e o dinheiro

when I lent, I was a friend; and when I asked, I was unkind(.
So of my friend I made a foe; therefore I will no more do so)

⇒ Qui prête ne recouvre, s'il recouvre, non tout; si tout, non tel; si tel, ENNEMI mortel

21 Tant que tu seras heureux, tu compteras beaucoup d'AMIS(; si le ciel se couvre de nuages, tu seras seul)

'toute amitié étant intéressée, dans les difficultés les amis désertent'

amigo de bom tempo muda-se com o vento (aprox.)
enquanto há dinheiro, há amigos
enquanto há figos, há amigos
enquanto o ouro luz, os amigos são de truz
na subida há muitos amigos, na descida nenhum
não duram mais as amizades que enquanto dura a prosperidade
quando o mal nos visita, a amizade se perde

in time of prosperity, friends are plenty; in time of adversity, not one amongst twenty

♦ Tradução de um dístico de Ovídio (*Tristia*, 1, 9, 5-6): *Donec eris felix, multos numerabis amicos: / tempora si fuerint nubila, solus eris* (enquanto fores feliz, terás muitos amigos; se os tempos forem sombrios, ficarás só).

22 Un bon AMI vaut mieux que cent parents (1842)

'l'amitié vraie crée des liens plus forts que ceux du sang'

mais faz um amigo do que um parente
mais vale bom amigo que parente ou primo
não há melhor parente que amigo fiel e prudente
o bom amigo é o parente mais próximo
vale mais um amigo que cem parentes

a father is a treasure, a brother a comfort, but a good friend is both
a good friend is my nearest relation
a near neighbour is better than a far-dwelling kinsman

♦ Cf. o latim *praestat amicitia propinquitati*. Há equivalente em italiano: *val più un amico che cento parenti*.

⇒ Il n'y a meilleur PARENT que l'ami fidèle et prudent

23 Un vieil AMI est le plus fidèle des miroirs

= Il n'est meilleur MIROIR qu'un ami vieux

24 Vieux AMIS et comptes nouveaux (1842)

= Les bons COMPTES font les bons amis

AMITIÉ *s.f.* amizade; *friendship*

1 AMITIÉ de gendre, soleil d'hiver (1568)

'l'hiver est aussi peu propice au soleil que les relations d'apparentage à l'amitié'

amizade de genro, sol de inverno

morta minha filha, morto meu genro

a son-in-law isn't a close relation

♦ Há equivalente em espanhol: *amistad de yerno, sol de invierno*.

⇒ Morte la FILLE, mort le gendre

2 AMITIÉ de seigneur n'est pas héritage (sXIV)

'il ne faut pas se fier aux promesses des grands; la différence des conditions affecte l'amitié: elle interdit notamment que les amis aient tout en commun'

bem de senhor não é herdade
serve o senhor e saberás o que é dor (aprox.)

a king's favour is no inheritance
great men's favours are uncertain

⇒ PROMESSE des grands/(de seigneur) n'est pas héritage

3 AMITIÉ réconciliée, choux réchauffés, mauvais dîner

'l'amitié déchirée, pas plus que la conscience hégélienne, ne se reprise, ni ne se restaure à l'identique'

amigo remendado, café requentado
amizade reconciliada, café requentado
amizade reconciliada é como café requentado
amizade reconciliada é um café requentado
de amigo reconciliado e de caldo requentado nunca bom bocado
nem amigo reconciliado, nem manjar duas vezes guisado

take heed of meat twice boiled, a reconciled friend and a woman with a beard

4 AMITIÉ rompue n'est jamais bien soudée (1842)

'quand elle a été une fois trahie, l'amitié à jamais se méfie'

amigo quebrado soldará, mas não sarará
amigo reconciliado, inimigo dobrado
amigo reconciliado, nunca dele bom bocado
amigos reconciliados, inimigos disfarçados
amizade quebrada pode soldar mas não há de sarar
amizade reconciliada, chaga mal cicatrizada
amizade reconciliada, chaga mal fechada

a broken friendship may be soldered, but will never be sound
one may mend a torn friendship but it soon falls in tatters

♦ R. Tosi registra o latim *ab amico reconciliato cave!* (cuidado com o amigo reconciliado!) e observa que "consubstancia um trecho do *Eclesiástico* (12, 11), em que o preceito é expresso de modo muito mais diluído". Há provérbios paralelos em italiano: *amicizia riconciliata è una piaga mal saldata* e em espanhol: *amigo reconciliado, enemigo doblado*.

⇒ CLOCHE soudée ne peut bien sonner

5 L'AMITIÉ descend plus souvent qu'elle ne monte (Belgique)

= L'AMOUR des parents descend et ne remonte pas

6 Compter, payer net et souvent est d'AMITIÉ vrai
aliment

= Les bons COMPTES font les bons amis

7 Recevoir sans donner fait tourner l'AMITIÉ

'quand les bons offices sont unilatéraux, l'amitié se
lasse'

dá se queres receber

friendship cannot stand always on one side

⇒ Sur le CHEMIN de l'amitié ne laissez pas croître
l'herbe

AMORCE *s.f.* isca; *bait*

L'AMORCE est ce qui engaigne* le poisson et non
la ligne (1568)

* *Engaigne* (v. *engaigner*) = 'trompe'.

'la tromperie est un art subtil'

a isca é que engana e não o pescador que tem a cana

the bait hides the hook

AMOUR *s.m.* amor; *love*

1 À battre faut* l'AMOUR (1842)

* *Faut* (v. *faillir*) = 'manque'.

'les mauvais traitements font cesser l'amour'

vêm os golpes, vão-se os amores

come blows, love goes

2 AMOUR a de coutume d'entremêler ses plaisirs
d'amertume (1540)

= En AMOUR, il y a plus d'aloès que de miel

♦ Verso de Clément Marot (*Rondeaux*) que se tornou
proverbial. Lê-se em Lesage (*GA*, p. 59): "Cependant don Alonse, s'étant acquitté de sa commission,
se vit obligé de s'en retourner à l'armée: il sentit
alors pour la première fois que, si l'amour a des douceurs, il est aussi accompagné de chagrin, et que ce
dieu fait payer bien cher ses moindres plaisirs."
(Entretanto dom Alonso, tendo dado o seu recado,
teve de voltar ao exército: sentiu então pela primeira
vez que, se o amor tem deleites, é também fonte de
tristeza, e que esse deus cobra muito caro seus míni-
mos prazeres.)

3 AMOUR apprend aux ânes à danser (1495)

'l'amour fait de tels miracles que, sous son empire, les
plus rustres deviennent princes'

o amor faz milagres
o amor pode muito

love makes a wit of the fool
love makes all hard hearts gentle
love works miracles

Nous dansions; j'avais la grâce de maître Martin Bâton;
amour me donnait des ailes: AMOUR APPREND,
dit-on, AUX ÂNES À DANSER. (R. Rolland, *CB*, p. 117)

Dançávamos; eu tinha a graça de mestre Martin Bâton;
o amor me dava asas: O AMOR, dizem, ENSINA OS
BURROS A DANÇAR. (Trad. de Ivo Barroso)

4 AMOUR de seigneur n'est pas héritage (1495)

= PROMESSE des grands/(de seigneur) n'est pas héritage

5 AMOUR et mort, rien n'est plus fort (1842)

= L'AMOUR est fort comme la mort

6 AMOUR et seigneurerie ne vont pas de compagnie (sXIII)

'le cœur a ses raisons que la politique ignore, et récipro-
quement'

a mulher e o reino não se podem bem partir
amar e reinar – nunca dois a par
amor e reino não quer (*sic*) parceiro
amor e senhoria não querem companhia
amor e senhoria não suportam companhia
mandar não quer par
o amor e o reino não querem parceiro
onde manda o amor não há outro senhor

love and lordship like no fellowship

♦ Cf. Ovídio (*Ars amatoria*, 3, 564): *non bene cum sociis
regna Venusque manent* (tal como os reis, Vênus não
gosta de dividir o poder). Cf. também o latim medieval *impatiens socii est omnis amor* (todo amor é incapaz
de admitir um sócio). Há equivalentes em italiano:
amore e signoria, non soffron/voglion compagnia e em espanhol: *amor y señoría no quieren compañía*.

7 AMOUR peut moult, argent peut tout (1606)

= AMOUR vainct tout et argent fait tout

♦ Diz-se em italiano: *amor fa molto, il denaro tutto*.

8 AMOUR, toux, fumée et argent ne se peuvent
cacher longtemps (1568)

'certains phénomènes irrépressibles ne peuvent demeurer longtemps contenus'

amor, fogo e tosse a seu dono descobrem
tosse, amor e febre ninguém esconde

love and a cough cannot be hid
love and a light cannot be hid

♦ Do latim *amor tussisque non celantur* (o amor e a tosse

não se dissimulam) (Ovídio, *Heroides*, 12, 37). Há provérbios paralelos em italiano: *l'amore e la tosse non si possono nascondere* (ou ainda: *amore e tosse si fanno conoscere*) e em espanhol: *el amor y la tos no se pueden ocultar.*

⇒ Le FEU(X), l'amour, aussi la toux, se connaissent par-dessus tout

9 AMOUR vainct tout et argent fait tout (1568)

'amour et richesse confèrent une puissance comparable, mais les triomphes de l'amour sont poétiques, alors que l'efficacité de l'argent est prosaïque'

amor e dinheiro – nada é mais forte
amor faz muito, dinheiro tudo

love does much, money does everything
love does much, money does more

♦ "Peut-être repris du latin: *Omnia vincit amor...* [O amor tudo vence...] (Virgile)." (F. Suzzoni) Cf. Ovídio (*Ars amatoria*, 2, 277-278): *Aurea sunt vere nunc saecula; plurimus auro / venit honos, auro conciliatur amor.* (Nossa época é mesmo a idade de ouro: o ouro é que dá as maiores honrarias, o ouro obtém o amor.)

10 En AMOUR, il y a plus d'aloès que de miel

'l'amour a plus souvent le goût amer du suc d'aloès que la douceur du miel'

não há amor sem amargor

love is a bitter-sweet
love is a sweet torment
of honey and gall in love there is store

♦ A idéia está em Plauto (*Cistellaria*, 69): *amor et melle et felle est fecundissimus* (o amor é riquíssimo não só em mel mas também em fel).

⇒ AIMER n'est pas sans amer

11 Il n'y a pas d'AMOUR sans jalousie

'l'amour éveille nécessairement l'instinct de possession'

não há amor sem ciúme
onde há ciúme, há amor
quem ama cuida
quem tem amor tem ciúme
quem usa cuida

love is never without jealousy

♦ Observa Santo Agostinho (*Contra Adimantum*, 13, 2): *qui non zelat non amat* (quem não sente ciúme não ama). Há correspondentes em italiano: *non è amore senza gelosia* e em espanhol: *aquel que celos no tiene, no tiene amor verdadero* (ou ainda: *nunca amor se engendró sin celos*).

♦ Ao contrário do que diz este provérbio, La Bruyère considera que o ciúme não é necessariamente uma demonstração de amor.

⇒ La JALOUSIE est la sœur de l'amour

12 L'AMOUR a un bandeau sur les yeux

= L'AMOUR est aveugle

13 L'AMOUR des parents descend et ne remonte pas

'ce proverbe, qui s'oppose radicalement à la *pietas* romaine, afirme la non-réciprocité "moderne" du lien affectif entre parents et enfants'

o amor dos pais desce e não sobe

parents' love is stronger than their children's love

⇒ Tout OUVRIER aime mieux son ouvrage qu'il n'en est aimé

14 L'AMOUR est aveugle

'l'amant projette sur l'aimée des archétypes et des mythes qui faussent son appréhension'

o amor é cego

love is blind

O provérbio aparece com outro verbo em A. France:

Comment un si habile homme put-il commettre une telle méprise? Il aimait l'antiquité; L'AMOUR REND AVEUGLE et l'enthousiasme nuit à la critique. (*R*, p. 32-33)

Como um homem tão hábil pôde cometer tal engano? Ele amava a Antigüidade; O AMOR CEGA e o entusiasmo prejudica a crítica.

♦ Teócrito, nos *Idílios* (10, 19-20), já dizia que o amor é cego: τυφλὸς ὁ Ἔρως.

⇒ AFFECTION aveugle raison

15 L'AMOUR est comme la lance d'Achille, qui blesse et guérit

'l'amour est un "φάρμακον" ambivalent, qui tantôt empoisonne, tantôt guérit'

o amor é como a espada de Aquiles: tanto fere como cura

as the spear of Achilles that could both wound and heal, so love is

♦ Frase do marechal de Richelieu, tornada proverbial. "Les mythologues et les poètes racontent que Télèphe, ayant été blessé par Achille, ne put être guéri de sa plaie que par un emplâtre composé de la rouille du fer dont il avait été blessé." (M. Quitard)

16 L'AMOUR est comme la rougeole, plus on l'attrape tard, plus le mal est sérieux (1858)

'la vieillesse n'immunise pas contre le mal d'aimer; elle y rend même plus vulnérable'

o amor é como o sarampo, todos temos de passar por ele (aprox.)

love is like the measles; we all have to go through it

17 L'AMOUR est éternel tant qu'il dure

'être, pour l'amour, c'est être éternel; il vit dans une intemporalité qui se veut sans fin, mais que le temps finit par rattraper'

o amor é eterno enquanto dura

love is eternal as it lasts

18 L'AMOUR est fort comme la mort

'telle est la force de l'amour, qu'il soutient la comparaison avec celle de la mort, à quoi rien, pourtant, ne saurait résister'

amor e morte, nada é mais forte

contra a morte e o amor, ninguém tem valor (Gil Vicente)

o amor e a morte vencem o mais forte

o amor é forte como a morte

love is as strong as death

L'AMOUR, ma chère petite, est fait de finesses, d'imperceptibles sensations. Nous savons qu'il EST FORT COMME LA MORT; mais il est aussi fragile que le verre. (G. de Maupassant, "Le Baiser", in *CN*, t. I, p. 631)

O AMOR, cara menina, é feito de finuras, de imperceptíveis sensações. Sabemos que ele É FORTE COMO A MORTE; mas tem a fragilidade do vidro.

◆ A fonte é o *Cântico dos cânticos*, 8, 6.

⇒ AMOUR et mort, rien n'est plus fort

19 L'AMOUR est un grand maître

= AMOUR apprend aux ânes à danser

HORACE. (...) Il le faut avouer, L'AMOUR EST UN GRAND MAÎTRE: / Ce qu'on ne fut jamais, il nous enseigne à l'être; / Et souvent de nos mœurs l'absolu changement / Devient par ses leçons l'ouvrage d'un moment. (Molière, *L'École des femmes*, in *OC*, t. I, p. 382)

HORÁCIO. (...) Não se pode negar, O AMOR É UM MESTRE: o que nunca soubemos, nos ensina num instante; o que jamais pensamos ser, viramos num momento. (Trad. de Millôr Fernandes)

20 L'AMOUR et la pauvreté font ensemble mauvais ménage (1842)

'il est faux que l'amour ne vive que de pain et d'eau fraîche; les soucis matériels ruinent le couple le plus amoureux'

amor sem vintém não governa ninguém

casa em que não há pão, todos pelejam e ninguém tem razão*

casa em que não há pão, todos ralham e ninguém tem razão*

em casa onde falta pão, todos brigam, ninguém tem razão*

quando a pobreza bate à porta, o amor sai pela janela

* "Antigamente se dizia *ração e não razão*." (João Ribeiro, *apud* Leonardo Mota, *AB*)

hunger is stronger than love
love lasts as long as money endures
spread the table, and contention will cease
want makes strife 'twixt man and wife
when meat is in, anger is out
when poverty comes in at the door, love flies out of the window
when poverty comes in at (the) doors, love leaps out at (the) windows

⇒ Quand AVARICE entre au cerveau Vénus s'en va

21 L'AMOUR et l'amitié s'excluent l'un l'autre (1688)

'l'amour se fonde sur une attirance charnelle dont l'oubli même est indispensable à l'amitié; c'est l'antique antagonisme entre Ἔρως et Ἀγάπη.'

quando o amor nos visita, a amizade se despede (Marquês de Maricá)

when love puts in, friendship is gone

◆ Frase de La Bruyère (*C*, p. 137).

22 L'AMOUR fait passer le temps et le temps fait passer l'AMOUR (1821)

'il n'est rien de tel que l'amour pour tuer le temps, et rien de tel que le temps pour tuer l'amour'

o amor faz passar o tempo e o tempo faz passar o amor

love whiles away time, time wastes away love

23 L'AMOUR ne fait bouillir la marmite

'l'amour est étranger à toute préoccupation économique; il y est même rebelle; il ne lui plaît que de dépenser'

amor não enche barriga

love won't make the pot boil

24 L'AMOUR ne se paie qu'avec l'AMOUR

'tout se peut acheter, fors l'amour'

amor com amor se paga

love is the true price of love
love is the true reward of love

25 On ne badine pas avec l'AMOUR

'avec ses allures d'enfant insouciant, l'amour paraît inviter au jeu qu'il n'est pourtant pas'

com o amor não se brinca
o amor é coisa séria

love is not to be treated lightly
love should be taken seriously

never trifle with love

◆ Título de uma comédia de Alfred de Musset (1834).

26 Pour AMOUR du chevalier baise la dame l'écuyer
(sXIII: *pour l'amour le chevalier baise la dame l'escuier*)

'une noble aspiration explique qu'on emploie des moyens peu glorieux, et certaines séduisent le serviteur pour atteindre le maître'

pela mãe se beija a criança
por amor dos santos se adoram os altares
por amor dos santos se adornam os altares
por causa dos santos se beijam as pedras

he that wipes the child's nose, kisses the mother's cheek
many kiss the child for the nurse's sake
praise the child, and you make love to the mother

⇒ On aime l'EMPEREUR pour l'amour de l'empire

27 Pour l'AMOUR du saint baise-t-on les reliques
(sXIII: *pour amour dou saint baise on les reliques*)

= Pour AMOUR du chevalier baise la dame l'écuyer

28 Qui d'AMOUR se prend, de rage se quitte (rég., Provence)

'l'amour s'achevant fatalement en haine, pour échapper à cette triste fatalité, gardons-nous d'aimer'

quem se mete a amar despede-se a padecer

love is sweet in the beginning but sour in the ending

⇒ AMOURS et mariages qui se font par amourettes finissent par noisettes

29 Qui se marie par AMOUR a bonnes nuits et mauvais jours (1568)

'la seule attirance physique ne saurait fonder un mariage durable; il y faut l'accord diurne des esprits et des âmes'

os que se casam por amor têm noites alegres e dias pesados
por afeição (te) casaste, a trabalhos te entregaste
quem se casa por amores, maus dias e boas noites

marry for love and you are out for blissful nights and stormy days
who marries for love without money, has good nights but sorry days

◆ Há correspondentes em italiano: *chi si marita per amore, di notte ha piacer, di giorno dolore* e em espanhol: *quien casa por amores, malos días y buenas noches.*

⇒ Qui se marie par AMOURETTES a pour une nuit beaucoup de mauvais jours

30 Un AMOUR en amène un autre (sXVI)

'telle est la fatalité inflationniste de l'amour; Don Juan en est la mythique victime'

um amor com outro se tira (Jorge Ferreira de Vasconcelos)
vai-se um amor e vem outro

the new love drives out the old love

Voilà donc comme la beauté allume le feu et la flamme d'une dame, qui la transporte à ceux qu'elle veut puis après, soit aux maris ou aux serviteurs, pour les mettre en usage; aussi qu'UN AMOUR EN AMENE UN AUTRE. (Brantôme, *DG*, p. 206)

Eis pois como a beleza acende o fogo e o ardor de uma dama, e a leva a quem ela deseja e, depois, seja aos maridos ou aos criados, para excitá-los; é assim que UM AMOR SUSCITA OUTRO.

⇒ AMOURS nouvelles oublient les vieilles

AMOURETTE *s.f.* paixonite, flerte; *passing fancy*

1 Aussi bien sont AMOURETTES sous bureau* que sous brunettes** (sXIII)

* *Bureau* = 'laine grossière à l'usage des gens du peuple'.
** *Brunette* = 'étoffe de soie à l'usage des grands seigneurs'.

'les jeux d'amour divertissent aussi bien les grands que les petits, les riches que les pauvres'

no escuro tanto vale a rainha como a negra da cozinha
por baixo da manta, tanto vai preta como vai branca

Joan is as good as my lady in the dark
under the blanket the black one is as good as the white

– Je ne trouve point étrange, dit Parlamente, que la malice y soit plus qu'aux autres, mais, oui bien, qu'amour les tourmente parmi le travail qu'ils ont d'autres choses, ne qu'en un cœur vilain une passion si gentille se puisse mettre. – Madame, dit Saffredant, vous savez que Jean de Meun a dit que
 AUSSI BIEN SONT LES AMOURETTES
 SOUS LE BUREAU QUE SOUS BRUNETTES.
(M. d'Angoulême, Reine de Navarre, *H*, p. 240)

– Não acho estranho – disse Parlamente – que a malícia tenha entre eles um papel mais importante, e sim que o amor os atormente enquanto se preocupam com outras coisas; nem que num coração plebeu possa medrar uma paixão tão delicada. – Senhora – disse Saffredant –, bem sabeis que Jean de Meun disse que
 TÃO BOM É O NAMORO
 DE QUEM VESTE BUREL
 COMO O DE QUEM VESTE SEDA.

⇒ L'amour égale sous sa loi, la BERGÈRE avec le roi

2 Qui se marie par AMOURETTES a pour une nuit beaucoup de mauvais jours

= Qui se marie par AMOUR a bonnes nuits et mauvais jours

⇒ AMOURS et mariages qui se font par amourettes finissent par noisettes

AMOURS *s.f.pl. amores; loves, love affairs*

1 AMOURS et mariages qui se font par amourettes finissent par noisettes* (sXIII)

* *Noisette* (diminutif de *noise*) = 'petite dispute'.

'un rien met fin aux amours qu'un rien a nouées'

quem casa com amores vive com dores
quem casa por amor vive sempre com dor
quem casa por amores sempre vive em dores

love is sweet in the beginning but sour in the ending

⇒ Qui se marie par AMOUR a bonnes nuits et mauvais jours

2 AMOURS nouvelles oublient les vieilles (sXVII)

= Un CLOU chasse l'autre

≠ ON REVIENT TOUJOURS À SES PREMIÈRES AMOURS

3 Folles AMOURS font les gens bêtes (1460)

'la passion ampute l'entendement'

amor apaixonado não admite arrazoado
quem ama pisa na lama

lovers are madmen
no folly to being in love

FOLLES AMOURS FONT LES GENS BESTES: / Salmon en ydolatria, / Samson en perdit ses lunetes. / Bien est eureux qui riens n'y a! (F. Villon, "Double ballade", in *PFV*, p. 72)

O AMOR LOUCO EMBESTA OS VARÕES: / Foi Salomão à idolatria, / Sansão perdeu seus lunetões; / Feliz quem dessa se desvia. (Trad. de Péricles Eugênio da Silva Ramos)

4 Il n'est nulles laides AMOURS (1606)

'la grâce de l'amour transfigure toute disgrâce'

para quem ama, catinga de bode é cheiro
quem ama o feio, bonito lhe parece

beauty is in the eye of the beholder
if Jack's in love, he's no judge of Jill's beauty

⇒ Le BEAU pour le crapaud est la crapaude

5 Les AMOURS qui s'accommancent* par anneaux se finissent par couteaux (sXVI)

* *S'accommancer* = 'commencer'.

"on commence par faire des présents, et les ruptures sont souvent accompagnées de violence" (Panckoucke)

quem casa com a gata por causa da prata perde a prata e fica com a gata
quem casa por dinheiro paga-o bem pago

a great dowry is a bed full of brambles

D'autres dames y a-il qui disent qu'elles ayment mieux leurs derniers marys de beaucoup que les premiers: "d'autant (m'ont-elles dit aucunes), que les premiers que nous espousons, le plus souvant nous les prenons par le commandement de nos roys et reynes maistresses, par la contraincte de nos peres et meres, parens, tutteurs, non par la volunté pure de nous autres; au lieu qu'en nos viduictez, comme tres-bien emancipées, nous en faisons telle election qu'il nous plaist, et ne les prenons que pour nos beaux et bons plaisirs, et par amourettes, et à nostre gentil contentement." Certainement il peut avoir là de la raison, si n'estoit que bien souvent *LES AMOURS QUI S'ACCOMMANCENT PAR ANNEAUX SE FINISSENT PAR COUTEAUX*, ce dit un vieux proverbe ancien, (...). (Brantôme, *DG*, p. 431)

Outras damas há que afirmam amar muito mais os últimos maridos que os primeiros: "sobretudo porque (disseram-me algumas) os primeiros com quem casamos quase sempre os aceitamos por ordem dos reis e rainhas nossas amas, por imposição de nossos pais, mães, parentes, tutores, e não por nossa própria vontade; ao passo que na viuvez, já emancipadas, fazemos a escolha que nos agrada, e só buscamos os que nos dão prazer, por namoricos, e que nos dão contentamento." Decerto nisso elas têm razão, embora muitas vezes AMORES QUE COMEÇAM POR ANÉIS TERMINAM POR PUNHAIS, como reza o velho provérbio, (...).

6 On revient toujours à ses premières AMOURS (1842)

'l'impression laissée par une première passion est si profonde qu'elle servira toujours de référence et qu'on sera toujours tenté d'en retrouver le goût'

amor primeiro, amor verdadeiro
amor primeiro não tem companheiro
não há amor como o primeiro
não há luar como o de janeiro, nem amor como o primeiro

no love like the first love

– Si, dit-elle, nous pouvions attirer le Tapissier à la fête de Soulanges, et lui lâcher une fille de beauté à lui faire perdre la tête, il s'arrangerait peut-être de cette fille, et nous le brouillerions avec sa femme, à qui l'on apprendrait que le fils d'un ébéniste en REVIENT TOUJOURS À SES PREMIÈRES AMOURS... (H. de Balzac, *P*, p. 293)

– Se nós pudéssemos atrair o Tapeceiro à festa de Soulanges – disse ela – e jogar-lhe em cima uma rapariga capaz de lhe virar a cabeça! Talvez ele se ajeitasse com ela, e nós o indisporíamos com a esposa ensinando à condessa que o filho de um marceneiro VOLTA SEMPRE AOS SEUS PRIMEIROS AMORES... (Trad. de Carlos Drummond de Andrade)

♦ "Nasceu a expressão do final de um cuplê do poeta Charles-Guillaume Étienne (1778-1845), para a ópera cômica *Joconde, ou Les Coureurs d'Aventures*, com música do maestro Niccolo, estreada no ano de 1814." (R. Magalhães Júnior)

♦ Diz-se em alemão: *alte Liebe rostet nicht.*

≠ AMOURS NOUVELLES OUBLIENT LES VIEILLES

⇒ Des SOUPES et des amours les premières sont les meilleures

7 Vieilles AMOURS et vieux tisons s'allument en toutes saisons (1615)

'les braises du vieil amour abritent un feu capable de se ranimer longtemps après qu'on l'a cru éteint'

amor antigo não enferruja (e se enferrujar limpa-se)
amores velhos nunca se esquecem

old love does not rust
old love will not be forgotten
true love never grows old

♦ Diz-se em italiano: *amor vecchio non fa ruggine.*

AN *s.m.* ano; *year*

1 À cinquante ANS, ouvre ta cave et ferme tes culottes

= Bonjour LUNETTES, adieu fillettes

⇒ Quand les CHEVEUX commencent à blanchir, laisse la femme et prend le vin

2 L'AN passé est toujours le meilleur (1557)

'après coup on saisit mieux le bonheur vécu, d'où la tendance à embellir le passé, à laquelle se plaisent les tenants de ce proverbe'

o passado dá saudades, o presente dissabores e o futuro receio
qualquer tempo do passado foi melhor que o de agora
tempo bom é o que já passou
todo (o) tempo passado foi melhor

the best is behind
the golden age was never the present age

♦ A idéia era corrente na Antiguidade. Diziam os gregos: ἀεὶ τὰ πέρυσι βελτίω (as coisas passadas são sempre melhores). Entre as várias referências latinas, merecem destaque a máxima de Publílio Siro (*Sententiae*, C 20): *cotidie est deterior posterior dies* (o dia de amanhã é sempre pior que o de hoje) e o dístico de Ovídio (*Ars amatoria*, 3, 65-66): *Utendum est aetate; cito pede labitur aetas / Nec bona tam sequitur quam bona prima fuit.* (Cumpre aproveitar o tempo presente; ele foge com pés rápidos, e, por mais feliz que seja, é menos feliz do que aquele que o antecedeu.)

3 Qui n'est riche à vingt ANS, qui à trente ANS ne sait, et à quarante n'a, de sa vie riche ne sera, et jamais ni saura et n'aura (sXVI)

'il y a un temps pour accomplir chaque étape de sa vie'

quem aos trinta não pode, aos quarenta não sabe e aos cinqüenta não tem... não pode, não sabe e não tem
quem aos trinta não pode, aos quarenta não sabe e aos cinqüenta não tem... nunca será ninguém
quem aos vinte não barba, aos trinta não casa e aos quarenta não tem... nem barba, nem casa, nem tem
quem aos vinte não barba, aos trinta não casa e aos quarenta não tem... tarde barba, tarde casa e tarde tem

he that is not handsome at twenty, nor strong at thirty, nor rich at forty, nor wise at fifty, will never be handsome, strong, rich, or wise

ANCRE *s.f.* âncora; *anchor*

Deux ANCRES sont bons (*sic*) **au navire** (sXVI)

'il faut se réserver plusieurs moyens de se tirer d'affaire'

soldado bom não gasta a munição toda de uma vez

good riding at two anchors, men have told, for if one break the other may hold

♦ Pensamento comum a vários autores latinos, entre os quais Propércio (2, 22, 41): *melius duo defendunt retinacula navim* (duas amarras prendem melhor o barco), Ovídio e Sêneca, mas na verdade de origem grega, já que figura num fragmento de Eurípides: ναῦν τοι μί' ἄγκυρ' οὐχ ὁμῶς σῴζειν φιλεῖ (uma única âncora não basta para salvar o navio). O provérbio existe também em italiano: *la nave è più sicura con due ancore che con una sola.*

⇒ Il faut avoir deux CORDES à son arc

ÂNE *s.m.* (*Equus asinus*) asno; *ass, donkey*

1 À l'ÂNE l'ÂNE semble très beau (1597)

= L'ÂNE frotte l'ÂNE

2 ÂNE convié à noces, eau et bois y doit apporter (sXVII)

'on n'invite les pauvres que pour en tirer avantage'

asno que entra em despensa alheia levará pau em vez de aveia
asno que entra em devesa ['arvoredo cercado ou murado'] alheia sairá carregado de lenha
onde irá o boi que não are?
onde irá o boi que não lavre?

whither shall the ox go where he shall not labour?

⇒ L'ÂNE de la montagne porte le vin et boit l'eau

3 Ce que ne veut Martin veut son ÂNE (sXVI)

= Ce que pense l'ÂNE ne pense l'ânier

4 Ce que pense l'ÂNE ne pense l'ânier (sXV; sXIII: *une panse li asne et autre li asnier*)

'de même que l'âne oppose souvent son entêtement à

son maître, de même deux personnes fort proches ne s'accordent pas nécessairement'

burro e burriqueiro nunca pensam do mesmo modo
burro e carroceiro nunca estão de acordo
uma coisa pensa o baio, outra pensa o selador

one thing thinks the bear, and another he that leads him
one thing thinks the horse, and another he that saddles him
the horse thinks one thing and he that rides him another

♦ Há provérbios paralelos em italiano: *l'asino e il mulla-tiero no hanno lo stesso pensiero* e em espanhol: *uno piensa el bayo, y otro el que lo ensilla.*

5 Chantez à l'ÂNE, il vous fera des pets (a1406)

'd'un service rendu à un imbécile, on ne peut espérer qu'ingratitude en retour'

brincai com o asno, dar-vos-á na barba com o rabo
é semear na areia o cantar a um surdo
não cantes ao asno, que te responde a coices
quem afaga mula receberá coices
se cantas a burro, responde-te a coices

do an idiot a good turn and you will get kicks not thanks

♦ "Altération probable de: 'Chantez à l'âne, il vous ferra [frappera] des pieds' [XVIᵉ s.]." (F. Suzzoni)

6 Compte plutôt sur ton ÂNE que sur le cheval de ton voisin (rég., Auvergne)

'les ressources d'autrui, même plus considérables, ne doivent pas être préférées à son propre'

fui à casa da minha vizinha, envergonhei-me; vim para a minha, remediei-me

the smoke of a man's own country is better than the fire of another's
the smoke of a man's own house is better than the fire of another's

7 D'un ÂNE on ne peut pas demander de la viande de bœuf

= À l'IMPOSSIBLE nul n'est tenu

8 Il y a plus d'un ÂNE (à la foire) qui s'appelle Martin (1752)

'à ne se fier qu'à un seul indice – en l'occurrence: le nom – on s'expose à bien des confusions'

há mais Marias na Terra
há muitas Marias na Terra
há muitos burros do mesmo pêlo
mais Marias há na Terra
no mundo não tem uma Maria só

there are more Jacks than one
there are more maids than Malkin(, and more men than Michael)
there's more than one Jack at the fair

Alteração jocosa em Feydeau:

GABRIELLE, *se levant*. Ah! la la! J'aurais mieux fait de ne pas y mettre les pieds, dans son sale château!... (*Gagnant la gauche.*) Tout ça pour arriver à me faire traiter de drôlesse.
PETYPON. Pourquoi as-tu pris ça pour toi!... Il parlait peut-être d'une autre personne! IL Y A PLUS D'UNE FEMME À LA FOIRE QUI S'APPELLE... MARTIN! (*La Dame de Chez Maxim, in OA-DCM*, p. 453)

GABRIELLE, *levantando-se*. Ahhh! Eu não devia é ter posto os pés naquela droga de castelo!... (*Dirigindo-se para a esquerda.*) Tudo isso só para que me tratem de doidivanas.
PETYPON. Por que pensas que se referia a ti?... Talvez estivesse falando de outra pessoa! NO MUNDO NÃO HÁ UMA MARIA SÓ.

♦ "Autrefois, l'usage était d'appeler les ânes Martin; d'où confusion dans les foires, car les paysans qui cherchaient leur âne prétendaient tous qu'il répondait à ce nom." (P. Vigerie)

9 La surcharge abat l'ÂNE (sXIII)

'à trop faire rendre son bien, il arrive qu'on l'épuise; à trop faire grandir une entreprise, il arrive qu'elle explose; l'économie contemporaine a oublié cette vieille loi, selon laquelle toute croissance a un terme'

a carga bem se leva, a sobrecarga causa a queda
o asno agüenta a carga, mas não a sobrecarga

an ass endures his burden, but not more than his burden
it is not the burden, but the overburden that kills the beast

♦ O provérbio existe em espanhol: *el asno sufre la carga, no la sobre carga* (Cervantes, *D. Quijote*, II, lxxi).

⇒ C'est la GOUTTE d'eau qui fait déborder le vase

10 L'ÂNE de la montagne porte le vin et boit l'eau (1842)

= ÂNE convié à noces, eau et bois y doit apporter

11 L'ÂNE de tous est mangé des loups (sXVI)

= L'ÂNE du commun est toujours le plus mal bâté

12 L'ÂNE du commun est toujours le plus mal bâté

'le bien public est plus négligé que le bien privé'

asno de muitos, lobos o comem (aprox.)
barco de muitos mestres dá na costa
cachorro de dois donos morre de fome
com muitos cozinheiros queima-se a comida
é sempre mau o caldo que muita gente tempera
panela de muita criada, ou insossa ou salgada
panela de muitos, mal comida e pior mexida
panela mexida por muitos não presta
panela que muitos mexem, ou sai insossa ou salgada
três à carga, carga no chão

everybody's business is nobody's business
the common horse is worst shod
where every hand fleeces, the sheep go naked

13 L'ÂNE frotte l'ÂNE (sXVII)

se dit de deux ignorants qui se louent mutuellement

um gambá cheira outro
um tolo tem sempre outro que o admira

daws love another's prattle
one fool praises another

♦ A origem é o latim *asinus asinum fricat.* "Allusion à l'habitude qu'ont les ânes de se frotter les uns contre les autres pour apaiser leurs démangeaisons." (P. Vigerie)

⇒ À sot AUTEUR, sot admirateur

14 N'attèle pas ensemble l'ÂNE et le cheval (1597: *âne avec le cheval n'attèle*)

'il convient de ne pas accoupler des personnes trop inégales'

cada ovelha com sua parelha
cada qual com seu igual (e cada ovelha com sua parelha)
lé com lé, cré com cré (e cada qual com os da sua ralé)

marry (with) your equal
marry (with) your like
marry (with) your match

15 Nul ne sait mieux que l'ÂNE où le bât le blesse

'nul mieux que l'âne ne connaît son point sensible'

ninguém sabe melhor que o jumento onde lhe aperta a cangalha
quem carrega é que sabe o peso que pega

none knows the weight of another's burden

⇒ Chacun sait où le BÂT le blesse

16 On ne dit guère Martin qu'il n'y ait d'ÂNE

'il y a toujours du vrai dans les commérages'

todo boato tem um fundo de verdade

where there are reeds, there is water

⇒ Il n'y a pas de FUMÉE sans feu

17 On ne fait pas boire un ÂNE qui n'a pas soif

'on ne saurait contraindre une personne entêtée'

não se leva a beber água o asno que não tem sede

one man may lead an ass to the pond's brink but twenty men cannot may him drink

⇒ On a beau mener le BŒUF à l'eau s'il n'a pas soif

18 Près des ÂNES l'on attrape des coups de pieds (rég., Agen)

= Qui hante CHIEN(S) puces remporte

19 Quand un ÂNE va bien, il va sur la glace et se casse une patte

'quand on est en paix avec la réalité, on oublie les précautions élémentaires'

a fortuna é como o vidro: quando menos se espera ela parte
a fortuna é como o vidro: tanto brilha como quebra

fortune is like glass
fortune is made of glass

♦ Cf. Publílio Siro (*Sententiae*, F 24): *fortuna vitrea est: tum cum splendet frangitur* (a fortuna é semelhante ao vidro: é quando mais brilha que ela se quebra).

20 Qui dit mal de l'ÂNE le voudrait à la maison

'comme le Renard de la fable de La Fontaine (III, xi), tel feint de dédaigner ce qu'il ne peut s'approprier'

quem desdenha quer comprar

after scorning comes catching
he that speaks ill of the mare would buy her
scorn at first makes after-love the more

⇒ Qui dénigre veut ACHETER

21 Qui est ÂNE et veut être cerf se connaît au saut du fossé (1828)

= L'ESPRIT qu'on veut avoir gâte celui qu'on a

22 Qui ne peut frapper l'ÂNE frappe le bât

'quand on ne peut ou quand on ne veut pas atteindre le coupable, on s'en prend à l'innocent; c'est la loi du bouc émissaire, ou du fusible'

quem não pode dar no asno dá na albarda
quem não pode vingar-se do senhor vinga-se do criado

he that cannot beat the ass, beats the saddle
who cannot beat the horse, let him beat the saddle

♦ A fonte é o latim *qui asinum non potest, stratum caedit* (quem não pode bater no asno bate na sela), que figura em Petrônio (*Satiricon*, 45, 8). O provérbio tem correspondentes em italiano: *chi non può dare all'asino dà al basto* e em espanhol: *quien no puede dar en el asno, da en la albarda.*

⇒ Qui ne peut battre le CHEVAL bat la selle

23 Savonnez un ÂNE noir, vous ne le rendrez jamais blanc (rég., Dauphiné)

= À blanchir/laver la TÊTE d'un âne, on perd sa lessive

⇒ Un ÂNE chargé ne laisse pas de braire

24 Tous les ÂNES ne portent pas sac

'tout le monde n'est pas de même condition'

nem todos podem ser grandes

nem todos podem ser iguais

all men are not cast in the same mould
all men, things, are not alike
if all were equal, if all were rich, and if all were at table, who
* would lay the cloth?*

25 Tout ÂNE qui tombe et qui se relève n'est pas une rosse

'courage et endurance forcent le respect'

não é tolo quem tropeça e se levanta

he is not a fool that falls and rises again

26 Un ÂNE affamé ne se soucie pas des coups

= La FAIM chasse/(fait sortir) le loup (hors) du bois

27 Un ÂNE appelle l'autre rogneux (sXIV)

= C'est la POÊLE qui se gausse du chaudron

28 Un ÂNE chargé ne laisse pas de braire (1752)

'l'avoir n'affecte pas l'être: transporter de précieuses marchandises ne rend pas l'âne moins stupide'

asno de Arcádia, cheio de ouro e come palha

an ass is but an ass, though laden with gold
the ass loaded with gold still eats thistles

⇒ Lavez CHIEN, peignez CHIEN, toutefois n'est CHIEN que CHIEN

29 Un ÂNE gratte l'autre (1690)

'les gens de même métier et de même extraction s'entr'aident, se soutiennent mutuellement; c'est l'origine des lobbies'

barbeiro não paga a barbeiro
barqueiro não paga a barqueiro
de ferreiro a ferreiro não passa dinheiro
um burro coça (o) outro

one ass does scrub another
one horse scrubs another
one mule does scrub another

♦ Do latim *mutuum muli scabunt* (Erasmo, *Adagia*). Comenta Machado de Assis (*MPBC*, p. 234): "Erasmo, que no seu *Elogio da Sandice* escreveu algumas coisas boas, chamou a atenção para a complacência com que dois burros se coçam um ao outro. Estou longe de rejeitar essa observação de Erasmo: mas direi o que ele não disse, a saber, que se um dos burros coçar melhor o outro, esse há de ter nos olhos algum indício especial de satisfação."

⇒ Un BARBIER rase l'autre

30 Un ÂNE ne trébuche pas deux fois sur la même pierre

'tous, même les moins doués, tirent profit de l'expérience'

até um asno não tropeça duas vezes na mesma pedra
na primeira quem quer cai, na segunda cai quem quer,
  na terceira quem é tolo
quem numa pedra duas vezes tropeça merece quebrar a
  cabeça
só o tolo cai duas vezes no mesmo buraco
uma vez cai o cão, à outra já não
uma vez se engana o prudente e duas o inocente

even an ass will not fall twice in the same quicksand
wherever an ass falls, there will he never fall again

♦ Do latim medieval *asinus ad lapidem non bis offendit eundem*. Há correspondentes em italiano: *l'asino, dove è cascato una volta, non ci casca più*, em espanhol: *quien en una piedra dos veces tropieza, merece que se quiebre la cabeza* e em alemão: *der Esel geht nur einmal aufs Eis*.

⇒ Trébucher deux fois sur la même PIERRE est honteux

31 Un ÂNE n'entend rien en musique (1495)

'la nature répartit les plaisirs selon les dispositions qu'elle a données à chacun'

asno não conhece música
não sabe o asno que coisa são alféloas

did you ever hear an ass play on a harp?
did you ever hear an ass play on a lute?

♦ Cf. o provérbio grego ὄνος λύρας ἀκούων (o asno que ouve lira), documentado num fragmento de Menandro. "Entre os gregos, essa expressão indica uma pessoa tosca ou ignorante como um asno, que, ouvindo o som da lira, se afasta em vez de ficar extasiada", comenta R. Tosi.

⇒ C'est FOLIE de semer les roses aux pourceaux

ANGE *s.m.* anjo; *angel*

1 Au parler ANGE, au faire change (1568)

'l'action révèle ce que les bonnes paroles dissimulaient'

a cruz na boca e o diabo no coração
falas de mel, coração de fel

he has honey in the mouth, and a razor at the girdle

⇒ Belle CHÈRE et cœur arrière

2 Au prêter ANGE, au rendre diable (1752)

= AMI au prêter, ennemi au rendre

3 De jeune ANGE, vieux diable

= De jeune ANGELOT, vieux diable

ANGELOT *s.m.* anjinho, querubim; *cherub*

De jeune ANGELOT, vieux diable (1495)

'l'âge corrompt toute pureté'

depois de velho, gaiteiro

quem em menino é pousado será velho endiabrado

(a) young saint, (an) old devil

♦ Cf. o latim *fit puer angelicus daemon veniente senecta* (com a chegada da velhice o menino inocente se transforma em diabo). Diz-se em italiano: *fanciulli angeli, in età son diavoli.*

⇒ De jeune ERMITE, vieux diable

ANGUILLE *s.f.* (*Anguilla rostrata*) enguia; *eel*

1 Il fait comme l'ANGUILLE de Melun, il crie avant qu'on l'écorche (1534)

pour la définition, voir l'observation ci-dessous (♦)

é como a enguia de Melun: grita antes de ser esfolada

he is like the Melun eels, he cries (out) before he is hurt

– Bren, bren! dist Picrochole; VOUS SEMBLEZ LES ANGUILLEZ DE MELUN: VOUS CRIEZ DAVANT QU'ON VOUS ESCORCHE. Laissés-les seulement venir. (F. Rabelais, *G*, p. 192)

– Merda! merda! – exclama Picrocolo – VOCÊS PARECEM AS ENGUIAS DE MELUN: GRITAM ANTES DE SEREM ESFOLADAS. Deixem que eles venham! (Trad. de Aristides Lobo)

♦ "Il y avoit à Melun-sur-Seine près Paris un jeune homme nommé L'Anguille, lequel, en une comédie qui se jouoit publiquement, représentoit le personnage de saint Barthélemy. Comme celuy qui faisoit l'exécuteur le voulut approcher, le couteau à la main, feignant de l'escorcher, il se prit à crier avant qu'il le touchast, ce qui donna sujet de rire à toute l'assemblée et commencement à ce proverbe, qui depuis s'est appliqué à ceux qui craignent le mal avant qu'il arrive." (Fleury de Bellingen, *Étym. des Prov. franç.*, p. 140, *apud* Le Roux de Lincy, qui observe: "Cette origine est la plus répandue, mais rien ne prouve qu'elle soit vraie."). ("Havia em Melun-sur-Seine, perto de Paris, um jovem chamado o Enguia, que representava, numa comédia em cartaz, a personagem de São Bartolomeu. Quando o que fazia o papel de carrasco se aproximou, de faca em punho, fingindo que o ia esfolar, ele se pôs aos gritos antes mesmo de ser tocado; isso provocou o riso de toda a platéia e deu origem a este provérbio que, desde então, se aplica a quem teme o mal antes que ele aconteça." (Fleury de Bellingen, *Étym. des Prov. franç.*, p. 140, *apud* Le Roux de Lincy, que comenta: "Essa origem é a mais conhecida, mas nada prova que seja verdadeira.")

2 Il y a ANGUILLE sous roche (1690; sXVI: *il tient quelque anguille cachée sous roche*)

'il se trame quelque intrigue, il y a quelque chose de caché, secret'

aqui há dente de coelho
aqui há gato
debaixo desse angu tem torresmo
debaixo do saial há al ['outra coisa']
entre a erva jaz a cobra
há moiro/mouro na costa
tem gato na tuba

there is a snake in the grass
there is something in the wind
there's a nigger in the wood-pile

Grandet saisit alors le banquier par un des boutons de son habit et l'attira dans un coin.
– J'aurais bien plus de confiance en vous que dans le président, lui dit-il. Puis IL Y A DES ANGUILLES SOUS ROCHE, ajouta-t-il en remuant sa loupe. (H. de Balzac, *EG*, p. 102)

Grandet puxou então o banqueiro por um botão e o levou para um canto.
– Tenho mais confiança em você do que no presidente – disse ele. – Além disso, HÁ OUTRA COISA MAIS IMPORTANTE AINDA – acrescentou, mexendo no lobinho. (Trad. de Vidal de Oliveira)

– Je ne sais pas ce qui prend à Madame Agathe, mais je trouve qu'elle devient coquette.
– Oui, Madame se lave le cou maintenant...
– IL Y A PEUT-ÊTRE ANGUILLE SOUS ROCHE! (F. Mauriac, *Ga*, p. 84)

– Não sei o que se passa com Mme Agathe; mas acho que ela se está tornando garrida.
– De fato, Madame agora deu para lavar o pescoço...
– DEVE HAVER MOURO NA COSTA!... (Trad. de José Geraldo Vieira)

♦ Corresponde à locução virgiliana *latet anguis in herba* (*Bucolica*, 3, 93).

3 Le pâté d'ANGUILLE lasse

= Même RAGOÛT perd tout son goût

♦ "Au Moyen Âge, l'anguille était un poisson très recherché pour sa chair savoureuse (mais indigeste)." (P. Vigerie)

4 Par trop presser l'ANGUILLE, on la perd

= ARC toujours tendu se gâte

5 Quand on serre trop l'ANGUILLE, on la laisse partir (1792)

= ARC toujours tendu se gâte

6 Qui prend l'ANGUILLE par la queue et la femme par la parole peut dire qu'il ne tient rien (sXIII)

'éphémères et fragiles sont les promesses féminines'

quem segura a enguia pelo rabo e a mulher pela palavra
   pode dizer que nada segura

who has a woman has an eel by the tail

◆ Diz-se em espanhol: *quien prende el anguila por la coda y la mujer por la palabra bien puede decir que no tiene nada.*

⇒ Souvent FEMME varie(,) bien fol (est) qui s'y fie

7 Qui tient l'ANGUILLE par la queue, il ne l'a pas (sXIII: *qui tient l'anguille par la cue il ne l'a mie*)

'entre prendre et posséder, il y a encore une grande différence, dont on ne se doute pas assez'

quem segura enguia pelo rabo nada segura

who has a wet eel by the tail, has nothing

◆ Cf. o latim medieval *non habet anguillam per caudam qui tenet illam.*

ANNÉE *s.f.* ano; *year*

1 ANNÉE neigeuse, ANNÉE fructueuse

'le bonheur se mûrit dans les conditions les plus contraires'

ano de nevão, ano de pão
ano de neve, ano de bens
ano de neve, ano de Deus
ano de neve, muito pão e muitos crescentes
ano de neve, paga o que deves
em ano geado há pão dobrado

a snow year, a rich year

◆ Diz-se em espanhol: *año de nieves, año de bienes.*

2 La première ANNÉE nez à nez, la seconde bras à bras, et la troisième cul à cul

'du face-à-face amoureux au dos-à-dos des conflits conjugaux, ainsi va la vie des couples'

enquanto dura, vida e doçura, em acabando, gemendo e chorando (aprox.)
na hora de casar é meu bem pra cá, meu bem pra lá; na hora de separar, meus bens pra cá, meus bens pra lá (aprox.)

when a couple are newly married, the first month is honeymoon, or smick smack: the second is, hither and thither: the third is, thwick thwack: the fourth, the devil take them that brought thee and I together

3 Les ANNÉES en savent plus que les livres

'la vie fournit un savoir plus précieux que celui qu'on acquiert par l'étude'

a experiência vale mais que a ciência
os livros não ensinam tudo

years know more than books

ANOLI *s.m.* (*Anolis*) anólis (lagarto pequeno); *anole*

L'ANOLI sait sur quel arbre il monte (Guadeloupe)

= Bien sait le CHAT quelle barbe il lèche

AOÛT *s.m.* agosto; *August*

1 En AOÛT quiconque dormira sur midi s'en repentira (rég., Picardie)

= Qui dort en AOÛT, dort à son coût

2 Quand il pleut en AOÛT il pleut miel et moût

dicton météorologique

se chover em agosto, não gastes dinheiro em mosto

a rainy August will bring honey and must

◆ Há equivalente em espanhol: *cuando llueve en agosto, llueve miel y mosto.*

⇒ PLUIES d'août donnent miel et bon moût

3 Qui dort en AOÛT, dort à son coût (sXVI)

'bien que l'été invite à la paresse, quiconque y cède en subira seul les conséquences, car c'est un mois de récoltes'

em agosto aguilhoa o preguiçoso e sê cuidadoso
em agosto, suor no rosto
quem em agosto ara riquezas prepara
quem não debulha em agosto debulha com mau rosto
quem não debulha em agosto debulha contra seu gosto

he who sleeps in August may go a-begging all the year

◆ Diz-se em italiano: *chi dorme d'agosto, dorme a suo costo.*

APPARENCE *s.f.* aparência; *appearance*

1 Les APPARENCES sont (souvent) trompeuses

'depuis Platon et sa dénonciation de la "doxa", les apparences n'ont jamais cessé d'être, en Occident, l'objet des soupçons'

as aparências enganam
as aparências iludem

appearances are (often) deceptive
appearances can be misleading
looks are deceiving

Je ne te crois point d'accord avec mes neveux. Je suis persuadé que mon intérêt seul te touche, et je t'en sais bon gré; mais LES APPARENCES SONT TROMPEUSES; peut-être n'as-tu pas vu effectivement ce que tu t'imaginais voir; et dans ce cas juge jusqu'à quel point ton accusation doit être désagréable à Eufrasie! (Lesage, *GB*, p. 227)

Não acredito que estejas de acordo com meus sobrinhos. Estou certo de que só estás preocupado comigo, e te sou grato por isso; mas AS APARÊNCIAS ENGANAM; talvez não tenhas visto o que imaginaste ver; e, nesse caso, considera o quanto a tua acusação deve desagradar a Eufrasie!

♦ Cf. Teógnis (1, 128): πολλάκι γὰρ γνώμην ἐξαπατῶσ' ἰδέαι (as aparências costumam levar o juízo a enganar-se). Cf. também Sêneca (*De beneficiis*, 4, 34, 1): *Fallaces enim sunt rerum species* (enganadoras são as aparências das coisas). Lê-se na fábula *De Mustella et Muribus* ("A Doninha e os Ratos"), de Fedro (4, 2, 5-6): *Non semper ea sunt quae videntur; decipit / Frons prima multos; (...).* (As coisas nem sempre são o que parecem; a primeira impressão engana a muitos; [...].)

2 Sur l'APPARENCE est bien fou qui se fonde

'c'est sur le fond et non sur l'apparence qu'il faut juger'

não vos fieis em aparências

never judge from appearances

⇒ Il ne faut pas juger de la LIQUEUR d'après le vase

APPÉTIT *s.m.* apetite; *appetite*

1 À bon APPÉTIT il ne faut pas/point de sauce (sXVI)

= Il n'est (de) SAUCE que d'appétit

Enfin, quand j'eus expédié cet excellent mets, je me sentis tout autre que je n'étais auparavant, et je m'estimais trop heureux d'avoir fait ce repas, tant il est vrai que À BON APPÉTIT IL NE FAUT POINT DE SAUCE. (Lesage, *GA*, p. 27)

Enfim, quando dei cabo do excelente prato, senti-me um outro homem, e me considerei um felizardo por ter feito aquela refeição. É bem verdade: QUEM TEM FOME TUDO COME.

2 L'APPÉTIT vient en mangeant(, la soif s'en va en beuvant) (1456)

'l'ambition se nourrit d'elle-même, la volonté de puissance est volonté de volonté; il n'en va pas de même des besoins naturels'

a guerra e a ceia começando se ateia (*sic*)
coçar e comer começo quer (*sic*)
comer e coçar, tudo está em começar
é o comer que faz a fome (Eça de Queirós)
o comer e o coçar é questão de começar

appetite comes with eating
eating and drinking wants but a beginning
eating and scratching wants but a beginning
eating whets the appetite
one bit draws down another
when you start eating you soon get hungry

– L'APPÉTIT VIENT EN MANGEANT, disoit Angest on Mans; LA SOIF S'EN VA EN BEUVANT. (F. Rabelais, *G*, p. 62)

– É COMENDO QUE VEM O APETITE, dizia Angest em Mans; É BEBENDO QUE SE MATA A SEDE. (Trad. de Aristides Lobo)

– L'APPÉTIT VIENT AUSSI BIEN EN BUVANT QU'EN MANGEANT; si nous mangions les poulets? dit M. Susurrans. (C. Tillier, *OB*, p. 136)

A certa altura, o Sr. Susurrans falou:
– O APETITE NOS CHEGA TANTO BEBENDO QUANTO COMENDO; se comêssemos os frangos? (Trad. de Osório Borba)

APPORTER *v.t.* trazer; *to bring*

Bien est venu qui APPORTE (sXIII)

'... autant qu'est mal venu qui sollicite'

quem traz é sempre bem recebido

he that brings a present finds the door open
they are welcome that bring

♦ Lê-se num fragmento de Hesíodo: Δῶρα θεοὺς πείθει καὶ αἰδοίους βασιλῆας (os presentes convencem os deuses e os nobres reis). Cf. Ovídio (*Ars amatoria*, 3, 653): *Munera, crede mihi, capiunt hominesque deosque; / Placatur donis Iuppiter ipse datis.* (As dádivas, creia-me, seduzem os homens e os deuses: o próprio Júpiter se deixa comover pelas oferendas.)

⇒ Un BROCHET fait plus qu'une lettre de recommandation

APPRENDRE *v.t.* aprender; *to learn*

On APPREND en faillant

= En FAISANT on apprend

APPRENTI *s.m.* aprendiz; *apprentice*

APPRENTI n'est pas maître (1610: *apprentis ne sont pas maîtres*)

'bien des élèves sont si vains de leur premier savoir qu'ils se donnent déjà des allures de docteurs, qu'ils ne sont pourtant pas'

a prática ensina mais que os livros
a prática faz o mestre
a prática faz o monge
aprende e serás mestre
mais se sabe por experiência que por aprender

knowledge without practice makes but half an artist
practice makes perfect
practice makes perfectness

⇒ EXPÉRIENCE passe science

ARAIGNÉE *s.f.* (*Araneida, Araneae*) aranha; *spider*

ARAIGNÉE du matin, chagrin(; ARAIGNÉE du soir, espoir)

formule de présage avec jeu de rimes

aranha matutina envenena a sina

spiders in the morning, annoy; spiders at night, joy

Malheureusement, (...) Mlle Pierrotte ne se contentait pas de les relire; elle y glissait souvent des phrases de son cru comme ceci par exemple:

"... Ce matin, je suis toute triste. J'ai trouvé une araignée dans mon armoire. ARAIGNÉE DU MATIN, CHAGRIN." (A. Daudet, *PC*, p. 202)

(...) E o pior é que a Srta. Pierrotte não se contentava em as reler, juntando-lhes às vezes frases do seu repertório, como por exemplo:

"Desde cedo que estou desolada. Encontrei uma aranha dentro do armário. ARANHA MATUTINA ENVENENA A SINA..." (Trad. de José Geraldo Vieira)

Solange, autrefois, était la fée des ARAIGNÉES DU MATIN – CHAGRIN, dit la chronique. Je m'interromps ici pour observer "ce matin" une araignée qui tisse dans le coin le plus noir de ma cellule. Le destin a mené sournoisement mon regard sur elle et sa toile. L'oracle se manifeste. Je n'ai qu'à me courber sans maudire: "Tu es ton propre sort, tu as tissé ton propre sortilège." (J. Genet, *NDF*, p. 264)

Solange tinha sido outrora a fada das ARANHAS MATUTINAS – MOFINAS, diz a lenda. Faço aqui uma pausa para observar "esta manhã" uma aranha que tece sua teia no canto mais escuro de minha cela. O destino guiou sorrateiramente meu olhar para ela e para a teia. O oráculo se manifesta. Tenho apenas de me curvar sem reclamar: "És o teu próprio destino, teceste o teu próprio sortilégio."

♦ "Aranhas, quando encontradas casualmente nas diversas horas do dia, são prenunciadoras de agouro ou de felicidade. Este fato é idêntico nos países de origem germânica: encontradas ao amanhecer, são portadoras de más notícias, deparadas à noite, prenunciam fortuna, felicidade." (Edmundo Krug, *apud* Luís da Câmara Cascudo, *DFB*)

ARBRE *s.m.* árvore; *tree*

1 ARBRE trop souvent transplanté rarement fait fruit à planté* (1568)

* *À planté* = 'en abondance'.

'la réussite est ennemie de l'impatience et de l'inconstance'

árvore mudada, árvore matada
planta muito mudada não medra, nem cresce nada

a tree often transplanted, bears not much fruit

♦ Diz-se em italiano: *albero spesso trapiantato, mai di frutti è caricato.*

⇒ Un vieux ROSIER ne se transplante pas

2 Chaque ARBRE se connaît à son fruit

= C'est au FRUIT qu'on connaît l'arbre

3 De doux ARBRE douces pommes (sXV)

'du bien ne peut advenir un mal'

árvore ruim não dá bom fruto
de boa árvore, bom fruto
de boa semente, bom fruto
de bom madeiro, boa acha

a good tree cannot bring forth evil fruit
good fruit of a good tree

⇒ Tel ARBRE, tel fruit

4 De l'ARBRE d'un pressoir, le manche d'un cernoir*

* *Cernoir* = 'petit couteau'.

'à trop vouloir la perfection, on finit par ne rien faire du tout'

o diabo tanto endireitou o nariz do filho que afinal saiu torto

he that makes a thing too fine breaks it
often a full dexterous smith forges a very weak knife

⇒ Le CHAMEAU a demandé des cornes et ses oreilles lui ont été enlevées

5 Entre l'ARBRE et l'écorce ne mettez pas le doigt (sXVII: *entre l'arbre et le doigt il ne faut point mettre l'écorce*)

'c'est une dangereuse illusion de croire que l'écorce peut être aisément séparée de son tronc; l'athlète Milon de Crotone en mourut; il faut se garder de s'interposer entre des personnes trop proches, ou solidaires'

corta-me os pés e mãos e mete-me entre irmãos
em briga de branco, negro não se mete
em briga de irmão não se dá opinião
em briga de marido e mulher ninguém mete a colher
entre dois dentes molares nunca meta os polegares
entre duas pedras não metas a mão
entre irmãos não meta as mãos
entre marido e mulher não meta a colher
entre pai e irmãos não metas as mãos
ninguém meta a mão entre duas pedras

don't interfere in family quarrels
don't put your finger between the bark and the tree
leave family jars severely alone
put not thy hand between the bark and the tree

Var. em Molière:

SGANARELLE. Et vous êtes un impertinent de vous ingérer des affaires d'autrui. Apprenez que Cicéron dit qu'ENTRE L'ARBRE ET LE DOIGT IL NE FAUT

POINT METTRE L'ÉCORCE. (*Le médecin malgré lui*, in *OC*, t. II, p. 190)

SGANARELLE. E o senhor é um impertinente, pois se mete na vida alheia. Saiba que Cícero diz que ENTRE A ÁRVORE E O DEDO NÃO SE DEVE PÔR A CASCA.

♦ Há provérbio paralelo em espanhol: *entre el árbol y la corteza no metas la mano.*

⇒ Il ne faut pas mettre le DOIGT entre l'arbre et l'écorce

6 Il faut planter un ARBRE au profit d'un autre âge

'il faut savoir investir à long terme, sans se préoccuper d'en recueillir soi-même tous les profits; ajoutons, en écho à un mot d'A. Soljénitsyne, que l'urgence est plus grande de semer ce qui croît lentement'

nem sempre se comem os frutos da árvore que se plantou
quem me come... nem sempre me plantou

he that plants a tree plants for posterity
plant pears for your heirs
walnuts and pears you plant for your heirs

♦ Cícero (*De senectute*, 7, 24): "serit arbores, quae alteri saeculo prosint", ut ait Statius noster in *Synephebis* ("ele planta árvores que serão de uso para outra idade", como diz [Cecílio] Estácio nos seus *Synephebi*).

7 Il faut se tenir au gros de l'ARBRE (1752; 1690: *il se faut tenir au gros de l'arbre*)

'maxime politique inspirée de la sagesse sceptique, telle que l'illustre Montaigne, par exemple, qui préconise de se ranger à l'opinion commune, au parti le plus sûr'

chega-te a boa árvore, boa sombra te cobrirá
encosta-te a boa árvore e gozarás de boa sombra
encosta-te a boa árvore, que boa sombra te cobre
quem a boa árvore se arrima boa sombra o cobre
quem a boa árvore se chega boa sombra colhe

it is better to be on the right side of the hedge
it is safe riding in a good haven
who trusts to rotten boughs may fall

8 L'ARBRE ne tombe pas au premier coup (sXIII: *al premier cop arbres ne chiet*)

'on ne vient pas aisément à bout de ce que le temps a fortifié'

a primeira machadada não derriba o pau

the tree falls not at the first stroke

♦ Cf. o latim medieval: *arbor non primo, sed saepe cadit feriendo* (a árvore não cai ao primeiro golpe, mas só se for golpeada com insistência).

⇒ Vieil ARBRE d'un coup ne s'arrache

9 L'ARBRE qui porte des fruits a beaucoup à souffrir

= On ne jette de PIERRES qu'à l'arbre chargé de fruits

⇒ Il se trouve toujours quelqu'un pour jeter des PIERRES à l'arbre lourd de fruits

10 L'ARBRE tombe toujours du côté où il penche

'nos penchants trahissent notre vulnérabilité'

a árvore cai para onde vergam os galhos
todas as voltas da enguia vão dar à água
todos os tombos da enguia são para a água

as the twig is bent, so grows the tree
as the twig is bent, so is the tree inclined

⇒ On ne peut empêcher les CHIENS d'aboyer et les menteurs de mentir

11 Les ARBRES cachent la forêt

'l'attention accordée aux détails manifestes rétrécit le champ visuel, interdisant toute ampleur considérative'

as árvores escondem a floresta
não se pode ver o bosque por causa das árvores

you cannot see the wood for the trees

⇒ Les MAISONS empêchent de voir la ville

12 Quand l'ARBRE est tombé, tout le monde court aux branches (1842)

'quand un puissant tombe, les inférieurs se déchaînent contre lui'

à árvore caída todos vão buscar lenha
de árvore caída todos fazem lenha
em pau caído todo o mundo faz graveto

when the tree is fallen, all go with their hatchet
when the tree is fallen, every one runs to it with his axe

♦ Do grego δρυὸς πεσούσης πᾶς ἀνὴρ ξυλεύεται (quando um carvalho cai, todo homem se torna lenhador), consignado nos *Monósticos* (123) de Menandro. Seu correspondente em latim medieval é *deiecta arbore, quivis ligna colligit*. Diz-se em espanhol: *del árbol caído todos hacen leña.*

⇒ Quand le LOUP est pris, tous les chiens lui lardent/ mordent les fesses

13 Qui aime l'ARBRE aime la branche

'l'amour est globalisant: il aime tout de ce qu'il aime'

quem ama a cabra ama o cabrito
quem ama Beltrão ama seu cão
quem ama Beltrão ama seu irmão

he that loves the tree, loves the branch
if you love the boll, you cannot hate the branches

14 Tel ARBRE, tel fruit (1568)

'loi fondatrice de la notion d'hérédité'

a acha sai ao madeiro

de tal árvore, tal fruto
tal acha, tal racha
tal árvore, tais frutos
tal árvore, tal fruto

like tree, like fruit
like wood, like arrows

Car un beau meuble est comme un fruit qu'on doit cueillir à l'espalier; il ne saurait pousser sans l'arbre; et TEL EST L'ARBRE, TEL LE FRUIT. (R. Rolland, *CB*, p. 111)

Porque um bom móvel é como um bom fruto que se deve colher na latada; ser-lhe-ia impossível desabrochar sem a árvore; e TAL ÁRVORE, TAL FRUTO. (Trad. de Ivo Barroso)

♦ A fonte é Mateus 7, 17.

⇒ Un bon ARBRE ne peut porter de mauvais fruit

15 Un ARBRE qui t'abrite, salue-le, il le mérite

'on doit le respect à ceux qui nous font du bien'

saúda a árvore que te abriga, que bem o merece

honour the tree that gives you shelter

♦ Cf. o latim *honoratur arbor ob umbram* (honra-se a árvore por causa da sombra). Diz-se em italiano: *bisogna rispettare l'albero per la sua ombra.*

16 Un bon ARBRE ne peut porter de mauvais fruit

= De doux ARBRE douces pommes

⇒ Bon FRUIT vient de bonne semence

17 Vieil ARBRE d'un coup ne s'arrache (1597)

'on ne vient pas aisément à bout de ce que le temps a fortifié'

árvore velha não é fácil de arrancar

an old tree is not felled at one stroke

⇒ On n'abat pas un CHÊNE au premier coup

ARC *s.m.* arco; *bow*

1 ARC toujours tendu se gâte (1610: *arc trop tendu, tôt lâché ou rompu*)

'on ne peut vivre en permanence sur la pointe du désir ou de la motivation, ni l'exiger d'autrui'

a corda muito puxada arrebenta
à força de tensão todo (o) arco se rompe
arco muito retesado é arco quebrado
arco sempre armado, ou frouxo ou quebrado
corda puxada se quebra
o muito puxar desata

a bow long bent at last waxes weak
a bow long bent grows weak
strings high stretched either soon crack or quickly grow out of tune

too-too will in two*

* "Strain a thing too much and it will not hold." (*ODEP*)

♦ *Cito rumpes arcum, semper si tensum habueris* (logo romperás o arco, se o mantiveres sempre tenso). "Essa expressão é extraída de uma fábula de Fedro (3, 14, 10), em que Esopo, ao ser ridicularizado por estar brincando com crianças, defende-se pondo no chão um arco com a corda frouxa; assim como o arco, se continuamente tenso, acabará por quebrar-se, também nas várias atividades não se deve exigir demais, e é preciso permitir que o espírito tenha momentos de relaxamento (...)." (R. Tosi)

♦ Diz-se em espanhol: *arco siempre armado, o flojo o quebrado.*

⇒ Quand on tire trop, on fait deux BOUTS

2 Débander l'ARC ne guérit pas la plaie

"il ne suffit pas, pour réparer ou pour guérir le mal que l'on a fait, de renoncer au moyen d'en faire" (M. Quitard)

desarmar o arco não sara a ferida

slackening the bow does not heal the wound

♦ "René Ier, duc d'Anjou (1409-1480), ayant perdu sa femme Isabelle de Lorraine en 1453, prit pour devise un arc à la turque dont la corde était rompue, voulant marquer ainsi qu'il n'effaçait pas de son cœur l'amour éprouvé pour elle." (A. Pierron)

⇒ "PARDON" ne guérit pas la bosse

ARC-EN-CIEL *s.m.* arco-íris; *rainbow*

1 ARC-EN-CIEL du matin fait tomber le moulin; ARC-EN-CIEL du soir fait mourir l'arrosoir

= ARC-EN-CIEL du matin, pluie sans fin; ARC-EN-CIEL du soir, il faut voir

2 ARC-EN-CIEL du matin, pluie sans fin; ARC-EN-CIEL du soir, il faut voir

dicton météorologique

arco-íris contra a serra, chuva na terra; arco-íris contra o mar, tira os bois e põe-te a lavrar
manhã sem arco – mal vai ao barco; se à tarde vem, é para teu bem

a dog* in the morning, sailor take warning; a dog in the night is the sailor's delight
a rainbow at morn, put your hook in the corn; a rainbow at eve, put your head in the sheave
a rainbow in the morning is the shepherd's warning; a rainbow at night is the shepherd's delight

* "A *sun-dog* in nautical language is a small rainbow near the horizon." (*ODEP*)

A

3 ARC-EN-CIEL du soir met le bœuf au repos, ARC-EN-CIEL du matin met le bœuf en chemin

= ARC-EN-CIEL du matin, pluie sans fin; ARC-EN-CIEL du soir, il faut voir

4 ARC-EN-CIEL et vent d'ouest, signe de température douce (rég., Île de France)

dicton météorologique

arco de tarde, serenidade

when the wind is in the west, the weather is at its best

ARGENT *s.m.* dinheiro; *money*

1 À point d'ARGENT, point de varlet* (sXV)

* *Varlet* = 'valet'.

= Pas/Point d'ARGENT, pas/point de Suisse

2 ARGENT ard gens/gent (1610)

'l'argent détruit (brûle) l'homme'

o dinheiro é a raiz de todo mal

money is the root of all evil

♦ "Le proverbe-calembour, fréquent au Moyen Âge (...): *argent ard* [= brûle] *gens*, fonde une morale peu discutable sur le hasard inconscient des mots." (Préface de A. Rey, in Montreynaud, F. *et alii*)

3 ARGENT changé, ARGENT mangé

= ÉCU changé, ÉCU mangé

4 ARGENT comptant porte médecine (1690; 1568: *argent porte médecine à l'estomac et poitrine*)

'une rentrée d'argent en espèces procure autant de bien-être que la meilleure thérapie'

dinheiro é remédio
dinheiro é remédio, fiado só amanhã
dinheiro é remédio para todos os males
dinheiro é saúde, fiado só amanhã

money down works wonderful cures
money is a cure for all ills
money is a cure for all sores
ready money is a ready medicine

⇒ Il n'y a rien de plus éloquent que l'ARGENT comptant

5 ARGENT fait le jeu (sXIV)

'l'argent mène la danse'

dinheiro dá senhoria
o dinheiro faz o jogo

money is the ace of trumps

6 ARGENT fait perdre et pendre gens (1568: *argent fait perdre et pendre gent*)

= ARGENT ard gens/gent

7 ARGENT prêté ne doit être redemandé

'... car en le redemandant, on se fait un ennemi'

dinheiro emprestado não seja mais reclamado
dinheiro emprestado parte rindo e volta chorando (aprox.)
quem empresta a um amigo cobra a um inimigo
quem empresta dinheiro perde o amigo e o dinheiro

if you would make an enemy, lend a man money, and ask it of him again
lend, and lose the loan, or gain an enemy
lend your money and lose your friend
when I lent, I was a friend; and when I asked, I was unkind(. So of my friend I made a foe; therefore I will no more do so)

⇒ AMI au prêter, ennemi au rendre

8 D'ARGENT, comme aussi de bonté, défalquer en fault* la moitié (sXVI)

* *Fault* (v. *falloir*) = 'il faut'.

'l'argent et la générosité sont des sujets qui portent à exagérer; il faut en rabattre, si l'on veut trouver la vérité'

de dinheiro, de juízo e de virtude não acredites senão a quarta parte
de dinheiro e santidade, a metade da metade

of money, wisdom, and good faith, there is commonly less than men count upon
of money, wit, and virtue, believe one-fourth of what you hear

♦ O provérbio tem correspondentes em italiano: *denari e santità, metà della metà* e em espanhol: *de dinero y santidad, la mitad de la mitad.*

⇒ De RICHESSE et sainteté ne croyez que la moitié

9 Faute d'ARGENT, c'est douleur non pareille (1532)

'plaie d'argent n'est pas mortelle, mais combien douloureuse!'

não há maior dor do que a falta de dinheiro
pobreza e alegria nunca dormem na mesma cama
pobreza e alegria nunca dormem numa cama (Gil Vicente)

there is no ill in life that is not worse without bread
there is no such a grief as lack of money

Panurge estoit de stature moyenne, ny trop grand ny trop petit, et avoit le nez un peu aquillin, faict à manche de rasouer, et pour lors estoit de l'eage de trente et cinq ans ou environ, fin à dorer comme une dague de plomb, bien galand homme de sa personne, sinon qu'il estoit quelque peu paillard et subject de nature à une maladie qu'on appelloit en ce temps-là FAULTE D'ARGENT, C'EST DOULEUR NON PAREILLE,

– toutesfoys, il avoit soixante et troys manieres d'en trouver tousjours à son besoing, dont la plus honorable et la plus commune estoit par façon de larrecin furtivement faict, (...). (F. Rabelais, *P*, p. 100)

Panurgo era de estatura mediana, nem muito alto nem muito baixo, de nariz um pouco aquilino, curvo como cabo de navalha, tinha na ocasião uns trinta e cinco anos, finório na trapaça qual adaga de chumbo, indivíduo bem-apessoado, embora um pouco lascivo e sujeito de nascença a uma moléstia chamada naquele tempo FALTA DE DINHEIRO, DOR MAIOR NÃO HÁ – no entanto tinha ele sessenta e três maneiras de sempre prover a suas necessidades, das quais a mais honrosa e comum era a ladroeira furtivamente feita, (...).

⇒ Où il y a un ÉCU, il y a un diable; où il n'y en a pas, il y en a deux

10 Il n'y a rien de plus éloquent que l'ARGENT comptant

= ARGENT comptant porte médecine

11 L'ARGENT a la queue lisse

'l'argent file entre les doigts, et une fois dépensé, on ne peut le rattraper'

dinheiro, assim como veio, assim vai
dinheiro é água
o dinheiro tem asas
o dinheiro voa

riches have wings

⇒ L'ARGENT n'a pas de queue

12 L'ARGENT des sots est le patrimoine des gens d'esprit

'tel est le vieux principe du mécénat: ceux qui ont de l'argent et peu d'esprit servent à ceux qui ont de l'esprit et peu d'argent'

a riqueza dos tolos é o patrimônio dos velhacos (Marquês de Maricá)
dinheiro de tolo é patrimônio do avisado
dinheiro de trouxa é farra de sabido
néscios e porfiados tornam ricos os letrados

a fool and his money are soon parted
an easy fool is a knave's tool

MOI. (...) Si, en arrivant là, je n'avais pas trouvé tout fait le proverbe qui dit que L'ARGENT DES SOTS EST LE PATRIMOINE DES GENS D'ESPRIT, on me le devrait. (D. Diderot, *NR*, p. 119)

EU. (...) Se, em determinado momento, eu não tivesse encontrado já pronto o provérbio O DINHEIRO DO TROUXA É O PATRIMÔNIO DO SABIDO, eu mesmo o teria inventado.

♦ Diz-se em italiano: *il pazzo e il suo denaro son presto separati.*

13 L'ARGENT est le nerf de la guerre

'aucune grande entreprise ne saurait se soutenir sans mise de fonds'

o dinheiro é o nervo da guerra

money is the sinews of war

L'ARGENT EST LE NERF non seulement DE LA GUERRE, mais encore de l'espèce de paix armée dont nous jouissons depuis Juillet. (Stendhal, *LL*, p. 598)

O DINHEIRO É O NERVO CENTRAL não só DA GUERRA, mas ainda da espécie de paz armada que desfrutamos desde julho. (Trad. de Marcos Santarrita)

♦ A fonte é Cícero (*Philippicae*, 5, 2): *primum nervos belli, pecuniam infinitam, qua nunc eget* (primeiro, o nervo da guerra, dinheiro a mancheias, o qual agora lhe falta).

⇒ Les NERFS des batailles sont les pécunes

14 L'ARGENT est rond pour rouler (1842)

'les pièces de monnaie ont été faites rondes pour pouvoir rouler, parce que l'argent est fait pour être dépensé'

as moedas são redondas para rolarem
mais vale um gosto do que quatro vinténs
mais vale um gosto na vida que seis vinténs (na algibeira)
o dinheiro é redondo para circular
o dinheiro é redondo para correr mais depressa
o dinheiro foi feito para se gastar

give and spend, and God will send
money is a good traveller in the world
money is round, and rolls away

♦ Esta sentença contrapõe-se à máxima dos avarentos: **l'argent est plat pour s'entasser.** (O dinheiro é chato para ser amontoado.)

15 L'ARGENT est (un) bon serviteur et (un) mauvais/méchant maître (1789)

'il faut se servir de l'argent, non le servir, car il asservit'

o dinheiro é bom servidor mas mau amo
o dinheiro será teu senhor, se não for teu escravo (aprox.)

money is a good servant, but a bad master

♦ *Imperat aut servit collecta pecunia cuique* (o dinheiro acumulado é um tirano ou um escravo), afirma Horácio (*Epistulae*, 1, 10, 47). Há correspondentes em italiano: *il denaro è un buon servo, ma cattivo padrone* e em espanhol: *el dinero es bueno para siervo, pero malo para amo.*

16 L'ARGENT fait l'ARGENT

'la richesse va à ceux qui sont déjà riches'

corre o ouro para o tesouro

dinheiro atrai dinheiro
dinheiro chama dinheiro
dinheiro ganha dinheiro
os rios correm (sempre) para o mar

money begets money
money draws money
money makes money
money would be gotten if there were money to get it with
put two pennies in a purse and they will draw together

♦ Do latim *nummus nummum parit.*

⇒ Le BIEN cherche le BIEN

17 L'ARGENT n'a pas de queue

= L'ARGENT a la queue lisse

18 L'ARGENT n'a pas d'odeur (sXIX)

'support neutre, l'argent ne conserve aucune trace de la façon dont il a pu être gagné'

dinheiro não deita cheiro
dinheiro não tem cheiro

money has no smell

On entendait les moineaux griffer les gouttières; trois rondelles de saucisson se desséchaient dans un ancien porte-savon; les frusques de mon aîné pendaient à de simples clous fichés dans les jambes de force. L'ODEUR, surtout, était misérable: si L'ARGENT N'EN A PAS, l'absence d'argent n'en manque jamais. (H. Bazin, *MPC*, p. 323)

Ouvia-se os pardais arranharem as calhas; numa velha saboneteira secavam três rodelas de salame; os andrajos do meu irmão mais velho pendiam de pregos fixados nas colunas. A catinga, sobretudo, era horrível: se O DINHEIRO NÃO TEM CHEIRO, a falta de dinheiro nunca deixa de o ter.

♦ Do latim *Non olet*: conta-se que, tendo criado um imposto sobre as latrinas de Roma, contra a opinião de seu filho Tito, o imperador Vespasiano pegou uma moeda do primeiro dinheiro decorrente do referido imposto e, aproximando-a do nariz de Tito, mostrou-lhe que ela não cheirava à origem.
  Juvenal comenta esse episódio com a frase: *lucri bonus est odor ex re / qualibet* (o cheiro do lucro é bom, provenha de onde provier). (*Saturae*, 204-205)

♦ "On ne s'étonnera pas qu'en un tardif hommage à cet ingénieux empereur, les Parisiens du XIXe siècle aient baptisé vespasiennes leurs urinoirs publics." (S. Weil & L. Rameau)

19 L'ARGENT ne fait pas le bonheur (mais il y contribue) (sXIX)

'si le bonheur s'achetait, cela se saurait'

dinheiro não compra felicidade
dinheiro não dá felicidade

dinheiro não traz felicidade sobretudo quando é pouco
ser rico não é nada, o que é muito é ser feliz

money cannot buy happiness

L'ARGENT NE FAIT PAS LE BONHEUR, comme disait le pick-pocket en débarrassant un jeune Brésilien d'un portefeuille abondamment garni. (A. Allais, *A*, p. 169-170)

DINHEIRO NÃO TRAZ FELICIDADE, como dizia o punguista ao aliviar um jovem brasileiro de sua recheadíssima carteira.

Alteração jocosa em D. Pennac:

Pas riche d'espérances, (...), mais riche d'argent, nom de Dieu, de pognon, de tunes, de joncs et de pépettes, riche de fric, de blé, de flouse, d'artiche et d'oseille! (...) Oh! je sais, ça ne fera pas son bonheur, mais ça lui évitera au moins de penser que L'ARGENT FAIT LE BONHEUR DES AUTRES, et puis ça lui épargnera le travail, et de croire que le travail est une vertu! (*PMP*, p. 123)

Não rico de esperanças, (...), mas rico de dinheiro, por Deus, de pecúlio, de notas, rico de grana, de moedas, de vinténs, de tutu, de erva, de tostões, de níqueis, de centavos, de cobre! (...) Oh! Sei que isso não fará a sua felicidade, mas o evitará ao menos pensar que O DINHEIRO FAZ A FELICIDADE DOS OUTROS, e além disso o livrará do trabalho, e de julgar que o trabalho é uma virtude! (Trad. de Maria Helena Franco Martins)

∴ Ver outras abonações em QUI CHERCHE TROUVE e em PAUVRETÉ N'EST PAS VICE.

⇒ Le BONHEUR n'habite pas sous des lambris dorés

20 L'ARGENT ne pousse pas sur les arbres (Québec)

'l'enrichissement obéit à des lois organiques; il n'est le résultat ni du hasard, ni d'artificiels expédients, ni de manipulations contre nature'

dinheiro não cai do céu
dinheiro não dá em árvore
dinheiro não dá no mato
dinheiro não é capim

money does not grow on trees

⇒ Les COLOMBES ne tombent pas toutes rôties

21 L'ARGENT ne tombe pas du ciel

= L'ARGENT ne pousse pas sur les arbres

22 L'ARGENT ouvre toutes les portes

'l'argent est tout-puissant'

com dinheiro na mão em toda a parte há função
dinheiro é chave que destranca toda porta
não há cerradura se de ouro é a gazua
não há fechadura tão forte que uma gazua de ouro não possa abrir

o dinheiro abre todas as portas
o dinheiro faz o mar chão
para arrombar porta de ferro não há como martelo de
   prata
para porta de ferro, martelo de prata
quem tem dinheiro quebra penedos
uma chave de ouro abre todas as portas

a golden key opens all doors
a golden key opens every door
a silver key can open an iron lock
a silver key opens an iron lock
money opens all doors
no lock will hold against the power of gold

♦ Χρυσὸς δ' ἀνοίγει πάντα καὶ χαλκᾶς πύλας (o
ouro abre tudo, até portas de bronze) é o que afirma
um monóstico de Menandro, com um paralelo no
Asinus aureus (9, 18) de Apuleio: *auroque solent ada-*
mantinae etiam perfringi fores (com ouro se arrombam
até portas de metal). Diz-se em espanhol: *si es de oro*
la ganzúa, no hay cerradura segura.

⇒ La CLÉ d'or ouvre partout

23 L'ARGENT (trouvé) n'a pas/point de maître

'l'argent ne conservant aucune empreinte de son
propriétaire, on peut sans scrupules se l'approprier'

dinheiro achado não é roubado
dinheiro no chão não tem dono

finders keepers, losers weepers
finding's keeping

24 L'ARGENT va à l'ARGENT

= L'EAU va (toujours) à la rivière

25 Pas/Point d'ARGENT, pas/point de Suisse
(1640; sXVI: *pas d'argent, pas de Suisses*)

'pour être bien servi, il faut y mettre le prix'

café sem bucha, meu boi não puxa
de borla ninguém trabalha
desde que me não pagam, surdo me faço
encomenda sem dinheiro fica no Rio de Janeiro
encomenda sem dinheiro fica no tinteiro
encomendas sem dinheiro esquecem ao primeiro ribeiro
encomendas sem dinheiro ficam na toca de um sobreiro
encomendas sem dinheiro ficam no cais de Aveiro
ninguém seria vendeiro se não fosse o dinheiro
o que se dá de graça é "bom dia!"
quem canta de graça é galo
quem pega peso de graça é balança
quem trabalha de graça é relógio(, assim mesmo é porque lhe dão corda e ele não faz força)
se não há dinheiro, não há suíço
sem dinheiro de contado não há soldado
sem dinheiro nada feito
sem dinheiro nada se alcança
sem dinheiro nada se arranja

no money, no candy
no money, no Swiss
no pay, no piper
no penny, no paternoster
no penny, no placebo
no silver, no servant

PETIT-JEAN, *traînant un gros sac de procès.* (...) Ma foi!
j'étois un franc portier de comédie: / On avoit beau
heurter et m'ôter son chapeau, / On n'entroit pas chez
nous sans graisser le marteau. / POINT D'ARGENT,
POINT DE SUISSE, et ma porte étoit close. (Racine, *Les*
Plaideurs, in *TC*, p. 158)

PETIT-JEAN, *arrastando um enorme saco de processos.* (...)
Pois bem! Eu era um perfeito porteiro de teatro; / Por
mais que me dessem barretadas com o chapéu, / Ninguém entrava em nossa casa sem deixar uma gorjeta. /
SEM DINHEIRO NADA FEITO, e minha porta ficava
fechada.

Estropiado em H. de Balzac:

– (...) Hue! Bichette. Ils ne feraient pas ce tour-là aux
grandes entreprises, allez.
– Ah! dam! *PAS D'ARGENT, PAS DE SUIF,* dit le
rapin.
– Vous n'avez plus que huit cents francs à trouver,
répondit le comte en voyant dans cette plainte adressée
au père Léger une espèce de lettre de change tirée sur
lui. (*DV*, p. 82)

– (...) Upa! Bichette! Eles não fariam uma coisa dessas às grandes empresas, fiquem certos.
– Ah! claro! *SEM DINHEIRO NÃO SE TEM SEBO* –
disse Mistigris.
– Só lhe falta conseguir oitocentos francos – respondeu o conde, vendo naquele lamento, dirigido ao velho
Léger, uma espécie de letra de câmbio emitida contra
ele mesmo. (Trad. de Vidal de Oliveira)

♦ "Ce proverbe fait allusion à une défection, sous
François Ier, de mercenaires suisses qui n'avaient pas
reçu leur solde." (A. Pierron)

♦ O provérbio tem correspondente em alemão: *kein*
Geld, keine Musik.

⇒ Sans DENIERS George ne chante pas

26 Prêter ARGENT fait perdre la mémoire (sXVI)

'... à ceux qui l'ont reçu; c'est l'amnésie bien connue des
débiteurs'

lembra-se mais o credor que o devedor
os credores têm melhor memória que os devedores

creditors have better memories than debitors

⇒ Le CRÉANCIER a meilleure mémoire que le débiteur

27 Quand l'ARGENT fault*, tout fault*

* *Fault* (v. *faillir*) = 'manque'.

'quand l'argent vient à manquer, tout se dérobe; c'est l'entraînement irrésistible de toute faillite'

quando falta o dinheiro, falta tudo

want of money, want of comfort
where coin is not common, commons ['provisions'] *must be scant*

28 Qui a ARGENT, il fait ce qu'il veut

'celui qui est riche peut satisfaire tous ses caprices'

quem dinheiro tem faz o que quer e tudo vai bem
quem dinheiro tiver fará o que quiser
quem dinheiro tiver terá sempre o que quiser
quem muito dinheiro tiver tudo faz se quiser

he that has gold may buy land
money is the only monarch
money makes a man free everywhere
with silver weapons, you may conquer the world

⇒ MONNAIE fait tout

29 Qui a de l'ARGENT a des pirouettes (1768)

= Qui a ARGENT, il fait ce qu'il veut

30 Qui ARGENT a, on lui fait fête, qui n'en a point, n'est qu'une bête

'la richesse est un puissant facteur d'intégration sociale'

ao rico mil amigos se deparam; ao pobre seus irmãos o desamparam
rico bêbado/bêbedo é divertido; pobre bêbado/bêbedo é pervertido

as long as I am rich reputed, with solemn voice I am saluted

♦ Cf. o latim *divinum ingenium plena crumena facit* (uma bolsa cheia torna divino o engenho). Diz-se em italiano: *chi è ricco è savio.*

⇒ Quand le RICHE fait une chute, on lui vient en aide; quand le pauvre fait une chute, il a des reproches

31 Qui n'a point ARGENT en bourse ait miel en bouche

'il faut bien du talent oratoire pour faire oublier qu'on est sans le sou'

quem não tem dinheiro na bolsa tenha mel na boca

he that has no honey in his pot, let him have it in his mouth
he that has not silver in his purse, should have silk on his tongue

32 Selon l'ARGENT, la besogne

= Pas/Point d'ARGENT, pas/point de Suisse

33 Si vous voulez savoir le prix de l'ARGENT, essayez d'en emprunter (1842)

'l'usure fait commerce de l'argent, et en fixe le prix à un taux bien supérieur à son cours officiel'

se queres saber o valor do dinheiro, tenta pedi-lo

se queres saber o valor dum cruzado ['antiga moeda portuguesa, de ouro ou de prata'], vai pedi-lo emprestado
se queres saber quanto vale um cruzado, busca emprestado

if you would know the value of a ducat, try to borrow one

34 Toutes les choses obéissent à l'ARGENT (sXIV)

'le pouvoir de l'argent vient à bout de tous les obstacles'

o dinheiro é a mola real
onde o ouro fala, tudo cala
poderoso cavaleiro é dom Dinheiro
quando o dinheiro fala, tudo cala
tudo pode o dinheiro

all things are obedient to money
money governs the world
money will do everything

⇒ L'ARGENT ouvre toutes les portes

ARGILE *s.f.* barro, argila; *clay*

Dans l'ARGILE sable vaut fumier

conseil agricole

na terra barrenta, areia é estrume

he who marls ['fertilizes with clay and lime'] *sand, may buy the land*

ARME *s.f.* arma; *weapon, arm*

1 Au milieu des ARMES, les lois sont silencieuses

'justice et légalité cèdent devant la force'

contra a força não há argumento(s)
contra a força não há resistência
em tempo de guerra, as leis são mudas
em tempo de guerra, calam-se as leis
onde força há, direito se perde
onde há força, direito se perde
se as armas falam, as leis se calam

where drums beat, laws are silent

♦ *Silent enim leges inter arma* (as leis se calam no meio das armas), diz Cícero no *Pro Milone* (4, 10); ainda mais antiga é a máxima de Menandro nos *Monósticos*: ὅπου βία πάρεστιν, οὐδὲν ἰσχύει νόμος (quando há violência, a lei não tem poder). Há correspondentes em italiano: *dove parlano i cannoni, taccion le leggi* e em espanhol: *enmudecen las leyes con el estrépito de las armas.*

⇒ FORCE passe droit

2 Les ARMES sont journalières (1735)

'la fortune change souvent de camp'

a fortuna dá e tira
a fortuna é vária

A

a fortuna varia, hoje a favor, amanhã contrária
a roda da fortuna anda e desanda
as armas são volúveis

fortune is variant
fortune's wheel is never stopped
the footsteps of fortune are slippery
the highest spoke in fortune's wheel, may soon turn lowest

Vous êtes trop fier, lui répondis-je, d'un avantage que vous devez peut-être moins à votre adresse qu'à l'obscurité de la nuit. Vous ne songez pas que LES ARMES SONT JOURNALIÈRES. Elles ne le sont pas pour moi, répliqua-t-il d'un air arrogant; et je vais vous faire voir que le jour comme la nuit je sais punir les chevaliers audacieux qui vont sur mes brisées. (Lesage, *GB*, p. 445)

Mostrais muita presunção – respondi-lhe – por uma vantagem que resulta talvez menos de vossa habilidade que da escuridão da noite. Lembrai que AS ARMAS SÃO VOLÚVEIS. Não para mim – replicou ele, com arrogância –; e vou mostrar-vos que, tanto de dia como de noite, sei punir os cavaleiros que têm a audácia de se medir comigo.

⇒ BIEN de fortune passe comme la lune

ARRANGEMENT   *s.m.* arranjo; *arrangement*

Un mauvais ARRANGEMENT vaut mieux qu'un bon procès

= Un mauvais ACCOMMODEMENT vaut mieux qu'un bon procès

ARRIVER   *v.i.* chegar, acontecer; *to happen*

Ce qui doit ARRIVER ARRIVE

'c'est une des nombreuses formulations du consentement à la fatalité'

o que tem de ser não se precisa empurrar
o que tem de ser será
o que tem de ser tem (mesmo) de ser

what must be must be
what will be, will be

⇒ Ce qui doit ÊTRE, ne peut manquer

ARROSEUR   *s.m.* regador; *waterer*

L'ARROSEUR arrosé

= Tel EST PRIS qui croyait prendre

♦ "(...) par allusion au film de Louis Lumière (1864-1948), *L'Arroseur arrosé* (1895)." (A. Pierron)

⇒ La CHÈVRE a pris le loup

ART   *s.m.* arte; *art*

1 Ce que l'ART ne peut, le hasard achève (1597)

= Il faut laisser quelque chose au HASARD

2 L'ART est de cacher l'ART (1821)

'le grand art consiste à recréer le naturel, par-delà l'artifice'

a arte é ocultar a arte

art consists in concealing art
art lies in concealing art
true art hides art

♦ Afirma Quintiliano (*De institutione oratoria*, 1, 2, 3): *prima est ne ars videatur* (a perfeição da arte está em não aparecer). Lê-se em Ovídio (*Metamorphoses*, 10, 252): *ars latet arte sua* (a arte se dissimula graças à sua própria arte). O provérbio francês é tradução do latim medieval *ars est celare artem*.

3 L'ART est long, la vie est courte

'l'art et la vie ne sont pas soumis à la même temporalité: l'art a besoin de temps, la vie n'en dispose guère'

a arte é duradoura, a vida é breve
longa é a arte, curta a vida

art is long and life is short
the day is short, and the work is much

L'ART EST LONG, LA VIE EST COURTE, continua l'ancien acteur, surtout pour un comédien obligé de traduire ses conceptions au moyen de sa personne. (T. Gautier, *CF*, p. 189)

ARS LONGA, VITA BREVIS, continuou o ex-ator, sobretudo para um comediante que está obrigado a exprimir suas concepções na pele de sua personagem.

♦ Tradução da "versão latina [*ars longa, vita brevis*] do primeiro aforismo de Hipócrates, retomado por Sêneca no início de seu *De brevitate vitae*: em relação ao original grego, ὁ βίος βραχύς, ἡ δὲ τέχνη μακρή, 'a vida é curta e a arte é longa'; aqui a tônica recai mais sobre a brevidade da vida, graças à inversão dos dois *cola* (...), do que sobre a duração da τέχνη para além dos estreitos limites da vida humana" (R. Tosi).

4 L'ART ne fait que des vers, le cœur seul est poète (sXVIII)

'la poésie se nourrit d'une sensibilité dont la technique, seule, ne suffit à compenser l'absence'

poeta bom já nasce feito

a poet is born, not made

⇒ On naît POÈTE, on devient orateur

ARTISAN   *s.m.* artesão, artífice; *craftsman, artisan*

Chacun est ARTISAN de sa fortune

'la prospérité n'advient ni des autres ni du hasard, mais des ressources propres de chacun'

cada homem faz o seu destino
cada qual constrói o seu destino
cada qual é filho de suas obras
cada um é o obreiro da própria fortuna
cada um forja a sua felicidade

every man is the architect of his own fortune

Montaigne cita o provérbio em latim:

Elles [richesses] viennent plus de l'ordre que de la recepte; FABER EST SUAE QUISQUE FORTUNAE*: et me semble plus miserable un riche mal aysé, necessiteux, affaireux, que celuy qui est simplement pauvre. (*E*, t. I, p. 367)

* Expressão atribuída a Ápio Cláudio Cego pelo Pseudo-Salústio (*Epistulae ad Caesarem senem de re publica*, 1, 1).

Estas provêm mais da ordem que da renda: CADA UM É O OBREIRO DA PRÓPRIA FORTUNA. E mais miserável me parece um rico mesquinho, carecente, azafamado, do que um pobre, simplesmente pobre. (Trad. de J. M. de Toledo Malta)

♦ Cf. Plauto (*Trinummus*, 363): *Nam sapiens quidem pol ipsus fingit fortunam sibi* (pois o sábio se encarrega, com certeza, de bem moldar sua própria sorte). R. Tosi cita a variante *sui cuique mores fingunt fortunam* (o destino de cada indivíduo é construído pelos seus costumes), creditada a um comediógrafo anônimo. Cf. também o latim medieval *fortunam suam quisque parat* (cada qual constrói a sua própria fortuna). Diz-se em italiano: *la sorte è come uno se la fa*.

⇒ Qui bien FERA, bien trouvera

ASSEMBLÉE *s.f.* assembléia, reunião; *gathering*

De douce ASSEMBLÉE, dure desservée* (sXIII)

* *Desservée* = 'séparation'.

= De forte COUTURE, forte déchirure

⇒ COURROUX de frères, COURROUX de diables d'enfer

ATOUT *s.m.* trunfo; *asset, trump*

Il faut toujours garder un ATOUT dans sa manche

'en négociation, il ne faut jamais livrer jusqu'au dernier de ses arguments, mais conserver par-devers soi quelque ultime ressource'

convém jogar com muitos trunfos na mão
faz(e) pé atrás, que melhor saltarás (aprox.)
nunca se devem arriscar todos os trunfos de uma só vez
soldado bom não gasta a munição toda de uma vez

draw back and you will leap better (aprox.)
he has not lost all who has one cast ['throw of the dice'] *left*
it's good to have many strings to one's bow
it's good to have two strings to one's bow
keep always an ace up your sleeve

⇒ Il faut avoir deux CORDES à son arc

ATTENDRE *v.t.* esperar; *to wait for*

1 **ATTENDS, quelque chose adviendra** (sXVI)

= Tout arrive/vient à POINT à qui sait attendre

2 **Bien ATTEND qui parattend*** (sXIII)

* *Parattend* (v. parattendre) = 'attend jusqu'au bout'.

= Tout arrive/vient à POINT à qui sait attendre

ATTENTE *s.f.* espera; *wait, waiting*

ATTENTE tourmente (sXVI)

= L'HEURE qu'on regarde devient immobile

AUJOURD'HUI *adv.* hoje; *today*

1 **AUJOURD'HUI à moi, demain à toi** (1610)

'les épreuves n'épargnent personne: tel en est aujourd'hui préservé qui demain, à son tour, pleurera'

eu sou você amanhã
hoje é o meu dia, amanhã será o teu
hoje por mim, amanhã por ti
quando os meus males forem velhos, os de alguém serão novos

today me, tomorrow thee

♦ Do latim *mihi heri, et tibi hodie*. Comenta R. Tosi: "A fonte é um versículo do *Eclesiástico* (38, 22), que, na versão dos *Setenta*, declara ἐμοὶ ἐχθὲς καὶ σοὶ σήμερον: todo o contexto recomenda não se entregar à tristeza quando alguém morre e a frase alude ao caráter inelutável da morte; (...)."

2 **Ce qu'AUJOURD'HUI tu peux faire au lendemain ne diffère** (sXVI)

= Il ne faut pas remettre au LENDEMAIN ce qu'on peut faire le jour même

⇒ Il ne faut pas renvoyer à DEMAIN ce qu'on peut faire aujourd'hui

AUMÔNE *s.m.* esmola; *alms*

Donner l'AUMÔNE n'appauvrit personne (1610)

'outre que les bonnes œuvres sont un placement sûr pour la vie future, quand on fait la charité, on prend sur de l'argent destiné à satisfaire de faux besoins'

a quem dá esmola não míngua a bolsa
dar esmola não empobrece
ninguém empobrece por ter dado muito
por dar esmola nunca falta bolsa

alms never make poor
giving much to the poor, does enrich a man's store

giving much to the poor, does increase a man's store
great almsgiving lessens no man's living
the charitable gives out at the door and God puts in at the
window

♦ A fonte é o *Livro dos Provérbios*, 28, 27: *qui dat pauperi non indigebit* (aquele que dá ao pobre não terá necessidade). O provérbio existe em italiano: *l'elemosina non fa impoverire*, em espanhol: *el dar limosna nunca mengua la bolsa* e em alemão: *Almosen geben macht nicht arm*.

⇒ Qui donne aux PAUVRES prête à Dieu

AUNE *s.f.* alna (antiga medida de comprimento, de três palmos); *alder*

1 Au bout de l'AUNE fault* le drap (sXIV)

* *Fault* (v. *faillir*) = 'fait défaut, manque'.

'tout nous est mesuré, il n'est rien qui ne vienne à son terme'

não há bem que cem anos dure, nem mal que a eles ature
não há bem que sempre ature, nem mal que não acabe
não há bem que sempre dure, nem mal que muito ature
não há bem que sempre dure, nem mal que nunca acabe
não há mal que sempre dure
não há mal que sempre dure nem bem que nunca (se) acabe
tudo acaba neste mundo
tudo no mundo tem seu fim: só não acaba cachaça e cabelo pixaim

all good things must come to an end
everything has an end... (and a pudding has two)
the longest day has an end
the longest night will have an end

Cependent, je, qui vous fais ces tant veritables contes, m'estois caché dessoubz une fueille de bardane qui n'estoit moins large que l'arche du pont de Monstrible; mais, quand je les veiz ainsi bien couvers, je m'en allay à eulx rendre à l'abrit, ce que je ne peuz, tant ilz estoient, comme l'on dict: "AU BOUT DE L'AULNE FAULT LE DRAP." (F. Rabelais, *P*, p. 169)

Enquanto isso, eu, que lhes faço este relato verídico, me escondera sob uma folha de bardana tão grande quanto o vão da ponte de Monstrible; quando os vi assim tão bem protegidos, dirigi-me para junto deles em busca de abrigo, mas não consegui, pois eram muito numerosos; como se costuma dizer: "TUDO NO MUNDO TEM SUA MEDIDA."

♦ G. Demerson lembra a respeito do uso do provérbio no exemplo acima: "La langue les recouvrait très exactement, comme, chez le marchand, le drap est coupé tout juste où s'arrête la mesure." (A língua os cobria exatamente como, na loja, o comerciante corta o tecido na medida certa.)

♦ Diz-se em espanhol: *todo en el mundo tiene fin, hasta los higos del cofín.*

⇒ MALHEUR ne dure pas toujours

2 L'homme ne se mesure pas à l'AUNE

'pas d'unité de mesure possible pour évaluer l'humanité (paronomase); au sens propre, comme dit Panckoucke, "ce n'est pas la taille des hommes qui décide de leur mérite"'

homem não se mede por palmo e sim pelas atitudes
os maiores não são os mais sábios
tamanho não é documento

men are not to be measured by inches
the greatest clerks ['scholars'] are not the wisest men
the greatest scholars are not the best preachers

3 Ne mesurez pas autrui à votre AUNE

'il ne faut pas évaluer autrui avec les critères employés pour soi-même'

não julgues ninguém por teus próprios atos
não julgues os outros por aquilo que tu és

measure not another by your own foot

♦ Régnier parece ter-se inspirado neste provérbio quando escreveu: "Sotte et fâcheuse humeur de la plupart des hommes / Qui, suivant ce qu'ils sont, jugent ce que nous sommes." (Tola e aborrecida mania tem a maioria das pessoas, / De nos julgarem pelo que elas são.)

AURORE *s.f.* aurora; *dawn*

L'AURORE est amie des Muses (1497)

'l'inspiration vient récompenser qui a le courage de tôt se lever'

a quem madruga Deus ajuda
Deus ajuda (a) quem cedo madruga
Deus ajuda (a) quem muito madruga

an hour in the morning before breakfast is worth two all the rest of the day
an hour in the morning is worth two in the evening

♦ Do latim medieval *aurora Musis amica est* (a aurora é amiga das Musas).

⇒ HEURE du matin, HEURE du gain

AUSSITÔT *adv.* logo, no mesmo instante; *straight away, immediately*

AUSSITÔT dit, AUSSITÔT fait

se dit de toute chose qui se fait immédiatement, sans retard

dito e feito

no sooner said than done

– (...) D'ailleurs, qui sait si d'ici à demain l'un de nous

ne mourra pas de faim? je ne veux pas en courir la chance. Je vais sonner Justine.

AUSSITÔT DIT, AUSSITÔT FAIT, et on éveilla la pauvre soubrette, qui, ayant bien soupé, dormait comme on dort à dix-neuf ans, quand l'amour ne tourmente pas. (Brillat-Savarin, *PG*, p. 338)

– (...) Além disso, quem sabe se de hoje para amanhã um de nós não morrerá de fome? Não quero correr o risco. Vou chamar Justine.

DITO E FEITO, e acordaram a pobre criada, que, após uma boa ceia, dormia como se dorme aos dezenove anos, quando o amor não atormenta.

♦ Cf. o grego ἅμ' ἔπος ἅμ' ἔργον (Homero, *Hino a Hermes*, 46, e Heródoto, 3, 135, 1), traduzido para o latim como *dictum factum*, e documentado desde Ênio e Terêncio.

AUTEL *s.m.* altar; *altar*

Qui AUTEL sert d'AUTEL doit vivre (sXIII: *ki autel sert, d'autel doit vivre*)

'tout comme le prêtre ne doit tirer sa subsistance que du service de la religion, ainsi doit-on rester fidèle à sa vocation et vivre où l'on s'est attaché; à l'opposé, le monde du travail aujourd'hui favorise la polyvalence et la flexibilité'

quem serve o altar dele há de viver

he that serves at the altar, ought to live by the altar

♦ Há equivalente em espanhol: *quien al altar sirve, del altar vive.*

⇒ Il faut que le PRÊTRE vive de l'autel

AUTEUR *s.m.* autor; *author*

À sot AUTEUR, sot admirateur (1611)

= Un SOT trouve toujours un plus SOT qui l'admire

AUTRUI *pron.ind.* outrem; *others*

Ne fais pas à AUTRUI ce que tu ne voudrais pas qu'on te fît (sXIII: *fais à autrui ce que tu voudrais qu'on te fît*)

'il faut avoir des droits de chacun le respect que nous prétendons que chacun ait des nôtres' [cette maxime est le fondement même de la loi morale, qui repose sur le principe de réciprocité]

não faças aos outros o que não desejas para ti
não faças aos outros o que não queres que te façam a ti

all things whatever ye would that men should not do to you, do ye even not to them
do as you will be done by
do as you would be done by
do to others as you would be done by

do unto others as you would they should do to you

Enfin, en m'occupant de la *compassion*, je fus conduit à une induction que je crus très juste, et que je n'aurais pas aperçue en un autre moment, savoir: que c'est de la compassion que dérive ce beau théorème, base première de toutes les législations:

NE FAIS PAS AUX AUTRES CE QUE TU NE VOUDRAIS PAS QU'ON TE FÎT.
Do as you will be done by
Alteri ne facias quod tibi fieri non vis.
(Brillat-Savarin, *PG*, p. 209-210)

Enfim, quando tratei da *compaixão*, fui levado a induzir o que me pareceu muito justo e que eu não teria percebido em outro momento, ou seja: que é da compaixão que deriva este belo teorema, base primeira de todas as legislações:

NAO FAÇAS AOS OUTROS O QUE NÃO QUERES QUE TE FAÇAM A TI.
Do as you will be done by
Alteri ne facias quod tibi fieri non vis.

Var. em H. de Balzac:

La loi s'étant interdit la recherche des droits matrimoniaux, les citoyens ont encore bien moins qu'elle le droit de faire la police conjugale; et, quand on remet un billet de mille francs à celui qui le perd, il y a dans cet acte une sorte d'obligation dérivée du principe qui dit: "AGIT ENVERS AUTRUI COMME TU VOUDRAIS QU'IL AGÎT ENVERS TOI!" (*PM*, p. 357)

Tendo a lei proibido a investigação dos direitos matrimoniais, os cidadãos dispõem ainda muito menos que ela do direito de fazer a polícia conjugal; e, quando se entrega uma nota de mil francos a quem a perdeu, há neste ato uma espécie de obrigação derivada do princípio que diz: "NÃO FAÇAS AOS OUTROS AQUILO QUE NÃO QUERES QUE TE FAÇAM!" (Trad. de Mário D. Ferreira Santos)

♦ A máxima *quod tibi fieri nolueris alteri ne feceris*, "que São Jerônimo (*Ep.* 121, 8) afirma ser um preceito divino, na realidade representa uma norma ética mais antiga do que o cristianismo, visto que já em Isócrates (*Nícocles*, 61) lemos: ἃ πάσχοντες ὑφ' ἑτέρου ὀργίζεσθε, ταῦτα τοὺς ἄλλους μὴ ποιεῖτε (não faças aos outros aquilo que te enfurece quando feito por outros)" (R. Tosi).

AVARE *s.* avarento; *miserly, avaricious*

1 L'AVARE crierait famine sur un tas de blé

'l'avare est toujours en manque, car il s'interdit de profiter de ce qu'il possède'

do faminto avarento o mundo ri, pois nada do que junta é para si

não acharás um avarento que não viva num tormento

poor though in the midst of wealth

2 L'AVARE et le cochon ne sont bons qu'après leur mort

'vivants, ils sont fâcheux, et ne deviennent utiles qu'une fois morts'

o avarento e o cevado só se tornam úteis quando morrem
o avaro e o porco, só depois de morto (*sic*)

a covetous man does nothing that he should till he dies
usurers live by the fall of heirs, as swine by the dropping of acorns

♦ Cf. Publílio Siro (*Sententiae*, A 23): *avarus nisi cum moritur, nihil recte facit* (o avarento nada faz de bom, a não ser quando morre). Há correspondentes em italiano: *l'avaro è come il porco, che è buono dopo morto* e em espanhol: *el cerdo y el avariento sólo dan un día bueno.*

3 L'AVARE ne possède pas son or, c'est son or qui le possède

'par ce procédé de permutation gramaticale, c'est la grammaire elle-même qui philosophe, en inversant la transitivité et en montrant comme sujet et objet peuvent s'échanger'

pensa o avarento que possui o ouro, mas é o ouro quem o possui

a covetous man serves his riches, not they him
gold does not belong to the miser, but miser to gold

♦ Diógenes Laércio (*Vidas dos filósofos ilustres*, 4, 50) atribui ao sábio Bíon o seguinte comentário a propósito de um avarento rico: οὐχ οὗτος τὴν οὐσίαν κέκτηται, ἀλλ' ἡ οὐσία τοῦτον (ele não adquiriu os bens que possui mas é possuído por eles).

4 L'AVARE regorge de biens et il manque de tout

'qui tout convoite ne peut jouir de rien'

a avareza é madrasta de si mesma
a avareza é o suplício dos ricos
ao avarento falta o que não tem e falta o que tem
o avaro é causa da sua miséria

a rich miser is poorer than a poor man
poverty wants many things, and avarice all
the covetous man is good to none and worst to himself
the prodigal robs his heirs, the miser robs himself

♦ Cf. Publílio Siro (*Sententiae*, T 3): *tam deest avaro quod habet quam quod non habet* (ao avarento falta-lhe tanto o que tem quanto o que não tem).

⇒ Jamais CHICHE ne fut riche

AVARICE *s.f.* avareza; *miserliness*

1 L'AVARICE est comme le feu, plus on y met du bois, plus il brûle

'comme toute passion, l'avarice est insatiable, inarrêtable, inassouvissable, inapaisable; tout lui sert d'aliment'

ao avaro não se pode saciar
o cobiçoso quanto vê quanto cobiça

the covetous man the more he has the more he wants

♦ Cf. Juvenal (*Saturae*, 14, 138-139): *Interea pleno cum turgit sacculus ore, / crescit amor nummi, quantum ipsa pecunia crevit.* (Entrementes, enquanto tua bolsa engorda e se enche até a boca, o teu amor às moedas aumenta tanto quanto o dinheiro se multiplica.) Cf. também o latim medieval *crescit avaritia quantum crescit tua gaza* (a avareza aumenta à medida que aumenta o teu tesouro).

⇒ Plus on A, plus on veut AVOIR

2 L'AVARICE perd tout en voulant tout gagner (1668)

'qui trop convoite finit par tout perdre'

a cobiça rompe o saco
o avarento por cinco réis perde um cento
o avarento por um real perde um cento
o escasso cuida que poupa um e gasta quatro
por causa de um vintém se gasta(m) cem
um avarento, por causa de um, perde um cento

covetousness breaks the sack
money is often lost for want of money
too much covetousness bursts the sack

♦ Primeiro verso da fábula "La Poule aux œufs d'or", de La Fontaine (*F*, V, xiii); voir *in fine* de IL NE FAUT JAMAIS TUER LA POULE AUX ŒUFS D'OR.

⇒ Écorcher son CHIEN pour en avoir la peau

3 Quand AVARICE entre au cerveau Vénus s'en va

'pour plaire, il faut savoir être généreux envers Vénus...'

pobreza nunca em amores fez bom feito (Jorge Ferreira de Vasconcelos)

love lasts as long as money endures

⇒ Lorsque la FAIM est à la porte l'amour s'en va par la fenêtre

AVEUGLE *s.m.* cego; *blind man*

1 À l'AVEUGLE ne duit* peinture, couleur, miroir, ni figure

* *Duit* (v. *duire*) = 'convient, plaît'.

'l'aveugle ne se mêle pas du visible; ainsi convient-il de limiter nos aspirations à ce qui est à notre portée, et de se borner à faire ce qui relève de notre compétence'

ao cego não dão cuidado os espelhos
careca não gasta pente
não pode o cego distinguir cores

um cego não pode ser juiz em cores

a blind man has no need of a looking-glass
a blind man will not thank you for a looking-glass
blind men can judge no colours

2   Au pays des AVEUGLES croit qui a un œil y est roi (1568)

=   Au pays/royaume des AVEUGLES, les borgnes rois

3   Au pays/royaume des AVEUGLES, les borgnes sont rois (1610)

'ainsi va la relativité, que le peu est beaucoup en regard du rien'

em terra de cegos, o torto é rei
em terra de cegos, quem tem um olho é rei

among the blind the one-eyed is king
in the country of the blind, the one-eyed man is king
in the kingdom of blind men, the one-eyed is king

   "Ce M. Laroche-Mathieu a l'air fort intelligent et fort instruit."
   Le vieux poète murmura: "Vous trouvez?"
   Le jeune homme, surpris, hésitait: "Mais oui; il passe d'ailleurs pour un des hommes les plus capables de la Chambre."
   – C'est possible. DANS LE ROYAUME DES AVEUGLES LES BORGNES SONT ROIS. (G. de Maupassant, *BA*, p. 160)

   – Esse Sr. Laroche-Mathieu parece muito inteligente e culto.
   O velho poeta murmurou: – O senhor acha?
   Surpreso, o jovem hesitou: – Claro que sim: ele, de resto, é tido como um dos homens mais capazes da Câmara.
   – É possível. EM TERRA DE CEGOS, QUEM TEM UM OLHO É REI.

♦ "Um paralelo perfeito encontra-se no grego ἐν τυφλῶν πόλει γλαμυρὸς βασιλεύει, 'na cidade dos cegos o zarolho é rei', documentado em um escólio à *Ilíada* (24, 192) e por Apostólio (7, 23). No mesmo plano, Erasmo, em seus *Adagia* (3,4,96), registra: *Inter caecos regnat strabus*, 'entre os cegos reina o zarolho' (*strabus* indica tanto estrábico quanto zarolho, sabendo-se, aliás, que o estrabismo pode ser acompanhado por visão monocular); (...)." (R. Tosi)

4   Il n'est pire AVEUGLE que celui qui ne veut pas voir

'l'esprit aveugle plus sûrement que les yeux; l'aveuglement est plus invalidant que la cécité'

o pior cego é o que não quer ver

better to be blind than to see ill
none so blind as those who won't see
there is none so blind as they that won't see

♦ O provérbio tem equivalentes em italiano: *non c'è peggior cieco di chi non vuol vedere* e em espanhol: *no hay peor ciego que el que no quiere ver*.

⇒ Il n'est pire SOURD que celui qui ne veut (pas) entendre

5   Si un AVEUGLE en conduit un autre, ils tomberont tous les deux

=   Un AVEUGLE mène l'autre dans la fosse

6   Un AVEUGLE mène l'autre dans la fosse

'on ne doit pas se laisser guider par des gens incompétents'

se um cego guia o cego, correm ambos o risco de cair
se um cego guia o outro, ambos caem no buraco

if the blind lead the blind, both shall fall into the ditch

♦ A fonte é Mateus 15, 14: *caecus autem si caeco ductum praestet, ambo in foveam cadunt* (ora, se um cego guiar outro cego, ambos cairão na cova).

AVIS *s.m.* opinião, juízo; *opinion*

1   Deux AVIS valent mieux qu'un

'on fait bien, avant d'agir, de consulter plusieurs personnes'

dois olhos enxergam mais que um só
dois olhos vêem mais que um só
duas cabeças valem mais do que uma
mais vêem dois olhos que um
mais vêem quatro olhos que dois
quatro olhos, a um tempo, nunca viram um fantasma
quatro olhos vêem mais que dois

four eyes see more than two
two heads are better than one

Var. em J. Giono:

   "Voilà ce que tu feras, surveille bien pour moi la date et l'heure. Tâche de savoir, renseigne-toi au plus juste. IL VAUT MIEUX VINGT AVIS QU'UN SEUL. (*SE*, p. 83)

   "O que quero é que você esteja atento à data e à hora. Procure saber, informe-se bem. MAIS VALEM VINTE OPINIÕES QUE UMA SÓ.

⇒ De la DISCUSSION jaillit la lumière

2   L'AVIS de la femme est de peu de prix, mais qui ne le prend pas est un sot

'aussi peu d'estime qu'on accorde à la femme, il la faut néanmoins consulter: sait-on jamais?'

o conselho da mulher é pouco, mas quem o não toma é bem louco

a woman's advice is no great thing, but he who won't take it is a fool

♦ Provérbio de origem espanhola: *el consejo de la mujer es poco, y el que no lo toma es loco.* (Cervantes, *D. Quijote*, II, xvii)

3 Un bon AVIS vaut un œil dans la main (1842)

'une main qui verrait ferait un instrument aussi précieux que peut l'être un conseil éclairé'

um bom conselho não tem paga
um bom conselho não tem preço

good advice is as good as an eye in the hand
good advice is beyond price
good counsel has no price

♦ Diz-se em espanhol: *al buen consejo no se halla precio.*

AVOCAT *s.m.* advogado; *lawyer*

Bon AVOCAT, mauvais voisin (1610)

'quand par hasard un avocat est bon, c'est malchance de l'avoir pour voisin, tant les occasions de chicane sont nombreuses dans les relations de voisinage'

bom advogado, mau vizinho

a good lawyer, an evil neighbour

AVOINE *s.f.* aveia; *oats*

Si vous donnez de l'AVOINE à un âne, il vous paiera avec des pets (rég., Agen)

= Chantez à l'ÂNE, il vous fera des pets

AVOIR *v.t.* ter; *to have*

1 Plus on A, plus on veut AVOIR

= Quand on en A, on en veut

⇒ Le SAC ne fut oncques si plein qu'il n'y entrât bien un grain

2 Quand on en A, on en veut

'plus on est riche, plus on désire'

quanto maior é a riqueza, maior é a ambição
quanto mais se tem, mais se quer
quem mais tem mais quer
temos muito, falta-nos muito

desire has no rest
much would have more
the miser's bag is never full
the more you get, the more you want

Je sais bien que leurs usines n'étaient pas alors ce qu'elles sont devenues; tout de même, elle aurait pu faire un mariage plus riche: "QUAND ON EN A, ON EN VEUT", comme elle m'a dit un jour à propos de Madeleine. (F. Mauriac, *DA*, p. 74)

Bem sei que as fábricas deles ainda não eram o que são

hoje; mesmo assim, ela poderia ter arranjado um marido mais rico: "QUEM TEM SEMPRE QUER MAIS", como ela me disse um dia a respeito de Madeleine.

♦ Cf. Juvenal (*Saturae*, 14, 139): *crescit amor nummi, quantum ipsa pecunia crevit* (o amor ao dinheiro cresce tanto quanto o próprio dinheiro). Diz-se em espanhol: *quien más tiene, más quiere.*

⇒ Plus le DIABLE a, plus il veut avoir

AVRIL *s.m.* abril; *April*

1 AVRIL et mai de l'année font tous seuls la destinée

= AVRIL et mai sont la clé de l'année

2 AVRIL et mai sont la clé de l'année

'ces deux mois commandent toute la récolte'

abril chuvoso, maio ventoso anunciam ano fecundo e gracioso
abril e maio são as chaves do ano (todo)

April and May are the keys of the year

3 AVRIL pleut aux hommes, mai pleut aux bêtes

'la pluie d'avril est favorable aux blés, celle de mai aux fourrages'

abril chove para os homens e maio para as bestas
em abril chove para os racionais, e em maio para os irracionais

April rains for corn, May for grass
April rains for men, May for beasts

4 AVRIL pluvieux, mai gai et venteux annoncent an fécond et même gracieux

= MARS venteux et avril pluvieux font le mai gai et gracieux

5 En AVRIL, ne te découvre pas (d')un fil; en mai, fais ce qu'il te plaît (sXIX)

= En AVRIL, n'ôte pas un fil; en mai, fais ce qu'il te plaît

6 En AVRIL, n'ôte pas un fil; en mai, fais ce qu'il te plaît

'prudence! beau temps d'avril est toujours fragile; en mai, tu peux te lâcher'

abril, águas mil, coadas por um mandil
abril, águas mil, e em maio três ou quatro
abril, águas mil, ou coadas por um funil
frio de abril nas pedras vai ferir (aprox.)
guarda pão para maio e lenha para abril
por todo (o) abril mau é descobrir

cast ne'er a clout till May be out
ne'er cast a clout till May be out

◆ Há correspondentes em italiano: *aprile, ogni giorno un barile* e em espanhol: *en abril no quites fil* ['hilo'].

7 Tarde qui tarde en AVRIL aura Pâques (sXIV)

'pas de compromis possible avec le temps du calendrier;

quelque tardivement que tombe sa date, la fête de Pâques jamais ne se célébrera après le mois d'avril'

altas ou baixas, em abril vêm as Páscoas

sooner or later, in April there will be Easter

A

41

b

BAGOUT *s.m.* lábia; *glibness*

Avec du BAGOUT on va partout

= Qui LANGUE a, à Rome va

BAGUE *s.f.* anel; *ring*

BAGUE au doigt, corde au cou (Québec)

= L'HOMME marié est un oiseau en cage

BÂILLEMENT *s.m.* bocejo; *yawn*

Le BÂILLEMENT ne ment pas: faim, sommeil ou ennui (rég., Gascogne)

'le bâillement est irrépressible, et trahit souvent ce que l'on aimerait dissimuler'

boca aberta, ou sono ou fome certa
bocejo longo, fome ou sono
bocejo longo, fome, sono ou ruindade do dono
bocejo longo, fome, sono, preguiça ou ruindade do dono
bocejo longo, ou é fome, ou sono, ou manha do dono

stretching and yawning lead to bed

♦ Há provérbios paralelos em italiano: *lo sbadiglio non vuol mentire: o ha fame o vuol dormire* e em espanhol: *el bostezo denota hambre, o sueño, o aburrimiento, de su dueño.*

BÂILLEUR *s.m.* bocejador; *yawner*

Un bon BÂILLEUR en fait bâiller deux (1508)

'le bâillement est communicatif, comme le penchant à la paresse; c'est la force de l'exemple'

anda a cabra de roça em roça, como o bocejo de boca em boca

anda o bocejo de boca em boca, como o passarinho de moita em moita

one slumber invites another

♦ Cf. o latim *oscitante uno, deinde oscitat alter* (se um boceja, outro logo o imita). Diz-se em espanhol: *un buen bostezador hace bostezar a dos.*

BAISER *s.m.* beijo; *kiss*

BAISER sans barbe, omelette sans sel

'un baiser auquel il manque l'élément érotique'

beijo sem bigode, goiabada sem queijo

a kiss without love is like an egg without salt

Var. em J.-P. Sartre:

UN BAISER SANS MOUSTACHE, disait-on alors, C'EST COMME UN ŒUF SANS SEL; j'ajoute: et comme le Bien sans Mal, comme ma vie entre 1905 et 1914. Si l'on ne se définit qu'en s'opposant, j'étais l'indéfini en chair et en os; si l'amour et la haine sont l'avers et le revers de la même médaille, je n'aimais rien ni personne. (*Mo*, p. 36)

UM BEIJO SEM BIGODE, dizia-se então, É COMO UM OVO SEM SAL; acrescento: é como o Bem sem o Mal, como minha vida entre 1905 e 1914. Se a gente só se define opondo-se, eu era o indefinido em carne e osso; se o amor e o ódio são o verso e o reverso da mesma medalha, eu não amava nada nem ninguém. (Trad. de J. Guinsburg)

BAL *s.m.* baile; *ball, dance*

1 **C'est le/(comme au) BAL des pompiers, ce sont toujours les mêmes qui dansent** (sXX)

'les privilèges sont toujours pour les mêmes'

a merda é a mesma, as moscas é que mudam
a merda é que muda, as moscas são sempre as mesmas
a pia é a mesma, os porcos é que mudam
as moscas são sempre as mesmas (aprox.)

it's always the same people who lead the dance

♦ "Allusion vraisemblable au fait que le bal des pompiers, dans un village, une petite ville, est un lieu de rencontre publique où se manifestent les inégalités (tous les notables y assistent)." (A. Rey & S. Chantreau)

⇒ Plus ça change, plus c'est la même CHOSE

2 Quand on est au BAL, il faut danser

'il faut adopter les mœurs de ceux qu'on fréquente et des endroits où l'on se trouve'

quando se está na dança, é preciso dançar
quem entra na dança deve dançar
quem entra na roda tem de dançar

being on sea, sail; being on land, settle

⇒ Quand on est à l'EAU, il faut nager

BALAI *s.m.* vassoura; *broom, brush*

Il n'est rien que BALAI neuf (sXVI)

'en matière de balayage, rien ne vaut un balai neuf; en matière de service, nul n'est plus appliqué qu'un nouveau serviteur; l'économie néo-libérale est une puissante consommatrice de balais neufs, que lui fournissent les entreprises d'emploi temporaire'

vassoura nova é que varre bem
vassoura nova é que varre melhor

a new broom sweeps clean
everything new is fine

♦ O provérbio tem correspondentes em italiano: *granata nuova, tre dì buona* (ou ainda: *scopa nuova spazza bene*), em espanhol: *cedazuelo nuevo tres días en estaca* e em alemão: *neue Besen kehren gut.*

⇒ Le COQ et le serviteur un seul an sont en vigueur

BALANCE *s.f.* balança; *pair of scales*

En la BALANCE l'or et le fer sont un (1568)

'le verdict de la mort ne s'embarrasse pas de richesse ni de pauvreté: tout y pèse le même poids'

a balança quando trabalha não conhece ouro nem chumbo
não ocupa mais pés de terra o papa que o sacristão
nem rei nem papa à morte escapa
tanto morre o papa como quem não tem capa
tão rico é no outro mundo Diógenes como Creso

the balance distinguishes not between gold and lead
the end makes all equal

⇒ Au jour du JUGEMENT dernier, autant vaudra la merde que l'argent

BALLE *s.f.* bola; *ball*

1 Il faut prendre la BALLE au bond

= Quand on tient la POULE, il faut la plumer

2 La BALLE cherche le joueur (1835)

= Les bons BRAS font les bonnes lames

BANQUET *s.m.* banquete, festim; *great dinner, banquet*

1 Après grand BANQUET, petit pain

'les excès se paient toujours'

dia de muito, véspera de nada

after Christmas comes Lent
stuff today and starve tomorrow

♦ Diz-se em espanhol: *día de mucho, víspera de nada.*

⇒ Après blanc PAIN, le bis ou la faim

2 Il n'est BANQUET que d'homme chiche (sXVII)

'l'avare ne sachant pas dépenser, quand il lui arrive de le faire, c'est sans mesure'

quando um avarento resolve abrir a mão, não tem rival

no feast to a churl's
no feast to a miser's

⇒ Il n'est CHÈRE que de vilain

BARBE *s.f.* barba; *beard*

1 À BARBE de fou on apprend à raser (1495)

'l'habileté s'apprend aux dépens des naïfs'

aprende o barbeiro novo na barba do tolo velho
barbeiro novo aprende nas barbas do tolo
é na cara dos pobres que os barbeiros aprendem
na barba do néscio alvar é que se aprende a rapar
na barba do néscio aprendem os outros a rapar
na barba do tolo aprende o barbeiro novo
nas barbas do homem astroso se ensina o barbeiro novo

a barber learns to shave by shaving fools
a surgeon experiments on the heads of orphans
on a fool's chin all learn to shave

♦ O provérbio tem correspondentes em italiano: *alla barba dei pazzi il barbiere impara a radere*, em espanhol: *a barba de necio aprenden todos a rapar* e em alemão: *am Bart des Narren lernt man scheren.*

2 BARBE bien étuvée ou bien savonnée est à demi rasée (sXVI: *barbe mouillée à demi rée*)

'le bon début d'une entreprise est garant du succès final'

barba bem ensaboada está meio raspada

barba remolhada, meia (*sic*) rapada
bem começado é meio acabado
bem começado é meio feito
bom começo já é metade
coisa bem começada é meio acabada
trabalho bem começado é meio caminho andado

a beard well lathered is half shaved
(a) good beginning makes (a) good ending
a good lather is half the shave
well begun is half done

⇒ CHOSE bien commencée est à demi achevée

3 BARBE rousse et noirs cheveux ne t'y fie pas, si tu veux

= BARBE rousse, noir de chevelure, est réputé faux par nature

4 BARBE rousse, noir de chevelure, est réputé faux par nature (sXVI)

'les roux ont souvent mauvaise réputation, tout comme les Maures, qui sont très bruns'

barba de três cores, barba de traidores
falso por natura, cabelo negro, barba ruiva
ruivo de mau pêlo mete o demo no capelo
ruivo ruivel, nunca fiel

a red beard and a black head catch him with a good trick and
take him dead
he is false by nature that has a black head and a red beard

◆ O provérbio tem correspondentes em italiano: *barba rossa e mal colore, sotto il cielo non è peggiore* e em espanhol: *falso por natura, cabello negro, la barba rubia.*

⇒ Quand POIL roux a été fidèle, le diable est monté au ciel

5 Du côté de la BARBE est la toute-puissance (1663)

proverbe de société patriarcale, accordant à l'homme une prééminence absolue

mal vai à casa onde a roca manda mais que a espada
mal vai ao fuso quando a barba não anda em cima
não há paz onde canta a galinha e canta o galo
onde está o galo não canta a galinha
onde há galo não canta a galinha
triste da casa onde a galinha canta e o galo cala

it is a sad house where the hen crows louder than the cock
the hen ought not to cackle when the cock is by

ARNOLPHE. (...) Votre sexe n'est là que pour la dépendance: / DU CÔTÉ DE LA BARBE EST LA TOUTE-PUISSANCE. / Bien qu'on soit deux moitiés de la société, / Ces deux moitiés pourtant n'ont point d'égalité: / L'une est moitié suprême, et l'autre subalterne; / L'une en tout est soumise à l'autre, qui gouverne; (...). (Molière, *L'École des femmes*, in *OC*, t. I, p. 375)

ARNOLPHE. (...) O sexo feminino existe só para obedecer: / QUEM TEM BARBA TEM O MANDO. / Embora o mundo seja feito de duas metades, / Elas não são iguais: / Uma é metade suprema, a outra subalterna; / Uma é inteiramente sujeita à outra, que domina; (...).

⇒ FEMME qui parle comme homme, et géline qui chante comme coq ne sont pas bonnes à tenir

6 En la grande BARBE ne gît pas le savoir (sXIII)

'la barbe, attribut de ceux qui ont vieilli dans l'étude ou la réflexion, ne suffit pourtant à signaler le savant ni le sage'

a barba não faz o filósofo
barba não é documento

it is not the beard that makes the philosopher
the brains don't lie in the beard

◆ Mais conhecido em sua versão latina – *barba non facit philosophum* –, o provérbio é, porém, de origem grega: ἀπὸ πώγωνος φιλόσοφοι. Diz-se em italiano: *la barba non fa il filosofo.*

◆ Vale lembrar o comentário de M. Rat sobre um passo de Erasmo (*Encomium morias*, p. 267): "La barbe longue était, avec le manteau (*abolla*) et le bâton, l'insigne des philosophes de carrefour, cyniques et stoïciens."

7 La BARBE ne fait pas l'homme

= En la grande BARBE ne gît pas le savoir

8 Si pour avoir la BARBE blanche on était réputé sage, les chèvres le devraient être

'un attribut physique peut être trompeur'

barba branca não dá juízo
se a barba fosse tudo, podia o bode pregar
se barbas fossem documentos, camarão era dono do mar

if the beard were all, the goat might preach

Quelquefois, au milieu des rires soulevés par une histoire de Pistolet, le berger disait, très grave: "SI POUR AVOIR LA BARBE BLANCHE ON ÉTAIT RÉPUTÉ SAGE, LES CHÈVRES LE DEVRAIENT ÊTRE." (A. Daudet, "Ce que c'était que mon moulin", in *LMM*, p. 11)

Por vezes, em meio às risadas provocadas por um caso contado por Pistolet, o pastor dizia, muito sério: "SE BARBA BRANCA FOSSE PROVA DE SABEDORIA, SÁBIAS AS CABRAS SERIAM".

⇒ En la grande BARBE ne gît pas le savoir

9 Si tu vois la BARBE de ton voisin brûler, tu peux mettre la tienne à tremper (rég., Agen)

'il se faut ignifuger contre le malheur, qui, tel l'incendie, se répand de proche en proche'

quando vires as barbas do vizinho a arder, põe as tuas
  de molho
se vires as barbas do vizinho a arder, põe-te a mexer

look to thyself when thy neighbour's house is on fire
when thy neighbour's house does burn, then look to your own
when thy neighbour's house doth burn, be careful of thine own

♦ Há equivalente em espanhol: *cuando las barbas de tu
  vecino veas pelar, pon las tuyas a remojar.*

⇒ Quand on voit brûler la MAISON du voisin, on a
  raison d'avoir peur

BARBIER *s.m.* barbeiro; *barber*

1 **Jeune BARBIER, vieux médecin: s'ils sont autres
   ne valent pas un brin** (1568)

'à chaque profession convient un âge plus ou moins
avancé, selon le savoir qu'elle requiert'

barbeiro novo, médico velho

a young barber and an old physician

2 **Un BARBIER rase l'autre** (sXVI)

'corporatisme ou solidarité professionnelle font les
gens de même métier s'entraider'

barbeiro não paga a barbeiro
barqueiro não paga a barqueiro
de ferreiro a ferreiro não passa dinheiro
irmão de barqueiro não paga passagem

one barber shaves another gratis
tarry breeks [tarry breeks = 'seamen'] pays no fraught
['freight']

≠ LE POTIER AU POTIER PORTE ENVIE

≠ JAMAIS/ONCQUES TRIPIÈRE N'AIMA HARENGÈRE

⇒ Un ÂNE gratte l'autre

BARONNIE *s.f.* baronia; *barony*

C'est une belle BARONNIE que la santé

'bonne santé vaut tout privilège'

(a) saúde é o maior tesouro
mais vale saúde boa que pesada bolsa
saúde é riqueza

health is a (great) treasure
health is a jewel
health is great riches

⇒ Mieux vaut CORPS que bien

BARQUE *s.f.* barco; *small boat*

À BARQUE désespérée Dieu fait trouver le port
  (1851)

'plus profonde est la détresse, plus proche est l'intervention divine'

ao baixel ['embarcação'] sem esperança, Deus depara o
  porto
Deus quando tarda vem chegando
nunca a noite é tão escura como quando quer amanhecer
quando a necessidade é grande, a Providência é vizinha
quando a necessidade é maior, o auxílio está perto

sailors have a port in every storm
the darkest hour is that before the dawn
when need is highest, (God's) help is nighest ['nearest']
when night is darkest, the dawn's nearest

⇒ Il n'est jamais plus tard que MINUIT

BARRIÈRE *s.f.* cerca; *fence*

Là où la BARRIÈRE est basse le bœuf enjambe
  (Guadeloupe)

= On passe la HAIE par où elle est la plus basse

BÂT *s.m.* sela; *packsaddle*

Chacun sait où le BÂT le blesse (1690)

'nul mieux que l'âne ne sait où le bât, selle grossière des
bêtes de somme, le fait souffrir; chacun connaît bien
son point sensible'

a colher é que sabe a quentura da panela
cada qual sabe onde lhe aperta o sapato
cada qual sente o seu mal
cada um sabe o que tem e o remédio que lhe faz bem
ninguém sabe melhor que o jumento onde lhe aperta a
  cangalha
o coxo bem sabe de que pé coxeia
quem carrega é que sabe o peso que pega

everyone knows best where his own shoe pinches
no one but the wearer knows where the shoe pinches

Lesage alude ao provérbio:

Lorsque le roi était à l'Escurial, il y défrayait tout le
monde; de manière que JE NE SENTAIS POINT LÀ OÙ
LE BÂT ME BLESSAIT. (*GB*, p. 396)

Quando o rei estava no Escurial, ele pagava todas as
despesas; de modo que NEM O SAPATO NEM O
RESTO ME APERTAVA.

Var. em V. Larbaud:

– Des mots du vocabulaire de la bourgeoisie, je
suppose.
– Mais toi, d'abord, écoute. Ta richesse: C'EST LÀ
QUE LE BÂT TE BLESSE. Quand un Putouarey dit: mon
argent, cela va de soi. C'est du vocabulaire bourgeois. Il
n'est pas fier de son argent, parce qu'il y est habitué;
mais il ne se conçoit pas lui-même sans son argent. Il ne
sait pas s'il l'aime, il en est possédé. (*AOB*, p. 281)

– Palavras do vocabulário da burguesia, suponho.

– Mas, antes de mais nada, escute. Quanto à sua riqueza: É AÍ QUE O SAPATO LHE APERTA. Quando um Putouarey diz: meu dinheiro, não se tem dúvida. É vocabulário burguês. Ele não se vangloria de seu dinheiro, porque já está acostumado; mas não seria capaz de se imaginar sem dinheiro. Nem sabe se o ama, é seu escravo.

⇒ C'est le COUVERCLE qui sait ce qu'il y a dans la marmite

BATAILLE *s.f.* batalha; *battle*

Nous avons perdu une BATAILLE, pas la guerre

'exhortation célèbre, reprise par De Gaulle pour ranimer l'ardeur d'une France en perdition'

perdemos uma batalha mas não a guerra
perder uma batalha não é perder a guerra

to lose a battle does not mean to lose the war

Certes, les jeunes gens nés après la guerre savent (ne serait-ce que par les récits de leurs parents) que la France a été vaincue en 1940. Mais ce désastre, le plus humiliant, de notre histoire, a été occulté par la victoire des Alliés en 1945 (NOUS AVONS PERDU UNE BATAILLE, PAS LA GUERRE). (M. Mohrt, *MRPC*, p. 11-12)

É verdade que os jovens nascidos após a guerra sabem (ao menos pelo que contam os pais) que a França foi vencida em 1940. Mas esse fracasso, o mais humilhante de nossa história, foi diluído pela vitória dos Aliados em 1945 (PERDEMOS UMA BATALHA MAS NÃO A GUERRA).

BÂTIMENT *s.m.* construção; *building*

Quand le BÂTIMENT va, tout va (sXIX)

'le secteur de la construction immobilière est traditionnellement un indice de prospérité économique'

quando a construção (civil) vai bem, tudo vai bem

when building is well, all is well

♦ "Phrase du discours de l'ouvrier Martin Nadaud, à l'Assemblée nationale en 1848. Dans ce proverbe, bâtiment est employé métaphoriquement pour corps (de métier). Mais la phrase est en général employée au sens propre de bâtiment." (F. Suzzoni)

BÂTON *s.m.* bastão; *stick*

1 Du BÂTON que l'on tient on est souvent battu (1576)

= Qui frappe avec le FER périra par le FER

2 Habillez un BÂTON, il aura l'air d'un baron

'une seule lettre suffit à changer "bâton" en "baron",

tout comme un seul vêtement suffit à faire passer du néant à l'être'

enfeitai o cepo, parecerá mancebo
uma tranca vestida parece gente

dress up a stick and it does not appear to be a stick

♦ O provérbio tem correspondentes em italiano: *vesti un legno, pare un regno* e em espanhol: *afeita un cepo, parecerá mancebo* ou *palo compuesto no parece palo* (Cervantes, *D. Quijote*, II, li).

⇒ L'HABIT, c'est l'homme

3 Pendant que le BÂTON va et vient, les épaules se reposent (1842)

'il n'est point de peine si persistante qui n'ait quelque légère intermission, ou quelque compensation'

enquanto o pau vai e vem, a gente folga as costas
enquanto o pau vai e vem, folgam as costas

after a delay comes a let ['hindrance']

BATTU *s.m.* perdedor, derrotado; *loser*

Les BATTUS payent l'amende (1576)

'la malchance ne confère aucun privilège, bien au contraire'

atrás do apedrejado, correm as pedras
atrás do apedrejado, pedras chovem
homem necessitado, cada ano apedrejado

loss embraces shame
(the) losers are always in the wrong

(...) ce conseil, qui se trouva fort du goût des alcades, allait être suivi, si les bourgeois qui étaient présents ne se fussent opposés à une si grande injustice, en disant tout haut que si cela s'exécutait, LE BATTU PAYERAIT L'AMENDE. (Lesage, *GA*, p. 45)

(...) esse conselho, que muito agradou aos alcaides, teria sido seguido, se os burgueses presentes não se tivessem oposto a tão grande injustiça, dizendo alto e bom som que, se tal acontecesse, A VÍTIMA É QUE SERIA PUNIDA.

♦ "D'après une coutume de Lory, en Gâtinais. Se dit quand on condamne celui qui a raison. Fleury de Bellingen propose une étymologie fantaisiste de ce proverbe: 'Le bas-tu? Paie l'amende'." (F. Suzzoni)

♦ Há correspondentes em italiano: *chi ha il danno, ha pur le beffe* e em espanhol: *tras de cornudo, apaleado.*

⇒ Aux CHEVAUX maigres vont les mouches

BAVE *s.f.* baba; *spittle*

La BAVE du crapaud n'atteint pas la blanche colombe

'la calomnie la plus vile ne peut ternir une réputation

B

sans tache' [se dit pour repousser dédaigneusement une insulte ou une attaque calomnieuse]

merda seca não pega em cu lavado
o que vem de baixo não me atinge
praga de urubu (magro) não mata cavalo (gordo)

sticks and stones may break my bones, but words will never hurt me

⇒ La LUNE est à l'abri des loups

BEAU *adj. s.m.* belo, bonito; *beautiful, lovely*

1 BEAU et bon ne sont pas souvent compagnons

'la beauté rend arrogant; pour être beau, on n'en est pas meilleur'

o formoso e o bom poucas vezes são companheiros

beauty and folly go often in company

2 C'est trop BEAU pour être vrai

'cette exclamation, arrachée par un événement, un phénomène ou un spectacle, suppose que la beauté parfaite n'est pas de ce monde; or il arrive en effet que la réalité enchante plus que la fiction'

é bom demais para ser verdade

it is too good to be true

Var. em A. Kojève:

Solution sans aucun doute géniale, dira Hegel. Et rien d'étonnant que l'Homme ait pu pendant des siècles se croire "satisfait" par cette pieuse récompense de son Travail. Mais, ajoute Hegel, tout CECI EST TROP BIEN – trop simple, trop facile – POUR ÊTRE VRAI. (*ILH*, p. 182)

Solução sem dúvida genial, dirá Hegel. E não é surpreendente que o homem tenha conseguido durante séculos julgar-se "satisfeito" com essa piedosa recompensa por seu Trabalho. Mas, acrescenta Hegel, tudo isso É BOM DEMAIS – simples demais, fácil demais – PARA SER VERDADE.

3 Le BEAU pour le crapaud est la crapaude

'le beau est relatif; la laideur même a sa beauté'

coruja não acha os filhos feios
mulher e chita, cada um acha a sua bonita
o escaravelho a seus filhos chama grãos de ouro
o macaco é bonito veado aos olhos de sua mãe
o menino e o escaravelho a sua mãe parecem de ouro
o menino e o escaravelho a sua mãe parecem espelho

beauty is in the eye of the beholder
fair is not fair, but that which pleases
if Jack's in love, he's no judge of Jill's beauty
in the eyes of the lover, pock-marks are dimples
love sees no faults

♦ A idéia já aparece num provérbio do latim medieval: *asinus asino, et sus sui pulcher est* (um asno parece belo a outro asno, e um porco a outro porco). La Fontaine, em "L'Aigle et le Hibou" (*F*, V, xviii), lembra: "Quelqu'un lui dit alors: N'en accuse que toi / Ou plutôt la commune loi / Qui veut qu'on trouve son semblable / Beau, bien fait, et sur tous aimable." ("É tua a culpa, alguém então lhe disse, ou antes / É da lei que nos faz achar os semelhantes / A nós, só porque o são, amáveis, lindos, belos." – Trad. de Jaime Vítor). Há correspondentes em italiano: *all'orsa paion belli i suoi orsacchini* e em espanhol: *dijo el escarabajo a sus hijos: venid acá, mis flores*.

⇒ Qui CRAPAUD aime lunette lui ressemble

4 Tout BEAU(,) tout nouveau

= Tout NOUVEAU, tout beau

On était toujours parfaitement poli à son égard à l'hôtel de La Mole; mais il se sentait déchu. Son bon sens de province expliquait cet effet par le proverbe vulgaire, TOUT BEAU TOUT NOUVEAU. (Stendhal, *RN*, p. 275)

Eram sempre muito amáveis com ele no solar de La Mole; mas sentia-se inferiorizado. Seu bom senso provinciano justificava essa impressão com o conhecido provérbio: "TUDO O QUE É NOVO AGRADA".

BEAUCOUP *pron.* muitos; *many*

BEAUCOUP sont appelés, mais peu sont élus

'tel est l'élitisme imprévisible de la réussite'

muitos são os chamados, (e) poucos os escolhidos

many are called, but few are chosen

♦ Do latim *multi enim sunt vocati, pauci vero electi* (Mateus 22, 14). "Palavras (...) que se referem à vida futura e que têm também aplicação na vida presente em todos os degraus da escala social", comenta Arthur Rezende.

BEAUTÉ *s.f.* beleza; *beauty*

1 BEAUTÉ de femme n'enrichit homme (1557)

'la beauté ne remplace pas le pain'

formosura de mulher não enriquece o homem

beauty will buy no beef
beauty won't make the pot boil
prettiness makes no pottage

⇒ La BEAUTÉ ne sale pas la marmite

2 BEAUTÉ n'est qu'image fardée

'l'esthétique ne va jamais sans artifice'

a beleza não tem senão a profundidade da pele

beauty is only skin-deep

3 BEAUTÉ passe, bonté reste

= BEAUTÉ sans bonté ne vaut pas un dé

4 BEAUTÉ sans bonté, ce n'est rien à compter
(1568: *beauté ne vaut sans bonté*)

= BEAUTÉ sans bonté ne vaut pas un dé

5 BEAUTÉ sans bonté est comme vin éventé
(1568)

= BEAUTÉ sans bonté ne vaut pas un dé

♦ O provérbio tem equivalente em italiano: *bellezza senza bontà è come vino svanito.*

6 BEAUTÉ sans bonté ne vaut pas un dé

'la beauté ne mérite admiration que doublée de valeur morale'

beleza sem bondade não vale metade
beleza sem virtude é rosa sem cheiro
formosura sem virtude é flor sem perfume
mulher bonita sem virtude é como vinho sem gosto

a fair woman without virtue is like palled wine
beauty without bounty avails nought

♦ Diz-se em italiano: *bellezza senza bontà è casa senza porta, nave senza vento, fonte senza acqua.*

7 La BEAUTÉ, ça se met pas sur la table

= La BEAUTÉ ne se mange pas en salade

8 La BEAUTÉ n'a jamais été au marché (Antilles)

= La BEAUTÉ ne se mange pas en salade

(...) je prétends que la Toussine n'est qu'une belle inutile, que LA BEAUTÉ N'A JAMAIS ÉTÉ AU MARCHÉ, que le tout n'est pas encore de se marier mais de rester ensemble devant les changements des saisons, disait l'une... ils rient à présent, mais *après rire c'est pleurer*, et d'ici à trois mois la bande joyeuse de Minerve se retrouvera avec ses six yeux pour pleurer... disait l'autre. (S. Schwarz-Bart, *PVTM*, p. 18)

(...) acho que Toussine não passa de uma beleza inútil, que BELEZA NÃO PÕE MESA, que o que conta não é casar mas ficar juntos mesmo quando mudam as esta-ções, dizia uma... agora eles riem, mas *depois do riso vem o choro* e, daqui a três meses, o trio alegre de Miner-ve vai precisar dos seus seis olhos para chorar... dizia outra.

9 La BEAUTÉ ne sale pas la marmite

= BEAUTÉ de femme n'enrichit homme

⇒ On ne va pas avec la BEAUTÉ de sa femme au moulin

10 La BEAUTÉ ne se mange pas en salade (sXX)

'on ne doit pas élire la femme d'après son apparence'

a boniteza não se põe à mesa

beleza não põe mesa
boniteza não se põe na mesa

beauty butters no parsnips

♦ Há correspondentes em italiano: *le bellezze non si mangiano* e em espanhol: *con hermosura sola no se pone la olla.*

11 On ne va pas avec la BEAUTÉ de sa femme au moulin (rég., Bretagne)

= BEAUTÉ de femme n'enrichit homme

BÉBÉ *s.m.* bebê; *baby*

On ne doit pas jeter le BÉBÉ avec l'eau du bain
(1960)

'il faut se garder de recourir à des moyens dispropor-tionnés'

não deites fogo à casa para matar os ratos

don't throw the baby out with the bathwater

D'accord, d'accord, Rousseau NE DEVRAIT PAS AVOIR voix au chapitre, lui qui a JETÉ SES ENFANTS AVEC L'EAU DU BAIN familial! (Imbécile refrain...) (D. Pennac, *CR*, p. 53)

Está certo, está certo! Rousseau NÃO DEVERIA TER voz no capítulo, ele que tinha JOGADO SEUS FILHOS FORA COM A ÁGUA DO BANHO familiar! (Ditado idiota...). (Trad. de Leny Werneck)

⇒ Il n'est pas permis de tuer le CHIEN pour sauver la queue de la chatte

BEC *s.m.* bico; *beak, bill*

Le BEC de l'oie est ourlé

= Adieu, PANIERS, vendanges sont faites!

BEDEAU *s.m.* sacristão; *beadle*

Le BEDEAU de la paroisse est toujours d'accord avec monsieur le curé

= Les MOINES répondent comme l'abbé chante

⇒ Comme chante le CHAPELAIN, ainsi répond le sacristain

BÈGUE *s.m.* gago; *stammerer*

Les BÈGUES sont ceux qui ont le plus de bec (1842)

'ceux qui parlent le moins bien sont ceux qui parlent le plus'

fala pouco e bem, serás alguém
fala pouco e bem, ter-te-ão por alguém
sê breve e agradarás

brevity is the soul of wit (Shakespeare)

talk much, and err much(, says the Spaniard)

BÉNÉFICE   *s.m.* lucro, proveito; *profit*

Il faut prendre les BÉNÉFICES avec les charges (1752)

'd'une affaire on ne peut pas retirer que les avantages; il en faut assumer aussi les inconvénients; quand on veut un avantage, il ne faut pas esquiver ce qu'il en coûte'

para lograr o proveito, há de se sofrer o dano
quem não faz sacrifícios poucas vezes alcança benefícios

let him that has the profit, take the pain

BÉQUILLE   *s.f.* muleta; *crutch*

Les BÉQUILLES du temps font plus que la massue d'Hercule (1828)

'même transcendante, la force brutale obtient moins que la patience tortueuse et claudicante'

com tempo e pachorra muito se consegue
mais vale (o) jeito que (a) força

the crutch of time does more than the club of Hercules

⇒ PATIENCE et longueur de temps font plus que force ni que rage

BERCEAU   *s.m.* berço; *cradle*

Ce qu'on apprend dès le BERCEAU dure jusqu'au tombeau (1842)

'les premières connaissances sont les plus durables'

o que berço dá só a cova tira
o que o berço dá, a cova o tira
o que o berço dá, a tumba o leva
o que o berço dá só o túmulo tira
o vício da natureza até a sepultura chega

what is learnt in the cradle lasts till the tomb
whoso learns young, forgets not when he is old

♦ Cf. Sêneca (*Consolatio ad Helviam matrem*, 18, 8): *altius praecepta descendunt, quae teneris imprimuntur aetatibus* (chegam a maiores profundidades os ensinamentos gravados em tenra idade). Cf. também o latim medieval *quod nova testa capit, inveterata sapit* (o que se aprende na infância se sabe na velhice). Há provérbio equivalente em espanhol: *lo que se aprende en la cuna, siempre dura*.

BERGER   *s.m.* pastor; *shepherd*

Bon BERGER tond, n'écorche pas (sXVI)

= Il faut tondre les BREBIS et non pas les écorcher

BERGÈRE   *s.f.* pastora; *shepherdess*

L'amour égale sous sa loi, la BERGÈRE avec le roi

= BUREAU vaut bien écarlate

BESACE   *s.f.* alforje; *beggar's bag/pouch*

Chacun sa BESACE

'nul n'est exempt d'un fardeau, d'une disgrâce, d'une croix à porter'

cada qual com a sua cruz
cada qual tem a sua pereba
em toda a casa há roupa suja
não há ninguém que não carregue a sua cruz
todos têm a sua cruz

every heart has its own ache
every path has a puddle
the rain falls on every roof
there is a crook ['affliction, trial'] in the lot of every one
there is a skeleton in every house
there is no door without a puddle

"Chose bien commune et vulgaire entre les humains est le malheur d'aultruy entendre, prævoir, congnoistre et prædire. Mais ô que chose rare est son malheur propre prædire, congnoistre, prævoir et entendre! Et que prudentement le figura Æsope en ses *Apologes*, disant CHASCUN HOMME en ce monde naissant UNE BEZACE au coul porter, on sachet de laquelle davant pendent sont les faultes et malheurs d'aultruy tousjours exposées à nostre veue et congnoissance, on sachet darriere pendent sont les faultes et malheurs propres; et jamais ne sont veues ne entendues, fors de ceulx qui des cieulx ont le benevole aspect." (F. Rabelais, *TL*, p. 101)

– É muito comum e vulgar entre os homens ouvir, prever, conhecer e até predizer a desgraça alheia! Mas como é raro predizer, conhecer, prever e ouvir a própria desdita! Esopo, com prudência, refere-se a isso nos *Apólogos*, quando diz que TODO HOMEM vem ao mundo COM UM ALFORJE: na frente, um saco em que estão as faltas e as desgraças dos outros, sempre expostas à nossa vista e ao nosso conhecimento; atrás, um saco com as nossas próprias faltas e desgraças; e nunca são elas vistas nem ouvidas, a não ser por aqueles que dos céus têm a benévola feição.

⇒ Au CHAUDRON des douleurs, chacun porte son écuelle

BESOGNE   *s.f.* trabalho, tarefa; *work*

1 Après BESOGNE faite le repos est doux

'devoir accompli, sommeil paisible'

depois do trabalho é doce o repouso
quem bem trabalhou melhor descansou
quem trabalha o dia inteiro acha mole o travesseiro

after the work is done, repose is sweet

♦ Cf. o latim *grata quies post exhaustum solet esse laborem* (um agradável repouso sucede a um trabalho estafante). Diz-se em italiano: *dopo il lavoro, è dolce il riposo.*

2 BESOGNE qui plaît est à moitié faite

= Le FARDEAU qu'on aime n'est point pesant

BESOGNEUX *s.m.* pobre, necessitado; *poor man, needy person*

BESOGNEUX n'a pas de loi (sXIII)

'quand nécessité presse, on ne regarde plus aux interdits'

a necessidade força a fazer o que se não deve
quando impera a necessidade, tudo é possível

necessity knows no law
need has no law

⇒ Quand la BOURSE se rétrécit, la conscience s'élargit

BESOIN *s.m.* necessidade; *need*

1 Le BESOIN fait la vieille trotter (sXIII: *besoin fait vieille troter*)

'la nécessité redonne des forces, même à ceux qui n'en ont plus'

a coragem cresce com a ocasião
a dor ensina a gemer
a dor ensina a parir
a necessidade faz o sapo pular
a necessidade faz o velho andar de chouto
a necessidade mete a velha a caminho
sapo não pula por boniteza e sim por precisão

despair gives courage to a coward
need makes the naked man run (and sorrow makes websters spin)
need makes the old wife trot

♦ O provérbio tem equivalentes em italiano: *il bisogno fa trottar la vecchia* e em espanhol: *la necesidad hace a la vieja trotar.*

⇒ Qui a BESOIN de feu le prend avec la main

2 On a souvent BESOIN d'un plus petit que soi (1668)

'il arrive que l'ingéniosité, mieux développée chez les "petits", soit plus secourable que la force'

cedo ou tarde o forte precisa do fraco
ninguém é tão poderoso que não precise da ajuda de um pequeno
o leão pode precisar do rato
qualquer auxílio, por diminuto que seja, vem sempre a tempo

a lion may come to be beholden to a mouse
a mouse may help a lion
the great and the little have need one of another

Il faut, autant qu'on peut, obliger tout le monde: / ON A SOUVENT BESOIN D'UN PLUS PETIT QUE SOI. (La Fontaine, *F*, II, xi, 2-4)

Tanto quanto possível, temos de dar atenção a todos: / DEPENDEMOS MUITAS VEZES DE ALGUÉM MENOR DO QUE NÓS.

♦ Diz-se em italiano: *non c'è regina che non c'è bisogno della vicina.*

3 Quand *oportet* vient en place, il est BESOIN qu'on le face (sXIV: *qant oportet vyent enplace il ny ad que pati*)

'quand on est réduit au brutal: "IL FAUT", il n'est plus aucune échappatoire possible, aucune dérobade'

o que não tem remédio remediado está
quando *oportet* tem vez, assim terá de ser feito

*when oportet comes in place thou knowest miserere has no grace**

* "When must comes forward, there is nothing for it but to suffer." (ODEP)

"Il fault (respondit Perrin) faire aultrement, Dedin, mon filz. Or,
    QUAND *OPORTET* VIENT EN PLACE,
    IL CONVIENT QU'AINSI SE FACE,
gl. C. de appell., l. eos etiam. *Ce n'est là qui gist le lievre.* (F. Rabelais, *TL*, p. 199)

– É preciso, Dedin, meu filho, agir de outro modo – respondeu Perrin. – Ora,
    QUANDO *OPORTET* TEM VEZ,
    ASSIM TERÁ DE SER FEITO,
gl. C. de appell., l. eos etiam. *Não é esse o xis do problema.*

4 Qui a BESOIN de feu le prend avec la main (1612; sXV: *qui a besoing de feu avec le doigt le va querre*)

'quand on a besoin, on ne pense aux dangers'

quem fogo quer, e chove, a unhas o descobre (Jorge Ferreira de Vasconcelos)

necessity breaks iron

⇒ NÉCESSITÉ apprend les gens

BÊTE *s.f.* animal; *animal*

1 Morte la BÊTE, mort le venin (1538)

'un méchant homme, un ennemi morts ne peuvent plus nuire; le danger disparaît avec la cause qui l'a produit'

morta a cobra, acaba o veneno
morta a cobra, morto o veneno
morto o bicho, acaba a peçonha
morto o bicho, morta a peçonha

dead dogs cannot bite
dead dogs do not bite
dead men do no harm
dead men don't bite

when the beast is dead, he cannot bite

MORTE LA BÊTE, MORT LE VENIN. Il marche à grands pas, les jambes molles. Il a peur, sa bouche est sèche. Les rues sont trop bleues, il fait trop doux. (J.-P. Sartre, *AR*, p. 392)

MORTA A SERPENTE, MORRE O VENENO. Anda a passos largos, pernas moles. Tem medo, a boca seca. As ruas são azuis demais, a temperatura demasiado suave. (Trad. de Sérgio Milliet)

2 On prend les BÊTES par les cornes et les hommes par les paroles (sXVI)

= On prend/lie les BŒUFS par les cornes et les hommes par les paroles

3 Qui bât* la BÊTE la monte

* *Bât* (v. *bâter*) = 'met un bât à'.

'il faut assumer les conséquences de ses actes'; ou bien: 'qui habille une femme en obtient les dernières faveurs'

quem quer bulir com a moça bole com o pé e com a bolsa
quem quer ganhar a moça anda do pé e joga da bolsa
quem tem a cabra, esse a mama

he who eats the meat, let him pick the bone
if you want to play, you have to pay
let him that pays the lawing ['reckoning'] *choose the lodging*
they that dance must pay the fiddler

⇒ Qui monte la MULE la ferre

4 Qui BÊTE va à Rome, tel en retourne (1568)

'voyage ni religion ne font miracles: on ne change pas sa nature'

asno que a Roma vá asno vem de lá
asno que a Roma vá asno volta de lá
quem burro vai a Roma burro de lá vem
quem burro vai a Roma burro vai, (e) burro vem
quem burro vai a Santarém burro vai, (e) burro vem
quem como besta vai a Roma como asno retorna
quem tolo vai a Santarém tolo de lá vem

how much the fool who goes to Rome excels the fool who stays
*   at home?*
if an ass goes a-travelling, he'll not come home a horse
lead a pig to the Rhine, it remains a pig
send a donkey to Paris, he'll return no wiser than he went
send a fool to France and he'll come back a fool
send a fool to the market, and a fool he'll return
travel makes a wise man better, but a fool worse

♦ Cf. Horácio (*Epistulae*, 1, 11, 27): *caelum, non animum mutant, qui trans mare currunt* (mudam de clima e não de espírito os que atravessam velozmente os mares). Cf. também o latim medieval: *ignarus rediit Romam deductus asellus* (o ignorante levado a Roma de lá voltou asno). Há provérbios paralelos em italiano: *chi bestia va a Roma, bestia ritorna* e em espanhol: *fuime a palacio, fui bestia y vine asno*.

≠ QUI CHIEN S'EN VA À ROME MÂTIN S'EN REVIENT

⇒ Jamais CHEVAL ni méchant homme n'amenda pour aller à Rome

5 Qui se fait BÊTE, le loup le mange (1640)

'il faut garder son rang, ou ses distances; les gens trop dociles ou trop patients sont des proies faciles pour ceux qui cherchent à leur nuire'

a quem muito se abaixa, o rabo lhe aparece
a quem se faz mel, moscas o comem
a quem se faz ovelha, come-o o lobo
besta de carga, cangalhas ao lombo
não te faças mel, que (as) moscas te comem
quem se faz de açúcar mela no sereno
quem se faz de ovelha(,) o lobo (o) come

don't make yourself a mouse, or the cat will kill you
he that makes himself a sheep shall be eaten by the wolf
make yourself all honey, and the flies will devour you

⇒ Qui se fait BREBIS, le loup le mange

6 Telle BÊTE, telle tête

'il faut se plier à la loi de convenance naturelle, et ne pas attendre des êtres ce que par nature ils sont incapables de donner'

de burro ruim só se espera coice
de doido, pedrada ou má palavra
ninguém se livra de pedrada de doido nem de coice de
    burro

what can you expect from a hog but a grunt?
what can you expect from a pig but a grunt?

BEURRE *s.m.* manteiga; *butter*

1 On ne peut pas avoir/réclamer le BEURRE et l'argent du BEURRE

'on ne peut en même temps consommer et s'enrichir – il faut choisir; de toute affaire, on ne peut pas obtenir que des avantages'

não se pode comer o bolo e guardar o bolo
não se pode ter sol na eira e chuva no nabal
ou bem se vende o porco ou se come a lingüiça

you cannot eat your cake and have it
you cannot have it both ways
you cannot sell the cow and drink the milk
you cannot sell the cow and sup the milk

• Acrescenta-se às vezes, com uma pitada de malícia: **... et la crémière par-dessus le marché** (e ainda por cima a filha do leiteiro).

⇒ On ne peut avoir la BÛCHETTE et le cul chauffé

2 On ne saurait manier le BEURRE qu'on ne s'en graisse les doigts (1752) 'il y a toujours profit à brasser de l'argent: telle la graisse sur la peau, il en reste toujours quelque chose'

não se come manteiga sem melar a mão
quem azeite mede as mãos unta
quem lida com mel sempre lambe os dedos
quem mexe no mel sempre se lambe
quem o mel trata, sempre se lhe pega

he that measures oil, shall anoint his fingers
he that touches pitch, shall be defiled

♦ O provérbio tem correspondentes em italiano: *chi maneggia il grasso, s'unge le dita*, em espanhol: *quien el aceite mesura, las manos se unta* e em alemão: *wer Öl abwiegt, kriegt schmierige Hände*.

⇒ Toujours laisse aux COUILLES une amorce qui son cul sale de papier torche

3 Qui approche le BEURRE du feu ne l'empêche pas de fondre

= De trop près SE CHAUFFE qui se brûle

BIEN *s.m. adv.* bem, benefício, lucro, caridade; bem; *benefit, kindness; well*

1 À quelque BIEN duit* fange et fien (sXIII)

* *Duit* (v. *duire*) = 'il convient, il plaît'.

'un événement fâcheux peut avoir un côté utile'

não há nada tão ruim que não traga algum bem

nothing so bad as not to be good for something

⇒ À quelque chose MALHEUR est bon

2 BIEN de fortune passe comme la lune

'ce que l'on tient du hasard est fragile comme lui'

a felicidade é tão frágil como o cristal
a felicidade tem asas como o tempo
a fortuna é como o vidro: quando menos se espera ela parte
a fortuna é como o vidro: tanto brilha como quebra

fortune is fickle
fortune is like glass
fortune is made of glass
fortune is variant
the footsteps of fortune are slippery
the highest spoke in fortune's wheel, may soon turn lowest

⇒ Il n'est qu'HEUR et malheur

3 BIEN donné ne se reprend plus

'il ne faut pas revenir sur ce qui a été donné'

quem dá e tira ao inferno vai cair
quem dá e tira ao inferno vai parar
quem dá e tira fica corcunda
quem dá e tira para o inferno gira
quem dá e torna a pedir ao inferno vai cair

quem dá e torna a pedir rebenta como um funil
quem dá e torna a tomar vira a cacunda para o mar

give a thing, and take a thing, to wear the Devil's gold ring
give a thing and take again, and you shall ride in hell's wain ['chariot'] (Shakespeare)
give a thing, take a thing, dirty man's plaything
give a thing, take a thing, never go to God again
there may be mistaking in giving and taking

⇒ CHOSE donnée ne se doit redemander

4 BIEN en commun ne fait pas monceau (1597)

= L'ÂNE du commun est toujours le plus mal bâté

5 BIEN mal acquis ne profite jamais (1461: *jamais mal acquit ne profite*)

'Justice immanente? Conscience malheureuse? Insécurité? Il reste qu'on ne peut jouir en paix du bien frauduleusement acquis'

a água o dá, a água o leva
a água o dá, a água o tira
a água o deu, a água o levou*
bens de sacristão cantando vêm, cantando vão
bens de sacristão para o diabo são
bens mal adquiridos não chegam a netos
bens mal adquiridos vão como vieram
bens mal ganhos a ninguém enriquecem
dinheiro mal ganhado, água o deu, água o levou
dinheiro mal ganho, água o deu, água o levou
dinheiro mal ganho não aproveita a ninguém
dinheiros de sacristão cantando vêm, cantando vão
do mau adquiridor nunca o neto se logrou
o mal adquirido não chega a netos
o mal ganhado mal se há de despender
o mal ganhado o diabo leva
o que a água dá, a água o leva
o que é mal adquirido pela mão escorrega

* "O conto é o de um taverneiro que, de batizar o vinho, encheu na feira um lenço vermelho de ducados. Uma águia que passava, julgando que o lenço rubro era carniça, arrebatou-o e logo desenganada deixou-o cair no rio. Assim voltou à água o que dela havia saído." (João Ribeiro, *FF*, p. 181)

come with the wind, go with the water
ill gotten, ill spent
ill-gotten gains seldom prosper
ill-gotten goods never prosper
ill-gotten goods seldom prosper
ill-gotten goods thrive not to the third heir
thieves' handsel ['gift'] *ever unlucky*

On dit, et il est vérité, / Que charterie se boit toute, / Au feu l'yver, au bois l'esté. / S'argent avez, il n'est enté; / Mais le despendez tost et viste. / Qui en voyez-vous hérité? / JAMAIS MAL ACQUEST NE PROUFFITE. (F. Villon, "Belle leçon aux enfans perduz", in *PFV*, p. 112)

Diz-se, e é verdade sem contestação, / Que o vinho é de tomar-se totalmente, / No inverno ao fogo, em bosque se é verão: / Tendes dinheiro? em vós como enxertá-lo? / Gastai-o, não deixeis para outra feita: / Vós conheceis alguém que deva herdá-lo? / O BEM MAL GANHO NUNCA SE APROVEITA. (Trad. de Péricles Eugênio da Silva Ramos)

TOPAZE, grave. (...) Alors, tourmenté jour et nuit, pâle, amaigri, extenué, pour retrouver enfin la paix et la joie, il distribuera aux pauvres toute sa fortune parce qu'il aura compris que...
(...)
TOUTE LA CLASSE en chœur d'une voix chantante. BIEN MAL ACQUIS NE PROFITE JAMAIS... (M. Pagnol, *T*, p. 62)

TOPAZE, grave. (...) Esse homem desonesto será sempre perseguido pela sua consciência. E finalmente, para reencontrar a paz e alegria de viver, irá distribuir aos pobres toda a sua fortuna porque chegará à conclusão que...
(...)
A TURMA TODA em coro. DINHEIRO MAL GANHO NÃO APROVEITA A NINGUÉM... (Trad. de Luís de Lima)

♦ A idéia está em Hesíodo (*Os trabalhos e os dias*, 349): κακὰ κέρδεα ἶσ' ἄτεισι (ganhos desonestos são perdas). Em latim: *male parta, male dilabuntur* (o que é por mal adquirido por mal se dissipará), frase do tragediógrafo Névio, citada por Cícero (*Philippicae*, 2, 27, 65). Pensamento semelhante em Plauto (*Poenulus*, 844): *male partum, male disperit*.

⇒ De BIEN mal acquis courte joie

6 BIEN perdu, BIEN connu (1568)

'on ne connaît son bonheur que quand on l'a perdu'

bem perdido é conhecido
é na ausência que se conhece a falta
o bem é mal conhecido enquanto não é perdido
o bem não se conhece senão depois que se perde
o bem só é conhecido depois de perdido
o bem só é sabido depois de perdido
o bem só se conhece quando se perde
só se sabe a felicidade depois que ela vai embora
só se sabe o que é saúde quando se está doente

a good thing lost is a good thing valued
blessings are not valued till they are gone
health is not valued till sickness comes
it is misery enough to have once been happy
the blessing is not known until it is lost
the worth of a thing is best known by the want of it
wealth is best known by want

♦ Cf. o latim *quam cara sint bona, homines carendo intelligent* (ao perdê-los é que os homens percebem como os bens são valiosos). Recordem-se os célebres versos de Dante (*Inferno*, V, 121-123): *nessun maggior dolore / che ricordarsi del tempo felice / nella mise-*

ria. Equivalentes são os provérbios: *non si conosce il bene, se non quando s'è perso* (italiano) e *el bien no es conocido hasta que es perdido* (espanhol).

⇒ Quand le PUITS est à sec, on sait ce que vaut l'eau

7 De BIEN mal acquis courte joie (1568)

= BIEN mal acquis ne profite jamais

⇒ Ce qui vient du DIABLE retourne au DIABLE

8 Du BIEN d'autrui, bon jouet

'on est prodigue du bien d'autrui'

de coiro/couro alheio, correias compridas
de coiro/couro alheio, largas correias (João de Barros)
do bem alheio todos somos generosos
quem atira com pólvora alheia dá tiro grande
quem atira com pólvora alheia enche mais a medida
quem atira com pólvora alheia não toma chegada

all men are free of other men's goods
it is easy to cry Yule at other men's cost

⇒ On avance mieux avec un CHEVAL emprunté qu'avec le sien propre

9 En faisant du BIEN, on fait des ingrats

'la bienfaisance oblige, et bien des gens ont horreur d'être obligés'

a ingratidão é a sombra do benefício
o dia da graça é o da véspera da ingratidão
o dia do benefício é a véspera da ingratidão
o dia em que bem farão é o da véspera da ingratidão
por bem fazer, mal haver

ingratitude is the reward in the world

10 Entre la chair et la chemise, il faut cacher le BIEN qu'on fait (1666)

= Il faut que la MAIN gauche ignore le bien que fait la main droite

♦ Frase de La Fontaine dans "Les Cordeliers de Catalogne" (*CN*, II, ii).

11 Fais du BIEN à un cochon et il viendra chier sur ton balcon (Québec)

= Oignez VILAIN, il vous poindra; poignez VILAIN, il vous oindra

12 Faites du BIEN à un vilain, il vous fera dans la main (sXIII)

= Oignez VILAIN, il vous poindra; poignez VILAIN, il vous oindra

♦ Diz-se em italiano: *chi fa del bene al villano, si sputa in mano*.

⇒ Graissez les BOTTES à un/(d'un) vilain, il dira qu'on les (lui) brûle

13 Le BIEN cherche le BIEN

"quand on est riche, on a plus de moyens de s'enrichir; ou le bien vient plutôt au riche qu'au pauvre" (Panckoucke)

a quem tem muito, dão-lhe mais
dinheiro atrai dinheiro
dinheiro chama dinheiro

he that has plenty of goods, shall have more
money makes money

⇒ Qui CHAPON mange, CHAPON lui vient

14 Le BIEN que l'on fait parfume l'âme

= Qui donne aux PAUVRES prête à Dieu

15 Nul BIEN sans peine (1495)

'pas de bonheur sans effort'

ainda que doce seja o mel, a mordidela da abelha é cruel
cada doçura custa uma amargura
não há atalho sem trabalho
não há carne sem osso nem farinha sem caroço
não há carne sem osso nem fruta sem caroço
não há gosto sem desgosto
não se pescam trutas a bragas enxutas

every white has its black, and every sweet its sour
honey is sweet, but the bee stings
no coming to heaven with dry eyes
no cross, no crown
no gain(s) without pain(s)
(there is) no pleasure without pain
there is no short cut to success

♦ Há correspondentes em italiano: *ogni agio porta seco il suo disagio*, em espanhol: *no hay bien sin trabajo* e em alemão: *es gibt keinen Vorteil ohne Mühe*.

⇒ Nul PAIN sans peine

16 On oublie plutôt le BIEN que le mal (sXIII)

= Les BIENFAITS s'écrivent sur le sable et les injures sur l'airain

17 Qui a beaucoup de BIENS a beaucoup de soins

'l'affairement qu'exige l'entretien d'une fortune rend les possédants soucieux; c'est sur cette vérité qu'est fondée la mésaventure du savetier de La Fontaine (F, VIII, ii)'

ouro obtido, sono perdido
quanto mais dinheiro, mais cuidados
quanto menos fortuna, menos trabalho
quem tem o que perder tem o que temer

much coin, much care
riches bring care and fears
riches bring oft harm, and ever fear

♦ Cf. Horácio (*Carmina*, 3, 16, 17): *Crescentem sequitur*

cura pecuniam (as preocupações aumentam com a riqueza). "Em grego", escreve R. Tosi, "esse conceito é expresso proverbialmente por δειλὸν ὁ πλοῦτος, 'a riqueza é infeliz', documentado em Eurípides (*As fenícias*, 597) e retomado, com ligeiras variações, por Baquílides (*Epinícios*, 1, 160 s.) e por Aristófanes (*Pluto*, 202 s.), sendo também registrado pelos paremiógrafos (...)." Diz-se em italiano: *grandi ricchezze, mille pensieri*.

⇒ Quand on a un POT de chambre en argent les bords en sont minces

18 Qui BIEN engrène BIEN finit

= Le bon COMMENCEMENT attrait la bonne fin

19 Qui est loin de son BIEN est près de son dommage

'à s'écarter de son foyer, de ses habitudes, de ses relations ou de ses compétences, on s'expose à des déconvenues'

o pé do dono é o estrume da herdade
quem engorda o(s) boi(s) é o olho do dono
quem quiser morrer de fome e devagar é fazer roça e não ir lá

matters prosper under the master's eye

⇒ JARDIN loin, gombo gâté

20 Qui perd tout son BIEN, perd aussi la tête (sXVI: *qui perd le bien perd le sens*)

'la perte de ses biens fait perdre la raison'

quem tudo perdeu seu siso perdeu

he that loses all his fortune, loses all his sense

F. Rabelais transforma o provérbio:

"(...) Nous en avions bien aultresfoys refusé de bon argent de ceulx de Londres en Cahors, sy avions nous de ceulx de Bourdeaulx en Brye, qui les vouloient achapter pour la substantificque qualité de la complexion elementaire que est intronificquée en la terresterité de leur nature quidditative pour extraneizer les halotz et les turbines suz noz vignes, vrayement non pas nostres, mais d'icy auprès; car, SI NOUS PERDONS LE PIOT, NOUS PERDONS TOUT, et SENS* et loy. (G, p. 101)

* "Le *piot* est à la fois la tête et la boisson; le *sens* est le bon sens et aussi le *cens*, impôt fixé par la loi." (G. Demerson)

"(...) Teríamos recusado, outrora, bom dinheiro dos de Londres, em Cahors, se o tivéssemos dos de Bordeaux, em Brie, que queriam comprá-los por causa da substantífica qualidade da compleição elementar que se entronificara na terresteridade de sua natureza qüidditativa, para afastar os temporais e as inundações das nossas vinhas, que na verdade não são nossas, mas daqui de perto. É que, SE PERDERMOS O VINHO, PERDEREMOS TUDO: O SENSO e a lei. (Trad. de Aristides Lobo)

⇒ Qui perd le sien perd le SENS

≠ RIEN NE VIEILLIT PLUS VITE QU'UN BIENFAIT

BIENFAIT *s.m.* benefício; *kindness*

1 Les BIENFAITS s'écrivent sur le sable et les injures sur l'airain (1752)

'bienfait tôt s'oublie, mauvais coup reste gravé'

é mais fácil esquecer um favor do que uma ofensa
escrevem-se na areia os favores e gravam-se no metal as ofensas
homem ofendido nunca desmemoriado

injuries are written in brass
injuries don't use to be written on ice
the evil that men do lives after them, the good is oft interred with their bones (Shakespeare)

◆ Cf. o latim medieval: *beneficiorum memoria labilis est, iniuriarum vero tenax* (a lembrança dos benefícios é frágil; a das injúrias é realmente persistente). O provérbio tem correspondentes em italiano: *le offese si scrivono nel marmo, i benefizi tosto si dimenticano* e em espanhol: *más dura la memoria de las injurias recibidas que de los beneficios.*

⇒ MÉMOIRE du mal a longue trace, MÉMOIRE du bien tantôt passe

2 Rien ne vieillit plus vite qu'un BIENFAIT (sXIX)

'bienfait tôt s'oublie'

o dia da graça é o da véspera da ingratidão
o dia do benefício é a véspera da ingratidão
o dia em que bem farão é o da véspera da ingratidão
os benefícios são um fogo que não aquece senão de perto

benefits please, like flowers, while they are fresh
nothing grows old more quickly than a kindness

◆ Diz um monóstico de Menandro: Μετὰ τὴν δόσιν τάχιστα γηράσκει χάρις (depois do presente a gratidão não tarda a envelhecer), e essa idéia já estava em Eurípides (*Héracles*, 1.223): Χάριν δὲ γηράσκουσαν ἐχθαίρω φίλων (Odeio os amigos para quem a gratidão envelhece).

⇒ Les BIENFAITS s'écrivent sur le sable et les injures sur l'airain

3 Un BIENFAIT n'est jamais perdu (sXVI)

'par quelque détour que ce soit, on finit toujours par être récompensé du bien fait à autrui'

cortesia obriga cortesia
cortesias geram cortesias
nunca se perde o bem-fazer
quem bem faz para si faz
uma boa ação jamais é esquecida

a good deed is never lost
a good turn is never wasted
do what is right, come what may

BILLET *s.m.* bilhete; *note, short letter*

Les premiers BILLETS doux sont lancés par les yeux

'l'amour commence par le regard'

os olhos da namorada têm luz mais viva que o Sol

the heart's letter is read in the eyes

BISCUIT *s.m.* biscoito; *biscuit* (GB), *cookie* (EUA)

Il ne faut pas s'embarquer sans BISCUIT (1758)

'il ne faut pas "entreprende une affaire sans avoir les moyens convenables, ou l'argent nécessaire pour y réussir" (Panckoucke)'

quem quer ir longe prepara a montada
quem vai para o mar aparelha-se em terra
quem vai para o mar avia-se (primeiro) em terra

before you leave, be sure you have a good horse
do not put to sea without a compass

◆ Há equivalente em italiano: *non bisogna imbarcarsi senza biscotti.*

BLÉ *s.m.* trigo; *wheat*

1 Avec le BLÉ se cueillent et la paille et l'ivraie

= Le bon BLÉ porte l'ivraie

2 Le bon BLÉ porte l'ivraie

'tout bien ne va pas sans mal'

não há trigo sem joio
não há trigo tão joeirado que não tenha alguma ervilha-ca (Camões)

no garden without its weeds

⇒ Toute MÉDAILLE a son revers

BLESSURE *s.f.* ferida, chaga; *injury, wound*

Les BLESSURES d'amour ne peuvent guérir que par celui qui les a faites

'seule l'homéopathie est efficace dans le traitement de la maladie d'amour'

a chaga do amor quem a faz a sara
a ferida do amor quem a dá a sara

in love, seek your salve where you get your sore

◆ Cf. Publílio Siro (*Sententiae*, A 31): *amoris vulnus idem sanat, qui facit* (a ferida do amor é curada por quem a faz).

⇒ CŒUR blessé ne se peut aider

BLONDE s.f. loura; *blonde*

Les hommes préfèrent les BLONDES

'une mythologie récente, forgée autour du cinéma hollywoodien, accorde aux femmes blondes un pouvoir de fascination supérieur; c'est une victoire de l'esthétisme anglo-saxon sur l'érotisme latin'

os homens preferem as louras

gentlemen prefer blondes

♦ *Gentlemen Prefer Blondes* é o título de um romance da escritora norte-americana Anita Loos, publicado em 1925.

• Acrescenta-se às vezes com malícia: ... **mais ils épousent les brunes** (mas se casam com as morenas).

BŒUF s.m. (*Bos taurus*) boi; *ox*

1 BŒUF las va doucement (1495: *bœuf lassé va souef*)

'la fatigue recommande la prudence'

boi cansado, passo seguro

the ox when weariest treads surest
the tired ox treads surest

♦ "Esse provérbio [*bos lassus fortius figat pedem* (o boi cansado deve fincar o pé com mais força)], que recomenda reagir com força e tenacidade nos momentos difíceis, é mencionado por São Jerônimo numa epístola a Santo Agostinho (102,2) e na resposta deste último (73,2,4); (...)." (R. Tosi) Diz-se em italiano: *bue fiacco stampa più forte il piè in terra.*

2 Chaque BŒUF connaît son piquet (Martinique)

'confions-nous en la nature: chacun y connaît bien sa place'

cada qual conforme seu natural
cada qual sabe com quantas linhas se cose
cada um é que sabe se seu bodoque bota longe ou perto

every man after his fashion
every man is best known to himself

⇒ Chaque CORNEILLE pique sa noix

3 Faute de BŒUF, on fait labourer par son âne

'nécessité fait trouver: elle enseigne des solutions insoupçonnées'

quem não pode andar a cavalo anda a pé
quem não tem cão caça com gato
quem não tem cavalo monta no boi

he that has no horse must go on foot
who has no horse, may ride on a staff

⇒ Qui ne peut GALOPER, qu'il trotte

4 On a beau mener le BŒUF à l'eau s'il n'a pas soif (1495)

'on ne peut forcer un homme à se divertir contre son gré'

não se leva a beber água o asno que não tem sede

you may take a horse to the water, but you can't make him drink

⇒ On ne fait pas boire un ÂNE qui n'a pas soif

5 On prend/lie les BŒUFS par les cornes et les hommes par les paroles (1607)

'les animaux se rendent à la contrainte physique, les hommes à celle de l'esprit'

ao boi pelo corno, ao homem pela palavra
conduzem-se os bois pelos chifres e os homens pela língua
o boi pela ponta, o homem pela palavra

an ox is taken by the horns, and a man by the tongue
words bind men

A. Daudet alude ao provérbio:

Entre deux bouffées de pipe, il jetait en son patois sonore des sentences, des paroles inachevées, de mystérieux proverbes, dont j'ai retenu quelques-uns: *"La Chanson de Paris, la plus grande pitié du monde... L'HOMME PAR LA PAROLE ET LE BŒUF PAR LA CORNE... Besogne de singe, peu et mal... **Lune pâle, l'eau dévale... lune rouge, le vent bouge... lune blanche, journée franche.**" Et tous les soirs le même centon, avec lequel il levait la séance: "Au plus la vieille allait, au plus elle apprenait, et pour ce, mourir ne voulait." ("Ce que c'était que mon moulin", in LMM, p. 11)*

Entre duas baforadas de cachimbo, ele soltava em seu dialeto sonoro sentenças, frases incompletas, provérbios misteriosos, dos quais guardei alguns: *"A Canção de Paris, a maior pena do mundo... O HOMEM PELA PALAVRA E O BOI PELOS CHIFRES... Serviço de macaco, pouco e mal... **Lua pálida, a água escorre... lua vermelha, o vento sopra... lua branca, dia claro.**" E todas as noites o mesmo bordão, com o qual ele encerrava a sessão: "Quanto mais vivia, mais a velha aprendia e, por isso, morrer não queria".*

♦ Do latim *verba ligant homines, taurorum cornua funes* (os homens são presos pelas palavras e os touros pelos chifres). Diz-se em espanhol: *al buey, por el cuerno; y al hombre, por la palabra.*

⇒ On prend les BÊTES par les cornes et les hommes par les paroles

6 Quand les BŒUFS vont à deux, le labourage en va mieux (1752)

'à s'entraider, besogne tôt terminée'

muitas mãos tornam leve o trabalho
um boi só não leva o carro nem um gaio só faz ninho

three helping one another bear the burden of six

⇒ À plusieurs MAINS l'ouvrage avance

7 Quand on a avalé le BŒUF, il ne faut pas s'arrêter à la queue

'quand on fait le plus difficile, on ne doit pas s'arrêter au plus facile'

engolir um boi e engasgar com um mosquito

if you have swallowed the devil, you may swallow his horns
it is idle to swallow the cow and choke on the tail

8 Qui vend le BŒUF aussi fait le prix (sXIII)

'c'est au vendeur à faire l'offre'

quem vende faz o preço

who will sell the cow must say the word

⇒ Qui vend le POT dit le mot

9 Un seul BŒUF chie plus que cent hirondelles (sXVII: *autant chie un bœuf que mille moucherons*)

'un puissant est plus utile, ou nuisible, que mille petites gens'

mais caga um boi que um milhão de mosquitos
mais come o boi de uma lambida que a ovelha em todo o dia
mais come o boi de uma lambida que cem andorinhas

an ox eats more than a hundred swallows

10 Vieux BŒUF fait la raie droite (rég., Auvergne)

= Vieux BŒUF fait sillon droit

11 Vieux BŒUF fait sillon droit

'l'expérience apprend à ne pas se disperser'

boi velho, passo seguro
boi velho, rego direito
boi velho, sulco direito

an old ox makes a straight furrow

♦ O provérbio tem equivalentes em italiano: *bue vecchio, solco diritto* e em espanhol: *buey viejo, surco derecho*.

⇒ Il n'est CHASSE que de vieux chiens

BOIRE *v.t.* beber; *to drink*

1 BUVEZ, ou allez-vous-en

'il faut s'accommoder à l'humeur des personnes avec qui l'on vit ou s'en séparer'

ame-me ou deixe-me!

leave off while the play is good
like it or leave it

2 On ne saurait BOIRE et souffler à la fois

= On ne saurait boire et souffler le FEU

3 On ne saurait si peu BOIRE qu'on ne s'en ressente

'lorsqu'on boit on s'expose à quelque sottise'

quem bebe muito vinho perde o tino
vinho em excesso nem guarda segredo nem cumpre promessas

the first glass for thirst, the second for nourishment, the third
for pleasure, and the fourth for madness
there is a devil in every berry of the grape

⇒ Quand le VIN entre, la raison sort

4 Qui A BU BOIRA (sXVI)

'd'un vice invétéré, on ne guérit jamais'

bebeu, jogou, furtou: beberá, furtará, jogará
quem defeitos ruins há tarde ou nunca os perderá
quem tem uma manha nunca a perde
quem um mau hábito ganhou escravo dele ficou

once a drunkard always a drunkard
once a gambler always a gambler

– Je ris de vos idées, répondit Lisbeth. Oui, ma cousine est encore assez belle pour inspirer des passions; moi, je l'aimerais, si j'étais homme.
– QUI A BU, BOIRA! s'écria Crevel; vous vous moquez de moi! (H. de Balzac, *CBe*, p. 111)

– Estou rindo de suas idéias – respondeu Lisbeth. – Sim, minha prima ainda é muito bonita, capaz de inspirar paixões; eu a amaria se fosse homem.
– QUEM BEBEU BEBERÁ SEMPRE! – exclamou Crevel. – A senhora diverte-se comigo! (Trad. de Valdemar Cavalcanti)

Machado de Assis usou o provérbio em francês:

Um dos artigos de anteontem afirma que a metade do corpo de segurança é composto de indivíduos que já conheciam a polícia por ações menos úteis. Ora, posto que um adágio diga que "o diabo depois de velho fez-se ermitão", outro há que diz, pela língua francesa: *QUI A BU, BOIRA*. (S, v. 2, p. 452)

⇒ La COUTUME contraint la nature

5 Qui le BOIT aussi le solde (sXIII)

= Qui fait la FAUTE la boit

BOIS *s.m.* madeira, lenha, bosque; *wood*

1 À BOIS noueux hache affilée

'pour trancher une difficulté, il faut des moyens radicaux'

para má chaga, má erva

knotty timber must have sharp wedges

knotty timber requires sharp wedges

♦ O provérbio tem correspondentes em italiano: *a legno duro, accetta tagliente* e em espanhol: *a mal nudo, mal cuño.*

2 BOIS ont des oreilles et champs ont œillets*

* *Œillet* = 'petit œil' (jusqu'au XVIIᵉ siècle).

= Le BOIS a oreilles, et le champ des yeux

3 BOIS tordu ne se redresse pas

'jamais on ne vient à bout d'une mauvaise nature; il faut adapter les moyens à la fin'

pau que nasce torto, até a cinza é torta
pau que nasce torto morre torto
pau que nasce torto não tem jeito, morre torto
pau que nasce torto tarde ou nunca se endireita
pepino que nasce torto nunca se endireita

as the twig is bent, so grows the tree
as the twig is bent, so is the tree inclined
wood that grows crooked will hardly be straightened

♦ Cf. o grego ξύλον ἀγκύλον οὐδέποτ' ὀρθόν, fragmento cômico anônimo citado por Galeno (em latim medieval: *lignum, quod tortum, haud unquam vidimus rectum*).

≠ LE BOIS TORTU FAIT LE FEU DROIT

⇒ Le LOUP alla à Rome et y laissa son poil mais non ses coutumes

4 De BOIS noué courent grandes vendanges (1597)

'du noueux cep de vigne sont issues de belles grappes; ainsi la difficulté garantit la réussite'

ramo curto, vindima longa

short boughs, long vintage

5 Il ne faut pas aller au BOIS qui craint les feuilles (sXVI)

'qui craint le péril ne doit pas aller où il s'en trouve'

quem não tem competência não se estabelece
quem tem medo compra um cão
quem tem medo de cagar não come
quem tem medo não mama em onça
quem tem medo não piroca joelho ['provoca luta armada']
quem tem medo não se chega quando o touro escarva a terra
quem tem medo recolhe para casa cedo

he that fears every bush must never go a-birding
he that fears every grass must not piss in a meadow
he that fears every grass must not walk in a meadow
he that fears leaves, let him not go into the wood
he that is afraid of the wagging of feathers, must keep from among wild fowl

he that is afraid of wounds, must not come nigh ['near'] *a battle*

⇒ Qui craint le DANGER, ne doit pas aller sur mer

6 Il n'est (de) BOIS si vert qui ne s'allume

'quelque patient qu'il soit, un homme poussé à bout finit par s'emporter'

não há madeira tão verde que não ateie

green wood makes a hot fire

7 Le BOIS a oreilles, et le champ des yeux (1568)

'on ne se prémunit jamais assez contre l'indiscrétion'

as paredes têm olhos e ouvidos
as paredes têm ouvidos
matos têm olhos, paredes têm ouvidos

walls have ears and fields have eyes

⇒ Les MURS ont des oreilles

8 Le BOIS tortu fait le feu droit (sXIV)

'même impropre à tout autre usage, le mauvais bois sert à chauffer; rien n'est irrémédiablement improductif'

água suja também lava
bolo torto não perde o gosto
não há torto nem direito que não tenha seu jeito

crooked logs make straight fires
dirty water will quench fire

♦ Diz-se em italiano: *anche la legna storta dà fuoco diritto.*

≠ TOUT BOIS N'EST PAS BON À FAIRE FLÈCHE

9 L'on ne peut faire de BOIS tord droite flèche (sXV)

= BOIS tordu ne se redresse pas

10 Tout BOIS n'est pas bon à faire flèche

'il faut savoir choisir les moyens que l'on emploie'

nem todo pau dá esteio

every reed will not make a pipe

♦ Diz-se em italiano: *non d'ogni legno si può fare un santo.*

≠ LE BOIS TORTU FAIT LE FEU DROIT

BOISSON *s.f.* bebida; *drink, spirits*

Toute BOISSON enivre: c'est le rhum qui a bon dos (Antilles)

= JANVIER a fait la faute, mais c'est mars qu'on accuse

BOÎTE *s.f.* caixa; *box*

Dans les petites BOÎTES, sont/(on met) les bons onguents (1640)

= Dans les petits POTS, les bons onguents

BOITEUX *s.m.* coxo, manco; *lame*

1 Il ne faut pas clocher devant les BOITEUX (1534; 1456: *clochier ne faut devant boiteux*)

'avec les méchants, il faut se garder de jouer au plus fin'

antes de escarneceres do coxo, vê se andas direito
ao cuco não cuques e ao ladrão não furtes

it is hard halting ['limping'] *before a cripple*

"Raison (dist Janotus), nous n'en usons poinct ceans. Traistres malheureux, vous ne valez rien; la terre ne porte gens plus meschans que vous estes, je le sçay bien. NE CLOCHEZ PAS DEVANT LES BOYTEUX; j'ai exercé la meschanceté avecques vous. (F. Rabelais, *G*, p. 105)

– Razão? É o que não conhecemos aqui nesta casa! Miseráveis traidores! Vocês não valem nada! Nunca houve no mundo gente mais safada do que vocês, eu já sabia. NÃO QUEIRAM ENSINAR O PADRE-NOSSO AO VIGÁRIO, pois exerci a malandragem junto com vocês. (Trad. de Aristides Lobo)

♦ Diz-se em italiano: *davanti agli zoppi non bisogna zoppicare.*

2 Qui fréquente le BOITEUX apprend à boiter

'mauvaises fréquentations entraînent mauvaises habitudes'

quem com coxo anda aprende a mancar

he that dwells next door to a cripple, will learn to halt ['limp']

♦ Do grego παρὰ χωλὸν οἰκῶν κᾂν ἐπισκάζειν μαθήσῃ (morando com o coxo aprenderias a coxear), consignado pelos paremiógrafos. Cf. também em latim: *si iuxta claudum habites, subclaudicare disces* (se viveres com um coxo, aprenderás a mancar).

⇒ Qui suit les POULES apprend à gratter

BON *adj.* bom; *good*

1 BON à tout, BON à rien

= Qui est PROPRE à tout n'est PROPRE à rien

2 Qui BON l'achète BON le boit (ou le répand en chemin) (1640)

'il vaut mieux acheter une bonne marchandise chèrement, qu'une mauvaise à bon marché'

caro custa o que bem sabe
o que é bom custa caro
quem se veste de ruim pano veste-se duas vezes no ano

ill ware is never cheap
the dearer is the best

⇒ On ne fait pas de rien grasse POTÉE

BONHEUR *s.m.* felicidade, ventura; *happiness, good luck*

1 Le BONHEUR des uns fait le malheur des autres

'ce qui nuit à l'un profite à l'autre'

com o que este se cura, aquele vai para a sepultura
o que é bom para um pode não ser para outro
o que para uns é mal para outros é sal
o que para uns é mel para outros é fel
tristeza de uns, alegria de outros
uns comem os figos, a outros rebenta-lhes a boca
uns comem os figos, a outros rebenta-lhes (*sic*) os beiços

one man's loss is another man's gain
one man's meat is another man's poison

⇒ Le MALHEUR des uns fait le bonheur des autres

2 Le BONHEUR n'est jamais parfait

'sans doute parce que le bonheur, contrairement aux idées régnant à son sujet depuis le XVIIIe siècle, n'est pas un absolu'

não há felicidade completa

no joy without alloy
no joy without annoy

3 Le BONHEUR n'habite pas sous des lambris dorés

= L'ARGENT ne fait pas le bonheur (mais il y contribue)

Parodiado por H. de Balzac:

– (...) Je suis allé de Venise à Rome vous retrouver en brossant des portraits à cinq francs pièce, qu'on ne me payait pas; mais c'est mon plus beau temps! *LE BONHEUR*, comme on dit, *N'HABITE PAS SOUS DES NOMBRILS DORÉS.* (DV, p. 89)

– (...) Fui de Veneza a Roma para encontrá-lo, borrando retratos a cinco francos cada um, e que não me pagavam, mas foi o meu mais belo tempo! – como dizem: *A FELICIDADE NÃO MORA SOB UMBIGOS DOURADOS.* (Trad. de Vidal de Oliveira)

4 Qui heureux veut manger prépare avant son BONHEUR (sXIII: *qui à eure vuet mengier ainz eure doit aparillier*)

= Qui au soir ne laisse LEVAIN, jamais ne fera au matin lever pâte

5 Un BONHEUR ne vient jamais sans l'autre

'dans le bonheur comme dans le malheur, il semble qu'il y ait comme des "séries"'

uma felicidade nunca vem só

misfortunes never come alone
misfortunes never come single

La lettre fut fidèlement rendue au seigneur maure, qui la lut avec d'autant plus de joie, qu'il avait inutilement jusque-là employé l'adresse de son écuyer pour découvrir ce qui se passait chez don Louis: comme UN BONHEUR, dit le proverbe, NE VIENT JAMAIS SANS L'AUTRE, il arriva, deux jours après, qu'Orviedo se présenta devant lui sous un habit d'ouvrier. (Lesage, GA, p. 94)

A carta foi fielmente entregue ao amo mouro, que a leu com imensa alegria, pois, até então, nem com a habilidade de seu escudeiro conseguira descobrir o que se passava em casa de D. Luís: como UMA ALEGRIA, diz o provérbio, NUNCA VEM SÓ, dois dias depois Orviedo apresentou-se a ele em traje de trabalhador.

BONNET *s.m.* touca, carapuça; *bonnet, hat*

Que celui à qui le BONNET fait, le mette (Québec)

'qui se montre sensible à une critique trahit sa mauvaise conscience; critique ne blesse que celui qui a conscience de la mériter'

a carapuça é para quem a enfia
a carapuça é para quem a põe
a quem servir a carapuça que a vista
quem quiser que enfie a carapuça
quem quiser que meta a carapuça
quem quiser que ponha a carapuça

if the cap fits, wear it
if the shoe fits, wear it

⇒ Qui se sent GALEUX se gratte

BONTÉ *s.f.* bondade; *kindness*

Une BONTÉ autre requiert

'courtoisie unilatérale ne peut longuement durer'

cortesia obriga cortesia
cortesias geram cortesias

courtesy on one side only lasts not long

BORNE *s.f.* limite, linha, raia; *landmark, boundary mark*

La BORNE sied très bien entre les champs de deux frères

'l'excès de familiarité n'est pas souhaitable: fusion rime avec confusion'

entre santa e santo, parede de cal e canto
longa amizade, pouca intimidade
para conservar a amizade, parede-meia

a hedge between keeps friendship green
a wall preserves love

♦ O provérbio tem correspondentes em italiano: *vicinanza senza siepe porta inimicizia in casa* e em espanhol: *por conservar amistad, pared en medio.*

⇒ Aimez votre VOISIN, mais n'abattez pas la haie

BOSSU *s.m.* corcunda; *hunchbacked*

1 À BOSSU la bosse (1640)

'malheur aux malheureux – ou aux méchants: les bossus de jadis n'inspiraient aucune compassion'

homem astroso, barba até ao olho

an unhappy man's cart is eith ['easy'] *to tumble* ['overturn']

2 Chacun est BOSSU quand il se baisse

= Le MONDE est bossu quand il se baisse

3 Le BOSSU ne voit pas sa bosse, mais il voit celle de son confrère (1573)

'on connaît mieux les défauts d'autrui que les siens'

macaco não enxerga o seu rabo mas enxerga o da cutia
macaco ri do rabo da cutia e não olha o seu
não há cego que se veja, nem torto que se conheça
não vê a trave que tem no olho e vê um argueiro no do vizinho
o corcunda não vê a sua bossa e vê a alheia
o corcunda não vê a sua giba mas sim a do próximo

the camel never sees its own hump, but that of its brother is always before its eyes
the eye that sees all things else sees not itself
the hunchback does not see his own hump, but sees his companion's
you can see a mote ['particle of dust'] *in another's eye but cannot see a beam in your own*

♦ Pensamento comum a vários autores latinos, entre os quais Sêneca (*De ira*, 2, 28, 8): *aliena vitia in oculis habemus, a tergo nostra sunt* (temos diante dos olhos os vícios alheios; os nossos, nas costas) e Pérsio (*Saturae*, 4, 24): *praecedenti spectatur mantica tergo* (vemos o alforje nas costas de quem segue à nossa frente).

⇒ Voir une PAILLE dans l'œil de son prochain et ne pas voir une poutre dans le sien

BOTTE *s.f.* bota; *boot*

Graissez les BOTTES à un/(d'un) vilain, il dira qu'on les (lui) brûle (1655)

'un ingrat, un avare se plaignent toujours des services qui leur sont rendus'

dêem ofício ao vilão, conhecê-lo-ão
não ensebes as botas do vilão – dirá que lhas fazes num tição
vilão ruim dá sempre mau pago a quem o serve

anoint a clown and he'll grip you, grip a clown and he'll anoint you
don't waste good deeds on a bad fellow

⇒ Obliger un INGRAT c'est acheter la haine

BOUCAUT *s.m.* barrica; *barrel, cask*

Beau BOUCAUT*, mauvaise morue (Guadeloupe)

* *Boucaut* = 'barrique pour garder la morue salée'.

'il ne faut pas se fier aux apparences'

por fora bela viola, por dentro molambos só
por fora corcas de viola, por dentro pão bolorento
por fora, filó, filó; por dentro, molambo só
por fora grande farofa, por dentro molambo só
por fora muita farofa, por dentro não tem miolo
por fora muito fofó, por dentro molambo só

a fair outside, and a foul within
fair without, false within
there is many a fair thing full false

⇒ Ne sont pas tous BOURREAUX qui portent de longs couteaux

BOUCHE *s.f.* boca; *mouth*

1 BOUCHE de miel, cœur de fiel

'il faut se méfier des paroles douces et charmeuses'

a cruz na boca e o diabo no coração
a cruz nos peitos e o diabo nos feitos
boca de mel, coração de fel
boca de mel, entranhas de fel
de homem muito cortês foge de vez

a honey tongue, a heart of gall
a honeyed tongue and a heart of gall
full of courtesy, full of craft
he has honey in the mouth, and a razor at the girdle

♦ A idéia está em Plauto (*Truculentus*, 178-179): *In melle sunt linguae sitae uostrae atque orationis, / Facta atque corda in felle sunt sita atque acerbo aceto.* (Vossas línguas e vossos discursos são cobertos de mel, mas vossos atos e vossos corações são cobertos de fel e do mais ácido vinagre.) Cf. o latim medieval: *mel in ore, fel in corde.* Há provérbios paralelos em italiano: *volto di miele, cuor di fiele* e em espanhol: *boca de miel, corazón de hiel.*

♦ "Le contraste *bouche/cœur* (paroles/sentiments) est ici souligné par l'heureuse assonance (*miel/fiel*)." (F. Suzzoni)

⇒ MIEL sur la bouche, fiel sur le cœur

2 BOUCHE en cœur au sage, cœur en BOUCHE au fou (1557)

'sage celui qui contient les bavardages du cœur; inconsidéré celui qui laisse parler ses sentiments'

a palavra é de prata, o silêncio é de ouro
o que o sábio guarda no coração tem na boca o beberrão
o sábio tem a língua no coração
prata é o bom falar, ouro é o bom calar
sabe mais quem fala menos

a wise head makes a close mouth
he cannot speak well that cannot hold his tongue
wise men have their mouth in their heart, fools their heart in their mouth

⇒ Les SAGES ont la bouche dans le cœur et les fous le cœur dans la bouche

3 Ce que l'homme épargne de sa BOUCHE, le chat ou le chien vient qui l'embouche (1568)

'le parasite exploite sans vergogne les trésors du sage'

o cão e o gato comem o que está mal arrecadado
quem guarda com fome o gato come

cats eat what hussies ['housewives'] spare
he who saves for tomorrow saves for the cat
what the good wife spares, the cat eats

♦ Cf. o latim *muribus id dapinat quod crastina cura reclinat* (os ratos se banqueteiam com o que se guarda para o dia seguinte).

4 Ce qui est amer à la BOUCHE est doux à l'estomac

'du désagrément passager peut advenir grand bienfait'

o que aperta segura, o que é amargo cura
o que arde cura, o que aperta segura

bitter pills may have blessed effects
bitter pills may have wholesome effects
no pain, no cure
what is sweet in the mouth is oft bitter in the stomach

♦ Diz-se em espanhol: *en lo amargo está lo sano.*

5 Courtois de BOUCHE et prompt au chapeau ne coûte guère et est fort beau

'la politesse du parler et des manières fait grand effet pour petit dérangement'

a palavra da boca muito vale e pouco custa
cortesia de boca muito vale e pouco custa
custa pouco a polidez e vale muito toda (a) vez
polidez pouco custa e muito vale

a man's hat in his hand never did him any harm
civility costs nothing
one never loses anything by civility
one never loses anything by politeness
politeness costs nothing

Var. em R. Rolland:

Il me fait signe. Je viens avec mon flageolet, je monte d'un pas guilleret, et je salue...
(COURTOIS DE BOUCHE, MAIN AU BONNET, PEU COUSTE ET BON EST.)
... je salue à droite, à gauche, je salue devant, derrière, je salue chacun, chacune. (*CB*, p. 150)

Faz-me um sinal. Vou com meu flajolé, subo com passo alegrete, e saúdo...

CORTÊS DE FALA, MÃO AO BONÉ, BEM POUCO CUSTA E QUE BOM É.
... saúdo à direita, à esquerda, saúdo à frente, atrás, a cada um e a cada uma. (Trad. de Ivo Barroso)

⇒ Beau parler n'écorche point la LANGUE

6 Dans BOUCHE fermée rien ne rentre (rég., Agen)

= En BOUCHE close n'entre mouche

7 En BOUCHE close n'entre mouche (1610)

'qui se tait ne s'expose pas'

a palavra é do tempo e o silêncio da eternidade
em boca cerrada não entram moscas
em boca fechada as moscas não entram
em boca fechada as moscas não têm entrada
em boca fechada não entra mosca

a close mouth catches no flies
a closed mouth gathers no flies
close mouths catch no flies
into a shut mouth flies fly not
keep your mouth shut and you will swallow no flies

Var. em A. Cohen:

– Eh bien, Mâche-Résine, pourquoi restes-tu silencieux?
– DANS BOUCHE FERMÉE MOUCHES N'ENTRENT POINT, dit Mattathias. (V, p. 209)

– E então, Masca-Resina, por que ficas calado?
– EM BOCA FECHADA NÃO ENTRA MOSCA – disse Mattathias. (Trad. de Waltensir Dutra)

♦ O provérbio tem equivalentes em italiano: *in bocca chiusa non entran mosche* e em espanhol: *en boca cerrada no entra mosca* (Cervantes, *D. Quijote*, III, ii).

8 Entre BOUCHE et cuiller, vient grand encombrier* (sXIII)

* *Encombrier* = 'ennui, difficulté'.

= Il y a loin de la COUPE aux lèvres

9 Il arrive beaucoup de choses entre la BOUCHE et le verre

= Il y a loin de la COUPE aux lèvres

10 On ne saurait chanter plus haut que la BOUCHE

'tout homme est excusable de ne point accomplir une œuvre dépassant ses forces'

ninguém consegue subir às estrelas
ninguém é obrigado a fazer mais do que pode
ninguém é obrigado a fazer o impossível
ninguém pode fazer o impossível

no one is bound to do impossibilities
one cannot get blood from a stone
one cannot get water from a flint
there is no building a bridge across the ocean

⇒ La plus belle FEMME du monde ne peut donner que ce qu'elle a

11 Par la BOUCHE se met le feu au four

'la bonne chère stimule l'amour'

pela boca se aquenta o forno
sem Ceres e Baco o amor é fraco

if it wasn't for meat and good drink, the women might gnaw the sheets
without Ceres and Bacchus, Venus grows cold

⇒ Sans Cérès et Bacchus, Vénus a FROID

12 Point ne se fane une BOUCHE baisée (sXVI: *bouche baisée ne perd jamais sa fortune, mais bien la renouvelle ainsi que la lune*)

'on reste toujours jeune tant qu'on aime'

boca beijada não perde o viço
boca que apetece, coração que deseja

a kissed mouth never ages

Boccace dit un proverbe* qui couroit de son temps, que *BOUCHE BAISÉE* (d'autres disaient *fille f.*) *NE PERD JAMAIS SA FORTUNE, MAIS BIEN LA RENOUVELLE AINSI QUE LA LUNE.* Et ce proverbe allegue-t-il sur un conte qu'il fait de cette fille si belle du sultan d'Égypte, laquelle passa et repassa par les piques de neuf divers amoureux, les uns après les autres, pour le moins de trois mille fois. (Brantôme, *DG*, p. 53)

* "Dans la *VIIe nouvelle de la seconde journée* du *Decameron* (trad. Le Maçon, Paris, 1545), on lit en effet *in fine*: 'Bouche baisée ne perd point sa fortune, ainsi renouvelle tout ainsi que la lune'." (M. Rat)

Boccaccio fala de um provérbio muito usado no seu tempo – "BOCA BEIJADA (outros diziam *moça f...*) NUNCA PERDE O SEU FUTURO, E SIM O RENOVA, TAL COMO A LUA". E esse provérbio alude a um de seus contos, o de uma bela filha do sultão do Egito, a qual passou e repassou pelas lanças de nove diferentes amantes, um depois do outro, no mínimo umas três mil vezes.

13 Qui ferme la BOUCHE ne montre pas ses dents (rég.)

= En BOUCHE close n'entre mouche

BOUCHERIE *s.f.* açougue; *butcher's (shop)*

À la BOUCHERIE, toutes les vaches sont bœufs et à la tannerie tous les bœufs sont vaches

'le marchand dit que tout ce qu'il vend est de première qualité'

boi morto vaca é
também (o) boi é vaca no açougue

he praises who wishes to sell

BOUE *s.f.* lama; *mud*

1 On n'est jamais sali que par la BOUE (1851)

'c'est quand elles sont injustifiées, c'est-à-dire calomnieuses et "sales", que les accusations nous affectent: aussi bien de telles accusations n'honorent-elles pas leur auteur'

atire o barro à parede até que ele pegue
da calúnia alguma coisa fica

fling dirt enough, and some will stick
slander leaves a score ['mark'] behind it
throw dirt enough, and some will stick

⇒ CALOMNIEZ, CALOMNIEZ: il en restera toujours quelque chose

2 Plus on remue la BOUE, et plus elle pue (sXIII)

'plus on creuse une sale affaire, plus on y découvre d'immondices'

é coisa bem sabida: o esterco fede mais quando é mexido
quanto mais se mexe na merda, mais ela fede
quanto mais se mexe na porcaria, mais ela enjoa
quanto mais se mexe na trampa, mais ela fede

the more you stir a turd, the worse it stinks
the more you stir it, the worse it stinks

♦ Cf. o provérbio medieval: *res satis est nota: foetent plus stercora mota.*

⇒ Plus on remue la MERDE, et plus elle pue

BOUGER (SE) *v.pr.* mexer-se; *to move*

Bien est qui ne SE BOUGE (1568; sXIII: *qui bien est ne se remue*)

'il se faut contenter des petits bonheurs que l'on tient'

quem bem está deixa-se estar

he that would be well, needs not go from his own house
let him not budge that finds himself well seated

⇒ Qui reste dans son DÉSERT, si rien n'y manque, rien n'y perd

BOULANGER *s.m.* padeiro; *baker*

1 Il vaut mieux aller au BOULANGER qu'au médecin

= Il vaut mieux aller au MOULIN qu'au médecin

2 Ne sois pas BOULANGER si ta tête est en beurre

'il faut se garder de susciter des dangers auxquels on est vulnérable'

não sejas forneira se tens cabeça de manteiga
quem tem cabeça de cera não a põe ao sol

be not a baker, if your head be of butter
he that has a head of wax, must not walk in the sun

♦ Há equivalente em espanhol: *no seáis hornera, si tenéis la cabeza de manteca.*

⇒ Qui a TÊTE de cire ne doit pas s'approcher du feu

BOURBIER *s.m.* lamaçal, lodaçal; *quagmire, mire*

Il n'est que d'être crotté pour affronter le BOURBIER (1842)

'face aux souillures, il suffit de consentir à se salir'

perdido por cem, perdido por mil (e quinhentos)
perdido por dez, perdido por vinte
perdido por pouco, perdido por muito
perdido por um, perdido por cem
perdido por um, perdido por mil (e quinhentos)
suje-se gordo!*

* Como refere Machado de Assis no conto homônimo: "'Suje-se gordo!' Vi que não era um ladrão reles, um ladrão de nada, sim de grande valor. O verbo é que definia duramente a ação. 'Suje-se gordo!' Queria dizer que o homem não se devia levar a um ato daquela espécie sem a grossura da soma. A ninguém cabia sujar-se por quatro patacas. Quer sujar-se? Suje-se gordo!" (*OC*, v. 2, p. 698)

as good be hanged for a sheep as a lamb
as well be hanged for a sheep as a lamb
in for a penny, in for a pound

BOURREAU *s.m.* carrasco; *executioner, headsman*

Ne sont pas tous BOURREAUX qui portent de longs couteaux

'l'avoir ni le faire ni le paraître ne font l'être'

nem sempre o que parece é
nem tudo o que é feio é mau
por se andar vestido de lã não se é carneiro

*all are not maidens, that wear bare hair**
all are not thieves, that dogs bark at
all hoods make not monks

* "A reference to the former fashion of virgins to go without hats." (R. Fergusson)

♦ Há correspondentes em italiano: *ognun ch'ha gran coltello, non è boia* e em alemão: *es sind nicht alle Köche, die lange Messer tragen.*

⇒ Ne sont pas tous CHASSEURS qui sonnent du cor

BOURSE *s.f.* bolsa; *purse*

1 À bâtir trop se hâte qui commence à BOURSE plate (sXVI)

'il faut se donner les moyens d'entreprendre'

muito se apressa a construir quem dinheiro não tem

he begins to build too soon that has not money to finish it

2 À BOURSE de joueur, il n'y a point de loquet (sXIII)

'un joueur ne referme jamais sa bourse; passion ne connaît aucune limite'

bolsa de jogador não tem fecho
nunca se viu rua de valentão, nem fortuna de jogador

a player's purse needs no tie

3   Deux amis à une BOURSE, l'un chante, l'autre grousse* (sXVI)

* *Grousse* (v. *grousser*) = 'gronde'.

'la plus sûre amitié ne supporte pas une société dans les affaires'

dois amigos de uma bolsa, um canta, outro chora
meia só para os pés

when two friends have a common purse, one sings and the other weeps

4   La BOURSE ouvre la bouche (1568)

'avec de l'argent, on obtient tous les renseignements souhaités'

com dinheiro tudo se arranja
com uma bolsa ao pescoço ninguém é enforcado
o dinheiro abre todas as portas
onde está o dinheiro, ou fala ou faz falar

a heavy purse makes a light heart
gold is an orator
he that has money has what he wants
money talks
rich men may have what they will

5   Quand la BOURSE se rétrécit, la conscience s'élargit (1585)

= La PAUVRETÉ est la mère des crimes

⇒ NÉCESSITÉ fait gens méprendre

6   Qui gagne bien et bien dépend n'a métier* BOURSE pour son argent (sXVI)

* *Métier* = 'besoin'.

'qui dépense ce qu'il gagne n'a pas à tenir de comptabilité'

quem tem quatro e gasta cinco não há mister bolsa nem bolsinho
quem tem três e gasta quatro depressa esvazia o saco
tira um pouco cada dia, terás a bolsa vazia

he that gains well and spends well needs no account book
he that has but four and spends five, has no need of a purse

♦ Diz-se em espanhol: *donde hay saca y nunca pon, presto se acaba el bolsón.*

7   Qui se marie ou édifie sa propre BOURSE il purifie

'mariage ou accession à la propriété sont deux infaillibles moyens de purger ses finances'

quem faz casa ou se casa a bolsa arrasa
quem faz casa ou se casa a bolsa lhe fica rasa

building and marrying of children are great wasters
building is a sweet impoverishing

♦ Em latim medieval: *aedifica et lites pauperiem faciunt* (construções e demandas geram pobreza).

⇒ Qui fait NOCES et maison, il met le sien en abandon

8   Selon ta BOURSE gouverne ta bouche (1640)

'ne t'autorise que les envies dont tu as les moyens'

a boca governa-se pela bolsa
cada qual estica o pé até onde lhe chega o lençol
cada qual pendura o chapéu onde o braço alcança
cada um despende como seu braço se estende
cada um estenda a perna onde tem coberta
não crie cão quem lhe não sobre pão
não crie cão quem não lhe sobeja pão
não dê o passo maior do que a perna
não estendas as pernas além do cobertor
não faz passo largo quem tem perna curta
não pendure o chapéu onde a mão não alcança
quem faz quanto pode faz quanto deve
talha a obra conforme o pano

lay your wame ['spending'] to your winning
let your purse be your master
put your hand no further than your sleeve will reach
stretch your arm no further than your sleeve will reach
stretch your legs according to your coverlet

⇒ Selon le BRAS, (fais) la saignée

BOUT   *s.m.* ponta, extremidade; *end, tip*

Quand on tire trop, on fait deux BOUTS

'à trop tirer sur une ficelle, elle finit par se rompre; on ne peut vivre en permanence sur la pointe du désir ou de la motivation, ni l'exiger d'autrui'

corda puxada se quebra

*too-too will in two**

* "Strain a thing too much and it will not hold." (*ODEP*)

⇒ À force de tirer sur la CORDE, elle casse

BOUTEILLE   *s.f.* garrafa; *bottle*

BOUTEILLE débouchée, BOUTEILLE vidée

'quand on a commencé, impossible de s'arrêter'

a guerra e a ceia começando se ateia (*sic*)
coçar e comer começo quer (*sic*)
comer e coçar, tudo está em começar
o comer e o coçar é questão de começar

appetite comes with eating
eating and drinking wants but a beginning

eating and scratching wants but a beginning

BOUTIQUE *s.f.* loja; *shop*

On ne peut rester longtemps dans la BOUTIQUE d'un parfumeur sans en emporter l'odeur (1828)

= Toujours sent le MORTIER les aulx

BRAISE *s.f.* brasa; *embers*

Si bas que soit la BRAISE, la fumée en sort (rég., Auvergne)

= On ne saurait faire le FEU si bas que la fumée n'en sorte

⇒ Il n'est jamais FEU sans fumée

BRANCHE *s.f.* galho; *bough*

Les BRANCHES des arbres trop chargés rompent

'la démesure peut gâter une affaire'

galho muito carregado, cedo arriado

the boughs that bear most, hang lowest

⇒ Trop de PROFIT crève la poche

BRANLER *v.* balançar; *to shake*

Tout ce qui BRANLE ne tombe pas (1588)

'on peut tenir même dans des conditions précaires'

nem tudo (o) que balança cai

all that shakes falls not

TOUT CE QUI BRANSLE NE TOMBE PAS. La contexture d'un si grand corps tient à plus d'un clou; il tient mesme par son antiquité: comme les vieux bastiments ausquels l'aage a desrobbé le pied, sans crouste et sans ciment, qui pourtant vivent et se soustiennent en leur propre poids,
    Nec iam validis radicibus haerens,
Pondere tuta suo est*. (Montaigne, *E*, t. III, p. 252)

* "Il ne tient plus à la terre que par de faibles racines; son poids seul l'y attache encore. Lucain, I, 138. – C'est d'un arbre qu'il s'agit dans Lucain." (Nota do texto de Montaigne.)

O QUE BALANÇA EM GERAL NÃO CAI. A contextura de tão grande edifício não depende de um só prego; sua antiguidade mesma faz que se sustente, como esses prédios velhos cujos alicerces a idade solapou e no entanto se conservam de pé em virtude de seu próprio peso: "Somente frágeis raízes ainda a prendem ao solo, mas a própria massa mantém o equilíbrio." (Trad. de Sérgio Milliet)

BRAS *s.m.* braço; *arm*

1 **Il vaut mieux allonger le BRAS que le cou** (1640)

= Il vaut mieux tendre la MAIN que le cou

2 **Les bons BRAS font les bonnes lames**

'toute arme est bonne, expertement maniée'

a fiandeira laboriosa nunca faltou pano para camisas
para bom mestre não há ferramenta ruim

a brave man has no need of a good sword

⇒ Bon CAVALIER monte à toute main

3 **Selon le BRAS, (fais) la saignée** (sXIV)

'les remèdes doivent être proportionnés aux forces du malade – il ne faut pas vivre au-dessus de ses moyens'

cada qual enterra seu pai como pode
cada qual estica o pé até onde lhe chega o lençol
cada qual pendura o chapéu onde o braço alcança
cada um despende como seu braço se estende
cada um estenda a perna onde tem coberta
como o braço, assim é a sangria
não crie cão quem lhe não sobre pão
não crie cão quem não lhe sobeja pão
não dê o passo maior do que a perna
não estendas as pernas além do cobertor
não faz passo largo quem tem perna curta
não pendure o chapéu onde a mão não alcança

he that stretches foot further than the whittle ['blanket'] *will stretch into the straw*
put your hand no further than your sleeve will reach
stretch your arm no further than your sleeve will reach
stretch your legs according to your coverlet

⇒ De peu de DRAP, courte cape

BREBIS *s.f.* ovelha; *ewe, sheep*

1 **À BREBIS tondue, Dieu (lui) mesure le froid/vent** (1594)

'Dieu ne nous envoie que les épreuves que nous pouvons endurer'

dá Deus o frio conforme a roupa
dá Deus o frio conforme o cobertor
Deus dá o frio conforme a roupa
Deus dá o frio conforme o cobertor
Deus mede o vento à ovelha tosquiada

God spares the weak
God tempers ['regulates, restrains'] *the wind to the shorn lamb*
the Lord tempers the wind to the shorn lamb

≠ DIEU DONNE DES NOISETTES À CEUX QUI N'ONT PLUS DE DENTS

⇒ Ce que DIEU trempe, DIEU le sèche

2 **BREBIS comptées, le loup les mange** (1568)

'il y a toujours quelque loup pour perturber les plans les mieux établis; selon une superstition, l'excès de précaution attire le malheur; la raison en est que lorsque l'heure de compter est venue, celle du danger approche; quand on prend conscience de son bien, on commence à trembler pour lui'

do contado come o lobo

the wolf eats often of the sheep that have been told ['counted']

Prenez garde à ce que vous avancez, page, interrompit le chambellan: il y a douze barils dans le cabinet de monseigneur, je viens de les compter et recompter. Cela se peut, dis-je au chambellan; mais vous savez que LE LOUP MANGE LES BREBIS COMPTÉES. (Lesage, *GA*, p. 261)

Cuidado com o que dizeis, pajem – interrompeu o camareiro –, há doze barris na sala de monsenhor, acabo de os contar e recontar. – É possível – respondi ao camareiro –, mas o senhor bem sabe que DO CONTADO COME O LOBO.

- ◆ "La croyance au mauvais œil (*fascinum*) était générale à cette époque (cf. 7, 12). On était convaincu que tout bonheur par lui-même attirait l'envie, à plus forte raison celui qui dépassait la commune mesure. Les gens heureux doivent se tenir en garde contre les jeteurs de sorts. Compter ses biens, en savoir exactement le nombre, c'était prendre conscience de son bonheur et augmenter par là le danger; on avait plus de chances d'y échapper, si on s'abstenait de préciser." (Georges Lafaye, in Catulle, *Poésies*, p. 5, n. 3).

- ◆ Cf. o adágio latino *lupus ovium non curat numerum* (o lobo não se preocupa com o número de ovelhas).

- ◆ Cf. *Samuel*, 2, 24 e *I Crônicas*, 21. O provérbio tem correspondentes em italiano: *pecore contate, il lupo se le mangia* e em espanhol: *de lo contado come el lobo*.

⇒ Compter les RUCHES à miel porte malheur

3 BREBIS par trop apprivoisée de chaque agneau est tétée (1597: *brebis trop apprivoisée de trop d'agneaux est tétée*)

'parasites et cyniques profitent de l'excès de générosité'

cordeiro manso mama sua mãe e a alheia
ovelha mansa mama a sua mama e mais a alheia
ovelha mansa mama na sua e na da vizinha

all lay load on the willing horse
it's the silent sow that sucks the wash
the least boy always carries the greatest fiddle
the smallest boy always carries the biggest fiddle
the still sow eats up all the draff ['scraps']

4 BREBIS qui bêle a moins de lait

'les belles paroles ne garantissent point les belles actions'

a ovelha pior do bando é a (primeira) que espirra
a pior roda é a que mais chia

a roda pior do carro é a que faz mais barulho

the greatest crakers are (always) the least doers
the greatest talkers are (always) the least doers
the loudest hummer is not the best bee

- ◆ Diz-se em italiano: *la pecora che più bela, ha manco latte*.

⇒ Beaucoup de BRUIT, peu de fruit

5 BREBIS qui bêle perd sa goulée/(son morceau) (1758)

'tel le Corbeau de la fable de La Fontaine (*F*, I, ii), les beaux parleurs laissent échapper bien des occasions'

ovelha que bala bocado perde
ovelha que barrega perde o bocado
ovelha que berra, bocado que perde
ovelha que berra bocados perde
ovelha que berra, dentada que perde
quando se come não se fala

a bleating sheep loses her bit
every time the sheep bleats it loses a mouthful
it's the silent sow that sucks the wash
the ass that brays most eats least

- ◆ O provérbio tem equivalentes em italiano: *pecora che bela, perde il boccone* e em espanhol: *oveja que bala, bocado pierde*.

6 Folle est la BREBIS qui se confesse au loup (1568)

'il ne faut pas faire de confidences à son ennemi'

insensata é a ovelha que se confessa ao lobo
tola é a ovelha que ao lobo se confessa
tolo é o cordeiro que faz do lobo seu confessor

it is a blind goose that comes to the fox's sermon
it is a foolish sheep that makes the wolf his confessor
it is a silly goose that comes to the fox's sermon

- ◆ Diz-se em espanhol: *loca es la oveja que al lobo se confiesa*.

7 Il faut tondre les BREBIS et non pas les écorcher (1752)

'il faut savoir être modéré au gain sous peine de tout perdre'

de bom pastor é tosquiar mas não esfolar

a good shepherd must fleece his sheep, not flay them
the good shepherd shears his sheep and does not skin them

- ◆ A fonte é Suetônio (*Tiberius*, 32, c120, in *De vita Caesarum*): *boni pastoris est tondere pecus, non deglubere*. Resposta escrita de Tibério aos governadores de província que o aconselhavam a aumentar os impostos.

⇒ Bon BERGER tond, n'écorche pas

8 Il ne faut pas donner de BREBIS à garder au loup

'il est imprudent de s'en remettre à quelqu'un dont les intérêts divergent des siens'

não dês a ovelha a guardar ao lobo
não dês ovelhas a guardar ao lobo
quem faz do lobo pastor perde as ovelhas

do not set the fox to keep the geese
do not set the wolf to keep the sheep
give never the wolf the wether ['castrated ram'] *to keep*
never put the kite to watch your chickens

- ◆ Cf. Plauto (*Pseudolus*, 139-141): *Hoc est / Eorum officium, ut mauelis lupos apud ouis quam hos domi / Linquere custodes.* (Mais vale deixar lobos num redil que ter guardas como esses em casa.)

⇒ Il ne faut pas mettre le LOUP berger

9 Il ne faut qu'une BREBIS galeuse pour gâter (tout) un troupeau (1835)

'un seul pervers peut corrompre toute une société'

a ruim ovelha deita a perder o rebanho
basta uma ovelha ronhosa para perder um rebanho
ovelha gafada gafa um rebanho
ovelha gafeirosa deseja gafeirar um cento
ovelha ruim tolhe as outras
uma cabeça perdida deita muitas a perder
uma má ovelha deita um rebanho a perder
uma ovelha ronhosa deita um rebanho a perder
uma ovelha ruim bota um rebanho a perder
uma ovelha tinhosa faz todo o rebanho tinhoso

one scabbed sheep infects a whole flock
one scabbed sheep will mar a whole flock

- ◆ O contágio do mal é tema freqüente entre os autores latinos. Lê-se, por exemplo, em Virgílio (*Bucolica*, 1, 51): *mala vicini pecoris contagia laedent* (sofrerão o mau contágio de um rebanho vizinho) e em Juvenal (*Saturae*, 2, 79-80): *grex totus in agris / unius scabie cadit* (nos campos, a sarna de uma única ovelha deita a perder um rebanho inteiro). Diz-se em italiano: *una pecora infetta n'ammorba una setta*.

⇒ Une POMME gâtée en gâte cent

10 La BREBIS bêle toujours d'une même sorte (1690)

= Le LOUP mourra dans/en sa peau

⇒ BOIS tordu ne se redresse pas

11 Les BREBIS qui bêlent le plus ne sont pas les meilleures (rég., Agen)

= BREBIS qui bêle a moins de lait

12 Quand les BREBIS enragent, elles sont pires que les loups (1758)

= La FOURMI a sa colère

⇒ Il n'est si petit BUISSON qui ne porte son ombre

13 Quand les BREBIS vont aux champs, la plus sage va devant (sXVI)

'... car toutes les autres se contentent de suivre, et le panurgisme n'est guère le propre de la sagesse'

ovelhas tolas, por onde vai uma vão todas
por onde salta a cabra, salta a cabrita
saltou a cabra na vinha, também saltará a filha

if one sheep leap o'er the dyke ['ditch'], *all the rest will follow*
one sheep follows another
where the dam leaps over, the kid follows

- ◆ Diz-se em espanhol: *ovejas bobas, por do va una, van todas* (ou ainda: *por donde salta la cabra, salta el chivo*).

14 Qui se fait BREBIS, le loup le mange (1450)

'celui qui est trop doux ou complaisant encourage les méchants à lui nuire'

a quem muito se abaixa, o rabo lhe aparece
a quem se faz ovelha, come-o o lobo
caranguejo, por ser muito cortês, perdeu a cabeça
cutia ficou cotó de tanto fazer favor
cutia ficou sem rabo de tanto fazer favor
lagartixa de tanto cumprimentar perdeu a cabeça
quem de si faz lixo, pisam-no as galinhas
quem muito se abaixa, a calva lhe aparece
quem se faz de mel, abelhas o comem
quem se faz de mel, vespas o comem
quem se faz de ovelha(,) o lobo (o) come
quem se faz de Redentor sai crucificado
quem se mete a Cristo morre na cruz

daub yourself with honey, and you'll never want for flies
he that makes himself a sheep shall be eaten by the wolf
he who makes himself a sheep is devoured by the wolves

- ◆ Provérbio de origem italiana: *chi pecora si fa, il lupo se la mangia.*

⇒ Fais-toi CHÈVRE, le loup te mangera

BROCHET *s.m.* (*Esox lucius*) lúcio; *pike*

Un BROCHET fait plus qu'une lettre de recommandation (1557)

'pour se pousser dans le monde, un bon "pot-de-vin" vaut mieux qu'un "piston"'

dádivas aplacam homens e deuses
dádivas quebrantam penhas
o dom que um homem faz lhe abre caminho
quem traz é sempre bem recebido

a man's gift makes room for him
he that brings a present finds the door open
he that has breams in his pond is able to bid his friend welcome
they are welcome that bring
who greases his way travels easily

⇒ Les petits CADEAUX entretiennent l'amitié

BROUILLARD *s.m.* neblina; *fog*

BROUILLARD du matin n'arrête pas le pèlerin
(rég., Normandie)

= PLUIE du matin n'arrête pas le pèlerin

BRUIT *s.m.* barulho, fama; *noise, fame*

1 Beaucoup de BRUIT, peu de fruit (sXVII)

= Grand BRUIT, petite toison

2 Grand BRUIT, petite toison

'parler beaucoup et faire peu'

é maior o arruído que as nozes
gato miador, ruim caçador
gato muito miador é pouco caçador
grandes atoardas, tudo nada
mais vozes que nozes
muito barulho por nada
quem muito fala pouco faz

great cry and little wool (quoth the devil when he sheared his dogs)
much ado for nothing (Shakespeare)
much bruit ['rumour'], *little fruit*
much cry and little wool
much matter of a wooden platter
much smoke, little fire
the noise is greater than the nuts

♦ Há equivalentes em italiano: *assai rumore e poca lana*, em espanhol: *más es el ruido que las nueces* e em alemão: *viel Geschrei und wenig Wolle*.

⇒ Plus de BRUIT que de besogne

3 Le BRUIT est pour le fat, la plainte est pour le sot

'l'honnête homme trompé doit s'éloigner de sa femme et ne dire mot'

corno que sabe e comenta bem haja quem no acrescente (aprox.)

he had better put his horns in his pocket than wind them

♦ Diz-se em espanhol: *más vale ser cornudo sin que lo sepa ninguno, que no serlo y que lo diga todo el mundo*.

4 Le BRUIT pend l'homme (1758)

'l'opinion est assassine'

a má chaga sara e a má fama cresce sempre

he that has an ill name is half hanged
ill deemed, half hanged

♦ O provérbio tem correspondentes em italiano: *chi è diffamato, è mezzo impiccato*, em espanhol: *la llaga sana, la mala fama mata* e em alemão: *ein böser Name ist halb gehängt*.

5 Plus de BRUIT que de besogne

= Grand BRUIT, petite toison

Estropiado em H. de Balzac:

En ce moment les trois jeunes gens, sots comme des voleurs pris en flagrant délit, n'osaient se regarder les uns les autres, et paraissaient préoccupés des suites de leurs mensonges.
– Voilà qui s'appelle faire *PLUS DE FRUIT QUE DE BESOGNE*, dit Mistigris. (*DV*, p. 103)

Naquele momento, os três jovens, embasbacados, como ladrões apanhados em flagrante, não se atreviam a olhar uns para os outros, e pareciam preocupados com as conseqüências de suas mentiras.
– É o que se chama fazer *MAIS FRUTA DO QUE É PRECISO* – disse Mistigris. (Trad. de Vidal de Oliveira)

⇒ Grande LANTERNE, petite lumière

6 Qui a le BRUIT de se lever matin peut dormir tout son saoul (sXVII)

'pour être libre d'agir à sa guise, une bonne réputation offre le meilleur des paravents'

cobra boa fama, faz(e) o que quiseres
cobra fama e deita-te a dormir
conquista boa fama e dorme a manhã na cama
cria fama e deita-te na cama

good fame is better than a good face
rest on your laurels

⇒ Acquiers bonne RENOMMÉE et dors la grasse matinée

BÛCHE *s.f.* tronco; *log*

1 BÛCHE tortue fait bon feu (1568; sXIII: *de torte bûche fait l'en droit feu*)

= Le BOIS tortu fait le feu droit

2 Verte BÛCHE fait chaud feu (1495)

'peu inflammable, le bois vert chauffe d'autant; ainsi la jeunesse, malgré ses défauts, a la vertu de l'enthousiasme'

lenha verde é que faz fumaça
madeira verde faz fogueira alta

green wood makes a hot fire

⇒ Il n'est FEU que de bois vert

BÛCHETTE *s.f.* lenha miúda, toco de madeira; *(dry) twig, stick (of wood)*

On ne peut avoir la BÛCHETTE et le cul chauffé
(rég., Bretagne)

'on ne peut pas avoir tous les avantages à la fois'

não se faz fritada sem quebrar ovos
não se faz omelete sem quebrar ovos

B

não se pode ter sol na eira e chuva no nabal
não se pode ter tudo
ou bem se vende o porco ou se come a lingüiça

you cannot eat your cake and have it
you cannot have it both ways

BUISSON *s.m.* moita; *bush*

1 BUISSON a oreilles (sXV)

= Le BOIS a oreilles, et le champ des yeux

2 Il n'est si petit BUISSON qui ne porte son ombre (1640)

'tout est relatif: la petitesse même a sa grandeur'

até um cabelo faz sombra

no hair so small but has his shadow

⇒ Un POIL fait ombre

3 L'un a battu les BUISSONS, l'autre a pris les oisillons (sXVII: *un homme a battu les buissons et un autre a pris les oiseaux*)

'aux uns la peine, aux autres le profit'

aquentas a água para outro tomar mate
levantas a lebre para que outrem medre
nem sempre aquele que dança é quem paga a música
o bocado não é para quem o faz, e sim para quem o logra
o bom bocado não é para quem o faz mas para quem o come
o prato não é para quem o faz: é para quem o come
uns batem o mato, outros apanham as lebres
uns fazem a cama para os outros se deitarem
uns plantam, outros colhem

desert and reward seldom keep company
merit seldom meets with its reward
one beats the bush, and another catches the birds

♦ Cf. o provérbio grego ἄλλοι κάμον, ἄλλοι ὤναντο (uns labutam, outros lucram). Cf. também, em latim, os versos atribuídos a Virgílio pelo gramático Élio Donato: *Sic vos non vobis nidificatis avis / Sic vos non vobis vellera fertis oves, / Sic vos non vobis mellificatis apes, / Sic vos non vobis fertis aratra boves.* (Assim vós, aves, não fazeis os ninhos para vós, / Assim vós, ove-lhas, não produzis o velo para vós, / Assim, vós, abelhas, não fazeis o mel para vós, / Assim vós, bois, não puxais o arado para vós.) A locução *battre les buissons sans prandre les ozillons* está em F. Rabelais (*G*, p. 81). Há correspondentes em italiano: *uno scuote il cespuglio, l'altro acchiappa l'uccello* e em alemão: *der eine klopft auf den Busch, der andere fängt den Vogel.*

⇒ Ce ne sont pas les CHEVAUX qui tirent le plus fort qui mangent l'avoine

BUREAU *s.m.* burel; *coarse woolen cloth*

BUREAU* vaut bien écarlate**

* *Bureau* = 'laine grossière à l'usage des gens du peuple'.
** *Écarlate* = 'drap fin d'un rouge éclatant à l'usage des cardinaux et des grands seigneurs'.

'le domaine privé rend les hommes égaux; les avantages sociaux n'y sont d'aucun usage'

o amor não enxerga as cores das pessoas
por baixo da manta, tanto vai preta como vai branca

Joan is as good as my lady in the dark
love lives in cottages as well as in courts

⇒ Aussi bien sont AMOURETTES sous bureau que sous brunettes

BUSE *s.f.* (Buteo buteo) bútio; *buzzard*

On ne saurait faire d'une BUSE un épervier (sXIII: *on ne peut faire d'une buse un épervier*)

'on ne peut aller contre la nature: un sot ne deviendra jamais intelligent, un bourgeois ne fera jamais un aristocrate'

a quem nasce torto, nenhum enfeite adorna (Bocage)
quem nasceu para burro de horta mal pode chegar a ginete
quem nasceu para cangalha não dá para sela
quem nasceu para porco nunca chega a porqueiro
quem nasceu para ser sofreu não pode ser cardeal

a carrion kite will never be a good hawk
he who is born a fool is never cured
one cannot make a falcon of a buzzard

⇒ L'on ne peut faire d'une COLOMBE un épervier

C

CABRI *s.m.* cabrito; *kid*

Attends d'avoir le CABRI et sa corde en main avant d'affûter ton poignard (Guadeloupe)

'il ne faut pas spéculer sur une chose qui n'est pas acquise'

não contes com o trigo antes de medido e posto no celeiro

não contes os pintos senão depois de nascidos

don't eat the calf in the cow's belly
don't spread the cloth till the pot begins to boil

Var. em S. Schwarz-Bart:

Tout contents qu'ils fussent de la nouvelle, les nègres étaient encore dans l'expectative, hésitaient à se réjouir vraiment, ATTENDAIENT D'AVOIR LE CABRI ET SA CORDE EN MAIN POUR S'ÉVITER LA PEINE D'AVOIR AFFÛTÉ EN VAIN LEUR POIGNARD. (PVTM, p. 27)

Por mais contentes que ficassem com a notícia, os negros ainda estavam na expectativa, hesitavam em se regozijar de verdade, ESPERAVAM TER O CABRITO E A CORDA NAS MÃOS, PARA EVITAR O VEXAME DE TER AFIADO O FACÃO INUTILMENTE.

⇒ Il ne faut pas faire l'ÉTABLE au veau avant qu'il soit né

CADAVRE *s.m.* cadáver; *corpse, (dead) body*

Le CADAVRE d'un ennemi sent toujours bon

'la haine est une des puissances trompeuses; elle abuse même les sens et peut transformer en plaisirs les pires désagréments'

o cadáver do inimigo cheira sempre bem

the enemy's body smells good

Var. em A. Dumas:

– Sire, dit-il, Votre Majesté ne trouve-t-elle pas que, pour rester plus longtemps ici, ce pauvre cadavre sent bien mauvais?
(...)
– Eh bien! je ne suis pas de ton avis, moi... LE CORPS D'UN ENNEMI MORT SENT TOUJOURS BON. (RM, v. 1, p. 244)

– Senhor – disse ele –, Vossa Majestade não acha que esse cadáver já está cheirando muito mal para ficar aqui por mais tempo?
(...)
– Não, não penso assim... CORPO DE INIMIGO MORTO SEMPRE CHEIRA BEM.

♦ Cf. Suetônio (*Vitellius*, 10, in *De vita Caesarum*): *Optime olere occisum hostem, et melius civem.* (Um inimigo morto sempre cheira bem, sobretudo se for um cidadão.)

CADEAU *s.m.* presente; *gift*

Les petits CADEAUX entretiennent l'amitié (sXVIII: *les petits présents entretiennent l'amitié*)

'l'échange régulier de bienfaits maintient l'amitié en éveil; sans eux, elle s'assoupit'

dádivas aplacam homens e deuses
dádivas quebrantam penhas
pequenas lembranças conservam viva a amizade
quem dá rouba o coração
quem traz é sempre bem recebido

giff gaff ['one gift for another'] *makes good friends*
gifts break rocks
he that brings a present finds the door open

he that gives me small gifts would have me live
small gifts keep friendship alive
there's nothing like a little present between friends
they are welcome that bring

– "Je ne vous quitterai pas, ajouta-t-il en souriant, sans vous laisser un foible gage de ma reconnoissance, pour les soins dont vous m'avez comblé. (...) En attendant, LES PETITS CADEAUX ENTRETIENNENT L'AMITIÉ, et je n'attache à celui-ci que deux conditions faciles à remplir: (...)". (C. Nodier, "Le génie Bonhomme", in *CF*, t. 1, p. 186-187)

– "Não vou embora – acrescentou ele sorrindo – sem lhe oferecer um modesto penhor de meu reconhecimento pelas atenções que me dispensou. (...) Enquanto isso, PEQUENOS PRESENTES CONSERVAM A AMIZADE, e só atribuo a este penhor duas condições fáceis de observar: (..)".

● Acrescenta-se, às vezes, com uma pitada de malícia: **... et les grands CADEAUX entretiennent l'amour** (e os grandes presentes conservam o amor).

♦ "Montesquieu discutait sur un fait avec un conseiller de Bordeaux. Ce dernier après plusieurs raisonnements débités avec feu, ajouta: 'Monsieur le président, si cela n'est pas comme je vous le dis, je vous donne ma tête. – Je l'accepte, répondit froidement Montesquieu, *les petits présents entretiennent l'amitié*.' (*Matinées sénonaises*, p. 257.)" (Le Roux de Lincy)

♦ Cf. o latim medieval: *alternando boni nos dona manemus amici* (trocando presentes, continuamos bons amigos). O provérbio tem equivalentes em italiano: *piccoli regali mantengono l'amicizia* (ou ainda: *se vuoi che l'amicizia si mantenga, fa che una borsa vada e l'altra venga*) e em espanhol: *pequeños regalos conservan la amistad*.

⇒ Bien est venu qui APPORTE

CAGE *s.f.* gaiola; *cage*

1 La belle CAGE ne nourrit pas l'oiseau (1835)

'le luxe ne suffit pas au bonheur'

gaiola bonita não dá de comer a canário
gaiola bonita não faz cantar o canário

better be joy in a cottage than sorrow in a palace
liberty is more worth than gold

♦ Diz-se em italiano: *la gabbia d'oro non sazia l'uccello*.

⇒ Il vaut mieux être OISEAU de bois que de cage

2 Quand la CAGE est faite, l'oiseau s'envole (1640)

= NID tissu et achevé, oiseau perdu et envolé

CAILLOU *s.m.* pedra; *stone*

Qui s'obstine à mordre un CAILLOU ne réussit qu'à se briser les dents (1829)

'les gens obstinés souffriront s'ils persévèrent dans un mauvais parti'

pretender o que não pode é remar contra a maré
quem dá murro em ponta de faca acaba por se ferir

he is a fool that makes a hammer of his fist
it is ill running your head against a stone wall

CALOMNIER *v.t.* caluniar; *to slander*

CALOMNIEZ, CALOMNIEZ: il en restera toujours quelque chose (1775)

'la calomnie est toujours souveraine'

atire o barro à parede até que ele pegue
da calúnia alguma coisa fica
é difícil livrar-se do rabo de palha, por mal pregado que seja

fling dirt enough, and some will stick
if the ball does not stick to the wall, it will at least leave a mark
slander leaves a score ['mark'] behind it
though the wound be healed, yet a scar remains
throw dirt enough, and some will stick

♦ Frase de Beaumarchais em *Le Barbier de Séville* (II, 8). Cf. a máxima medieval citada por Francis Bacon na obra *De dignitate et augmentis scientiarum* (8, 2, 34), publicada em 1623: *Audacter calumniare, semper aliquid haeret* (caluniar audaciosamente, que algo sempre há de ficar). "Sua origem", refere R. Tosi, "é um trecho de Plutarco (*Quomodo adulator ab amico internoscatur*, 65d), onde se conta que o Médio, um adulador de Alexandre Magno, (...) 'recomendava atacar e morder sem medo com calúnias, dizendo que, mesmo que a vítima conseguisse curar a ferida, de qualquer modo ficaria a cicatriz'." Diz-se em espanhol: *calumnia, que algo queda*.

⇒ HONNEUR perdu ne se retrouve plus

CAMELOT *s.m.* lã de camelo; *camlet*

Quand le CAMELOT a pris son pli, c'est pour toujours (1842)

= La COUTUME contraint la nature

♦ "*Camelot*, à l'origine, est une étoffe de poil de chameau." (F. Suzzoni)

CAPITAINE *s.m.* capitão; *captain*

Bon CAPITAINE, bon soldat (1610)

= Les bons MAÎTRES font les bons valets

⇒ De grand MAÎTRE, hardi valet

CAPITAL *s.m.* capital; *capital*

Qui mange son CAPITAL prend le chemin de l'hôpital (rég., Auvergne)

'ruine et délabrement sont promis à dissipation et imprévoyance'

quem compra o supérfluo vende o necessário
quem gasta mais do que tem a pedir vem
quem gasta mais do que tem mostra que siso não tem
quem gasta sem conta vive sem honra

wasteful want makes wasteful woe
*who more than he is worth does spend, he makes a rope his life
   to end*

⇒ Qui plus dépense qu'il n'a vaillant, il fait la CORDE où
il se pend

CAQUE *s.f.* barrica de arenque salgado; *herring barrel*

La CAQUE sent toujours le hareng (sXIII; sXVI: *la
poche sent tousjours le haran*)

'on reste toujours marqué par ses origines ou ses fréquentations'

cabaça que leva leite nunca mais perde a catinga
cabaça que teve pimenta nunca perde o azedume
canudo que teve pimenta guarda o ardume
cuia que leva azeite não perde o almíscar
o tonel nunca perde o cheiro do vinho
sempre cheira a panela ao primeiro legume que se mete
   nela

it's kindly ['natural'] *that the poke savour of the herring
the cask savours of the first fill*

Ces sales femmes sont capables de tout. Du reste, on
n'a qu'à voir d'où elles sortent; allez, on a beau faire, LA
CAQUE SENT TOUJOURS LE HARENG. (V. Larbaud,
FM, p. 244)

Essas indecentes são capazes de tudo. Aliás, basta ver
de onde vêm; por mais que o lavemos, O TONEL
NUNCA PERDE O CHEIRO DO VINHO.

♦ A idéia está em Horácio (*Epistulae*, 1, 2, 69-70): *quo
semel est imbuta recens, servabit odorem / testa diu* (o
vaso conservará por muito tempo o cheiro com que
foi impregnado uma vez, quando ainda era novo).
Diz-se em espanhol: *a la vasija nueva dura el resabio de
lo que se echó en ella.*

♦ "L'emploi de ce mot technique dans cette expression vient probablement de la forme *cac-*, paronymi-
que des dérivés malodorants du latin *cacare*." (A. Rey
& S. Chantreau)

⇒ Toujours sent le MORTIER les aulx

CARÊME *s.m.* Quaresma; *Lent*

En CARÊME, saumon et sermon sont de saison

= SAUMON comme le sermon en Carême ont leur
saison

CARESSE *s.f.* carícia; *caress*

CARESSE de chien donne des puces (sXIX)

'il est irritant d'être flatté par quelqu'un qu'on méprise'

dádiva de ruim a seu dono se parece
elogio de inimigo, ouro sem liga

praise by evil men is dispraise

CARILLON *s.m.* carrilhão; *(peal of) bells*

**On ne peut être en même temps au CARILLON et à
la procession**

= On ne peut sonner les CLOCHES et aller à la procession

⇒ Le CHIEN a quatre pattes, mais il n'est pas capable
de prendre quatre chemins

CARREAU *s.m.* ouros; *diamond*

Qui se garde à CARREAU n'est jamais capot

'celui qui conserve en main des cartes de la couleur carreau ne sera jamais battu sans avoir fait aucune levée'

seguro morreu de velho(, desconfiado inda vive)
seguro morreu de velho e Dona Prudência foi ao seu enterro
seguro morreu de velho(, prevenido ainda está vivo)

care and diligence bring luck

♦ "(...) dicton qui, bien entendu, n'a rien de réel et
n'est fondé que sur la consonance". (*Le Littré*)

CASSE *s.f.* fruto da cássia; *cassia*

Passez-moi la CASSE, je vous passerai le séné

= Passez-moi la RHUBARBE, je vous passerai le séné

– (...) Avec un peu de temps, en louvoyant, nous
arrivons. Pour réussir, il faut attendre le moment où
l'on me demandera quelque service à moi. Je pourrai
dire alors: JE VOUS PASSE LA CASSE, PASSEZ-MOI
LE SÉNÉ. (H. de Balzac, *CBe*, p. 245)

– (...) Com um pouco de tempo, bordejando, chegamos lá. Para consegui-lo, é preciso esperar o momento em que me peçam qualquer serviço. Poderei então dizer: "UMA MÃO LAVA A OUTRA". (Trad. de Valdemar Cavalcanti)

CASSEUR *s.m.* vândalo, destruidor; *breaker, tough guy*

Les CASSEURS seront les payeurs

= Qui casse les VERRES les paie

CAUSE *s.f.* causa; *cause*

À petites CAUSES, grands effets

'la logique de la causalité est étrangère à celle des proportions'

C

pequenas causas produzem grandes efeitos
pequenos mananciais formam grandes rios

from small beginnings come great things

CAVALIER *s.m.* cavaleiro; *knight*

Bon CAVALIER monte à toute main

= Les bons BRAS font les bonnes lames

⇒ Au bon JOUEUR la pelote lui vient

CAVE *s.f.* adega; *cellar*

Il ne faut pas mettre dans une CAVE un ivrogne qui a renoncé au vin (1735)

'il ne faut pas tenter le diable'

a ocasião faz o ladrão
a ocasião trai a boa intenção
a tentação nasce da ocasião

an open door may tempt a saint

Je n'aime pas que la caisse du couvent soit entre les mains de ce père Hilaire, (...). Je veux croire avec vous qu'il a pris le froc de très bonne foi, mais la vue de l'or peut réveiller sa cupidité. IL NE FAUT PAS METTRE DANS UNE CAVE UN IVROGNE QUI A RENONCÉ AU VIN. (Lesage, *GB*, p. 489)

Não me agrada que a caixa do convento esteja nas mãos desse padre Hilaire, (...). Quero crer, como vocês, que ele tomou o hábito por vocação, mas a visão do ouro pode despertar sua cobiça. NÃO SE DEVE PRENDER NUMA ADEGA O BÊBEDO QUE ABANDONOU O VÍCIO.

⇒ La PORTE ouverte tente le saint

CENDRE *s.f.* cinza; *ash*

On ne doit pas troubler les CENDRES d'un mort

= On ne doit pas dire mal des MORTS

CENT *s.m.* cêntimo; *cent*

C'est avec des CENTS qu'on fait des piastres* (Québec)

* *Piastre* = 'dollar' au Québec.

= Un SOU est un SOU

CERF *s.m.* (*Cervus elaphus*) veado; *stag*

On connaît le CERF à ses abbatures

= À l'ONGLE on connaît le lion

⇒ Au CHANT on connaît l'oiseau

CÉSAR *s.pr.m.* César; *Caesar*

Il faut rendre à CÉSAR ce qui est à CÉSAR(, et à Dieu ce qui est à Dieu)

'il faut donner à chacun, et en particulier au bien public, ce qui lui est dû'

(dai) a César o que é de César
dar a Deus o que é de Deus e a César o que é de César

render unto Caesar the things which be Caesar's (and unto God the things which be God's)

F. Rabelais cita o provérbio em latim:

"(...) Advisez, *Domine*; il y a dix huyt jours que je suis à matagraboliser* ceste belle harangue: *REDDITE QUE SUNT CESARIS CESARI, ET QUE SUNT DEI DEO. Ibi jacet lepus.* (*G*, p. 101)

* "À extirper du néant." (G. Demerson)

"(...) Providencial, *Domine*, pois já faz dezoito dias que estou repeneirando esta bela arenga. *REDDITE QUE SUNT CESARIS CESARI, ET QUE SUNT DEI DEO. Ibi jacet lepus.* (Trad. de Aristides Lobo)

♦ A fonte é Lucas 20, 25: *reddite ergo quae sunt Caesaris, Caesari et quae sunt Dei, Deo* (dai, pois, a César o que é de César, e a Deus o que é de Deus). Diz-se em italiano: *a Cesare quel ch'è di Cesare, a Dio quel ch'è di Dio* e em espanhol: *dar a Dios lo que es de Dios, y a César lo que es de César.*

♦ P. Éluard e A. Breton (*apud* C. Gagnière, *TOM*, p. 715) reformulam com graça o provérbio: "Il faut prendre à César tout ce qui ne lui appartient pas." (É preciso tirar de César tudo o que não é de César.)

⇒ CHACUN son dû

CHACUN,E *pron.ind.* cada um, cada qual; *each one, every one*

1 CHACUN (aime/avec) sa CHACUNE (sXVIII)

'ne nous associons qu'avec nos pairs (principe de convenance naturelle)'

cada ovelha com sua parelha
cada qual com seu igual (e cada ovelha com sua parelha)
cada terra com seu uso, cada preta com seu luso(, cada furo com seu parafuso)
cada terra com seu uso, cada roca com seu fuso
casa com os da tua igualha
casar e compadrar, cada um com seu igual
coelho casa com coelha e não com ovelha
lé com lé, cré com cré (e cada qual com os da sua ralé)

every cat to her kind
every Jack has his Jill
like blood, like good, and like age, make the happiest marriage
like with like

– (...) Il prit Hélène aux épaules et la regarda gaiement: CHACUN AIME SA CHACUNE. (S. de Beauvoir, *SA*, p. 38)

– (...) Segurou Hélène pelos ombros e olhou para ela com ar de alegria: CADA QUAL COM SEU IGUAL.

♦ A idéia está numa frase que Ovídio (*Heroides*, 9, 32) coloca nos lábios de Dejanira: *si qua voles apte nubere, nube pari* (se quiseres casar bem, casa com teu igual).

⇒ Qui SE RESSEMBLE s'assemble

2 CHACUN n'est pas joyeux qui danse (sXVI)

'ce que l'on fait en public n'est pas toujours accordé à ce que l'on est; le clown peut être triste'

muitas vezes não é feliz quem o diz

all are not merry, that dance lightly

⇒ Tel chante qui n'a pas JOIE

3 CHACUN pour soi

'abrègement anthropocentré du proverbe: "chacun pour soi et Dieu pour tous"; quand le divin s'absente, il ne reste à l'homme qu'une sagesse individualiste et étriquée'

cada um olhe por si (e já não faz pouco)
cada um por si

every man for himself

– Bah! monsieur le comte l'aime beaucoup, monsieur Moreau! dit le valet. Mais, tenez, si vous voulez que je vous donne un bon conseil: CHACUN POUR SOI. Nous avons bien assez à faire de nous occuper de nous-mêmes. (H. de Balzac, *DV*, p. 22)

– Ora! o senhor conde também gosta muito do Sr. Moreau! – disse o lacaio. – Mas, olhe, se quer que eu lhe dê um bom conselho: CADA UM POR SI. Já temos muita coisa nossa com que nos preocuparmos. (Trad. de Vidal de Oliveira)

Quand on pense que nous sommes arrivés sans une cartouche à la frontière. Et deux jours après c'était la retraite. Plus de chefs, plus de ravitaillement. CHACUN POUR SOI. (E. Dabit, *PL*, p. 57)

E pensar que chegamos sem nenhum cartucho à fronteira... E, dois dias depois, deu-se a retirada. Sem comandantes e sem provisões. CADA UM POR SI.

4 CHACUN pour soi et Dieu pour tous (1568)

'veillons à nos intérêts, Dieu pourvoiera à l'intérêt général'

cada um por si e Deus por todos
cada um trata de si e Deus de todos

every man for himself, and God for us all
everyone for himself, and God for all

Le vaguemestre s'approchait, encadré par les deux cuistots; Mathieu les regarda: dans la nuit, sous la lune, ces bouches lui avaient souri. Plus rien; leurs durs visages fermés proclamaient qu'il faut se méfier des coups de lune et des extases de minuit: CHACUN POUR SOI ET DIEU POUR TOUS, on n'est pas sur terre pour se marrer. (J.-P. Sartre, *MA*, p. 140)

O intendente aproximava-se ladeado por dois cozinheiros. Mathieu encarou-os: na noite de luar aquelas bocas tinham-lhe sorrido. Nada mais agora; as fisionomias, duras e fechadas, proclamavam que é preciso desconfiar do luar e dos êxtases da meia-noite: CADA UM POR SI E DEUS POR TODOS, ninguém está no mundo para se divertir. (Trad. de Sérgio Milliet)

Ces pronostics au caca modifiaient complètement ma façon de voir. Comment j'allais le traîner à la planque pour le fade, Riton, dès qu'il se réveillerait, dès qu'il serait capable d'arquer! Ensuite, la devise de la maison ça serait, comme disait ma bonne grand-mère, "CHACUN POUR SOI ET DIEU POUR TOUS". (A. Simonin, *TG*, p. 165)

Esses prognósticos de merda modificavam completamente minha opinião. Como iria eu carregar Riton até em casa para fazermos a partilha, quando ele recuperasse os sentidos e estivesse em condições de andar! Depois, o lema seria, como dizia minha santa avó, "CADA UM POR SI E DEUS POR TODOS".

♦ Há equivalentes em italiano: *ognuno per sé e Dio per tutti*, em espanhol: *cada uno para si, y Dios para todos* e em alemão: *ein jeder für sich, und Gott für alle*.

5 CHACUN son dû

'l'équité veut que chacun soit rémunéré à proportion de ce qu'il a donné'

a cada santo a sua lâmpada
a cada santo o seu candelabro
a cada um o que lhe é devido
cada um tem a sorte que merece

give the devil his due
honour to whom honour is due

Quand la corvée a été faite, mon cap'taine, je me suis mis en position de me retirer. Elle aurait bien voulu que je ne parte pas sitôt. Mais je lui dis: "CHACUN SON DÛ, madame. Un p'tit verre ça coûte deux sous, et deux p'tits verres, ça coûte quatre sous." (G. de Maupassant, *MF*, p. 282-283)

Cumprida a tarefa, meu capitão, aprestei-me para a retirada. Ela quis reter-me por mais tempo. Retruquei-lhe: "A CADA UM O QUE É SEU, minha senhora. Uma dose custa dois soldos; duas doses, quatro soldos."

⇒ Il faut rendre à CÉSAR ce qui est à CÉSAR

CHAGRIN s.m. desgosto, aflição; *grief, sorrow*

1 Cache ton CHAGRIN et dit ta joie (sXIII: *ceil ton duel et conte ta joie*)

= Plus on se découvre, plus on a FROID

2 Cent ans de CHAGRIN ne paient pas un sou de dettes

'regret, repentir ni déploration n'ont aucune incidence sur ce qui a eu lieu; ce qui est fait est fait'

lágrimas não pagam dívidas
tristezas não pagam dívidas

a pound of care will not pay an ounce of debt
an hundred pounds of sorrow pays not one ounce of debt
sorrow will pay no debt

⇒ Cent livres de MÉLANCOLIE ne payent pas un sou de dettes

3 CHAGRIN d'autrui semble querelle (sXIV)

'on ne prend guère au sérieux le malheur des autres'

caxumba no pescoço dos outros não dói
é leve o fardo no ombro alheio
pesar alheio sente-se só meio
pimenta no cu dos outros é refresco
pimenta no rabo dos outros não arde
pimenta nos olhos dos outros é colírio
pimenta nos olhos dos outros é refresco
pimenta nos olhos dos outros não arde
pouco dói o mal alheio

it is easy to bear the misfortunes of others
one has always strength enough to bear the misfortunes of one's friends
the comforter's head never aches

♦ Reflexão amarga de J. Renard: "Les malheurs des autres nous sont indifférents, à moins qu'ils nous fassent plaisir." (A desgraça alheia nos é indiferente salvo quando nos dá prazer.)

⇒ (Le) MAL d'autrui n'est qu'un songe

CHAIR *s.f.* carne; *flesh*

1 À CHAIR de loup sauce de chien

'chacun doit être traité selon ce qu'il mérite'

a carne de lobo, dente de cão
a carne de lobo, dente de leão
para velhaco, velhaco e meio

diamonds cut diamonds
put an old cat to an old rat
set a thief to catch a thief

♦ Há provérbios paralelos em italiano: *a carne di lupo, dente (ou zanne) di cane* e em espanhol: *a carne de lobo, diente de perro.*

⇒ À bon CHAT(,) bon rat

2 Après la CHAIR vient le fromage (1456)

'il n'est pas de bon repas sans fromage après le plat de viande'

depois da carne, o queijo

after meat comes cheese

3 Aujourd'hui en CHAIR, demain en bière

'la mort frappe aveuglément et inopinément'

hoje com saúde, amanhã no ataúde
hoje de humana figura, amanhã na sepultura
hoje na figura, amanhã na sepultura
hoje somos, amanhã não

here today and gone tomorrow
today a man, tomorrow none
today gold, tomorrow dust

♦ Diz-se em italiano: *oggi in figura, domani in sepoltura.*

⇒ Aujourd'hui en CHÈRE, demain en bière

4 Il n'y a point de belle CHAIR près des os

= Jamais belle CHAIR ne fut près des os

5 Jamais belle CHAIR ne fut près des os

'une personne maigre est rarement belle; ce principe esthétique est aujourd'hui mis à mal: la chair est honnie, la beauté est purement osseuse, la référence esthétique est devenue le squelette'

dá-me gordura, dar-te-ei formosura
magreza não é beleza

skinniness is not compatible with good looks
the flesh is aye ['always'] fairest that is farthest from the bone

♦ Diz-se em espanhol: *dadme grosura y os daré hermosura.*

⇒ Un peu de GRAISSE sous la peau, rien de plus beau

6 Jeune CHAIR et vieux poisson (1640)

'il faut manger les animaux quand ils sont jeunes, et les poissons quand ils sont vieux, consommer les femmes dans leur jeunesse et les hommes tout au contraire'

carne jovem e peixe velho

old fish and young flesh do feed men best

♦ Há equivalente em italiano: *carne giovane, pesce vecchio.*

7 La CHAIR est faible (sXIX)

'le corps succombe facilement aux tentations'

a carne é fraca (enquanto ela é forte)
ninguém é de ferro

flesh is frail
(the) flesh is weak

DOMINGO. Satan perdrait son temps ici.
ANTONIO. Hélas! mes pères, ne dites pas cela. LA CHAIR EST FAIBLE, le vase est fragile. Pour moi, malheureux pécheur, ma seule force, c'est la connaissance de ma faiblesse. (P. Mérimée, *TCG*, p. 81)

DOMINGO. Aqui Satã não teria vez.

ANTONIO. Oh! Caros padres, não digam isso. A CAR-NE É FRACA, a carcaça é frágil. Para mim, pobre peca-dor, minha força está em reconhecer minha fraqueza.

"LA CHAIR EST FAIBLE, Père, c'est écrit. Il est dit que le juste sera tenté, torturé, et qu'il succombera parfois. (G. Chevallier, *SC*, p. 291)

– A CARNE É FRACA, Padre, está escrito. Já se disse que o justo será tentado, torturado, e há de por vezes sucumbir.

♦ "Sous cette forme: *la chair est faible*, la locution n'est que la seconde partie de la parole du Christ au jardin des Oliviers: *Veuillez et priez, afin que vous ne tombiez pas dans la tentation, car l'esprit est prompt* et la chair est faible (*Spiritus quidem promptus est, caro autem infirma*)." (M. Rat)

8 Ma CHAIR m'est plus près que ma chemise (1640)

= La CHEMISE est plus proche que le pourpoint

– Je t'aimais bien, dit Paillard, je te jure; mais, que veux-tu? je m'aime aussi. L'autre dit vrai: "MA CHAIR M'EST PLUS PRÈS QUE MA CHEMISE." (R. Rolland, *CB*, p. 179)

– Gosto muito de ti – disse Paillard –, juro-te; mas, que queres, gosto ainda mais de mim. Bem diz o ditado: "MINHA CARNE É MAIS MINHA QUE A CAMISA." (Trad. de Ivo Barroso)

♦ Cf. Eurípides (*Medéia*, 86): ὡς πᾶς τις αὑτὸν τοῦ πέλας μᾶλλον φιλεῖ (que todo o mundo gosta mais de si que do vizinho). Diz-se em espanhol: *primero es la carne que la camisa*.

9 N'épargne pas la CHAIR qui pourrira en terre

'principe de jouissance épicurienne: que ce qui est, sans espoir, périssable, trouve un sens à servir du moins mon plaisir'

aproveita-te enquanto for tempo

seize the present day, trusting the morrow as little as may be

CHAMBRE *s.f.* quarto de dormir; *bedroom*

Vides CHAMBRES font dames folles (sXIII)

'"avoir des chambres vides, c'est avoir la tête légère, avoir peu de cervelle" (Panckoucke); c'est une des causes de l'extravagance féminine'

a mulher louca, antes rabeca que roca (aprox.)
mulher louçã, cabeça vã (aprox.)

bare walls make giddy housewives

CHAMEAU *s.m.* (*Camelus bactrianus*) camelo; *camel*

1 Il est plus facile à un CHAMEAU de passer par le

trou d'une aiguille, qu'à un riche d'entrer dans le royaume de Dieu (sXIII)

'le riche, empêtré de biens terrestres, exposé aux tenta-tions et aux péchés, devra réussir des exploits de con-torsionniste pour être admis au Ciel'

é mais fácil passar um camelo pelo fundo de uma agulha do que entrar um rico no reino de Deus
é mais fácil um camelo passar pelo buraco de uma agu-lha que um rico entrar no reino dos céus

it is easier for a camel to go through the eye of a needle than for a rich man to enter into the kingdom of God

♦ "(...) outre la présente traduction, il existe deux au-tres interprétations: le mot grec *kamêlos*, 'chameau', devrait être lu *kamilos*, 'câble': *il est plus facile à un câble de passer par le trou d'une aiguille qu'à un riche d'entrer dans le royaume des cieux*; dans l'autre traduc-tion, l'expression *trou d'une aiguille* désignerait une porte de Jérusalem, très étroite et encombrée: *il est plus facile à un chameau de passer par la porte de l'Aiguille qu'à un riche d'entrer dans le royaume des cieux* [P. La-rousse]." (P. Vigerie)

♦ Cf. Mateus 19, 24.

2 Le CHAMEAU a demandé des cornes et ses oreilles lui ont été enlevées

'à désirer toujours davantage, on finit par perdre ce que l'on a; c'est la loi des grandes faillites; le capitalisme libéral n'a toujours pas compris ce qui était arrivé au chameau'

o diabo tanto buliu no nariz da mãe até que o entortou para o resto da vida
o diabo tanto endireitou o nariz do filho que afinal saiu torto
o diabo tanto mexe com o olho do filho que afinal o fura

the camel going to seek horns, lost his ears

♦ Cf. a fábula "O Camelo e Zeus", de Esopo; cf. tam-bém Erasmo (*Adagia*): *camelus desiderans cornua etiam aures perdidit*.

⇒ Le MIEUX est l'ennemi du bien

CHANCE *s.f.* sorte; *(good) luck*

1 CHANCE vaut mieux que bien jouer (rég., Bretagne)

= À qui la FORTUNE est belle son bœuf bêle

2 Il n'y a CHANCE qui ne rechange (1568)

'quelque bonne fortune que l'on ait, la chance finit toujours par tourner'

a sorte acaba um dia
leve é a fortuna e cedo pede o que deu (Jorge Ferreira de Vasconcelos)

um dia da caça, outro do caçador

fortune is fickle
fortune is variant
fortune is weary to carry one and the same man always

⇒ BIEN de fortune passe comme la lune

**3 LA CHANCE est en l'air, elle tombe sur la ca-
naille**

= À qui la FORTUNE est belle son bœuf bêle

CHANDELEUR *s.f.* Candelária (festa da Purificação da Virgem Maria, em 2 de fevereiro); *Candlemas*

**1 À la CHANDELEUR l'hiver se passe/(s'en va)
ou prend vigueur** (1618: *la veille de la Chandeleur,
l'hiver se passe ou prend vigueur*)

'la Chandeleur reste, aujourd'hui encore, le point de repère des paysans de l'hémisphère nord pour la fin de l'hiver'

quando a Candelária chora, o inverno já está fora; quando a Candelária ri, o inverno está para vir

se a Senhora da Luz está a chorar, está o inverno a acabar; se está a rir, está o inverno para vir

if Candlemas day be sunny and bright, winter will have another flight; if Candlemas day be cloudy with rain, winter is gone, and won't come again

C'est aujourd'hui LA CHANDELEUR... "L'HIVER SE PASSE, OU PREND VIGUEUR..." Le scélérat! il prend vigueur. (R. Rolland, *CB*, p. 26)

Hoje é DIA DE NOSSA SENHORA DAS CANDEIAS... O INVERNO OU VAI EMBORA OU REVIGORA... O bandido! Está revigorando. (Trad. de Ivo Barroso)

♦ "La Chandeleur tient son nom du fait que les chandelles bénites sont censées préserver la maison des maléfices." (F. Suzzoni)

♦ Há correspondentes em italiano: *per la Santa Candelora, se nevica o se plora, dell'inverno siamo fora; ma se è sole o solicello, siamo sempre a mezzo inverno* e em espanhol: *por la Candelera está el invierno fuera; si nevó o quiere nevar, el invierno por pasar.*

⇒ Si la LOUTRE voit son ombre le jour de la Chandeleur, elle rentre dans son trou pour quarante jours

**2 À la fête de la CHANDELEUR, les jours croissent
plus d'une heure, et le froid pique avec douleur**

= À la CHANDELEUR l'hiver s'en va/(se passe) ou prend vigueur

3 La CHANDELEUR claire laisse un hiver derrière
(rég., Maine)

= À la CHANDELEUR l'hiver s'en va/(se passe) ou prend vigueur

**4 Si à la CHANDELEUR le soleil fait lanterne*,
quarante jours après il hiverne**

* "*Faire lanterne*, se dit lorsque le soleil est en grande partie caché par les nuages, mais que quelques rayons les percent par endroits." (A. Pierron)

= À la CHANDELEUR l'hiver s'en va/(se passe) ou prend vigueur

CHANDELLE *s.f.* vela; *candle*

1 À la CHANDELLE la chèvre semble demoiselle
(1568)

'dans l'obscurité on ne distingue pas une belle d'une laide'

à luz da candeia, não há mulher feia
de noite, à candeia, a burra parece donzela
de noite, à candeia, a velha parece donzela
de noite, à candeia, não há mulher feia
de noite, à candeia, parece bonita a feia
no escuro tanto vale a rainha como a negra da cozinha

when candles are out, all women are fair

♦ O pensamento aparece em Ovídio (*Ars amatoria*, 3, 4, 17): *nocte latent mendae* (de noite os defeitos se ocultam) e é retomado por Erasmo, nos *Adagia*: *sublata lucerna nihil interest inter mulieres* (quando não há luz, toda mulher é igual). Diz-se em espanhol: *a la luz de la vela no hay mujer fea.*

2 À la CHANDELLE toute fille est belle (rég., Auvergne)

= À la CHANDELLE la chèvre semble demoiselle

⇒ Prendre on ne doit à la CHANDELLE: argent, toile, ni pucelle

**3 Il faut quelquefois brûler une CHANDELLE au
diable** (1640; sXIII: *donner une chandelle à Dieu et une/
[l'autre] au diable*)

'on doit se ménager la faveur de deux partis opposés'

é preciso (às vezes) acender uma vela a Deus e outra ao diabo

it is good to have some friends both in heaven and hell
it's sometimes good to hold a candle to the devil

♦ Segundo Antenor Nascentes, a origem se prende "ao caso de Robert de La Marck. Este fidalgo, segundo conta BRANTÔME, se fez retratar ajoelhado diante de Sta. Margarida com uma vela em cada mão. A santa se apresenta com um dragão ao pé. Uma legenda dizia: *Se Deus não me ajudar, ao menos não me falte o diabo.*"

♦ Diz-se em italiano: *è bene accendere una candela a Dio e due al diavolo.*

**4 La CHANDELLE éclaire chacun et allume, et
soi-même se détruit, fond et consume** (sXVI)

'à trop se donner aux autres, on s'épuise soi-même'

a candeia a si queima e a outros "alumeia"

a candle lights others and consumes itself

5 La CHANDELLE n'en vaut pas le jeu (sXVI)

= Le JEU ne/n'en vaut pas la chandelle

Je ne conte pas la verolle, les chancres, les maux et maladies qu'ilz y gaignent, aussi bien avec les grandes que les petites; de sorte que bien souvent ils acheptent bien cher ce qu'on leur donne; et LA CHANDELLE N'EN VAUT PAS LE JEU. (Brantôme, *DG*, p. 115)

E sem falar da sífilis, dos cancros, males e moléstias que eles aí adquirem; de modo que muitas vezes pagam caro pelo que recebem; e afinal O LUCRO É MENOR QUE A PERDA.

6 La CHANDELLE qui va devant éclaire mieux que celle qui va derrière (1585)

'mieux vaut faire le bien de son vivant, et ne pas le remettre à un codicille testamentaire'

a candeia que vai na frente é a que (mais) "alumeia"
a luz que vai adiante é que alumia
candeia que vai adiante alumia duas vezes

better do in life than after death
leave not more to do when you die than you have done

♦ Diz-se em espanhol: *la cera que va delante es la que alumbra.*

7 Prendre on ne doit à la CHANDELLE: argent, toile, ni pucelle (1498)

'l'obscurité efface toutes les différences'

nem mulher nem seda à luz da candeia

the fair and the foul, by dark are like store

♦ Cf. o latim *fallaci nimium ne crede lucernae* (não acredites demais na pérfida candeia).

⇒ Il ne faut prendre ni FEMME ni étoffe à la chandelle

CHANGEMENT *s.m.* mudança; *change*

1 CHANGEMENT de corbillon*, appétit de pain bénit (1752)

* *Corbillon* = 'petite corbeille dans laquelle on mettait le pain bénit'.

= CHANGEMENT de corbillon fait trouver le pain bon

2 CHANGEMENT de corbillon* fait trouver le pain bon (1616)

* *Corbillon* = 'petite corbeille dans laquelle on mettait le pain bénit'.

'la nouveauté confère aux choses un charme propre'

a variedade deleita – nem sempre galinha, nem sempre rainha
nem sempre galinha, nem sempre sardinha
tudo enfada, só a variedade recreia

custom takes the taste from the most savoury dishes
new meat begets a new appetite
variety is charming
variety is the spice of life
variety takes away satiety

♦ O provérbio tem correspondentes em italiano: *il variar vivande accresce l'appetito* e em alemão: *Abwechslung stärkt den Appetit.*

3 CHANGEMENT de pâture réjouit les veaux (rég., Nord)

'toute rupture du quotidien est en elle-même un plaisir'

a variedade deleita – nem sempre galinha, nem sempre rainha
nem sempre galinha, nem sempre sardinha

change of pasture makes fat calves

⇒ CHANGEMENT d'herbe réjouit les veaux

4 CHANGEMENT de temps, entretien de sot (1789)

ironie sur l'inexactitude des prévisions météorologiques et la banalité des conversations qu'elles alimentent

mudança de tempo, bordão de néscios

change of weather is the discourse of fools

♦ Diz-se em espanhol: *mudanza de tiempos, bordón* ['muletilla, parla temosa'] *de necios.*

5 CHANGEMENT d'herbe réjouit les veaux

= CHANGEMENT de pâture réjouit les veaux

⇒ DIVERSITÉ, c'est ma devise

CHANSON *s.f.* canção; *song*

Tout finit par des CHANSONS (1784)

'quand les Français étaient un peuple gai, la convivialité finissait toujours par l'emporter sur les différends, et les chansons célébraient le plaisir supérieur d'être ensemble'

no fim dá tudo certo
tudo acaba em pizza
tudo acaba em samba

it will all come right in the wash
there's always a happy ending
things always turn out for the best

Machado de Assis usa este provérbio francês numa de suas crônicas:

Excluo naturalmente o caso de emissões clandestinas,

porque as notas de tais emissões nunca se poderão dizer mal pesadas. O peso é o mesmo. A alteração única está no acréscimo do mantimento, determinado pelo acréscimo dos quilos. Quanto ao mais, falsas ou verdadeiras, valha-nos aquela benta francesia que diz que *TOUT FINIT PAR DES CHANSONS*. (*A semana*, in *OC*, v. 3, p. 569)

♦ A origem do provérbio está no último verso da comédia de Beaumarchais, *Le Mariage de Figaro* (p. 296): "BRID'OISON. Or, Messieurs, la co-omédie, / Que l'on juge en cè-et instant, / Sauf erreur, nous peineint la vie / Du bon peuple qui l'entend. / Qu'on l'opprime, il peste, il crie: / Il s'agite en cent faaçons: / TOUT FINI-IT PAR DES CHANSONS." (BRID'OISON. Ora, Senhores, a co-omédia / Que ne-este momento está em julgamento / Salvo engano, retra-ata a vida / Deste povo que a ouve. / Quando o oprimem, ele protesta, grita: / Manifesta-se de mil mo-odos / E TUDO FI-ICA NA MESMA.)

CHANT *s.m.* canto; *singing*

Au CHANT on connaît l'oiseau (1597: *l'oiseau l'on connaît au chanter*)

'on mesure l'homme à ses actes'

pela voz se conhece o músico
pelo canto se conhece a ave
pelo canto se conhece o pássaro e pela obra o homem

a man is known by his work
the bird is known by his note(, the man by his words)

♦ O provérbio tem equivalentes em italiano: *dal canto si conosce l'uccello* e em espanhol: *por el canto se conoce el pájaro*.

⇒ À la LAINE on connaît la brebis

CHANTER *v.* cantar; *to sing*

Tel CHANTE qui ne rit pas

= Tel chante qui n'a pas JOIE

CHAPELAIN *s.m.* capelão; *chaplain*

1 Comme chante le CHAPELAIN, ainsi répond le sacristain

= Tel CHAPELAIN, tel sacristain

2 Tel CHAPELAIN, tel sacristain (sXVI)

'le serviteur ressemble à son seigneur'

mau capelão, mau sacristão
mau capelão, pior sacristão

like lord, like chaplain

♦ O provérbio tem correspondentes em italiano: *quale è il cappellano, tale è il sagrestano*, em espanhol: *al mal capellán mal sacristán* e em alemão: *wie der Abt, so die Mönche*.

⇒ À telle DAME, telle chambrière

CHAPON *s.m.* capão (frango); *capon*

1 À faute de CHAPON, pain et oignon

'faute de ce que l'on désire, il faut se contenter de ce que l'on a'

à falta de capão, cebola e pão
à falta de pão, até migalhas vão
à míngua de pão, broas tortas
em falta de farinha, crueira serve
em terra onde não tem carne, espinha de peixe é lombo
em terra onde não tem galinha, inhambu é frango
em terra onde não tem galinha, urubu é frango
quando não há lombo, lingüiça como
quando não há trigo, come-se de milho
quem não tem cão caça com gato
quem não tem pão alvo come do ralo

a crust is better than no bread
bannocks ['unleavened bread'] *are better than no bread*
better are small fish than an empty dish
better my hog dirty home than no hog at all
better some of a pudding than none of a pie
half a loaf is better than no bread
half an egg is better than an empty shell
he who cannot get bacon must be content with cabbage
if thou hast not a capon, feed on an onion
they that have no other meat, bread and butter are glad to eat

♦ Há correspondentes em italiano: *chi non può ber nell'oro, beva nel vetro* e em espanhol: *a falta de olla, bueno es pan y una cebolla*.

⇒ Si tu te trouves sans CHAPON, contente-toi de pain et oignon!

2 Qui CHAPON mange, CHAPON lui vient (1611)

'le bien vient à ceux qui en ont déjà'

ao rico até o galo põe ovos
ao rico crescem-lhe os bois
ganha dinheiro quem tem dinheiro
os rios correm (sempre) para o mar

he that has a goose, will get a goose
he that has plenty of goods, shall have more

♦ Panckoucke remete à frase do Evangelho: *habenti dabitur* (será dado a quem já possui).

3 Qui CHAPON mange, perdrix lui vient

= Qui CHAPON mange, CHAPON lui vient

⇒ L'EAU va (toujours) à la rivière

4 Si tu te trouves sans CHAPON, contente-toi de pain et oignon!

= À faute de CHAPON, pain et oignon

⇒ Faute de GRIVES, on mange des merles

CHARBON   *s.m.* carvão; *coal*

Du CHARBON, on ne peut sortir blanche farine

= D'un SAC à charbon il ne saurait sortir blanche farine

CHARBONNIER   *s.m.* carvoeiro; *coalman*

CHARBONNIER est maître chez soi/lui/(dans sa maison) (1592)

'ainsi va la relativité, que même le dernier est premier quelque part; cette souveraineté privée est l'un des fondements du droit civil'

cada um é senhor em sua casa
cada um em sua casa é rei
em sua casa cada qual é rei
muito pode o homem em sua casa
o carvoeiro é senhor em sua casa
rainha sou, enquanto em minha casa estou

a man is master in his own house
a man's house is his castle
every groom is a king at home
every man is a king in his own house

– Non, non, il ne s'agit pas d'argent, mais de votre fille Eugénie. Tout le monde parle d'elle et de vous.
– De quoi se mêle-t-on? CHARBONNIER EST MAÎTRE CHEZ LUI. (H. de Balzac, *EG*, p. 147)

– Não. Não se trata de dinheiro, mas de sua filha Eugênia. Todo mundo fala dela e de você.
– Que é que têm a ver com isso? CADA UM MANDA NA SUA CASA. (Trad. de Gomes da Silveira)

♦ Conta-se que Francisco I, rei de França, perdeu-se da comitiva durante uma caçada e foi recebido, incógnito, na cabana de um carvoeiro. Sentado à cabeceira da mesa – pois, como diz o provérbio, "o carvoeiro é senhor em sua casa" –, o anfitrião serviu ao rei um pedaço de caça, pedindo-lhe que não contasse isso ao "narigudo", apelido popular do soberano. No dia seguinte, o rei mandou chamar o carvoeiro e recompensou-o com a isenção do imposto sobre transporte de carvão.

⇒ CHIEN sur son fumier est hardi

CHARIOT   *s.m.* carroça; *waggon*

Pour faire aller le CHARIOT, il faut graisser les roues

'l'argent rend les choses plus faciles'

carro que chia quer untura
eixo ensebado, carro calado
quem seu carro enseba seus bois ajuda

quem seu carro unta seus bois ajuda
unta o carro, andam as rodas
unta o carro, andam os bois

he who greases his wheels helps his oxen
if you grease well, you speed well

♦ O provérbio tem correspondentes em italiano: *la carrucola non frulla, se non è unta* e em espanhol: *quien su carro unta, sus bueyes ayuda.*

⇒ Une PORTE mal graissée chante

CHARITÉ   *s.f.* caridade; *charity*

CHARITÉ bien ordonnée commence par soi-même (1633)

'il est dans l'ordre naturel des choses de satisfaire ses propres besoins avant ceux des autres'

a boa caridade começa em casa
a caridade bem entendida começa por nós
(a) caridade bem ordenada começa em casa
a caridade bem ordenada por nós é começada
a caridade começa por casa
esmolou São Mateus, esmolou para os seus
Mateus, primeiro os teus

blood is thicker than water
charity begins at home

– (...) Est-ce la vie d'un notaire? S'ils gagnent cinquante mille francs et qu'ils en mangent soixante, en vingt ans on voit la fin de sa fortune, on se trouve nus comme de petits saint Jean; mais comme on s'est habitué à briller, on dévalise ses amis sans pitié: CHARITÉ BIEN ORDONNÉE COMMENCE PAR SOI-MÊME. (H. de Balzac, *CB*, p. 18)

– (...) Isso é vida para um tabelião? Se a gente ganha cinqüenta mil francos e gasta sessenta, em vinte anos a fortuna se acaba e a gente se vê pobre como Jó; mas, como se está habituado a brilhar, saqueiam-se os amigos sem piedade: A CARIDADE BEM COMPREENDIDA COMEÇA POR SI MESMO. (Trad. de Gomes da Silveira)

♦ "S'emploie surtout en mauvaise part lorsqu'on veut attirer l'attention de quelqu'un sur ses propres défauts." (J.-Y. Dournon)

♦ A idéia está em Terêncio (*Andria*, 426): *omnes sibi melius esse malunt, quam alteri* (todos querem o seu bem antes do dos outros). Há correspondentes em italiano: *la prima carità comincia da se stessi* e em espanhol: *la caridad bien entendida empieza por uno mismo.*

⇒ La CHEMISE est plus proche que le pourpoint

CHARRETIER   *s.m.* carroceiro; *carter*

Il n'y a si bon CHARRETIER qui ne verse (1640; sXVI: *il n'est si bon chartier qui ne verse*)

= Il n'y a si bon CHEVAL qui ne bronche

CHARRETTE *s.f.* carroça; *cart*

Vieille CHARRETTE crie à chaque tour

'l'âge rend l'effort plus douloureux'

velho não se senta sem "ui" nem se levanta sem "ai"

a hundred disorders has old age

⇒ La VIEILLESSE est elle-même une maladie

CHARRUE *s.f.* charrua, arado; *plough*

Il ne faut pas mettre la CHARRUE avant/devant les bœufs (sXVIII; sXIV: *l'on ne doit pas mettre la charrue devant les bœufs*)

'il ne faut pas commencer par ce qui devrait être fait après'

não ponhas o carro à frente dos bois
não se ponha o carro adiante dos bois
o carro não deve andar adiante dos bois

put not the cart before the horse

– Il ne serait point décent de manger la friture avant le potage, ce serait METTRE culinairement LA CHARRUE DEVANT LES BŒUFS, fit maître Chirriguirri d'un air de suprême dédain, et Vos Seigneuries sont trop bien élevées pour se permettre des incongruités semblables. (T. Gautier, *CF*, p. 87)

– Não fica bem comer a fritada antes da sopa, seria PÔR culinariamente O CARRO ADIANTE DOS BOIS – observou o estalajadeiro Chirriguirri com uma expressão de supremo desdém – e Vossas Senhorias são bem-educados demais para se permitirem incongruências desse jaez.

♦ A locução proverbial *o carro antes dos bois* já existia em grego clássico: ἡ ἄμαξα τὸν βοῦν (Luciano de Samósata, *Diálogo dos mortos*, 6, 2). Há correspondentes em italiano: *non mettere il carro innanzi ai buoi* e em espanhol: *no echar el carro antes de los bueyes*.

CHARYBDE *s.pr.m.* Caribde/Caríbdis; *Charybdis*

Tomber de CHARYBDE en Scylla (loc. prov.; sXVII)

'échapper à un danger pour tomber dans un pire'

cair de Cila em Caríbdis
fugiu de Cila, caiu em Caríbdis
sair do poço e cair no perau
saltar da frigideira para o fogo

to be between Scylla and Charybdis
to jump from the frying-pan into the fire

Var. em F. Rabelais:

– Hélas! (dist Panurge) Frère Jan se damne bien à crédit. O que j'y perds un bon amy! Zalas, zalas, voicy pis que antan! Nous ALLONS DE SCYLLE EN CARYBDE, holos, je naye! *Confiteor!* (*Le quart livre*, in *OC*, p. 642)

– Ai de mim! – disse Panurgo. – Frei Jan se dana aos poucos. Oh! estou perdendo um bom amigo! Ai, ai, ai! Isto está pior do que nunca! VAMOS DE CILA EM CARÍBDIS, socorro, estou afundando! *Confiteor!*

On peut punir une méchanceté, jamais une sottise, à moins que ce ne soit en éloignant le sot ou la sotte; et alors le changement se réduit d'ordinaire à TOMBER DE CHARYBDE EN SCYLLA. (G. Casanova, *M*, t. II, p. 81)

Pode-se punir uma maldade, nunca uma tolice, a não ser que se afaste o tolo ou a tola; e então a mudança se reduz em geral a CAIR EM CILA AO FUGIR DE CARIBDE.

Parafraseado em H. de Balzac:

– Oh! je suis restée pendant cinq ans dans un château des Alpes avec un Anglais jaloux comme un tigre, un nabab; je l'appelais un nabot, car il n'était pas si grand que le bailli de Ferrette. Et je SUIS RETOMBÉE à un banquier, DE CARAÏBE EN SYLLABE, comme dit Florine. (*SMC*, p. 200)

– Oh! Estive cinco anos num castelo dos Alpes com um inglês ciumento como um tigre, um nababo: eu chamava-lhe nabiça, porque era ainda mais baixo que o Bailio de Ferrette. Depois VIM CAIR nas unhas de um banqueiro, DAS CARAÍBAS EM CILA, como diz Florina. (Trad. de Casimiro Fernandes)

♦ O provérbio está documentado em Apostólio: τὴν Χάρυβδιν ἐκφυγὼν τῇ Σκύλλῃ περιέπεσεν, e provém do episódio narrado por Homero na *Odisséia* (12, 85 ss.). Sua versão latina, devida ao poeta Gaultier de Lille (sXV), é a seguinte: *Incidis in Scyllam, cupiens vitare Charybdin*. "Cila é um rochedo na costa italiana e Caribde, um turbilhão ao nordeste da Sicília, perto do porto de Messina." (Antenor Nascentes)

⇒ Se jeter/(Se mettre) à l'EAU de/par peur de la pluie

CHASSE *s.f.* caça; *hunting*

1 À la CHASSE comme en amour, on commence quand on veut et on finit quand on peut

'séducteur et chasseur sont à la même enseigne: la conquête ne leur est jamais assurée; c'est la glorieuse incertitude de l'érotisme'

no amor e na caça, começa-se quando se quer e acaba-se quando se pode

a man has choice to begin love, but not to end it

2 Il n'est CHASSE que de vieux chiens (1585)

'rien ne vaut l'expérience'

lobo velho não cai em armadilha
porco velho não se coça em pé de espinho
tatu velho não se esquece do buraco

an old cat sports not with her prey
an old poacher makes the best gamekeeper
it is good to follow the old fox

3 Il n'est CHASSE que de vieux loup (1640)

= Il n'est CHASSE que de vieux chiens

Var. em Brantôme:

Ha! que j'en ay cogneu plusieurs de ces dames en ce monde, qui contrefaisoyent leurs dames sages, prudes et censorienes, qui estoyent tres-debordées et venerienes quand venoyent là, et que bien souvent on abattoit plustot qu'aucunes jeunes, qui, par trop peu rusées, craignent la lutte! Aussi dit-on qu'IL N'Y A CHASSE QUE DE VIEILLES RENARDES pour chasser et porter à manger à ses petits. (*DG*, p. 219-220)

Ah! quantas dessas damas conheci neste mundo, que imitavam as amas sensatas, pudicas e repressoras, que eram muito espalhafatosas e sensuais na hora de amar, e que se deixavam vencer com mais facilidade que as jovens que, por falta de traquejo, temem o embate! Por isso é que se diz que BOA CAÇA É A DAS VELHAS RAPOSAS que apanham a presa e dão de comer aos filhotes.

⇒ Jamais bon CHIEN n'aboie à faux

4 Qui va à la CHASSE perd sa place (1869; sXIII: *qui se remue son lieu perd*)

'à s'absenter, même momentanément, il est toujours à craindre qu'on soit remplacé'

quem foi à feira perdeu a cadeira
quem foi à missa perdeu a chouriça
quem vai a Portugal perde o seu lugar
quem vai à roça perde a carroça
quem vai ao ar perde o lugar
quem vai ao mar perde o lugar
quem vai ao vento perde o assento

he who leaves his place loses it
who loves to roam may lose his home

♦ A pessoa que teve seu lugar ocupado pode dizer, ao voltar: *Quand il revient trouve un chien / mais comme le chien est honnête / il rend sa place à son maître.*

♦ Há correspondentes em italiano: *chi va all'oste, perde le poste* e em espanhol: *quien se ausentó, su sitio dejó* (ou ainda: *quien se fue a Sevilla, perdió su silla*).

⇒ Aujourd'hui la SAINT-Lambert, qui quitte sa place la perd

CHASSEUR *s.m.* caçador; *hunter*

Ne sont pas tous CHASSEURS qui sonnent du cor

'l'avoir ni le faire ne font l'être'

nem tudo (o) que luz é ouro, nem toda tosse é catarro
nem tudo (o) que luz é ouro, nem tudo o que ronca é besouro

all are not hunters, that blow the horn

♦ Do latim medieval *non est venator quivis per cornua flator*. Diz-se em italiano: *non tutti son cacciatori, quelli che suonano il corno.*

⇒ Ne sont pas tous CHEVALIERS qui sur cheval montent

CHASTE *adj.* casto; *chaste*

CHASTE est celle qu'on n'a pas priée (sXVI)

'il suffit d'une sollicitation pour qu'une femme abdique sa vertu'

aquela é casta que não foi rogada
mulher rogada e casta raro se acha

all women may be won
beauty and chastity seldom agree
beauty and honesty seldom agree

Telles belles dames, putes dans l'âme et chastes du corps, meritent d'eternelles louanges; mais non pas celles qui sont froides comme marbres, molles, lasches et immobiles plus qu'un rocher, et ne tiennent de la chair, n'ayant aucuns sentiments (il n'y en a guieres pourtant), qui ne sont point ny belles ny recherchées, et, comme dit le poete*:
.... *Casta quam nemo rogavit.*
"CHASTE QUI N'A JAMAIS ESTÉ PRIÉE." Sur quoy je cognois une grand dame qui disoit à aucunes de ses compagnes qui estoyent belles: "Dieu m'a fait une grand grace de quoy il ne m'a fait belle comme vous autres, Mesdames: car aussi bien que vous j'eusse fait l'amour, et fusse esté pute comme vous." (Brantôme, *DG*, p. 130-131)

* "On ne sait pas l'auteur de cet hémistiche que bien des gens citent comme d'Ovide. Il n'en est pas, et l'on y a fait cette glose:
Errat qui dixit: *Casta est quam nemo rogavit;*
Scilicet banc, nemo si rogat, ipsa rogat.
'Il se trompe, celui qui a dit: *chaste est celle qu'on n'a pas priée;* car si on ne la prie pas, c'est elle qui vous prie'". (M. Rat)

Essas belas damas, putas de alma e castas de corpo, merecem eterno louvor; mas não o merecem as que são frias como o mármore, inertes, lassas e mais estáticas que um rochedo, nem parecem de carne, sem nenhum sentimento (aliás não há tantas assim), que não são nem belas nem solicitadas, assim como diz o poeta:
.... *Casta quam nemo rogavit.*
"CASTA É AQUELA QUE NÃO FOI ROGADA." A esse respeito conheço uma ilustre dama que dizia às suas belas amigas: "Fez-me Deus um grande favor, minhas caras, ao não me dar beleza igual à vossa; pois teria eu, como vós, feito amor e seria tão puta quanto vós."

♦ Cf. a tirada espirituosa de Marcel Pagnol: "Les femmes qu'on n'a pas eues sont celles qu'on n'a pas demandées." (As mulheres que não conquistamos foram as que não assediamos.)

⇒ CHÂTEAU qui parle, et femme qui écoute, l'un veut rendre, et l'autre...

CHAT *s.m.* (*Felis catus*) gato; *cat*

1 À bon CHAT(,) bon rat (1606)

'attaque experte suscite experte défense: principe permanent d'émulation mutuelle'

a bom gato, bom rato
a carne de lobo, dente de cão
a carne de lobo, dente de leão
olho por olho, dente por dente
para espertalhão, espertalhão e meio
para velhaco, velhaco e meio

a Roland for an Oliver*
diamonds cut diamonds
put an old cat to an old rat
to a crafty man, a crafty and a half
to catch a thief, another thief

* "Roland and Oliver were two of the paladins of Charlemagne." (ODEP)

ARLEQUIN. Ah! la fine mouche! je vois bien que tu cherches midi à quatorze heures. Passez votre chemin, ma mie.
COLOMBINE. Il ne me plaît pas, moi; passe-le toi-même.
ARLEQUIN. Oh! pardi! À BON CHAT, BON RAT! je veux rester ici. (Marivaux, *La Surprise de l'amour*, in *T*, p. 90)

ARLEQUIM. Ah! a espertinha! Já percebi que você quer complicar. Siga o seu caminho, minha cara.
COLOMBINA. Ele não me agrada nem um pouco; siga-o você.
ARLEQUIM. Essa é boa! OLHO POR OLHO, DENTE POR DENTE! Quero ficar aqui.

Il pensa: "Elle est jolie. Eh! tant mieux. À BON CHAT, BON RAT, mon camarade. Mais si on me reprend à me tourmenter pour toi, il fera chaud au pôle Nord." (G. de Maupassant, *BA*, p. 279-280)

Pensou: "Ela é bonita. Ora, tanto melhor! PARA VELHACO, VELHACO E MEIO, minha amiga. Se eu tornar a atormentar-me por tua causa, quero ser freira." (Trad. de Alfredo Ferreira)

∴ Ver outra abonação em QUI PAIE SES DETTES S'ENRICHIT.

⇒ À CORSAIRE, CORSAIRE et demi

2 Absent le CHAT, les souris dansent (1575)

= Quand le CHAT n'est pas là, les souris dansent

⇒ Là où CHAT n'est, la souris se/s'y révèle

3 Bien sait le CHAT quelle barbe il lèche (sXIII: *bien sait li chas quel barbe il lèche*)

'le rusé est toujours prudent'

bem sabe a burra diante de quem zurra
bem sabe a rola em que mão pousa
bem sabe o asno em cuja casa ronca
bem sabe o gato cujas barbas lambe
boi sabe a cerca que fura
formiga sabe a folha que rói
formiga sabe em que roça come
lagartixa sabe em que pau bate a cabeça
o porco sabe o pau em que coça

the ass knows well in whose face he brays
the cat knows whose beard she licks
the cat knows whose lips she licks

♦ Do latim medieval *ad cuius veniat scit cattus lingere barbam*.

4 CHAT échaudé craint l'eau froide (sXIII: *chat eschaudez iaue creint*)

'un chat qui a reçu de l'eau chaude en garde un souvenir tel qu'il craint l'eau froide même; une expérience douloureuse rend doublement circonspect'

cachorro que engole osso toma a medida do pescoço
cão mordido de cobra tem medo até de corda
cão mordido de cobra tem medo até de lingüiça
gato a quem morde a cobra tem medo à corda
gato escaldado da/de água fria tem medo
gato escaldado tem medo de água fria
quem do escorpião está picado, a sombra o espanta
quem do escorpião foi picado, a sombra o espanta
quem foi mordido por cobra tem medo até de minhoca

a burnt child dreads the fire
a scalded cat fears cold water
a scalded cat fears hot water
birds once limed fear all bushes
birds once snared fear all bushes
he that has been bitten by a serpent, is afraid of a rope
once bitten, twice shy
the bird that hath been limed in a bush, / with trembling wings
*   misdoubted every bush* (Shakespeare)
the escaped mouse ever feels the taste of the bait
whom a serpent has bitten, a lizard alarms

COLOMBINE, arrêtant Arlequin. Un petit mot, s'il vous plaît. Oserait-on vous demander d'où vient cette férocité qui vous prend à vous et à votre maître?
ARLEQUIN. À cause d'un proverbe qui dit que CHAT ÉCHAUDÉ CRAINT L'EAU FROIDE. (Marivaux, *La Surprise de l'amour*, in *T*, p. 76)

COLOMBINA, detendo Arlequim. Só uma palavrinha, por favor. Posso perguntar de onde vem tanta agressividade da sua parte e da de seu amo?

ARLEQUIM. Do provérbio que diz: GATO ESCALDA-DO DE ÁGUA FRIA TEM MEDO.

Var. antitética em H. de Montherlant:

À cinq heures moins un quart, on sonna, et Andrée entra. "Alors, vous revoilà, chère Mademoiselle! CHAT ÉCHAUDÉ NE CRAINT PAS L'EAU FROIDE, hein?" (*PF*, p. 104)

Às quinze para as cinco, tocaram a campainha, e Andrée entrou. "Então, aí a temos de novo, minha cara jovem! GATO ESCALDADO não TEM MEDO DE ÁGUA FRIA, hem?"

♦ O tema deste provérbio foi desenvolvido por Ovídio (*Epistulae ex Ponto*, 2, 7, 5-14): (...) *sed me timor ipse malorum / Saepe supervacuos cogit habere metus. / Da veniam, quaeso, nimioque ignosce timori; / Tranquillas etiam naufragus horret aquas. / Qui semel est laesus fallaci piscis ab hamo, / Omnibus unca cibis aera subesse putat. / Saepe canem longe visum fugit agna, lupumque / Credit, et ipsa suam nescia vitat opem. / Membra reformidant mollem quoque saucia tactum, / Vanaque sollicitis incutit umbra metum.* ([...] mas o próprio medo dos males me obriga amiúde a sentir temores supérfluos. Peço-te que me perdoes e me desculpes o excesso de medo: o náufrago apavora-se até com águas calmas. Depois de ferido pelo traiçoeiro anzol, o peixe julga que embaixo de todo alimento se dissimula um gancho de bronze. Com muita freqüência a ovelha, ao ver de longe um cão, dele foge crendo que é lobo, e em seu engano evita quem a pode socorrer. Depois de feridos, os membros temem até o mais leve toque: uma simples sombra assusta os temerosos.) Cf. o latim medieval *igne semel tactus timet ignem postmodo cattus* (o gato, depois de queimado, tem sempre medo do fogo).

♦ Há correspondentes em italiano: *gatto scottato dall'acqua calda ha paura della fredda*, em espanhol: *el gato escaldado del agua fría huye* e em alemão: *gebranntes Kind fürchtet das Feuer*.

⇒ Celui qui est échaudé craint l'EAU chaude

5 CHAT échaudé ne revient pas en cuisine

= CHAT échaudé craint l'eau froide

⇒ Celui qui est échaudé craint l'EAU chaude

6 CHAT ganté ne peut pas rater* (sXIII: *chat engaunté ne surrirera/surrizera ja bien*; 1597: *chat emmouflé ne prend souris*)

* *Rater* = 'prendre un rat'.

'il faut parfois laisser parler l'instinct sans le policer, sous peine de l'anéantir; un mouvement naturel souvent obtient ce que trop de civilité laissera échapper'

gato de luvas não apanha rato
gato de luvas não pega rato

raposa de luvas não chega às uvas

a cat in gloves catches no mice
a muffled cat catches no mice

Var. em J. Barbey d'Aurevilly:

L'avez-vous quelquefois rencontré, le docteur Torty? C'était un de ces esprits hardis et vigoureux qui ne chaussent point de mitaines, par la très bonne et proverbiale raison que: "CHAT GANTÉ NE PREND PAS DE SOURIS", et qu'il en avait immensément pris, et qu'il en voulait toujours prendre, ce matois de fine et forte race; (...). (*D*, p. 106)

Encontraram alguma vez o Dr. Torty? Era um desses espíritos intrépidos e vigorosos, que não usam meias medidas pela excelente e proverbial razão de que "GATO DE LUVAS NÃO PEGA RATO", que já apanhara ratos incontáveis e ainda queria pegar mais, esse finório de raça forte e pura que ele era; (...). (Trad. de Lélia Coelho Frota)

♦ Há correspondentes em italiano: *gatto inguantato, nessun topo ha mai acchiappato* (ou ainda: *gatta inguantata non prese mai topi*) e em espanhol: *gato con guantes no caza ratones*.

7 Il faut appeler un CHAT un CHAT (sXVII)

'il ne faut pas laisser s'installer, par pudeur ou hypocrisie, un décalage entre les choses et les mots'

(é preciso) dar nome aos bois
pão pão, queijo queijo

(you must) call a spade a spade

LE LIEUTENANT-COLONEL: Eh bien, voilà: je n'y vais pas par quatre chemins, moi, je suis un vieux militaire. J'APPELLE UN CHAT UN CHAT. Je prends le taureau par les cornes. (J. Prévert, *PBT*, p. 181)

O TENENTE-CORONEL: Bem, é isto: não tenho papas na língua, sou um velho militar. Comigo é PÃO PÃO, QUEIJO QUEIJO. Pego o touro à unha.

♦ "Que l'origine de l'expression soit obscène est quasi certain, car l'expression correspondante en grec et en latin, adaptée en français par Rabelais (*Quart Livre*, 54), joue sur le mot *figue*." (A. Rey & S. Chantreau)

8 Il ne faut pas acheter CHAT en poche (1580)

'il faut se garder d'acheter une chose sans l'avoir vue; il faut bien examiner une affaire avant de la conclure'

não compres nabos em sacos

buy not a pig in a poke

(...) pourquoy de mesme n'estimons nous un homme par ce qui est sien? Il a un grand train, un beau palais, tant de credit, tant de rente: tout cela est autour de luy, non en luy. VOUS N'ACHEPTEZ PAS UN CHAT EN POCHE: si vous marchandez un cheval, vous luy ostez ses bardes, vcus le veoyez nud et à descouvert; (....). (Montaigne, *E*, t. I, p. 378)

(...) por que, pois, não apreciarmos o homem pelas suas qualidades específicas? Tem um belo trem de vida, um magnífico palácio, tanto de rendimento, comentamos; e tudo isso lhe diz respeito evidentemente, mas não é ele. NINGUÉM COMPRA NABOS EM SACOS. Se queremos adquirir um cavalo de justa começamos por lhe tirar a manta a fim de examiná-lo nu. (Trad. de Sérgio Milliet)

9 Il ne faut pas passer tous les CHATS pour des sorciers (sXIX)

'il ne faut pas conclure du particulier au général; ni imputer à tous les fautes ou les vices de quelques-uns'

muito vai de alhos a bugalhos
muito vai de Pedro a Pedro

there are more maids than Malkin(, and more men than Michael)
there is some difference between Peter and Peter

⇒ Il y a FAGOT(S) et FAGOT(S)

10 Il ne faut pas réveiller le CHAT qui dort (1690; sXV: *n'éveillez pas le chat qui dort*)

= Il fait mal éveiller le CHIEN qui dort

11 Il n'est si petit CHAT qui n'égratigne (sXIII)

'chacun se mêle de critiquer; ainsi va la relativité: l'inoffensif même peut être dangereux'

cada formiga tem sua ira
coitadinho do meu pé de feijão: pequenino e já dando pendão

no viper so little, but has its venom

⇒ Il n'y a pas de petit ENNEMI

12 Il vaut mieux nourrir le CHAT que le rat

= Qui ne nourrit pas le CHAT nourrit le rat

13 Inutile de landangier* le CHAT, quand le fromage est mangé

* *Landangier* = 'gronder'.

= Il ne sert à rien de pleurer sur le LAIT répandu

14 Là où CHAT n'est, la souris se/s'y révèle (sXIII)

= Quand le CHAT n'est pas là, les souris dansent

⇒ Le CHAT parti, les souris dansent

15 Le CHAT aime le poisson mais n'aime pas se mouiller les pattes

'on veut bien les avantages, mais sans les inconvénients'

não se apanham trutas com as barbas enxutas
não se comem trutas a barbas enxutas

não se pescam trutas a bragas enxutas

fain ['glad'] *would the cat fish eat, but she's loth* ['loath, disinclined, reluctant'] *to wet her feet*
the cat would eat fish and would not wet her feet

♦ Do latim medieval *cattus amat piscem, sed non vult tangere flumen* (o gato gosta de peixe, mas não quer molhar as patas). Há correspondentes em italiano: *la gatta vorrebbe mangiar pesci, ma non pescare* e em espanhol: *no se cogen/pescan truchas a bragas enjutas*.

16 Le CHAT parti, les souris dansent

= Quand le CHAT n'est pas là, les souris dansent

17 Les CHATS ne font pas des rats

= L'AIGLE n'engendre pas la colombe

⇒ Qui naquit CHAT court après les souris

18 Les CHATS ont neuf vies

'le chat a la peau dure; de certains individus coriaces, on ne vient jamais à bout'

o gato tem sete vidas

a cat has nine lives

19 On ne saurait retenir le CHAT quand il a goûté de la crème

'on ne résiste pas aux habitudes, aux tentations déjà goûtées'

bom é de encaminhar o gato para o toicinho
gato habituado a pássaros, só com a cabeça cortada para onde era pasteiro, para aí é que o burro foge
passarinho que na água se cria sempre por ela pia
toma a cabra a silva e a porca a pocilga

it is hard to break a hog of an ill custom
once a use and ever a custom

20 Quand le CHAT n'est pas là, les souris dansent

'absence de chef, absence de règle: les subordonnés mènent joyeuse vie'

agora, frades, agora, que o guardião está fora
enquanto dormem os gatos, comem os ratos
enquanto o gato anda pelo telhado, anda o rato pelo sobrado
gato em jornada, ratos em patuscada
mestre fora, dia santo na loja
morrem os gatos, banqueteiam-se os ratos
patrão fora, dia santo na loja
quando está fora o gato, folga o rato
quando o gato está longe, os ratos aproveitam
quando o gato está longe, os ratos brincam
quando os gatos não estão em casa, os ratos passeiam por cima da mesa
vão-se os gatos e estendem-se os ratos

let the cat wink, and let the mouse run

well kens the mouse when the cat's out of the house
when the cat is away, the mice will play

Var. amplificada em H. de Balzac:

   – Ah! ah! vous avez fait fête à votre neveu, c'est bien, très bien, c'est fort bien! dit-il sans bégayer. QUAND LE CHAT COURT SUR LES TOITS, LES SOURIS DANSENT SUR LES PLANCHERS. (*EG*, p. 77)

   – Ah! ah! Está festejando a chegada do sobrinho. Está bem, muito bem, muitíssimo bem! – disse sem gaguejar. – ENQUANTO O GATO CORRE PELO TELHADO, OS RATOS DANÇAM SOBRE O ASSOALHO. (Trad. de Gomes da Silveira)

  ♦ Cf. o latim medieval: *mus debaccatur, ubi cattus non dominatur* (o rato pinta e borda quando o gato não se impõe). Há equivalentes em italiano: *via il gatto, ballano i topi* (ou ainda: *quando la gatta non è in paese, i topi ballano*), em espanhol: *cuando el gato no está, los ratones bailan* e em alemão: *wenn die Katze aus dem Hause ist, springen die Mäuse über Tische und Bänke*.

⇒ Les RATS se promènent à l'aise où il n'y a point de chats

21 Quand les CHATS siffleront, à beaucoup de choses nous croirons (rég., Agen)

formulation imagée de l'adynaton

é mais fácil um burro (criar asas e) voar
é mais fácil uma vaca voar
primeiro voará um asno para o céu

pigs may fly; but they are very unlikely birds

22 Qui naquit CHAT court après les souris (1842)

'les descendants ont les qualités et les défauts de leurs ancêtres'

o filho da gata ratos mata

cat after kind, good mouse-hunt

  ♦ Diz-se em italiano: *chi da gatta nasce sorici piglia*.

⇒ Bon CHIEN chasse de race

23 Qui ne nourrit pas le CHAT nourrit le rat

'à négliger ses amis, on fait le jeu de ses ennemis'

antes dar ao gato do que leve o rato
quem poupa a despesa foge ao lucro

oft times for sparing of a little cost a man has lost the large coat
   for the hood

⇒ Qui ne nourrit pas le CHIEN, nourrit le voleur

24 Un vieux CHAT aime les jeunes souris (1456)

'vieillards sont friands de chair fraîche'

a burro velho, capim novo
a burro velho, capim verde
boi velho gosta de erva tenra

burro velho gosta de capim novo
burro velho gosta de capim verde
cavalo velho, capim novo
gato velho não quer senão murganho
para gato velho, camundongo

grey hairs are nourished with green thoughts
old cats lust for young mice

  ♦ Há correspondentes em italiano: *gatto vecchio vuole sorcio tenerello* e em espanhol: *a gato viejo, pollo nuevo/ (rata tierna)*.

⇒ Vieux ROUSSIN demande jeune pouliche

CHÂTAIGNE *s.f.* castanha; *(sweet) chestnut*

Tirer les CHÂTAIGNES du feu avec la patte du lévrier (sXVI)

= Tirer les MARRONS du feu avec la patte du chat

CHÂTEAU *s.m.* castelo; *castle*

CHÂTEAU qui parle, et femme qui écoute, l'un veut rendre, et l'autre... (sXVI)

'consentir à négocier, c'est commencer à capituler; femme qui prête l'oreille aux galanteries est déjà prise'

mulher que escuta por pouco tempo se agüenta

a castle that parleys is half gotten
a city that parleys is half gotten
a woman that parleys is half gotten
the woman that deliberates is lost
the woman that hesitates is lost

⇒ Il n'y a si petite DEMOISELLE qui ne veuille être priée

CHAUDRON *s.m.* caldeirão; *cauldron*

1 Au CHAUDRON des douleurs, chacun porte son écuelle

'riche ou pauvre, le malheur n'épargne personne'

cá e lá más fadas há (Camões)
em toda a parte há pedras na estrada
em toda a parte há um pedaço de mau caminho
todos têm a sua cruz

every heart has its own ache
every path has a puddle
there is a crook ['affliction, trial'] *in the lot of every one*
there is no door without a puddle

⇒ Chacun porte sa CROIX

2 Chaque CHAUDRON trouve son couvercle (Québec)

= Il n'y a si méchante/vieille MARMITE qui ne trouve son couvercle

⇒ Il n'y a si vilain COUVERCLE qui ne trouve son pot

3 Le CHAUDRON mâchure* la poêle (1595)

* Mâchure (v. mâchurer) = 'barbouille de noir'.

= C'est la POÊLE qui se gausse du chaudron

4 Le CHAUDRON trouve que la poêle est trop noire (sXVI)

= C'est la POÊLE qui se gausse du chaudron

⇒ Le FOUR appelle le moulin brûlé

5 Petit CHAUDRON, grandes oreilles

"se dit des enfants qui écoutent avidement tout ce qui se dit" (Lamesangère)

as crianças sempre têm as orelhas em pé

little pitchers have great ears
little pitchers have long ears
small pitchers have great ears
small pitchers have long ears

CHAUFFER (SE) *v.pr.* aquecer-se; *to warm oneself*

De trop près SE CHAUFFE qui se brûle (sXIII: *mal se chauffe qui tout se art*)

'c'est pour avoir trop risqué qu'on se perd'

quem muita panela prova nalguma se há de escaldar
quem muito ao fogo se chega queima-se
quem muito faz ou arrisca um dia o demo o petisca

he warms too near that burns

⇒ La MOUCHE va si souvent au lait qu'elle y demeure

CHAUMIÈRE *s.f.* cabana; *(thatched) cottage*

CHAUMIÈRE où l'on rit vaut mieux que palais où l'on pleure

'pauvreté joyeuse est préférable à richesse malheureuse'

choupana onde se ri vale mais que palácio onde se chora
mais vale pedaço de pão com amor que galinha com dor
mais vale ser feliz numa cabana que infeliz num castelo

better be joy in a cottage than sorrow in a palace
content lodges oftener in cottages than palaces

CHEMIN *s.m.* caminho, trilha; *path, way*

1 À CHEMIN battu ne croît point d'herbe (sXIII: *à sentier qui est batus ne croit point d'erbe*)

'point de profit possible dans un négoce dont trop de gens se mêlent'

caminho trilhado não cria erva
chão pisado não dá erva
não cresce erva em caminho batido

grass grows not at the market cross

grass grows not upon the highway

♦ Diz-se em italiano: *l'erba non cresce sulla strada maestra.*

⇒ Trop de CUISINIERS gâtent le potage/(la soupe)

2 Aucun CHEMIN de fleurs ne conduit à la gloire (1679)

'le succès n'est pas une aimable promenade'

nenhum caminho de rosas conduz à glória
para o céu não se vai de carruagem

no flowery road leads to glory
there is no going to heaven in a sedan

AUCUN CHEMIN DE FLEURS NE CONDUIT À LA GLOIRE. / Je n'en veux pour témoin qu'Hercule et ses travaux: / (...). (La Fontaine, *F*, X, xiii, 1-2)

NENHUM FLÓREO CAMINHO LEVA À GLÓRIA. / Isto Hércules com seus trabalhos vem provar. (Trad. de Milton Amado e Eugênio Amado)

⇒ La CROIX est l'échelle des cieux

3 Grand CHEMIN, grande rivière, grand seigneur sont trois mauvais voisins (1690)

'la loi de toute grandeur est de grandir; si l'on en est trop proche, on est en danger'

a quem tem mulher formosa, castelo na fronteira e vinha na carreira, nunca lhe falta canseira
quem tem mulher bonita, castelo na fronteira e videiras na estrada nunca verá o fim da guerra
quem tem mulher bonita e castelo na fronteira viverá sempre em canseira

a great lord, a great bell, a great river are three ill neighbours
a great man and a great river are often ill neighbours

♦ Diz-se em espanhol: *de río, rey y señor, mientras más lejos, mejor.*

⇒ Un grand SEIGNEUR, un grand clocher et une grande rivière sont trois mauvais voisins

4 Qui trop se hâte en beau CHEMIN se fourvoie

= Qui trop se hâte reste en CHEMIN

5 Qui trop se hâte reste en CHEMIN (1842)

'qui va trop vite, tôt s'épuise: il ne parvient pas à son but'

a pressa é inimiga da perfeição
a pressa é mãe da imperfeição
devagar e sempre se chega lá
devagar que tenho pressa
devagar se vai ao longe
devagar também é pressa
quem se apressa logo cansa

haste makes waste
more haste, less speed

more haste, worse speed
slow and steady wins the race
slow and sure
slow but sure wins the race
the tortoise wins the race while the hare is sleeping

⇒ PAS à PAS on va bien loin

6 Sur le CHEMIN de l'amitié ne laissez pas croître l'herbe (1810)

= Il ne faut pas laisser croître l'HERBE sur le chemin de l'amitié

7 Tous les CHEMINS mènent à Rome (sXVII)

'la réussite emploie souvent des moyens détournés, mais il n'est de but qui ne puisse être atteint, l'essentiel étant de persévérer'

todo caminho dá na venda
todos os caminhos levam a Roma
todos os caminhos vão dar a Roma
todos os rios vão dar ao mar

all roads lead to Rome
there are many roads that lead to Rome
there are more ways to the wood than one

– (...) "Qu'on le sache bien au quai d'Orsay, qu'on l'enseigne désormais dans tous les manuels de géographie qui se montrent incomplets à cet égard, qu'on refuse impitoyablement au baccalauréat tout candidat qui ne saura pas le dire: Si TOUS LES CHEMINS MÈNENT À ROME, en revanche la route qui va de Paris à Londres passe nécessairement par Pétersbourg." (M. Proust, *RTP*, t. I, p. 462)

– (...) "Que o saibam no Quai d'Orsay, que o ensinem doravante em todos os compêndios de geografia, que se mostram incompletos nesse ponto, que se recuse implacavelmente o diploma de bacharel a todo candidato que não o saiba dizer: Se TODOS OS CAMINHOS LEVAM A ROMA, também é verdade que a estrada que vai de Paris a Londres passa fatalmente por Petersburgo." (Trad. de Mário Quintana)

Et comme TOUS LES CHEMINS MÈNENT À ROME, les voies du désir inassouvi, qu'empruntaient ces égarés de l'amour, finiraient bien un jour ou l'autre par les conduire vers elle. (P. Combescot, *FS*, p. 20)

E assim como TODOS OS CAMINHOS LEVAM A ROMA, os caminhos do desejo não saciado, trilhados por aqueles desvairados de amor, terminariam mais cedo ou mais tarde por levá-los até ela. (Trad. de Ana Maria Scherer)

♦ Do latim medieval *mille vie ducunt hominem per secula Romam* (mil caminhos levam o homem a Roma pelos séculos fora). Há correspondentes em italiano: *tutte le strade conducono a Roma*, em espanhol: *todo camino va a Roma* e em alemão: *es führen viele Wege nach Rom*.

⇒ On va de tout VENT à un même endroit

CHEMINÉE *s.f.* lareira; *fireplace*

1 En petite CHEMINÉE fait on bien grand feu (1495)

'la taille n'a rien à voir avec le mérite; le sens érotique est également patent'

de pequena candeia, grande fogueira
em pequena fonte se bebe à vontade

little sticks kindle the fire; great ones put it out

⇒ De toutes TAILLES bons lévriers

2 Nouvelle CHEMINÉE est bientôt enfumée

'nouveauté, jeunesse, inexpérience lassent rapidement; comme pour le précédent, l'usage érotique de ce proverbe est fréquent'

o que é novo depressa envelhece

the novelty soon wears off

≠ TOUT NOUVEAU, TOUT BEAU

CHEMISE *s.f.* camisa; *shirt*

1 La CHEMISE est plus proche que le pourpoint (1821)

'nos intérêts nous touchent de plus près que ceux d'autrui'

esmolou São Mateus, esmolou para os seus
mais quero a meus dentes que a meus parentes
mais quero para meus dentes que para meus parentes Mateus, primeiro os teus
o que reparte toma a melhor parte
quem parte e reparte e não fica com a maior parte ou é tolo ou não tem arte
sinto mais e é-me mais precisa a pele que a camisa

close my shirt but closer my skin
near is my coat but nearer is my shirt
near is my kirtle but nearer is my smock
near is my petticoat but nearer is my smock
near is my shirt but nearer is my skin

♦ A idéia está em Plauto: (*Trinummus*, 1.154): *tunica propior palliost* (a túnica está mais perto do corpo que o manto). Há correspondentes em italiano: *stringe più la camicia che la gonnella* e em espanhol: *más cerca está la camisa de la carne que el jubón*.

⇒ Ma CHAIR m'est plus près que ma chemise

2 Ta CHEMISE ne sache ta guise (1821)

'dans une affaire délicate, il ne faut confier à personne, si proche soit-il, le secret de ses desseins'

boca fechada tira-me de baralha
nem a camisa seja ciente do que a tua alma sente
o segredo é a alma do negócio

if my shirt knew my design, I'd burn it
three may keep a secret if two of them are dead

- ♦ "Allusion à la réponse du sénateur Q. METELLUS LE MACÉDONIQUE à qui l'on demandait pourquoi il agissait comme il le faisait après avoir levé le siège de Contébrie en Espagne, et qui répondit: 'si ma tunique savait mon secret, je brûlerais à l'instant ma tunique' (...)." (J.-Y. Dournon)

- ♦ Cf. o latim medieval *interior tunica secretorum sit inconscia* (que a tua roupa de baixo não saiba teus segredos). Há provérbios paralelos em italiano: *ogni tua guisa non sappia la tua camicia* e em espanhol: *tu camisón no sepa tu intención*.

⇒ SECRET de deux, SECRET de Dieu; SECRET de trois, SECRET de tous

CHÊNE *s.m.* (*Quercus*) carvalho; *oak*

1 On n'abat pas un CHÊNE au premier coup (1568)

'on ne vient pas aisément à bout de ce que le temps a fortifié'

não se derruba um carvalho com uma machadada só

an oak is not felled at one stroke

- ♦ Cf. o latim medieval *ad primos ictos non corruit ardua quercus* (o sólido carvalho não cai aos primeiros golpes).

⇒ L'ARBRE ne tombe pas au premier coup

2 Quand le CHÊNE est tombé, chacun se fait bûcheron

= Quand l'ARBRE est tombé, tout le monde court aux branches

CHER, ÈRE *adj. adv.* caro, difícil; *dear, costly, expensive*

1 Rien n'est plus CHER vendu que le prié

'ce qu'il faut trop demander finit par exaspérer'

assaz caro compra quem roga
bem caro se compra o que com rogos se adquire
caro compra quem roga
mais barato é o que se compra que o que se pede
o que se dá pedido e rogado já custa tanto como comprado

what is got by begging is dear bought

- ♦ Cf. Sêneca (*De beneficiis*, 2, 1, 4): *nulla magis constat quam quae precibus empta est* (nada é mais caro do que o que foi comprado à custa de muito pedido). Há provérbio paralelo em italiano: *niuna cosa costa più cara di quella che compran le preghiere*.

2 Rien n'est si CHER que ce qui est donné (1588)

on ne saurait plus finement définir ce proverbe qu'en renvoyant à la phrase de Montaigne où il a son origine

caro se compra o que se pede
nada mais caro que o rogado
não há coisa rogada que não seja cara
não se dá de graça o que se pede muito
quem rogou não recebeu de graça

nothing costs so much as what is given us

IE NE TREUVE RIEN SI CHER, QUE CE QUI M'EST DONNÉ, et ce pourquoy ma volonté demeure hypothequee par tiltre de gratitude; et receoy plus volontiers les offices qui sont à vendre: ie croy bien; pour ceulx cy ie ne donne que de l'argent; pour les aultres, ie me donne moy mesme. (Montaigne, *E*, t. III, p. 260-261)

ACHO QUE NADA ME CUSTA TÃO CARO COMO AQUILO QUE ME DÃO DADO, e isso porque a minha vontade fica hipotecada por título de gratidão; e mais facilmente eu aceito os serviços que estão à venda. Disto estou certo: a estes eu não dou senão dinheiro, aos outros dou-me a mim mesmo. (Trad. de J. M. de Toledo Malta)

CHERCHER *v.t.* procurar, buscar; *to look for, to seek*

1 En CHERCHANT on trouve

'on ne découvre rien sans volonté de le faire'

a perseverança tudo alcança
água mole em pedra dura tanto bate até que fura
água mole em pedra dura tanto dá até que fura
(quem) porfia mata caça
quem procura sempre acha, se não é um prego é uma tacha
quem procura sempre alcança
vem a ventura a quem a procura

nothing seek, nothing find
perseverance is the mother of success
seek and ye shall find

- ♦ Lê-se em Sófocles (*Édipo rei*, 110-111): τὸ δὲ ζητούμενον / ἁλωτόν, ἐκφεύγει δὲ τἀμελούμενον. (O que se procura é encontrado; o que se despreza é que se deixa escapar.) O provérbio tem equivalentes em italiano: *chi cerca, trova*, em espanhol: *quien busca, halla* (ou ainda: *quien bien busca, algo encuentra*) e em alemão: *wer sucht, der findet*.

- ♦ Parodiado por Pablo Picasso: "Eu não procuro, eu acho".

2 Qui CHERCHE trouve (1640)

'qui a trop de curiosité trouve son malheur'

galinha ciscadeira acha cobra
galinha que muito cisca termina arranjando cobra
quem procura acha

harm watch, harm catch
he lives unsafely that looks too near on things
he that gropes in the dark finds that he would not
he that seeks trouble never misses
search not too curiously lest you find trouble

MADAME LEPIC. (...) Je t'ai laissé chercher pour t'apprendre. Or, il faut croire que celui QUI CHERCHE TROUVE toujours, car maintenant tu possèdes deux pièces d'argent au lieu d'une seule. Te voilà cousu d'or. *Tout est bien qui finit bien*, mais je te préviens que *l'argent ne fait pas le bonheur*. (J. Renard, *PC*, p. 157)

SENHORA LEPIC. (...) Deixei que você procurasse para lhe dar uma lição. Dizem que QUEM PROCURA sempre ACHA – e parece que foi o que aconteceu, porque agora em vez de uma você tem duas moedas. Está cheio da grana... *Bom é o que acaba bem*, mas não se esqueça de que *dinheiro não é tudo*.

⇒ Tant gratte CHÈVRE que mal gît

CHÈRE *s.f.* comida, mesa farta; *food, fare*

1 Aujourd'hui en CHÈRE, demain en bière

'tel s'adonne un jour aux plaisirs de la table qui sera mort le lendemain'

ao que demais comer, abre-lhe o garfo a cova
de fome ninguém vi morrer, porém a muitos de muito comer
de grandes ceias estão as campas cheias
de grandes ceias estão as covas cheias
de grandes ceias estão as sepulturas cheias
o peixe morre pela boca

by suppers, more have been killed than Galen ever cured
gluttony kills more than the sword

– (...) Nous ne sommes que fumée, fumier. AUJOURD'HUI EN CHÈRE, DEMAIN EN BIÈRE. *Aujourd'hui en fleur, demain en pleur.* Tu ne voulais pas me croire, tu ne pensais qu'à gaudir. (R. Rolland, *CB*, p. 171)

– (...) Não passamos de fumo, humo. HOJE COM SAÚDE, AMANHÃ NO ATAÚDE. *Hoje em flor, amanhã em dor.* Não quiseste acreditar em mim, só pensavas em te aproveitares. (Trad. de Ivo Barroso)

2 Belle CHÈRE* et cœur arrière (1568)

* O vocábulo *chère (chiere)*, derivado do b.-lat. *cara* (< gr. κάρα), significava 'rosto, semblante, fisionomia' em francês antigo, sentido que se conservou no provérbio acima.

'des dehors affables peuvent dissimuler un cœur sec'

a cruz na boca e o diabo no coração
a cruz nos peitos e o diabo nos feitos
boca de mel, coração de fel
boca de mel, entranhas de fel
cara de beato, unhas de gato
cara e contas de beato, unhas de gato

all are not friends, that speak us fair
full of courtesy, full of craft

♦ Há correspondentes em italiano: *faccia di miele, cuor di fiele* e em espanhol: *cara de beato, y uñas de gato*.

⇒ HABIT de béat a souvent ongles de chat

3 Bonne CHÈRE rend le cœur joyeux (sXV)

= Après la PANSE, la danse

⇒ La DANSE vient de la panse

4 Grande CHÈRE, petit testament (1611)

= Grandes MAISONS se font par petite cuisine

5 Il n'est CHÈRE que d'appétit

= Il n'est (de) SAUCE que d'appétit

6 Il n'est CHÈRE que de vilain (1640: *il n'est chère que d'avaricieux*)

'l'avare ne sachant pas dépenser, quand il lui arrive de le faire, c'est sans mesure'

quando um avarento resolve abrir a mão, não tem rival

no feast to a churl's
no feast to a miser's

⇒ Il n'est FESTIN que de gens chiches

CHERTÉ *s.f.* preço alto, carestia; *high price, dearness*

La CHERTÉ donne goût à la viande (1588)

'on goûte les choses à mesure de ce qu'elles nous coûtent'

o que custa caro é que tem valor
o que mais custa melhor sabe
quanto mais custa, mais vale

what costs little, is less esteemed

LA CHERTÉ DONNE GOUST À LA VIANDE: veoyez combien la forme des salutations qui est particuliere à nostre nation, abbastardit par sa facilité la grace des baisers, lesquels Socrates dict estre si puissants et dangereux à voler nos cœurs. (Montaigne, *E*, t. III, p. 140)

UM PREÇO ELEVADO REQUINTA A QUALIDADE DAS COISAS: vede como em nossa terra a forma muito particular de nossas saudações se deprecia em virtude da facilidade com que as distribuímos. O beijo, cuja força, segundo Sócrates, é grande e perigosa para os corações, perde seu valor. (Trad. de Sérgio Milliet)

⇒ CHOSES difficiles embellissent l'effet

CHEVAL *s.m.* (*Equus caballus*) cavalo; *horse*

1 À bon CHEVAL, bon gué (sXV)

'bon outil, bon travail'

cavalo bom de picado não faz dois rastros

good horses make short miles

2 À bon CHEVAL, point d'éperon

'nature bien disposée se passe d'être échauffée, éperonnée, poussée'

boa asa voa com todo o tempo
cavalo bom não quer espora
cavalo que voa não quer espora
o cavalo nobre só da sombra da espora se governa

a running horse needs no spur
a willing horse must not be whipped
a willing horse should be seldom spurred

♦ Cf. Quinto Cúrcio (7, 4, 18): *Nobilis equus umbra quoque virgae regitur; ignavus ne calcari quidem concitari potest.* (O bom cavalo deixa-se conduzir até pela sombra do chicote; se lhe falta ânimo, não reage nem à espora.) Cf. também em Erasmo: *Strenuos equos non esse opere defatigandos* (os cavalos fortes não devem ser extenuados). O provérbio tem equivalentes em italiano: *caval che corre non ha bisogno di sprone*, em espanhol: *caballo que vuela no quiere espuela* e em alemão: *williges Pferd soll man nicht spornen*.

3 À CHEVAL donné on ne regarde pas/point la bouche/bride (1690; sXIII: *cheval donné ne doit-on en dents regarder*)

'un don doit être toujours bienvenu; il faut toujours s'en satisfaire; il est inique de répondre à la générosité par un procédé blessant'

a cavalo dado não se abre a boca
a cavalo dado não se olha a boca
a cavalo dado não se olha a muda
a cavalo dado não se olha o dente
a cavalo que é dado não se abre a boca
garapa dada não é azeda
não se olha o pêlo do cavalo dado

look not a gift horse in the mouth
look not a given horse in the mouth
never look a gift horse in the mouth

F. Rabelais inverte o provérbio:

[Gargantua, *adolescent*] vouloyt que **maille à maille on feist les haubergeons**, DE CHEVAL DONNÉ TOUS-JOURS REGUARDOYT EN LA GUEULLE, (...). (*G*, p. 81)

[Gargântua, *adolescente*] não queria que **de grão em grão a galinha enchesse o papo**, A CAVALO DADO OLHAVA O DENTE, (...). (Trad. de Aristides Lobo)

♦ A fonte é São Jerônimo (*Commentarius in epistulam Pauli ad Ephesios*, Prefácio): *Noli, ut vulgare est proverbium, equi dentes inspicere donati.* (Como diz um provérbio vulgar, não queiras examinar os dentes de um cavalo dado.) Cf. o latim medieval: *Si quis dat mannos,*

ne quaere in dentibus annos (se alguém te der pôneis, não procures saber-lhes a idade pelos dentes). Há provérbios paralelos em italiano: *a caval donato non si guarda in bocca* e em espanhol: *a caballo regalado, no le mires el diente*.

⇒ Celui à qui on DONNE ne choisit pas

4 À jeune CHEVAL, vieux cavalier

'il faut un homme expérimenté pour diriger des gens sans expérience'

a cavalo novo, cavaleiro velho

a young horse should have an old master

♦ Há equivalente em espanhol: *a caballo nuevo, jinete viejo*.

5 À méchant CHEVAL, bon éperon (1640)

'nature rétive requiert fermeté'

a cavalo comedor, cabresto curto
a cavalo roedor, cabresto curto

a boisterous horse must have a rough bridle
a curst cur must be tied short
a curst dog must be tied short
a restive horse must have a sharp spur
it is the bridle and spur that makes a good horse

♦ Diz-se em espanhol: *a caballo que se empaca, darle estaca*.

⇒ À CHIEN qui mord il faut jeter des pierres

6 Aux CHEVAUX maigres vont les mouches (1576)

'les tracas ont une prédilection pour les malheureux'

a cão fraco acodem as moscas
a cavalo magro não lhe falta mosca
a mosca nunca pousa senão na fraqueza
em cavalo ruim até as éguas dão coice

flies go to lean horses
flies haunt lean horses

♦ Há correspondentes em italiano: *a cani magri, mosche ingorde* (ou ainda: *ai cani e cavalli magri vanno addosso le mosche*) e em espanhol: *a perro flaco, todas son pulgas*.

7 Bon CHEVAL, mauvais CHEVAL veut l'éperon; bonne femme, mauvaise femme veut le bâton (sXVI)

'les femmes, ainsi que les animaux, aiment être assujetties'

com pau se quer mula e mulher
mulher e mula, o pau as cura

a spaniel, a woman, and a walnut-tree, the more they are beaten the better they be
a woman, a dog, and a walnut-tree, the more you beat them the better they be

♦ Cf. o latim *nux, asinus, mulier verbere opus habent*.

⇒ Les FEMMES sont comme les omelettes: elles ne sont jamais assez battues

8 Ce ne sont pas les CHEVAUX qui tirent le plus fort qui mangent l'avoine

= Les CHEVAUX courent les bénéfices et les ânes les attrapent

⇒ CHEVAL faisant la peine ne mange pas l'avoine

9 Celui qui ne s'aventure n'a ni CHEVAL ni monture/voiture (rég., Agen)

= Qui ne RISQUE rien n'a rien

10 CHEVAL courant est un sépulcre ouvert (1611)

'il y a danger à monter un cheval au galop'

cavalo corrente, sepultura aberta

a running horse is an open grave

11 CHEVAL faisant la peine ne mange pas l'avoine

= Les CHEVAUX courent les bénéfices et les ânes les attrapent

12 CHEVAL fait et femme à faire (1690)

'cheval se prend tout dressé, mais point femme'

cavalo feito, mulher por fazer

(choose) a horse made and a wife to make

⇒ MAISON faite et femme à faire

13 CHEVAL fait et valet à faire (1640)

'cheval se prend tout dressé, mais point serviteur'

cavalo feito e criado por fazer

a horse made and a valet to make

14 Il n'est/(n'y a) si bon CHEVAL qui ne devienne rosse

'il n'est homme si robuste qui ne décline avec l'âge ou avec l'excès de charge'

não há sapato bonito que não dê em chinelo feio
não há sapato bonito que não dê em chinelo velho
o melhor cavalo já encheu barriga de urubu (aprox.)
todo (o) sapato lindo dá em chinelo feio

fine shoes wear out

≠ JAMAIS BON CHEVAL NE DEVINT ROSSE

⇒ Il n'est si belle ROSE qui ne devienne gratte-cul

15 Il n'y a si bon CHEVAL qui ne bronche* (1640)

* *Bronche* (v. broncher) = 'fait un faux-pas'.

'pour être sage, on n'en est pas moins faillible; aux plus habiles, il arrive de fauter'

ao melhor galgo escapa a lebre
cavalo, todo ele topa

não há cavalo, por bom que seja, que não tropece
não há cavalo que não tropece
não há cavalo sem tacha
o melhor cavalo tropeça

a horse stumbles that has four legs
however good a horse may be, it sometimes stumbles
the best horse will sometimes stumble

♦ Diz-se em espanhol: *no hay caballo, por bueno que sea, que no tropiece algún día.*

⇒ Il n'y a si bon CHARRETIER qui ne verse

16 Il vaut mieux être CHEVAL que charrette

'mieux vaut commander qu'obéir'

antes malho que bigorna
antes ser aguilhão que boi
antes ser ferrão que boi
antes ser martelo que bigorna

better be biter than bit

⇒ Il vaut mieux être MARTEAU qu'enclume

17 Jamais bon CHEVAL ne devint rosse (1548: *oncques* ['jamais'] *bon cheval ne devint rosse*)

'tout chez l'être supérieur porte la marque de sa grandeur; ses qualités ne se perdent jamais entièrement'

cavalo bom nunca perde a marcha
quem foi rei nunca perde a majestade
sempre tem majestade aquele que foi rei

a gentleman will do like a gentleman

Bref, tout tant qu'il y en eut de ces estalons, jamais l'aage n'empescha qu'ils ne servissent bien à leurs maistres, à leur prince et à leur cause. Ainsi sont plusieurs chevaux vieux qui ne se rendent jamais; aussi dit-on que JAMAIS BON CHEVAL NE DEVINT ROSSE. (Brantôme, *DG*, p. 218)

Em suma, enquanto houve garanhões como esses, nunca a idade foi obstáculo para que bem servissem a seus donos, ao seu príncipe e à sua causa. O mesmo ocorre com muitos cavalos velhos que nunca se dão por vencidos; é como se costuma dizer: CAVALO BOM NUNCA PERDE A MARCHA.

≠ IL N'EST/(N'Y A) SI BON CHEVAL QUI NE DEVIENNE ROSSE

18 Jamais CHEVAL ni méchant homme n'amenda pour aller à Rome

'on ne se corrige pas en voyageant'

asno que a Roma vá asno vem de lá
asno que a Roma vá asno volta de lá
quem burro vai a Roma burro de lá vem
quem burro vai a Roma burro vai, (e) burro vem
quem burro vai a Santarém burro vai, (e) burro vem
quem como besta vai a Roma como asno retorna

how much the fool who goes to Rome excels the fool who stays at home?
if an ass goes a-travelling, he'll not come home a horse
send a donkey to Paris, he'll return no wiser than he went
send a fool to France and he'll come back a fool
send a fool to the market, and a fool he'll return

⇒ Qui BÊTE va à Rome, tel en retourne

19 Le CHEVAL a quatre pattes et pourtant il bronche* (sXV)

* *Bronche* (v. *brancher*) = 'fait un faux-pas'.

= Il n'y a si bon CHEVAL qui ne bronche

20 Le CHEVAL de mon voisin vaut mieux que le mien (1580)

'le bien d'autrui paraît toujours préférable au sien propre'

a cabra da (minha) vizinha mais leite dá que a minha
a cabra da vizinha dá mais leite do que a minha
a cabra de minha vizinha é mais gorda que a minha
a galinha da minha vizinha é mais gorda do que a minha
a galinha da minha vizinha sempre é melhor do que a minha
a galinha da vizinha é mais gorda do que a nossa
boa é a galinha que o outro cria

our neighbour's cow yields more milk than ours
our neighbour's ground yields better corn than ours

Les polices, les mœurs loingtaines, me flattent, et les langues; et m'apperceoy que le latin me pipe par la faveur de sa dignité, au delà de ce qui luy appartient, comme aux enfants et au vulgaire: l'œconomie, la maison, LE CHEVAL DE MON VOISIN, en eguale valeur, VAULT MIEULX QUE LE MIEN, de ce qu'il n'est pas mien. (Montaigne, *E*, t. II, p. 338-339)

Aprecio particularmente as constituições, os costumes e as línguas da Antiguidade e verifico que pela sua nobreza o latim me seduz mais do que fora natural e me impressiona como impressiona as crianças e o povo. O nível de vida, a residência, O CAVALO DE MEU VIZINHO PARECEM-ME SUPERIORES AOS MEUS, embora importem em despesas idênticas, somente porque não são meus. (Trad. de Sérgio Milliet)

⇒ MOISSON d'autrui plus belle que la sienne

21 Le CHEVAL qui traîne son lien n'est pas échappé (1568)

'tel se flatte à tort d'être libre, qui s'embarrasse encore des preuves de sa libération; on confond trop souvent liberté et libération'

não é livre o cão que usa coleira

the horse that draws after him his halter, is not altogether escaped

⇒ N'est pas libre qui traîne son LIEN

22 Les CHEVAUX courent les bénéfices et les ânes les attrapent (sXV)

'les récompenses ne vont pas toujours à ceux qui les espèrent'

a mau bácoro, boa lande
a melhor espiga é para o pior porco
nem sempre aquele que dança é quem paga a música
o bocado não é para quem o faz, e sim para quem o logra
o bom bocado não é para quem o faz mas para quem o come
o melhor caju é do porco
o pior porco come a melhor bolota
o prato não é para quem o faz: é para quem o come

fools build houses, and wise men live in them
into the mouth of a bad dog, often falls a good bone
the worst hog often gets the best pear

♦ Palavras atribuídas ao rei Luís XII.

⇒ À bon CHIEN il n'arrive jamais un bon os

23 On avance mieux avec un CHEVAL emprunté qu'avec le sien propre

'on ose davantage avec le bien d'autrui'

cavalo alugado não cansa
pólvora alheia, tiro grande

a hired horse tired never

♦ Há correspondente em italiano: *sproni propri e cavallo altrui fanno corte le miglia.*

⇒ Du CUIR d'autrui, large courroie

24 On touche toujours sur le CHEVAL qui tire (1640)

'on charge toujours les plus incommodés'

a cão mordido todos chicoteiam
a cão mordido, todos o mordem
a um cão danado, todos a ele
cabra manca não tem sesta

the horse that draws most is most whipped
the least boy always carries the greatest fiddle
the smallest boy always carries the biggest fiddle

♦ Há correspondentes em italiano: *il cavallo che meglio tira, tocca le peggio scudisciate* e em espanhol: *la bestia que mucho anda, nunca falta quien la bata.*

⇒ Aux CHEVAUX maigres vont les mouches

25 Qui ne peut battre le CHEVAL bat la selle

'faute d'atteindre le principal, on se contente du secondaire'

quem não pode dar no asno dá na albarda

he that cannot beat the horse, beats the saddle
who cannot beat the horse, let him beat the saddle

⇒ Qui ne peut frapper l'ÂNE frappe le bât

26 Qui ne s'aventure n'a CHEVAL ni mule (1534)

= Qui ne RISQUE rien n'a rien

– (...) Mais allons nous cacher au coing de la cheminée, et là passons avec les dames nostre vie et nostre temps à enfiller des perles, ou à filler comme Sardanapalus. QUI NE SE ADVENTURE, N'A CHEVAL NY MULE, ce dist Salomon.
– *Qui trop* (dist Echephron) *se adventure perd cheval et mulle*, respondit Malcon. (F. Rabelais, *G*, p. 150)

– (...) Vamos esconder-nos atrás do fogão, para ficarmos todo o tempo e durante toda a vida com nossas mulheres, a enfiar pérolas ou a fiar como Sardanapalo! QUEM NÃO ARRISCA NÃO PETISCA, já dizia Salomão.
– *Quem tudo quer tudo perde* – retruca Echefrão. (Trad. de Aristides Lobo)

≠ QUI TROP S'AVENTURE PERD CHEVAL ET MULE

27 Qui trop s'aventure perd CHEVAL et mule (1534)

= Souvent TOMBE qui trop galope

≠ QUI NE S'AVENTURE N'A CHEVAL NI MULE

28 Qui veut un CHEVAL sans défaut doit aller à pied (sXIII)

'à force de se montrer exigeant, l'on risque de tout perdre'

quem quer cavalo sem tacha anda a pé
quem quer cavalo sem tacha sem ele se acha

he who wants a mule without fault, must walk on foot

⇒ Le MIEUX est l'ennemi du bien

CHEVALIER *s.m.* cavaleiro; *knight*

1 Aujourd'hui CHEVALIER, demain vacher (1610: *hier vacher, huy chevalier*)

'la roue de la fortune tourne, pouvant entraîner des variations extrêmes'

hoje rico e festejado, amanhã pobre e desprezado
ontem vaqueiro, hoje cavaleiro

yesterday cowherd, today a gentleman

⇒ Aujourd'hui MAÎTRE, demain valet

2 Chaque CHEVALIER parle de ses armes (1752)

= Chaque PRÊTRE loue ses reliques

3 Ne sont pas tous CHEVALIERS qui sur cheval montent

'l'avoir ni le faire ne font l'être'

nem todos (os) que vão à guerra são soldados

nem todos (os) que vão ao estudo são letrados
o hábito elegante cobre às vezes um tratante

all are not hunters, that blow the horn
*all are not maidens, that wear bare hair**
it is not the gay coat that makes the gentleman

* "A reference to the former fashion of virgins to go without hats." (R. Fergusson)

◆ Diz-se em espanhol: *no todos los que llevan espuelas tienen caballo* (ou ainda: *ni todos los que estudian son letrados, ni todos los que van a la guerra son soldados*).

⇒ Ceux qui portent les longs COUTEAUX ne sont pas tous queux ni bourreaux

CHEVEU *s.m.* cabelo; *hair*

1 Longs CHEVEUX, courte cervelle

'beauté et intelligence ne vont pas toujours de pair'

cabelo longo e curto o siso
cabelos longos, idéias curtas

long hair and short wit

◆ A moda do cabelo longo para os homens, lançada pelos *hippies* na década de 1960, reavivou o sentido do provérbio. "Cabelo comprido, idéias curtas", proclamava, na França, o cantor Johnny Halliday a seu rival Antoine. Há provérbios paralelos em italiano: *capelli lunghi e cervello corto* e em espanhol: *cabello largo, meollo corto* (ou ainda: *cabello luengo, y corto el seso*).

⇒ La FEMME est un animal à cheveux longs et à idées courtes

2 Quand les CHEVEUX commencent à blanchir, laisse la femme et prends le vin

= Bonjour LUNETTES, adieu fillettes

⇒ À cinquante ANS, ouvre ta cave et ferme tes culottes

3 Tous nos CHEVEUX sont comptés

"la Providence a soin des moindres choses qui nous regardent" (Panckoucke)

os próprios cabelos da vossa cabeça estão todos contados

the very hairs of your head are all numbered

◆ Cf. Mateus 10, 30.

4 Un CHEVEU de qui l'on aime tire mieux que quatre bœufs

'l'amour décuple infiniment toutes les facultés'

mais puxa moça bonita que corda ou guita
mais puxa moça que corda
mais puxam duas tetas que duas cordas de carreta
mais tiram tetas que calabre de nau

a hair of a woman draws more than an hundred yoke of oxen
beauty draws more than oxen

CHÈVRE *s.f.* (*Capra hircus*) cabra; *she-goat*

1 Fais-toi CHÈVRE, le loup te mangera (rég., Auvergne)

= Qui se fait BREBIS, le loup le mange

⇒ Faites-vous MIEL, et les mouches vous mangeront

2 La CHÈVRE a mordu les cailloux, les dents du mouton sont tombées (Martinique)

= Le MOUTON boit, c'est le cabri qui est saoul

3 La CHÈVRE a pris le loup

'à vous jouer des gens simples, il arrive qu'ils se jouent de vous'

foi buscar lã e saiu tosquiado
foi buscar lã e voltou tosquiado
o tiro saiu pela culatra

hoist with his own petard (Shakespeare)
many go out for wool, and come home shorn
the charge backfired

⇒ Tel croit tromper GUILLAUME que GUILLAUME le trompe

4 On n'a jamais vu (une) CHÈVRE morte de faim (1842)

'l'habitude de la frugalité endurcit aux pires épreuves'

bode não morre de fome
pobre com pouco se alegra
pobre não carrega luxo

humble hearts have humble desires
poor folk ['men'] *are fain* ['glad'] *of little*
poor folks are glad of porridge
poor folks are glad of pottage

5 On ne peut pas ménager la CHÈVRE et le chou (1752)

'il est impossible de sauvegarder à la fois les intérêts de deux partis aussi antagonistes que ceux de la chèvre et du chou dont elle est affamée; on ne peut contenter tout le monde'

não se pode ser moeda de vinte patacas para agradar a todos
ninguém é moeda de vinte patacas para agradar a todos

it is as hard to please a knave as a knight
it is hard to please all parties

◆ "L'expression dérive plutôt du petit jeu machiavélien: comment transporter isolément loup, chèvre et chou d'une rive à l'autre sans qu'aucun ne soit mangé?" (A. Rey & S. Chantreau)

⇒ On ne peut pas contenter tout le monde et son PÈRE

6 Où la CHÈVRE est attachée/liée, il faut qu'elle broute (1584)

'tout ce que le destin nous dispense, il faut l'accommoder et s'en accommoder'

onde está a cabra amarrada é onde ela pasta
onde nasceu a lagarta, aí se farta
onde o galo canta, aí janta
onde o padre canta, aí janta
onde prendem a cabra, aí pasta

the goat must bleat where she is tied
the goat must browse where she is tied
where the goat is fettered she must browse
where the goat is tethered she must browse

JACQUELINE. Que velez-vous, monsieu? C'est pour la pénitence de mes fautes; et là OÙ LA CHÈVRE EST LIÉE, IL FAUT bian QU'ALLE Y BROUTE. (Molière, *Le Médecin malgré lui*, in *OC*, t. II, p. 218)

JACQUELINE. Fazer o quê, senhor? É a penitência por meus pecados; e ONDE ESTÁ A CABRA AMARRADA É ONDE ELA DEVE PASTAR.

⇒ Où la VACHE est attachée, il faut qu'elle broute

7 Tant gratte CHÈVRE que mal gît (sXIII)

'à trop vouloir se mêler de tout, on finit par se mettre dans de mauvais cas'

galinha ciscadeira acha cobra
galinha que muito cisca termina arranjando cobra
tanto a cabra cavouca que mau pouso sente

search not too curiously lest you find trouble

TANT GRATE CHIEVRE QUE MAL GIST, / *Tant va le pot à l'eaue qu'il brise*, / Tant chauffe on le fer qu'il rougist, / *Tant le maille on qu'il se debrise*, / *Tant vault l'homme comme on le prise*, / Tant s'eslongne il qu'il n'en souvient, / Tant mauvais est qu'on le desprise, / *Tant crie l'on Noel qu'il vient*. (F. Villon, "Ballade des proverbes", in *PFV*, p. 134)

TANTO A CABRA CAVOUCA QUE MAU POUSO SENTE, / *Tanto o pote vai à água que há de se quebrar*, / Tanto se esquenta o ferro que se põe candente, / Tanto o malham que irá em pedaços terminar; / Tanto se afasta alguém que o deixam de lembrar, / *Tanto quanto o prezamos é o valor de alguém*, / Tanto ele é mau que muitos hão de o desprezar, / *Tanto clamamos por Natal que ele enfim vem*. (Trad. de Péricles Eugênio da Silva Ramos)

◆ "Cette façon de parler tire son origine du vieux conte qu'on fait d'une chèvre, laquelle en grattant la terre découvrit un couteau duquel elle fut égorgée, pour être offerte en sacrifice." (Fleury de Bellingen, *apud* F. Suzzoni)

⇒ Qui se tient aux écoutes entend souvent son FAIT

CHEZ-SOI *s.m.inv.* casa, lar; *home*

1 Il n'est point de petit CHEZ-SOI (1813)

= Mieux vaut un petit CHEZ-SOI qu'un grand chez les autres

2 Mieux vaut un petit CHEZ-SOI qu'un grand chez les autres

'propriété petite est préférable à grande location, petit avoir à grand emprunt'

a própria morada a ninguém desagrada
não há bem-estar como em casa estar

home is home, be it never so homely ['humble']
home is home, though it be never so homely
the smoke of a man's own country is better than the fire of another's
the smoke of a man's own house is better than the fire of another's

Pourquoi s'écarter de chez soi? Ma mère dit justement qu'UN PETIT "CHEZ SOI" VAUT MIEUX QU'UN GRAND "CHEZ LES AUTRES"; elle le sait de reste. Pourquoi s'éloigner de son quartier? (H. Calet, *TST*, p. 203)

Por que ir para longe de casa? Minha mãe costuma dizer com razão que O "CANTINHO DA GENTE" VALE MAIS QUE UM "CANTINHO NA CASA DOS OUTROS", mesmo que seja GRANDE E MELHOR; ela sabe, aliás. Por que ir para longe do seu bairro?

♦ Diz-se em italiano: *casa mia, casa mia, per piccina che tu sia, tu mi sembri una badia.*

⇒ Mieux vaut ta propre MORUE que le dindon des autres

CHICHE *adj. s.* mesquinho; *mean*

1 Autant dépense CHICHE que large (1749; sXV: *autant despend chiche que large et à la fin plus davantage*)

'une épargne mal entendue est une occasion de dépense'

estraga o fubá e poupa o farelo
o barato sai caro
o dinheiro do avarento duas vezes vai à feira
por causa de um vintém se gasta(m) cem
poupanças de farelo – estragos de farinha
poupar vintém para perder pataca
sempre sai caro o barato, sempre o tolo paga o pato
sovina no farelo e pródigo na farinha

ill ware is never cheap
many have been ruined by buying good pennyworths
oft times for sparing of a little cost a man has lost the large coat for the hood
spare at the spigot ['pin used to regulate the flow of liquid through a tap on a cask'], *and let out at the bung-hole* ['hole through which a cask is filled or emptied, and which is closed by a bung']
the dearer is the cheaper

⇒ Pour épargner un CLOU, on perd un cheval

2 Ce que CHICHE épargne, large le dépense

'les héritiers des avares dissipent le bien qu'ils tiennent d'eux'

depois de um bom poupador, um bom gastador
filho de avarento sai pródigo

if a man is a miser, he will certainly have a prodigal son
narrow gathered, widely spent

⇒ À PÈRE amasseur, fils gaspilleur

3 Jamais CHICHE ne fut riche (1568)

= N'est pas RICHE qui est chiche

CHIEN *s.m.* (*Canis familiaris*) cão, cachorro; *dog*

1 À bon CHIEN il n'arrive jamais un bon os

= Jamais à un bon CHIEN, il ne vient un bon os

2 À CHIEN endormi rien ne tombe dans la gueule

(A) 'qui n'entreprend rien ne réussit rien'; (B) 'qui se tait ne s'expose pas'

é andando que cachorro acha osso (A)
em boca cerrada não entram moscas (B)
em boca fechada as moscas não entram (B)
em boca fechada as moscas não têm entrada (B)
em boca fechada não entra mosca (B)
nesta vida caduca quem não trabalha não manduca (A)
raposa que dorme não apanha galinha(s) (A)
zorro deitado não apanha mosca (A)

a close mouth catches no flies (B)
a horse that will not carry a saddle must have no oats (A)
into a shut mouth flies fly not (B)
no mill, no meal (A)
when the fox is asleep, nothing falls into his mouth (A)

⇒ En BOUCHE close n'entre mouche (B)
⇒ CHIEN qui chemine ne meurt pas de famine (A)

3 À CHIEN qui mord il faut jeter des pierres

'nulle pitié pour les malfaisants'

a cão raivoso todos atiram pedras
a um cão danado, todos a ele

a curst cur must be tied short
a curst dog must be tied short

⇒ À méchant CHIEN, court lien

4 À coucher avec les CHIENS, on se lève avec des puces (1576)

= Qui hante CHIEN(S) puces remporte

5 À mauvais CHIEN on ne peut montrer le loup (sXV; 1597: *chien couart voir le loup ne veut*)

'il ne faut pas confier aux faibles des tâches qui les dépassent''

fraco é o cão que não pega em osso
mal ladra o cão quando ladra de medo

a bad dog never sees the wolf

⇒ Mauvais CHIEN ne trouve où mordre

6 À méchant CHIEN, court lien

'on doit, aux malveillants, ne laisser aucune marge de manœuvre; il les faut maintenir sous surveillance'

a cavalo roedor, cabresto curto

a boisterous horse must have a rough bridle
a curst cur must be tied short
a curst dog must be tied short
a restive horse must have a sharp spur

♦ Cf. o latim medieval *malo cani brevis tendatur copula*. Diz-se em italiano: *a cattivo cane, corto legame*.

⇒ À méchant CHEVAL, bon éperon

7 Bon CHIEN chasse de race (1557)

'les enfants héritent des qualités ou des défauts de leurs parents'

cão de boa raça se não caça hoje amanhã caça
cão de caça puxa à raça
cão de caça vem de raça
cão de raça caça (bem)

a good dog hunts from natural instinct

– Oui, oui, n'ayez pas de crainte, les Coconnas sont de fins limiers, et BON CHIEN CHASSE DE RACE. (A. Dumas, *RM*, v. 1, p. 106)

– É, está bem, não se preocupe, os Coconnas são ótimos farejadores, e CÃO DE CAÇA PUXA À RAÇA.

Var. jocosa em H. de Balzac:

– Mon fils, lui dit un matin sa mère, VOTRE FEMME CHASSE DE RACE. Elle aime M. de B***. (*PM*, p. 292)

– Meu filho – disse-lhe um dia a mãe –, TUA MULHER NÃO DEGENERA. Ama o Sr. B... (Trad. de Mário D. Ferreira Santos)

⇒ Les CHIENS ne font pas de chats

8 C'est un beau CHIEN s'il voulait mordre

'il a toutes les qualités, sauf le courage'

(às vezes) muito ameaça quem de medroso não passa
o besouro também ronca: vai-se ver, não é ninguém

brag is a good dog but dares not bite
he bellows like a bull, but is as weak as a bulrush

9 Chaque CHIEN lèche sa queue selon son goût (Martinique)

= Chacun son/ses GOÛT(S)

10 CHIEN à terre est bonne viande à lapider (Guadeloupe)

= Quand le LOUP est pris, tous les chiens lui lardent/ mordent les fesses

La parole dit: "CHIEN À TERRE EST BONNE VIANDE À LAPIDER", mais moi j'avais décidé de les lapider sans même attendre leur défaillance. (E. Pépin, *TH*, p. 90)

Reza o provérbio: "BOI ATOLADO, PAU NELE", mas eu resolvera acabar com eles antes mesmo que atolassem.

11 CHIEN échaudé craint la cuisine

= CHAT échaudé craint l'eau froide

12 CHIEN en cuisine son pair n'y désire (sXIII: *chien en cuisine per n'i désire*)

'pour bonne affaire, on ne s'associe guère'

cachorro de cozinha não quer colega
cão quando come não quer companhia

while the dog gnaws bone, companions would be none
while the hound gnaws bone, companions would be none

♦ Do latim medieval *dum canis os rodit, sociari pluribus odit* (enquanto rói um osso, o cão odeia juntar-se aos demais).

⇒ Deux CHIENS à un os ne s'accordent

13 CHIEN et loup ne font pas longtemps bon ménage

'deux voraces ont tôt fait de se disputer'

a dois ruins e a dois tições, nunca bem os compões
dois bicudos não se beijam
dois tatus machos não moram num buraco
duas aves de rapina não se guardam companhia
duas brasas é que fazem faísca
duro com duro não faz bom muro
duro com duro não levanta muro

diamonds cut diamonds
hard with hard makes not the stone wall
hard with hard never made good wall
the cat and dog may kiss, yet are none the better friends
when Greek meets Greek, then comes the tug of war

– (...) Puis, d'un ton plus sérieux: sais-tu, mon fils, que je crois que je t'aime un peu? Mais cela ne peut durer. CHIEN ET LOUP NE FONT PAS LONGTEMPS BON MÉNAGE. (P. Mérimée, *Ca*, p. 55)

– (...) Depois, num tom mais sério: – Sabe, meu filho, que eu julgo que o amo um pouco? Mas isto não pode durar. CÃO E LOBO NÃO SE DÃO BEM POR MUITO TEMPO. (Trad. de Mário Quintana)

♦ Diz-se em espanhol: *duro con teso* ['tieso'], *mal encuentro*.

14 CHIEN hargneux a toujours l'oreille déchirée (1640; sXVI: *chien rioteur a volontiers les oreilles tirées*) 'le goût de la chicane laisse des traces; les querelleurs en portent toujours quelque stigmate'

estrada de valentão é o caminho do cemitério
nunca se viu rua de valentão, nem fortuna de jogador
o homem brigão tem sempre um arranhão
quem se mete em bulhas sai arranhado
valentão não morre de velho

brabbling curs never want sore ears
quarrelling dogs come halting ['limping'] home
quarrelsome curs have dirty coats
quarrelsome dogs get dirty coats
snarling curs are never free from sore ears

Mouflar y croyait perdre; il vit avec le temps / Qu'il y gagnait beaucoup; car étant de nature / A piller ses pareils, mainte mésaventure / L'aurait fait retourner chez lui / Avec cette partie en cent lieux altérée: / CHIEN HARGNEUX A TOUJOURS L'OREILLE DÉCHIRÉE. (La Fontaine, *F*, X, viii, 10-15)

Nisso julgou ter perda enorme; com o passar / do tempo, viu que só lucrara. A natureza / o inclinara a pilhar o próximo; e as más artes / levá-lo-iam um dia, com certeza, / a regressar a casa exibindo tais partes / em cem lugares alteradas. / CÃO BRIGÃO SEMPRE TEM AS ORELHAS RASGADAS. (Trad. de Milton Amado e Eugênio Amado)

♦ Cf. o latim medieval: *canis qui mordet mordetur* (cão que morde é mordido). Há correspondentes em italiano: *can ringhioso e non forzoso, guai alla sua pelle!* e em alemão: *bissige Hunde haben zerbissene Ohren.*

⇒ Qui à HARGNE tend, HARGNE lui vient

15 CHIEN qui aboie ne mord pas (1597; sXIII: *chacun chien qui aboye ne mord pas*)

'les plus démonstratifs ne sont pas les plus dangereux'

cão ladrador, mau mordedor
cão que ladra não morde
chuva que troveja não cai
muito roncar antes da ocasião é sinal de dormir nela
muito trovão é sinal de pouca chuva
o besouro também ronca: vai-se ver, não é ninguém
o mar também ronca e eu mijo nele
tamanco faz zoada mas não assusta

a barking dog never bites
barking dogs don't bite
barking dogs seldom bite
dogs that bark at a distance bite not at hand
dogs that bark at a distance never bite
great barkers are no biters

♦ Do latim medieval *canes plurimum latrantes raro mordent* (cães que muito ladram raramente mordem). Cf. Quinto Cúrcio (7, 4, 13): *Adicit deinde, quod apud Bactrianos vulgo usurpabant, canem timidum vehementius latrare, quam mordere, altissima quaeque flumina minimo sono labi.* (Em seguida, eles acrescentam estes pro-

vérbios muito usados na Bactriana: "cão com medo ladra mais do que morde" e "os rios mais profundos correm quase sem fazer barulho".) O provérbio tem equivalentes em italiano: *can che abbaia non morde* e em espanhol: *perro ladrador, nunca buen mordedor.*

⇒ Qui menace son ENNEMI combattre ne veut contre lui

16 CHIEN qui chemine ne meurt pas de famine

'ce n'est pas l'action qui affaiblit, mais l'inaction'

a homem de esforço a fortuna lhe põe ombro
é andando que cachorro acha osso
quem quiser caça vá à praça

a going foot is aye ['always'] getting
if you won't work you shan't eat
the dog that trots about finds a bone

– Tiens! il a gardé l'argent, s'écria-t-elle en éclatant de rire. Au reste, tant mieux, car je ne suis guère en fonds; mais qu'importe! CHIEN QUI CHEMINE NE MEURT PAS DE FAMINE. (P. Mérimée, *Ca*, p. 52-53)

– Olha só! Ele guardou o dinheiro! – exclamou Cármen, rebentando numa gargalhada. – Tanto melhor, pois não estou bem de fundos; mas que importa? CACHORRO QUE ANDA NÃO MORRE DE FOME. (Trad. de Mário Quintana)

⇒ Qui fuit la MEULE fuit la farine

17 CHIEN sur son fumier est hardi

'on a toujours plus d'audace pour défendre son propre territoire'

em sua casa cada qual é rei
muito pode o gato no seu fato
muito pode o gato no seu lar
muito pode o homem em sua casa

every dog is a lion at home
every dog is valiant at his own door

♦ Há correspondentes em italiano: *ogni tristo cane abbaia da casa sua* e em alemão: *der Hund ist tapfer auf seinem Mist.*

⇒ Tout CHIEN est fort à la porte de son maître

18 Deux CHIENS à un os ne s'accordent

'deux égoïstes ne peuvent partager'

dois carneiros de chifre não bebem numa tigela
dois pardais na mesma espiga nunca fazem liga

two cats and a mouse, two wives in one house, two dogs and a bone, never agree in one
two dogs over one bone seldom agree

♦ Diz-se em italiano: *due cani che un sol osso hanno, difficilmente in pace stanno.*

⇒ FIN contre FIN n'est pas bon à faire doublure

19 Écorcher son CHIEN pour en avoir la peau (loc.prov.)

'sacrifier une chose de valeur pour un petit bénéfice'

matar a galinha dos ovos de ouro

to kill the goose that lays the golden eggs

⇒ Qui tout CONVOITE tout perd

20 Il fait mal éveiller le CHIEN qui dort (sXIII)

'ce que le temps a apaisé, il est dangereux de le remuer; "il faut laisser en paix un ennemi qui ne pense plus à nous" (Panckoucke)'

não acordes a má sorte quando ela está dormindo
não acordes o cão quando ele está dormindo
não acordeis o cão que dorme (Camões)
não despertes o cão que dorme
não mexas em casa de marimbondos
não procure sarna para se coçar
quando a desgraça dormir ninguém a desperte
quem acorda cão dormi(n)do vende paz e compra arruído

let sleeping dogs lie
let well alone
never trouble trouble till trouble troubles you
wake not a sleeping lion
when sorrow is asleep, wake it not (Shakespeare)

♦ A idéia está em Platão (*As leis*, 11, 913 b): μὴ κινεῖν τὰ ἀκίνητα (não perturbar o que está quieto), traduzido para o latim como *mota quietare, quieta non movere* (aquietar o que está em movimento, não mexer com o que está quieto); também em Platão (*Filebo*, 15 c) há um registro paralelo: μὴ κινεῖν εὖ κείμενον (não perturbar o que está sossegado). A forma com *cão* deriva do latim medieval *irritare canem noli dormire volentem* (não irrites o cão que deseja dormir). Diz-se em italiano: *non destare il can che dorme*.

21 Il faut flatter le CHIEN pour avoir l'os

'avec les violents, il est plus profitable d'employer la ruse'

com palha e milho leva-se o burro ao trilho
com um pedaço de toicinho leva-se longe um cão
se queres que te siga o cão, dá-lhe pão

if you would wish the dog to follow you, feed him

22 Il ne faut pas/point se moquer des CHIENS que l'on ne soit hors du village (1640)

'il faut se mettre à l'abri du danger avant de s'en moquer'

até passado o rio ou barranco, pega-te ao santo
rogar ao santo até passar o barranco

call the bear 'uncle' till you are safe across the bridge

23 Il n'est pas permis de tuer le CHIEN pour sauver la queue de la chatte

'il faut se garder de recourir à des moyens disproportionnés'

não deites fogo à casa para matar os ratos

take not a musket to kill a butterfly

⇒ Pour laver ses MAINS on ne vend pas sa terre

24 Il vaut autant être mordu d'un CHIEN que d'une CHIENNE (1640)

'de quelque côté que vienne le mal, il est également sensible'

perdido por pouco, perdido por muito (aprox.)
perdido por um, perdido por cem (aprox.)

as good eat the devil as the broth he is boiled in

25 Ils font comme les grands CHIENS, ils veulent pisser contre les murailles (1640)

'les chiens jeunes, qui ne savent pas lever la patte, maladroitement s'y essaient; à quoi ressemblent ceux qui entreprennent au-dessus de leurs forces'

ainda não tem cueiro e já quer ter calças

he bellows like a bull, but is as weak as a bulrush

26 Jamais à un bon CHIEN, il ne vient un bon os (1752)

'bonne fortune jamais n'est accordée au mérite'

a melhor espiga é para o pior porco
o melhor caju é do porco
o pior porco come a melhor bolota

into the mouth of a bad dog, often falls a good bone

♦ Anota Panckoucke: "L'occasion de travailler ne se présente pas toujours à ceux qui ont le talent et la bonne volonté."

⇒ Souvent à mauvais CHIEN tombe un bon os en gueule

27 Jamais bon CHIEN n'aboie à faux (1842; 1640: *jamais bon chien n'abboye à faute*)

'un sage ne se fâche pas sans raison, un homme bien élevé ne parle jamais mal à propos [se dit aussi d'un homme qui ne menace pas sans frapper]'

cachorro velho não late à toa
cão bom nunca ladra em falso
nunca bom cão ladrou em vão
o bom cão não ladra em vão
o cão velho quando ladra dá conselho
quando é velho o cão, se ladra é porque tem razão

an old dog barks not in vain
an old dog does not bark for nought

♦ Há correspondentes em italiano: *cane vecchio non abbaia invano* e em espanhol: *el perro viejo no ladra a tocón*.

⇒ Il n'est rien comme les vieux CISEAUX pour couper la soie

28 Lavez CHIEN, peignez CHIEN, toutefois n'est CHIEN que CHIEN

= Un SINGE vêtu de pourpre est toujours un SINGE

⇒ Qui lave le CORBEAU ne le fait pas blanc

29 Le CHIEN a quatre pattes, mais il n'est pas capable de prendre quatre chemins (Créole antillais)

'avec ses quatre pattes, le chien n'est pas plus capable de prendre quatre directions que l'homme, avec ses deux jambes, ne peut entreprendre deux affaires à la fois'

não se pode repicar e ir na procissão
não se pode tocar sino e acompanhar a procissão
quem toca o carrilhão não vai na procissão

a man cannot be in two places at once

⇒ On ne peut sonner les CLOCHES et aller à la procession

30 Le CHIEN attaque toujours celui qui a les pantalons déchirés

= Aux CHEVAUX maigres vont les mouches

31 Le CHIEN du jardinier ne mange pas de choux et ne veut pas que personne en mange (1640)

ce proverbe sert à stigmatiser les envieux ou les avaritieux

cão de moleiro não come nem deixa comer
cão de palheiro nem come nem deixa comer
o perro do hortelão não come as versas nem a outrem as deixa comer

the gardener's dog neither eats cabbages himself, nor lets anybody else

♦ Diz-se em espanhol: *el perro del hortelano ni come, ni deja comer a su amo.*

32 Le CHIEN peureux n'a jamais son saoul de lard (rég., Savoie)

= À CŒUR vaillant rien d'impossible

33 Le CHIEN remue la queue non pour toi mais pour le pain

'les signes d'amitié sont en général intéressés'

bole (com) o rabo o cão, não por ti mas pelo pão
por dinheiro baila o cão e por pão se lho dão

dogs wag their tails not so much in love to you as to your bread

♦ Há equivalentes em italiano: *muove la coda il cane, non per te ma per il pane* e em espanhol: *menea la coda el can, no por ti, sino por el pan.*

⇒ Qui te FLATTE veut te tromper

34 Les CHIENS aboient, la caravane passe

'sûr de son fait, le sage reste inaccessible aux critiques'

os cães ladram, (e) a caravana passa

let the world say what it will; I don't care what Mrs. Grundy says
(the) dogs bark, but the caravan goes on

"(...) Autrefois je me rappelle que vous vous amusiez à noter ces modes de langage qui apparaissaient, se maintenaient, puis disparaissaient: "celui *qui sème le vent récolte la tempête*"; "LES CHIENS ABOIENT, LA CARAVANE PASSE" (...). (M. Proust, *RTP*, t. III, p. 782)

– (...) Lembro-me que outrora você gostava de anotar as expressões que surgiam e, depois de um tempo, desapareciam: "*quem semeia ventos colhe tempestades*"; "OS CÃES LADRAM, A CARAVANA PASSA" (...).

♦ Inversão jocosa em Francis Blanche (*apud* C. Gagnière, *TOM*, p. 92): "La caravane passe, les aigris restent." (A caravana passa, os descontentes ficam.) (*Apud* C. Gagnière, *TOM*, p. 92)

♦ O provérbio é de origem árabe.

∴ Ver outra abonação em QUI SÈME LE VENT RÉCOLTE LA TEMPÊTE.

⇒ Bien FAIRE et laisser dire

35 Les CHIENS ne font pas de chats

= L'AIGLE n'engendre pas la colombe

⇒ Jamais un CORBEAU n'a fait un canari

36 Mauvais CHIEN ne trouve où mordre

= À mauvais CHIEN on ne peut montrer le loup

37 On ne lie pas les CHIENS avec des saucisses (Belgique)

'lorsqu'un désir ne rencontre aucune résistance extérieure, personne n'est à l'abri d'y succomber'

não se amarra cachorro com linguiça

send not a cat for lard

Alteração jocosa em H. de Balzac:

– (...) C'était un Uscoque, un tricoque, un archicoque dans une bicoque.
– Enfin un de ces gaillards qui *N'ATTACHENT PAS LEURS CHIENS AVEC DES CENT-SUISSES...* dit Mistigris. (*DV*, p. 85)

– (...) Era um uscoque, um tricoque, um arquicoque, num bicoque*.
– Enfim, um desses espertalhões que *NÃO AMARRAM SEUS CACHORROS COM CEM SUÍÇOS...* – disse rindo Mistigris. (Trad. de Vidal de Oliveira)

* "*Bicoque*: 'casinhola'; *tricoque* e *arquicoque* são palavras sem sentido." (Paulo Rónai)

⇒ La PORTE ouverte tente le saint

38 On ne peut empêcher les CHIENS d'aboyer et les menteurs de mentir

= Chassez le NATUREL, il revient au galop

⇒ On EST ce qu'on EST

39 Pendant que le CHIEN pisse, le lièvre/loup s'en va (sXVI)

'un retardement, et l'occasion est passée'

enquanto disputam os cães, come o lobo a ovelha
enquanto mija o cão, vai-se o lobo

two dogs fight for a bone, and a third runs away with it
two dogs strive for a bone, and a third runs away with it

♦ Do latim medieval *dum fugans canis mingit fugiens lupus evasit* (enquanto o cão mija, o lobo foge).

⇒ Pendant que l'HERBE pousse, le cheval meurt

40 Quand le CHIEN avec le loup s'entend, la bergère a mauvais temps (rég., Auvergne)

'lorsque nos alliés s'entendent avec nos ennemis, il n'y a plus qu'à espérer le pire'

o lobo e a golpelha ambos são de um conselho (aprox.)
o lobo e a raposa ambos são de um conselho (aprox.)

when the weasel and the cat make a marriage, it is a very ill presage

41 Quand un CHIEN se noie, tout le monde lui offre à boire (1934)

'le malheur d'un mal-aimé n'inspire aucune pitié, et on l'enfonce volontiers s'il perd pied'

quando um cão se afoga, todos lhe trazem água

when a dog is drowning, every one offers him drink

42 Qui aime Bertrand aime son CHIEN (1640)

'quand on aime quelqu'un, on doit aimer tout ce qu'il aime'

quem ama Beltrão ama seu cão
quem ama Beltrão ama seu irmão
quem bem quer a Beltrão bem quer a seu cão

he that loves the tree, loves the branch
love me, love my dog

♦ A idéia está num sermão de São Bernardo de Claraval (1153): *qui me amat, amat et canem meum* (quem me ama ama também meu cão).

⇒ Les AMIS de mes/nos AMIS sont mes/nos AMIS

43 Qui aime Martin aime son CHIEN (rég., Bourbonnais)

= Qui aime Bertrand aime son CHIEN

44 Qui CHIEN s'en va à Rome mâtin s'en revient (sXV)

'on apprend en voyageant'

quem muito tem visto muito tem aprendido
quem muito viaja muito aprende

he that travels far, knows much
travel makes a wise man better, but a fool worse

≠ QUI BÊTE VA À ROME, TEL EN RETOURNE

⇒ Les VOYAGES forment la jeunesse

45 Qui hante CHIEN(S) puces remporte (1597)

'mauvaises fréquentations entraînent mauvaises habitudes'

passarinho que anda com morcego amanhece de cabeça para baixo
quem acompanha um coxo ao fim de três dias coxeia
quem com cães se deita com pulgas se levanta
quem com coxo anda aprende a mancar
quem com lobo dorme aprende a uivar
quem com morcegos anda dorme de cabeça para baixo
quem com porcos se mistura farelos come*
quem se deita com crianças amanhece borrado
quem se deita com meninos amanhece mijado

* "Todavia, lá está no livro de Rolland, que serve de pretexto a estas garatujas: *Quem com farelos se mistura, porcos o comem*, o que é coisa mui diversa daquilo que na atualidade o vulgo enuncia." (Leonardo Mota, *AB*).

he that dwells next door to a cripple, will learn to halt ['limp']
he that lies down with dogs, must rise up with fleas
he that sleeps with dogs, must rise up with fleas
if you lie down with dogs, you will get up with fleas
they that bourd ['jest'] *wi' cats maun* ['must'] *count on scarts* ['scratches']
who keeps company with the wolf, will learn to howl

Var. em E. Pépin:

Ils habitaient maintenant un semblant de maison au cœur de la cité des pauvres et j'avais tout loisir d'emmener nos connaissances (ou même de simples gens touchés par le tréfonds de mes tourments) contempler de leurs yeux ce qu'Abel (si aristocrate!) était devenu. Je faisais semblant de le plaindre d'être tombé si bas tout en rêvant pour lui de repas de poussières. Celui QUI FRÉQUENTE LES CHIENS ATTRAPE DES PUCES! (*TH*, p. 105)

Agora eles moravam num arremedo de casa no bairro pobre e eu podia levar a qualquer hora nossos conhecidos (ou quem quer que se solidarizasse com o abismo dos meus tormentos) para verificar com seus próprios olhos o quanto Abel (tão aristocrata!) havia decaído. Eu fingia muita pena por vê-lo tão arrasado enquanto mentalmente lhe preparava banquetes de pedras. QUEM COM CÃES SE DEITA COM PULGAS SE LEVANTA!

⇒ Qui se couche avec des/les CHIENS(, il) se lève avec des puces

46 Qui m'aime aime mon CHIEN (1640)

= Qui aime Bertrand aime son CHIEN

47 Qui ne nourrit pas le CHIEN, nourrit le voleur

= Qui ne nourrit pas le CHAT nourrit le rat

⇒ Il vaut mieux nourrir le CHAT que le rat

48 Qui se couche avec des/les CHIENS(, il) se lève avec des puces (1640)

= Qui hante CHIEN(S) puces remporte

♦ Cf. o latim *qui cum canibus concumbunt cum pulicibus surgent*. O provérbio existe em italiano: *chi va a letto con i cani, si sveglierà con le pulci*, em espanhol: *quien con perros se acuesta, con pulgas se levanta* e em alemão: *wer mit Hunden schläft, steht mit Flöhen auf*.

⇒ Avec les LOUPS on apprend à hurler

49 Qui veut frapper un CHIEN facilement trouve un bâton (sXVI)

= Qui veut noyer son CHIEN l'accuse de la rage

50 Qui veut noyer son CHIEN l'accuse de la rage (sXVII; sXIII: *qui son chien veut tuer la raige li met seuze*)

'prétextes jamais ne font défaut pour se débarrasser de quelqu'un; la calomnie surtout y est souveraine'

mal é dizer que o cão é danado
quem o seu cão quer matar raiva lhe põe (o) nome

a staff is quickly found to beat a dog with
give a dog an ill name and hang him
it is an easy thing to find a staff to beat a dog
it is an easy thing to find a stick to beat a dog
it is an easy thing to find a stone to throw at a dog

MARTINE. Me voilà bien chanceuse! Hélas! l'on dit bien vrai, / QUI VEUT NOYER SON CHIEN L'ACCUSE DE LA RAGE; / Et *service d'autrui n'est pas un héritage*. (Molière, *Les Femmes savantes*, in *OC*, t. III, p. 341)

MARTINE. Ah! que azarenta estou! e como se diz certo! / QUEM FAZ POR AFOGAR SEU CÃO, DE RAIVA O ACUSA, / E *servir gente alheia é herança que se escusa*. (Trad. de Jenny Klabin Segall)

Estropiado em H. de Balzac:

– (...) C'est aussi ta faute à toi, Mistigris, ajouta-t-il en donnant à son rapin une tape sur sa casquette.
– Oh! moi qui n'ai fait que vous suivre à Venise, répondit Mistigris. Mais *QUI VEUT NOYER SON CHIEN L'ACCUSE DE LA NAGE!* (*DV*, p. 106)

– (...) Também a culpa é tua, Mistigris – acrescentou ele, dando um tapa na casqueta do rapaz.

– Oh! eu que apenas o acompanhei a Veneza – respondeu Mistigris. – Mas *QUEM QUER AFOGAR O PRÓPRIO CACHORRO ACUSA-O DE NATAÇÃO!*. (Trad. de Vidal de Oliveira)

♦ Cf. Publílio Siro (*Sententiae*, M 28): *male facere qui vult, nunquam non causam invenit* (quem quer agir mal sempre acha um pretexto). Há correspondentes em italiano: *chi il suo cane vuole ammazzare, qualche scusa sa pigliare*, em espanhol: *quien a su perro ha de matar, rabia le ha de levantar* e em alemão: *wenn man den Hund schlagen will, findet man bald einen Stecken*.

♦ Idéia semelhante em "Les oreilles du Lièvre", de La Fontaine (*F*, V, iv).

51 Si les CHIENS chiaient des haches, ils se fendraient le cul

= Si ma TANTE en avait, ce serait mon oncle

⇒ Si les COCHONS avaient des ailes, ça ferait des beaux serins

52 Souvent à mauvais CHIEN tombe un bon os en gueule

'les récompenses ne vont pas toujours à ceux qui les méritent'

a mau bácoro, boa lande
a melhor espiga é para o pior porco
o melhor caju é do porco
o pior porco come a melhor bolota

into the mouth of a bad dog, often falls a good bone
the worst hog often gets the best pear

♦ Há correspondentes em italiano: *ai più tristi porci vanno le migliori pere* e em espanhol: *a las veces mal perro roye buena coyunda* (ou ainda: *al más ruin puerco, la mejor bellota*).

⇒ Ce n'est pas toujours celui qui lève le LIÈVRE qui le prend

53 Tel CHIEN, tel lien

= CHACUN son dû

54 Tout CHIEN est fort à la porte de son maître (Guadeloupe)

= CHIEN sur son fumier est hardi

55 Un CHIEN est bien fort sur son fumier (1640)

= CHIEN sur son fumier est hardi

⇒ Un COQ est bien fort sur son fumier

56 Un CHIEN qui pisse fait pisser l'autre (Belgique)

'l'imitation est un principe majeur de l'action'

mija um português, mijam dois ou três
quando mija um brasileiro, mija o mundo inteiro

if one sheep leap o'er the dyke ['ditch'], *all the rest will follow like dogs, when one barks all bark*
one sheep follows another

♦ Cf. o latim *latrante uno, latrat statim et alter canis* (quando um cão ladra, outro logo lhe segue o exemplo).

⇒ Un bon BÂILLEUR en fait bâiller deux

57 Un CHIEN regarde bien un évêque (1690)

'il n'est pas interdit au plus humble de porter les yeux au-dessus de soi [se dit à quelqu'un qui trouve mauvais qu'on ose le regarder]'

olhar não tira pedaço

a cat may look at a king

Le souverain l'intéressa à sa personne. Son service lui permettait d'approcher l'impératrice. Il l'aima discrètement. "UN CHIEN REGARDE BIEN UN ÉVÊQUE", a dit Edmond About, qui ajoutait: "L'évêque n'est pas toujours fâché d'être regardé du chien." (G. Jollivet, *SVP*, p. 7)

O soberano chamou-o a seu serviço. O cargo dava-lhe a possibilidade de aproximar-se da imperatriz. Ele a amou discretamente. "UM CÃO PODE OLHAR PARA UM BISPO", disse Edmond About, que acrescentava: "Nem sempre o bispo se aborrece com o olhar do cão".

Mais Saucisse se moquait du billet doux comme de sa première chaussette. Delphine avait le droit de tout oublier: c'était son affaire. Restait à Saucisse le droit d'expertiser le capital de Delphine. UN CHIEN REGARDE BIEN UN ÉVÊQUE! (J. Giono, *RSD*, p. 154)

Mas Saucisse não dava a mínima importância ao bilhete de amor. Delphine tinha o direito de esquecer tudo: era problema dela. A Saucisse restava o direito de avaliar o capital de Delphine. OLHAR NÃO TIRA PEDAÇO!

• "En *Auvergne*, on ajoute: ... **Et un chat un avocat**." (J.-Y. Dournon).

♦ Há correspondentes em italiano: *un gatto può guardare un re* e em alemão: *sieht doch die Katz den Kaiser an*.

≠ L'AIGLE SEUL A LE DROIT DE FIXER LE SOLEIL

58 Un CHIEN vivant/(en vie) vaut mieux qu'un lion mort

'plus enviable le sort d'un pauvre en vie que d'un mort important'

mais vale andar neste mundo em muletas que no outro em carretas
mais vale burro vivo que sábio morto
mais vale cão vivo que leão morto
mais vale um asno vivo que um doutor morto

a living dog is better than a dead lion

♦ Expressão do *Eclesiastes*, 9, 4: *melior canis vivus leone mortuo*. Há correspondentes em italiano: *piuttosto cane vivo che leon morto*, em espanhol: *más vale can vivo que león muerto* e em alemão: *besser ein lebender Hund als ein toter Löwe*.

≠ MIEUX VAUT UN COURTOIS MORT QU'UN VILAIN VIF

⇒ Mieux vaut goujat debout qu'EMPEREUR enterré

59 Vieil CHIEN est mal à mettre en lien (sXIII)

'vieillesse ni finesse ne sont propres au dressage'

cachorro velho não se acostuma com coleira
cavalo velho não toma andar
macaco velho não se acostuma com coleira

it is hard to make an old dog stoop
it is hard to make an old mare leave flinging ['kicking']
it is hard to teach an old dog tricks
old foxes want no tutors
you can't teach an old dog new tricks

♦ Cf. Cassiodoro (*Variae*, 1, 24): *quod in iuventute non discitur, in matura aetate nescitur* (o que não se aprende na juventude ignora-se na maturidade).

60 Vous ne pouvez pas empêcher un CHIEN de chier sur une église (Québec)

= La FUMÉE s'attache au blanc

CHOIR *v.i.* cair; *to fall*

Bien bas CHOIT qui trop haut monte

'vulnérabilité croît avec visibilité'

quanto maior a altura, maior o tombo
quanto maior é a subida, maior é a queda
quanto maior é a subida, tanto maior é a descida
quanto mais alta a berlinda, maior o trambolhão
quanto mais alto é o pau, mais bonita é a queda
quanto mais alto fores, maior o tombo
quanto mais alto o coqueiro, maior o tombo
quanto mais alto se sobe, maior é a queda
quanto mais alto se sobe, maior o trambolhão
quanto mais alto se sobe, maior queda se dá

he sits not sure that sits too high
the bigger the man, the better the mark ['target']
the bigger they are, the harder they fall

♦ Diz-se em espanhol: *cuanto mayor es la subida, tanto mayor es la descendida* (ou ainda: *a gran salto, gran quebranto*).

⇒ De grande MONTÉE, grande chute

CHOISIR *v.t.* escolher; *to choose*

1 À force de CHOISIR on prend le pire

'à trop tergiverser, on finit par se tromper'

quem muito escolhe ao pior vai dar
quem muito escolhe com o pior fica
quem muito escolhe fica com a pior espiga; quem muito
    namora e não se casa termina morando com rapariga
quem muito escolhe pega no pior
quem muito escolhe pouco acerta

a maiden with many wooers often chooses the worst
choose much and err much

⇒ Qui veut CHOISIR souvent prend le pire

2 Il ne CHOISIT pas qui emprunte (1495)

= Tout HABIT sied bien à qui en a besoin

⇒ Quand on EMPRUNTE, on ne choisit pas

3 Qui veut CHOISIR souvent prend le pire (1606)

= À force de CHOISIR on prend le pire

⇒ Qui REFUSE muse

CHOIX *s.m.* escolha; *choice*

Il y a peu de CHOIX parmi les pommes pourries
(sXVI)

'proverbe nihiliste: en contexte de dévaluation des valeurs, la faculté d'élection perd son emploi; selon certains analystes politiques, telle serait la raison de
l'abstentionnisme électoral dans les démocraties modernes'

entre maçãs podres, a margem de escolha é pequena

there is small choice in rotten apples

♦ A fonte é Shakespeare (*The Taming of the Shrew*, I, I,
138).

CHOSE *s.f.* coisa; *thing*

1 À CHOSE faite, conseil pris

'il est inutile de demander conseil quand le fait est
accompli'

ao feito, remédio; ao por fazer, conselho
conselho só serve cedo
o princípio admite remédio e ao fim não o compadece
    (Jorge Ferreira de Vasconcelos)
para resolução tomada não há conselho
remédio só serve cedo

a word before is worth two behind
after wit comes ower ['ever'] late
counsel is irksome, when the matter is past remedy
when a thing is done, advice comes too late

Var. em M. d'Angoulême, Reine de Navarre:

La fille, voyant qu'en une CHOSE FAITE NE FALLOIT
PLUS DE CONSEIL, lui dit que Dieu fût loué de tout, et
voyant sa mère si étrange envers elle, aima mieux lui
obéir que d'avoir pitié de soi-même. (*H*, p. 65-66)

A donzela, ao perceber que O QUE NÃO TEM REMÉ-
DIO REMEDIADO ESTÁ, respondeu-lhe que Deus
sabe o que faz e, notando o estranho comportamento da
mãe para com ela, preferiu render-lhe obediência a
apiedar-se de si mesma.

♦ Diz-se em italiano: *dopo il fatto il consiglio non vale.*

⇒ Quand la FOLIE est faite, le conseil en est pris

2 Chaque CHOSE a/en son temps

'il faut laisser au temps le temps qu'advienne chaque
chose; l'être a sa temporalité propre'

cada coisa a seu tempo
cada coisa por sua vez
cada coisa tem (o) seu tempo
cada um tem a sua hora e a sua vez
todas as coisas têm horas
tudo tem (o) seu dia
tudo tem (o) seu tempo
tudo tem seu tempo e a arraia no advento
tudo tem seu tempo e os nabos no advento

all things have their season and time
everything has its day
everything in its season
everything is good in its season
there is a time for all things
there is a time for everything

– (...) Tout le monde y arrive; ça va venir. On y est, on
y est. Ne te force pas, ça vient tout seul. Doucement,
doucement. CHAQUE CHOSE EN SON TEMPS. (J.
Giono, *HT*, p. 190)

– (...) Todo o mundo passa por isso; é inevitável. Não
há como fugir. Não se afobe nem tente resistir. Calma,
calma. NINGUÉM FOGE À SUA HORA.

♦ Cf. *Eclesiastes*, 3, 1: *Omnia tempus habent et suis spatiis*
transeunt universa sub caelo. (Todas as coisas têm o seu
tempo, e todas elas passam debaixo do céu segundo
o tempo que a cada uma foi prescrito.) Cf. também
Sófocles (*Édipo rei*, 1.516): Πάντα γὰρ καιρῷ καλά.
(O que se faz quando é preciso está sempre bem-feito.) Há correspondentes em italiano: *tutto a suo*
tempo e rape in Avvento e em espanhol: *cada cosa en su*
tiempo, y los nabos, en adviento.

⇒ Toute CHOSE a son temps

3 CHOSE acquise à suée vaut mieux qu'héritée

= CHOSES difficiles embellissent l'effet

**4 CHOSE acquise facilement ne se garde chère-
ment**

= Ce qui vient du DIABLE retourne au DIABLE

⇒ La CHERTÉ donne goût à la viande

5 CHOSE bien commencée est à demi achevée
(1568)

= Un TRAVAIL bien commencé est à demi achevé

⇒ Le COMMENCEMENT est la moitié du tout

6 CHOSE donnée ne se doit redemander

'il n'est don que total; on ne peut y revenir'

quem dá e tira ao inferno vai cair
quem dá e tira ao inferno vai parar
quem dá e tira fica corcunda
quem dá e tira para o inferno gira
quem dá e torna a pedir ao inferno vai cair
quem dá e torna a pedir rebenta como um funil
quem dá e torna a tomar vira a cacunda para o mar

give a thing, and take a thing, to wear the devil's gold ring
give a thing and take again, and you shall ride in hell's wain
['chariot'] (Shakespeare)
give a thing, take a thing, dirty man's plaything
give a thing, take a thing, never go to God again
there may be mistaking in giving and taking

♦ Afirma Platão (*Filebo*, 19 e): καθάπερ οἱ παῖδες, ὅτι ὀρθῶς δοθέντων ἀφαίρεσις οὐκ ἔστι (como com as crianças, não é lícito retomar o que se deu de maneira legítima).

⇒ DONNER et retenir n'en vaut

7 CHOSE promise, CHOSE due (1536)

'promesse équivaut à dette'

o prometido é devido
promessa é dívida

a promise is a promise
promise is debt
what is promised is due

♦ Há correspondentes em italiano: *ogni promessa è debito* e em espanhol: *quien promete, en deuda se mete*.

8 CHOSES difficiles embellissent l'effet (sXVI)

'le prix des choses se mesure à la peine qu'elles nous coûtent'

o que é difícil de conseguir tem mais valor
o que muito custa muito vale

what costs little is little esteemed

♦ Cf. Montaigne: "Or l'utile est de beaucoup moins aymable que l'honneste: l'honneste est stable et permanent, fournissant à celuy qui l'a faict une gratification constante; l'utile se perd et eschappe facilement, et n'en est la memoire ny si fresche ny si doulce. Les choses nous sont plus cheres, qui nous ont plus cousté; et le donner est de plus de coust que le prendre." (*E*, II, viii [t. I, p. 542]) (Ora, o útil agrada menos do que o honesto. O honesto é estável e permanente e proporciona a seu autor uma recompensa que se perpetua, enquanto o útil se perde e a recordação que fica é menos agradável e doce. As coisas boas nos são tanto mais caras quanto mais nos custam. E dar é mais precioso do que receber. [Trad. de Sérgio Milliet.])

⇒ Sans un peu de TRAVAIL on n'a point de plaisir

9 Il n'y a CHOSE tant soit celée que le temps ne rende avérée (sXVI)

'il n'est rien de si caché qui ne doive se découvrir enfin'

não há segredo que tarde ou cedo não seja descoberto
o que se faz de noite de dia aparece
o tempo corre e tudo descobre

time discloses all things
time reveals all things

⇒ Il n'y a rien si caché sous la NEIGE que le temps ne découvre

10 Il y a deux CHOSES qui gagnent de vieillir, le bon vin et les amis (rég., Lyon)

= AMI, or et vin vieux sont bons en tous lieux

11 Les meilleures CHOSES ont une fin

'même ce qui n'a aucune raison de s'interrompre, parce que nul n'y a le moindre intérêt, cela même, pourtant, doit plier à la loi de la finitude à laquelle nous sommes invinciblement soumis'

mais cedo ou mais tarde não há coisa que não acabe
tudo tem fim: o bom e o ruim

all good things must come to an end
everything has an end... (and a pudding has two)

⇒ Toute bonne CHOSE a une fin

12 Plus ça change, plus c'est la même CHOSE (1849)

dicton populaire exprimant le désenchantement politique des gens simples face à l'inanité successive des gouvernements et des promesses électorales

a merda é a mesma, as moscas é que mudam
a merda é que muda, as moscas são sempre as mesmas
sempre o mesmo, pra variar!
vira o disco e a música é sempre a mesma

the more it changes, the more it remains the same thing

♦ Palavras de Alphonse Karr (*Les guêpes*, 1849) que se tornaram proverbiais.

⇒ C'est le/(comme au) BAL des pompiers, ce sont toujours les mêmes qui dansent

13 Qui deux CHOSES chasse ni l'une ni l'autre ne prend (sXIII)

= Il ne faut pas courir deux LIÈVRES à la fois

14 Si tu fais quelque CHOSE, fais-le

'toute action exige qu'on s'y consacre pleinement'

o que tem de se fazer faz-se

if you have to do something, do it with heart and soul

♦ Cf. Plauto (*Epidicus*, 196; *Miles gloriosus*, 215; *Trinummus*, 981; etc.): *Age siquid agis* (se fazes alguma coisa, faze-a). Cf. também Marcial (1, 47, 1): *Fac si facis* (se fazes, faz).

15 Toute bonne CHOSE a une fin

= Les meilleures CHOSES ont une fin

16 Toute CHOSE a son temps

= Chaque CHOSE a/en son temps

Quand on descendit devant la gare, le menuisier s'attendrit: – "C'est dommage que vous partiez, on aurait bien rigolé."
Madame lui répondit sensément: – "TOUTE CHOSE A SON TEMPS, on ne peut pas s'amuser toujours." (G. de Maupassant, *MT*, p. 58)

Ao descerem em frente à estação, o marceneiro enterneceu-se:
– É pena vocês irem embora... A gente ia se divertir tanto!
Madame respondeu-lhe, sensatamente:
– CADA COISA A SEU TEMPO. Não podemos passar a vida nos divertindo. (Trad. de Lygia Junqueira Fernandes)

17 Toutes CHOSES ont leur saison (1580)

= Chaque CHOSE a/en son temps

Ce qu'on dict, entre aultres choses, de luy, [Caton le Censor] qu'en son extreme vieillesse il se meit à apprendre la langue grecque, d'un ardent appetit, comme pour assouvir une longue soif, ne me semble pas luy estre fort honorable: c'est proprement ce que nous disons, "retumber en enfantillage". TOUTES CHOSES ONT LEUR SAISON, les bonnes et tout; (...). (Montaigne, *E*, t. II, p. 431)

O que dizem do Censor, que na extrema velhice resolveu aprender o grego com entusiasmo, a fim de satisfazer um desejo antigo, não o considero digno de elogios. A isso chamamos voltar à infância, pois CADA COISA TEM SEU TEMPO, as boas e as más. (Trad. de Sérgio Milliet)

⇒ Avec le TEMPS et la paille, les nèfles mûrissent

18 Trois CHOSES chassent l'homme de sa maison: la fumée, la pluie et une femme querelleuse

'inconfort domestique et femme acariâtre rendent les maris volages'

em casa, nem fumo, nem goteira, nem mulher tarameleira
fumaça, a mulher tarameleira e a goteira põem os homens fora de sua casa
fumo, a mulher tarameleira e a goteira põem os homens fora de sua casa

fumo, goteira e mulher faladora põem os homens pela porta fora
três coisas tiram o homem de casa: fumaça, chuva e mulher rabugenta

three things drive a man out of his house – smoke, rain, and a scolding wife

♦ Cf. o latim: *tria sunt enim quae non sinunt hominem in domo permanere: fumus, stillicidium, et mala uxor* (citado pelo papa Inocêncio III, in *De contemptu mundi*, 1, 18). Há equivalentes em italiano: *tre cose cacciano l'uomo di casa: fumo, goccia e femina arrabiata* e em espanhol: *humo y gotera y mujer parlera echan al hombre de su casa afuera*.

⇒ FUMÉE, pluie et femme sans raison chassent l'homme de sa maison

CHOU *s.m.* (*Brassica oleracea*) repolho, couve; *cabbage, kale*

CHOUX réchauffés, mauvais dîner

dicton diététique et culinaire: 'le chou, plat populaire, fermente rapidement'

jamais serão bons a couve requentada e a mulher a casa tornada (aprox.)

cabbage twice cooked is death

♦ Cf. o provérbio grego δὶς κράμβη θάνατος (couve duas vezes é morte), citado por São Basílio de Cesaréia. Cf. também Juvenal (*Saturae*, 7, 154): *occidit miseros crambe repetita magistros* (é dessa couve servida e resservida que morrem os pobres mestres).

CIEL *s.m.* céu; *sky, Heaven*

1 Aide-toi, le CIEL t'aidera (1617; 1456: *aide-toi, Dieu t'aidera*)

'Dieu n'assiste pas ceux qui l'attendent; il n'intervient que pour ceux qui s'assument'

ajuda a Deus e ele te ajudará
ajuda-te que Deus te ajudará
Deus disse ao homem: trabalha e eu te ajudarei
Deus diz: faze tu que eu te ajudarei
Deus é bom trabalhador mas gosta que o ajudem

God gives us hands but does not build bridges
God helps them that help themselves
Heaven helps them that help themselves
help yourself and God will help you

– Or bien je vais t'aider, dit la voix: prend ton fouet. / – Je l'ai pris. Qu'est ceci? mon char marche à souhait. / Hercule en soit loué. Lors la voix: Tu vois comme / Tes chevaux aisément se sont tirés de là. / AIDE-TOI, LE CIEL T'AIDERA. (La Fontaine, *F*, VI, xviii, 29-33).

– Está bem, vou te ajudar – disse a voz: pega o chicote. / – Já peguei. O que é isto? Meu carro já anda. / Hércules seja louvado! E a voz: Estás vendo como / Teus cavalos conseguiram se safar com facilidade. / AJUDA-TE TU QUE DEUS TE AJUDARÁ.

Il pouvait même, songea-t-il, donner un coup de pouce aux puissances qui, après s'être jouées de lui, consentiraient à tout remettre en place. AIDE-TOI, LE CIEL T'AIDERA... (E. Carrère, *M*, p. 160)

Podia até, pensou, dar uma mãozinha às potências que, depois de se terem divertido à sua custa, consentiriam em pôr tudo de volta no lugar. DEUS AJUDA A QUEM CEDO MADRUGA...

Var. em J. Lacarrière:

Si l'on en juge d'après le témoignage porté par tous les textes, l'homme grec ne conçut jamais cette toute-puissance de la divinité comme un encouragement au fatalisme. Il faisait sien l'adage: AIDE-TOI ET LE CIEL T'AIDERA. (*PGA*, p. 161)

Se levarmos em conta o testemunho prestado por todos os textos, o homem grego jamais considerou essa onipotência da divindade como um encorajamento ao fatalismo. Adotava o adágio: DEUS AJUDA A QUEM TRABALHA.

♦ A idéia está expressa num fragmento de Ésquilo: φιλεῖ δὲ τῷ κάμνοντι συσπεύδειν θεός (Deus gosta de ajudar a quem labuta). Diz-se em italiano: *chi s'aiuta, il ciel l'aiuta* (ou ainda: *aiutati che Dio t'aiuta*).

2 **CIEL pommelé et femme fardée, l'un et l'autre tombent**

= CIEL pommelé et femme fardée ne sont pas de longue durée

3 **CIEL pommelé et femme fardée ne sont pas de longue durée** (1616)

'nuages moutonnants annoncent chute de pluie comme maquillage est avant-coureur de chute de femme'

céu pardacento, chuva ou vento (aprox.)
céu pedrento, chuva ou vento (aprox.)

mackerel sky and painted woman are never to be trusted

4 **CIEL rouge au soir, blanc au matin, c'est le souhait du pèlerin**

'les signes annonciateurs de beau temps sont doux à celui qui doit cheminer toute la journée'

arrebóis de manhã trazem água à noite; arrebóis à noite, sol de manhã
vermelhão no sertão, velhas no fogão; vermelhão para o mar, velhas a lavar
vermelho para a serra, chuva na terra; vermelho para o mar, calor de rachar

an evening red and morning grey will set the traveller on his way

if the sun goes pale to bed, 'twill rain tomorrow, it is said
if the sun in red should set, the next day surely will be wet; if the sun should set in grey, the next day will be a rainy day
sky red in the morning is a sailor's warning; sky red at night is the sailor's delight
sky red in the morning is a shepherd's warning; sky red at night is the shepherd's delight

♦ Cristo refere-se a esta crença (Mateus 16, 2-3).

♦ Diz-se em italiano: *sera rossa e nero mattino, rallegra il pellegrino*.

⇒ PLUIE du matin n'arrête pas le pèlerin

5 **Le CIEL est bleu partout**

= Le SOLEIL brille/luit pour tout le monde

6 **Qui crache contre le CIEL, il lui tombe sur la tête/(le visage)** (sXVI: *qui crache en l'air reçoit le crachat sur soi*)

'on ne s'attaque pas sans dommages à des supérieurs; des lois aussi implacables que celles de la physique vous en punissent'

não cuspa para o alto que lhe cai na boca
não cuspas para cima que te cai na testa
quem cospe para cima na cara lhe cai
quem cospe para o alto, cai-lhe na cara
quem cospe para o ar, cai-lhe na cara
quem pedra para cima deita, cai-lhe na cabeça

an arrow shot upright falls on the shooter's head
who spits against heaven, it falls in his face
who spits against the wind, it falls in his face

♦ Do latim medieval *in expuentis recidit faciem, quod in caelum expuit* (o que alguém cospe para o céu cai em seu próprio rosto). O provérbio tem equivalentes em italiano: *chi sputa in su, lo sputo gli torna sul viso* e em espanhol: *quien al cielo escupe, en la cara le cae*.

⇒ À pisser contre le VENT, on mouille sa chemise

7 **Si le CIEL tombait, il y aurait bien des alouettes de prises** (sXVI)

'les hypothèses rendent tout possible'

se o céu caísse, morriam as andorinhas todas

if the sky falls we shall catch larks
if the sky falls we shall have larks

Toutesfoys on dict que les allouettes grandement redoubtent la ruine des cieulx, car, LES CIEULX TOMBANS, TOUTES SEROIENT PRINSES. (F. Rabelais, *Le quart livre*, in *OC*, p. 629)

Dizem, no entanto, que quem tem muito medo que o céu desabe são as cotovias, porque, SE O CÉU CAIR, TODAS AS COTOVIAS SERÃO APANHADAS.

♦ Diz-se em italiano: *se il cielo rovinasse, si piglierebbero molti uccelli*.

⇒ Si ma GRAND-MÈRE avait eu des roues, elle aurait pu être un autobus

CIGOGNE *s.f.* (*Ciconia ciconia*) cegonha; *stork*

CIGOGNES à la Saint-Barthélemy, un doux hiver nous est promis

dicton météorologique: il fera beau parce que les cigognes aiment le beau temps

São Bartolomeu claroso faz o ano formoso

if the twenty-fourth of August be fair and clear, then hope for a prosperous autumn that year

◆ O dia de São Bartolomeu (24 de agosto) evoca para o hemisfério norte o período de verão.

CISEAUX *s.m.pl.* tesoura; *scissors*

Il n'est rien comme les vieux CISEAUX pour couper la soie (Québec)

'rien n'égale l'expérience pour les tâches délicates'

folha velha sabe cortar

old scissors are best to cut through silk

⇒ Le DIABLE sait beaucoup parce qu'il est vieux

CLÉ *s.f.* chave; *key*

1 Il faut avoir une bonne CLÉ pour entrer en paradis

= La CROIX est l'échelle des cieux

2 La CLÉ dont on se sert est toujours claire (1860)

'à l'usure des objets on reconnaît leur usage'

chave que não se usa cria "ferruja"
chave que se usa está sempre limpa

iron with use grows bright
the used key is always bright

⇒ L'ÉCURIE use plus (le cheval) que la course

3 La CLÉ d'or ouvre partout (rég., Auvergne)

= L'ARGENT ouvre toutes les portes

CLERC *s.m.* clérigo; *clerk*

1 Les meilleurs CLERCS ne sont pas les plus sages (sXV)

'il ne faut pas juger du mérite de quelqu'un par sa position'

os maiores clérigos não são os maiores sábios
os maiores não são os mais sábios
os mais sábios não são os mais perspicazes

the greatest clerks ['scholars'] *are not the wisest men*
the greatest scholars are not the best preachers

F. Rabelais usa o provérbio em latim:

– (...) Nostre feu abbé disoit que c'est chose monstrueuse veoir un moyne sçavant. Par Dieu, Monsieur mon amy, *MAGIS MAGNOS CLERICOS NON SUNT MAGIS MAGNOS SAPIENTES*... Vous ne veistes oncques tant de lievres comme il y en a ceste année. (*G*, p. 67)

– (...) Dizia o defunto abade que é monstruoso ver um frade sábio. Por Deus, senhor meu amigo! *MAGIS MAGNOS CLERICOS NON SUNT MAGIS MAGNOS SAPIENTES*... Nunca se viu tanta lebre como este ano. (Trad. de Aristides Lobo)

E também Montaigne:

(...) car Plutarque dict que Grec et Escholier estoient mots de reproche entre les Romains, et de mespris. Depuis, avec l'aage, i'ay trouvé qu'on avoit une grandissime raison, et que *MAGIS MAGNOS CLERICOS NON SUNT MAGIS MAGNOS SAPIENTES*. (*E*, t. I, p. 170)

E isso vem de longe, pois Plutarco (*Vida de Cícero*) nos diz que entre os romanos "grego" e "escolástico" eram palavras pejorativas que se empregavam como censura. Com a idade achei que se justificava essa opinião e que os mais sábios não são os mais perspicazes. *MAGIS MAGNOS CLERICOS NON SUNT MAGIS MAGNOS SAPIENTES*. (Trad. de Sérgio Milliet)

◆ Em latim medieval: *magis magni clerici non sunt magis sapientes*. Diz-se em espanhol: *no es más grande el que más abulta*.

2 Les plus grands CLERCS ne sont pas les plus fins (1635)

= Les meilleurs CLERCS ne sont pas les plus sages

3 Si n'étaient messieurs les CLERCS, nous vivrions comme bêtes (sXVI)

'hommage rendu à l'action humaniste et civilisatrice des clercs'

se não fossem os senhores clérigos, viveríamos como animais

if it were not for clerks, we should live like beasts

Alteração jocosa em F. Rabelais:

Lorsque Grandgousier la veit: "Voicy (dist il) bien le cas pour porter mon filz à Paris. Or çà, de par Dieu, tout yra bien. Il sera grand clerc on temps advenir. SI N'ESTOIENT MESSIEURS LES BESTES, NOUS VIVRIONS COMME CLERCS." (*G*, p. 94)

– Eis o que era preciso para levar meu filho a Paris. Agora sim, tudo correrá bem. Será um grande clérigo. SE NÃO FOSSEM OS SENHORES ANIMAIS, VIVERÍAMOS COMO CLÉRIGOS. (Trad. de Aristides Lobo)

4 Un bon CLERC comprend à demi-mot (sXVI)

= À bon ENTENDEUR peu de paroles

CLOCHE *s.f.* sino; *bell*

1 CLOCHE soudée ne peut bien sonner

= AMITIÉ rompue n'est jamais bien soudée

⇒ Ne te fie jamais à l'AMI réconcilié

2 Les CLOCHES appellent à l'église/l'office et n'y vont jamais/(n'y entrent pas) (sXV)

'fais ce que je dis et non ce que je fais'

bem prega frei Tomás: fazei o que ele diz e não o que ele faz
faça o que digo, não faça o que faço
o sino chama para a missa mas não vai a ela

bells call others, but themselves enter not into the church
bells call others to church, but go not themselves
do as I say, not as I do
do as the friar says, not as he does

♦ O provérbio existe em italiano: *non entra a messa la campana e ognun ci chiama* e em espanhol: *no entra en misa la campana, y a todos llama.*

3 On ne peut sonner les CLOCHES et aller à la procession (rég., Savoie)

'on ne peut être à la fois sur scène et dans les coulisses'

não se pode cavar a um tempo na vinha e no bacelo
não se pode repicar e ir na procissão
não se pode tocar sino e acompanhar a procissão
quem toca o carrilhão não vai na procissão

a man cannot be in two places at once
a man cannot spin and reel at the same time
I cannot be at York and London at the same time

♦ Há correspondentes em italiano: *non si può cantare e portar la croce* e em espanhol: *no se puede repicar y andar a la procésion.*

⇒ On ne peut à la fois courir et sonner du COR

4 Qui n'entend qu'une CLOCHE n'entend qu'un son (sXVIII)

'pour juger en pleine connaissance de cause, il faut disposer de plusieurs sources d'information'

o bom juiz ouve o que cada um diz
o que não ouve senão um som não sabe mais que um tom
ouve um som apenas quem ouve um sino só
quem só ouve um sino só ouve um som
quem só ouve uma das partes só sabe parte da verdade
se queres ser bom juiz, ouve o que cada um diz

he hears but half who hears one side only
one should hear both sides of a question
there are two sides to every question

Var. em H. de Balzac:

– (...) Il paraît que ce grabuge a été causé précisément par votre bonhomme de musicien, qui a voulu déshonorer, par vengeance, la famille du président. QUI N'ENTEND QU'UNE CLOCHE N'A QU'UN SON... Votre malade se dit innocent, mais le monde le regarde comme un monstre... (*CP*, p. 159)

– (...) Parece que essa confusão foi causada precisamente por esse tal músico, que quis desonrar, por vingança, a família do presidente. QUEM OUVE SÓ UMA PARTE FALAR SÓ FICA CONHECENDO UM LADO DA QUESTÃO... O seu doente se diz inocente, mas a sociedade o considera um monstro... (Trad. de Gomes da Silveira)

Estropiado em R. Queneau, que inverte as consoantes iniciais de *cloche* e *son*:

Moralité: QUI N'ENTEND QU'UNE SLOCHE N'ENTEND QU'UN CON. (*SM*, p. 352)

Moral: QUEM SÓ OUVE UM SINO SÓ OUVE UM TONTO.

♦ Cf. o latim medieval *audiatur et altera pars* (ouça-se também a outra parte). O mesmo princípio estava expresso em grego num provérbio atribuído por alguns a Demócrito – e por Cícero (*Epistulae ad Atticum*, 7, 18, 4) a Hesíodo: μηδὲ δίκην δικάσῃς, πρὶν ἀμφοῖν μῦθον ἀκούσῃς (não pronuncies uma sentença antes de ouvires ambas as partes). Citem-se também duas formulações latinas paralelas, a primeira de Sêneca (*Medea*, 199-200): *qui statuit aliquid parte inaudita altera, / aequum licet statuerit, haud aequus fuit* (quem proferiu uma sentença sem ouvir uma das partes / cometeu uma injustiça, mesmo que tenha sido justo), e a segunda de Santo Agostinho (*De duabus animabus*, 14, 22): *audi partem alteram!* (ouve a outra parte!). O provérbio tem correspondentes em italiano: *a sentire una campana sola si giudica male* e em espanhol: *tenga el juez una oreja para el demandante, y la otra, para la otra parte.*

⇒ Qui n'entend qu'UN, n'entend personne

CLOCHER *s.m.* campanário; *church tower*

1 Il faut placer le CLOCHER au milieu de la paroisse (1835)

'il faut mettre à la portée des gens ce dont ils ont besoin'

o que a todos é necessário deve estar ao alcance de todos

all that is necessary to everybody should be at everybody's hand

2 Quand on carillonne au CLOCHER, il est fête en la paroisse

'un orgasme réussi fait entendre le tintement des cloches'

quando a de baixo não regula, a de cima perde o juízo (aprox.)
quando os sinos tocam, o coração está em festa (aprox.)

the devil gets up to the belfry by the vicar's skirts

CLOU *s.m.* prego; *nail*

1 Pour épargner un CLOU, on perd un cheval

'on peut perdre beaucoup en cherchant à faire des économies'

por um cravo se perde um cavalo

por um cravo se perde um cavalo, por um cavalo um cavaleiro, por um cavaleiro um exército

por um cravo se perde uma ferradura; por uma ferradura, um cavalo; por um cavalo, um cavaleiro; por um cavaleiro, um exército inteiro

sempre sai caro o barato, sempre o tolo paga o pato

for want of a nail the shoe is lost; for want of a shoe the horse is lost; for want of a horse the rider is lost

♦ Diz-se em espanhol: *por un clavo se pierde una herradura.*

⇒ On n'a jamais bon marché de mauvaise MAR-CHANDISE

2 Un CLOU chasse l'autre

'seul un autre clou permet d'extraire un clou mal enfoncé; une nouvelle passion succède à une ancienne passion, un nouveau goût à un précédent, un nouvel ennui à un antérieur'

pelos amores novos se esquecem os velhos

pelos santos novos se esquecem os velhos

um cravo com outro se tira

um cravo tira outro, um amor faz esquecer outro

um prego empurra outro

vai-se um amor e vem outro

fight fire with fire
one fancy drives out another
one fire drives out another
one fire drives out one fire(; one nail, one nail) (Shakespeare)
one love expels another
one man goes and another steps in
one man goes and another takes his place
one nail drives out another

Quand j'ai découvert l'ange que tu sais, j'ai eu le réflexe de te laisser tomber; UN CLOU CHASSE L'AUTRE. J'ai ramassé de droite et de gauche les affections que j'avais éparses pour les concentrer sur l'ange, et en faire quelque chose de fort, comme la chaleur concentrée par une loupe. (H. de Montherlant, *PF*, p. 234)

Quando descobri o anjo que sabes, senti a tentação maquinal de te abandonar – REI MORTO, REI POSTO. Reuni, à esquerda e à direita, os meus afetos esparsos, para os concentrar no anjo e conseguir algo de forte, como o calor concentrado por uma lupa. (Trad. de Adelino dos Santos Rodrigues)

♦ Do grego ἥλῳ ὁ ἥλος (Aristóteles, *Política*, 5, 11, 3). Lê-se em Cícero (*Tusculanae disputationes*, 4, 35):

etiam novo quodam amore veterem amorem tanquam clavo clavum eiiciundum putant (pensam alguns que um prego empurra outro e que, para substituir um amor antigo, não há nada como um novo amor). O provérbio tem equivalentes em italiano: *chiodo caccia chiodo* e em espanhol: *un clavo saca otro clavo.*

⇒ Une PASSION chasse l'autre

COCHON *s.m.* (*Sus domesticus*) porco; *hog, pig*

1 Aux COCHONS la merde ne pue point (1690)

= Mieux aime TRUIE bran que rose

2 Il faut mourir, petit COCHON, il n'y a plus d'orge (sXVIII)

'toutes ressources épuisées, il faut irrémédiablement consentir à l'ultime nécessité'

se não podes com o teu inimigo, alia-te a ele

se não podes vencer os teus inimigos, junta-te a eles

se não puderes com o inimigo, junta-te a ele

better fleech ['flatter'] *the devil than fight him*
if you can't beat them, join them

3 Le COCHON ne défèque pas là où il dort (Martinique)

= Vilain OISEAU que celui qui salit son nid

4 On n'engraisse pas les COCHONS avec de l'eau claire

= Il faut perdre un VAIRON pour pêcher un saumon

5 Où il y a un joli COCHON, il y a bonne soupe (rég., Auvergne)

'l'opulence se laisse toujours deviner par quelque signe extérieur'

onde há riqueza tudo é beleza

quem tem muita manteiga assa-a na ponta do espeto

they that have got good store of butter, may lay it thick on their bread
where there is store of oatmeal, you may put enough in the crock

6 Quand les COCHONS sont saouls*, ils renversent leur auge

* *Saoul* = 'gavé, repu'.

'le désir satisfait méprise ce qui l'a suscité'

o porco depois de comer vira a pia

when the mouse has had enough, the meal is bitter
when the pig has had a bellyful, it upsets the trough

♦ Há correspondente em italiano: *l'asino, quando ha mangiato la biada, tira calci al corbello.*

⇒ Le PIGEON saoul trouve les cerises amères

7 Si les COCHONS avaient des ailes, ça ferait des beaux serins (Québec)

'les hypothèses rendent tout possible'

se o burro tivesse asas, poderia ele voar
se os porcos tivessem asas voavam

pigs could fly, if they had wings
pigs might fly, if they had wings

⇒ Si la MER bouillait, il y aurait bien des poissons (de) cuits

8 Tout est bon dans le COCHON

'dicton de la bonne chère; en effet, les Français utilisent intégralement le cochon, dont ils consomment la viande, le sang, et jusqu'à la queue et aux oreilles'

do porco tudo se aproveita
um sabor tem a caça mas o porco cento alcança

all is good in a pig

♦ Diz-se em espanhol: *ni te las quito, ni te las cuento; pero trece maravillas salen de un puerco.*

COCO (NOIX DE) *s.m.* coco; *coconut*

Il ne faut pas confondre le COCO et l'abricot: le COCO a de l'eau, l'abricot un noyau (Martinique)

= Toute COMPARAISON est odieuse

COCU *adj.* corno, chifrudo; *cuckold*

1 Il vaut mieux être COCU que trépassé (1660)

'devant un mal plus grand, tout autre semble moindre'

antes assim que amortalhado
mais vale ser enganado do que ser morto e enterrado
mais vale ser marido enganado que enterrado

it is better to be a cuckold than a dead man

SGANARELLE. (...) Et quant à moi, je trouve, ayant tout compassé, / Qu'IL VAUT MIEUX ÊTRE encor COCU QUE TRÉPASSÉ. (Molière, *Le Cocu imaginaire*, in *OC*, t. I, p. 206)

SGANARELLE. (...) E quanto a mim, depois de tudo bem pesado, / Acho que MAIS VALE SER MARIDO ENGANADO QUE ENTERRADO.

2 Quand les COCUS s'assembleront, tu porteras la bannière (1546)

'tu es le roi des cocus'

se os cornudos se encontrassem, você seria o chefe

if all cuckolds meet, you will hold the candle

– Je seray (respondit Panurge) tes fortes fiebvres quartaines, vieulx fol, sot, mal plaisant que tu es. QUAND TOUS COQUS S'ASSEMBLERONT, TU PORTERAS LA BANIERE. (F. Rabelais, *TL*, p. 137)

– Serei – respondeu Panurgo – tuas fortes febres quartãs, velho louco, tolo e repulsivo. QUANDO TODOS OS CORNUDOS SE REUNIREM, TU SERÁS O PORTA-ESTANDARTE.

Var. em Brantôme:

Du temps du roy François fut une vieille chanson, que j'ay ouy conter à une fort honneste ancienne dame, qui disoit:
Mais, QUAND VIENDRA LA SAISON / QUE LES COCUS S'ASSEMBLERONT, / LE MIEN IRA DEVANT, QUI PORTERA LA BANNIÈRE; / Les autres suivront après, le vostre au darrière. (*DG*, p. 128)

Há uma velha canção do tempo do rei Francisco, que ouvi certa vez uma digna anciã cantar, e que dizia:
Mas, QUANDO CHEGAR A ESTAÇÃO / EM QUE SE REÚNEM OS CORNOS, / O MEU IRÁ NA FRENTE CARREGANDO O ESTANDARTE; / Os outros virão atrás, o vosso na retaguarda.

CŒUR *s.m.* coração; *heart*

1 À CŒUR vaillant rien d'impossible (sXV)

'le courage vient à bout de tout'

a quem quer nada é difícil
a quem quer não faltam meios
ao homem ousado a fortuna estende a mão
ao homem ousado(,) a fortuna (lhe) dá a mão
ao homem ousado, a fortuna lhe põe a mão
ao homem ousado, a fortuna lhe põe o ombro
arrenegai do amante que não ousa tudo

a wilful man will have his way
nothing is impossible to a willing heart
to a valiant heart nothing is impossible

♦ Lema de Jacques Cœur, tesoureiro-mor de Carlos VII.

⇒ La FORTUNE aide/sourit aux audacieux

2 À pauvre CŒUR petit souhait (sXVI)

'cœur souffrant se raccroche aux plus infimes raisons d'espérer'

coração pequeno com pouco se satisfaz

humble hearts have humble desires

3 Bon CŒUR ne peut mentir

'il existe une noblesse de cœur comme de sang, et quand un cœur est bon, il a la bonté dans le sang'

bom coração não mente
não há coisa mais leal que o bom coração

a good heart cannot lie

4 CŒUR blessé ne se peut aider

'... parce que les blessures d'amour ne peuvent se guérir que par celui qui les a faites'

coração partido sempre é combatido
mal de amor não tem cura

no herb will cure love

5 CŒUR étroit n'est jamais au large

ce proverbe tautologique dit clairement l'incompatibilité entre deux espaces: l'espace confiné du cœur exigu, et l'espace infini du cœur généreux

do avarento nada se consegue

nothing comes out of a close hand

6 CŒUR pensif ne sait où il va (sXIV)

'faute de hardiesse, on manque les bonnes occasions; cœur aimant a perdu tous ses repères habituels'

coração fraco não merece dama
quem muito escolhe ao pior vai dar
quem muito escolhe com o pior fica
quem muito escolhe pega no pior
quem muito escolhe pouco acerta

faint heart never won castle
faint heart never won fair lady
lover's head is always in the clouds

7 CŒUR qui soupire n'a pas ce qu'il désire (1616)

'la mélancolie des soupirs trahit l'amour insatisfait'

coração que suspira não tem o que deseja
coração que suspira não tem o que quer

hope deferred maketh the heart sick

Vao Dan Sing re-soupire.
Un vieux proverbe de Félicie assure que "CŒUR QUI SOUPIRE N'A PAS CE QU'IL DÉSIRE". (San-Antonio, *TC*, p. 126)

Vao Dan Sing torna a suspirar.
Um velho provérbio citado por Félicie afirma: "CORAÇÃO QUE SUSPIRA NÃO TEM O QUE DESEJA".

8 Le CŒUR a ses raisons que la raison ne connaît pas (1670)

'les mobiles de l'amour sont irrationnels, ou relèvent d'une rationalité inaccessible à la raison'

o coração tem razões que a própria razão desconhece

the heart has its reasons, which are quite unknown to the head
the heart has reasons reason knows nothing about

Il faut admettre que si LE CŒUR A SES RAISONS QUE LA RAISON NE CONNAÎT PAS, c'est que celle-ci est moins raisonnable que notre cœur. (R. Radiguet, *DC*, p. 121)

Temos que concordar que, se O CORAÇÃO TEM RAZÕES QUE A RAZÃO NÃO CONHECE, é porque esta é menos inteligente que o coração. (Trad. de Guilherme de Castilho)

♦ Frase de B. Pascal (*Pensées*, IV, 277) que se tornou proverbial.

9 Le CŒUR mène où il va

'chacun se laisse entraîner par son penchant'

facilmente acreditamos naquilo que queremos
onde está o vosso tesouro, lá está o vosso coração
para onde o coração se inclina, o pé caminha

it is easy to do what one's own self wills
we soon believe what we desire
where your will is ready, your feet are light

⇒ Chacun CROIT (fort) facilement ce qu'il craint et ce qu'il désire

COFFRE *s.m.* arca; *chest*

COFFRE ouvert fait pécher le juste même

= La PORTE ouverte tente le saint

⇒ Mauvaise GARDE permet au loup de se repaître

COL *s.m.* colarinho; *collar*

Au COL on connaît l'habit

= On connaît bien le POURPOINT au collet

COLÈRE *s.f.* cólera, raiva; *anger*

1 Colère n'a conseil (sXIII)

= Le COURROUX est un conseiller dangereux

2 Craignez la COLÈRE de la colombe

= Il n'est pire EAU que l'EAU qui dort

3 La COLÈRE est mauvaise conseillère

= Le COURROUX est un conseiller dangereux

4 La COLÈRE se passe en disant l'alphabet

'en concentrant son esprit sur une tâche limitée, on lui permet de refroidir'

antes de perder a cabeça, conte até dez

when angry, count a hundred

COLOMBE *s.f.* (*Columba livia*) pomba, rola; *dove*

1 À COLOMBES saoules* cerises sont amères (sXVI)

* *Saoules* = 'gavées, repues'.

= À VENTRE saoul cerises amères

♦ Diz-se em italiano: *colombo pasciuto, ciliegia amara.*

⇒ Le PIGEON saoul trouve les cerises amères

2 Les COLOMBES ne tombent pas toutes rôties

'on n'obtient rien sans effort'

dinheiro não cai do céu

it is not with saying 'Honey, honey', that sweetness will come into the mouth
mince pies don't grow on trees

♦ A idéia está em Terêncio (*Andria*, 693): *credebas dormienti haec tibi confecturos deos?* (Julgavas que os deuses te iriam fazer isso enquanto dormias?). No latim medieval encontra-se a forma: *non volat in buccas assa columba tuas* (nenhuma pomba assada vai voar para a tua boca). Diz-se em italiano: *a nessuno piovono le lasagne in bocca.*

⇒ L'ARGENT ne pousse pas sur les arbres

3 L'on ne peut faire d'une COLOMBE un épervier
(sXVI: *l'on ne peut faire d'un coulomb un espervier*)

= On ne saurait faire d'une BUSE un épervier

⇒ Qui est né HONGRE ne sera jamais étalon

COMMENCEMENT *s.m.* começo, princípio; *beginning*

1 Heureux COMMENCEMENT est la moitié de l'œuvre

= Le bon COMMENCEMENT attrait la bonne fin

2 Il y a (un) COMMENCEMENT à tout

'il faut en tout un apprentissage; il ne faut désespérer de rien'

princípio querem as coisas
tudo na vida tem um começo
tudo o que já foi é começo do que vai ser

everything must have a beggining

⇒ C'est en forgeant qu'on devient FORGERON

3 Le bon COMMENCEMENT attrait la bonne fin (sXV)

'le bon début d'une affaire est le garant de sa bonne exécution'

bem começado é bem acabado
coisa bem começada é bem acabada
o que começa bem acaba bem
quem bem começa bem acaba

(a) good beginning makes (a) good ending

⇒ Qui BIEN engrène BIEN finit

4 Le COMMENCEMENT est la moitié du tout (sXVI)

'le plus difficile en toutes choses est de commencer'

caminho começado é meio caminho andado
coisa bem começada é meio acabada
começar é meio caminho andado
metade da obra tem feito quem bem a começou

the first blow is half the battle

well begun is half done

Et pource que, scelon le dict de Hésiode, d'une chascune chose LE COMMENCEMENT EST LA MOYTIÉ DU TOUT et, scelon le proverbe commun, *à l'enfourner on faict les pains cornuz*, j'ay pour de telle anxiété vuider mon entendement, expressément dépesch, Malicorne, à ce que par luy je soys acertain, de ton portement sus les premiers jours de ton voyage. (F. Rabelais, *Le quart livre*, in *OC*, p. 590)

E visto que, como diz Hesíodo, COMEÇAR É MEIO CAMINHO ANDADO, e, segundo o conhecido provérbio, *pau que nasce torto tarde ou nunca se endireita*, estou tão ansioso por notícias que enviei de propósito Malicorne para que ele me transmita como você se comportou nos primeiros dias de viagem.

♦ Velho provérbio grego atribuído a Pitágoras: ἀρχὴ δέ τοι ἥμισυ παντός (o começo é a metade do todo) e retomado, entre outros, por Platão (*República*, 2, 377a e *Leis*, 6, 753e). Lê-se também em Horácio (*Epistulae*, 1, 2, 40): *Dimidium facti, qui coepit, habet* (quem começou já fez metade do trabalho), que acrescenta: *Vivendi qui recte prorogat horam, rusticus expectat dum defluat amnis* (quem adia o momento de viver uma vida reta está, como o camponês, à espera de que o rio detenha o seu curso). Diz-se em espanhol: *buen principio, la mitad es hecho* (ou ainda: *obra empezada, media acabada*).

⇒ MATINES bien sonnées sont à demi chantées

5 Tel COMMENCEMENT, telle fin

'naissance et mort s'engendrant l'une l'autre, les origines déterminent le devenir et engagent la fin'

de tal começo, tal fim
princípios ruins, desgraçados fins
quem mal começa mal acaba
tal começo, tal fim

a bad beginning, a bad ending
an ill beginning, an ill ending
such beginning, such end

Mesma idéia em B. Giraud:

Est-ce que ça a commencé au premier jour? Est-ce vous qui avez tué votre histoire? On dit que LA FIN EST INSCRITE DANS LE COMMENCEMENT. La faute à qui alors? À celui qui a dévoré l'autre? À celui qui s'est laissé dévorer? ("La fin de l'histoire", in *Histoires de Lecture*, p. 49)

Será que isso começou no primeiro dia? Será que foi você quem matou sua história? Dizem que DE TAL COMEÇO, TAL FIM. De quem é a culpa? De quem devorou o outro? De quem se deixou devorar?

♦ Lê-se num fragmento de Eurípides: κακῆς ἀπ' ἀρχῆς γίγνεται τέλος κακόν (mau começo leva a mau fim). Cf. São Jerônimo (*Epistulae*, 69, 9): *quale princi-*

pium, talis est clausula (tal princípio, tal fim). O provérbio existe em italiano: *qual principio, tal fine* e em alemão: *wie der Anfang, so das Ende.*

COMMUN *s.m.* comum; *the common*

1 Qui sert au COMMUN a un méchant maître

= Qui sert au COMMUN ne sert pas un

2 Qui sert au COMMUN ne sert pas un

'on sert mal un maître quand on en sert trop'

cachorro de dois donos morre de fome
favor ao comum, favor a nenhum
quem faz por comum não faz por nenhum
quem serve a moço, à mulher e ao comum não serve a nenhum
quem serve a todos não serve a ninguém
quem serve ao comum não serve a nenhum

a common servant is no man's servant
he that serves everybody is paid by nobody

♦ Há equivalentes em italiano: *chi serve al comune, non serve a nessuno* e em espanhol: *quien sirve al común, sirve a ningún.*

COMPAGNIE *s.f.* companhia; *company*

1 COMPAGNIE de deux, COMPAGNIE de Dieu (1568)

'deux êtres forment un tout, par copulation et complémentarité; deux êtres ensemble sont parfaitement heureux'

companhia de dois, companhia de bons
um é pouco, dois é bom, três é demais

two is company, but three is none
two's company, three's a crowd

2 COMPAGNIE de un, COMPAGNIE de nul (1568)

'le solitaire est réputé n'aimer la compagnie que de lui-même; que cette formule ne soit qu'un effet de rhétorique ou une référence psychologique au procéssus du dédoublement, la notion de "compagnie" n'est pas recevable: en dehors de la schizophrénie, la pure altérité est inaccessible au moi coupé de toute société, et le solitaire est toujours seul'

companhia de um, companhia de nenhum

one man's company is no company

♦ Cf. Macróbio (*Commentarii in Ciceronis Somnium Scipionis*, 2, 8): *monas numerus esse non dicitur*, e o provérbio grego: εἷς ἀνήρ, οὐδεὶς ἀνήρ (um homem, nenhum homem), registrado pelos paremiógrafos.

3 Il n'y a/n'est si bonne COMPAGNIE qu'on ne quitte

'les choses les plus agréables ont une fin'

não há bem que sempre dure, nem mal que nunca acabe
o que é bom dura pouco (aprox.)
tudo tem seu fim

all good things must come to an end
the best of friends must part

– Allons, allons, monsieur, dit Catherine, que, malgré les parfums dont elle était couverte, cette odeur commençait à indisposer, allons, IL N'Y A SI BONNE COMPAGNIE QU'ON NE QUITTE. Disons adieu à M. l'amiral, et revenons à Paris. (A. Dumas, *RM*, v. 1, p. 245)

– Vamos, vamos, senhor – disse Catherine, que, apesar dos perfumes que a envolviam, começava a sofrer com aquele odor –, vamos. A CONVERSA ESTÁ MUITO BOA, MAS JÁ É HORA DE IR EMBORA. Vamos nos despedir do senhor almirante e voltar para Paris.

♦ "La phrase accompagne poliment un départ." (A. Rey & S. Chantreau)

4 Il vaut mieux être seul qu'en mauvaise COMPAGNIE (1527)

= Il vaut mieux être SEUL que mal accompagné

5 Mauvaise COMPAGNIE au gibet l'homme convie

= Par COMPAGNIE, on se fait pendre

♦ Há provérbio paralelo em italiano: *le cattive compagnie conducono l'uomo alla forca.*

6 Par COMPAGNIE, on se fait pendre (1527)

'un innocent peut être compromis par ses relations'

quem má companhia deseja ter corpo e alma quer perder

ill company brings a man to the gallows

♦ Há correspondentes em espanhol: *quien compañía de malos desea tener el cuerpo y el alma quiere perder* e em alemão: *mitenfangen, mitenhangen.*

COMPAGNON *s.m.* companheiro; *companion*

1 COMPAGNON à COMPAGNON il n'y a que la main (sXVI)

'deux amis n'ont pas besoin de plus de garantie qu'une main topée'

homem de bem tem palavra de rei
homem de boa lei tem palavra como rei
negócio, palavra de pedra e cal
palavra dada, vida empenhada
palavra de homem não volta atrás
palavra de rei não volta atrás
palavra é palavra

a thread will tie an honest man better than a rope will do a rogue

an honest man's word is as good as his bond
my word is my bond

⇒ De MARCHAND en MARCHAND il n'y a que la main

2 COMPAGNON bien parlant vaut en chemin chariot branlant* (1594)

* *Chariot branlant* = 'chariot suspendu'.

= COMPAGNON facond par chemin excuse un char, coche et roncin

3 COMPAGNON facond par chemin excuse un char, coche et roncin (1568)

'un joyeux compagnon rend la route plus aisée'

andando de dois se encurta o caminho
o bom companheiro encurta o caminho
um bom companheiro alumia como um candeeiro
viajas com gente boa, levas a fortuna à proa

a merry companion is a waggon in the way
a merry companion on the road is as good as a nag
a merry companion on the road is music in a journey
good company upon the road is the shortest cut
make short the miles with talk and smiles

♦ Cf. Publílic Siro (*Sententiae*, C 17): *comes facundus in via pro vehiculo est* (um companheiro loquaz na estrada torna o caminho mais curto). Há correspondentes em italiano: *compagno allegro per cammino, te serve per ronzino*, em espanhol: *alevia el trabajo del camino el compañero elocuente* e em alemão: *beredter Gefährte ist so gut wie ein Wagen*.

4 Qui a COMPAGNON a maître (sXVI; sXIII: *qui a compagnon il a maître*)

'toute compagnie impose des obligations'

quem é só é senhor de si
quem tem companheiro tem amo

he who has a fellow-ruler has an over-ruler

♦ Diz-se em italiano: *chi ha compagno, ha padrone*.

5 Tout se fait pour COMPAGNON et compère

'les relations facilitent tout; vieille formulation du copinage et du népotisme'

é dando que se recebe
feliz é irmão de freira, que entra no céu como cunhado
quem não tem padrinho morre pagão
quem tem capa sempre escapa

a friend in court is better than a penny in purse
he whose father is judge goes safe to his trial
it is good to have some friends both in heaven and hell

⇒ Qui dîne avec son JUGE a gagné son procès

COMPARAISON *s.f.* comparação; *comparison*

1 COMPARAISON n'est pas raison (sXIII)

'comparer n'est pas argumenter; analogie et déduction relèvent de logiques fort étrangères'

comparação não é razão
comparar não é provar

comparison is no evidence

– (...) Alors tant pis! Mieux vaut crever l'abcès que l'éterniser sous les pommades.
– COMPARAISON N'EST PAS RAISON, dit sèchement Mme Esteva. (H. Bazin, *CB*, p. 60)

– (...) Então paciência! – melhor furar o abscesso do que contemporizar com pomadas.
– COMPARAÇÃO NÃO É RAZÃO – disse secamente a Sra. Esteva.

2 Toute COMPARAISON est odieuse (1317: *comparaisons sont odieuses*)

'tout être s'éprouve comme irréductiblement original'

toda comparação é odiosa

comparisons are odious
it is comparison that makes men miserable

♦ Há equivalente em espanhol: *toda comparación es odiosa*.

COMPÈRE *s.m.* compadre, companheiro; *mate, buddy, fellow*

Plus sont de COMPÈRES que d'amis (sXIII: *tex est compères n'est amis*)

'les amis sont plus rares que les relations, les fréquentations, les copains'

muitos conhecidos, poucos amigos

have but few friends, though many acquaintances
many kinsfolk and few friends

COMPTE *s.m.* conta; *count*

Les bons COMPTES font les bons amis (1640)

'l'amitié ne doit pas être prétexte à l'incurie; bien au contraire, la rigueur en affaires consolide l'amitié'

amigo até a bolsa
amigos, amigos, negócios à parte
amigos de longe, contas de perto
(as) boas contas fazem (os) bons amigos
boas contas fazem boa amizade
conta de perto, amigo de longe

bad debts make bad friends
even reckoning makes long friends
short accounts make long friends
short reckonings make long friends

– Je vais vous rendre, reprit Rastignac, qui défit promptement un sac et compta cent quarante francs à

Mᵐᵉ Vauquer. LES BONS COMPTES FONT LES BONS AMIS, dit-il à la veuve. (H. de Balzac, *PG*, t. I, p. 73)

– Vou lhe pagar – continuou Rastignac, que desatou prontamente um saquinho e entregou 140 francos à Sra. Vauquer. – BOAS CONTAS FAZEM BONS AMIGOS – disse à viúva.

Elle, plus vieille que lui de six ans, était affreuse, usée, la gorge sur le ventre et le ventre sur les cuisses, avec un mufle aplati aux poils grisâtres, toujours dépeignée. Il l'avait prise naturellement, sans l'éplucher davantage que sa soupe, où il trouvait des cheveux, et que son lit, dont les draps servaient trois mois. Elle entrait dans la pension, le mari aimait à répéter que LES BONS COMPTES FONT LES BONS AMIS. (E. Zola, *G*, p. 102)

Era uma mulher horrível, seis anos mais velha que ele, gasta, com os seios batendo na barriga e a barriga chegando até as coxas, com um carão achatado, de cabelos grisalhos, sempre despenteada. Ele dormia com ela com toda a naturalidade, sem a examinar mais do que a sopa que lhe era servida e onde encontrava fios de cabelo, e do que a cama, onde os lençóis só eram mudados de três em três meses. Era pensão realmente completa, incluía até sexo... O marido gostava de dizer que O BOM ENTENDIMENTO NOS NEGÓCIOS FAZ OS BONS AMIGOS. (Trad. de Francisco Bittencourt)

♦ Diz-se em italiano: *conti spessi, amicizia lunga*.

∴ Ver outra abonação em QUI PAIE SES DETTES S'ENRICHIT.

CON *s.m.* babaca; *asshole*

Si les CONS volaient, tu serais chef d'escadrille

'tu es le roi des andouilles'

se bobeira desse rasteira, você não saía do chão
se ignorância pagasse imposto, você estaria perdido

if you had a thought in your head, it would die from loneliness
if you said what you thought, you would be speechless

♦ M. Pagnol (*M*, p. 49) expressou em outros termos a idéia deste provérbio: "Quand on fera danser les couillons, tu ne seras pas à l'orchestre." (Quando a orquestra tocar para os babacas dançarem, você não será um dos músicos.)

CONCORDE *s.f.* concórdia, harmonia; *concord, harmony*

CONCORDE construit, discorde détruit

'on obtient davantage par la douceur que par la violence'

a união faz a força
mais vale (o) jeito que (a) força
não basta numa nação a força sem a união

a house divided against itself cannot stand

united we stand, divided we fall

♦ Pensamento de Salústio (*Bellum Iugurthinum*, 10, 6): *concordia parvae res crescunt, discordia maxumae dilabuntur* (na concórdia crescem as pequenas coisas; na discórdia, dissipam-se as maiores).

⇒ L'UNION fait la force

CONFESSEUR *s.m.* confessor; *confessor*

1 À CONFESSEURS, avocats, la vérité ne cèle de ton cas (sXVI)

= Au MÉDECIN, à l'avocat et au curé, il faut dire la vérité

2 À ton CONFESSEUR et à ton médecin, ne cache jamais rien

= Au MÉDECIN, à l'avocat et au curé, il faut dire la vérité

CONNAÎTRE *v.t.* conhecer; *to know*

CONNAIS-toi toi-même

cette antique injonction, d'abord célébrée par Delphes et par Socrate, a connu d'innombrables métamorphoses au cours des siècles; au point que, de Platon à Heidegger, en passant par Saint Augustin, Montaigne ou Rousseau, toute l'histoire occidentale de la philosophie de la connaissance peut se lire à travers elle

conhece-te a ti mesmo

know thyself

M. Proust cita a máxima em grego:

– Le sage est forcément sceptique, répondit le docteur. Que sais-je? γνῶθι σεαυτόν, disait Socrate. C'est très juste, *l'excès en tout est un défaut*. Mais je reste bleu quand je pense que cela a suffi à faire durer le nom de Socrate jusqu'à nos jours. Qu'est-ce qu'il y a dans cette philosophie? peu de chose en somme. Quand on pense que Charcot et d'autres ont fait des travaux mille fois plus remarquables et qui s'appuient, au moins, sur quelque chose, sur la suppression du réflexe pupillaire comme syndrome de la paralysie générale, et qu'ils sont presque oubliés! En somme, Socrate, ce n'est pas extraordinaire. Ce sont des gens qui n'avaient rien à faire, qui passaient toute leur journée à se promener, à discutailler. (*RTP*, t. II, p. 1.051-1.052)

– O sábio é forçosamente céptico – respondeu o doutor. – "Que sei eu?" γνῶθι σεαυτόν, dizia Sócrates. É muito justo, *o excesso é um defeito em tudo*. Mas fico roxo quando penso que isso bastou para fazer durar o nome de Sócrates até nossos dias. Que é que há nessa filosofia? Pouca coisa em suma. Quando se pensa que Charcot e outros fizeram trabalhos mil vezes mais notáveis e que se apóiam, pelo menos, em alguma coisa, na supressão do reflexo pupilar como síndroma da paralisia geral, e que são quase esquecidos! Em suma, Sócrates não é nada extraordinário. São criaturas que não tinham nada que fazer, que passavam todo o dia a passear, a discutir. (Trad. de Mário Quintana)

◆ Γνῶθι σεαυτόν são palavras atribuídas aos Sete Sábios por Platão (*Protágoras*, 343 b) e inscritas no frontão do templo de Apolo em Delfos. Observa R. Tosi (347) que "talvez, na origem, tal advertência significasse simplesmente 'percebe com clareza o que queres pedir à divindade', como aventou J. Partsch, *Griechisches Burgschaftsrecht*, (...) mas sem dúvida a sua fama esteve desde o início vinculada ao potencial valor filosófico-psicológico". A máxima é muito citada em sua forma latina: *nosce te ipsum*.

CONSCIENCE *s.f.* consciência; *conscience*

Une bonne CONSCIENCE est un doux oreiller

'qui n'a rien à se reprocher a le sommeil tranquille; l'oreiller bourgeois est d'une particulière qualité'

a consciência é o melhor travesseiro
quem tem a consciência limpa dorme tranqüilo
quem trabalha o dia inteiro acha mole o travesseiro
quem vive em paz dorme com sossego

a good conscience is a continual feast
a good conscience is a soft pillow
a quiet conscience is a soft pillow
a quiet conscience sleeps in thunder

◆ Pensamento semelhante em Ovídio (*Fasti*, 4, 311): *conscia mens recti famae mendacia risit* (o espírito cônscio da sua probidade ri das falsidades da fama).

CONSEIL *s.m.* conselho; *counsel*

1 À CONSEIL de fol, cloche de bois (1568)

'le conseil d'un écervelé est aussi utile qu'une cloche qui ne peut sonner'

conselho de louco vale pouco
de ruim cabeça não sai bom conselho

to the counsel of fools, a wooden bell

◆ Diz-se em espanhol: *a consejo de ruin, campana de madera*.

2 CONSEIL d'oreille ne vaut pas une grouseille* (1568)

* *Grouseille* = 'groseille'.

'il faut se défier des conseils qui n'osent se formuler qu'à voix basse'

conselho sussurrado não vale nada

advice whispered in the ear is not worth a tare
advice whispered is worthless

3 En CONSEIL écoute l'homme âgé (sXIII: en conseil oy le vieil)

'le temps apporte l'expérience, l'expérience apporte la connaissance, la connaissance apporte le discernement'

aproveita-te do que diz o velho e valerá por dois o teu conselho
aproveita-te do velho, valerá teu voto em conselho
chega-te ao velho, terás bom conselho
da boca do velho toma conselho
se queres bom conselho, pede-o ao velho

if you wish good advice, consult an old man
it is good sheltering under an old hedge
there is beild ['shelter'] *aneath* ['beneath'] *an auld* ['old'] *man's beard*

◆ Cf. a máxima de Publílio Siro (*Sententiae*, Q 54): *quod senior loquitur, omnes consilium putant* (o que o velho diz todos julgam sensato). Lê-se num fragmento de Eurípides: Γνῶμαι δ' ἀμείνους εἰσὶ τῶν γεραιτέρων (os conselhos dos mais idosos são melhores).

4 En vain quiert* CONSEIL qui ne le croit (sXIII)

* *Quiert* (v. *quérir*) = 'demande'.

'on consulte inutilement si l'on n'est disposé à écouter; les politiciens, qui ne consultent la démocratie que pour être plus libres de n'en faire qu'à leur tête, peuvent méditer ce proverbe'

quem não quer ouvir conselhos em vão os pede

in vain he craves advice that will not follow it

5 Ne donnez jamais CONSEIL avant qu'on vous le demande

'rien ne sert de donner, si l'on n'y met pas les formes qui rendent un don acceptable'

não aconselhes quem te não pede que o faças
não dês conselho sem que to peçam

come not to counsel uncalled

⇒ SEL et conseil ne se donnent qu'à celui qui les demande

6 Prends CONSEIL à l'oreiller, la nuit est mère des pensées

= La NUIT porte conseil

7 Prends le premier CONSEIL d'une femme, et non le second (sXVI)

'la soi-disant légèreté féminine suggère qu'il est préférable de s'en remettre à ses premières intuitions plutôt qu'à sa réflexion'

toma o primeiro conselho de uma mulher, não o segundo

take the first advice of a woman and not the second

◆ Diz-se em espanhol: *toma el primer consejo de tu mujer; el segundo, no*.

8 Rien ne se donne si libéralement que les CONSEILS

'car c'est un don qui ne coûte rien'

a coisa mais fácil de fazer é aconselhar e repreender
nada mais fácil do que aconselhar

nothing is given so freely as advice

♦ Cf. a máxima 110 de La Rochefoucauld (*Réflexions ou Sentences et Maximes morales*): "On ne donne rien si libéralement que ses conseils." (Conselho é o que se dá com a maior liberalidade.)

CONSEILLER *v.t.* aconselhar; *to advice*

Il est plus facile de CONSEILLER que de faire

'toute action implique un engagement dont les simples discours moralisateurs sont dispensés; quand on ne s'expose pas en personne au danger, que la rencontre avec la réalité ne mette à mal nos opinions, on peut bien discourir en toute quiétude'

é mais fácil aconselhar que praticar

counsel is easier than help
we have better counsel to give than to take

♦ Cf. o latim *magis consiliarius est, quam auxiliarius* (há mais quem dê conselho do que quem auxilie). Diz-se em italiano: *è più facile consigliare che fare* (ou ainda: *chi davver aiutar vuole, abbia fatti e non parole*).

CONSEILLEUR *s.m.* conselheiro; *counsellor*

Les CONSEILLEURS ne sont pas les payeurs (1807)

'il est aisé de prodiguer des conseils lorsqu'on n'est pas impliqué dans leurs conséquences'

quem aconselha não paga custas

advisers run no risk
givers of advice don't pay the price

♦ Idéia semelhante na fábula "Conseil tenu par les Rats", de La Fontaine (*F*, II, ii).

CONTENTEMENT *s.m.* contentamento, satisfação; *contentment, satisfaction*

CONTENTEMENT passe richesse (1568)

'mieux vaut être satisfait de son sort que riche'

a quem nada deseja nada (lhe) falta
antes contente do que rico
mais vale ser feliz que rico
rico é quem se contenta com o que tem

contentment is above wealth
happiness is worth more than riches
the greatest wealth is contentment with a little

JACQUELINE. Enfin, j'ai toujours ouï dire qu'en
mariage, comme ailleurs, CONTENTEMENT PASSE RICHESSE. (Molière, *Le Médecin malgré lui*, in *OC*, t. II, p. 202)

JACQUELINE. Afinal sempre ouvi dizer que no casamento, como no resto, MAIS VALE SER FELIZ QUE RICO.

♦ Idéia presente em vários autores latinos, entre os quais Horácio (*Carmina*, 2, 16, 13) com o conhecido *vivitur parvo bene* (vive-se bem com pouco). R. Tosi cita três expressões equivalentes em italiano: *chi si accontenta gode; la vera ricchezza è accontentarsi; chi non ha gran voglie è ricco*.

⇒ Est assez RICHE qui est content

CONTENTER *v.t.* agradar; *to please*

Qui CONTENTE tout le monde ne CONTENTE jamais personne

'pour n'indisposer personne, il faut établir une convergence, une plateforme minimale des intérêts particuliers; lorsque ce minimum est satisfait, qu'advient-il du reste? Il demeure évidemment insatisfait; c'est pourquoi les politiques consensuelles, fondées sur les sondages d'opinion, contrarient tous leurs bénéficiaires... tandis que leurs auteurs continuent à s'indigner de l'ingratitude du monde!'

quem procura agradar a todos não agrada a ninguém

he that would please all and himself too, undertakes what he cannot do

À vrai dire, cette nécessité n'était absolue et formulée telle qu'à la condition de lire la maxime sous les formes du proverbe ou de la sentence: "QUI CONTENTE TOUT LE MONDE NE CONTENTE JAMAIS PERSONNE." (L. Marin, *RP*, p. 62)

A bem dizer, essa necessidade não era absoluta nem assim formulada, a não ser que fosse entendida sob a forma do provérbio ou sentença: "QUEM QUER CONTENTAR A TODOS NÃO CONTENTA A NINGUÉM".

CONVERSION *s.f.* conversão; *conversion*

À la CONVERSION de saint Paul, l'hiver se renoue ou se casse le col

= À la SAINT-Paul l'hiver se casse ou se recolle

CONVOITER *v.t.* cobiçar; *to covet, to lust for*

Qui tout CONVOITE tout perd (sXIII: *cil qui tout convoite, tout pert*)

'qui veut trop risque de tout perdre'

mais pobre é quem cobiça do que quem pouco tem
nada tem quem não se contenta com o que tem
não tem nada quem nada lhe basta

quem tudo quer tudo perde
tudo falta a quem tudo deseja

all covet, all lose
grasp all, lose all
he who grasps at too much loses everything

♦ Cf. a fábula "Le Chat et les Rats", de Florian: "Il ne faut point pousser à bout / L'ennemi le plus débonnaire. / On perd ce que l'on tient quand on veut gagner tout." (*F*, IV, xvii, p. 94) "Não se deve acuar / o inimigo por mais bonachão que seja. / Perde o que já tem quem quer ganhar tudo." Há provérbios paralelos em italiano: *chi troppo vuole niente ha* e em espanhol: *quien todo lo quiere, todo lo pierde*.

⇒ La CONVOITISE rompt le sac

CONVOITISE *s.f.* cobiça; *covetousness*

La CONVOITISE rompt le sac (sXVII)

'l'envie est sans limite, et le sac où elle amasse finit nécessairement par éclater'

a cobiça rompe o saco
quem tem duas asas e quer voar com seis logo cansará e chorará
quem tudo quer tudo perde

covetousness breaks the sack
too much covetousness bursts the sack

Var. dans Lesage:

Le gouverneur de la ville passa près de moi par hasard, et, après m'avoir regardé avec quelque attention, me fit la charité. Un assez grand nombre d'habitants des deux sexes suivirent son exemple, et ce fut une bénédiction pendant cinq ou six jours; mais L'AVIDITÉ, comme l'on dit, FAIT CREVER LE SAC. (*GA*, p. 237)

O governador da cidade passou por mim por acaso, e, depois de me olhar com atenção, deu-me uma esmola. Muitos moradores de ambos os sexos seguiram o seu exemplo, e foi uma sorte durante cinco ou seis dias, mas A GANÂNCIA, como se diz, ROMPE O SACO.

♦ Cf. Cervantes, *Don Quijote* (II, xxxvi): *la codicia rompe el saco*. Há correspondentes em italiano: *la cupidigia rompe il sacco* e em alemão: *zu viel zerreisst den Sack*.

⇒ Plus le DIABLE a, plus il veut avoir

COQ *s.m.* (*Gallus domesticus*) galo; *cock*

1 COQ chante ou non, viendra le jour (1597; 1495: *si ja* ['jamais'] *ne chante le coq, si* ['pourtant'] *vient le jour*)

'l'inéluctable n'a pas besoin de prophète'

ainda que o galo não cante, a manhã sempre rompe
não é pelo galo cantar que há de madrugar

the fate will happen

whatever happens at all happens as it should

2 Deux COQS vivaient en paix: une poule survint (1678)

l'un des nombreux vers de La Fontaine à être devenus proverbiaux; l'étonnant est ici la tournure narrative adoptée par le style gnomique, et plus encore, son interruption; cette aposiopèse transforme instantanément un récit particulier, dont le dénouement pique la curiosité, en mythe universel, dont l'issue est connue de toute éternité

onde a mulher reina e governa, raras vezes mora a paz

no war without a woman

DEUX COQS VIVAIENT EN PAIX: UNE POULE SURVINT,
   Et voilà la guerre allumée. (La Fontaine, *F*, VII, xii, 1-2)

DOIS GALOS VIVIAM EM PAZ: UMA GALINHA CHEGOU,
   E a guerra começou.

⇒ Cherchez la FEMME!

3 Le COQ et le serviteur un seul an sont en vigueur

'comme l'ardeur amoureuse, le zèle domestique s'émousse rapidement'

ao moço e ao galo, um ano
o moço e o galo, um só ano

a servant and a cock must be kept but a year

⇒ Il n'est FERVEUR que de novice

4 Quand le COQ chante le soir, c'est signe qu'il va bientôt pleuvoir

dicton météorologique

galo que canta no poleiro, chuva ou nevoeiro

if the cock crows on going to bed, he's sure to rise with a watery head

5 Tel chante le vieux COQ, tel le jeune chantera

'les descendants ont qualités et défauts de leurs ancêtres'

como canta o galo velho, assim cantará o novo
como os pais falam os filhos palram
o pinto já sai do ovo com a pinta que o galo tem

as the old cock crows, so crows the young
as the old cock crows, so the young one learns
the young pig grunts like the old sow

⇒ Ce que chante la CORNEILLE, chante le corneillon

6 Un COQ est bien fort sur son fumier (1749; sXV: *chascun est fort sur son fumier et en sa terre se fait fier*)

'qui est chez lui, sur son terrain, le fait savoir avec assurance et jactance'

em sua casa governa o carvoeiro como o galo em seu poleiro
frangote é rei em seu poleiro
muito pode o galo no seu poleiro
muito pode o galo no seu terreiro
tatu na toca é rei

a cock is bold on his own dunghill
a cock is crouse ['bold, brave'] on his own midden
every cock is bold on his own dunghill
every cock is crouse on his own midden
every cock will crow upon his own dunghill

♦ Em Sêneca (*Apocolocyntosis*, 7, 3): *gallus in suo sterquilinio plurimum potest* (o galo tem todo o poder em sua esterqueira). O provérbio tem correspondentes em italiano: *è ardito il gallo sopra il suo letame* e em espanhol: *cada gallo canta en su muladar.*

⇒ Bonhomme est MAÎTRE chez soi

COQUIN *s.m.* patife, malandro; *rascal*

À COQUIN honteux plate besace (sXVI)

'qui manque de hardiesse ne saurait s'enrichir'

quem não (se) arrisca não petisca
quem tem vergonha cai de magro
quem tem vergonha morre de fome

a shame-faced beggar fares poorly
nothing venture, nothing have
nothing venture, nothing win
nothing ventured, nothing gained

COR *s.m.* buzina, trompa; *horn*

On ne peut à la fois courir et sonner du COR (sXIII)

= On ne peut sonner les CLOCHES et aller à la procession

⇒ On ne peut (pas) être à la fois au FOUR et au moulin

CORBEAU *s.m.* (*Corvus corax*) corvo; *crow*

1 De mauvais CORBEAU, mauvais œuf (1640)

'de mauvaises fréquentations il n'arrive que des désagréments; les descendants ont les défauts de leurs ancêtres'

de má mata, nunca boa caça
de mau corvo, mau ovo
de mau grão, nunca bom pão
tal pai, tal filho

(of) an evil crow, an evil egg
such a father, such a son
we may not expect a good whelp from an ill dog

♦ "Le corbeau est réputé être mangé par ses petits s'il ne peut pas subvenir à leurs besoins." (J.-Y. Dournon)

♦ Do latim *mali corvi malum ovum* (Erasmo, *Adagia*). Há correspondentes em italiano: *il mal corvo fa mal uovo*, em espanhol: *de mal cuervo, mal huevo* (ou ainda: *cual el cuervo, tal su huevo*) e em alemão: *wie der Vogel, so das Ei.*

⇒ Née de GÉLINE aime à gratter

2 Élève/Nourris un CORBEAU, il te crèvera l'œil

'les méchants rendent mal pour bien'

cria o corvo que ele te arrancará o olho
cria o corvo, tirar-te-á o olho

nourish a snake in your bosom, and it will sting your heart
rear crows and they will pick out your eyes

♦ Cf. Erasmo (*Adagia*): *leonis catulum ne alas* (não cries filhote de leão). O provérbio existe em italiano: *nutrisci il corvo e ti caverà gli occhi* e em espanhol: *cría cuervos y te sacarán los ojos.*

⇒ Oignez VILAIN, il vous poindra; poignez VILAIN, il vous oindra

3 Jamais un CORBEAU n'a fait un canari (rég., Savoie)

= L'AIGLE n'engendre pas la colombe

⇒ Les LOUPS ne font pas des agneaux

4 Les CORBEAUX ne crèvent pas les yeux aux CORBEAUX (1842; 1576: *les corbeaux entre eux ne se crèvent pas les yeux*)

'les gens de même espèce ne se nuisent pas entre eux'

corvos a corvos não se arrancam os olhos
corvos a corvos não se tiram os olhos
ladrão não furta a ladrão
ladrão não rouba a ladrão
lobo não come lobo
lobo nunca come lobo

crows will not pick out crows' eyes
dog does not eat dog
hawks will not pick out hawks' eyes
one thief will not rob another
there is honour among thieves

♦ Diz-se em italiano: *corvi con corvi non si cavano gli occhi.*

⇒ CORSAIRE à CORSAIRE, il n'y a rien à gagner que les barils d'eau

5 Qui lave le CORBEAU ne le fait pas blanc

'les défauts naturels ne se corrigent pas'

a quem a fortuna pintou negro, nenhum tempo o pode fazer alvo

a crow is never the whiter for washing herself often

⇒ MORS doré ne rend pas le cheval meilleur

CORBILLARD *s.m.* rabecão, carro fúnebre; *hearse*

Il vaut mieux arriver en retard qu'arriver en CORBILLARD (Québec)

'il ne faut pas se sacrifier inutilement'

mais vale perder um minuto na vida do que perder a vida num minuto

it is better to be a coward for a minute than dead for the rest of your life

CORDE *s.f.* corda; *rope*

1 À force de tirer sur la CORDE, elle casse

= ARC toujours tendu se gâte

⇒ Par trop tendre la CORDE, on la rompt

2 À longue CORDE tire qui d'autrui mort désire (sXV)

'à trop investir sur l'avenir, on reste pauvre; n'est héritier que celui qui jouit'

longa corda tira quem por morte alheia suspira
quem morte alheia espera a sua lhe chega
quem por morte alheia espera a sua lhe chega primeiro

he pulls with a long rope that waits for another's death

♦ Há provérbio paralelo em italiano: *a lunga corda tira, chi morte altrui desira.*

⇒ En attendant les SOULIERS des morts, on peut aller longtemps pieds nus

3 Il faut avoir deux CORDES à son arc (1531)

'il faut se réserver plusieurs moyens de se tirer d'affaire'

convém jogar com muitos trunfos na mão
nunca se devem arriscar todos os trunfos de uma só vez
soldado bom não gasta a munição toda de uma vez

he has not lost all who has one cast ['throw of the dice'] *left*
it's good to have many strings to one's bow
it's good to have two strings to one's bow
tell not all you know, nor do all you can

♦ O provérbio existe em italiano: *è sempre buono avere due corde per un arco.*

⇒ RAT qui n'a qu'un trou est pour le matou

4 Il faut puiser quand la CORDE est au puits

= Quand on tient la POULE, il faut la plumer

5 Il ne faut pas acheter la CORDE avant d'avoir le veau

= Il ne faut pas vendre la PEAU de l'ours avant de l'avoir tué

6 Il ne faut pas/point parler de CORDE dans la maison d'un pendu (1842)

'il faut éviter les sujets qui rappellent à son interlocuteur de fâcheux souvenirs'

em casa de enforcado não fales em corda
em casa de enforcado não nomeies o baraço
em casa de enforcado não se fala em corda
em casa de ladrão, não lembrar baraço
em casa de ladrão não se fala em corda
em casa de papudo não se fala em papo
em festa de formiga não se elogia tamanduá

name not a rope in his house that hanged himself
name not a rope where one has hanged himself
never talk of rope in the house of a man who has been hanged
no halting before a cripple
one must not mention hemp in the house of one who has been hanged

Emprego elíptico em J. Giono:

– Je n'aurai certes jamais besoin d'assassiner, dit Angélo. Le besoin s'en est fait sentir une fois et j'ai réglé mon affaire moi-même.
– Eh! bien, dit calmement l'homme, N'EN PARLEZ PAS DANS LA MAISON DU PENDU. (*HT*, p. 126)

– Eu por certo jamais precisarei matar alguém – disse Angélo. – Já uma vez senti essa necessidade e consegui resolver o caso.
– Tudo bem – respondeu calmamente o homem – mas NÃO DIGA ISSO PERTO DA VIÚVA...

♦ O provérbio tem correspondentes em italiano: *non nominar la fune in casa dell'impiccato*, em espanhol: *en casa de ahorcado no se ha de mentar la soga* (Cervantes, *D. Quijote*, I, xxv) e em alemão: *im Hause des Gehängten sprich nicht vom Strick.*

⇒ Il ne faut pas clocher devant les BOITEUX

7 La CORDE se rompt où elle est plus faible

= Où il est plus faible, le FIL se rompt

Var. em Lesage:

Nouvelle guerre, nouveau bruit; on ne s'entend plus: voilà les juges et les greffiers qui s'échauffent les uns contre les autres; ils se font des reproches, se disent d'horribles vérités; ils en viennent aux injures, et des injures ils en seraient peut-être venus aux mains, si quelques honnêtes bourgeois de la ville, qui étaient entrés avec eux dans l'hôtellerie pour savoir de quoi il s'agissait, ne se fussent entremis pour les accorder; ce qui ayant été fait, Dieu sait comment, il ne fut plus question que de notre querelle: on débuta, comme de raison, par me saisir; C'EST TOUJOURS PAR L'ENDROIT LE PLUS FAIBLE QUE LA CORDE SE ROMPT. (*GA*, p. 44)

Nova guerra, novo boato; já ninguém se entende: juízes e meirinhos se encrespam uns contra os outros, trocam acusações, dizem-se todas as verdades; chegam aos insultos, e dos insultos teriam passado às vias de fato se alguns honrados burgueses da cidade, que haviam entrado com eles na hospedaria para saber do que se tratava, não os houvessem apartado e acalmado; depois de feito isso, sabe Deus como, só se tratou da nossa briga: começaram, como é de esperar, por me prender; É SEMPRE PELO LADO MAIS FRACO QUE A CORDA ARREBENTA.

8 Par trop tendre la CORDE, on la rompt

= ARC toujours tendu se gâte

⇒ Trop tendue, la CORDE casse

9 Qui plus dépense qu'il n'a vaillant, il fait la CORDE où il se pend (1852)

= Qui mange son CAPITAL prend le chemin de l'hôpital

⇒ Qui achète le SUPERFLU vendra bientôt le nécessaire

10 Trop tendue, la CORDE casse

= ARC toujours tendu se gâte

11 Trop tirer rompt la CORDE (1568)

= ARC toujours tendu se gâte

⇒ Par trop presser l'ANGUILLE, on la perd

CORDONNIER *s.m.* sapateiro; *cobbler*

1 CORDONNIER, mêle-toi/mêlez-vous de ta/votre pantoufle! (1656)

'on doit se garder d'outrepasser le domaine de ses compétences'

não queira o sapateiro ir além do chinelo
não suba o sapateiro além da chinela
o sapateiro não julga mais que os sapatos
que o sapateiro não passe além do sapato
quem só é sapateiro não toque rabecão
quem te manda a ti, sapateiro, tocar rabecão?

let not the cobbler go beyond his last
let the cobbler stick to his last
the cobbler should stick to his last
the shoemaker should stick to his last

♦ Do latim *ne sutor supra crepidam* (não suba o sapateiro acima da sandália). "Resposta célebre do pintor Apeles [sIV a.C.], o qual, terminando um quadro, o expôs ao público e se ocultou perto para ouvir as observações feitas sobre sua obra. Um sapateiro criticou a sandália de um dos personagens, e o pintor imediatamente fez o retoque apontado; querendo, porém, o sapateiro criticar o resto da obra, Apeles o deteve, com estas palavras (...)." (A. Rezende) Há correspondentes em italiano: *ciabattino, parla sol del suo mestiere*, em espanhol: *zapatero, a tu zapato!* (ou ainda: *el zapatero, juzgue de su oficio y deje el ajeno*) e em alemão: *Schuster, bleib bei deinen Leisten!*.

⇒ (À) chacun son MÉTIER

2 Les CORDONNIERS sont toujours les plus mal chaussés (1640)

'on néglige de profiter soi-même des compétences dont on fait bénéficier les autres'

alfaiate mal vestido, sapateiro mal calçado
em casa de cavaleiro, vaca e carneiro
(em) casa de ferreiro, espeto de pau
em casa de ferreiro, espeto de salgueiro
em casa de ferreiro, o pior apeiro
não há alfaiate bem vestido
o bocado não é para quem o faz, e sim para quem o logra
o bom bocado não é para quem o faz mas para quem o come
o prato não é para quem o faz: é para quem o come

nobody is so apt to go without shoes as the shoemaker's wife
none more bare than the shoemaker's wife and the smith's mare
none worse shod than the shoemaker's wife and the smith's mare
shoemaker's children are the worst shod
the cobbler's wife is always the worst shod
the shoemaker's son always goes barefoot
the shoemaker's wife is always the worst shod
the tailor's wife is the worst clad
who is worse shod than the shoemaker's wife?

Estropiado em H. de Balzac:

– Nous sommes confrères en bas, dit Mistigris en relevant un peu son pantalon pour montrer un effet du même genre; mais *LES CORDONNIERS SONT TOUJOURS LES PLUS MAL CHAUFFÉS.* (*DV*, p. 92)

– Em matéria de meias somos colegas – disse Mistigris, erguendo um pouco a perna das calças para mostrar uma peça de roupa do mesmo gênero: mas *OS SAPATEIROS SÃO SEMPRE OS MENOS BEM AQUECIDOS.* (Trad. de Vidal de Oliveira)

Var. em P. Guth:

LES FILS DES CORDONNIERS SONT LES PLUS MAL CHAUSSÉS. Les fils des coiffeurs sont chauves. Et moi, fils de mécanicien, je ne savais piloter aucun engin à moteur. (*MaN*, p. 185)

FILHO DE SAPATEIRO NUNCA ESTÁ BEM CALÇADO. Filho de cabeleireiro é careca. E eu, filho de mecânico, não sabia guiar nenhum veículo motorizado.

♦ "Proverbe né d'une réflexion de Montaigne, *Essais*, I, xxiv: 'Quand nous voyons un homme mal chaussé, nous disons que ce n'est pas merveille s'il est chaussetier.'" (M. Maloux)

♦ Há correspondentes em italiano: *in casa di calzolaio non si hanno scarpe*, em espanhol: *en casa del herrero, cuchillo de palo* e em alemão: *der Schuster hat die schlechtesten Schuhe*.

CORINTHE *s.pr.f.* Corinto; *Corinth*

Il n'est pas donné à tout le monde d'aller à CORINTHE

'il faut savoir renoncer, faute de moyens, à certaines entreprises'

nem a todos é dado chegar a Corinto
nem todos têm condições de ir a Corinto

every man cannot speak with the king
it is not given to every man to go to Corinth

Cf. F. Rabelais:

Puys doncques que telle est ou ma sort ou ma destinée (car À CHASCUN N'EST OULTROYÉ ENTRER ET HABITER CORINTHE) ma deliberation est servir et es uns et es autres: tant s'en fault que je reste cessateur et inutile. (*TL*, p. 41)

Assim, já que tal é minha sorte ou meu destino (NEM A TODOS É DADO CHEGAR A CORINTO), tomo a resolução de servir a uns e a outros: sem o que não passarei de inadimplente e inútil.

♦ É o provérbio grego (citado por Aulo Gélio, *Noctes Atticae*, 1, 8) οὐ παντὸς ἀνδρὸς ἐς Κόρινθον ἔσθ' ὁ πλοῦς (nem a todo homem é dado navegar até Corinto), traduzido por Horácio como *non cuivis homini contingit adire Corinthum* (*Epistulae*, 1, 17, 36). Macróbio (*Saturnalia*, 2, 2, 11) relata a anedota de Demóstenes, que teria ido a Corinto com a intenção de obter os favores da belíssima cortesã Laís. Mas, ao saber que uma noite com ela lhe custaria uma soma astronômica, retirou-se dizendo: οὐκ ἀγοράζω τοσούτου μετανοῆσαι (não pago tão caro por um arrependimento).

CORNE *s.f.* chifre; *horn*

Quand on parle des CORNES, on voit la bête

= Quand on parle du LOUP, on en voit la queue

CORNEILLE *s.f.* (*Corvus corone*) gralha; *crow*

1 **Ce que chante la CORNEILLE, chante le corneillon** (sXV: *ce que chante la corneille si chante le cornillon*)

= Tel chante le vieux COQ, tel le jeune chantera

⇒ POUSSIN chante comme le coq lui apprend

2 **Chaque CORNEILLE pique sa noix** (rég., Poitou)

= Chaque BŒUF connaît son piquet

CORNEMUSE *s.f.* cornamusa, gaita de foles; *bagpipe*

1 **Jamais la CORNEMUSE ne dit mot si elle n'a le ventre plein** (sXVI)

"on chante mieux quand on a fait bonne chère" (Panckoucke)

canarinho sem alpiste não canta

passarinho sem alpiste não canta

a bagpipe won't speak till his belly be full

2 **Quand la CORNEMUSE est gonflée, on en chante que mieux** (1749)

= Jamais la CORNEMUSE ne dit mot si elle n'a le ventre plein

⇒ Chacun OISELET gazouille comme il est embecqué

CORNICHON *s.m.* cornichon; *gherkin*

Les CORNICHONS ne sont pas tous dans les pots (Québec)

'les fous, ou les idiots, ne sont pas tous enfermés'

há mais loucos fora do que dentro do hospício

the world is full of fools

⇒ Les FOUS depuis Adam sont en majorité

CORPS *s.m.* corpo; *body*

1 **À vieux CORPS, point de remède** (sXVI)

= En vieille MAISON, il y a toujours quelque gouttière

2 **Mieux vaut CORPS que bien**

= SANTÉ passe richesse

3 **Qui épouse le CORPS épouse les dettes**

= Qui épouse la FEMME épouse les dettes

CORRIGER *v.t.* corrigir; *to amend, to correct*

On ne CORRIGE pas celui qu'on pend, on corrige les autres par lui (1588)

'dans la punition, la valeur d'exemple l'emporte sur la volonté curative; on éduque la collectivité plus qu'on ne rééduque le délinquent'

a cem avisa quem um castiga
a cem fustiga quem um castiga
quem castiga um avisa cento

he that chastises one amends many

C'est un usage de nostre iustice d'en condemner aulcuns pour l'advertissement des aultres. De les condemner, parce qu'ils ont failly, ce seroit bestise, comme dict Platon, car *ce qui est faict ne se peult desfaire*; mais c'est à fin qu'ils ne faillent plus de mesme, ou qu'on fuye l'exemple de leur faulte: ON NE CORRIGE PAS CELUY QU'ON PREND; ON CORRIGE LES AULTRES PAR LUY. (Montaigne, *E*, t. III, p. 197)

É costume de nossos tribunais condenar alguns para exemplo dos outros. Condená-los unicamente porque erraram seria inepto, como diz Platão. *O que está feito não se desfaz*; mas é para que não tornem a errar ou a fim de que os outros atentem para o castigo. NÃO SE CORRIGE QUEM SE ENFORCA; CORRIGEM-SE OS DEMAIS COM ELE. (Trad. de Sérgio Milliet)

CORSAIRE *s.m.* corsário; *corsair*

1 À CORSAIRE, CORSAIRE et demi (1789)

= À MALIN, MALIN et demi

2 CORSAIRE à CORSAIRE, il n'y a rien à gagner que les barils d'eau (1613)

'les grands fauves ne se mangent pas entre eux'

de corsário a corsário não se perdem mais que os barris

one pirate gets nothing of another but his cask

♦ Diz-se em espanhol: *de corsario a corsario no se pierden sino los barriles.*

3 CORSAIRES à/contre CORSAIRES ne font pas leurs affaires (1668; 1609: *corsaire à corsaire, l'un l'autre s'attaquant, ne font pas leurs affaires*)

= CORSAIRE à CORSAIRE, il n'y a rien à gagner que les barils d'eau

Et le proverbe dit: CORSAIRES À CORSAIRES, / L'un l'autre s'attaquant, NE FONT PAS LEURS AFFAIRES. (La Fontaine, *F*, IV, xii, 73-74)

O dito é centenário: / "CORSÁRIO ESPERTO NUNCA ATACA OUTRO CORSÁRIO". (Trad. de Milton Amado e Eugênio Amado)

⇒ FIN contre FIN n'est pas bon à faire doublure

CÔTÉ *s.m.* lado; *side*

On tombe (toujours) du CÔTÉ où l'on penche (1837)

'on ne résiste pas aux inclinations de la nature'

a árvore cai para onde vergam os galhos
pra banda que vira é que a carga cai

as the twig is bent, so grows the tree
as the twig is bent, so is the tree inclined

⇒ Menez la VACHE au château et elle s'enfuira vers l'étable

COUARDISE *s.f.* covardia; *cowardice*

La COUARDISE est mère de la cruauté (1580)

'c'est sous l'empire de la peur que l'homme commet les pires atrocités; on peut démontrer que, de Néron à Hitler, les tyrans les plus sanguinaires furent dominés par d'épouvantables phobies'

a covardia é mãe da crueldade

cowards are cruel

I'ay souvent ouy dire que LA COUARDISE EST

MERE DE LA CRUAUTÉ: et si, ay par experience apperceu que cette aigreur et aspreté de courage malicieux et inhumain, s'accompaigne coustumierement de mollesse feminine; i'en ay veu des plus cruels, subiects à pleurer ayseement, et pour des causes frivoles. (Montaigne, *E*, t. 2, p. 417)

Ouvi dizer muitas vezes que A COVARDIA É MÃE DA CRUELDADE e observei por experiência como uma falsa e perversa coragem, impregnada de maus sentimentos e de inumanidade, se une a certa fraqueza de alma bem feminina. Vi gente cruel ter a lágrima fácil a propósito de coisas insignificantes. (Trad. de Sérgio Milliet)

COUCOU *s.m.* (*Cuculus canorus*) cuco; *cuckoo*

1 Le COUCOU ne fait pas de merles (rég., Auvergne)

= L'AIGLE n'engendre pas la colombe

2 Les COUCOUS ne font pas les merles (rég., Guyenne)

= L'AIGLE n'engendre pas la colombe

3 Quand chante le COUCOU, le matin mouillé, le soir séché

dicton météorologique

no tempo do cuco, tanto está molhado como seco
tempo de cuco, um pouco molhado, um pouco enxuto

the cuckoo comes in April, and stays the month of May; sings a song at midsummer, and then goes away
the cuckoo comes in April, sings a song in May; then in June another tune, and then she flies away

♦ "Le coucou est l'oiseau du printemps, parfois identifié avec le retour de la belle saison." (Jean-Philippe Chassany)

⇒ Un JOUR est mouillé, l'autre sec, quand le coucou ouvre son bec

COUILLE *s.m.* colhão, testículo; *ball, testicle*

Toujours laisse aux COUILLES une amorce qui son cul sale de papier torche (1534)

'on ne revient jamais immaculé d'un contact avec la fange; la rencontre avec la saleté laisse toujours quelque trace imprévisible'

ninguém presuma que se pode entrar no lodo sem se enlodar

who his foul tail with paper wipes, shall at his ballocks leave some chips

– Voyre mais (dist Grandgousier) lequel torchecul trouvas tu meilleur?
– Je y estois (dist Gargantua), et bien toust en sçaurez

le *tu autem*. Je me torchay de foin, de paille, de bauduffe, de bourre, de laine, de papier. Mais

    TOUSJOURS LAISSE AUX COUILLONS ESMOR-CHE

      QUI SON HORD CUL DE PAPIER TORCHE. (F. Rabelais, *G*, p. 87)

– É verdade – diz Grandgousier – mas qual foi o limpa-cu que você achou melhor?

– Já chego lá – responde Gargântua – e você ficará sabendo, *tu autem*. Limpei-me com feno, com palha, com tripa de boi, com crina, com lã, com papel, Mas,

    OS COLHÕES NUNCA DEIXA DE SUJAR

      QUEM COM PAPEL COSTUMA SE LIMPAR. (Trad. de Aristides Lobo)

⇒ Dis-moi qui tu HANTES et je te dirai qui tu es

COULEUVRE *s.f.* cobra; *snake*

COULEUVRE lovée ne peut être grasse (Guadeloupe)

'qui dort trop ne peut pas s'enrichir'

cobra que não anda não engole sapo

the sleepy fox has seldom feathered breakfasts

⇒ À RENARD endormi ne vient bien ni profit

COUP *s.m.* golpe, pancada; *knock, kick*

Le COUP de l'âne va au lion devenu vieux

= Quand le LOUP est pris, tous les chiens lui lardent/ mordent les fesses

♦ Cf. a fábula "Le Lion devenu vieux", de La Fontaine (*F*, III, xiv).

COUPE *s.f.* taça; *cup*

1 De la COUPE à la bouche il y a souvent bien du vin perdu

= Il y a loin de la COUPE aux lèvres

L'ingestion des liquides ou l'action de boire était surtout bien plus difficile encore; elle devait exiger une attention particulière pour ne pas répandre mal à propos le vin contenu dans ces larges coupes qui brillaient sur la table des grands; et c'est sans doute pendant le règne du *lectisternium* qu'est né le proverbe qui dit que *DE LA COUPE À LA BOUCHE IL Y A SOUVENT BIEN DU VIN PERDU.* (Brillat-Savarin, *PG*, p. 264)

A ingestão de líquidos ou a ação de beber era bem mais difícil também; devia exigir uma atenção especial para não derrubar de mau jeito o vinho contido naquelas largas taças que brilhavam na mesa dos poderosos; e foi sem dúvida sob o reino do *lectisternium* que nasceu o provérbio: *DA TAÇA À BOCA PERDE-SE MUITO VINHO.*

2 Il y a loin de la COUPE aux lèvres (sXVI)

'la probabilité la plus extrême d'un événement, d'une entreprise, d'un dénouement n'en garantit pourtant pas la réalisation; l'entrée dans la réalité réserve son lot de surprises'

da colher à boca se perde a sopa
da mão à boca se perde a sopa
do prato à boca se perde (muitas vezes) a sopa
entre a boca e a mão vai o bocado ao chão
entre dizer e fazer muita coisa há a meter
entre falar e fazer muito há que meter

many things fall between the cup and the lip
there is a great difference between doing and saying
there is many a slip between the cup and the lip
there's many a slip 'twixt the cup and the lip

Var. antitética em H. de Balzac:

– Mon jeune ami (me fit-il l'honneur de me dire, car c'était moi qui avais clos là discussion), vos réflexions me rappellent une soirée où l'un de mes amis se conduisit de manière à perdre pour toujours l'estime de sa femme. Or, dans ce temps-là, une femme se vengeait avec une merveilleuse facilité, car IL N'Y AVAIT PAS LOIN DE LA COUPE À LA BOUCHE. (*PM*, p. 239)

– Meu jovem amigo – deu-me a honra de dizer, porque era eu quem tinha encerrado a discussão –, as suas reflexões recordam-me uma noite em que um dos meus amigos se portou de tal maneira que perdeu para sempre a estima de sua mulher. Ora, naquele tempo, uma mulher vingava-se com uma facilidade maravilhosa, porque HAVIA POUCA DISTÂNCIA ENTRE A TAÇA E OS LÁBIOS. (Trad. de Mário D. Ferreira Santos)

♦ Do grego πολλὰ μεταξὺ πέλει κύλινος καὶ χείλεος ἄκρου (entre o cálice e os lábios muitas coisas acontecem), consignado por Aulo Gélio (*Noctes Atticae*, 13, 18), que cita e explica também o provérbio latino *inter os et offam multa intervenire posse* (entre a boca e o bocado muitas coisas podem sobrevir), documentado num fragmento de um discurso de Catão. Cf. também o latim medieval *inter manum et mentum multa cadunt* (entre a mão e o queixo muitas coisas caem).

♦ Os antigos comiam reclinados, posição incômoda para beber e que era causa de freqüentes incidentes. Os romanos costumavam dizer: *inter manum et mentum* (entre a mão e o queixo). Na mesma ordem de idéias, Molière dizia: "On n'exécute pas tout ce qu'on se propose / Et le chemin est long du projet à la chose." (Não se executa tudo o que se propõe / e longo é o percurso entre o projeto e a coisa.)

⇒ De la MAIN à la bouche se perd souvent la soupe

COUR *s.f.* corte; *court*

1 À la COUR le roi, chacun y est pour soi (1495: *à la cort le roi chascuns i est pour soi*) 'dans une société d'ambitieux, il ne faut compter que sur soi-même, et n'œuvrer que pour soi'

na corte, cada um por si

at court, every one for himself

2 Qui s'éloigne de la COUR, la COUR s'éloigne de lui (1495)

'on oublie vite ceux qui ont perdu le pouvoir ou ses faveurs'

debaixo da porta do aposentado cresce capim

power seldom grows old at court

COURROUX *s.m.* ira; *wrath*

1 COURROUX de frères, COURROUX de diables d'enfer (1568)

'plus forts les liens, plus violente leur rupture'

ira de irmãos, ira de diabos
ódio de irmão, ódio de diabos

there is no hate like that of a brother

♦ Há provérbio paralelo em espanhol: *ira de hermanos, ira de diablos*.

⇒ De forte COUTURE, forte déchirure

2 COURROUX est vain sans forte main (sXVI)

'la colère d'un homme faible ne fait pas peur'

(às vezes) muito ameaça quem de medroso não passa
ira com poder é raio
quem não puder morder não mostre os dentes

anger cannot stand without a strong hand

♦ Lê-se em Tito Lívio (1, 10, 4): *vana est sine viribus ira* (é vã a cólera sem a força). Há correspondentes em italiano: *l'ira senza forza non vale une scorza*, em espanhol: *enojo sin poder es flojo* e em alemão: *Zorn ohne Macht wird verlacht*.

⇒ Il ne sert à rien de montrer les DENTS lorsqu'on/ (quand on) est édenté

3 Le COURROUX est un conseiller dangereux

'il ne faut rien faire sous l'empire de la colère'

a raiva é má conselheira

anger is a bad counsellor
anger is a short madness
one should never allow oneself to be influenced by anger

♦ Cf. Horácio (*Epistulae*, 1, 2, 62): *ira furor brevis est* (a ira é uma breve loucura) e Ênio: *ira initium insaniae* (a ira é o começo da loucura). Diz-se em italiano: *l'ira turba la mente ed accieca la ragione*.

⇒ La COLÈRE est mauvaise conseillère

COURTOIS *s.m.* cortesão; *courtier*

Mieux vaut un COURTOIS mort qu'un vilain vif* (1568; sXIII [*Roman de Renart*]: *il est voirs* ['vrai'] *que muis vaut uns mort cortois c'uns vilain vis*)

* *Vif* = 'vivant'.

'la vie n'est pas la plus haute valeur: mieux vaut la perdre dans la dignité que la perpétuer dans l'infamie'

mais vale morte que vergonha

better die with honour than live with shame

♦ A dicotomia *courtois/vilain* surgiu no século XII, com o aparecimento da vida cortesã. Contrapõe o homem de sociedade, civilizado, à barbárie rural do homem da floresta e do campo. Corresponde também à antinomia *cultura/natureza*.

≠ UN CHIEN VIVANT/(EN VIE) VAUT MIEUX QU'UN LION MORT

COURTOISIE *s.f.* cortesia; *courtesy*

COURTOISIE qui ne vient que d'un côté ne peut longtemps durer (sXV: *courtoisie qui ne vient que d'ung costé ne peult longuement durer*)

'la politesse est échange ou elle n'est pas'

para que a amizade se mantenha é preciso que vá e venha

courtesy on one side only lasts not long

⇒ Une BONTÉ autre requiert

COUSIN *s.m.* primo; *cousin*

1 Au prêter COUSIN, au rendre fils de putain (1640)

= AMI au prêter, ennemi au rendre

2 COUSIN germain, quand tu prêteras; fils de putain, quand tu réclameras (1607)

= AMI au prêter, ennemi au rendre

COUTEAU *s.m.* faca; *knife*

1 Ceux qui portent les longs COUTEAUX ne sont pas tous queux* ni bourreaux (1568)

* *Queux* = 'cuisiniers'.

= Ne sont pas tous BOURREAUX qui portent de longs couteaux

⇒ Sous la CRASSE, la beauté s'y cache

2 Les mauvais COUTEAUX coupent les doigts et laissent le bois (1568: *le mauvais couteau coupe le doigt et non le bois*)

'certaines alliances, certaines amitiés sont pires que des inimitiés'

C

cutelo mau certa o dedo e não corta o pau
podão mau certa o dedo e não o pau

it is a bad knife that cuts fingers and not wood

3   Un COUTEAU aiguise l'autre (1531)

'les habiles s'exercent au contact les uns des autres, et
se soutiennent'

a lima lima a lima
uma faca amola a outra

iron whets iron
one knife whets another

♦ Há equivalente em italiano: *un coltello aguzza l'altro.*

COUTUME   *s.f.* costume; *custom*

1   COUTUME vainct droit (sXV)

= L'USAGE fait la loi

2   La COUTUME contraint la nature (1670)

'le pouvoir de l'habitude est si grand qu'il lui arrive de
surmonter les penchants naturels, au point de façonner
une autre nature'

duro é deixar o costume
duro é deixar o usado
passarinho que na água se cria sempre por ela pia
pés acostumados a andar não podem parar

custom reconciles us to everything
old habits die hard
once a use and ever a custom

⇒ L'HABITUDE est une seconde nature

COUTURE   *s.f.* costura; *seam*

De forte COUTURE, forte déchirure (sXV)

'plus intime, plus étroite est la relation, plus violente la
rupture'

a pior cunha é a do mesmo pau

the greatest hate springs from the greatest love

⇒ De douce ASSEMBLÉE, dure desservée

COUVENT   *s.m.* convento, mosteiro; *convent, monastery*

Dans le COUVENT du diable, on est profès sans noviciat

'le vice s'apprend très vite'

o vício dispensa professores

craft needs no teacher

COUVERCLE   *s.m.* tampa; *lid*

1   C'est le COUVERCLE qui sait ce qu'il y a dans la marmite

= Chacun sait le mieux où son SOULIER le blesse

2   Il n'y a si vilain COUVERCLE qui ne trouve son pot

= Il n'y a si méchante/vieille MARMITE qui ne trouve
son couvercle

– Taisez-vous n'aussi! Vous n'êtes deux vieux libertins... Vous n'avez beau n'être laids, IL N'Y A SI
VILAIN COUVERCLE QUI NE TROUVE SON POT!
comme dit le proverbe! (H. de Balzac, *CP*, p. 101)

– Cale-se n'o senhor também. Os senhores dois são
n'uns velhos libertinos... Não adianta n'alegarem que
são feios! SEMPRE HÁ UM PÉ TORTO PARA UM
CHINELO VELHO!, como diz n'o provérbio. (Trad. de
Gomes da Silveira)

⇒ FAGOT a bien trouvé bourrée

CRABE   *s.m.* (*Ocypoda arenaria*) caranguejo; *crab*

1   C'est trop parler qui a fait que le CRABE n'a pas de tête (Guadeloupe)

'il vaut mieux se taire que dire des sottises'

a língua fala à custa da cabeça
quem dá muito à taramela não sabe nunca o que diz
quem fala muito dá bom-dia a cavalo
quem muito fala a si dana
quem muito fala e pouco entende por tagarela e ruim se
    vende
quem não sabe falar é melhor calar

a fool's tongue is long enough to cut his own throat
the tongue talks at the head's cost

⇒ Trop GRATTER cuit, trop parler nuit

2   Il n'y a pas deux CRABES mâles dans un même trou (Guadeloupe)

'deux fortes personnalités ne peuvent collaborer à une
même affaire'

dois a um banco, um sai manco
dois bicudos não se beijam
dois carneiros de chifre não bebem numa tigela
dois narigudos não se beijam
dois sóis não cabem num mundo
dois tatus machos não moram num buraco
duas pedras ásperas não fazem farinha
duas pedras duras não fazem farinha

two bigs will not go in one bag
two kings in one kingdom cannot reign at once
two suns cannot shine in one sphere

⇒ CHIEN et loup ne font pas longtemps bon ménage

3   Tous les CRABES connaissent leur trou (Martinique)

= Chaque BŒUF connaît son piquet

CRAINDRE *v.* temer; *to fear*

1 Qui CRAINT de souffrir, il souffre déjà ce qu'il CRAINT (1588)

Sénèque disait déjà que la peur de la souffrance est plus forte que la souffrance elle-même (*Epistulae ad Lucilium*)

quem teme sofrer sofre mais do que receia
quem vive receoso nunca será livre (aprox.)

a man who fears suffering is already suffering from what he fears

Or sens ie quelque chose qui croule? ne vous attendez pas que i'aille m'amusant à recognoistre mon pouls et mes urines, pour y prendre quelque prevoyance ennuyeuse: ie seray assez à temps à sentir le mal, sans l'alonger par le mal de la peur. QUI CRAINT DE SOUFFRIR, IL SOUFFRE DESIA DE CE QU'IL CRAINT. (Montaigne, *E*, t. III, p. 447)

Quando vejo que vou piorando, não procuro verificar o pulso nem analisar a urina, a fim de submeter-me a providências aborrecidas; basta o que sofro, não é necessário ampliar meus sofrimentos. QUEM TEME SOFRER SOFRE MAIS DO QUE RECEIA. (Trad. de Sérgio Milliet)

2 Qui te CRAINT en ta présence te nuit en ton absence

'il faut tout redouter de qui nous redoute'

quem te não ama em jogo te difama
quem te não ama em praça te difama

he that fears you present will hate you absent

CRAPAUD *s.m.* (*Bufo bufo*) sapo; *toad*

1 Chante, CRAPAUD, nous aurons de l'eau!

dicton météorologique: annonce de pluie

sapo na água coaxando, chuva beirando
sapo que salta, água não falta

the frog croaks before the rain
the toad croaks before the rain

♦ Diz-se em espanhol: *no hay tal señal de agua como oír cantar las ranas.*

⇒ Saute, CRAPAUD, nous aurons de l'eau!

2 Qui CRAPAUD aime lunette* lui ressemble (sXIII)

* *Lunette* = 'petite lune'.

'aux yeux de l'amour, la laideur la plus repoussante est parée de toutes les grâces'

os filhos nunca cheiram mal aos pais
quem ama o feio, bonito lhe parece

all your geese are swans
beauty is in the eye of the beholder
our children always smell good

the owl thinks her own young fairest

♦ Cf. o latim: *quisquis amat ranam, ranam putat esse Dianam* (quem ama a rã acha que a rã é Diana [*Diana Limnatis*, deusa dos pântanos e lagoas]).

⇒ Les ENFANTS, c'est comme les pets: on ne supporte que les siens

3 Saute, CRAPAUD, nous aurons de l'eau!

= Chante, CRAPAUD, nous aurons de l'eau!

CRASSE *s.f.* sujeira, imundície; *filthy*

Sous la CRASSE, la beauté s'y cache

'il faut se méfier des apparences'

em ruim corpo se esconde bom senhor
muitas vezes a má folha esconde o melhor fruto

oft times beauty is hidden under filthy

⇒ DAME blanche a le cul noir

CRÉANCIER *s.m.* credor; *creditor*

Le CRÉANCIER a meilleure mémoire que le débiteur

'on est enclin à oublier ce qui nous est pénible'

os credores têm melhor memória que os devedores

creditors have better memories than debtors

♦ Há equivalente em espanhol: *el acreedor tiene mejor memoria que el deudor.*

⇒ Prêter ARGENT fait perdre la mémoire

CRÉDIT *s.m.* crédito; *credit, trust*

CRÉDIT est mort, les mauvais payeurs l'ont tué

'qui abuse des bonnes choses les épuise; proverbe à l'usage des banquiers (ils ont aussi leur morale!), qui s'en prévalent pour rejeter sur leurs clients indiscrets la responsabilité d'un refus de crédit'

fiado nem a meu cunhado
fiado só amanhã
fiado vendeu, inimigo ganhou; amigo perdeu se dinheiro emprestou

this day there is no trust, but come tomorrow
trust is dead, ill payment killed it

♦ Diz- se em espanhol: *ya se murió el emprestar, que lo mató el mal pagar* (ou ainda: *hoy no se fía aquí; mañana, sí*).

CRÉDITEUR *s.m.* credor; *creditor*

Au CRÉDITEUR mieux souvient qu'au débiteur de son argent

= Le CRÉANCIER a meilleure mémoire que le débiteur

CRI *s.m.* grito; *cry*

Le CRI public sert quelquefois de preuve, ou du moins fortifie la preuve (1775)

'le sentiment général persuade mieux qu'une argumentation'

o que todos dizem, ou foi, ou é, ou quer ser
tudo o que o povo diz é, foi ou será

common fame is seldom to blame

♦ Frase de Voltaire em *Précis du siècle de Louis XV*, xxxiv.

♦ Diz-se em espanhol: *lo que todos dicen, o es, o quiere ser.*

CRIME *s.m.* crime; *crime*

1 Quelques CRIMES toujours précèdent les grands CRIMES (1677)

= Qui vole un ŒUF vole un bœuf

HIPPOLYTE. QUELQUES CRIMES TOUJOURS PRÉ-CÈDENT LES GRANDS CRIMES; / Quiconque a pu franchir les bornes légitimes / Peut violer enfin les droits les plus sacrés; / *Ainsi comme la vertu, le crime a ses degrés*; / Et jamais on n'a vu la timide innocence / Passer subitement à l'extrême licence. (Racine, *Phèdre*, in *TC*, p. 524)

HIPÓLITO. PEQUENOS CRIMES SEMPRE ANTECE-DEM OS GRANDES CRIMES; / Quem conseguiu transpor os limites corretos / Também pode violar os mais sagrados direitos; / *Assim como a virtude, o crime tem seus degraus*; / E jamais se viu a tímida inocência / Passar de repente a extrema libertinagem.

2 Un CRIME se couvre par un autre CRIME

'l'entraînement du mal est tel que bien souvent, pour dissimuler un méfait, on en commet un pire; c'est une grande loi du tragique shakespearien'

um crime acarreta outro

crimes are made secure by greater crimes
sin plucks on sin

♦ Cf. Sêneca (*Agamemnon*, 115): *per scelera semper sceleribus tutum est iter* (o crime é sempre o caminho seguro para os crimes).

CRITIQUE *s.f.* crítica; *criticism*

La CRITIQUE est aisée (mais l'art est difficile) (sXVIII)

'il est plus facile de défaire que de faire'

criticar é fácil
é mais fácil destruir que construir
é mais fácil rasgar que costurar

criticism is easy and art is difficult
it is easier to pull down than to build up

it is easy to criticize

♦ De um verso de Destouches (*Le Glorieux*, II, v), que se tornou proverbial.

CROIRE *v.* acreditar, crer; *to believe*

1 Celui qui CROIT légèrement est trompé facilement

'confiance accordée rapidement est rapidement trahie; la confiance doit prendre son temps'

quem crê de ligeiro água recolhe em cesto
quem crê de ligeiro água recolhe no seio
todo o que crê de ligeiro água recolhe em peneiro

quick believers need broad shoulders
sudden trust brings sudden repentance

♦ Cf. Petrônio (*Satiricon*, 43, 6): *nunquam autem recte faciet, qui cito credit* (não age com prudência quem confia muito depressa). A mesma idéia é retomada por Corneille (*Le Cid*, 623-624): "DON ARIAS. (...) Vous n'avez rien à craindre. DON FERNAND. Et rien à négliger: / Le trop de confiance attire le danger; (...)." (DOM ARIAS. [...] Não tendes nada a temer. DOM FERNANDO. Nem a desprezar: / Confiança demais atrai o perigo; [...].)

2 Chacun CROIT (fort) aisément ce qu'il craint et ce qu'il désire (1679)

'volontiers on prend ses désirs (aussi bien que ses peurs) pour des réalités; crainte et désir nous poussent à nous projeter, et cette projection fabrique de l'être, c'est-à-dire de la certitude'

facilmente acreditamos naquilo que queremos

(the) wish is father to the thought
we soon believe what we desire

Ne nous en moquons point: nous nous laissons séduire / Sur aussi peu de fondement; / Et CHACUN CROIT FORT AISÉMENT / CE QU'IL CRAINT ET CE QU'IL DÉSIRE. (La Fontaine, *F*, XI, vi, 44-47)

Não cabe zombaria: nós nos deixamos seduzir por tão pouca coisa; E TODO O MUNDO CRÊ FACILMENTE NAQUILO QUE TEME OU DESEJA.

♦ Cf. Júlio César (*De bello Gallico*, 3, 18, 6): *libenter homines id quod volunt credunt* (os homens tendem geralmente a acreditar no que desejam) e Ovídio (*Ars amatoria*, 3, 674): *prona veniti cupidis in sua vota fides* (é fácil à paixão persuadir-se do que deseja).

⇒ Le CŒUR mène où il va

3 CROYEZ ça et buvez de l'eau!

on dit à l'incrédule qui ne veut rien entendre

acredite se quiser!

believe it or not!

CROIX *s.f.* cruz; *cross*

1   Chacun porte sa CROIX (1852)

'chacun a ses ennuis'

cada qual com a sua cruz
não há ninguém que não carregue a sua cruz
todos têm a sua cruz

every man has his cross to bear

♦ As fontes são Mateus 16, 24 e Lucas 14, 27.

⇒ Chacun sa MERDE

2   CROIX de bois, CROIX de fer(, si je meurs, je vais en enfer) (sXX)

formule de serment

cruz de pau, cruz de ferro(, se eu mentir vou pro inferno)

cross my heart (and hope to die)

Elle me demande l'heure et, à mon avis, il n'est alors pas loin de quatre heures. Elle me fait promettre de penser à klaxonner trois fois. Je le jure CROIX DE BOIS, CROIX DE FER. (J. Giono, *GC*, p. 90)

Ela me pergunta as horas e, a meu ver, não deve faltar muito para as quatro. Ela me faz prometer que não vou me esquecer de buzinar três vezes. Juro DEDO COM DEDO.

3   La CROIX est l'échelle des cieux

'la souffrance est le passage obligé pour réussir, ou pour être sauvé'

não é fácil o caminho do céu
para o céu não se vai de carruagem

crosses are ladders (that lead) to Heaven
no coming to heaven with dry eyes
there is no going to heaven in a sedan

♦ Idéia expressa no conhecido adágio latino *per aspera ad astra* (por caminhos ásperos vai-se às estrelas), com alguns antecedentes gregos, entre os quais a afirmação de Hesíodo (*Os trabalhos e os dias*, 289-90): μακρὸς δὲ καὶ ὄρθιος οἶμος ἐς αὐτὴν (longo e íngreme é o caminho para ela [a virtude]). Há correspondentes em italiano: *in paradiso non si va in carrozza* e em espanhol: *no es blando el camino del cielo*.

⇒ Bon est le DEUIL qui après aide

CRUCHE *s.f.* cântaro, jarro; *jug, pitcher*

Tant va la CRUCHE à l'eau qu'à la fin elle se brise/casse (1690: *tant va la cruche à l'eau qu'enfin elle se brise*)

'à trop s'exposer au danger, on finit par y succomber'

cântaro que muitas vezes vai à fonte, ou deixa lá a asa ou a fronte
desgraça de pote é caminho de riacho

tantas faz que um dia a casa cai
tantas vezes vai a caldeirinha ao poço que um dia lá fica o pescoço
tantas vezes vai o cantarinho à fonte até que quebra
tantas vezes vai o cântaro à fonte (até) que quebra
tantas vezes vai o cântaro à fonte que, no fim, lá deixa a asa
tantas vezes vai o cântaro à fonte que um dia lá fica
tantas vezes vai o cântaro à fonte que um dia lá se quebra
tantas vezes vai o cântaro ao poço que lá deixa o pescoço
tantas vezes vai o cão ao moinho que alguma vez lá lhe fica o focinho
tanto anda a linhaça até que quebra a cabaça
tanto pica a pega na raiz do trovisco (até) que quebra o bico
tanto vai a bilha à fonte que enfim se quebra
tanto vai o pote à bica que um dia lá (se) fica

put not the bucket too often in the well
the pitcher goes so often to the well, that it is broken at last
the pot goes so often to the water, that it is broken at last

Celui-ci leur apprit qu'il y en avait qui n'étaient pas d'accord, que l'assiette au beurre était toujours pour les mêmes, que TANT VA LA CRUCHE À L'EAU QU'À LA FIN ELLE SE CASSE et que, probablement, et là il se frotta les mains, il y aurait du grabuge. (A. Camus, *P*, p. 220-221)

Este afirmou que certas pessoas estavam descontentes, e a manteiga ia para os mesmos indivíduos, sempre, e TANTO VAI A BILHA À FONTE QUE ENFIM SE QUEBRA, e com certeza – esfregava as mãos – haveria barulho. (Trad. de Graciliano Ramos)

♦ Beaumarchais reformula o provérbio: "Tant va la cruche à l'eau qu'à la fin elle s'emplit." (Tantas vezes vai o cântaro à fonte que acaba cheio.)

♦ Há correspondentes em italiano: *tante volte al pozzo va la secchia, ch'ella vi lascia il manico o l'orecchia*, em espanhol: *tantas veces va el cántaro a la fuente que alguna se quiebra* e em alemão: *der Krug geht so lange zum Brunnen bis er bricht*.

⇒ Tant chauffe-t-on le FER qu'il rougit

CUIR *s.m.* couro; *leather*

Du CUIR d'autrui, large courroie (sXIII: *d'autrui cuir font large corroie*)

'on est prodigue du bien d'autrui'

da pele alheia, grande correia
de coiro/couro alheio, correias compridas
de coiro/couro alheio, largas correias (João de Barros)
do pão do meu compadre, grande fatia ao afilhado
do pão do meu compadre, grossa fatia ao afilhado
do pão do nosso compadre, grande fatia ao afilhado
em casa alheia depressa se guisa a ceia

men cut large thongs of other men's leather

♦ Do latim medieval *ex alieno tergore lata secantur lora* (com o couro alheio se cortam largas correias).

⇒ À la TABLE d'autrui on mange de meilleur appétit

CUISINE *s.f.* cozinha; *kitchen*

1 À grasse CUISINE pauvreté voisine (sXVI)

= Grandes MAISONS se font par petite cuisine

♦ Diz-se em italiano: *ricca cucina, miseria vicina* (ou ainda: *grassa cucina, povertà vicina*).

2 Grasse CUISINE, maigre testament (1610)

= Grandes MAISONS se font par petite cuisine

♦ Há correspondente em espanhol: *buena olla y mal testamento*.

3 Petite CUISINE agrandit la maison

= Grandes MAISONS se font par petite cuisine

♦ Há correspondentes em italiano: *la cucina piccola fa la casa grande* e em espanhol: *magra olla y gordo testamento*.

4 Qui hante CUISINE vit de fumée (1568)

= Qui touche à la POIX s'embrouille les doigts

CUISINIER *s.m.* cozinheiro; *cook*

Trop de CUISINIERS gâtent le potage/(la soupe)

'point de profit possible dans un négoce dont trop de gens se mêlent'

com muitos cozinheiros queima-se a comida
é sempre mau o caldo que muita gente tempera
muitos padeiros não fazem bom pão
panela de muita criada, ou insossa ou salgada
panela de muitos, mal comida e pior mexida
panela mexida por muitos não presta
panela que muitos mexem, ou sai insossa ou salgada

a pot that belongs to many is ill stirred and worse boiled
too many cooks spoil the broth

♦ O provérbio tem correspondentes em italiano: *i troppi cuochi guastano la cucina*, em espanhol: *olla de muchos, mal mejida y peor cocida* e em alemão: *viele Köche verderben den Brei*.

≠ À PLUSIEURS MAINS L'OUVRAGE AVANCE

⇒ L'ÂNE de tous est mangé des loups

CUL *s.m.* bunda, cu; *arse, ass*

1 À CUL foireux toujours merde abonde (1534: *à cul de foyrard toujours abonde merde*)

'les crispations de la peur provoquent des flatuosités

dont les conséquences ne sont pas toujours maîtrisées; en sorte que la peur voisine toujours avec la souillure'

cu de cagão tem sempre merda

dirten arse dreads aye ['always']
to a shitten tail fails never ordure

De faict (comme dit le proverbe: "A CUL DE FOYRARD TOUJOURS ABONDE MERDE"), il a trouvé quelque reste de niays du temps des haultz bonnetz*, lesquelz ont eu foy à ses escripts et selon iceulx ont taillé leurs apophthegmes et dictez, en ont enchevestré leurs muletz, vestu leurs pages, escartelé leurs chausses, brodé leurs guandz, frangé leurs lictz, painct leurs enseignes, composé chansons, et (que pis est) faict impostures et lasches tours clandestinement entre les pudicques matrones. (F. Rabelais, *G*, p. 74)

* Chapéu da época de Luís XI.

Efetivamente, como diz o provérbio, "CU DE CAGÃO TEM SEMPRE MERDA", de forma que também ele achou alguns idiotas do tempo dos chapéus altos que lhe acreditassem nos escritos e por eles fizessem os seus apofgtemas e ditados, arreassem as mulas, vestissem os pajens, esquartelassem as polainas, bordassem as luvas, enfeitassem os leitos, pintassem as insígnias, compusessem as canções e, o que é pior, dirigissem galanteios e covardes propostas às pudicas matronas. (Trad. de Aristides Lobo)

2 Il ne faut pas péter plus haut que son CUL

= Il faut étendre ses PIEDS selon ses draps

⇒ Il ne faut pas se moucher plus haut que le NEZ

3 Il ne faut pas renier son CUL pour un pet

= Ce n'est pas pour un mauvais PAS qu'on tue un bœuf

4 Qui a CUL à baiser n'a que tarder (1758)

"il est inutile de différer de faire une chose désagréable, quand il est impossible de s'en exempter" (Panckoucke)

não adianta fugir com o cu à seringa

cruelty is more cruel, if we defer the pain

⇒ S'il faut baiser le CUL du chien, tant vaut aujourd'hui que demain

5 Qui a le CUL pailleux a toujours peur que le feu n'y prenne

'mauvaise conscience rend pusillanime'

quem tem culpa no cartório não pode dormir em paz
quem tem rabo de palha julga que tudo o que vem atrás
  é lume
quem tem rabo de palha não chega perto do fogo
quem tem rabo de palha sempre cuida que lhe vai arder

a guilty conscience feels continual fear
a guilty conscience needs no accuser

he that lives ill, fear follows him
who has skirts of straw, needs fear the fire

♦ Há provérbios paralelos em italiano: *chi ha coda di paglia, non s'avvicini al fuoco* e em espanhol: *quien tiene el rabo de paja, no se arrime a la llama.*

6 Qui se sent le CUL merdeux, qu'il se torche

= Qui se sent GALEUX se gratte

7 S'il faut baiser le CUL du chien, tant vaut aujourd'hui que demain

= Qui a CUL à baiser n'a que tarder

⇒ Il ne faut pas prendre la MÉDECINE en plusieurs verres

CURÉ *s.m.* cura, padre; *priest*

1 C'est Gros-Jean qui en remontre/(qui veut en remontrer) à son CURÉ

'c'est un ignorant qui veut apprendre à un autre ce que celui-ci sait mieux que lui'

é o tolo querendo ensinar o pai-nosso ao vigário

Tom Fool wants to learn his goodam to make milk kail ['broth']
Tom Fool wants to teach his grandmother to suck eggs

Var. em G. Brassens:

Passe-lacet l'eût volontiers initiée aux rapports sexuels résolument malpropres mais elle en connaissait autant que lui et plus dans ce domaine, rien ne sert À GROS-JEAN D'EN REMONTRER À SON CURÉ. (*TM*, p. 148)

Passe-lacet a teria iniciado com prazer nas relações sexuais inequivocamente sórdidas, mas ela, nesse domínio, sabia tanto ou mais do que ele, não se vá QUERER ENSINAR O PADRE A REZAR MISSA.

⇒ Il ne faut pas parler LATIN devant les clercs/cordeliers

2 Chaque CURÉ prie Dieu pour sa paroisse (rég., Agen)

= Chacun tire l'EAU à son moulin

3 Quand il pleut sur le CURÉ, il dégoutte sur le vicaire (1893)

= Quand il NEIGE sur les hauteurs, il fait froid dans les vallées

⇒ Les MULÂTRES se battent, ce sont les cabris qui meurent

CYGNE *s.m.* (*Cygnus cygnus*) cisne; *swan*

Le CYGNE plus il vieillit, plus il embellit (1612)

'la beauté, lorsque majestueuse, croît avec l'âge'

beleza não se mede pela idade
mais velha é a igreja e vão a ela
velhos são os outeiros, mas eles dão flores

the sun is still beautiful, though ready to set

(...) qui desiroit estre comme trois sortes d'animaux à sçavoir: ainsi que LA CIGNE, qui PLUS VIEILLIT ET PLUS EMBELLIT; comme le chien, auquel vieillissant le membre grossit; et tel que le cheval et le cerf, qui plus vieillissent, plus le font. (Béroalde de Verville*, *Le Moyen de parvenir*, cap. LVIII, *apud* M. Rat, in Brantôme, *DG*, p. 456, nota 32)

* François Béroalde de Verville nasceu em Paris em 1558 e morreu em data posterior a 1623.

(...) que desejava ser como três espécies de animais, a saber: assim como O CISNE, que QUANTO MAIS ENVELHECE MAIS BELO FICA; tal qual o cão, cujo membro aumenta com a idade; e tal qual o cavalo e o veado, que quanto mais envelhecem mais sexo fazem.

d

DAME *s.f.* dama; *lady*

1 À telle DAME, telle chambrière (sXIII)

'le serviteur est à la mesure du maître'

tal senhora, tais servas

hackney mistress, hackney maid
like mistress, like maid
such mistress, such Nan; such master, such man

♦ Provérbio de origem grega, citado por Cícero (*Ad Atticum*, 5): *qualis hera tales pedissequae* (tal ama, tais servas).

⇒ Tel MAÎTRE, tel valet

2 DAME blanche a le cul noir (1749)

'aux échecs, le roi blanc doit être placé au départ sur une case noire – autant dire que sa dame, qui se croit immaculée, a bel et bien, par effet de conjugalité, le cul noir; par un glissement grivois, le proverbe signifie qu'une apparence soignée peut cacher bien des insuffisances'

por cima folhos e rendas, por baixo nem fraldas tem
por cima púrpura, por baixo andrajos
por fora bela viola, por dentro molambos só
por fora casquete de veludo, por dentro miolos de burro
por fora tudo são rendas, por dentro nem fralda tem

a fair outside, and foul within
fair face, foul heart
no silver without its dross
white silver draws black lines

⇒ Jolie à l'EXTÉRIEUR, rien à l'interieur

3 DAME qui moult se mire, peu file (1528)

= FILLE qui trop se mire, peu file

4 Nulles DAMES belles se font vieilles de la ceinture jusqu'en bas (sXVI)

'l'âge n'affecte pas l'ardeur sexuelle des femmes, du moins lorsqu'elles sont belles, c'est-à-dire enclines à l'amour'

da cintura para baixo não há mulher feia

no ugly woman from the waist downwards

Parquoy j'accommence, et dis qu'un jour moy, estant à la cour d'Espagne, devisant avec une fort honneste et belle dame, mais pourtant un peu aagée, me dit ces mots: *Que ningunas damas lindas, o allomenos pocas, se hazen viejas de la cinta hasta abaxo,* "que NULLES DAMES BELLES, ou au moins peu, SE FONT VIEILLES DE LA CEINTURE JUSQUES EN BAS". (Brantôme, *DG*, p. 205)

E começo por dizer que, certo dia, estava eu na corte da Espanha a conversar com uma mui bela e honesta dama, ainda que de certa idade, quando ela me disse: *Que ningunas damas lindas, o allomenos pocas, se hazen viejas de la cinta hasta abaxo,* "que NENHUMA BELA MULHER, ou quase nenhuma, ENVELHECE DA CINTURA PARA BAIXO".

DANGER *s.m.* perigo; *danger*

1 Au DANGER on connaît les braves (sXIX)

'l'adversité fait connaître ce qu'on est'

é na tempestade que se conhece o marinheiro
é no perigo que se conhecem os bravos
herói é no que dói (Guimarães Rosa)
na margem do atoleiro se conhece o cavaleiro

calamity is the touchstone of a brave mind

♦ Idéia semelhante em "Le Lion et le Chasseur" de La

Fontaine (*F*, VI, ii, 56-7): "La vraie épreuve de courage / N'est que dans le danger que l'on touche du doigt." (Só diante do perigo iminente é que se demonstra a verdadeira coragem.)

♦ Há provérbio paralelo em espanhol: *en el peligro mayor se muestran los corazones valerosos.*

2 Celui qui aime le DANGER y trouvera sa perte

'à trop risquer, on finit par tout perdre; à être trop attiré par le feu, on finit par s'y brûler'

quem ama o perigo nele morre
quem busca perigo em perigo morre

he that loves danger shall perish in it

♦ Cf. o *Eclesiástico*, 3, 27: *qui amat periculum in illo peribit* (quem ama o perigo nele perecerá). Diz-se em espanhol: *quien el peligro ama, en él acaba.*

3 DANGER passé, saint moqué

'on oublie le bienfaiteur dont on n'a plus besoin'

o rio passado, o santo já não (é) lembrado
passado o perigo, esquece-se o santo
passado o perigo, esquecido o santo
pena passada, pena esquecida
perigo vai, presunção volta
rio passado, santo esquecido
rio passado, santo não lembrado
romaria prometida em tempestade nunca foi cumprida
    em bonança
vai-se o perigo, volta a presunção

once on shore, the saint is mocked
once on shore, we pray no more
the danger passed, the saint is mocked
the danger past and God forgotten
the river past and God forgotten
when the river is past, the saint is forgotten

Brantôme cita o provérbio em italiano:

Hé! combien s'est-il veu d'honnestes dames qui, ayant esté surprises sur ce fait, tancées, battues, persuadées et remonstrées, tant par force que par douceur, de n'y tourner jamais plus, elles promettent, jurent et protestent de se faire chastes, qui puis après pratiquent ce proverbe: *PASSATO IL PERICOLO, GABBATO IL SANTO*, et retournent encor plus que jamais en l'amoureuse guerre; (...). (Brantôme, *DG*, p. 80-81)

Ah! mas quantas dessas distintas damas há que, surpreendidas no ato, admoestadas, espancadas, levadas por força ou persuasão a não mais praticarem tal ato, prometem, juram e protestam futura castidade, e logo depois procedem conforme o provérbio que diz: *PASSATO IL PERICOLO, GABBATO IL SANTO*, e voltam com mais ardor às labutas amorosas; (...).

♦ "La Fontaine ('Jupiter et le Passager') s'est souvenu de ce proverbe: 'O! combien le péril enrichirait les

Dieux, / Si nous nous souvenions des vœux qu'il nous fait faire! / Mais, le péril passé, l'on ne se souvient guère / De ce qu'on a promis aux Cieux'." [*F*, IX, xiii, 1-4] (J.-Y. Dournon)

⇒ Qui de DANGER son pied retire, soudain du saint vient à se rire

4 Qui craint le DANGER, ne doit pas aller sur mer (1752)

'qui craint le péril ne doit point aller où il s'en trouve'

quem sofre de cãibra não atravessa rio a nado
quem tem medo do mar não se embarque

he that fears every grass must not piss in a meadow
he that fears every grass must not walk in a meadow
he that would sail without danger, must never come on the main sea

♦ Há provérbios semelhantes em italiano: *chi teme acqua e vento, non si metta in mare*, em espanhol: *quien no se arriesga, no pasa la mar* e em alemão: *wer die Gefahr fürchtet darf nicht aufs Meer.*

⇒ Qui craint les FEUILLES n'aille point au bois

5 Qui de DANGER son pied retire, soudain du saint vient à se rire (1594)

= DANGER passé, saint moqué

⇒ PÉRIL passé, promesses oubliées

6 Sans DANGER on ne vient jamais au-dessus du DANGER (sXV)

'ce n'est pas par des mesures sécuritaires que l'on vient à bout d'un danger; c'est en redoublant d'audace qu'on le surmonte'

não se vence perigo sem perigo
nunca se vence um perigo sem outro

without danger, we cannot get beyond danger

♦ Cf. o latim *nunquam periculo sine periculo vincitur.* Diz-se em italiano: *il pericolo s'ha a vincer col pericolo.*

DANSE *s.f.* dança; *dance*

La DANSE vient de la panse (sXV)

= Après la PANSE, la danse

Au fort, quelqu'ung s'en recompence, / Qui est ramply sur les chantiers; / Car LA DANCE VIENT DE LA PANCE. (F. Villon, "Le testament", in *PFV*, p. 34)

Em suma, caia na festança / Quem de comer está contente! / Porquanto A DANÇA VEM DA PANÇA. (Trad. de Péricles Eugênio da Silva Ramos)

♦ Há equivalente em espanhol: *la danza sale de la panza.*

DARD *s.m.* dardo, seta; *spear*

Le DARD du mépris perce l'écaille de la tortue (1856)

'rien n'est plus blessant que le mépris'

a maior vingança é o desprezo

contempt pierces even through the shell of the tortoise

♦ Provérbio de origem indiana.

⇒ Il n'y a point de DETTE si tôt payée que le mépris

DÉ *s.m.* dado; *die*

Le(s) DÉ(S) en est/sont jeté(s) (sXVI)

'il n'est pas possible de revenir en arrière'

a sorte está lançada
os dados estão lançados

the die is cast

"Maintenant que l'Allemagne a voulu la guerre, LES DÉS EN SONT JETÉS", la vérité c'est que chaque matin on déclare à nouveau la guerre. (M. Proust, *RTP*, t. III, p. 796)

"Agora que a Alemanha quis a guerra, OS DADOS ESTÃO LANÇADOS" – a verdade é que todas as manhãs declara-se a guerra de novo. (Trad. de Fernando Py)

♦ Do latim *alea iacta est* ou *iacta alea est/esto*, palavras que, segundo Suetônio, "Júlio César teria pronunciado ao transpor com suas tropas (em 49 a.C.) o rio Rubicão, contrariando ordens do Senado. (...) (Segundo Plutarco, na ocasião César teria pronunciado em grego Ανεϱϱίφθω ὁ κύβος, 'Lance-se o dado', frase do comediógrafo Menandro.)" (Paulo Rónai, *NPSL*)

Há correspondentes em italiano: *il dado è tratto*, em espanhol: *la suerte está echada* e em alemão: *der Würfel ist gefallen*.

⇒ Le SORT en est jeté

DÉBILE *adj.* fraco, débil; *weak, feeble*

Au plus DÉBILE la chandelle à la main

'les tâches les plus serviles reviennent de plein droit aux moins capables'

na ponte e no vau, criado à frente, amo atrás

he that worst may, shall hold the candle

⇒ En pont, en planche et en rivière, VALET devant, maître derrière

DÉCOUDRE *v.t.* descoser; *to unpick*

Il faut DÉCOUDRE et non déchirer l'amitié

'il faut se séparer progressivement d'un ami, car on doit du respect pour le passé commun'

mais vale descoser do que romper
melhor é descoser que romper
não cortes o que puderes desatar

have patience with a friend rather than lose him forever (aprox.)

DÉFAUT *s.m.* defeito, falta; *flaw, fault*

Sur les DÉFAUTS d'autrui, l'homme a des yeux perçants (1764)

= Le BOSSU ne voit pas sa bosse, mais il voit celle de son confrère

D

DÉGOUTÉ *s.m.* enfastiado; *squeamish person*

Au DÉGOUTÉ le miel est amer (1568)

= À VENTRE saoul cerises amères

DÉJEUNER *s.m.* almoço; *lunch*

1 **DÉJEUNER de clercs, dîner de procureur, goûter de commères et souper de marchands** (1758)

= Il n'est que DÉJEUNERS de clercs, dîners de traitants et soupers de seigneurs

2 **Il n'est que DÉJEUNERS de clercs, dîners de traitants et soupers de seigneurs** (sXVIII; 1548: *il n'est déjeuner que d'écoliers, dîner que d'avocats, souper que de marchans, regoubillonner que de chambrières*)

'telles sont les tables pour leur bonne chère'

não há almoço como o do oficial, jantar como o do advogado e ceia como a do fidalgo

no lunch like a clerk's, no dinner like a physician's and no supper like a lord's

Vous dictez qu'IL N'EST DESJEUNER QUE DE ESCHOLIERS, DIPNER QUE D'ADVOCATZ, ressiner ['goûter'] que de vinerons, SOUPPER QUE DE MARCHANS, REGOUBILLONNER QUE DE CHAMBRIÈRES, et tous repas que de farfadetz ['franciscains']? Il est vray: de faict, monsieur Lucifer se paist à tous ses repas de farfadetz pour entrée de table. (F. Rabelais, *Le quart livre*, in *OC*, p. 705)

Dizeis que NÃO HÁ COMILANÇA COMO DESJEJUM DE ESTUDANTES, ALMOÇO DE ADVOGADOS, merenda de viticultores, JANTAR DE MERCADORES, CEIA DE CRIADAS, e qualquer refeição de franciscanos? É verdade: de fato, mestre Lúcifer devora franciscanos como entrada em todas as suas refeições.

IL N'EST QUE DÉJEUNERS DE CLERCS, DÎNERS DE TRAITANTS ET SOUPERS DE SEIGNEURS, ce vieux dicton du dix-huitième siècle est resté vrai, quant à ce qui regarde la Bazoche, pour quiconque a passé deux ou trois ans de sa vie à étudier la Procédure chez un avoué, le Notariat chez un maître quelconque. Dans la vie cléricale, où l'on travaille tant, on aime le plaisir avec d'autant plus d'ardeur qu'il est rare; mais surtout on y savoure une mistification avec délices. (H. de Balzac, *DV*, p. 164)

NADA MAIS HÁ DO QUE ALMOÇOS DE ESCRITU-RÁRIOS, JANTARES DE CONTRATADORES E CEIAS DE SENHORES, esse velho ditado do século XVIII permanece verdadeiro no que diz respeito à gente do foro, para quem passou dois ou três anos de vida a estudar as normas processuais num escritório de procurador, ou o notariado num cartório qualquer. Na vida judicial, na qual tanto se trabalha, gosta-se do prazer com tanto mais ardor por ser ele raro, mas saboreia-se, principalmente, uma mistificação com delícia. (Trad. de Vidal de Oliveira)

♦ "Depuis le milieu du XIXᵉ s., *déjeuner* et *dîner*, comme verbes et comme noms, ont subi un nouveau changement de sens, d'abord à Paris: *déjeuner* a été attribué au repas du milieu du jour (le petit repas du début de la journée se disant alors *petit déjeuner*) et *dîner* au repas du soir; (...)." (A. Rey)

DÉLUGE *s.m.* dilúvio; *downpour, flood*

Après moi le DÉLUGE! (sXVIII)

'qu'importe ce qui se passera après ma mort!' (formule de renonciation cynique à toute responsabilité à long terme, telle que l'a définie Hans Jonas dans *le Principe Responsabilité*; désormais, l'écologie ne peut plus admettre pareil cynisme)

depuis de mim, o dilúvio!
depois de morto que me importam os outros?
morto eu, morto o mundo

after me the deluge!
after me the heavens can fall!
when I die, the world dies with me

"APRÈS MOI LE DÉLUGE" n'était pas alors la formule à la mode. De quoi se sent-on aujourd'hui menacé? "La vie est trop courte", dit-on souvent. Quel paradoxe au moment où la durée de la vie ne cesse de s'allonger! (T. Anatrella, *SO*, p. 80)

"DEPOIS DE MIM, O DILÚVIO" não era então a frase da moda. De que nos sentimos ameaçados hoje? "A vida é muito curta", diz-se com freqüência. Que paradoxo, no momento em que o tempo de vida é continuamente aumentado! (Trad. de Paula Rosas)

♦ Frase atribuída a uma das favoritas de Luís XV (marquesa de Pompadour ou Mᵐᵉ du Barry), ou quiçá ao próprio rei, mas que, refere Giuseppe Fumagalli, "non avrebbe fatto che dare forma volgare a un' antica sentenza: Ἐμοῦ θανόντος γαῖα μιχθήτω πυρί [depois de eu morrer, que a terra se misture ao fogo], verso que se supõe pertencer a uma tragédia perdida de Eurípides, *Sísifo* ou *Belerofonte*. Cf., po-

rém, F. Rabelais (*Le quart livre*, in *OC*, p. 655): "Autant en affectoit un désespéré tyrant, quand il dist: 'Moy mourant, la terre soyt avecques le feu meslée' c'est-à-dire périsse tout le monde. Lequel mot Néron le truant changea, disant: 'Moy vivent', comme atteste Suétone. Ceste détestable parole, de laquelle parlent Cicero, *lib. 3 de Finibus*, et Sénecque, *lib. 2 de Clémence*, est par Dion Nicæus [Dion Cassius] et Suidas attribuée à l'empereur Tibère." ("O mesmo pretendia um desesperado tirano, ao dizer: 'Quando eu estiver morto, que a terra se misture com o fogo', isto é, pereça todo o mundo. Frase que o cruel Nero alterou para: 'Quando eu estiver vivo', como atesta Suetônio. Essa frase detestável, de que falam Cícero, no terceiro livro do *De finibus*, e Sêneca, no segundo do *De clementia*, é atribuída por Díon de Nicéia [Díon Cássio] e Suidas ao imperador Tibério.")

⇒ Le DERNIER ferme la porte ou la laisse ouverte

DEMAIN *adv. s.m.* amanhã; *tomorrow*

1 DEMAIN est/sera un autre jour (sXX)

'chaque nouveau jour offre la chance d'une renaissance, d'un recommencement'

amanhã é outro dia
amanhã será outro dia

tomorrow is a new day
tomorrow is another day

♦ Cf. Teócrito (*Idílios*, 4, 41): τάχ' αὔριον ἔσσετ' ἄμεινον (o dia de amanhã talvez seja melhor). Cf. também Tibulo (*Elegiae*, 2, 6, 19-20): *sed credula vitam / Spes fovet et fore cras semper ait melius* (mas a Esperança, acolhida com facilidade, aquece a vida e sempre diz que amanhã tudo se arranjará).

♦ "Même locution en allemand *Morgen ist auch ein Tag* et en anglais *tomorrow is another day* (dernière phrase de 'Gone with the Wind', roman de Margaret Mitchell et dernière réplique du film qui en est tiré (1939): 'I'll think of some way to get him back. After all, tomorrow is another day! / Je trouverai un moyen de le reconquérir. Après tout, demain est un autre jour') ou *Tomorrow is a new day* (titre d'un roman de J. H. Chase, traduit en français *Demain, ça ira mieux*, en 1985)." (C. Bernet & P. Rézeau)

⇒ Il vient toujours un JOUR qui n'est pas encore venu

2 DEMAIN il fera jour (1718)

'un peu de patience, et la lumière reviendra; et avec elle la vie ou la chance'

amanhã é outro dia
amanhã será outro dia
amanhã também é dia
(não há) nada como um dia depois do outro

quem hoje cai amanhã se levanta

be the day never so long, at length comes evensong
he that falls today may rise tomorrow
if today will not, tomorrow may
the longest night will have an end

– Lillas, dit-elle sitôt qu'elle me vit, je ne fais plus rien de la journée. DEMAIN IL FERA JOUR! Allons, pays, allons nous promener. (P. Mérimée, *Ca*, p. 52)

– Lillas – disse ela logo que me viu –, hoje não faço mais nada. AMANHÃ É OUTRO DIA. Anda, patrício, vamos passear. (Trad. de Mário Quintana)

3 Il ne faut pas renvoyer à DEMAIN ce qu'on peut faire aujourd'hui (sXIII: *n'attendre pas à faire au vespre ce que tu puès faire au matin*)

'l'action est ennemie de la procrastination'

não deixes para amanhã o que podes fazer hoje
não deixes para amanhã o que puderes fazer hoje
não se deixa para amanhã o que se pode fazer hoje

never put off till tomorrow what may be done today
never put off till tomorrow what you can do today

"Dans l'espoir que vous voudrez bien lui envoyer donc par Paquet Recommandé la Décoration avec Diplôme durant mon séjour qui sera bref à Genève et en général sur cette Terre car j'ai dépassé la soixante-quinzième année et vous savez qu'à mon âge tardif qui est aussi le Vôtre IL NE FAUT PAS RENVOYER À DEMAIN CE QU'ON PEUT FAIRE AUJOURD'HUI!" (A. Cohen, *V*, p. 207)

"Na esperança de que o Senhor queira enviar-lhe portanto como Encomenda Registrada a Condecoração com Diploma durante minha permanência breve em Genebra e em geral sobre esta Terra pois já passei dos setenta e cinco anos e o Senhor sabe que na minha idade avançada que é também a Sua NÃO SE DEVE DEIXAR PARA AMANHÃ O QUE SE PODE FAZER HOJE!" (Trad. de Waltensir Dutra)

⇒ Il ne faut pas remettre au LENDEMAIN ce qu'on peut faire le jour même

DEMANDE *s.f.* pergunta; *question*

1 À sotte DEMANDE, point de réponse (1557)

'il ne faut prêter l'oreille aux questions idiotes'

a pergunta disparatada não se dá resposta
a pergunta tola não dês resposta

a stupid question deserves no answer
ask a silly question and you'll get a silly answer
he that demands misses not, unless his demands be foolish
where the demand is a jest, the fittest answer is a scoff

♦ Diz-se em italiano: *sciocca proposta non vuol risposta*.

2 Telle DEMANDE, telle réponse

'on reçoit à mesure de ce qu'on a sollicité'

a boa pergunta, boa resposta
a pergunta astuta, resposta aguda
a pergunta insolente, resposta valente
a resposta está à altura da pergunta
conforme a pergunta, assim a resposta
qual pergunta fizeres, tal resposta terás
respostas cretinas para perguntas imbecis

every good question requires a good answer
like question, like answer
the answer is suited to the question
to a good question, a good answer

♦ Há correspondentes em italiano: *qual proposta, tal risposta* e em espanhol: *cual pregunta harás, tal respuesta habrás*.

3 Toute DEMANDE ne mérite réponse

'il existe des questions sans intérêt'

nem toda pergunta merece resposta

every question requires not an answer
it is not every question that deserves an answer

DEMANDER *v.t.* perguntar; *to ask, to question*

1 Qui DEMANDE apprend

'on est toujours récompensé d'avoir eu l'humilité de poser une question'

quem pergunta quer saber

he that nothing questions, nothing learns

♦ Há correspondentes em italiano: *quando non sai, frequenta in domandare* e em espanhol: *el que pregunta, no yerra*.

2 Qui ne DEMANDE rien n'a rien

'on n'obtient rien si on ne fait pas état de ce qu'on veut'

quem não chora não mama

ask and it shall be given you
speak and speed, ask and have
the lame tongue gets nothing
the squeaking wheel gets the grease

TAMISE. (...) Est-ce que j'ai demandé quelque chose? Non. J'attends.
TOPAZE. Mon cher, QUI NE DEMANDE RIEN N'A RIEN.
TAMISE. Mais qui obtient trop tôt peut avoir l'air d'un arriviste. (M. Pagnol, *T*, p. 28-29)

TAMISE. (...) E eu lhe fiz algum pedido? Não. Apenas aguardo.
TOPAZE. Meu caro, QUEM NÃO CHORA NÃO MAMA.
TAMISE. Mas quem consegue cedo demais pode parecer um arrivista.

D

⇒ Jamais n'ait BON MARCHÉ qui ne l'ose demander

DEMANDEUR *s.m.* pedinte, o que pergunta; *applicant, someone who asks*

À bon DEMANDEUR, bon refuseur (sXIII)

'il ne faut pas s'étonner qu'un quémandeur professionnel ne rencontre que de systématiques refus'

a bom pedidor, bom tenedor ['retentor']
quem muito pede muito fede

he that asks everything begs a denial
he that asks everything deserves nothing

DÉMÉNAGEMENT *s.m.* mudança; *removal*

Trois DÉMÉNAGEMENTS valent un incendie (1842)

'les dommages d'un déménagement équivalent au tiers d'une ruine complète'

duas mudanças equivalem a um roubo, três a um incêndio, quatro a uma devastação
três mudanças equivalem a um incêndio

three removals are as bad as a fire
three removes are as bad as a fire

Var. em T. Bernard:

MÉLECH. (...) Je suppose bien, après ce que je vous ai dit, que vous allez déménager. On dit que DEUX DÉMÉNAGEMENTS VALENT UN INCENDIE. N'empêche qu'un seul déménagement est préférable à un incendie, surtout quand il s'agit d'une catastrophe... (*La petite femme de Loth*, in *T*, p. 318-319)

MÉLECH. (...) Depois do que eu lhe disse, acho que o senhor vai se mudar. Dizem que DUAS MUDANÇAS EQUIVALEM A UM INCÊNDIO. Seja como for, uma mudança é melhor do que um incêndio, principalmente quando se trata de uma catástrofe...

O mesmo autor, em outra comédia, *Le Captif*, substitui ironicamente *déménagements* por *mariages*:

DOUBLET. (...) On ne pense pas à tous les frais que nous avons, nous autres bigames. DEUX MARIAGES, vous savez, ÇA VAUT UN INCENDIE. (*T*, p. 125)

DOUBLET. (...) Ninguém imagina com quantas despesas nós, bígamos, temos de arcar. Saiba que DOIS CASAMENTOS É O MESMO QUE UM INCÊNDIO.

♦ Aforismo popularizado por Benjamin Franklin (*The Way to Wealth*, 1737). Há equivalente em espanhol: *tres mudanzas equivalen a un incendio.*

DEMOISELLE *s.f.* senhorita, donzela; *young lady*

Il n'y a si petite DEMOISELLE qui ne veuille être priée (1559)

= CHASTE est celle qu'on n'a pas priée

– Sainte Marie! dit Nomerfide, comme vous y allez! Est-ce là la façon d'acquérir la grâce d'une qu'on estime honnête et sage? – Il me semble, dit Saffredant, que l'on ne sauroit plus faire d'honneur à une femme de qui l'on désire telles choses, que de la prendre par force, car IL N'Y A SI PETITE DAMOISELLE QUI NE VUEILLE ÊTRE bien longtemps PRIÉE, et d'autres encore à qui il faut donner beaucoup de présents avant que de les gagner; d'autres qui sont si sottes, que par moyens ne finesses on ne les peut avoir ne gagner, et envers celles-là ne faut penser que chercher les moyens. (M. d'Angoulême, Reine de Navarre, *H*, p. 145-146)

– Santa Maria! – disse Nomerfide –, como sois apressado! Isso é jeito de conquistar uma dama considerada honesta e sensata? – Acho – disse Saffredant – que a maior homenagem que se pode render à mulher de quem se deseja obter tais favores é tomá-la à força, pois MESMO A MAIS MODESTA DONZELA COSTUMA FAZER-SE DE ROGADA, e há aquelas a quem é preciso dar muitos presentes antes de dobrá-las, outras ainda que são tão tontas que não há recursos nem sutilezas que as conquistem, e com essas nem adianta perder tempo procurando uma forma de conquistá-las.

⇒ Belle FEMME a peine à rester chaste

DENIER *s.m.* denário (antiga moeda romana que valia dez asses); antiga moeda francesa que valia 1/12 do sou, 'dinheiro'; *denarius, denier, money*

1 DENIER sur DENIER bâtit la maison

'il n'est pas d'économie négligeable pour parvenir à de grandes choses'

florim com florim faz bom tintim
muitos poucos fazem muito

many drops make a flood
many drops make a shower
penny and penny laid up will be many
who will not keep a penny never shall have many

♦ Diz-se em italiano: *a quattrino su quattrino si fa il fiorino.*

⇒ Il n'y a pas de petites ÉCONOMIES

2 Sans DENIERS George ne chante pas (1640)

'sans argent on n'obtient rien'

sem dinheiro de contado não há soldado
sem dinheiro nada feito
sem dinheiro nada se alcança
sem dinheiro nada se arranja

no money, no candy
no pay, no piper
no silver, no servant

⇒ Point de PIGEON pour une obole

DENT *s.f.* dente; *tooth*

1 Bonnes sont les DENTS qui retiennent la langue (sXVII)

'il faut se mordre la langue pour se retenir de parler inconsidérément (sinon, on se la mordra pour se repentir d'avoir trop parlé)'

de calar ninguém se arrepende e de falar sempre
não fales mais que a boca
quem mal fala sua língua suja

good that the teeth guard the tongue
the tongue walks where the teeth speed not

⇒ Il faut tourner sept fois sa LANGUE dans sa bouche avant de parler

2 DENTS aiguës et ventre plat trouvent tout bon qu'est au plat (1577)

'la faim fait apprécier toute nourriture'

a fome é o melhor cozinheiro
a fome é o melhor tempero
para a fome não há mau pão
para a fome não há pão duro
para boa fome não há ruim pão

a good appetite is the best sauce
hunger finds no fault with the cookery
hunger is good kitchen meat*
hunger is the best sauce
hunger makes hard beans sweet

* *Kitchen meat* = 'anything eaten with bread as a relish'.

⇒ À qui a FAIM, tout est pain

3 Il ne sert à rien de montrer les DENTS lorsqu'on/(quand on) est édenté (rég., Agen)

= Si vous ne pouvez pas mordre, ne montrez pas les DENTS

4 Quand on a la DENT, on n'a pas d'argent et quand on a l'argent, on n'a plus la DENT

'on a rarement en temps voulu ce dont on a besoin'

quem tem dentes não tem nozes; quem tem nozes não tem dentes
tiram-me os dentes e dão-me milho torrado

God gives us nuts to crack when we no longer have teeth
the gods send nuts to those who have no teeth
they have most bread who have least teeth

♦ O dente é empregado metaforicamente para expressar a fome, o desejo e a agressividade.

5 Qui a des DENTS n'a pas de pain, qui a du pain n'a pas de DENTS (Monaco)

= Quand on a la DENT, on n'a pas d'argent et quand on a l'argent, on n'a plus la DENT

⇒ Le PAIN vient à qui les dents faillent

6 Si vous ne pouvez pas mordre, ne montrez pas les DENTS (sXVII)

'rien ne sert de menacer si l'on n'a pas les moyens d'agir'

não se ladre se não se pode morder
quem não pode morder não mostra os dentes
quem não puder morder não mostre os dentes
quem não tem pé não dá coice
quem pés não tem coices não promete

if you cannot bite, never show your teeth
kindle not a fire that you cannot extinguish
never bite, unless you make your teeth meet
raise no more devils than you can lay

♦ Diz-se em espanhol: *el que no puede morder, que no enseñe los dientes.*

7 Tel montre la DENT qui de mordre n'a talent (1568)

= Si vous ne pouvez pas mordre, ne montrez pas les DENTS

⇒ COURROUX est vain sans forte main

DÉPOUILLER (SE) *v.pr.* despir-se, despojar-se; *to shed, to divest oneself of*

Il ne faut pas SE DÉPOUILLER avant de se coucher (sXIII)

= Qui donne le sien avant MOURIR, bientôt s'apprête à grand souffrir

Et à celuy là peult servir iustement cette response, que les peres ont ordinairement en la bouche: "IE NE ME VEULX PAS DESPOUILLER DEVANT QUE DE M'ALLER COUCHER." (Montaigne, *E*, t. I, p. 548)

E com razão dirá isso que costumam dizer os pais: NÃO QUERO DESPIR-ME ANTES DE IR DORMIR. (Trad. de Sérgio Milliet)

♦ Cf. o latim medieval *nunquam exuas te, antequam cubitum eas* (nunca te dispas antes de ir deitar-te).

DERNIER *adj. s.m.* último, derradeiro; *the last*

1 Au DERNIER les os

'au grand banquet de l'humaine voracité, les derniers arrivés sont en effet les derniers'

ao derradeiro morde o cão
o último sempre paga o pato
quem chega cedo é que bebe da água limpa
quem chega primeiro é que bebe da água limpa
quem chega tarde acha o lugar tomado
quem chega tarde não assiste à missa nem come carne

late-comers are shent ['ruined']

D

late-comers can help themselves to whatever is left over glued to the bones
the cow that's first up, gets the first of the dew
who comes late, lodges ill

♦ Cf. o latim *tarde venientibus ossa*. Diz-se em italiano: *all'ultimo tocca il peggio*.

⇒ Les OS sont pour les absents

2 Aux DERNIERS les bons

'on n'est souvent pas plus mal loti pour être servi le dernier'

os últimos serão os primeiros

he that comes last to the pot is the soonest wroth ['wrought']
last come, best served

≠ AU DERNIER LES OS

3 Le DERNIER ferme la porte ou la laisse ouverte

= Après moi le DÉLUGE!

4 Le DERNIER venu est le mieux aimé (1456)

'... parce qu'il est le plus proche, parce que l'homme est oublieux, parce que les plus fortes impressions sont les plus neuves'

o último a chegar é o mais querido

the last suitor wins the maid

5 Les DERNIERS seront les premiers (sXIX)

= Les PREMIERS seront les derniers

Vouz avez beau affecter envers ceux-là le plus total dédain, des mines supérieures et une incompréhension devant ce genre de comportements collectifs, vous donneriez beaucoup pour vous joindre à eux, ce qui à cet âge semble être la norme, au lieu que seul dans votre coin vous aboutez des phrases, faites rimer des bouts de chanson et, courbé sur le corps d'un instrument de musique en vogue, rêvez à des lendemains prodigues où vous vous délecterez comme d'un doux renversement de situation (LES DERNIERS SERONT LES PREMIERS) de votre nom instillé dans le cœur des foules. (J. Rouaud, *M*, p. 136)

Por mais que lhes queira mostrar desdém, um ar superior e perplexidade diante de tais comportamentos coletivos, você daria tudo para estar junto deles, o que para o jovem é a norma; em vez disso, sozinho no seu canto, você enfileira frases, rima trechos de canções e, curvado sobre um instrumento musical da moda, sonha com um futuro risonho onde poderá deleitar-se como em doce desforra (OS ÚLTIMOS SERÃO OS PRIMEIROS) com a visão do seu nome gravado no meio da multidão.

♦ Cf. Mateus 19, 30: "muitos dos primeiros serão últimos e dos últimos serão primeiros"; cf. também Marcos 10, 31: "muitos dos primeiros serão últimos,

e os últimos serão primeiros". Diz-se em espanhol: *los últimos son los primeros*.

6 Qui est le DERNIER, le loup le mange (1640; 1610: *le dernier le loup le mange*)

'malheur aux derniers, car ils seront mangés' [c'est derechef un proverbe relevant d'une morale de la jungle sociale]

o último a chegar é mulher do padre

he that runs fastest, gets the ring
the devil take the hindmost

♦ Diz-se em espanhol: *al postrero muerde el perro*.

7 Qui vient le DERNIER pleure le premier (sXVI)

= Au DERNIER les os

8 Rira bien qui rira le DERNIER (1619: *il rit assez qui rit le dernier*)

'en toute chose, attendons la fin: un triomphe prématuré peut tourner à notre confusion'

no frigir dos ovos é que a manteiga chia
no frigir dos ovos é que se vê a manteiga
quem ri por último ri melhor
todos rirão mas rirá mais quem rir por último

better the last smile, than the first laughter
he laughs best who laughs last
he who laughs last laughs longest
he who laughs the last laughs the loudest

– Oui, oui, je ne retire rien. Et vous pouvez rire tant que vous voulez. Et vous pouvez le dire à qui vous voudrez. L'autre lève la main pour protester... À qui vous voudrez, je n'en rougis pas. Et RIRA BIEN QUI RIRA LE DERNIER. (N. Sarraute, *FO*, p. 94)

– É sim, não retiro nada. E você pode rir quanto quiser, e pode dizer a quem quiser... O outro levanta a mão para protestar... A quem quiser, não tenho vergonha disso. E RI MELHOR QUEM RI POR ÚLTIMO. (Trad. de Raquel Ramalhete)

♦ "Expression proverbiale que l'on retrouve dans 'les Deux Paysans et le Nuage' de Florian (*Fables*, IV, 19). Le paysan pessimiste annonce de la grêle, l'optimiste de la pluie. 'Rira bien qui rira le dernier', rétorque le pessimiste. Mais le nuage s'en va sans crever..." (J. C. Bologne)

♦ O provérbio tem equivalentes em italiano: *ride bene chi ride l'ultimo*, em espanhol: *ríe mejor quien ríe el último* e em alemão: *wer zuletzt lacht, lacht am besten*.

DESCENDRE v. descer; *to go down*

Il est plus facile de DESCENDRE que de monter

'il est plus facile de détruire que de construire'

é mais fácil descer do que subir

para baixo todo (o) santo ajuda
para baixo todos os santos ajudam

it is easier to descend than to ascend
it is easier to fall than to rise
it is easier to pull down than to build up
sooner fall than rise

⇒ En descendant, les SAINTS aident

DÉSERT *s.m.* deserto; *desert*

Qui reste dans son DÉSERT, si rien n'y manque, rien n'y perd

= FOL est celui qui étant bien se remue et va loin

DÉSIR *s.m.* desejo; *wish*

1 DÉSIR ne peut mourir (1557)

= Il commence bien à mourir qui abandonne son DÉSIR

2 Il commence bien à mourir qui abandonne son DÉSIR (1611)

'le désir pousse sans arrêt l'homme au-devant de lui-même; s'il s'interrompt, l'homme cesse d'avancer; si l'homme cesse d'avancer, il régresse vers la mort'

parar é morrer
quem perde a vontade perde tudo

he begins to die that quits his desires
tine ['lose'] heart, tine all

DESSUS *s.m.* lado de fora; *outside*

Joli DESSUS, vilaine doublure (rég., Agen)

= Beau BOUCAUT, mauvaise morue

DETTE *s.f.* dívida; *debt*

1 DETTE de jeu, DETTE d'honneur (Québec)

'il n'y a qu'une limite à la folie du jeu: l'honneur; le joueur est homme d'honneur; la société des joueurs se veut une aristocratie'

dívida de jogo é sagrada

gaming debt is a debt of honour

2 Fais une DETTE payable à Pâques, et trouveras le Carême court (1758: *pour trouver le Carême court, il faut avoir une dette payable à Pâques*)

'le moment d'acquitter une dette semble toujours venir trop vite'

a Quaresma é muito pequena para quem tem de pagar na Páscoa
para quem paga dívida, o tempo é curto

he has but a short Lent that must pay money at Easter

⇒ Celui qui doit être pendu à PÂQUES trouve le Carême bien court

3 Il n'y a point de DETTE si tôt payée que le mépris (1789)

'celui qui méprise doit s'attendre à être méprisé en retour'

a maior vingança é o desprezo

contempt is the sharpest reproof

⇒ Le meilleur remède des INJURES c'est de les mépriser

4 Il vaut mieux se coucher sans souper, que de se lever avec des DETTES

'moins dommageable la contrariété du soir que du matin; insatisfait, mieux vaut l'être au début qu'à la fin d'une entreprise'

é melhor deitar sem ceia que levantar com dívidas
mais vale adormecer sem ceia do que acordar com dívidas
mais vale deitar-se sem ceia que levantar-se com dívidas

better go to bed supperless than (to) rise in debt

5 Mieux vaut vieilles DETTES que nouveau melon (sXV)

'même déplaisante, l'ancienneté est préférable aux incertitudes de la nouveauté'

mais vale dívida velha que tinha nova

old debts are better than new sores

♦ "Les proverbes ont souvent recours à la saveur problématique du melon pour signifier les incertitudes des choses humaines." (F. Suzzoni)

6 Qui paie ses DETTES s'enrichit (sXIX; 1568: *qui paye sa dette fait grande acqueste*)

'les lois de l'usure font qu'on gagne toujours à ne pas payer d'intérêts; mais surtout, en payant ses dettes, on augmente son capital-confiance auprès de l'engeance créancière'

quem paga dívida faz cabedal
quem paga o que deve aumenta o que é seu

he that gets out of debt grows rich
he who pays his debts grows rich

Chacun d'eux dîna donc chez son métayer, pinça le menton de la fille, au dessert, empocha la sacoche de l'affermage et, après avoir échangé avec la famille quelques proverbes bien sentis, comme: – "*Les bons comptes font les bons amis*", ou "*À bon chat, bon rat*", ou "*Qui travaille, prie*", ou "*Il n'y a pas de sot métier*", ou QUI PAIE SES DETTES, S'ENRICHIT", et d'autres dictons d'usage, chaque propriétaire, se dérobant aux bénédictions convenues, reprit place, à son tour, dans le

D

char-à-bancs collecteur qui vint les recueillir, ainsi, de ferme en ferme, – et, à la brune, l'on se remit en route pour Nayrac. (A. Villiers de l'Isle-Adam, *CC*, p. 175)

Cada um deles comeu em casa do seu meeiro, beliscou o queixo da menina, à sobremesa, pôs no bolso o saquinho com o dinheiro do arrendamento e, depois de trocar com a família alguns provérbios bem achados como: – *Amigos, amigos, negócios à parte*, ou *Para velhaco, velhaco e meio*, ou *O trabalho enobrece o homem*, ou *Todo trabalho é digno*, ou QUEM PAGA DÍVIDA FAZ CABEDAL, e outros ditados conhecidos, cada proprietário, esquivando-se às bênçãos de praxe, voltou a sentar-se, um após o outro, na diligência que veio recolhê-los, assim, de propriedade em propriedade – e, ao cair da noite, puseram-se a caminho de Nayrac.

- ♦ P. Ripert cita a reformulação irônica de H. de Balzac: *qui perd ses dettes s'enrichit* (quem esquece suas dívidas enriquece).

- ♦ Há correspondentes em italiano: *chi paga debito, fa capitale* e em espanhol: *quien paga sus deudas, hace caudal, y no lo hace quien cumple mal* (ou ainda: *quien paga sus deudas, su capital aumenta*).

⇒ Le bon PAYEUR est de bourse d'autrui seigneur

DEUIL *s.m.* luto; *bereavement, grief*

1 Assez boit qui a DEUIL (sXVI)

'l'alcool aide le malheureux'

beber para esquecer
quem bebe afoga as mágoas

sorrow is always dry

2 Bon est le DEUIL qui après aide (sXVI)

'mal et bien étrangement s'échangent; tel malheur n'en est plus un, qui réactive les raisons de vivre'

bom é o mal que vem por bem

sweet are the uses of adversity (Shakespeare)

⇒ Aucun CHEMIN de fleurs ne conduit à la gloire

3 DEUIL de femme morte dure jusqu'à la porte

'les veufs ont la tristesse de courte durée'

dor de mulher morta dura até a porta
feliz da porta por onde sai mulher morta

grief for a dead wife lasts as far as the door

- ♦ Vauvenargues (*Réflexions et maximes*, p. 200) expressa de modo menos cruel a mesma idéia: "Il n'y a point de perte que l'on sente si vivement et si peu de temps que celle d'une femme aimée." (Não há perda que se sinta tão profundamente e por tão pouco tempo quanto a da mulher amada.)

- ♦ Há equivalentes em italiano: *doglia di moglie morta*

dura fino alla porta e em espanhol: *dolor de mujer muerta dura hasta la puerta*.

DEUX *s.m.* dois, duas; *two*

1 Dire et faire sont DEUX

= FAIRE et dire sont deux choses

⇒ Les grands DISEURS ne sont pas les grands faiseurs

- ♦ Diz-se em italiano: *altra cosa è il dire, altra il fare*.

2 Jamais/Pas DEUX sans trois (sXIII: *tierce fois, c'est droit*)

'ce qui deux fois s'est produit immanquablement se produira une troisième'

não há dois sem três

one thing comes on the neck of another

Vivoter aussi paisiblement que possible, sans troisième guerre mondiale. Que pour une fois mente le proverbe: DEUX SANS TROIS. Ce sont là mes intentions, mes vœux. (H. Calet, *TST*, p. 380)

Levar uma vidinha tão tranqüila quanto possível, sem terceira guerra mundial. Que ao menos uma vez o provérbio seja desmentido: HAJA DOIS SEM TRÊS. São essas as minhas intenções e os meus votos.

⇒ Un MALHEUR n'arrive/(ne vient) jamais seul

3 Promettre et tenir sont DEUX (1607; sXVI: *ce sont deux promettre et tenir*)

'entre une promesse et son accomplissement, il y a autant de distance qu'entre parler et agir'

promessas e cascas fizeram-se para se quebrarem
prometer não é dar mas a néscios enganar
uma coisa é prometer, outra é dar

between promising and performing, a man may marry his daughter
promises are like pie-crust, made to be broken
promises, like pie-crust, are made to be broken
to promise is a thing and to keep is another

- ♦ Há provérbio paralelo em italiano: *altro è promettere, altro è mantenere*.

⇒ Il a la LANGUE à la bouche et non à la bourse

4 Quand y en a pour DEUX, y en a pour trois (sXX)

'on peut toujours partager son repas avec un visiteur inattendu' [formule d'hospitalité]

casa onde comem dois, comem três
onde come um, comem dois
onde comem dois, comem três
panela que cozinha para três dá de comer a cinco ou seis

good will and welcome is your best cheer
welcome is the best cheer

what's enough for one is enough for two

Var. jocosa em J. Renard:

Ils n'invitent jamais à dîner: QUAND IL Y EN A POUR UN, IL N'Y EN A QUE POUR UN. (*J*, p. 753)

Eles nunca recebem ninguém para jantar: NAQUELA CASA, ONDE COME UM, SÓ COME MESMO UM.

⇒ Quand (il) y en a pour TROIS, (il) y en a pour quatre

DEVOIR *s.m.* dever; *duty*

Faites votre DEVOIR et laissez faire à Dieu (1640)

'Dieu n'assiste que ceux qui s'assument'

faz(e) tu e Deus te ajudará
trabalha que Deus te ajudará

for a web begun God sends the thread
God is a good worker, but He loves to be helped
use the means, and God will give the blessing

LE VIEIL HORACE. Ah! n'attendrissez point ici mes sentiments; / Pour vous encourager ma voix manque de termes; / Mon cœur ne forme point de pensers assez fermes; / Moi-même en cet adieu j'ai des larmes aux yeux. / FAITES VOTRE DEVOIR, ET LAISSEZ FAIRE AUX DIEUX. (Corneille, *H*, p. 52)

O VELHO HORÁCIO. Ah! Não tente comover-me; / Para lhe dar coragem, faltam-me palavras; / O coração não me deixa pensar; / Neste adeus tenho os olhos rasos de lágrimas. / CUMPRA O SEU DEVER E ENTRE-GUE O RESTO AOS DEUSES.

Machado de Assis usou este provérbio francês:

O dever é a primeira e a última palavra do romance; é o seu ponto de partida, é o seu alvo; cumprir o dever, à custa de tudo, eis a lição do livro. Estamos de acordo com o autor nos seus intuitos morais. Como os realiza ele? sacrificando a felicidade de uma moça no altar da pátria; uma noiva que manda o noivo para o campo da honra; o traço é lacedemônio, a ação é antiga.
FAITES VOTRE DEVOIR ET LAISSEZ FAIRE AUX DIEUX. ("J. M. de Macedo: o culto do dever", in *OC*, v. 3, p. 844)

⇒ Aide-toi, le CIEL t'aidera

DIABLE *s.m.* diabo; *devil*

1 À manger avec le DIABLE, la fourchette n'est jamais trop longue

'toutes les précautions sont bonnes à prendre en présence d'un individu dangereux'

necessita de uma colher comprida o que janta com o diabo
quem com doido há de se entender de muito siso há mister

he must have iron nails that scratches a bear
he that has a fox for his mate, has need of a net at his girdle
he that has shipped the devil, must make the best of him
he who sups with the devil should have a long spoon

⇒ Il ne faut pas tenter le DIABLE

2 Ce qui vient du DIABLE retourne au DIABLE (1568; sXIII: *de diable vient, à diable ira*)

'les biens facilement acquis se dissipent rapidement'

o mal ganhado o diabo leva
o que a água dá, a água o leva
o que é mal adquirido pela mão escorrega
o que o diabo dá o diabo leva

easy come, easy go
light come, light go
lightly come, lightly go
soon gotten, soon spent
what is got over the devil's back is spent under his belly

⇒ FARINE du diable retourne en son

3 (C'est) le DIABLE (qui) bat sa femme (et marie sa fille) (1666)

'il pleut et fait soleil en même temps'

chuva e sol, casamento de espanhol
chuva e sol, casamento de raposa
quando chove e faz sol, casam-se as feiticeiras
quando chove e faz sol, estão as bruxas em Antanhol*, embrulhadas num lençol a dançar o caracol
sol e chuva, casamento de viúva

* *Antanhol* = 'freguesia do concelho de Coimbra'.

if it rains when the sun is shining, the devil is beating his wife
when it rains and the sun shines at the same time, the devil is beating his wife

♦ "Selon Gottschalk, il s'agirait de l'adaptation chrétienne d'une légende rapportée par Plutarque, où Jupiter, dieu du feu, se querellait avec Junon, déesse de l'humide." (A. Rey & S. Chantreau)

♦ Diz-se em italiano: *quando piove col sole le vecchie fanno l'amore* (ou ainda: *quando piove col sole il diavolo fa l'amore*) e em espanhol (na Andaluzia): *el diablo se está riendo.*

4 Il ne faut pas tenter le DIABLE

= À manger avec le DIABLE, la fourchette n'est jamais trop longue

5 Il y a toujours un DIABLE pour empêcher la procession de passer (Martinique)

= Quand DIEU donne de la farine, le diable clôt le sac

6 Le DIABLE était beau quand il était jeune

'la jeunesse embellit même les plus laids'

até o diabo quando era moço era bonito

não há quinze anos feios

youth makes a blooming visage

♦ Idéia equivalente em italiano: *la gioventù è una bellezza da sé.*

7 Le DIABLE n'est pas toujours à la porte d'un pauvre homme (1781)

= Toujours ne sont DIABLES à l'huis

8 Le DIABLE n'est pas toujours si laid qu'on le dit

'tel n'est pas aussi méchant qu'il en a l'air'

julga-se sempre o lobo maior do que ele é
não é tão bravo o leão como o pintam
o diabo não é tão feio como o pintam
o diabo não é tão feio como se pinta
o diabo não é tão feio quanto parece
o leão não é tão mau como o pintam
quem conta um conto aumenta um ponto

a tale never loses in the telling
make not even the devil blacker than he is
the devil is no worse than he's called
the devil is not so black as he is painted
the devil is not so ill as he's called
the lion is not so fierce as he is painted

Eh! mais pourquoi? C'est que les Français ne sont pas espagnols; c'est que LE DIABLE est bien malin; c'est qu'il N'EST PAS TOUJOURS SI LAID QU'ON LE DIT. (J. Cazotte, *DA*, p. 94)

Mas por quê? – É porque os franceses não são espanhóis; é porque O DIABO é muito maroto; é porque ele NÃO É TÃO FEIO COMO SE PINTA.

♦ Há correspondentes em italiano: *il diavolo non è così brutto come lo si dipinge*, em espanhol: *no es tan fiero el león como lo pintan* e em alemão: *der Teufel ist nicht so schwarz, als man ihn malt.*

⇒ On crie/fait toujours le LOUP plus grand/gros qu'il n'est

9 Le DIABLE parle toujours en l'Évangile (sXV)

'le mal peut apparaître dans les situations les plus insoupçonnées'

quando o diabo reza, enganar-te quer
quando o diabo rezar é porque te quer enganar

the devil can cite Scripture for his purpose (Shakespeare)

♦ Cf. Mateus 4, 6.

10 Le DIABLE sait beaucoup parce qu'il est vieux

'dès le jardin d'Eden, l'homme a été prévenu que le mal, c'est la connaissance; et cette connaissance, Satan l'a acquise parce qu'il est le contemporain de Dieu lui-même'

o demo sabe muito porque é velho

o diabo sabe muito porque é velho

the devil knows many things because he is old

L'Espagnol dit: *El diablo sabe mucho, porque es viejo*, que "LE DIABLE SÇAIT BEAUCOUP PARCE QU'IL EST VIEUX": de mesme ces vieillards, par leur aage et anciennes routines, sçavent force choses. Si sont-ils grandement à blasmer de ce poinct que, puisqu'ils ne peuvent contenter les femmes, pourquoy les vont-ils espouser? et les femmes aussi belles et jeunes ont grand tort de les aller espouser, sous l'ombre des biens, en pensant jouir après leur mort, qu'elles attendent d'heure à autre; (...). (Brantôme, *DV*, p. 13)

O espanhol diz: *El diablo sabe mucho, porque es viejo*, ou seja, "O DIABO SABE MUITO PORQUE É VELHO"; também esses anciãos, pela idade e pelas antigas rotinas, sabem muita coisa. Se se queixam tanto de já não conseguirem satisfazer as mulheres, por que propõem casamento? E as mulheres belas e jovens fazem muito mal em aceitá-lo, à espera dos bens que contam usufruir depois da previsível morte do marido, (...)

♦ Diz-se também em espanhol: *más sabe el diablo por viejo que por diablo.*

⇒ JEUNESSE n'a pas de sagesse

11 Le pire DIABLE chasse le moindre (1559)

= RAGE de cul passe le mal de dents

Ainsi demeurèrent longuement le mari et la dame en meilleure amitié qu'auparavant, et perdit tout le soupçon et la jalousie qu'il avoit d'elle, pource qu'autant qu'elle avoit aimé les festins, danses et compagnies, telle étoit attentive à son ménage et se contentoit bien souvent de ne porter sur sa chemise qu'un chamarre ['sorte de robe de chambre'], en lieu qu'elle avoit accoutumé d'être quatre heures à s'accoutrer: dont elle étoit louée de son mari et d'un chacun qui n'entendoit pas que LE PIRE DIABLE CHASSOIT LE MOINDRE. (M. d'Angoulême, Reine de Navarre, *H*, p. 223)

Assim ficaram por muito tempo o marido e a senhora mais amigos do que antes; ele perdeu toda a desconfiança e o ciúme que lhe tinha, pois se antes ela havia gostado tanto das festas, danças e amizades, agora cuidava muito da casa e se contentava com um simples robe sobre a camisa de baixo, em vez das quatro horas que costumava passar a enfeitar-se; por tudo isso recebia elogios do marido e de todos que não julgavam que UM MAL MAIOR AFASTA O MENOR.

12 N'être pas si DIABLE qu'on est noir (1656; 1616: *un diable n'est pas toujours aussi diable qu'il est noir*)

= Le DIABLE n'est pas toujours si laid qu'on le dit

La conversation fut d'abord sérieuse à cause de moi: je m'en aperçus; et l'égayant moi-même tout le premier, pour faire connaître à ces messieurs que JE N'ÉTAIS PAS SI DIABLE QUE J'ÉTAIS NOIR, je fis deux ou trois petits contes badins, qui excitèrent quelques personnes de la compagnie à suivre mon exemple. (Lesage, *GA*, p. 405)

No início o tom da conversa foi sério por minha causa; percebi; e tornando-a eu mesmo mais divertida, para mostrar àqueles senhores que EU NÃO ERA ASSIM TÃO PERIGOSO, inventei dois ou três breves contos jocosos, que encorajaram algumas pessoas do grupo a seguir meu exemplo.

13 On connaît le DIABLE à ses griffes (1640)

'les méchants se trahissent toujours par quelque côté'

é pela garra que se conhece o diabo

the devil is known by his claws
the devil is known by his cloven feet
the devil is known by his horns

14 On ne peut pas peigner un DIABLE qui/s'il n'a pas de cheveux

'on ne peut rien contre un débiteur non solvable'

careca não gasta pente (aprox.)
não se pode tirar leite de pedra

it is very hard to shave an egg
one cannot get blood from a stone
one cannot get water from a flint

⇒ Tranquille DORT qui n'a que perdre

15 On vendrait le DIABLE s'il était cuit

'une bonne apparence peut tromper'

a propaganda é a alma do negócio

good ware makes quick markets
pleasing ware is half sold

⇒ Le Bon DIEU lui-même a besoin de cloches

16 Plus le DIABLE a, plus il veut avoir (sXIII: *plus a le diable, plus veut avoir*)

= Quand on en A, on en veut

⇒ Quand on prend du GALON, on n'en saurait trop prendre

17 Quand le DIABLE devient vieux, il se fait ermite (1821: *le diable devenu vieux se fit ermite*)

'les libertins deviennent volontiers dévots sur le tard'

depois do lobo farto, quis jejuar o dia seguinte
o diabo depois de velho fez-se ermitão
o diabo se fez homem de bem quando ficou velho
o manso boi touro foi

a young whore, an old saint
royet ['wild'] *lads make sober men*
wanton kittens make sober cats

♦ Provável alusão a Roberto da Normandia, dito Ro-

berto, o Magnífico, ou ainda "o Diabo" (século XI), pai de Guilherme, o Conquistador, que, depois de ter envenenado o irmão e levado uma vida desregrada, partiu para a Terra Santa a fim de expiar seus pecados; morreu em Nicéia, na Bitínia, ao regressar de Jerusalém.

♦ Há correspondentes em italiano: *il diavolo, quando è vecchio, si fa romito* e em espanhol: *el diablo, harto de carne, se metió fraile.*

≠ DE JEUNE ERMITE, VIEUX DIABLE

18 Quand le DIABLE dit ses patenôtres, il veut te tromper

'quand un malfaisant adopte un comportement qui ne lui est pas naturel, c'est qu'il prépare un mauvais coup'

quando o diabo reza, enganar-te quer
quando o diabo rezar é porque te quer enganar

when the devil prays, he has a booty in his eyes
when the devil prays, he means to cheat you

♦ Diz-se em espanhol: *cuando el diablo reza, engañar quiere.*

⇒ Quand le RENARD prêche, prenez garde à vos poules

19 Qui DIABLE achète, DIABLE vend (sXVI)

'le démon de la bonne affaire s'exerce dans les deux extrêmes de la transaction'

quem diabos compra diabos vende

he that takes the devil into his boat, must carry him over the sound

♦ Cf. o latim *daemonium vendit qui daemonium prius emit.*

20 Toujours ne sont DIABLES à l'huis (sXV: *le diable n'est pas toujours à ung huis*)

'le pire n'est pas toujours sûr'

nem sempre o diabo está atrás da porta
no mar bravo às vezes há bonança
o diabo nem sempre está atrás da porta

the devil is not always at a poor man's door
the devil is not always at one door

⇒ Le MALHEUR n'est pas toujours à la porte d'un pauvre homme

DIEU *s.m.* Deus, divindade; God, deity

1 À DIEU rien n'est impossible (1534)

'il suffit à Dieu de vouloir pour pouvoir'

a Deus nada é impossível
nada é impossível para Deus
para Deus nada é impossível
para Deus tudo é possível

nothing is impossible to God

D

Mais, si le vouloir de Dieu tel eust esté, diriez vous qu'il ne l'eust peu faire? Ha, pour grace, ne emburelucoquez ['troublez'] jamais vous espritz de ces vaines pensées, car je vous diz que À DIEU RIEN N'EST IMPOSSIBLE, et, s'il vouloit, les femmes auroient doresnavant ainsi leurs enfans par l'aureille. (F. Rabelais, *G*, p. 66)

Mas, se a vontade de Deus assim o tivesse determinado, ainda o acharíeis absurdo? Oh! por favor, não perturbeis nunca os vossos espíritos com esses vãos pensamentos, pois vos afirmo que PARA DEUS NADA É IMPOSSÍVEL e, se ele quisesse, as mulheres passariam a parir pelo ouvido. (Trad. de Aristides Lobo)

2 À qui DIEU veut aider, sa femme meurt (sXVI)

'le veuvage est, pour l'homme, une bénédiction divine'

a quem Deus quer dar fortuna tira-lhe a mulher

a dead wife's the best goods in a man's house

3 Ce que DIEU trempe, DIEU le sèche (rég., Auvergne)

= DIEU donne le froid selon la robe/(le drap)

4 DIEU a ôté les enfants aux prêtres, le diable leur a donné des neveux (1656)

'le souci est inhérent à l'humaine condition, toujours projetée hors d'elle-même (pour autrui), ou au-devant d'elle-même (pour soi); célibataires, les prêtres n'en ont que plus de souci'

a quem Deus não dá filhos o diabo dá cadilhos ['cuida-
    dos, trabalhos']
a quem Deus não dá filhos o diabo dá sobrinhos
quando Deus não dá filhos, o diabo dá sobrinhos

he to whom God gave no sons the devil gives nephews

♦ Há provérbios paralelos em italiano: *a chi il Signore non dà figlioli, il diavolo dà nipoti* e em espanhol: *al que Dios no le da hijos, el diablo le da sobrinos*.

⇒ À défaut de SOUCI pour soi, on a du tracas pour les autres

5 DIEU aide toujours aux fous, aux amoureux et aux ivrognes (1559)

= Il y a un DIEU pour les enfants/ivrognes

– N'avez-vous pas ouï dire, dit Guebron, que DIEU AIDE TOUJOURS AUX FOLS, AUX AMOUREUX ET AUX IVROGNES? peut-être que celui-là tout seul étoit les trois ensemble. – Par cela voulez-vous conclure, dit Parlamente, que Dieu nuit aux chastes, aux sages et aux sobres? (M. d'Angoulême, Reine de Navarre, *H*, p. 287)

– Não ouvistes dizer – perguntou Guebron – que DEUS SEMPRE AJUDA OS LOUCOS, OS AMANTES E OS BÊBADOS? Talvez esse aí sozinho reúna as três categorias. – Daí concluís – disse Parlamente – que Deus castiga os castos, os sérios e os sóbrios?

6 DIEU donne des noisettes à ceux qui n'ont plus de dents (1690)

'une fatalité dispense les plaisirs à mesure qu'on n'en peut plus jouir'

dá Deus amêndoas a quem não tem dentes
dá Deus biscoito a quem não tem dentes
dá Deus toucinho a quem não tem espeto
Deus dá couves a quem não tem toucinho
Deus dá nozes a quem não tem dentes
Deus dá peneira a quem não tem farinha

God gives us nuts to crack when we no longer have teeth
the gods send nuts to those who have no teeth
they have most bread who have least teeth

♦ O provérbio parece endereçar-se aos velhos que casam com mulheres jovens, o que é de certo modo corroborado pela definição de Furetière: "offrir une chose à une personne, dont elle n'est pas en état de se servir, *comme une jeune fille à un vieillard*" (grifo nosso); a origem do provérbio em francês deve ser latina, à semelhança do que ocorre em português. Diz João Ribeiro (*FF*, p. 207): trata-se "de um costume antiqüíssimo e que data dos romanos. Por esses remotos tempos, e quando se recolhiam os nubentes da cerimônia do casamento, lançava o marido aos rapazes grande quantidade de nozes. Era quase um modo de despedir-se da meninice. O símbolo não trazia o amargor de hoje – nozes aos que não podem ainda ou não poderão nunca!
    Relembro o Vergílio quando diz: *Tibi ducitur uxor. / Sparge, marite, nuces.* (*Égloga* VIII)"
    Vale recordar que, em Roma, quando um jovem se despedia da infância, dizia-se: *nuces relinquere* (deixar de brincar com as nozes, abandonar o jogo das nozes) (Pérsio, *Saturae*, 1, 10).

♦ Há provérbios paralelos em italiano: *Dio manda i biscotti a quelli che non hanno denti* e em espanhol: *da Dios almendras al que no tiene muelas.*

≠ DIEU DONNE LE FROID SELON LA ROBE/(LE DRAP)

⇒ Quand on a la DENT, on n'a pas d'argent et quand on a l'argent, on n'a plus la DENT

7 DIEU donne fil à toile ourdie (1611)

= DIEU donne des noisettes à ceux qui n'ont plus de dents

8 DIEU donne la gale, mais il donne aussi des ongles pour se gratter

= DIEU qui donne la plaie donne le remède

9 DIEU donne le bœuf et non les cornes (1568)

'Dieu nous accorde des grâces, mais il faut que nous nous aidions'

Deus dá nozes mas não as parte
Deus dá o pão, mas não amassa a farinha

Deus disse ao homem: trabalha e eu te ajudarei
Deus diz: faze tu que eu te ajudarei
Deus nos dá o boi e não o chifre
fia-te em santo e não corras...
fia-te na Virgem e não corras...
fia-te na Virgem e não corras e verás o tombo que levas
fia-te na Virgem e não te agarres aos fueiros
põe tu a mão e Deus te ajudará
salta o barranco e não rogues o santo

for a web begun God sends the thread
God gives the cow, but not by the horn
God gives the milk, but not the pail
God helps them that help themselves
God is a good worker, but He loves to be helped
Heaven helps them that help themselves
help yourself and God will help you
if you leap into a well, Providence is not bound to fetch you out
put your trust in God, but keep your powder dry (Cromwell)
we must not lie down, and cry, 'God help us'

♦ Diziam os latinos: *dii facientes adiuvant* (os deuses ajudam os que fazem).

⇒ L'AURORE est amie des Muses

10 DIEU donne le froid selon la robe/(le drap) (1588/1594)

'Dieu ne nous envoie que les maux que nous pouvons supporter'

dá Deus o frio conforme a roupa
dá Deus o frio conforme o cobertor
Deus dá a canga conforme o pescoço
Deus dá o frio conforme a roupa
Deus dá o frio conforme o cobertor
quando Deus tira os dentes, alarga a goela
quando Deus tira os dentes, endurece as gengivas

God makes the back for the burden
God sends cold according to clothes
God sends cold after clothes
God shapes the back for the burthen ['burden']
God tempers ['regulates, restrains'] *the wind to the shorn lamb*

DIEU ME DONNE LE FROID SELON LA ROBBE, et me donne les passions selon le moyen que i'ay de les soustenir: nature m'ayant descouvert d'un costé, m'a couvert de l'aultre; m'ayant desarmé de force, m'a armé d'insensibilité, et d'une apprehension reiglee ou mousse. (Montaigne, *E*, t. III, p. 167)

DEUS DÁ O FRIO SEGUNDO A ROUPA e a mim as paixões de acordo com as minhas possibilidades de resistência. A natureza descobriu-me de um lado e cobriu-me de outro; tirando-me a força, deu-me insensibilidade; e o medo, além de embotado, é em mim dominado pela razão. (Trad. de Sérgio Milliet)

♦ Do latim medieval *pro ratione Deus dispertit frigora ves-*

tis (Deus dá o frio conforme a roupa). Diz-se em italiano: *Dio manda il freddo secondo i panni.*

≠ DIEU DONNE DES NOISETTES À CEUX QUI N'ONT PLUS DE DENTS

⇒ DIEU mesure le froid à la brebis tondue

11 DIEU est celui qui guérit, et le médecin emporte l'argent (sXVII)

'le mérite n'est pas toujours reconnu'

Deus cura os doentes e o médico recebe o dinheiro
Deus é que cura, e o médico leva o dinheiro
Deus é que sara, e o mestre leva a prata

God cures, and the doctor gets the money
God cures the sick and the doctor takes the fee
God heals, and the doctor takes the fee
God heals, and the physician has the thanks

♦ Há provérbio paralelo em italiano: *Dio guarisce e il medico è ringraziato.*

⇒ DIEU guérit et le médecin encaisse

12 DIEU est pour les gros escadrons/bataillons

'la fortune favorise les plus forts; la grosseur des escadrons (la force, l'argent, etc.) tient lieu du choix de Dieu'

Deus está ao lado dos mais fortes

God is always on the side of the big battalions
Providence is always on the side of the big battalions
Providence is always on the side of the strongest battalions

♦ *Dieu est d'ordinaire pour les gros escadrons contre les petits*: frase de Bussy-Rabutin, oficial do exército francês, em carta ao conde de Limoges (18 de outubro de 1677).

13 DIEU fait les gens et le diable les accouple (1892)

= L'HOMME est le feu, la femme est l'étoupe, et le diable vient qui souffle

14 DIEU guérit et le médecin encaisse

= DIEU est celui qui guérit, et le médecin emporte l'argent

15 DIEU me garde de mes amis, quant aux ennemis je m'en charge (sXIX)

'les amis, dont on ne se méfie pas, et qui savent nos faiblesses, sont plus à craindre que nos ennemis, contre lesquels on est prévenu'

Deus me defenda do amigo, que do inimigo me defendo eu
Deus nos livre de inimizades de amigos
muito pior que um inimigo é um falso amigo
pior é fingido amigo que declarado inimigo

better an open enemy than a false friend

D

from my enemy let me defend myself; but from a pretensed friend, good Lord deliver me
God defend me from my friends; from my enemies I can defend myself
God deliver me from my friends... for from my enemies I'll deliver myself
God save us from our friends

♦ "Sembra che la paternità di questo proverbio vada attribuita a Voltaire, di cui, rimanendo in tema, forse non sarà superfluo ricordare quest'altro detto famoso: **si Dieu n'existait pas, il faudrait l'inventer** [*le Pour et le Contre*, epístola ao autor do livro: *les Trois Imposteurs*, 22 (1769)], *se Dio non esistesse, bisognerebbe inventarlo.*" (R. Boch)

⇒ Il n'y a ENNEMI plus venefie que le familier et domestique

16 DIEU mesure le froid à la brebis tondue (sXVI)

= À BREBIS tondue, Dieu (lui) mesure le froid/vent

♦ Há provérbio paralelo em italiano: *Dio misura il vento all'agnello tosato.*

17 DIEU ne veut point la mort du pécheur

= À tout PÉCHÉ miséricorde

Comme il faisoyt ung soupir en arrivant au darrenier boussin de pain, ne saichant où le mettre, veu qu'il en avoyt iusques en la fossette du cou, sa femme luy remonstra que DIEU NE VOULOYT POINT LA MORT DU PÉCHEUR, et que, faulte de mettre un rusteau de pain de moins en sa pance, il ne luy seroyt point reproché d'avoir mis ung petit son chouse au verd. (H. de Balzac, "Les trois clercs de Sainct-Nicholas", in *CD*, t. I, p. 184)

Quando ele deu um suspiro ao chegar ao último pedaço de pão, já não sabendo onde enfiá-lo, pois estava cheio até o gasganete, sua mulher lembrou-lhe que DEUS NÃO QUER A MORTE DO PECADOR e que, por deixar de pôr mais pão na pança, não seria admoestado por ter posto um pedacinho para fora.

18 DIEU qui donne la plaie donne le remède

'Dieu proportionne les épreuves à l'endurance de chacun'

Deus assim como dá a doença dá o médico
Deus dá o mal e (dá) a mezinha

the hand that gave the wound must give the cure
the hand that gave the wound must give the salve

– DIEU VOUS A DONNÉ LA PLAIE, dit Pasquerel en soufflant la bougie, MAIS IL VOUS DONNE AUSSI LE REMÈDE: ignorez cet homme-là, vos armes ne sont pas les siennes. (P. Moinot, *JA*, p. 228)

– DEUS LHE DEU O MAL – disse Pasquerel soprando a vela –, MAS LHE DÁ TAMBÉM A MEZINHA:

ignore esse homem, pois suas armas não se comparam às dele.

♦ O provérbio existe em espanhol: *Dios, que da la llaga, da la medicina* (Cervantes, *D. Quijote*, II, xix).

⇒ La NATURE fait bien les choses

19 Il vaut mieux s'adresser à DIEU qu'à ses saints
(sXIV: *il vaut mieulx Dieu prier que ses saints*; 1690: *il vaut mieux parler à Dieu qu'à ses saints*)

'il vaut mieux s'adresser directement au maître qu'aux intermédiaires'

o que se há de pedir aos santos peça-se a Deus

better pray to God than to the saints
if you can kiss the mistress, never kiss the maid

⇒ Il ne faut pas puiser au RUISSEAU quand on peut aller à la source

20 Il y a un DIEU pour les enfants/ivrognes

'une providence semble protéger miraculeusement les innocents ou les inconscients'

ao menino e ao borracho põe Deus a mão por baixo
ao menino e ao borracho põe Jesus a mão por baixo
menino e borracho Deus põe a mão por baixo

drunkards and children have good guardian angels
Heaven takes care of children, sailors, and drunken men

Prenez-lui donc la tête sur votre épaule, Mme Couture. Bah! il tombe sur celle de Mlle Victorine: IL Y A UN DIEU POUR LES ENFANTS. Encore un peu, il se fendait la tête sur la pomme de la chaise. (H. de Balzac, *PG*, t. II, p. 27)

Descanse a cabeça dele no seu ombro, Sra. Couture. Repare! Está caindo sobre o da Srta. Vitorina: HÁ UM DEUS PARA AS CRIANÇAS. Por pouco que não feriu a cabeça na cadeira. (Trad. de Gomes da Silveira)

– Les amoureux, comme LES IVROGNES, ONT UN DIEU POUR EUX, répondit le docteur en plaisantant. (H. de Balzac, *UM*, p. 225)

– Os namorados TÊM, como OS BÊBADOS, UM DEUS QUE VELA POR ELES – respondeu o doutor, gracejando. (Trad. de Gomes da Silveira)

⇒ La FORTUNE favorise/rit aux sots

21 Là où DIEU a son église, le diable a sa chapelle

= Où il y a ÉGLISE à Dieu, le diable bâtit une chapelle

22 Là où DIEU veut, il pleut (1495; sXIII: *où Diex veut se pleut*)

= Rien ne réussit si DIEU n'y donne sa bénédiction

♦ Diz-se em espanhol: *cuando Dios quiere, con todos los aires llueve.*

23 Le Bon DIEU donne des cornes à biquette comme elle peut les porter (rég., Franche-Comté)

= Les SEINS ne sont jamais trop lourds pour la poitrine

24 Le Bon DIEU lui-même a besoin de cloches (sXX)

'nul ne peut se passer des médias'

a propaganda é a alma do negócio
quem não se comunica se trumbica (Chacrinha)

he who praises wishes to sell

♦ *Slogan* lancé par la Chambre syndicale de publicité.

≠ À BON VIN, POINT D'ENSEIGNE

25 L'on ne peut servir ensemble et DIEU et le diable (sXIV)

= Nul ne peut servir deux MAÎTRES

26 Priez DIEU, mais n'offensez pas le diable

= Il faut quelquefois brûler une CHANDELLE au diable

27 Quand DIEU donne de la farine, le diable clôt le sac (1594; sXV: *quand Dieu donne farine, le diable clost le sac*)

'il arrive qu'on ne sache tirer parti des bonnes fortunes qui nous sont accordées'

quando Deus dá a farinha, o diabo fecha o saco

God sends corn and the devil mars the sack

28 Quand DIEU ne veut, le saint ne peut (sXV)

'le pouvoir cède devant l'autorité'

o que Deus rejeita ninguém ajeita
quando Deus não quer, o santo não pode
quando Deus não quer, santo não "voga"
quando Deus não quer, santos não rogam
quando Deus quer, com todos os ventos chove
quando Deus queria, (até) do norte chovia

saint cannot what God will not do
when God will, no frost can kill
when God will, no wind but brings rain
when it pleases not God, the saint can do little

♦ O provérbio tem equivalentes em italiano: *quando Dio non vuole, i santi non possono*, em espanhol: *cuando Dios no quiere, el santo no puede* e em alemão: *wenn Gott nicht will, kann der Heilige auch nicht machen.*

⇒ SAINT ne peut si Dieu ne veut

29 Qui a peu, DIEU lui donne

'Dieu aide les démunis'

a quem nada tem, Deus o mantém
panela de pobre, Deus a tempera

God provides for the poor

30 Qui sert DIEU, il sert un bon maître (1594)

'c'est le seul maître qui échappe à la dialectique du maître et de l'esclave'

quem serve a Deus serve a bom senhor

he that serves God, serves a good master

31 Recours à DIEU, l'ancre est rompue (1597)

'quand on se tourne vers Dieu, c'est qu'il y a grand péril'

os trovões e o mar ensinam a rezar
só lembra Santa Bárbara quando troveja
só se lembra de Santa Bárbara quando há trovões
só te lembras de Santa Bárbara quando troveja

danger makes men devout
when it thunders, the thief becomes honest

32 Rien ne réussit si DIEU n'y donne sa bénédiction

'rien ne se fait sans la volonté divine'

mais pode Deus ajudar que velar e madrugar
mais vale quem Deus ajuda que quem cedo madruga

God's help is better than early rising
they are well guided that God guides
whom God teaches not, man cannot

♦ Cf. Plauto (*Curculio*, 531): *Quoi homini di sunt propitii, lucrum ei profecto obiciunt.* (Quando os deuses protegem o homem, fazem-no lucrar muito.) Cf. também Ésquilo (*Os sete contra Tebas*, 625): Θεοῦ δὲ δῶρόν ἐστιν εὐτυχεῖν βροτοῦς. (Mas, para os mortais, o êxito é uma dádiva divina.)

DIFFÉRENCE *s.f.* diferença; *difference*

Il y a grande DIFFÉRENCE d'homme à homme (1835)

'chaque être humain est irréductible'

há homens e homens

no simile runs on all fours

DIFFÉRER *v.t.* adiar; *to postpone, to defer*

Ce qui EST DIFFÉRÉ n'est pas perdu

'on ne perd rien pour attendre'

o que é adiado não está esquecido

the thing that's fristed ['delayed'] *is not forgiven*
what is deferred is not abandoned

DÎNER *s.m.* jantar; *dinner*

1 Après DÎNER* repose un peu, après souper promène une mille

* *Dîner* (ancien et régional) = 'déjeuner' (repas de la mi-journée).

règle de santé

depois de jantar dormir, depois de cear passos mil
depois do almoço o deitar, depois de cear passear
sobre comer, dormir; sobre cear, passear

after dinner rest a while, after supper walk a mile
after dinner sit awhile, after supper walk a mile

♦ Do latim medieval *post prandium stabis, post coenam ambulabis* (depois do almoço repousar, depois do jantar andar). Diz-se em italiano: *dopo desinare, non camminare; dopo cena, con dolce lena.*

2 Après le DÎNER, la moutarde (1597)

'quand le dîner est fini, il n'est plus temps d'apporter la moutarde; tout est soumis à une loi d'opportunité: ce qui fait défaut aujourd'hui ne sera d'aucune utilité demain'

depois de eu comer, não faltam colheres
depois de fartos, não faltam pratos
depois de vindimas, cavanejos

after meat, mustard

Var. em R. Rolland:

Enfin, nous arrivâmes (l'on finit toujours par arriver), COMME LA MOUTARDE APRÈS LE DÎNER. (*CB*, p. 148)

Por fim, chegamos (acaba-se sempre por chegar), COMO A MOSTARDA APÓS O JANTAR. (Trad. de Ivo Barroso)

⇒ Après manger, NAPPE

3 DÎNER de chien, pain et eau (sXVI: *eau et pain, c'est la viande d'un chien*)

'dicton stigmatisant la pauvreté d'un repas'

água e pão, comida de cão
água e pão, jantar de cão

meat and water, dog's dinner

♦ Cf. o latim *vilis aqua, et panis, potus et esca canis* (água comum e pão, bebida e alimento de cão).

4 Qui garde son DÎNER, il a mieux à souper (sXVI)

'il faut économiser pendant le bel âge, afin d'assurer sa vieillesse'

quem quiser bem cear de tarde vá buscar

he that saves his dinner will have the more for his supper

⇒ Qui JEÛNE est fou, vieil en a les frissons

DIRE *v.t.* dizer, declarar, afirmar; *to say, to tell*

1 Bien DIRE fait rire, bien faire fait taire (1842)

'on se moque des belles déclarations d'intention; seuls les actes comptent'

bem dizer faz rir, bem fazer faz calar

dito sem feito não traz proveito

actions speak louder than words
good words without deeds are rushes and reeds

2 Qui DIRA tout ce qu'il voudra, ouïra ce qui lui ne plaira (sXVI)

'à dire des choses désagréables, on finit par en entendre'

quem diz o que quer ouve o que não quer

he that speaks lavishly, shall hear as knavishly
he that speaks the thing he should not, will hear the thing he would not
he who says what he likes shall hear what he does not like

♦ A idéia está em Plauto (*Pseudolus*, 1.173): *Contumeliam si dices, audies.* (Se me injuriares, também ouvirás.) E ainda em Terêncio (*Andria*, 5, 4, 17): *si mihi perget, quae uolt, dicere ea, quae non uolt, audiet* (se continuar a dizer-me o que quer, ouvirá o que não quer). Há correspondentes em italiano: *chi dice quel che vuole, sente quel che non vorrebbe* e em espanhol: *quien pregunta lo que no debe, oye lo que no quiere.*

DISCUSSION *s.f.* debate, discussão; *discussion, debate*

1 De la DISCUSSION jaillit la lumière

'la vérité étant dialectique, elle résulte du dialogue'

da discussão nasce a luz
duas cabeças valem mais do que uma
mais vêem dois olhos que um
quatro olhos vêem mais que dois

many heads are better than one
many wits are better than one
two heads are better than one

♦ Há provérbio equivalente em espanhol: *de la discusión nace la luz.*

⇒ Deux YEUX voient plus clair qu'un

2 Toute DISCUSSION porte profit (sXIV)

= De la DISCUSSION jaillit la lumière

DISEUR *s.m.* dizedor, o que diz, falador; *talker*

1 DISEUR de bons mots, mauvais caractère

'les mauvaises langues font les bons épigrammes'

palavras bonitas, mau caráter

man of wit, bad character

♦ Frase de B. Pascal (*Pensées*, I, 46).

2 Les grands DISEURS ne sont pas les grands faiseurs (1842)

'ceux qui promettent le plus sont ceux qui tiennent le moins'

gato miador, ruim caçador
gato muito miador é pouco caçador
muita palha, pouco grão
muita palha, pouco trigo
muita parra, pouca uva
muita zoada é sinal de pouca cousa
muitas vozes, poucas nozes
muito peido é sinal de pouca bosta
muito roncar antes da ocasião é sinal de dormir nela
muito trovão é sinal de pouca chuva
o fácil de (se) dizer é difícil de (se) fazer
quem muito fala pouco faz
quem tem pronta a língua não tem prontas as mãos

empty vessels make the greatest sound
empty vessels make the most noise
empty vessels make the most sound
great talkers are little doers
great talkers are no good doers
great talkers fire too fast to take aim
loud talking, little doing
much cry and little wool
shallow streams make the most din
the greatest crakers are (always) the least doers
the greatest talkers are (always) the least doers

♦ Mesma idéia em Vauvenargues (*Réflexions et maximes*, p. 190): "On promet beaucoup pour se dispenser de donner peu." (Promete-se muito para se eximir de dar pouco.)

= Du DIT au fait, il y a grand trait

DIT *s.m.* dito; *what is said*

Du DIT au fait, il y a grand trait (sXVI)

'il y a une grande différence entre dire et faire'

dizer e fazer não comem à mesma mesa
dizer não custa: fazer é que custa
é mais fácil dizer que fazer
entre dizer e fazer muita coisa há a meter
entre falar e fazer muito há que meter

from word to deed is a great space
saying and doing are two things
saying is one thing, and doing another

♦ Cf. o latim medieval *inter verba et actus magnus quidam mons est*. Há correspondentes em italiano: *dal detto al fatto c'è un gran tratto* (ou ainda: *dal dire al fare c'è in mezzo il mare*) e em espanhol: *decir y hacer no comen a una mesa*.

⇒ FAIRE et dire sont deux choses

DIVERSITÉ *s.f.* variedade, diversidade; *variety*

DIVERSITÉ, c'est ma devise (1676)

'uniformité et ressemblance, telle est aujourd'hui la nôtre'

a variedade é fonte que mata a sede
mudança descansa
tudo enfada, só a variedade recreia

a change is as good as a rest
change brings life

Même beauté, tant soit exquise, / Rassasie et soûle à la fin. / Il me faut d'un et d'autre pain: / DIVERSITÉ, C'EST MA DEVISE. (La Fontaine, "Le Pâté d'anguille", in *FCN*, p. 594)

Até a beleza, por maior que seja, / Cansa e acaba por enfastiar. / Preciso variar de alimento: / DIVERSIDADE É A MINHA DIVISA.

♦ Cf. Eurípides (*Orestes*, 234): μεταβολὴ πάντων γλυκύ (coisa agradável é tudo mudar). Cf. também o latim *delectat varietas* (a variedade agrada), *tópos* freqüente em vários autores latinos, desde Varrão (*De lingua Latina*, 9, 33, 46).

⇒ On se dégoûte de manger tous les jours le même PAIN

DIVISER *v.t.* dividir, separar, desunir; *to divide*

DIVISER pour régner

'provoquer la désunion pour mieux assurer son autorité'

divide e impera
dividir para reinar

divide and rule

En attendant ces moissons de lauriers, oncle Sosthène se contentait de moissons de figues. Afin de le mieux dépouiller, il avait une fois pour toutes divisé son figuier en dix parties égales. La fameuse formule machiavélique: DIVISER POUR RÉGNER. (G. Brassens, *TM*, p. 117)

Enquanto aguardava a colheita do louro, tio Sosthène contentava-se em colher figos. Para facilitar a apanha dos frutos, decidira dividir a figueira em dez partes iguais. Era a célebre sentença de Maquiavel: DIVIDIR PARA REINAR.

♦ Do latim *divide et impera*. Máxima enunciada por Maquiavel, adotada como lema por Luís XI, da França, por Catarina de Médicis e por outros governantes. Diz-se em italiano: *nemico diviso, mezzo vinto*.

DOIGT *s.m.* dedo; *finger*

1 Il ne faut pas mettre le DOIGT entre l'arbre et l'écorce

= Entre l'ARBRE et l'écorce ne mettez pas le doigt

♦ Diz-se em espanhol: *entre dos muelas cordales nunca pongas tus pulgares* (Cervantes, *D. Quijote*, II, xliii).

D

2 Les DOIGTS d'une main ne s'entresemblent pas (sXV)

'les meilleurs amis n'ont pas forcément le même caractère'

cinco dedos tem a mão e nenhum deles é igual
os dedos da mão não são iguais
os dedos da mão são irmãos, mas não são iguais
temos cinco dedos na mão e nenhum é igual

all fingers are not similar
no like is the same

♦ Diz-se em italiano: *le dita della mano non sono uguali.*

3 Si on lui en donne un DOIGT, il en prendra long comme le bras

'l'ingrat ne se contente pas de ce qu'on lui donne; il prend ce qu'on ne lui donne pas'

ao vilão, dão-lhe o pé e toma a mão
dá-se-lhe o pé (ao vilão) e ele toma a mão
não dês o dedo ao vilão, porque te tomará a mão
quereis saber quem é o vilão? ponde-lhe o cetro na mão

give a clown your finger, and he will take your hand
give him an inch and he will take a mile
give him an inch and he will take a yard
give him an inch and he will take an ell

⇒ Si on lui donne un POUCE, il en prendra long comme le bras

4 Un seul DOIGT ne prend pas de puce (Martinique)

'il ne faut pas prétendre se passer de l'aide d'autrui'

um só polegar não vai ao tear

that which two will, takes effect

DOMMAGE *s.m.* dano, prejuízo; *damage, adversity*

1 Après DOMMAGE, chacun est sage (sXVI)

= Tout le monde sait être SAGE après coup

2 DOMMAGE rend sage

'l'adversité enseigne la prudence'

a adversidade embeleza os caracteres que não avilta
a adversidade faz homens; a prosperidade, monstros
a adversidade faz o prudente, mas não o rico

adversity is the school of wisdom
adversity makes a man wise, not rich
adversity makes men, prosperity monsters
sweet are the uses of adversity (Shakespeare)

♦ Do grego παθήματα, μαθήματα, que os latinos traduziram, conservando a rima e o espírito: *nocumentum, documentum* (o que prejudica ensina).

DON *s.m.* dádiva, presente; *gift*

1 DON trop attendu n'est pas donné, mais vendu (sXIV)

'lorsqu'il est trop longtemps espéré, le don perd toute vertu gratifiante'

bem muito esperado não é dado, mas vendido

a gift long waited for is sold, not given
a gift much expected is paid, not given

⇒ Petit PRÉSENT trop attendu n'est point donné mais bien vendu

2 Grand DON fait juge aveugler, droit abattre, tort élever

'la concussion fait mauvais ménage avec la justice'

em tempo, lugar e sazão, o dar é corrupção
vende a própria vontade quem recebe alheio benefício (aprox.)

he that buys magistracy must sell justice

♦ Diz-se em italiano: *chi compra il magistrato, vende la giustizia.*

⇒ Qui PREND se vend/s'engage

3 Petit DON est le hameçon du plus grand DON

'la générosité est inflationniste et veut toujours en remontrer; tel fait un petit présent pour en avoir un grand'

perde-se a isca para pegar o peixe
quem vai dar vai apanhar

a hook's well lost to catch a salmon

⇒ Il faut perdre un VAIRON pour pêcher un saumon

DONNER *v.* dar, oferecer; *to give*

1 Celui à qui on DONNE ne choisit pas

'celui à qui l'on fait un cadeau, on le prive de la prérogative, et du plaisir, de choisir'

quando te derem a vaca, vem logo com a corda
quando te derem o porquinho, acode logo com o baracinho
quando te derem o porquinho, segura-o pelo rabinho

when the pig is proffered ['offered'], *hold up the poke*

♦ O provérbio tem correspondente em espanhol: *cuando te dieren la vaquilla, corre con la soguilla* (Cervantes, D. Quijote, II, iv).

⇒ À CHEVAL donné on ne regarde pas/point la bouche/bride

2 DONNER et retenir n'en vaut (1607)

= CHOSE donnée ne se doit redemander

⇒ BIEN donné ne se reprend plus

3 Qui petit me DONNE, il veut que je vive (sXII)

= Qui peu DONNE veut qu'on vive

4 Qui peu DONNE veut qu'on vive

"... pour continuer longtemps à donner" (Panckoucke)

quem te dá um osso não te quer ver morto

he that gives thee a bone would not have thee die

♦ Há provérbios paralelos em italiano: *chi ti dà un osso, non ti vorrebbe morto* e em espanhol: *quien te da un hueso, no te quiere muerto.*

5 Qui tôt accorde DONNE deux fois (sXVI)

'la promptitude à donner rend le don plus précieux; c'est doubler le présent que de ne pas le faire attendre'

dá duas vezes quem dá sem demora
dá duas vezes quem de pronto dá
quem cedo dá dá duas vezes
quem dá logo dá duas vezes
quem dá prontamente dá duas vezes

he gives twice that gives in a trice
he gives twice who gives quickly

♦ Cf. Publílio Siro (*Sententiae*, I 6): *inopi beneficium bis dat qui dat celeriter* (quem dá ao pobre com prontidão faz duplo benefício). Há correspondentes em italiano: *chi dà presto, è come se desse due volte* e em espanhol: *quien presto da, dos veces da* (ou ainda: *quien da primero, da dos veces*).

DORMIR *v.i.* dormir; *to sleep*

1 Qui DORT dîne (1842)

'dormir permet d'oublier la faim; il supplée aux repas et engraisse le dormeur'

dormir é meia mantença
o dormir é meio sustento
o sono é um alimento
quem dorme come
quem dorme engorda

a sleeping man is not hungry
for the hungry man, to sleep is to dine

"Une ou deux heures; ça dépendra des urgences. Je préfère te recevoir que d'aller manger à la cantine, où c'est dégueulasse, m'avait-elle dit. D'ailleurs, QUI DORT DÎNE, si tu vois ce que dormir veut dire!" avait-elle ajouté dans un fou rire. (J. Semprun, *EV*, p. 124)

"Uma hora ou duas; vai depender das emergências. Prefiro ficar com você a enfrentar a comida horrorosa da cantina", afirmara ela. "Como diz o outro, O DORMIR É MEIO SUSTENTO – mas dormir é força de expressão!", acrescentara num acesso de riso.

♦ Cf. Marcial (13, 49): *GLIRES. Tota mihi dormitur hiems et pinguior illo / Tempore sum, quo me nil nisi somnus alit.*

(OS ARGANAZES. Durmo durante todo o inverno e engordo: quem dorme come.) Diz-se em espanhol: *la cama come.*

⇒ REPOS est demi-vie

2 Tranquille DORT qui n'a que perdre (sXV: *aseür dort qui n'a que perdre*)

= (L')HOMME ne peut perdre ce qu'il n'eut oncq

DOS *s.m.* costas; *back*

D

1 Il tombe sur le DOS et se casse le nez (1842)

'quand on est malheureux non seulement "un malheur ne vient jamais seul", mais il s'aggrave, et atteint des extrémités invraisemblables'

fui para me benzer e quebrei o nariz
quem é infeliz cai de costas e quebra o nariz
quem não tem sorte até na cama quebra as pernas

an unfortunate man will be drowned in a tea-cup
he who is born to misfortune falls on his back and fractures his nose

♦ Diz-se em italiano: *chi nasce sfortunato, s'ei va indietro a cader, si rompe il naso.*

⇒ Quand on est MALHEUREUX, on se noyerait dans son crachat

2 Mal est caché à qui l'on voit le DOS (1821; sXV: *mal se musse à qui le cul pert*)

'rien ne peut passer complètement inaperçu'

gato escondido com o rabo de fora
gato furtado, orelhas de fora

the tail does often catch the fox

⇒ Il n'y a rien si caché sous la NEIGE que le temps ne découvre

DOUCEUR *s.f.* doçura, ternura, bondade; *gentleness, softness*

Plus fait DOUCEUR que violence (1668)

'patience, compréhension, humanité obtiennent des résultats beaucoup plus radicaux que force, contrainte et répression; c'est ce que, pour le meilleur et pour le pire, les social-démocraties contemporaines ont fort bien compris'

com grito não se afina rabeca
mais consegue a brandura que a violência

great strokes make not sweet music
more is done by kindness than by hardness

♦ Último verso da fábula "Phébus et Borée", de La Fontaine (*F*, VI, iii, 40); idéia semelhante em "Le Chêne et le Roseau" (*F*, I, xxii).

⇒ On ne prend pas les MOUCHES avec du vinaigre

DOULEUR *s.f.* dor; *pain*

1 De toutes les DOULEURS, on ne peut faire qu'une mort

= On ne MEURT qu'une fois, et c'est pour si long-temps

2 La DOULEUR est toujours moins forte que la plainte (sXVI)

= Les grandes DOULEURS sont muettes

Bien qu'on sache qu'en ces malheurs / De quelque désespoir qu'une âme soit atteinte, / LA DOULEUR EST TOUJOURS MOINS FORTE QUE LA PLAINTE, / Toujours un peu de faste entre parmi les pleurs. (La Fontaine, *F*, XII, xxvi, 37-38)

Embora se saiba que nessas desgraças / Seja qual for o desespero que atinge a alma / A DOR NUNCA É TÃO FORTE QUANTO O LAMENTO, / Nos prantos sempre se insinua um pouco de excesso.

3 Les grandes DOULEURS sont muettes (1849)

'plus on souffre, moins on le manifeste'

as grandes dores são mudas
nas grandes dores vêem-se poucas lágrimas

great sorrows are dumb
light cares speak, great ones are dumb
little griefs are loud, great griefs are silent
small sorrows speak; great ones are silent
who suffers much is silent

♦ J. C. Bologne atribui o provérbio a Lamartine (*Commentaire sur la 9ᵉ méditation poétique*, "Souvenir", publicado em 1849). Mas aduz: "à l'origine de l'allusion, c'est sans doute le Paradoxe sur le comédien de Diderot qu'il faut placer: 'Il en est des plaisirs violents ainsi que des peines profondes; ils sont muets', (...)." A idéia, porém, já figurava em Sêneca (*Hippolytus*, 607): *curae leves loquuntur, ingentes stupent* (as dores pequenas são ditas, mas não as grandes). Diz-se em espanhol: *en las grandes desgracias, faltan las lágrimas*.

⇒ Les PEINES légères se racontent, les grandes se taisent

DOUTE *s.m.* dúvida; *doubt*

1 Dans le DOUTE, abstiens-toi (sXVIII)

'en l'absence de certitude, il faut se retenir de juger ou d'agir'

na dúvida, abstém-te
na dúvida, não faça

when in doubt, do nowt ['nothing']

♦ A fonte é Zaratustra, *Avesta* (século VII a.C.).

2 Le DOUTE est le commencement de la sagesse

'l'attitude du doute requiert une distance qui est déjà celle du sage'

a dúvida é a sala de espera do conhecimento
a dúvida é mãe do saber
de nada duvida quem nada sabe
quem desconfia fica sábio
quem mais duvida mais aprende
quem muito sabe de nada duvida (Sá de Miranda)
quem nada sabe de nada duvida

he that knows nothing, doubts nothing

♦ Cf. o latim *dubium sapientiae initium* (a dúvida é o início do conhecimento). Cf. também Publílio Siro (*Sententiae*, I 52): *incertus animus remedium est sapientiae* (a dúvida é o remédio que a sabedoria oferece). Diz-se em espanhol: *quien no duda, no sabe cosa alguna*.

⇒ SCIENCE est mère de doute

DRAP *s.m.* casimira; *woollen cloth*

1 De peu de DRAP, courte cape (1568)

= Il faut tailler son MANTEAU selon son drap

⇒ Avant de consulter ta FANTAISIE, consulte ta bourse

2 Il faut s'habiller du DRAP du pays (sXIV)

'il faut se garder des alliances lointaines, et savoir se contenter de ce que l'on a près de chez soi'

casa tua filha com o filho de teu vizinho

better wed over the mixen ['compost heap in the back yard'] *than over the moor*

⇒ Qui loin va SE MARIER sera trompé ou veut tromper

3 On ne peut avoir le DRAP et l'argent (1568)

= On ne peut (pas) avoir le LARD et le cochon

4 Quand les DRAPS ne sont pas froissés, les époux ne tardent pas à l'être

'un couple qui ne s'unit plus la nuit n'a aucune chance de le faire le jour'

é grande a disputa que não se resolve entre lençóis

the difference is wide that the sheets will not decide

♦ Diz-se em espanhol: *conyugales desazones, arréglanlas los colchones*.

DROIT *s.m.* direito; *law*

Bon DROIT a besoin d'aide (sXV: *bon droit a bon mestier d'ayde*)

'la justice ne peut se passer de la force'

não há grande causa que dispense ajuda

a pocketful of right needs a pocketful of gold

Car maintes causes m'a sauvées, / Justes, ainsi Jésus Christ m'aide! / Comme telles se sont trouvées; / Mais BON DROIT A BON MÉTIER D'AIDE. (F. Villon, "Rondeau", in *OC*, p. 82)

Pois em muitas causas justas ele me salvou, / E com a ajuda de Jesus Cristo / Foram elas assim consideradas! / Mas NEM CAUSA JUSTA DISPENSA AJUDA.

⇒ Un peu d'AIDE fait grand bien

DURER *v.i.* durar, manter-se; *to last*

Qui veut DURER doit endurer

'qui est dur au mal résiste mieux aux forces de destruction et de mort; la fragilité est mortellement éphémère'

quem queira durar aprenda a suportar

he that endures is not overcome
he that endures overcomes

♦ Cf. Virgílio (*Aeneis*, 5, 710): *superanda omnis fortuna ferendo est* (com constância é sempre possível vencer o destino).

⇒ Qui peu ENDURE bien peu dure

D

157

e

EAU *s.f.* água; *water*

1 Celui qui est échaudé craint l'EAU chaude (sXIII: *eschaudez chaude yaue crient*)

= CHAT échaudé craint l'eau froide

2 Chacun tire l'EAU à son moulin (1568)

'le bien public est volontiers détourné au profit des intérêts particuliers, tout comme le bien d'autrui passe après le nôtre propre'

cada um leva a água para o seu moinho
cada um quer levar água para seu moinho e deixar em seco o do vizinho

every cock scratches toward himself
every man brings grist to his own mill
every man wishes water to his own mill
every miller draws water to his own mill

♦ O provérbio tem correspondentes em italiano: *ognuno tira l'acqua al suo mulino* e em espanhol: *cada uno quiere llevar el agua a su molino, y dejar en seco el del vecino.*

⇒ Chaque MOULIN trait l'eau à lui

3 EAU qui court ne porte point d'ordure (sXV)

'le voyage a une vertu purificatrice, purgative, tandis que la vie sédentaire favorise la putréfaction'

água corrente esterco não consente
água corrente não mata a gente

a plough that works glisters, but the still water stinks
standing pools gather filth

♦ Cf. Ovídio (*Epistulae ex Ponto*, 1, 5, 5-6): *Cernis, ut ignavum corrumpant otia corpus, / Ut capiant vitium, ni moveantur, aquae.* (Bem sabes que a inércia degrada o corpo do homem ocioso e que, quando não se movimentam, as águas ficam estagnadas.) Há provérbios paralelos em italiano: *acqua che corre non porta veleno* e em espanhol: *agua que corre, nunca mal coge.*

⇒ Les VOYAGES forment la jeunesse

4 Il coulera/passera de l'EAU sous le(s) pont(s)
(1640: *il passera bien de l'eau dessous le pont*)

'il s'écoulera bien de temps (avant que cela n'arrive)'

já correu muita água sob a ponte
muita água correrá debaixo da ponte
muita água passará debaixo da ponte

much water has run under the bridge since then
much water will have flow under the bridge

Maurice le regardait avec une stupeur attristée, sans colère, il songea un instant à lui envoyer son poing dans la figure, tout juste pour le faire taire, on bouscule bien les gosses qui ont le hoquet; mais il sentait encore une chair flasque contre ses phalanges et il n'était pas fier: il avait cogné sur un môme; IL COULERA DE L'EAU SOUS LES PONTS avant que je recommence. (J.-P. Sartre, *S*, p. 237)

Maurice olhava-o com estupor, sem cólera, pensou um instante em dar-lhe um soco na cara, só para fazê-lo ficar quieto, a gente sacode as crianças quando estão com soluço; mas sentia ainda uma carne mole nas falanges e não estava muito orgulhoso com isso, batera num menino, MUITA ÁGUA HÁ DE PASSAR SOB A PONTE antes que eu recomece. (Trad. de Sérgio Milliet)

O verbo também ocorre no passado:

– Si bel homme? Oh! oui, comme il a renforcé! Dame, c'est que voilà sept ans que nous ne l'avions vu, ce pauvre Joseph et, depuis ce temps-là, IL A PASSÉ bien DE L'EAU SOUS LE PONT... (G. de Nerval, "La Main enchantée", in *Œ*, p. 492)

– Tão belo rapaz? Oh! sim, como ele ficou forte! Upa!, que há sete anos não o víamos, a esse pobre José; e, desde então, MUITA ÁGUA CORREU SOB A PONTE... (Trad. de Aurélio Buarque de Holanda Ferreira e Paulo Rónai)

5   Il n'est pire EAU que l'EAU qui dort (sXIII: *il n'est si périllouse eau que la coye*; sXV: *l'eau dormant vaut pis que l'eau courant*)

'il faut se méfier des tempéraments calmes: ils ont, comme les eaux stagnantes, des réveils terribles'

a água silenciosa é a mais perigosa
da água mansa me livre Deus, que da brava me livrarei eu
em rio quedo não metas o dedo
não há água mais perigosa que a que não soa
não te fies em água que não corra, nem em gato que não mie
pior a calmaria que a tormenta

beware of a silent dog and still water
beware of a silent man and still water
take heed of still waters, the quick pass away

MADAME PERNELLE. Mon Dieu, sa sœur, vous faites la discrète, / Et vous n'y touchez pas, tant vous semblez doucette; / Mais IL N'EST, comme on dit, PIRE EAU QUE L'EAU QUI DORT, / Et vous menez sous chape un train que je hais fort. (Molière, *T*, p. 18)

SENHORA PERNELLE. Meu Deus, como irmã dele, você finge a discreta e com essa aparente doçura é incapaz de ferir alguém; mas NÃO HÁ, como dizem, ÁGUA PIOR DO QUE A ÁGUA PARADA, e você leva às escondidas uma vida que não tolero. (Trad. de Jacy Monteiro)

♦ A idéia está em Quinto Cúrcio (7, 4, 13): *altissima quaeque flumina minimo sono labi* [ver a citação completa em CHIEN, 15] (os rios mais profundos correm quase sem fazer barulho) e é mais explícita em Dionísio Catão (*Disticha de moribus ad filium*): *quod flumen placidum est, forsan latet altius unda* (a onda mais alta talvez se esconda nas águas mais calmas do rio). Cf. La Fontaine, "Le Torrent et la Rivière" (*F*, VIII, xxii). O provérbio tem correspondentes em italiano: *l'acqua cheta rovina i ponti* e em espanhol: *en río quedo no pongas el dedo*.

⇒ Gardez-vous de l'HOMME secret et du chien muet

6   Il n'est que nager en grande EAU (sXVI)

'celui qui souhaite réussir doit rechercher des conditions où l'on trouve abondamment ce qu'il poursuit'

nada como pescar nos grandes rios
nos grandes mares se encontram os maiores peixes

it's good swimming in large waters
no fishing to fishing in the sea

Lesage emprega a expressão que dá origem ao provérbio:

Quand j'AI NAGÉ EN GRANDE EAU, j'ai toujours eu le malheur de m'y noyer. Dès que je me vis aimé de ma maîtresse et considéré des domestiques comme celui qui faisait la pluie et le beau temps, je commençai à jouer un autre rôle dans la maison. (*GA*, p. 509)

Quando eu SINGRAVA AS ÁGUAS DA RIQUEZA, sempre tive a desgraça de nelas naufragar. Assim que me vi amado por minha amante e considerado pelos criados como senhor e amo, comecei a exercer um outro papel na casa.

⇒ Il n'est que pêcher en grand VIVIER

7   Il n'est que pêcher en EAU trouble (sXVI)

= L'EAU trouble est le gain du pêcheur

8   L'EAU de la Saint-Jean ôte le vin et ne donne pas de pain

'la pluie de la Saint-Jean compromet la moisson et les vendanges'

água do São João tira vinho e não dá pão
chuva de São João bebe o vinho e come o pão
chuva de São João talha vinho e não dá pão
chuva de São João tira vinho e tira pão
chuva em São João tira a uva e não dá pão
chuva no São João, nem bom vinho nem bom pão
chuva no São João tira vinho, azeite e não dá pão

if St. John's Day be rainy weather, you will not have wine or bread

♦ Dia de São João: 24 de junho.

♦ Há correspondentes em italiano: *l'acqua di giugno rovina tutto* e em espanhol: *agua de por San Juan, quita vino y no da pan.*

9   L'EAU gâte le vin, la charrette le chemin, et la femme l'homme (rég., Provence)

'la femme est en bonne place parmi tous les agents de corruption et d'érosion'

por causa de mulheres, cães e águas, não faltam mágoas (aprox.)

as water spoils wine, so women spoil men

10 L'EAU trouble est le gain du pêcheur (1568: 1594: *l'eau trouble fait le gain du pêcheur*)

'la confusion est propice aux bonnes affaires'

a rio revolto, ganância de pescador
na água envolta pesca o pescador (Jorge Ferreira de Vasconcelos)

in the troubled water is the best fishing
it is good fishing in troubled waters

♦ Cf. o latim *est captu facilis turbata piscis in unda* (na água revolta é fácil pegar peixe).

11 L'EAU va (toujours) à la rivière (1568: *l'eau court toujours en la mer*) 'richesse engendre toujours richesse, et fuit pauvreté'

a água corre para o mar (e as coisas para o seu natural)
a água corre para o poço
a água corre sempre para o mar
ao moinho vai a água
as águas correm todas para o mar
corre o ouro para o tesouro
os rios correm (sempre) para o mar

he that has a goose, will get a goose
he that has plenty of goods, shall have more
to him that has shall more be given

– (...) Puis, quand ils le virent revenant du quai suivi d'un facteur des Messageries transportant sur une brouette des sacs pleins: "L'EAU VA TOUJOURS À LA RIVIÈRE, le bonhomme allait à ses écus", disait l'un. (H. de Balzac, *EG*, p. 134)

– (...) Depois, quando o viram voltar do cais seguido de um empregado da companhia de transportes trazendo sacos cheios num carrinho de mão:
– AS ÁGUAS CORREM PARA O MAR. Os escudos correm para a bolsa do velho – dizia um. (Trad. de Gomes da Silveira)

⇒ Les ÉCUS s'aiment et s'attirent

12 Les EAUX calmes sont les plus profondes

'les gens maîtres d'eux-mêmes recèlent de grandes richesses'

águas quietas são profundas
os mares mais calmos são os mais profundos

smooth runs the water where the brook is deep (Shakespeare)
smooth waters run deep
still waters run deep
the deeper the ocean, the calmer the ocean
the deeper the ocean, the stiller the ocean

13 Quand on est à l'EAU, il faut nager (Québec)

= Quand on est au BAL, il faut danser

⇒ On ne va point aux NOCES sans manger

14 Se jeter/(Se mettre) à l'EAU de/par peur de la pluie (loc. prov.)

= Sauter/Tomber de la POÊLE en/dans la braise/(le feu)

⇒ Tomber de FIÈVRE en chaud mal

ÉCHANTILLON *s.m.* amostra; *sample*

On juge de la pièce par l'ÉCHANTILLON (1758)

'un seul trait quelquefois décide d'un homme'

pela amostra se conhece a chita
pela amostra se conhece o pano

the self-edge makes show of the cloth

♦ Cf. o latim *e fimbria de texto iudicatur*.

⇒ On connaît bien le POURPOINT au collet

ÉCHASSE *s.f.* perna de pau; *stilt*

Mieux vaut deux pieds que trois ÉCHASSES

'ne pas s'élever mais rester sur ses jambes est plus sûr que s'élever au moyen de prothèses; petit bien est préférable à grande location, petit avoir à grand emprunt'

mais vale um pé que duas muletas
vale mais uma perna sã que duas muletas

one foot is better than two crutches

⇒ Meilleur nus PIEDS que nuls PIEDS

ÉCONOMIE *s.f.* economia; *economy*

Il n'y a pas de petites ÉCONOMIES (sXIX)

'il ne faut rien négliger, pour s'assurer de l'avenir'

a pouco e pouco é que fia a velha o copo ['a porção de lã ou linho que se há de fiar']
de grão em grão a galinha enche o papo (e o velho o saco)
de grão em grão enche a galinha o paparrão
guarda retalho(s) e terás seda
pouco a pouco fia a velha o copo

a pin a day is a groat ['British coin worth four-pence'] *a year*
light gains make heavy purses
little and often fills the purse
no alchemy to saving
of saving, comes gaining
of saving, comes having
penny and penny laid up will be many
sparing is a great revenue
sparing is the first gaining

⇒ Petit GAIN est bel quand il vient souvent

ÉCOUTANT *s.m.* ouvinte; *listener*

L'ÉCOUTANT fait le médisant (sXVI)

'qui écoute les ragots finit lui-même par les colporter'

a língua do maldizente e o ouvido do que ouve são irmãos
muito fala quem ouve de muitos
ouvir maus é criar maldades
quem leva e traz não deixa paz
quem tudo quer saber mexerico quer fazer
quem tudo quer saber mexerico vai fazer
se não houvesse quem escutasse não havia quem falasse

avoid a questioner, for he is also a tattler
gossiping and lying go together
one mouth does nothing without another
one pair of ears draws dry a hundred tongues

the dog that fetches, will carry
there is nothing to choose between bad tongues and wicked ears
were there no hearers, there would be no backbiters
who chatters to you will chatter of you

ÉCOUTER *v.t.* ouvir, escutar; *to listen, to hear*

ÉCOUTE beaucoup et parle peu

'il ne faut prêter l'oreille aux indiscrétions, et se garder de les véhiculer'

escuta cem vezes e fala uma só
escuta mil vezes e não fales mais que uma
ouve cem vezes e fala uma só
ouve muito e fala pouco

hear and see and say nothing
hear much and say little
hear much and say nothing
hear much, speak little
hear twice before you speak once
keep your mouth shut and your ears open

♦ Cf. a máxima de Cleobulo, um dos sete sábios da Grécia: Φιλήκοον εἶναι μᾶλλον ἢ πολύλαλον (é melhor escutar do que falar muito). Diz-se em italiano: *parla poco, ascolta assai e giammai non fallirai.*

⇒ OIS, vois et te tais, si tu veux vivre en paix

ÉCRIT,E *adj.* escrito; *written*

Ce qui est ÉCRIT est ÉCRIT (1752)

'les écrits restent, on n'y peut rien changer'

não há maior prova do delito que o papel escrito
o que está escrito escrito está
o que está escrito faz lei

the written letter remains

♦ Frase de Pilatos citada em João 19, 22.

⇒ Les PAROLES s'envolent/(s'en vont), les écrits restent

ÉCU *s.m.* escudo; *ecu, crown*

1 ÉCU changé, ÉCU mangé

'on dépense plus facilement la monnaie d'une pièce que cette pièce elle-même'

desgraça de dez-tostões é se trocar

ready money will away
*when the cow is in the clout, she's soon out**

* "The price of a cow is soon spent." (*ODEP*)

⇒ ARGENT changé, ARGENT mangé

2 Les ÉCUS s'aiment et s'attirent

= L'EAU va (toujours) à la rivière

⇒ La PIERRE tombe/va toujours au tas

3 Où il y a un ÉCU, il y a un diable; où il n'y en a pas, il y en a deux

'querelles d'indigents sont pires que contestations de riches'

dores com pão são menores
pobreza obriga a vileza
rixas com pão são menores

fat sorrow is better than lean sorrow
poverty breeds strife
poverty parts fellowship
want makes strife 'twixt man and wife

⇒ Les PEINES sont bonnes avec le pain

ÉCUELLE *s.f.* escudela, tigela; *bowl*

1 Qui s'attend à l'ÉCUELLE d'autrui a souvent mal dîné (1835; 1640: *qui s'attend à l'écuelle d'autrui dîne bien tard*)

'quand on compte sur autrui, on est souvent déçu'

bem mal ceia quem come da mão alheia
de curral alheio, nunca bom cordeiro
do curral alheio, nunca bom cordeiro
negra é a ceia em casa alheia
quem a mão alheia espera mal janta e pior ceia
quem à mesa alheia come janta e ceia com fome
quem come à mesa alheia mal janta e pior ceia
quem come de bolsa alheia vive amarrado a dois nós
quem conta com a panela alheia arrisca-se a ficar sem ceia
quem escudela de outro espera fria a come

he that is fed at another's hand, may stay long ere ['before']
    he be full
he that is fed at another's table, may stay long ere ['before']
    he be full
he that lives upon charity has a cold dinner
he who depends on another dines ill and sups worse
who depends upon another man's table often dines late

♦ Diz-se em espanhol: *quien a mesa ajena yanta* ['come'], *tarde se harta.*

⇒ Le PAIN d'autrui est toujours amer/dur

2 Qui s'attend à l'ÉCUELLE d'autrui dîne par cœur* plus d'un midi

* "Dans **dîner par cœur** 'ne pas manger', *par cœur* signifie 'par l'imagination' (...)." (A. Rey & S. Chantreau)

= Qui s'attend à l'ÉCUELLE d'autrui a souvent mal dîné

ÉCURIE *s.f.* cavalariça, estrebaria; *stable*

1 Il est trop tard pour fermer l'ÉCURIE quand le

cheval s'est sauvé (sXIII; 1190: *à tart ferme on l'estable, quant li chevauz est perduz*)

'il faut se prémunir du mal avant qu'il n'arrive'

a portas arrombadas, varões de ferro
casa arrombada, trancas à porta
casa roubada, trancas à porta
depois da casa roubada, trancas à porta
depois de escalavrado, untado o casco
depois de fugir o coelho, toma o vilão o conselho
depois do olho furado é que se quebra o estrepe
queimada a casa, acode com água

it is too late to shut the stable-door after the horse has bolted
it is too late to shut the stable-door when the steed is stolen

♦ A idéia está presente em vários autores latinos, entre os quais Ovídio (*Tristia*, 1, 3, 35): *clipeum post vulnera sumo* (pego o escudo depois de estar ferido) e Juvenal (*Saturae*, 13, 129): *quandoquidem accepto claudenda est ianua damno* (sofrida a perda, trancas à porta). O provérbio tem correspondentes em italiano: *non chiudere la stalla quando i buoi sono scapatti* e em espanhol: *recibido ya el daño, atapar el horado*.

⇒ Plus le TEMPS de fermer l'écurie quand le cheval en est sorti

2 L'ÉCURIE use plus (le cheval) que la course

'l'inaction fatigue plus que l'action; c'est pourquoi les oisifs sont toujours fatigués'

a ferrugem gasta mais que o trabalho
ferro que não se usa, gasta-o a ferrugem
quem não anda desanda

use legs and have legs

⇒ Le PUITS où l'on tire souvent a l'eau la plus claire

EFFET *s.m.* efeito; *effect*

Il n'y a pas d'EFFET sans cause

'tout ce qui est a sa raison d'être'

não há efeito sem causa

no autumn fruit without spring blossoms
there is a cause behind every effect

Pangloss enseignait la métaphysico-théologo-cosmolonigologie. Il prouvait admirablement qu'IL N'Y A POINT D'EFFET SANS CAUSE, et que, dans ce meilleur des mondes possibles, le château de monseigneur le baron était le plus beau des châteaux, et madame la meilleure des baronnes possibles. (Voltaire, *RC*, p. 138)

Pangloss ensinava metafísico-teólogo-cosmolonigologia. Provava admiravelmente que NÃO HÁ EFEITO SEM CAUSA e que, neste que é o melhor possível dos mundos, o castelo do senhor barão era o mais belo possível dos castelos e a senhora a melhor das baronesas possíveis. (Trad. de Mário Quintana)

♦ Formulação básica do princípio aristotélico de causalidade, em que se fundamenta toda a lógica ocidental.

♦ Cf. o latim *causa debet praecedere effectum*.

ÉGLISE *s.f.* igreja; *church*

1 Où il y a ÉGLISE à Dieu, le diable bâtit une chapelle (sXVII)

'au creux du Bien se blottit toujours quelque mal'

onde Deus constrói uma igreja, o diabo ergue uma capela

where God dwells, the devil also has his nest
where God has his church, the devil will have his chapel
where God has his temple, the devil will have his chapel

⇒ Là où DIEU a son église, le diable a sa chapelle

2 Qui est près de l'ÉGLISE est souvent loin de Dieu (1495)

'non seulement l'observance religieuse n'est pas garante de foi, mais les signes extérieurs de zèle religieux ne préservent pas de l'impiété'

a cruz na boca e o diabo no coração
a cruz nos peitos e o diabo nos feitos
contas na mão, borracha à cinta
contas na mão, coração de ladrão
contas na mão e o diabo no coração
contas na mão e o olho ladrão
quanto mais perto da Igreja mais longe de Deus

he who is near the Church is often far from God
the nearer the Church, the farther from God

♦ Há correspondentes em italiano: *lontano da Roma, più vicino a Dio* e em espanhol: *cerca de la iglesia, lejos de Dios*.

EMBRASSER *v.t.* abraçar, cingir; *to embrace, to hug*

Qui trop EMBRASSE mal étreint (sXV; 1393: *qui trop embrasse peu estraint*)

'qui tient trop de choses à la fois n'en retient aucune fermement; qui veut trop faire ne fait rien; qui prétend trop savoir ne maîtrise rien à fond; qui règne sur un trop vaste empire ne peut s'en assurer la possession'

quem muito abarca pouco abraça
quem muito abarca pouco aperta
quem muito abraça pouco aperta
quem tudo abarca pouco ata
quem tudo quer tudo perde

he who begins many things finishes but few
he who grasps at too much loses everything
many irons in the fire, part must cool
many irons in the fire, some must cool

one thing at a time, and that done well, it is a very good thing, as many can tell

"C'est (dist Grandgousier) trop entreprint: QUI TROP EMBRASSE PEU ESTRAINCT. Le temps n'est plus d'ainsi conquester les royaulmes avecques dommaige de son prochain frere christian. (F. Rabelais, *G*, p. 187)

– É muita coisa – diz Grandgousier –, e QUEM MUITO ABARCA POUCO APERTA. Já se foi o tempo em que assim se conquistavam os reinos, com prejuízo do próximo irmão cristão. (Trad. de Aristides Lobo)

♦ Do latim medieval *qui nimis capit parum stringit*. Há correspondentes em italiano: *chi troppo abbraccia nulla stringe* e em espanhol: *quien mucho abarca, poco aprieta*.

⇒ Qui partout SÈME en aucun lieu ne récolte

EMPEREUR   *s.m.* imperador; *emperor*

1   **L'EMPEREUR de l'Allemagne est le roi des rois, le Roi d'Espagne roi des hommes, le Roi de France roi des ânes et le Roi d'Angleterre roi des diables**

proverbe d'inspiration habsbourgeoise illustrant les caractères nationaux

o Imperador da Alemanha é o rei dos reis, o Rei da Espanha, o rei dos homens, o Rei da França, o rei dos asnos e o Rei da Inglaterra, o rei dos demônios

the Emperor of Germany is the king of kings; the King of Spain, king of men; the King of France, king of asses; the King of England, the king of devils

2   **Mieux vaut goujat* debout qu'EMPEREUR enterré** (1676)

* *Goujat* = 'valet d'armes'.

=   Un CHIEN vivant/(en vie) vaut mieux qu'un lion mort

Cette veuve n'eut tort qu'au bruit qu'on lui vit faire, / Qu'au dessein de mourir, mal conçu, mal formé: / Car de mettre au patibulaire / Le corps d'un mari tant aimé, / Ce n'était pas peut-être une si grande affaire; / Cela lui sauvait l'autre: et tout considéré, / MIEUX VAUT GOUJAT DEBOUT QU'EMPEREUR ENTERRÉ. (La Fontaine, "La Matrone d'Éphèse", in *FCN*, p. 641)

A viúva só errou ao fazer tal alarido, / Ao proclamar, de modo embrulhado e confuso, sua vontade de morrer: / Pois entregar ao patíbulo / O corpo de tão amado marido / Não era coisa assim tão trágica; / Isso lhe salvava o outro: e, pensando bem, / MAIS VALE MALANDRO DE PÉ QUE IMPERADOR ENTERRADO.

3   **On aime l'EMPEREUR pour l'amour de l'empire** (sXVI)

=   Pour AMOUR du chevalier baise la dame l'écuyer

⇒ Qui veut avoir la FILLE doit flatter la mère

EMPRUNTER   *v.t.* pedir emprestado; *to borrow*

Quand on EMPRUNTE, on ne choisit pas

'il ne faut se montrer difficile en cas de nécessité'

quem pede não escolhe

borrowed garments never fit well

⇒ Celui qui emprunte est l'ESCLAVE de celui qui prête

ENCLUME   *s.f.* bigorna; *anvil*

1   **À dure ENCLUME, marteau de plume** (1568)

'les coups du sort semblent légers à l'homme endurant'

para bigorna de ferro, martelo de pena

an iron anvil should have a hammer of feathers

2   **Entre l'ENCLUME et le marteau il ne faut pas mettre le doigt** (1835)

=   Entre l'ARBRE et l'écorce ne mettez pas le doigt

♦ Diz-se em italiano: *tra l'incudine e il martello man no metta chi ha cervello.*

3   **Il faut être ENCLUME ou marteau** (sXVIII)

'il faut être bourreau ou victime: soit l'on agit, soit l'on subit'

é preciso ser vidraça ou estilingue

when you are an anvil, hold you still; when you are a hammer, strike your fill

♦ Diz-se em italiano: *a questo mondo bisogna essere incudine o martello.*

ENDURER   *v.t.* suportar, tolerar; *to bear, to endure*

Qui peu ENDURE bien peu dure

=   Qui veut DURER doit endurer

ENDUREUR   *s.m.* sofredor, resistente; *sufferer*

Bon ENDUREUR est toujours vainqueur (sXIII)

'la capacité de souffrir finit toujours par décourager les assauts du sort'

a água cava a dura pedra
a perseverança tudo alcança
alcança quem não cansa
porfia mata veado*, e não besteiro cansado
quem não sabe sofrer não sabe vencer
(quem) porfia mata caça

* "A princípio, diz LEITE DE VASCONCELOS, veado, de modo geral, era 'caça do monte', e é nessa acepção que havemos de entender o adágio *porfia mata veado, e não besteiro cansado*, que tem resumidamente como paralelo *quem porfia mata caça*. Depois tomou a acepção especial de cervo e expulsou do uso comum esta palavra que apenas se conserva na toponímia." (Mansur Guérios, R. F., *TL*, p. 161)

he conquers who endures
he that endures is not overcome
he that endures overcomes
it is dogged that does it*
perseverance kills the game
well thrives that well suffers

* "*Success comes from perseverance and pertinacy. 'Dogged', having had primarily in Middle English the meaning merely of 'like a dog', 'canine', and later of 'cruel' or 'surly' came towards the end of the eighteenth century to mean 'obstinate', 'stubborn', 'pertinacious'.*" (V. H. Collins)

♦ O provérbio tem correspondentes em italiano: *chi dura la vince*, em espanhol: *la perseverancia toda cosa alcanza* e em alemão: *wer aushält, bleibt Sieger.*

ENFANT *s.m.* criança, filho; *child, son*

1 Ce que l'ENFANT écoute au foyer, est bientôt connu jusqu'au moustier* (1568)

* A forma *moustier* (do lat. **monisterium < monasterium*) conservou-se, segundo A. Rey, "dans les parlers wallon, lorrain, franccomtois et de la Suisse romande et dans des noms de lieux".

'l'enfant est indiscret'

como os pais falam os filhos palram
o que o menino ouviu no lar repete no portal
os filhos dizem ao soalheiro o que ouvem ao fumeiro
quando o pequeno toca, o grande já tocou

children pick up words as pigeons peas, and utter them again
as God shall please (Shakespeare)
the child says nothing, but what it heard by the fire
what children hear at home, soon flies abroad

♦ O provérbio tem correspondentes em italiano: *quando il piccolo parla, il grande ha parlato* e em espanhol: *lo que el niño oyó en el hogar, eso dice en el portal* (ou ainda: *dicen los niños al solejar lo que oyen a sus padres en el hogar*).

⇒ La VÉRITÉ sort de la bouche des enfants

2 Celui qui n'a qu'un ENFANT n'en a aucun (rég., Agen)

proverbe anté-malthusien, datant d'une époque où la mortalité infantile rendait la vie des enfants précaire, et où la fécondité était une richesse

quem não tem mais do que um não tem nenhum
quem tem um filho não tem nenhum
quem tem um não tem nenhum

he that has but one son, must be afraid to lose it
one and none is all one

3 ENFANT nourri de vin, femme parlant latin, rarement font bonne fin (rég., Auvergne)

= FEMME qui parle latin, enfant qui est nourri de vin, et soleil qui luisarne au matin ne viennent jamais à bonne fin

♦ Há provérbio paralelo em espanhol: *niño que bebe vino, y mujer que habla latín, no han de tener buen fin.*

4 ENFANT par trop caressé, mal appris et pis réglé (1568)

= Qui AIME bien châtie bien

⇒ Pour une bonne FESSÉE, le derrière ne tombe pas

5 ENFANTS sont richesse de pauvres gens (sXVI)

'avant les théories malthusiennes, le dynamisme démographique faisait la richesse des nations; une progéniture nombreuse était pour les pauvres une assurance sur l'avenir'

os filhos são a riqueza do pobre

children are poor men's riches

– Que savons-nous, madame? Voici monsieur mon gendre. C'est à lui d'en répondre. Je n'en réponds pour lui. En tout cas, c'est notre bien. Aucun ne nous le réclame. Ce n'est pas comme l'argent. "ENFANTS SONT RICHESSE DE PAUVRES GENS." (R. Rolland, *CB*, p. 151)

– Que sabemos, senhora? Está aqui o senhor meu genro. Toca-lhe responder. Não respondo por ele. Em todo caso, é nosso bem. Ninguém no-lo reclama. Não é como nosso cobre. OS FILHOS SÃO A RIQUEZA DO POBRE. (Trad. de Ivo Barroso)

⇒ Celui qui n'a qu'un ENFANT n'en a aucun

6 Il ne faut pas prendre les ENFANTS du Bon Dieu pour des canards sauvages (sXX)

'il ne faut pas sous-estimer les gens'

não confunda Zé Germano com gênero humano
néscio é quem cuida que os outros são burros

he is a fool that thinks not that another thinks
he is not such a fool as he looks

7 Il n'y a plus d'ENFANTS (sXVII)

'... car la malice est précoce' [se dit quand un enfant fait ou dit des choses qui ne sont pas de son âge]

já não há crianças
já não se fazem crianças como antigamente

there are no children nowadays

ARGAN. Oh bien, bien, nous verrons cela. Allez-vous-en, et prenez bien garde à tout: allez. (*Seul.*) Ah! IL N'Y A PLUS D'ENFANTS! Ah! que d'affaires! Je n'ai pas seulement le loisir de songer à ma maladie. En vérité, je

E

n'en puis plus. (Molière, *Le Malade imaginaire*, in *OC*, t. III, p. 453)

ARGAN. Oh, está bem, depois vemos isso. Podem ir, e fiquem bem atentos: agora saiam. (*Sozinho*.) Ah! JÁ NÃO HÁ CRIANÇAS! Ai! quanta complicação! Nem me sobra tempo para pensar nos meus achaques. Na verdade, não agüento mais.

Et ma médaille de Saint-Christophe / où est-elle passée / vraiment IL N'Y A PLUS D'ENFANTS / on ne sait plus à quel saint se vouer / on ne sait plus que dire / on ne sait plus que penser / on ne sait plus comment tout ça va finir (J. Prévert, *PBT*, p. 123)

E a minha medalha de São Cristóvão / onde foi parar / francamente JÁ NÃO HÁ CRIANÇAS / não sei com que santo me agarrar / já não sei o que dizer / já não sei o que pensar / já não sei como tudo isso vai acabar.

8 Il vaut mieux laisser son ENFANT morveux que de lui arracher le nez (1580)

'mieux vaut s'accommoder d'un petit mal que risquer le pire en cherchant à l'éradiquer'

antes fanhoso que sem nariz
ninguém corta a mão porque lhe dói o dedo

better a snotty child than his nose wiped off

Montaigne alude ao provérbio:

La coustume a faict le parler de soy vicieux, et le prohibe obstineement, en hayne de la ventance qui semble tousiours estre attachee aux propres tesmoignages: au lieu qu'on doibt moucher l'enfant, cela s'appelle l'enaser:

> In vitium ducit culpae fuga*;

ie treuve plus de mal que de bien à ce remede. (*E*, t. I, p. 531)

* "Não raro o medo de um mal conduz a outro maior." (Horácio, *Ars poetica*, 31)

Costuma-se condenar quem fala de si; o uso o proíbe de modo absoluto por causa da tendência para nos vangloriarmos que sempre parece apontar-nos testemunhos que damos de nós mesmos. É como se, para não assoar uma criança, lhe arrancássemos o nariz:

> In vitium ducit culpae fuga.

Um tal remédio se me afigura mais prejudicial do que eficaz. (Trad. de Sérgio Milliet)

⇒ Mieux vaut perdre la LAINE que la brebis

9 L'ENFANT est sage qui son père connaît

'à l'enfant qui ne connaît pas son géniteur font défaut les valeurs de l'autorité paternelle, par référence auxquelles se structure la personnalité; naître de père inconnu est donc un lourd handicap'

feliz é a criança que a seu pai conhece

it is a wise child that knows its own father

♦ Cf. Homero (*Odisséia*, 1, 216): οὐ γάρ πώ τις ἑòν γόνον αὐτòς ἀνέγνω (com efeito, jamais alguém soube por si mesmo quem era seu pai). Cf. o latim medieval *nati prudentes sunt qui novere parentes* (nascem sensatos os filhos que conhecem os pais).

10 Les ENFANTS, c'est comme les pets: on ne supporte que les siens

'aux yeux de l'amour, la laideur la plus repoussante est parée de toutes les grâces'

neto é como pum: só se suportam os próprios
os filhos nunca cheiram mal aos pais

our children always smell good

⇒ Les HIBOUX voient dans leur fils un faucon

11 Nous sommes tous ENFANTS d'Adam

'les origines sont garantes de l'égalité'

somos todos filhos de Adão

we are all Adam's children

DON LUIS. Pardon, mon cher ami; ne vous fâchez pas. Je sais que vous êtes un brave et digne homme, un bon père de famille. Vous exercez une profession que j'honore: ce sont les laboureurs qui nous font vivre, nous gentilshommes... Et puis, NE SOMMES-NOUS PAS TOUS ENFANTS D'ADAM, comme dit Sénèque? (P. Mérimée, *TCG*, p. 111)

DON LUIS. Perdão, caro amigo; não se aborreça. Sei que o senhor é homem digno e valente, um bom pai de família. Exerce uma profissão que admiro: são os lavradores que nos dão do que viver, a nós, fidalgos... E afinal, como diz Sêneca, NÃO SOMOS TODOS FILHOS DE ADÃO?

⇒ Nous sommes tous PARENTS en Adam

12 Petits ENFANTS, petite peine, grands ENFANTS, grande peine (rég., Bretagne)

= Petits ENFANTS, petits tourments, grands ENFANTS, grands tourments

13 Petits ENFANTS, petits tourments, grands ENFANTS, grands tourments

'les soucis causés par les enfants s'aggravent avec l'âge'

família criada, paz arrasada
filhos casados, trabalhos aumentados
filhos criados, trabalhos dobrados
filhos pequenos – dores de cabeça; filhos grandes – dores de coração
meus filhos criados, meus males dobrados; meus filhos casados, meus males acrescentados
quando pequenos, os filhos pisam-nos os pés; quando grandes, pisam-nos o coração

a little child weighs on your knee, a big one on your heart children when they are little make parents fool, when they are great they make them mad

♦ O provérbio existe em italiano: *figli piccoli, fastidi piccoli; figli grandi, fastidi grandi* (ou ainda: *fanciulli piccoli, dolor di testa; fanciulli grandi, dolor di cuore*) e em espanhol: *hijos criados, duelos doblados*.

ENFER *s.m.* inferno; *hell*

L'ENFER est pavé de bonnes intentions (1749)

'les bonnes intentions ne suffisent pas pour excuser les mauvaises actions'

de boas intenções o inferno está cheio
de bons propósitos o inferno está cheio

hell is full of good meanings and wishes
(the road to) hell is paved with good intentions

Que même certains protecteurs plus ou moins désintéressés de votre client puissent avoir DE BONNES INTENTIONS, je ne prétends pas le contraire! Mais vous savez que L'ENFER en EST PAVÉ, ajouta-t-il avec un regard fin. (M. Proust, *RTP*, t. II, p. 245)

Que mesmo certos protetores mais ou menos desinteressados desse seu cliente possam ter boas intenções, não digo o contrário, mas bem sabe que DE BOAS INTENÇÕES O INFERNO ESTÁ CHEIO. (Trad. de Mário Quintana)

♦ M. Maloux atribui a frase a São Bernardo.

♦ Há equivalentes em italiano: *di buone volontà è pien l'inferno* e em espanhol: *de buenas intenciones está empedrado el infierno*.

≠ L'INTENTION VAUT LE FAIT

ENNEMI *s.m.* inimigo; *enemy*

1 De son ENNEMI réconcilié, il faut se méfier/(se garder) (1531/1557)

'on ne peut jamais accorder entière confiance à un ancien ennemi'

guarda-te do inimigo reconciliado

take heed of reconciled enemies (and of meat twice boiled)

♦ Diz-se em espanhol: *ni amigo reconciliado, ni asado recalentado*.

2 D'un ENNEMI vient parfois un bon conseil

'... car il connaît nos points faibles'

um inimigo dá às vezes um bom conselho

an enemy may chance to give good counsel

♦ Lê-se em Ovídio (*Metamorphoses*, 4, 428): *fas est et ab hoste doceri* (é lícito aprender até com o inimigo). Cf. também Aristófanes (*As aves*, 375): Ἀλλ' ἀπ' ἐχθρῶν δῆτα πολλὰ μανθάνουσιν οἱ σοφοί. (Mas

é justamente com os inimigos que as pessoas sensatas aprendem muito.)

3 Il n'y a ENNEMI plus venefie* que le familier et domestique (sXVI)

* *Venefie* = 'dangereux, venimeux'.

'les amis, dont on ne se méfie pas, et qui savent nos faiblesses, sont plus à craindre que nos ennemis, contre lesquels on est prévenu'

a pior cunha é a do mesmo pau
não há traição como a dos amigos

nothing worse than a familiar ['of one's own house'] *enemy*

♦ Diz-se em espanhol: *no hay peor enemigo que el que vive conmigo* (ou ainda: *no hay peor enemigo que el de casa*).

⇒ On n'est jamais TRAHI que par les siens

4 Il n'y a pas de petit ENNEMI

'la moindre inimitié peut engendrer de grands dommages'

não há inimigo pequeno
todo (o) inimigo se há de temer

there is no little enemy
though thy ennemy seem a mouse, yet watch him like a lion

♦ Cf. Publílio Siro (*Sententiae*, I 26): *inimicum quamvis humilem docti est metuere* (é próprio do sábio temer o inimigo, mesmo o inferior). Diz-se em espanhol: *no hay enemigo chico* (ou ainda: *aunque tu seas mucho mayor, no menosprecies al enemigo menor*).

⇒ La FOURMI a sa colère

5 Qui menace son ENNEMI combattre ne veut contre lui

= Tel MENACE qui craint/tremble

⇒ HARDI de la langue, couard de la lance

6 Qui n'a point d'ENNEMIS est fort à plaindre

= HOMME sans ennemis, HOMME sans valeur

7 Qui prête ne recouvre, s'il recouvre, non tout; si tout, non tel; si tel, ENNEMI mortel

'lorsque le débiteur s'acquitte exactement de son dû, il annule la relation d'obligation, ce qui peut être fort mal compris; par exemple: "je ne veux plus rien te devoir"'

emprestaste e não cobraste; e, se cobraste, não tanto; e, se tanto, não tal; e, se tal, inimigo mortal

when I lent, I was a friend; and when I asked, I was unkind(.
So of my friend I made a foe; therefore I will no more do so)

♦ Do latim medieval: *si prestabis, non habebis; si habebis, non tam cito; si tam cito, non tam bonus; si tam bonus, perdes amicum* (se emprestares, não receberás; se receberes, não será com muita presteza; se com presteza, não tão bem; se muito bem, perderás o amigo).

E

⇒ ARGENT prêté ne doit être redemandé

ENNUI *s.m.* aborrecimento, desgosto; *boredom*

1 L'ENNUI est la maladie des paresseux

'il faut, pour s'ennuyer, ne point aimer le travail'

o tédio e a preguiça curam-se com o trabalho

for the busy man time passes quickly

Amplificado em C. Nodier:

– Vous vous ennuyez! s'écria le vieillard avec les marques du plus vif étonnement. Qui a jamais entendu dire qu'on s'ennuyât à votre âge, avec de la fortune et de l'esprit? L'ENNUI EST LA MALADIE des gens inutiles, DES PARESSEUX et des sots. ("Le génie Bonhomme", in *CF*, t. 1, p. 185)

– Você entediado! – exclamou o velho com muito espanto. – Onde já se ouviu dizer que alguém jovem, rico e inteligente como você sofre de tédio? O TÉDIO É A DOENÇA dos inúteis, DOS PREGUIÇOSOS e dos tolos.

2 Un ENNUI ne vient jamais seul

= Un MALHEUR n'arrive/(ne vient) jamais seul

ENTENDEUR *s.m.* entendedor; *one who understands*

1 À bon ENTENDEUR peu de paroles (1568; sXV: à bon entendeur ne faut que une parolle)

'une courte explication suffit aux gens intelligents'

a bom entendedor meia palavra basta
a bom entendedor poucas palavras (bastam)
cego é o que não vê através de uma peneira
muito cego é quem não vê através de uma peneira
para bom entendedor piscada de olho é mandado
para os entendidos, acenos lhes bastam
para quem sabe ler, um pingo é letra

a word to the wise is enough
half a tale is enough for a wise man
half a word is enough for a wise man
he is blind enough who sees not through the holes of a sieve

♦ O precedente clássico é o latim *dictum sapienti sat est* (para o sábio basta uma palavra), que figura em Plauto (*Persa*, 729) e também em Terêncio (*Phormio*, 541). Há equivalentes em italiano: *a buon intenditor poche parole* e em espanhol: *al buen entendedor pocas palabras*.

⇒ Le SAGE entend à demi-mot

2 À bon ENTENDEUR, salut(!) (1633)

'que celui qui comprend bien le conseil donné en tire profit'

entendeu? sorte sua!
quem tem ouvidos para ouvir, ouça!

se não gostou, coma menos

put that in your pipe and smoke it

Mais quel besoin de vous en dire davantage? À BON ENTENDEUR, SALUT. Quand votre comédie sera faite, nous nous entendrons pour le paiement. Si des marchandises espagnoles vous sont agréables, nous nous arrangerons sans peine. (P. Mérimée, *TCG*, p. 250)

Mas que necessidade há de acrescentar alguma coisa? QUEM ENTENDEU... ENTENDEU. Quando sua comédia estiver pronta, combinaremos o pagamento. Se mercadorias espanholas forem do seu agrado, chegaremos facilmente a um acordo.

– Puisqu'il te dit, Alfred, qu'il s'appliquera...
– Bon, bon, nous verrons. Les promesses, ça ne m'intéresse pas. J'attendrai les bulletins. À BON ENTENDEUR, SALUT! (G. Chevallier, *SC*, p. 30)

– Já que ele te diz, Alfred, que vai estudar com afinco...
– Bem, bem, veremos. Promessas não me interessam. Vou esperar pelos boletins. E TENHO DITO!

ENTENDRE *v.t.* entender, compreender; *to understand*

1 ENTEND premier, parle le dernier (1610)

'le bon usage de la communication implique que l'on sache avant tout écouter; la saine éthique du dialogue exige de se prêter d'abord à l'écoute d'autrui'

ouve primeiro, fala derradeiro
ouvi primeiro e falai derradeiro

first think, and then speak

2 Qui mal ENTEND mal répond (sXV)

'dialogue fécond requiert d'abord faculté d'écoute'

quem mal entende mal atende
quem mal entende mal conta
quem mal entende mal responde

who understands ill, answers ill

ENTRAILLES *s.f.pl.* entranhas; *entrails*

ENTRAILLES, cœurs et boursettes, aux amis doivent être ouvertes

'où l'on est tendre, fragile, vulnérable, l'ami doit avoir accès; il faut partager ses faiblesses avec lui'

ao amigo que pede não se diz amanhã
com amigos, mãos rotas; com amigo fiel abre teu coração
entre amigos, bolsa aberta

friends tie their purse with a cobweb thread

⇒ Au FROMAGE et jambon, connaît-on voisin et compagnon

ENTRÉE *s.f.* entrada; *entrance*

Il n'y a qu'une ENTRÉE à la vie, et cent mille issues
(1580)

'toutes les naissances sont identiques, aucune mort n'est la même: égalité à naître, inégalité à mourir'

há mil modos de morrer e só um de nascer
só uma porta a vida tem, enquanto a morte tem cem

there is but one way to enter this life, but the gates of death are without number

C'est ce qu'on dict, que le sage vit tant qu'il doibt, non pas tant qu'il peult; et que le present que nature nous ayt faict le plus favorable, et qui nous oste tout moyen de nous plaindre de nostre condition, c'est de nous avoir laissé la clef des champs: elle n'a ordonné QU'UNE ENTREE À LA VIE, ET CENT MILLE YSSUES. (Montaigne, *E*, t. III, p. 493)

Eis por que se diz que o sábio vive quanto deve e não quanto poderia; e o que de melhor recebemos da natureza e que nos tira todo o direito de queixa foi a possibilidade de desaparecer quando bem quisermos. Criou ela UM SÓ MEIO DE ENTRAR NA VIDA, MAS CEM DE SAIR. (Trad. de Sérgio Milliet)

♦ Do latim *nascimur uno modo, multis morimur* (nascemos de um só modo, de vários morremos), frase atribuída a Céstio Pio por Sêneca, o Retórico (*Controversiae*, 7, 1, 9).

ENVIE *s.f.* inveja; *envy*

1 Envieux meurent, mais ENVIE ne meurt jamais
(sXVI; sXV: *envie ne peut mourir, mais envieux meurent*)

'le temps n'a pas de prise sur la convoitise et la jalousie'

mesmo quando já não há invejosos, há inveja

(though envious men die,) envy never dies

Var. em Molière:

MADAME PERNELLE. Je vous l'ai dit cent fois quand vous étiez petit: / La vertu, dans le monde, est toujours poursuivie; / LES ENVIEUX MOURRONT, MAIS NON JAMAIS L'ENVIE. (*T*, p. 89)

SENHORA PERNELLE. Já lhe disse mil vezes quando você era menino: / Neste mundo a virtude vive em apuros; / OS INVEJOSOS MORREM, MAS A INVEJA RESISTE.

♦ Diz-se em italiano: *l'invidia non muore mai*.

2 Il vaut mieux faire ENVIE que pitié (1752; 1568: *mieux vaut être envié qu'apitoyé*)

'mieux vaut être prospère et en butte à la convoitise que misérable et objet de compassion'

antes invejado que coitado
antes invejado que lastimado

invejada é melhor que lastimada
mais vale mal de inveja que bem de piedade
mais vale ser invejado que lamentado
melhor é ser invejado que misericordiado

better be envied than pitied

♦ A idéia está em Heródoto (3, 52): φθονέεσθαι κρέσσον ἐστὶ ἢ οἰκτείρεσθαι (é melhor ser alvo de inveja que de piedade). O provérbio tem correspondentes em italiano: *è meglio essere invidiati che compianti* (com a var. *è meglio esser invidiato che compassionato*), em espanhol: *mejor es envidia que mancilla* e em alemão: *besser beneidet als bemitleidet*.

ENVIEUX *s.m.* invejoso; *envious person*

L'ENVIEUX maigrit de l'embonpoint d'autrui

'la maigreur étant un attribut symbolique de l'envie, cette pathologie anémiante s'aggrave à mesure que grossissent les raisons de convoiter'

o invejoso emagrece de ver a gordura alheia

an envious man waxes lean with the fatness of his neighbour

♦ Frase de Horácio (*Epistulae*, 1, 2, 57): *Invidus alterius macrescit rebus opimis*. Há equivalente em espanhol: *el envidioso enflaquece de lo que a otro engorda*.

ÉPARGNE *s.f.* economias, poupança; *savings*

1 ÉPARGNE de bouche vaut rente de pré

= Grandes MAISONS se font par petite cuisine

2 L'ÉPARGNE est la meilleure rente (sXVI)

'le meilleur moyen de gagner de l'argent, c'est de n'en pas gaspiller'

a economia é a base da prosperidade
a economia é a base da riqueza
a economia é grande rendimento

thrift is a great revenue

♦ Cf. Cícero (*Paradoxa stoicorum*, 49): *O di immortales! non intellegunt homines quam magnum vectigal sit parsimonia!* (Ó deuses imortais! Os homens não são capazes de entender que a economia é uma grande fonte de renda!) Cf. também Cícero (*De Republica*, 7, 4): *Optimum autem et in privatis familiis et in republica vectigal duco esse, parsimoniam.* (Creio, porém, que para os particulares e para o Estado a melhor fonte de renda é a economia.)

⇒ Qui ÉPARGNE gagne

3 L'ÉPARGNE est une grande richesse

= L'ÉPARGNE est la meilleure rente

ÉPARGNER *v.t.* poupar, economizar; *to save*

1 C'est bien tard d'ÉPARGNER quand tout est dissipé

'l'épargne est fondée sur la prévoyance'

é tarde para a economia quando a bolsa está vazia
mal vai à grande fortuna se a economia não a dirige
poupar enquanto há, depois é privação

better spare at brim than at bottom
it is too late to spare when all is spent
it is too late to spare when the bottom is bare

◆ Cf. Hesíodo (*Os trabalhos e os dias*, 369): δειλὴ δ' ἐν πυθμένι φειδώ (na última gota, a parcimônia é tardia), máxima traduzida para o latim por Sêneca (*Epistulae ad Lucilium*, 1, 5) com a forma *sera est in fundo parsimonia* e muito difundida durante a Idade Média.

2 Qui ÉPARGNE gagne

= L'ÉPARGNE est la meilleure rente

◆ Cf. Publílio Siro (*Sententiae*, N 5): *nullus est tam tutus quaestus, quam quod habeas parcere* (não há ganho tão seguro quanto poupar o que se possui).

ÉPÉE *s.f.* espada; *sword*

1 Il ne faut prêter ni son ÉPÉE, ni son cheval, ni sa femme

'l'épée est aussi inaliénable que les biens les plus personnels'

mulher, arma e cavalo de andar, nada de emprestar

a horse, a wife and a sword may be shewed ['showed'], *but not lent*

◆ M. Quitard registra a var. **Il ne faut prêter ni son épée, ni son chien, ni sa femme** e comenta: "La noblesse française avait jadis deux occupations importantes, la guerre et la chasse, et toujours elle se montrait sous le costume du guerrier ou celui du chasseur. Ainsi tout bon gentilhomme devait être inséparable de son épée et de son chien ou de son faucon, qu'il regardait comme des attributs de sa dignité. (...) il attachait son honneur à ses objets [ses armes] comme à sa femme, et c'est à cette raison qu'il faut rapporter l'origine du proverbe."

◆ Há provérbio paralelo em italiano: *la moglie, il fucile, il cane non si prestano a nessuno.* Diz-se em espanhol: *no prestes libro o caballo, ni la mujer ni el reló* ['reloj'], *que los pierdes de seguro o te nace un cornalón.*

2 L'ÉPÉE use le fourreau

= La LAME use le fourreau

3 Qui/Quiconque se sert de l'ÉPÉE périra par l'ÉPÉE (sXIII: *qui de glaive vit, de glaive périt*)

'qui use de violence en sera lui-même victime'

contra si levanta pedras quem contra os outros quer lançá-las
quem com ferro fere com ferro será ferido
quem com ferro mata com ferro morre

blood will have blood
he that strikes with the sword, shall be beaten with the scabbard
he who slays with the sword, shall perish with the sword

Cependant, quand elle n'en pouvait plus de les entendre, Minerve se dressait mains aux hanches et leur hurlait... mes belles langueuses, je ne suis pas seule à avoir une fille et je souhaite aux vôtres les mêmes bonnes choses que vous souhaitez à ma Toussine, car, à ma connaissance, la justesse de cette parole ne s'est jamais trouvée démentie sous le soleil: QUI SE SERT DE L'ÉPÉE PÉRIRA PAR L'ÉPÉE... (S. Schwarz-Bart, *PVTM*, p. 19)

No entanto, quando não agüentava mais escutá-las, Minerve apertava os quadris e berrava... minhas belas linguarudas, não sou a única a ter uma filha e desejo às suas as mesmas coisas boas que desejam à minha Toussine, pois, que eu saiba, a certeza desta afirmação nunca foi desmentida sob o sol: QUEM COM FERRO FERE...

Var. em P. Combescot:

Une réflexion qu'il sentait monter sourdement, en lui, comme la colique au ventre de messer Niccolo, avec de surcroît la certitude d'un destin peu ordinaire, mieux, d'une vocation, alors même qu'il savait que TOUS CEUX QUI PRENNENT L'ÉPÉE PÉRISSENT PAR L'ÉPÉE. (*FS*, p. 140-141)

(...) reflexão que ele sentia crescer secretamente em seu íntimo, como a cólica no ventre do senhor Niccolò, e além disso a certeza de um destino singular, ou melhor, de uma vocação, quando ele sabia que TODOS OS QUE COM FERRO FEREM COM FERRO SERÃO FERIDOS. (Trad. de Ana Maria Scherer)

◆ Do latim *qui gladio ferit gladio perit* (todos os que lançarem mão da espada à espada morrerão). "A origem é um episódio do *Evangelho* (*Mateus* 26,52), em que Jesus, no Jardim das Oliveiras, assim repreende Pedro, que cortara uma orelha de um dos soldados que tinham vindo prendê-lo (...). (...) mas o motivo já está documentado antes na literatura hebraica, a partir de um trecho do *Gênesis* (9,6); (...)." (R. Tosi)

⇒ Qui frappe avec le FER périra par le FER

4 Une ÉPÉE fait tenir l'autre en son fourreau

'si tu ne veux pas être attaqué, sois toujours armé pour te défendre: c'est le principe polémologique de la dissuasion'

não tem seguro o seu estado o rei desarmado

one sword keeps another in the scabbard
one sword keeps another in the sheath

♦ O provérbio tem equivalentes em italiano: *una spada tien l'altra nel fodero* e em alemão: *es hält ein Schwert das andre in der Scheide*.

⇒ Si tu veux la PAIX, prépare la guerre

ÉPINE *s.f.* espinha, espinho; *thorn, prickle*

1 L'ÉPINE en naissant va la pointe devant (1842)

'le naturel méchant se manifeste dès l'enfance'

a espinha quando nasce leva o bico adiante
a espinha quando nasce leva o pico adiante
cardo que há de picar logo nasce com espinho
de pequeno verás que boi terás
espinho piniquento de pequeno já traz ponta
espinho que há de picar vem logo de bico para cima
espinho que pinica de pequeno traz (a) ponta
o espinho quando nasce leva o bico adiante

it early pricks that will be a thorn
the thorn comes forth with the point forwards

♦ Há equivalentes em italiano: *al nascer la spina porta la punta in cima* e em espanhol: *la espina, cuando nace, lleva la punta delante*.

⇒ Tôt pique ce qui sera ÉPINE

2 Qui sème des ÉPINES n'aille déchaux (1568)

'qui suscite le désordre se méfie de ses conséquences'

não anda descalço quem semeia tojos
não ande descalço quem semeia espinhos
quem anda descalço não deve plantar espinhos
quem tem calos não vai a apertos
quem tem cara grande não cospe pra cima

barefooted folk shouldn't tread on thorns
he that goes barefoot must not plant thorns
he that scatters thorns, let him not go barefoot

♦ O provérbio tem equivalentes em italiano: *chi semina spine, non vada scalzo*, em espanhol: *quien siembra abrojos, no ande descalzo* e em alemão: *wer Dornen sät, gehe nicht barfuss*.

⇒ Qui marche PIEDS nus ne sème pas d'épines

3 Tôt pique ce qui sera ÉPINE

= L'ÉPINE en naissant va la pointe devant

♦ Provérbio de origem hebraica: *Talmude, Genesis Rabbah* (século V).

ÉPLUCHURE *s.f.* casca, resto; *peelings*

C'est aux ÉPLUCHURES qu'on reconnaît la ménagère (rég., Artois)

'bonne ménagère est économe; l'importance qu'a pris, en notre siècle, le problème de l'élimination des ordures en dit long sur la rareté contemporaine des bonnes

ménagères que sont les bons écologistes; c'est à leurs déchets qu'on reconnaît les civilisations'

a fiandeira laboriosa nunca faltou pano para camisas
uma boa lavadeira num pico de pedra lava

a good workman is known by his chips
like carpenter, like chips

ERMITE *s.m.* eremita; *hermit*

De jeune ERMITE, vieux diable (sXVI)

= De jeune ANGELOT, vieux diable

– Ouy dea! (respondit Xenomanes). Là sont belles et joyeuses hypocritesses, chattemitesses, hermitesses, femmes de grande religion, et y a copie de petitz hypocritillons, chattemitillons, hermitillons...
– Oustez cela! (dist Frère Jan interrompant). DE JEUNE HERMITE, VIEIL DIABLE. Notez ce proverbe autenticque*. (F. Rabelais, *Le quart livre*, in *OC*, p. 755)

* "(...) l'authentique était un certificat pontifical attestant la provenance des reliques des saints." (G. Demerson)

– De fato – respondeu Xenomanes. – Existem belas e alegres hipocritazinhas, sonsinhas, eremitazinhas, mulheres muito apegadas à religião. E há também inúmeros fedelhos hipócritas, sonsos, eremitas...
– Chega! – interrompeu Frère Jean. – Anote este provérbio autenticado: DE JOVEM EREMITA, VELHO DIABO.

≠ QUAND LE DIABLE DEVIENT VIEUX, IL SE FAIT ERMITE

⇒ Jeune SAINT, vieux démon

ERREUR *s.f.* erro, falta; *fault, mistake*

1 ERREUR n'est pas compte

'on peut toujours revenir sur une erreur; reconnaître une erreur n'est pas la réparer'

nunca é tarde para nos corrigirmos
os erros sempre podem ser corrigidos

mends is worth misdeeds

Le bonhomme trotte au confessionnal et raconte en toute humilité son caz au recteur de la paroësse, lequel estoyt ung bon vieulx prebstre capable d'estre là-haut la pantophle de Dieu.
– ERREUR N'EST PAS COMPTE, fit-il à son pénitent, vous ieusnerez demain, et vous absous. (H. de Balzac, "Les trois clercs de Sainct-Nicholas", in *CD*, t. I, p. 183)

O homenzinho corre para o confessionário e conta com toda a humildade sua história ao pároco, que era um bom e velho clérigo, capaz de ser no céu os chinelos de Deus.
– O ERRO SEMPRE PODE SER CORRIGIDO – disse

E

ele ao penitente –, faça jejum amanhã, e eu lhe dou a ab-solvição.

2 L'ERREUR est humaine

'il est propre à l'humaine condition d'être faillible; l'infaillibilité n'est pas de ce monde, tout pape le sait bien'

do homem é o errar e da besta o teimar
errar é dos homens
errar é humano
ninguém é infalível

every man has his faults
he is lifeless that is faultless
he who makes no mistakes, makes nothing
man-like is to fall into sin
no man is infallible
to err is human
to fall into sin is human, to remain in sin is devilish

M. Pagnol cita o provérbio completo em latim:

MUCHE, *il lui prend le cahier et le referme. Écoutez-moi, mon cher ami. Il n'y a pas grand mal à se tromper: ERRARE HUMANUM EST, PERSEVERARE DIABO-LICUM.* (T, p. 69)

MUCHE, *toma-lhe o caderno e fecha-o. Ouça, caro amigo. Enganar-se não é tão grave assim: ERRARE HUMANUM EST, PERSEVERARE DIABOLICUM* (ERRAR É HUMA-NO, MAS PERSISTIR NO ERRO É DIABÓLICO).

ESCLAVE *s.m.* escravo; *slave*

1 Celui qui emprunte est l'ESCLAVE de celui qui prête

'l'obligation est une relation de dépendance et de sou-mission comme une autre'

o que toma emprestado torna-se escravo do que em-presta
quem pede vende-se e quem dá compra

he that borrows binds himself with his neighbour's rope
the borrower is servant to the lender

♦ A fonte é o *Livro dos Provérbios*, 22, 7.

⇒ Quand on EMPRUNTE, on ne choisit pas

2 ESCLAVE d'un autre se fait qui dit son secret à qui ne le sait

'à mettre un tiers dans une confidence, on se met sous sa dépendance'

a quem disseste o teu segredo fizeste senhor de ti
a quem dizes o teu segredo, a ele ficarás sujeito
a quem dizes tua puridade, dás-lhe tua liberdade (Chia-do)
ao amigo o segredo diz, ter-te-á preso pelo nariz
diz(e) ao amigo (um) segredo, pôr-te-á os pés no pes-coço

he that tells a secret, is another's servant
never tell your enemy that your foot aches
thy secret is thy prisoner; if thou let it go, thou art a prisoner to it

♦ Há correspondentes em italiano: *servo d'altri si fa, chi dice il suo secreto* ['segreto'] *a chi nol sa* e em espanhol: *di a tu amigo tu secreto, y tenerte ha el pie en el pescuezo.*

ESPÉRANCE *s.f.* esperança; *hope*

1 Au château de l'ESPÉRANCE ils sont tous morts d'abstinence (rég., Auvergne)

= Qui vit d'ESPOIR mourra à jeun

2 Folle ESPÉRANCE déçoit l'homme (sXV)

'en espoir, l'excès est toujours puni'

a vã esperança engana o homem

foolish hope often deludes man

♦ Cf. Píndaro (*Olímpicas*, 12, 6-7): Αἴ γε μὲν ἀνδρῶν πόλλ' ἄνω, τὰ δ' αὖ κάτω ψεύδῃ μεταμώνια τάμνοισαι κυλίνδοντ' ἐλπίδες. (Mas as esperanças humanas, que ora crescem, ora decrescem, vão-se ao sabor das ondas, abrindo passagem num mar de bal-dadas ilusões.) Cf. também Plauto (*Rudens*, 401): *At ego etiam, qui sperauerint spem decepisse multos* (Mas eu também vi muita gente esperançosa desiludir-se em sua esperança) e Ovídio (*Heroides*, 17, 234): *Fallitur augurio spes bona saepe suo* (não raro uma firme espe-rança deixa de cumprir seu presságio).

⇒ Qui vit d'ESPOIR mourra à jeun

3 L'ESPÉRANCE est le pain des malheureux

'qui a tout perdu peut encore se nourrir d'espoirs'

a esperança é o pão dos infelizes
a esperança é o pão dos pobres

hope is the poor man's bread
the miserable have no other medicine, but only hope (Shakes-peare)

♦ O provérbio tem correspondentes em italiano: *la speranza è il pan dei miseri* e em espanhol: *la esperanza es el pan del alma.*

4 L'ESPÉRANCE est le songe d'un homme éveillé

'le rêve apporte au sommeil ce que l'espoir apporte à la vie éveillée: ils les font exister'

a esperança é o sonho do homem acordado

hope is but the dream of those that wake

♦ Frase de Aristóteles, citada por Diógenes Laércio (*Vidas dos filósofos ilustres*, 5, 18): ἐρωτηθεὶς τί ἐστιν ἐλπίς; Ἐγρηγορότος, εἶπεν, ἐνύπνιον.

5 Qui vit en ESPÉRANCE danse sans tambourin

'vivre loin du réel, c'est comme danser sans musique'

quem tem esperança dança sem música

he that lives in hope dances without music

♦ "RIVAROL a défini spirituellement l'espérance: 'un emprunt fait au bonheur'." (J.-Y. Dournon)

ESPOIR *s.m.* esperança; *hope*

1 ESPOIR de gain diminue la peine (1610)

'on endure davantage quand on a confiance que ce n'est pas en pure perte'

a esperança do ganho diminui a canseira
a esperança no ganho diminui a canseira

great gain makes work easy
if it were not for hope, the heart would break
pain is forgotten where gain follows

2 L'ESPOIR fait vivre (1749)

'l'espoir est une raison suffisante pour continuer à vivre'

de esperança se vive até a morte
de esperança também se vive

hope keeps man alive
never was cat or dog drowned, that could but see the shore

⇒ Tant que je RESPIRE, j'espère

3 Qui vit d'ESPOIR meurt de désir

= Qui vit d'ESPOIR mourra à jeun

4 Qui vit d'ESPOIR mourra à jeun

'il n'est pas suffisant d'espérer: il faut aussi agir'

em esperanças se gastam vidas
quem vive de esperança morre de fome
quem vive de esperanças morre de desenganos
quem vive de promessa é santo

who lives by hope will die by hunger

♦ Diz-se em espanhol: *quien vive de esperanzas muere de hambre*.

⇒ Le ROI des souhaits est mort à l'hôpital

ESPRIT *s.m.* espírito, mente, humor, pessoa; *spirit, mind, wit, person*

1 Il n'y a point de grands ESPRITS sans un grain de folie

'le génie sort toujours, par quelque côté, de la norme'

não há sábio sem loucura

folly and learning often dwell together

MOI. (...) Tout en convenant avec vous que les hommes de génie sont communément singuliers, ou comme dit

le proverbe, qu'IL N'Y A POINT DE GRANDS ESPRITS SANS UN GRAIN DE FOLIE, on n'en reviendra pas. (D. Diderot, *NR*, p. 37)

EU. (...) Mesmo admitindo que os homens de gênio costumam ser diferentes, ou, como diz o provérbio, que NÃO HÁ GRANDES INTELIGÊNCIAS SEM UM GRÃO DE LOUCURA, não voltaremos atrás.

♦ A fonte é Sêneca (*De tranquillitate animi*, 17, 10): *nullum magnum ingenium sine mixtura dementiae fuit* (jamais houve um grande cérebro sem uma dose de loucura). Machado de Assis (*MPBC*, p. 238) usa a idéia: "O alienista, vendo o efeito de suas palavras, reconheceu que eu era amigo do Quincas Borba, e tratou de diminuir a gravidade da advertência. Observou que podia não ser nada, e acrescentou até que um grãozinho de sandice, longe de fazer mal, dava certo pico à vida."

2 Les beaux/bons/grands ESPRITS se rencontrent (1760; 1842)

se dit par plaisanterie de deux personnes qui ont simultanément la même idée

os gênios se atraem

good wits jump (Shakespeare)
great wits jump together

Citado em francês por José Cardoso Pires:

Donde se conclui que *LES BONS ESPRITS SE RENCONTRENT*: o patriarca indígena da Nova Guiné com o fidalgo da *Carta da Guia*, magnânimo semeador de bastardos; e ambos com Eça de Queirós, a sua definição de adultério e os seus garanhões cosmopolitas, e com M.A., o senhor alentejano dos dias de hoje, fidalgo das aventuras pebléias. (*CM*, p. 191-192)

♦ "*Les beaux esprits se rencontrent* (1760, *in* Voltaire) suppose une trouvaille ingénieuse; *les grands esprits*..., une idée remarquable. Les deux sont ironiques et les lycéens complétaient l'expression, vers 1935-1940, par: ... *sur le chemin de l'imbécillité*." (A. Rey & S. Chantreau).

♦ Diz-se em italiano: *i grandi spiriti s'incontrano*.

3 L'ESPRIT court les rues

'l'esprit est la chose du monde la mieux partagée, car le génie populaire est spirituel; à moins que ce ne soit parce que chacun se pique d'en avoir'

o brilho intelectual é moeda corrente

wit is a drug in the market
wit is as common as water

À aucune époque du monde il n'y a eu si brûlante soif d'instruction. Aujourd'hui, ce n'est plus L'ESPRIT qui COURT LES RUES, c'est le talent. (H. de Balzac, *PM*, p. 50)

E

Em nenhuma época do mundo houve uma sede tão abrasadora de instrução. Hoje não é O ESPÍRITO que CORRE AS RUAS, mas sim o talento. (Trad. de Mário D. Ferreira Santos)

Les Anas, qu'est-ce autre chose que la quintessence de l'esprit français; de cet ESPRIT qui COURT LES RUES, comme disait Voltaire, mais qu'il faut savoir capter, ce qui n'est pas toujours tâche aisée? (Docteur Cabanès, *GH*, p. 3)

Não são os Anedotários a quintessência do espírito francês? Desse ESPÍRITO que, como dizia Voltaire, CORRE AS RUAS, mas precisa ser captado, o que nem sempre é tarefa fácil.

4 L'ESPRIT est prompt mais la chair est faible

'on a tôt fait d'accomplir par l'esprit ce que les embarras du corps nous empêchent de réussir; ainsi font les velléitaires'

o espírito está pronto mas a carne é fraca

the spirit is willing, but the flesh is weak

Ver *in fine* de LA CHAIR EST FAIBLE.

5 L'ESPRIT qu'on veut avoir gâte celui qu'on a (1747)

'à vouloir paraître plus spirituel qu'on est, on finit par donner l'impression de manquer réellement d'esprit'

o ar que cada um se quer dar não vale o que procura deixar

louvor em boca própria é menosprezo

louvor em boca própria é vitupério

pride will have (never left his master without) a fall
valour can do little without discretion

Alteração jocosa em J. Renard:

– L'ESPRIT QU'ON VEUT AVOIR GÂTE CELUI QU'ON N'A PAS, dit Guitry. (*J*, p. 637)

– QUEM QUER SE FAZER DE INTELIGENTE REVELA A INTELIGÊNCIA QUE LHE FALTA, afirmou Guitry.

6 L'ESPRIT souffle où il veut

'l'inspiration ne peut être maîtrisée, pas plus que la grâce divine'

o vento assopra onde quer

the wind blows where it wants

♦ A fonte é João 3, 8. Citado freqüentemente na tradução latina da Vulgata: *spiritus ubi vult spirat.*

7 Quand on court après l'ESPRIT, on attrape la sottise (sXVIII)

= L'ESPRIT qu'on veut avoir gâte celui qu'on a

♦ Cf. B. Pascal (*Pensées*, III, 329): "L'homme n'est ni

ange, ni bête, et le malheur veut que qui veut faire l'ange fait la bête." (O homem não é nem anjo nem animal, e a desgraça é que, quando ele quer ser anjo, vira animal.)

ESTOMAC *s.m.* estômago; *stomach*

1 À ESTOMAC vide pas d'oreilles

= VENTRE affamé n'a point d'oreilles

2 Celui qui mange à l'ESTOMAC plein creuse sa tombe avec les dents

'les excès de table de mort s'ensuivent'

ao que demais comer, abre-lhe o garfo a cova
de fome ninguém vi morrer, porém a muitos de muito comer
de grandes ceias estão as campas cheias
de grandes ceias estão as covas cheias
de grandes ceias estão as sepulturas cheias
de quedas e ceias estão as covas cheias
de quedas e ceias estão as sepulturas cheias
o peixe morre pela boca

by suppers, more have been killed than Galen ever cured
gluttony kills more than the sword
greedy eaters dig their graves with their teeth

♦ Diz-se em espanhol: *de cenas y magdalenas están las sepulturas llenas.*

⇒ Les GOURMANDS creusent leur tombe avec leurs fourchettes

3 L'ESTOMAC affamé n'a point d'oreilles (1548)

= VENTRE affamé n'a point d'oreilles

"Amis (respondit Pantagruel), à tous les doubtes et quæstions par vous proposées compète une seule solution, et à tous telz symptomates et accidens une seule médicine. La response vous sera promptement exposée, non par longs ambages et discours de parolles: L'ESTOMACH AFFAMÉ N'A POINCT D'AUREILLES, il n'oyt guoutte. (F. Rabelais, *Le quart livre*, in *OC*, p. 753)

– Amigos – respondeu Pantagruel –, a todas as dúvidas e perguntas feitas por vós compete uma única solução, e a todos esses sintomas e percalços uma única medicação. A resposta vos será prontamente dada, não com rodeios nem discursos prolixos: ESTÔMAGO VAZIO NÃO TEM OUVIDOS, não escuta nada.

4 L'ESTOMAC porte les pieds

'qui mange à sa faim endure mieux la fatigue'

a barriga manda a perna

the belly carries the feet
the belly carries the legs
the guts uphold the heart, and not the heart the guts

♦ Provérbio de origem hebraica: *Talmude, Genesis Rabbah*, 70, 8 (século V).

⇒ La SOUPE fait le soldat

5 Quiconque a l'ESTOMAC plein bien peut jeûner

'il est facile de se priver quand on a les moyens de ne pas le faire'

é fácil andar a pé quando se tem o cavalo pelas rédeas
faz bem jejuar depois de jantar
não comer por ter comido não é doença de perigo

he whose belly is full believes not him who is fasting
it is good walking with a horse in one's hand

⇒ Bien jeûne le JOUR qui le soir a assez à manger

ÉTABLE *s.f.* estábulo; *cowshed*

Il ne faut pas faire l'ÉTABLE au veau avant qu'il soit né

'le profit qu'on espère n'est jamais sûr'

antes de se matar a onça, não se faz negócio com o couro
não contes os pintos senão depois de nascidos
não se deve vender a pele do lobo antes de o matar

don't build the sty before the litter comes
don't cry herring till they are in the net
it is ill fishing before the net

⇒ Il ne faut jamais/pas mettre le LIÈVRE en sauce avant de l'avoir attrapé

ÉTAT *s.m.* Estado, nação; *State, nation*

Plus l'ÉTAT est corrompu, plus il y a de lois

'la corruption suscite, pour l'endiguer, abondance de lois; le symptôme d'un pays malade, c'est de trop légiférer'

poucas leis, bom governo

the more laws, the more offenders

♦ Pensamento de Tácito (*Annales*, 3, 27, 3): *corruptissima republica plurimae leges* (Estado corrupto, múltiplas leis).

ÉTINCELLE *s.f.* faísca, fagulha; *spark*

Petite ÉTINCELLE engendre grand feu (sXVI: *de petite scintille s'enflambe une ville*)

'petite cause, grands effets'

de pequena fagulha, grande labareda
de uma faísca, queima a vila
de uma faísca se queima uma vila
pequenos males acarretam grandes estragos
por pequena brasa arde grande casa
um fósforo acaba um palácio

a little fire burns up a great deal of corn
a little spark kindles a great fire
of a small spark, a great fire

♦ Lê-se em Lucrécio (*De rerum natura*, 5, 609): *accidere ex una scintilla incendia passim* (às vezes uma simples faísca provoca um incêndio). Cf. Fénelon (*Examen de conscience sur les devoirs de la royauté*, in *TC*, p. 38): "Une étincelle cause un incendie; une action d'un roi fait souvent une multiplication et un enchaînement de crimes qui s'étendent jusqu'à plusieurs nations et à plusieurs siècles." (Uma centelha causa um incêndio; o ato de um rei quase sempre provoca uma infindável sucessão de crimes que se estendem a várias nações e por vários séculos.) Há correspondentes em italiano: *piccola scintilla può bruciare una villa* e em espanhol: *de pequeña centella, gran hoguera* (ou ainda: *con pequeña brasa suele quemarse la casa*).

⇒ Petite NÉGLIGENCE accouche d'un grand mal

ÉTOUPE *s.f.* estopa; *tow*

Il ne faut mettre les ÉTOUPES près du feu (sXVII)

'homme et femme en présence, le désir y est'

nem estopa com tições, nem mulher com varões
o homem é fogo, a mulher é pólvora, vem o diabo e sopra
o homem é fogo, a mulher estopa, vem o diabo e assopra
o homem é fogo, a mulher estopa, vem o diabo e sopra
um homem e uma mulher juntos não rezam padre-nossos

a woman is flax, man is fire, the devil comes and blows the bellows
fire is not to be quenched with tow
man is the fire, woman the tow, and the devil comes and fans the flame
put not fire to flax

♦ O provérbio tem correspondentes em italiano: *stoppa e fuoco non stan bene in un loco* e em espanhol: *ni estopa con tizones, ni la mujer con varones.*

⇒ L'HOMME est le feu, la femme est l'étoupe, et le diable vient qui souffle

ÉTOURNEAU *s.m.* (*Sturnus vulgaris*) estorninho; *starling*

Les ÉTOURNEAUX sont maigres parce qu'ils vont en troupes

'l'instinct grégaire est appauvrissant; le panurgisme entretient la pauvreté d'esprit'

toda unanimidade é burra (aprox.) (Nelson Rodrigues)

the mob has many heads, but no brains

Var. em A. Daudet:

Les dames de la confrérie en pleuraient de pitié dans les rangs, et les gros porte-bannière ricanaient entre eux tout bas en se montrant les pauvres moines:

– LES ÉTOURNEAUX VONT MAIGRES QUAND ILS VONT EN TROUPE. (A. Daudet, *LM*, p. 247)

As damas da confraria choravam de pena, e os possantes porta-bandeiras chacoteavam entre eles em voz baixa, apontando os pobres frades:

– OS ESTORNINHOS SÃO MAGROS QUANDO VIVEM EM BANDOS. (Trad. de Osório Borba)

ÊTRE *v.* ser; *to be*

1 Ce qui doit ÊTRE, ne peut manquer (1568: *ce qui doit être ne peut manquer non plus que la pluie en hiver*)

'le devoir-être, par quelque façon, est déjà; c'est le principe ontologique du *fatum*'

do destino não se foge
não adianta contrariar o destino
o que Deus dá o diabo não tira
o que Deus guarda guardado está
o que Deus risca ninguém rabisca
o que tem de ser nosso às nossas mãos vem parar
o que tem de ser será
o que tem de ser tem muita força

fate leads the willing, but drives the stubborn
no flying from fate
what must be must be
what will be, will be

♦ O provérbio tem correspondentes em italiano: *quel ch'è disposto in cielo, convien che sia* (ou ainda: *quel che ha da essere, sarà*) e em espanhol: *lo ordenado en el cielo por fuerza se ha de cumplir en el suelo.*

⇒ Ce qui doit ARRIVER ARRIVE

2 On EST ce qu'on EST

'on est toujours profondément marqué par son origine'

a gente é o que é
cada qual como Deus o fez
cada um é como é
ninguém muda ninguém
sobre negrura não há tintura

black will take no other hue
do what you will, you can never change him
what is bred in the bone will come out in the flesh
what is bred in the bone will not out of the flesh

De même j'engouffrais cinq ou six pots de bière coup sur coup, puis ne buvais rien pendant une semaine. Que voulez-vous, ON EST CE QU'ON EST, en partie tout au moins. (S. Beckett, *Mo*, p. 81)

Da mesma forma tragava cinco ou seis canecas de cerveja uma após a outra, e depois nada bebia por uma semana. Que fazer, A GENTE É O QUE É, pelo menos em parte. (Trad. de Léo Schlafman)

⇒ Chassez le NATUREL, il revient au galop

3 On ne peut (pas) ÊTRE et AVOIR ÉTÉ (1749)

'la grandeur n'a qu'un temps, de même que la jeunesse'

não se pode ser e ter sido

now is now, and then was then

♦ Máxima atribuída a Chamfort, e que se tornou proverbial.

4 Qui n'EST pas pour/avec moi EST contre moi

'on est obligé de prendre parti'

quem não é por mim é contra mim
quem não está comigo está contra mim

he that is not with me, is against me

820. *Contre ceux qui abusent des passages de l'Écriture, et qui se prévalent de ce qu'ils en trouvent quelqu'un qui semble favoriser leur erreur.* – Le chapitre de Vêpres, le dimanche de la Passion, l'oraison pour le roi. Explication de ces paroles: "QUI N'EST PAS POUR MOI EST CONTRE MOI*" [Mat. XII, 30]. (B. Pascal, *P*, p. 426)

* *Qui non est mecum, contra me est.*

820. *Contra quem abusa das passagens da Escritura, e se prevalece daquelas que parecem desculpar-lhe o erro.* – Capítulo de Vésperas, domingo da Paixão, a oração pelo rei. Explicação das palavras: "QUEM NÃO ESTÁ COMIGO ESTÁ CONTRA MIM" [Mateus 12, 30].

Oui, tu peux continuer ainsi jusqu'à demain, se dit Alain, et tu ne sauras rien de plus. Tu ne sauras que le jour où tu auras quelque chose à *faire*, un parti à prendre. Pour ou contre? Seras-tu pour lui, ou contre lui? QUI N'EST PAS AVEC MOI EST CONTRE MOI. (M. Mohrt, *MRPC*, p. 202-203)

É, podes continuar assim até amanhã, disse consigo Alain, e não saberás nada mais. Só saberás no dia em que tiveres algo a *fazer*, um partido a tomar. Pró ou contra? Estarás a favor ou contra ele? QUEM NÃO ESTÁ COMIGO ESTÁ CONTRA MIM.

ÉVANGILE *s.m.* Evangelho; *Godspel*

Ce n'est pas tout ÉVANGILE ce qu'on dit parmi la ville (1568)

'la vérité ne sort pas toujours de la bouche de l'opinion publique'

nem tudo o que diz o pandeiro é vero*
nem tudo o que se escreve é Evangelho

* Provérbio quinhentista consignado na comédia *Ulissipo*, de Jorge Ferreira de Vasconcelos. O vocábulo *pandeiro* (tal como no equivalente espanhol *no es todo vero lo que dice el pandero*) tem o sentido de 'tagarela, falador'.

all is not Godspel, that comes out of mouth

EXACTITUDE *s.f.* pontualidade; *punctuality*

L'EXACTITUDE est la politesse des rois (sXVIII)

'ceux à qui toute politesse est due doivent d'autant plus scrupuleusement se soumettre à celle de la ponctualité, qui témoigne de leur respect pour leurs interlocuteurs'

a pontualidade é a cortesia dos reis
a pontualidade é a delicadeza dos reis

punctuality is the politeness of princes

♦ Máxima de Luís XVIII (1755-1824).

EXCEPTION *s.f.* exceção; *exception*

L'EXCEPTION confirme la règle (1842)

'le fait même qu'il puisse exister une exception indique que la règle est établie'

a exceção confirma a regra

no rule is so general, which admits not some exception
the exception proves the rule
there is an exception to every rule
there is no general rule without some exception

♦ "(...) la phrase est empruntée à un adage juridique tronqué: *exceptio firmat regulam in casibus non exceptis*, 'l'exception confirme la règle – permet son application – pour les cas qui ne sont pas explicitement exceptés'. C'est-à-dire que, en présence d'une règle et d'une liste d'exceptions, la règle doit s'appliquer dans tous les cas qui ne sont pas énumérés, ou encore, que la règle l'emporte, sauf lorsqu'il s'agit d'un cas précédemment défini comme exception." (A. Rey & S. Chantreau)

♦ Há equivalentes em italiano: *l'eccezione conferma la regola*, em espanhol: *la excepción confirma la regla* e em alemão: *Ausnahmen bestätigen die Regel*.

⇒ Il n'est/(n'y a pas) de RÈGLE sans exception

EXCÈS *s.m.* excesso; *excess, surplus*

1 L'EXCÈS d'un très grand bien devient un mal très grand (1792)

'ainsi le veut la dialectique de la nature: au-delà d'un certain point, tout bascule et s'inverse; la lumière à son comble aveugle, et ce n'est qu'au plus épais des ténèbres que resplendit une flamme'

a abundância, como a necessidade, arruína muitos
por causa de bens sem medida, há muita alma perdida

mirth without measure is madness

(...) ce qu'on vient de faire / Est fort loin du conseil comme de la raison. / Nous voulions un peu d'eau, vous nous lâchez la bonde. / L'EXCÈS D'UN TRÈS-GRAND BIEN DEVIENT UN MAL TRÈS-GRAND (...). (Florian, *F*, III, ii, p. 52-53)

(...) o que acabam de fazer / está muito longe do juízo e

da razão. / Queríamos um pouco de água, vocês nos abrem a comporta. / O EXCESSO DE UM GRANDE BEM TORNA-SE UM GRANDE MAL (...).

2 L'EXCÈS en tout est un défaut

= La VERTU gît au milieu

"Du vin? en quantité modérée cela ne peut vous faire du mal, c'est en somme un tonifiant... Le plaisir physique? après tout c'est une fonction. Je vous le permets sans abus, vous m'entendez bien. L'EXCÈS EN TOUT EST UN DÉFAUT." (M. Proust, *RTP*, t. II, p. 641)

"Vinho? Em quantidade moderada, não lhe pode fazer mal, é afinal de contas um tônico... Prazer físico? Isso afinal é uma função. Eu lho permito sem abuso. O EXCESSO EM TUDO É UM MAL." (Trad. de Mário Quintana)

∴ Ver outra abonação em CONNAIS-TOI TOI-MÊME.

= Entre TROP et TROP peu est la juste mesure

EXCUSER (S') *v.pr.* desculpar-se, escusar-se; *to apologize*

Qui S'EXCUSE s'accuse (c1450)

'une conscience tranquille n'a pas besoin d'éloigner le soupçon'

o muito escusar-se equivale a acusar-se
quem não tem culpa não pede desculpa
quem se escusa se acusa
quem tudo nega tudo confessa

excuses always proceed from a guilty conscience
he who excuses himself, accuses himself
often times excusing a fault does make the fault the worse by the excuse (Shakespeare)

♦ A idéia está em Terêncio (*Heautontimorumenos*, 625): *Nescioquid peccati portat haec purgatio* (a desculpa supõe alguma culpa) e em São Jerônimo (*Epistolae ad Virginem*, 4, 3): *dum excusare credis, accusas* (com a intenção de escusar-te, acusas a ti mesmo). Donde em latim medieval: *excusatio non petita, accusatio manifesta* (desculpa que não foi solicitada é uma acusação clara). O provérbio existe em italiano: *chi si scusa s'accusa*, em espanhol: *el que se excusa, se acusa* e em alemão: *wer sich entschuldigt, beschuldigt sich*.

EXPÉRIENCE *s.f.* experiência; *experience*

1 EXPÉRIENCE est mère de science (1610)

'les connaissances empiriques conduisent aux théories scientifiques'

a experiência é a mãe da ciência e a mestra da vida
a experiência é a mãe do saber
a experiência vale mais que a ciência
mais se sabe por experiência que por aprender

experience is the best teacher

experience is the mother of knowledge
experience is the mother of science
experience is the mother of wisdom

◆ Pensamento comum entre os gregos: Eurípides, por exemplo, diz na *Andrômaca* (683-684): ἡ δ' ὁμιλία / πάντων βροτοῖσι γίγνεται διδάσκαλος (a experiência é a mestra de tudo para os mortais), idéia que o espartano Álcman já expressara no século VII: πῆρά τοι μαθήσιος ἀρχά (a experiência é o início do conhecimento). O provérbio tem equivalentes em italiano: *esperienza, madre di scienza*, em espanhol: *la experiencia madre es de la ciencia* e em alemão: *Erfahrung ist die Mutter der Wissenschaft.*

2 EXPÉRIENCE passe science (1842)

'un savoir pratique vaut mieux qu'une connaissance abstraite'

a prova da teoria está na prática
o uso faz o mestre
só a experiência comprova
tudo é difícil antes de ser fácil
usa e serás mestre

all things are difficult before they are easy
an ounce of practice is worth a pound of precept
practice makes perfect
practice makes perfectness
use makes mastery
use makes perfect
use makes perfectness
years know more than books

⇒ En FAISANT on apprend

EXTÉRIEUR *s.m.* exterior; *outside*

Jolie à l'EXTÉRIEUR, rien à l'interieur

'il est rare de voir la sagesse alliée à la beauté'

anda em capa de letrado muito asno disfarçado
mascarado de doutor anda por aí muito burro zurrador
por fora casquete de veludo, por dentro miolos de burro

a fair outside, and a foul within
fair face, foul heart
white silver draws black lines

⇒ Souvent sous un beau GANT se cache une laide main

EXTRÊME *s.m.* extremo; *extreme*

Les EXTRÊMES se touchent (1790)

'c'est une loi dialectique de la nature, que les qualités les plus extrêmes se renversent en leur contraire'

os extremos se atraem
os extremos se encontram
os extremos tocam-se

extremes meet
too far east is west

Aussi en vertu de l'axiome: LES EXTRÊMES SE TOUCHENT, se rêvait-il une extrême-droite vierge, touchant à l'extrême-gauche au point de se confondre avec elle, mais où il pût agir seul. (J. Cocteau, *GE*, p. 7)

Assim, em virtude do axioma: OS EXTREMOS SE ENCONTRAM, sonhava ele com uma extrema direita virgem, que tocasse na extrema esquerda a ponto de confundir-se com ela, mas onde ele pudesse agir sozinho.

Estropiado em H. de Balzac:

– *Et caetera punctum!* fit Mistigris en contrefaisant la voix de jeune coq enroué qui rendait le discours d'Oscar encore plus ridicule, car le pauvre enfant se trouvait dans la période où la barbe pousse, où la voix prend son caractère. Après tout, ajouta Mistigris, *LES EXTRÊMES SE BOUCHENT.* (*DV*, p. 96-97)

– *Et caetera punctum!* – disse Mistigris, arremedando a voz de frango rouco que tornava o discurso de Oscar ainda mais ridículo, pois o pobre menino ainda se achava no período em que a barba desponta, e em que a voz adquire o timbre definitivo. – Afinal de contas – acrescentou Mistigris –, *OS EXTREMOS SE TAPAM.* (Trad. de Vidal de Oliveira)

◆ Cf. a máxima grega ἀκρότητες ἰσότητες (os extremos são igualdade), vertida para o latim como *extremitates, aequalitates*. Em francês, o provérbio parece ter sido usado pela primeira vez por Louis Sébastien Mercier (*Tableau de Paris*, t. IV, título do capítulo 348). Há equivalentes em italiano: *gli estremi si toccano* e em espanhol: *los extremos se tocan.*

EXTRÉMITÉ *s.f.* extremidade; *extremity*

Les EXTRÉMITÉS se touchent (1670)

= Les EXTRÊMES se touchent

◆ Frase de B. Pascal (*Pensées*, II, 72) que se tornou proverbial.

⇒ Du SUBLIME au ridicule il n'y a qu'un pas

f

FAÇON *s.f.* modo, maneira; *way*

La FAÇON de donner vaut mieux que ce qu'on donne (1643)

'tout don étant un échange symbolique, il importe de soigner les formes; tout est dans la manière, c'est-à-dire dans le sens'

a intenção é que faz a ação
o que vale é a intenção
o que vale é a maneira de dar

it is the intention that counts
it is the thought that counts

CLITON. (...) Tel donne à pleines mains qui n'oblige personne, / LA FAÇON DE DONNER VAUT MIEUX QUE CE QU'ON DONNE, (...). (Corneille, *Le Menteur*, in *TCC*, p. 523)

CLITON. (...) Há quem seja generoso sem exigir nada em troca, / O MODO COMO SE DÁ VALE MAIS DO QUE O QUE É DADO, (...).

♦ Cf. Sêneca (*De beneficiis*, 1, 6, 1): *Beneficium non in eo quod fit aut datur consistit, sed in ipso dantis aut facientis animo.* (Um benefício não consiste no que se faz ou no que se dá, mas na intenção de quem faz ou dá.) Diz-se em italiano: *la liberalità non sta nel dar molto, ma saggiamente.*

⇒ L'INTENTION vaut le fait

FAGOT *s.m.* feixe de lenha; *bundle of sticks*

1   FAGOT a bien trouvé bourrée* (1576)

* *Bourrée* = 'fagot de menues branches'.

= Il n'y a si méchante/vieille MARMITE qui ne trouve son couvercle

2   Il n'est FAGOT qui ne trouve son lien (1576)

= Il n'y a si méchante/vieille MARMITE qui ne trouve son couvercle

⇒ Il n'y a pas de GRENOUILLE qui ne trouve son crapaud

3   Il y a FAGOT(S) et FAGOT(S) (1666)

'il est des fagots bien faits, d'autres mal; la différence se rencontre même dans l'identique'

há mar e mar, há ir e voltar
nem em todo mato se faz lenha
nem todo (o) homem sabe sê-lo
nem todo (o) mato é orégão
nem todo pau dá esteio
nem todos podem ser iguais
uma coisa é buriti, outra buritirana
uma coisa é uma coisa, outra coisa é outra coisa

all fag(g)ots are not alike
all men are not cast in the same mould
all men, things, are not alike
all Stuarts are not sib ['related'] to the king
there are men and men
there may be blue and better blue

SGANARELLE. Vous en pourrez trouver autre part à moins; IL Y A FAGOTS ET FAGOTS: mais, pour ce que je fais... (Molière, *Le Médecin malgré lui*, in *OC*, t. II, p. 196)

SGANARELLE. Você poderá encontrar quem faça por menos em outra parte; HÁ MÉDICOS E MÉDICOS: mas meus serviços...

⇒ Il y a GENS et GENS

FAIM *s.f.* fome; *hunger*

1 À qui a FAIM, tout est pain (Suisse)

'qui a faim trouve bon tout ce qu'il mange'

é bom o pão duro quando não há nenhum
para a fome não há mau pão
para a fome não há pão duro
quando a comida tarda, boa é a mostarda
quando se tem fome, não há ruim pão
tempero de comida ruim é fome

all's good in a famine
hunger is good kitchen meat*
hunger is the best sauce
hunger makes hard beans sweet
hungry dogs will eat dirty puddings

* *Kitchen meat* = 'anything eaten with bread as a relish'.

♦ Diz-se em espanhol: *a buen hambre no hay pan duro, ni falta salsa a ninguno.*

⇒ Il n'est (de) SAUCE que d'appétit

2 FAIM fait dîner*, passe-temps souper (1557)

* *Dîner* (ancien et régional) = 'déjeuner' (repas de la mi-journée).

'il n'y a qu'un repas, celui de la mi-journée, qui corresponde à un besoin réel; le soir, on ne mange que pour se divertir'

fome que se satisfaz com ceia não é fome

hunger makes dinners, pastime suppers

3 FAIM fait saillir* le loup du bois (sXV)

* *Saillir* = 'sortir'.

= La FAIM chasse/(fait sortir) le loup (hors) du bois

Necessité fait gens mesprendre / Et FAIM SAILLIR LE LOUP DU BOIS. (F. Villon, "Le testament", in *PFV*, p. 32)

Miséria faz o delinqüente, / E A FOME O LOBO FAZ SAIR. (Trad. de Péricles Eugênio da Silva Ramos)

4 La FAIM chasse/(fait sortir) le loup (hors) du bois (1568; sXIII: *la faim enchace le loup du bois*)

'la nécessité contrarie le naturel'; ou bien: 'la nécessité développe des potentialités insoupçonnées'

a fome e a sede põem a lebre a caminhar
a fome e o frio metem a lebre a caminho
a fome faz sair o lobo ao povoado
a fome faz sair o lobo da mata ao povoado
a fome faz sair o lobo do mato

hunger and cold deliver a man up to his enemy
hunger breaks stone walls
hunger drives the wolf out of the wood(s)
hunger is the teacher of the arts

Le jour étant venu, je me couchai dans un hallier, où j'eus la patience de demeurer jusqu'au soir. Alors LA FAIM, qui CHASSE LE LOUP HORS DU BOIS, me fit sortir de mon gîte pour aller acheter des vivres, non dans les villages des environs, où l'apothicaire pouvait avoir envoyé des alguazils et des archers pour me chercher, mais à Madrid même, comme en effet c'était le plus sûr. (Lesage, *GA*, p. 170-171)

Ao amanhecer, deitei-me numa moita, onde tive a paciência de ficar até o cair da noite. Aí, A FOME, que FAZ SAIR O LOBO DO MATO, forçou-me a deixar o meu abrigo para ir comprar comida, não nas aldeias vizinhas, onde o boticário podia ter mandado meirinhos e arqueiros no meu encalço, mas na própria Madri, o que era mais seguro.

– Eh! bien, où donc est mon neveu?
– Il dit qu'il ne veut pas manger, répondit Nanon. Ça n'est pas sain.
– Autant d'économie, lui répliqua son maître.
– Dame, voui, dit-elle.
– Bah! il ne pleurera pas toujours. LA FAIM CHASSE LE LOUP HORS DU BOIS. (H. de Balzac, *EG*, p. 86)

– Afinal, onde está o meu sobrinho?
– Diz que não quer comer – respondeu Nanon. – Isso faz mal.
– É economia – retrucou o amo.
– Ah, lá isso, sim – disse ela.
– Qual, ele não há de ficar chorando sempre. A FOME FAZ O LOBO SAIR DA FLORESTA. (Trad. de Moacyr Werneck de Castro)

"N'aie pas peur, ma chérie, il te reviendra, LA FAIM CHASSE LE LOUP DU BOIS. Quand il aura assez mangé de vache enragée... (F. Mauriac, *NV*, p. 233)

– Não tenhas medo, filha, que ele há de voltar, QUANDO A FOME O OBRIGAR... Quando tiver comido o pão que o diabo amassou... (Trad. de Maria de Jesus Rodrigues)

– Après tout, LA FAIM FAIT SORTIR LE LOUP DU BOIS. Nous verrons bien ce que fera ce jeune homme quand il n'aura pas déjeuné. (H. Bazin, *VP*, p. 176)

– Afinal, A FOME FAZ SAIR O LOBO DO MATO. Veremos o que o rapaz vai fazer ao ficar sem almoço.

♦ Comentário de Panckoucke: "la nécessité oblige de travailler" (a necessidade obriga a trabalhar).

♦ Há equivalentes em italiano: *la fame caccia il lupo dal bosco,* em espanhol: *el hambre echa al lobo del monte* e em alemão: *der Hunger treibt den Wolf aus dem Walde.*

⇒ La FAIM fait sortir le serpent du buisson

5 La FAIM est mauvaise conseillère

'il faut se défier d'agir sous l'empire de la nécessité'

a fome carrega nas costas a justiça
a fome é inimiga da alma
a fome é inimiga da virtude
a fome é má conselheira

a fome é negra
a fome não tem lei

a hungry man, an angry man
hunger acknowledges no law
when meat is in, anger is out

Var. em F.-R. de Chateaubriand:

"Pontife sacré, lui dit-elle, calme, je t'en supplie, les transports de ta colère: la colère, comme LA FAIM, EST MÈRE DES MAUVAIS CONSEILS. (...)" (*M*, p. 28)

– Santo Pontífice – respondeu ela –, imploro-lhe que abrande a sua ira: a cólera, tanto quanto A FOME, É MÃE DO MAU CONSELHO.

♦ Cf. o latim *malesuada Fames* (fome má conselheira) (Virgílio, *Aeneis*, 6, 276). Há equivalentes em italiano: *la fame è cattiva consigliera* e em espanhol: *el hambre es mala consejera*.

⇒ VENTRE affamé prend tout en gré

6 La FAIM étouffe l'orgueil (rég., Savoie)

'les besoins pressants rendent capable de tous les abaissements'

fome e frio entregam o homem ao seu inimigo (aprox.)

hunger is stronger than pride

7 La FAIM fait sortir le serpent du buisson (rég., Auvergne)

= La FAIM chasse/(fait sortir) le loup (hors) du bois

8 Lorsque la FAIM est à la porte l'amour s'en va par la fenêtre

'les soucis d'argent sont fatals aux amoureux'

casa em que não há pão, todos pelejam e ninguém tem razão
casa em que não há pão, todos ralham e ninguém tem razão
em casa onde falta pão, todos brigam, ninguém tem razão
não há prazer onde não há comer
quando a pobreza bate à porta, o amor sai pela janela

love lasts as long as money endures
when meat is in, anger is out
when poverty comes in at the door, love flies out of the window
when poverty comes in at (the) doors, love leaps out at (the) windows

♦ Diz-se em italiano: *quando la fame entra dalla porta, l'amore esce dalla finestra*.

⇒ Quand le FOIN manque au râtelier, les chevaux se battent

9 Où FAIM règne, force exule* (1534)

'l'homme qui a faim s'affaiblit'

* *Exule* (v. exuler) = 'n'a pas lieu'.

saco vazio não fica em pé
saco vazio não pára em pé

an empty bag cannot stand upright
an empty sack cannot stand upright

– Nous, dist Picrochole, n'aurons que trop mangeailles. Sommes nous icy pour manger ou pour batailler?
– Pour batailler, vrayement, dist Toucquedillon; mais ***de la pance vient la dance***, et OÙ FAIM REGNE, FORCE EXULE. (F. Rabelais, *G*, p. 145)

– Nós – respondeu Picrocolo – o que temos é comido demais. Afinal, estamos aqui para comer ou batalhar?
– Para batalhar, não há dúvida – retrucou Touquedillon – mas *é da pança que vem a dança* e ONDE REINA A FOME FALTA A FORÇA. (Trad. de Aristides Lobo)

⇒ SAC vide ne tient pas debout

FAIRE *v.t.* fazer; *to do, to make*

1 Bien FAIRE et laisser dire (sXIX)

'il faut agir selon sa conscience sans écouter les critiques'

até morrer fazer bem e deixar dizer
com direito por teu lado, nunca receies dar brado
faz(e) o bem, não temerás ninguém
fazer o bem, não temer a ninguém
quem não deve não teme
quem procede bem não teme ninguém

do right and fear no man
do right and you fear none
do well and dread no shame

⇒ Les CHIENS aboient, la caravane passe

2 Ce qui EST FAIT EST FAIT (sXV)

formulation tautologique de l'irrémédiable, de l'irréparable

depois da cabeça cortada é tolice lastimar a perda dos cabelos
o que está feito está feito
o que está feito feito está
o que não tem remédio remediado está
o que passou passou

things past cannot be recalled
(things without all remedy should be without regard:) what's done is done (Shakespeare)

Comme voulant dire que CE QUI EST FAIT EST FAIT, il n'en faut plus parler, mais qu'il se faut garder de l'advenir, car il touche plus l'honneur que le passé. (Brantôme, *DG*, p. 54)

Como querendo dizer que O QUE ESTÁ FEITO FEITO ESTÁ, não se fala mais nisso, mas que convém ter cuidado com o futuro, que afeta a honra mais do que o passado.

F

Quand l'émotion fut digérée, je dis à Robinet:
– Assez! CE QUI EST FAIT EST FAIT. Voyons ce qui reste à faire. (R. Rolland, *CB*, p. 213)

Quando a emoção se conformou, eu disse a Robinet:
– Basta! O QUE ESTÁ FEITO ESTÁ FEITO. Vejamos o que nos resta fazer. (Trad. de Ivo Barroso)

– Enfin, CE QUI EST FAIT EST FAIT, dit Pierre. Il faudra seulement bien prendre garde à ce qu'elle ne se doute de rien. (S. de Beauvoir, *I*, p. 387)

– Enfim, O QUE PASSOU PASSOU – disse Pierre. – Agora é preciso cuidar para que ela não desconfie de nada.

♦ Cf. Sófocles (*Ajax*, 378): οὐ γὰρ γένοιτ' ἂν ταῦθ' ὅπως οὐχ ὧδ' ἔχει (está feito: o que é não pode deixar de ser). Diz-se em italiano: *quel che è fatto è fatto*.

3 Ce qui EST FAIT ne se peut défaire (1588)

c'est la même soumission à l'irréversible que ci-dessus

o que está feito não se desfaz

things done cannot be undone
what's done cannot be undone

C'est un usage de nostre iustice d'en condemner aulcuns pour l'advertissement des aultres. De les condemner, parce qu'ils ont failly, ce seroit bestise, comme dict Platon, car CE QUI EST FAICT NE SE PEULT DESFAIRE; mais c'est à fin qu'ils ne faillent plus de mesme, ou qu'on fuye l'exemple de leur faulte: *on ne corrige pas celuy qu'on prend; on corrige les aultres par luy.* (Montaigne, *E*, t. III, p. 197)

É costume de nossos tribunais condenar alguns para exemplo dos outros. Condená-los unicamente porque erraram seria inepto, como diz Platão. O QUE ESTÁ FEITO NÃO SE DESFAZ; mas é para que não tornem a errar ou a fim de que os outros atentem para o castigo. *Não se corrige quem se enforca; corrigem-se os demais com ele.* (Trad. de Sérgio Milliet)

♦ Cf. Plauto (*Aulularia*, 741): *Quid uis fieri? factum est illud; fieri infectum non potest.* (Que queres? o mal está feito. Não se pode mudar nada.) E também Cícero (*Oratio in Pisonem*, 25, 59): *praeterita mutare non possumus* (não podemos mudar o passado). Há um precedente em Teógnis (583-584): Ἀλλὰ τὰ μὲν προβέβηκεν, ἀμήχανόν ἐστι γενέσθαι / ἀεργά. (Mas ao passado não há retorno possível.)

4 Ce qui EST FAIT n'est pas/plus à FAIRE (1752)

'la sagesse veut qu'on sache apprécier la tâche accomplie, par cela seul qu'elle diminue la charge de travail du lendemain'

o que está feito não está por fazer

the thing that's done is not to do

⇒ Après le FAIT ne vaut souhait

5 De ce que tu pourras FAIRE, jamais n'attends à autrui

'on n'est jamais si bien servi que par soi-même'

mais vale ir que mandar
quem quer vai, quem não quer manda

if thou thyself canst do it, attend no other's help or hand
if you want a thing (well) done, do it yourself

⇒ FEU ne sera ja bien couvert là où il y a autrui sergent

6 En FAISANT on apprend (1568)

'l'habileté ne s'acquiert que par la pratique'

desmanchar e fazer, tudo é aprender
fazendo e desfazendo, se vai aprendendo

in doing we learn

⇒ C'est en faisant des FAUTES qu'on apprend

7 FAIRE et défaire, c'est toujours travailler

'c'est à tort qu'on n'accorde la dignité de travail qu'aux tâches créatives ou productives'

fazer e desmanchar, tudo é trabalhar

do and undo, the day is long enough

♦ Diz-se em italiano: *fare e disfare, è tutto un lavorare.*

8 FAIRE et dire sont deux choses

'il y a loin de la parole à l'effet'

dizer e fazer não comem à mesma mesa
dizer não custa: fazer é que custa
do dito ao feito vai grande diferença
do dito ao feito vai um grande eito
do dizer ao fazer há muita coisa a ver
do dizer ao fazer vai muita diferença
entre dizer e fazer muita coisa há a meter
entre falar e fazer muito há que meter
o fazer e o dizer não costumam comer à mesma mesa

(it is) easier said than done
saying and doing are two things
saying is one thing, and doing another
sooner said than done

♦ Cf. o latim *aliud est facere, aliud est dicere*. Há provérbio paralelo em italiano: *altro è dire altro è fare.*

⇒ De grands LANGAGES, grandes baies

9 FAIS ce que dois, advienne que pourra (1456)

'il faut faire son devoir, sans se préoccuper de ce qui peut en advenir'

cumpre com teu dever, suceda o que suceder
faz(e) o bem e não olhes a quem
faz(e) o que deves fazer, suceda o que suceder
faz(e) o teu dever, suceda o que suceder

do what thou oughtest and come what can come

honesty is the best policy

Quand il s'y présenta pour la première fois, j'ai toujours envie de rire quand j'y pense, il avoit pris pour devise de son petit étendard de cérémonie: FAIS CE QUE DOIS, ADVIENNE QUE POURRA. (C. Nodier, "Le génie Bonhomme", in *CF*, t. 1, p. 181-182)

Quando se apresentou pela primeira vez, sempre me dá vontade de rir quando lembro, ele adotara como divisa em seu cartaz de gala: FAZE O TEU DEVER, SUCEDA O QUE SUCEDER.

⇒ Faites votre DEVOIR et laissez faire à Dieu

10 FAIS ce que je dis, ne FAIS pas ce que je FAIS (1842)

'il est si difficile d'accorder ses actes avec ses paroles, que celles-ci sont plus dignes d'être imitées que ceux-là'

faça o que digo, não faça o que faço
faz(e) o que eu disser e não faças o que eu fizer
fazei o bem que digo e não o mal que faço

do as I say, not as I do
do as the friar says, not as he does

♦ A fonte é Mateus 23, 3.

⇒ Les CLOCHES appellent à l'église/l'office et n'y vont jamais/(n'y entrent pas)

11 FAIS ce que tu FAIS(!)

'consacre-toi entièrement à l'action qui t'occupe'; on dit aussi: 'sois à ce que tu fais'

faz(e) o que estás fazendo

what is worth doing at all, is worth doing well

♦ Cf. o latim *age quod agis*.

⇒ Toujours VA qui danse

12 On FAIT plus en un jour qu'en un an (sXIV)

'lorsque l'on dispose de trop de temps pour agir, on procrastine et finit par ne rien faire, ou faire moins qu'on en eût fait si l'on n'avait disposé que d'un délai très réduit'

mais se pode fazer em um dia do que em um ano inteiro

oft times one day is better than sometimes a whole year

13 Plus FAIT celui qui veut que celui qui peut (1568)

'dans l'action, le pouvoir est moins efficient que la volonté; car le pouvoir se satisfait de virtualité'

mais faz quem quer do que quem pode
onde há vontade, há possibilidade
quem quer já fez melhor

all things are easy, that are done willingly
it is easy to do what one's own self wills
where your will is ready, your feet are light

⇒ Le CŒUR mène où il va

14 Quand on ne peut FAIRE comme on veut, il faut FAIRE comme on peut

'ce n'est pas parce que la volonté n'est plus maîtresse d'une action qu'il faut renoncer à agir'

não fazer o que os outros fazem não é pecado
quem não faz o que quer faz o que pode

do as you may if you can't do as you would
he that may not do as he would must do as he may

♦ Pensamento de Terêncio (*Andria*, 305-306): *quoniam non potest id fieri quod uis / id uelis quod possit* (já que não pode ser como queres, / trata de querer o que pode ser).

15 Qui bien FERA, bien trouvera

'on jouit des fruits de sa prudence'

assim como fizeres, assim acharás

do good: thou doest it for thyself
do well and have well

⇒ Comme on fait son LIT, on se couche

16 Qui ne FAIT quand il peut ne FAIT non plus quand il veut (sXIII)

'qui laisse passer le temps d'agir n'est qu'un velléitaire'

a sorte bate uma vez à porta de cada pessoa
é preciso apanhar a ocasião pelos cabelos
folguemos enquanto podemos, outra hora choraremos (aprox.)
quem não faz quando pode não fará quando quiser
quem não quer quando pode não poderá quando quiser

he who will not when he may, when he will he shall have nay
he who will not when he may, when he would he shall have nay
opportunity never knocks twice at any man's door

⇒ L'OCCASION est chauve (par derrière)

FAIT s.m. fato, acontecimento; *fact, event*

1 Après le FAIT ne vaut souhait (1568: *après le fait ne faut souhait*)

'il est inutile de déplorer quand tout est accompli'

o que está feito não tem remédio

it's no use wishing when the thing is done

⇒ Il ne sert à rien de pleurer sur le LAIT répandu

2 Fais ton FAIT et te connais (1580)

Montaigne, dans la citation ci-après, analyse admirablement ce précepte double, et la complémentarité de ses deux parties

faz(e) aquilo para que és feito e conhece-te a ti mesmo

do thine own work, and know thyself

Ce grand precepte est souvent allegué en Platon: "FAY TON FAICT, ET TE COGNOY." Chascun de ces deux membres enveloppe generalement tout nostre debvoir, et semblablement enveloppe son compaignon. Qui auroit à faire son faict, verroit que sa premiere leçon, c'est cognoistre ce qu'il est, et ce qui luy est propre: et qui se cognoist, ne prend plus le faict estrangier pour le sien; s'ayme et se cultive avant toute aultre chose; refuse les occupations superflues et les pensees et propositions inutiles. (Montaigne, *E*, t. I, p. 35-36)

"FAZE AQUILO PARA QUE ÉS FEITO E CONHECE-TE A TI MESMO", eis um grande preceito amiúde citado em Platão. E cada um dos membros dessa proposição já nos aponta nosso dever, e traz em si o outro. Quem se aplicasse em fazer aquilo para que é feito perceberia que lhe é necessário adquirir antes de mais nada o conhecimento de si próprio e daquilo a que está apto. E quem se conhece não erra acerca de sua capacidade, porque se aprecia a si mesmo e procura melhorar, recusando as ocupações supérfluas, os pensamentos e os projetos inúteis. (Trad. de Sérgio Milliet)

3 Le FAIT juge l'homme (sXIII)

= À l'ŒUVRE on connaît l'artisan/l'ouvrier

4 Qui se tient aux écoutes entend souvent son FAIT

= Qui écoute aux PORTES entend souvent sa propre honte

⇒ Le MAL est pour celui qui le cherche

FALLOIR *v.imp.* ser preciso; *to need*

1 Il FAUT ce qu'il FAUT (1799)

sert à justifier l'emploi des grands moyens, quand la conjoncture l'exige

para grandes males, grandes remédios

do or die
needs must*

* "One needs must go." (ODEP)

– Je suis sûre que tu vas encore veiller toute la nuit, dit Hélène avec une espèce de rancune.
– IL FAUT CE QU'IL FAUT, s'pas? dit Yvonne. (S. de Beauvoir, *SA*, p. 74)

– Tenho certeza de que você vai passar mais uma noite em claro – disse Hélène com certa amargura.
– O QUE TEM DE SER SEJA, não é? – respondeu Ivone.

♦ "Souvent ironique, l'expression est destinée à excuser auprès d'un tiers (ou de soi-même) une action qui peut sembler excessive." (A. Rey & S. Chantreau)

2 Quand (il) FAUT y aller, (il) FAUT y aller

exhortation à passer à l'action, quand le temps est venu où toute réflexion doit céder le pas

o que tem de ser feito tem de ser feito

in things that must be, it is good to be resolute
when it ought to be done, it ought to be done

FAMILIARITÉ *s.f.* familiaridade; *familiarity*

La FAMILIARITÉ engendre le mépris (1732)

'l'intimité ravale les plus grands à leur simple humanité; la familiarité ruine l'autorité'

a familiaridade encurta o respeito e rebaixa a autoridade
a familiaridade provoca desrespeito
a muita familiaridade causa menosprezo
acaba-se a amizade quando começa a familiaridade

familiarity breeds contempt
intimacy lessens fame
no man is a hero to his valet
respect is greater from a distance

Var. em R. Vailland:

Pourquoi dois-je aujourd'hui faire appel à toute ma "morale" pour ne pas lui reprocher les expressions sans détour dont je la félicitais? Est-ce parce qu'au village LA FAMILIARITÉ PROVOQUE plus qu'ailleurs L'IRRESPECT et qu'il m'est pénible de deviner des ricanements qu'elle ne soupçonne pas ou refuse de soupçonner? (*MC*, p. 118-119)

Por que devo apelar hoje para o meu "senso moral" a fim de não lhe censurar as expressões irreverentes que tanto me agradavam? Será porque na cidade pequena, mais do que em outros lugares, A FAMILIARIDADE PROVOCA O DESRESPEITO e porque me é desagradável perceber chacotas que ela não ouve ou finge não ouvir?

♦ Cf. Santo Agostinho (*Scala Paradisi*, 8): *nimia familiaritas parit contemptum* (a familiaridade excessiva gera o desprezo). O provérbio tem equivalentes em italiano: *confidenza toglie riverenza* e em espanhol: *la familiaridad es causa de menosprecio*.

⇒ Il n'y a point de HÉROS pour son valet de chambre

FAMINE *s.f.* penúria, fome; *famine*

La FAMINE est bien grande quand les loups s'entremangent

'lorsque méchants entre eux s'étripent, c'est qu'ils ont achevé de dépouiller les faibles et de ruiner les ressources profondes; en termes contemporains: lorsque les multinationales s'entredévorent, c'est que la cupidité capitaliste est à son comble'

quando o lobo come outro, fome há no souto

it is a hard winter when one wolf eats another

♦ Há correspondentes em italiano: *quando il lupo mangia il compagno, creder si deve sterile la campagna* e em espanhol: *cuando un lobo come a otro, no hay que comer en el soto.*

FANTAISIE *s.f.* fantasia, imaginação; *imaginativeness, fantasy*

Avant de consulter ta FANTAISIE, consulte ta bourse

'ne t'autorise que les envies dont tu as les moyens'

antes de consultar a fantasia, consulta a tua bolsa

let your purse be your master
spend as you get

⇒ Selon la JAMBE, la chausse

FARDEAU *s.m.* fardo, carga; *burden*

1 Au long aller, petit FARDEAU pèse

'les ennuis même légers deviennent lourds lorsqu'ils se prolongent'

(a) carga leve ao longe pesa

in a long journey, straw weighs
in the long run weight tells
light burdens far heavy
light burdens, long borne, grow heavy
too long burden makes weary bones

⇒ À longue VOIE paille pèse

2 C'est un lourd FARDEAU que de porter l'enfant d'un mort

'il est difficile d'assumer la responsabilité d'une situation que l'on n'a pas voulue'

filho alheio, brasa em seio (Jorge Ferreira de Vasconcelos)
não cuides em filho alheio que não sabes qual sairá

it is a sad burden to carry a dead man's child

3 En grand FARDEAU n'est pas l'acquêt* (sXVI)

* *Acquêt* = 'profit'.

'mieux vaut qualité que quantité'

a qualidade pesa mais que a quantidade
mais vale qualidade que quantidade
nem sempre grandes cargas trazem grandes lucros

goodness is not tied to greatness
the greatest burdens are not the gainfullest

4 Le FARDEAU qu'on aime n'est point pesant

'dès lors qu'on y prend plaisir, la contrainte cesse de contraindre, le dérangement de déranger, l'embarras d'embarrasser, l'embêtement d'embêter, la gêne de gê-

ner, le poids de peser, le souci de soucier, le tracas de tracasser'

carga que agrada não pesa
o que é de gosto regala a vida
o que é de gosto regala o peito
o que é do gosto, regalo da vida
o que se toma por gosto regala a vida
o que vai por gosto regala a vida
tarefa que agrada é depressa acabada

a burthen ['burden'] *of one's choice is not felt*

⇒ BESOGNE qui plaît est à moitié faite

FARINE *s.f.* farinha; *flour*

1 FARINE du diable retourne en son (Québec)

= FARINE du diable se tourne en bran

2 FARINE du diable se tourne en bran (1879)

'on ne peut jouir en paix du bien obtenu par des voies illégitimes'

a farinha do diabo vai-se toda em farelo

one unjust penny eats ten
the devil's meal is all bran
the devil's meal is half bran

♦ Cf. o latim medieval *demonium repetit quidquid procedit ab ipso* (o demônio pede de volta tudo o que provém dele). Há correspondentes em italiano: *la farina del diavolo va tutta in crusca* e em espanhol: *la harina del diablo, toda se vuelve salvado* ['cáscara de grano'].

⇒ Ce qui vient du FIFRE retourne au tambour

3 FARINE fraîche et pain chaud font la ruine de la maison (Suisse)

'ils se consomment trop vite; grandes maisons se font par la cuisine'

grande cozinha de pobreza avizinha
pão quente fome mete

a fat kitchen is near to poverty

♦ Diz-se em espanhol: *pan tierno y leña verde, la casa pierden.*

4 Il fait bon pétrir près de la FARINE (sXIII)

= Il n'est que d'être là où on fait le POT bouillir

5 Ne confie pas ta FARINE à qui lèche la cendre

'au fauteur de menus larcins, il ne faut pas donner la tentation d'en commettre de grands'

ao que não é leal no pouco não confies o muito
cesteiro que faz um cesto faz um cento(, dando-lhe verga e tempo)
cesteiro que faz um cesto faz um cento, tendo cipó e tempo faz duzentos

F

quem faz uma vez faz duas e três
quem foi infiel uma vez sê-lo-á duas ou três

he that has done ill once will do it again
the dog that licks ashes trust not with meal

♦ Diz-se em italiano: *a can che lecca cenere, non gli fidar farina.*

6 **On ne peut tirer de la FARINE d'un sac de son**

= D'un SAC à charbon il ne saurait sortir blanche farine

FAUCILLE *s.f.* foicinho (foice de cabo curto); *sickle*

Ce sont FAUCILLES après août

= Après le DÎNER, la moutarde

FAUTE *s.f.* falta, erro; *mistake, sin, lack*

1 **C'est en faisant des FAUTES qu'on apprend**

'les erreurs commises enseignent à ne pas récidiver'

é errando que se aprende
os erros de uns são lições de outros
tropeçar também ajuda a caminhar (Guimarães Rosa)

a stumble may prevent a fall
mistakes are often the best teachers

♦ Cf. o latim medieval *errando discitur*. Há correspondentes em italiano: *sbagliando, s'impara* e em espanhol: *errando se aprende a herrar.*

⇒ C'est en forgeant qu'on devient FORGERON

2 **FAUTE avouée est à moitié pardonnée** (1752)

= PÉCHÉ avoué est à moitié pardonné

Var. em F. Juliard:

La nourriture, en plein XVIᵉ, ça n'était pas Byzance. Or, un paquet arriva par la poste, empli de dattes fourrées! Quelle aubaine! Chacun s'en servit en catimini. FAUTE PARTAGÉE, À MOITIÉ PARDONNÉE? (*ED,* p. 46-47)

Conseguir comida naquele bairro não era mole. Ora, chegou pelo correio um bom pacote de tâmaras recheadas! Que beleza! Todos se serviram às escondidas. PECADO COMPARTILHADO ESTÁ MEIO PERDOADO?

3 **La FAUTE du médecin la terre la recouvre** (rég., Auvergne)

= MÉDECINS et paveurs de rue, la terre recouvre leur faute

4 **Les FAUTES sont grandes quand l'amour est petit**

'quand l'amour faiblit, les récriminations entre amants augmentent; quand l'amour diminue, les occasions de conflit se multiplient'

perdoa-se enquanto se ama
quando o amor acaba, são muitos os defeitos
sobram culpas, onde falta amor

faults are thick where love is thin
love covers many infirmities
where love fails, we espy all faults

5 **Puisque la FAUTE est faite, il faut la boire**

= Qui fait la FAUTE la boit

6 **Qui fait la FAUTE la boit*** (1842; 1640: *qui a fait la faute si la boive*)

* *Boire la faute* = 'subir la peine d'une erreur'.

'qui commet une erreur doit en supporter les conséquences'

quem arranja o colombro que o leve ao ombro
quem as arme que as desarme
quem as faz que as pague
quem deu seu nó que o desate
quem fez seu angu que o coma
quem o fez que o pague
quem pariu Mateus que o embale

as they brew, so let them bake
as they brew, so let them drink
as they sow, so let them reap
as you bake, so shall you brew

♦ Cf. Terêncio (*Phormio*, 318): *tute hoc intristi, tibi omne exedendum est* (fizeste a comida; engole-a toda). Cf. o grego Ἥν τις ἔμαζε μᾶζαν, ταύτην καὶ ἐσθιέτω (cada um coma o pão que amassou), registrado pelo paremiógrafo Macário. Há provérbio paralelo em italiano: *chi l'ha fatta, la beva.*

⇒ Qui fait le PÉCHÉ attend la pénitence

FAUX *s.f.* foice; *scythe*

Il ne faut pas jeter la FAUX dans la moisson d'autrui (sXV: *l'on ne doit pas mettre la faux en autrui blé*)

'il ne faut pas intervenir dans les affaires des autres'

não metas (a) foice em seara alheia
não se deve meter a foice em seara alheia
não te importes com moitas que não são do teu alqueive

meddle not with another man's matter
of little meddling comes great rest
skeer ['rake out'] your own fire
the stone that lies not in your gate breaks not your toes

⇒ Il y a assez à faire de regarder ce qui cuit dans sa MARMITE, sans aller regarder ce qui cuit dans celle du voisin

FEMME *s.f.* mulher; *woman, wife*

1 **Belle FEMME a peine à rester chaste**

= CHASTE est celle qu'on n'a pas priée

⇒ FILLE qui écoute est bientôt dessous

2 Ce que FEMME veut, Dieu le veut (sXVII)

'les femmes, comme Dieu, ont toujours le dernier mot; leur volonté est si tendue, qu'il semblerait qu'elles feraient plier Dieu lui-même'

a mulher e a colher só não faz (sic) o que não quer (sic)
o que a mulher quer, Deus o quer
o que o diabo não pode, a mulher o faz
o que o diabo não pode, consegue-o a mulher
quando a mulher quer, Deus o quer
quando a mulher quer, sua vontade é soberana

as the goodman says, so we say; but as the good wife says, so must it be
what woman wills, God wills
women will have their wills

Mais je ne connaissais pas alors le dicton célèbre: CE QUE FEMME VEUT, DIEU LE VEUT. (R. Gary, *PA*, p. 38)

Eu não conhecia então o célebre ditado: O QUE A MULHER QUER, DEUS QUER. (Trad. de Herbert Daniel)

♦ Observação maliciosa de Léon Bloy (*ELC*, p. 219): "Si ta femme veut que tu sois cocu, Dieu le veut. Elle le veut souvent. À toi de t'arranger en conséquence." (Se tua mulher quiser te trair, Deus também há de querer. Ela costuma querer. Só te resta aceitar.)

♦ Diz-se em espanhol: *si tu mujer quiere que te eches de un tejado abajo, pídele a Dios que sea bajo.*

⇒ Contre FEMME point ne débattre

3 C'est la bonne FEMME qui fait le bon mari (sXVI)

'c'est à l'épouse qu'incombe la qualité d'un ménage'

a boa mulher faz o bom marido

a good wife makes a good husband

♦ Há provérbios paralelos em italiano: *la buona moglie fa il buon marito* e em espanhol: *la mujer hace el hombre.*

4 Cherchez la FEMME! (sXIX)

'derrière tout méfait, derrière tout crime, il y a nécessairement une responsabilité féminine'

cherchez la femme!

cherchez la femme!

"Remercions le Ciel – il vaut mieux s'en remettre à lui qu'à la police – quand ces messieurs se bornent à se dévorer entre eux, comme cette nuit, où deux branches rivales se rencontrèrent et se massacrèrent littéralement. La cause du conflit? "CHERCHEZ LA FEMME!" (Colette, *IL*, p. 12)

"Agradeçamos ao Céu – mais vale recorrer a ele do

que à polícia – quando estes senhores se limitam a se entredevorar, como esta noite, em que dois bandos rivais se defrontaram e se massacraram literalmente. A causa do conflito? "CHERCHEZ LA FEMME!" (Trad. de Beatriz-Sylvia Roméro Porchat)

♦ "The phrase comes from a play by Dumas père in 1865 (*Les Mohicans de Paris* [Act III]), where it is used in connection with crime; but the sentiment, of woman as the origin of trouble, is as old as Virgil (*Aeneid*, I, 364: *Dux femina facti* [uma mulher é o chefe da expedição])." (V. H. Collins)

⇒ Deux COQS vivaient en paix: une poule survint

5 Contre FEMME point ne débattre (1597)

'aucune argumentation, aucune rationalité ne peuvent convaincre une femme'

o (sic) que a mulher quer nem o diabo dá jeito

because is a woman's reason
swine, women and bees cannot be turned

♦ Cf. Shakespeare (*The Two Gentlemen of Verona*, I, ii, 23): "– Your reason? – I have no other but a woman's reason: I think him so because I think him so."

⇒ PAROLE de femme, PAROLE de Dieu

6 De belle FEMME et fleur de mai en un jour s'en va la beauté

'la beauté des femmes se fane aussi vite que celle des fleurs: ce thème élégiaque a inspiré une immense littérature'

a beleza depressa acaba
formosura pouco dura

beauty fades like a flower
beauty is but a blossom
prettiness dies first
prettiness dies quickly

♦ Há correspondentes em italiano: *belleza è come un fiore che nasce e presto muore* e em espanhol: *la flor de la hermosura cual/como la de mayo dura.*

7 Des FEMMES et des chevaux, il n'y en a point sans défaut (sXVI)

'il faut se méfier toujours du tempérament de la femme, qui révèle tôt ou tard quelque faiblesse – car la femme est faillible et pécheresse, c'est même ce qui fait son charme'

não há regra sem exceção, nem mulher sem senão
quem quer mulher ou cavalo sem tacha a pé se acha

find a woman without a fault, and find a hare without a meuse ['gap through which a hare is wont to pass']
he that seeks a horse or a wife without fault, has neither steed in his stable nor angel in his bed

⇒ Il n'y a FEMME, cheval, ni vache, qui n'ait toujours quelque tache

8 Deux FEMMES font un plaid, trois un grand caquet, quatre un plein marché (sXVI)

= Trois FEMMES font un marché

9 Dites une seule fois à une FEMME qu'elle est jolie, le diable le lui répétera dix fois par jour

'la femme est si enragée de paraître belle, que le moindre compliment la plonge dans un narcissisme obsessionnel'

dize-lhe que é formosa e tornar-se-á doida

tell a woman she is fair, and she will soon turn fool

10 FEMME barbue de loin la salue, un bâton à la main

proverbe faisant allusion à la croyance répandue au Moyen Âge qu'une femme barbue était une sorcière

mulher barbuda, de longe a saúda
mulher barbuda, Deus nos acuda
mulher barbuda, navalha na mão
mulher de pêlo na venta nem o diabo agüenta

take heed of a person marked and a woman with a beard

♦ Diz-se em espanhol: *a la mujer barbuda, de lejos se la saluda.*

11 FEMME bonne vaut une couronne

'une femme honnête est un hasard si précieux qu'on ne l'échangerait pas même contre une fortune royale'

a boa mulher é jóia que não tem preço
a mulher boa é prata que muito soa
a mulher boa vale uma coroa
mulher boa é prata que soa

a good wife and health is a man's best wealth
a good wife's a goodly prize, saith Solomon the wise
a good woman is worth, if she were sold, the fairest crown
*   that's made of pure gold*

♦ Da máxima *nihil melius muliere bona* (não há nada melhor do que uma boa mulher), de Pedro Abelardo (*Monita ad Astralabium*, 175). Trata-se, porém, de pensamento comum na Grécia antiga; cite-se, entre outros, Teógnis (1, 1.225): Οὐδέν, Κύρν', ἀγαθῆς γλυκερώτερόν ἐστι γυναικός. (Nada, ó Cirno, é mais doce do que uma boa esposa.) Diz-se em italiano: *donna buona vale una corona*.

12 FEMME de bien vaut un grand bien

= FEMME bonne vaut une couronne

13 FEMME dorée est vite consolée (1576)

'la femme est si vénale que, pour un bijou, elle oublie toute contrariété'

grande bem me quer minha mulher, se da banda do (meu) punhal há dinheiro que lhe dar (Jorge Ferreira de Vasconcelos)

grande bem me quer minha mulher, se no bolso tiver dinheiro para lhe dar

a house well-furnished makes a woman wise
dear-bought and far-fetched are dainties for ladies
far-fetched and dear-bought is good for ladies
more belongs to marriage than four bare legs in a bed

14 FEMME et melon, à peine les connaît-on (1610)

'on ne peut connaître la qualité d'un melon qu'en l'ouvrant; ainsi de la femme'

a mulher e a meloa – só a calada é que é boa
a mulher e o melão, o calado é o melhor*
da mulher e do melão, o melhor é o calado
melão e mulher difíceis são de conhecer
o melão e a mulher maus são de conhecer

* "O provérbio ainda se repete graças ao equívoco da palavra *calar* que aparenta o sentido de *guardar silêncio*, mas que efetivamente tem o significado de aprofundar, fender, abrir (como ainda hoje no uso da navegação: o *calado* dos navios; *cala* cinco pés, etc.).
    E porque os *melões* são maus de conhecer, só *calados*, isto é, feita a cala ou a fenda, poder-se-ia dizer se são realmente bons.
    O rifão anuncia, pois, que as melhores mulheres são as já experimentadas." (João Ribeiro, *FF*, p. 171)

a melon and a woman are hard to select
a woman's inward nature is as hidden and impredictable as a
*   melon inside*

    – M'as-tu assez regardée, par devant, par derrière? Qu'en veux-tu voir de plus? Tu dois pourtant me connaître!
    Et moi, clignant de l'œil finement, je disais:
    – "FEMME ET MELON, À PEINE LES COGNOIST-ON." (R. Rolland, *CB*, p. 116)

    – Você já me viu à vontade, de frente, de costas. Que mais quer ver? Já me conhece de sobra!
    E eu, piscando o olho matreiro, dizia-lhe:
    – MULHER E MELÃO, POR DENTRO SE SABE NÃO. (Trad. de Ivo Barroso)

⇒ MARIAGE comme melon: il est mauvais ou il est bon

15 FEMME et vin ont leur venin (1568)

'la grâce de la femme, ainsi comme le vin, est trompeuse; ce sont deux drogues douces, mais mortelles'

a mulher e o vinho enganam o mais fino
a mulher e o vinho fazem errar o caminho
a mulher e o vinho tiram o homem do seu juízo
do vinho e da mulher livre-se o homem, se puder
vinho, mulheres e tabaco põem o homem fraco

wine and wenches empty men's purse
wine and women make wise men mad

♦ Diz-se em espanhol: *tabaco, vino y mujer, echan al hombre a perder.*

⇒ L'on dit par bourgs, villes et villages, VIN et femmes attrapent les plus sages

16 FEMME, feu, messe, vent et mer font cinq maux de grand amer (1568)

= Qui croit sa FEMME et son curé est en danger d'être damné

17 FEMME qui parle comme homme, et géline qui chante comme coq ne sont pas bonnes à tenir (sXV)

= La POULE ne doit pas/point chanter devant le coq

⇒ Où FEMME gouverne et domine, tout s'en va bientôt en ruine

18 FEMME qui parle latin, enfant qui est nourri de vin, et soleil qui luisarne* au matin ne viennent jamais à bonne fin (sXVI)

* *Luisarne* (v. *luisarner*) = 'luit'.

'le savoir produit sur un cerveau féminin des effets aussi désastreux que l'alcool sur un organisme d'enfant'

da burra que faz "him" e da mulher que sabe latim*, livra-te tu e a mim

Deus nos guarde de mula que faz "him" e de mulher que sabe latim

longe de mim mulher que sabe latim e burra que faz "him"

mula que faz "him" e mulher que sabe latim raramente têm bom fim

mulher que fala latim, burra que faz "him" e carneiro que faz "mé", libera nos, Domine

mulher que fala latim e burra que faz "him", sai-te para lá, meu cavalim

mulher que sabe latim e burra que faz "him" raras vezes têm bom fim

* Comenta João Ribeiro (*FF*, p. 103): "O saber *latim* sempre foi sinal de habilidade e talento, e o termo *ladino* bem o exprime. Na *Eufrósina*, diz Jorge Ferreira de Vasconcelos:
'Guardeuos Deos da ira do Senhor & de aluoroço de pouo, de doudos em lugar estreito, de moça adevinha, & de molher latina...'."

a morning sun, and a wine-bred child, and a Latin-bred woman, seldom end well
take heed of a young wench, a prophetess, and a Latin woman

Brantôme cita o provérbio em espanhol:

Combien de filles estudiantes se sont perdues lisant ceste histoire que je viens de dire et celle de Biblis, de Caunus, et force d'autres pareilles, escrites dans la *Metamorphose* d'Ovyde, jusques au livre de *l'Art d'aymer* qu'il a fait; ensemble une infinité d'autres fables lascives et propos lubricques d'autres poëtes, que nous avons en lumiere, tant françois, latins, que grecz, italiens, espaignolz! Aussi, dit le reffrain espagnol, *DE UNA MULA QUE HAZE HIN, Y DE UNA HIJA QUE HABLA LATÍN, LIBERA NOS DOMINE.* (*DG*, p. 356)

Quantas jovens estudantes se perderam ao lerem a história que acabo de contar e a de Bíblis, a de Cauno, e muitas outras semelhantes, narradas nas *Metamorfoses* de Ovídio, e até em *A arte de amar*, além de um sem-número de outras fábulas lascivas e textos lúbricos de destacados poetas, tanto franceses e latinos quanto gregos, italianos e espanhóis! É como diz o adágio espanhol: *DE UNA MULA QUE HAZE HIN, Y DE UNA HIJA QUE HABLA LATÍN, LIBERA NOS DOMINE.*

♦ Pensamento de Mme de Girardin (*Lettres parisiennes*, 8 de fevereiro de 1837): "L'instruction pour les femmes, c'est un luxe; le nécessaire, c'est la séduction." (*Apud* M. Maloux)

⇒ SOLEIL qui luisarne au matin, femme qui parle latin, et enfant nourri de vin ne viennent jamais à bonne fin

F

19 FEMME rit quand elle peut, et pleure quand elle veut (1576)

'tous les comportements féminins sont calculés'

a mulher ri quando pode e chora quando quer
mulher se queixa, mulher se dói, enferma a mulher quando ela quer
sara a mulher e adoece quando quer

women laugh when they can, and weep when they will

♦ Cf. Publílio Siro (*Sententiae*, M 35): *muliebris lacrima condimentum est malitiae* (as lágrimas de uma mulher são o condimento de sua malícia). Cf. também Dionísio Catão (3, 20): *Coniugis iratae noli tu verba timere: / nam lacrimis struit insidias cum femina plorat.* (Não receies as palavras da esposa irada: quando chora é que a mulher constrói uma armadilha com as lágrimas.) E em latim medieval: *dum femina plorat decipere laborat* (enquanto chora, a mulher estuda um meio de enganar).

20 FEMME se plaint, FEMME souffre, FEMME est malade quand elle veut (sXVI: *femme se plaind, femme se deult, femme est malade quand elle veut*)

= FEMME rit quand elle peut, et pleure quand elle veut

♦ Há provérbios paralelos em italiano: *donna si lagna, donna si duole, donna s'ammala, quando la vuole* e em espanhol: *mujer se queja, mujer se duele, mujer enferma, cuando ella quiere.*

21 FEMME se retourne mieux que l'anguille

'l'esprit d'une femme est plein de ruses'

mulheres têm a idéia sem sossego

a woman need but look on her apron-string to find an excuse

22 FEMMES, moines et pigeons ne savent où ils vont

'la femme partage avec les religieux et les colombins la faculté de s'égarer' hábito de frade e saia de mulher chega (*sic*) aonde quer (*sic*)

women, priests, and poultry, are ever gadding

23 FEMMES sont anges à l'église, diables en la maison et singes au lit (1568: *femmes sont à l'église saintes, ès rues anges, à la maison diablesses*)

'créature protéiforme, la femme est une incessante métamorphose, explorant toutes les possibilités du bien et du mal'

as mulheres são anjos na igreja, diabos em casa e putas na cama

women are saints in church, angels in the street, and devils at home

24 FEMMES, vent, temps et fortune se changent comme la lune

= Souvent FEMME varie(,) bien fol (est) qui s'y fie

♦ Cf. o latim medieval *nil vento, sorte, femina infidius* (nada é mais inconstante do que o vento, a sorte e a mulher). Há correspondentes em italiano: *donna e luna, oggi serena e domani bruna* e em espanhol: *viento, mujer y fortuna, mudables como la luna* (ou ainda: *mujer, viento, tiempo y fortuna, presto se muda*).

25 Il faut chercher une FEMME avec les oreilles plutôt qu'avec les yeux

'il faut considérer la bonne réputation plutôt que la beauté de celle qu'on veut prendre pour épouse'

não use apenas os olhos para escolher uma mulher
use os ouvidos e não os olhos para escolher uma mulher

choose a wife by your ear rather than by your eye
choose not a wife by the eye only

26 Il faut se garder du devant d'une FEMME, du derrière d'une mule, et d'un moine de tous côtés (1662)

'contrairement à celle des femmes et des animaux, la sournoiserie d'un religieux est imprévisible'

guarda-te da traseira da mula, da ilharga do carro, da dianteira do frade e de vento que entra pelo buraco
guarda-te do boi pela frente, do burro por detrás e do frade por todos os lados

beware of the forepart of a woman, the hind part of a mule, and all sides of a priest
take heed of an ox before, of a horse behind, of a monk on all sides

♦ Há equivalente em italiano: *guardati dal davanti della donna, dal di dietro d'un mulo e da tutti i lati dal frate.*

⇒ Méfie-toi des FEMMES par devant, des mules par derrière et des moines de tous côtés

27 Il ne faut pas battre une FEMME même avec une fleur

'la fragilité de la femme n'admet aucun châtiment'

não se deve bater na mulher nem com uma flor
numa mulher não se bate nem com uma flor

it is an ill-bred dog that will beat a bitch

28 Il ne faut prendre ni FEMME ni étoffe à la chandelle (sXVI: *toille, femme layde ny belle, prendre ne doibt à la chandelle*)

'il faut faire la pleine lumière sur le caractère d'une femme avant de s'engager'

nem bois à noite, nem mulheres à candeia
nem mulher nem seda à luz da candeia

choose neither a woman nor linen by candle-light
choose not a woman nor linecloth by a candle
never choose your women or your linen by candle-light

♦ Diz-se em italiano: *né donna né tela a lume di candela.*

⇒ Prendre on ne doit à la CHANDELLE: argent, toile, ni pucelle

29 Il n'y a FEMME, cheval, ni vache, qui n'ait toujours quelque tache

= Des FEMMES et des chevaux, il n'y en a point sans défaut

30 La FEMME de César ne doit pas être soupçonnée

'en vertu de l'essence même de la majesté, il faut que les grands de ce monde soient au-dessus de tout soupçon'

a mulher de César está acima de qualquer suspeita
a mulher de César não pode ser sequer suspeitada

Caesar's wife must be above suspicion

Pas plus que LA FEMME DE CÉSAR, un journaliste NE DOIT PAS ÊTRE SOUPÇONNÉ. (G. de Maupassant, *BA*, p. 176)

Tanto quanto a MULHER DE CÉSAR, o jornalista DEVE ESTAR ACIMA DE QUALQUER SUSPEITA.

♦ "Clódio, apaixonado por Pompéia, mulher de César, introduziu-se, disfarçado, numa festa a que só eram admitidas mulheres. Tendo sabido disto, César repudiou a Pompéia, embora ela estivesse inocente." (Antenor Nascentes)

31 La FEMME est la clef du ménage

'elle était la souveraine de la maison – mais la situation a beaucoup évolué désormais; elle a dû abdiquer beaucoup de ses prérogatives sous son toit; le pouvoir de l'homme y progresse'

a mulher é o cura do lar

the wife is the key of the house

32 La FEMME est un animal à cheveux longs et à idées courtes

'beauté extérieure et intérieure ne sont compatibles'

a mulher é um animal de cabelos longos e idéias curtas

women have long hair and little sense
women have long hair and short brains
women have more hair than wit

♦ "Un professeur de droit, au XVIᵉ siècle, dit que Dieu forma dans la femme 'toutes les parties du corps qui sont douces et aimables; mais que pour la tête [...] il en abandonna la façon au diable'." (J.-Y. Dournon)

♦ Provérbio do latim medieval: *mulieribus longam esse caesariem, brevem autem sensum* (as mulheres têm cabelos longos e idéias curtas). Há correspondentes em italiano: *le donne hanno lunghi capelli e corti cervelli* e em espanhol: *la mujer trocó el seso por el cabello.*

⇒ Longs CHEVEUX, courte cervelle

33 La FEMME est un mal nécessaire

'si la femme est un mal, comme bien des époques l'ont proclamé, elle est un mal bien singulier, puisque l'homme non seulement s'y résigne, mais y aspire; d'où son caractère nécessaire'

a mulher é um mal necessário

wives and wind are necessary evils
wives must be had, be they good or bad
women are necessary evils

♦ De um fragmento do comediógrafo Filêmon: κακὸν ἀναγκαῖον γυνή.

⇒ Le plus grand MALHEUR ou bonheur de l'homme est une femme

34 La FEMME et la poule se perdent par trop courir

'la poule est une cavaleuse; la femme, dans un autre sens, l'est aussi; dans les deux sens, l'une comme l'autre s'y perdent'

a mulher e a galinha não se deixa passear(: a galinha o bicho come, a mulher dá que falar)
a mulher e a galinha por andar se perde (*sic*) asinha ['depressa']

a woman and a hen are soon lost by gadding about
women and hens are lost by gadding
women and hens by too much gadding are lost

H. de Balzac consigna uma versão mais ferina em espanhol:

Les Espagnols, dont les veines reçurent par tant de mélanges l'incontinence africaine, déposent le secret de leurs désirs dans cette maxime qui leur est familière: *MUJER Y GALLINA, PIERNA QUEBRANTADA* (il est bon que la femme et la poule aient une jambe rompue). (*PM*, p. 178)

Os espanhóis, cujas veias receberam por tantas misturas a incontinência africana, depositam o segredo dos seus desejos nesta máxima que lhes é familiar: *MUJER Y GALLINA, PIERNA QUEBRANTADA*; convém que a mu-

lher e a galinha tenham uma perna quebrada. (Trad. de Mário D. Ferreira Santos)

♦ O provérbio tem equivalentes em italiano: *femmine e galline per girellar troppo si perdono* e em espanhol: *la mujer y la gallina por andar se pierden aína* ['fácilmente, pronto'].

⇒ Les FILLES et les poules par trop errer se perdent

35 La FEMME et le verre sont toujours en danger (sXVII)

'la femme et sa réputation sont aussi fragiles que le verre'

a mulher e o vidro estão sempre em perigo

a woman and a glass are ever in danger
glasses and lasses ['young ladies'] are brittle ware

♦ Cf. o latim *et vitrum et mulier sunt in discrimine semper.*

36 La FEMME ne doit pas apporter de tête en ménage (sXVI)

= La POULE ne doit pas/point chanter devant le coq

37 (La) FEMME sait un art avant le diable

= MALICE n'est sur MALICE de femme

38 La plus belle FEMME du monde ne peut donner que ce qu'elle a (1842)

= La plus belle FILLE du monde ne peut donner que ce qu'elle a

39 Les FEMMES, c'est comme la soupe, il ne faut pas les laisser refroidir

'l'érotisme est un des arts de la bouche, autant que la gastronomie s'apparente à l'érotisme; ils ont bien des principes en commun'

a mulher e a sopa não se deixam esfriar

puddings and paramours should be hotly handled

40 Les FEMMES fenestrières et les terres de frontière sont mauvaises à garder (sXVI)

'femme et terre trop regardées éveillent la cupidité'

mulher janeleira, uvas de carreira
mulher janeleira, uvas na parreira
terra de ladeira e moça de janela, o diabo pegue nela (*sic*)

a woman that loves to be at the window, is like a bunch of grapes on the highway

⇒ Qui a belle FEMME et château en frontière jamais ne lui manque débat ni guerre

41 Les FEMMES sont comme les omelettes: elles ne sont jamais assez battues

'jouant de la proximité entre l'érotisme et les arts culinaires, la malice populaire, souvent misogyne, en tire des calembours'

F

com pau se quer (*sic*) mula e mulher
quanto mais me bates, mais gosto de ti

a woman, a dog, and a walnut-tree, the more you beat them the better they be

⇒ Bon CHEVAL, mauvais CHEVAL veut l'éperon; bonne femme, mauvaise femme veut le bâton

42 Méfie-toi des FEMMES par devant, des mules par derrière et des moines de tous côtés

= Il faut se garder du devant d'une FEMME, du derrière d'une mule, et d'un moine de tous côtés

43 On n'a jamais vu FEMME belle qui aussi ne fût rebelle (1532)

'l'amour et la guerre vont de pair; l'agressivité est un ingrédient nécessaire de l'érotisme'

mulher formosa, mulher perigosa

please your eye and plague your heart

– (...) L'on dict bien que à grand peine:
VEIT ON JAMAIS FEMME BELLE
QUI AUSSI NE FEUST REBELLE;

"Mais cella est dict de ces beaultez vulgaires. La vostre est tant excellente, tant singulière, tant celeste, que je crois que nature l'a mise en vous comme un parragon pour nous donner entendre combien elle peut faire quand elle veult employer toute sa puissance et tout son sçavoir. (F. Rabelais, *P*, p. 124)

– (...) É costume dizer, lamentando:
NÃO HÁ MULHER BELA
QUE REBELDE NÃO SEJA.

"Mas isso se diz quando se trata de belezas vulgares. A vossa é tão superior, tão singular, tão celestial, que julgo que a natureza a pôs em vós como modelo para nos mostrar o muito que pode fazer quando quer empregar toda a sua força e todo o seu saber.

44 Où FEMME gouverne et domine, tout s'en va bientôt en ruine

'la femme ne doit pas usurper les prérogatives masculines'

homem governado pela mulher nunca dá carreira certa
mal vai à casa onde a roca manda mais que a espada
mal vai ao fuso quando a barba não anda em cima
triste da casa onde a galinha canta e o galo cala

it is a sad house where the hen crows louder than the cock
the hen ought not to cackle when the cock is by

♦ Cf. Eurípides (*Electra*, 936-937): Ἐπίσημα γὰρ γήμαντι καὶ μείζω λέχη / τἀνδρὸς μὲν οὐδείς, τῶν δὲ θηλειῶν λόγος. (Se o homem faz um casamento brilhante e acima da sua classe, perde todo o valor: só a mulher é que conta.) Diz-se em italiano: *dove la donna domina e governa, ivi sovente la pace no sverna.*

⇒ La POULE ne doit pas/point chanter devant le coq

45 Qui a belle FEMME et château en frontière jamais ne lui manque débat ni guerre

'il faut s'attendre à subir les conséquences d'avoir été favorisé par la fortune'

a quem tem mulher formosa, castelo na fronteira e vinha na carreira, nunca lhe falta canseira
mulher formosa, vinha e figueiral mui maus são de guardar
quem tem mulher bonita, castelo na fronteira e videiras na estrada nunca verá o fim da guerra
quem tem mulher bonita e castelo na fronteira viverá sempre em canseira

a fair wife and a frontier castle breed quarrels

♦ Cf. Publílio Siro (*Sententiae*, M 18 e N 32, respectivamente): *maximo periculo custoditur, quod multis placet* (guarda-se com enorme risco o que a muitos agrada) e *non facile solus serves quod multis placet* (sozinho não conservarás sem esforço o que a muitos agrada). Há correspondentes em italiano: *chi ha bella donna e castello in frontiera, non ha mai pace in lettiera* e em espanhol: *quien tiene mujer parlera, o castillo en la frontera, o viña en la carretera, no le puede faltar guerra.*

⇒ Les FEMMES fenestrières et les terres de frontière sont mauvaises à garder

46 Qui croit sa FEMME et son curé est en danger d'être damné (1640)

'femmes comme gens d'Église sont bavards et dissimulateurs; leur indiscrétion est aussi redoutable que leur dissimulation'

frade e mulher: duas garras do diabo
frade, freira e mulher rezadeira – três pessoas distintas e nenhuma verdadeira

no mischief but a woman or a priest is at the bottom of it

⇒ MALICE n'est sur MALICE de femme

47 Qui entretient FEMME et dés mourra en pauvreté (1568: *qui hante la femme et le dé mourra en pauvreté*)

'sexe et jeu font la damnation de l'homme'

quem com elas joga o vinte ou sai pobre ou pedinte

play, women and wine undo men laughing
women and wine, game and deceit, make the wealth small, and the wants great

⇒ Le JEU, la femme et vin friand font l'homme pauvre tout en riant

48 Qui épouse la FEMME épouse les dettes

'les choses agréables ont leur mauvais côté'

quem come a carne (que lhe) roa o osso

he deserves not the sweet that will not taste the sour
they that eat the sweet must taste the bitter

⇒ Qui épouse la VEUVE épouse les dettes

49 Qui FEMME a, noise/guerre a (1568: *qui femme a nois'a*)

'les querelles sont inséparables de l'état de mariage'

casa-te e verás: perdes o sono e mal dormirás
quem casa com amores vive com dores

he that has a wife, has strife
needles and pins, needles and pins: when a man marries his trouble begins

♦ Cf. o latim medieval *Qui caret uxore, lite caret atque dolore. / Qui capit uxorem, capit absque quiete dolorem.* (Quem não tem mulher não tem demanda nem dor. / Quem tem mulher troca sossego por dor.)

50 Qui perd sa FEMME et quinze sous c'est dommage pour l'argent

'la femme a si peu de prix qu'il est moins dommageable de la perdre qu'une quelconque somme d'argent'

para quem perde a mulher e um tostão, a maior perda é a do dinheiro
quem perde a mulher perde muito, quem perde dinheiro perde muito mais

he that loses his wife and sixpence, has lost a tester ['sixpence']

Malheureusement, la race tarasconnaise, plus galante que sentimentale, ne prend jamais les affaires du cœur au sérieux: "QUI PERD UNE FEMME ET QUINZE SOUS, C'EST GRAND DOMMAGE DE L'ARGENT..." répondait le sentencieux Placide, et Spiridion pensait exactement comme lui; (...). (A. Daudet, *TA*, p. 162)

Infelizmente a raça tarasconesa, mais galante do que sentimental, nunca leva a sério os assuntos do coração: – PERDER UMA MULHER E QUINZE VINTÉNS É PENA, POR CAUSA DO DINHEIRO... – dizia o sentencioso Placide, e Spiridion pensava exatamente como ele; (...).

♦ M. Quitard consigna a forma **À qui perd sa femme et un denier c'est grand dommage de l'argent**. E acrescenta: "Les italiens disent de même: *Chi perde la sua moglie e un quattrino, ha gran perdita del quattrino.*"

51 Qui prend une FEMME pour sa dot à la liberté tourne le dos

'qui se marie par intérêt perd sa liberté'

em casa de mulher rica, ela manda, ela grita
pobre com rica casado, mais que marido, é criado
por cobiça de florim, não te cases com mulher ruim (aprox.)

a great dowry is a bed full of brambles
he that marries for wealth, sells his liberty
who takes a wife for a dower surrenders his power

♦ Ressalva, porém, Montaigne em "De l'affection des

pères aux enfants" (*E*, II, viii [t. I, p. 557-558]): "Mais ceulx qui nous desconseillent les femmes riches, de peur qu'elles soient moins traictables et recognoissantes, se trompent de faire perdre quelque reelle commodité pour une si frivole coniecture. A une femme desraisonnable, il ne couste non plus de passer par dessus une raison que par dessus une aultre; elles s'ayment le mieulx où elles ont plus de tort: l'iniustice alleiche; comme les bonnes, l'honneur de leurs actions vertueuses; et en sont debonnaires d'autant plus qu'elles sont plus riches; comme plus volontiers et glorieusement chastes, de ce qu'elles sont belles." ("Contudo os que se afastam das mulheres ricas, com receio de que sejam orgulhosas e dominadoras, não procedem tampouco ajuizadamente, pois perdem uma vantagem real e tangível de medo de uma conjetura duvidosa. Uma mulher insensata, não a detém a fortuna nem a pobreza: o que gosta é de seus próprios erros; o mal a atrai como a virtude atrai as boas. As mais ricas são muitas vezes as mais cordatas, como não raro as mais belas são as mais castas." – Trad. de Sérgio Milliet)

♦ Cf. Plauto (*Asinaria*, 87): *Argentum accepi, dote imperium uendidi.* (Recebi o dinheiro, vendi minha autoridade pelo dote.) Diz-se em espanhol: *pobre con rica casado, más que marido, es criado.*

52 Souvent FEMME varie(,) bien fol (est) qui s'y fie (sXVI)

'inconstance, frivolité et versatilité font qu'on ne peut placer sa confiance en une femme'

mulher, tempo e ventura asinha ['depressa'] se muda (*sic*)
mulher, vento e ventura asinha se muda (*sic*)

a woman is a weathercock
a woman's mind and winter wind change oft
winter weather and women's thought change oft
women are as changeable as the wind
women are as wavering as the wind
women, wind and fortune are ever changing

Dans son chagrin, il se répétait ces jolis vers de François Ier, qui lui semblaient nouveaux, parce qu'il n'y avait pas un mois que Mme de Rênal les lui avait appris. Alors, par combien de serments, par combien de caresses chacun de ces vers n'était-il pas démenti! SOUVENT FEMME VARIE, / BIEN FOL QUI S'Y FIE. (Stendhal, *RN*, p. 168)

No seu desgosto, repetia aqueles lindos versos de Francisco I, que lhe pareciam novos, pois que não havia um mês ainda que a Sra. de Rênal lhos ensinara. Com quantas juras, com quantos carinhos eram eles desmentidos naquele momento! FREQÜENTEMENTE MUDA A MULHER; / BEM DOIDO É QUEM NELA SE FIA. (Trad. de De Sousa e Casimiro Fernandes)

La marquise s'élança sur sa fille, les deux bras ouverts, et l'étreignit frénétiquement, couvrant de larmes son visage, tandis que Servigny, l'âme radieuse, la chair émue, s'avançait sur le balcon pour respirer le grand air frais de la nuit, en fredonnant:
SOUVENT FEMME VARIE, / BIEN FOL EST QUI S'Y FIE. (G. de Maupassant, *Y*, p. 179)

A marquesa lançou-se sobre a filha, com os dois braços abertos, e estreitou-a freneticamente, cobrindo-lhe o rosto de lágrimas, enquanto Servigny, de alma radiosa, emocionado, dirigia-se ao balcão para respirar o ar fresco da noite, cantarolando:
FREQÜENTEMENTE AS MULHERES VARIAM / BEM TOLO É QUEM SE FIA NELAS. (Trad. de Myriam Gaspar de Almeida)

Citado em latim por H. de Balzac (expressão de Virgílio [*Aeneis*, 4, 569-570]):

Parfois, elle devient tout à coup d'une extrême tendresse, comme par repentir de ses pensées et de ses projets; parfois, elle est maussade et indéchiffrable; enfin, elle accomplit le *VARIUM ET MUTABILE [SEMPER] FEMINA* que nous avons eu jusqu'ici la sottise d'attribuer à leur constitution. (*PM*, p. 126)

Muitas vezes, ela se torna repentinamente de uma extrema ternura, como para se arrepender dos seus pensamentos e projetos; outras vezes, é insípida e indecifrável; finalmente, realiza o *VARIUM ET MUTABILE [SEMPER] FEMINA*, que tivemos até aqui a tolice de atribuir à sua constituição. (Trad. de Mário D. Ferreira Santos)

♦ Atribuído a Francisco I. "O rei teria gravado esse dístico no vidro de uma janela do castelo de Chambord." (Paulo Rónai, *DUC*, p. 651)

53 Toutes vous autres FEMMES êtes ou fûtes, d'effet ou de volonté, putes (sXIII)

'qu'elle passe à l'acte ou se contente du phantasme, le désir de se prostituer habite toute femme'

aquela é casta que não foi rogada

all women may be won

Je ne veux pourtant taxer beaucoup d'honnestes et sages femmes mariées, qui se sont comportées vertueusement et constamment en la foy saintement promise à leurs marys; et en espere faire un chapitre à part à leur louange, et faire mentir maistre Jean de Mun, qui, en son *Roman de la Rose*, dit ces mots: "TOUTES VOUS AUTRES FEMMES...
ESTES OU FUSTES,
D'EFFET OU DE VOLONTÉ, PUTES",
dont il encourut une telle inimitié des dames de la cour pour lors, (...). (Brantôme, *DG*, p. 129)

Não quero, porém, incriminar inúmeras mulheres casadas honestas e honradas que sempre se comportam com virtude, e guardam a santa promessa de fidelidade feita a seus maridos; espero dedicar um capítulo especial em seu louvor, desmentindo o mestre Jean de Meung, que no *Romance da Rosa* usa estas palavras: "MULHERES, TODAS VÓS...
SOIS OU JÁ FOSTES,
EM OBRA OU EM PENSAMENTO, PUTAS",
o que então despertou a grande inimizade das damas da corte, (...).

⇒ Belle FEMME a peine à rester chaste

54 Trois FEMMES font un marché (sXVII)

'trois femmes réunies font autant de bruit qu'une foule sur un marché'

três mulheres e um pato fazem uma feira
três mulheres fazem um mercado e quatro uma feira

three women (and a goose) make a market
where there are women and geese, there wants no noise

♦ Do latim medieval *tres feminae et tres anseres sunt nundinae* (três mulheres e três gansas são um mercado). Há correspondentes em italiano: *tre donne fanno un mercato e quattro fanno una fiera*, em espanhol: *tres mujeres y un ganso hacen un mercado* e em alemão: *drei Weiber und eine Gans machen einen Jahrmarkt*.

55 Une FEMME ne cèle que ce qu'elle ne sait pas (sXVI)

'la femme est un remarquable conducteur d'information: tout ce qui passe à sa portée est destiné à être redistribué'

se teu segredo confias a uma mulher, em breve será público
segredo em boca de mulher é como manteiga em venta de cachorro
segredo em boca de mulher é manteiga em focinho de cão
segredo em boca de mulher é o mesmo que escrever em papel
segredo em boca de mulher é o mesmo que manteiga em venta de gato

a sieve will hold water better than a woman's mouth a secret
a woman conceals what she knows not

⇒ Deux FEMMES font un plaid, trois un grand caquet, quatre un plein marché

56 Une FEMME qui sent bon est une FEMME qui ne sent pas

'les odeurs naturelles de la femme sont si fortes que le mieux qu'on en puisse attendre, c'est qu'elle les élimine'

a mulher cheira bem quando a nada cheira
as mulheres cheiram bem quando não cheiram a outra coisa

she smells best that smells of nothing

Michel, qui exècre les parfums ("UNE FEMME QUI SENT BON EST UNE FEMME QUI NE SENT PAS") a du mal à se faire aux vagues relents d'huile de Macassar et d'eau de rose. (M. Yourcenar, *AN*, p. 270)

Michel, que abomina os perfumes ("UMA MULHER QUE CHEIRA BEM É UMA MULHER QUE NÃO CHEIRA"), custa a se habituar aos vagos bafios de óleo de Macassar e de água de rosas. (Trad. de Tati de Moraes)

♦ Cf. Plauto (*Mostellaria*, 273): *mulier recte olet, ubi nihil olet.*

⇒ C'est PUER que de sentir bon

FER *s.m.* ferro; *iron*

1 Il faut battre le FER tandis/pendant qu'il est chaud (1568; sXIII: *en dementres que li fers est chaus le doit l'en battre*)

'quand une entreprise est en train, il faut la mener à son terme'

a ferro quente, malhar de repente
bate-se o ferro enquanto está quente
coze(-se) o pão enquanto o forno está quente
malha no ferro enquanto está quente
malha o ferro enquanto está quente
quando o ferro estiver acendido, então há de ser batido

make hay while the sun shines
put out your tubs when it is raining
strike while the iron is hot

"Vous avez fait une forte impression sur notre voisine", dit Mathieu.
Gomez jeta un regard sur sa gauche, entre ses beaux cils.
"Oui? dit-il. Eh bien, IL FAUT BATTRE LE FER PENDANT QU'IL EST CHAUD. (J.-P. Sartre, *S*, p. 326)

– Você impressionou fortemente a vizinha – disse Mathieu.
Gomez deu uma olhadela à esquerda por entre seus belos cílios.
– É. Convém MALHAR O FERRO ENQUANTO ESTÁ QUENTE. (Trad. de Sérgio Milliet)

♦ Do latim *ferrum cudendum est dum candet in igne*. O provérbio tem correspondentes em italiano: *il ferro va battuto quando è caldo*, em espanhol: *cuando el hierro está acendido, entonces ha de ser batido* (ou ainda: *machacar en hierro frío, tiempo y trabajo perdido*) e em alemão: *man soll Eisen schmieden, solange es heiss ist.*

2 Pendant que le FER est chaud il le faut battre (1532)

= Il faut battre le FER tandis/pendant qu'il est chaud

Mais Pantagruel, tout le senat ensemble, dist:
"Messieurs, ce PENDENT QUE LE FER EST CHAULT IL LE FAULT BATRE; pareillement, devant que nous debaucher davantaige, je veulx que allions prendre d'assault tout le royaulme des Dipsodes. (F. Rabelais, *P*, p. 166)

Mas Pantagruel, diante de todo o senado reunido, disse:
– Senhores, é ENQUANTO O FERRO ESTÁ QUENTE QUE DEVE SER BATIDO; do mesmo modo, antes de nos dispersarmos, vamos tomar de assalto o reino dos dipsodas.

⇒ Quand on tient la POULE, il faut la plumer

3 Qui frappe avec le FER périra par le FER

= Qui/Quiconque se sert de l'ÉPÉE périra par l'ÉPÉE

⇒ VIOLENCE engendre VIOLENCE

4 Tant chauffe-t-on le FER qu'il rougit (sXV)

'l'abus des choses finit par les rendre inutilisables'

tanto anda a linhaça até que quebra a cabaça

they that walk much in the sun will be tanned at last

∴ Ver abonação em TANT GRATTE CHÈVRE QUE MAL GÎT.

⇒ À force d'aller à la FONTAINE, la cruche y reste

FERVEUR *s.f.* fervor, zelo; *fervour*

Il n'est FERVEUR que de novice

'c'est lorsque l'on commence que l'on montre le plus d'ardeur'

vassoura nova é que varre bem
vassoura nova é que varre melhor

a new broom sweeps clean

⇒ Il n'est rien que BALAI neuf

FESSÉE *s.f.* palmada; *smacking on the bottom, spanking*

Pour une bonne FESSÉE, le derrière ne tombe pas

'il ne faut pas faire un drame d'une bonne correction, bien appliquée'

o coice da égua não faz mal ao potro
pancada de mãe não mata filho
pé de galinha não mata pinto

the kick of the dam hurts not the colt

⇒ Qui AIME bien châtie bien

FESTIN *s.m.* banquete, festim; *feast*

Il n'est FESTIN que de gens chiches

= Il n'est BANQUET que d'homme chiche

FÊTE *s.f.* festa; *party, feast*

1 Après la FÊTE, on gratte la tête (1640)

'après la folie, le réveil de la conscience; après l'oubli, le réveil de la mémoire; après la dépense, le réveil du repentir; après l'anomie, le réveil de la loi; etc.'

depois da festa, coçar na testa
depois da festa, sua-se da testa

after a feast, a man thinks of the bill
merry is the feast-making till we come to the reckoning

2 C'est toujours FÊTE quand des amis se retrouvent

'plus on est nombreux, plus on s'amuse'

o encontro de amigos é sempre uma festa

it is merry in hall when beards wag all
it is merry when friends meet
when friends meet, hearts warm

⇒ Plus on est de FOUS, plus on rit

3 FÊTE de jeudi, viande le vendredi (rég., Gascogne)

= Il n'est pas de bonne(s) FÊTE(S) sans lendemain

4 Il ne faut pas chômer les FÊTES avant qu'elles soient venues

= Il ne faut pas chanter le MAGNIFICAT à matines

⇒ Tel entre PAPE au conclave qui en sort cardinal

5 Il n'est pas de bonne(s) FÊTE(S) sans lendemain (1640)

'un jour de divertissement, de réjouissances gastronomiques ne suffit pas; la fête serait incomplète, si elle ne devait se continuer le lendemain'

a festa quer véspera
não há boda sem torna-boda ['festa no dia seguinte ao das núpcias']

there's no such thing as a one-day party (aprox.)

♦ A definição adotada é a de L. Martel, que acrescenta: "C'est la coutume, dans nos campagnes, que les fêtes annuelles des villages durent plusieurs jours ou plusieurs dimanches de suite." Note-se, porém, que M. Maloux dá outra interpretação: "Cf. Mᵐᵉ de Girardin, *la Canne de M. Balzac*, XII: 'Ce proverbe ne veut pas dire qu'il faille s'amuser deux jours de suite; il signifie que c'est seulement le lendemain que nous saurons si nous avons eu raison de nous réjouir la veille.'"

⇒ Jamais NOCE sans réveillon

6 Passée la FÊTE, adieu le saint

'une fois le plaisir passé, on oublie qui l'a fait naître'

festa acabada, músicos a pé
festa acabada, músicos aos pontapés
passada a festa, esquecido o santo

when the fish is caught, the net is laid aside

♦ Diz-se em italiano: *passata la festa, gabbato lo santo*.

⇒ DANGER passé, saint moqué

FEU *s.m.* fogo, fogueira; *fire, bonfire*

1 Ce que vous avez perdu dans le FEU, vous le retrouverez dans la cendre

'rien n'est jamais définitivement perdu, mais de ce que consume la passion, il ne reste pas grand chose'

o que se perde no fogo na cinza aparece

what is lost in the fire will be found in the embers

2 FEU ne sera ja* bien couvert là où il y a autrui sergent (sXV)

* *Ja* = 'jamais'.

'il est des responsabilités brûlantes dont on ne peut se décharger sur autrui'

diz um verso acostumado: quem quer fogo busque a lenha (Gil Vicente)
quem quer fogo busque a lenha

if thou thyself canst do it, attend no other's help or hand

⇒ Il n'y a point meilleur MESSAGER que soi-même

3 Il faut faire FEU qui dure (sXVII)

'le feu, par nature, est impatient; tout le savoir-faire de l'homme consiste à le contraindre à durer; il en va de même de tous les instincts premiers'

guarda o que puderes, terás o que quiseres
guarda o teu dinheiro para o mau tempo
poupa o teu vintém, (que) serás um dia alguém

if you can spend much, put the more to the fire
in fair weather prepare for foul
keep something for the sore foot
lay up for a rainy day

PETIT-JEAN. (...) Je lui disoit parfois: "Monsieur Perrin-Dandin, / Tout franc, vous vous levez tous les jours trop matin. / *Qui veut voyager loin ménage sa monture*; / Buvez, mangez, dormez, et FAISONS FEU QUI DURE". (Racine, *Les Plaideurs*, in *TC*, p. 158)

PETIT-JEAN. (...) Às vezes eu lhe dizia: "Senhor Perrin-Dandin, / Para ser franco, o senhor se levanta todos os dias muito cedo. / *Quem quer ter vida longa tem de cuidar-se*; / Beba, coma e durma bem, que ASSIM SE VAI LONGE.

⇒ Il faut garder toujours une POIRE pour la soif

4 Il ne faut pas badiner avec le FEU

'entre le jeu et le feu, il y a toute la différence entre le virtuel et le réel, qui n'obéissent pas aux mêmes lois; on court grand danger à croire que le réel peut se plier aux lois du virtuel: c'est le réel qui toujours a le dernier mot; ce que nos contemporains ne cessent d'oublier'

com (o) fogo não se brinca
quem brinca com fogo faz xixi na cama

it is a great danger to play with fire

♦ Título de um provérbio dramático de Théodore Leclercq: *La Scène double ou Il ne faut pas badiner avec le feu.*

5 Il n'est FEU que de bois vert

= Verte BÛCHE fait chaud feu

6 Il n'est FEU que de gros bois (1568)

'la grosseur des bûches est garante de la qualité et de la durée d'un feu; de même, l'âge adulte est celui qui possède le plus grand pouvoir de rayonnement'

não se põe pé em ramo verde

old wood is best to burn, old horse to ride, old books to read, and old wine to drink

7 Il n'est jamais FEU sans fumée (sXVI)

= On ne saurait faire le FEU si bas que la fumée n'en sorte

8 Le FEU et l'eau sont bons serviteurs, mais mauvais maîtres

'si on ne domine pas la nature, elle vous domine'

o fogo e a água são maus amos e bons criados

fire and water are good servants, but bad masters

♦ Há provérbio paralelo em italiano: *il fuoco e l'acqua sono buoni servitori, ma cattivi padroni.*

9 Le FEU le plus couvert est le plus ardent (1495)

'l'amour le plus caché est le plus violent; c'est pourquoi l'amour courtois recommandait aux amants de demeurer dans la clandestinité'

o fogo no coração atira o fumo para a cabeça

fire that's closest kept burns most of all

♦ A idéia está em Ovídio (*Metamorphoses*, 4, 64): *quoque magis tegitur, tectus magis aestuat ignis* (quanto mais oculta é sua chama, mais violentamente queima no fundo de sua alma).

10 Le FEU purifie tout

'par une épreuve douloureuse s'expient les fautes'

o fogo tudo purifica

fire cleanses everything

11 Le FEUX(X), l'amour, aussi la toux, se connaissent par-dessus tout (sXVI)

= AMOUR, toux, fumée et argent ne se peuvent cacher longtemps

12 On ne saurait boire et souffler le FEU

'chaque chose à son heure'

com a bochecha cheia de água ninguém sopra
deitar sopas e sorver não pode tudo ser
não posso ter a boca cheia de água e assoprar no fogo
não se pode assobiar/assoviar e chupar cana (ao mesmo tempo)
não se pode chupar cana e assobiar/assoviar (ao mesmo tempo)
não se pode fazer a par: comer e assoprar
não se pode soprar e engolir ao mesmo tempo
ninguém pode tocar flauta e chupar cana ao mesmo tempo

it is hard to laugh and cry both with a breath
no man can do two things at once
no man can sup and blow together
one cannot drink and whistle at once

♦ A fonte é Mateus 6, 24.

⇒ On ne peut SOUFFLER et humer ensemble

13 On ne saurait faire le FEU si bas que la fumée n'en sorte (sXVI)

'c'est le principe inverse du célèbre: "il n'y a pas de fumée sans feu"; s'il n'y a pas d'effet sans cause, il n'y a pas de cause sans effet'

onde fogo há, fumo se levanta
onde há fogo logo fumega

you cannot make the fire so low, but it will get out

⇒ Si bas que soit la BRAISE, la fumée en sort

14 Si l'on n'est pas brûlé par le FEU, on est noirci par la fumée

'si les mauvaises fréquentations ne corrompent pas les mœurs, elles ternissent la réputation'

ninguém toca em carvão que não fique enfarruscado
quem com cães se deita com pulgas se levanta
quem com coxo anda aprende a mancar
quem com morcegos anda dorme de cabeça para baixo
quem está perto do fogo é que se queima

he that dwells next door to a cripple, will learn to halt ['limp']
keep not ill men company, lest you increase the number
no good apple on a sour stock
one is not smelt where all stink

⇒ Qui hante CHIEN(S) puces remporte

FEUILLE *s.f.* folha; *leaf*

1 La FEUILLE tombe à terre, ainsi tombe la beauté

= Il n'est si belle ROSE qui ne devienne gratte-cul

2 Qui craint les FEUILLES n'aille point au bois (1752)

'qui craint le péril ne doit point aller où il s'en trouve'

F

quem não pode com mochila não segura no bornal
quem não pode com o pote não pega na rodilha
quem não tem competência não se estabelece
quem tem medo compra um cão
quem tem medo de cagar não come
quem tem medo do mar não se embarque
quem tem medo não mama em onça

he that fears every bush must never go a-birding
he that fears every grass must not piss in a meadow
he that fears every grass must not walk in a meadow
he that fears leaves, let him not go into the wood
he that is afraid of the wagging of feathers, must keep from among wild fowl

♦ Diz-se em italiano: *chi ha paura d'ogni foglia, non vada al bosco.*

⇒ Il ne faut pas aller au BOIS qui craint les feuilles

FÉVRIER *s.m.* fevereiro; *February*

1 Avoine de FÉVRIER remplit le grenier

dicton agricole

aveia em fevereiro enche o celeiro

who in Janiveer ['January'] sows oats, gets gold and groat ['British coin worth four-pence']; who sows in May, gets little that way

2 FÉVRIER, de tous les mois, le plus court et le moins courtois (rég., Normandie, Provence)

= FÉVRIER, entre tous les mois, est de tous le pire à la fois

3 FÉVRIER, entre tous les mois, est de tous le pire à la fois (sXVI)

dicton météorologique

fevereiro – o mais curto mês e o menos cortês

February is as kind as a kite, for what he cannot eat he'll always hide

♦ Há correspondentes em italiano: *febbraio, febbraietto, mese corto e maledetto* e em espanhol: *febrero el corto, el peor de todos.*

4 FÉVRIER, le plus court des mois, est de tous le pire à la fois

= FÉVRIER, entre tous les mois, est de tous le pire à la fois

5 Mois de FÉVRIER, le plus petit, le plus diable

= FÉVRIER, entre tous les mois, est de tous le pire à la fois

FIANÇAILLES *s.f.pl.* noivado; *engagement*

FIANÇAILLES vont en selle et repentailles en croupe

'on se marie cavalièrement et puis on se repent à loisir'

casamento feito, noivo arrependido
o noivado vai a cavalo e o arrependimento à garupa
quem casa a correr toda a vida tem para se arrepender
quem casa muito prontamente arrepende-se muito longamente

marriage rides upon the saddle and repentance upon the crupper
marry in haste, and repent at leisure

♦ "(...) à l'époque où il [ce proverbe] fut introduit, les fiancés, du moins ceux d'une condition au-dessus de l'ordinaire, se rendaient à cheval à l'église, n'ayant pas, comme aujourd'hui, des voitures pour y être transportés." (M. Quitard)

♦ Diz-se em espanhol: *hoy casamiento, y mañana cansamiento.*

FIEL *s.m.* fel; *gall*

Un peu de FIEL gâte beaucoup de miel

'une petite incommodité suffit à gâter de grands plaisirs'

pouco fel dana muito mel
pouco fel faz azedo muito mel

a little ater ['venom'] bitters much sweet
one drop of poison infects the whole tun of wine

♦ Há provérbios paralelos em italiano: *poco fiele fa amaro molto miele* e em espanhol: *poca hiel hace amarga mucha miel.*

⇒ Un peu de LEVAIN aigrit beaucoup de pâte

FIÈVRE *s.f.* febre; *fever*

1 Les FIÈVRES de l'automne sont longues ou mortelles

'les maux qui nous adviennent à la fin de notre vie sont les plus pénibles'

febre outonal ou longa ou mortal
febres outonais ou longas ou mortais

autumnal agues are long or mortal

♦ Do latim: *morbi autumnales, aut longi, aut mortales* (doenças do outono ou longas ou mortais). Há correspondentes em italiano: *febbre autumnale, o lunga o mortale* e em espanhol: *fiebre que de octubre pasa, grave censo es en la casa.*

2 Tomber de FIÈVRE en chaud mal (loc. prov.; sXVII)

= Sauter/Tomber de la POÊLE en/dans la braise/(le feu)

⇒ Tel pense fuir la LOUVE qui rencontre le LOUP

FIFRE *s.m.* pífaro; *fife*

Ce qui vient du FIFRE retourne au tambour

= BIEN mal acquis ne profite jamais

⇒ Ce qui vient de la FLÛTE retourne au tambour

FIGUE *s.f.* figo; *fig*

1 Après la FIGUE, un verre d'eau; après le melon, un verre de vin

c'est l'un des nombreux principes gastronomiques pour accommoder fruit et boisson

depois de vinho, água; depois de melão, vinho

the peach will have wine and the fig water

⇒ La PÊCHE aime le vin

2 Cueille une FIGUE pour ton ami et une pêche pour ton ennemi

'selon les Anciens, les figues sont d'excellents remèdes; les pêches n'ont pas aussi bonne réputation'

amigo, amigo, de longe te trouxe um figo, assim que te vi, comi-o
para o amigo, figo; para o inimigo, pêssego

peel a fig for your friend, and a peach for your enemy

♦ Segundo a Escola de Salerno, o figo "alimenta, fortifica, tem efeitos laxantes, ajuda a respiração e elimina vários tumores".

FIL *s.m.* fio; *thread*

1 Où il est plus faible, le FIL se rompt

'l'effectivité d'un tout est conditionnée par sa plus faible partie'

a corda quebra sempre pelo lado mais fraco
a corda rebenta sempre pelo lado mais fraco

a chain snaps in its weakest link
no chain is stronger than its weakest link
the chain is no stronger than its weakest link
the thread breaks where it is weakest

♦ Há equivalentes em italiano: *il filo si rompe dove è più debole* e em espanhol: *siempre quiebra el hilo por lo más fino.*

⇒ La CORDE se rompt où elle est plus faible

2 Par le FIL tu tireras le peloton, et par le passé l'avenir

'c'est avec le fil du passé que se tisse la tapisserie de l'avenir'

pelo fio tirarás o novelo e pelo passado o que está para vir

he that would know what shall be, must consider what has been

♦ Diz-se em espanhol: *por el hilo se saca el ovillo.*

FILLE *s.f.* moça, filha; *girl, daughter*

1 Belle FILLE et méchante robe trouvent toujours qui les accroche (1768)

'rien de tel, pour exciter la compassion, c'est-à-dire la convoitise, qu'une jolie fille dans le besoin'

mulher bonita, espelho de cabrões
mulher bonita nunca é pobre

a fair woman and a slashed gown find always some nail in the way

♦ Diz-se em espanhol: *virtud con hermosura, poco dura.*

2 FILLE fenestrière ou trottière rarement bonne ménagère

'femme passant son temps à la fenêtre ou sur le seuil de sa porte ne le passe pas aux tâches domestiques'

mulher de janela, amora de estrada
mulher de janela não cuida da panela
mulher de janela, nem costura nem panela
mulher janeleira, namorada ou rameira
mulher janeleira, nem poupada nem ordeira
mulher janeleira raras vezes encarreira
mulher janeleira, uvas de carreira
mulher janeleira, uvas na parreira
sofrerei filha gulosa, muito feia mas não janeleira

a woman that loves to be at the window, is like a bunch of grapes on the highway
the more a woman loves to be at the window, the less she loves to look to her house

♦ O provérbio existe em italiano: *donna della finestra non fa buona minestra* e em espanhol: *joven ventanera, mala mujer casera.*

⇒ FILLE qui trotte et qui passe son temps à la fênetre, rarement bonne ménagère

3 FILLE fiancée, FILLE aliénée (1659)

'jeune fille promise est déjà perdue pour sa famille'

casamento, apartamento
filha desposada, filha apartada

married daughter, distant daughter

♦ Diz-se em espanhol: *hija desposada, hija enajenada.*

4 FILLE qui écoute est bientôt dessous

'femme qui prête l'oreille aux galanteries est déjà prise'

mulher que escuta por pouco tempo se agüenta
o dano da mulher entra-lhe pelo ouvido (Gil Vicente)

a woman that parleys is half gotten
all women may be won

⇒ L'OREILLE est le chemin du cœur

5 FILLE qui trop se mire, peu file (1610)

'le temps de la beauté est celui de la futilité; le service

F

d'autrui est peu compatible avec l'amour de soi; Narcisse est impropre à l'amour du prochain'

mulher que muito se mira pouco fia
mulher que muito se mira pouco fiado tira
quanto mais a mulher olha a cara, pior vai a casa

the more women look in their glass, the less they look to their house

◆ Diz-se em espanhol: *la mujer, cuanto más mira la cara, tanto más destruye la casa.*

⇒ DAME qui moult se mire, peu file

6 FILLE qui trotte et géline qui vole sont facilement enlevées (sXV: *fille qui trotte et géline qui vole de légier sont adirées*)

= La FEMME et la poule se perdent par trop courir

7 FILLE qui trotte et qui passe son temps à la fênetre, rarement bonne ménagère (rég., Auvergne)

= FILLE fenestrière ou trottière rarement bonne ménagère

8 FILLE trop vue ni robe trop vêtue rarement chère tenue (1568)

'on ne tient pas en grande estime celle qui fait un étalage abusif de ses charmes'

a estima das coisas consiste muito em carecer delas
as coisas raras são estimadas

a maid oft seen, and a gown oft worn, are disesteemed and held in scorn

9 Jolie FILLE porte sur son front sa dot

'pour une jeune fille à marier, la beauté est une suffisante richesse'

boa aparência é carta de apresentação
é meio dote uma cara bonita
linda cara, meio dote
muito grande dita tem a mulher que é formosa (Camões)
mulher bonita nunca é pobre

a fair face is half a portion
a good face is a letter of recommendation
she that is born a beauty is half married
who is born fair is born married

◆ Frase de Afrânio, poeta da época de Terêncio: *formosa virgo est: dotis dimidium vocant* (é uma bela jovem: dizem que é a metade do dote). Cf. Publílio Siro (*Sententiae*, F 4): *formosa facies muta commendatio est* (um belo rosto é uma recomendação muda). Há correspondentes em italiano: *chi nasce bella non nasce povera* e em espanhol: *una cara hermosa lleva en si secreta recomendación.*

⇒ Beau VISAGE apporte sa dot en naissant

10 La plus belle FILLE du monde ne peut donner que ce qu'elle a (sXVIII)

'aussi pourvu que l'on soit, on ne peut donner plus que ce que l'on a'

cada um dá o que tem
ninguém dá o que não tem, nem mais do que tem
ninguém pode despir um homem nu

a man cannot give what he hasn't got
no naked man is sought after to be rifled
no one is bound to do impossibilities
where nothing is, nothing can be had

Nos quatre cent mille femmes ne sont pas de celles dont on puisse dire: "LA PLUS BELLE FILLE DU MONDE NE DONNE QUE CE QU'ELLE A". Non, elles sont richement dotées des trésors qu'elles empruntent à nos ardentes imaginations, elles savent vendre cher ce qu'elles n'ont pas, pour compenser la vulgarité de ce qu'elles donnent. (H. de Balzac, *PM*, p. 45)

As nossas quatrocentas mil mulheres não são daquelas de quem se possa dizer: "A MAIS BELA MULHER DO MUNDO DÁ SOMENTE O QUE TEM". Não, são dotadas de ricos tesouros que a nossa ardente imaginação lhes atribui, sabem vender caro o que não têm para compensar a vulgaridade do que dão. (Trad. de Mário D. Ferreira Santos)

◆ Há correspondentes em italiano: *nessun può dare quel che non ha* e em espanhol: *nadie puede dar lo que no tiene.*

⇒ (L')HOMME ne peut perdre ce qu'il n'eut oncq

11 Les FILLES et les pommes est une même chose

'fille nubile requiert vigilance extrême'

triste sina é guardar donzelas e moças por casar

apples and daughters are no keeping wares

⇒ Qui a des FILLES est toujours berger

12 Les FILLES et les poules par trop errer se perdent (sXVII)

= La FEMME et la poule se perdent par trop courir

13 Morte la FILLE, mort le gendre (1597)

= AMITIÉ de gendre, soleil d'hiver

14 On ne peut faire d'une FILLE deux gendres (1397)

'on ne peut promettre la même chose à deux personnes; on ne peut retirer deux profits d'une seule chose'

de uma vaca não se podem tirar duas peles
não se tiram dois proveitos de um saco só

you cannot promise one horse to two riders

15 Quand la FILLE est mariée, viennent les gendres

= Quand ma FILLE est mariée, tout le monde la demande

16 Quand ma FILLE est mariée, tout le monde la demande (1640)

'une affaire conclue suscite les convoitises'

à filha casada, saem-lhe genros
filha casada, não faltam casões
filha casada, não lhe faltam noivos
filha casada, pretendentes à porta

when the child is christened, you may have godfathers enough
when the child is christened, you may have godfathers to spare

♦ O provérbio tem correspondentes em italiano: *sposa fatta, piace a tutti* e em espanhol: *a la hija casada sálen-nos yernos.*

17 Quand notre FILLE est mariée, nous trouvons trop de gendres (1752)

= Quand ma FILLE est mariée, tout le monde la demande

18 Qui a des FILLES est toujours berger

'les pères ont à charge la réputation de leurs filles'

ao peixe fresco, gasta-o cedo e, havendo tua filha crescido, dá-lhe marido

daughters and dead fish are no keeping wares
marry your daughter and eat fresh fish (betimes ['early'])

⇒ C'est un fâcheux TROUPEAU à garder, que de sottes filles à marier

19 Qui veut avoir la FILLE doit flatter la mère

'pour atteindre une fin, il faut consentir à être stratège'

pela mãe se beija a criança
quem beija os filhos a boca dos pais adoça
quem meus filhos beija minha boca adoça

he that wipes the child's nose, kisses the mother's cheek
he that would the daughter win, must with the mother first begin
many kiss the child for the nurse's sake
praise the child, and you make love to the mother

♦ Diz-se em italiano: *chi vuol la figlia, carezzi la madre.*

⇒ Pour AMOUR du chevalier baise la dame l'écuyer

FILS *s.m.* filho; *son*

1 Marie ton FILS quand tu voudras et ta fille quand tu pourras

'on trouve plus aisément un parti pour son fils que pour sa fille'

casa teu filho quando quiseres e tua filha quando puderes

marry your son when you will, your daughter when you can

♦ Há correspondentes em italiano: *marita il tuo figlio quando vuoi e la figlia quando puoi* e em espanhol: *casa a tu hija como pudieres, y a tu hijo como quisieres.*

2 Qui n'a qu'un FILS le fait fol, qui n'a qu'un pourceau le fait gras

'quand on n'a qu'une richesse, on l'entoure de soins excessifs'

filho único, mal criado ou mal acostumado

he that has one hog, makes him fat; and he that has one son makes him a fool

♦ Há provérbio paralelo em italiano: *chi ha un sol figlio lo fa matto e chi ha un porco solo lo fa grasso.*

¹FIN *s.f.* fim, objetivo; *end, goal*

1 C'est la FIN qui couronne l'œuvre (sXVI)

'il faut attendre le résultat pour juger'

o fim coroa a obra

the end crowns all
the end crowns the work

♦ "Ce proverbe est cité dans le *Dictionnaire de Trévoux* (...); il a un sens chrétien: 'La vertu parfaite doit se révéler jusqu'à la fin'." (Roger Laufer)

♦ Do latim medieval *finis coronat opus.* Idéia semelhante no último verso de "Le Renard et le Bouc", de La Fontaine (*F*, III, v): "En toute chose il faut considérer la fin."

⇒ TOUT est bien qui finit bien

2 Dans tout ce que tu fais, considère la FIN

= En toute chose, il faut considérer la FIN

3 En toute chose, il faut considérer la FIN (1668)

'c'est la fin qui commande toute action, tout phénomène, toute entreprise'

em tudo quanto fizeres olha o fim

good to begin well, better to end well
in all matters one must consider the end
look to the end
think on the end before you begin

Tâche de t'en tirer, et fais tous tes efforts: / Car pour moi, j'ai certaine affaire / Qui ne me permet pas d'arrêter en chemin. / EN TOUTE CHOSE, IL FAUT CONSIDÉRER LA FIN. (La Fontaine, *F*, III, v, 28-31)

Agüenta as conseqüências desse teu desleixo, / e trata de encontrar um modo inteligente / de escapar. Agora te deixo, / pois tenho um compromisso a resolver, urgente. / ANTES DE DAR INÍCIO, PENSA NO DESFECHO. (Trad. de Milton Amado e Eugênio Amado)

♦ Cf. Publílio Siro (*Sententiae*, Q 9): *quidquid conaris, quo pervenias, cogites* (seja lá o que empreenderes, considera o fim). Cf. também o latim medieval *quidquid agis, prudenter agas et respice finem* (seja lá o que fizeres, faze com prudência e considera bem o fim). Possível antecedente figura em Heródoto (1, 32): Σκοπέειν δὲ χϱὴ παντὸς χϱήματος τὴν τελευτὴν κῇ ἀποβήσεται. (Mas em todas as coisas deve-se considerar o fim e o modo como elas ocorrerão.)

4 La FIN justifie les moyens (sXIX)

'la poursuite d'un but honorable excuse des actes qui le sont moins; la valeur du dessein rejaillit sur celle des actes'

o fim justifica os meios
os fins justificam os meios

the end justifies the means

La comtesse, mettant à profit l'autorité sacrée de sa complice inattendue, lui fit faire comme une paraphrase édifiante de cet axiome de morale: "LA FIN JUSTIFIE LES MOYENS." (G. de Maupassant, *BS*, p. 59)

A condessa, explorando a autoridade sagrada de sua cúmplice inesperada, obrigou-a a fazer como que uma paráfrase edificante deste axioma de moral: "O FIM JUSTIFICA OS MEIOS." (Trad. de Themístocles Linhares)

5 Qui veut la FIN veut les moyens (sXIX)

'qui poursuit un but ne doit pas lésiner sur la façon d'y parvenir'

quem quer (a) bolota, que trepe
quem quer os fins quer os meios

he who wills the end, wills the means

C'est bien beau de faire la reservée ou la difficile, mais on risque ensuite de se dessécher de langueur dans une couche solitaire. D'où, de plus en plus, la hâte des filles à prendre les devants, en forçant les nigauds à se déclarer, quitte à leur mettre en main les bonnes preuves de leurs aptitudes à faire des épouses. QUI VEUT LA FIN VEUT LES MOYENS. Et on ne pouvait dire que la fin fût détestable en soi. (G. Chevallier, *CB*, p. 100)

É muito louvável bancar a recatada ou a difícil, mas há depois o risco de definhar de langor numa cama solitária. Daí o afã cada vez maior das moças em tomar a iniciativa, forçando os palermas a se declararem, mesmo que tenham de demonstrar-lhes suas habilidades de futuras esposas. QUEM QUER A BOLOTA, QUE TREPE. E não se podia afirmar que a bolota não fosse saborosa.

♦ Diz-se em espanhol: *el buen suceso disculpa la temeridad*.

²FIN *adj. s.m.* fino.; *shrewd, clever*

FIN contre FIN n'est pas bon à faire doublure (1640)

'deux caractères opiniâtres ont du mal à s'accorder'

de corsário a corsário não se perdem mais que os barris
dois bicudos não se beijam
dois narigudos não se beijam
duas aves de rapina não se guardam companhia
duas brasas é que fazem faísca
duro com duro não faz bom muro
duro com duro não levanta muro
lobo não come lobo
lobo nunca come lobo

diamonds cut diamonds
dog does not eat dog
hard with hard never made good wall
hard with hard makes not the stone wall

♦ Em latim medieval: *durum et durum non faciunt murum* (duro com duro não levanta muro).

⇒ Jamais MÂTIN n'aima lévrier

FLACON *s.m.* frasco; *flask*

Qu'importe le FLACON (pourvu qu'on ait l'ivresse)

'le contenant importe moins que le contenu'

pouco importa o frasco, se tivermos o perfume

none can guess the jewel by the cabinet (aprox.)
none can guess the jewel by the casket (aprox.)

♦ Verso célebre de Musset (*Premières poésies*, 'La Coupe et les Lèvres'), aplicado ao amor, hoje quase sempre utilizado em relação a bebidas e alimentos.

⇒ Il vaut mieux pain sans NAPPE que NAPPE sans pain

FLAMME *s.f.* chama; *flame*

La FLAMME suit de près la fumée

'pour allumer un feu, de la fumée se dégage d'abord, avant que ne jaillisse la flamme; ainsi toute entreprise, avant de réussir, doit-elle traverser une période ingrate'

perto vai o fumo da chama

failure teaches success

FLATTER *v.t.* bajular, lisonjear; *to flatter*

Qui te FLATTE veut te tromper

'on ne loue souvent que pour tirer profit'

quem te honra mais do que sói, ou te quer enganar ou ver se pode
quem te lisonjeia enganar-te quer

dogs wag their tails not so much in love to you as to your bread
every man bows to the bush he gets biel ['shelter'] *of*

⇒ Le CHIEN remue la queue non pour toi mais pour le pain

FLATTEUR *s.m.* bajulador, adulador; *flatterer*

Tout FLATTEUR vit aux dépens de celui qui l'écoute (1668)

'quand on flatte quelqu'un, c'est pour en obtenir quelque chose'

vive o lisonjeiro à custa de quem o atende (Bocage)

the flatterer lives at the expense of those who listen to him

Il ouvre un large bec, laisse tomber sa proie. / Le Renard s'en saisit, et dit: Mon bon Monsieur, / Apprenez que TOUT FLATTEUR / VIT AUX DÉPENS DE CELUI QUI L'ÉCOUTE. / Cette leçon vaut bien un fromage, sans doute. (La Fontaine, *F*, I, ii, 13-16)

Abre o bico, e solta a presa. / Lança-lhe a mestra o gadanho, / E diz: "Meu amigo, aprende / Como VIVE O LISONJEIRO À CUSTA DE QUEM O ATENDE. / Esta lição vale um queijo, / Tem destas para teu uso." (Trad. de Bocage)

FLÈCHE *s.f.* flecha; *arrow*

Ne lance pas une FLÈCHE que tu ne puisses retrouver

'on doit toujours répondre de ses actes'

quem não agüenta o repuxo se amafumbe ['se esconda'] em casa
quem não pode com o pote não pega na rodilha
quem não pode com o tempo não inventa modas
quem não pode morder não mostra os dentes

if you cannot bite, never show your teeth
kindle not a fire that you cannot extinguish
never bite, unless you make your teeth meet
raise no more devils than you can lay
raise no more spirits than you can conjure down

⇒ Qui en JEU entre JEU consente

FLEUR *s.f.* flor; *flower*

1 À FLEUR de femme, FLEUR de vin (sXIV)

'à jeune femme, jeune mari'

com coisa velha não te cases nem te alfaies

like blood, like good, and like age, make the happiest marriage

2 Aujourd'hui en FLEUR(S), demain en pleur(s)

'telle est la dure loi de notre périssable condition'

hoje canto, amanhã pranto
hoje de humana figura, amanhã na sepultura
hoje na figura, amanhã na sepultura
hoje somos, amanhã não

here today and gone tomorrow
today a man, tomorrow none
today gold, tomorrow dust

3 Une FLEUR ne fait pas une guirlande

= Une HIRONDELLE ne fait pas le printemps

♦ Há provérbio equivalente em italiano: *un fior no fa ghirlanda*.

FLEUVE *s.m.* rio; *river*

On ne se baigne jamais/pas deux fois dans le même FLEUVE

'rien ne peut se répéter à l'identique; le temps, qui ne s'arrête jamais, impose une incessante évolution'

não se pode tomar duas vezes banho na mesma água do rio

all is flux, nothing stays still

Var. em P. Poumirau:

J'ai voulu, pourtant, remonter le cours du temps et revoir la *San*. Ma mère était morte, j'avais fait la promesse d'une dernière offrande à la déesse. J'avais oublié la parole du vieux penseur concis et hydrophobe: ON NE PEUT PAS DESCENDRE DEUX FOIS DANS LE MÊME FLEUVE... ("Mon berceau", in *Histoires de Lecture*, p. 102)

Mas eu quis voltar no tempo e rever o rio San. Minha mãe havia morrido, eu fizera a promessa de levar uma última oferenda a essas águas sagradas. Já me esquecera da frase do velho pensador conciso e hidrófobo: NÃO SE PODE ENTRAR DUAS VEZES NO MESMO RIO...

♦ Cf. Heráclito: ποταμοῖσι τοῖσιν αὐτοῖσιν ἐμβαίνουσιν ἕτερα καὶ ἕτερα ὕδατα ἐπιρρεῖ (para quem entra no mesmo rio a água que flui é sempre diferente).

FLORIN *s.m.* florim; *florin*

1 Avec le FLORIN, la langue et le latin, par tout l'univers on trouve son chemin (sXVI)

'argent et culture livrent accès partout'

caminho de Roma, nem mula manca nem bolsa vazia
com dinheiro, língua e latim, vai-se do mundo até o fim
com latim, rocim e florim, andarás mandarim

with Latin, a horse, and money, thou wilt pass through the world
with Latin, a horse, and money, you may travel the world

♦ "Ancien et bel exemple d'unité monétaire et linguistique européenne." (F. Suzzoni)

♦ O provérbio tem correspondentes em italiano: *col quattrino e il latino, si trova per tutto il cammino*, em espanhol: *con latín, rocín y florín andarás el mundo* e em alemão: *mit Geld, Latein und gutem Gaul kommt einer durch die Welt*.

F

2 Qui a FLORIN, roussin et latin partout il trouve son chemin

= Avec le FLORIN, la langue et le latin, par tout l'univers on trouve son chemin

FLOT *s.m.* onda, enchente da maré; *wave, flood*

Ce qui vient du FLOT s'en retourne d'èbe*/(de marée)

* *Èbe* (< lat. vulgar *ebba*) = 'reflux'.

= BIEN mal acquis ne profite jamais

FLÛTE *s.f.* flauta; *pipe*

1 Ce qui vient de la FLÛTE retourne au tambour
(1568: *ce qui est venu de la flûte s'en reva au taborin*)

'les biens facilement acquis se dissipent rapidement'

o bom ganhar faz o bom gastar
se o ganho é fácil, a despesa é louca

easy come, easy go
light come, light go
lightly come, lightly go

Var. em Lesage:

Je ne laissais pas pourtant de voir avec une extrême douleur fondre ainsi mon argent d'Italie, et S'EN ALLER AU BRUIT DU TAMBOUR CE QUI M'ÉTAIT VENU AU SON DE LA FLÛTE. (*GA*, p. 471)

Mas eu não deixava de ver com imensa tristeza derreter-se assim o meu dinheiro da Itália, e DESAPARECER COM O RUFAR DO TAMBOR O QUE ME CHEGARA COM O SOM DA FLAUTA.

⇒ Tôt GAGNÉ tôt gaspillé

2 Il souvient toujours à Robin de ses FLÛTES
(1558)

'les souvenirs de jeunesse sont ineffaçables'

as primeiras experiências são inesquecíveis

what youth is used to, age remembers

⇒ On revient toujours à ses premières AMOURS

3 La FLÛTE fait entendre de doux sons quand l'oiseleur trompe l'oiseau

'le charme cache souvent de mauvaises intentions'

com mel se pegam as moscas
falas de mel, coração de fel
quem o pássaro quer tomar não o há de enxotar
quem quer pegar galinha não diz "xô"

the fowler's pipe sounds sweet till the bird is caught

⇒ Qui veut prendre un OISEAU, il ne faut pas l'effaroucher

FOI *s.f.* fé; *faith*

1 C'est la FOI qui transporte les montagnes

'la croyance en un idéal rend capable de surpasser les limitations de la réalité'

a fé remove montanhas
a fé transporta montanhas

believe well and have well
faith will move mountains

♦ Cf. Mateus 17, 20; 21, 21 e Marcos 11, 22-23.

2 Il n'y a que la FOI qui sauve!

s'emploie à l'adresse de quelqu'un qui met trop d'espoir dans un projet

a esperança é a última que morre
a esperança é sempre a última que morre
enquanto há vida, há esperança

faith is a marvellous thing!
faith is everything!

FOIE *s.m.* fígado; *liver*

Ce qui est bon pour le FOIE est mauvais pour la rate

'ce qui profite aux uns nuit aux autres'

o que é bom para o ventre é mau para o dente
o que faz bem ao fígado faz mal ao baço
o que faz bem ao fígado faz mal ao bofe

good for the liver may be bad for the spleen

♦ Diz-se em espanhol: *lo que es bueno para el hígado es malo para el bazo.*

FOIN *s.m.* feno; *hay*

1 Mangeant du FOIN, vous sentez l'âne

'on est toujours marqué par ses fréquentations'

dize-me com quem andas, dir-te-ei as manhas que tens
dize-me com quem andas, dir-te-ei quem és
dize-me com quem lidas, dir-te-ei as manhas que tens

a man is known by his company
a man is known by his friends
a man is known by the company he keeps
he that lies down with dogs, must rise up with fleas
he that sleeps with dogs, must rise up with fleas
if you lie down with dogs, you will get up with fleas

⇒ Dis-moi qui tu HANTES et je te dirai qui tu es

2 Quand le FOIN manque au râtelier, les chevaux se battent (1860)

= Lorsque la FAIM est à la porte l'amour s'en va par la fenêtre

⇒ Quand la PAUVRETÉ entre par la porte, l'amour s'en va par la fenêtre

FOIRE *s.f.* feira; *fair*

1 La FOIRE n'est pas sur le pont (1835)

'il n'est pas besoin de tant se presser'

não foi morte de homem nem casa queimada
não se apresse, não vai tirar o pai da forca
ninguém deve correr sem ver de quê

where's the fire?

♦ "Proverbe ayant son origine dans le fait qu'après la
clôture d'une foire, les marchands modestes étaient
autorisés à continuer leur vente, vente qui avait lieu
près d'un pont, voire sur le pont même." (J.-Y.
Dournon)

2 On ne s'en va pas des FOIRES comme du marché
(loc.prov.; sXV: *l'on ne s'en va pas de foire comme de
marché*)

'à la foire on paie comptant car elle rassemble des gens
venus de tous les horizons; le marché est une rencontre
locale et régulière; les affaires ne s'y traitent donc pas
de la même façon; aujourd'hui, le commerce est devenu
une foire mondiale: les pratiques familières du marché
en sont exclues'

não se deixa a feira como se sai do mercado

you cannot leave the fair as you leave the market

Retournans trouvasme la porte fermée: et nous fut
dict que là facilement on y entroit, comme en Averne. A
issir restoit la difficulté, et que ne sortirions hors en
manière que ce fust, sans bulletin et descharge de
l'assistance: par ceste seule raison, qu'ON NE S'EN
VA PAS DES FOYRES COMME DU MARCHÉ, et
qu'avions les pieds pouldreux. (F. Rabelais, *Le cinquième
livre*, in *OC*, p. 820)

Ao regressar, encontramos a porta fechada: mas nos
tinham dito que ali se entrava com tanta facilidade
quanto no Averno. A saída é que era difícil. Não sairía-
mos de jeito nenhum sem um papel com autorização:
pelo simples motivo de que NÃO SE DEIXA A FEIRA
COMO SE SAI DO MERCADO, e que tínhamos os pés
empoeirados.

FOIS *s.f.* vez, momento, ocasião; *time, moment, occasion*

1 Qui une FOIS écorche, deux FOIS ne tond (sXIII:
qui une fois escorche ne deux, ne trois, ne tont)

'on risque de tout perdre en voulant trop gagner'

depois de rapar, não há que tosquiar
depois que se rapa não se tosquia

there is little for the rake after the besom

⇒ Après rastel n'a métier FOURCHE

2 Une FOIS n'est pas coutume (sXVI)

'un seul événement ne suffit pas à faire une norme; un
acte ne suffit pas à constituer une habitude'

por uma única vez, pode-se abrir uma exceção
um só ato não faz hábito
uma vez não é sempre
uma vez não são vezes

once does not make a habit
once in a while does no harm
once is no custom

Ils burent. La lueur restait sur ses lèvres. Colin
ralluma. Il paraissait hésiter à rester debout.
– UNE FOIS N'EST PAS COUTUME, dit-il. Je crois
qu'on peut finir la bouteille. (B. Vian, *EJ*, p. 41)

Beberam. Seus lábios brilhavam. Colin acendeu de
novo as luzes. Não se decidia a sentar-se.
– Acho que podemos terminar a garrafa – disse ele. –
UMA VEZ NÃO SÃO VEZES.

Si je réfléchissais, en attendant qu'il se produise
quelque chose d'intelligible? Allons, UNE FOIS N'EST
PAS COUTUME. (S. Beckett, *I*, p. 90)

Se eu refletisse, esperando que se produza alguma
coisa de inteligível? Vamos, UMA VEZ NÃO É SEM-
PRE. (Trad. de Waltensir Dutra)

♦ Observação de Léon Bloy (*ELC*, p. 213): "Formule
d'absolution à l'usage des bourgeois. Tout va bien si
la coutume n'est pas implantée. *L'essentiel, c'est de ne
tuer son père qu'une fois.*" (Expressão usada pelo burguês para justificar-se. Está tudo bem desde que não
vire hábito. *O essencial é que não se mate o próprio pai
mais de uma vez.*)

♦ Diz-se em italiano: *una volta non fa usanza.*

3 Vu une FOIS, cru cent FOIS

'on est porté à croire qu'une personne qui a commis
une mauvaise action en a l'habitude'

cesteiro que faz um cesto faz um cento(, dando-lhe verga e tempo)
cesteiro que faz um cesto faz um cento, tendo cipó e
tempo faz duzentos
quem faz uma vez faz duas e três
quem foi infiel uma vez sê-lo-á duas ou três
quem jogou, pediu, furtou – jogará, pedirá, furtará

false with one can be false with two
he that has done ill once will do it again
he that once deceives is ever suspected

⇒ Ne confie pas ta FARINE à qui lèche la cendre

FOLIE *s.f.* loucura; *madness*

1 C'est FOLIE de faire de son médecin son héritier
(1568)

'qui peut nuire, il faut se garder de l'impliquer en ses
affaires'

tolo é quem faz de seu médico seu herdeiro

he is a fool who makes his doctor his heir
he is a fool who makes his physician his heir

♦ Cf. Publílio Siro (*Sententiae*, M 24): *male secum agit aeger, medicum qui haeredem facit* (o doente que faz do médico seu herdeiro age contra si mesmo). Diz-se em espanhol: *mal va el enfermo que nombra a su médico heredero*.

2 C'est FOLIE de semer les roses aux pourceaux (1568)

= Ne jetez pas vos PERLES aux pourceaux

3 C'est FOLIE porter l'eau en la mer (1531)

= Dedans la MER de l'eau n'apporte

4 C'est FOLIE puiser l'eau au cribeau*

* *Au cribeau* = 'avec un crible'.

'il faut adapter les moyens à la fin, hors de quoi on perd sa peine'

é inútil chover no molhado
é inutil levar água ao mar

it is no use drawing water in a sieve
it is no use fetching water in a sieve

♦ Cf. Erasmo (*Adagia*): *cribro aquam haurire*.

⇒ Dans un MORTIER de l'eau ne pile

5 Les plus courtes FOLIES sont les meilleures (sXV: *courtes folies sont les meilleures*)

'les plaisanteries les plus courtes sont les meilleures'

as pequenas loucuras são as melhores
os pequenos prazeres são sempre os melhores

short follies are best

Mais l'amour de la plupart des hommes est tout fondé sur le plaisir que les femmes ignorantes, pour servir à leur mauvaise volonté, s'y mettent aucunes fois bien avant; et quand Dieu leur fait connoître la malice du cœur de celui qu'elles estimoient bon, elles s'en peuvent départir avec leur honneur et bonne réputation; car LES PLUS COURTES FOLIES SONT toujours LES MEILLEURES. (M. d'Angoulême, Reine de Navarre, *H*, p. 182)

Mas o amor da maioria dos homens reside no prazer de ver que, para atender a suas intenções pouco louváveis, as mulheres ingênuas às vezes se entregam sem reserva; e, quando Deus lhes mostra a maldade do coração daquele que julgavam bom, elas podem dele separar-se mantendo sua honra e boa reputação; de fato, AS PEQUENAS LOUCURAS SÃO sempre AS MELHORES.

J'avais de l'argent pour trois mois tout au plus. Je me prescrivis ce temps-là pour travailler aux dépens de qui il appartiendrait; me proposant, LES PLUS COURTES

FOLIES ÉTANT LES MEILLEURES, d'abandonner après cela la Cour et son clinquant, si je ne recevais aucun salaire. (Lesage, *GB*, p. 391)

O meu dinheiro dava no máximo para três meses. Fixei como prazo para trabalhar à custa de quem me provesse o sustento durante esse tempo; propondo-me, como OS PEQUENOS PRAZERES SÃO OS MELHORES, a deixar logo em seguida a Corte e seu brilho, se não recebesse nenhum salário.

COLOMBINE. Écoutez, je vous parle en amie. LES PLUS COURTES FOLIES SONT LES MEILLEURES. L'homme est faible; tous les philosophes du temps passé nous l'ont dit, et je m'en fie bien à eux. (Marivaux, *La Surprise de l'amour*, in *T*, p. 101-102)

COLOMBINA. Ouça, falo como amiga. AS PEQUENAS LOUCURAS SÃO SEMPRE AS MELHORES. O homem é fraco; todos os filósofos do passado já o disseram, e eu acredito neles.

⇒ Les (plus) courtes PLAISANTERIES sont les meilleures

6 Quand la FOLIE est faite, le conseil en est pris (sXIII)

= À CHOSE faite, conseil pris

⇒ À PARTI pris point de conseil

FONCTION *s.f.* função; *fonction*

La FONCTION crée l'organe (sXIX)

'le besoin fait naître les moyens de le satisfaire'

a função cria o órgão

the function creates the organ

♦ Frase de Claude Bernard que se tornou proverbial. "Emprunt à la formule du transformisme de Lamarck, employée souvent avec ironie (pour souligner le peu d'utilité de certaines structures, bureaucratiques ou autres)." (A. Rey & S. Chantreau)

FONDEMENT *s.m.* alicerce, fundação; *foundation*

De méchant FONDEMENT jamais bon bâtiment (1568)

'de mauvais commencement jamais bon achèvement'

com bom argamasso se pode levantar grande poço (Aquilino Ribeiro)

no good building without a good foundation

♦ Cf. Cervantes (*D. Quijote*, II, xx): *sobre un buen cimiento se puede levantar un buen edificio*.

FONTAINE *s.f.* fonte; *fountain*

1 À force d'aller à la FONTAINE, la cruche y reste (rég., Auvergne)

= Tant va la CRUCHE à l'eau qu'à la fin elle se brise/casse

⇒ La MOUCHE va si souvent au lait qu'elle y demeure

2 De soir FONTAINES, de matin montaignes* (1610)

* *Montaigne* = 'montagne'.

'repos du soir pour ceux qui, pendant le jour, l'ont mérité; chaque chose en son temps'

trás trabalho vem descanso

in the morning mountains, in the evening fountains

3 Il ne faut pas dire: FONTAINE, je ne boirai pas de ton eau (1842)

'nul n'est jamais assuré de pouvoir tenir un serment; les malices de l'existence nous contraignent souvent à faire ce que l'ont s'était juré de ne jamais faire'

ninguém diga: fonte, da tua água não beberei
nunca digas: (deste pão não comerei,) desta água não beberei

do not say: I'll never drink of this water (how dirty so ever it be)
let none say: I will not drink of this water
never say never

♦ O provérbio aparece em Cervantes (*D. Quijote*, II, lv): *nadie diga de esta agua no beberé.* Há correspondente em italiano: *non si deve dire: per questa via non voglio passare.*

⇒ Il ne faut (jamais) JURER de rien

FORCE *s.f.* força; *strength*

1 FORCE passe droit (sXVI)

'les causes victorieuses par la force se moquent d'être justes: le droit se range du côté du vainqueur, comme le voulait, au Moyen Âge, le Jugement de Dieu'

a razão está com os poderosos
contra a força não há argumento(s)
contra a força não há resistência
Deus está ao lado dos mais fortes
em terra de cobra, sapo não chia
em terreiro de galinha, barata e mais bicharia não têm razão
em terreiro de galinha, barata não tem razão
onde força há, direito se perde
onde há força, direito se perde
onde tem onça, macuco não pia
se as armas falam, as leis se calam

might is (above) right
might makes right

might overcomes right
when force comes on the scene, right goes packing
where drums beat, laws are silent

♦ A formulação de Pascal é: "Ne pouvant que ce qui était juste fût fort, on a fait que ce qui était fort fût juste." (Como não se conseguiu tornar forte o que era justo, fez-se justo o que era forte.)

⇒ Où FORCE règne, raison n'a lieu

2 Où FORCE domine, raison n'a point de lieu

= FORCE passe droit

3 Où FORCE règne, raison n'a lieu (1456)

= FORCE passe droit

⇒ La RAISON du plus fort est toujours la meilleure

FORGERON *s.m.* ferreiro; *blacksmith, smith*

C'est en forgeant qu'on devient FORGERON (sXIX; 1495: *en forgeant devient-on febure*; sXVII: *à forger on devient forgeron*)

'l'habileté ne s'acquiert que par la pratique'

a prática ensina mais que os livros
a prática faz o mestre
a prática faz o monge
batendo o ferro é que se fica ferreiro
mais vale a prática que a gramática
o bater do ferro é que faz o ferreiro
o uso faz o mestre
tudo é difícil antes de ser fácil
usa e serás mestre

all things are difficult before they are easy
in doing we learn
practice makes perfect
practice makes perfectness
you must spoil before you spin

♦ Do latim medieval *fabricando fit faber.*

⇒ L'USAGE rend maître

FORT *adj.* forte; *strong*

Quand on n'est pas le plus FORT, il faut être le plus malin

'il faut suppléer à la puissance par la ruse et l'adresse'

mais vale astúcia que força
mais vale (o) jeito que (a) força

cunning surpasses strength
wiles help the weak

Var. antitética em P. Mérimée:

DON JOSÉ. – (...) La ruse... Le rôle est nouveau pour moi... et je ne sais si je pourrai faire le renard, moi qui suis accoutumé à saisir ma proie comme le lion. Allons, une dernière tentative!... SI JE NE SUIS LE PLUS FIN... eh bien!... JE SERAI TOUJOURS LE PLUS FORT. (*TCG*, p. 274)

DON JOSÉ. – (...) A astúcia... O papel para mim é novo... e não sei se poderei ser a raposa, eu, que estou acostumado a pegar a presa como o leão. Vamos, uma última tentativa!... SE NÃO SOU O MAIS ESPERTO... pois bem!... SEREI AO MENOS O MAIS FORTE.

⇒ Il faut coudre la PEAU du renard avec celle du lion

FORTUNE *s.f.* fortuna, sorte, riqueza; *fortune, wealth*

1 À qui la FORTUNE est belle son bœuf bêle

'lorsque la chance se met à sourire, plus rien ne semble impossible'

a quem Deus ajuda, o vento lhe junta a lenha
a quem Deus ajuda, o vento lhe junta a palha
a quem Deus quer ajudar, o vento lhe apanha a lenha
a quem Deus quer bem, o vento lhe apanha a lenha
a quem Deus quis bem, ao rosto lhe vem
ao afortunado, até os galos põem ovos
mais anda quem tem bom vento do que quem muito rema
pra uns, as vacas morrem... pra outros, até boi pega a parir (Guimarães Rosa)
quando Deus quer, água fria é remédio
quando Deus quer, com todos os ventos chove
quando Deus queria, (até) do norte chovia
quem está em ventura, até a formiga o ajuda
quem tem sorte, até os cães lhe põem ovos

he that is carried down the stream, need not row
the tree that God plants, no wind hurts it
well thrives he whom God loves
when God will, no frost can kill
when God will, no wind but brings rain
where God will help, nothing does harm
whom God loves, his bitch brings forth pigs

♦ Sobre a importância de ser afortunado, já observava Teógnis (1, 130): μοῦνον δ' ἀνδρὶ γένοιτο τύχη (só uma coisa conta para o homem: ter a sorte a seu favor). O provérbio tem correspondentes em italiano: *a chi ha fortuna, il bue gli fa un vitello* e em espanhol: *a quien Dios quiere bien, la perra le pare puercos.*

2 Bien danse à qui la FORTUNE chante

'on se laisse volontiers griser par la chance'

bem baila a quem a fortuna toca o som
bem dança a quem a fortuna faz o som

he dances well to whom fortune pipes

♦ Há equivalentes em italiano: *assai ben balla, a chi fortuna suona*, em espanhol: *harto bien baila a quien la fortuna suena* e em alemão: *wem das Glück pfeift, der tanzet wohl.*

⇒ Nul ne sache danser quand la FORTUNE joue du violon

3 De sa FORTUNE nul n'est content (1557)

'on n'est jamais satisfait de son sort'

ninguém está bem com a vida que tem
ninguém está contente com a sua sorte

no man is content with his lot
none is satisfied with his fortune

♦ Do latim *nemo sua sorte contentus*. Cf. Marcial (12, 10, 2): *fortuna multis dat nimis, satis nulli* (a fortuna a muitos dá demais, mas a ninguém dá bastante). Há correspondentes em italiano: *non è un per cento di sua sorte contento* e em espanhol: *nadie está contento con su suerte.*

⇒ On n'est jamais content de son SORT

4 La FORTUNE aide/sourit aux audacieux (1752)

'la chance sourit à ceux qui osent la provoquer'

a fortuna ajuda aos fortes
ao homem ousado a fortuna estende a mão
ao homem ousado(,) a fortuna (lhe) dá a mão
ao homem ousado, a fortuna lhe põe a mão
ao homem ousado, a fortuna lhe põe o ombro
quem não (se) arrisca não petisca

fortune favours the bold
fortune favours the brave
fortune gives her hand to a bold man
fortune helps the brave

– Madame, dit Saffredant, pour confirmer le dire d'Hircan (auquel je me tiens), je vous prie me croire, que FORTUNE AIDE AUX AUDACIEUX, et qu'il n'y a homme, s'il est aimé d'une dame (mais qu'il ['pourvu qu'il'] sache poursuivre sagement et affectionnément), qu'en la fin n'en ait du tout ce qu'il demande ou en partie; mais l'ignorance et la foible crainte font perdre aux hommes beaucoup de bonnes aventures et fondent leur perte sur la vertu de leur amie, laquelle n'ont jamais expérimentée du bout du doigt seulement; car *oncque place ne fut bien assaillie sans être prise*. (M. d'Angoulême, Reine de Navarre, *H*, p. 48)

– Senhora – disse Saffredant –, para confirmar o que Hircan acaba de dizer (com o que concordo), rogo-lhe acreditar que AO HOMEM OUSADO A FORTUNA ESTENDE A MÃO, e que nenhum homem, se for amado por uma dama (contanto que ele saiba agir com acerto e afeição), deixa afinal de obter o que deseja pelo menos em parte; mas a ignorância e um certo temor fazem os homens perderem muitas aventuras; eles justificam essa perda pela virtude da amada, em quem nunca tocaram sequer com a ponta do dedo; com efeito, *mulher honrada é a que não foi rogada*.

♦ Presente em vários autores latinos entre os quais Terêncio (*Phormio*, 203): *fortis fortuna adiuuat* e Virgílio (*Aeneis*, 10, 284): *audentes fortuna iuvat*. Diz-se em espanhol: *al hombre osado, la fortuna le da la mano* (ou ainda: *la fortuna ayuda a los osados*).

⇒ Il n'y a que les HONTEUX qui perdent

5 La FORTUNE est aveugle

'la chance ne sourit pas nécessairement à ceux qui la méritent'

a sorte é cega

fortune is blind

♦ A idéia está nos *Monósticos* de Menandro: τυφλόν γε καὶ δύστηνόν ἐστιν ἡ τύχη (a fortuna é cega e funesta), mas o provérbio vem do latim *fortuna caeca est*.

6 La FORTUNE favorise/rit aux sots

'la chance est indifférente au mérite ou à l'esprit'

a felicidade sorri aos tolos
quanto mais besta, mais peixe

fortune favours fools
God sends fortune to fools

♦ Do latim *fortuna favet fatuis* (a sorte favorece os fátuos).

⇒ Aux INNOCENTS les mains pleines

7 La FORTUNE rend fou celui qu'elle veut perdre

'celui que la fortune abandonne devient fou; par un procédé populaire d'hystérologie (ou hystéron-protéron), on inverse la conséquence (la folie) en cause, tout en personnifiant la fortune'

a quem a fortuna deseja destruir, ela o torna louco
Deus, quando quer perder os homens, tira-lhes a razão

when fortune wishes to destroy, she first makes mad
when God will punish, he will first take away the understanding
whom the gods would destroy, they first make mad

♦ Embora mais divulgado em sua forma latina (*quos Deus vult perdere, dementat prius*), o provérbio é de origem grega. Sófocles, por exemplo, escreve na *Antígona* (622-624): τὸ κακὸν δοκεῖν ποτ' ἐσθλὸν / τῷδ' ἔμμεν, ὅτῳ φρένας / θεὸς ἄγει πρὸς ἄταν (o mal às vezes parece um bem àquele cuja mente um deus leva à perdição). Diz-se em italiano: *quando Dio ci vuol punire, dal vero senno ci fa uscire*.

8 La FORTUNE vient en dormant

'il arrive que la passivité soit un bon moyen de s'enrichir'

a fortuna chega enquanto se dorme
a fortuna vem quando se dorme

good things come to some when they are asleep
the net of the sleeper catches fish

MADAME DE TOURVILLE. – (...) Comme tu es pâle!

Je te disais bien qu'il n'est pas bon pour toi de veiller si tard. Couche-toi, ma bonne Élisa; LA FORTUNE te VIENDRA EN DORMANT, car notre fortune est faite. (P. Mérimée, *TCG*, p. 45)

SRA. DE TOURVILLE. – (...) Como você está pálida! Já lhe disse que não é bom ficar acordada até tarde. Deite-se, cara Élisa; A FORTUNA VAI CHEGAR ENQUANTO VOCÊ DORME, porque nossa fortuna já está feita.

Var. em Regnard:

MADAME BERTRAND. Et comment la fait-elle, cette fortune?
LISETTE. Fort innocemment: elle boit, mange, chante, rit, joue, se promène; LES BIENS nous VIENNENT EN DORMANT, je vous en assure. (*Le Retour imprévu*, in *TC*, t. I, p. 136)

SRA. BERTRAND. E como é que ela consegue essa fortuna?
LISETTE. De maneira bem inocente: ela bebe, come, canta, ri, brinca e passeia; AS DÁDIVAS CHEGAM ENQUANTO SE DORME, garanto-lhe.

♦ "Est un proverbe, à l'origine, grec (allusion au général athénien TIMOTHÉE (IVe siècle av. J.-C.) qui remportait les victoires à son réveil)." (J.-Y. Dournon)

9 Nul ne sache danser quand la FORTUNE joue du violon

'rien ne semble impossible à qui tout sourit'

bem baila a quem a fortuna toca o som
bem dança a quem a fortuna faz o som

he dances well to whom fortune pipes

⇒ Qui GAGNE a toujours bien joué

FOSSÉ *s.m.* fosso, vala; *ditch, gulf*

1 Au bout du FOSSÉ la culbute (sXVIII)

'toute entreprise hasardeuse est vouée à l'échec; l'audace finit toujours mal'

quem ao fim do valo vai às vezes cai

no safe wading in an unknown water

♦ "M. Rat rapporte l'origine de ce proverbe à une coutume féodale où, certains jours de fête, les manants jouaient à sauter au-dessus d'un fossé plein d'eau, allant s'élargissant et où ils risquaient de tomber. D'autres donnent le proverbe pour normand: le fossé ne serait pas un creux, mais au contraire le talus planté d'arbres (sens attesté dans l'Ouest, *in* Wartburg) entourant les habitations rurales de la côte et où, en se promenant, on pourrait tomber si on oublie de tourner. Ces deux explications anecdotiques ne paraissent guère convaincantes." (A. Rey & S. Chantreau)

2 Ce qui tombe dans le FOSSÉ est (bon) pour le soldat (1835)

'ce qui est tombé appartient à tout le monde; on serait bien fou de ne pas profiter de ce qui se donne' [il s'agissait à l'origine des fruits tombés des arbres]

achado não é roubado
coisa perdida não é de ninguém
o que cair na rede é peixe
o que cair no jiqui é peixe
o que está no chão não tem dono
pão achado não tem dono
quem acha encaixa
se caiu no chão é para quem varrer a casa
tudo o que cai na rede é peixe

finders keepers, losers weepers
finding's keeping

Un gringalet de l'école des Archives, Ignaz Jungen, dit qu'il eût préféré qu'une belle personne comme la duchesse Clémence possédât deux culs, plutôt que deux têtes, mais enfin, conclut-il, c'est toujours ça de pris sur l'ennemi, tout CE QUI TOMBE DANS LE FOSSÉ EST BON POUR LE SOLDAT. (G. Lapouge, *BW*, p. 39)

Um fedelho da escola dos Arquivos, Ignaz Jungen, disse que teria preferido que uma bela pessoa como a duquesa Clémence possuísse dois cus, em vez de duas cabeças, mas enfim, concluiu ele, já é alguma coisa, TUDO O QUE CAI NA REDE É PEIXE. (Trad. de Demétrio Bezerra e Jean Marie L. Remy)

♦ Diz-se em espanhol: *cosa hallada no es hurtada.*

⇒ PAIN coupé n'a point de maître

3 Mieux vaut faire le tour du FOSSÉ que d'y tomber

'il faut savoir se tirer avec adresse de toutes les situations'

mais vale rodear que afogar

better to go about than to fall into the ditch

FOU,FOL *adj. s.m.* louco, insensato; *crazy, mad, madman, lunatic*

1 À chaque FOU (plaît) sa marotte* (sXVII)

* *Marotte* = 'attribut du fou des rois, sorte de sceptre grotesque garni de grelots'.

'à chaque fou sa folie propre; tout homme a ses petites manies'

cada doido com a sua mania
cada doido tem sua doidice
cada doido tem sua tolice
cada louco com sua mania
cada louco com sua teima(, cada maluco com sua mania)
cada um com a sua certeza

cada um com a sua mania
cada um se diverte onde gosta
cada um tem o seu modo de catar pulgas
cada um tem o seu modo de matar pulgas
xexéu e vira-bosta, cada qual do rabo gosta

every fool likes his own bauble best
every fool rides his own hobby
every one does as he thinks fit
*there are many ways of dressing a calf's head**

* *Dressing a calf's head* = 'showing one's folly'.

♦ Diz-se em espanhol: *cada loco con su tema* (ou ainda: *a cada necio agrada su porrada*).

⇒ Il faut de tout pour faire un MONDE

2 À la presse* vont les FOUS (1557)

* *Presse* = 'foule où l'on se presse; bousculade'.

'c'est la grande loi du panurgisme: par une irrésistible attirance, l'homme se précipite là où il voit que tout le monde va; ainsi vivent les modes, les snobismes, les succès commerciaux'

ovelhas tolas, por onde vai uma vão todas

a fool always rushes to the fore

3 Ce sont les FOUS qui troublent l'eau et ce sont les sages qui pêchent

= L'un a battu les BUISSONS, l'autre a pris les oisillons

4 Chacun a un FOU dans sa manche (sXVI: *chacun a un fol dans sa manche, il le monstre quand il veut*)

'tous les hommes ont un brin de folie'

de médico e de louco, cada um tem um pouco
de médico e de louco, todo o mundo tem um pouco
de médico e de louco, todos nós temos um pouco
de médico, engenheiro e louco, todos (nós) temos um pouco
de médico, poeta e louco, todos (nós) temos um pouco

every man has a fool in his sleeve
every man is a fool or a physician

Var. em R. Rolland:

Parbleu! comme CHACUN, TU AS UN FOL EN TA MANCHE, tu le montres quand tu veux; mais tu l'y fais rentrer, quand il faut tes mains libres et tête saine pour ouvrer. (*CB*, p. 35)

Ora essa! como TODOS, TRAZES UM TOLO ESCONDIDO NA MANGA, e o mostras quando queres; mas o guardas de novo quando precisas das mãos livres e da cabeça boa para trabalhar. (Trad. de Ivo Barroso)

♦ Há correspondentes em italiano: *ognuno ha un ramo de pazzia* e em espanhol: *cada uno lleva un loco en la manga.*

5 FOL est celui qui étant bien se remue et va loin (sXIII: *fol est cil qui bien esta, s'il se remue et il lons va seur espérance d'avoir mieus*)

'il faut se contenter de ce que l'on a'

quem mudou nunca melhorou
se estás bem, mudares-te não convém

fools are fain ['glad'] *of flitting (and wisemen of sitting)*

♦ Cf. Horácio (*Epistulae*, 1, 14, 43): *Optat ephippia bos piger, optat arare caballus.* (O boi lento deseja a sela, o cavalo, o arado.)

⇒ Bien est qui ne SE BOUGE

6 FOL et avoir ne se peuvent entr'avoir (1821)

'folie et richesse sont incompatibles'

muita riqueza, pouco saber
na mesma morada raras vezes cabem o saber e o ter

a fool and his money are soon parted

⇒ SAGESSE et grand avoir sont rarement en un manoir

7 FOL promettant, nuée non pleuvant (1557)

'promesse de fou est comme nuage sans pluie, elle n'est pas suivie d'effet'

de doido, pedrada ou má palavra
promessa de louco é nuvem sem chuva

fools' promises are but wind

8 FOL s'y fie, musard* attend (1495)

* *Musard* = 'sage, prudent'.

'la sagesse recommande la circonspection; il faut considérer avant d'accorder sa confiance'

o que o doido faz à primeira faz o sisudo à derradeira

a fool believes everything

9 FOU est qui s'oublie

'ce n'est pas un hasard si "aliénation" signifie à la fois "folie" et "oubli de soi-même"'

quem não se enfeita por si se enjeita
tolo é quem se esquece de si mesmo

he is a fool that forgets himself

⇒ Mal PRIE qui s'oublie

10 FOU qui se tait passe pour sage (1568: *fol semble sage quand il se tait*)

'aussi longtemps que la parole ne le trahit pas, le fou peut être pris pour un sage; le mieux est donc de se taire'

calar é a sabedoria dos tolos
fala pouco e bem, serás alguém
fala pouco e bem, ter-te-ão por alguém
mais vale calar que mal falar

o parvo, se é calado, por sábio é reputado
parvo calado pouco dista do avisado
passa por atilado um tolo calado
sandeu calado passa por avisado

better say nothing than not to the purpose
fools are wise as long as silent
he knows most who speaks least
least said, soonest mended

♦ Há correspondentes em italiano: *quando non dice niente, non è dal savio il pazzo differente* e em espanhol: *el bobo, si es callado, por sesudo es reputado*.

11 FOU va à Rome, FOU en revient

= Qui BÊTE va à Rome, tel en retourne

12 Il n'y a que les FOUS qui ne changent pas d'avis

= Il n'y a que les IMBÉCILES qui ne changent pas d'avis

13 Il vaut mieux être FOU avec tous que sage tout seul (sXIX)

'il est bien fou, le sage qui ne se range pas à l'opinion générale, fût-elle folle'

é melhor errar com muitos que acertar com poucos

better be mad with the crowd than wise by yourself

♦ Cf. Fénelon (*Lettre à l'Académie*, in *TC*, p. 59): "On ne doit jamais faire deux pas à la fois, et il faut s'arrêter dès qu'on ne se voit pas suivi de la multitude. La singularité est dangereuse en tout: elle ne peut être excusée dans les choses qui ne dépendent que de l'usage." (Nunca se deve dar dois passos ao mesmo tempo, e convém parar assim que há uma certa distância da massa. A singularidade é perigosa em tudo: só pode ser desculpada naquilo que não depende do uso.)

14 Les FOUS depuis Adam sont en majorité

'la folie est le lot le plus commun des hommes'

o número dos tolos é infinito
os tolos crescem sem ser regados
os tolos não se semeiam nem se plantam: nascem espontaneamente
se burrice pagasse imposto, o país estaria rico

fools grow without watering
if all fools had baubles, we should want fuel*
if all fools wore feathers, we should seem a flock of geese
if all fools wore white caps, we should seem a flock of geese
if folly were grief, every house would weep

* "The implication is that if all fools carried the jester's 'baubles' or stick, firewood would be in short supply." (R. Fergusson)

♦ Expressão do *Eclesiastes*, 1, 15: *stultorum infinitus est numerus* (é infinito o número dos insensatos).

⇒ Quand Jean-Bête est mort, il a laissé bien des HÉRITIERS

F

15 Les FOUS donnent de grands repas et les sages en mangent (sXVI: *les fols font les banquets et les sages les mangent*)

'les dépenses somptuaires sont une folie dont on ne retire nul profit; seuls les sages y puisent tranquillement bénéfice'

dos tolos comem os avisados
o tolo faz o jantar e o esperto come-o
os doidos fazem a festa, os avisados a gozam
os doidos fazem a festa, os sisudos gostam dela
os loucos dão os banquetes, os avisados comem-nos
os loucos dão os banquetes, os prudentes os aceitam
os tolos fazem a festa e os sisudos a gozam
trabalha o feio para o bonito comer

fools make feasts, and wise men eat them
fools make feasts, and wise men enjoy them

♦ Há provérbios paralelos em italiano: *i matti fanno le feste ed i savi le godono* e em espanhol: *los locos dan banquetes para los cuerdos.*

16 Les FOUS inventent les modes et les sages les suivent (1752)

'les modes naissent dans l'extravagance et finissent dans le conformisme'

os doidos inventam as modas e o povo as segue

fools make up fashions for wise people to go after

17 Plus on est de FOUS, plus on rit (sXVII)

'plus on est nombreux, plus on s'amuse'

o riso é contagioso

the more fool, the merrier

– Impossible, vous le voyez, j'accompagne ces dames.
– Eh bien! mais ces dames ne sont pas de trop. PLUS ON EST DE FOUS, PLUS ON RIT! (A. Allais, *AB*, p. 11)

– Não posso, como vê, estou com estas senhoras.
– Tudo bem! Mas as senhoras não são um empecilho. QUANTO MAIS DOIDOS HOUVER, MAIS DIVERTIDO É!

Mais les deux enragés parleurs me sommèrent de déclarer pour lequel des deux j'étais. Je répondis:
– Pour tous les deux, et pour quelques autres encore. N'en est-il plus à discourir? PLUS ON EST DE FOUS, PLUS ON RIT; et plus on rit, plus on est sage... (R. Rolland, *CB*, p. 72-73)

Mas os dois polemistas enfurecidos forçaram-me a pronunciar-me por um dos lados. Respondi:
– De ambos, e ainda de vários outros. Não há um monte deles para discorrer? QUANTO MAIS TOLOS, MAIS RISOS e quanto mais se ri mais se é sábio... (Trad. de Ivo Barroso)

♦ Diz-se em italiano: *il riso abbonda sulla bocca degli stolti.*

⇒ C'est toujours FÊTE quand des amis se retrouvent

18 Qui FOL envoie FOL attend (1498)

'qui mande une extravagance ne doit pas s'attendre à autre chose en retours'

quem em doido se fia mais doido é que ele

he that sends a fool, expects one
he that sends a fool, means to follow him

⇒ On RÉCOLTE ce qu'on sème

19 Qui naît FOU n'en guérit jamais

'le fol ne sera jamais sage; la folie n'est pas un accident, c'est une donnée naturelle'

Cristo curou cegos e aleijados mas não malucos
mal que não tem cura é (velhice e) loucura
o mal que não tem cura é loucura
quem de doidice adoece tarde ou nunca guaresce

he who is born a fool is never cured
no art can make a fool wise
once wood ['mad'] *and aye* ['always'] *the waur* ['worse']
once wood and never wise

♦ Diz-se em espanhol: *la locura no tiene cura, y si la tiene, poco dura.*

20 Sans les FOUS et les sots les avocats porteraient sabots (rég., Auvergne)

= Le GENTILHOMME chasse pour l'avocat

21 Si tous les FOUS portaient un bonnet blanc, nous ressemblerions à un troupeau d'oies

= Les FOUS depuis Adam sont en majorité

22 Soyez FOU avec les FOUS

= Il faut vivre à ROME comme à ROME

23 Un FOU avise/enseigne bien un sage (1546)

'un sage peut trouver d'utiles leçons auprès d'un fou'

homem néscio dá às vezes bom conselho

a fool may give a wise man counsel

J'ay souvent ouy en proverbe vulgaire qu'UN FOL ENSEIGNE BIEN UN SAIGE. (F. Rabelais, *TL*, p. 184)

Ouvi muitas vezes o provérbio vulgar: O TOLO PODE ENSINAR O SÁBIO.

♦ Há correspondentes em italiano: *anche il pazzo dice talvolta parole da savio* e em espanhol: *muchas veces el necio dice un buen consejo.*

24 Un FOU en fait cent

'la folie est contagieuse'

um louco é capaz de fazer cem loucos
um louco faz cem

one fool makes a hundred
one fool makes many

♦ Há provérbios paralelos em italiano: *un pazzo* (ou: *un matto*) *ne fa cento* e em espanhol: *un loco hace (un) ciento*.

25 Un FOU fait plus de questions, qu'un sage de raisons

'l'inquiétude suscitée par un fou est plus grande que l'apaisement procuré par un sage'

mais fácil é ao burro perguntar que ao sábio responder
um tolo pode fazer tantas perguntas em uma hora, que um sábio não poderia responder em um ano

a fool may ask more questions in an hour than a wise man can answer in seven years

FOUDRE *s.f.* raio; *lightning*

1 La FOUDRE ne tombe que sur les sommets

'les gens haut placés sont les plus exposés aux coups du sort'

quanto maior a nau, maior a tormenta
raio não cai em pau deitado

high regions are never without storms
huge winds blow on high hills
the bigger the man, the better the mark ['target']

♦ Cf. Ésquilo (*Agamêmnon*, 468-470): τὸ δ' ὑπερκόπως κλύειν / εὖ βαρύ· βάλλεται γὰρ ὄσ- / σοις Διόθεν κεραυνός. (A glória excessiva é perigosa: são as cabeças [lit.: *os olhos*] que são atingidas pelo raio de Zeus.)

♦ Diz-se em italiano: *la saetta non cade in luoghi bassi*.

⇒ Il vaut mieux être MÛRIER qu'amandier

2 Toutes les fois qu'il tonne, la FOUDRE ne tombe pas

= Toutes les fois qu'il tonne, le TONNERRE ne tombe pas

FOUR *s.m.* forno; *oven*

1 Au FOUR et au moulin on apprend/sait les nouvelles (sXV: *au four et au moulin oyt l'en les nouvelles*)

'il faut diversifier ses sources d'information'

no forno e no moinho vai quem quer cochicho
quem segredos quer saber busque-os na mesa e no prazer

if you will learn news, you must go to the oven or the mill

2 En FOUR chaud ne croît point d'herbe

'la passion maltraite la nature et interdit tout enrichissement'

a paixão torna o homem cego, surdo e... burro

one cannot love and be wise

3 Le FOUR appelle le moulin brûlé

= C'est la POÊLE qui se gausse du chaudron

⇒ C'est l'HÔPITAL qui se fiche/moque de la Charité

4 On ne peut être à la fois au FOUR et au moulin (1611)

'on ne peut faire deux choses en même temps'

não se pode cavar a um tempo na vinha e no bacelo
não se pode repicar e ir na procissão
ninguém possui o dom da ubiqüidade

a man cannot be in two places at once
a man cannot spin and reel at the same time
I cannot be at York and London at the same time

⇒ On ne peut être en même temps au CARILLON et à la procession

5 Un vieux FOUR est plus aisé à chauffer qu'un neuf

= Vieille POULE fait bon bouillon

♦ Há correspondentes em italiano: *quando il pagliaio vecchio piglia fuoco, si spegne male* e em espanhol: *cuando se enciende el pajar viejo, más arde que el nuevo*.

FOURCHE *s.f.* forcado; *pitchfork*

Après rastel* n'a métier FOURCHE (sXIII)
* *Rastel* = 'râteau'.

'il est vain, après avoir passé le râteau, de recourir à une fourche, qui est un outil qui filtre moins étroitement'

depois de rapar, não há que tosquiar
depois de raspar, não há mais o que cortar
depois que se rapa não se tosquia

there is little for the rake after the besom

⇒ Qui une FOIS écorche, deux FOIS ne tond

FOURCHETTE *s.f.* garfo; *fork*

La FOURCHETTE tue plus de monde que l'épée (Québec)

= Les GOURMANDS font leur fosse avec leurs dents

FOURMI *s.f.* (*Formica, Acromyrmex* etc.) formiga; *ant*

1 Celui qui est trop endormi doit prendre garde à la FOURMI

'incurie et paresse offrent un terrain favorable à mille petits maux prompts à se multiplier'

quem muito dorme o seu com o alheio perde

F

quem muito dorme perde o seu com o alheio

he that lies long abed, his estate feels it
laziness spells ruin to the farmer

⇒ Au paresseux LABOUREUR les rats mangent le meilleur

2 La FOURMI a sa colère

'les doux mêmes et les petits ont leur dignité et le font savoir'

a formiga ainda que pequena mata o crocodilo
boi manso, aperreado, arremete
cada formiga tem sua ira
formiga tem catarro

a baited cat may grow as fierce as a lion
even a fly has its spleen
even a worm will turn
no viper so little, but has its venom
nothing turns sourer than milk
the fly has her spleen, and the ant her gall
the smallest worm will turn, being trodden on (Shakespeare)
there is no man, though never so little, but sometimes he can hurt
tramp on a snail, and she'll shoot out her horns
tread on a worm and it will turn

♦ O provérbio figura nos *Adagia* de Erasmo: *formicae inest sua bilis*. Há correspondentes em italiano: *anche la mosca ha la sua collera* e em espanhol: *si tu enemigo es una hormiga, cátalo como a un camello*.

FRANCE *s.pr.f.* França; *France*

FRANCE est un pré qui se tond trois fois l'année (sXVI)

'l'exploitation fiscale est une constante de l'histoire de France, du Moyen Âge jusqu'à nos jours; qu'elle soit devenue proverbiale et légendaire n'empêche nullement qu'elle demeure pleinement actuelle'

a França é um prado que se poda três vezes por ano

France is a meadow that cuts thrice a year

♦ "Il vient d'une response du roi François Ier à l'empereur Charles V lequel, ayant demandé combien il levoit par an sur son royaume, François lui dit: 'Mon royaume est un pré, je le fauche quand je veux'." (Le Roux de Lincy)

FRELON *s.m.* zangão; *hornet*

Il ne faut pas émouvoir/irriter les FRELONS (1749)

'il ne faut pas irriter ceux qui sont déjà en colère'

cada formiga tem sua ira
formiga tem catarro
todo (o) inimigo se há de temer

he that will stir up a wasp's nest, had first need to cover his face well
there is no little enemy

FRÉQUENTER *v.t.* freqüentar, conviver; *to frequent, to see frequently*

Dis-moi qui tu FRÉQUENTES, je te dirai qui tu es

= Dis-moi qui tu HANTES et je te dirai qui tu es

FRÈRE *s.m.* irmão; *brother*

1 Entre deux FRÈRES, deux témoins et un notaire

= COURROUX de frères, COURROUX de diables d'enfer

2 Le FRÈRE veut bien que sa sœur ait, mais que rien du sien n'y ait (sXV)

'on consent volontiers à l'enrichissement de ses proches, mais pas à ses dépens'

uma irmã a outra irmã não quer ver mais louça (aprox.)

the brother had rather see the sister rich than make her so

3 On peut vivre sans FRÈRE, mais pas sans ami

= Un bon AMI vaut mieux que cent parents

FROID *s.m.* frio; *cold*

1 Plus on se découvre, plus on a FROID (1821)

'on ne gagne rien à dévoiler ses misères aux autres'

não contes a tua pobreza a quem te não há de dar da sua fazenda

he bears misery best that hides it most
impart not your grief to others

⇒ Cache ton CHAGRIN et dit ta joie

2 Qui a FROID souffle le feu

'ceux qui n'ont pas de passions se plaisent à exciter celles des autres'

sopra o fogo quem tem frio

let the man who is cold blow the fire
let them that be cold, blow at the coal

3 Sans Cérès et Bacchus, Vénus a FROID (1546: *Venus se morfond sans la compaignie de Ceres et Bacchus*)

'le pain et le vin – la bonne chère et les copieuses libations – sont les stimulants de l'amour'

pela boca se aquenta o forno
sem Ceres e Baco o amor é fraco
sem vinho nem pão o amor é vão

if it wasn't for meat and good drink, the women might gnaw the sheets

without Ceres and Bacchus, Venus grows cold

– (…) L'antique proverbe nous le designe, on quel est dict que VENUS SE MORFOND SANS LA COMPAIGNIE DE CERES ET BACCHUS. (F. Rabelais, *TL*, p. 160)

– (…) O antigo provérbio atesta isso quando diz: VÊNUS SE ABORRECE LONGE DO CONVÍVIO DE CERES E BACO.

♦ De uma frase de Terêncio (*Eunuchus*, 732): *Sine Cerere et Libero friget Venus* (sem Ceres e Baco, Vênus esfria), ela própria inspirada possivelmente no verso 772 d*As Bacantes* de Eurípides: οἴνου δὲ μηκέτ' ὄντος οὐκ ἔστιν Κύπρις (quando não há vinho, não há Cípris). O provérbio existe em italiano: *senza Cerere e Bacco è amor debole e fiacco* e em espanhol: *sin Ceres y Baco, Venus se enfría*.

FROMAGE   *s.m.* queijo; *cheese*

1   Au FROMAGE et jambon, connaît-on voisin et compagnon (1568)

'c'est quand vient l'heure de partager que les gens se révèlent'

no queijo e no pernil de toucinho conhecerás o teu amigo
no queijo e no pernil de toucinho se conhece o amigo

a friend is never known till a man have need
friends tie their purse with a cobweb thread

2   Nul ne pèle son FROMAGE qu'il n'y ait perte ou dommage (sXVI)

'toute opération d'assainissement ou de nettoyage comporte nécessairement des risques de dommages involontaires'

quem deita água de golpe mais derrama do que colhe

the cheese goes half way in parings

FROMENT   *s.m.* trigo; *wheat*

Faute de FROMENT, les alouettes font leur nid dans le seigle (rég., Finistère)

= Faute de GRIVES, on mange des merles

FROTTER (SE)   *v.pr.* esfregar-se; *to rub oneself*

Qui S'y FROTTE s'y pique (1835)

'celui qui s'y risque s'en trouve mal; il ne faut pas jouer avec le feu'

quem brinca com espinhos arranha-se
quem brinca com fogo acaba por se queimar
quem bulir em casa de marimbondo sairá picado
quem com muitas pedras bate com alguma se fere
quem em muitas pedras bole em uma se fere
quem entra no pilão vira paçoca (Guimarães Rosa)

he that handles thorns shall prick his fingers
he that steals honey, should beware of the sting
if you play with fire, you get burnt
it is ill jesting with edged tools
it is not good jesting with edged tools
who remove stones, bruise their fingers

♦ Divisa de Luís XII, cujo emblema real era um feixe de espinhos.

FRUIT   *s.m.* fruto, fruta; *fruit*

1   Bon FRUIT vient de bonne semence (1456)

= De doux ARBRE douces pommes

⇒ De bon TERROIR, bon vin

2   C'est au FRUIT qu'on connaît l'arbre

'la véritable nature d'un homme ne se révèle que par ce qu'il produit de son propre fonds; c'est à ses actes que se reconnaît la vérité d'un homme'

a árvore se conhece pelos frutos
pelo fruto se conhece a árvore

the tree is known by its fruit

Var. em M. d'Angoulême, Reine de Navarre:

Le mari disoit: "Ils n'osent toucher l'argent la main nue, et veulent bien manier les cuisses des femmes, qui sont plus dangereuses." Les autres disoient: "Sont sépulcres par dehors blanchis, et dedans pleins de morts et de pourriture." Et un autre crioit: "A LEURS FRUITS CONNOISSEZ-VOUS QUELS ARBRES SONT." (*H*, p. 29)

O marido dizia: "Eles hesitam em pegar dinheiro com a mão descoberta, mas não deixam de apalpar as coxas femininas, que são mais perigosas." Os outros diziam: "São sepulcros caiados por fora, e, dentro, cheios de cadáveres e podridão. E havia um que gritava: PELOS FRUTOS CONHEÇAM A ÁRVORE que eles são.

♦ Cf. Mateus 12, 33: *ex fructu cognoscitur arbor*.

⇒ Telle RACINE, telle feuille

3   FRUIT précoce n'est pas de garde

'la précocité compromet la durée des résultats'

o grão em março, nem na terra nem no saco
o que cedo amadurece cedo apodrece

soon ripe, soon rotten
timely blossom, timely ripe

⇒ Fleur de JANVIER ne va pas au panier

4   Il faut cultiver les FRUITS de notre jardin (sXVII)

'il faut s'occuper de ses affaires, et les faire fructifier sans se mêler de celles des autres'

faz(e) tua seara onde canta a cigarra

F

we must attend to our own affairs
we must go and work in our garden

⇒ Pour vivre HEUREUX, vivons cachés

5   Il n'y a si dur FRUIT et acerbe qui ne mûrisse
(1568)

'le temps vient à bout de tout; le temps finit par révéler le bon côté de toute chose'

com o tempo o pequeno cresce e o verde amadurece

all things have their season and time
everything is good in its season

6   Les FRUITS défendus sont les plus doux

'l'interdit attise le désir'

é da proibição que nasce a tentação
fruto proibido é o mais apetecido
nada sabe tanto como o fruto proibido
o pomo vedado é o mais desejado
o proibido aguça o dente
o proibido é desejado
proibição faz tentação

forbidden fruit is sweet
the forbidden fruit is sweetest

♦ Cf. Ovídio (*Amores*, 3, 4, 17): *Nitimur in vetitum semper, cupimusque negata.* (Esforçamo-nos sempre para obter o proibido e desejamos o que nos é negado.) Cf. também Ovídio (*Metamorphoses*, 7, 20-21): *video meliora proboque: / deteriora sequor.* (Vejo o bem e o aprovo: mas sigo o mal.) Publílio Siro consigna numa de suas máximas (*Sententiae*, N 17): *nihil magis amat cupiditas quam quod non licet* (nada acende tanto o desejo quanto o que é proibido). Há equivalentes em italiano: *frutto proibito, più saporito* e em espanhol: *fruta prohibida, más apetecida*.

♦ "Nous defendre quelque chose, c'est nous en donner envie", diz Montaigne (*E*, t. II, p. 310). ("Proibir-nos alguma coisa é dar-nos vontade dela" – Trad. de Sérgio Milliet).

⇒ PAIN dérobé réveille l'appétit

FUMÉE *s.f.* fumaça, fumo; *smoke*

1   FUMÉE, pluie et femme sans raison chassent l'homme de sa maison

'inconfort domestique et femme acariâtre rendent les maris volages'

fumaça, a mulher tarameleira e a goteira põem os homens fora de sua casa
fumo, a mulher tarameleira e a goteira põem os homens fora de sua casa
fumo, goteira e mulher faladora põem os homens pela porta fora

three things drive a man out of his house – smoke, rain, and a scolding wife

⇒ Trois CHOSES chassent l'homme de sa maison: la fumée, la pluie et une femme querelleuse

2   Il n'y a pas de FUMÉE sans feu (sXV: *oncques feu ne fut sans fumée*)

'une rumeur repose toujours sur quelque fondement, il n'y a pas d'effet sans cause'

lá onde fumega há fogo
não há fumaça sem fogo
não há fumo sem fogo
onde há fumaça há fogo
onde há fumo há fogo

no fire, no smoke
no smoke without some fire
there's no smoke without fire

LE VIEUX PATRICIEN. Oui, IL N'Y A PAS DE FUMÉE SANS FEU.
PREMIER PATRICIEN. En tout cas, la raison d'État ne peut admettre un inceste qui prend l'allure des tragédies. L'inceste, soit, mais discret. (A. Camus, *M-C*, p. 104)

O VELHO PATRÍCIO. É, NÃO HÁ FUMAÇA SEM FOGO.
PRIMEIRO PATRÍCIO. Em todo caso, a razão de Estado não pode admitir um incesto que toma proporções de tragédia. O incesto, vá, mas discreto. (Trad. de Maria da Saudade Cortesão)

– Vous voici mieux informé que moi, Postel. D'où tenez-vous la nouvelle?
– Plusieurs personnes, il avait dit, ont parlé de vous comme d'un prochain ministre. Dans ce pays, IL N'Y A JAMAIS DE FUMÉE SANS FEU... Mes félicitations, Monsieur le Ministre! (R. Depestre, *MC*, p. 22)

– Parece que você está mais bem informado que eu, Postel. Como soube disso?
– Várias pessoas falam do senhor como futuro ministro – dissera ele. – Neste país NUNCA HÁ FUMAÇA SEM FOGO... Parabéns, senhor ministro!

♦ Cf. Plauto (*Curculio*, 53): *semper flamma fumo est proxuma* (a chama sempre está perto da fumaça). Cf. também Publílio Siro (*Sententiae*, N 13): *nunquam, ubi diu fuit ignis, deficit vapor* (onde o fogo ardeu por muito tempo, nunca deixa de haver fumaça). Idéia semelhante no provérbio latino *rumor publicus non omnino frustra* (todo boato tem um fundo de verdade). Diz-se em italiano: *non si dà fumo senza fuoco*.

3   La FUMÉE de la maison plaît mieux que le feu du voisin

'l'inconfort chez soi vaut mieux que le confort chez autrui' melhor é fumo em minha casa que na alheia

*the smoke of a man's own country is better than the fire of
    another's*
*the smoke of a man's own house is better than the fire of
    another's*
*the smoke of our own country is better than the fire of
    another's*

♦ A fonte é Erasmo: *patriae fumus igni alieno luculentior*
    (a fumaça de nossa pátria é mais brilhante do que o
    fogo de outra terra).

4 La FUMÉE s'attache au blanc (1842)

'la calomnie s'attache à la vertu; elle noircit l'innocence'

em bom pano cai a nódoa
na fazenda fina é que a mancha pega
na seda mais fina é que a nódoa pega
no melhor pano caem as nódoas
vai o fumo para o mais formoso

in an ermine spots are soon discovered
in the best cloth the thread is rough
the fairer the paper, the fowler the blot

the fairest silk is soonest stained
the smoke follows the fairest

⇒ Vous ne pouvez pas empêcher un CHIEN de chier
    sur une église

5 La FUMÉE sort de tous les toits

= Chacun sa BESACE

FUSEAU *s.m.* fuso; *spindle*

Le FUSEAU doit suivre le garreau/hoyau (1568)

'la femme ne doit pas rester inactive quand l'homme
travaille'

quando o marido vai cavar, deve a mulher fiar

while Adam delves, Eve should spin

♦ "*Fuseau* et *garreau* (ou *garrot*) sont des bâtons de bois
    mais le premier sert aux femmes pour filer à la que-
    nouille et les hommes utilisent le second pour assu-
    jettir avec des cordes le chargement d'une charret-
    te." (F. Suzzoni)

F

g

GAGNER *v.t.* ganhar; *to earn*

1 Qui GAGNE a toujours bien joué (1651)

'il n'y a pas de mauvais pilote lorsque le vent est favorable'

bem baila a quem a fortuna toca o som
bem dança a quem a fortuna faz o som

he plays best that wins
he plays well that wins

⇒ Bien danse à qui la FORTUNE chante

2 Tôt GAGNÉ tôt gaspillé (sXVI)

= Ce qui vient de la FLÛTE retourne au tambour

⇒ D'injuste GAIN juste daim

GAIN *s.m.* ganho; *earnings*

1 D'injuste GAIN juste daim* (1568)

* *Daim* = 'dommage'.

= BIEN mal acquis ne profite jamais

⇒ Ce qui vient par la RAPINE, s'en va par la ruine

2 Petit GAIN est bel quand il vient souvent (sXIII)

'en accumulant de petits bénéfices, on parvient à s'enrichir'

cifra vai e cifra vem, quem não poupa não tem
grão a grão, também se chega a milhão
melhor é muitos poucos que poucos muitos
muitos poucos fazem muito
todo o ganho é fidalgo
tostão a tostão se faz um milhão

a pin a day is a groat ['British coin worth four-pence'] *a year*

he that will not stoop for a pin, shall never be worth a pound
little and often fills the purse
small winnings make a heavy purse
sparing is a great revenue
sparing is the first gaining

⇒ GOUTTE à GOUTTE on emplit la cuve

GAINE *s.f.* bainha; *sheath*

En une belle GAINE d'or, couteau de plomb gît et dort (1568)

'mal et cruauté se donnent souvent de chatoyants extérieurs'

bainha de ouro, faca de chumbo
em bainha de ouro, espada de chumbo
punhal de lata em bainha de prata

a leaden sword in an ivory sheath

♦ Cf. o latim *in eburna vagina plumbeus gladius* (uma espada de chumbo numa bainha de marfim).

GALEUX *adj.* sarnento; *mangy*

Qui se sent GALEUX se gratte (1640)

= Que celui à qui le BONNET fait, le mette

⇒ Qui se sent MORVEUX, qu'il se mouche

GALON *s.m.* galão; *braid, stripe*

Quand on prend du GALON, on n'en saurait trop prendre

'un ambitieux, une fois lancé sur la voie des honneurs, ne s'arrête pas à moitié chemin'

galinha rica tudo o que vê cobiça
quanto maior é a riqueza, maior é a ambição

riches rather enlarge than satisfy appetites
the more a man has, the more he desires
the more you get, the more you want

Alteração jocosa em H. de Balzac:

– (...) Quant à monsieur Léger, il va plumer le comte de Sérisy, je n'ai qu'à le prier d'y aller d'une main ferme!
– *QUAND ON PREND DU TALON, ON N'EN SAURAIT TROP PRENDRE*, dit Mistigris. (*DV*, p. 105)

– (...) Em relação ao Sr. Léger, ele vai depenar o Conde de Sérisy, só tenho a pedir-lhe que o faça com mão firme!
– *QUANDO SE PEGA NO BARALHO, NUNCA SE PODE PEGAR DEMAIS* – disse Mistigris. (Trad. de Vidal de Oliveira)

♦ "Parodie d'un alexandrin de Quinault, *Roland*, II, V [1685]: Quand on prend de l'amour, on n'en saurait trop prendre. – La transformation s'explique par le fait qu'un nœud de ruban se disait, au XVIIe s., un galant; d'où la mutation d'amour en galant, puis en galon, pour signifier que l'on ne saurait trop profiter d'une occasion pour s'attribuer tel titre ou s'élever à tel rang." (M. Maloux)

⇒ GLOUTON n'est jamais saoul, plus a plus veut

GALOPER *v.* galopar; *to gallop*

Qui ne peut GALOPER, qu'il trotte (1576)

'il se faut contenter de ses capacités, et ne pas tenter ce qui échappe à notre prise'

quem não pode como quer faça como puder
quem não pode morder arranha
quem não tem cão caça com gato
quem não tem cavalo monta no boi

better a lean jade ['old horse'] *than an empty halter*
who has no horse, may ride on a staff

⇒ Qui ne peut MOISSONNER, qu'il se contente de glaner

GANT *s.m.* luva; *glove*

Souvent sous un beau GANT se cache une laide main

'les apparences souvent abusent; le velours d'un gant cache parfois une poigne ignoble'

bom traje encobre ruim linhagem
botas e luvas encobrem muito mal
com bom traje se encobre ruim linhagem
o hábito elegante cobre às vezes um tratante

it is not the gay coat that makes the gentleman
the best cloth may have a moth in it
there is many a fair thing full false

♦ Diz-se em espanhol: *botas y gabán encubren mucho mal*.

⇒ On ne connaît pas les GENS aux robes, ni les chiens aux poils

GANTELET *s.m.* manopla (luva de ferro); *gauntlet*

Ce que le GANTELET gagne, le gorgerin le mange (1752)

'on ne met à profit le gain qui se fait par la force'

o que se ganha pela força também por ela se perde

ill gotten, ill spent

GARDE *s.f.* cuidado, vigilância; *guard, care*

1 Mauvaise GARDE permet au loup de se repaître (sXII)

'une chose que l'on néglige est vite convoitée'

cerca malfeita convida o boi a passear
cerca ruim é que ensina boi a ser ladrão
cerca ruim e timbó podre é que ensina (*sic*) boi a ser ladrão

a careless hussy makes many thieves
it is easy to rob an orchard when none keeps it

⇒ Grand bandon fait les gens LARRONS

2 Qui prend GARDE à chaque nuage ne fait jamais voyage

'on ne fait rien sans risque'

quem não (se) arrisca não perde nem ganha
quem não (se) arrisca não petisca
quem não se aventura não anda a cavalo nem em mula
quem não se aventura não passa o mar
quem sempre se recata nunca acaba nada

he that counts all costs, will ne'er put plough in the earth
he that counts all the pins in the plough, will never yoke her
he that forecasts all perils, will never sail the sea
he that never climbed never fell
he that never rode never fell

♦ Diz-se em italiano: *chi guarda ad ogni nuvola, non fa mai viaggio*.

⇒ Si tu aimes le MIEL, ne crains pas les abeilles

GARDER *v.t.* guardar; *to keep*

Ce que l'on GARDE pourrit, ce que l'on donne fleurit (rég., Auvergne)

= Mieux vaut une POMME donnée que mangée

⇒ Ce que l'on MANGE pourrit, ce que l'on donne fleurit

GARNI *adj.* agasalhado; *wrapped up*

Qui est GARNI, il n'est surpris

'qui sort couvert n'est pas surpris d'un changement de temps'

capa e merenda nunca pesaram

não saia de casa sem capa e merenda, para que ao fim do dia não se arrependa

although the sun shine, leave not your cloak at home
have not thy cloak to make when it begins to rain

⇒ Quand il fait beau, prends ton MANTEAU; quand il pleut, prends-le si tu veux

---

GÂTEAU *s.m.* bolo, doce; *cake, gateau*

1 GÂTEAU et mauvais coutume se doivent rompre

'il ne faut pas les conserver ni l'un ni l'autre'

o mau costume é como um bolo bom: melhor partido que guardado

a bad custom is like a good cake, better broken than kept

2 Les GÂTEAUX sont à ceux qui se donnent la peine de les prendre

= Il n'y a que les HONTEUX qui perdent

Maintenant, je sais que LES GÂTEAUX SONT À CEUX QUI SE DONNENT LA PEINE DE LES PRENDRE. (G. Simenon, *HRT*, p. 656)

Agora, sei que OS DOCES PERTENCEM ÀQUELES QUE SE DÃO AO TRABALHO DE AGARRÁ-LOS. (Trad. de Mário Quintana)

3 Quand on mange au chaud le GÂTEAU [de Noël], **on mange les œufs** [de Pâques] **derrière le fourneau**

= NOËL au balcon, Pâques au tison

⇒ Qui ôte son MANTEAU à Noël se coiffera à Pâques

GAUFRE *s.f.* waffle; *waffle*

Les premières GAUFRES sont pour les enfants (1495)

se dit au jeu de cartes à propos des premières levées

o primeiro milho é dos pintos
o primeiro milho é para os pardais

small birds must have their meat (aprox.)

GÉLINE *s.f.* galinha; *hen*

1 Née de GÉLINE* aime à gratter (1594)

* "Ancien nom de la poule (archaïque depuis le XVIIIᵉ s.), (...)." (A. Rey)

= Qui naît de POULE aime à gratter

⇒ Il n'y a pas de méchant LIÈVRE ni de petit loup

2 Noire GÉLINE pond œuf blanc (sXIII: *noire geline pond blanc oef*)

'le blanc peut sortir du noir, comme le bien du mal; il ne faut se fier aux apparences'

galinha preta põe ovo branco
galinha tem de muita cor mas todo ovo é branco

a black grape is as sweet as a white
a black hen lays a white egg
a black plum is as sweet as a white

♦ Há provérbios paralelos em italiano: *la gallina nera fa l'uovo bianco* e em alemão: *schwarze Kühe geben auch weisse Milch.*

⇒ Les MAINS noires font manger le pain blanc

GENDARME *s.m.* guarda, policial; *gendarme, policeman*

1 À bon GENDARME, bonne lance (1568)

= Un bon OUVRIER se sert de toute sorte d'outil

G

2 Il n'est point beau de voir un vieil GENDARME ni un vieil amoureux

'l'âge ôte aux gens la vaillance et la hardiesse; l'amour et le métier des armes sont réservés à la jeunesse'

a idade e o tempo arrefecem as paixões

age and time tames soldier and lover

Aussi les vieillards, quand ilz voyent de beaux objets, ilz n'osent les attacquer, *porque los viejos naturalmente son temerosos; y amor y temor no se caben en un saco*: "car les vieillards sont craintifs fort naturellement; et l'amour et la crainte ne se trouvent jamais bien dans un sac." Aussi ont-ils raison: car ils n'ont armes ny pour offenser ny pour defendre, comme des jeunes gens, qui ont la jeunesse et beauté; et aussi, comme dit le poëte: "rien n'est mal seant à la jeunesse, quelque chose qu'elle face"; aussi, dit un autre, "IL N'EST POINT BEAU DE VOIR UN VIEIL GENDARME NY UN VIEIL AMOUREUX." (Brantôme, *DG*, p. 256)

Assim, os velhos, quando deparam com belos objetos, não ousam tomá-los, *porque los viejos naturalmente son temerosos; y amor y temor no se caben en un saco*: "porque o velho é por natureza medroso; e o amor e o medo não cabem num saco". Mas estão certos: não dispõem de armas para atacar nem para defender-se, o que é o caso dos jovens, a quem, além da mocidade e da beleza, cabe este dito do poeta: "nada fica mal para a juventude, faça ela o que fizer"; e afirma ainda um outro, "NÃO SE ACHA GRAÇA NENHUMA NUM VELHO GUARDA NEM NUM VELHO AMANTE".

♦ Cf. Ovídio (*Amores*, 1, 9, 4): *Turpe senex miles, turpe senilis amor.* (Vergonhoso é o soldado velho, vergonhoso é o amor no velho.)

GÊNE *s.f.* constrangimento, desconforto; *discomfort, bother*

Où (il) y a de la GÊNE, (il n')y a pas de plaisir (1789)

'le plaisir grossier des jouisseurs se plaît non seulement à bousculer convenances, contraintes, tabous et inhibitions, mais il s'éprouve mieux encore dans leur transgression même'

onde não há concordança ['concordância'] não há i ['aí'] festa nem dança (Gil Vicente)

he that is angry, is seldom at ease

GÉNIE *s.m.* gênio; *genius*

Le GÉNIE est une longue patience (1785)

'grande œuvre suppose long travail; cet adage s'oppose à la conception romantique du génie'

não há obra-prima sem suor
o gênio não passa de uma longa paciência

without diligence, no prize

♦ "Parole de Buffon, rapportée par Hérault de Séchelles, *Voyage à Montbard* [1785], qui met dans la bouche de Buffon une phrase légèrement différente: 'Le génie n'est qu'une plus grande aptitude à la patience.'" (M. Maloux)

GENS *s.m.f.pl.* gente, pessoas; *people*

1 À GENS de village, trompette de bois (1752)

"il faut proportionner les choses aux personnes" (Le Roux de Lincy); mais Panckoucke commente ainsi: "il faut que chacun ait des meubles proportionnés à sa condition"

a gente pobre, moeda miúda
para gente pobre nem repique nem dobre
para gente pobre, pequeno dobre
para pé de pobre, qualquer calçado serve
tais alfaces para tais beiços
tal gente, tal presente

a small pack becomes a small pedlar

⟹ À pauvres GENS, menue monnaie

2 À pauvres GENS la pâte gèle au four (sXVII)

'aux malheureux, la vie est tellement contraire que leur four même fabrique des glaçons, ou que leur frigidaire prend feu'

a quem nasceu para ser pobre o ouro se torna em cobre
ao pobre o ouro se transforma em cobre

the poor man turns his cake and another comes and takes it away
the poor suffer all the wrong

⟹ Celui qui est né pour un petit PAIN n'en aura jamais un gros

3 À pauvres GENS, menue monnaie (sXVI)

"il faut proportionner les choses aux personnes" (Le Roux de Lincy)

a gente pobre, moeda miúda

the poor man is aye ['always'] *put to the worst*

⟹ À petit MERCIER, petit panier

4 Autant de GENS, autant de sens (1568)

= Autant de TÊTES, autant d'avis

⟹ Chacun voit avec ses LUNETTES

5 Gardez-vous des GENS qui font patte de velours

'comme le chat cache ses griffes sous le velours de sa patte, bien des gens cachent leur méchanceté sous des dehors caressants'

Deus nos livre de quem mal nos quer e bem nos fala

all are not friends, that speak us fair

⟹ La/Une MAIN de fer dans/sous un gant de velours

6 Il y a GENS et GENS (sXV)

= Il y a FAGOT(S) et FAGOT(S)

⟹ Il y a raine et REINE

7 On ne connaît pas les GENS aux robes, ni les chiens aux poils (sXV: *on ne congnoist pas les gens aux robbes, ne les chiens aux poilz*)

= L'HABIT ne fait pas le moine

8 Selon les GENS, l'encens

'on mesure la louange, la flatterie, au mérite ou au rang des personnes'

segundo o santo, o incenso

like saint, like offering

⟹ Selon le SAINT, l'encens

9 Tant de GENS, tant de guises (1610)

= Autant de TÊTES, autant d'avis

GENTILHOMME *s.m.* cavalheiro; *gentleman*

Le GENTILHOMME chasse pour l'avocat (sXVI)

'le service d'un avocat est si ruineux qu'un budget entier (celui des produits de la chasse par exemple) doit lui être consacré'

dos descuidos comem os advogados
os tolos e os teimosos enriquecem os advogados

the huntsman's breakfast, the lawyer's dinner

⟹ Les MAISONS des avocats sont faites de la tête des fous

GIBET *s.m.* cadafalso, forca; *gibbet, gallows*

1 Le GIBET ne perd jamais ses droits (1842)

'les criminels sont punis tôt ou tard'

a forca nunca perde o seu
o crime não compensa
quem faz aqui acha acolá

the gallows will have its own at last

♦ Diz-se em espanhol: *siempre la horca lleva lo suyo.*

2 Le GIBET n'est fait que pour les malheureux
(sXVII)

'les puissants jouissent de l'impunité'

só vão à forca os ladrões pequenos

the poor suffer all the wrong

♦ Idéia semelhante em Juvenal (*Saturae*, 2, 63): *dat veniam corvis, vexat censura columbas* (a censura é indulgente com os corvos e rigorosa com as pombas).

⇒ La JUSTICE punit les petits cas

3 Qui est né pour le GIBET, ne se noyera jamais dans l'eau

= On ne peut NOYER celui qui doit être pendu

GIGOT *s.m.* pernil de carneiro; *leg of mutton*

Mieux vaut GIGOT voisin et prochain qu'un gros mouton lointain (sXVI)

= Mieux vaut maintenant un ŒUF que dans le temps un bœuf

GLAND *s.m.* bolota, glande; *acorn*

D'un petit GLAND provient un grand chêne (1587: *d'un petit gland sourd ung grand chêne*)

'les grandes choses ont un petit commencement'

o maior carvalho saiu de uma bolota

every oak has been an acorn
great oaks from little acorns grow

♦ Cf. o latim medieval *de nuce fit corylus, de glande fit ardua quercus* (da avelã nasce a aveleira; da glande o robusto carvalho). Cf. também Ovídio (*Ars amatoria*, 2, 342): *sub qua nunc recubas arbore, virga fuit* (a árvore a cuja sombra repousas foi antes modesto rebento).

⇒ D'un petit HOMME souvent grand ombre

GLOIRE *s.f.* glória; *glory, fame*

1 La GLOIRE est vaine et fausse monnaie (1580)

'... et pourtant, tout s'achète avec cette monnaie'

a glória dos homens é passageira
glória mundana, glória vã: floresce hoje, seca amanhã

glory is frivolous and false coin
the mirth of the world dureth but a while

♦ L'origine de ce proverbe se trouve chez Montaigne: "Qui ne contrechange volontiers la santé, le repos et la vie, à la reputation et à LA GLOIRE, la plus inutile, VAINE ET FAULSE MONNOYE qui soit en nostre usage?" (*E*, I, xxxviii [t. I, p. 329]) ("Quem não troca deliberadamente a saúde, o repouso, a vida, pela reputação e a glória, as mais inúteis e vãs, e falsas, das moedas correntes?" – Trad. de Sérgio Milliet)

2 Trop tard vient la GLOIRE qui fleurit sur la tombe

'à quoi bon la gloire, si l'on n'est plus là pour en profiter?'

tardia é a glória que chega após a morte

honour comes too late when all is consumed

♦ Cf. Marcial (1, 26, 8): *cineri gloria sera venit* (a glória chega tarde demais quando é póstuma).

GLORIA *s.m.* Glória (cântico de missa que começa pelas palavras *Gloria in excelsis Deo*); *Gloria*

À la fin se chante le GLORIA (1568)

'on ne doit point se réjouir avant l'heure'

não atires foguetes antes da festa
não cantes vitória antes do tempo
não se deve festejar o santo antes do seu dia
não soltes foguetes antes do tempo
no fim é que se cantam as glórias

do not halloo until you are out of the wood
do not triumph before the victory
do not whistle until you are out of the wood

⇒ Il ne faut juger de notre HEUR qu'après la mort

GLORIEUX *adj.* orgulhoso; *proud, self-important*

Il fait bon battre un GLORIEUX, il ne s'en vante pas (1792)

'par fierté, l'orgueilleux réprime ses plaintes; on peut donc s'en donner à cœur joie sur son dos'

bom é ferir o soberbo quando está só

it is good beating proud folks, for they'll not complain

♦ Cf. "Le Coq fanfarron", de Florian (*F*, IV, xxi, p. 96-97).

GLOUTON *s.m.* glutão, guloso; *glutton*

1 Deux GLOUTONS ne s'accordent pas à une même assiette (1842)

= Deux CHIENS à un os ne s'accordent

G

2 GLOUTON n'est jamais saoul*, plus a plus veut (sXIII)

* *Saoul* = 'gavé, repu'.

= Quand on en A, on en veut

⇒ Plus on A, plus on veut AVOIR

GOUPIL *s.m.* raposa, golpelha; *fox*

À GOUPIL endormi rien ne lui tombe en la gueule (sXV)

= RENARD qui dort la matinée n'a pas la gueule emplumée

GOURMAND *s.m.* glutão, guloso; *glutton*

1 Les GOURMANDS creusent leur tombe avec leurs fourchettes

= Les GOURMANDS font leur fosse avec leurs dents

2 Les GOURMANDS font leur fosse avec leurs dents (1579)

'les excès de table sont fatals'

a gulodice tem matado mais gente do que a espada
ao que demais comer, abre-lhe o garfo a cova
de fome ninguém vi morrer, porém a muitos de muito comer
de grandes ceias estão as campas cheias
de grandes ceias estão as covas cheias
de grandes ceias estão as sepulturas cheias
de quedas e ceias estão as covas cheias
de quedas e ceias estão as sepulturas cheias
mais matou a ceia que sarou Avicena
o peixe morre pela boca

by suppers, more have been killed than Galen ever cured
gluttony kills more than the sword
greedy eaters dig their graves with their teeth

♦ "*Saeva quidem plures leto gula tradit acerbo / quam gladius* (a terrível gula leva mais gente à morte prematura do que a espada). [...] versos do poeta do século XVI Marcello Palingenio Stellato, *Zodiacus vitae*, 3, 629 (...)." (R. Tosi) Há correspondentes em italiano: *ne uccide più la gola che la spada*, em espanhol: *más mató la cena que sanó Avicena* (ou ainda: *de hambre a nadie vi morir; de mucho comer, cien mil*) e em alemão: *mehr sterben vom Frass, denn vom Schwert*.

⇒ Aujourd'hui en CHÈRE, demain en bière

GOURMANDISE *s.f.* gula; *greed, gluttony*

La GOURMANDISE tue plus de gens que l'épée (1789)

= Les GOURMANDS font leur fosse avec leurs dents

GOÛT *s.m.* gosto; *taste, liking*

1 À bon GOÛT et faim n'y a mauvais pain (1568)

= Il n'est (de) SAUCE que d'appétit

2 Chacun son/ses GOÛT(S)

'il faut respecter en autrui sa part inaliénable de subjectivité, dont le goût fait partie'

albarde-se o burro à vontade do dono
amarra-se o burro à vontade do dono
amarra-se o burro como o dono manda
cada doido com a sua mania
cada um procura (o) prazer onde o acha
há gosto para tudo
há gostos para todas as coisas

every man as he loves, quoth the good man when he kissed his
  cow
every man likes his own thing best
every man to his (own) taste
every one to his taste(, as the old woman said when she kissed
  her cow)

LÉLIO. (...) Oh! la vérité est que je ne croyais pas être si haïssable. Qu'en dis-tu, Arlequin?
ARLEQUIN. Eh! monsieur, CHACUN a SON GOÛT. (Marivaux, *La Surprise de l'amour*, in *T*, p. 103)

LÉLIO. (...) Oh! A verdade é que eu não sabia que me odiavam tanto. Que achas, Arlequim?
ARLEQUIM. Ora, senhor, CADA UM COM A SUA MANIA.

– Pourquoi donc? vous n'y entendez rien, Germain. Elle ne veut ni du vieux, ni du borgne, ni du jeune, j'en suis quasi certain; mais si elle les renvoyait, on penserait qu'elle veut rester veuve, et il n'en viendrait pas d'autre.
– Ah! oui! ceux-là servent d'enseigne!
– Comme vous dites. Où est le mal, si cela leur convient?
– CHACUN SON GOÛT! dit Germain. (G. Sand, *MD*, p. 120)

– Então por quê? Você não entende nada, Germain. Ela não quer saber do velho, nem do caolho, nem do jovem, tenho quase a certeza; mas, se ela os despachar, podem pensar que quer ficar viúva e não apareceria outro pretendente.
– Ah! percebi! Esses servem de chamariz!
– Tem razão. Que mal há nisso, se é o que lhes convém?
– HÁ GOSTO PARA TUDO! – disse Germain.

♦ *Aliis alia placent*, diziam os latinos. A expressão de Virgílio é *trahit sua quemque voluptas* (na segunda *Bucolica*), que M. Yourcenar evoca em *Mémoires d'Hadrien*: "*Trahit sua quemque voluptas*. À chacun sa pente: à chacun aussi son but, son ambition si l'on veut, son goût le plus secret et son plus clair idéal."

(*MH*, p. 148): (*Trahit sua quemque voluptas*. A cada um a sua inclinação: a cada um também o seu objetivo, sua ambição, se quiserem, seu gosto mais secreto e seu mais claro ideal. – Trad. de Martha Calderaro.) Cabe lembrar também a máxima de Horácio (*Saturae*, 2, 1, 27-28): *quot capitum vivunt, totidem studiorum / millia* (tantos os homens são, tantos os gostos).

3 Des GOÛTS et des couleurs, on ne discute pas
(sXVIII)

'on ne discute que des sujets pouvant dégager un terrain objectif d'entente; ce n'est le cas ni du goût ni de l'appréciation des couleurs, qui reposent entièrement sur des critères subjectifs'

gostos não se discutem
há gosto para tudo
há gostos para todas as coisas
se não houvesse mau gosto, amarelo não tinha graça
se não houvesse mau gosto, não se usava o amarelo
se todo o mundo gostasse do verde, o que seria do amarelo?

tastes differ
there is no accounting for tastes
there is no disputing about tastes

♦ Do latim medieval *de gustibus et coloribus non disputandum*. Diz-se em espanhol: *contra gusto no hay disputa* (ou ainda: *sobre gustos no hay nada escrito*).

4 En fait de GOÛT, chacun doit être le maître chez soi (1769)

= Chacun son/ses GOÛT(S)

5 Tous les GOÛTS sont dans la nature (1718)

= Chacun son/ses GOÛT(S)

– (...) J'ai voulu me rendre compte et je constate que c'est faux. Voilà, termina-t-il, en posant sa main sur l'épaule de Jacques, – car mon cher, entre nous, je ne veux pas vous dire une chose désagréable (TOUS LES GOÛTS SONT DANS LA NATURE), mais vous n'êtes pas son type. (J. Cocteau, *GE*, p. 84)

– (...) Quis certificar-me e vejo que é mentira. Aí está – concluiu, pondo a mão no ombro de Jacques –, porque, meu caro, cá entre nós, não quero ser indelicado (HÁ GOSTO PARA TUDO), mas você não é o seu tipo.

À propos du "goût", certains de mes élèves souffrent beaucoup quand ils se trouvent devant l'archi classique sujet de dissertation: "*Peut-on parler de bons et de mauvais romans?*"
(...) Du coup, l'ensemble de leurs devoirs pourrait se résumer par cette formule: "Mais non, mais non, on a le droit d'écrire ce qu'on veut, et TOUS LES GOÛTS de lecteurs SONT DANS LA NATURE, non mais sans blague!" (D. Pennac, *CR*, p. 160)

A propósito de "gosto", alguns de meus alunos so-

frem um bocado quando se acham diante do arquiclássico tema de dissertação: "*Podemos falar de bons e maus romances?*"
(...) Assim, o conjunto de suas redações poderia se resumir nesta fórmula: "Mas não, não, cada um tem o direito de escrever o que quiser e OS GOSTOS dos leitores ESTÃO aí, POR TODA PARTE, não, fora de brincadeira!" (Trad. de Leny Werneck)

♦ Diz-se em italiano: *tutte i gusti sono gusti*.

GOUTTE *s.f.* gota; *drop, gout*

1 À la GOUTTE le médecin ne voit GOUTTE
(1611: *le mire* ['médecin'] *ne voit goutte à la goutte*)

'la goutte est une maladie dont la guérison échappe au médecin'

gota não tem cura

to the gout, all physicians are blind

(...) il se venge de l'impuissance thérapeutique, en répétant le très vieux proverbe: "LE MÉDECIN NE VOIT GOUTTE À LA GOUTTE". (Docteur Cabanès, *GH*, p. 36)

(...) vinga-se da incapacidade terapêutica, repetindo o velho provérbio: "DA GOTA, O MÉDICO NÃO ENTENDE NEM UMA GOTA".

♦ "Le sens médic. de maladie rhumatismale (XIIᵉ s.) vient de la croyance que la maladie était due à des gouttes d'humeur corrompue." (E. Baumgartner & Ph. Ménard)

2 C'est la GOUTTE d'eau qui fait déborder le vase
(1830; 1655: *la goutte qui fait répandre le verre*)

'c'est la petite chose pénible qui vient s'ajouter au reste et qui fait qu'on ne supporte plus l'ensemble'

é a última gota que faz transbordar o copo

the last drop makes the cup run over
the last straw breaks the camel's back

⇒ La dernière GOUTTE est celle qui fait déborder le vase

3 Ceux qui ont la GOUTTE ont des écus

'la goutte est une maladie de bons vivants et de gros mangeurs; c'est donc une maladie de nantis'

gota é mal de rico; cura-se fechando o bico

the gouty man has a heavy purse

– J'étais allé à l'Arsenal avec ma femme, disait-il un jour assez gaiement, en parlant d'une de ses attaques de goutte; M. de Sully me dit: "Sire, vous avez de l'argent ici, et vous ne le voyez point"; comme de fait, je me contente de savoir que j'en ai, sans m'amuser au plaisir de le voir. Nous allâmes à la Bastille, et il nous montra comme cela était ordonné: je vous assure qu'au même instant la goutte me prit, et me fit souvenir du proverbe: *CEUX QUI ONT LA GOUTTE ONT DES ÉCUS.* (Docteur Cabanès, *GH*, p. 58-59)

– Eu tinha ido ao Arsenal com minha mulher – contava ele, certa vez, muito alegre, ao falar de um de seus ataques de gota. – O Sr. de Sully me disse: "Vossa Majestade tem dinheiro aqui e nunca o vê". De fato, contento-me em saber que o tenho sem precisar do prazer de tê-lo diante dos olhos. Fomos à Bastilha e ele nos mostrou como aquilo estava arrumado. Na mesma hora tive um ataque de gota e lembrei-me do provérbio: *GOTA É MAL DE RICO.*

4 GOUTTE à GOUTTE la mer s'égoutte (1568)

'les petites pertes accumulées mènent à la ruine'

cada dia três e quatro, breve chegarás ao fundo do saco
gota a gota a talha se esgota
gota a gota o mar se esgota
onde se tira e não se põe logo o monte diminui
sempre a tirar gota, também o tonel se esgota

always taking out of the meal-tub, and never putting in, soon comes to the bottom
drop by drop, the sea is drained
feather by feather, the goose is plucked

◆ Diz-se em espanhol: *gota a gota, la mar se agota.*

⇒ POIL à POIL on épile

5 GOUTTE à GOUTTE l'eau creuse la pierre (sXVI: *la continuelle goutière rompt la pierre*)

'la persévérance vient à bout des entreprises les plus improbables'

a água cava a dura pedra
a pedra é dura, a gota de água miúda, mas caindo sempre faz cavadura
água mole em pedra dura tanto bate até que fura
água mole em pedra dura tanto dá até que fura
contínua goteira faz sinal na pedra

constant dripping wears away stones
constant dropping wears the stone
water dropping day by day wears the hardest rock away

◆ A mesma imagem era um lugar-comum em latim: *gutta cavat lapidem, consumitur annulus usu* (a gota de água fura a pedra, o anel gasta-se com o uso) (Ovídio, *Epistulae ex Ponto*, 4, 10, 5); *Nonne vides etiam guttas in saxa cadentis / umoris longo in spatio pertundere saxa?* (Não vês como as gotas de água, ao caírem numa pedra, com o tempo acabam por furá-la?) (Lucrécio, *De rerum natura*, 4, 1.286-1.287). Há correspondentes em italiano: *a goccia a goccia si scava la pietra* e em espanhol: *dando y dando, la gotera va horadando* (ou ainda: *la gota horada la piedra*).

⇒ Petit HOMME abat grand chêne

6 GOUTTE à GOUTTE on emplit la cuve (1568)

'avec le temps et l'entêtée logique du quantitatif, les petites choses accumulées finissent par en faire de grandes'

goteira é que enche bacia
grão a grão também se chega a milhão
pingo a pingo faz goteira
pingo, pingo... faz goteira
pouco a pouco fia a velha o copo ['a porção de lã ou linho que se há de fiar']

little drops of water, little grains of sand make mighty oceans and pleasant land
many a little makes a mickle ['big']
many a pickle makes a mickle
many drops make a flood
many drops make a shower

⇒ GRAIN à GRAIN, la poule remplit son ventre

7 La dernière GOUTTE est celle qui fait déborder le vase (1655)

= C'est la GOUTTE d'eau qui fait déborder le vase

⇒ Le SURPLUS rompt le couvercle

8 La GOUTTE vient de la feuillette ou de la fillette (sXVII)

'souvent boisson et femmes mènent à la goutte'

de muito comer, de vinho e de mulher, livre-se quem gota tiver

eating, drabbing ['a drab is a prostitute'] *and drinking make men suffer from gout*

– Il faut que Votre Eminence suive exactement, et de point en point, le régime de vie que je lui ai prescrit depuis longtemps et que j'ai l'honneur de lui répéter encore aujourd'hui. Il faut surtout, Monseigneur, vous abstenir de... de... enfin, vous savez le proverbe: "LA GOUTTE VIENT DE LA FEUILLETTE OU DE LA FILLETTE"; et c'est surtout sur ce dernier point qu'il faut vous ménager. (Docteur Cabanès, *GH*, p. 30)

– Vossa Eminência precisa seguir exatamente, ponto por ponto, as prescrições que lhe indiquei há muito tempo e que ainda hoje tenho a honra de confirmar. É preciso que Monsenhor se abstenha de... de... enfim, conhece bem o provérbio: "A GOTA VEM DA UVINHA OU DA MOCINHA"; e é sobretudo com este segundo perigo que deve tomar muito cuidado.

◆ "Jeu de mots passé en proverbe et attribué à l'historien Mézeray." (J.-Y. Dournon) Diz-se em espanhol: *del comilón y el vinoso viene el gotoso.*

GRAIN s.m. grão, trigo; *grain, wheat*

1 Bon GRAIN périt, paille demeure (1749)

= C'est (toujours) les MEILLEURS qui s'en vont(!)

2 Chaque GRAIN a sa paille (1610)

= Chaque VIN a sa lie

3 De mauvais GRAIN jamais de bon pain (1568)

'sans de bons ingrédients, pas de bonne cuisine; on ne peut rien espérer d'une mauvaise nature'

de mau grão, nunca bom pão

of evil grain, no good seed can come

4 De méchant GRAIN trésor vain

= De mauvais GRAIN jamais de bon pain

⇒ De tel PAIN, telle soupe

5 GRAIN à GRAIN, la poule remplit son ventre

'petites économies font grandes fortunes'

de bago em bago, enche a velha o saco
de grão em grão a galinha enche o papo (e o velho o saco)
de grão em grão enche a galinha o paparrão
de pequeninos grãos se junta grande monte
grão a grão, também se chega a milhão
pouco a pouco fia a velha o copo ['a porção de lã ou linho que se há de fiar']
um grão não enche celeiro mas ajuda ao companheiro

grain by grain, and the hen fills her belly
many a little makes a mickle ['big']
many a pickle makes a mickle
one grain fills not a sack, but helps his fellow

J'avais effectivement fait une grande folie de quitter cette ville de bénédiction, où nous étions si bien nourris, et où nous recevions tous les jours quelques menues monnaies. GRAIN À GRAIN LA POULE REMPLIT SON VENTRE. (Lesage, *GA*, p. 239-240)

De fato eu tinha feito uma loucura ao deixar aquela cidade abençoada, onde éramos tão bem alimentados e onde recebíamos todos os dias umas poucas moedas. DE GRÃO EM GRÃO ENCHE A GALINHA O PAPARRÃO.

♦ Há correspondentes em italiano: *a granello a granello s'empie lo staio e si fa il monte* e em espanhol: *grano a grano, hinche la gallina el papo.*

⇒ MAILLE à MAILLE on fait le hautbergeon

6 Il faut séparer le bon GRAIN de l'ivraie (sXVIII)

'il faut séparer la mauvaise doctrine de la bonne, le bien du mal, les bons des méchants'

é preciso separar o joio do trigo

one should separate the grain from the chaff
one should separate the wheat from the chaff

Nous devions les aider à SÉPARER, en quelque sorte, LE BON GRAIN DE L'IVRAIE si nous ne voulions pas

voir massacrer nos Comanches. (P. Schoendoerffer, *AR*, p. 204)

Tínhamos de ajudá-los a SEPARAR, de certa forma, O JOIO DO TRIGO para que nossos comanches não fossem massacrados. (Trad. de Irène M. Cubric)

♦ A fonte é Mateus 13, 30.

7 Qui sème bon GRAIN recueille bon pain (sXVI)

'pour obtenir une nourriture de qualité, aucun stade de la chaîne alimentaire ne doit être négligé'

quem semeia bom grão terá bom pão

he that sows good seed shall reap good corn

♦ Há provérbio paralelo em italiano: *chi semina buon grano, ha poi buon pane.*

GRAINE *s.f.* semente; *seed*   **G**

1 Mauvaise GRAINE est tôt venue (1668)

= Mauvaise HERBE croît soudain/toujours

La chanvre* étant tout à fait crue, / L'Hirondelle ajouta: Ceci ne va pas bien; / MAUVAISE GRAINE EST TÔT VENUE. (La Fontaine, *F*, I, viii, 33-35)

* *La chanvre*: "Ce mot conservait parfois au XVIIᵉ s. son ancien genre féminin (...)." (*DFCl*)

Quando o linho brotou, / A Andorinha comentou: As coisas não vão bem; / ERVA DANINHA CEDO DESPONTOU.

2 Mauvaise GRAINE, prompte croissance (sXVII)

= Mauvaise HERBE croît soudain/toujours

On dit bien: *"Le mal s'en va-t-à pied, mais il vient à cheval."* Il s'est mis postillon de rouliers d'Orléans pour nous rendre visite. Lundi de la semaine passée, un cas de pestilence fut semé à Saint-Fargeau. MAUVAISE GRAINE, PROMPTE CROISSANCE. (R. Rolland, *CB*, p. 161)

Dizem com acerto: *O mal vai a pé, mas volta a cavalo.* Ele se tornou postilhão de carreteiro de Orléans para nos visitar. Segunda-feira passada, correu o boato de pestilência em Saint-Fargeau. SEMENTE MÁ RÁPIDA CRESCE. (Trad. de Ivo Barroso)

GRAISSE *s.f.* gordura, banha; *fat, grease*

1 C'est la GRAISSE du cochon qui a cuit le cochon

= Qui frappe avec le FER périra par le FER

2 Un peu de GRAISSE sous la peau, rien de plus beau

'une personne maigre est rarement belle'

dá-me gordura, dar-te-ei formosura
magreza não é beleza

skinniness is not compatible with good looks
the flesh is aye ['always'] *fairest that is farthest from the bone*

⇒ Jamais belle CHAIR ne fut près des os

GRAND,E *adj.* grande; *big, great*

1 À la porte des GRANDS, le seuil est glissant

'il est plus sûr de fréquenter des personnes de son propre milieu'

quem serve no Paço sempre tem embaraço

hall benches are slippery
hall binks ['benches'] *are sliddery* ['slippery']
there is a sliddery stone before the hall door

2 Pour être GRAND, il faut avoir été petit (sXI)

= Il faut apprendre à OBÉIR pour savoir commander

GRAND-MÈRE *s.f.* avó; *grandmother*

**Si ma GRAND-MÈRE avait eu des roues, elle aurait
pu être un autobus** (Québec)

lapalissade servant à moquer les faiseurs de conjectures

se? ora se! se minha avó não morre, inda hoje era viva

if my aunt had been a man, she'd have been my uncle

⇒ Si la MER bouillait, il y aurait bien des poissons (de)
cuits

GRANGE *s.f.* celeiro, granja; *barn*

À la GRANGE va li blé (sXIII; *à la grange vet* ['va'] *li
blez* ['blé'])

= L'EAU va (toujours) à la rivière

GRAS *s.m.* gordo; *fat person*

Le GRAS ne sait pas de quoi vit le maigre

= Qui a la PANSE pleine croit que les autres sont rassasiés

GRATTER *v.* coçar-se; *to scratch*

Trop GRATTER cuit, trop parler nuit (sXIII)

'dès lorsqu'on insiste, la volupté de se gratter se tourne
en brûlure; il en va de même de l'excès de parole; tout
abus est dommageable, la démesure renverse les choses
en leur contraire'

a língua fala à custa da cabeça
o lombo da gente é fiador da língua
o peixe morre pela boca
quem fala muito dá bom-dia a cavalo
quem muito fala a si dana
quem muito fala muito enfada
quem muito fala muito erra

quem muito fala pouco acerta

a fool's tongue is long enough to cut his own throat
he is wise who speaks little
he that strikes with his tongue, must ward with his head
the tongue talks at the head's cost

⇒ C'est trop parler qui a fait que le CRABE n'a pas de
tête

GRENIER *s.m.* celeiro, sótão; *barn, loft*

**1 Chacun se plaint que son GRENIER n'est pas
plein**

= De sa FORTUNE nul n'est content

2 Il ne faut point faire GRENIER des filles

= Les FILLES et les pommes est une même chose

GRENOUILLE *s.f.* (*Rana esculenta* etc.) rã; *frog*

**Il n'y a pas de GRENOUILLE qui ne trouve son cra-
paud** (rég., Bourgogne)

= Il n'y a si méchante/vieille MARMITE qui ne trouve
son couvercle

GRIEF *s.m.* razão de queixa, dano; *grievance, sorrow*

**Ce qui est GRIEF à supporter est, après, doux à
raconter** (sXVII)

'les épreuves surmontées nourrissent le plaisir répara-
teur de les raconter, l'adversité vaincue libère, par compensation, le pouvoir fabulateur; les périls traversés
alimentent le mythe'

o que é duro de passar é bom de lembrar
o que é duro de passar é doce de lembrar
o que é ruim de passar é bom de lembrar

sorrows remembered sweeten present joy
that which was bitter to endure, may be sweet to remember
the remembrance of past sorrow is joyful

Je ne m'en souciai guère; et montant au grenier, ainsi
que vous le voyez, j'ai mis sur le papier, hochant du nez,
parlant tout seul, tirant la langue de côté, mes peines et
mes plaisirs, les plaisirs de mes peines...
   CE QUI EST GRIEF À SUPPORTER EST, APRÈS,
DOUX À RACONTER. (R. Rolland, *CB*, p. 143)

Não me preocupava tal coisa; e subindo ao celeiro, como
estais vendo, confiei ao papel, sacudindo o nariz, falando sozinho, botando a língua de lado, minhas penas e
prazeres, o prazer de minhas penas...
   O QUE É TRISTE DE AGÜENTAR É, APÓS, DOCE
DE CONTAR. (Trad. de Ivo Barroso)

♦ Cf. Sêneca (*Hercules furens*, 656-657): *Quae fuit durum
pati, / meminisse dulce est.* (O que foi duro de suportar
é doce de lembrar.) Há correspondente em italiano:
il ricordarsi del male raddoppia il bene.

GRIVE *s.f.* (*Turdus*) tordo; *thrush*

Faute de GRIVES, on mange des merles (sXIX)

= À faute de CHAPON, pain et oignon

Alteração em H. de Balzac:

Corentin était donc tombé dans une inaction absolue.
Dans cette situation, un vrai chasseur, pour s'entretenir
la main, FAUTE DE GRIVES, TUE DES MERLES.
Domitien, lui, tuait des mouches, faute de chrétiens.
(*SMC*, p. 206)

Corentin, portanto, caíra numa inação absoluta. Em tal
situação, um genuíno caçador, para não perder o costume, À FALTA DE TORDOS VAI CAÇANDO MELROS.
Eis aí por que Domiciano, quando lhe faltavam cristãos,
matava moscas. (Trad. de Casimiro Fernandes)

♦ A idéia está num provérbio grego registrado por vários paremiógrafos: Ἂν μὴ παρῇ κρέας, τάριχον
στερκτέον (se não há carne, temos de nos contentar
com peixe salgado). Diz-se em espanhol: *cuando no
tengo lomo, de todo como* (ou ainda: *a falta de vaca, buenos son pollos con tocino*).

⇒ Qui a des NOIX, en casse, qui n'en a pas, s'en passe

GROS *s.m.* grande; *bigwig*

Les GROS mangent les minces

= Les gros LARRONS pendent/(font pendre) les petits

GUÊPE *s.f.* (*Vespa crabro* etc.) vespa; *wasp*

Où la GUÊPE a passé, le moucheron demeure (1668)

'là où les puissants réussissent, les faibles échouent'

cantam os melros, calam-se os pardais
em fandango de galinha, barata não se mete
em festa de jacaré, não entra inhambu
em festa de jacu, inhambu não pia
em festa de jacu, não entra inhambu
em terra de cobra, sapo não chia
em terra de gavião, galinha não vinga pinto
em terreiro de galinha, barata e mais bicharia não têm
   razão
em terreiro de galinha, barata não tem razão
onde estão galos de fama, não têm pintos que fazer
onde mora raposa, não se cria galinha
onde tem onça, macuco não pia
quando brilha o sol, não luzem as estrelas
quem te mandou, urubu pelado, meter-se (*sic*) no meio
   dos coroados?

the great fish eat up the small
the moon's not seen where the sun shines
the stars are not seen where the sun shines

L'exemple est un dangereux leurre: / Tous les mangeurs
de gens ne sont pas grands Seigneurs; / OÙ LA GUÊPE
A PASSÉ, LE MOUCHERON DEMEURE. (La Fontaine, *F*, II, xvi, 25-27)

O exemplo é uma cilada perigosa: / Nem todos os devo-
radores de homens são gente importante; / CANTAM
OS MELROS, CALAM-SE OS PARDAIS.

⇒ Où le SOLEIL luit, la lune n'y a que faire

GUÉRIR *v.* curar, sarar; *to cure, to heal*

GUÉRIR parfois, soulager souvent, consoler tou-jours

devise du vrai médecin

curar às vezes, aliviar com freqüência, consolar sempre

*to cure sometimes, to relieve often, to comfort always is doctor's
motto*

♦ "Cité par André Soubiran, *les Hommes en blanc*, III
[1951]." (M. Maloux)

GUÉRISON *s.f.* cura; *curing, healing*

La GUÉRISON n'est jamais si prompte que la blessure (1856)

'cette cruelle vérité vaut pour les blessures physiques
aussi bien que morales'

a doença vem a cavalo e vai a pé

a man is not so soon healed as hurt

⇒ Les MALADIES viennent à cheval et s'en retournent
à pied

GUERRE *s.f.* guerra; *war*

1 À la GUERRE comme à la GUERRE (sXVII)

'comme la guerre, certaines situations exigent qu'on se
dispose à tout accepter'

em tempo de guerra não se limpam armas
guerra é guerra
se tem que ser, seja

all is fair in love and war
in time of hardship you have to make the best of things

– "Si vous en désirez, monsieur? C'est dur de jeûner
depuis le matin." – Il salua: "Ma foi, franchement, je
ne refuse pas, je n'en peux plus. À LA GUERRE
COMME À LA GUERRE, n'est-ce pas, madame?" (G.
de Maupassant, *BS*, p. 25)

– Aceita um pedaço, cavalheiro? – É duro jejuar desde
manhã cedo.
   Ele cumprimentou-a, e disse:
– Bem, para falar verdade, não recuso; não agüento
mais. NA GUERRA COMO NA GUERRA, não é, madame? (Trad. de Lygia Junqueira Fernandes)

G

♦ Há equivalente em espanhol: *en la guerra, como en la guerra*.

2 De GUERRE mortelle fait-on bien la paix (1495)

'le malheur enseigne la tolérance: ainsi les meilleures paix résultent des pires guerres, comme l'amour procède de la haine'

de boa guerra, boa paz
guerra bem guerreada traz boa paz

he that makes a good war makes a good peace

⇒ Si tu veux la PAIX, prépare la guerre

3 En temps de GUERRE ne mange ni ne plante menthe (1548)

'selon les vertus qu'on lui accorde (elle liquéfie le sang ou l'ardeur), la menthe n'est pas recommandée aux guerriers'

em tempo de guerra não se planta nem se come menta

in war neither eat nor plant mint

Dont pourrez doresnavant entendre, mieux que n'a descrit Aristoteles en ses *Problèmes*, pourquoy jadis on disoit en proverbe commun: "EN TEMPS DE GUERRE NE MANGE ET NE PLANTE MANTHE." La raison est: car en temps de guerre sont ordinairement départis coups sans respect; donques l'homme blessé, s'il a celuy jour manié ou mangé manthe, impossible est, ou bien difficile, luy restreindre le sang. (F. Rabelais, *Le cinquième livre*, in *OC*, p. 891-892)

Portanto podereis de agora em diante entender, mais facilmente do que descreveu Aristóteles em seus *Problemas*, por que outrora dizia o conhecido provérbio: "EM TEMPO DE GUERRA NÃO SE PLANTA NEM SE COME MENTA". A razão é que em tempo de guerra os golpes vêm de todos os lados, sem distinção; portanto se, no dia em que se feriu, o homem manipulou ou comeu menta, é impossível – ou muito difícil – estancar-lhe o sangue.

4 GUERRE est la fête des morts (sXVII)

'ce qui est deuil chez les uns est fête pour les autres'

a guerra é a festa dos mortos

war is death's feast

♦ Há equivalente em espanhol: *la guerra es la fiesta de los muertos*.

5 Il ne faut pas aller à la GUERRE qui craint les horions (1568)

'qu'on n'aille point s'exposer par où l'on se sait vulnérable'

quem houver medo esconda-se
quem não dá pra fubá desocupa o lugar
quem não pode com mandinga não carrega patuá

quem não pode com o tempo não inventa modas
quem passarinhos receia milho não semeia
quem tem medo de se molhar não vai à chuva
quem tem medo não veste armadura

he that cannot make sport, should mar none
he that fears every bush must never go a-birding
he that is afraid of wounds, must not come nigh ['near'] *a battle*

♦ O provérbio tem correspondentes em italiano: *chi ha paura, non vada alla guerra*, em espanhol: *quien no quiera ver lástimas, no vaya a la guerra* e em alemão: *wer Furcht hat, ziehe nicht in den Krieg*.

⇒ Il ne faut pas aller au BOIS qui craint les feuilles

6 La GUERRE engendre pauvreté

'toute guerre appauvrit l'humanité'

da guerra o dano vem cedo e tarde o proveito

wars bring scars

♦ Há provérbios paralelos em italiano: *dove è guerra non fu mai dovizia* e em alemão: *der Krieg macht einen reich und zehn arm*.

7 La GUERRE, la peste et la famine sont les trois fléaux de Dieu

'trois fatalités font les malheurs de l'homme: l'homme lui-même, l'animal et la nature'

guerra, peste e carestia estão sempre em companhia

famine, pestilence and war are the destruction of a people

♦ Diz-se em italiano: *guerra, peste e carestia, vanno sempre in compagnia*.

8 La GUERRE nourrit la GUERRE (1835)

'la guerre est un processus autarcique'

a guerra vive da guerra

war lives by war

Var. em A. France:

– Compagnons, dit le grand archange, non; ne conquérons pas le ciel. C'est assez de le pouvoir. LA GUERRE ENGENDRE LA GUERRE et la victoire, la défaite. (*RA*, p. 409-410)

– Companheiros – disse o arcanjo-mor –, não; não vamos conquistar o céu. Basta dispor desse poder. A GUERRA LEVA À GUERRA, e a vitória à derrota.

♦ Palavras de Schiller, *Die Piccolomini*, I (1799).

9 Qui a fait la GUERRE fasse la paix (1568)

'qui engage les hostilités doit savoir y mettre fin'

quem fez a guerra faça a paz

he that makes the war makes the peace

GUET *s.m.* espreita, vigilância; *look-out*

Bon GUET chasse malaventure (1568)

= PORTE fermée, le diable s'en va

GUEULE *s.f.* goela, boca; *mouth, muzzle*

La GUEULE fait périr plus de gens que le glaive

= Les GOURMANDS font leur fosse avec leurs dents

GUEUX *s.m.* mendigo; *beggar*

1 Aux GUEUX la besace (1826)

'le pauvre reste toujours pauvre'

a quem nasceu para ser pobre o ouro se torna em cobre
quem nasceu embaixo do banco nunca chega a se sentar

he that was born under a three-halfpenny planet shall never be
worth two pence
he that was born under a three-penny planet shall never be
worth a groat ['British coin worth four-pence']

⇒ Au plus pauvre, la BESACE

2 Les GUEUX ne sont jamais hors de leur chemin
(1842)

'le pauvre ne s'égare jamais, puisqu'il est toujours déjà
égaré'

pobre muda de patrão mas não de condição

the beggar is never out of his way

GUIGNON *s.m.* inhaca, azar; *bad luck*

Quand le GUIGNON est à nos trousses, on se noie
dans un crachat

= Quand on est MALHEUREUX, on se noyerait dans
son crachat

GUILLAUME *s.pr.m.* Guilherme; *William*

Tel croit tromper GUILLAUME que GUILLAUME
le trompe (rég., Auvergne; 1576: *tel croit guiller*
Guillot que Guillot le guille)

'on subit souvent le mal que l'on croit faire à autrui'

foi buscar lã e saiu tosquiado
foi buscar lã e voltou tosquiado
o feitiço cai sobre o feiticeiro
o feitiço virou-se contra o feiticeiro
o tramposo asinha ['logo'] engana o cobiçoso
quem arma a esparrela às vezes cai nela
quem laço me armou nele caiu

hoist with his own petard (Shakespeare)
many go out for wool, and come home shorn
no knave to the learned knave

⇒ Il est allé chercher de la LAINE et est revenu tondu

GUISE *s.f.* modo, maneira; *way*

Chacun se fait fouetter à sa GUISE

'le libre arbitre de l'homme est tel qu'il lui est loisible
de faire le choix de ce qui lui nuit, et que le masochiste
même exerce sa pleine liberté'

cada qual come do que gosta
cada qual como se amanha
cada qual é dono das/de suas ventas
cada um desce do bonde como lhe apetece
cada um é dono de/do seu nariz
cada um faz o que entende
cada um governa-se
para seu proveito cada um sabe

every man after his fashion
every man as he loves, quoth the good man when he kissed his
cow
every man buckles his belt his ain gate ['his own way']
every one to his taste(, as the old woman said when she kissed
her cow)

⇒ Chacun son/ses GOÛT(S)

G

h

HABIT *s.m.* hábito, roupa; *habit, cloth*

1 HABIT de béat a souvent ongles de chat (sXVI)

'des dehors affables peuvent dissimuler un naturel dangereux'

a cruz na boca e o diabo no coração
a cruz nos peitos e o diabo nos feitos
cara de beato, unhas de gato
contas na mão, borracha à cinta
contas na mão, coração de ladrão
contas na mão e o diabo no coração
contas na mão e o olho ladrão
pão numa mão e pau na outra
unhas de gato e hábito de beato

he has honey in the mouth, and a razor at the girdle
the beads in the hand, and the devil in cape of the cloak
the beads in the hand, and the devil in capuch
the cross on the breast, and the devil in the heart
you show bread in one hand, and a stone in the other

⇒ PAROLES d'angelot, ongles de diablot

2 HABIT de velours, ventre de son (1851)

se dit d'une personne qui se prive du nécessaire pour mieux paraître

as sedas e os veludos às vezes apagam o fogo da cozinha
calça de veludo, ventre em jejum
o cetim e os veludos apagam o lume da cozinha
o veludo e a seda apagam o fogo da cozinha

clothe the back and starve the belly
if it were not for the belly, the back might wear gold
silks and satins put out the fire in the chimney
silks and satins put out the kitchen fire

⇒ VENTRE de son et robe de velours

3 Les beaux HABITS servent fort à la mine (1568)

'l'habit fait la considération dont nous jouissons auprès des autres, et auprès de nous-mêmes'

bem toucada não há mulher feia
composta não há mulher feia
um belo hábito é uma carta de recomendação
um casaco bem-feito, boa carta de apresentação

good clothes open all doors
the tailor makes the man

⇒ Les belles PLUMES font les beaux oiseaux

4 L'HABIT, c'est l'homme (1821)

'les apparences ne sont pas trompeuses: l'être se montre dans le paraître'

na capa se conhece o dono
no andar e no vestir serás julgado entre cem
no andar e no vestir serás julgado entre mil
o hábito faz o monge
o pau se conhece pela casca

apparel makes the man
clothes make people
the coat makes the man
the dress proclaims the man

♦ Do grego εἵματ' ἀνήρ (latim *vestis virum facit*), citado por Erasmo nos *Adagia*.

⇒ Parez un HÉRISSON, il semblera baron

5 L'HABIT ne fait pas le moine (1534: *l'habit ne faict poinct le moyne*; sXIII: *li abis ne fait pas l'ermite*)

'il y a solution de continuité, entre le vêtement et celui qui le porte, entre l'extérieur et l'intérieur, entre le visible et l'invisible'

o hábito elegante cobre às vezes um tratante
o hábito não faz o monge(, mas fá-lo parecer, de longe)

por se andar vestido de lã não se é carneiro

a holy habit cleanses not a foul soul
all hoods make not monks
clothes do not make the man
it is not the gay coat that makes the gentleman
it's not the cowl that makes the friar
it's not the cowl that makes the monk
no fine cloth can hide the clown
the cowl does not make the monk
the habit does not make the monk
the hood does not make the monk

Mais par telle legiereté ne convient estimer les œuvres des humains. Car vous mesmes dictes que L'HABIT NE FAICT POINCT LE MOYNE, et tel est vestu d'habit monachal, qui au dedans n'est rien moins que moyne, et tel est vestu de cappe Hespanole, qui en son couraige nullement affiert à Hespane. (F. Rabelais, *G*, p. 44)

Mas não é com tal leviandade que devem julgar-se as obras dos homens, pois vós próprios dizeis que O HÁBITO NÃO FAZ O MONGE: pode alguém vestir o hábito monacal sem nada ter de monge, e pode alguém vestir uma capa espanhola sem nada ter a sua coragem a ver com a Espanha. (Trad. de Aristides Lobo)

La vérité de ce proverbe populaire: L'HABIT NE FAIT PAS LE MOINE est surtout applicable à la littérature. Il est extrêmement rare de trouver un accord entre le talent et le caractère. (H. de Balzac, *MM*, p. 80)

A verdade do provérbio popular: O HÁBITO NÃO FAZ O MONGE é sobretudo aplicável à literatura. É extremamente raro encontrar acordo entre o talento e o caráter. (Trad. de Vidal de Oliveira)

♦ Em latim medieval: *habitus* (ou *cucullus*) *non facit monachum, sed professio regularis*. Há equivalentes em italiano: *l'abito non fa il monaco*, em espanhol: *no hace el hábito al monje* e em alemão: *das Kleid macht keinen Mönch*.

≠ L'HABIT, C'EST L'HOMME

⇒ Riche HABIT fait fol honorer

6 L'HABIT volé ne va pas au voleur

= BIEN mal acquis ne profite jamais

7 Riche HABIT fait fol honorer

= La ROBE fait l'homme

⇒ On gagne à PARIS dix mille livres de rente, en portant des gants blancs

HABITUDE *s.f.* hábito, costume; *habit, custom*

L'HABITUDE est une seconde nature (1842)

'certaines dispositions, acquises par la répétition, finissent par s'identifier à des caractères naturels'

o costume é uma segunda natureza
o hábito é uma segunda natureza

custom is (almost) a second nature
habit is a second nature

(Car si L'HABITUDE EST UNE SECONDE NATURE, elle nous empêche de connaître la première, dont elle n'a ni les cruautés, ni les enchantements.) (M. Proust, *RTP*, t. II, p. 754)

(Pois se O HÁBITO É UMA SEGUNDA NATUREZA, impede-nos de conhecer a primeira, de que não tem nem as crueldades nem os encantamentos.) (Trad. de Mário Quintana)

♦ A idéia vem de Aristóteles (*Retórica*, 1, 11): Τὸ εἰθισμένον ὥσπερ πεφυκὸς ἤδη γίγνεται (o hábito torna-se semelhante à natureza), mas reaparece em Cícero (*De finibus*, 5, 25, 74): *consuetudine quasi alteram quandam naturam effici* (com o costume forma-se como que uma segunda natureza) e em Publílio Siro (*Sententiae*, G 8): *gravissimum est imperium consuetudinis* (a pior tirania é a do hábito).

⇒ Qui A JOUÉ JOUERA

HACHETTE *s.f.* machadinha; *hatchet*

Petite HACHETTE coupe gros bois

= Petit HOMME abat grand chêne

Un timide sourire se dessinait alors au niveau des yeux de Victoire et elle répondait... PETITE HACHETTE COUPE GROS BOIS et s'il plaît à Dieu, nous irons encore comme ça. (S. Schwarz-Bart, *PVTM*, p. 31)

Vislumbrava-se então um tímido sorriso no olhar de Victoire e ela respondia... MACHADINHA FINA CORTA LENHA GROSSA e, se Deus quiser, a gente vai levando.

HAIE *s.f.* sebe, cerca viva; *hedge*

1 Les HAIES ont des yeux, les murs ont des oreilles (rég., Auvergne)

= Les MURS ont des oreilles

2 On passe la HAIE par où elle est la plus basse (sXV)

'il convient, pour agir, d'employer les expédients les plus commodes'

atravessa o rio onde ele é mais raso

cross the stream where it is ebbest ['shallowest']
every one leaps over the dyke where it is lowest
men leap over where the hedge is lowest
where the hedge is lowest, men may soonest over

♦ Diz-se em italiano: *dove la siepe è bassa, ognun vuol passare*.

⇒ Là où la BARRIÈRE est basse le bœuf enjambe

3 Qui fait HAIE souvent dit aïe (1568: *qui fait haye souvent dit haye*)

'qui fourrage buissons et épineux, souvent se pique; on ne se tire pas indemne de la fréquentation des méchants'

quem brinca com espinhos arranha-se

he that handles thorns shall prick his fingers
who remove stones, bruise their fingers

HAILLON *s.m.* farrapo, andrajo; *rag*

Sous les HAILLONS sont les louis d'or

'ce proverbe est passible de deux interprétations: tantôt il stigmatise l'avarice, qui dissimule la richesse sous de pitoyables apparences, tantôt il énonce un machiavélique principe politique, selon lequel les pauvres sont un grand réservoir de richesses: ils possèdent peu, mais ils sont très nombreux à posséder un peu'

não há riqueza sem miséria (aprox.)

no wealth without misery (aprox.)

HAMEÇON *s.m.* anzol; *hook*

Qui n'amorce son HAMEÇON pêche en vain

= Il faut perdre un VAIRON pour pêcher un saumon

HANTER *v.t.* freqüentar; *to haunt*

Dis-moi qui tu HANTES et je te dirai qui tu es (1615)

'il suffit, pour connaître quelqu'un, de connaître ses fréquentations; l'être-avec suffit à définir l'être'

dize-me com quem andas, dir-te-ei as manhas que tens
dize-me com quem andas, dir-te-ei quem és
dize-me com quem lidas, dir-te-ei as manhas que tens
ninguém presuma que se pode entrar no lodo sem se enlodar

a man is known by his company
a man is known by his friends
a man is known by the company he keeps
keep good men company, and you shall be of the number
one is not smelt where all stink
tell me with whom thou goest, and I'll tell thee what thou doest

ARLEQUIN. Quand ces amis-là s'en iraient aussi avec vous, il n'y aurait pas grand mal; car, DIS-MOI QUI TU HANTES, ET JE TE DIRAI QUI TU ES. (Marivaux, *La double inconstance*, in *T*, p. 207-208)

ARLEQUIM. Mesmo que esses amigos fossem embora com vocês, não se perdia grande coisa: DIZE-ME COM QUEM LIDAS, DIR-TE-EI AS MANHAS QUE TENS.

Estropiado em H. de Balzac:

– Dame, on ne dit pas ces choses-là de ses amis dans les voitures publiques, reprit Mistigris. **La prudence**,

jeune homme, **est mère de la surdité**. Moi, je ne vous écoute pas.

– C'est le cas de dire, s'écria Schinner, *DIS-MOI QUI TU HANTES, JE TE DIRAI QUI TU HAIS!* (*DV*, p. 102)

– Pois então! Não se dizem essas coisas dos amigos, nos veículos públicos – disse Mistigris. – **A prudência é a mãe da surdez.**

– É o caso de dizer – exclamou Schinner – *DIZE-ME A QUEM FREQÜENTAS, DIR-TE-EI A QUEM ODEIAS!* (Trad. de Vidal de Oliveira)

♦ Cf. a máxima latina *cum quo aliquis iungitur talis erit* (será semelhante àquele com quem está), consignada por Arnóbio, o Jovem (*Commentarius in psalmum*, 19). É na verdade a tradução de um fragmento da *Fênix* de Eurípides: τοιοῦτός ἐστιν οἷσπερ ἥδεται ξυνών. Há equivalentes em italiano: *dimmi con chi vai, e ti dirò chi sei* e em espanhol: *dime con quién andas y te diré quién eres.*

HARDI *adj.* audacioso, ousado; *bold, daring*

HARDI de la langue, couard de la lance (1568)

'les beaux parleurs sont souvent de piètres hommes d'action – forts en gueule, pauvres en actes'

(às vezes) muito ameaça quem de medroso não passa
cão ladrador, mau mordedor

a bully is always a coward

⇒ MENACES ne sont lances

HARGNE *s.f.* mau humor, rabugice; *spite*

Qui à HARGNE tend, HARGNE lui vient (sXIII)

'ceux qui cherchent toujours querelle en portent toujours quelque stigmate'

o homem brigão tem sempre um arranhão
quem se mete em bulhas sai arranhado
um valente acha outro

he that seeks trouble never misses
make ado and have ado

⇒ HOMME hutineux et cheval coureur, flacon de vin ont tôt leur fin

HART *s.f.* vencilho (vime verde com que se atam feixes de lenha); *band, binder (for bundling faggots, etc., together)*

La HART sent toujours le fagot (sXVII)

= La CAQUE sent toujours le hareng

HASARD *s.m.* acaso, sorte; *chance*

1 Ce qu'art ne peut, HASARD achève

= Il faut laisser quelque chose au HASARD

H

2 Il faut laisser quelque chose au HASARD (1758)

'on ne saurait tout maîtriser ou décider'

deve-se confiar alguma coisa ao acaso

(after all,) something must be left to chance

⇒ On ne saurait penser à TOUT

3 Le HASARD fait bien les choses

'les circonstances ont parfois le génie de spontanément s'accorder, et l'on en rend grâces alors au hasard en ces termes, en le personnifiant'

o acaso é o pai dos grandes acontecimentos

circumstances alter cases

– Moi j'ai répéré quèque chose sur la moquette. Tu te figures pas que je m'ai mis à roupiller par terre pour de bon! Simplement je voulais contaster que les taches que j'apercevais au bord de son fauteuil, c'était bien du sang. Du raisin encore frais, mon pote. On venait de le laver depuis pas longtemps, mais y'en restait sur le pied du siège. Crois-moi, LE HASARD A BIEN FAIT LES CHOSES en nous amenant dans c'te crèche! (San-Antonio, *EÇT*, p. 86-87)

– Percebi algo no carpete. Você não vai achar que eu me pus a dormir no chão pra valer! Eu só queria confirmar que as manchas que apareciam perto da sua poltrona eram mesmo de sangue. Sanguinho ainda úmido, meu velho. Devia ter sido lavado há pouco, mas tinha ficado um resto no pé da poltrona. Pode crer, O ACASO AGIU MUITO BEM quando nos trouxe a esta baiúca!

⇒ La NATURE fait bien les choses

HASARDER *v.t.* arriscar; *to venture, to risk*

Qui ne HASARDE rien n'a rien

= Qui ne RISQUE rien n'a rien

HÂTE *s.f.* pressa; *haste*

1 HÂTE ne vient seule (1611)

'car elle est, avec la prévention, l'une des principales causes de l'erreur, d'après Descartes (*Discours de la méthode*, II); elle est donc accompagnée d'un cortège dangereux de défauts: approximation, confusion, crainte de l'effort, impatience, irrationalité, respect humain, imprévoyance; c'est, pour Descartes, un vice de la volonté; c'était déjà, pour saint Thomas, un dysfonctionnement de l'intellect'

a pressa anda acompanhada

haste comes not alone

2 La trop grande HÂTE est cause du retardement (1842)

'la précipitation nuit à la qualité et à la rapidité; ne pas prendre son temps revient à le perdre'

a grande pressa, grande vagar
a maior pressa é o maior vagar
a pressa é inimiga da perfeição
a pressa é mãe da imperfeição
as pressas dão (sempre) em vagares

a hasty man never wants woe
fool's haste is no speed
haste makes waste
the more haste, the less speed

♦ Diz-se em espanhol: *a más prisa, más vagar.*

HÂTER (SE) *v.pr.* apressar-se; *to hurry*

1 HÂTEZ-VOUS lentement (1674)

'pour agir, il faut prendre son temps, sans se démobiliser'

devagar e sempre se chega lá
devagar que tenho pressa
devagar se vai ao longe
devagar também é pressa
mais vale bom vagar que má pressa
se fores a passo, chegarás; se choutares, cansarás

make haste slowly
no haste but good speed
soft pace goes far
the more haste, the less speed

F. Rabelais cita o provérbio em latim:

– Non (dirent ilz) encores, attendez un peu. Ne soyez jamais tant soubdain à vos entreprinses. Sçavez vous que disoit Octavian Auguste? *FESTINA LENTE**. (*G*, p. 148)

* Citado por Suetônio (*De vita Caesarum*, 25, 4).

– Ainda não, esperai um pouco. Não deveis ser tão afoito em vossas empresas. Sabeis o que dizia Otaviano Augusto? *FESTINA LENTE.* (Trad. de Aristides Lobo)

HASTEZ-VOUS LENTEMENT, et sans perdre courage, / Vingt fois sur le mestier remettez vostre ouvrage. / Polissez-le sans cesse, et le repolissez. / Ajoûtez quelque fois, et souvent effacez. (Boileau, *Art poétique*, in *OC*, p. 161)

DAI PRESSA LENTAMENTE e sem desfalecer; / Vinte vezes voltai à mesa de trabalho, / Vosso escrito polindo e sempre repolindo; / às vezes acrescei, sobretudo apagai. (Trad. de Cláudio Veiga)

LAMBOURDE. Tant mieux. Comme ça, on fait son travail tranquillement et on ne laisse rien au hasard. Pas vrai, collègue?
GORIN. HÂTE-TOI LENTEMENT. (M. Aymé, *TA*, p. 148)

LAMBOURDE. Ótimo. Assim podemos fazer nossa tarefa com tranqüilidade e sem deixar nada ao acaso. Não é, colega?

GORIN. DEVAGAR SE VAI AO LONGE.

♦ Cf. a fábula "Le Lièvre et la Tortue", de La Fontaine (*F*, VI, x, 19-22): "D'où vient le vent, il laisse la Tortue / Aller son train de Sénateur. / Elle part, elle s'évertue; / Elle SE HÂTE AVEC LENTEUR." (De onde sopra o vento, deixa que a Tartaruga / Prossiga sua marcha imponente. / Ela começa, ela se esforça; / Ela SE DESPACHA COM TODA A CALMA.)

♦ Diz-se em italiano: *chi ha fretta, vada adagio.*

⇒ VITE et bien ne vont jamais ensemble

2 Plus ME HÂTE, plus me gâte (1531)

'rien de ce qui se fait bien ne se fait vite'

a pressa é inimiga da perfeição
a pressa é mãe da imperfeição
cachorra apressada pare filhos cegos
cadelas apressadas parem cães tortos
o afobado come cru
o apressado come cru
pescador apressado perde o peixe
pressa só é útil para apanhar moscas
quem anda depressa é quem mais tropeça
quem anda muito depressa passa por cima do que precisa
quem em caminho leva pressa em caminho chão tropeça
quem tem pressa come cru e quente

haste and wisdom are things far odd
haste makes waste
haste trips up its own heels
hasty climbers have sudden falls
hasty people will never make good midwives
in haste is error
nothing should be done in haste but gripping a flea
oft rape ['haste'] *rueth*
the hasty bitch brings forth blind whelps

♦ Diz-se em espanhol: *quien mucho corre, pronto para.*

3 Qui trop SE HÂTE se fourvoie

= Qui trop se hâte reste en CHEMIN

4 Qui trop SE HÂTE s'empêche

= Qui trop se hâte reste en CHEMIN

HAUT *s.m.* alto; *top*

Le HAUT conserve le bas (sXX; 1640: *le haut défend le bas*)

'un visage laid protège la vertu d'une femme'

casa de mulher feia não precisa de fechadura
casa de mulher feia não precisa de tramela
mulher feia não tem porta
os países altos protegem os países baixos
ser um breve contra a luxúria

they that see you in daylight, winna break the house for you at night
who sees thee by day will not seek thee by night

♦ Diz-se em espanhol: *de la fea, su mejor guarda es lo que sea.*

HÉRAUT *s.m.* arauto; *herald*

HÉRAUT ni messager ne doivent être en danger (1568)

= MESSAGER ne doit périr ni mal avoir

HERBE *s.f.* erva, planta; *grass*

1 Il ne faut pas laisser croître l'HERBE sur le chemin de l'amitié

'l'éloignement refroidit les sentiments'

não deixes crescer erva no caminho da amizade
os amigos e os caminhos, se não se freqüentam, ganham espinhos

friendship is a plant which must be often watered

⇒ Recevoir sans donner fait tourner l'AMITIÉ

2 Il vaut mieux l'avoir été en HERBE, et ne l'être point en gerbe (1558)

'mieux vaut cocuage avant qu'après le mariage'

melhor ser corno antes que depois do casamento

better be cuckold before marriage than after it

Var. em H. de Balzac:

– Faictes comme moy, SOYEZ COCQUS EN HERBE ET NON EN GERBE.
Ce qui est la vraye moralité des brayettes coniugales. (*CD*, t. 1, p. 251)

– Façam como eu, SEJAM CORNOS ANTES QUE DEPOIS DO CASAMENTO.
O que é a verdadeira moral das infidelidades conjugais.

3 Mauvaise HERBE croît soudain/toujours (1568; sXIV: *male herbe croist*)

'les garnements ont une croissance rapide; le mal n'est jamais en peine de s'étendre'

erva daninha depressa cresce
erva má sempre vingará
erva ruim asinha ['depressa'] arrebenta
erva ruim cresce muito

evil weed is soon grown
ill weeds grow apace
ill weeds wax well
the weeds overgrow the corn

HARPAGON. Vous voyez qu'elle est grande; mais MAUVAISE HERBE CROÎT TOUJOURS.

H

MARIANE, *bas à FROISINE*. O l'homme déplaisant! (Molière, *A*, p. 60)

HARPAGÃO. Já vê que está espigada, hein? ERVA RUIM SEMPRE CRESCE.
MARIANA (*baixo a FROSINA*). Oh! que bruto! (Trad. de Guedes de Oliveira)

Var. em H. de Balzac:

– Vous avez pour ami un monstre d'ingratitude, un homme qui, s'il vit encore, c'est que, comme dit le proverbe, LA MAUVAISE HERBE CROÎT EN DÉPIT DE TOUT. (*CP*, p. 87)

– Seu amigo é um monstro de ingratidão, um homem que, se ainda está vivo, é porque, como diz o provérbio, VASO RUIM NÃO QUEBRA. (Trad. de Gomes da Silveira)

♦ O provérbio tem equivalentes em italiano: *la cattiva erba cresce presto* e em espanhol: *la hierba mala presto crece*.

⇒ Mauvaise GRAINE est tôt venue

4 Mauvaise HERBE ne meurt point

'cacochymes, égrotants et hypocondres souvent vivent longtemps'

erva má, não lhe empece a geada
erva ruim não a cresta a geada
erva ruim não a queima a geada
erva ruim não a queima o sol

weeds want no sowing

♦ Do latim *malam herbam non perire* (erva ruim não morre), documentado nos *Adagia* de Erasmo. Há correspondentes em italiano: *la mal erba non si spegne mai* e em espanhol: *hierba mala nunca muere*.

⇒ POT fêlé dure longtemps

5 Pendant que l'HERBE pousse, le cheval meurt

'trop attendre peut nuire'

enquanto a erva cresce, o cavalo morre

while the grass grows, the horse starves
while the grass grows, the steed starves

♦ Do latim medieval *dum herba crescit equus moritur*.

⇒ Pendant que le CHIEN pisse, le lièvre/loup s'en va

HÉRISSON *s.m.* (*Erinaceus europaeus*) porco-espinho; *hedgehog*

Parez un HÉRISSON, il semblera baron (1611)

= Habillez un BÂTON, il aura l'air d'un baron

⇒ La ROBE fait l'homme

HÉRITIER *s.m.* herdeiro; *heir*

1 Des choses mal acquises le troisième HÉRITIER ne jouira (sXVI)

= Un troisième HÉRITIER ne jouit pas des biens mal acquis

Car les choses mal acquises mal deperissent, et ores qu'il en eust toute sa vie pacificque jouissance, si toutesfoys l'acquest deperit en ses hoirs, pareil sera le scandale sus le defunct, et sa memoire en malediction, comme de conquerent inique. Car vous dictez en proverbe commun: "DES CHOSES MAL ACQUISES LE TIERS HOIR NE JOUIRA." (F. Rabelais, *TL*, p. 48)

Os bens mal adquiridos não aproveitam a ninguém, e mesmo quando deles se goza pacificamente a vida inteira, ainda que cheguem até os herdeiros, o escândalo subsistirá para o finado, e a memória deste será maldita como a de um possuidor iníquo. Pois como diz um provérbio conhecido: BENS MAL ADQUIRIDOS NÃO CHEGAM A NETOS.

2 Quand Jean-Bête est mort, il a laissé bien des HÉRITIERS

= Les FOUS depuis Adam sont en majorité

⇒ Quand le SOLEIL est couché, il y a bien des bêtes à l'ombre

3 Un HÉRITIER qui pleure, rit sous le masque

'douteuse est la sincérité de la déploration d'un homme intéressé à ce qu'il déplore'

choro de herdeiro, choro de rafeiro
lágrimas de herdeiro são sorrisos forçados
lágrimas de herdeiros, risos secretos
lágrimas de herdeiros, risos sorrateiros
viúva rica com um olho chora com o outro repenica

heir's tears, crocodile tears
the rich widow cries with one eye, and laughs with the other

♦ Cf. a máxima latina *heredis fletus sub persona risus est* (o pranto do herdeiro é um pranto mascarado), de Publílio Siro (*Sententiae*, H 19). A mesma idéia em Lesage (*GB*, p. 456): "En disant cela, je lui tendis une main qu'il mouilla de ses larmes, sans pouvoir me répondre un mot, tant le pauvre garçon était affligé de ma perte. Ce qui prouve que les pleurs d'un héritier ne sont pas toujours des ris cachés sous un masque." (Ao dizer isto, estendi-lhe a mão, que ele banhou de lágrimas, sem conseguir me responder uma só palavra, a tal ponto o pobre rapaz sofria com a minha perda. O que prova que o pranto de um herdeiro nem sempre é riso oculto atrás da máscara.) Há correspondentes em italiano: *alle lacrime di un erede, è ben matto chi ci crede*, em espanhol: *las lágrimas del heredero son risas encubiertas* (ou ainda: *el llanto del heredero, risa es so* ['debajo'] *el capelo* ['sombrero']) e em alemão: *der Erben Weinen ist heimliches Lachen*.

4 Un troisième HÉRITIER ne jouit pas des biens mal acquis (1842)

'bien mal acquis ne profitant guère, la troisième génération n'en hérite pas'

bens mal adquiridos não chegam a netos
bens mal adquiridos vão como vieram
o mal adquirido não chega a netos
pai fazendeiro, filho cavalheiro, neto sapateiro
pai fazendeiro, filho doutor, neto pescador
pai rico, filho nobre, neto pobre

ill-gotten goods thrive not to the third heir
the father buys, the son bigs ['builds'], the grandchild sells, and his son thigs ['begs']

♦ A fonte é o latim *de male quaesitis vix gaudet tertius haeres* (o terceiro herdeiro dificilmente usufrui de bens mal obtidos). Há correspondentes em italiano: *della roba di mal acquisto non ne gode il terzo erede* e em alemão: *unrecht Gut hat kurze Währ' der dritte Erbe sieht's nicht mehr.*

HÉROS *s.m.* herói; *hero*

Il n'y a point de HÉROS pour son valet de chambre (sXVII)

= La FAMILIARITÉ engendre le mépris

♦ Há equivalente em espanhol: *no hay héroe para su ayuda de cámara.*

⇒ Il n'y a pas de grand HOMME pour son valet de chambre

HEUR *s.m.* feliz acaso, sorte; *(lucky) chance, good fortune*

1 Il ne faut juger de notre HEUR qu'après la mort (1580)

= Nul avant mourir ne peut être dit HEUREUX

♦ O provérbio está no título de um dos *Essais* de Montaigne (I, xviii).

♦ Cf. Ovídio (*Metamorphoses*, 3, 135-137): *sed scilicet ultima semper / Exspectanda dies homini est, dicique beatus / Ante obitum nemo supremaque funera debet* (sim, mas é pelo último dia que sempre convém esperar: nenhum homem deve ser considerado feliz antes de ter deixado esta vida e recebido as derradeiras homenagens).

2 Il n'est qu'HEUR et malheur

'la fortune change souvent de camp'

a fortuna dá e tira
a fortuna é vária
a fortuna varia, hoje a favor, amanhã contrária
a vida é cheia de altos e baixos
a vida não é só prazer
na vida nem tudo são rosas

fortune is fickle
life is not all beer and skittles
life is not roses all the way

ANDRÉ. Qu'importe! qu'importe! Tous les jours on perd un ami. N'est-ce pas chose ordinaire que d'entendre dire: Celui-là est mort, celui-là est ruiné? On danse, on boit par là-dessus. TOUT N'EST QU'HEUR ET MALHEUR. (A. de Musset, *André del Sarto*, in *CP*, t. I, p. 106)

ANDRÉ. Pouco importa! Pouco importa! Todos os dias se perde um amigo. Não é comum ouvir dizer que fulano morreu, que sicrano está na miséria? E mesmo assim todo o mundo dança e todo o mundo bebe. A FORTUNA VARIA, HOJE A FAVOR, AMANHÃ CONTRA.

– Dieu le veuille, soupira Simone la Bardine. Mais n'êtes-vous pas bien fâchée d'être aveugle?
– Non. J'attends de voir Dieu.
Simone la Bardine se fit de sa huque un coussin et dit:
– TOUT N'EST QU'HEUR ET MALHEUR. (A. France, *CJT*, p. 49-50)

– Queira Deus – suspirou Simone la Bardine. – Mas você não sente revolta por ser cega?
– Não. Só anseio por ver a Deus.
Simone la Bardine enrolou sua casaqueta como se fosse uma almofada e disse:
– A VIDA É CHEIA DE ALTOS E BAIXOS.

⇒ Tous les JOURS de chasse ne sont pas des JOURS de prise

HEURE *s.f.* hora; *hour*

1 À toute HEURE, chien pisse et femme pleure (sXVI)

'le chien a une capacité urinaire étonnante, qui n'a d'égale que la capacité lacrimale de la femme'

em manqueira de cão e lágrimas de mulher não há que crer

it is no more pity to see a woman weep, than to see a goose go barefoot

⇒ FEMME rit quand elle peut, et pleure quand elle veut

2 Avant l'HEURE ce n'est pas l'HEURE, après l'HEURE ce n'est plus l'HEURE

'rien ne se fait avant ou après le moment opportun'

todo tempo tem seu tempo certo

every time has its own time

⇒ Chaque CHOSE a/en son temps

3 HEURE du matin, HEURE du gain

'les lève-tôt sont courageux, et le courage paie'

a quem tarde se levanta cedo anoitece

H

deitar cedo e levantar cedo dá saúde, contentamento e dinheiro

quem cedo trabuca melhor manduca

quem chega cedo é que bebe da água limpa

quem chega primeiro é que bebe da água limpa

an hour in the morning before breakfast is worth two all the rest of the day

an hour in the morning is worth two in the evening

early to bed and early to rise, makes a man healthy, wealthy, and wise

he that rises not early, never does a good day's work

he that will thrive must rise at five

it's the early bird that catches the worm

lose an hour in the morning and you'll be all day hunting for it

the early bird catches the worm

the morning hour has gold in its mouth

♦ Diz-se em italiano: *le ore del mattino hanno l'oro in bocca.*

⇒ À qui se lève MATIN, Dieu aide et prête la main

4 Il advient en une HEURE ce qui n'arrive pas en une année

'le temps vécu n'est pas homogène'

uma hora acaba o que muitas não puderam azar

it chances in an hour, that happens not in seven years

♦ Do latim medieval *accidit in puncto, quod non contingit in anno*. Cf. Publílio Siro (*Sententiae*, S 26): *solet hora, quod multi anni abstulerunt, reddere* (muitas vezes, uma hora nos devolve o que muitos anos nos tiraram).

5 Il n'y a pas d'HEURE pour les braves (1823)

'les hommes courageux ne comptent pas leur temps'

os bravos não conhecem calendário

quando o cabra é bom, toda hora é hora

brave men keep no calendar

6 L'HEURE qu'on regarde devient immobile

'l'attente souvent provoque l'impatience et l'impression que le temps s'est arrêté'

panela vigiada não ferve

tempo contado, tempo aumentado

a watched pot never boils

when a man is happy he does not hear the clock

Il aurait tout donné pour que la grande aiguille de la pendule Empire où il tenait ses yeux fixés fût avancée de cinquante minutes. Mais L'HEURE QU'ON REGARDE DEVIENT IMMOBILE, et le temps ne s'écoulait pas plus qu'une mare éternellement stagnante. (P. Louÿs, *FP*, p. 40)

Ele daria tudo para que o ponteiro maior do relógio estilo Império no qual tinha os olhos fixos estivesse cinqüenta minutos adiantado. Mas RELÓGIO QUE SE OLHA NÃO ANDA, e o tempo parecia parado qual eterna lagoa estagnada.

⇒ ATTENTE tourmente

7 Qui a une HEURE de bien n'est pas toujours malheureux

'un petit bonheur compense bien des misères'

uma hora de bom vento compensa muitos males

oft times one day is better than sometimes a whole year

♦ Cf. o latim medieval *saepe dat una dies, quod totus denegat annus* (muitas vezes um único dia dá o que um ano inteiro recusa).

8 Sept HEURES de lit pour un homme, huit pour une femme, neuf pour un porc

'ainsi la population porcine est-elle beaucoup plus nombreuse qu'on le pense'

três horas dorme o santo, três e meia o que não é tanto, quatro o estudante, cinco o extravagante, seis o porco e sete o morto

six hours' sleep for a man, seven for a woman, and eight for a fool

HEUREUX adj. feliz; *happy*

1 Celui qui se contente de ce qu'il a est HEUREUX (rég., Bretagne)

'consentement procure contentement: la société de consommation a égaré cette clé du bonheur'

feliz de quem se contenta com o que tem

no mundo, só tem boa sorte quem tem por boa a que tem (Camões)

rico é o que nada deseja e pobre é o avaro, por muito que tenha

rico é quem de nada precisa

blessed is he who expects nothing, for he shall never be disappointed

he is happy that thinks himself so

he is rich enough that wants nothing

the greatest wealth is contentment with a little

♦ Sêneca já propusera essa receita de felicidade nas *Epistulae ad Lucilium* (1, 2): *non qui parum habet, sed qui plus cupit, pauper est* (não é pobre quem tem pouco, mas quem deseja mais do que tem).

⇒ Est assez RICHE qui est content

2 Nul avant mourir ne peut être dit HEUREUX (1580)

'jusqu'à la dernière heure de la vie, toute félicité humaine demeure fragile et incertaine; seule la mort, surtout si elle est heureuse, permet de décider du bonheur d'une destinée'

espere a morte para louvar a vida e a tarde para louvar o dia não louves o homem enquanto vive

não me chames bem-fadada até me veres enterrada

ninguém antes da morte se pode chamar ditoso (Camões)

ninguém se pode dizer feliz antes de morrer

call no man happy till he dies

Aristote, qui remue toutes choses, s'enquiert, sur le mot de Solon, "que NUL AVANT MOURIR NE PEULT ESTRE DICT HEUREUX", si celuy là mesme qui a vescu, et qui est mort à souhait, peult estre dict heureux si sa renommee va mal, si sa posterité est miserable. (Montaigne, *E*, t. I, p. 37)

Aristóteles, que trata de todos os assuntos, indaga a propósito das palavras de Sólon: "NINGUÉM SE PODE DIZER FELIZ ANTES DE MORRER", se quem viveu e morreu segundo seus desejos, mas deixou má reputação ou os seus pósteros na miséria, deve qualificar-se como feliz. (Trad. de Sérgio Milliet)

♦ Idéia comum em autores gregos e latinos: Ésquilo, por exemplo, afirma no *Agamêmnon* (928s.): ὀλβίσαι δὲ χρή / βίον τελευτήσαντ᾽ ἐν εὐεστοῖ φίλῃ (só é feliz de fato o homem cuja vida terminou em tranqüila prosperidade); Sófocles, no *Édipo Rei* (1.528-1.530), aduz: ὥστε θνητὸν ὄντ᾽ ἐκείνην τὴν τελευταίαν ἰδεῖν / ἡμέραν ἐπισκοποῦντα μηδέν᾽ ὀλβίζειν, πρὶν ἂν / τέρμα τοῦ βίου περάσῃ μηδὲν ἀλγεινὸν παθών. (Não digas que alguém é feliz antes que tenha transposto o limiar da vida sem nada sofrer de terrível.) E, em Ovídio (*Metamorphoses*, 3, 136), lê-se: *dicique beatus / Ante obitum nemo supremaque funera debet* (ninguém deve ser dito feliz antes de estar morto e sepultado). Há correspondentes em italiano: *avanti la morte non lice chiamar alcun felice*, em espanhol: *nadie se alabe hasta que se acabe* e em alemão: *niemand ist vor seinem Tode glücklich zu preisen*.

♦ Para Vauvenargues (*Réflexions et maximes*, p. 175), no entanto: "C'est une maxime inventée par l'envie, et trop légèrement adoptée par les philosophes, qu'il ne faut point louer les hommes avant leur mort. Je dis au contraire que c'est pendant leur vie qu'il faut les louer, lorsqu'ils ont mérité de l'être." (Há uma máxima inventada pela inveja, que os filósofos adotam de modo muito leviano, segundo a qual nenhum homem deve ser louvado antes de sua morte. A mim me parece que, caso ele mereça, é em vida que deve ser louvado.)

⇒ Il ne faut pas chanter le MAGNIFICAT à matines

3 Pour vivre HEUREUX, vivons cachés (1792)

'besoin de paraître et curiosité publique sont sources de tous les maux'

quem se esconde bem vive bem

saiba viver oculto quem quiser ser feliz

vive bem aquele que vive escondido

he lives well that lives closely

he lives well that well has lurked

"Oh, oh! dit le Grillon, je ne suis plus fâché; / Il en coûte trop cher pour briller dans le monde. / Combien je vais aimer ma retraite profonde!" / POUR VIVRE HEUREUX, VIVONS CACHÉS. (Florian, *F*, II, xi, p. 37)

"Oh, oh!", diz o Grilo, "já não estou aborrecido; / Para brilhar na sociedade, paga-se muito caro. / Como vou apreciar meu retiro profundo!" / VIVE BEM QUEM VIVE APARTADO DO MUNDO.

♦ Pensamento de Epicuro (λάθε βιώσας), que alguns paremiógrafos atribuem a Demócrito ou a Bias. Horácio e Ovídio (este nos *Tristia*, 3, 4, 25: *crede mihi, bene qui latuit bene vixit*) retomaram a mesma idéia.

⇒ Il faut cultiver notre JARDIN

HIBOU *s.m.* (*Athene noctua*) mocho; *owl*

1 Les HIBOUX voient dans leur fils un faucon

'aux yeux de l'amour, la laideur la plus repoussante est parée de toutes les grâces'

coruja não acha os filhos feios

o escaravelho a seus filhos chama grãos de ouro

o macaco é bonito veado aos olhos de sua mãe

o menino e o escaravelho a sua mãe parecem de ouro

o menino e o escaravelho a sua mãe parecem espelho

all your geese are swans

the crow thinks her own bird(s) fairest

the crow thinks her own bird(s) whitest

the owl thinks her own young fairest

♦ Diz-se em espanhol: *grumos de oro llama el escarabajo a sus hijos*.

⇒ Tout ce qu'on AIME paraît beau

2 On n'apporte pas de HIBOUX à Athènes

= Dedans la MER de l'eau n'apporte

3 On ne peut faire d'un HIBOU un épervier (sXVI)

= On ne saurait faire d'une BUSE un épervier

HIPPOCRATE *s.pr.m.* Hipócrates; *Hippocrates*

HIPPOCRATE dit oui et Gallien dit non (1704)

'incertitude des certitudes scientifiques'

Hipócrates diz sim e Galeno diz não

Hippocrates says yes and Galen says no

Machado de Assis cita o provérbio em francês:

Autoridades respeitáveis dizem que o bacilo mata, pelo modo asiático; outras também respeitáveis juram que o bacilo não mata.

HIPPOCRATE DIT OUI, ET GALLIEN DIT NON. (*A semana*, in *OC*, v. 3, p. 639)

♦ Hipócrates é considerado o pai da medicina e Galeno de Pérgamo é o fundador da medicina experimental.

HIRONDELLE *s.f.* (*Hirundo rustica*) andorinha; *swallow*

Une HIRONDELLE ne fait pas le printemps (1690)

'un seul cas ne fait pas une règle générale; une exception ne fait pas la règle'

nem um dedo faz mão, nem uma andorinha faz verão
um pau só não faz mata
um só pau não faz mato
uma andorinha só não faz verão
uma flor não faz primavera

one flower makes no garland
one swallow does not make a summer
one woodcock does not make a winter

UNE HIRONDELLE NE FAIT PAS LE PRINTEMPS. Mais mon pardessus fera bien cet hiver. UNE HIRON-DELLE... (J. Prévert, *H*, p. 161)

UMA ANDORINHA SÓ NÃO FAZ VERÃO. Mas o meu casaco há de agüentar este inverno. UMA ANDO-RINHA...

♦ Provérbio de origem grega (Aristóteles, *Ética para Nicômaco*, 1.098a 18): μία χελιδών ἔαρ οὐ ποιεῖ (uma andorinha não faz primavera), registrado em latim por Erasmo nos *Adagia*: *una hirundo non facit ver*. Há correspondentes em italiano: *una rondine non fa primavera*, em espanhol: *una golondrina no hace vera-no* e em alemão: *eine Schwalbe macht keinen Sommer*.

HISTOIRE *s.f.* história; *history*

L'HISTOIRE se répète

'la loi de l'Éternel Retour veut que l'histoire soit un éternel recommencement; *nihil sub sole novum*'

a história se repete

history repeats itself

♦ Coluche (*VTD*, contracapa) escreve com humor: "L'histoire se répète, c'est dommage que ce soit nous qui payons les répétitions." (A história se repe-te, pena é que quem paga os ensaios somos nós.)

⇒ Il n'y a rien de nouveau sous le SOLEIL

HIVER *s.m.* inverno; *winter*

1 HIVER neigeux emplit le grenier

'au cœur disgrâcié de la morte saison se prépare en se-cret toute prospérité'

inverno nevoso, ano formoso

after a rainy winter, a plentiful summer (aprox.)

2 HIVER pluvieux, été abondant

'les bonheurs à venir mûrissent dans la morosité de l'ingrate saison'

inverno chuvoso, verão abundoso

after a rainy winter, a plentiful summer

♦ Há equivalente em espanhol: *invierno lluvioso, verano abundoso*.

⇒ Après la PLUIE le beau temps

3 HIVER rude et tardif rend l'été productif

= HIVER pluvieux, été abondant

4 Qui passe un jour d'HIVER si* passe un de ses ennemis mortels (sXV)

* *Si* = 'aussi'.

'la mortalité hivernale est telle que chaque jour, en cette saison, peut être celui qui nous tuera'

quem sobrevive a um dia de inverno vence um inimigo mortal

he that passes a winter's day, escapes an enemy

5 Si l'HIVER va droit son chemin, vous l'aurez à la Saint-Martin (rég., Vosges)

dicton météorologique, fixant à novembre le début d'un hiver normal

se o inverno não erra caminho, tê-lo-ei pelo São Marti-nho
se o inverno não erra (o) caminho, cá virá no São Marti-nho

where the wind is on Martinmas Eve, there it will be the rest of the winter (aprox.)

♦ Dia de São Martinho: 11 de novembro.

♦ Há provérbio paralelo em italiano: *a San Martino, l'inverno è vicino*.

⇒ À la SAINT-Martin l'hiver est en chemin

6 Si l'HIVER va droit son train, on l'aura à la Saint-Martin (rég., Vosges)

= Si l'HIVER va droit son chemin, vous l'aurez à la Saint-Martin

HOMÈRE *s.pr.m.* Homero; *Homer*

Même le divin HOMÈRE sommeille quelquefois (sXVI: *aucunes fois le bon Homère sommeille*)

'il arrive aux meilleurs mêmes d'avoir quelque faiblesse'

às vezes até o bom Homero cochila

(even) Homer sometimes nods

♦ A fonte é Horácio (*Ars poetica*, 359): *quandoque bonus dormitat Homerus* (até o bom Homero às vezes cochi-la). Há correspondentes em italiano: *qualche volta an-*

che Omero sonnecchia, em espanhol: *a las veces dormita el buen Homero* e em alemão: *zuweilen schlummert ja selbst der vortreffliche Homer.*

⇒ Personne/Nul n'est PARFAIT

HOMME *s.m.* homem; *man*

1 À vaillant HOMME, courte épée

'la valeur supplée les armes'

um herói não precisa de armas

a brave man has no need of a good sword

⇒ Les bons BRAS font les bonnes armes

2 Au riche HOMME souvent sa vache vêle, et du pauvre le loup veau emmène (1568)

'la fortune sourit aux riches et la malchance accable les malheureux'

a fatia do pobre cai sempre com a manteiga voltada para o chão
ao pobre até os cães ladram
ao pobre até os cães lhe mijam nas botas
ao pobre até os cães lhe mijam nas pernas
canudo de seringa só rebenta em cu de pobre
o pau entorta no cu do rico e parte no do pobre
pão de pobre sempre cai com a manteiga para baixo
pobre quando acha um ovo é goro

the rich man has his ice in the summer and the poor man gets his in the winter

⇒ Au plus pauvre, la BESACE

3 Autant vaut l'HOMME comme il s'estime (1532)

'se juger avec discernement est la preuve d'une grande valeur; cela suppose qu'on se connaisse soi-même, ce qui n'est pas rien'

a pessoa vale quanto se faz valer

a man is valued as he makes himself valuable
so much is a man worth as he esteems himself

Or dist Pantagruel:
    "De couraige, j'en ay pour plus de cinquante francs. Mais quoy, *Hercules ne ausa jamais entreprendre contre deux* [ver em ADVERSAIRE].
    – C'est, dist Panurge, bien chié en mon nez. Vous comparez vous à Hercules? Vous avez, par Dieu, plus de force aux dentz et plus de sens au cul que n'eut jamais Hercules en tout son corps et ame. AUTANT VAULT L'HOMME COMME IL S'ESTIME." (F. Rabelais, *P*, p. 153)

Ora, disse Pantagruel:
    – Coragem, tenho eu para mais de cinqüenta francos. Mas *nem mesmo Hércules ousou combater contra dois*.
    – Não venha cagar no meu nariz – replicou Panurgo. – Está-se comparando com Hércules? O que você tem,

com mil diabos, é mais força nos dentes e mais juízo no cu do que Hércules, em corpo e alma, nunca teve. O HOMEM VALE O QUANTO SE FAZ VALER.

4 Deux HOMMES se rencontrent bien, mais jamais deux montagnes (sXVI)

= Il n'y a que les MONTAGNES qui ne se rencontrent pas

5 D'un petit HOMME souvent grand ombre (1568)

'petite cause, grands effets'

de pequena fagulha, grande labareda
em pequeno corpo, coração grande

a little body often harbours a great soul
a little spark kindles a great fire
small is the seed of every greatness

⇒ D'un petit GLAND provient un grand chêne

H

6 Gardez-vous de l'HOMME secret et du chien muet (sXVI)

'il faut se méfier des tempéraments doux et calmes; il faut se garder de l'eau qui dort'

de pessoa calada afasta tua morada
foge dos cães que não ladram
guarda-te do cão que não ladra e do homem que não fala
guarda-te do homem que não fala e do cão que não ladra
homem que não fala e cão que não ladra é livrar deles
livra-te do homem que não fala e do cão que não ladra
teme-te do cão que não ladra e do homem que não fala

beware of a silent dog and still water
beware of a silent man and still water
dumb dogs are dangerous

♦ Cf. o latim *cave tibi a cane muto et aqua silenti* (guarda-te do cão que não ladra e da água silenciosa).

⇒ Le LION qui tue ne rugit pas

7 HOMME hutineux* et cheval coureur, flacon de vin ont tôt leur fin (1568)

* *Hutineux* = 'querelleur'.

'ceux qui cherchent toujours querelle ne peuvent manquer d'être bientôt molestés'

estrada de valentão é o caminho do cemitério
nunca se viu rua de valentão, nem fortuna de jogador
o homem brigão tem sempre um arranhão
valentes e vinho bom duram pouco

he that seeks trouble never misses

♦ Diz-se em espanhol: *hombre atrevido dura como vaso de vidrio.*

⇒ CHIEN hargneux a toujours l'oreille déchirée

8 HOMME mort ne fait pas la guerre

'il faut se débarrasser des va-t'en-guerre'

homem morto não fala
homem morto não ganha soldo

buried men bite not
dead men tell no tales

♦ Há equivalentes em italiano: *uomo morto non fa più guerra* e em espanhol: *hombre muerto no hace guerra.*

⇒ Les MORTS ne mordent plus

9 HOMME sans ennemis, HOMME sans valeur

'la convoitise nous suscite des ennemis; si l'on n'a pas d'ennemis, c'est que l'on ne possède rien d'enviable'

triste de quem não tem inimigos

if you have no enemies, it's a sign fortune has forgot you

♦ Cf. Publílio Siro (*Sententiae*, M 7): *miserrima est fortuna, quae inimico caret* (lastimável é a sorte da pessoa que não tem inimigo).

⇒ Qui n'a point d'ENNEMIS est fort à plaindre

10 HOMME seul est viande à loups (sXVI)

= Héraclès lui-même ne combat contre deux ADVERSAIRES

11 Il ne faut pas se fier à un HOMME qui entend deux messes

'il faut se méfier des bigots, des gens qui en font trop'

nem todos (os) que rezam são santos

all are not saints that go to church

⇒ Il ne faut pas se fier à qui entend deux MESSES

12 Il n'est HOMME ni femme où il n'y ait un si

'nul n'est parfait'

dá-me pega sem macha ['mancha'], dar-te-ei mulher sem tacha (aprox.)
dá-me pega sem manha, dar-te-ei mulher sem tacha (aprox.)

show me a man without a spot, and I'll show you a maid ['young unmarried woman'] without a fault
there are spots even in the sun

♦ Há provérbio paralelo em espanhol: *no hay hombre ni mujer que no tenga su pero.*

⇒ Il n'y a si bon CHEVAL qui ne bronche

13 Il n'y a pas de grand HOMME pour son valet de chambre

= La FAMILIARITÉ engendre le mépris

⇒ Peu d'HOMMES ont été admirés par leurs domestiques

14 Jamais HOMME ne gagne qui plaide à son maître (sXVI)

'qui s'attaque à plus puissant que lui s'en repentira longtemps'

quem a vaca de el-rei come magra, gorda a paga

be not too bold with your betters
he loses many a good bit that strives with his betters

⇒ Qui mange l'OIE du roi, cent ans après en rend les plumes

15 Jamais HOMME ni cheval n'amenda d'aller à Rome (sXVI)

= Qui BÊTE va à Rome, tel en retourne

16 Jamais HOMME noble ne hait le bon vin (1534)

'la connaissance du vin fait partie de la culture d'un homme de qualité'

nunca houve nobre que detestasse bom vinho

never did a man of worth dislike good wine

– Mais (dist le moyne) le service du vin, faisons tant qu'il ne soit troublé; car vous mesmes, Monsieur le Prieur, aymez boyre du meilleur. Sy faict tout homme de bien: JAMAIS HOMME NOBLE NE HAYST LE BON VIN: c'est un apophthegme monachal. (F. Rabelais, *G*, p. 130)

– Mas – respondeu o frade – o serviço divino só pode ser feito enquanto não for perturbado, e o senhor mesmo, senhor prior, gosta de beber do melhor, como faz todo homem de bem. NUNCA HOUVE NOBRE QUE DETESTASSE O BOM VINHO; é um apoftegma monacal. (Trad. de Aristides Lobo)

17 L'HOMME est la mesure de toutes les choses

'tel est l'axiome de tout relativisme'

o homem é a medida de todas as coisas

man is the measure of all things

♦ Do grego Πάντων χρημάτων μέτρον εἶναι ἄνθρωπον, frase de Protágoras, citada por Platão no *Crátilo* (4).

18 L'HOMME est le feu, la femme est l'étoupe, et le diable vient qui souffle (sXVI)

'homme et femme en présence, le diable du désir y est'

nem estopa com tições, nem mulher com varões
o homem é fogo, a mulher é pólvora, vem o diabo e sopra
o homem é fogo, a mulher estopa, vem o diabo e assopra
o homem é fogo, a mulher estopa, vem o diabo e sopra
um homem e uma mulher juntos não rezam padre-nossos

a woman is flax, man is fire, the devil comes and blows the bellows
fire is not to be quenched with tow
man is the fire, woman the tow, and the devil comes and fans the flame

put not fire to flax

♦ Há equivalente em espanhol: *el hombre es fuego; la mujer, estopa; llega el diablo y sopla.*

⇒ Il ne faut mettre les ÉTOUPES près du feu

19 L'HOMME heureux n'a pas de chemise

'l'origine du malheur parmi les hommes, c'est la propriété, le premier bien, la première chemise'

o homem feliz não tem camisa

the lucky man has no shirt

20 L'HOMME marié est un oiseau en cage

'homme marié toujours songe à s'évader'

homem casado, burro estafado
homem casado, foguete tocado
matrimônio, praça sitiada: os de fora querem entrar, os de dentro querem sair

a married man turns his staff into a stake*
a young man married is a man that's marr'd (Shakespeare)
wedlock is a padlock

* "The implication is that the staff carried by the unmarried man becomes, on marriage, a stake to which he is tethered." (R. Fergusson)

♦ Cf. Horácio (*Epistulae*, 1, 1, 88): *nil ait esse prius, melius nil caelibe vita* (nada, garante ele, é preferível ao celibato, nada é melhor). Diz-se em italiano: *uomo sposato è uomo imprigionato*.

♦ Cf. a observação de Montaigne em "Sur des vers de Virgile" (*Essais*, III, v [t. III, p. 96]): "Ce qu'il s'en veoid si peu de bons [mariages], est signe de son prix et de sa valeur. A le bien façonner et à le bien prendre, il n'est point de plus belle piece en nostre societé: nous ne nous en pouvons passer, et l'allons avilissant. Il en advient ce qui se veoid aux cages: les oyseaux qui en sont dehors, desesperent d'y entrer; et d'un pareil soing en sortir, ceulx qui sont au dedans. Socrates, enquis Qui estoit plus commode, prendre ou ne prendre point de femme: 'Lequel des deux on face, dict il, on s'en repentira.'" (O fato de se verem tão poucos bons [casamentos] é sinal de seu alto preço e de seu valor. Quando é bem talhado e bem levado, não há peça mais bela em nossa sociedade. Nós não o podemos dispensar e o vamos avil- tando. Dá-se aí o mesmo que se vê nas gaiolas: os pássaros que estão fora anseiam por entrar: e com igual zelo, por sair os que estão dentro. Sócrates, in- quirido se era mais cômodo tomar mulher ou não tomar: "Qualquer das duas coisas, disse ele, quem a fizer se arrependerá." – Trad. de J. M. de Toledo Mal- ta.)

⇒ BAGUE au doigt, corde au cou

21 L'HOMME naquit pour travailler, comme l'oiseau pour voler (1552)

'le travail est l'exercice le plus naturel de l'humanité; l'être de l'humain se déploie naturellement dans le travail, et par lui; et cependant, depuis quelques lustres, on s'acharne à le convaincre du contraire; l'utopie de la réalisation de soi dans le "farniente" des vacances, c'est-à-dire de la vacuité, est un des scandales fondateurs de la modernité'

o homem nasce para o trabalho como a ave para o vôo

the man was made to work as the birds were made to fly

"(...) Enfans, avez-vous encores affaire de mon ayde? N'espargnez la sueur de mon corps, pour l'amour de Dieu! Adam, c'est L'HOME, NASQUIT POUR labourer et TRAVAILLER, COMME L'OYSEAU POUR VOLER. Nostre Seigneur veult, entendez-vous bien? que nous mangeons nostre pain en la sueur de nos corps, non pas rien ne faisans comme ce penaillon de moine que voyez, Frère Jan, qui boyt, et meurt de paour. (F. Rabelais, *Le quart livre*, in *OC*, p. 650)

– (...) Filhos, ainda precisam de minha ajuda? Não poupem o suor do meu corpo, pelo amor de Deus! Adão é O HOMEM que NASCEU PARA lavrar e TRABA- LHAR, COMO O PÁSSARO PARA VOAR. Nosso Se- nhor quer – estão ouvindo bem? – que comamos o pão com o suor de nosso corpo, e não que fiquemos sem fazer nada como esse monge andrajoso que aí está, o frei Jan, que bebe e morre de medo.

♦ Cf. *Job*, 5, 7.

22 (L')HOMME ne peut perdre ce qu'il n'eut oncq* (sXVI)

* *Oncq* = 'jamais'.

'de celui qui n'a rien, on ne peut rien exiger'

ninguém perde o que não tem
ninguém perde o que nunca teve
ninguém pode perder o que nunca teve

you cannot lose what you never had

⇒ On ne peut HOMME nu dépouiller

23 L'HOMME ne vit pas seulement de pain

'la satisfaction de l'esprit est aussi vitale que celle du ventre'

nem só de pão vive o homem

man cannot live by bread alone
man does not live by bread alone
man shall not live by bread alone

♦ Cf. *Deuteronômio*, 8, 3; cf. também Mateus 4, 4: *non in solo pane vivit homo*. Há equivalentes em italiano: *l'uomo non vive di solo pane*, em espanhol: *el hombre no vivirá de solo pan* e em alemão: *nicht vom Brot allein lebt der Mensch*.

24 L'HOMME propose, Dieu dispose (1424)

'la réussite dépend du bon vouloir de Dieu'

o homem põe e Deus dispõe
o homem quer e Deus manda
os homens fazem projetos e Deus dispõe dos acontecimentos
os homens formam os projetos e Deus dispõe dos acontecimentos

man does what he can, and God what He will
man proposes, God disposes

G. Sand utiliza o provérbio:

Aurore me console et me charme. J'aurais bien voulu vivre assez pour la marier. Mais DIEU DISPOSE et il faut accepter la mort et la vie comme il l'entend. (In Flaubert & Sand, *C-GF/GS*, p. 508)

Aurore é meu consolo e encanto. Eu gostaria de viver até vê-la casada. Mas DEUS DISPÕE e é preciso aceitar a morte e a vida segundo a sua vontade.

♦ *De imitatione Christi* (1, 19, 2): *homo proponit, sed Deus disponit* (o homem propõe, mas Deus dispõe). Inspirado numa frase do Antigo Testamento: "O coração do homem considera o seu caminho, mas o Senhor lhe dirige os passos." (*Livro dos Provérbios*, 16, 9)

25 L'HOMME qui est seul est fol (sXVI)

'c'est une folle outrecuidance que de prétendre se passer des autres'

quem só está só se aborrece
um homem só não é feliz

no joy emanates from a lonely man

26 On ne peut HOMME nu dépouiller (1568; sXIII: *home nu ne puet nus home despoillier*)

'on ne peut exploiter un homme qui ne possède rien... et pourtant, on le fait!'

ninguém pode despir um homem nu

no naked man is sought after to be rifled
none can beg breeches of a bare-arsed man

♦ Cf. o latim *nemo potest nudo vestimenta detrahere*.

27 On ne peut prendre un HOMME rasé aux cheveux

= On ne peut HOMME nu dépouiller

⇒ À l'IMPOSSIBLE nul n'est tenu

28 Petit HOMME abat bien grand chêne et douce parole grande ire (1859)

'ce n'est pas toujours la force qui obtient les plus grands effets; petitesse et douceur peuvent y pourvoir aussi bien'

palavra mansa ira abranda e a brava a alvoroça (aprox.)

hard words break no bones (aprox.)

29 Petit HOMME abat grand chêne (sXIII)

'la persévérance vient à bout des entreprises les plus improbables'

a força está na constância
pequeno machado derruba grande árvore
pequeno machado derruba grande sobreiro
pequeno machado parte grande carvalho
pequeno rombo faz soçobrar grande navio
pequenos golpes repetidos derrubam grandes árvores
tamanho não é documento

an oak is not felled at one stroke
little strokes fell great oaks
little strokes fell tall oaks

♦ Cf. Erasmo (*Adagia*): *multis rigida quercus domatur ictibus* (o rijo carvalho é derrubado por uma série de golpes).

⇒ Petite PLUIE abat grand vent

30 Peu d'HOMMES ont été admirés par leurs domestiques (1580)

= La FAMILIARITÉ engendre le mépris

∴ Ver abonação em Nul n'est PROPHÈTE en son pays.

31 Prends garde à l'HOMME d'un seul livre

'l'homme imbu d'une thèse, ses vues sont étroites et ses avis péremptoires'

guarda-te do homem de um livro só

a little learning is a dangerous thing
beware of the man of one book

♦ Em latim medieval: *cave ab homine unius libri*.

♦ "C'est l'adaptation d'une parole de saint Thomas d'Aquin, qui se disait *homo unius libri*, l'homme d'un seul livre, c'est-à-dire, la Bible, qui passait pour l'argument le plus fort." (M. Maloux)

⇒ Dieu nous garde d'un homme qui n'a qu'une AFFAIRE

32 Riche HOMME ne sait qui ami lui est (sXIII)

'le riche ne peut jamais décider de la sincérité des sentiments qu'il inspire'

a quem é rico não faltam parentes
a riqueza não conhece amizade

the rich knows not who is his friend

⇒ Tant que tu seras heureux, tu compteras beaucoup d'AMIS(; si le ciel se couvre de nuages, tu seras seul)

33 Tant a HOMME, tant est prisé (sXV)

= Autant tu POSSÈDES, autant tu vaux

34 Tant vaut l'HOMME comme on le prise (sXV)

'c'est au tribunal de la société que se juge la valeur d'un

individu; c'est des autres que nous apprenons ce que nous valons'

tanto vale um homem, quanto dão por ele

the worth of a man is what he seems to value

∴ Ver abonaçaõ em TANT GRATTE CHÈVRE QUE MAL GÎT.

35 Un HOMME averti en vaut deux (1594)

'on se tient mieux sur ses gardes lorsqu'on est prévenu des dangers qui menacent'

homem avisado a custo é vencido
homem avisado, meio salvado
homem avisado vale por dois
seguro morreu de velho(, desconfiado inda vive)
(um) homem prevenido vale por dois
ver o mal antes que chegue é grande bem para escapar dele (*Arte de furtar*)

better be safe than sorry
better be sure than sorry
forewarned, forearmed
he that is secure is not safe
look before you leap
the way to be safe is never to be secure
threatened folk(s) live long
warned folks may live

Les premiers temps je le surveille sans en avoir l'air, mais très précisément, car UN HOMME AVERTI EN VAUT DEUX. Je ne vois pas un poil de mouche. (J. Giono, *GC*, p. 131)

No início eu o vigio disfarçadamente, mas com toda a atenção, porque UM HOMEM PREVENIDO VALE POR DOIS. E não percebo nada de estranho.

Var. em M. Proust:

– (...) Pendant plus d'un mois les ennemis de Vaugoubert ont dansé autour de lui la danse du scalp, dit M. de Norpois, en détachant avec force ce dernier mot. Mais UN BON AVERTI EN VAUT DEUX; ces injures il les a repoussées du pied, ajouta-t-il plus énergiquement encore, et avec un regard si farouche que nous cessâmes un instant de manger. (*RTP*, t. I, p. 461)

– (...) Durante mais de trinta dias os inimigos de Vaugoubert dançaram em torno dele a dança do *scalp* – disse o Sr. de Norpois, acentuando com ênfase a última palavra. – Mas HOMEM PREVENIDO VALE POR DOIS; e essas injúrias, ele as repeliu com a ponta do pé – acrescentou mais energicamente ainda, e com um olhar tão feroz que nós paramos um instante de comer. (Trad. de Mário Quintana)

♦ Em latim: *praemonitus, praemunitus*. Há provérbios paralelos em italiano: *uomo avvisato è mezzo salvato* e em espanhol: *hombre prevenido vale por dos*.

≠ TROP DE PRÉCAUTION NUIT

⇒ (La) MÉFIANCE est mère de (la) sûreté

36 Un HOMME de paille* vaut une femme d'or (1568)

* *Homme de paille* = 'homme de néant'.

'la femme a si peu de prix que la plus précieuse égale le vaurien'

a sombra de um homem vale mais que cem mulheres
um homem de palha vale uma mulher de ouro

a man of straw is worth a woman of gold

♦ Há equivalente em italiano: *un uomo di paglia vale una donna d'oro*.

37 Un HOMME mal marié, il vaudrait mieux qu'il fût noyé (rég., Auvergne)

'la mauvaise femme fait de la vie de son mari un enfer'

melhor se enforca quem pior casa
quem tem mulher má está na vizinhança do purgatório

better be half hanged than ill wed

38 Un HOMME mort n'a ni parents ni amis

'les vivants ont tôt fait d'oublier les morts: c'est la condition de leur survie'

a mortos e a idos não há amigos

stone-dead has no fellow

♦ Há correspondentes em italiano: *i morti e gli andati, presto son dimenticati* e em espanhol: *a muertos y a idos no hay amigos*.

⇒ Les MORTS vont vite

39 Un HOMME sans argent est un loup sans dent

'l'argent fait la force de l'homme'

o dinheiro faz o homem inteiro
um homem sem dinheiro é um lobo sem dente

a lord without riches is a soldier without arms
a man without money is a body without soul
a man without money is a bow without an arrow
a man without money is no man at all

♦ Cf. o latim *homo sine pecunia est imago mortis* (o homem sem dinheiro é a imagem da morte). Diz-se em italiano: *uomo senza quattrini è un morto che cammina*.

40 Un vieil HOMME a les dents trop faibles pour mâcher de la venaison (1559)

'la consommation des tendrons est déconseillée aux vieux barbons'

quem envelhece arrefece

old bees yield no honey
old cattle breed not

– Comment! dit Hircan à Guebron, depuis quel temps

H

êtes-vous devenu prêcheur? J'ai bien vu que vous ne te-
niez pas ces propos. – Il est vrai, dit Guebron, que j'ai
parlé maintenant contre tout ce que j'ai dit toute ma
vie; mais pource que J'AI LES DENTS SI FOIBLES,
QUE JE NE PUIS PLUS MÂCHER LA VENAISON,
j'avertis les pauvres biches de se garder des veneurs,
pour satisfaire en ma vieillesse aux maux que j'ai des-
servis ['merités'] en ma jeunesse. (M. d'Angoulême,
Reine de Navarre, *H*, p. 135-136)

– Como! – disse Hircan a Guebron – desde quando vos
tornastes pregador? Sei muito bem que não era esse o
vosso costumeiro falar. – É verdade – disse Guebron –
que acabo de falar o inverso de tudo o que disse ao longo da vida; mas, como TENHO OS DENTES TÃO
FRACOS QUE JÁ NÃO CONSIGO MASTIGAR A
CAÇA, aconselho as pobres corças a se precaverem contra os caçadores, para que eu possa compensar na velhice os males que mereço pagar pela juventude.

HONGRE *s.m.* capão (cavalo); *gelded*

Qui est né HONGRE ne sera jamais étalon

'on ne peut faire d'un sot un habile'

quem nasceu capão jamais será garanhão
quem nasceu para burro de horta mal pode chegar a ginete
quem nasceu para burro nunca chega a cavalo
quem nasceu para lagartixa nunca chega a jacaré
quem nasceu pra ser sofreu não pode ser cardeal
quem nasceu roncolho jamais será garanhão

a carrion kite will never be a good hawk
he who is born a fool is never cured

♦ O provérbio tem correspondentes em italiano: *chi
nasce mulo non diventa mai cavallo* e em espanhol: *mulo
o mula, burro o burra, rocín nunca.*

⇒ On ne saurait faire d'une BUSE un épervier

HONNEUR *s.m.* honra; *honour*

1 HONNEUR perdu ne se retrouve plus (sXIV)

'Marcel Pagnol fait dire à César, à propos de la petite
Zoé: "L'honneur, c'est comme les allumettes, ça ne sert
qu'une fois" (*Marius*); on ne saurait mieux commenter
ce proverbe'

quem a fama tem perdida morto anda nesta vida
quem a fama traz perdida anda morto em vida
quem sua reputação perder tarde ou nunca a torna a ver

a wounded reputation is never cured
he that has an ill name is half hanged

⇒ La mauvaise PLAIE se guérit, la mauvaise réputation
tue

2 HONNEURS changent mœurs

"tel était affable et modeste étant simple particulier,
qui devient fier et hautain quand il est en place"
(Panckoucke)

a honra muda os costumes

honours change manners

♦ Do latim *honores mutant mores*. Há provérbios paralelos em italiano: *gli onori cambiano i costumi e le maniere*
e em espanhol: *honores cambian costumbres.*

3 Les HONNEURS font perdre la mémoire

'la vanité tend à vouloir effacer qui l'on est et d'où l'on
vient'

com as glórias, perde-se a memória

great wits have short memories

♦ Diz-se em espanhol: *con las glorias se olvidan las memorias.*

4 Les HONNEURS nourrissent les arts

'les artistes vivent de considération, le ventre vide'

a honra sustenta as artes

honours nourish arts
where honour ceases, (there) knowledge decreases

♦ Cf. Cícero (*Tusculanae disputationes*, 1, 2, 4): *honos alit
artes* (a honra alimenta as artes). Há equivalentes em
italiano: *l'onore nutrisce le arti*, em espanhol: *el honor
sostiene las artes* e em alemão: *Ehre mehrt Kunst.*

**5 L'HONNEUR sans le profit est une bague au
doigt**

'la gloire est une vaine pretintaille, lorsque rien de tan-
gible ne l'accompagne'

honra sem proveito é mel no dedo

honour without profit is a ring on the finger

**6 Mieux vaut mourir avec HONNEUR que vivre
avec honte**

'l'honneur l'emporte sur la vie'

mais vale morte com honra que vida desonrada
mais vale morte que vergonha

a good death is far better and more eligible than an ill life
better a glorious death than a shameful life
better go to heaven in rags than to hell in embroidery

♦ Frase de Tácito (*Agricola*, 33): *honesta mors turpi vita
potior* (mais vale morte com honra que vida na desonra). Cf. Sófocles (*Electra*, 989): ζῆν αἰσχρὸν
αἰσχρῶς τοῖς καλῶς πεφυκόσιν (viver sem honra é
desonroso para os corações bem nascidos). Cf. também o latim medieval *improba vita mors optabilior* (é
melhor morrer do que viver na desonra).

HONNI *adj.* maldito, infame; *ill, wicked*

HONNI soit qui mal y pense (1690)

'que la honte soit sur quiconque juge de façon déshonnête un acte accompli dans une intention pure'

mal haja quem mal cuida
maldito seja quem nisso põe malícia
por vil seja tido quem a isso der mau sentido

evil to him that evil thinks
ill be to him that thinks ill
shame take him that thinks ill

ANTONIO *les yeux fermés.* – Il est difficile de supposer qu'il n'y ait pas un sens caché sous ce mot.
MARIQUITA. – HONNI SOIT QUI MAL Y PENSE, comme il y a écrit sur le bonnet du capitaine O'Trigger. (P. Mérimée, *TCG*, p. 86)

ANTONIO *de olhos fechados.* – É difícil supor que esta palavra não tenha um sentido oculto.
MARIQUITA. – *HONNI SOIT QUI MAL Y PENSE*, como está escrito no quepe do capitão O'Trigger.

Les quatre autres parlaient genre conversation-type-de-table, passe-moi le pain, j'ai pas de couteau, prête-moi ta plume, où sont les billes, j'ai une bougie qui ne donne pas, qui a gagné Waterloo, HONNI SOIT QUI MAL Y PENSE et les vaches seront ourlées au mètre. (B. Vian, *HR*, p. 16-17)

Os outros quatro mantinham aquele tipo de conversa-à-mesa, quer passar o pão, não tenho faca, pode me emprestar sua caneta, onde estão as bolinhas, minha vela não acende, quem ganhou em Waterloo, *HONNI SOIT QUI MAL Y PENSE* e as vacas serão medidas a metro.

♦ "É a divisa da Most Noble Order of the Garter, instituída pela Inglaterra e conhecida entre nós pelo nome de Ordem da Jarreteira. A origem da frase é explicada por uma lenda, segundo a qual Joana, Condessa de Salisbury, teria perdido uma de suas ligas, durante um baile, e o Rei Eduardo III, apanhando-a, tê-la-ia colocado em sua própria perna, dizendo aquela frase. Ao instituir a Ordem da Jarreteira, teria o rei celebrado o episódio e aproveitado a frase como divisa. (...) Explica-se que, embora atribuída a um rei da Inglaterra, a divisa seja em francês. É que Eduardo III era um plantageneta, isto é, membro da casa real francesa fundada por Godofredo, Conde de Anjou, e sua esposa, Matilda, filha de um dos reis da Inglaterra. Os membros da dinastia angevina falavam o francês usualmente na Corte (...)." (R. Magalhães Júnior)

HONTE *s.f.* vergonha; *shame*

1 Ce n'est pas HONTE de choir mais de trop gésir (sXIII)

'ce n'est pas la déchéance qui est répréhensible, mais la complaisance à déchoir, ou l'incapacité de se relever'

ao que erra perdoa-lhe uma vez, não duas ou três

he that falls into dirt, the longer he stays there the fouler he is

2 Qui n'a HONTE n'aura pas honneur (sXV: *qui n'a honte il n'aura pas honneur*)

'qui ne craint l'infamie restera inaccessible au sentiment de l'honneur'

quem não tem vergonha não tem honra

he that has no shame has no honour

♦ As fontes são Eurípides (*Medéia*, 471-472): ή μεγίστη τῶν ἐν ἀνθρώποις νόσων πασῶν, ἀναίδεια (o maior de todos os vícios humanos é o despudor) e Cícero (*De officiis*, 1, 41, 148): *sine verecundia nihil rectum esse potest, nihil honestum* (sem pudor não há virtude nem honestidade).

HONTEUX *adj. s.m.* envergonhado, tímido; *ashamed, shy*

H

1 Il n'y a que les HONTEUX qui perdent (1758)

'faute de hardiesse, on manque les bonnes occasions; les "loosers" se recrutent parmi les timorés'

a fortuna ajuda aos fortes
ao homem ousado a fortuna estende a mão
ao homem ousado(,) a fortuna (lhe) dá a mão
ao homem ousado, a fortuna lhe põe a mão
ao homem ousado, a fortuna lhe põe o ombro
quem tem vergonha cai de magro
quem tem vergonha morre de fome

a shame-faced beggar fares poorly
fortune helps the bold and repulses the timid
he that forecasts all perils, will win no worship

2 Jamais HONTEUX n'eut belle amie (1654)

'l'amoureux doit vaincre timidité et pudeur pour faire la cour à une belle'

coração fraco não merece dama

faint heart never won castle
faint heart never won fair lady
he who hesitates is lost
to a valiant heart nothing is impossible

⇒ Un HONTEUX n'a point de belle amie

3 Un HONTEUX n'a point de belle amie (1690)

= Jamais HONTEUX n'eut belle amie

HÔPITAL *s.m.* hospital; *hospital*

C'est l'HÔPITAL qui se fiche/moque de la Charité (rég., Lyon; 1894)

= C'est la POÊLE qui se gausse du chaudron

⇒ La MARMITE dit au chaudron: "tu as le derrière noir"

HORLOGE *s.m.* relógio; *clock*

HORLOGE à entretenir, jeune femme à gré servir, vieille maison à réparer, c'est toujours à recommencer (1568)

'l'entretien d'une femme jeune est aussi ruineux que celui d'une demeure ancienne; on n'est jamais quitte de ses capricieux besoins'

casa velha e mulher nova é que quebra (*sic*) a gente

a clock, a young woman and an old house are ever repairing

HÔTE *s.m.* hóspede, estalajadeiro; *guest, host*

1 HÔTES et valets et poissons, trois jours passés ne semblent bons

= L'HÔTE et la pluie après trois jours ennuient

2 L'HÔTE et la pluie après trois jours ennuient (sXIII)

'on ne doit pas s'attarder chez celui qui nous reçoit, sous peine de se rendre importun comme la pluie'

hóspede, criado e peixe aos três dias aborrece
hóspede de três dias dá azia
hóspede e pescada aos três dias enfada (*sic*)
o hóspede e o peixe aos três dias fede (*sic*)
peixe e visita em três dias fedem
um hóspede ao cabo de três dias enjoa

a constant guest is never welcome
do not wear out your welcome
fish and guest stink after three days
fish and guests smell in three days
fresh fish and new-come guests smell in three days

♦ "Cf. PLAUTUS *Miles Gloriosus* l. 741 *nam hospes nullus tam in amici hospitium devorti potest, quin, ubi triduom continuom fuerit, iam odiosus siet*, no host can be hospitable enough to prevent a friend who has descended on him from becoming tiresome after three days." (J. Simpson)

♦ Em *Guerras do alecrim e manjerona*, observa D. Lancerote: "Sobrinho, vós bem sabeis que um hóspede, passados os três dias, logo fede como cavalo morto." (Antônio José da Silva, o Judeu, *OC*, v. 3, p. 216)

⇒ La PLUIE, le vent et les parents après trois jours, sont ennuyants

3 L'HÔTE et le poisson après trois jours puent

= L'HÔTE et la pluie après trois jours ennuient

♦ Em latim medieval: *post tres dies piscis vilescit et hospes*. Há provérbios paralelos em italiano: *l'ospite è come il pesce, dopo tre giorni puzza* e em espanhol: *el huésped y la pesca, a los tres días apestan.*

4 Qui compte sans son HÔTE compte deux fois (1690)

'il est vain de vouloir entreprendre quelque chose sans l'aide de celui qui en est partie prenante'

quem conta sem o hóspede ['estalajadeiro'] conta duas vezes

he that reckons without his host must reckon again
he that reckons without his host must reckon twice
it is no use reckoning without one's host

♦ Glosa de Panckoucke: "On est obligé souvent de décompter lorsqu'on a fait son compte sans la participation de la personne intéressée." (Quem faz as contas sem a presença do interessado quase sempre é obrigado a refazê-las diante dele.)

HÔTESSE *s.f.* hospedeira, estalajadeira; *hostess*

Belle HÔTESSE c'est un mal pour la bourse (1610)

'la beauté de l'aubergiste coûte cher; pour lui plaire, on dépense plus que nécessaire'

hóspeda ['hospedeira'] formosa dano faz à bolsa

the fairer the hostess, the fouler the reckoning
the fairer the hostess, the heavier the reckoning

♦ Há correspondentes em italiano: *bella ostessa, brutti conti* e em espanhol: *huéspeda hermosa, mal para la bolsa.*

HUILE *s.f.* óleo; *oil*

1 Il ne faut pas jeter de l'HUILE sur le feu

'il ne faut pas attiser les querelles'

não deites óleo ao fogo

add not oil to the fire
pouring oil on the fire is not the way to quench it

2 L'HUILE et la vérité finissent par venir au sommet

= La VÉRITÉ comme l'huile vient au-dessus

♦ Há equivalente em italiano: *l'olio e la verità, tornano alla sommità.*

3 On ne peut tirer de l'HUILE d'un mur (sXVII)

'on est excusable de ne pas réussir ce qui excède ses forces, et, en particulier, on ne saurait obtenir de l'argent d'un avare'

não se pode tirar leite de pedra

no man can flay a stone
one cannot get blood from a stone
one cannot get water from a flint

⇒ On ne fait pas sortir de SANG d'une pierre

i

IDÉE *s.f.* idéia; *idea*

Quand on n'a pas d'IDÉES, il faut avoir des jambes

= Quand on n'a pas de TÊTE, il faut avoir des jambes

IGNORANCE *s.f.* ignorância; *ignorance*

IGNORANCE est mère de tous les maux (1564)

'la connaissance de ce qui produit les malheurs évite d'y tomber; quand on connaît les voies qui mènent aux misères, on ne s'y engage pas'

a ignorância é a mãe de todos os vícios

ignorance is the root of all evil

A minuict Æditue nous esveilla pour boire: luy mesme y beut le premier disant: "Vous autres de l'autre monde dictes que IGNORANCE EST MÈRE DE TOUS MAUX, et dictes vray: mais toutesfois vous ne la bannissez mie de vos entendemens, et vivez en elle, avec elle, par elle. (F. Rabelais, *Le cinquième livre*, in *OC*, p. 806)

À meia-noite Editus nos acordou para beber; foi ele quem primeiro bebeu e disse: – Vós os do outro mundo dizeis que A IGNORÂNCIA É A MÃE DE TODOS OS MALES, e isso é verdade; contudo não a banis de vossos entendimentos, e viveis nela, com ela e por ela.

Var. em H. de Balzac:

Là où vous voyez écrits ces deux mots: Écrivain public, en grosse coulée, sur un papier blanc affiché à la vitre de quelque entresol ou d'un fangeux rez-de-chaussée, vous pouvez hardiment penser que le quartier recèle beaucoup de gens ignares, et partant des malheurs, des vices et des criminels. L'IGNORANCE EST LA MÈRE DE TOUS LES CRIMES. Un crime est, avant tout, un manque de raisonnement. (*CBe*, p. 398)

Onde encontrarem escritas estas duas palavras – Escrevente público – em letras grosseiras, num papel branco pregado na vidraça de alguma sobreloja ou de um lamacento andar térreo, podem concluir com toda a certeza que o bairro esconde muitos seres ignaros e, portanto, desgraças, vícios e criminosos. A IGNORÂNCIA É A MÃE DE TODOS OS CRIMES. Um crime é, antes de tudo, uma falta de raciocínio. (Trad. de Valdemar Cavalcanti)

IMBÉCILE *s.* imbecil; *idiot, imbecile*

Il n'y a que les IMBÉCILES qui ne changent pas d'avis

'c'est le signe d'un esprit étroit et borné que de rester inflexible dans ses opinions'

antes conselho mudar que no erro ficar
os homens inteligentes mudam de opinião, os loucos não
um sábio muda de opinião; um tolo, nunca

a wise man changes his mind, a fool never

Var. em A. Gagnol:

– Je veux juste te faire remarquer que tu as d'un coup changé d'avis avec elle.
– On m'a dit qu'IL N'Y AVAIT QUE LES ABRUTIS QUI NE CHANGEAIENT PAS D'AVIS. (*FP*, p. 92)

– Quero apenas te lembrar que mudaste abruptamente de opinião a respeito dela.
– Que eu saiba, SÓ OS IDIOTAS É QUE NÃO MUDAM DE OPINIÃO.

♦ Decalque da frase de Auguste Marseille Barthélemy em seu poema de 1832 *Ma justification*: "L'homme absurde est celui qui ne change jamais." (Absurdo é o homem que não muda nunca.)

251

⇒ Il n'y a que les FOUS qui ne changent pas d'avis

IMPOSSIBLE *adj. s.m.* impossível; *impossible*

1 À l'IMPOSSIBLE nul n'est tenu (1842)

'on est excusable de ne pas réussir ce qui excède ses forces'

coisas impossíveis, é melhor esquecê-las que desejá-las (Camões)
ninguém dá o que não tem, nem mais do que tem
ninguém dá senão do que tem
ninguém é obrigado a fazer mais do que pode
ninguém é obrigado a fazer o impossível
ninguém pode fazer o impossível
quem faz o que pode faz o que deve

a man can do no more than he can
no one is bound to do impossibilities
no one is obliged to do impossibilities
you can't expect anybody to do what is impossible

Je me disais que j'avais fait vraiment tout ce que j'avais pu, et qu'À L'IMPOSSIBLE NUL N'EST TENU. (R. Gary, *PA*, p. 319)

Dizia cá comigo que tinha feito tudo o que estava ao meu alcance, e que NINGUÉM É OBRIGADO A FAZER O IMPOSSÍVEL.

♦ Cf. o latim *nemo ad impossibile tenetur.* Diz-se em italiano: *all'impossibile niuno è tenuto* (ou ainda: *chi fa quel che può, non è tenuto a far di più*).

⇒ On ne saurait chanter plus haut que la BOUCHE

2 IMPOSSIBLE n'est pas français

'impossible n'appartient pas au lexique français, car le mot ne correspond à rien qui puisse exister en France'

impossível é Deus pecar
impossível é o rato fazer ninho na orelha do gato
impossível é uma palavra apenas encontrada no dicionário dos tolos
no meu dicionário não há a palavra impossível

impossible is a word only found in the dictionary of fools
the difficult is done at once; the impossible takes a little longer
there's no such word as can't
there's no such word as impossible

Emprego jocoso em E. Ajar:

– Écoutez, j'ai des angoisses. Des terreurs abjectes. J'ai des moments où je ne crois pas que je vais donner autre chose. Que la fin de l'IMPOSSIBLE, ce N'EST PAS FRANÇAIS. (*GC*, p. 45)

– Ouçam, sinto angústia. Terrores abjetos. Há momentos em que acho que não vou me tornar outra coisa. Que o fim do IMPOSSÍVEL PODE ACONTECER.

♦ "Mot célèbre de Napoléon Ier pour faire entendre que les Français peuvent accomplir les choses les plus difficiles." (*LU*)

IMPRÉVU *s.m.* imprevisto; *unforeseen event, the unexpected*

1 L'IMPRÉVU est moins rare qu'on ne pense

'il est beaucoup plus rare que tout se passe comme on l'a prévu'

o imprevisto é mais freqüente do que se pensa
o imprevisto é menos raro do que se pensa

it is the unforeseen that always happens
nothing is certain but the unexpected
nothing is certain but the unforeseen
the unexpected always happens

♦ A idéia está em Plauto (*Mostellaria*, 1, 3, 40): *insperata accidunt magis quam speres* (as coisas inesperadas acontecem com maior freqüência do que esperas).

2 Qui sans l'IMPRÉVU compte maintes fois se mécompte

'il faut être prévoyant pour éviter des inconvénients futurs'

quem se não guarda não se salva

providing is preventing

INGRAT *s.m.* ingrato; *ingrateful person*

1 Obliger un INGRAT c'est acheter la haine

'dans la brutalité de la nature, l'homme n'est qu'ingratitude'

ao vilão, dão-lhe o pé e toma a mão
faz(e) bem à gata, saltar-te-á na cara
quem afaga mula receberá coices
se cantas a burro, responde-te a coices

do an idiot a good turn and you will get kicks not thanks

⇒ Dépends un PENDARD, il te pendra

2 Obliger un INGRAT c'est perdre le bienfait

'faire du bien à qui ne sait le reconnaître, c'est perdre son temps'

duas vezes é perdido o que ao ingrato é concedido
fazer bem a velhacos é deitar água a pintos
fazer bem a velhacos é lançar água ao mar
fazer bem a vilão ruim é lançar água em cesto roto
fazer festa a um velhaco é lançar água ao mar
não faças bem a vilão ruim nem te fies de beleguim

all is lost that is put into a riven dish
he that keeps another man's dog, shall have nothing left him but the line
the hog never looks up to him that threshes down the acorns
to do good to an ingrateful man is to throw rose-water in the sea

♦ A idéia está em Plauto (*Poenulus*, 635): *malo si quid benefacias, id beneficium interit* (se fizeres o bem a um mau, o benefício será inútil). Lê-se na fábula "La Lice et sa Compagne", de La Fontaine (*F*, II, vii, 15):

"Ce qu'on donne aux méchants toujours on le regrette." (Sempre se lamenta o que se dá aos maus.) Lê-se em Cervantes (*D. Quijote*, I, xxiii): *el hacer bien a villanos es echar agua en el mar*. Diz-se em italiano: *chi fa del bene agli ingrati, Dio l'ha per male*.

⇒ Priez le VILAIN il en fera moins

INJURE *s.f.* injúria, afronta, ofensa; *abuse, insults*

1 Le meilleur remède des INJURES c'est de les mépriser (1842)

'les blessures causées par offenses et calomnies ne faisant qu'envenimer sous l'effet de tous les contrepoisons, il est finalement préférable de s'en abstenir'

a maior vingança é o desprezo
caldo em quente, injúria em frio

contempt is the sharpest reproof
contempt will sooner kill an injury than revenge
the remedy for injuries is not to remember them

♦ Cf. Publílio Siro (*Sententiae*, I 21): *iniuriarum remedium est oblivium* (o remédio para as injúrias é esquecê-las). Diz-se em espanhol: *no hay mejor desprecio que no hacer aprecio*.

⇒ Il n'est RÉPLIQUE si piquante que le mépris silencieux

2 Les INJURES s'écrivent/s'inscrivent sur l'airain, et les bienfaits sur le sable (1752)

= Les BIENFAITS s'écrivent sur le sable et les injures sur l'airain

3 Les INJURES sont les raisons de ceux qui ont tort

'ceux qui n'ont pas raison se justifient avec des offenses'

as injúrias são as razões dos que as não têm

a man without reason is a beast in season
of two disputants, the warmer is generally in the wrong

INJUSTICE *s.f.* injustiça; *injustice, unfairness*

Il est préférable de souffrir d'une INJUSTICE que de la commettre

= Il vaut mieux souffrir le MAL que (de) le faire/rendre

INNOCENT *s.m.* inocente; *innocent person*

Aux INNOCENTS les mains pleines (1857)

'une providence semble protéger miraculeusement les innocents ou les inconscients'

a felicidade sorri aos tolos
ao menino e ao borracho põe Deus a mão por baixo

ao menino e ao borracho põe Jesus a mão por baixo

fortune favours fools
fortune favours the innocent
Heaven takes care of children, sailors and drunken men

Mon cœur battit plus vite dans ma poitrine, et je me souvins avec force de cet autre proverbe français que m'avait appris celui qui était parti: "AUX INNOCENTS, LES MAINS PLEINES." (R. Queneau, *SM*, p. 26)

O coração disparou em meu peito, e veio-me com nitidez à mente outro provérbio francês que me fora ensinado por aquele que partira: "*AUX INNOCENTS, LES MAINS PLEINES.*" (O INOCENTE TERÁ AS MÃOS CHEIAS)

♦ Título de uma comédia de Lambert Thiboust, dramaturgo parisiense.

⇒ Aux petits des OISEAUX Dieu donne leur pâture

INTENTION *s.f.* intenção; *intention*

1 C'est l'INTENTION qui compte

= L'INTENTION vaut le fait

LIZZIE. Vous remercierez Madame votre sœur. Vous lui direz que j'aurais préféré une potiche ou des bas Nylon, quelque chose qu'elle se serait donné la peine de choisir. Mais C'EST L'INTENTION QUI COMPTE, n'est-ce pas? (J.-P. Sartre, *PR*, p. 63)

LIZZIE. Agradeça à senhora sua irmã. Diga-lhe que eu teria preferido um vaso de porcelana ou meias de náilon, algo que ela se desse ao trabalho de escolher. Mas É A INTENÇÃO QUE CONTA, não é mesmo?

Ce qui n'a l'air de rien, voire de pas grand-chose, mais nous permettait, cette intervention, aussi timorée fût-elle, de ne pas rester bouche bée devant les exploits de Gyf, d'avoir aussi notre mot à dire, partant du principe que tout se vaut, que nous avions autant que lui fait preuve de courage, dans la mesure de nos moyens, s'entend, et que de toute façon C'EST L'INTENTION QUI COMPTE. (J. Rouaud, *M*, p. 49-50)

O que parece uma ninharia, ou quase, mas nos permitia a atitude, por tímida que fosse, de não nos extasiarmos com as façanhas de Gyf, de poder emitir nossa opinião, partindo do princípio de que tudo se equivale, de que tanto quanto ele déramos prova de coragem, dentro de nossas possibilidades, é claro, e de que, de qualquer modo, O QUE VALE É A INTENÇÃO.

2 C'est l'INTENTION qui fait plaisir

= L'INTENTION vaut le fait

J'ai confiance, Jérémy, c'est un bon anniversaire, merci, cadeaux tout ce qu'il y a de chouette, merci, retour de Julie et de Marty, merci, pour ce qui est de me ressusciter, tu repasseras, mais merci quand même, C'EST

L'INTENTION QUI FAIT PLAISIR, et puis l'essentiel n'est pas là, Jérémy, le plus joli cadeau s'annonce ailleurs, (...). (D. Pennac, *PMP*, p. 371)

Tenho confiança, Jérémy, é um bom aniversário, presentes muito legais, obrigado, volta de Julie e de Marty, obrigado, quanto a me ressuscitar, você perde tempo, mas de qualquer modo obrigado, A INTENÇÃO É QUE VALE, e de mais a mais o essencial não está nisso, Jérémy, o mais belo presente se anuncia em outro lugar, (...). (Trad. de Maria Helena Franco Martins)

3 L'INTENTION vaut le fait

'un acte s'apprécie, en bien ou en mal, en fonction de l'esprit qui y a présidé'

a boa vontade supre a obra
a intenção é que faz a ação
é na intenção que está o valor da ação
o que vale é a intenção
tudo vale a pena se a alma não é pequena (Fernando Pessoa)

it is the intention that counts
it is the thought that counts
the will is better than the deed
there is nothing either good or bad, but thinking makes it so
    (Shakespeare)

≠ L'ENFER EST PAVÉ DE BONNES INTENTIONS

⇒ C'est le TON qui fait la chanson/musique

INTESTIN *s.m.* intestino; *intestine*

Une fois dans la journée les INTESTINS murmurent

'les meilleures natures finissent toujours par révéler quelque côté déplaisant'

boi manso, aperreado, arremete
não há nada tão pequeno que não possa ser veneno

even a worm will turn
the smallest worm will turn, being trodden on (Shakespeare)

ITALIEN *s.m.* italiano; *Italian*

L'ITALIEN est sage devant la main, l'Allemand sur le fait et le Français après le coup (sXVII)

'l'Italien manifeste sa sagesse avant d'agir, l'Allemand pendant l'action, le Français après'

o italiano é sábio de antemão, o alemão no feito e o francês depois da hora

the Italians are wise before the deed, the Germans in the deed, the French after the deed

IVRE *s.* bêbedo, ébrio; *drunk*

IVRES et forcenés disent toute leur pensée (sXIII)

'il faut ne pas avoir toute sa raison pour livrer le fond de sa pensée'

bêbedo e doido dizem o que lhes vai no coração

ale will make a cat speak
what soberness conceals, drunkenness reveals

j

JALOUSIE *s.f.* ciúme; *jealousy*

1 Il y a dans la JALOUSIE plus d'amour-propre que d'amour (1665)

'l'amour est altruiste, alors que la jalousie n'est qu'un réflexe de propriétaire qui se replie sur son bien'

no ciúme há mais amor-próprio do que amor (verdadeiro)
o ciúme depende mais da vaidade que do amor

in jealousy, there is more self-love than love itself

♦ Máxima de La Rochefoucauld (*Réflexions ou Sentences et Maximes morales*, 324).

2 La JALOUSIE est inflexible comme le séjour des morts

'morbide, mortelle et mortifère, la jalousie est infernale'

duro como a sepultura é o ciúme
o ciúme é duro como a sepultura

jealousy is cruel as the grave

♦ A fonte é o *Cântico dos cânticos*, 8, 6.

♦ Há correspondentes em italiano: *la gelosia è dura come l'inferno* e em espanhol: *duro como el sepulcro es el celo*.

3 La JALOUSIE est la sœur de l'amour

= Il n'y a pas d'AMOUR sans jalousie

♦ Cf. Cavaleiro de Boufflers (*Pièces fugitives*): "La jalousie est la sœur de l'amour comme le diable est le frère des anges." (O ciúme é irmão do amor como o diabo é irmão dos anjos.)

4 La vraie JALOUSIE fait toujours croître l'amour

= Il n'y a pas d'AMOUR sans jalousie

JAMBE *s.f.* perna; *leg*

Selon la JAMBE, la chausse

= Il faut étendre ses PIEDS selon ses draps

⇒ Il faut tailler son MANTEAU selon son drap

JANVIER *s.m.* janeiro; *January*

1 Fleur de JANVIER ne va pas au panier (rég., Saint-Montan, Vivarais)

'précipitation et précocité compromettent les résultats'

da flor de janeiro ninguém encheu o celeiro
de flor de janeiro ninguém enche o celeiro

soon ripe, soon rotten

⇒ Ce qui croît soudain périt le LENDEMAIN

2 JANVIER a fait la faute, mais c'est mars qu'on accuse

'ce sont toujours les mêmes qu'on accuse, et ceux qui sont à portée de la main'

janeiro faz a falta e março leva a culpa

January commits the fault, and May bears the blame

♦ Atribuem-se as más colheitas às chuvas de março, mas a verdadeira causa está num inverno atípico.

♦ Diz-se em italiano: *gennaio fa il peccato e maggio è il incolpato.*

⇒ Toute BOISSON enivre: c'est le rhum qui a bon dos

3 JANVIER commet le péché, et mars est accusé

= JANVIER a fait la faute, mais c'est mars qu'on accuse

4 Les beaux jours de JANVIER trompent l'homme en février

= Si JANVIER est doux comme février, février est rude comme JANVIER

5 Quand JANVIER met de l'herbe, si tu as du grain, garde-le

= Si tu vois l'herbe en JANVIER, serre ton grain dans le grenier

6 Si JANVIER est doux comme février, février est rude comme JANVIER

dicton météorologique

bons dias em janeiro enganam o homem em fevereiro
bons dias em janeiro vêm-se a pagar em fevereiro
se o inverno não faz seu dever em janeiro, faz em fevereiro

I fear March in Janiveer ['January'], Janiveer in March
if Janiveer's calends be summerly gay, 'twill be winterly
weather till the calends of May

7 Si JANVIER ne le fait pas, mars ne le manquera pas

= Si JANVIER est doux comme février, février est rude comme JANVIER

8 Si tu vois l'herbe en JANVIER, serre ton grain dans le grenier

'la précocité compromet la suite'

erva em janeiro, semente no celeiro

if you see grass in January, lock your grain in your granary

♦ Cf. o latim *si herbescit ianuarius, conde triticum* (se janeiro se cobre de erva, guarda o trigo).

⇒ Fleurs de MARS, peu de fruits l'on mangera

JARDIN *s.m.* jardim, quintal; *garden, yard*

1 Il faut cultiver notre JARDIN (sXVIII)

'il faut borner notre existence à notre bien, sans nous mêler de ce qui est hors de notre prise; mieux vaut creuser chez soi que s'étendre chez autrui'

quem se esconde bem vive bem
vive bem aquele que vive escondido

peace in a thatched hut – that is happiness
we must attend to our own affairs
we must go and work in our garden

♦ Recomendação final de Candide (no romance homônimo de Voltaire, publicado em 1759), com o propósito de contrapor à inutilidade da filosofia a dedicação a uma atividade concreta: "– Cela est si bien dit, répondit Candide, mais IL FAUT CULTIVER NOTRE JARDIN." (*RC*, p. 221) (– Tudo isso está muito bem dito – respondeu Cândido –, mas DEVEMOS CULTIVAR NOSSO JARDIM. – Trad. de Mário Quintana.)

⇒ Il faut cultiver les FRUITS de notre jardin

2 JARDIN loin, gombo gâté (Guadeloupe)

= L'ŒIL du maître engraisse le cheval

⇒ Il n'est pour voir que l'ŒIL du maître

JAUNISSE *s.f.* icterícia; *jaundice*

1 Qui a la JAUNISSE voit tout jaune

'les défauts qui nous frappent chez autrui sont ceux que nous avons nous-mêmes'

cada qual julga os outros por si
cada um mede o trigo alheio por seu alqueire ['vasilha para medir azeite ou cereais']
pelo teu coração, julgas o de teu irmão
pelo teu coração, julgas teu irmão

every one measures by his own yard
he that has a great nose, thinks every body is speaking of it
he that is giddy, thinks the world turns round
to the jaundiced eye, all things look yellow

♦ Cf. Lucrécio (*De rerum natura*, 4, 333): *lurida praeterea fiunt quaecumque tuentur arquati* (aos que sofrem de icterícia tudo parece amarelo).

2 Tout paraît jaune à qui a la JAUNISSE (1856)

= Qui a la JAUNISSE voit tout jaune

⇒ Il semble à un LARRON que chacun lui est compagnon

JEU *s.m.* jogo, jogada; *play, game*

1 À beau JEU beau retour (sXVI)

'la riposte à une belle attaque sera brillante'

assim como fizeres, assim acharás
olho por olho, dente por dente
uma mão lava a outra (e ambas lavam a cara)
uma mão lava a outra (e ambas o rosto)

do a kindness, receive a kindness
one good turn deserves another
one kindness is the price of other
tip for tap ['one stroke in return for another']
tit for tat

"Embrassez-moy bien et me liez à vous de bras et de jambes le mieux que vous pourrez, et tenez-vous bien hardiement, car je vays haut, et gardez bien de tomber. Aussi, d'un costé, ne m'espargnez pas: je suis assez forte et habile pour soustenir vos coups, tant rudes soyent-ils; et si vous m'espargnez je ne vous espargneray point. C'est pourquoy À BEAU JEU BEAU RETOUR." (Brantôme, *DG*, p. 20)

– Abraçai-me com força e amarrai-me junto convosco, braços e pernas, bem firme, e segurai-vos com disposição, pois vou alçar-me e correis o risco de cair. Assim, por um lado, não me poupeis: sou muito forte e hábil para aparar vossos golpes por mais rudes que sejam; e, se me poupardes, eu não vos pouparei. É por isso que O QUE FIZERDES ENCONTRAREIS.

2 À bon JEU bon argent (sXVI; 1532: *à beau jeu bel argent*)

= À beau JEU beau retour

Var. em F. Rabelais:

"Je ne dy vrayement qu'on ne puisse par équité desposseder en juste tiltre ceulx qui de l'eaue beniste beuvroyent, comme on faict d'un rancon de tisserant, dont on faict les suppositoires à ceulx qui ne voulent resigner, sinon À BEAU JEU BEL ARGENT. (*P*, p. 84)

– Não digo verdadeiramente que não se possa por eqüidade despojar a justo título os que beberem da água benta, como se faz com uma alabarda de tecelão, que é usada como supositório naqueles que não querem resignar-se, pois QUEM FAZ O MAL ESPERE OUTRO TAL.

3 Au bout du JEU voit-on qui a gagné (sXVII)

= À la fin saura-t-on qui a mangé le LARD

4 Heureux au JEU, malheureux en amour (sXVII)

'ce que la fortune accorde d'une main, elle l'enlève de l'autre; une justice immanente préside à la répartition des bienfaits du sort'

azar no jogo, sorte no amor
feliz no jogo, infeliz nos amores
infeliz no jogo, feliz no amor
quem ganha ao jogo perde ao amor

lucky at cards, unlucky in love

Eça de Queirós usa este provérbio francês:

Então em volta de Carlos foi uma desconsolação, um longo murmúrio de lassidão. Todos perdiam; ele apanhava a *poule*, ganhava as apostas, empolgava tudo. Que sorte! Que chance! Um adido italiano, tesoureiro da *poule*, empalideceu ao separar-se do lenço cheio de prata: e de todos os lados mãozinhas calçadas de *gris-perle*, ou de castanho, atiravam-lhe com um ar amuado as apostas perdidas, chuva de placas que ele recolhia, rindo, no chapéu.
– Ah, *monsieur* – exclamou a vasta ministra da Baviera, furiosa –, *méfiez-vous... Vous connaissez le proverbe: HEUREUX AU JEU...* (*Os Maias*, in *O*, v. 2, p. 233-234).

♦ Há equivalentes em italiano: *fortunato in amor, non giochi a carte*, em espanhol: *afortunado en el juego, desgraciado en amores* e em alemão: *Glück im Spiel, Unglück in der Liebe.*

5 JEU(X) de main(s), JEU(X) de vilain(s)

'sous les coups échangés pour rire, couve une agressivité qui a tôt fait de se révéler'

brincadeira de homem cheira a defunto
brincadeira de homem fede a defunto
brincadeira de mãos, beijos de burro
brinquedo de mão, brinquedo de vilão
jogo de mão, jogo de vilão
quando dois brincam de mão, o diabo cospe vermelho

hand play, churls' play
horse play is the rough's play
rough play often ends to tears

♦ Os habitantes das aldeias (*vilains*) eram plebeus de origem campesina. Não podiam resolver suas contendas por meio das armas: esse privilégio era reservado aos fidalgos.

♦ "De nos jours, l'expression fait allusion aux interdits sexuels." (A. Rey & S. Chantreau)

♦ O provérbio tem equivalentes em italiano: *gioco di mano, gioco di villano*, em espanhol: *juego de manos, juego de villanos* e em alemão: *Faustspiel, Bauernspiel.*

6 Le JEU, la femme et vin friand font l'homme pauvre tout en riant (sXVII)

'argent, sexe et alcool ruinent leurs victimes consentantes'

do vinho e da mulher livre-se o homem, se puder
quem com elas joga o vinte ou sai pobre ou pedinte
vinho, mulheres e tabaco põem o homem fraco

dicing, drabbing ['a drab is a prostitute'] *and drinking bring men to destruction*
gaming, women, and wine, while they laugh, they make men pine
play, women and wine undo men laughing
women and wine, game and deceit, make the wealth small, and the wants great

♦ Diz-se em espanhol: *el juego, la mujer y el vino sacan al hombre de tino.*

⇒ Qui entretient FEMME et dés mourra en pauvreté

7 Le JEU ne/n'en vaut pas la chandelle (1580)

'l'investissement est disproportionné au gain possible'

custa mais a mecha que o sebo
mais custa a mecha que o sebo
sai mais cara a mecha que o sebo
vale mais a mecha que o sebo

the game is not worth the candle

Aux evenements, ie me porte virilement; en la conduicte, puerilement: l'horreur de la cheute me donne plus de fiebvre que le coup. LE JEU NE VAULT PAS LA CHANDELLE: l'avaricieux a plus mauvais compte de sa passion, que n'a le pauvre, et le ialoux, que le cocu; et *y a moins de mal souvent à perdre sa vigne, qu'à la plaider*. (Montaigne, *E*, t. II, p. 354)

Na hora dos acontecimentos conduzo-me virilmente, depois de ter agido como uma criança nas circunstâncias que os provocam. O receio da queda dói-me mais que a própria queda, CUSTA MAIS A MECHA QUE O SEBO. O avarento vive pior que o pobre por causa de sua paixão; e o ciumento pior que o enganado; e *não raro há menor prejuízo em perder o vinhedo do que em lhe disputar a posse nos tribunais*. (Trad. de Sérgio Milliet)

Avec de l'entraînement je pourrai bientôt dévaliser les grandes bijouteries. J'en arriverais là: à chaque petite opération l'émotion s'affaiblit. Pas eu même le moindre frémissement. Décidémment LE JEU NE VAUT PAS LA CHANDELLE. (V. Larbaud, *AOB*, p. 124)

Com um pouco de treino acabo esvaziando as grandes joalherias. Eu poderia conseguir isso, mas de tentativa em tentativa a emoção diminui. Já nem me sobressalto. Decididamente A ARTIMANHA PERDEU A GRAÇA.

La manière que ça tourniquait, je sentais mon départ bien proche... J'ai encore cessé d'écrire... Je savais plus quoi dire, inventer... J'en avais marre des salades... LE JEU VALAIT PLUS LA CHANDELLE... (L.-F. Céline, *MC*, t. I, p. 243)

Pelo jeito das coisas, eu sentia que minha partida estava próxima... Deixei de escrever a meus pais... Não sabia mais o que dizer, o que inventar... Estava farto daquelas confusões... NÃO VALIA MAIS A PENA... (Trad. de Maria Arminda de Souza-Aguiar e Vera de Azambuja Harvey)

♦ Outrora os jogadores, para ajudarem o dono da casa nas despesas com a iluminação, costumavam deixar sob o castiçal parte do que ganhavam.

⇒ La CHANDELLE n'en vaut pas le jeu

8 Les JEUX sont faits (sXX)

'c'est décidé, il n'y a plus rien à faire'

a sorte está lançada
(agora) seja o que Deus quiser
os dados estão lançados

the chips are down
the die is cast

On frappa et le steward entra. "LES JEUX SONT FAITS", pensa Maud. Elle sortit son bâton de rouge et son poudrier, s'approcha de la glace et se mit à se farder avec application. (J.-P. Sartre, *S*, p. 149)

Bateram, o *steward* entrou. "A SORTE ESTÁ LANÇADA", pensou Maud. Pegou o batom e o pó-de-arroz, aproximou-se do espelho e começou a pintar-se cuidadosamente. (Trad. de Sérgio Milliet)

♦ "La phrase est empruntée au langage des jeux de hasard: 'les jeux sont faits, rien ne va plus', phrase du croupier de roulette annonçant la fin des mises; (...)." (A. Rey & S. Chantreau)

⇒ Le SORT en est jeté

9 Qui en JEU entre JEU consente (sXIII)

'toute activité est réglementée: il faut le savoir quand on s'y engage, et en accepter par avance les conséquences'

quem anda à/na chuva molha-se
quem está na chuva é para se molhar
quem vai à guerra dá e leva

he that cannot make sport, should mar none
*he that will play at bowls, must expect to meet with rubbers**
if you don't like the heat, get out of the kitchen
if you make a jest, you must take a jest

* *Rubber* é provável alteração de *rub* ['obstáculo ao curso da bola no boliche'].

♦ Diz-se em italiano: *chi scherza con altrui, non si sdegni se altri scherza con lui*.

⇒ Ne lance pas une FLÈCHE que tu ne puisses retrouver

JEUNE *adj. s.* jovem; *young*

1 Il faut vieillir ou mourir JEUNE

'la vieillesse ou la mort: entre deux maux, il faut choisir le moindre'

quem de novo não morre de velho não escapa
quem não envelhece morre novo

old be, or young die

2 Le JEUNE peut mourir bientôt; mais le vieillard ne peut pas vivre longuement (sXVI)

'la condition mortelle est la même pour tous, mais elle devient plus pressante avec l'âge'

o jovem pode morrer mas o ancião deve morrer
o moço pode morrer mas o velho não pode viver

of young men die many, of old men scape not any
old men go to death, death comes to young men
young men may die, but old must die

Et, d'autant que cest amoureux eust opinion qu'elle disoit cela pour amour de son viel aage, il luy replicqua: que les vieillars pouvoient longuement vivre et les jeunes bien tost mourir. Mais elle luy replicqua: "Ouy certes, LE JEUNE PEUT MOURIR BIEN TOST; MAIS LE VIEILLARD NE PEUT PAS VIVRE LONGUEMENT." (Brantôme, *DG*, p. 406)

E o velho enamorado, julgando que ela dizia isso em respeito à sua idade avançada, retorquiu: os velhos podem viver ainda muito tempo e os jovens podem morrer cedo. Contudo, ela replicou: "Decerto, O JOVEM PODE MORRER CEDO, MAS AO ANCIÃO NÃO RESTA MUITO MAIS TEMPO PARA VIVER".

♦ Há correspondente em espanhol: *el joven puede morir, pero el viejo no puede vivir*.

3 Qui JEUNE est fou, vieil en a les frissons (sXIII)

= JEUNESSE oiseuse, vieillesse disetteuse

⇒ Il faut travailler en JEUNESSE pour reposer en vieillesse

JEUNESSE *s.f.* juventude; *youth*

1 Ce qu'on apprend en sa JEUNESSE faut-il continuer en vieillesse

'il faut, toute sa vie, rester fidèle à soi-même'

o menino é pai do homem
o que se aprende no berço dura até a sepultura
o que se aprende no berço sempre dura
quem más manhas há tarde ou nunca as perderá
quem más manhas tem no berço ou as perde tarde ou nunca

the child is father of the man (William Wordsworth)
the childhood shows the man (Milton)
what is learnt in the cradle lasts till the tomb
what we first learn, we best can
what youth is used to, age remembers
whoso learns young, forgets not when he is old

♦ Há correspondentes em italiano: *quel che si impara in gioventù, non si dimentica mai più* e em espanhol: *lo que se aprende con bragas, no se olvida con canas*.

⇒ Il souvient toujours à Robin de ses FLÛTES

2 Il faut que JEUNESSE jette sa gourme

= Il faut que JEUNESSE se passe

Ennuyés au logis, ces jeunes gens ne trouvèrent aucun élément de distraction en ville; et comme, suivant un mot du pays, IL FAUT QUE JEUNESSE JETTE SA GOURME, ils firent leurs farces aux dépens de la ville même. (H. de Balzac, *R-LP*, p. 142)

Entediados em casa, esses jovens não descobriram na cidade nenhuma diversão; e como, de acordo com um ditado local, UM DIA A JUVENTUDE TEM DE FAZER DAS SUAS, começaram a "aprontar" na própria cidade.

3 Il faut que JEUNESSE se passe (sXIX)

'il faut prendre en patience les excès de la jeunesse'

a juventude deve seguir seu curso
a juventude é extravagante: salta por cima do riacho quando há uma ponte ao lado
crianças são crianças

boys will be boys
God's lambs will play

– (...) Puisque il en est ainsi, pour vous faire enrager, je m'en vais me remarier.
– Eh! remarie-toi, mon garçon, grand bien te fasse! IL FAUT QUE JEUNESSE SE PASSE! (R. Rolland, *CB*, p. 294)

– (..) Já que é assim, só para contrariá-lo, vou me casar de novo.
– Case, meu rapaz, e faça bom proveito! UM DIA VOCÊ HÁ DE AMADURECER!

A. Camus altera jocosamente o provérbio:

CALIGULA. Aucune importance, ma jolie. IL FAUT bien QUE LA VIEILLESSE SE PASSE. Aucune importance, vraiment. (*M-C*, p. 138)

CALÍGULA. Isso não importa, belezinha. VELHOS TAMBÉM FAZEM ESTRIPULIAS. Não importa mesmo.

♦ Idéia semelhante é expressa pelo adágio latino *iuventus, ventus* (a juventude é como o vento). Há correspondentes em italiano: *gioventù vuol fare il corso suo*, em espanhol: *locura tras locura la mocedad madura* e em alemão: *Jugend muss sich austoben*.

⇒ La JEUNESSE est forte à passer

4 Il faut travailler en JEUNESSE pour reposer en vieillesse (sXVI)

= JEUNESSE oiseuse, vieillesse disetteuse

5 JEUNESSE n'a pas de sagesse

'le temps seul apporte la sagesse; il est donc dans l'ordre des choses que la jeunesse en soit dépourvue; une civilisation qui, comme la nôtre, exalte la jeunesse et ses valeurs (ce qu'on appelle le "jeunisme"), se déclare donc délibérément incompatible avec toute sagesse; le monde moderne a résolument opté pour la folie'

idade e experiência valem mais que adolescência

you must not expect old heads on young shoulders

⇒ On ne prend pas les vieux MERLES à la pipée

6 JEUNESSE oiseuse, vieillesse disetteuse (1568)

'qui ne prépare pas sa retraite aura une vieillesse difficile'

aos vinte anos cabeça oca, aos trinta riqueza pouca
juventude leviana faz velhice desolada
mocidade desprevenida, velhice arrependida
mocidade ociosa faz velhice trabalhosa
mocidade ociosa não faz velhice contente
mocidade ociosa, velhice desonrosa
mocidade ociosa, velhice vergonhosa
mocidade preguiçosa, velhice trabalhosa
mocidade viciosa, velhice penosa
moço desprevenido, velho arrependido
quem em novo não trabalha em velho come palha
quem em novo não trabalha em velho dorme numa palha
quem vive só na flauta no final sempre desafina

a lazy youth, a lousy age

a young courtier, an old beggar
a young man idle, an old man needy
an idle youth, a needy age
for age and want save while you may(: no morning sun lasts a whole day)
he that saves his dinner will have the more for his supper
he who sows his wild oats ['indulges in youthful excesses'] *should reap the harvest*
if you lie upon roses when young, you'll lie upon thorns when old
keep something for him that rides on the white horse
lazy youth makes lousy age
save something for the man that rides on the white horse
who that in youth no virtue uses, in age all honour him refuses
young men's knocks old men feel
young prodigal in a coach will be old beggar barefoot

♦ Cf. o latim medieval *senem iuventus pigra mendicum creat* (juventude preguiçosa produz velho mendigo). O provérbio existe em italiano: *giovane ozioso, vecchio bisognoso*, em espanhol: *a mocedad ociosa, vejez trabajosa* e em alemão: *faule Jugend, lausig Alter*.

♦ Vauvenargues (*Réflexions et maximes*, p. 189) contesta o provérbio: "On oblige les jeunes gens à user de leurs biens comme s'il était sûr qu'ils dussent vieillir." (Os jovens são obrigados a dispor de seus bens como se fosse garantido que vão chegar à velhice.)

7 JEUNESSE paresseuse, vieillesse pouilleuse

= JEUNESSE oiseuse, vieillesse disetteuse

⇒ On doit quérir en JEUNESSE dont on vive en la vieillesse

8 La JEUNESSE est forte à passer

'la difficulté de franchir le cap de la jeunesse ne tient pas à la longueur de la navigation, mais à ses turbulences'

a juventude deve seguir seu curso
a mocidade é defeito que se corrige dia a dia

youth will have its course
youth will have its way

⇒ Il faut que JEUNESSE se passe

9 On doit quérir en JEUNESSE dont on vive en la vieillesse (sXV)

= JEUNESSE oiseuse, vieillesse disetteuse

⇒ Mal SOUPE qui tout dîne

10 Si JEUNESSE savait, si vieillesse pouvait (1594)

'les jeunes manquent d'expérience, les vieillards de force; le savoir est toujours en quête d'un pouvoir, et vice-versa'

o moço por não saber e o velho por não poder deitam as coisas a perder
o moço por não saber e o velho por não poder deixam as coisas perder

o velho por não poder e o moço por não saber deitam as coisas a perder
perde-se o velho por não poder e o novo por não saber
se a mocidade soubesse, se a velhice pudesse
se o velho pudesse e o moço soubesse, não havia nada que se não fizesse

if youth but knew, if old age but could
if youth had the knowledge, if age had the power
if youth knew what age would crave, it would both get and save

• Costuma-se acrescentar com irreverência: ... **rien ne se perdrait**.

♦ H. Estienne (*Les Prémices*, Épigramme 191). Cf. Aristóteles (*A política*, 7, 1.329a): πέφυκεν ἡ μὲν δύναμις ἐν νεωτέροις, ἡ δὲ φρόνησις ἐν πρεσβυτέροις εἶναι (é natural que a força esteja nos jovens e a sabedoria nos velhos). Diz-se em italiano: *se il giovane sapesse e se il vecchio potesse, non c'è cosa che non si facesse*.

JOIE *s.f.* alegria, prazer; *joy, delight*

1 En jeu d'armes et d'amours, pour une JOIE cent douleurs (sXVI)

'Mars et Vénus s'aiment; la guerre et l'amour se ressemblent: on en retire plus de souffrances que de plaisir'

em caça e amores, por um prazer, cem dores
guerra, caça e amores, por um prazer, cem dores

hunting, hawking, and paramours, for one joy a hundred displeasures

Le comte Amé de Savoye II disoit souvent:
EN JEU D'ARMES ET D'AMOURS,
POUR UNE JOYE CENT DOULOURS,
usant ainsi de ce mot anticq pour mieux faire sa rime. Disoit-il encor que la colere et l'amour avoyent cela en soy fort dissemblable, que la colere passe tost et se defait fort aisement de sa personne quand elle y est entrée, mais malaisement l'amour. (Brantôme, *DG*, p. 115-116)

O conde Amé de Sabóia, o segundo, costumava dizer:
EM CAÇA E AMORES,
POR UM PRAZER, CEM DORES,
usando assim a forma arcaica [*doulours*] para acertar a rima. Dizia também que a cólera e o amor tinham uma grande diferença: enquanto a cólera passa logo e deixa com facilidade a pessoa na qual se alojou, para o amor isso é mais difícil.

2 JOIE au cœur fait beau/bon teint

'la joie est un principe de rayonnement; elle ne peut être réprimée'

o coração alegre torna o semblante agradável

a blithe heart makes a blooming visage

3 Pour une JOIE mille douleurs (1495)

= Pour un PLAISIR mille douleurs

4 Tel chante qui n'a JOIE (1568)

'ce que l'on fait en public n'est pas toujours accordé à ce que l'on est; le clown peut être triste'

muitas vezes não é feliz quem o diz

all are not merry, that dance lightly

⇒ CHACUN n'est pas joyeux qui danse

5 Toute JOIE fault* en tristesse (1495)

* *Fault* (v. *faillir*) = 'déchoit, se termine'.

'en se retirant, la joie (rapport sexuel en langue courtoise) crée un vide que son souvenir aussitôt emplit de tristesse'

após o prazer vem a pena
noites alegres, manhãs tristes
toda alegria acaba em tristeza

after pleasure comes pain
after your fling, watch for the sting
no joy without alloy
no joy without annoy
one day of pleasure is worth two of sorrow

♦ Há dois provérbios com idéia semelhante em latim: *extrema gaudii luctus occupat* (a dor faz fronteira com os extremos da alegria) e *post coitum omne animal triste* (todo animal fica triste depois do coito); ou, nas palavras de Galeno: *triste est omne animal post coitum, praeter mulierem gallumque* (todo animal fica triste após o coito, exceto a mulher e o galo).

JOUER *v.* jogar; *to play*

Qui A JOUÉ JOUERA

'la passion invétérée est incurable'

quem jogou, pediu, furtou – jogará, pedirá, furtará
quem um mau hábito ganhou escravo dele ficou

once a gambler always a gambler

Ampliado em Regnard:

NÉRINE. Quiconque aime aimera; / Et QUICONQUE A JOUÉ toujours JOUE, ET JOUERA. / Certain docteur l'a dit, ce n'est point menterie. (*Le Joueur*, in *TC*, t. I, p. 85)

NÉRINE. Quem ama amará; / E QUEM JOGOU sempre JOGA E JOGARÁ. / Certo médico já o afirmou, e com toda a razão.

⇒ Qui A BU BOIRA

JOUEUR *s.m.* jogador; *player*

Au bon JOUEUR la pelote lui vient (1495: *à bon chouleur* ['joueur de paume'] *la pelote lui vient*)

"ceux qui excellent en une profession sont ceux qui ont le plus de pratique" (Panckoucke)

a boa lavadeira na ponta do pé lava
a bola procura o craque
a bola quer-se na mão do jogador
a viola quer-se na mão do tocador

good finds good

⇒ La BALLE cherche le joueur

JOUR *s.m.* dia; *day*

1 À chaque JOUR suffit sa peine (1842)

'c'est assez de porter sa peine présente, sans l'alourdir de l'appréhension de celle du lendemain'

a cada dia basta seu cuidado
a cada dia dá Deus a dor e a alegria
a cada dia, sua pena e sua esperança

don't meet troubles half-way
don't cry before you are hurt
sufficient unto the day is the evil thereof

C'était pas la peine qu'il commente... Ça suffisait bien qu'il aye classé la babille!... A CHAQUE JOUR SUFFIT SA PEINE! (L.-F. Céline, *MC*, t. I, p. 271)

Não adiantava comentar... Já bastava ele classificar a papelada!... ERA MUITA DESGRAÇA PARA UM DIA SÓ! (Trad. de Maria Arminda de Souza-Aguiar e Vera de Azambuja Harvey)

♦ A fonte é Mateus 6, 34: *sufficit diei malitia sua*. Há correspondente em grego: ἀρκετὸν τῇ ἡμέρᾳ ἡ κακία αὐτῆς.

♦ "C'était le proverbe favori de Napoléon." (Le Roux de Lincy)

♦ Há equivalente em espanhol: *a cada día le basta su pena*.

2 Bien jeûne le JOUR qui le soir a assez à manger (sXV)

= Il est bien aise d'aller à PIED qui tient son cheval par la bride

3 Bon JOUR, bonne œuvre (sXIV: *à bon jour bone euvre*)

'une circonstance ne mérite d'être dite vraiment heureuse que si une bonne action la couronne'

bom dia, boa obra

the better the day, the better the deed

4 Deux bons JOURS à l'homme sur terre, quand il prend femme et quand il l'enterre

'la femme est le bonheur autant que le malheur de l'homme'

J

o homem que se casa duas vezes não era digno de ter enviuvado (aprox.)

para quem perde a mulher e um tostão, a maior perda é a do dinheiro (aprox.)

a dead wife's the best goods in a man's house (approx.)

♦ Cf. Hipônax (fragmento): Δύ' ἡμέραι γυναικός εἰσιν ἥδισται, / ὅταν γαμῇ τις κἀκφέρῃ τεθνηκυῖαν. (São dois os dias mais felizes que a mulher nos proporciona: quando a desposamos e quando a levamos para o cemitério.) Leia-se também o epitáfio que John Dryden escreveu para a esposa: *Here lies my wife: here let her lie! / Now she's at rest, and so am I.*

⇒ Le plus grand MALHEUR ou bonheur de l'homme est une femme

5 Il n'est pas tous les JOURS fête (1640)

'tous nos jours ne sont pas voués au bonheur ni à la joie'; ou bien: 'l'exceptionnel ne peut s'installer dans le quotidien, sous peine de se banaliser'

não é cada dia Páscoa nem vindima
nem todo dia é dia de festa
nem todo (o) dia é dia santo, nem todo (o) dia é feriado
nem todo (o) dia é festa
nem todo (o) dia há carne gorda
nem todo (o) dia se come pão quente
nem todos os dias são dias de feira

Christmas comes but once a year
every day is no Yule-day
every day is not Sunday
we don't kill a pig every day

Var. em G. de Maupassant:

Enfin, à une heure, les deux hommes mariés, M. Tournevau et M. Pimpesse, déclarèrent qu'ils se retiraient, et voulurent régler leur compte. On ne compta que le champagne, et, encore, à six francs la bouteille au lieu de dix francs, prix ordinaire. Et comme ils s'étonnaient de cette générosité, Madame, radieuse, leur répondit:
– ÇA N'EST PAS TOUS LES JOURS FÊTE. (*MT*, p. 67)

Finalmente, à uma hora, os dois homens casados, Tournevau e Pimpesse, comunicaram que iam retirarse, e pediram a conta. Só lhes foi cobrado o champanha, e, mesmo assim, a seis francos a garrafa, em vez de dez francos, que era o preço normal. Como eles se espantassem com tamanha generosidade, Madame, radiante, respondeu-lhes:
– NEM TODO DIA É DIA DE FESTA... (Trad. de Lygia Junqueira Fernandes)

♦ Cf. Sêneca (*Apocolocyntosis*, 12, 2): *non semper Saturnalia sunt* (nem sempre serão saturnais).

⇒ Tous les JOURS ne sont pas noces

6 Il n'y a si long JOUR qui ne vienne à la nuit (1568)

= Nul JOUR sans soir

7 Il vient toujours un JOUR qui n'est pas encore venu

'il est faux que l'histoire se répète; on doit avoir foi en l'avenir'

amanhã é outro dia
amanhã será outro dia

if today will not, tomorrow may
tomorrow is a new day
tomorrow is another day

⇒ DEMAIN est/sera un autre jour

8 Le beau JOUR se prouve au soir (sXIV)

= Attends le SOIR pour louer le bon jour, et la mort pour louer la vie

⇒ Il ne faut juger de notre HEUR qu'après la mort

9 Le JOUR de Saint-Paul, l'hiver se rompt le col

= À la SAINT-Paul l'hiver se casse ou se recolle

♦ Dia da conversão de São Paulo: 25 de janeiro.

10 Le plus grand JOUR de l'été, c'est le JOUR de Saint-Barnabé (sXVI)

dicton météorologique

sol de junho madruga muito (aprox.)

Barnaby bright, Barnaby bright: the longest day and the shortest night

♦ Dia de São Barnabé: 11 de junho.

11 Le second JOUR est disciple du premier

'le présent dépend toujours du passé'

um dia ensina ao outro

today is the scholar ['pupil'] *of yesterday*

♦ Máxima de Publílio Siro (*Sententiae*, D 1): *discipulus est prioris posterior dies* (o dia seguinte aprende com o dia anterior). Dizia-se em latim vulgar: *dies diem docet* (um dia ensina ao outro).

⇒ Le LENDEMAIN s'instruit aux leçons de la veille

12 Les JOURS se suivent (pas à pas) et ne se ressemblent pas (1752)

'la vie est un perpétuel changement'

atrás de tempo, tempo vem
não são todos os dias iguais
os dias são do mesmo tamanho mas não se parecem
um dia segue outro, como um amor faz esquecer outro

no like is the same

the days follow each other, but are no alike
the days go by and each is different
time goes by and every day is different

Var. em M. Proust:

"Qu'est-ce que vous avez, disait-il en riant, avec vos yeux cernés? Des chagrins d'amour? Dame, LES ANNÉES SE SUIVENT ET NE SE RESSEMBLENT PAS. Après tout, on est bien libre d'essayer une chaussure, à plus forte raison une femme, et si elle n'est pas à votre pied..." (*RTP*, t. III, p. 311-312)

"Que significam", disse rindo, "estas olheiras? Mágoas de amor? Ora, OS ANOS SE SUCEDEM E NÃO SE PARECEM. Afinal de contas temos o direito de experimentar um sapato, quanto mais uma mulher, e se não nos serve..." (Trad. de Lourdes Sousa de Alencar e Manuel Bandeira)

♦ A idéia está em Hesíodo (*Os trabalhos e os dias*, 825): ἄλλοτε μητρυιὴ πέλει ἡμέρη, ἄλλοτε μήτηρ (o dia é às vezes madrasta, às vezes mãe). Diz-se em italiano: *non sono uguali tutti i giorni*.

⇒ AUJOURD'HUI à moi, demain à toi

13 Nul JOUR sans soir

'tout a une fin'

não há dia sem tarde(, nem gosto sem desgosto)

no day passes without evening
no day passes without some grief
no day so clear but has dark clouds

14 Tous les JOURS de chasse ne sont pas des JOURS de prise

'la fortune change souvent de camp'

um dia da caça, outro do caçador
um dia do pau, outro do machado
um dia pior, outro melhor

the biter is sometimes bit
the worse luck now, the better another time

⇒ Le VENT de prospérité change bien souvent de côté

15 Tous les JOURS ne sont pas noces

= Il n'est pas tous les JOURS fête

16 Trois JOURS ne sont pas noces

= Il n'est pas tous les JOURS fête

17 Un JOUR est mouillé, l'autre sec, quand le coucou ouvre son bec

= Quand chante le COUCOU, le matin mouillé, le soir séché

18 Vient JOUR, vient conseil

'il est prudent de remettre au lendemain sa décision dans une affaire grave'

a noite é boa conselheira
dormirei, boas novas acharei
nunca faças nada sem consultar a almofada

be ruled by time, the wisest counsellor of all
night is the mother of counsel
time shall teach thee all things

≠ IL NE FAUT PAS REMETTRE AU LENDEMAIN CE QU'ON PEUT FAIRE LE JOUR MÊME

⇒ La NUIT porte conseil

JUGE *s.m.* juiz; *judge*

1 De fou JUGE, briève* sentence (1495)

* *Briève* = 'prompte'.

'il faut, pour juger, se garder de toute précipitation'

de juiz tolo, sentença pronta

a fool's bolt is soon shot
from a foolish judge, a quick sentence
he that passes judgement as he runs, overtakes repentance

♦ Cf. Publílio Siro (*Sententiae*, A 32): *ad paenitendum properat, cito qui iudicat* (logo se arrepende quem julga com precipitação).

2 JUGE hâtif est périlleux (sXIV)

= De fou JUGE, briève sentence

3 On ne peut être à la fois JUGE et partie (1828)

'on ne saurait être juste dans une affaire où l'on est impliqué'

não se pode ser juiz em causa própria
ninguém é bom juiz em causa própria
ninguém é juiz em causa sua

a fox should not be of the jury at a goose's trial
he has a good judgement that relies not wholly on his own
lookers-on see most of the game
men are blind in their own cause
no man ought to be judge in his own cause

♦ Idéia semelhante em latim: *nemo debet esse iudex in propria causa* (ninguém deve ser juiz em causa própria).

4 Qui dîne avec son JUGE a gagné son procès

'les relations facilitent tout; vieille formulation du copinage et du népotisme'

quem tem padrinho não morre mouro
quem tem padrinho não morre na cadeia
quem tem padrinho não morre pagão
se queres ter boa demanda, anda com o escrivão à banda

a friend in court is better than a penny in purse
as a man is friended, so the law is ended
he whose father is judge goes safe to his trial

J

⇒ Qui de MÂTIN fait son compère, plus de bâton ne doit porter

5 Tel JUGE, tel jugement (1568)

'la justice est arbitraire: la subjectivité y a toujours sa part'

tal juiz, qual lei

like judge, like sentence

JUGEMENT *s.m.* juízo; *judgement*

1 Au jour du JUGEMENT dernier, autant vaudra la merde que l'argent

= Fien de chien et marc d'argent seront tout un au jour du JUGEMENT

2 Fien* de chien et marc d'argent seront tout un au jour du JUGEMENT (sXVI)

* *Fien* = 'ordure'.

'devant la mort toutes les inégalités s'effacent'

tão rico é no outro mundo Diógenes como Creso

a thousand pounds, and a bottle of hay, is all one thing at doomsday

⇒ Le plus riche en mourant n'emporte qu'un LINCEUL

JUGER *v.t.* julgar; *to judge*

1 Ne JUGE pas tout ce que tu vois; ne crois pas tout ce que tu ois; ne dis pas tout ce que tu sais et penses; ne donne pas tout ce que tu as (sXV)

conseils pour bien vivre: il faut se garder d'exploiter tout le présent

não digas tudo o que sabes, nem creias tudo o que ouves, nem faças tudo o que podes

quanto sabes não dirás; quanto vês não julgarás; e viverás em paz

do not all you can; spend not all you have; believe not all you hear; and tell not all you know

2 Ne JUGEZ point et vous ne serez point jugés

'à s'octroyer le droit de juger autrui, on lui délivre implicitement celui de le faire à son tour; à s'en abstenir, on l'encourage implicitement à faire de même, en vertu de la réversibilité de la menace'

não julgueis para que não sejais julgados
quem julga será julgado

judge not, that ye be not judged

♦ A fonte é Mateus 7, 1.

⇒ MALÉDICTIONS sont feuilles, qui les sème il les recueille

JUIF *s.m.* judeu; *Jew*

Les JUIFS à Pâques, les mores aux noces, les chrétiens aux plaids consument le leur (sXVI: *juifs en Pasques, mores en nopces, chrestiens en plaidoyers despendent leurs deniers*)

proverbe illustrant les marottes respectives des juifs, des musulmans et des chrétiens pour dépenser leur argent

judeus em Páscoas, mouros em bodas, cristãos em pleitos gastam os seus dinheiros

the Jews spend at Easter, the Moors at marriages, the Christians in suits

JUILLET *s.m.* julho; *July*

Si le premier JUILLET est pluvieux, tout le mois sera douteux

dicton météorologique

se o primeiro de julho é chuvoso, o mês inteiro é duvidoso

if the first of July, it be rainy weather, 'twill rain more or less four weeks together

JUIN *s.m.* junho; *June*

1 Beau temps en JUIN, abondance de grains

dicton météorologique

junho calmoso, ano formoso

calm weather in June sets corn in tune

♦ Diz-se em espanhol: *junio brillante, año abundante.*

≠ JUIN LARMOYEUX REND LE LABOUREUR JOYEUX

⇒ JUIN bien fleuri, vrai paradis

2 En JUIN, et août, ni huîtres, ni choux

= En JUIN, juillet et août, ni femme ni choux

♦ "On sait que l'huître évoque le sexe de la femme." (A. Pierron)

3 En JUIN, juillet et août, ni femme ni choux

'en ces mois de récoltes le paysan a besoin de toutes ses énergies'

junho, julho e agosto, senhora eu não sou vosso

in June, July and August, forget women and wine

♦ Diz-se em espanhol: *junio, julio y agosto, ni col, ni mujer, ni mosto.*

⇒ JUIN et juillet, la bouche mouillée et le reste net

4 JUIN bien fleuri, vrai paradis

= Beau temps en JUIN, abondance de grains

5 JUIN et juillet, la bouche mouillée et le reste net

'pendant la chaude saison, l'homme doit s'abstenir de boisson et de sexe'

quando muito arde o sol – nem mulher, nem carnes, nem caracol...

in hot days, temperance is the best physic

Var. em Brantôme:

L'on dit pourtant par un proverbe ancien: "JUIN ET JUILLET, LA BOUCHE MOUILLÉE ET LE V. ['vagin'] SEC"; encor met-on le mois d'aoust: cela s'entend pour les hommes, qui sont en danger quand ils s'eschauffent par trop en ces temps, et mesmes quand la chaude canicule domine, à quoy ilz y doivent aviser; mais, s'ils se veulent bruler à leur chandelle, à leur dam! Les femmes ne courent jamais cette fortune, car tous mois, toutes saisons, tous temps, tous signes, leur sont bons. (*DG*, p. 135-136)

Contudo, reza um provérbio antigo: "[EM JUNHO E JULHO] QUANDO MUITO ARDE O SOL – NEM MULHER, NEM CARNES, NEM CARACOL...", alguns acrescentam também o mês de agosto. Isso é perfeitamente compreensível para os homens, que, nessa época, estão exaustos, e, à medida que o calor aumenta, vão ficando depauperados. Mas, se querem consumir-se, o problema é deles! Já as mulheres não têm essas mazelas. Todos os meses, estações, épocas e signos lhes convêm.

⇒ En JUIN, et août, ni huîtres, ni choux

6 JUIN larmoyeux rend le laboureur joyeux

dicton météorologique

junho chuvoso, verão abundoso

a dripping June sets all in tune

≠ BEAU TEMPS EN JUIN, ABONDANCE DE GRAINS

JUMENT *s.f.* égua; *mare*

1 Jamais un coup de pied de JUMENT ne fit mal à un cheval

'en vertu de sa supériorité et de la galanterie, l'homme doit sans broncher endurer les malices féminines'

amores arrufados – amores dobrados
arrufos de namorados são amores dobrados
coice de égua não machuca cavalo
coices de égua, amor para rocim
coices de garanhão para a égua carinhos são
marrada de vaca não derruba marruá
pancada de amor não dói

the kick of the mare hurts not the stallion

♦ Há provérbios equivalentes em italiano: *calcio di cavalla non fece mai male a puledro* (com a var. toscana: *calcio di stallone non fa mai male a cavalla*) e em espanhol: *la coz de la yegua no lastima al potro*.

2 Quand la JUMENT est sortie, il n'est plus temps de fermer l'étable

= Il est trop tard pour fermer l'ÉCURIE quand le cheval s'est sauvé

3 Ruades de JUMENT sont amours pour le roussin

= QUERELLES d'amants, renouvellement d'amour

JURER *v.t.* jurar; *to swear*

Il ne faut (jamais) JURER de rien (1735)

'nul ne pouvant dire ce que l'avenir lui réserve, il est prudent de se garder de tout serment définitif'

jura de homem é riso de cão
jurarás, jurarás e não serás crido
nunca digas: (deste pão não comerei,) desta água não beberei
o futuro a Deus pertence
ovos e juras são (feitos) para quebrar
promessas e cascas fizeram-se para se quebrarem

he that will swear will lie
never say never
one can never be sure of anything

À juger sur les apparences, tu seras dans sa maison comme le poisson dans l'eau. Mais IL NE FAUT JURER DE RIEN, et tu dois te défier de ton étoile, dont tu n'as que trop souvent éprouvé la malignité. (Lesage, *GB*, p. 371)

A julgar pelas aparências, hás de te sentir naquela casa como o peixe na água. Mas, como NUNCA SE SABE O DIA DE AMANHÃ, deves duvidar da tua estrela, da qual já muitas vezes experimentaste a malvadez.

L'ABBÉ. Il est fâcheux que nos recherches soient couronnées d'un si tardif succès; toute la compagnie va être partie.
VAN BUCK. Ah çà! mon neveu, j'espère bien qu'avec votre gageure...
VALENTIN. Mon oncle, IL NE FAUT JURER DE RIEN, et encore moins défier personne. (A. de Musset, *Il ne faut jurer de rien*, in *CP*, t. II, p. 168)

O PADRE. É pena que nossas buscas tenham demorado tanto para chegar a bom termo; todo o destacamento já deve ter ido embora.
VAN BUCK. Ah, meu sobrinho, espero que sua tola afirmação...
VALENTIN. Tio, NÃO SE DEVE DIZER: DESTA ÁGUA NÃO BEBEREI! E muito menos desafiar os outros.

⇒ Il ne faut pas dire: FONTAINE, je ne boirai pas de ton eau

J

JUSTE s.m. justo; *righteous person*

Le JUSTE et le santal parfument qui les frappe (sXIX)

'certains répondent au mal par une exhalaison de bonté, qui rejaillit même sur l'agresseur'

o condimento esmagado tem mais aroma
sê como o sândalo que perfuma o machado que o fere

the sandal tree perfumes the axe that fells it

♦ Provérbio de origem indiana. Corresponde, de certo modo, ao preceito cristão "ao que te ferir numa face, oferece-lhe também a outra", que se lê em Lucas 7, 29.

JUSTICE s.f. justiça; *justice*

1 Excès de JUSTICE, excès d'injustice

'justice trop rigide devient injuste'

justiça extrema, extrema injustiça

extreme law, extreme injustice

B. Pascal cita o provérbio em latim:

Une personne qui dit: "Je ne suis ni pour ni contre", on doit lui répondre.
821. SUMMUM JUS, SUMMA INJURIA[1]. (*P*, p. 426)

[1] Cícero, *De officiis*, 1, 10, 33.

À pessoa que diz: "Não sou a favor nem contra", deve-se responder:
821. O DIREITO EXTREMO É A EXTREMA INJUSTIÇA.

O provérbio figura em H. de Balzac também na forma latina:

– Ha, ma mère, dit Paul, ce serait nous faire injure à tous que d'agir ainsi. SUMMUM JUS, SUMMA INJURIA[1], monsieur, dit-il à Solonet. (*CM*, p. 601)

[1] Cícero, *De officiis*, 1, 10, 33.

– Ah, minha mãe – observou Paul –, agir assim seria ofender a nós todos. JUSTIÇA EXTREMA, EXTREMA INJUSTIÇA, senhor –, disse ele a Solonet.

♦ Há equivalentes em italiano: *gran giustizia, grande offesa*, em espanhol: *justicia extrema, extrema injusticia* e em alemão: *das strengste Recht, das grösste Unrecht*.

2 JUSTICE punit petit cas

= Le GIBET n'est fait que pour les malheureux

⇒ Les LOIS ne sont que toiles d'araignée qui n'arrêtent que les mouches, et qui sont rompues par les frelons

3 La JUSTICE de Dieu a des pieds de plomb

'les sentences de Dieu tombent rarement, mais lourdement et irrévocablement'

Deus não se queixa mas o (que é) seu não deixa
Deus tarda mas não falha
o castigo tarda mas não falha

God comes at last when we think he is farthest off
God stays long, but strikes at last
the mills of God grind slowly(, yet they grind exceeding small)
    (Friedrich von Logau, translated by H. W. Longfellow)

⇒ La MEULE de Dieu moud lentement, mais fin

4 On aime la JUSTICE en la maison d'autrui (1842)

'on recuse chez soi ce qu'on exige pour les autres'

a justiça a todos guarda, mas ninguém a quer em casa
justiça na sua porta não há quem queira
ninguém quer justiça em casa (Jorge Ferreira de Vasconcelos)
todo o mundo quer justiça mas não em sua casa

justice pleases few in their own house

♦ Diz-se em espanhol: *justicia, mas no por mi casa.*

l

LABOUREUR *s.m.* lavrador; *plough man*

Au paresseux LABOUREUR les rats mangent le meilleur

'qui néglige ses affaires se fait voler'

a(o) lavrador descuidado, os ratos lhe comem o semeado
a(o) lavrador preguiçoso levam os ratos o precioso
ao lavrador preguiçoso, os ratos lhe comem o precioso
quem dorme, dorme-lhe a fazenda
se tem preguiça o lavrador, comem-lhe os ratos o melhor

he that lies long abed, his estate feels it
laziness spells ruin to the farmer

♦ Diz-se em italiano: *al lavoratore trascurato, i sorci mangiano il seminato.*

LAINE *s.f.* lã; *wool*

1 À la LAINE on connaît la brebis

= À l'ONGLE on connaît le lion

2 Il est allé chercher de la LAINE et est revenu tondu (sXVII)

'on subit souvent le mal qu'on a voulu faire'

foi buscar lã e saiu tosquiado
foi buscar lã e voltou tosquiado
muitos vão buscar lã e saem tosquiados

many go out for wool, and come home shorn

Var. em H. de Balzac:

Il lança un coup d'œil significatif à son adjudant Gérard, près duquel il se trouvait, lui serra fortement la main et dit à voix basse:

– NOUS SOMMES ALLÉS CHERCHER DE LA LAINE, ET NOUS ALLONS REVENIR TONDUS. (C, p. 28)

Lançou um olhar significativo para o ajudante Gérard, perto do qual se encontrava, apertou-lhe fortemente a mão e disse em voz baixa:
– FOMOS BUSCAR LÃ E SAÍMOS TOSQUIADOS. (Trad. de Brito Broca)

♦ O provérbio tem correspondentes em italiano: *andar per lana e tornarsene tosi*, em espanhol: *muchos van por lana y vuelven trasquilados* (Cervantes, *D. Quijote*, I, vii) e em alemão: *mancher geht nach Wolle aus und kommt geschoren dann nach Haus.*

⇒ Tel EST PRIS qui croyait PRENDRE

3 Mieux vaut perdre la LAINE que la brebis

'petite perte est préférable à ruine complète'

antes perder a lã que o carneiro
antes se perca a lã que a ovelha
mais vale perder que mais perder
vão-se os anéis e fiquem os dedos
vão-se os anéis mas fiquem os dedos

better give the wool than the sheep
better lose the saddle than the horse
lose a leg rather than a life

⇒ Le REMÈDE est (souvent) pire que le mal

LAIT *s.m.* leite; *milk*

1 Ce qu'on suce avec le LAIT au suaire se répand

'les premiers rudiments d'éducation demeurent à jamais ineffaçables'

o que no leite se mama na mortalha se derrama

that which we have by nature, remains with us till death

L

◆ Diz-se em espanhol: *lo que en la leche se mama, en la mortaja se derrama.*

⇒ Ce qui vient de l'OS ne peut se retirer de la chair

2 Il ne sert à rien de pleurer sur le LAIT répandu

'quand le mal est fait, à quoi bon déplorer?'

chorar sobre o leite derramado é demasiado
depois do mal feito, chorar não é proveito
não adianta chorar depois do leite entornado
não adianta chorar (sobre) o leite derramado
não adianta gritar por São Bento depois que a cobra mordeu
não vale a pena chorar (sobre) o leite derramado

it is no use crying over spilt milk
it is too late to grieve when the chance is past
never grieve for what you cannot help
what can't be cured must be endured

◆ Há equivalente em italiano: *non serve piangere sul latte versato.*

⇒ Ce qui EST FAIT EST FAIT

3 LAIT sur vin est venin, vin sur LAIT est souhait (sXVI)

= VIN sur lait c'est santé/souhait, lait sur VIN c'est venin

4 Rien n'aigrit comme le LAIT

'les colères les plus terribles sont celles de l'homme au naturel paisible'

guarda-te do cão que não ladra e do homem que não fala
guarda-te do homem que não fala e do cão que não ladra

nothing turns sourer than milk

⇒ La FOURMI a sa colère

LAME *s.f.* lâmina; *blade*

La LAME use le fourreau (1752)

'une trop grande activité intellectuelle use le corps'

quem muito lê muito treslê
tanto leu que tresleu

much learning makes men mad
the blade wears out the scabbard(, and the soul wears out the breast)
the blade wears out the sheath
the more light a torch gives, the shorter it lasts

◆ Comentário de Panckoucke: "On dit des gens d'esprit que *la lame use le fourreau* pour marquer qu'ils sont ordinairement d'une santé faible et délicate, et que l'esprit chez eux use et affaiblit le corps".

⇒ L'ÉPÉE use le fourreau

LAMPE *s.f.* lâmpada, candeeiro; *lamp, light*

1 Il ne faut pas cacher la LAMPE sous le boisseau (1752)

'il ne faut pas laisser en friche les talents dont on est doué'

não esconda a candeia debaixo do alqueire ['vasilha para medir azeite e cereais']
não pode esconder-se uma lucerna debaixo do alqueire

don't hide your light under a bushel

◆ A fonte é Mateus 5, 15.

⇒ Il ne faut pas cacher la LUMIÈRE sous le boisseau

2 Qui se sert de la LAMPE, au moins de l'huile y met (1573)

'la consommation ne requiert pas toujours une entière passivité'

quem precisa de candeia, que traga azeite

he that would have the fruit, must climb the tree
you don't get something for nothing

⇒ Il faut casser la NOIX pour manger le noyau

LANCE *s.f.* lança; *spear*

Qui a la LANCE au poing, tout lui vient à point (1568)

'on obtient ce qu'on veut, quand on s'en donne les moyens'

quem tem a faca e o queijo corta onde quer

he who has the frying-pan in his hand turns it at will

⇒ Qui tient la POÊLE par la queue, il la tourne par où il lui plaît

LANGAGE *s.m.* linguagem, fala; *language, speech*

1 De grands LANGAGES, grandes baies* (1597)

* *Baie* = 'mensonge'.

= Grand PARLEUR, grand menteur

⇒ Il a la LANGUE à la bouche et non à la bourse

2 LANGAGE ne paist* pas les gens (sXV)

* *Paist* (v. paistre) = 'nourrit'.

= Les belles PAROLES ne font pas bouillir la marmite

LANGUE *s.f.* língua; *tongue*

1 Beau parler n'écorche point la LANGUE (1557)

"ainsi dit-on à une personne qui se met en colère" (Panckoucke)

a palavra da boca muito vale e pouco custa
as belas palavras têm muita força e custam pouco
as boas palavras custam pouco e valem muito

cortesia de boca muito vale e pouco custa
falar bem não custa a ninguém
polidez pouco custa e muito vale
uma palavra boa custa pouco e vai longe

civility costs nothing
fair words hurt not the mouth
good words cost nought
one never loses anything by civility
one never loses anything by politeness
politeness costs nothing
there is nothing lost by civility

⇒ Les belles PAROLES n'écorchent pas la langue

2   Il a la LANGUE à la bouche et non à la bourse
(1640)

'il promet beaucoup sans jamais tenir'

de farei, farei, nunca me pagarei
quem muito promete nada dá
quem muito promete pouco dá

great promises and small performances
he promises mountains and performs molehills

⇒ Longue LANGUE, courte main

3   Il faut tourner sept fois sa LANGUE dans sa
bouche avant de parler (1835)

'il se faut autocensurer avant de parler, et sept fois sont
plus propices qu'une'

dobra a língua sete vezes, antes de proferir qualquer palavra
é preciso pensar bem antes de abrir a boca
falar sem pensar é atirar sem apontar

hear twice before you speak once
score twice before you cut once
turn your tongue seven times before talking
you should always think twice

♦ Cf. o latim atribuído a São Jerônimo: *Sapiens, ut loquatur, multo prius consideret* (para falar, o sábio deve
antes muito meditar). Diz-se em italiano: *chi vuol ben
parlare ci deve ben pensare.*

⇒ Bonnes sont les DENTS qui retiennent la langue

4   La LANGUE des femmes est leur épée, et elles
ne la laissent pas rouiller

'les femmes sont toujours prêtes à dégainer du bavarda-
ge et de la médisance'

a língua das mulheres é a sua espada

a woman's sword is her tongue, and she does not let it rust

♦ Diz-se em espanhol: *la lengua es la espada de las mujeres;
por eso nunca la dejan que críe moho.*

5   La LANGUE est un beau bâton (Guadeloupe)

'les paroles peuvent blesser'

a língua não é de aço mas corta

the tongue is not steel, yet it cuts
under the tongue men are crushed to death

6   La LANGUE humaine n'a pas d'os et peut casser
les os

'la langue est un instrument incassable capable de tout
casser'

a língua não tem osso mas quebra osso

tongue breaks bone, and herself has none

♦ Há provérbios paralelos em italiano: *la lingua non ha
osso e sa rompere il dosso* e em espanhol: *la lengua no
tiene hueso, pero corta lo más grueso.*

⇒ La langue est un beau BÂTON

7   La LANGUE va où la dent fait mal (1842; sXIII: *la
langue va où deult la dent*)

'on parle volontiers de ses peines ou des faiblesses
d'autrui: la langue est toujours attirée par les points
faibles'

a língua bate onde dói o dente
a língua vai onde o dente dói
a língua volta-se sempre para o dente que dói
gostamos de falar do que nos aflige
lá vai a língua onde dói a gengiva
lá vai a língua onde dói o dente
lá vai a língua onde grita o dente

the tongue ever turns to the aching tooth

♦ Do latim medieval *semper cum dente remanebit lingua
dolente* (a língua permanecerá sempre sobre o dente
dolorido). Também do latim medieval é o provérbio
ubi dolor ibi digitus (onde está a dor está o dedo), provavelmente inspirado em Plutarco (*Da loquacidade*,
513 e): Ὅπου τις ἀλγεῖ, κεῖθι καὶ τὴν χεῖρ' ἔχει. (A
mão está onde se sente a dor.) Há correspondentes
em italiano: *la lingua batte dove il dente duole*, em espanhol: *allá va la lengua, do duele la muela* e em alemão:
wo es schmerzt, da greift man hin.

8   LANGUE de miel, cœur de fiel

'les beaux parleurs ont parfois un cœur noir'

lábios de mel, coração de fel
língua de mel, coração de fel

a honey tongue, a heart of gall
a honeyed tongue and a heart of gall

⇒ BOUCHE de miel, cœur de fiel

9   Longue LANGUE, courte main (1568)

'qui parle beaucoup agit peu'

língua comprida, (sinal de) mão curta
língua longa, (sinal de) mão curta
muito peido é sinal de pouca bosta

L

quem muito fala não é quem mais faz

a long tongue is a sign of a short hand
he that promises too much, means nothing
quick tongue, slow hand

- ◆ Diz-se em espanhol: *la lengua larga es señal de mano corta.*

⇒ Grand PARLEUR, grand menteur

10 Qui LANGUE a, à Rome va (sXIII)

'tout est possible à qui sait communiquer'

quem língua tem a Roma vai e de Roma vem
quem tem boca vai a Roma

ask and you will know
better to ask the way than go astray
nothing so necessary for travellers as languages

Eh! sais-tu, me répliqua-t-il, sur quel vaisseau je dois faire ce voyage? Non, Monsieur, lui repartis-je; mais QUI A LANGUE VA À ROME; je m'en serais informé sur le port, et quelqu'un me l'aurait appris. (Lesage, *GB*, p. 510)

E por acaso sabes – replicou ele – em que nau devo fazer essa viagem? Não, meu Senhor – retorqui –, mas QUEM TEM BOCA VAI A ROMA; basta informar-se no porto e alguém há de lho dizer.

- ◆ Há equivalentes em italiano: *chi lingua ha, a Roma va* e em espanhol: *quien tiene lengua, a Roma va.*

⇒ Avec du BAGOUT on va partout

11 (Un) coup de LANGUE est pire que/qu'un coup de lance (sXV)

'une calomnie est plus funeste qu'une blessure'

mais fere (a) má palavra (do) que espada afiada
o escorregar da língua é pior do que o do pé
palavras fazem muitas vezes mais que as pancadas
saram cutiladas e não más palavras

many words hurt more than swords
words are but wind, but blows unkind
words cut more than swords

- ◆ Lê-se nas *Sentenças* de Focílides: ὅπλον τοι λόγος ἀνδρὶ τομώτερόν ἐστι σιδήρου (a palavra é uma arma que corta mais do que a espada). Diziam também os latinos: *multo quam ferrum lingua atrocior ferit* (a língua fere de modo mais cruel que a espada). Há correspondentes em italiano: *cattive lingue tagliano più che spade* e em espanhol: *más hiere mala palabra que espada afilada.*

⇒ Il vaut mieux glisser du PIED que de la langue

LANTERNE *s.f.* lampião, lanterna; *lantern*

Grande LANTERNE, petite lumière

= Grand BRUIT, petite toison

⇒ La MONTAGNE accouche d'une souris

LARD *s.m.* toucinho, lardo; *pork fat, bacon*

1 À la fin saura-t-on qui a mangé le LARD (1495)

'on finit toujours par connaître la vérité'

a verdade sempre vem à tona
no frigir dos ovos é que a manteiga chia
no frigir dos ovos é que se vê a manteiga
no fritar dos ovos é que se vê a manteiga que solta

truth will (break) out
truth will come to light

⇒ Au bout du JEU voit-on qui a gagné

2 On ne peut (pas) avoir le LARD et le cochon (rég., Bourbonnais)

'on ne peut tout avoir, le beurre et l'argent du beurre'

não se pode comer o bolo e guardar o bolo
não se pode ter sol na eira e chuva no nabal
ou bem se vende o porco ou se come a lingüiça
ou o boi, ou o couro

you cannot eat your cake and have it
you cannot have it both ways
you cannot sell the cow and drink the milk
you cannot sell the cow and sup the milk

⇒ On ne peut avoir le DRAP et l'argent

3 Qui a mangé le LARD ronge l'os (1611)

'il faut supporter les conséquences de ses actes'

quem comeu a carne que roa o(s) osso(s)

he who eats the meat, let him pick the bone

- ◆ Diz-se em italiano: *chi ha mangiato la carne deve godere gli ossi.*

⇒ Tu as bu le bon, bois la LIE

LARME *s.f.* lágrima; *tear*

Rien ne sèche plus vite que les LARMES

'la compassion est éphémère; le malheur, surtout celui des autres, s'oublie vite'

nada seca mais depressa que as lágrimas

nothing dries so fast as tears
nothing dries sooner than tears

- ◆ Lê-se em Cícero (*Partitiones oratoriae*, 17, 57): *cito enim exarescit lacrima* (uma lágrima, de fato, seca bem depressa). Há equivalente em espanhol: *nada se seca tan pronto como una lágrima.*

LARRON *s.m.* ladrão; *thief*

1 Au plus LARRON la bourse (1752)

se dit "par allusion à Judas Iscariote, à qui Jésus avait confié la bourse" (Panckoucke); 'on confie souvent ses intérêts à ceux qui sont le moins désignés'

ao mais ladrão, a bolsa

in trust is treason

2 Bien est LARRON qui LARRON emble*/dérobe/vole (1842)

* *Emble* (v. embler) = 'vole'.

'bon voleur qui en vole un autre'

é bom ladrão quem ladrão rouba
é bom ladrão quem rouba a ladrão
ladrão que furta a ladrão tem cem anos de perdão
ladrão que rouba a ladrão tem cem anos de perdão
quem engana o ladrão tem cem anos de perdão
quem furta a ladrão ganha cem anos de perdão
quem rouba a ladrão tem cem anos de perdão

he who cheats a cheat and robs a thief, earns a dispensation of
a hundred years
to deceive a deceiver is no deceit

♦ Panckoucke acrescenta: "ce que les marins disent surtout quand ils prennent des corsaires".

♦ Há correspondentes em italiano: *a rubare a un ladro non è peccato* e em espanhol: *quien roba a un ladrón, tiene cien años de perdón.*

⇒ Voler un VOLEUR n'est pas voler

3 Grand bandon* fait les gens LARRONS (sXVI)

* *Bandon* = 'abandon'.

= L'OCCASION fait le larron

4 Il semble à un LARRON que chacun lui est compagnon (sXIII)

'tout voleur voit partout des voleurs'

a gente pensa não ter vícios quando não tem os dos outros (aprox.)
cada qual julga os outros por si
cada um mede o trigo alheio por seu alqueire
cuida o ladrão que todos o são
cuida o ladrão que todos são da sua condição
cuida o mentiroso que tal é o outro
de todos desconfia o coração culpado
o ladrão cuida que todos o são
o ladrão julga pelo seu mau coração
pelo teu coração, julgas o de teu irmão
pelo teu coração, julgas teu irmão
quem tem defeitos é-que põe defeitos
toda raposa pensa que os outros têm o rabo comprido
    como o dela

everyone measures by his own yard
he that commits a fault, thinks everyone speaks of it

he that has a great nose, thinks everybody is speaking of it
he thinks every bush a boggard ['bugbear']
the thief doth fear each bush an officer (Shakespeare)
who is guilty suspects everybody
who is in fault suspects everybody

♦ Diz-se em espanhol: *piensa el ladrón que todos son de su condición.*

⇒ Il est avis au RENARD que chacun mange poule comme lui

5 LARRON est le nom d'un homme (sXVI)

'tout malfaiteur est homme quand même, tout homme est malfaiteur quand même'

a ocasião faz o ladrão
se Deus não perdoasse a ladrão, Ele ficaria sozinho no céu

nobody is perfect
opportunity makes the thief

⇒ L'OCCASION fait le larron

6 Les gros LARRONS pendent/(font pendre) les petits (1640)

'la grande délinquance, impunie, châtie la petite'

a cobra maior engole a menor
cães grandes nunca se mordem (aprox.)
com uma bolsa ao pescoço ninguém é enforcado
ladrão é quem furta um; quem furta mil é barão
ladrão endinheirado nunca morre enforcado
os grandes ladrões enforcam os pequenos
quem furta pouco é ladrão, quem furta muito é barão

a thief passes for a gentleman when stealing has made him rich
little thieves are hanged, but great ones escape
the great put the little on the hook
the great thieves hang the little ones
the great thieves punish the little ones

♦ "Trait de satyre digne de Diogène, qui voyant un voleur conduit par les Ministres de la Justice, s'écria, *magni fures parvum ducunt.*" (Panckoucke) A frase em grego é: Οἱ μεγάλοι κλέπται τὸν μικρὸν ἀπάγουσι. (Cf. Diógenes Laércio, *Vidas dos filósofos ilustres*, 6, 45.) O provérbio tem equivalentes em italiano: *i ladri grandi fanno impiccare i piccoli*, em espanhol: *los grandes ladrones ahorcan a los menores* e em alemão: *grosse Diebe hängen die kleinen.*

♦ "Dicton pop. dont la signification est clairement illustrée par la fable de La Fontaine, intitulée: *Les animaux malades de la peste*, où les gros carnassiers condamnent à mort l'âne, qui n'a commis qu'une peccadille." (E. Pradez)

⇒ Les grands VOLEURS pendent les petits

LASSER *v.i.* cansar, aborrecer, esgotar; *to tire, to weary*

Tout LASSE, tout casse, tout passe

'tout a une fin'

escoa-se o tempo sem o sentirmos
tudo na vida é passageiro – menos o condutor e o motorneiro
tudo passa como um vento (Sá de Miranda)
tudo passa sobre a terra
tudo se vai com o seu dono

all passes, all breaks, all wearies
time is a file that wears and makes no noise

- ◆ "Proverbe du Moyen Âge, où une triple assonance traduit la vanité des projets." (M. Maloux)

- ◆ Diz-se em italiano: *tutto passa e finisce in una cassa.*

- ⇒ Tout PASSE, tout casse, tout lasse

LATIN *s.m.* latim; *Latin*

Il ne faut pas parler LATIN devant les clercs/ cordeliers (1557)

'il se faut garder du ridicule de prétendre en remontrer à plus savant que soi'

em casa de mouro não fales algaravia
não ensines o padre-nosso ao vigário
não se deve ensinar o padre-nosso ao vigário

do not teach your father to get children
do not teach your grandmother to suck eggs

- ◆ "Pendant le Moyen Âge, ceux qui avaient étudié aux écoles se nommaient clercs; à eux seuls appartenait l'office de clergie, c'est-à-dire la culture des sciences et des lettres." (Le Roux de Lincy)

- ⇒ Les OISONS mènent paître les oies

LÉCHER *v.t.* lamber; *to lick*

Qui va LÈCHE, qui repose sèche (1752)

'l'effort mène à la réussite, qui n'avance pas recule'

quem não anda não ganha
quem procura sempre alcança

a going foot is aye ['always'] *getting*
he that will eat the kernel, must crack the nut

- ⇒ Qui reste assis SÈCHE, qui va lèche

LENDEMAIN *s.m.* dia seguinte; *the next day*

1 Ce qui croît soudain périt le LENDEMAIN

'la rapidité est ennemie de la durée'

depressa se vai o que depressa vem
o que cedo amadurece cedo apodrece
sol que muito madruga pouco dura

soon ripe, soon rotten

timely blossom, timely ripe

- ⇒ Fleurs de MARS, peu de fruits l'on mangera

2 Il ne faut pas remettre au LENDEMAIN ce qu'on peut faire le jour même (sXV: *ce que tu peux faire au matin n'attens vespres ne lendemain*)

'la procrastination est toujours à déconseiller'

não deixes para amanhã o que podes fazer hoje
não deixes para amanhã o que puderes fazer hoje
para quem diz "já!" e não "depois!", um dia vale doze

never put off till tomorrow what may be done today
never put off till tomorrow what you can do today
one today is worth two tomorrows
procrastination is the thief of time

IL NE FAUT JAMAIS REMETTRE AU LENDEMAIN CE QU'ON PEUT FAIRE LE JOUR MÊME, comme disait le cholériforme qui cherchait en grande hâte n'importe quel Water Closet. (A. Allais, *A*, p. 171)

NÃO SE DEVE NUNCA DEIXAR PARA AMANHÃ O QUE SE PODE FAZER HOJE, como dizia o coleriforme que procurava um banheiro com a maior urgência.

- ◆ Observa Montaigne em "Que philosopher c'est apprendre à mourir" (*Essais*, I, xix [t. I, p. 103]): "Tout ce qui peult estre faict un aultre iour, le peult estre auiourd'hui." (O que devera ocorrer fatalmente um dia pode acontecer hoje. – Trad. de Sérgio Milliet)

- ≠ VIENT JOUR, VIENT CONSEIL

- ⇒ Il ne faut pas remettre la PARTIE au lendemain

3 Le LENDEMAIN s'instruit aux leçons de la veille

- = Le second JOUR est disciple du premier

4 Le plus beau LENDEMAIN ne nous rend pas la veille

- = L'OCCASION est chauve (par derrière)

LETTRE *s.f.* letra; *letter*

La LETTRE tue, mais l'esprit vivifie (1828)

'à s'en tenir au sens littéral des textes, on commet des injustices que permet d'éviter une interprétation attentive aux intentions de leur auteur'

a letra mata e o espírito vivifica

the letter kills, but the spirit gives life

- ◆ Frase de São Paulo (*II Coríntios*, 3, 6). Vale lembrar a leitura que do provérbio faz Machado de Assis (*MPBC*, p. 214): "Amável Formalidade, tu és, sim, o bordão da vida, o bálsamo dos corações, a medianeira entre os homens, o vínculo da terra e do céu; tu enxugas as lágrimas de um pai, tu captas a indulgência de um Profeta. Se a dor adormece, e a consciência se acomoda, a quem, senão a ti, devem esse imenso benefício? A estima que passa de chapéu na cabeça não diz nada à alma; mas a indiferença que corteja deixa-lhe uma deleitosa impressão. A razão é que, ao contrário de uma velha fórmula absurda, não é a letra que mata; a letra dá vida; o espírito é que é objeto de controvérsia, de dúvida, de interpretação, e conseguintemente de luta e de morte."

LEVAIN s.m. fermento; leaven

1 Qui au soir ne laisse LEVAIN, jamais ne fera au matin lever pâte (1546)

'une vie oisive prépare un avenir démuni; conseil de prévoyance'

quem quer comer pela festa sua pela testa
quem tem preguiça nas pernas ganha ferrugem nos dentes

he that will have a hare to breakfast, must hunt overnight
they must hunger in frost that will not work in heat

– Mais (demanda Pantagruel), quand serez vous hors de debtes?
– Es calendes grecques, respondit Panurge, lors que tout le monde sera content, et que serez heritier de vous mesmes. Dieu me garde d'en estre hors. Plus lors ne trouverois qui un denier me prestast. QUI AU SOIR NE LAISSE LEVAIN, JA NE FERA AU MATIN LEVER PASTE. (F. Rabelais, *TL*, p. 53)

– Mas (perguntou Pantagruel), quando é que você vai se livrar das dívidas?
– Nas calendas gregas – respondeu Panurgo –, quando todo o mundo estiver contente, e quando você for seu próprio herdeiro. Deus me livre de ficar de fora. Nunca mais conseguiria alguém que me emprestasse um vintém. QUEM NÃO PREPARA A MASSA DE VÉSPERA NÃO TEM PÃO PARA A FESTA.

⇒ Il aura bien peu de PÂTE qui ne lui fera un levain

2 Un peu de LEVAIN aigrit beaucoup de pâte (sXV: *un pou de levain esgrit grand paste*)

'un seul être séditieux suffit à influencer toute une société'

pouco fermento leveda muita massa

one drop of poison infects the whole tun of wine

⇒ Un peu de FIEL gâte beaucoup de miel

LEVER (SE) v.pr. levantar-se; to rise, to get up

LEVER à six, manger à dix, souper à six, coucher à dix, font vivre l'homme dix fois dix (1610)

règle de santé

levanta-te às seis, almoça às dez, (janta às seis,) deita-te às dez, viverás dez vezes dez

early to bed and early to rise, makes a man healthy, wealthy, and wise

Var. em F. Rabelais:

– (...) Diogenes, interrogé à quelle heure doibt l'homme repaistre, respondit: "Le riche, quand il aura faim; le paouvre, quand il aura de quoy." Plus proprement disent les médicins l'heure canonicque estre:
LEVER À CINQ, DIPNER À NEUF, / SOUPPER À CINQ, COUCHER À NEUF*. (*Le quart livre*, in *OC*, p. 755)

* Anota Guy Demerson: "Ce dicton comportait un troisième vers: 'fait vivre d'ans nonante neuf'."

– (...) Diógenes, ao ser interrogado sobre a que horas deve o homem alimentar-se, respondeu: "O rico, quando tiver fome; o pobre, quando tiver do quê". Com mais propriedade afirmam os médicos que a hora indicada é:
LEVANTAR ÀS CINCO, ALMOÇAR ÀS NOVE, JANTAR ÀS CINCO, DEITAR ÀS NOVE.

⇒ Coucher de poule et lever de corbeau écartent l'homme du TOMBEAU

LIE s.f. borra, lia; lees, dregs

Tu as bu le bon, bois la LIE (sXVI)

'le bonheur consommé, il faut boire l'amertume'

quem come a carne (que lhe) roa o osso
quem comeu as maduras chuche as duras

he deserves not the sweet that will not taste the sour
he is worth no weal that can bide no woe
he that eats the hard shall eat the ripe
they that eat the sweet must taste the bitter

♦ Diz-se em italiano: *beva la feccia chi ha bevuto il vino.*

⇒ Qui a mangé le LARD ronge l'os

LIEN s.m. liame, ligadura; bond, tie

1 Le LIEN ne fait pas le fagot

= Il ne faut pas juger le SAC à l'étiquette

2 N'est pas libre qui traîne son LIEN

= Le CHEVAL qui traîne son lien n'est pas échappé

LIÈVRE s.m. (Lepus europaeus) lebre; hare

1 Ce n'est pas toujours celui qui lève le LIÈVRE qui le prend

= L'un a battu les BUISSONS, l'autre a pris les oisillons

♦ Há provérbios paralelos em italiano: *uno leva la lepre e un altro la piglia* e em espanhol: *uno levanta la caza, y otro la mata* (ou ainda: *no todos los hombres comen la caza que matan*).

⇒ Les uns lèvent le LIÈVRE, les autres le tuent

2 Il ne faut jamais/pas mettre le LIÈVRE en sauce avant de l'avoir attrapé (rég., Agen)

'il ne faut pas spéculer sur une chose qui n'est pas acquise'

tenhamos a pata e então falaremos na salsa
tenhamos a perdiz, depois se tratará do molho

first catch your hare(, then cook him)

⇒ LIÈVRE qui court n'est pas mort

3 Il ne faut pas courir deux LIÈVRES à la fois (sXVIII)

'l'unicité du but soutient toute action qui prétend réussir; il ne faut pas se disperser'

não se correm duas lebres a um tempo
não se deve fazer de uma via dois mandados
por uma dúzia de pardais se deixa voar um açor
quem corre a duas lebres não apanha nenhuma

dogs that put up many hares kill none
if you run after two hares, you will catch neither

♦ Cf. Erasmo (*Adagia*): *duos insequens lepores neutrum capit* (quem corre atrás de duas lebres nenhuma apanha). O provérbio tem correspondentes em italiano: *chi due lepri caccia, l'una piglia e l'altra lascia* e em espanhol: *quien corre tras dos liebres, ninguna prende.*

⇒ Qui deux CHOSES chasse ni l'une ni l'autre ne prend

4 Il n'y a pas de méchant LIÈVRE ni de petit loup

'on ne peut aller contre le déterminisme social ou naturel'

bom amigo é o gato, senão que arranha
bom amigo era o gato, se não arranhasse
o que não vem de natural não se finge muito tempo
 (Jorge Ferreira de Vasconcelos)

there is no such a thing as a good old wolf
though the mastiff be gentle, yet bite him not by the lip

⇒ Bon LOUP mauvais compagnon, dit la brebis

5 Il vaut mieux un LIÈVRE au carnier que trois dans un champ (rég., Auvergne)

= Un OISEAU dans la main vaut mieux que deux dans la haie

⇒ Mieux vaut un LIÈVRE pris que trois en liberté

6 Le LIÈVRE revient toujours à son gîte/(au lancer)

'invinciblement on revient en son territoire, inéluctablement on retourne à ses penchants naturels, irrésistiblement la nature reprend le dessus'

o bom filho à casa torna
o cavalo procura sempre voltar à querência
o cavalo sempre volta à sua baia

the hare always returns to her form

♦ Diz-se em italiano: *la lepre sta volentieri dove è nata.*

7 Les uns lèvent le LIÈVRE, les autres le tuent

= L'un a battu les BUISSONS, l'autre a pris les oisillons

⇒ Ce n'est pas celui qui fait la MOISSON qui mange la galette

8 LIÈVRE qui court n'est pas mort

= Il ne faut jamais/pas mettre le LIÈVRE en sauce avant de l'avoir attrapé

⇒ Il ne faut pas compter l'ŒUF dans le cul/derrière d'une poule

9 Mieux vaut un LIÈVRE pris que trois en liberté (rég., Bretagne)

= Un OISEAU dans la main vaut mieux que deux dans la haie

10 On n'attrape pas de LIÈVRE avec un/(au son du) tambour

= On ne prend pas le LIÈVRE au tambourin

11 On ne prend pas le LIÈVRE au tambourin (sXVI)

'lorsqu'on est engagé dans une entreprise délicate, on ne crie pas sur les toits ses intentions'

não se caçam lebres tocando tambor

you cannot catch a hare with a tabor ['small drum']
you cannot hunt for a hare with a tabor

♦ Há equivalentes em italiano: *la lepre mal si piglia al suono di tamburo* e em espanhol: *tañendo cencerros no se cogen liebres ni conejos.*

⇒ Qui veut prendre un OISEAU, il ne faut pas l'effaroucher

12 Qui court deux LIÈVRES n'en prend aucun

= Il ne faut pas courir deux LIÈVRES à la fois

13 Un LIÈVRE va toujours mourir au gîte

= Le LIÈVRE revient toujours à son gîte/(au lancer)

14 Voilà où gît le LIÈVRE (1546: *c'est là qui gist le lievre*)

"c'est là l'embarras, le point de la difficulté" (Panckoucke)

agora é que a porca torce o rabo
aí é que a porca torce o rabo
aí é que está o busílis
aqui torce a porca o rabo

there's where the shoe pinches
there's where the shoe wrings

"Il fault (respondit Perrin) faire aultrement, Dedin, mon filz. Or,

Quand oportet vient en place,
il convient qu'ainsi se face,
gl. *C. de appell., l. eos etiam.* CE N'EST LÀ QUI GIST LE
LIEVRE. (F. Rabelais, *TL*, p 199)

– É preciso, Dedin, meu filho, agir de outro modo –
respondeu Perrin. – Ora,
Quando oportet tem vez,
assim terá de ser feito,
gl. *C. de appell., l. eos etiam.* NÃO É ESSE O XIS DO
PROBLEMA.

Il faut ensuite concilier le courage, cette vertu magni-
fique, et l'humilité, cette vertu fondamentale. VOILÀ,
sans doute, OÙ GÎT LE LIÈVRE. (G. Duhamel, *JS*,
p. 18)

Em seguida, é preciso conciliar a coragem, essa virtude magnífica, com a humildade, essa virtude fundamen-
tal. – ESSE É, com certeza, O PONTO DA QUESTÃO.

♦ Cf. o latim *hic iacet lepus*.

LIME *s.f.* lima; *file*

1 **Au long aller la LIME mange le fer** (1856)

= GOUTTE à GOUTTE l'eau creuse la pierre

2 **LIME, lime, LIME** (sXVI)

= Un COUTEAU aiguise l'autre

♦ Há equivalente em espanhol: *la lima lima a la lima.*

LINCEUL *s.m.* mortalha, sudário; *shroud*

Le plus riche en mourant n'emporte qu'un LINCEUL
(1495)

'devant la mort toutes les inégalités s'effacent'

da vida nada se leva
mortalha não tem bolso
não há casamento pobre nem mortalha rica (aprox.)

our last garment is made without pockets
shrouds have no pockets
to the grave a pall, and that is all
we shall lie all alike in our graves

♦ Diz-se em italiano: *l'ultimo vestito ce lo fanno senza*
tasche.

⇒ Le ROI et le berger sont égaux après la mort

LINGE *s.m.* roupa branca; *linen*

Il faut laver son LINGE sale en famille (sXVIII)

'il ne faut pas porter sur la place publique les dissen-
sions privées, ni faire appel à un étranger pour les arbi-
trer'

(a) roupa suja lava-se em casa
roupa suja se lava em casa

don't wash your dirty linen in public
one does not wash one's dirty linen in public
wash your dirty linen at home

– Je n'osais vous le proposer, répondit Charles; mais
il me répugnait de brocanter mes bijoux dans la ville
que vous habitez. IL FAUT LAVER SON LINGE SALE
EN FAMILLE, disait Napoléon. Je vous remercie donc
de votre complaisance. (H. de Balzac, *EG*, p. 122)

– Eu não ousava propor-lhe, mas causava-me repug-
nância traficar com minhas jóias na cidade onde o senhor mora. ROUPA SUJA SE LAVA EM CASA, dizia
Napoleão. Muito lhe agradeço, pois, a gentileza. (Trad.
de Moacyr Werneck de Castro)

♦ Há provérbios paralelos em italiano: *i panni sporchi si*
lavano in casa, em espanhol: *los trapos sucios se lavan en*
casa e em alemão: *schmutzige Wäsche soll man zuhause*
waschen.

⇒ Vilain OISEAU que celui qui salit son nid

LION *s.m.* (*Panthera leo*) leão; *lion*

1 **Le LION qui tue ne rugit pas**

= Gardez-vous de l'HOMME secret et du chien muet

⇒ Il n'est pire EAU que l'EAU qui dort

2 **Un LION mort ne vaut pas un moucheron qui**
respire

= Un CHIEN vivant/(en vie) vaut mieux qu'un lion
mort

LIQUEUR *s.f.* licor; *liqueur*

Il ne faut pas juger de la LIQUEUR d'après le vase

'il faut se méfier des apparences'

não se pode julgar um livro pela capa

you can't tell a book by its cover

♦ Cf. o latim *vilis saepe cadus nobile nectar habet* (um recipiente desprezível costuma conter um esplêndido
néctar).

⇒ Il ne faut pas juger un PAQUET d'après ses ficelles

LIRE *v.t.* ler; *to read*

LIRE et rien entendre est comme chasser et ne rien
prendre (1495: *autant vaut celui qui chasse et ne prend*
comme celui qui lit et rien n'entend)

'la lecture va de pair avec la réflexion'

ler sem entender é caçar sem colher

it is no use reading without understanding

♦ A idéia figura no latim *legere enim et non intellegere*
neglegere est (ler e não entender é como não ler),

L

"conclusão de uma premissa tardia dos chamados *Dísticos de Catão* (3, 214 Baehrens)", refere R. Tosi. Leonardo Mota (*AB*) consigna o latim macarrônico *ligere et non intelligere est burrigere*, dando-lhe como correspondente o espanhol *leer y no entender es mirar y no ver*. O italiano apresenta forma equivalente ao francês: *leggere e non intendere è come cacciar e non prendere*.

LIT *s.m.* cama; *bed*

1 Comme on fait son LIT, on se couche (1664)

'on est bien ou mal couché, selon que l'on a bien ou mal fait son lit; on subit les conséquences de son imprévoyance, on jouit des fruits de sa prudence'

quem bem faz a cama nela se deita
quem boa cama faz nela se deita
quem boa cama fizer nela se deitará

as you make your bed, so you must lie down
as you make your bed, so you must lie on it

Les uns ont tout perdu au jeu, ou à la Bourse, et se sont tués; les autres sont morts de noce, tout simplement. Que voulez-vous? Ma foi, tant pis pour eux: COMME ON FAIT SON LIT, ON SE COUCHE. (V. Larbaud, *FM*, p. 244)

Uns perderam tudo no jogo, ou na Bolsa, e se mataram; outros morreram simplesmente de tanto farrear. Fazer o quê? Paciência, pior para eles: CADA QUAL COLHE O QUE SEMEIA.

- ◆ O provérbio existe em italiano: *come uno si fa il letto, così dorme*, em espanhol: *según se hace uno la cama, así se acuesta* e em alemão: *wie man sich bettet, so schläft man*.

⇒ Qui mal fait son LIT mal couche et gît

2 En LIT de chien ne cherche jamais soin (sXIII: *en lit à chien ne quers jà soyn*)

'd'un lit de chien n'exige pas l'entretien; d'un méchant n'espère pas un bon procédé; d'un voleur n'attend pas une honnêteté'

de mau grão nunca bom pão
faz(e) bem à gata, saltar-te-á na cara
faz(e) bem ao vilão, morder-te-á a mão

look not for musk in a dog's kennel

3 En petit LIT et grand chemin se connaît l'ami et l'affin* (1568)

* *Affin* = 'proche, dévoué'.

'les incommodités du voyage révèlent la générosité de celui qui vous escorte'

em longa estrada e cama apertada verás quem te ama
leito apertado e longos caminhos fazem amigos

a man knows his companion in a long way and a little inn

4 Qui mal fait son LIT mal couche et gît (1558)

'il faut subir les conséquences de son insouciance'

emprenha de ar, parirás vento
quem má a faz nela jaz
quem má cama faz nela jaz
quem mal faz por mal espere

he that makes his bed ill, lies there

- ◆ Diz-se em espanhol: *quien dispuso mal su cama, tendrá noche trabajosa*.

⇒ Comme on fait son NID, on se couche

LOI *s.f.* lei; *law*

1 C'est une dure LOI, mais c'est la LOI

'il faut se soumettre à la règle, quelque pénible qu'elle soit'

a lei é dura mas é (a) lei

dura lex, sed lex

- ◆ Do latim *dura lex, sed lex*.

2 Ceux qui font les LOIS doivent les observer

'on n'est pas au-dessus d'une loi parce qu'on en est l'auteur; on ne fait pas des lois pour y échapper'

os que fazem a lei devem ser os primeiros a cumpri-la
quem lei estabelece guardá-la deve

law makers should not be law breakers
practise what you preach

- ◆ "Xenophanes being jeered for refusing to play at a forbidden game, answered, '... They that make laws, must keep them.'" (*ODEP*)

- ◆ Diz-se em italiano: *chi fa la legge, la serva*.

3 Les LOIS ne sont que toiles d'araignée qui n'arrêtent que les mouches, et qui sont rompues par les frelons

'les malfaiteurs de haute volée échappent à une justice que les petits délinquants ne peuvent éluder'

a lei protege os fortes
a lei protege os grandes
as leis são como teias de aranha: retêm os fracos e deixam escapar os fortes

laws catch flies but let hornets go free
one law for the rich, and another for the poor

- ◆ Lê-se em Valério Máximo (7, 2, 14): *lex est araneae tela; quia, si in eam inciderit quid debile, retinetur; grave autem pertransit tela rescissa* (a lei é como uma teia de aranha: se nela cai algo leve, ela retém; o que é pesado rompe-a e escapa).

⇒ Le GIBET n'est fait que pour les malheureux

4   Nouvelle LOI, nouvelle fraude

'toute loi nouvelle suscite le moyen de la contourner'

feita a lei, cuidada a malícia
quem faz a burla faça a escapula ['escapatória']

new law, new fraud

♦ Há correspondentes em italiano: *fatta la legge, pensata la malizia* e em espanhol: *hecha la ley, hecha la trampa.*

5   Nul n'est censé d'ignorer la LOI

'l'ignorance de la loi n'est jamais un argument recevable, car c'est le principe fondateur de la justice elle-même, que tous les citoyens en ont connaissance'

a ignorância da lei não escusa ninguém

ignorance of the law excuses no man
ignorance of the law is no excuse for breaking it

♦ Máxima jurídica: *ignorantia iuris neminem excusat.*

LOIN   *adv.* longe; *far*

On va bien LOIN encore quand on est las

'la fatigue n'est pas un prétexte suffisant pour s'arrêter; c'est pourquoi le proverbe indien dit: quand tu arrives au sommet de la montagne, continue à monter'

mesmo cansado ainda longe se pode andar

one can go a long way after one is weary
one may go a long way after one is weary

LOT   *s.m.* lote, quinhão, prêmio de loteria; *share, lot, prize*

Chacun son LOT

'il faut se contenter de ce qui vous échoit'

cada qual com o que Deus lhe deu
cada qual com seu bocado (de mau caminho)
cada um se contente com a sua sorte
cada um se contente com o que Deus lhe dá
é preciso receber o bem conforme ele vem

gnaw the bone which is fallen to thy lot
let every man be content with his own kevel ['lot']
take the goods the gods provide

ESTELLE. Le canapé bordeaux? Vous êtes trop gentille, mais ça ne vaudrait guère mieux. Non, qu'est-ce que vous voulez? CHACUN SON LOT: j'ai le vert, je le garde. (*Un temps.*) Le seul qui conviendrait à la rigueur, c'est celui de monsieur. (J.-P. Sartre, *HC*, p. 28)

ESTELLE. O sofá bordô? A senhora é muito gentil, mas não iria adiantar nada. Não, o que se pode fazer? CADA QUAL COM O QUE DEUS LHE DEU: a mim coube o verde, fico com ele. (*Pausa.*) A rigor, o único que me conviria é o deste senhor.

LOUANGE   *s.f.* louvor; *praise*

1   La LOUANGE de soi-même fait la bouche puante

'il est malséant et nauséabond de dire du bien de soi-même'

é vil o louvor em boca própria
elogio em boca própria é vitupério
louvor em boca própria é menosprezo
louvor em boca própria é vitupério

a man's praise in his own mouth stinks
he that praises himself spatters himself
self-praise is no recommendation

♦ Provérbio do latim medieval: *laus in proprio ore sordescit* (elogio em boca própria é ofensa). Cf. Publílio Siro (*Sententiae*, Q 45): *qui se ipse laudet, cito derisorem invenit* (quem se louva não tarda a encontrar quem o ridicularize). Diz-se em espanhol: *la alabanza propia envilece.*

⇒ Qui se LOUE s'emboue

2   Une mauvaise LOUANGE vaut un grand blâme (sXIV)

'un éloge mal tourné ou importun peut tout gâter'; ou bien: 'on s'expose à la réprobation si l'on se prévaut de l'approbation d'un méchant'

elogio de inimigo, ouro sem liga (aprox.)

praise by evil men is dispraise (aprox.)

LOUER   *v.t.* louvar; *to praise*

Qui se LOUE s'emboue

'l'éloge de soi-même sent mauvais'

elogio em boca própria é vitupério

a man's praise in his own mouth stinks
he that praises himself spatters himself

⇒ La LOUANGE de soi-même fait la bouche puante

LOUP   *s.m.* (*Canis lupus*) lobo; *wolf*

1   Avec les LOUPS on apprend à hurler (1668)

'mauvaises fréquentations entraînent mauvaises habitudes'

quem com coxo anda aprende a mancar
quem com lobo dorme aprende a uivar

he who lives with cats will get a taste for mice
who keeps company with the wolf will learn to howl

PETIT-JEAN, *traînant un gros sac de procès.* (...) Tous ces Normands vouloient se divertir de nous: / ON APPREND À HURLER, dit l'autre, AVEC LES LOUPS. (Racine, *Les Plaideurs*, in *TC*, p. 158)

PETIT-JEAN, *arrastando um enorme saco de processos.* (...) Todos aqueles normandos queriam divertir-se à nossa custa: / como diz o outro, É COM OS LOBOS QUE SE APRENDE A UIVAR.

L

Il est vrai que, venant de quitter à Naples des camarades fort civilisés, il était impossible que ces montagnards ne me parussent pas grossiers et sauvages; néanmoins, comme ON APPREND À HURLER AVEC LES LOUPS, malgré la terrible vie que ces bandits menaient, je ne laissai pas de m'accoutumer à vivre avec eux. (Lesage, *GA*, p. 378)

É bem verdade que, como havia pouco que eu deixara em Nápoles companheiros muito educados, era impossível que esses montanheses não me parecessem grosseiros e rudes; mesmo assim – como QUEM COM LOBO DORME APRENDE A UIVAR –, apesar da vida horrível que esses bandidos levavam, acabei me acostumando a conviver com eles.

♦ O provérbio tem correspondentes em italiano: *chi pratica lo zoppo impara a zoppicare* e em espanhol: *quien con lobos anda, al año aúlla.*

⇒ Qui hante CHIEN(S) puces remporte

2 Bon LOUP mauvais compagnon, dit la brebis

= Bonne MULE, mauvaise bête

3 Il faut hurler avec les LOUPS (1568)

'il faut adopter les mœurs de ceux qu'on fréquente, et retourner contre les méchants leurs propres armes'

à terra onde fores ter faz(e) como vires fazer
à terra onde fores ter faz(e) o que vires fazer
em Roma, sê romano
em terra de lobos uiva-se com eles
em terra de mouros, cristão é mouro
em terra de sapo, de cócoras como ele
entre judeus, judeu como eles
por onde vás, assim como vires, assim farás
quando passares pela terra dos tortos, fecha um olho

one must howl with the wolves
when in Rome, do as the Romans do
when you are at Rome, do as Rome does
with foxes one must play the fox

Estropiado em H. de Balzac:

– (...) Tous les Français sont égaux dans le coucou*, a dit le petit-fils de Georges. Ainsi continuez, agréable vieillard?... blaguez-nous. Cela se fait dans les meilleures sociétés; et, vous savez le proverbe: IL FAUT OURLER AVEC LES LOUPS. (*DV*, p. 83)

* *Coucou* = 'ancienne voiture publique à deux roues'.

– (...) Todos os franceses que viajam de *coucou* são iguais – disse o neto de Jorge. – Assim, meu gentil velhinho, continue... Zombe à vontade. É o que se costuma fazer nos melhores ambientes, e o senhor conhece o provérbio: É PRECISO "DEBRUAR" COM OS LOBOS.

♦ Diz-se em espanhol: *si entre burros te ves, rebuzna alguna vez.*

⇒ Il faut vivre à ROME comme à ROME

4 Il ne faut pas mettre le LOUP berger (rég., Agen)

= Il ne faut pas donner de BREBIS à garder au loup

5 Le LOUP alla à Rome et y laissa son poil mais non ses coutumes

= Le LOUP mourra dans/en sa peau

6 Le LOUP change de poil, mais non de naturel (1821)

= Le LOUP mourra dans/en sa peau

♦ Do latim *lupus pilum mutat, non mentem* (o lobo muda o pêlo, não a índole). Há correspondentes em italiano: *il lupo cangia il pelo, ma non il vizio* e em espanhol: *pierde el lobo los dientes, mas no las mientes.*

7 Le LOUP mourra dans/en sa peau (1640)

'l'homme mauvais ne peut pas s'amender'

cada um é para o que nasce
cada um é para o que nasceu
o lobo muda o pêlo mas não o vezo
o lobo perde os dentes mas não o costume
o que o berço dá, a tumba o leva
quem ruins manhas há tarde ou nunca as perderá
trai la ri la ri lo lé quem o foi sempre o é

a leopard cannot change his spots
the fox may grow grey, but never good
the leopard does not change his spots
the wolf may lose his teeth, but never his nature
the wolf must die in his own skin
wolves lose their teeth, but not their memory

⇒ En la PEAU où le loup est, il y meurt

8 Le LOUP sait bien que mal bête pense

'le méchant devine les pensées de ses pairs'

o lobo e a golpelha ambos são de um conselho
o lobo e a raposa ambos são de um conselho

a thief knows a thief as a wolf knows a wolf
the wolf and fox are both of one counsel
the wolf knows what the ill beast thinks

♦ Diz-se em espanhol: *el lobo y la vulpeja* ['zorra'], *ambos son de una conseja.*

⇒ Tôt sait le LOUP ce que mauvaise bête pense

9 Les LOUPS ne font pas des agneaux

= L'AIGLE n'engendre pas la colombe

10 Les LOUPS ne se mangent pas entre eux (sXV: *ung loup ne mange point l'autre*)

'les scélérats ne s'entr'attaquent pas, les coquins ne se nuisent pas entre eux, les malfaisants ne se font pas mutuellement du mal, telle est la loi sacrée du "milieu", telle est l'union sacrée de la mafia'

corvos a corvos não se arrancam os olhos
corvos a corvos não se tiram os olhos
ladrão não furta a ladrão
ladrão não rouba a ladrão
lobo não come lobo
lobo nunca come lobo
nunca lobo mata outro lobo
os grandes cães nunca se mordem
traíra não come a seu parente

dog does not eat dog
one thief will not rob another
there is honour among thieves

"LES LOUPS NE SE MANGENT PAS ENTRE EUX, mon petit, murmura le bandit, tu n'as pas la mâchoire assez bien endentée pour me mordre." (T. Gautier, *CF*, p. 192)

– LOBO NÃO COME LOBO, meu caro – murmurou o bandido –, os dentes de tua mandíbula não são capazes de me morder.

♦ O latim, tal como o inglês, troca o lobo pelo cão: *canis caninam non est* (cão não come cão), citado por Varrão em *De lingua latina* (7, 31). Há um equivalente perfeito em grego: κύων κυνὸς οὐχ ἅπτεται. Diz-se em espanhol: *un lobo a otro no se muerden*.

⇒ Les CORBEAUX ne crèvent pas les yeux aux CORBEAUX

11 L'homme est un LOUP pour l'homme (1546: *les hommes seront loups es hommes*)

'le pire danger pour l'homme est l'homme lui-même'

o homem é o lobo do homem

man is a wolf to man

"Brief de cestuy monde seront bannies Foy, Esperance, Charité. Car les homes sont nez pour l'ayde et secours des homes. En lieu d'elles succederont Defiance, Mespris, Rancune, avecques la cohorte de tous maulx, toutes maledictions et toutes miseres. Vous penserez proprement que là eust Pandora versé sa bouteille. LES HOMMES SERONT LOUPS ES HOMMES. Loups guaroux et lutins, comme feurent Lychaon, Bellerophon, Nabugotdonosor; (...). (F. Rabelais, *TL*, p. 56)

"Enfim, deste mundo serão banidas a Fé, a Esperança e a Caridade, porque os homens nasceram para ajudar e socorrer os homens. Virão ocupar o lugar delas a Desconfiança, o Desprezo e o Rancor, com o cortejo de todos os males, todas as maldições e todas as misérias. Vocês hão de pensar com razão que foi lá que Pandora esvaziou sua garrafa. OS HOMENS SERÃO LOBOS DOS HOMENS. Lobisomens e duendes, como foram Licáon, Belerofonte e Nabucodonosor; (...).

Qui donc a osé prétendre que L'HOMME EST UN LOUP POUR L'HOMME? (J. Raspail, *CS*, p. 343)

Quem teve então o desplante de dizer que O HOMEM É O LOBO DO HOMEM?

♦ A fonte é Plauto (*Asinaria*, 495): *lupus est homo homini* (o homem é um lobo para o homem). "Essa frase [sob a forma *homo homini lupus*] (...) ficou conhecida por ter sido usada por Thomas Hobbes (*De cive*, 1) como símbolo das cruéis relações humanas no estado de natureza, antes da intervenção de uma organização estatal (...)." (R. Tosi). Há correspondentes em italiano: *l'uomo è lupo all'uomo*, em espanhol: *el hombre es el lobo del hombre* e em alemão: *der Mensch ist des Menschen Wolf*.

12 On crie/fait toujours le LOUP plus grand/gros qu'il n'est (1498)

'l'homme est un fabuleur impénitent, et l'hyperbole son procédé favori'

julga-se sempre o lobo maior do que ele é
não é tão bravo o leão como o pintam
o diabo não é tão feio como o pintam
o diabo não é tão feio como se pinta
o diabo não é tão feio quanto parece
o leão não é tão mau como o pintam
quem conta um conto aumenta um ponto

a tale never loses in the telling
the devil is not so black as he is painted
the devil is not so ill as he's called
the lion is not so fierce as he is painted
the tale runs as it pleases the teller

– (...) M. de Nevers a ses affaires. Devant qu'il pense aux vôtres, vous serez tous brûlés. Allons, enfants, venez! Il n'a droit à sa peau, qui ne la défend.
– Les autres sont nombreux, armés.
– ON CRIE TOUJOURS LE LOUP PLUS GRAND QU'IL N'EST. (R. Rolland, *CB*, p. 218-219)

– (...) O Senhor de Nevers tem mais o que fazer. Até que ele pense em nós, já estaremos queimados. Vamos, minha gente, vamos! Só tem direito à vida quem a defende.
– Os bandidos são numerosos, estão armados.
– ACHAMOS SEMPRE QUE O LOBO É MAIOR DO QUE É. (Trad. de Ivo Barroso)

⇒ N'être pas si DIABLE qu'on est noir

13 Où le LOUP trouve un agneau, il y en cherche un nouveau

'là où l'on a trouvé du profit, on y revient'

onde o lobo acha um cordeiro busca outro

the dog returns to his vomit (aprox.)

14 Quand le LOUP est pris, tous les chiens lui lardent/mordent les fesses (1640)

'les petits se repaissent de la dépouille des grands'

a carro entornado todos dão de mão
a mouro morto, grande lançada
boi atolado, pau nele
depois da onça morta, até cachorro mija nela
depois da onça morta, todos metem o dedo na bunda
    dela
depois do asno morto, cevada ao rabo
em animal xucro todo defeito assenta
em pau caído todo o mundo faz graveto
quando o inimigo foge, todos são valentes (aprox.)
quando se está com a corda na garganta, todo o mundo
    puxa a ponta
quem tem mazela todos lhe dão nela

hares may pull dead lions by the beard
he that is down, down with him
when a man is going down hill, everyone will give him a push

♦ A idéia figura em provérbio do latim medieval:
leonem mortuum et catuli morsicant (leão morto até os
cãezinhos mordiscam).

⇒ Quand l'ARBRE est tombé, tout le monde court aux
branches

15 Quand on parle du LOUP, on en voit la queue
(sXIV: *qui de loup parole près en a la coue*)

'un malin hasard veut que celui dont on parle justement
se montre'

falai do ruim e olhai para a porta
falai no lobo, ver-lhe-eis a pele
falai no mau, aparelhai o pau
falai no mau, aprontai o pau
falai no mau, preparai o pau
falai no Mendes, aqui o tendes
falai no Mendes e à porta o tendes
falando do diabo, aparece o rabo
quando se fala na albarda aparece logo o burro

sooner named, sooner come
speak of the wolf and you will see his tail
talk of an angel, and you'll hear his wings
talk of angels, and you will hear the flutter of their wings
talk of the devil, and he is bound to appear
talk of the devil, and he is sure to appear
talk of the wolf, and his tail appears

– Y en a un, en tous cas, dans l'escouade, qui s'en
r'ssent salement pour elle. Tiens: QUAND ON PARLE
DU LOUP...
– ON EN VOIT LA QUEUE... (H. Barbusse, *F*, p. 75)

– Em todo o caso, há um no destacamento que sofre
muito por ela. Olhe: QUANDO SE FALA DO DIABO...
– APARECE-LHE O RABO...

– Qui c'est que c'est? gueula maman.
– C'est M. Presle, criai-je.
– QUAND ON PARLE DU LOUP ON EN VOIT LA
QUEUE, hurla Mrs. Killarney. (R. Queneau, *SM*,
p. 180-181)

– Quem é que é? – berrou mamãe.
– É o Sr. Presle – gritei.
– FALAI NO LOBO, VER-LHE-EIS A PELE – uivou a
Sra. Killarney.

♦ O provérbio tem correspondentes em italiano: *chi ha*
il lupo in bocca, l'ha sulla groppa e em espanhol: *en*
nombrando al ruin de Roma, por la puerta asoma (com a
var.: *hablando del rey de Roma, por la puerta asoma*).

⇒ Quand on parle de la ROSE, on en voit les boutons

16 Qui a peur du LOUP n'aille/(ne doit aller) au bois

'on ne doit pas s'exposer quand on se sait vulnérable'

quem não quer ser lobo não lhe veste a pele
quem tem medo do mar não se embarque
quem tem medo não mama em onça
quem tem medo não se chega quando o touro escarva a
    terra

he that fears every bush must never go a-birding
he that fears every grass must not piss in a meadow
he that fears every grass must not walk in a meadow
he that fears leaves, let him not go into the wood

⇒ Il ne faut pas aller au BOIS qui craint les feuilles

17 Quiconque est LOUP agisse en LOUP (1668)

= Le LOUP mourra dans/en sa peau

Toujours par quelque endroit fourbes se laissent prendre. / QUICONQUE EST LOUP AGISSE EN LOUP:
(...). (La Fontaine, *F*, III, iii, 31-33)

O velhaco acarreta sempre o próprio dano. / LOBO QUE
QUER SOBREVIVER, / COMO LOBO HÁ DE PRO-
CEDER. (Trad. de Milton Amado e Eugênio Amado)

18 Si on savait où le LOUP passe, on irait l'attendre
au trou (rég., Savoie)

(A) 'on pâtit moins des malheurs qu'on a pu prévoir';
(B) 'si on connaissait toutes les données d'un problème, on le résoudrait facilement'

homem avisado, meio salvado (A)
se eu pudesse adivinhar, jogava na loteria (B)
(um) homem prevenido vale por dois (A)

a danger foreseen is half avoided (A)
forewarned, forearmed (A)
had I fish, is good without mustard (B)

⇒ Si on savait les TROUS, on prendrait les loups

19 Tandis que le LOUP chie, la brebis s'enfuit

= Pendant que le CHIEN pisse, le lièvre/loup s'en va

20 Tel LOUP, tel chien

= À bon CHAT(,) bon rat

21 Tel pense fuir la louve qui rencontre le LOUP
(1610)

'pour échapper à un danger, il arrive qu'on s'expose à pire'

guardou-se da mosca, comeu-o a aranha
muitos fogem da chuva, e apanha-os o granizo

he got out of the muxy ['dunghill'], *and fell into the pucksy* ['slough, swamp']

⇒ Sauter/Tomber de la POÊLE en/dans la braise/(le feu)

22 Tôt sait le LOUP ce que mauvaise bête pense (XIV)

= Le LOUP sait bien que mal bête pense

LOUTRE *s.f.* (*Lutra lutra*) lontra; *otter*

Si la LOUTRE voit son ombre le jour de la Chandeleur, elle rentre dans son trou pour quarante jours (rég., Orléanais)

= À la CHANDELEUR l'hiver s'en va/(se passe) ou prend vigueur

⇒ Si le SOLEIL clair luit à la Chandeleur, vous croirez qu'encore un hiver vous aurez

LUCIOLE *s.f.* (*Luciola*) lucíola; *firefly*

Chaque LUCIOLE éclaire pour elle-même (Martinique)

= CHACUN pour soi et Dieu pour tous

LUMIÈRE *s.f.* luz; *light*

Il ne faut pas cacher la LUMIÈRE sous le boisseau (1842)

= Il ne faut pas cacher la LAMPE sous le boisseau

LUNE *s.f.* lua; *moon*

1 La LUNE est à l'abri des loups

'la poésie est hors d'atteinte du prosaïsme, le rêve hors de prise du réalisme, la bonté inaccessible à la méchanceté, la beauté hors de portée de la laideur, la contemplation bien loin de l'action'

em vão os cães ladram à lua
o que vem de baixo não me atinge

the dog barks in vain at the moon
the moon does not heed the barking of dogs
the moon does not heed the barking of wolves
the wolf barks in vain at the moon

♦ Diz-se em italiano: *la luna non cura l'abbaiar dei cani.*

⇒ La BAVE du crapaud n'atteint pas la blanche colombe

2 La LUNE pâle est pluvieuse; la rougeâtre est toujours venteuse; la blanche amène le beau temps

dicton météorologique fondant la prévision de pluie sur la luminosité lunaire

lua à tardinha com seu anel dá chuva à noite ou vento a granel (aprox.)
se vires a lua vermelha, põe a pedra na telha (aprox.)

if the moon shows a silver shield, be not afraid to reap your field; but if she rises haloed round, soon we'll tread on deluged ground
pale moon does rain, red moon does blow: white moon does neither rain nor snow

♦ Há correspondente em italiano: *luna bianca, tempo bello; luna rossa, vento; luna pallida, pioggia.*

3 LUNE brouillée signe de pluie

dicton météorologique fondant la prévision de pluie sur la netteté des contours de la lune

lua (nova) com "circo" água traz no bico

when round the moon there is a brugh ['halo'], *the weather will be cold and rough*

♦ Diz-se em espanhol: *cerco de luna, agua en laguna* (ou ainda: *luna que amarillea, agua otea*).

4 LUNE pâle, l'eau dévale; LUNE rouge, le vent bouge; LUNE blanche, journée franche (rég., Provence)

= La LUNE pâle est pluvieuse; la rougeâtre est toujours venteuse; la blanche amène le beau temps

Entre deux bouffées de pipe, il jetait en son patois sonore des sentences, des paroles inachevées, de mystérieux proverbes, dont j'ai retenu quelques-uns:
"La Chanson de Paris, la plus grande pitié du monde... **L'homme par la parole et le bœuf par la corne...** *Besogne de singe, peu et mal... LUNE PÂLE, L'EAU DÉVALE... LUNE ROUGE, LE VENT BOUGE... LUNE BLANCHE, JOURNÉE FRANCHE."* Et tous les soirs le même centon, avec lequel il levait la séance: *"Au plus la vieille allait, au plus elle apprenait, et pour ce, mourir ne voulait."* (A. Daudet, "Ce que c'était que mon moulin", in *LMM*, p. 11)

Entre duas baforadas de cachimbo, ele soltava em seu dialeto sonoro sentenças, frases incompletas, provérbios misteriosos, dos quais guardei alguns:
"A Canção de Paris, a maior pena do mundo... **O homem pela palavra e o boi pelos chifres...** *Serviço de macaco, pouco e mal... LUA PÁLIDA, A ÁGUA ESCORRE... LUA VERMELHA, O VENTO SOPRA... LUA BRANCA, DIA CLARO."* E todas as noites o mesmo bordão, com o qual ele encerrava a sessão: *"Quanto mais vivia, mais a velha aprendia e, por isso, morrer não queria".*

5 Quand décroîtra la LUNE, ne sème chose aucune

conseil agricole

ao minguar a lua não comeces coisa alguma

sow nothing in the wane of the moon

LUNETTES *s.f.pl.* óculos; *glasses*

1 **Bonjour LUNETTES, adieu fillettes** (1828; 1640:
quand on prend lunettes, adieu fillettes)

'quand la vue baisse, tout baisse'

as cãs afugentam o amor (aprox.)
não concorda com o velho a moça
quem mais não pode com sua mulher dorme

old and cold, ill to lie beside

⇒ Quand la NEIGE est sur le mont, on ne peut attendre que le froid aux vallées

2 **Chacun voit avec ses LUNETTES**

'toute vision est frappée de relativité; l'amplitude de
son champ varie d'un individu à l'autre'

cada cabeça, cada sentença
cada cabeça, sua sentença
cada um só vê e entende as coisas de seu modo
cada um vê, mal ou bem, conforme os olhos que tem

our own opinion is never wrong

⇒ Autant de TÊTES, autant d'avis

3 **Les LUNETTES et les cheveux gris sont des
quittances de l'amour** (1821)

= Bonjour LUNETTES, adieu fillettes

m

MACAQUE *s.m.* (*Macaca*) macaco; *macaque*

1 À force de caresser son petit le MACAQUE l'a tué (Martinique)

'l'amour, dans ses excès, peut produire des effets catastrophiques'

amor de bugios que mata os filhos por os apertar muito

apes are so fond of their young that they kill with kindness
the ape so long clips her young that at last she kills them

2 Le MACAQUE choisit bien l'arbre sur lequel il veut grimper (Antilles)

= Bien sait le CHAT quelle barbe il lèche

Pour l'instant, je nageais dans l'obscurité la plus totale en essayant de nous protéger car les coups n'avaient rien d'irréels. LE MACAQUE CHOISIT BIEN L'ARBRE SUR LEQUEL IL VEUT GRIMPER. (E. Pépin, *TH*, p. 190)

Por enquanto, eu me debatia na mais total escuridão, procurando nos proteger porque os golpes eram bem reais. O MACACO SABE ESCOLHER A ÁRVORE ONDE QUER TREPAR.

3 MACAQUE doit savoir sur quelle branche il peut monter (Antilles)

= Bien sait le CHAT quelle barbe il lèche

D'ailleurs, ces deux-là, enfoutrés et parjures, méritaient un restez-tranquille! Une lapidation! Une volée de bois gayac! MACAQUE DOIT SAVOIR SUR QUELLE BRANCHE IL PEUT MONTER! (E. Pépin, *TH*, p. 83)

Aliás, aqueles dois, sem-vergonhas e perjuros, mereciam um bom corretivo! Ser lapidados! Levar umas boas lambadas com varas espinhentas! MACACO TEM DE SABER EM QUE GALHO PODE TREPAR!

MÂCHER *v.t.* mastigar; *to chew*

On ne peut MÂCHER amer et cracher doux

'les mauvais traitements aigrissent le caractère'

quem come fel não cospe mel
quem come fel não pode cuspir mel
quem tem amargo na boca não pode cuspir doce

who has bitter in his mouth, spits not all sweet

MAÇON *s.m.* pedreiro; *builder, mason*

Il n'est pas bon MAÇON qui pierre refuse

= Fou est le PRÊTRE qui blâme ses reliques

⇒ Fou est le MARCHAND qui déprise sa denrée

MAGNIFICAT *s.m. Magnificat* (cântico de alegria que Maria dirigiu ao Espírito Santo, por ocasião da Anunciação, e que começa por essa palavra que significa 'louvado seja'); *Magnificat*

Il ne faut pas chanter le MAGNIFICAT à matines (1534?/1611)

'il ne faut pas se vanter, se glorifier avant le temps; chaque chose en son temps'

não atires foguetes antes da festa
não cantes vitória antes do tempo
não se deve festejar o santo antes do seu dia
não soltes foguetes antes do tempo
no fim é que se cantam as glórias

do not halloo until you are out of the wood
do not triumph before the victory
do not whistle until you are out of the wood
sing not Magnificat at matins

[Gargantua, *adolescent*] faisoyt CHANTER *MAGNIFICAT*

À MATINES et le trouvoyt bien à propous, mangeoyt chous et chioyt pourrée, (...). (F. Rabelais, *G*, p. 81)

[Gargântua, *adolescente*] mandava CANTAR O *MAGNIFICAT* ÀS MATINAS e o achava a propósito, comia couve e arrotava peru, (...). (Trad. de Aristides Lobo)

♦ O *Magnificat* é um cântico rezado só em Vésperas e na bênção do Santíssimo Sacramento. "Traditionnellement chanté en latin, le cantique commence par *Magnificat anima mea Dominum*, ce qui signifie 'Mon âme magnifie le Seigneur'. La phrase est tirée du Nouveau Testament (Luc 1, 46). Elle est prononcée par Marie, en réponse à sa cousine Elisabeth qui, inspirée par l'Esprit Saint, s'est exclamée en la voyant 'Comment m'est-il donné que la mère de mon Seigneur vienne à moi?'" (Y. D. Papin)

⇒ Après les MATINES doit-on chanter le Te Deum

MAI *s.m.* maio; *May*

1 Au mois de MAI, les essaims font les charrettes de foin

dicton météorologique

enxame de maio, a quem o pedir dá-o; o de abril, guarda-o para ti

a swarm of bees in May is worth a load of hay, but a swarm in July is not worth a fly

⇒ Les ABEILLES, en juillet, ne valent grain de millet

2 MAI pluvieux marie la fille du laboureur

'les pluies du mois de mai sont favorables aux récoltes et enrichissent le laboureur'

água de maio, pão para todo o ano
maio chuvoso faz o lavrador venturoso
maio chuvoso ou pardo faz o pão vistoso e grado
maio pardo, ano farto
maio pardo e ventoso faz o ano venturoso
maio pardo enche o saco
maio pardo, junho claro, fazem o lavrador honrado

a cold May and a windy makes a full barn and a findy ['solid, substantial']

♦ Diz-se em italiano: *maggio piovoso, anno ubertoso*.

MAILLE *s.f.* mealha ou malha (moeda), malha (de tecido); *mail, stitch*

1 Bonne la MAILLE* qui sauve le denier (1597)

* *Maille* = 'ancienne monnaie de cuivre qui valait la moitié d'un denier'.

'petite dépense opportune permet de sauver gros'

uma pílula a tempo poupa nove

a stitch in time saves nine

2 MAILLE* à MAILLE on fait le hautbergeon** (1534)

* *Maille* = 'petite boucle faite avec le brin de textile'.
** *Hautbergeon* = 'hautbert court'.

'avec patience et méthode, on parvient aux compositions les plus complexes'

a pouco e pouco é que fia a velha o copo ['a porção de lã ou linho que se há de fiar']
pouco a pouco fia a velha o copo

by one and one the spindles are made

[Gargantua (*adolescent*)] vouloyt que MAILLE À MAILLE ON FEIST LES HAUBERGEONS, *de cheval donné tousjours reguardoyt en la gueulle*, (...). (F. Rabelais, *G*, p. 81)

[Gargântua (*adolescente*)] queria que DE GRÃO EM GRÃO A GALINHA ENCHESSE O PAPO, *a cavalo dado olhava o dente*, (...). (Trad. de Aristides Lobo)

Cestuy acte engendre quelque aultre membre; de cestuy là naist un aultre, comme MAILLE À MAILLE EST FAIT LE AUBERGEON. (F. Rabelais, *TL*, p. 203)

Esta ação gera outro membro; deste nasce ainda outro, como DE ELO EM ELO SE FAZ A COTA DE MALHA.

⇒ Petit à petit, l'OISEAU fait son nid

MAIN *s.f.* mão; *hand*

1 À plusieurs MAINS l'ouvrage avance

'à s'entraider, besogne tôt terminée'

mão posta ajuda é
mãos de mais, trabalho de menos
muitas mãos tornam leve o trabalho

many hands make light work
many hands make quick work

♦ A idéia está em Hesíodo (*Os trabalhos e os dias*, 380): πλείων μὲν πλεόνων μελέτη (a obra de várias pessoas é maior). Lê-se nos *Adagia* de Erasmo: *multae manus onus levius reddunt* (muitas mãos tornam o trabalho mais leve). Há provérbios paralelos em italiano: *molte mani fanno l'opera leggera*, em espanhol: *muchas manos en un plato pronto tocan a rebato* e em alemão: *viele Hände machen bald ein Ende*.

≠ TROP DE CUISINIERS GÂTENT LE POTAGE/(LA SOUPE)

⇒ TRAVAIL bien reparti ne tue pas

2 De la MAIN à la bouche se perd souvent la soupe (1568)

'les issues les plus probables ne sont jamais certaines; le chemin est long jusqu'au réel'

da boca ao prato se perde a sopa

many things fall between the cup and the lip
there is many a slip between the cup and the lip

♦ Há correspondentes em italiano: *dalla mano alla bocca spesso si perde la zuppa*, em espanhol: *de la mano a la boca se pierde la sopa* e em alemão: *von der Hand bis zum Mund verschüttet man die Suppe.*

⇒ De la COUPE à la bouche il y a souvent bien du vin perdu

3 De MAINS vides, prières vaines (1568; sXIII: *de wide main, wide prière*)

= Pas/Point d'ARGENT, pas/point de Suisse

4 Froides MAINS, chaudes amours (1527; var. antonymique, Auvergne: *main chaude, amour froid*)

'froideur des mains révèle tempérament amoureux: opposition du physiologique et du psychique'

frio de mão, quente de coração
mão fria, coração quente(, amor para sempre)
mãos frias, coração quente, amor ardente

a cold hand and a warm heart
cold hands, warm heart

♦ "Nous disons encore: Il a les mains fraîches, il doit être fidèle, et cela en vertu d'un axiome de chiromancie d'après lequel les mains froides ou fraîches sont le signe caractéristique d'un tempérament amoureux, parce que la chaleur du sang ne les quitte qu'afin de se concentrer dans le cœur, regardé comme le principal organe de la passion." (M. Quitard)

♦ A propósito deste provérbio, vale mencionar duas inspiradas quadrinhas do poeta Adelmar Tavares, citadas por Leonardo Mota (*AB*): "'Mãos frias, coração quente! / Mãos quentes, coração frio!' Diz um adágio prudente, / Grave, eloqüente, sombrio, // Dessas palavras fulgentes / Eu tenho a prova, não rias: / As tuas mãos são tão quentes, / As minhas mãos são tão frias...".

5 Il faut plutôt prendre garde à ses MAINS qu'à ses pieds (1640)

'on attire volontiers l'attention sur les pieds, dont la direction peut souvent échapper; on songe moins à s'aviser que la tentation de voler est fort répandue, et que les mains aussi peuvent se dérober à notre contrôle'

olho que vê, mão que pilha

nothing is stolen without hands

6 Il faut que la MAIN gauche ignore le bien que fait la main droite

'il ne faut pas faire parade de ses bonnes actions; l'humanitarisme contemporain paraît avoir oublié cette dimension du bien: il est singulièrement ostentatoire et tapageur'

não saiba a (tua) mão esquerda o que faz a direita

let not thy left hand know what thy right hand doeth

♦ Cf. Mateus 6, 3.

⇒ Entre la chair et la chemise, il faut cacher le BIEN qu'on fait

7 Il vaut mieux tendre la MAIN que le cou (1616)

'mieux vaut mendier que, en volant, courir le risque d'être raccourci; la vie importe plus que toute humiliation; mais il est vrai aussi que, dans nos sociétés, le vol n'est plus un cas pendable'

(é) melhor pedir (do) que roubar
mais vale pedir e mendigar que na forca espernear

better beg than steal

⇒ Il vaut mieux allonger le BRAS que le cou

8 La/Une MAIN de fer dans/sous un gant de velours

'mansuétude de manières souvent cache une impitoyable volonté de puissance'

mão de ferro em luva de veludo
mãos de oficial envoltas em cendal*

* R. Bluteau registra o provérbio português com a forma: "as mãos do oficial, envoltas em sendal", e comenta: "Sendal, na Cirurgia he hua tira de Hollanda, ou de tafetá branco, ou encarnado, que nas feridas da cabeça se põem sobre a Dura mater descuberta, para a defender de maneira, que quando pulsar senão escandalize nas esquirolas, & aspereza do osso."

an iron fist in a velvet glove
an iron hand in a velvet glove

Elle fut l'idole du jour, et régna d'autant mieux sur la société parisienne, qu'elle eut les qualités nécessaires à ses succès, LA MAIN DE FER SOUS UN GANT DE VELOURS dont parlait Bernadotte. (H. de Balzac, *LV*, p. 213)

Ela foi o ídolo da época e reinou sobre a sociedade parisiense com grande facilidade, porque tinha as qualidades necessárias a esse triunfo, A MÃO DE FERRO SOB UMA LUVA DE VELUDO de que falava Bernadotte. (Trad. de Vidal de Oliveira)

Mais Marchetti était beau. (Notre-Dame parle du chandail qui moulait son torse, pareil à du velours, il sent bien que là est enfermé le charme qui subjugue. LA MAIN DE FER DANS LE GANT DE VELOURS.) (J. Genet, *NDF*, p. 199)

Mas Marchetti era belo. (Nossa Senhora fala da camisa de malha que lhe moldava o torso, qual veludo; sente que ali está concentrado o encanto que domina. MÃO DE FERRO EM LUVA DE VELUDO.)

♦ O provérbio existe também em espanhol: *las manos del oficial, envueltas en cendal.*

⇒ Souvent sous un beau GANT se cache une laide main

9 Les MAINS noires font manger le pain blanc

'le travail (agricole) permet l'aisance'

lavra a terra enquanto o preguiçoso dorme e terás trigo
    para vender e guardar
mata a sede à terra que ela te matará a fome
o que à terra deres já, ela depois to dará

elbow grease gives the best polish
plough deep, while sluggards sleep; and you shall have corn to
    sell and to keep
work provides plenty

⇒ Noire GÉLINE pond œuf blanc

10 Les MAINS sont faites avant les couteaux (1640)

proverbe allégué pour s'excuser de manger avec les
    mains

Deus fez os dedos antes dos garfos

fingers were made before forks(, and hands before knives)

11 MAIN serrée, cœur étroit

= CŒUR étroit n'est jamais au large

12 Pour laver ses MAINS on ne vend pas sa terre
    (sXV)

'il faut proportionner le remède au mal: on ne vend pas
sa terre pour n'en pas être sali'

não deites fogo à casa para matar os ratos
ninguém precisa vender suas terras para ter mãos lim-
    pas

for washing his hands, none sells his lands

⇒ Qui coupe son NEZ dégarnit son visage

13 Quand on met la MAIN à la pâte, il en reste tou-
    jours quelque chose aux doigts

'qui vous vient en aide en retire toujours quelque profit;
tout engagement procure quelque avantage, ou laisse
quelque trace'

ninguém presuma que se pode entrar no lodo sem se
    enlodar
quem azeite mede as mãos unta
quem labora com cana aprende a chupar
quem lida com mel sempre lambe os dedos
quem mexe no mel sempre se lambe
quem o mel trata, sempre se lhe pega

he that measures oil, shall anoint his fingers
he that touches pitch, shall be defiled

⇒ Qui manie le MIEL s'en lèche les doigts

14 Souvent on a coutume de baiser la MAIN qu'on
    voudrait qui fût brûlée (sXIII: *aucune on seut baiser*
    la main qu'on voudroit qui fust arse)

'il faut souvent consentir à faire ce qui nous répugne le
plus'

muitos beijam as mãos que gostariam de ver cortadas

many kiss the hand they wish cut off

◆ Cf. o latim *multi manum palpant, quam amputatam vel-*
lent (muitos acariciam a mão que desejariam ver cortada).

15 Une MAIN lave l'autre (sXVII)

'même pour les actes les plus simples, le secours d'autrui est indispensable'

hoje por mim, amanhã por ti
o áspide e a víbora se emprestam peçonha
se queres que faça por ti, faz(e) por mim
uma faca amola a outra
uma mão lava a outra (e ambas lavam a cara)
uma mão lava a outra (e ambas o rosto)

at court, one hand will wash the other
one good turn deserves another
one hand washes the other (and both the face)

◆ O latim *manus manum lavat* figura em Petrônio (*Sati-*
ricon, 45, 13), em Sêneca (*Apocolocyntosis*, 9, 6) e em
Erasmo; observa R. Tosi que o provérbio aparece
pela primeira em grego: no "*Axíoco* do Pseudo-Pla-
tão (366 c), Sócrates afirma que Pródico nunca ensinava nada gratuitamente e que costumava repetir o
apotegma de Epicarmo (*Pseudoepicharmea*, 273
Kaibel) ά δὲ χεὶρ τὰν χεῖρα νίζει, 'uma mão lava a
outra', para dizer exatamente que ele fornecia sabedoria e os discípulos retribuíam pagando; um monóstico de Menandro declara: χεὶρ χεῖρα νίπτει,
δάκτυλοι δὲ δακτύλους, 'uma mão lava a outra e os
dedos lavam os dedos' (832 Jäkel)." Há correspondentes em italiano: *una mano lava l'altra* e em espanhol: *una mano lava la otra, y ambas a la cara*.

◆ Observa F. Suzzoni: "L'image connote la complicité
plus que la solidarité."

MAISON *s.f.* casa; *house*

1 À la MAISON acheter, au marché vendre (sXIII)

'contrairement à la vente, l'achat doit se faire à tête re-
posée'

comprar em casa e vender em feira

buy at home, but sell at a fair

⇒ Chez toi priser, au MARCHÉ vendre

2 À la MAISON se reconnaît le seigneur (sXIII: *à la*
    maisnie se reconnaît le seigneur)

'le caractère se reflète dans l'organisation de la maison'

de tal ninho, tal passarinho
qual é ele tal casa tem
tal é a casa como o senhor

such bird, such nest
the house shows the owner

♦ Há correspondentes em italiano: *dalla casa si conosce il padrone* e em espanhol: *a tal casa, tal aldaba.*

⇒ Tel SEIGNEUR, telle maison

3 Avant de te marier, aie MAISON pour habiter

= Autant de MARIAGES, autant de ménages

♦ Diz-se em italiano: *innanzi il maritare, abbi l'abitare.*

4 Bonne MAISON n'a prêtre, moine ni pigeons (1758)

proverbe anti ecclésiastique, considérant la religion comme un facteur polluant

padres, pombos e primos, onde entram sujam

doves and dominies make foul houses
pigeons and priests make foul houses

⇒ Qui veut tenir nette sa MAISON n'y mette femme, prêtre ni pigeon

5 En la MAISON du ménétrier chacun est danseur

'la profession des parents décide de la vocation des enfants'

em casa de músico, até os gatos miam por solfa
em casa de tangedor, cada um é bom bailador
em casa de tangedor, cada um é bom dançador
filho de vaqueiro nasce aboiando

in a fiddler's house, all are dancers
in the house of a fiddler, all fiddle

♦ Diz-se em espanhol: *en casa del gaitero, todos son danzantes.*

6 En petite MAISON, la part de Dieu est grande (sXIII: en petite maison a Diex grant porcion)

'la pauvreté nourrit la foi'

a quem nada tem, Deus o mantém
o pouco com Deus é muito(, o muito sem Deus é nada)

God oft has a great share in a little house

7 En vieille MAISON, il y a toujours quelque gouttière (1584)

'on ne peut endiguer la dégradation physique de l'âge'

a velhice é uma eterna doença
a velhice não tem cura
casa velha tem baratas
homem velho, saco de azares
teme a velhice porque nunca vem só

an old man is a bed full of bones
old vessels must leak

♦ Diz-se em espanhol: *casa vieja, toda es goteras.*

⇒ À vieux CORPS, point de remède

8 Grandes MAISONS se font par petite cuisine (sXVI: cuisine estroite fait bâtir grande maison)

'en réglant sagement la dépense domestique, on fait prospérer une maison'

cozinha gorda, testamento magro
cozinha regrada, casa aumentada
grande cozinha de pobreza avizinha
grande cozinha, pequeno testamento
poupa na (tua) cozinha e aumentarás a tua casinha
quanto mais a cozinha é gorda, mais o testamento é magro
quem na despesa é frugal logo aumenta o capital

a fat kitchen, a lean will
a fat kitchen is near to poverty
a little kitchen makes a large house
fat housekeepers make lean executors
if it were not for the belly, the back might wear gold
the table robs more than the thief

♦ Há correspondentes em italiano: *la cucina prodiga rende la casa povera* e em espanhol: *la casa se arruina por la cocina.*

⇒ Grande CHÈRE, petit testament

9 Il ne s'enfuit pas qui à sa MAISON va (sXV)

'rentrer chez soi, revenir sur ses positions, ce n'est pas se dérober'

não foge quem a casa torna

he runs far that never returns
he runs far that never turns not again

10 La MAISON est à l'envers lorsque la poule chante aussi haut que le coq (1585)

= La POULE ne doit pas/point chanter devant le coq

⇒ Malheureuse MAISON et méchante où coq se tait et poule chante

11 Les MAISONS des avocats sont faites de la tête des fous (sXVI)

'la folie chicaneuse des gens engraisse les avocats'

os tolos e os teimosos enriquecem os advogados

lawyers' gowns are lined with the wilfulness of their clients
lawyers' houses are built on the heads of fools

♦ Diz-se em italiano: *gli sciocchi e gli ostinati fanno ricchi gli avvocati.*

⇒ Sans les FOUS et les sots les avocats porteraient sabots

12 Les MAISONS empêchent de voir la ville (1768)

'l'attention aux détails ne permet pas de voir l'ensemble'

M

as árvores escondem a floresta

you cannot see the city for the houses

⇒ Les ARBRES cachent la forêt

13 MAISON faite et femme à faire (1718)

'on peut s'en remettre à d'autres du soin de construire sa maison, mais pas de celui de façonner sa femme'

casa feita, mulher por fazer

a house made and a wife to make

♦ Há equivalente em espanhol: *casa hecha y mujer por hacer.*

⇒ CHEVAL fait et femme à faire

14 Malheureuse MAISON et méchante où coq se tait et poule chante (1610)

= La POULE ne doit pas/point chanter devant le coq

⇒ Le MÉNAGE va mal quand la poule chante plus haut que le coq

15 Quand la MAISON est trop haute, il n'y a rien au grenier (1842)

= Grosse TÊTE, peu de sens

16 Quand on voit brûler la MAISON du voisin, on a raison d'avoir peur (sXIII: *qui la maison de son voisin voit ardre, il doit avoir peur de la sienne*)

'comme l'incendie, le malheur gagne de proche en proche'

quando vires as barbas do vizinho a arder, põe as tuas de molho
quem vê a barba do vizinho arder bota a sua de molho
se vires as barbas do vizinho a arder, põe-te a mexer

look to thyself when thy neighbour's house is on fire
my next neighbour's scathe ['misfortune'] *is my present peril*
when thy neighbour's house doth burn, be careful of thine own
when thy neighbour's house is on fire, beware of thine own
when your neighbour's house does burn, then look to your own

♦ A fonte é Horácio (*Epistulae*, 1, 18, 84): *nam tua res agitur, paries cum proximus ardet* (porque teu interesse está em jogo quando a parede do vizinho está em chamas). O provérbio tem correspondente em italiano: *quando egli arde in vicinanza, porta l'acqua a casa tua.*

⇒ Si tu vois la BARBE de ton voisin brûler, tu peux mettre la tienne à tremper

17 Qui veut tenir nette sa MAISON n'y mette femme, prêtre ni pigeon (1752)

= Bonne MAISON n'a prêtre, moine ni pigeons

MAÎTRE *s.m.* mestre, amo; *master*

1 Aujourd'hui MAÎTRE, demain valet

'si imprévisible est l'inconstance du sort, que tel, aujourd'hui comblé, sera demain dans le besoin'

a roda da fortuna anda e desanda (aprox.)

the highest spoke in fortune's wheel may soon turn lowest

⇒ Aujourd'hui ROI, demain rien

2 Bonhomme est MAÎTRE chez soi

= CHARBONNIER est maître chez soi/lui/(dans sa maison)

– "Tu es mon hôte. A ta santé! Assieds-toi là. Cousin, un roi en vaut un autre. Chaque François est roi. Et BONHOMME EST MAÎTRE CHEZ SOI". (R. Rolland, *CB*, p. 309)

– És meu hóspede! À tua saúde! Senta-te lá. Velho amigo, um rei vale outro. Todo francês é rei. NA MINHA CASA MANDO EU. (Trad. de Ivo Barroso)

3 De grand MAÎTRE, hardi valet (1556)

= Les bons MAÎTRES font les bons valets

4 Il ne fait pas bon servir un MAÎTRE qui serre les vieilles aiguillettes

'on gagne peu au service d'un maître trop économe'

patrão pobre, criado miserável

serve a covetous man, and you will know what sorrow is

5 Les bons MAÎTRES font les bons valets (1835)

'pour être bien servi, il faut bien commander'

de bom mestre, bom discípulo
o bom amo faz o criado
os bons amos fazem os bons criados

good masters make good servants
one leads by example
such captain, such retinue

⇒ Tel MAÎTRE, tel valet

6 Nul ne peut servir deux MAÎTRES

'on ne peut régler sa conduite d'après deux principes divergents'

não se pode servir a Deus e ao diabo ao mesmo tempo
não se pode servir a um tempo a dois senhores
ninguém pode servir a dois senhores
quem a dois senhores há de servir a algum há de mentir
quem serve a dois senhores a algum há de agravar
quem serve a dois senhores a algum há de enganar

no man can serve two masters
you cannot serve God and mammon ['riches']

♦ A fonte é Mateus 6, 24: *nemo potest duobus dominis servire.*

⇒ L'on ne peut servir ensemble et DIEU et le diable

7 Tel MAÎTRE, tel valet (sXVI)

'la relation d'autorité requiert une adaptation à l'autre qui suscite des comportements mimétiques'

ao cabo de um ano tem o criado as manhas do amo
para tal patrão, tal criado
qual o amo, tal o moço
ruim senhor cria ruim servidor
tal amo, tal criado
tal é o servo como o senhor
tal é Pedro como seu amo

like lord, like chaplain
like master, like man
trim tram, like master like man

Var. em Marivaux:

ARLEQUIN. Monsieur, si je deviens amoureux, je veux avoir la consolation que vous le soyez aussi, afin qu'on dise toujours: "TEL VALET, TEL MAÎTRE." Je ne m'embarrasse pas d'être un ridicule, pourvu que je vous ressemble. (*La Surprise de l'amour*, in *T*, p. 109-110)

ARLEQUIM. Senhor, se eu me apaixonar, quero ter o consolo de vê-lo também apaixonado, para que possam dizer: "TAL AMO, TAL CRIADO". Não me incomodo de ser ridículo, desde que me achem parecido com o senhor.

♦ Cf. Petrônio (*Satiricon*, 58, 4): *qualis dominus, talis et servus.* Há provérbios paralelos em italiano: *tal padrone, tal servitore* e em espanhol: *tal amo, tal criado* (ou ainda: *a tal señor, tal servidor*).

⇒ Au SÉNÉCHAL de la maison peut-on connaître le baron

MAL *s.m.* mal; *evil, ill*

1 À MAL enraciné remède tard apprêté (1568)

'si un mal est profond, c'est qu'on a trop tardé à le soigner'

remédio só serve cedo

it is ill healing of an old sore
old sores are hardly cured

⇒ Tard MÉDECINE est apprêtée à maladie enracinée

2 À MAL mortel remède ni médecine (sXVI)

= Contre la MORT il n'y a nul ressort

3 À peine endure le MAL qui ne l'a appris (1611)

'qui ne s'est pas familiarisé avec le mal le supporte avec peine'

a lã não pesa à ovelha e a barba não pesa ao bode

custom reconciles us to everything
it is nothing when you are used to it, as the eels said when they were being skinned alive

♦ Cf. Montaigne (*E*, t. III, p. 250): "S'estants inutilement lassez à ce trouble, ils commencent, qui deçà, qui delà, à se desrobber peu à peu de l'assemblee, rapportant chascun cette resolution en son ame, "Que le plus vieil et mieulx cogneu mal est touiours plus supportable que le mal recent et inexperimenté." (Cansado, afinal, de discussões tão inúteis, vai-se retirando o povo aos poucos, convencido de que um mal que dura há tanto tempo é sem dúvida mais suportável do que um novo mal que ainda não se experimentou. – Trad. de Sérgio Milliet.)

4 À raconter ses MAUX souvent on les soulage (1642)

vertu analgésique de la parole

dores compartilhadas são menores
tristeza dividida, tristeza aliviada

grief is lessened when imparted to others

♦ Verso de Corneille (*Polyeucte*, 161) que se tornou proverbial.

⇒ Un MALHEUREUX cherche l'autre

5 Aux grands MAUX les grands remèdes (sXVI)

'dans un cas grave, il faut agir radicalement'

a mal desesperado, remédio heróico
para grandes males, grandes remédios

desperate diseases must have desperate cures
desperate diseases must have desperate remedies

Sous Néron, la plupart des praticiens se recommandaient toujours d'Hippocrate et de ses aphorismes, dont le plus célèbre était, qui avait traversé les siècles: "AUX GRANDS MAUX, LES GRANDS REMÈDES!" (H. Monteilhet, *N*, p. 405)

No reinado de Nero, a maioria dos clínicos sempre se valia de Hipócrates e seus aforismos, o mais célebre dos quais tinha atravessado os séculos: "PARA GRANDES MALES, GRANDES REMÉDIOS!"

♦ Do latim *extremis malis extrema remedia* (traduzido de um aforismo de Hipócrates). Há equivalentes em italiano: *a mali estremi, estremi rimedi* e em espanhol: *a grandes males, grandes remedios.*

6 De deux MAUX, il faut éviter le pire (1758)

= De/Entre deux MAUX, il faut choisir le moindre

7 De/Entre deux MAUX, il faut choisir le moindre (sXIII: *de deux max prend-en le menor*)

'il faut consentir à une petite perte, pour en éviter une plus grande' [adage que l'on prête à Socrate, qui aurait ainsi expliqué pourquoi il avait pris une femme de très petite taille]

de dois males, escolhe o menor
do mal, o menor

M

do mal, o menos
dos males, o menor
entre dois males, escolhe o menor

of two evils, choose the less
where bad's the best, bad must be the choice

DE DEUX MAUX, IL FAUT CHOISIR LE MOIN-
DRE. J'avais signé un contrat d'un an. Il expirerait le 7
janvier 1991. Nous étions en juin. Je tiendrais le coup.
Je me conduirais comme une Nippone l'eût fait. (A.
Nothomb, *ST*, p. 133)

DOS MALES, O MENOR. Eu havia assinado um con-
trato por um ano. Ia expirar em 7 de janeiro de 1991.
Estávamos em junho. Dava para agüentar. Eu me com-
portaria como uma nipônica.

♦ Cf. Aristóteles (*Ética para Nicômaco*, 2, 9, 4): τὰ
ἐλάχιστα ληπτέον τῶν κακῶν (dos males deve-se
escolher o menor). Lê-se em Cícero (*De officiis*, 3, 1,
3): *ex malis eligere minima opportere* (que era preciso
escolher os menores dentre os males). Diz-se em espanhol: *del mal, el menos/menor*.

8 Égal est le MAL qui ne nuit au bien qui ne donne profit (1610)

'le mal et le bien se ressemblent fort, lorsqu'ils ne sont
pas suivi d'effet'

tanto vale o mal que não me atinge quanto o bem que
não me toca

so great is the ill that does not hurt me, as is the good that does
not help me

9 Il n'est MAL dont bien ne vienne

'il y a toujours un profit, même résiduel, à retirer d'un
malheur; il n'est pas de mal absolu'

há males que vêm para bem
há males que vêm por bem
não há mal que bem não traga
não há mal sem bem, cata para quem

bad luck often brings good luck
ill luck is good for something
misfortune has its uses
sweet are the uses of adversity (Shakespeare)

⇒ À quelque chose MALHEUR est bon

10 Il vaut mieux souffrir le MAL que (de) le faire/rendre (1792)

'mieux vaut être victime que bourreau'

em matéria de ofender, antes réu que autor ser
mais vale sofrer muitas injúrias do que fazer uma

better suffer ill than do ill
it is better to suffer wrong than to do it

– Il est vrai, dit le chien; mais, crois-tu plus heureux /
Les auteurs de notre misère? / Va, ma sœur, IL VAUT

encore MIEUX SOUFFRIR LE MAL QUE DE LE
FAIRE. (Florian, *F*, II, iii, p. 26)

– É verdade, disse o cão; mas julgas mais felizes / Os
autores de nossa desgraça? / É, minha irmã, MAIS
VALE SOFRER DO QUE FAZER O MAL.

Var. em G. Sand:

– François, si tu commences déjà à tout souffrir des
autres, tu ne sais pas où ils s'arrêteront. – Et à son grand
ébahissement, François lui répondit: – J'AIME MIEUX
SOUFFRIR LE MAL QUE DE LE RENDRE. (FC,
p. 238)

– François, se desde cedo deixares os outros se apro-
veitarem de ti, nunca mais terás sossego. – E, para sua
grande surpresa, François respondeu-lhe: – PREFIRO
SOFRER O MAL A TER DE PRATICÁ-LO.

∴ Ver outra abonação em PAUVRETÉ N'EST PAS VICE.

11 Le MAL arrive à cheval et le bonheur à pied

'le malheur arrive soudain, le bonheur petit à petit'

o mal tem asas e o bem anda com passo de tartaruga
o mal voa, o bem soa
o trágico não vem a conta-gotas (Guimarães Rosa)

misfortune arrives on horseback but departs on foot
misfortunes come on wings and depart on foot

12 Le MAL arrive d'un seul coup et se retire par parcelles (rég., Touraine)

'le malheur arrive soudain, mais il faut du temps pour
soigner ses blessures'

o mal entra às braçadas e sai às polegadas
o mal vem a cavalo e vai a pé
o mal vem às braçadas e sai às polegadas

ill comes in by ells, and goes out by inches
mischief comes by the pound and goes away by the ounce

♦ O provérbio tem correspondentes em espanhol: *el*
mal entra a brazadas y sale a pulgaradas ['pulgadas'].

13 (Le) MAL d'autrui n'est qu'un songe (1690)

'on n'en est pas si vivement touché que du sien propre'

cada um sente o seu (e não o mal alheio)
com o mal dos outros posso eu bem
faca na barriga dos outros não dói
mal alheio de cabelo pende
mal alheio não pesa a quem não o tem
mal alheio pesa como um cabelo (por grande que seja)
pesar alheio sente-se só meio
pimenta no cu dos outros é refresco
pimenta no rabo dos outros não arde
pimenta nos olhos dos outros é colírio
pimenta nos olhos dos outros é refresco
pimenta nos olhos dos outros não arde
pouco dói o mal alheio

suporta-se com paciência a cólica do próximo (Macha-do de Assis)

everything is funny as long as it happens to somebody else
it is easy to bear the misfortunes of others
one has always strength enough to bear the misfortunes of
one's friends
the comforter's head never aches

♦ Diz-se em espanhol: *el mal ajeno, de pelo cuelga.*

⇒ CHAGRIN d'autrui semble querelle

14 Le MAL de l'œil, il faut le panser avec le coude (1842)

= À ŒIL ou nez malade, ne touche que du coude

15 Le MAL est pour celui qui le cherche (rég., Gascogne)

'qui a trop de curiosité finit mal; il existe une complai-sance à être malheureux'

quem procura acha

he that gazes upon the sun, shall at last be blind
he that mischief hatches, mischief catches
make ado and have ado

⇒ Qui MAL cherche MAL trouve

16 Le MAL vient à cheval et s'en retourne à pied

= Le MAL arrive d'un seul coup et se retire par parcelles

Var. em R. Rolland:

On dit bien: "LE MAL S'EN VA-T-À PIED, MAIS IL VIENT À CHEVAL." Il s'est mis postillon de rouliers d'Orléans pour nous rendre visite. Lundi de la semaine passée, un cas de pestilence fut semé à Saint-Fargeau. *Mauvaise graine, prompte croissance.* (CB, p. 161)

Dizem com acerto: O MAL VAI A PÉ, MAS VOLTA A CAVALO. Ele se tornou postilhão de carreteiro de Orléans para nos visitar. Segunda-feira passada, correu o boato de pestilência em Saint-Fargeau. *Semente má rápida cresce.* (Trad. de Ivo Barroso)

♦ Diz-se em italiano: *il male viene a cavallo e va via a piedi.*

17 MAL passé n'est que songe

'le malheur s'oublie vite'

passado o perigo, esquece-se o santo
passado o perigo, esquecido o santo
perigo vai, presunção volta
rio passado, santo esquecido
rio passado, santo não lembrado

vows made in storms are forgotten in calms

♦ Diz-se em italiano: *sofferenza passata presto dimenticata.*

18 MAL sur MAL n'est pas santé (1934)

'contrairement à la dialectique, où le négatif sur le né-gatif donne du positif, les soins du corps supportent mal qu'on aggrave un mal sous prétexte de le guérir'

mal não cura mal

sore upon sore is not a salve

♦ Trocadilho jocoso: **Mal sur mal est santé** (em vez de *Mal sur mal est sans T*).

≠ LES SEMBLABLES SE GUÉRISSENT PAR LES SEMBLABLES

⇒ Qui écoute aux PORTES entend souvent sa propre honte

19 Moins grave le MAL duquel on prend garde

'on pâtit moins des malheurs qu'on a pu prévoir'

homem avisado a custo é vencido
homem avisado, meio salvado
"ô de casa!" é melhor que "boa noite!"
o prevenido procede seguro
(um) homem prevenido vale por dois

a danger foreseen is half avoided
forewarned, forearmed
good watch prevents misfortunes

♦ Diz-se em italiano: *il male previsto è mezza sanità.*

20 Qui chante éloigne son MAL (rég., Auvergne)

'une chanson peut cacher une tristesse, qu'elle aide à conjurer'

quem canta fadas más espanta
quem canta maus fados espanta(, quem chora mais os aumenta)
quem canta seus males espanta

he who sings chases away his sorrows

♦ Há correspondentes em italiano: *canta che ti passa* e em espanhol: *quien canta sus males espanta.*

21 Qui MAL cherche MAL trouve (sXV)

= Le MAL est pour celui qui le cherche

22 Qui MAL dit MAL lui vient (sXIV)

'la médisance est toujours punie'

o castigo anda a cavalo
o castigo vem a cavalo
o mal que da tua boca sai em teu peito cai
o mal que da tua boca sai em teu seio cai
quem mal fala pior ouve

he that strikes with his tongue, must ward with his head
one ill word asks another

23 Qui MAL fait, MAL trouvera

'on subit les conséquences de sa méchanceté'

quem faz o mal espere outro tal
quem mal faz por mal espere

M

quem mal faz por pior espere

he that does ill, will suffer ill

Tout pauvre que je suis, il ne se fait point de semblables trafiques dans ma maison. Toute chose, Dieu merci, s'y vend pour ce qu'elle est: un chat n'y passe pas pour un lièvre, ni une vieille brebis pour un agneau. Que personne ne songe à tromper les autres: c'est s'abuser soi-même. QUI MAL FAIT, MAL TROUVERA. (Lesage, *GA*, p. 37)

Por mais pobre que eu seja, em minha casa não se trapaceia. Graças a Deus, tudo é vendido pelo justo valor: não se impinge gato por lebre, nem bode velho por cabritinho. Enganar o outro é enganar a si próprio. QUEM FAZ MAL POR MAL ESPERE.

24 Un MAL, un cordelier rarement seuls par sentier

= Un MALHEUR n'arrive/(ne vient) jamais seul

MALADIE *s.f.* doença; *illness, disease*

Les MALADIES viennent à cheval et s'en retournent à pied (sXVI)

'les maladies se déclarent tout d'un coup mais se guérissent lentement'

a doença vem a cavalo e vai a pé
a doença vem às carradas e sai às gotas
as enfermidades vêm a cavalo e retiram-se a pé

agues come on horseback, but go away on foot
diseases come on horseback, but go away on foot

♦ A mesma idéia em Tácito (*Agricola*, 3, 1): *natura tamen infirmitatis humanae tardiora sunt remedia quam mala* (no entanto, pela debilidade da nossa natureza, os remédios são mais lentos do que os males).

⇒ La GUÉRISON n'est jamais si prompte que la blessure

MALÉDICTION *s.f.* praga, maldição; *curse, malediction*

MALÉDICTIONS sont feuilles, qui les sème il les recueille (sXV: *maudissons sont feuilles, qui les seme il les recueille*)

'qui médit engage des hostilités dont il pâtira tôt ou tard'

as pragas dão duas voltas ao redor e metem-se no rogador
as pragas são como as procissões: de onde saem, recolhem

curses are like birds that return again to there own nests
curses, like chickens, come home to roost

⇒ Ne JUGEZ point et vous ne serez point jugés

MALHEUR *s.m.* infelicidade, infortúnio; *misfortune, mishap*

1 À quelque chose MALHEUR est bon (sXV: *à quelque chose est malheurté bonne*)

'une infortune nous procure parfois un avantage que nous n'aurions pas eu sans elle'

há males que vêm para bem
há males que vêm por bem
não há mal que bem não traga
não há mal sem bem, cata para quem

bad luck often brings good luck
every cloud has a silver lining
misfortune has its uses
no great loss but some small profit

Demeurez d'accord de la vérité du proverbe qui dit À QUELQUE CHOSE LE MALHEUR EST BON. (Lesage, *GB*, p. 272-273)

Não desmintam a veracidade do provérbio que afirma: *HÁ MALES QUE VÊM PARA BEM*.

Pourtant, À QUELQUE CHOSE MALHEUR EST BON: ces ravages ont révélé l'existence de la plus belle des villas, sous l'esplanade du musée. (R. Peyrefitte, *VE*, p. 162)

No entanto, HÁ MALES QUE VÊM PARA BEM: essas devastações revelaram a existência da mais bela das mansões, sob a esplanada do museu.

Var. em R. Debray:

Auprès du public, il avait été sauvé par l'holocauste comme moi par la guerre d'Espagne: À QUELQUES-UNS MALHEUR EST BON. (*M*, p. 162)

Junto ao público, ele tinha sido salvo pelo holocausto, como eu pela guerra de Espanha: PARA ALGUNS, HÁ MALES QUE VÊM PARA BEM. (Trad. de José Augusto Carvalho)

G. Flaubert contradiz o provérbio:

J'hésite toujours à vous écrire, maintenant. Car j'ai peur de vous fatiguer avec mes plaintes. Un homme qui pleure son argent n'ayant rien d'intéressant. Mais que vous dire? je ne suis ni stoïque, ni chrétien. Et je me sens profondément bouleversé! J'ai reçu sur la tête un coup, dont je ne reviendrai pas. LE MALHEUR N'EST BON À RIEN bien que les hypocrites prétendent le contraire. (In *C-GF/GS*, p. 503-504)

Agora, hesito em lhe escrever. Tenho medo de cansá-la com minhas lamúrias. Homem que vive se queixando de falta de dinheiro não agrada a ninguém. Mas falar de quê? Não sou estóico nem cristão. E estou muito confuso! Sofri um golpe terrível, do qual vai ser difícil me refazer. NÃO HÁ MAL QUE VENHA PARA BEM, embora os hipócritas proclamem o contrário.

♦ La Fontaine glosa o provérbio ao formular a moral de "Le Mulet se vantant de sa généalogie" (*F*, VI, vii, 11-14): "Quand le malheur ne serait bon / Qu'à mettre un sot à la raison, / Toujours serait-ce à juste cause / Qu'on le dit bon à quelque chose." (Mesmo que a desventura sirva apenas para abrir os olhos a um tolo, tem razão quem a considera de alguma utilidade.)

♦ Há correspondentes em italiano: *non tutto il male viene per nuocere* e em espanhol: *no hay mal que por bien no venga.*

⇒ À quelque BIEN duit fange et fien

2 À quelque chose sert le MALHEUR (1580)

= À quelque chose MALHEUR est bon

À QUELQUE CHOSE SERT LE MALHEUR: il faict bon naistre en un siecle fort depravé; car, par comparaison d'aultruy, vous estes estimé vertueux à bon marche: qui n'est que parricide en nos iours et sacrilege, il est homme de bien et d'honneur: (...). (Montaigne, *E*, t. II, p. 357)

HÁ MALES QUE VÊM PARA BEM: é vantajoso nascer neste século de depravação, porque passamos por virtuosos com bem pouco; quem não é, em nossos dias, parricida ou sacrílego é homem de bem: (...). (Trad. de Sérgio Milliet)

3 À qui il arrive un MALHEUR, il en advient un autre (sXIV)

= Un MALHEUR n'arrive/(ne vient) jamais seul

4 Assez gagne qui MALHEUR perd (1568)

'le malheur se joue à qui perd gagne'

quem se livra de um mal ganhou (o) seu dia

he gains enough whom fortune ['mischance'] *loses*

5 C'est dans le MALHEUR qu'on connaît ses amis

'un ami sûr se connaît dans les circonstances difficiles'

é na desgraça que se conhecem os amigos
é na necessidade que se conhecem os amigos
é nos tempos maus que se conhecem os amigos bons

a friend in need is a friend indeed
a friend is never known but in time of need
a friend is never known till needed

♦ Há correspondentes em italiano: *la sventura fa conoscere l'amico* e em espanhol: *por la prueba se conoce al amigo.*

⇒ L'OR se prouve par le feu et les amis par les adversités

6 Le MALHEUR des uns fait le bonheur des autres

'par un principe immanent de compensation, il semble que toujours ce qui profite aux uns nuise aux autres, et que tout bonheur se nourrisse du malheur d'autrui'

a desgraça de uns é o bem de outros

morre o cavalo a bem do urubu
o que é bom para um pode não ser para outro
o que para uns é mal para outros é sal
o que para uns é mel para outros é fel
o que para uns é sal para outros é mal
uns comem os figos, a outros rebenta-lhes a boca
uns comem os figos, a outros rebenta-lhes (*sic*) os beiços

misfortunes of some, happiness of others
one man's loss is another man's gain
one man's meat is another man's poison
one man's misfortune is another man's happiness
the death of the wolves is the safety of the sheep
the life of the wolf is the death of the lamb
what is bitter to some may be sweet to others

♦ Cf. Publílio Siro (*Sententiae*, L 6): *lucrum sine damno alterius fieri non potest* (não pode haver lucro para um sem perda para o outro). Lê-se em Sêneca (*De ira*, 2, 8, 2): *Nulli nisi ex alterius damno quaestus est* (não há ganho que não advenha do prejuízo de outrem). Cf. também o latim *lucrum unius est alterius damnum* (o lucro de um é o prejuízo do outro).

⇒ L'un MEURT dont l'autre vit

7 Le MALHEUR n'est pas toujours à la porte d'un pauvre homme

= Toujours ne sont DIABLES à l'huis

8 Le plus grand MALHEUR ou bonheur de l'homme est une femme

'la femme fait de la vie d'un homme un paradis ou un enfer'

a melhor entidade da terra é uma boa mulher e a pior a que é má
o homem que acerta no casar nada lhe falta acertar
quem tem mulher má está na vizinhança do purgatório

a good wife and health is a man's best wealth
a man's best fortune, or his worst, is a wife
no devil so bad as a she-devil

⇒ Deux bons JOURS à l'homme sur terre, quand il prend femme et quand il l'enterre

9 MALHEUR ne dure pas toujours (sXVI)

'tout a une fin: le même principe fait le désespoir des gens heureux et l'ultime espoir des malheureux'

nada é eterno, nem mesmo os nossos problemas
não há bem que cem anos dure, nem mal que a eles ature
não há bem que sempre ature, nem mal que não acabe
não há bem que sempre dure, nem mal que muito ature
não há bem que sempre dure, nem mal que nunca acabe
não há mal que sempre dure
não há tão mau tempo que o tempo não alivie seu tormento
sofra quem penas tem que atrás de tempo tempo vem
sofra quem pesares tem que atrás de tempo tempo vem

M

all wrong will end
be the day so long, at lenght comes evensong
even the wearest river winds somewhere safe to sea
   (Swinburne)
the tide never goes out so far but it always comes in again

♦ Diz-se em espanhol: *no hay bien ni mal que cien años dure... ni cuerpo que los aguante.*

⇒ Toujours ne dure ORAGE ni guerre

10 Quand le MALHEUR entre dans une maison, faut lui donner une chaise (Québec)

'... car il s'installe pour longtemps'

a desgraça entra às braçadas e sai às polegadas
a desgraça vem às braçadas e vai às polegadas
a luta contra a desgraça é inútil (Camilo Castelo Branco)
o mal entra às braçadas e sai às polegadas
o mal vem às braçadas e sai às polegadas

mischief comes by the pound and goes away by the ounce
misfortune arrives on horseback but departs on foot
misfortunes come on wings and depart on foot

11 Un MALHEUR amène son frère

= Un MALHEUR n'arrive/(ne vient) jamais seul

♦ O provérbio tem correspondentes em italiano: *un male tira l'altro*, em espanhol: *el mal llama al mal* e em alemão: *ein Ubel ruft das andere.*

12 Un MALHEUR n'arrive/(ne vient) jamais seul
   (1532; sXIII: *cui advient une n'advient seule*)

'par un fatal effet de réactions en chaîne, le malheur entraîne le malheur'

a desgraça para ser boa precisa ser bem desgraçada
atrás de queda coice
desgraça pouca é bobagem
desgraça, quando vem, vem de chorrilho
em cima da queda, coice
em cima de patada, coice
não há uma sem duas nem duas sem três
o azar anda acompanhado
perdigão perdeu a pena, não há mal que lhe não venha
   (Camões)
tudo acontece de uma vez
um mal nunca vem só
uma desgraça nunca vem só

disgraces are like cherries, one draws another
hardships seldom come single
ill comes often on the back of worse
it never rains but it pours
misfortunes never come alone
misfortunes never come single
of one ill come many
one misfortune comes on the back of another
one misfortune comes on the neck of another

Peu de temps après, le bon Pantagruel tomba malade et feut tant prins de l'estomach qu'il ne pouvoit boire ny manger, et, parce q'UN MALHEUR NE VIENT JAMAIS SEUL, luy print une pisse chaulde qui le tormenta plus que ne penseriez; mais ses medicins le secoururent, et très bien, avecques force de drogues lenitives et diureticques, le feirent pisser son malheur. (F. Rabelais, *P*, p. 173)

Pouco tempo depois, o bom Pantagruel caiu doente e ficou tão mal do estômago que não conseguia beber nem comer e, como UMA DESGRAÇA NUNCA VEM SÓ, foi atacado de uma pingadeira que o atormentou como ninguém pode imaginar; mas os médicos o trataram, e lograram, com muitas drogas lenitivas e diuréticas, fazê-lo expelir sua desgraça.

UN MALHEUR ARRIVE JAMAIS SEUL!... Nous eûmes de nouveaux déboires avec le "Zélé" toujours de plus en plus fendu, ravaudé, perclus de raccrocs... (L.-F. Céline, *MC*, t. II, p. 423)

DESGRAÇA POUCA É BOBAGEM!... O "Zelé" estava nos dando cada vez mais problemas, sempre rasgado, coberto de buracos... (Trad. de Maria Arminda de Souza-Aguiar e Vera de Azambuja Harvey)

Var. em Molière:

SGANARELLE. Ah! l'étrange chose que la vie! et que je puis bien dire, avec ce grand philosophe de l'antiquité, que *qui terre a guerre a*, et qu'UN MALHEUR NE VIENT JAMAIS SANS L'AUTRE! (*L'Amour médecin*, in *OC*, t. II, p. 101)

SGANARELLE. Ah! Que coisa estranha é a vida! Posso dizer, como aquele grande filósofo da Antiguidade, que *quem tem terra tem guerra*, e que UMA DESGRAÇA NUNCA VEM SÓ.

San-Antonio retoma o provérbio num tom otimista:

– Mes chers concitoyens et néanmoins amis, muqueuse Plantin; UN BEAU JOUR, vous l'avez remarqué, NE VIENT JAMAIS SEUL. Non seulement nous accueillons des jumelés de marque, non seulement le soleil est de la fête, mais nous avons la grande joie d'apprendre qu'une double naissance vient d'avoir lieu au pays! (*EÇT*, p. 23)

– Caros concidadãos e mesmo assim amigos, pegajoso Plantin; UM BELO DIA, como vocês já notaram, NUNCA VEM SÓ. Além de recebermos co-irmãos respeitáveis, além de o sol estar presente, temos a imensa alegria de saber que a região conta com mais dois recém-nascidos.

♦ Entre os gregos, a idéia vem de Homero (*Ilíada*, 16, 111): κακὸν κακῷ ἐστήρικτο (um mal baseia-se no outro), e passa por Sófocles (*Ajax*, 866): πόνος πόνῳ πόνον φέρει (sofrimento sobre sofrimento, eterno sofrer!) e por Eurípides. Entre os latinos, há o muito citado *aliud ex alio malum*, de Terêncio (*Eunu-*

chus, 987) e a máxima *Fortuna obesse nulli contenta est semel* (a Fortuna não se contenta em nos maltratar apenas uma vez), de Publílio Siro (*Sententiae*, F 18). O provérbio tem correspondentes em italiano: *un malanno non vien mai solo*, em espanhol: *anda, malo, tras tu hermano* e em alemão: *ein Unglück kommt selten allein*.

♦ Lê-se em Clément Marot: "On dit bien vrai: la mauvaise fortune / Ne vient jamais qu'elle n'en apporte une, / Ou deux, ou trois avecques elle." (Diz-se com muita razão: o infortúnio / Nunca vem só, e traz sempre / Consigo outros mais.)

⇒ L'ABÎME appelle l'ABÎME

MALHEUREUX *adj. s.m.* infeliz; *unhappy*

1 Au MALHEUREUX fait confort avoir compagnie dans son sort

= Un MALHEUREUX cherche l'autre

2 Bien est MALHEUREUX qui est cause de son malheur (1538)

'ne pas pouvoir rejeter sur autrui la responsabilité de son propre malheur ne fait qu'en alourdir le poids'

é bem infeliz quem de seu mal é a razão

the evils we bring on ourselves are the hardest to bear

3 Les MALHEUREUX n'ont point de parents (1749)

'le malheur éloigne de nous nos proches'

a preso e cativo não há amigo
preso e cativo não têm amigo
preso ou cativo não tem amigo

the unhappy have neither friends nor relations

4 Quand on est MALHEUREUX, on se noyerait dans son crachat

'non seulement "un malheur ne vient jamais seul", mais il s'aggrave, et atteint des extrémités invraisemblables'

a navio roto todos os ventos são contrários
atrás do apedrejado, correm as pedras
atrás do apedrejado, pedras chovem
burro quando está desinfeliz até no lajeiro se atola
caranguejo quando anda infeliz cai de costas e quebra o nariz
em havendo má fortuna, não há carro que não tombe
fui para me benzer e quebrei o nariz
pobre se engasga com cuspe (Mário Quintana)
quando a sorte é adversa, nada vale ao infeliz
quando há uma mazela, tudo toca nela
quando urubu está de azar, o de baixo caga no de cima
quando urubu está infeliz, o de baixo borra no de cima
quem anda caipora até cachorro lhe mija na perna
quem é infeliz cai de costas e quebra o nariz

quem não tem sorte até na cama quebra as pernas
tão caipora que, se abrisse uma chapelaria, os meninos nasceriam sem cabeça
um infeliz até mesmo na cama é capaz de encontrar espinhos
urubu, quando anda caipora, até no peidar rasga o cu
urubu, quando anda caipora, não há galho de pau que o agüente
urubu, quando anda caipora, nem galho de peroba o escora
urubu, quando anda caipora, o de baixo caga no de cima
urubu, quando anda caipora, se atola até em lajeiro

an unfortunate man will be drowned in a tea-cup
an unhappy man's cart is eith ['easy'] *to tumble* ['overturn']
he who is born to misfortune falls on his back and fractures his nose
if anything can go wrong, it will

♦ Diz-se em espanhol: *quien tiene mala suerte, ni en la vida ni en la muerte* (ou ainda: *al desdichado, las desgracias lo buscan*).

⇒ Le PAIN tombe toujours du côté qui est beurré

5 Un MALHEUREUX cherche l'autre (1559)

'la misère aide à supporter la misère'

dores compartilhadas são menores
mal de muitos consolo é
tristeza dividida, tristeza aliviada
um infeliz acha outro

company in misery makes it light
grief pent up ['closely confined'] *will break the heart*
misery loves company
two in distress make sorrow less
two in distress make trouble less

Ce pauvre gentilhomme étoit demeuré sans parti, et, comme UN MALHEUREUX souvent CHERCHE L'AUTRE, vint aborder cette pauvre damoiselle Rolandine; car leurs fortunes, complexions et conditions étoient fort pareilles, et, se plaignant l'un à l'autre de leurs infortunes, prindrent une très-grande amitié; (...). (M. d'Angoulême, Reine de Navarre, *H*, p. 164)

Esse pobre fidalgo ficara sem partido, e, como UM INFELIZ quase sempre BUSCA OUTRO, dirigiu-se a Rolandine, aquela pobre moça; pois, em ambos, o destino, o temperamento e a condição muito se assemelhavam, e, queixando-se um ao outro dos próprios infortúnios, iniciaram uma forte amizade.

♦ Há provérbio paralelo em espanhol: *penas contadas, penas aliviadas*.

⇒ À raconter ses MAUX souvent on les soulage

MALICE *s.f.* malícia; *mischief, mischievousness*

1 Homme ne connaît mieux la MALICE que l'abbé qui a été moine (1611)

= Il n'y a point de plus sage ABBÉ que celui qui a été moine

2 MALICE n'est sur MALICE de femme

'l'habileté de la femme est insurmontable, insurpassable'

ao diabo e à mulher nunca falta o que fazer
o que a mulher quer, Deus o quer
o que o diabo não pode, consegue-o a mulher

a wicked woman and an evil is three halfpence worse than the devil
no devil so bad as a she-devil
the female of the species is more deadly than the male (Rudyard Kipling)
there's no mischief in the world done, but a woman is always one
women are the devil's net
women in mischief are wiser than men

♦ A idéia figura em Eurípides (*Ifigênia em Táuride*, 1.032): δειναὶ γὰρ αἱ γυναῖκες εὑρίσκειν τέχνας (as mulheres são hábeis em inventar estratagemas) e em Juvenal (*Saturae*, 6, 242): *nulla fere causa est in qua non femina litem moverit* (em todo o pleito, entram mulheres sempre – trad. de Francisco Antônio Martins Bastos).

⇒ Qui croit sa FEMME et son curé est en danger d'être damné

MALIN *s.m.* esperto, velhaco; *clever person, naughty person*

À MALIN, MALIN et demi (sXIX)

'on trouve toujours plus rusé que soi'

a maluco, maluco e meio
ao ruim, ruim e meio
com esperto, esperto e meio
para espertalhão, espertalhão e meio
para velhaco, velhaco e meio
remédio de doido é doido e meio

against a rogue set a rogue and a half
diamonds cut diamonds
to a crafty man, a crafty and a half

♦ Lê-se nos *Dísticos de Catão* (1, 26): *ars deluditur arte* (a astúcia é lograda pela astúcia). Diz-se em espanhol: *al cruel, serlo con él*. E em italiano: *per conoscere un furbo ci vuole un furbo e mezzo.*

⇒ À MENTEUR, MENTEUR et demi

MANCHE *s.m.* cabo; *handle*

Il ne faut jamais jeter le MANCHE après la cognée (sXV)

'il ne faut jamais tout abandonner par lassitude ou par découragement'

não desanimar ajuda a ganhar
não desanimar é dar mais um passo na vida
nunca abandones a partida
nunca jogues a toalha

never say die ['give in']
never throw up the sponge

Montaigne emprega a locução contida no provérbio:

Quand ie suis en mauvais estat, ie m'acharne au mal; ie m'abandonne par desespoir, et me laisse aller vers la cheute, et IECTE, comme l'on dict, LE MANCHE APREZ LA COIGNÉE; ie m'obstine à l'empirement et ne m'estime plus digne de mon soing: ou tout bien, ou tout mal. (*E*, t. III, p. 232)

Quando me encontro em situação difícil, obstino-me em continuar; abandono-me por desespero, não me detenho mais na queda e DEIXO TUDO AO DEUS-DARÁ, não mais me considerando digno de meus próprios cuidados. Em mim tudo tem que ser inteiramente certo ou inteiramente errado. (Trad. de Sérgio Milliet)

Alteração jocosa em H. de Balzac:

Oscar, le peintre et Mistigris, aussi honteux les uns que les autres, échangèrent un regard; mais, fidèle à son rôle, Mistigris s'écria: – *Bah! IL NE FAUT JAMAIS JETER LA MANCHE APRÈS LA POIGNÉE!* allons toujours. (*DV*, p. 108)

Oscar, o pintor e Mistigris, tão envergonhados uns como os outros, trocaram um olhar; mas fiel ao seu papel, Mistigris exclamou: – *Ora! NUNCA SE DEVE JOGAR O CABO ATRÁS DO PUNHADO!* (Trad. de Vidal de Oliveira)

¹MANGER *v.t.* comer; *to eat*

1 Ce que l'on MANGE pourrit, ce que l'on donne fleurit (rég., Auvergne)

= Mieux vaut une POMME donnée que mangée

⇒ Mieux vaut ŒUF donné que ŒUF mangé

2 Il faut MANGER pour vivre (et non pas vivre pour manger) (1669)

'la nourriture n'est pas une fin, mais un moyen'

come para viver e não vivas para comer

eat to live and not live to eat

VALÈRE. (...) pour se bien montrer ami de ceux que l'on invite, il faut que la frugalité règne dans les repas qu'on donne; et que, suivant le dire d'un ancien, IL FAUT MANGER POUR VIVRE, ET NON PAS VIVRE POUR MANGER. (Molière, *L'Avare*, in *OC*, t. II, p. 498)

VALÉRIO. (...) Para nos mostrarmos verdadeiros amigos das pessoas que convidamos devemos fazer reinar a frugalidade nos banquetes que lhes damos; e que, segundo disse um antigo, DEVEMOS COMER PARA

VIVER, E NÃO VIVER PARA COMER. (Trad. de Guedes de Oliveira)

◆ Dito de Sócrates, citado por Diógenes Laércio (*Vidas dos filósofos ilustres*, 2, 34): ἄλλους ἀνθρώπους ζῆν ἵν' ἐσθίοιεν ἄλλους δὲ ἐσθίειν ἵνα ζώη, equivalente ao latim *non vivas ut edas, sed edas ut vivere possis* (não vivas para comer, mas come para que possas viver).

3 MANGEZ à volonté, buvez en sobriété (1611)

'l'éthique alimentaire doit s'exercer sur le liquide plus que sur le solide'

come como são e bebe como doente

eat at pleasure, drink by measure
you eat and eat, but you do not drink to fill you

≠ À PETIT MANGER BIEN BOIRE

4 Pour peu que l'on MANGE, on MANGE assez

'l'excès de nourriture n'est jamais souhaitable'

bom comer traz mau comer
bom comer traz mau morrer

he that eats least eats most

Je blâmais l'abondance des mets dans les repas, et, raisonnant en docteur de Valladolid: Malheur, disais-je, à ceux qui fréquentent ces tables pernicieuses où il faut sans cesse être en garde contre sa sensualité, de peur de trop charger son estomac! POUR PEU QUE L'ON MANGE, NE MANGE-T-ON PAS TOUJOURS ASSEZ? Je louais dans ma mauvaise humeur des aphorismes que j'avais jusqu'alors fort négligés. (Lesage, *GB*, p. 332)

Eu critiquei a profusão de comida nas refeições, e falei como o médico de Valladolid: Mal haja a quem costuma freqüentar essas mesas perniciosas em que é preciso estar alerta contra a sensualidade, por medo de sobrecarregar o estômago! QUEM COME POUCO JÁ COME BASTANTE. No meu mau humor pus-me a valorizar aforismos que até então pouco me interessavam.

²MANGER *s.m.* comida, (o) comer; *food, eating*

À petit MANGER bien boire (1552)

'pour apprécier le vin, il faut manger légèrement'

a bom ou mau comer, três vezes beber
pouco comer para bem beber

to little eating, much drinking

"Maigordome, hau, mon amy, mon père, mon oncle, produisez un peu de sallé: nous ne boirons tantoust que trop, à ce que je voy! A PETIT MANGER BIEN BOIRE, sera désormais ma devise. (F. Rabelais, *Le quart livre*, in *OC*, p. 633)

"Mordomo, oh!, meu amigo, meu pai, meu tio, tragam um pouco mais de carne: pelo jeito, vamos logo be-

ber bastante! POUCO COMER PARA BEM BEBER será de agora em diante o meu lema.

≠ MANGEZ À VOLONTÉ, BUVEZ EN SOBRIÉTÉ

MANGEUR *s.m.* comedor, comilão; *eater*

De MANGEUR gourmand mauvais partageur (sXIII: *d'enfrun mangéour mauvais départéour*)

'l'égoïsme qui l'accompagne a fait de la gourmandise un péché capital'

um guloso nunca é generoso

a glutton is never generous

MANTEAU *s.m.* capa, manto; *coat*

1 Il faut tailler son MANTEAU selon son drap (sXIII: *qui trop étend son mantel, la penne en ront* ['l'étoffe se rompt'])

'il convient d'ajuster ses désirs à la réalité'

de pano escasso capote curto
faz-se a roupa conforme o pano
talha a obra conforme o pano

(you must) cut your coat according to your cloth

⇒ Il ne faut pas OURDIR plus qu'on ne peut tisser

2 Quand il fait beau, prends ton MANTEAU; quand il pleut, prends-le si tu veux

'la vraie prudence consiste à prévoir le mauvais temps lors même que rien ne permet de le soupçonner'

capa e merenda nunca pesaram
não saia de casa sem capa e merenda, para que ao fim do dia não se arrependa

although the sun shine, leave not your cloak at home

3 Qui ôte son MANTEAU à Noël se coiffera à Pâques

= NOËL au balcon, Pâques au tison

⇒ À NOËL les moucherons, à Pâques les glaçons

4 S'il fait beau, prends ton MANTEAU, s'il pleut, prends-le si tu le veux

= Quand il fait beau, prends ton MANTEAU; quand il pleut, prends-le si tu veux

MARÂTRE *s.f.* madrasta, sogra; *stepmother, mother-in-law*

Qui a MARÂTRE, a le diable en l'âtre

'une belle-mère est une calamité domestique'

Adão vivia no paraíso porque não tinha sogra
as madrastas o diabo que as arraste
de madrasta o nome basta
madrasta, nem de pasta

M

madrasta, o diabo arrasta
madrasta, o nome lhe basta

take heed of a stepmother: the very name of her suffices

♦ O ódio à madrasta e sua maldade são proverbiais. Registra Menandro nos *Monósticos*: Δεινότερον οὐδὲν ἄλλο μητρυιᾶς κακόν (nenhum mal é pior do que uma madrasta). A perfídia das *novercae* é tema freqüente nos autores latinos, desde Plauto até Estácio, que nas *Silvae* (5, 2, 80) as compara às serpentes. Diz-se em espanhol: *madrasta, madre áspera, ni de cera ni de pasta*.

MARCHAND *s.m.* comerciante, negociante; *tradesman, shopkeeper*

1 De MARCHAND en MARCHAND il n'y a que la main (1752)

'entre gens du commerce, parole donnée suffit, car "les loups ne se mangent pas entre eux"'

homem de bem tem palavra de rei
homem de boa lei tem palavra como rei
palavra dada, vida empenhada
palavra de homem não volta atrás
palavra de rei não volta atrás
palavra é palavra

a thread will tie an honest man better than a rope will do a
    rogue
an honest man's word is as good as his bond
my word is my bond

⇒ COMPAGNON à COMPAGNON il n'y a que la main

2 Fou est le MARCHAND qui déprise sa denrée

= Fou est le PRÊTRE qui blâme ses reliques

3 Il n'est pas MARCHAND qui toujours gagne (1527)

'habile commerçant sait faire des concessions'

a ganhar se perde e a perder se ganha
a perder se ganha e a ganhar se perde

he that loses is merchant, as well as he that gains

Amplificado em G. Sand:

– Bon! lui dit-il, se frottant les deux mains, IL N'EST MARCHAND QUI TOUJOURS GAGNE, NI VOLEUR QUI TOUJOURS PILLE. (*FC*, p. 372)

– Muito bem! – disse-lhe ele, esfregando as mãos –, NEM TODO MERCADOR SEMPRE GANHA, NEM TODO LADRÃO SEMPRE ABOCANHA.

4 MARCHAND d'oignons se connaît en ciboules

'on trompe difficilement quelqu'un sur les choses de son métier'

boi velhaco conhece o outro pelo berro

o lapidário conhece a pedra
um sabido não engole outro

a thief knows a thief as a wolf knows a wolf
an old fox is not easily snared

MARCHANDISE *s.f.* mercadoria; *commodity, goods*

1 La bonne MARCHANDISE se recommande elle-même

'la qualité n'a pas besoin qu'on en fasse l'article'

o bom pano na arca se vende
o que é bom por si se gaba

good ware makes quick markets
pleasing ware is half sold

♦ A idéia está também em Plauto (*Poenulus*, 342): *proba merx facile emptorem reperit* (a boa mercadoria acha facilmente comprador), conselho dado a uma bela jovem de nome Adelfásia, que queria encontrar pretendentes. Há equivalente em italiano: *la buona mercanzia si loda da se stessa*.

⇒ Ce qui PLAÎT est à demi vendu

2 MARCHANDISE offerte est à demi vendue (1585)

'tout se vend avec une bonne offre d'appel'

mercadoria exposta é meio vendida

he who praises wishes to sell

3 MARCHANDISE qui plaît est à moitié vendue (1640)

'quand une fille agrée, le mariage est à demi conclu'

linda cara, meio dote
mercadoria que agrada é meio vendida
se te agrada a fazenda, meio vendida está

a good face is a letter of recommendation
pleasing ware is half sold
she that is born a beauty is half married

⇒ Jolie FILLE porte sur son front sa dot

4 On n'a jamais bon marché de mauvaise MARCHANDISE

'le bon marché peut coûter cher'

mercadoria barata roubo é da bolsa
mercadoria boa e barata alguma malícia tem, roubo é da
    bolsa
não há pechincha por pouco dinheiro
o barato sai caro
quem se veste de ruim pano veste-se duas vezes no ano

ill ware is never cheap
there is no wear in cheap clothes

⇒ BON MARCHÉ fait argent débourser

MARCHÉ *s.m.* mercado; *market*

1 Chez toi priser*, au MARCHÉ vendre (1597)

* *Priser* = 'estimer'.

= À la MAISON acheter, au marché vendre

2 Il va plus au MARCHÉ de peaux d'agneaux que de vieilles brebis

'la jeunesse est plus vulnérable et plus exposée aux convoitises du destin'

mais depressa morre um cordeiro que um carneiro

many old camels carry the skins of the young ones to the market

◆ Diz-se em italiano: *più vanno vitelli che bovi ai macelli.*

MARCHÉ (BON) *s.m.* mercadoria barata; *cheap goods*

1 BON MARCHÉ fait argent débourser (sXVI)

= BON MARCHÉ tire argent de bourse

2 BON MARCHÉ ruine

= BON MARCHÉ tire argent de bourse

3 BON MARCHÉ tire argent de bourse (sXIII)

'les produits d'appel servent à appâter le chaland; une fois pris, il dépense plus que ce qu'il prévoyait, et même qu'il ne peut; c'est la loi juteuse de la grande consommation'

economia barata – roubo de bolsas
não há pechincha por pouco dinheiro
o barato sai caro
o que é barato sai caro e o que é bom custa caro
sempre sai caro o barato, sempre o tolo paga o pato

a good bargain is a pick-purse
don't spoil the ship for a ha'porth of tar*
good cheap ['bargain'] *is dear*
they buy good cheap that bring nothing home

* "The proverb originally referred to sheep (pronounced 'ship' in certain parts of England), and the use of tar to treat their wounds." (R. Fergusson)

4 Il n'y a que les BONS MARCHÉS qui ruinent (1835)

= BON MARCHÉ tire argent de bourse

⇒ Autant dépense CHICHE que large

5 Jamais n'ait BON MARCHÉ qui ne l'ose demander (sXV)

'on n'obtient pas de bonne affaire sans talent pour marchander'

quem não regateia não consegue bom preço

ask but enough, and you may lower the price as you list

he will never have a good thing cheap that is afraid to ask the price

⇒ Qui ne PRIE ne prend

MARIAGE *s.m.* casamento; *marriage*

1 Autant de MARIAGES, autant de ménages

'la cohabitation des couples n'est jamais souhaitable'

antes de casar, arranja casa para morar, terras que lavrar e vinhas que podar
banana madura não sustenta no cacho
quem casa quer casa(, longe da casa em que casa)

before you marry, be sure of a house wherein to tarry

◆ Diz-se em espanhol: *el casado casa quiere.*

⇒ Avant de te marier, aie MAISON pour habiter

2 Les MARIAGES sont écrits au/(dans le) ciel

'promis et promise sont conduits l'un vers l'autre par la main de Dieu'

boda e mortalha no céu se talha (*sic*)
casamento é destino
casamento e mortalha no céu se talha (*sic*)
o casamento é uma loteria

marriage and hanging go by destiny
marriage is destiny
marriages are made in heaven
marriages are planned in heaven
matrimony comes by destiny

Var. em M. d'Angoulême, Reine de Navarre:

C'est pourquoi on dit en proverbe que LES MARIAGES SE FONT AU CIEL, mais cela ne s'entend pas de mariages forcés ni qui se font à prix d'argent, et qui sont tenus pour bien approuvés depuis que le père et la mère y ont donné consentement. (*H*, p. 326)

Eis por que diz o provérbio: CASAMENTO NO CÉU SE TALHA; mas não se refere aos casamentos forçados nem aos que se fazem por dinheiro, tidos como bem acertados desde que tenham o consentimento dos pais.

◆ Provérbio de origem hebraica: *Talmude, Genesis Rabbah* (século V). Há correspondentes em italiano: *matrimoni e vescovati son dal cielo destinati* e em espanhol: *matrimonio y mortaja, del cielo bajan.*

3 MARIAGE comme melon: il est mauvais ou il est bon

= FEMME et melon, à peine les connaît-on

4 MARIAGE du mois de mai fleurit tard ou jamais

= NOCES de mai, NOCES mortelles

5 MARIAGES de mai ne fleurissent jamais

= NOCES de mai, NOCES mortelles

M

6 S'il pleut le jour du MARIAGE, les écus rentreront dans le ménage

'la pluie porte bonheur au jeune ménage'

casamento chuvoso, casamento venturoso
casamento com chuva é sinal de felicidade
casamento molhado, casamento abençoado

happy is the bride the sun shines on, and the corpse the rain rains on (aprox.)

⇒ De l'eau sur la MARIÉE, de l'or dans le panier

7 Tout ira bien, fors MARIAGE de vieille (sXIV)

'le mariage de la femme âgée est répréhensible, parce que condamné à la stérilité'

galinha velha não faz bom caldo
novo com nova dá filhos; novo com velha dá ciúmes; velho com nova, filhos até a cova; velho com velha dá bufas

old cattle breed not
when the bees are old, they yield no honey

8 Un bon MARIAGE se dressait d'une femme aveugle avec un mari sourd (1588)

'une femme qui ne verrait pas l'inconduite de son mari et un mari qui n'entendrait pas les récriminations de sa femme feraient ensemble un ménage solide'

casamento perfeito é o da mulher cega com o homem surdo
um homem surdo e uma mulher cega fazem um casamento feliz

a deaf husband and a blind wife are always a happy couple
a husband must be deaf and the wife blind to have quietness

Le senat de Marseille eut raison d'interiner sa requeste à celuy qui demandoit permission de se tuer pour s'exempter de la tempeste de sa femme; car c'est un mal qui ne s'emporte iamais qu'en emportant la piece, et qui n'a aultre composition qui vaille, que la fuitte ou la souffrance, quoy que toutes les deux tres difficiles. Celuy là s'y entendoit, ce me semble, qui dit "qu'UN BON MARIAGE SE DRESSOIT D'UNE FEMME AVEUGLE, AVEC UN MARI SOURD". (Montaigne, *E*, t. III, p. 125)

Andou bem o Senado de Marselha ao deferir o requerimento em que certo indivíduo pedia permissão para matar-se, a fim de obviar a uma existência que a esposa tornava infernal, pois o mal é daqueles que só findam com o doente. Ambas as soluções possíveis, fuga e resignação, são igualmente difíceis. E bom psicólogo foi quem disse que, PARA UM CASAMENTO FELIZ, É NECESSÁRIO UNIR UM HOMEM SURDO A UMA MULHER CEGA. (Trad. de Sérgio Milliet)

MARIÉE *s.f.* noiva; *bride*

De l'eau sur la MARIÉE, de l'or dans le panier

= S'il pleut le jour du MARIAGE, les écus rentreront dans le ménage

MARIER (SE) *v.pr.* casar(-se); *to get married*

1 Celui qui tôt SE MARIE peut bien dire au bon temps adieu (sXVI)

'le mariage met fin aux frasques de la jeunesse'

quem cedo casa cedo se arrepende

he marries ill that marries very soon

♦ Diz-se em italiano: *chi si marita in fretta, stenta adagio.*

2 Nul ne SE MARIE qui ne s'en repente (1842)

'querelles et contrariétés sont inhérentes au mariage'

ao casamento segue-se o arrependimento
casamento feito, noivo arrependido
casar, casar – soa bem e sabe mal
casa-te e verás: perdes o sono e mal dormirás
depois do casamento vem o arrependimento
quem pensa muito não casa (aprox.)
quem casa a correr toda a vida tem para se arrepender
quem casa muito prontamente arrepende-se muito longamente
tal casou de manhã que à tarde está arrependido

marriage rides upon the saddle and repentance upon the crupper
marry in haste, and repent at leisure

♦ Diz-se em espanhol: *casamiento, cansamiento, y el arrepentimiento en su seguimiento.*

3 Qui loin va SE MARIER sera trompé ou veut tromper (1568)

'un couple, pour durer, doit se fonder sur une certaine communauté géographique ou culturelle'

lé com lé, cré com cré (e cada qual com os da sua ralé)
quem ao longe vai casar leva pulha ou vai buscar
quem ao longe vai casar ou se engana ou vai enganar

he that goes far to be married will either deceive or be deceived

♦ Há correspondentes em italiano: *donne e buoi dei paesi tuoi* e em espanhol: *quien lejos se va a casar, o va a engañado, o va a engañar.*

⇒ Il faut s'habiller du DRAP du pays

MARMITE *s.f.* panela; *(cooking-)pot*

1 À MARMITE qui bout mouche n'attaque

'on s'attaque plutôt aux misérables qu'aux puissants'

de panela que ferve se arredam as moscas

flies will not light on a boiling pot
fly will not light on a boiling pot
to a boiling pot, flies come not

♦ O provérbio existe em espanhol: *a la olla que hierve, ninguna mosca se atreve.*

⇒ Aux CHEVAUX maigres vont les mouches

2 Chacun sait ce qui bout dans sa MARMITE (Martinique)

= Chacun sait le mieux où son SOULIER le blesse

3 Il n'y a si méchante/vieille MARMITE qui ne trouve son couvercle (1640)

'jeunes ou vieilles, belles ou laiderons, il n'est pas de parti désespéré, tout est mariable, "casable", "mettable"; point de rebut sur la grande foire du sexe, la plus laide trouve un plus laid à qui elle plaît, tous les dégoûts sont dans la nature'

cada terra com seu uso, cada preta com seu luso(, cada furo com seu parafuso)
couro velho, mesmo duro, às vezes arranja polia
há sempre um chinelo velho para um pé doente
não falta pé inchado para sapato velho
não há panela sem testo, nem penico sem tampa
não há penico sem tampa
nunca falta testo para uma panela
nunca falta um chinelo velho para um pé cansado
nunca falta um chinelo velho para um pé doente
nunca falta um chinelo velho para um pé manco
nunca falta um paspalhão para uma paspalhona
para cada sapa há um sapo
quando se faz uma panela, faz-se logo um testo para ela
todo pé aleijado procura uma bota torta

every Jack has his Jill
there is no goose so grey in the lake, that cannot find a gander for her make ['mate']
there is no pot so misshapen but finds its cover

"Dis donc, ma biche, je ne te retiens pas... T'es pas encore trop mal, quand tu te débarbouilles. Tu sais, comme on dit, IL N'Y A PAS SI VIEILLE MARMITE QUI NE TROUVE SON COUVERCLE... (E. Zola, *As*, p. 440)

– Escute, minha querida, não a estou prendendo... Você até que não é de todo má, quando está de rosto lavado... Como se costuma dizer, HÁ SEMPRE UM CHINELO VELHO PARA UM PÉ DOENTE...

♦ Há correspondentes em italiano: *belle o brutte, si sposan tutte* e em espanhol: *nunca falta un perdido para un mal hallado* (ou ainda: *nunca falta un roto para un descosido*).

⇒ Il n'est si MÉCHANT qui ne trouve sa MÉCHANTE

4 Il y a assez à faire de regarder ce qui cuit dans sa MARMITE, sans aller regarder ce qui cuit dans celle du voisin (rég., Savoie)

'c'est assez de bien s'occuper de ses propres affaires, sans se mêler de celles des autres'

muitos se ocupam mais em saber o alheio que em entender o próprio

enquire not what boils in another's pot

⇒ À chacun son MÉTIER, les vaches seront bien gardées

5 La MARMITE dit au chaudron: "tu as le derrière noir"

= C'est la POÊLE qui se gausse du chaudron

⇒ La PELLE se moque du fourgon

MARRON *s.m.* castanha; *chestnut*

Tirer les MARRONS du feu avec la patte du chat
(1640; 1656: *tirer les marrons de la patte du chat*)

'accomplir un acte risqué ou pénible aux frais d'un autre'

da pele alheia, grande correia
tirar a brasa com a mão do gato
tirar a castanha do fogo com a mão do gato
tirar a galinha do fogo com a mão do gato
tirar a sardinha das brasas com a pata do gato
todos folgam de tirar a castanha do borralho com a mão do gato

to take the chestnuts out of the fire with the cat's paw
to take the nuts from the fire with the dog's paw

MASCARILLE. (...) Et que nous, à couvert de toutes ses poursuites, / De ce coup hasardeux ne craindrons point de suites. / C'est ne se point commettre à faire de l'éclat, / Et TIRER LES MARRONS DE LA PATTE DU CHAT. (Molière, *L'Étourdi*, in *OC*, t. I, p. 69)

MASCARILLE. (...) E que nós, ao abrigo de todos os seus ataques, / Desse possível golpe não temamos as consequências. / Basta não fazer estardalhaço / E TIRAR AS CASTANHAS COM A PATA DO GATO.

♦ Embora já figurasse em coletâneas de provérbios do século XVII (Fleury de Bellingen e Oudin), a locução popularizou-se graças à fábula "Le Singe et le Chat" de La Fontaine (*F*, IX, xvii).

♦ Locução proverbial: cf. o latim *ludis de alieno corio* (brincas com a pele dos outros), que se lê em Apuleio (*Asinus aureus*, 7, 11). Há correspondentes em italiano: *cavar le castagne dal fuoco colla zampa del gatto*, em espanhol: *con ajena mano sacar la culebra del horado* e em alemão: *für andre die Kastanien aus dem Feuer holen*.

⇒ Tirer les CHÂTAIGNES du feu avec la patte du lévrier

MARS *s.m.* março; *March*

1 Fleurs de MARS, peu de fruits l'on mangera

= Fleur de JANVIER ne va pas au panier

⇒ FRUIT précoce n'est pas de garde

2 MARS poudreux, avril pluvieux, mai joli, gai et venteux dénotent l'an fertile et plantureux

= MARS venteux et avril pluvieux font le mai gai et gracieux

M

3 **MARS venteux, avril pluvieux, signes d'un mai heureux** (rég., Alsace)

= MARS venteux et avril pluvieux font le mai gai et gracieux

4 **MARS venteux et avril pluvieux font le mai gai et gracieux** (sXVI)

dicton météorologique

março ventoso, abril chuvoso, do bom colmeal farão astroso
março ventoso, abril chuvoso fazem o ano formoso
se não chove em abril, perde o lavrador o carro e o carril

a windy March and a rainy April make a beautiful May

♦ Há equivalente em espanhol: *marzo ventoso y abril lluvioso, sacan a mayo florido y hermoso.*

5 **Si MARS commence en courroux, il finira tout doux**

dicton météorologique

março marçagão, de manhã cara de carvão e de tarde sol de verão
março marçagão, de manhã focinho de cão e de tarde sol de verão
março marçagão, manhã de inverno, tarde de verão
março marçagão, pela manhã rosto de cão e à tarde bom verão

March comes in like a lion and goes out like a lamb
March comes in with adder heads, and goes out with peacock tails

MARTEAU *s.m.* martelo; *hammer*

1 **Il vaut mieux être MARTEAU qu'enclume** (1690)

'mieux vaut battre qu'être battu'

antes malho que bigorna
antes ser martelo que bigorna
é melhor ser estilingue que vidraça

better be biter than bit

⇒ Il vaut mieux être CHEVAL que charrette

2 **Un MARTEAU d'argent rompt une porte de fer**

= L'ARGENT ouvre toutes les portes

MATIN *s.m.* manhã; *morning*

1 **À qui se lève MATIN, Dieu aide et prête la main**

= HEURE du matin, HEURE du gain

⇒ L'AURORE est amie des Muses

2 **Lever MATIN, ce n'est pas bonheur; boire MATIN, c'est bien meilleur** (1534)

'ce proverbe n'est certainement une loi d'hygiène ali-

mentaire, bien qu'il en ait l'apparence; c'est plutôt un principe de bien vivre, car les matinaux sont des gens travailleurs, donc tristes'

madrugar não é folgar, beber cedo é que é prazer

to rise betimes ['early'] *is no good hour, to drink betimes is better sure*

"(...) Et me disoit Maistre Tubal (qui feut premier de sa licence à Paris) que *ce n'est tout l'advantaige de courir bien toust, mais bien de partir de bonne heure*; aussi n'est ce la santé totale de nostre humanité boyre à tas, à tas, à tas, comme canes, mais ouy bien de boyre matin; *unde versus*:

LEVER MATIN N'EST POINCT BON HEUR;
BOIRE MATIN EST LE MEILLEUR. (F. Rabelais, G, p. 108)

– (...) Já me dizia mestre Tubal, tido em Paris como o primeiro de sua especialidade, que *não havia vantagem em apressar-se, mas em partir cedo*, do mesmo modo que a saúde total da nossa gente não consiste em beber aos goles, como os marrecos, mas beber de manhãzinha. *Unde versus*:

FELIZ NÃO É QUEM CEDO SE LEVANTA,
MAS QUEM, CEDO BEBENDO, O MAL ESPANTA. (Trad. de Aristides Lobo)

3 **MATIN à forte rosée, tonnerre en fin de journée**

dicton météorologique

ruivas de manhã, chuvas de tarde

if red the sun begins his race, expect that rain will flow apace

⇒ Quand rouge est la MATINÉE, pluie ou vent dans la journée

4 **On est gai le MATIN, on est pendu le soir**

= Qui RIT le matin le soir pleure

♦ "(Voltaire, *Charlot ou la comtesse de Givry*, II, vii [1767].)" (M. Maloux)

MÂTIN *s.m.* mastim; *mastiff*

1 **Jamais MÂTIN n'aima lévrier** (sXV)

'deux personnes également rusées ne sauraient se supporter l'une l'autre'

dois bicudos não se beijam
dois galos não cabem num poleiro
dois galos não cantam num só terreiro
dois tatus machos não moram num buraco
duas brasas é que fazem faísca
duro com duro não faz bom muro
duro com duro não levanta muro

diamonds cut diamonds
hard with hard never made good wall
hard with hard makes not the stone wall
when Greek meets Greek then comes the tug of war

⇒ Deux MOINEAUX sur un même épi ne sont pas longtemps unis

2 Qui de MÂTIN fait son compère, plus de bâton ne doit porter (sXVI)

= Tout se fait pour COMPAGNON et compère

MATINÉE *s.f.* manhã; *morning*

1 De grasse MATINÉE robe déchirée

'paresseux s'expose à force déconvenues'

quem muito dorme muito perde
quem muito dorme o seu com o alheio perde
quem muito dorme perde o seu com o alheio
quem tarde se levanta todo o dia trota

he that rises late, must trot all day
he that rises not early, never does a good day's work
laziness spells ruin to the farmer

⇒ Qui est loin de son BIEN est près de son dommage

2 Quand rouge est la MATINÉE, pluie ou vent dans la journée

dicton météorologique

aurora ruiva, ou chuva ou vento
ruivas de manhã, chuvas de tarde

red clouds in the east, rain the next day

⇒ MATIN à forte rosée, tonnerre en fin de journée

3 Qui perd sa MATINÉE perd les trois quarts de sa journée (rég., Agen)

'car à qui se lève matin, Dieu prête la main – le matin est le moment le plus productif de la journée'

a quem tarde se levanta cedo anoitece

an hour in the morning is worth two in the evening

MATINES *s.f.pl.* Matinas (hora canônica do breviário romano); *Matins*

1 Après les MATINES doit-on chanter le Te Deum (1557)

= Il ne faut pas chanter le MAGNIFICAT à matines

⇒ Attends le SOIR pour louer le bon jour, et la mort pour louer la vie

2 MATINES bien sonnées sont à demi chantées (1534)

'ce qui est bien engagé est déjà presque réussi, car le commencement est la moitié de tout'

metade da obra tem feito quem bem a começou

Matins well rung is half said

– Voyre, mais (dist Grandgousier) ilz prient Dieu pour nous.

– Rien moins (respondit Gargantua). Vray est qu'ilz molestent tout leur voisinage à force de trinqueballer leurs cloches.
– Voyre (dist le moyne), une messe, unes MATINES, unes vespres BIEN SONNÉEZ SONT À DEMY DICTES. (Rabelais, *G*, p. 170)

– Tem razão – observou Grandgousier – mas oram a Deus por nós!
– É verdade – concordou Gargântua – mas incomodam a vizinhança inteira de tanto badalar os sinos.
– Contudo – disse o frade –, missa, MATINAS e vésperas BEM TOCADAS SÃO QUASE ORAÇÕES.

⇒ A MOITIÉ fait qui commence bien

MAUVAIS *adj.* mau; *bad*

1 Qui est MAUVAIS, il croit que chacun lui ressemble (sXIV)

= Il semble à un LARRON que chacun lui est compagnon

2 Qui pardonne aux MAUVAIS nuit aux bons

= Pardonner au MÉCHANT, c'est frapper l'innocent

MÉCHANT,E *s.* mau, malvado; *evil person, wicked person*

1 Élever des MÉCHANTS, c'est couver son malheur (1768)

= Élève/Nourris un CORBEAU, il te crèvera l'œil

2 Il n'est si MÉCHANT qui ne trouve sa MÉCHANTE (sXIV)

= Il n'y a si méchante/vieille MARMITE qui ne trouve son couvercle

⇒ Il n'est point de vilain PIED qui ne trouve son mauvais sabot

3 Pardonner au MÉCHANT, c'est frapper l'innocent

'innocenter un mal, c'est porter un mauvais coup à l'innocence'

perdoar aos maus é danar os bons

he that spares the bad injures the good
pardoning the bad is injuring the good

♦ Cf. o latim *bonis nocet si quis malis pepercerit* (faz mal aos bons quem poupa os maus). Cf. também o grego ἀδικεῖ τοὺς ἀγαθοὺς ὁ φειδόμενος τῶν κακῶν (quem poupa os maus comete uma injustiça com os bons). Lê-se em Publílio Siro (*Sententiae*, H 29): *honestum laedis, cum pro indigno intervenis* (prejudica o justo quem defende o ímprobo).

⇒ Qui pardonne aux MAUVAIS nuit aux bons

M

MÉDAILLE *s.f.* medalha; *medal, badge*

Toute MÉDAILLE a son revers (1603)

'tout bien ne va pas sans mal, tout bonheur est bientôt suivi de son lot de malheur, tout recto a son verso, toute lumière génère une ombre, tout avers a son revers, toute chance se paie de quelque guignon, toute grandeur s'accompagne de quelque petitesse'

não há bom pano sem seu avesso
não há trigo sem joio
não há trigo tão joeirado que não tenha alguma ervilhaca (Camões)
toda (a) medalha tem seu reverso

each outside has its inside
every coin has its dark side
every medal has its dark side
every medal has its reverse

♦ O provérbio tem equivalentes em italiano: *ogni medaglia ha il suo rovescio* e em espanhol: *todas las medallas tienen su reverso.*

⇒ Chaque VIN a sa lie

MÉDECIN *s.m.* médico; *doctor, physician*

1 Au MÉDECIN, à l'avocat et au curé, il faut dire la vérité

'en matière de santé, de justice et de religion, on ne badine pas avec la vérité'

ao médico, ao advogado e ao abade, falar a verdade
ao médico, confessor e letrado nunca enganes

hide nothing from thy minister, physician, and lawyer
to confessors, doctors, and lawyers tell the truth about yourself

♦ Diz-se em espanhol: *al médico, confesor y letrado, hablarles claro.*

2 De jeune MÉDECIN, cimetière bossu (sXIV)

'l'inexpérience du jeune médecin a tôt fait de vous peupler un cimetière'

guarde-vos Deus de físico experimentador e de asno ornejador (aprox.)

a young physician fattens the churchyard

3 Heureux est le MÉDECIN qui est appelé sur le déclin de la maladie (1546)

"si le malade meurt, on ne lui impute point sa mort; s'il échappe, il a l'honneur de la cure faite par les forces naturelles" (Panckoucke)

o bom médico é o do terceiro dia
o melhor médico é o que chega no fim da doença

happy is the doctor that is called when the disease is half cured

"Ne sçait tu qu'on dict, en proverbe commun, HEUREUX ESTRE LE MEDICIN QUI EST APPELLÉ SUS LA DECLINATION DE LA MALADIE? La maladie de soy criticquoit et tendoit à fin, encores que le medicin n'y survint. (F. Rabelais, *TL*, p. 199)

"Não sabes que, como diz o conhecido provérbio: FELIZ É O MÉDICO QUE CHEGA NO FIM DA DOENÇA? A doença já cedia, quando o médico apareceu.

4 Le meilleur MÉDECIN est la marmite (rég., Savoie)

= Il vaut mieux aller au MOULIN qu'au médecin

5 MÉDECIN avisé fait plaie puante (sXVI: *bon mire* ['médecin'] *fait plaie puante*)

'trop de prudence peut enrayer le cours naturel de l'action'

cuidados alheios matam o asno
ferida muito alforada ['fechada, tapada'] vira bouba

care is no cure
care killed the cat

– "MÉDECIN AVISÉ FAIT, dit-on, PLAIE PUANTE". Ainsi fais-tu, Racquin, médecin de la cité. Tu engraisses l'émeute et tu nourris la peste, et tu leur trais le pis, après, à tes deux bêtes. (R. Rolland, *CB*, p. 224)

– SE É PRUDENTE O MÉDICO, dizem, O TUMOR SAI FÉTIDO. Assim procedes, Racquin, médico da cidade. Engordas a baderna e alimentas a peste, e depois ordenhas a ambos os animais. (Trad. de Ivo Barroso)

6 MÉDECIN, guéris toi-même! (1552)

'il convient de commencer par mettre soi-même en pratique les conseils dont on accable les autres'

médico, cura-te a ti mesmo!

physician, heal thyself!

(...) c'est l'Évangile onquel est dict, *Luc, 4*, en horrible sarcasme et sanglante dérision, au médicin négligent de sa propre santé: "MÉDICIN, O GUÉRIZ TOY-MESMES."
Cl. Gal[ien], non pour telle révérence en santé soy maintenoit, (...). "Car (dict-il, *lib. 5. De sanit. tuenda*) difficilement sera creu le médicin avoir soing de la santé d'aultruy, qui de la sienne propre est négligent." (F. Rabelais, *Le quart livre*, in *OC*, p. 568-569)

(...) é o Evangelho (*Lucas 4*) no qual é dito, com horrível sarcasmo e sangrento escárnio, ao médico que descura a própria saúde: "MÉDICO, CURA-TE A TI MESMO".
Cláudio Galeno, não por tal reverência em saúde esteja agora, (...). "Pois (diz ele, em seu *lib. 5. De sanit. tuenda*) dificilmente se acreditará que o médico vai cuidar bem da saúde dos outros, se da sua se descuida."

♦ Cf. Lucas 4, 23: ιατρέ, θεράπευσον σεαυτόν (em latim: *medice, cura te ipsum!*).

7 MÉDECINS et paveurs de rue, la terre recouvre leur faute

'l'erreur médicale est aussi tôt enterrée, qu'elle a enterré ses victimes'

a terra cobre o erro dos médicos
o erro dos médicos a terra cobre, e o dos ricos, o dinheiro
os médicos enterram seus enganos

if the doctor cures, the sun sees it; but if he kills, the earth hides it
physician's faults are covered with earth

8 On voit plus de vieux ivrognes que de vieux MÉDECINS

'c'est la vieille défiance populaire envers l'inefficacité de la médecine; en outre, une croyance veut que l'alcool conserve'

há mais bêbados/bêbedos vivos que médicos velhos

there are more old drunkards than old doctors

– C'est (dist le moyne) bien mediciné! Cent diables me saultent au corps s'IL n'Y A PLUS DE VIEULX HYVROGNES QU'IL n'Y A DE VIEULX MEDICINS! J'ay composé avecques mon appetit en telle paction que tousjours il se couche avecques moy, et à cela je donne bon ordre le jour durant, aussy avecques moy il se lieve. (F. Rabelais, *G*, p. 173)

– O regime é bom – retruca o frade. – Cem diabos me entrem no corpo, se não HOUVER MAIS VELHOS ÉBRIOS DO QUE VELHOS MÉDICOS! Fiz com o meu apetite um pacto segundo o qual ele comigo se deita e comigo se levanta. Nesse sentido, tomo minhas providências durante o dia. (Trad. de Aristides Lobo)

♦ Segundo Mireille Huchon (Rabelais, *OC-Pléiade*, p. 1.150), o provérbio é anterior a Rabelais.

9 Un MÉDECIN comme berger connaît voisin (sXVI)

'tout comme le berger, le médecin, à la tête d'un troupeau de patients, exerce une fonction éminemment sociale'

médicos e pastores conhecem seus vizinhos

physician as shepherd knows his neighbour

10 Vieux MÉDECIN et jeune barbier sont à louer et à apprécier (sXVI)

= De jeune MÉDECIN, cimetière bossu

♦ O provérbio tem correspondentes em italiano: *medico vecchio e barbiere giovane* e em espanhol: *médico viejo, cirujano joven, y boticario cojo* (ou ainda: *de médico mozo y barbero viejo cátate*).

MÉDECINE *s.f.* medicina, remédio; *medicine, drug*

1 En MÉDECINE comme en amour, ni jamais ni toujours (sXIX)

'la science médicale est aussi peu fiable que l'érotologie'

no amor e na medicina, nem sempre nem nunca

in love and in medicine nothing is impossible

♦ Axioma do médico canadense William Osler.

2 Il ne faut pas prendre la MÉDECINE en plusieurs verres

= Il faut avaler les PILULES sans les mâcher

3 Tard MÉDECINE est apprêtée à maladie enracinée (sXV)

= À MAL enraciné remède tard apprêté

⇒ Les PLAIES fraîches sont les plus aisément remédiables

MÉDIOCRITÉ *s.f.* mediocridade; *mediocrity*

Bonheur gît en MÉDIOCRITÉ, ne veut ni maître ni valet (1576)

'c'est l'*aurea mediocritas* célébrée par les moralistes romains, qui préserve des excès'

nem oito nem oitenta
no meio é que está a virtude

it is good to be neither too high nor too low
measure is a merry mean

MÉFIANCE *s.f.* desconfiança, suspeita; *distrust, mistrust, suspicion*

(La) MÉFIANCE est mère de (la) sûreté (1668)
'énoncé du principe de l'universelle défiance'

a desconfiança é a sentinela da segurança
a desconfiança é mãe da discrição e da prudência
confiar desconfiando
confiar no futuro mas pôr a casa no seguro
na desconfiança (é que) está a segurança

diffidence is the right eye of prudence
distrust is the mother of safety
safety is born of caution
sudden trust brings sudden repentance
wise distrust is the parent of security

Il était expérimenté, / Et savait que LA MÉFIANCE / EST MÈRE DE LA SÛRETÉ. (La Fontaine, *F*, III, xviii, 51-53)

Era homem experiente, / E sabia que A DESCONFIANÇA / É A MÃE DA SEGURANÇA.)

⇒ Deux PRÉCAUTIONS valent mieux qu'une

MEILLEUR *s.m.* melhor; *the best*

C'est (toujours) les MEILLEURS qui s'en vont(!)

hommage proverbial rendu à un défunt, dont on ne retient que les qualités

M

a morte leva os bons e deixa os ruins
as rosas caem e os espinhos ficam
morre jovem quem os deuses amam
vão os bons, ficam os ruins

death comes first to better people
the best go first
the good die young
whom the gods love die young

Elle hoquette: que c'est horrible, que c'est terrible, que c'est pas permis, que la vie est triste, que la vie est bête, que la vie est ignoble, que Béru a été un bon compagnon, que lorsqu'on perd sa compagnie on a tout perdu (comme disait un capitaine), que CE SONT LES MEILLEURS QUI S'EN VONT, que: est-ce qu'elle aura droit à une pension? (San-Antonio, *TC*, p. 25)

Ela diz entre soluços: que é horrível, que é terrível, que não é justo, que a vida é triste, que a vida é idiota, que a vida é traiçoeira, que Béru foi um bom companheiro, que, quando se perde a companhia, perde-se tudo (como dizia um capitão), que SÃO SEMPRE OS MELHORES QUE PARTEM, e que: será que ela vai ter direito a pensão?

- Costuma-se acrescentar: **Les plus malheureux sont ceux qui restent.**
- ♦ A idéia aparece num fragmento de Menandro: ὅν οἱ θεοὶ φιλοῦσιν ἀποθνῄσκει νέος (aquele a quem os deuses amam morre jovem), provavelmente aproveitado por Plauto (*Bacchides*, 816-817): *Quem di diligunt, / adulescens moritur.* Em italiano, o provérbio foi literariamente utilizado por Petrarca: *Morte fura / Prima i migliori e lascia stare i rei* e, depois, por Leopardi: *muor giovane colui ch'al cielo è caro.*

⇒ Bon GRAIN périt, paille demeure

MÉLANCOLIE *s.f.* melancolia, tristeza; *melancholy, gloom*

Cent livres de MÉLANCOLIE ne payent pas un sou de dettes

= Cent ans de CHAGRIN ne paient pas un sou de dettes

MÉMOIRE *s.f.* memória; *memory*

1 MÉMOIRE du mal a longue trace, MÉMOIRE du bien tantôt passe (sXVI)

= Les BIENFAITS s'écrivent sur le sable et les injures sur l'airain

2 Point de MÉMOIRE à table (sXIX)

'les joyeux propos de bonne chère ne prêtent pas à conséquence'

palavras ditas à mesa na mesa devem ficar

all that is said in the kitchen, should not be heard in the hall

3 Trop boire noie la MÉMOIRE

'la mémoire est le fondement de la morale; l'alcoolisme, et tout vice préjudiciable aux facultés mentales, égarent donc le sens des valeurs'

muito beber faz esquecer

when wine sinks, words swim

MENACE *s.f.* ameaça; *threat*

MENACES ne sont lances (sXIV)

= Tel MENACE qui craint/tremble

MENACER *v.t.* ameaçar; *to threaten*

Tel MENACE qui craint/tremble (sXV; sXIII: *tel menace qui a grand-peur*)

'souvent l'on menace pour conjurer sa propre peur'

(às vezes) muito ameaça quem de medroso não passa

long mint ['warn'], *little dint* ['blow']

MENACEUR *s.m.* aquele que ameaça; *threatener*

De grand MENACEUR, peu de fait (1558)

'les grands défis verbaux sont souvent le propre des velléitaires; du reste, l'énergie dépensée à vociférer épuise souvent celle qui est nécessaire pour passer à l'acte'

cão ladrador, mau mordedor
chuva que troveja não cai
muito trovão é sinal de pouca chuva
tamanco faz zoada mas não assusta

great barkers are no biters
there are more men threatened than stricken

⇒ Il ne PLEUT pas comme il tonne

MÉNAGE *s.m.* casal; *couple*

Le MÉNAGE va mal quand la poule chante plus haut que le coq

= La POULE ne doit pas/point chanter devant le coq

MENSONGE *s.m.* mentira; *lie, fib*

1 À beau MENSONGE, longue mémoire

= Il faut qu'un MENTEUR ait bonne mémoire

2 Le MENSONGE chevauche le dos des débiteurs (sXVII)

'les dettes développent la capacité de mentir, car il faut incessamment inventer des raisons de ne pas s'acquitter'

muito mente quem muito deve

lying rides upon debt's back

3 Les MENSONGES ont des jambes courtes

'il est aisé de confondre qui a l'habitude de mentir: il monte toujours sur la pointe des pieds, ou recourt à des prothèses'

a corda da mentira é muito curta
a mentira tem pernas curtas
curtas tem as pernas a mentira e alcança-se asinha ['depressa']

lies have no legs
lies have short legs
lies have short wings

♦ O provérbio tem correspondentes em italiano: *le bugie hanno le gambe corte*, em espanhol: *la mentira no tiene pies* e em alemão: *Lügen haben kurze Beine*.

4 Qui dit un MENSONGE en dit cent

= Un MENSONGE en entraîne un autre

5 Un MENSONGE en entraîne un autre

'comme il est plus commode d'inventer le réel que de s'y soumettre, l'habitude de mentir est vite prise – d'autant que, pour dissimuler un mensonge, on doit souvent en commettre un autre, puis un autre'

uma mentira acarreta outra
uma mentira requer outra

one lie makes many

♦ Cf. Terêncio (*Andria*, 778-779): *fallacia / alia aliam trudit.*

MENTEUR *s.m.* mentiroso; *liar*

1 À MENTEUR, MENTEUR et demi (1842)

'il est permis de renchérir sur un mensonge; on trouve toujours plus dissimulateur que soi'

para mentiroso, mentiroso e meio

to a liar a liar and a half

⇒ À mauvais RAT, faut mauvais chat

2 Il faut qu'un MENTEUR ait bonne mémoire (1851)

'dans un mensonge, le souvenir tient lieu de réalité; pour le perpétuer, il faut donc ne pas être trahi par sa mémoire'

a mentiroso, boa memória
o mentir exige memória

a liar ought to have a good memory
liars have need of good memories

♦ Do latim *mendacem memorem esse oportet* (Quintiliano, *De institutione oratoria*, 4, 2). Há provérbios paralelos em italiano: *il bugiardo deve avere buona memoria* e em

espanhol: *al mentiroso le conviene ser memorioso* (ou ainda: *el mentir pide memoria*).

3 On attrape plus vite un MENTEUR qu'un voleur

'mentir et voler sont des détournements de réalité; mais on la retrouve plus aisément aux dépens du menteur'

a mentira tem pernas curtas
apanha-se mais depressa um mentiroso que um coxo
é mais fácil pegar o mentiroso que o coxo
mais depressa se apanha um mentiroso que um coxo

the liar is sooner caught than the cripple

♦ Há correspondente em espanhol: *más presto se coge al mentiroso que al cojo* (ou ainda: *antes pillan al mentiroso que al cojo*).

4 Un MENTEUR n'est point écouté, même en disant la vérité

'il est impossible d'aller contre une réputation'

na boca do mentiroso, o certo se faz duvidoso
quem mente três vezes não é acreditado nunca
quem sempre me mente nunca me engana

a liar is not believed when he speaks the truth

♦ Cf. Cícero (*De divinatione*, 2, 71, 146): *mendaci homini, ne verum quidem dicenti, credere solemus* (costumamos não crer num mentiroso, mesmo quando ele diz a verdade). Há correspondentes em italiano: *il bugiardo anche se dice la verità, non viene creduto* e em espanhol: *en la boca del mentiroso, el cierto se hace dudoso.*

M

MENTIR *v.i.* mentir; *to lie*

1 A beau MENTIR qui vient de loin (1789; 1690: *il a beau mentir qui vient de loin*)

'il est aisé de travestir les réalités lointaines; nul n'a les moyens de vérifier la fabulation des aventuriers, et nul ne le souhaite, tant il est vrai que *omne ignotum pro magnifico* (on se fait une idée splendide de tout ce qu'on ne connaît pas)'

(de) longas vias, longas mentiras
é quase sempre mentiroso quem vem de longe
grandes caminhadas, grandes mentiras
mente bem quem de longe vem
quem vem de longe é mentiroso

long ways, long lies
who comes from afar may brag without fear

Je racontais ma vie à Mme Proviseur. Elle se fit tendre quand elle apprit que je venais de rompre mes fiançailles avec la plus jeune des Yvel. "Qu'elle aille donc y voir", me disais-je, et, sage à la façon de ma mère, j'ajoutais: "A BEAU MENTIR QUI VIENT DE LOIN." (M. Blancpain, *FA*, p. 370)

Contei minha vida à Sra. Diretora. Mostrou-se afável ao saber que eu acabara de romper o noivado com a caçula dos Yvels. "Ela que procure saber se é verdade", pensei com os meus botões, e, imitando minha sábia mãe, completei: "MENTE BEM QUEM DE LONGE VEM."

Alteração jocosa em R. Rolland:

Sur la place je me trouvai. La compagnie n'y manquait point. Tous, comme moi, hommes de bien, sachant user des yeux pour voir, des oreilles pour croire et boire ce qu'ont happé les autres yeux, et de la langue pour conter ce qu'on n'est pas forcé d'avoir vu pour en parler. Dieu sait si je m'en suis donné... POUR BEAU MENTIR N'EST PAS BESOIN VENIR DE LOIN. (*CB*, p. 94)

Eu estava na praça. Companhia não me faltava. Todos, como eu, homens de bem, que sabem usar os olhos para ver, e os ouvidos para crer e beber o que tragaram outros olhos, e a língua para contar o que nem sempre se viu. Só Deus sabe o que eu inventei... PARA MENTIR BEM NÃO É NECESSÁRIO VIR DE LONGE.

♦ Há correspondentes em italiano: *ha un bel mentir chi vien da lontano* e em espanhol: *a luengas vías, luengas mentiras*.

⇒ Une SERVANTE de pays lointain a bruit de damoiselle

2 Peut-être empêche les gens de MENTIR (1749)

'une restriction, une atténuation rend tout possible'

o "quase" e o "talvez" encobrem muita mentira
um "talvez" impede muita mentira

almost was never hanged
every may be has a may not be
what may be, may not be

⇒ "PRESQUE" et "quasiment" empêchent de mentir

MENTON *s.m.* queixo, *chin*

Il est facile de nager quand on vous tient le MENTON (sXIII)

'les progrès sont aisés quand on prend appui sur autrui'

quem tem costa quente é valente

he must needs swim, that is held up by the chin

MER *s.f.* mar; *sea*

1 À tort se lamente de la MER qui ne s'ennuye d'y retourner (sXV)

'il ne faut pas regretter ce qu'on n'a pas vraiment envie de retrouver'

na primeira quem quer cai, na segunda cai quem quer, na terceira quem é tolo
sem razão se queixa do mar quem outra vez navega

he complains wrongfully on the sea that twice suffers shipwreck
he complains wrongfully on the sea that will to sea again
if you love not the noise of bells, why do you pull the ropes?

♦ O provérbio figura em Publílio Siro (*Sententiae*, I 63): *improbe Neptunum accusat, qui iterum naufragium facit* (acusa injustamente Netuno quem naufraga duas vezes). Há equivalentes em italiano: *a torto si lagna del mare, chi due volte ci vuol tornare* e em espanhol: *sin razón se queja del mar quien otra vez navega*.

2 Dedans la MER de l'eau n'apporte (1597)

'il est vain de "porter quelque chose en un lieu où il y en a déjà grande abondance" (Panckoucke)'

é inútil chover no molhado
é inútil levar água ao mar

cast not water into the sea
cast not water into the Thames

⇒ C'est FOLIE porter l'eau en la mer

3 Qui est sur la MER il ne fait pas des vents ce qu'il veut (1495)

'on ne peut pas jouer avec les forces de la nature'

quem anda no mar não faz do vento o que quer

he that sails the sea will not make of the wind all he wants

4 Qui veut apprendre à prier, qu'il aille sur la MER (1655)

'les périls de la mer renvoient l'homme de son impuissance à la toute-puissance de Dieu'

quem anda no mar aprende a rezar
quem quer aprender a rezar que entre no mar

he that will learn to pray, let him go to sea
he that would learn to pray, let him go to sea

♦ Diz-se em espanhol: *si quieres aprender a orar, entra en la mar*.

5 Si la MER bouillait, il y aurait bien des poissons (de) cuits

'les hypothèses rendent tout possible [se dit pour répondre à une supposition ridicule]'

o "se eu soubesse" é santo que nunca valeu pra ninguém (Mário de Andrade)
se o céu caísse, morriam as andorinhas todas

if ifs and ands were pots and pans, there'd be no work for tinkers' hands
if ifs and an's were pots and pans, there'd be no trade for tinkers

LE MAÎTRE. S'ils se relevaient?
JACQUES. Tant pis ou tant mieux.
LE MAÎTRE. Si... si... si... etc.
JACQUES. Si, SI LA MER BOUILLAIT, IL Y AURAIT,

comme on dit, BIEN DES POISSONS DE CUITS. (D. Diderot, *JF*, p. 11)

O AMO. Se se tivessem levantado?
JACQUES. Tanto pior ou tanto melhor.
O AMO. Se... se... se... e...
JACQUES. Se, SE O MAR ENTRASSE EM EBULIÇÃO, HAVERIA, como se diz, NÃO POUCOS PEIXES COZIDOS. (Trad. de Antônio Bulhões e Miécio Tati)

⇒ Si les NUES tombaient les aloès seraient toutes prises

MERCIER *s.m.* armarinheiro, retroseiro; *haberdasher* (GB), *notions seller* (EUA)

1   À petit MERCIER, petit panier (sXIII)

"il faut régler sa dépense sur son bien" (Panckoucke)

a pequeno passarinho, pequeno ninho

a small pack becomes a small pedlar

⇒ À petit SAINT, petite offrande

2   Chacun MERCIER prise ses aiguilles et son panier (sXVI)

'chacun prise sa marchandise'

cada bufarinheiro louva seus alfinetes
cada bufarinheiro louva suas agulhas
cada oleiro gaba a sua telha

every cook praises his own broth
every pedlar praises his needles

♦ Há provérbio paralelo em espanhol: *cada buhonero alaba sus cuchillos.*

MERDE *s.f.* merda; *shit*

1   À chacun sent bon sa MERDE (1597)

'l'autocritique est impossible'

a cada um contenta seu rosto a sua arte e cheira bem o seu suor
cada um estima o seu
os filhos nunca cheiram mal aos pais
xexéu e vira-bosta, cada qual do rabo gosta

each bird loves to hear himself sing
every ass loves to hear himself bray
every man likes his own thing best
every sprat nowadays calls itself a herring

Montaigne cita o provérbio em latim:

Non seulement les reproches que nous faisons les uns aux aultres, mais nos raisons aussi et nos arguments et matieres controverses, sont ordinairement retorquables à nous, et nous enferrons de nos armes: dequoy l'ancienneté m'a laissé assez de graves exemples. Ce feut ingenieusement dict et bien à propos, par celuy qui

l'inventa: *STERCUS CUIQUE SUUM BENE OLET.* (*E*, t. III, p. 209)

Não somente as censuras que fazemos uns aos outros como também as razões e argumentos e os temas de nossas controvérsias podem voltar-se contra nós e ferir-nos. A esse propósito legou-nos a Antigüidade exemplos edificantes. Falou muito bem e agudamente quem disse que *STERCUS CUIQUE SUUM BENE OLE* (cada qual aprecia o odor de seu esterco). (Trad. de Sérgio Milliet)

2   Chacun sa MERDE

=   Chacun porte sa CROIX

⇒ Chacun sa BESACE

3   Plus on remue la MERDE, et plus elle pue (sXIII)

=   Plus on remue la BOUE, et plus elle pue

MÈRE *s.f.* mãe; *mother*

1   La bonne MÈRE ne dit pas: veux-tu?

'une bonne mère connaît si bien son enfant qu'elle précède ses désirs sans avoir à le consulter'

ao filho que pede a mãe nunca diz "amanhã"

the good mother says, Will you? but gives

2   L'amour d'une MÈRE est toujours dans son printemps

'l'amour maternel ne vieillit pas'

amor de mãe não envelhece

the mother's love never ages

3   MÈRE piteuse fait fille teigneuse (sXIII)

'misère des parents rejaillit sur les enfants'

mãe cuidadosa, filha preguiçosa
mãe preguiçosa faz a filha opiniosa (aprox.)

a pitiful mother makes a scabby daughter

♦ O provérbio tem correspondentes em italiano: *la madre pietosa fa la figlia tignosa* e em espanhol: *madre piadosa cría hija merdosa.*

4   MÈRE trop piteuse fait sa famille teigneuse

=   MÈRE piteuse fait fille teigneuse

5   On se croit toujours plus sage que sa MÈRE (1792)

'ainsi va la présomption de la jeunesse'

todos se julgam mais espertos que os pais

every one can keep house better than her mother till she tries
every one thinks he is wiser than his mother

Pourquoi quittaient-ils la rivière? / Pourquoi? Je le sais

M

trop, hélas! / C'est qu'ON SE CROIT TOUJOURS PLUS SAGE QUE SA MÈRE; / C'est qu'on veut sortir de sa sphère; / C'est que... c'est que... Je ne finirais pas. (Florian, *F*, I, vii, p. 9)

Por que deixavam eles o rio? / Por quê? Oh! Bem o sei! / É que CADA UM JULGA SABER MAIS QUE SUA MÃE; / É que todo o mundo quer escapar de seu mundo; / É que... É que... As razões são infindáveis.

MÉRITE *s.m.* mérito; *merit*

Le MÉRITE est un sot, si l'argent ne l'escorte

'la seule valeur personnelle ne suffit pas pour réussir: il faut surtout être riche'

pobre nunca tem razão

the poor man's wisdom is as useless as a palace in a wilderness
the skilfullest wanting money is scorned

MERLE *s.m.* (*Turdus merula*) melro; *blackbird*

On ne prend pas les vieux MERLES à la pipée

'difficilement abuse-t-on les gens d'expérience; on ne joue pas au plus rusé avec un renard'

macaco velho não mete a mão em cumbuca
macaco velho não põe a mão em cumbuca
não se apanham pássaros velhos com redes novas (aprox.)
pardal velho não se deixa apanhar em qualquer rede
peixe velho é entendedor de anzóis

an old fox is not easily snared
you can't catch an old bird with chaff

♦ A mesma idéia é expressa pelo provérbio grego γέρων ἀλώπηξ οὐχ ἁλίσκεται πάγῃ (raposa velha não é apanhada em armadilha). Em latim medieval: *annosa vulpes haud capitur laqueo*. Há correspondentes em italiano: *passero vecchio non entra in gabbia*, em espanhol: *pájaro viejo no entra en jaula* e em alemão: *alte Krähen sind schwer zu fangen*.

⇒ Vieil OISEAU ne se prend à rets

MESSAGER *s.m.* mensageiro; *messenger*

1 Il n'y a point meilleur MESSAGER que soi-même (1752)

= On n'EST jamais si bien SERVI que par soi-même

2 MESSAGER ne doit périr ni mal avoir (sXIII)

'principe politique requérant l'immunité pour le transport des messages'

mensageiro não merece pancada
moço de recado não merece castigo
portador não merece pancada
quem é mensageiro não merece pancada

messengers should neither be headed nor hanged

♦ Cf. o latim medieval *legatus nec cogitur nec violatur*. Diz-se em espanhol: *farautes y mensajeros no deben ser prisioneros*.

⇒ HÉRAUT ni messager ne doivent être en danger

MESSE *s.f.* missa; *mass*

1 Il ne faut pas se fier à qui entend deux MESSES

= Il ne faut pas se fier à un HOMME qui entend deux messes

2 Pas de MESSE(S) basse(s) (sans curé)

injonction familière pour faire cesser, en société, confidences ou apartés

quem cochicha o rabo espicha

gossips are frogs, they drink and talk

3 Quand la MESSE fut chantée, si* fut la dame parée (sXV)

* *Si* = 'aussi'.

'une fois en règle avec les devoirs religieux, la femme peut songer à autres choses...'

depois de acabada a missa, está a dama vestida

when prayers are done, my lady is ready

MESURE *s.f.* medida; *measure*

En toutes choses a MESURE (1495)

'il faut toujours raison garder, et modération, et précaution, et circonspection, et retenue, et sens de la limite, du milieu'

com peso e medida, governa-se a vida
fazer tudo com tento, peso e medida
peso e medida tiram o homem da porfia

good weight and measure is heaven's treasure
moderation in all things
there is a measure in all things

♦ Diz-se em italiano: *ogni cosa vuol misura*.

MÉTIER *s.m.* ofício, trabalho; *job, occupation*

1 (À) chacun son MÉTIER (sXVII)

'à chacun selon ses compétences; il faut se garder des contre-emplois'

cada macaco no seu galho
cada porco em seu chiqueiro e cada pinto em seu poleiro
cada qual com seu ofício
cada qual com seu saraquá
cada qual no seu ofício
cada qual tem seu ofício
cada um no seu ofício

Tomé, deixa o ofício para quem é

every Jack to his trade
every man as his business lies
every man must walk in his own calling
every man to his business
every man to his craft
the gunner to his linstock, and the steersman to the helm

CHACUN SON MÉTIER, dit le proverbe. Il ne nous demande rien pour peindre tous nos saints patrons portant nos visages, nous n'avons pas le droit de lui demander de nous aider à rentrer le foin. (J. Giono, *D*, p. 72)

CADA QUAL NO SEU OFÍCIO, diz o provérbio. Ele não nos pediu nada para pintar todos os santos padroeiros com as nossas caras, não temos o direito de lhe pedir que nos ajude a guardar o feno.

CHEREA. – Mais ce n'est pas de son rang. Un empereur artiste, cela n'est pas concevable. Nous en avons eu un ou deux, bien entendu. Il y a des brebis galeuses partout. Mais les autres ont eu le bon goût de rester des fonctionnaires.
PREMIER PATRICIEN. – C'était plus reposant.
LE VIEUX PATRICIEN. – À CHACUN SON MÉTIER. (A. Camus, *M-C*, p. 106)

QUÉREA. – Não condiz com a posição dele. Um imperador artista, isso não fica bem. Tivemos um dois, é verdade. Existem ovelhas negras em toda a parte. Mas os outros pelo menos mantiveram o papel de administradores.
PRIMEIRO PATRÍCIO. – Era mais tranqüilo.
O VELHO PATRÍCIO. – CADA QUAL NO SEU OFÍCIO.

♦ A idéia está nas *Tusculanae disputationes* (1, 18, 41) de Cícero: *Quam quisque norit artem, in hac se exerceat.* A esse respeito comenta Charles Appuhn: "On trouve dans les *Guêpes* d'Aristophane ce vers-proverbe: ἔρδοι τις ἣν ἕκαστος εἰδείη τέχνην que traduit ici Cicéron. Horace dira plus tard: *quam scit uterque, libens, censebo, exerceat artem.* Nous disons plus brièvement: à chacun son métier." (Cicéron, *T*, p. 446)

⇒ CORDONNIER, mêle-toi/mêlez-vous de ta/votre pantoufle!

2 À chacun son MÉTIER, les vaches seront bien gardées (1792)

'si chacun fait ce qu'il doit, l'ordre du monde sera préservé'

cada qual cuide de si e Deus de todos
cada qual faça por si, que Deus fará por todos
cada qual trate de si e deixe os outros
cada um na sua casa e Deus na de todos
cada um por si e Deus por todos
cada um trata de si e Deus de todos

cada um trate de si antes de todo e de todos (Joaquim Manuel de Macedo)
cada um trate de si e deixe os outros

every man for himself, and God for us all
when everyone takes care of himself, care is taken of all

Aider à la victoire du bien, c'est le but commun des saints et des sages. *Socii Dei sumus*, répétait Sénèque après Cléanthe.

Et le fabuliste* en donnait cette variante familière, devenue proverbiale: QUE CHACUN FASSE SON MÉTIER, LES VACHES SERONT BIEN GARDÉES. (H.-F. Amiel, *JI*, p. 272)

* Alusão a Florian, que termina a fábula "Le Vacher et le Garde-chasse" (*F*, I, xii, p. 13-14) precisamente com esta frase.

Contribuir para o triunfo do bem é o objetivo comum dos santos e dos sábios. *Socii Dei sumus*, repetia Sêneca após Cleanto.

E dava o fabulista esta variante familiar, tornada proverbial: CADA QUAL FAÇA POR SI, QUE DEUS FARÁ POR TODOS.

♦ Há correspondentes em italiano: *ognuno badi ai fatti propri e tutto andrà per il meglio* e em espanhol: *cada puerta anda bien en su quicio, y cada uno en su oficio.*

⇒ Qui se mêle du MÉTIER d'autrui, trait sa vache dans un panier

3 Douze MÉTIERS, quatorze malheurs

= Trente-six MÉTIERS, trente-six misères

M

4 Il n'y a pas de sot MÉTIER(, il n'y a que de sottes gens) (1842)

'toutes les professions sont honorables, quand elles sont honorablement exercées'

toda profissão é honrosa
todo trabalho é digno

a job is a job
all professions are good in their way

"Il nous l'aurait dit à nous seuls que cela ne ferait rien, reprit la Patronne, nous savons qu'il faut prendre et laisser de ce qu'il dit, et puis IL N'Y A PAS DE SOT MÉTIER, vous avez votre valeur, vous êtes ce que vous valez; (...)." (M. Proust, *RTP*, t. III, p. 315)

"Se ele tivesse falado disso só para nós", continuou ela, "não haveria mal, sabemos com que desconto se deve aceitar tudo o que ele diz, e depois NÃO HÁ PROFISSÕES RIDÍCULAS, você tem o seu valor próprio, você é o que você vale, (...)." (Trad. de Lourdes Sousa de Alencar e Manuel Bandeira)

Ocorre também na forma pluralizada:

LE VIEUX. Oui, mon cher, elle est là, plus bas, elle vend les programmes... IL N'Y A PAS DE SOTS MÉTIERS... c'est elle... vous la voyez?... (E. Ionesco, *C*, p. 40)

VELHO. Sim, meu caro, ela está ali, a vender os programas... NÃO EXISTEM PROFISSÕES PARVAS... É ela... Já a viu?... (Trad. de Luís de Lima)

∴ Ver outra abonação em QUI PAIE SES DETTES S'ENRICHIT.

5 Il n'y a si petit MÉTIER qui ne nourrisse son maître (1789)

'un métier, si modeste qu'il soit, met à l'abri du besoin'

quem tem ofício não morre de fome
quem tem ofício tem benefício

a(n) handful of trade is a(n) handful of gold
he has a good office, he must needs thrive
he who has an art, has everywhere a part
he who has an art, lives everywhere
who has a trade, has a share everywhere

◆ Cf. o latim medieval *artem qui sequitur raro pauper reperitum* (quem cultiva uma arte raramente fica pobre).

6 Qui a MÉTIER a pain/rente

= Il n'y a si petit MÉTIER qui ne nourrisse son maître

7 Qui se mêle du MÉTIER d'autrui, trait sa vache dans un panier (1568)

'qui se mêle des affaires des autres perd tout son temps'

ninguém se meta onde não é chamado

who meddles in all things may shoe the gosling*

* *Shoe the gosling* = 'spend one's time in unnecessary labour'.

⇒ Ne fourrez pas votre NEZ dans les soupes d'autrui

8 Tout MÉTIER fait vivre son maître

= Il n'y a si petit MÉTIER qui ne nourrisse son maître

9 Trente-six MÉTIERS, trente-six misères

'abondance de qualifications nuit à la vraie compétence, et à la réussite professionnelle'

aprendiz de muitos ofícios não chega a mestre em nenhum (deles)
homem de sete ofícios em todos é remendão
mestre de muita arte, porco em toda a parte
mestre em todas as artes é burro em todas as partes
o homem dos sete instrumentos não toca nenhum
sete ofícios, quatorze desgraças

a dozen trades, thirteen miseries
a man of many trades begs his bread on Sundays
he teaches ill, who teaches all
he that changes his trade makes sup in a basket

◆ Há provérbios paralelos em italiano: *quattordici mestieri, quindici infortuni* e em espanhol: *oficial de mucho, maestro de nada*.

⇒ PROPRE à tout, PROPRE à rien

10 Un MÉTIER bien appris vaut mieux qu'un gros héritage

= Il n'y a si petit MÉTIER qui ne nourrisse son maître

MEULE *s.f.* mó; *millstone*

1 La MEULE de Dieu moud lentement, mais fin

'quelque temps qu'elle mette à s'abattre, rien n'échappe à la justice divine, et chacun finit par avoir ce qu'il mérite'

Deus castiga sem pau nem pedra
Deus não se queixa mas o (que é) seu não deixa
Deus tarda mas não falha
o castigo tarda mas não falha

God stays long, but strikes at last
God's mill grinds slow but sure
the mills of God grind slowly(, yet they grind exceeding small)
(Friedrich von Logau, traduzido por H. W. Longfellow)

◆ O provérbio figura em Sexto Empírico: ὀψὲ θεῶν ἀλέουσι μύλοι, ἀλέουσι δὲ λεπτά (as mós dos deuses moem devagar, mas moem fino) e consta dos *Adagia* de Erasmo: *sero molunt deorum molae* (as mós dos deuses moem devagar).

⇒ La JUSTICE de Dieu a des pieds de plomb

2 Qui fuit la MEULE fuit la farine

'qui fuit le travail fuit le profit'

aquele que despreza o moinho despreza a farinha
quem foge ao trabalho foge ao ganho

no mill, no meal

◆ O provérbio existe em grego: ὁ φεύγων μύλον ἄλφιτα φεύγει (quem foge à mó foge à farinha) e em latim: *qui fugit molam farinam non invenit* (quem foge à mó não encontra farinha).

⇒ Il faut TRAVAILLER, qui veut manger

MIDI *s.m.* meio-dia; *midday*

1 Chacun voit MIDI à sa porte/(son clocher)

'l'erreur de parallaxe est la chose du monde la mieux partagée; principe de l'universelle relativité'

cada qual diz da feira como lhe vai nela
cada qual diz da festa como lhe vai nela
cada qual fala da feira conforme lhe vai nela
cada um diz da feira como lhe vai nela
cada um vê, mal ou bem, conforme os olhos que tem

every man after his fashion
every man's censure is first moulded in his own nature
men speak of the fair as things went with them there

2 Il ne faut pas chercher MIDI à quatorze heures

'évitons de nous compliquer l'existence en recherchant ce qu'on n'a pas, ou ce qui n'est pas'

não adianta enxugar gelo
não adianta remar contra a maré
pretender o que não pode é remar contra a maré

don't seek hot water under cold ice

♦ "Quatrain de Voltaire, mis au bas d'un cadran solaire de village:
   Vous qui vivez en ces demeures
   Êtes-vous bien, tenez-vous-y,
   Et n'allez pas chercher midi
      À quatorze heures." (Le Roux de Lincy)

(Quadra de Voltaire, inscrita abaixo de um relógio solar de aldeia:
   Vós que habitais essas moradas
   Se vos sentis bem, aí ficai,
   E não procureis o que
      É impossível encontrar.)

MIEL *s.m.* mel; *honey*

1 Faites-vous MIEL, et les mouches vous mangeront (sXVII)

'l'excessive bonté des uns stimule la méchanceté des autres, comme la tendresse encourage la cruauté, et comme le masochisme excite le sadisme'

fazei-vos mel, comer-vos-ão as moscas
laranjeira doce é que apanha varada
ninguém se faça mel que o lamberão
por me fazer mel comeram-me as moscas (Jorge Ferreira de Vasconcelos)
quem de si faz lixo, pisam-no as galinhas
quem se faz de mel, abelhas o comem
quem se faz de mel, vespas o comem

daub yourself with honey, and you'll never want for flies
don't make yourself a mouse, or the cat will kill you
he that handles a nettle tenderly, is soonest stung
make yourself all honey, and the flies will devour you

♦ O provérbio existe em espanhol: *haceos miel, y paparos han moscas* (Cervantes, *D. Quijote*, II, xlix) (1615), ou, em sua forma moderna: *haceos de miel, y os comerán las moscas*. Diz-se em italiano: *fatti di miele e ti mangeranno le mosche*.

⇒ Qui se fait trop doux, les MOUCHES le mangent

2 Le MIEL est doux, mais l'abeille pique

'les plaisirs ne vont pas sans quelque péril'

ainda que doce seja o mel, a mordidela da abelha é cruel

honey is sweet, but the bee stings

♦ Diz-se em espanhol: *el favo es dulce, mas pica la abeja*.

⇒ Il n'y a pas de ROSE(S) sans épines

3 Le MIEL n'est pas fait pour les ânes

'c'est peine perdue de rendre service à une personne stupide'

não é o mel para a boca dos asnos
não é o pão para a boca dos asnos
não se fez o mel para a boca do asno
o mel não é para a boca do asno
sopa de mel não se fez para a boca do asno

honey is not for the ass's mouth
it is not for asses to like honey
put not an embroidered crupper on an ass
what should a cow do with a nutmeg?

♦ Há equivalentes em italiano: *il miele non è fatto per gli asini* e em espanhol: *no se hizo la miel para la boca del asno*.

⇒ Ne jetez pas vos PERLES aux pourceaux

4 MIEL sur la bouche, fiel sur le cœur

= BOUCHE de miel, cœur de fiel

5 Nul MIEL sans fiel (1610)

'il n'y a pas de joie sans peine'

não há mel sem fel
não há rosa sem espinhos, nem abelha sem mel
não há rosa sem espinhos, nem mel sem abelhão

no pains, no gains
no pleasure without pain
(there's) no rose without a thorn

♦ Há equivalentes em italiano: *non c'è miele senza fiele* e em espanhol: *no hay miel sin hiel*.

⇒ Nul PLAISIR sans peine

6 Qui manie le MIEL s'en lèche les doigts (1828)

'il est difficile de conserver les mains propres lorsqu'on manie de l'argent'

ninguém toca em carvão que não fique enfarruscado
quem azeite mede as mãos unta
quem dá a papa lambe o dedo
quem dá a papa os dedos lambe
quem labora com cana aprende a chupar
quem lida com mel sempre lambe os dedos
quem mexe no mel sempre se lambe
quem o mel trata, sempre se lhe pega

he that measures oil, shall anoint his fingers
he that touches pitch, shall be defiled

⇒ Qui touche à la POIX s'embrouille les doigts

7 Si tu aimes le MIEL, ne crains pas les abeilles

'qui veut gagner doit accepter les obstacles'

se desejas mel, não temas as abelhas
se queres mel, suporta a abelha

M

fear not the bees, if you want honey

⇒ Il ne faut pas laisser de semer par crainte des PIGEONS

8 Trop achète le MIEL qui sur épine le lèche (1495: *trop achatte le miel qui sur espine le lesche*)

'on paie trop cher un plaisir qui s'achète de déplaisirs'

caro custa o que bem sabe

dear bought is the honey that is licked from the thorn
honey is dear bought if licked off thorns

♦ Diz- se em italiano: *caro è quel miele che bisogna leccar sulle spine.*

MIEUX *s.m.* melhor; *better*

1 En toute chose le MIEUX est au juste milieu

'entre trop et trop peu est la mesure appropriée'

nem muito ao mar nem muito à terra
nem oito nem oitenta
nem tanto à terra nem tanto ao mar
nem tanto ao mar nem tanto à terra
nem tanto nem tão pouco
no meio é que está a virtude
tanto se perde por carta de mais como por carta de menos

measure is a merry mean
measure is medicine
measure is treasure
the mean is the best
too much spoils, too little does not satisfy

⇒ Le MILIEU est le meilleur

2 Le MIEUX est l'ennemi du bien (1764)

'on s'expose à gâter ce qu'on cherche à améliorer'

é comum perder-se o bom por querer o melhor
o diabo tanto endireitou o nariz do filho que afinal saiu torto
o feito é inimigo do perfeito
o melhor é inimigo do bom
o ótimo é inimigo do bom
quem tudo quer tudo perde

good is good, but better carries it
leave well enough alone
perfectionism can be counter-productive
striving to better, oft we mar what's well (Shakespeare)
the best is (often) the enemy of the good

♦ Há equivalentes em italiano: *il meglio è nemico del bene* e em espanhol: *lo mejor es enemigo de lo bueno.*

⇒ En limant on fait d'une POUTRE une aiguille

MILIEU *s.m.* meio; *middle*

1 En une étroite couche, le sage au MILIEU se couche

'il est dans l'ordre naturel des choses de satisfaire ses propres besoins avant ceux des autres'

caminho estreito, nós à frente
farinha pouca, meu pirão primeiro

mind other men, but most yourself

2 Le MILIEU est le meilleur (1610)

= La VERTU gît au milieu

MINUIT *s.m.* meia-noite; *midnight*

Il n'est jamais plus tard que MINUIT

'il vient un moment où les ténèbres ne peuvent plus s'obscurcir, où le malheur est à son comble, et où l'on ne peut plus que remonter vers la lumière'

nunca a noite é tão escura como quando quer amanhecer

the darkest hour is that before the dawn

⇒ À force de mal ALLER, tout IRA bien

MIRACLE *s.m* milagre; *miracle*

C'est aux MIRACLES qu'on connaît les saints (1558)

'le faire donne la mesure de l'être'

pelo milagre se conhece o santo

the saint is known by his miracles

MIROIR *s.m.* espelho; *mirror*

Il n'est meilleur MIROIR qu'un ami vieux

'rien ne vaut un vieil ami pour connaître la vérité sur soi-même'

não há melhor espelho que (o) amigo velho
o melhor espelho é amigo velho

no mirror like an old friend
the best mirror is an old friend

♦ O provérbio tem equivalentes em italiano: *non c'è migliore specchio, dell'amico vecchio* e em espanhol: *no hay mejor espejo que el amigo viejo.*

⇒ Un vieil AMI est le plus fidèle des miroirs

MISÈRE *s.f.* miséria; *misery*

1 MISÈRE et pauvreté font mauvais ménage (Monaco)

'les soucis matériels ruinent l'amour'

pobreza nunca em amores fez bom feito

want makes strife 'twixt man and wife

⇒ Quand la PAUVRETÉ entre par la porte, amour s'en va par la fenêtre

2 Toujours la MISÈRE tombe aux pauvres (rég., Auvergne)

'ainsi comme la fortune sourit aux riches, la malchance accable les malheureux; le malheur appelle le malheur'

ao pobre até os cães ladram
ao pobre e ao nogal todos fazem mal
ao pobre o ouro se transforma em cobre
pobreza e alegria nunca dormem na mesma cama
pobreza e alegria nunca dormem numa cama (Gil Vicente)

little Jock gets the little dish, and it holds him aye ['always']
*   long little*
penniless souls must pine in purgatory
the poor man is aye ['always'] *put to the worst*
the poor suffer all the wrong
to what place can the ox go, where he must not plough?

⇒ Au plus PAUVRE, la besace

MOELLE *s.f.* medula, tutano; *marrow, medulla*

Pour avoir la MOELLE, il faut briser/sucer l'os

'le cœur précieux des choses est souvent défendu par une dure carapace qu'il faut briser; tout plaisir se conquiert'

para lograr o proveito, há de se sofrer o dano
quem a cera quer abrandar as unhas há de queimar
quem come a carne (que lhe) roa o osso
quem quiser comer depene

he who eats the meat, let him pick the bone
take the rough with the smooth
to reach the oyster, you must break the shell
you must take the fat with the lean

Var. em A. France:

Il semble que Rabelais s'est surtout moqué des scolastiques. Il était humaniste: l'humanisme devait tuer la scolastique ou être tué par elle. Prenons garde toutefois de louer François de toutes sortes de belles intentions qu'il n'eut jamais. Lui-même, il s'est moqué, par avance, des commentateurs qui s'aviseraient de lui donner trop d'esprit. Il est vrai qu'il a dit aussi qu'IL FALLAIT CASSER L'OS POUR TROUVER LA MOELLE. (*R*, p. 77)

Rabelais, ao que parece, muito zombou dos escolásticos. Era um humanista: o humanismo precisava matar a escolástica para não ser morto por ela. Nem por isso se deve atribuir a François uma nobreza de intenções que jamais teve. Ele próprio já se premunira contra possíveis elogios ao seu talento. É verdade que também afirmara: PARA SE CHEGAR AO TUTANO É NECESSÁRIO QUEBRAR O OSSO.

♦ Diz-se em italiano: *non c'è pane senza pene.*

⇒ Il faut casser la NOIX pour en avoir la chair

MOINE *s.m.* monge; *monk, friar*

1 Les MOINES répondent comme l'abbé chante (sXIX; 1640: *le moine répond comme l'abbé chante*)

'vertu mimétique de l'autorité'

como canta o abade, assim responde o sacristão
como canta o padre, responde o sacristão
se bem canta o abade, não lhe fica atrás o noviço

as the parson chants, so the clerk replies

♦ O provérbio tem equivalentes em italiano: *risponde il frate come l'abate canta*, em espanhol: *como canta el abad, así responde el sacristán* e em alemão: *der Mönch antwortet wie der Abt singt.*

⇒ Au SÉNÉCHAL de la maison peut-on connaître le baron

2 Pour un MOINE l'abbaye ne se perd pas/(ne chôme pas)/(ne faut pas)/(ne manque pas) (sXIV: *pour un moine, on ne laisse pas de faire un abbé*)

'une entreprise n'est pas compromise par l'absence d'un seul; nul n'est indispensable'

não cai o mosteiro por falta de um frade
por falta de um alho nunca deixou de se fazer alhada
por morrer o sacristão o sino não se cala não
por morrer um caranguejo o mangue não bota luto
por morrer uma andorinha não acaba a primavera

for one that is missing there's no spoiling a wedding

3 Pour un MOINE ne faut* couvent (sXV)

* *Faut* (v. *faillir*) = 'fait défaut, manque'.

= Pour un MOINE l'abbaye ne se perd pas/(ne chôme pas)/(ne faut pas)/(ne manque pas)

MOINEAU *s.m.* (*Passer domestica*) pardal; *sparrow*

1 Deux MOINEAUX sur un même épi ne sont pas longtemps unis

'là où il n'y a pas assez pour deux, la querelle éclate bientôt'

dois pardais na mesma espiga nunca fazem liga
dois pássaros empoleirados no mesmo ramo não fazem farinha por muito tempo

two sparrows on one ear of corn make an ill agreement

♦ Diz-se em espanhol: *a dos pardales en una espiga, nunca hay liga* (ou ainda: *dos gorriones en una espiga hacen mala miga*).

⇒ Deux TRUANDS ne s'entraimeront ja à un huis

M

2 Le/Un MOINEAU dans la main vaut mieux que la/qu'une grue qui vole (1828)

= Un OISEAU dans la main vaut mieux que deux dans la haie

3 Mieux vaut MOINEAU en cage que poule d'eau qui nage

= Un TIENS vaut mieux que deux tu l'auras

4 MOINEAU en main vaut mieux que perdrix qui vole

= Un TIENS vaut mieux que deux tu l'auras

⇒ Un OISEAU dans la main vaut mieux que deux dans la haie

5 On ne prend pas les vieux MOINEAUX avec de la paille

= On ne prend pas les vieux MERLES à la pipée

MOISSON *s.f.* colheita; *harvest*

1 Ce n'est pas celui qui fait la MOISSON qui mange la galette

= L'un a battu les BUISSONS, l'autre a pris les oisillons

⇒ Tel SÈME qui ne recueille pas

2 MOISSON d'autrui plus belle que la sienne (1610)

'le bien d'autrui paraît toujours préférable au sien propre'

a galinha da vizinha é mais gorda do que a nossa
a mulher e o dinheiro dos outros é sempre melhor
a talhada no garfo dos outros parece melhor
a vida melhor do mundo é a dos outros
melhor me parece teu jarro amolgado que o meu são
o peixe que foge do anzol parece sempre maior
quando neste vale estou, outro melhor me parece, não
     assim quando lá vou

our neighbour's ground yields better corn than ours
the apples on the other side of the wall are the sweetest
the grass is (always) greener on the other side of the fence
your broken pot seems better than my whole one

♦ Idéia comum a vários autores latinos, entre os quais Ovídio (*Ars amatoria*, 1, 349-350): *fertilior seges est alienis semper in agris, / vicinumque pecus grandius uber habet* (a colheita é sempre mais rica nos campos dos outros, / e o rebanho do vizinho tem tetas mais cheias) e Horácio (*Saturae*, 1, 1, 110): *aliena capella gerat distentius uber* (a cabrita dos outros traz úberes mais plenos). Diz-se em italiano: *l'erba del vicino è sempre più alta/verde*.

⇒ VACHE de loin a assez de lait

MOISSONNER *v.t.* colher; *to harvest, to reap*

Qui ne peut MOISSONNER, qu'il se contente de glaner

= Qui ne peut GALOPER, qu'il trotte

♦ "On fait de ce proverbe une application particulière au sujet des récoltes qui ne sont pas celles des champs: 'Si vieillesse pouvait...'" (M. Maloux)

⇒ Qui ne peut à un MOULIN aille ailleurs

MOITIÉ *s.f.* metade; *half*

1 A MOITIÉ fait qui commence bien

'le bon début d'une entreprise est garant du succès final'

metade da obra tem feito quem bem a começou

well begun is half done

⇒ Qui bien commence a fait la MOITIÉ de sa besogne

2 Il ne faut jamais faire les choses à MOITIÉ (sXX)

'toute entreprise doit être menée à son terme; approximation et inachèvement sont rédhibitoires en matière d'action'

não (se devem) fazer as coisas pela metade

never do things by halves

Si j'avais su que cela te fasse tant de peine / Lui fit le chat / Je l'aurais mangé tout entier / Et puis je t'aurais raconté / Que je l'avais vu s'envoler / S'envoler jusqu'au bout du monde / Là-bas où c'est tellement loin / Que jamais on n'en revient / Tu aurais eu moins de chagrin / Simplement de la tristesse / Et des regrets / IL NE FAUT JAMAIS FAIRE / LES CHOSES À MOITIÉ (J. Prévert, "Le chat et l'oiseau", in *APF*, p. 388-391)

Se eu soubesse que isto te causaria tanta dor / Lhe diz o gato / Tê-lo-ia comido todo / E em seguida contaria / Que o vi fugir voando / Voando para o fim do mundo / Lá longe e tão distante / Que de lá ninguém voltou / Terias bem menor desgosto / Alguma tristeza somente / E um pouco de saudade / NÃO SE DEVE FAZER NADA / PELA METADE (Trad. de Cláudio Veiga)

3 La MOITIÉ du monde ne sait comment l'autre vit (1532)

'l'homme ignore les difficultés de son prochain'

a metade do mundo não sabe como a outra metade vive

half the world knows not how the other half lives

Là commençay penser qu'il est bien vray ce que l'on dit que LA MOYTIÉ DU MONDE NE SÇAIT COMMENT L'AUTRE VIT, veu que nul avoit encores escrit de ce païs-là, auquel sont plus de XXV royaulmes habitez, sans les desers et un gros bras de mer, mais j'en ay composé un grand livre intitulé l'*Histoire des Gorgias*, car ainsi les ay-je nommez parce qu'ilz demourent en la gorge de mon maistre Pantagruel. (F. Rabelais, *P*, p. 172)

E aí me pus a pensar que não deixa de ser verdade, como dizem, que A METADE DO MUNDO NÃO SABE COMO A OUTRA VIVE, já que ninguém ainda escrevera sobre aquele país onde há mais de vinte e cinco reinos habitados, sem incluir os desertos e um largo braço de mar; escrevi sobre o assunto um copioso livro chamado a *História dos Papudos*; dei-lhes esse nome porque eles ficam no papo de meu mestre Pantagruel.

4 La MOITIÉ est plus que l'entier

'il vaut mieux tenir la moitié qu'espérer le tout'

a metade é mais do que o todo
rego aberto meia jeira é

half is more than the whole
the half is better than the whole

♦ Expressão de Hesíodo (*Os trabalhos e os dias*, 40): Πλέον ἥμισυ παντός, retomada por Erasmo nos *Adagia*: dimidium plus toto. Há equivalente em italiano: *la metà è più dell'intero*.

⇒ Le TOUT ne vaut pas la moitié

5 Qui bien commence a fait la MOITIÉ de sa besogne (rég., Lyon)

= Un TRAVAIL bien commencé est à demi achevé

MONDE *s.m.* mundo; *world*

1 Dans ce MONDE, il faut être un peu trop bon pour l'être assez (1730)

'en matière de bonté, l'excès n'est jamais de trop'

neste mundo é preciso ser um pouco bom demais para sê-lo bastante

one should be a little too good to be good enough

MONSIEUR ORGON. Parle; si la chose est faisable, je te l'accorde.
SILVIA. Elle est très faisable; mais je crains que ce ne soit abuser de vos bontés.
MONSIEUR ORGON. Eh bien, abuse. Va, DANS CE MONDE, IL FAUT ÊTRE UN PEU TROP BON POUR L'ÊTRE ASSEZ.
LISETTE. Il n'y a que le meilleur de tous les hommes qui puisse dire cela. (Marivaux, *Le Jeu de l'amour et du hasard*, in *T*, p. 358)

SENHOR ORGON. Fale; se for razoável, eu faço.
SILVIA. É muito razoável, mas não sei se é abusar da sua bondade.
SENHOR ORGON. Está bem, pode abusar. NESTE MUNDO É PRECISO SER UM POUCO BOM DEMAIS PARA SÊ-LO BASTANTE.
LISETTE. Só mesmo o melhor homem do mundo pode dizer uma coisa dessas.

2 Dans ce MONDE il n'y a rien d'assuré que la mort et les impôts

'le pire est certain; il n'y a que le mal que l'on puisse prévoir à coup sûr; le mal d'être exploité, qui est une fatalité sociopolitique; le mal de mourir, qui est la fatalité de notre finitude'

a certeza da vida é a morte
a hora é incerta mas a morte é certa
nada é seguro
ninguém fica para semente
só a morte não tem jeito nem conserto
só a morte não tem remédio
só para a morte não há remédio
só se morre uma vez mas dessa ninguém escapa

he that is once born, once must die
no man knows when he shall die, although he knows he must die
nothing is certain but death and (the) taxes
nothing is so certain as death

⇒ La MORT vient, mais on ne sait l'heure

3 Il en est ainsi en ce MONDE, quand l'un descend l'autre monte (sXV)

= Le MONDE est une échelle qui monte et qui descend

4 Il faut de tout pour faire un MONDE

'toutes les extravagances sont dans la nature'

cada qual com sua baixeza; cada qual com sua altura (Guimarães Rosa)
é preciso gente de todo o tipo para fazer um mundo
é preciso um pouco de tudo para formar um mundo
há todo o tipo de gente nesta vida

it takes all sorts to make a world

Maman soupira:
– L'humanité est bien bizarre. Enfin, FAUT DE TOUT POUR FAIRE UN MONDE. (R. Queneau, *SM*, p. 36)

Mamãe suspirou:
– A humanidade é muito estranha. Enfim, VÊ-SE CADA COISA NESTE MUNDO.

♦ Provérbio de origem espanhola: Cervantes, *D. Quijote*, II, vi: de todos ha de haber en el mundo. "San-Antonio 'défait' ainsi ce proverbe: 'il faut de tout pour défaire un monde'." (Observação de Didier Lamaison)

5 Le MONDE est bossu quand il se baisse

'l'humilité ne doit pas aller jusqu'à l'humiliation'

quem se abaixa faz corcunda
toda a gente é corcunda quando se abaixa

he that respects is not respected

– (...) Maintenant les Camusot font les ultra! Camusot a

marié le fils de sa première femme à la fille d'un huissier du cabinet du roi! LE MONDE EST bien BOSSU QUAND IL SE BAISSE! (H. de Balzac, *DV*, p. 145)

– (...) Os Camusot, agora, bancam os ultras! Camusot casou o filho da primeira mulher com a filha de um porteiro do gabinete do rei. Ele SÓ SE CURVA DIANTE DE GENTE GRAÚDA! (Trad. de Vidal de Oliveira)

⇒ Chacun est BOSSU quand il se baisse

6 Le MONDE est petit (!) (sXX)

se dit quand on rencontre quelqu'un à l'improviste, dans un lieu où on ne l'attendait pas

(como) o mundo é pequeno!

it's a small world!
the world is but a little place, after all

Un nain rencontre un autre nain:
– Ça alors! Toi ici? J'aurais jamais cru qu'on finisse par se revoir...
– Eh oui! dit l'autre. LE MONDE EST PETIT. (H. Nègre, *DHD*, p. 652)

Dois anões se encontram:
– Quem diria?! Você por aqui! Eu nunca poderia imaginar que a gente ia acabar se reencontrando...
– Por que não?! – diz o outro. – O MUNDO É PEQUENO.

♦ Diz-se em espanhol: *el mundo es un pañuelo.*

∴ Ver outra abonação em IL N'Y A QUE LES MONTAGNES QUI NE SE RENCONTRENT PAS.

7 Le MONDE est rond; qui ne sait nager va au fond (1568)

'celui qui ne sait pas se conduire, se diriger habilement dans le monde n'arrivera à rien'

é redondo o mundo: quem não sabe nadar vai ao fundo
o mundo é uma bola, quem anda nele é que se amola

in the world who knows not to swim goes to the bottom

♦ Há correspondentes em italiano: *il mondo è rotondo e chi non sa nuotare va a fondo* e em espanhol: *este mundo es golfo redondo: quien no sabe nadar vase al hondo.*

8 Le MONDE est une échelle qui monte et qui descend

'le monde est un tissu de circonstances contraires; ça va, ça vient, c'est comme les couilles du faucheur'

o mundo é uma bola, tanto anda como desanda
o mundo é uma escadaria, sobem uns, descem outros
quem hoje cai amanhã se levanta

he that falls today may rise tomorrow
the world is a ladder for some to go up and some down

9 Le MONDE parle, l'eau coule, le vent souffle et l'âge s'écoule (1568)

'... et ainsi va la vie'

tudo se vai com os anos

time is, time was, and time is past

10 On ne gagne pas beaucoup à courir le MONDE (Suisse)

mise en garde à l'adresse des jeunes trop aventureux

boa romaria faz quem em (sua) casa fica em paz
cachorro que muito anda apanha pau ou rabugem
feliz e boa festa faz quem em sua casa fica em paz

East or West, home is best
East, West, home's best
home is home, be it never so homely ['humble']
home is home, though it be never so homely
there is no place like home

≠ LES VOYAGES FORMENT LA JEUNESSE

⇒ PIERRE qui roule n'amasse pas (de) mousse

11 Qui t'a mis au MONDE, qu'il te débarbouille!

'on doit assumer les conséquences de ses actes; on dit familièrement: il faut assurer le service après-vente'

quem pariu Mateus que o embale

let every pedlar carry his own burden

12 Tout est pour le mieux dans le meilleur des MONDES (possibles)

'c'est le dernier mot de cet aphorisme de Leibniz qui décide de son sens; l'adjectif "possibles" apporte une considérable restriction à l'optimisme stupide de tout le reste; ce que n'a pas voulu comprendre Voltaire'

tudo vai pelo melhor no melhor dos mundos possíveis

all's for the best in the best of all possible worlds
everything ends well in the best possible world

Altéré em E. Ajar:

J'allais ramper à sa rencontre dans un but de bienveillance, mordiller le bas de son pantalon comme je le fais parfois avec drôlerie et humour, et TOUT ALLAIT ÊTRE POUR LE MIEUX DANS LE MEILLEUR DES MONDES, une expression qui fait fureur. (*GC*, p. 154)

Eu iria rastejar até ele carinhosamente, mordiscar-lhe a barra da calça como às vezes faço com certo humor, e TUDO CORRERIA ÀS MIL MARAVILHAS, como está na moda dizer.

♦ "Fórmula de otimismo, sistema filosófico de Leibniz, troçada por Voltaire no *Candide*." (Antenor Nascentes)

MONNAIE *s.f.* moeda, dinheiro; *currency, coin*

MONNAIE fait tout (1752)

= L'ARGENT ouvre toutes les portes

MONSTRE *s.m.* monstro; *monster*

Il faut étouffer le MONSTRE au berceau

'il faut prendre le mal dès le commencement'

a mancebo mau, com mão e com pau
antes que o mal cresça, corta-se(-lhe) a cabeça
cipó novo é que se torce
de pequenino é que se torce o pepino
de pequenino se torce o pé ao pepino
é de pequeno que se torce o pepino
é preciso cortar o mal pela raiz
mata o lobito enquanto é pequenito
pai não tiveste, mãe não temeste, diabo te fizeste
se não queres que o mal cresça, corta-lhe a cabeça

destroy the lion while he is yet but a whelp
thraw ['twist'] the wand ['rod'] while it is green

♦ Cf. Cícero (*Philippicae*, 5, 11): *Omne malum nascens facile opprimitur: inveteratum fit plerumque robustius.* (Todo mal é fácil de reprimir em seu início; mas, ao envelhecer, torna-se mais robusto.) O provérbio existe em italiano: *al piccolino giusta il testino* e em espanhol: *al arbolito, desde chiquito.*

⇒ Coupez le mal dans sa RACINE

MONTAGNE *s.f.* montanha; *mountain*

1 Après grande MONTAGNE, grande vallée (1456: *entre deux montagnes vallée*)

'montagne est impossible sans vallée, haut sans bas, bonheur sans malheur'

não há dia sem tarde(, nem gosto sem desgosto)
não há montanha sem nevoeiro, nem mérito sem calúnia
não há rio sem vão, nem regra sem exceção
não há semana sem quinta-feira

every flow has its ebb
high floods have low ebbs
no mountain without valley
the higher the mountain, the lower the vale

♦ Diz-se em italiano: *ogni monte ha la sua vallata.*

⇒ Nul JOUR sans soir

2 Il n'y a que les MONTAGNES qui ne se rencontrent pas (1530)

'on finit toujours par se retrouver, les routes finissent toujours par se croiser, le passé finit toujours par resurgir'

até as pedras se encontram, quanto mais as criaturas
deixa estar, jacaré, que a lagoa há de secar (onde os patos vão beber)
homens e não montanhas se cruzam

friends may meet, but mountains never greet
men may meet, but mountains never

there are none so distant that fate cannot bring them together

Elle m'enlace avec une telle force, que nous manquons toutes les deux de tomber à la renverse. "Que *le monde est petit*! On a bien raison de dire qu'IL N'Y A QUE LES MONTAGNES QUI NE PUISSENT SE RENCONTRER." (M.-C. Agnant, *DS*, p. 71)

Ela me abraçou com tanta força que nós duas quase caímos. "Como o mundo é pequeno! De fato, SÓ AS MONTANHAS É QUE NÃO SE ENCONTRAM."

A idéia foi aproveitada por Scarron:

Ceux qui auront eu assez de temps à perdre pour l'avoir employé à lire les chapitres precedents doivent sçavoir, s'ils ne l'ont oublié, que le curé de Domfront etoit dans l'un des brancards qui se trouvèrent quatre de compagnie dans un petit village, par une rencontre qui ne s'etoit peut-être jamais faite. Mais, comme tout le monde sait, QUATRE BRANCARDS SE PEUVENT PLUTÔT RENCONTRER ENSEMBLE QUE QUATRE MONTAGNES. (*RC*, t. I, p. 127-128)

Quem perdeu o seu tempo a ler até agora os capítulos anteriores deve saber, se já não se esqueceu, que o vigário de Domfront estava numa das quatro carruagens que se encontraram numa aldeia, encontro que nunca ocorrera antes. Mas, como ninguém ignora, É MAIS FÁCIL QUATRO CARRUAGENS SE ENCONTRAREM DO QUE QUATRO MONTANHAS.

♦ Há correspondentes em italiano: *i monti stan fermi e le persone camminano* e em espanhol: *las piedras son piedras y se topan, cuanto más las personas* (ou ainda: *tópanse los hombres, y no los montes*).

⇒ Deux ROCHERS ne se rencontrent pas mais bien deux hommes

3 La MONTAGNE accouche d'une souris (1668)

allusion à tout projet ambitieux qui n'aboutit à rien

a montanha pariu um rato
abalaram-se os montes e pariram um ratinho
é o parto da montanha

much ado for nothing (Shakespeare)
the mountains have brought forth a mouse

♦ O provérbio (de origem grega) figura em Horácio (*Ars poetica*, 139): *parturient montes, nascetur ridiculus mus* (as montanhas vão dar à luz e nascerá um ridículo ratinho), e aplica-se a todas as coisas pomposamente anunciadas que resultam em grande decepção. La Fontaine desenvolveu a idéia em "La Montagne qui accouche" (*F*, V, x): "Une Montagne en mal d'enfant / Jetait une clameur si haute, / Que chacun au bruit accourant / Crut qu'elle accoucherait, sans faute, / D'une Cité plus grosse que Paris: / Elle accoucha d'une Souris." (Certa montanha / 'Stando coas dores / Em mil clamores / Se desentra-

M

nha! / Que espalhafato, / Pra que à luz dê, / Sabem o quê? / Pequeno rato! – Trad. de Couto Guerreiro)

♦ Há correspondentes em italiano: *partoriscono i monti e nasce un topo*, em espanhol: *parieron los montes, y nació un ratoncito ridículo* e em alemão: *der Berg hat eine Maus geboren*.

⇒ Les POULES qui gloussent le plus fort ne sont pas les meilleures pondeuses

4 Nulle MONTAGNE sans vallée (1568)

= Après grande MONTAGNE, grande vallée

5 Si la MONTAGNE ne va pas à Mahomet, Mahomet va à la MONTAGNE

'il faut créer l'opportunité lorsqu'elle ne se présente d'elle-même'

já que a água não vai ao moinho, vá o moinho à água
se a montanha não vai a Maomé, Maomé vai à montanha

if the hill will not come to Mahomet, Mahomet will go to the hill
if the mountain will not come to Mahomet, Mahomet must go to the mountain

♦ "Un jour, en présence d'une grande foule, Mahomet appela une montagne, comme s'il voulait la faire venir à lui. Puis il ajouta: 'Puisque tu ne veux pas venir à Mahomet, montagne, Mahomet ira à toi.' Tout le peuple le suivit et son ton inspiré produisit une impression profonde." (*LU*)

♦ Diz-se em espanhol: *pues no va Mahoma al otero, vaya el otero a Mahoma.*

MONTÉE *s.f.* escalada, subida; *climb*

1 À haute MONTÉE le fais* encombre (1495)

* *Fais* = 'fardeau'.

= À longue VOIE paille pèse

2 De grande MONTÉE, grande chute

'plus on est haut monté, plus dure est la chute'

quanto maior a altura, maior o tombo
quanto maior é a subida, maior é a queda
quanto maior é a subida, tanto maior é a descida

the higher standing, the lower fall
the higher the mountain, the greater descent
the higher up, the greater fall

♦ Cf. o latim *quanto altior gradus, tanto profundior casus* (quanto mais alta a subida, tanto mais profunda a queda). Cf. também Publílio Siro (*Sententiae*, E 16): *excelsis multo facilius casus nocet* (a queda fere com mais facilidade os que estão no alto).

⇒ Plus haut monte le SINGE, plus il montre son cul

MONTRE *s.f.* exibição, mostra; *display, show*

Belle MONTRE et peu de rapport (sXVII)

= De grand VENT petite pluie

MONTURE *s.f.* montaria, cavalgadura; *mount*

Qui veut voyager loin ménage sa MONTURE (1668)

'il faut, pour durer, ménager ses forces'

devagar se vai ao longe, e quem depressa caminha se consome
quem quiser ir (ao) longe poupa a montada
quem quiser ir (ao) longe poupe o cavalo

he who takes it slow and steady goes a long way
temperance is the best physic

PETIT-JEAN. (...) Je lui disois parfois: "Monsieur Perrin-Dandin, / Tout franc, vous vous levez tous les jours trop matin. / QUI VEUT VOYAGER LOIN MÉNAGE SA MONTURE; / Buvez, mangez, dormez, et *faisons feu qui dure*". (Racine, *Les Plaideurs*, in *TC*, p. 158)

PETIT-JEAN. (...) Às vezes eu lhe dizia: "Senhor Perrin-Dandin, / Para ser franco, o senhor se levanta todos os dias muito cedo. / QUEM QUER TER VIDA LONGA DEVE CUIDAR-SE; / Beba, coma e durma bem, que *assim irá longe*.

MORCEAU *s.m.* pedaço; *piece*

1 Les premiers MORCEAUX nuisent aux derniers

"quand on a donné sur les entrées, on ne fait pas grand mal au rôt ni à l'entremets" (Panckoucke)

a ventre farto (o) mel amarga
ao homem farto, as cerejas (lhe) amargam
o segundo prato nunca é tão bom como o primeiro

little difference between a feast and a bellyful
the first dish is aye ['always'] *best eaten*
the first dish pleases all

2 MORCEAU avalé n'a plus de goût (1835)

'toute saveur s'oublie, tout bonheur s'efface'

bocado engolido, sabor perdido
pão comido, pão esquecido

eaten bread is soon forgotten

MORDRE *v.* morder; *to bite*

On ne sait qui MORD ni qui rue (1546)

'on ne sait pas ce qui peut arriver'

ninguém sabe do porvir
ninguém sabe o que está para vir
o futuro a Deus pertence
o que será será

só Deus sabe o que está para vir

none knows what will be

A esté aussi acte des quatre vertus principales: de Prudence, en prenent argent d'avance, car ON NE SÇAYT QUI MORD NE QUI RUE. (F. Rabelais, *TL*, p. 368)

Sua conduta encerra algo das quatro virtudes principais: da Prudência, ao tomar dinheiro emprestado, pois NINGUÉM SABE DO PORVIR.

⇒ Qui VIVRA verra

MORS *s.m.* freio (do cavalo); *bit*

MORS doré ne rend pas le cheval meilleur

= Un SINGE vêtu de pourpre est toujours un SINGE

⇒ Le SINGE, fût-il vêtu de pourpre, est toujours SINGE

MORSURE *s.f.* mordida; *bite*

Contre MORSURE de chien de nuit le même poil très bien y duit (1568)

'cette croyance populaire aux vertus de l'homéopathie est alléguée par les grands buveurs qui préconisent de soigner par l'alcool les méfaits de l'alcool'

a ferida do cão com o cabelo do mesmo cão se cura
a ferida do cão cura-se com o pêlo do mesmo cão
cura a mordidela do cão com o pêlo do mesmo cão
mordedura de cão cura-se com (o) pêlo do mesmo cão

take a hair of the dog that bit you

⇒ Du POIL de la bête qui t'a mordu, ou de son sang seras guéri

¹MORT *s.f.* morte; *death*

1 Après la MORT, le médecin

'l'incompétent arrive toujours trop tard; les incapables veulent remédier au mal quand il est consommé'

casa arrombada, trancas à porta
casa roubada, trancas à porta
depois da casa roubada, trancas à porta
depois da morte, o remédio
queimada a casa, acode com água

a word before is worth two behind
after death, the doctor

♦ A idéia está em Propércio (*Elegiae*, 2, 14, 16): *cineri nunc medicina datur* (agora se dá remédio à minha cinza). Diz-se em italiano: *dopo la morte non val medicina*.

⇒ Après le DÎNER, la moutarde

2 Contre la MORT il n'y a nul ressort

'aucun terrestre expédient n'a encore été expérimenté contre la mort'

à morte não há casa forte
à morte, o remédio é abrir-lhe a boca
à morte, o remédio é abrir-lhe a cova
contra a morte não há coisa forte
contra a morte não há remédio
contra a morte não há reza forte
não há nada tão forte que o não derrube a morte
quando o mal é de morte, não precisa de doutor
quando o mal é de morte, o remédio é morrer
só a morte não tem jeito nem conserto
só a morte não tem remédio
só para a morte não há remédio

a deadly disease neither physician nor physic can ease
death defies the doctor
every door may be shut but death's door

♦ Do latim medieval *contra vim mortis non est medicamen in hortis* (contra a força da morte não há remédio nas hortas). O provérbio tem correspondentes em italiano: *contro la morte non v'è cosa forte* e em espanhol: *a la muerte no hay cosa fuerte*.

⇒ Il y a REMÈDE à tout, hors à la mort

3 La MORT assise à la porte des vieux guette les jeunes

'la mort, imminente pour les personnes âgées, attend le tour de ceux qui sont encore jeunes'

a morte não escolhe idade(s)
tão depressa morrem de carneiros como de cordeiros

as soon goes the young lamb's skin to the market as the old ewe's
as soon goes the young sheep to the pot as the old

⇒ La MORT prend tout à sa faux, aussitôt les jeunes comme les vieux

4 La MORT n'épargne ni faible ni fort (sXV)

= MORT n'épargne ni petits ni grands

5 La MORT nous acquitte de toutes nos obligations (1580)

'la mort délivre de tout lien, à commencer par celui des dettes'

a morte liquida todas as contas

death pays all debts
he that dies pays all debts (Shakespeare)

LA MORT, dict on, NOUS ACQUITTE DE TOUTES NOS OBLIGATIONS. I'en sçay qui l'ont prins en diverse façon. (Montaigne, *E*, t. I, p. 54)

A MORTE, dizem, LIBERTA-NOS DE TODAS AS OBRIGAÇÕES. Conheço quem haja interpretado essa máxima de maneira singular. (Trad. de Sérgio Milliet)

M

6 La MORT nous guérit de tous nos maux

'l'avantage de la mort, c'est qu'on cesse de souffrir' (G. Brassens se réjouissait de mourir parce qu'il n'aurait "plus jamais mal aux dents")

a morte tudo cura

a ground sweat cures all disorders*
death is a remedy for all ills

* "In the grave all complains cease from troubling." (*ODEP*)

7 La MORT prend tout à sa faux, aussitôt les jeunes comme les vieux (sXIII)

= Autant meurt VEAU que vache

8 La MORT vient, mais on ne sait l'heure

'rien n'est plus certain que notre mort, rien n'est plus incertain que son heure: formulation populaire de "l'être-pour-la-mort" heideggerien'

a hora é incerta mas a morte é certa
morte certa, hora incerta
não sabe o homem a hora em que morre

death keeps no calendar
men know where they were born, not where they shall die
    (aprox.)

M. Mohrt alude ao provérbio:

Une fois, il avait laissé la mer monter jusqu'à sa ceinture. Est-ce qu'il y a beaucoup d'enfants qui jouent ainsi à être mort, à se donner la mort? Car l'ivresse que sentait Julien, dans le jeu du noyé, c'était celle d'une liberté merveilleuse: il avait décidé sa mort. *NOUS NE SAVONS NI LE JOUR NI L'HEURE...* Mais il était facile de savoir: il suffisait de s'étendre dans un creux de rocher et d'attendre la mer. (*MRPC*, p. 45)

Certa vez, ele deixara o mar subir até a cintura. Será que existem muitas crianças que brincam assim de morto, que fingem se matar? Porque o que encantava Julien, no jogo do afogado, era uma liberdade maravilhosa: havia decidido morrer. *NÃO SABEMOS O DIA NEM A HORA...* Mas era fácil saber: bastava aninhar-se numa fenda do rochedo e esperar pelo mar.

♦ Cf. o aforismo latino *morte nihil certius est, nihil vero incerta quam eius hora.* Cf. também Cícero (*De senectute*, 20, 74): *moriendum enim certe est; et id incertum, an eo ipso die* (de fato, é certo que vamos morrer; o que não é certo é se é hoje mesmo).

⇒ Dans ce MONDE il n'y a rien d'assuré que la mort et les impôts

9 MORT n'épargne ni petits ni grands (sXVI)

'la mort place tous les hommes sur un pied d'égalité parfaite'

a morte não escolhe nem reis nem pobres
a morte não poupa (nem) o fraco nem o forte

nem rei nem papa à morte escapa

death carries a king on his shoulders as easily as a beggar
death combs us all with the same comb

♦ Cf. Horácio (*Carmina*, 1, 4, 13-14): *Pallida Mors aequo pulsat pede pauperum tabernas / regumque turris.* (A pálida Morte bate com o mesmo pé nas cabanas dos pobres e nos palácios dos reis.)

   Malherbe, em "Consolation à Monsieur du Périer sur la mort de sa fille" (73-80), discorre sobre esse mesmo tema: "La mort a des rigueurs à nulle autre pareilles: / On a beau la prier, / La cruelle qu'elle est se bouche les oreilles, / Et nous laisse crier. // Le pauvre en sa cabane, où le chaume le couvre, / Est sujet à ses lois, / Et la garde qui veille aux barrières du Louvre / N'en défend point nos rois." (A morte tem os mais terríveis rigores: / Por mais que seja rogada, / Cruel como é, tapa os ouvidos, / E não nos ouve as súplicas. // O pobre em sua choupana de palha / Está sujeito a suas leis, / E as sentinelas que guardam as entradas do Louvre / Dela não protegem nossos reis.)

⇒ Aussi bien meurent ROI et pape que celui qui n'a point de cape

10 Rien n'est plus certain que la MORT, rien n'est plus incertain que l'heure de la MORT

'mourir est la fatalité de notre finitude'

nada mais certo do que a morte; nada mais incerto do que a hora da morte

no man knows when he shall die, although he knows he must die

⇒ La MORT vient, mais on ne sait l'heure

²MORT *adj. s.m.* morto; *dead*

1 Au MORT et à l'absent, ni injure, ni tourment

= On ne doit pas dire mal des MORTS

2 Il faut laisser les MORTS ensevelir les/leurs MORTS

'laissons le passé aux passéistes'

deve-se deixar os mortos sepultar seus próprios mortos

let bygones be bygones
let the dead bury the dead
no time like the present

♦ Cf. Mateus 8, 22 e Lucas 9, 59-60.

⇒ Le MOULIN ne moud pas avec l'eau coulée en bas

3 Le MORT saisit le vif (1376)

cette maxime issue de la mystique capétienne proclame qu'il ne peut y avoir aucune interruption du pouvoir royal: dans l'instant précis où s'éteint le roi, son héritier est investi, "saisi" de toutes ses prérogatives, avant même l'onction du sacre

o morto apodrece e o moço cresce (aprox.)

the dead seizes the quick

Ly bon Dieu et ly bons homs! n'est-il escript et practiqué, par les anciennes coustumes de ce tant noble, tant antique, tant beau, tant florissant, tant riche royaulme de France, que LE MORT SAISIT LE VIF? (F. Rabelais, *Le quart livre*, in *OC*, p. 569-570)

O bom Deus e os bons homens! Já não se vê escrito e praticado, pelos antigos costumes desse tão nobre, tão vetusto, tão belo, tão próspero, tão rico reino de França, que AO MORTO LOGO SUCEDE O VIVO?

– Ces comparaisons, ma chère, sont tout au plus bonnes pour plaisanter, et la plaisanterie est hors de saison ici. LE MORT SAISIT LE VIF, dans ce cas-là. Lucien emporte nos espérances dans son cercueil. (H. de Balzac, *SMC*, p. 385)

– Essas comparações, minha querida, são boas para gracejar, e o gracejo vem fora de propósito. Aqui é o caso de dizer que O MORTO MATA O VIVO. Com o caixão desse rapaz lá se vão nossas esperanças. (Trad. de Casimiro Fernandes)

⇒ Le ROI est mort, vive le ROI

4 Les MORTS ne mordent plus

'il n'y a que la mort qui puisse mettre un terme aux nuisances d'un individu dangereux'

defunto não fala
homem morto não fala
morto o bicho, acaba a peçonha
morto o bicho, morta a peçonha
os mortos não fazem mal a ninguém

buried man bite not
dead dogs cannot bite
dead dogs do not bite
dead men do no harm
dead men don't bite

♦ Cf. o grego Νεκρὸς οὐ δάκνει (Plutarco, *Vida de Pompeu*, 77, 7). Palavras com que Teódoto de Quio, professor de retórica, aconselhou Ptolomeu XIV, irmão de Cleópatra, a matar Pompeu para conseguir as graças de César. Citado por Erasmo nos *Adagia*: *mortui non mordent*. Diz-se em espanhol: *muerto el perro, se acabó la rabia.*

5 Les MORTS ne reviennent plus

'tout revient, fors les morts'

alma que vai não volta
os mortos não voltam mais

it is only the dead who do not return

Var. em V. Hugo:

Cela m'a dépossédé. – O les épouvantables spectres! – Non, c'était une fumée, une imagination de mon cerveau vide et convulsif. Chimère à la Macbeth! LES MORTS SONT MORTS, ceux-là surtout. (*BJ*, p. 279)

Fiquei fora de mim. – Ó medonhos espectros! – Não, era uma sombra, uma alucinação da minha mente vazia e agitada. Fantasia digna de um Macbeth! OS MORTOS ESTÃO MORTOS, e aqueles ainda mais.

♦ Cf. Eurípides (*Alceste*, 541): τεθνᾶσιν οἱ θανόντες (quem morreu está morto). O provérbio tem correspondentes em italiano: *i morti non tornano* e em alemão: *die Toten kehren nicht zurück.*

6 Les MORTS ont toujours tort

'on excuse les fautes des vivants aux dépens des morts, qui ne sont pas là pour se défendre'

a conta dos mortos quem faz são os vivos
todo (o) ausente acusado sempre com culpa é achado

the dead are always wrong

⇒ Les ABSENTS ont (toujours) tort

7 Les MORTS vont vite (sXVIII)

'les vivants ont tôt fait d'oublier les morts: c'est la condition de leur survie'

a mortos e a idos não há amigos
coitado de quem morre
depois de morto, nem vinha nem horto
triste de quem morre

dead men have no friends
he that died half a year ago, is as dead as Adam
stone-dead has no fellow

Une ballade allemande dit que LES MORTS VONT VITE, mais les vivants aussi. (M. Yourcenar, *CG*, p. 139)

Uma balada alemã diz que OS MORTOS SE VÃO RÁPIDO, e os vivos também. (Trad. de Ivo Barroso)

Machado de Assis usou este provérbio francês no *Memorial de Aires* (p. 101):

LES MORTS VONT VITE. Tão depressa enterrei o leiloeiro como o esqueci.

♦ Refrão da célebre balada fantástica *Lenore* (1773), de Bürger (poeta romântico alemão).

⇒ Un HOMME mort n'a ni parents ni amis

8 On ne doit pas dire mal des MORTS

'respect est dû aux morts: ils ont enduré une épreuve à laquelle nous nous dérobons, et ils n'ont aucun droit de réponse à exercer'

aos mortos e aos ausentes não os insultes nem os atormentes

M

é boa e honrada a viúva sepultada
enterrado, perdoado
não batas em homem morto
para a gente boa ser, ou se há de ir ou há de morrer

of the dead be nothing said but what is good
speak well of the dead

– Que pensez-vous de Sophie?
– Il paraît qu'ON NE DOIT PAS DIRE MAL DES MORTS... Des Sophie, on en rencontre à la pelle, si vous comprenez... (G. Simenon, *VM*, p. 587)

– O que é que você pensa de Sophie?
– Parece-me que NÃO SE DEVE FALAR MAL DOS MORTOS... Sophies encontram-se a dar com o pé, se é que me entende...

◆ Do latim *de mortuis nil nisi bonum* (dos mortos só se deve falar bem), tradução de uma frase grega – Τὸν τεθνηκότα μὴ κακολογεῖν –, citada por Diógenes Laércio (*Vidas dos filósofos ilustres*, 1, 70) e atribuída a Quílon. Cf. também o latim: *parce sepultis* (poupa os mortos). Diz-se em italiano: *al morto non si deve far torto*.

⇒ On ne doit pas troubler les CENDRES d'un mort

9 Quand on est MORT, c'est pour longtemps

'incommensurables sont les durées respectives de la vie et de la mort, ce qui doit encourager à profiter de la vie'

quem morre morre; quem fica sempre lambica
só se morre uma vez mas dessa ninguém escapa

one only dies once – but one is dead so long

◆ Anota M. Maloux: "Désaugiers (1772-1827) [vaudevilliste et chansonnier], *Chansons*, 'Le Délire bachique'. – Le proverbe fait distique avec le vers suivant: Employons donc bien nos instants."

MORTIER *s.m.* almofariz; *mortar*

1 Dans un MORTIER de l'eau ne pile (1597)

= C'est FOLIE puiser l'eau au cribeau

2 Il est bon avoir aucune chose sous le MORTIER (sXV)

= Il faut garder toujours une POIRE pour la soif

3 Toujours sent le MORTIER les aulx* (sXV; sXIV: *les aulx resentent le mortier, barat de barat est portier*)

* "Le pluriel, *des aulx*, d'abord *alz* (1165-1170), est en concurrence avec *ails*, utilisé en botanique." (A. Rey)

'on est toujours marqué par ses origines ou ses fréquentations'

cada cuba cheira ao vinho que tem
o tonel nunca perde o cheiro do vinho

it's kindly ['natural'] *that the poke savour of the herring*

the cask savours of the first fill

◆ Cf. o latim *allia quando terunt, retinent mortaria gusta* (quando se pisa o alho, os almofarizes conservam o cheiro). Diz-se em italiano: *il mortaio sa sempre d'aglio*.

⇒ Toujours le VIN sent son terroir

MORUE *s.f.* (*Gadus morhua*) bacalhau; *cod*

Mieux vaut ta propre MORUE que le dindon des autres (Martinique)

'modeste bien vaut mieux que richesse empruntée'

melhor é o meu que o nosso
pão alheio caro custa
pão alheio custa caro

dry bread at home is better than roast meat abroad

⇒ Mieux vaut un petit CHEZ-SOI qu'un grand chez les autres

MORVEUX *adj. s.m.* moncoso, ranhoso; *snotty(-nosed)*

1 Les MORVEUX veulent moucher les autres (1597)

'ceux qui se moquent pourraient bien être eux-mêmes objet de moquerie'

é o roto falando do esfarrapado (e o sujo do mal lavado)

it's like Satan reproving sin

◆ Diz-se em espanhol: *ninguno que tenga nariz, llame a otro mocoso*.

⇒ C'est la POÊLE qui se gausse du chaudron

2 Qui se sent MORVEUX, qu'il se mouche

= Que celui à qui le BONNET fait, le mette

HARPAGON. Non; mais je t'empêcherai de jaser et d'être insolent. Tais-toi.
LA FLÈCHE. Je ne nomme personne.
HARPAGON. Je te rosserai, si tu parles.
LA FLÈCHE. QUI SE SENT MORVEUX, QU'IL SE MOUCHE. (Molière, *A*, p. 20)

HARPAGÃO. Não; mas impedir-te-ei de galrar e de ser insolente. Cala-te.
SETA. Eu não nomeio ninguém.
HARPAGÃO. Se falas, vou-te ao pêlo.
SETA. A QUEM A CARAPUÇA SIRVA... (Trad. de Guedes de Oliveira)

◆ Diz-se quando alguém aplica a si próprio uma censura ou ironia geral.

MOT *s.m.* palavra; *word*

1 Il vaut mieux perdre un bon MOT qu'un ami

'il faut se garder des démangeaisons de faire de l'esprit;

le désir de briller un instant peut ruiner soudain des trésors patiemment accumulés'

antes perder um bom dito que um amigo

better lose a jest than a friend

♦ Quintiliano (*De institutione oratoria*, 6, 3, 28), no entanto, diz justamente o contrário: *potius amicum quam dictum perdidi* (preferi perder o amigo a perder a tirada).

2 Qui ne dit MOT consent (sXIX)

'le marxisme nous a répété que tout silence est un consentement objectif; la sagesse des proverbes le savait depuis longtemps'

quem cala consente

silence gives consent
silence implies consent

C'est un homme très fin, un homme cultivé. Il ne dit rien. QUI NE DIT MOT CONSENT. (N. Sarraute, *FO*, p. 23)

É um homem muito fino, um homem culto. Ele não diz nada. QUEM CALA CONSENTE. (Trad. de Raquel Ramalhete)

♦ Cf. o antigo aforismo jurídico *qui tacet consentire videtur*. O provérbio tem correspondentes em italiano: *chi tace, acconsente*, em espanhol: *quien calla, consiente/otorga* e em alemão: *wer schweigt, stimmt zu*.

3 Un MOT dit à l'oreille est entendu de loin

'les secrets exacerbent la curiosité et se transmettent d'autant plus vite'

segredo contado é logo espalhado

whispered words are heard afar

MOU *s.m.* bofe; *lights, lungs*

Le MOU est pour le chat

'il faut respecter l'ordre et les prérogatives naturelles'

lé com lé, cré com cré (e cada qual com os da sua ralé)
o que é do homem o bicho não come

that which God will give, the devil cannot reave ['rob of us']

MOUCHE *s.f.* (*Musca domestica*) mosca; *fly*

1 Abattre deux MOUCHES d'un coup de savate (loc. prov.)

= Faire d'une PIERRE deux coups

2 La MOUCHE se brûle à la chandelle (1557)

= La MOUCHE va si souvent au lait qu'elle y demeure

3 La MOUCHE va si souvent au lait qu'elle y demeure (1610)

'quand on cède trop à la tentation, on finit par en pâtir'

quem muita panela prova nalguma se há de escaldar
tantas vezes a mosca vai ao leite que lá fica
tantas vezes vai o cão ao moinho que alguma vez lá lhe fica o focinho
tanto a cabra cavouca que mau pouso sente

that fish will soon be caught that nibbles at every bait
the fly that plays too long in the candle singes his wings at last

⇒ Tant va le POT à l'eau/(au puits) qu'il (se) brise

4 Les vieilles MOUCHES ne se laissent pas engluer ni prendre aisément (sXIX)

= On ne prend pas les vieux MERLES à la pipée

5 MOUCHES noires à Noël, MOUCHES blanches à Pâques

= NOËL au balcon, Pâques au tison

♦ "Les mouches blanches de Pâques sont la métaphore des flocons de neige." (F. Suzzoni)

6 On ne prend pas les MOUCHES avec du vinaigre

'on n'obtient rien par la force; les sucreries piègent plus efficacement'

as moscas apanham-se com mel (e não com fel)
com branduras que não com império se faz Vênus doce
    (Jorge Ferreira de Vasconcelos)
é com mel que se pega abelha
é mais fácil caçar moscas com mel do que com vinagre
não é com vinagre que se apanham moscas
o homem que não sabe sorrir não deve abrir uma loja
uma gota de mel apanha mais moscas que um tonel de vinagre

a man without a smiling face must not open a shop
empty hands no hawks allure
honey catches more flies than vinegar
more flies are taken with honey than with gall
you catch more flies with honey than with verjuice

Mais les dames grecques savaient bien qu'ON NE PREND PAS LES MOUCHES AVEC DU VINAIGRE et que pour retenir des hommes qui cultivaient de si pénibles penchants, il ne fallait pas faire la fine gueule. (H. Monteilhet, *N*, p. 177)

Mas as damas gregas sabiam que NÃO É COM VINAGRE QUE SE APANHAM MOSCAS e que, para prender homens com inclinações tão deploráveis, não deviam fazer-se de difíceis.

Amplificado em A. France:

Il y fut reçu les bras ouverts. Point de reproches mais des sourires, des caresses et de douces larmes. Les bons pères comprenaient qu'ON NE PREND PAS LES MOUCHES DU SIÈCLE AVEC LE VINAIGRE DE LA PÉNITENCE. (*GL*, p. 221)

M

Ele foi recebido de braços abertos. Nenhuma repreensão, apenas sorrisos, afagos e doces lágrimas. Os padres tinham consciência de que NÃO SE PEGAM AS MOSCAS DO SÉCULO COM O VINAGRE DA PENITÊNCIA.

♦ "Paroles de saint François de Sales, fréquemment reprises par Henri IV." (M. Maloux)

♦ Há correspondentes em italiano: *si pigliano più mosche in una goccia di miele, che in un barile d'aceto* e em espanhol: *más moscas se cogen con miel, que no con hiel*.

7 On prend plus de MOUCHES avec du miel/sucre qu'avec du vinaigre (1835)

= On ne prend pas les MOUCHES avec du vinaigre

⇒ On ne prend pas les OISEAUX à la tarterelle

8 Qui se fait trop doux, les MOUCHES le mangent (rég., Auvergne)

= Faites-vous MIEL, et les mouches vous mangeront

⇒ Qui se fait AGNEAU, le loup le mange

9 Une petite MOUCHE fait péter un bel âne (rég., Agen)

'un léger embarras peut causer de grandes perturbations'

mutuca é pequenina mas faz correr
mutuca é que tira boi do mato

a little stone in the way may make a tall man stumble
a little stone in the way overturns a great wain ['chariot']

♦ Roland Topor parafraseou este provérbio com um irreverente aforismo: "Il suffit d'un gramme de merde pour gâcher un kilo de caviar; un gramme de caviar n'améliore en rien un kilo de merde." (Basta um grama de merda para deitar a perder um quilo de caviar; um grama de caviar em nada melhora um quilo de merda.)

⇒ Petite AIGUILLON pique un gros âne

MOULE *s.f.* (*Mytilus edulis*) mexilhão; *mussel*

Ne criez pas "des MOULES" avant qu'elles ne soient au bord (Belgique)

= Il ne faut pas vendre la PEAU de l'ours avant de l'avoir tué

MOULIN *s.m.* moinho; *mill*

1 Chaque MOULIN trait* l'eau à lui (sXIII)

* *Trait* (v. *traire*) = 'tire'.

= Chacun tire l'EAU à son moulin

⇒ Chacun prêche pour sa PAROISSE

2 Il faut tourner le MOULIN lorsque souffle le vent

'il faut saisir le moment opportun pour agir'

enquanto há vento, molha-se a vela
enquanto venta, molha-se a vela
quando o ferro estiver acendido, então há de ser batido

make hay while the sun shines
strike while the iron is hot
the tide must be taken when it comes

⇒ Selon le VENT, la voile

3 Il vaut mieux aller au MOULIN qu'au médecin (rég., Champagne)

'maladie coûte plus cher que dépense pour la nourriture'

mais cura a dieta que a lanceta
o bom passadio faz o homem sadio

diet cures better than doctors
diet cures better than lancet
kitchen physic is the best physic

⇒ Il vaut mieux aller au BOULANGER qu'au médecin

4 Le MOULIN ne moud pas avec l'eau coulée en bas (sXVII)

'on ne peut pas vivre du passé'

água passada não toca monjolo
águas passadas não moem ['fazem andar'] moinho(s)
águas passadas não movem moinho(s)
com água passada não mói o moinho

the mill cannot grind with the water that is past
water that has passed cannot make the mill go

♦ Há correspondentes em italiano: *acqua passata non macina più* e em espanhol: *agua pasada no muele molino*.

⇒ MORCEAU avalé n'a plus de goût

5 MOULIN de ça, MOULIN de là, si l'un ne meult, l'autre meuldra (sXV)

'lorsqu'un moyen reste improductif, il faut en essayer un autre; il est vain de s'entêter'

há muitas maneiras de matar pulgas

there are more ways to kill a cat than choking her with cream
there are more ways to kill a dog than hanging (it)
there are more ways to the wood than one
there is more than one way to skin a cat

6 Qui entre dans un MOULIN, il convient de nécessité qu'il enfarine (1934)

'on prend les habitudes des lieux qu'on fréquente'

a quem entra no moinho apega-se-lhe a farinha à roupa
quem ao moinho vai enfarinhado sai
quem vai ao moinho enfarinha-se

he who goes into a mill comes out powdered

♦ Diz-se em italiano: *chi va al mulino, s'infarina*.

⇒ Dis-moi qui tu HANTES et je te dirai qui tu es

7 Qui ne peut à un MOULIN aille ailleurs (sXV)

= Qui ne peut GALOPER, qu'il trotte

⇒ Faute de BŒUF, on fait labourer par son âne

8 Qui premier vient au MOULIN premier doit moudre (sXV)

'principe cynique fondant l'amorale morale de la loi du plus fort, ou du "premier occupant", défendue par Dame Belette, qui squatte le "paternel logis" de Jean Lapin (La Fontaine, *F*, VII, xv: "Le Chat, la Belette et le petit Lapin")'

quem mais cedo anda mais depressa chega
quem primeiro anda primeiro ganha
quem primeiro anda primeiro manja
quem primeiro chega primeiro é servido

first come, first served
the foremost dog catches the hare
who first comes to the mill first grinds

♦ Cf. Erasmo (*Adagia*): *qui primus venerit primus molet* (quem chegar primeiro moerá primeiro). Há provérbios paralelos em italiano: *chi è primo al mulino, primo macina*, ou ainda: *chi primo arriva meglio macina*.

⇒ Le PREMIER venu engrène

MOURIR *v.i.* morrer; *to die*

1 L'un MEURT dont l'autre vit

'ce qui nuit à l'un sert à l'autre'

com o que este se cura, aquele vai para a sepultura
com o que Pedro sara Sancho adoece (Jorge Ferreira de Vasconcelos)
o que é bom para um pode não ser para outro
o que é brinquedo para o gato é mal para o rato
o que é brinquedo para o gato é morte para o rato
o que é brinquedo para o rato é mal para o gato

one man's breath, another man's death
one man's death, another man's breath

♦ Cf. Lucrécio (*De rerum natura*, 4, 637): *quod ali cibus est aliis fuat acre venenum* (o alimento de uns é para outros um violento veneno).

♦ J. Renard (*J*, p. 136) escreve com irreverência: "La mort des autres nous aide à vivre."

⇒ NUL ne perd qu'autrui ne gagne

2 Nous MOURONS tous les jours

'naître, c'est commencer à mourir'

a morte, até matar, mata (Camões)
a morte cresce em nós como uma flor (Paulo Bomfim)
a morte de cada um já está em edital (Guimarães Rosa)
a vida é o caminho da morte

cada dia de vida é um passo dado para a morte
de dia em dia morreu minha tia
desde que se nasce se começa a morrer
dia a dia morreu minha tia
morre a flor desde que nasce
o nascimento é o começo da morte

as soon as man is born he begins to die
our lives are but our marches to the grave
the first breath is the beginning of death
the more thy years, the nearer thy grave

♦ A idéia está numa máxima extraída de *Astronomica* (4, 16), poema didático sobre astrologia escrito por Marco Manílio durante os reinados de Augusto e Tibério: *nascentes morimur, finisque ab origine pendet* (ao nascer já começamos a morrer: o fim pende da origem). O provérbio tem correspondente em italiano: *dalle fasce si comincia a morir quando si nasce*. "Entre os paralelos literários", lembra R. Tosi, "é de particular importância *del viver che è un correre alla morte*, de Dante (*Purgatorio*, 33, 54)."

3 On ne MEURT qu'une fois

invitation à ne pas craindre la mort

ninguém morre duas vezes
só se morre uma vez

a man can die but once
you only die once

LE RÉSIDENT *seul.* – (...) Je mettrai douze balles dans chacun, au moins je ne manquerai pas celui que j'attraperai... Allons, allons!... ON NE MEURT QU'UNE FOIS!... qu'ils viennent, ces Espagnols!... qu'ils viennent! tout Français est soldat! (P. Mérimée, *TCG*, p. 59)

O RESIDENTE *sozinho.* – (...) Posso meter doze balas em cada um, e sem dúvida vou acertar... Vamos em frente!... SÓ SE MORRE UMA VEZ!... que venham os espanhóis!... podem vir! todo francês é um soldado!

4 On ne MEURT qu'une fois, et c'est pour si longtemps (1656; 1571: *on ne peut mourir que d'une mort*)

'irrémédiable et irréversible, la mort ne doit pas être redoutée'

só se morre uma vez mas dessa ninguém escapa
só uma porta a vida tem, enquanto a morte tem cem

a man cannot die more than once, and it is the end of all

MASCARILLE. Eh! monsieur mon cher maître, il est si doux de vivre! / ON NE MEURT QU'UNE FOIS, ET C'EST POUR SI LONGTEMPS! (Molière, *Le Dépit amoureux*, in *OC*, t. I, p. 157)

MASCARILLE. Ah!, meu caro patrão, como é doce viver! / SÓ UMA PORTA A VIDA TEM, ENQUANTO A MORTE TEM CEM!

♦ Cf. Ph. Geluck: "Si je pouvais choisir le jour de ma mort, je choisirais le lendemain."

5 Qui bientôt MEURT, on dit qu'il languit moins (sXV)

= Qui plus VIT plus languit

6 Qui donne le sien avant MOURIR, bientôt s'apprête à grand souffrir

'il ne faut pas se dessaisir de ses biens avant sa mort'

dar antes de morrer é dispor-se a sofrer
quem dá antes da morte terá má sorte
quem dá o seu antes de morrer aparelhe-se a bem sofrer
quem do seu se desapossa antes da morte, dêem-lhe com um maço na fronte
quem em vida se deserda, dá-se-lhe com um maço ou uma pedra
quem em vida se deserda para si só tem merda
quem faz herdeiro em vida merece que lhe dêem com um maço na cabeça

he that gives all before he dies provides to suffer
he that gives his goods before he be dead take up a beetle and knock him on the head
he that gives his goods before he be dead take up a mallet and knock him on the head

♦ Cf. o latim *si tua das cunctis omnia, multa feres* (se dás a todos tudo o que possuis muito hás de sofrer). Há provérbios paralelos em italiano: *chi dà il suo avanti di morire, si prepari pure a ben soffrire* e em espanhol: *quien da lo suyo antes de morir, aparéjese a bien sufrir*.

⇒ Il ne faut pas SE DÉPOUILLER avant de se coucher

MOUTON *s.m.* (*Ovis aries*) carneiro; *sheep*

1 Le MOUTON boit, c'est le cabri qui est saoul (Martinique)

'ce sont toujours les mêmes qui trinquent'

coitados dos cordeiros quando os lobos querem ter razão
deputado come milho, periquito leva a fama
muitos animais comem palha e só o burro disso tem fama
papagaio come milho, periquito leva a fama
pelas abelhas de São Pedro pagam as de São Paulo
todo (o) pássaro come trigo mas quem paga é o pardal
todos os pássaros comem trigo, só o pardal tem a culpa

one does the scathe ['harm'], *and another has the scorn*

⇒ Tous les POISSONS mangent les gens, c'est le requin seul qu'on blâme

2 MOUTON crotté bien souvent aux autres cherche à se frotter (rég., Bretagne)

= Il ne faut qu'une BREBIS galeuse pour gâter (tout) un troupeau

3 Si vous faites le MOUTON, on vous tondra (rég., Bretagne)

= Qui se fait BREBIS, le loup le mange

4 Un MOUTON sale a envie de salir les autres

= Il ne faut qu'une BREBIS galeuse pour gâter (tout) un troupeau

MULÂTRE *s.m.* mulato; *mulatto*

Les MULÂTRES se battent, ce sont les cabris qui meurent

'le peuple est la victime des querelles des grands; les parents boivent, les enfants trinquent'

briga o rochedo com a onda e quem paga é o marisco
luta a onda com o rochedo, quem paga é o mexilhão
quando cai o filho do patrão, o "galo" é na testa do moleque
quando o mar bate na rocha, quem se lixa é o mexilhão
quando o mar briga com a praia, quem apanha é o caranguejo
quando o mar briga com o rochedo, quem sofre é o marisco
quando o rico geme, o pobre é quem sente a dor

the earthen pot must keep clear of the brass kettle
the pleasures of the mighty are the tears of the poor
whether the pitcher strikes the stone, or the stone the pitcher, it is bad for the pitcher

♦ A idéia está na fábula *Ranae metuentes taurorum proelia* ("As rãs, temendo as brigas dos touros"), de Fedro (2, 27), cujo primeiro verso é: *Humiles laborant ubi potentes dissident* (os fracos sofrem quando os poderosos se desavêm). La Fontaine retoma a mesma idéia em "Les deux Taureaux et une Grenouille" (*F*, II, iv, 20): "Les petits ont pâti des sottises des grands". (Os pequenos pagaram pelas tolices dos grandes.)

⇒ Quand il NEIGE sur les hauteurs, il fait froid dans les vallées

MULE *s.f.* mula; (*she-*)*mule*

1 À vieille MULE, frein doré (1495)

'volontiers la vieillesse se pare pour dissimuler ses déchéances'

a burra velha, cilha nova
a burro velho, albarda nova
a mula velha, cabeçada(s) nova(s)
a mulher velha, cabeçada(s) nova(s)
asna velha, cinta amarela
cavalo velho, arreata nova

to an old mule, new trappings

♦ Cf. o latim *mula senex fulvis ornatur saepe lupatis* (a uma mula velha costuma-se dar freios dourados).

2 À vieille MULE frein doré, riche habit fait fol honorer (sXV)

= À vieille MULE, frein doré

3 Bonne MULE, mauvaise bête

'il faut distinguer l'homme et sa fonction; la schizophrénie est inhérente à la condition humaine; chacun a une
double personnalité: chez lui et à son travail'

bom amigo é o gato, senão que arranha
bom amigo era o gato, se não arranhasse

there is no such a thing as a good old wolf
though the mastiff be gentle, yet bite him not by the lip

♦ Há correspondentes em italiano: *mulo, buon mulo,*
cattiva bestia e em espanhol: *buen amigo es el gato, sino*
que rasguña.

⇒ Ce qui vient de l'OS ne peut se retirer de la chair

4 La MULE du pape ne mange qu'à ses heures
(1532)

'on ne mange avec plaisir que lorsqu'on a faim; satiété
tue désir'

comer a horas, vestir a tempo
(tudo) o que é demais enjoa

if in excess even nectar is poison
too much honey cloys the stomach

Marforii Bacalarii cubantis Rome, de pelendis mascarendis-
que Cardinalium mulis.
    Apologie d'icelluy contre ceulx qui disent que LA
MULE DU PAPE NE MANGE QU'À SES HEURES. (F.
Rabelais, *P*, p. 58)

Marforii Bacalarii cubantis Rome, de pelendis mascarendis-
que Cardinalium mulis [Do modo de almofaçar as mulas
dos cardeais].
    Apologia do mesmo contra os que dizem que A
MULA DO PAPA SÓ COME QUANDO TEM FOME.

♦ Cf. F. Rabelais (*G*, p. 59): "Je ne boy que à mes heures, comme la mulle du pape." (Eu só bebo a certas
horas, como a mula do papa. – Trad. de Aristides
Lobo.)

5 Qui monte la MULE la ferre (1585)

'quand on a femme, il la faut entretenir'

o dono da massa que pendure o tipiti
o linho quem o alisa esse o fia
quem come a papa que reze o *Pater Noster*
quem dá a papa lambe o dedo
quem dá a papa os dedos lambe
quem quer bulir com a moça bole com o pé e com a bolsa
quem quer ganhar a moça anda do pé e joga da bolsa
quem tem a cabra, esse a mama

he who eats the meat, let him pick the bone
if you want to play, you have to pay
they that dance must pay the fiddler

♦ Diz-se em espanhol: *el que desalaba la yegua, ése la merca.*

⇒ Qui bât la BÊTE la monte

MUR *s.m.* parede, muro; *wall*

1 Les MURS ont des oreilles (1690)

'on ne prend jamais assez de précautions contre l'indiscrétion; il faut se défier des murs mêmes'

as paredes têm olhos e ouvidos
as paredes têm ouvidos
matos têm olhos, paredes têm ouvidos

fields have eyes, and woods have ears
hedges have eyes, and walls have ears
there is a witness everywhere
walls have ears
walls have ears and fields have eyes

    – Mon général, si vous m'en croyez, nous ne parle-
rons pas d'affaires ici, LES MURS ONT DES
OREILLES, et je veux avoir la certitude que ce que nous
dirons ne tombera que dans les nôtres. (H. de Balzac, *P*,
p. 165)

    – Se permite, general, não falaremos de negócios
aqui. AS PAREDES TÊM OUVIDOS, e eu quero ter certeza de que aquilo que nós dissermos só entrará pelos
nossos. (Trad. de Carlos Drummond de Andrade)

Var. em T. Gautier:

    Sigognac et le marquis de Bruyères étaient tranquille-
ment revenus à l'hôtel des *Armes de France*, où, en gentilshommes discrets, ils ne sonnèrent mot du duel;
mais LES MURAILLES qu'on dit AVOIR DES
OREILLES ont aussi des yeux: elles voient pour le
moins aussi bien qu'elles entendent. (*CF*, p. 266)

    Sigognac e o marquês de Bruyères haviam retornado
calmamente ao hotel das Armes de France, onde, como
fidalgos discretos, nada disseram sobre o duelo; mas OS
MUROS que, segundo se diz, TÊM OUVIDOS têm também olhos: pelo menos vêem tão bem quanto ouvem.

♦ Provérbio de origem hebraica: *Talmude, Berachoth*
(século V). Há correspondentes em italiano: *i muri*
hanno orecchi, em espanhol: *las paredes tienen oídos* (ou
ainda: *la pared oye y ve*) e em alemão: *wände haben*
Ohren.

⇒ Le BOIS a oreilles, et le champ des yeux

2 Si tu écoutes derrière le MUR, tu entendras ton
    tort et ton droit (rég., Auvergne)

= Qui écoute aux PORTES entend souvent sa propre
honte

MURAILLE *s.f.* muralha; *(high) wall*

1 Il n'est MURAILLE que de os (1532)

'la défense la plus efficace, c'est une armée'

M

exército bem provido tarde ou nunca é vencido

there is no wall but of bones

– (...) Car, monstrant les habitans et citoyens de la ville, tant bien expers en discipline militaire et tant fors et bien armez: "Voicy (dist il) les murailles de la cité", signifiant qu'IL N'EST MURAILLE QUE DE OS et que les villes et citez ne sçauroyent avoir muraille plus seure et plus forte que la vertu des citoyens et habitans. (F. Rabelais, *P*, p. 94)

– (...) Pois, mostrando os moradores e os cidadãos da urbe, tão adestrados na disciplina militar e tão bem e fortemente armados, disse: "Aqui estão as muralhas da cidade", querendo dizer que A VERDADEIRA MURA-LHA É FEITA DE GENTE e que as cidades e cidadelas não podem ter muralha mais segura e mais forte que a virtude de seus cidadãos e habitantes.

2 MURAILLE blanche, papier de fol (1568; 1758: *il n'y a que les fous qui écrivent sur les murailles*)

'les espaces publics stimulent toujours la graphomanie; c'est une affection mentale qui a pris aujourd'hui des proportions extravagantes, au point que certains y voient se constituer une nouvelle forme d'expression culturelle; la sagesse proverbiale, quant à elle, n'y a jamais vu que dérèglement mental, et en profite pour ravaler cette pratique au rang des agissements vains, exercés en pure perte'

as paredes brancas são o papel dos tolos

a white wall is a fool's paper

MÛRE *s.f.* amora; *mulberry*

On ne va pas aux MÛRES sans crochet (1558)

'les mûres se cueillent au milieu des ronces; c'est l'exemple d'une activité élémentaire ("cueillir") qui exige pourtant précautions et savoir-faire'

costureira sem dedal cose pouco e cose mal

it is ill killing a crow with an empty sling
no flying without wings

MÛRIER *s.m.* (*Morus nigra*) amoreira, moreira; *mulberry-tree*

Il vaut mieux être MÛRIER qu'amandier*

* Embora a amoreira seja uma árvore agreste e vulgar, e a amendoeira pertença à aristocracia das árvores, esta é também símbolo da imprudência pois floresce precocemente e fica exposta aos rigores das geadas.

'la noblesse est plus exposée que la roture'

antes moreira que amendoeira

better a wee fire to warm us than a mickle ['big'] *fire to burn us**
the bigger the man, the better mark ['target']

* The proverb "implies that it is better to have the comforts of a small amount of money than the dangers of a large amount". (R. Fergusson)

⇒ Aux grandes PORTES soufflent les gros vents

MYRTILLE *s.f.* (*Vaccinium myrtillus*) mirtilo; *bilberry, blueberry* (EUA)

Une MYRTILLE parmi les orties est une MYRTILLE

'proverbe antimarxiste: les êtres ne sont pas le produit de leur milieu'

junto da urtiga nasce a rosa

a myrtle among nettles, is a myrtle still

♦ Provérbio de origem hebraica: *Talmude, Sanedrim* (século V).

n

NAGEUR *s.m.* nadador; *swimmer*

1 **Bon NAGEUR, bon noyeur** (1568: *bons nageurs sont à la fin noyés*)

'les excès de confiance tournent à la confusion du présomptueux'

o bom nadador acaba afogado
quem muito sabe a miúdo se engana

good swimmers at length are drowned

♦ O provérbio tem correspondentes em italiano: *i più destri nuotatori sogliono morire annegati* e em espanhol: *el mejor nadador es del agua.*

2 **Les meilleurs NAGEURS se noient** (1828)

= Bon NAGEUR, bon noyeur

NAIN *s.m.* anão; *dwarf*

Le NAIN qui est sur l'épaule d'un géant voit plus loin que celui qui le porte

'deux interprétations possibles: ce proverbe célèbre ou bien la valeur de l'entraide, qui permet d'atteindre, avec le secours d'autrui, des résultats inaccessibles pour un seul individu; ou bien celle de la tradition, le "géant" étant alors l'héritage culturel du passé, et le "nain", celui qui décide d'assumer cet héritage; le "nain" contemporain, parce qu'il se prend pour un géant, dédaigne évidemment le gigantesque secours de la sagesse de nos ancêtres'

uma criança aos ombros de um gigante enxerga mais do que o gigante

a dwarf on a giant's shoulders sees further of the two

♦ Cf. o latim *pygmaei gigantum humeris impositi plus quam ipsi gigantes vident.*

NAPPE *s.f.* toalha de mesa; *tablecloth*

1 **Après manger, NAPPE** (sXIII)

= Après le DÎNER, la moutarde

2 **Il vaut mieux pain sans NAPPE que NAPPE sans pain**

'le couvert importe moins que ce qui le remplit; qu'importe le flacon, pourvu qu'on ait l'ivresse!'

mais vale o bucho que o luxo
primeiro o bucho, depois o luxo

better fill a man's belly than his eye
it is better to sup with a cutty ['pipe'] *than want a spoon*

⇒ Qu'importe le FLACON, pourvu qu'on ait l'ivresse

N

NATION *s.f.* nação; *nation*

1 **Heureuse la NATION qui n'a pas d'histoire** (sXVIII)

'il en va des nations comme des gens: heureux, ils n'ont pas d'histoire; c'est avec le sang versé que s'écrit l'histoire'

dos povos felizes não reza a história
feliz a nação que não tem história

happy is the country which has no history

2 **Toute NATION a le gouvernement qu'elle mérite** (1811)

'proverbe domestique (tout serviteur a le maître qu'il mérite) rapporté à la sphère politique'

cada povo tem o governo que merece
toda nação tem o governo que merece

every nation has the government that it deserves

♦ Frase de Joseph de Maistre (numa carta de 27 de agosto de 1811, ao se referir à Rússia).

NATURE *s.f.* natureza, índole; *nature*

1 La NATURE a horreur du vide (sXVII)

aphorisme séculaire niant la possibilité du vide, réfuté au XVIIᵉ siècle par E. Torricelli et B. Pascal, et utilisé populairement pour stigmatiser l'instinct grégaire

a natureza tem horror ao vácuo

nature abhors a vacuum

♦ "Tese sustentada por Aristóteles e os peripatéticos, defendida por Descartes e refutada por Pascal." (Paulo Rónai, *DUC*, p. 961)

2 La NATURE abhorre le vide

= La NATURE a horreur du vide

– Nous sommes encore arrivés trop tôt, dit Mistigris. Ne pourrions-nous pas chiquer *une* légume quelconque! Mon estomac est comme LA NATURE, il ABHORRE LE VIDE! (H. de Balzac, *DV*, p. 54)

– Tornamos a chegar muito cedo – disse Mistigris. – Não poderíamos manducar *uma* legume qualquer? Meu estômago é como A NATUREZA, DETESTA O VÁCUO. (Trad. de Vidal de Oliveira)

Citado em latim por F. Rabelais:

– Paige, mon amy, emplis icy et couronne le vin, je te pry.
– A la Cardinale!
– *NATURA ABHORRET VACUUM.* (*G*, p. 63)

– Pajem amigo, encha isto e glorifique o vinho, suplico-lhe!
– Vinho tinto!
– *NATURA ABHORRET VACUUM.* (Trad. de Aristides Lobo)

3 La NATURE fait bien les choses

'lorsque les circonstances s'accordent spontanément, on en fait crédit à la Nature, en la personnifiant'

a natureza é perfeita

nature does nothing in vain

⇒ NATURE peut tout et fait tout

4 La NATURE ne fait pas de sauts

'la nature ignore les mutations irrationnelles; elle procède par lentes évolutions, dans un enchaînemet causal où tout se tient'

a natureza não dá saltos

nature hates all sudden changes

♦ Do latim *natura non facit saltus*. Tornada proverbial, esta frase foi indevidamente atribuída ora a Leibniz,

ora a Lineu, que a usa em *A filosofia botânica* (1751). Refere Giuseppe Fumagalli que Raoul Fournier (*Esprit des autres*, capítulo VI) afirma tê-la encontrado num opúsculo raro, o *Discours véritable de la vie et mort du géant Theutobocus*, com a forma *Natura in operationibus suis non facit saltum.*

5 Mieux vaut NATURE que nourriture (sXIII)

'le naturel a plus de pouvoir que l'éducation'

a natureza suplanta a educação

nature passes nurture
nature surpasses nurture

≠ NOURRITURE PASSE NATURE

6 NATURE est contente de peu (1568)

'la nature ne souhaite rien au-delà de la satisfaction de ses naturels besoins'

a natureza com pouco se contenta

nature is content with a little

7 NATURE ne peut mentir (sXIII)

= Bon SANG ne peut mentir

⇒ Ce qui vient de l'OS ne peut se retirer de la chair

8 NATURE peut tout et fait tout (1580)

'la Nature a pourvu à tout, aussi bien pour les humbles choses que pour les grandes; tout rencontre son emploi et sa justification'

a natureza tudo pode e tudo faz

nature is the true law

Tel a la veue claire, qui ne l'a pas droicte: et par consequent veoid le bien, et ne le suyt pas; et veoid la science, et ne s'en sert pas. La principale ordonnance de Platon en sa *Republique*, c'est "donner à ses citoyens, selon leur nature, leur charge." NATURE PEULT TOUT, ET FAICT TOUT. Les boiteux sont mal propres aux exercices du corps; et aux exercices de l'esprit, les ames boiteuses: les bastardes et vulgaires sont indignes de la philosophie. (Montaigne, *E*, t. I, p. 181-182)

Há quem tenha vista boa e seja vesgo: vê o bem mas não o faz, e vê o saber e não sabe servir-se dele. A principal lei de Platão em sua *República* é repartir os cargos entre os cidadãos segundo a capacidade de cada um. A NATUREZA TUDO PODE E TUDO FAZ. Os coxos não servem para os exercícios do corpo; aos exercícios do espírito não se adaptam as almas mancas. A filosofia é inacessível às almas bastardas e vulgares. (Trad. de Sérgio Milliet)

⇒ Jamais ne grêle en une VIGNE qu'en une autre il ne provigne

NATUREL *s.m.* natural, caráter; *nature, character*

Chassez le NATUREL, il revient au galop (1732)

'la culture ne vient jamais à bout de la nature'

cada qual conforme seu natural
natural e figura, até a sepultura
o que a natureza deu até a morte há de durar
o que é de nação ['raça, origem'] nunca fica são
o que vem de seu natural não se finge muito tempo
o vício da natureza até a sepultura chega

though you cast out nature with a fork, it will still return
you can drive out nature with a pitchfork, but she keeps on
  coming back

Alteração jocosa em J. Renard:

IL A CHASSÉ LE NATUREL: LE NATUREL N'EST PAS REVENU. (*J*, p. 195)

ELE TENTOU TIRAR ONDA: E A ONDA O AFOGOU.

♦ Mote de Philippe Destouches (*Le Glorieux*, 3, 5). A idéia está em Horácio (*Epistulae*, 1, 10, 24): *Naturam expelles furca, tamen usque recurret* (expulsa a natureza com um forcado, ainda assim ela voltará). Existem correspondentes em italiano: *ciò che si ha per natura, sino alla fossa dura* e em espanhol: *natural y figura hasta la sepultura*.

⇒ L'ARBRE tombe toujours du côté où il penche

NAVIRE *s.m.* navio, nau; *ship*

À NAVIRE brisé tous les vents sont contraires

'de mal en pis, telle est la fatalité du Malin Génie'

a navio roto todos os ventos são contrários

every wind is ill to a broken ship
every wind is ill to a crazy ship

♦ Diz-se em italiano: *a nave malconcia, ogni vento è contrario*.

⇒ Quand on est MALHEUREUX, on se noyerait dans son crachat

NÉCESSITÉ *s.f.* necessidade; *necessity, need*

1 Dans la NÉCESSITÉ on a recours à Dieu

'dans les périls extrêmes, on se souvient de Dieu; l'adversité nourrit la foi, ou la crédulité'

a necessidade ensina a rezar
enquanto se tem saúde, quedos estão os santos
na hora da aflição todo o mundo se lembra de Deus
quando a gente está mal na estrada, todo o santo é *ora pro nobis*
quando há que comer em casa, quedos estão os santos

danger makes men devout
in prosperity no altars smoke
need makes virtue

the chamber of sickness is the chapel of devotion
the devil was sick, the devil a monk would be; the devil was well, the devil a monk was he
the devil was sick, the devil a saint would be; the devil was well, the devil a saint was he
when it thunders, the thief becomes honest

♦ Lê-se em Tito Lívio (5, 51, 8): *adversae deinde res admonuerunt religionum* (as adversidades trouxeram de volta à lembrança as práticas religiosas). A mesma idéia ocorre numa máxima de Sêneca, o Retórico: *magis Deus miseri quam beati colunt* (os desditosos veneram mais os deuses do que os ditosos).

2 NÉCESSITÉ apprend les gens (sXIII)

= NÉCESSITÉ est mère d'industrie

3 NÉCESSITÉ est mère d'industrie (1740)

'les contraintes stimulent le pouvoir créateur; ainsi s'explique l'étymologie du mot *art*'

a dor ensina a gemer
a dor ensina a parir
a necessidade aguça o engenho
a necessidade aguça o talento
a necessidade é (a) mãe da indústria
a necessidade é mestra
a necessidade estimula o talento
a necessidade faz os homens espertos
no maior aperto, a maior destreza

necessity is the mother of invention
want is the mother of industry
want will be your master

♦ Do latim *mater artium necessitas*. Há equivalentes em italiano: *necessità è madre dell'invenzione* e em espanhol: *la necesidad es madre de la industria*. Cf. Montaigne (*E*, I, xlvii [t. I, p. 407]): "Il faict dangereux assaillir un homme à qui vous avez osté tout aultre moyen d'eschapper que par les armes: car c'est une violente maistresse d'eschole que la nécessité: *gravissimi sunt morsus irritatae necessitatis**." (É perigoso assaltar um homem ao qual se tirou toda a possibilidade de salvação fora da luta, pois a necessidade é um mestre-escola violento: "terríveis são as mordidas da necessidade excitada." – Trad. de Sérgio Milliet.)

* Pórcio Latrão.

⇒ NÉCESSITÉ fait trouver

4 NÉCESSITÉ fait gens méprendre* (sXV)

* *Méprendre* = 'commettre une faute'.

'urgence ou besoin mènent à des impasses'

a necessidade é inimiga da virtude
a necessidade força a fazer o que se não deve
quando a necessidade bate à porta, foge a virtude pela janela

poverty obstructs the road to virtue

N

the devil dances in an empty pocket
there is no virtue that poverty destroys not

NECESSITÉ FAIT GENS MESPRENDRE / Et *faim saillir le loup du bois*. (F. Villon, "Le testament", in *PFV*, p. 32)

MISÉRIA FAZ O DELINQÜENTE, / E *a fome o lobo faz sair*. (Trad. de Péricles Eugênio da Silva Ramos)

⇒ NÉCESSITÉ n'a pas de loi

5 NÉCESSITÉ fait loi

'certains actes se justifient par leur caractère inévitable'

a coragem cresce com a ocasião
a necessidade faz lei
a necessidade tem cara de herege
em caso de necessidade, casa a freira com o padre

adversity makes strange bedfellows
despair gives courage to a coward
misery acquaints a man with strange bedfellows
   (Shakespeare)
need will have its course
needs must ['one needs must go'] *(when the devil drives)*

Nous nous étions mariés légalement à ma demande, et parce que NÉCESSITÉ FAIT LOI, après mon procès, en prison. (R. Debray, *M*, p. 135)

Nós nos tínhamos casado legalmente, a meu pedido e porque A NECESSIDADE FAZ O SAPO PULAR, depois do meu processo, na prisão. (Trad. de José Augusto Carvalho)

♦ Cf. Publílio Siro (*Sententiae*, N 23): *necessitas dat legem, non ipsa accipit* (a necessidade impõe a lei, não a aceita).

6 NÉCESSITÉ fait trouver

= NÉCESSITÉ est mère d'industrie

7 NÉCESSITÉ n'a pas de loi (sXV: *nécessité n'a point de loi*)

'quand nécessité presse, on ne regarde plus aux interdits'

a necessidade não tem lei
a necessidade não tem lei e ensina mais que um rei

necessity has no law
necessity knows no law
need has no law

– M. Stidmann est bien bon, reprit-elle en saluant le sculpteur, d'avoir accepté mon invitation à si court délai; mais NÉCESSITÉ N'A PAS DE LOI! (H. de Balzac, *CBe*, p. 210)

– Sr. Stidmann – disse ainda, ao cumprimentar o escultor –, sinto-me contente por ver que aceitou o meu convite de última hora; mas A NECESSIDADE NÃO TEM LEI! (Trad. de Valdemar Cavalcanti)

♦ Do latim *legem non habet necessitas* (Santo Agostinho, *Soliloquiorum libri 2*).

⇒ La PAUVRETÉ est la mère des crimes

NÉGLIGENCE *s.f.* negligência; *negligence*

Petite NÉGLIGENCE accouche d'un grand mal (sXIX)

'une petite cause involontaire peut engendrer des catastrophes'

de pequena bostela se levanta grande mazela
pequenos descuidos produzem grandes males

of a small spark, a great fire

⇒ Petite ÉTINCELLE engendre grand feu

NEIGE *s.f.* neve; *snow*

1 Il n'y a rien si caché sous la NEIGE que le temps ne découvre

'il n'y a rien de si caché qui ne doive se découvrir, nul secret qui ne doive être connu'

não há segredo que tarde ou cedo não seja descoberto
nunca houve segredo que enfim não se descobrisse (Camões)

an ill spun weft ['web'] *will out either now or eft* ['afterwards']
the filth under the white snow, the sun discovers

♦ O provérbio tem correspondentes em italiano: *la neve si strugge e le immondezze si scoprono* e em espanhol: *no hay secreto que tarde o temprano no sea descubierto*.

⇒ Ce qui se fait de NUIT paraît au grand jour

2 NEIGE huit jours terre nourrit, mais au-delà, terre appauvrit

dicton agricole

nevada de uma semana, terra estrumada; nevada prolongada, terra estragada

snow for a se'nnight ['week'] *is a mother to the earth, for ever after a stepmother*

3 Quand la NEIGE est sur le mont, on ne peut attendre que le froid aux vallées (1546: *quand les neiges sont es montaignes, il n'y a pas grand chaleur par les valées*)

'cheveux qui blanchissent sont annonciateurs du refroidissement de la vieillesse, et des grandes glaciations ultérieures'

cabelo branco é capim do cemitério
cabelos brancos, flores de cemitério

grey hairs are death's blossoms
old and cold, ill to lie beside

"Par ma soif, mon amy, QUAND LES NEIGES SONT ES MONTAIGNES, je diz la teste et le menton, IL N'Y A PAS GRAND CHALEUR PAR LES VALÉES de la braguette.

– Tes males mules (respondit Panurge). Tu n'entends pas les topiques. Quand la neige est sus les montaignes, la fouldre, l'esclair, les lanciz, le mau lubec, le rouge grenat, le tonnoire, la tempeste, tous les diables sont par les vallées. (F. Rabelais, *TL*, p. 148)

– Posso jurar, meu amigo, que QUANDO A NEVE COBRE AS MONTANHAS, ou seja, a cabeça e o queixo, NÃO HÁ MUITO CALOR NOS VALES da braguilha.

– Que te ataquem as frieiras – retrucou Panurgo. – Não entendes os sinais da natureza. Quando a neve aparece nas montanhas, o raio, o relâmpago, a pólvora, o trovão, a tempestade e todos os diabos andam pelos vales.

⇒ Bonjour LUNETTES, adieu fillettes

NEIGER *v.imp.* nevar; *to snow*

Quand il NEIGE sur les hauteurs, il fait froid dans les vallées

'les malheurs des haut-placés retombent sur les inférieurs'

quando cai o filho do patrão, o "galo" é na testa do moleque
quando o mar bate na rocha, quem se lixa é o mexilhão
quando o mar briga com a praia, quem apanha é o caranguejo
quando o mar briga com o rochedo, quem sofre é o marisco
quando o rico geme, o pobre é quem sente a dor
senhores empobrecem, criados padecem

the misfortunes of the rich affect the poor also

⇒ Quand les ROIS délirent, c'est le peuple qui paie

NERF *s.m.* nervo; *nerve*

Les NERFS des batailles sont les pécunes (1534)

= L'ARGENT est le nerf de la guerre

"(...) Attendez la fin de ceste guerre, car l'on ne sçait quelz affaires pourroient survenir, et guerre faicte sans bonne provision d'argent n'a qu'un souspirail de vigueur. LES NERFS DES BATAILLES SONT LES PECUNES (...)" (F. Rabelais, *G*, p. 189)

– (...) Esperai pelo fim da guerra, pois não se sabe que imprevistos poderão surgir. Guerra feita sem boa provisão de dinheiro só tem aparência de vigor. OS NERVOS DAS BATALHAS ESTÃO NA PECÚNIA. (Trad. de Aristides Lobo)

NEZ *s.m.* nariz; *nose*

1 C'est le NEZ qui reçoit le coup et ce sont les yeux qui pleurent (1611)

'l'étrange logique du malheur met souvent en échec le principe de causalité'

nem sempre quem geme é quem sente a dor
o boi é que sofre, o carro é que geme

who suffers much is silent (aprox.)

2 Il ne faut pas se moucher plus haut que le NEZ

= Il faut étendre ses PIEDS selon ses draps

⇒ Il ne faut pas péter plus haut que son CUL

3 Jamais grand NEZ n'a déparé beau visage (1752: *un grand nez ne gâte jamais beau visage*)

'un défaut non seulement ne compromet pas la beauté de l'ensemble, mais il y contribue souvent'

nariz não é feição

a big nose never spoiled a handsome face
a big nose never spoiled a pretty face

• Acrescenta-se, às vezes, com humor: ... **parce que jamais grand NEZ ne s'est trouvé sur beau visage** (porque nunca se viu bicanca em belo rosto).

♦ Há provérbio paralelo em italiano: *mai naso grosso guastò bella faccia.*

4 Ne fourrez pas votre NEZ dans les soupes d'autrui

'il ne faut pas se mêler des affaires dont on ne répond pas'

não meta o bedelho onde não for chamado
não metas o nariz onde não és chamado

don't meddle with other people's affair
don't thrust your nose into other people's affair
scald not your lips in another man's pottage

♦ Há correspondente em italiano: *non ficcare il naso negli affari altrui.*

⇒ Que chacun balaie devant sa PORTE et les rues seront nettes

5 Qui a bon NEZ a bon bas/membre

'selon une croyance populaire, la longueur du nez est proportionnelle à celle du pénis; quant aux femmes qui ont un grand nez, c'est le signe d'une heureuse disposition pour le commerce amoureux'

homem narigudo poucas vezes cornudo
pé grande, pau grande

big feet, big cock

6 Qui coupe son NEZ dégarnit son visage

'les impulsions autodestructrices peuvent causer d'irréparables dommages'

não deites fogo à casa para matar os ratos
quem corta o nariz sua cara enfeia

burn not your house to fright the mouse away
burn not your house to get rid of the mice
burn not your house to warm yourself
he that cuts off his nose spites his face

♦ Diz-se em espanhol: *quien se corta la nariz su cara afea.*

⇒ On ne doit pas jeter le BÉBÉ avec l'eau du bain

NID *s.m.* ninho; *nest*

1 Ce qui ne fut jamais ni ne sera, c'est le NID d'une souris dans l'oreille d'un chat

formulation imagée de l'adynaton

é mais fácil um burro (criar asas e) voar
impossível é ensinar rato a subir de costas em garrafa
impossível é o rato fazer ninho na orelha do gato

nought's impossible, as t'auld ['the old'] *woman said when they told her cauf* ['calf'] *had swallowed grindlestone* ['grindstone']

2 Comme on fait son NID, on se couche

= Comme on fait son LIT, on se couche

⇒ On RÉCOLTE ce qu'on sème

3 NID tissu et achevé, oiseau perdu et envolé (1568)

'c'est quand on croit tenir le bonheur qu'il nous échappe'

casa feita, morte à espreita
casa feita, sepultura aberta
casa feita, tumba à porta
casa nova, tumba à porta
ninho feito, pega morta

after the house is finished, leave it
after the nest is finished, the bird leaves it
when my head is down, my house is thatched

♦ "O sentido inicial e básico, quase desaparecido no Brasil, lembrava a tradição em Portugal, comum a toda a Europa, que a nova residência seria ocupada por quem a fizera construir. (...) A casa recente exigia prévios sacrifícios religiosos, mesmo incluindo vidas humanas, depois substituídas por animais. Em Roma praticavam o preceito infalível e na fundação dos templos ofereciam a *Suovetaurilia*, matando um porco, um carneiro e um touro (Tácito, *Histórias*, IV, LIII)." (Luís da Câmara Cascudo, *LTB*, p. 199)

4 Son NID fini, morte est la pie

= Quand la CAGE est faite, l'oiseau s'envole

NOBLESSE *s.f.* nobreza; *nobility*

1 NOBLESSE oblige

'l'appartenance à une aristocratie impose des devoirs propres' [la date d'apparition de ce dicton (1808), en plein Empire, dit assez combien les parvenus annoblis par Napoléon se croyaient tout permis]

noblesse oblige

noblesse oblige
rank has its obligations

– (...) Comte d'Aquibajo, savez-vous ce que c'est que la noblesse, j'entends celle de naissance? Vous connaissez le dicton français: NOBLESSE OBLIGE. Eh bien, c'est toute la définition de la noblesse: elle oblige et ne fait pas autre chose. (V. Larbaud, *AOB*, p. 179)

– (...) Conde d'Aquibajo, sabe o que é a nobreza, isto é, a que passa de pai para filho? O senhor não desconhece o adágio francês *NOBLESSE OBLIGE*. Pois ele define muito bem o que vem a ser nobreza: ela só obriga.

♦ "C'est la LIe maxime du recueil de *Maximes et réflexions* par le duc de Lévis (1808)." (*LU*)

2 NOBLESSE vient de vertu

'on est supérieur non par son origine mais par son mérite et sa vertu'

a nobreza adquire-se vivendo, não nascendo

virtue is the only true nobility

NOCE *s.f.* boda, núpcias; *wedding (party)*

1 Jamais NOCE sans réveillon

= Il n'est pas de bonne(s) FÊTE(S) sans lendemain

2 L'on ne doit jamais aller à NOCES sans y être convié (sXIV)

'certaines circonstances recommandent de ne pas se mettre dans le cas d'être indésirable'

a boda e a batizado, não vás sem ser convidado(; mas a visitar não hesitar)
a boda e a batizado só vão os convidados
não tira bom resultado quem vai onde não é chamado
onde te querem, aí te convidam
sem ser convidado, não vás a bodas e a batizados

never go to a wedding without being invited

♦ Há provérbio paralelo em espanhol: *a boda ni a bautizado no vayas sin ser llamado.*

3 NOCES de mai, NOCES mortelles

'mariage au mois de mai porte malheur'

núpcias de maio, núpcias mortais

marry in May, bairns ['children'] *decay*
marry in May, repent alway
marry in May, rue for aye ['always']

the proverbs teach and common people say, it's ill to marry in the month of May

♦ "Les Romains avaient soin de ne pas se marier pendant le mois de mai. Ils croyaient que le mariage contracté en ce temps, qui, chez eux, était consacré au culte des tombeaux, devait tourner à mal et entraîner la mort de l'épouse, ainsi que l'attestent ces vers du chant V [486-489] des *Fastes* d'Ovide:

Nec viduae taedis eadem nec virginis apta / Tempora: quae nupsi non diuturna fuit. / Hac quoque de causa si te proverbia tangunt, / Mense malas maio nubere vulgus ait. (Ce temps n'est pas favorable pour allumer les flambeaux de l'hymen d'une veuve ni d'une vierge. Celle qui s'est mariée alors a peu vécu, et si les proverbes peuvent être ici de quelque poids, je rappellerai le dicton populaire: Ce sont des malheureuses qui se marient au mois de mai.)" (M. Quitard)

Também no Brasil, ou mais precisamente no estado de Minas Gerais, como comenta Lindolfo Gomes,

"É vulgar a superstição de que os casamentos em mês de maio (e também em agosto, decerto por influência do dizer: agosto, mês de desgosto) não são venturosos. A propósito corre na boca do povo a seguinte quadrinha: Mês de maio, mês de flores, / É um mês de má ventura, / Inda bem não anoitece / Já é logo noite escura."

♦ O provérbio tem correspondentes em italiano: *chi si sposa di maggio, malum signum* (ou ainda: *nel maggio non si fanno nozze*), em espanhol: *boda en mayo, qué fallo* e em alemão: *in Maien gehn Huren und Buben zu Kirchen.*

4 On ne dîne point quand on est de NOCES le soir (Québec)

'en épargnant ses capacités, on en a davantage pour plus tard'

não há fome que não traga fartura

he that would have a good dinner, must have no breakfast

5 On ne va point aux NOCES sans manger (Québec)

= Quand on est au BAL, il faut danser

⇒ Si tu arrives au PAYS des culs-de-jatte, traîne-toi par terre

6 Qui fait NOCES et maison, il met le sien en abandon (sXV)

= Qui se marie ou édifie sa propre BOURSE il purifie

7 Qui va à NOCE sans prier* en revient sans dîner

* *Prier* = 'être prié'.

'on ne peut espérer être bien reçu si l'on n'a pas été invité'

a boda ou a batizado, não vás sem ser convidado
o que a si mesmo se faz convidar é difícil de contentar

sem ser convidado, não vás a bodas e a batizados

an unbidden guest knows not where to sit
an unbidden guest must bring his stool with him
who comes uncalled, sits unserved

♦ Diz-se em italiano: *chi va a nozze senza invito, è mal visto e mal servito.*

NOËL *s.m.* Natal; *Christmas*

1 À NOËL les moucherons, à Pâques les glaçons (rég., Anjou; sXVI: *à Noël souvent moucherons, et à Pasques sont les glaçons*)

= NOËL au balcon, Pâques au tison

2 NOËL à la vie*, Pâques à l'acie** (rég., Savoie)

* *À la vie* = 'en chemin'.
** *À l'acie* = 'près du feu'.

= NOËL au balcon, Pâques au tison

3 NOËL au balcon, Pâques au tison (1618: *depuis Pasques au leu, depuis Noël au feu*)

'hiver doux annonce printemps froid; l'hiver doit être rigoureux; tout dérèglement de l'ordre du monde se paie tôt ou tard'

Natal na praça, Páscoa em casa
Natal na praça, Páscoa no borralho
o Natal ao soalhar ['lugar exposto ao sol'] e a Páscoa ao luar
por Natal ao jogo e por Páscoa ao fogo
por Natal sol e por Páscoa carvão
se a Páscoa é atrás do lar, é o Natal a assoalhar

a green Christmas brings white Easter
Christmas in mud, Easter in snow
green Christmas brings a white Easter
green Christmas means a white Easter
when it's mild at Christmas, it's cold at Easter
when the winter is mild, the spring will be wintry

♦ Há correspondentes em italiano: *chi fa il ceppo al sole, fa la Pasqua al fuoco*, em espanhol: *la de Navidad al sol, y la florida al tizón* e em alemão: *grüne Weihnachten, weisse Ostern.*

4 NOËL au jeu, Pâques au feu (rég., Provence)

= NOËL au balcon, Pâques au tison

⇒ Quand à NOËL on voit les moucherons, à Pâques on voit les glaçons

5 On a tant crié(, on a tant chanté) NOËL, qu'à la fin il est venu (1460; sXIV: *tant crie-t-on Noël qu'il vient*)

'l'ardeur du désir finit par engendrer sa satisfaction'

tanto clamamos por Natal que ele enfim vem

so long is Christmas cried that at length it comes

N

they talk of Christmas so long that it comes

∴ Ver abonação em TANT GRATTE CHÈVRE QUE MAL GÎT.

6 Quand à NOËL on voit les moucherons, à Pâques on voit les glaçons

= NOËL au balcon, Pâques au tison

7 Quand à NOËL tu prends le soleil, à Pâques tu te rôtiras l'orteil

= NOËL au balcon, Pâques au tison

8 Quand tu prends à NOËL le soleil, à Pâques brûle la bûche de NOËL (rég., Lot)

= NOËL au balcon, Pâques au tison

♦ "La veille du jour de Noël, une grosse bûche était placée dans l'âtre. Elle devait se consumer pendant plusieurs jours. Ses cendres aux pouvoirs protecteurs étaient recueillies et répandues dans les champs ou rangées dans les armoires. Jadis, les paysans étaient soumis au 'droit de bûche' et devaient en porter une à leur seigneur la veille de Noël." (G. Cosson)

⇒ PLUIE pour Noël, soleil pour les Rameaux

9 Qui pour NOËL prend le soleil, à Pâques brûlera son bois (rég., Auvergne)

= NOËL au balcon, Pâques au tison

NOIRE *s.f.* semínima; *crotchet* (GB), *quarter note* (EUA)

Deux NOIRES ne font pas une blanche (sXVIII)

'... en dépit des lois du solfège'

um erro não justifica outro

two blacks do not make a white
two wrongs do not make a right

NOIX *s.f.* noz; *walnut*

1 Il faut casser la NOIX pour en avoir la chair

'nul bien sans effort pour l'obtenir'

não se pescam trutas a bragas enxutas
para lograr o proveito, há de se sofrer o dano
quem a cera quer abrandar as unhas há de queimar
quem colhe a rosa sofra o espinho
quem não faz sacrifícios poucas vezes alcança benefícios
quem quer (a) bolota, que trepe
quem quer pescar há de se molhar

he that will eat the kernel, must crack the nut
if you wish to have the fruit, you must climb the tree
sweet is the nut, but bitter is the shell
sweet is the nut, but hard is the shell

♦ Lê-se em Plauto (*Curculio*, 55): *qui e nuce nuculeum esse uolt, frangit nucem* (quem da noz quer comer a amên-

doa quebra-lhe a casca). Diz-se em italiano: *bisogna rompere la noce se si vuol mangiare il nocciolo*.

2 Nulle NOIX sans coque (sXV)

= Il faut casser la NOIX pour en avoir la chair

3 Pour manger la NOIX, il faut casser la coque

= Il faut casser la NOIX pour en avoir la chair

⇒ Il faut casser le NOYAU pour en avoir l'amande

4 Qui a des NOIX, en casse, qui n'en a pas, s'en passe

= À faute de CHAPON, pain et oignon

⇒ Demi PAIN vaut mieux que rien du tout

NOMBRE *s.m.* número; *number*

Le NOMBRE impair plaît à Dieu

'le nombre impair porte bonheur'

os números ímpares agradam aos deuses

there is luck in odd numbers

♦ A fonte é Virgílio (*Bucolica*, 8, 75): *numero deus impare gaudet* (a divindade aprecia o número ímpar). Diz-se em espanhol: *los números ímpares son gratos a los dioses*.

NOURRIR *v.t.* alimentar, nutrir; *to feed*

Qui ne NOURRIT le petit n'aura ja* le grand

* *Ja* = 'jamais'.

'on ne peut tout obtenir sans délai; il faut du temps pour parvenir à de grandes choses'

quem poupa a despesa foge ao lucro
sustenta um bezerro e terás um boi

he cannot have the great unless he feed the little

NOURRITURE *s.f.* alimentação; *food, diet*

NOURRITURE passe nature (sXV)

'l'éducation a plus de pouvoir que la nature même'

a educação é mais importante do que a natureza

birth is much, but breeding is more
nurture is above nature

≠ MIEUX VAUT NATURE QUE NOURRITURE

NOUVEAU *adj.* novo; *new*

Tout NOUVEAU, tout beau (sXVIII; sXIII: *de nouvel tout m'est bel*)

'que paraisse quelque nouveauté, et c'en est fait de tout esprit critique; il semble que ce dicton, tout ancien qu'il est, ait été conçu à l'usage de nos contemporains'

brevidade e novidade muito agradam
do que é novo gosta o povo
o que é novo sempre agrada
toda coisa nova apraz
tudo o que é novo agrada

all that is new is fair
all things please when newly seen
everything new is fine
new things are fair

Et puis, le premier jour, il est rare qu'elles ne soient pas gentilles, ces chameaux-là... TOUT NOUVEAU, TOUT BEAU... C'est un air connu... Oui, et le lendemain, l'air change, connu aussi... (O. Mirbeau, *JFC*, p. 21)

E depois, no primeiro dia, elas quase sempre são gentis, aquelas pestes... TUDO O QUE É NOVO AGRADA... É um refrão conhecido... Sim, e no dia seguinte o refrão é outro, e também conhecido...

♦ "(...) vulgarização de uma passagem de Ovídio (*Epistulae ex Ponto*, 3, 4, 51): *Est quoque cunctarum novitas carissima rerum*, 'a novidade, a mais agradável de todas as coisas')." (R. Tosi) Diz-se em italiano: *di novello tutto è bello*.

♦ Reflexão de Montaigne: "Parmy les conditions humaines, cette cy est assez commune, de nous plaire plus des choses estrangieres que des nostres, et d'aymer le remuement et le changement;
    Ipsa dies ideo nos grato perluit haustu
        Quod permutatis hora recurrit equis;
i'en tiens ma part. (*E*, III, ix [t. III, p. 233]) (Entre as condições humanas, bastante comum é esta: de nos comprazermos mais nas coisas forasteiras que nas próprias, e gostarmos de variação e de mudança.
    Ipsa dies ideo nos grato perluit haustu
        Quod permutatis hora recurrit equis*.
Nisso, eu tenho a minha parte.) (Trad. de J. M. de Toledo Malta)

* "Petrônio, *Fragmentos*, pág. 678. (*Saudamos com prazer até o alvorecer do dia porque então as Horas mudam seus corcéis.*)" [Nota de J. M. de Toledo Malta.]

≠ NOUVELLE CHEMINÉE EST BIENTÔT ENFUMÉE
⇒ Tout BEAU(,) tout nouveau

NOUVELLE *s.f.* notícia; *news*

1 Les mauvaises NOUVELLES ont des ailes (sXVIII)

'le bruit d'un malheur se répand vite transporté par les oiseaux de mauvais augure'

(as) más notícias chegam depressa
as más notícias espalham-se rapidamente
as más novas logo soam (Sá de Miranda)
notícia ruim corre depressa
notícia, se a boa corre, a ruim avoa

bad news has wings

bad news travels fast
ill news comes apace
ill news never comes too late
ill news travels fast

♦ É célebre o verso de Virgílio (*Aeneis*, 4, 174): *Fama, malum qua non aliud velocius ullum* (a fama, mais veloz do que qualquer outro flagelo). Na Idade Média, dizia-se: *fama bona lente volat et mala fama repente* (as boas notícias voam devagar; as más, depressa). Há correspondentes em italiano: *le cattive nuove volano* e em espanhol: *el bien suena y el mal vuela*.

2 Mauvaises NOUVELLES sont toujours vraies

'pour amortir l'effet d'annonce, on cherche souvent à travestir une mauvaise nouvelle; si on ne le fait pas, c'est qu'elle est irrémédiablement vraie'

as más notícias são sempre verdadeiras
notícia ruim sempre é certa

ill news is too often true

♦ O provérbio tem equivalentes em italiano: *le male nuove son sempre vere*, em espanhol: *las malas nuevas siempre son ciertas* e em alemão: *schlimme Nachrichten sind immer wahr*.

3 Pas de NOUVELLES, bonnes NOUVELLES
(sXVI: *point de nouvelles, bonnes nouvelles*)

'quand elles sont mauvaises, les nouvelles ont des ailes; si elles n'en ont pas, c'est qu'elles ne le sont pas'

falta de notícias, boas notícias
falta de notícias é boa notícia

no news is good news

– (...) Le *Modesta*, qui n'est plus à moi, part demain, le capitaine m'emmène. Toi, je te charge de ma femme et de ma fille. Je n'écrirai jamais! PAS DE NOUVELLES, BONNES NOUVELLES! (H. de Balzac, *MM*, p. 36)

– (...) O Modesta, que não mais me pertence, parte amanhã, e o comandante leva-me consigo. Tu ficas encarregado de minha mulher e de minha filha. Não escreverei nunca! FALTA DE NOTÍCIAS, BOAS NOTÍCIAS. (Trad. de Vidal de Oliveira)

– Fatalement, remarque Béru, un ministère de la Santé, il s'occupe des malades, pas des absents! On dit toujours: PAS DE NOUVELLES, BONNES NOUVELLES! Vaut mieux une commune sans chiares que pleine de chômeurs, Variste! (San-Antonio, *EÇT*, p. 14)

– É evidente – observa Béru –, um ministério da Saúde trata dos doentes e não dos ausentes! É como se costuma dizer: FALTA DE NOTÍCIAS É BOA NOTÍCIA! Mais vale uma comuna sem mazelas que cheia de desempregados, Variste!

♦ Há equivalentes em italiano: *nulla nuova, buona nuova* e em espanhol: *ninguna nueva, buenas nuevas*.

N

NOYAU *s.m.* caroço; *stone, pit*

1 Beau NOYAU gît sous faible écorce (sXIII: *biaux noiaux gist sos foible escorce*)

'un noyau dur n'a pas besoin de grande protection; la sagesse se pare souvent de minces apparences'

muitas vezes a má folha esconde o melhor fruto

(oft times) under a ragged coat lies wisdom
(oft times) under a threadbare coat lies wisdom

♦ A mesma idéia está num texto de Cecílio Estácio citado por Cícero (*Tusculanae disputationes*, 3, 23, 56): *Saepe est etiam sub palliolo sordido sapientia.* (A sabedoria está não raro debaixo de um manto sujo.)

2 Il faut casser le NOYAU pour en avoir l'amande (1789)

= Il faut casser la NOIX pour en avoir la chair

⇒ Au fond du TAILLIS sont les mûres

NOYÉ *s.m.* afogado; *drowning person*

1 Un NOYÉ s'accroche à toute branche

= Un NOYÉ s'accroche à un brin d'herbe

2 Un NOYÉ s'accroche à un brin d'herbe

'à qui est en perdition, tout paraît secourable, même ce qui ne l'est pas'

homem perdido a tudo se agarra
o afogado agarra-se a uma palha
o afogado agarra-se até em corda podre
o afogado agarra-se em qualquer galho
quem se afoga às palhas se agarra

a drowning man will catch at a straw
a drowning man will clutch at a straw
any port in a storm

♦ Diz-se em italiano: *chi affoga s'appiccherebbe alle funi del cielo.*

NOYER *v.t.* afogar; *to drown*

On ne peut NOYER celui qui doit être pendu (sXVI; sXIV: *ne peut noier qui doit pendre*)

'incontournables sont les arrêts du destin; on ne peut les gauchir, si peu que ce soit'

o que tem de ser não se precisa empurrar
o que tem de ser será
o que tem de ser tem (mesmo) de ser
o que tem de ser tem muita força
quem nasceu para a forca não morre afogado
quem nasceu para a forca não se afoga

he that is born to be hanged, shall never be drowned

A mesma idéia em F. Rabelais:

– Par le digne froc que je porte (dist Frère Jan à Panurge), couillon mon amy, durant la tempeste tu as eu paour sans cause et sans raison. Car tes destinées fatales ne sont à périr en eau. TU SERAS HAULT EN L'AIR CERTAINEMENT PENDU, OU BRUSLÉ GUAILLARD COMME UN PÈRE. (*Le quart livre*, in *OC*, p. 650)

– Pelo digno hábito que trago vestido – disse Irmão Jan a Panurgo –, amigo poltrão, durante a tempestade tiveste medo sem causa e sem razão. Porque teu destino fatal não será perecer na água. SERÁS BEM NO ALTO ENFORCADO, OU QUEIMADO BÊBEDO COMO UM PADRE.

♦ Cf. o latim medieval: *quem fata pendere volunt, non mergitur undis* (quem os fados querem ver enforcado não se afogará nas ondas). Diz-se em italiano: *chi ha da morir di forca, può ballare sul fiume.*

⇒ Qui est né pour le GIBET, ne se noyera jamais dans l'eau

NUE *s.f.* nuvem; *cloud*

Si les NUES tombaient les aloès* seraient toutes prises (sXV: *si les nues chéoit les aloès sont toutes prises*)

* *Aloès* (< lat. *alauda*) = 'alouettes'.

= Si le CIEL tombait, il y aurait bien des alouettes de prises

F. Rabelais alude ao provérbio:

[Gargantua] saultoyt du coq à l'asne, mettoyt *entre deux verdes une meure*, faisoit de la terre le foussé, gardoyt la lune des loups, SI LES NUES TOMBOIENT ESPEROYT PRANDRE LES ALOUETTES, faisoyt de nécessité vertus, faisoyt *de tel pain souppe*, se soucioyt aussi peu des raitz ['rasés'] comme des tonduz, tous les matins escorchoyt le renard ['vomissait']. (F. Rabelais, *G*, p. 81)

[Gargântua] passava do pé para a mão, *metia nabos em saco*, fazia da terra fossa, perdia o seu latim, QUERIA QUE O MANÁ CAÍSSE DO CÉU, da necessidade fazia virtude, *de tal pão fazia sopa*, preocupava-se tanto com os pelados como com os carecas, madrugava muito para enganar a raposa. (Trad. de Aristides Lobo)

⇒ Au cas que Lucas n'ait qu'un ŒIL, sa femme épouserait un borgne

NUIRE *v.t.i.* prejudicar, fazer mal; *to harm, to be harmful*

Ce qui NUIT à l'un duit* à l'autre

* *Duit* (v. *duire*) = 'profite'.

= Le MALHEUR des uns fait le bonheur des autres

⇒ NUL ne perd qu'autrui ne gagne

NUIT *s.f.* noite; *night*

1 Ce qui se fait de NUIT paraît au grand jour

'il n'est rien de si caché qui ne doive se découvrir enfin'

o que se faz de noite de dia aparece

what is done by night appears by day

♦ A fonte é Mateus 10, 26.

⇒ Il n'est rien si bien caché que le TEMPS ne découvre

2 De NUIT, tout blé semble farine (1456: *par nuit semble tout blé farine*)

= À la CHANDELLE la chèvre semble demoiselle

3 La NUIT porte conseil (1606)

'grave décision requiert délai de réflexion, à quoi convient l'espace d'une nuit, qui donne aux passions le temps de retomber, et à l'esprit celui de prendre distance'

a noite é boa conselheira
a noite é mãe dos pensamentos
a noite traz bom conselho
convém conversar com o travesseiro
dormirei, boas novas acharei
o sono é bom conselheiro
o travesseiro é o melhor conselheiro
para teu conselheiro não esqueças o travesseiro
quem quiser bom conselheiro consulte o travesseiro
se queres bom conselheiro, consulta o travesseiro

night is the mother of counsel
take counsel of your pillow
the best advice is found on the pillow
the night will give you counsel

Le déjeuner fut bien triste; et il s'était produit comme un refroidissement vis-à-vis de Boule de Suif, car LA NUIT, qui PORTE CONSEIL, avait un peu modifié les jugements. (G. de Maupassant, *BS*, p. 50)

O almoço foi bem triste; e como que um esmorecimento se produziu em relação a Bola de Sebo, pois A NOITE, que TRAZ CONSELHO, modificara um pouco os juízos. (Trad. de Themistocles Linhares)

COTICE. Non, nous avons à parler de choses plus importantes. Je pense qu'il serait bon de nous enquérir de la véracité de ces nouvelles.
PILE. C'est vrai, faut-il abandonner le Père Ubu ou rester avec lui?
COTICE. LA NUIT PORTE CONSEIL. Dormons, nous verrons demain ce qu'il faut faire. (A. Jarry, *TU*, p. 110)

COTICE. Não, temos de falar de coisas mais importantes. Acho que seria bom averiguarmos a veracidade dessas notícias.
PILE. É verdade, devemos abandonar o Pai Ubu ou ficar a seu lado?
COTICE. A NOITE É A MELHOR CONSELHEIRA. Vamos dormir, e amanhã veremos o que convém fazer.

♦ *In nocte consilium*, registra Erasmo nos *Adagia*, e lê-se num fragmento de Menandro (*Monósticos*, 150): ἐν νυκτὶ βουλὴ τοῖς σοφοῖσι γίγνεται (à noite ocorre o conselho aos homens avisados). Diz-se em italiano: *la notte porta consiglio*.

⇒ L'OREILLER porte conseil

4 La NUIT, tous les chats sont gris (sXVII)

'la grande démocratie des ténèbres efface toutes les différences et toutes les inégalités'

a noite é capa de pecadores
à noite todos os gatos são pardos
de noite todos os gatos são pardos
quem só vê de noite mente de dia

all cats are alike grey in the night
all cats are grey in the dark
when candles are away, all cats are grey

– Il y a des filles dans Paris, interrompis-je, dont je serois ravi de porter les marques; mais il y en a aussi que je ne voudrois pas seulement envisager, de peur d'avoir de mauvais songes. – Tu veux dire, reprit-elle, que je suis peut-être laide. Hé! monsieur le difficile, ne sais-tu pas bien que LA NUIT TOUS LES CHATS SONT GRIS? (Scarron, *RC*, t. I, p. 148)

– Em Paris há raparigas – interrompi – com quem gostaria muito de farrear; mas também há aquelas com quem não desejo nem topar, de medo de ter pesadelos. – Está querendo dizer – retomou ela – que sou feia. Eta moço difícil! Não sabe que DE NOITE TODOS OS GATOS SÃO PARDOS?

Var. em R. Rolland:

– (...) Et, dans les heures noires (je ne dis celles de LA NUIT OÙ TOUS LES CHATS SONT GRIS, mais celles des années de misères et de vaches maigres), tu n'étais plus tant laide. (*CB*, p. 185)

– (...) E nas horas negras (não digo as da NOITE, EM QUE TODOS OS GATOS SÃO PARDOS, mas as dos anos de miséria e vacas magras), não me desagradavas. (Trad. de Ivo Barroso)

♦ O provérbio tem correspondentes em italiano: *al buio tutte le gatte sono bigie*, em espanhol: *de noche todos los gatos son pardos* (Cervantes, *D. Quijote*, II, xxxiii) e em alemão: *bei Nacht sind alle Katzen grau*.

⇒ À la CHANDELLE la chèvre semble demoiselle

N

NUL *pron.ind.* ninguém; *no one*

1 NUL ne naît appris et instruit (1616)

'savoir ni culture ne sont innés; ils sont fruits du temps'

ninguém nasce ensinado
ninguém nasce sabendo

no man is born wise

no man is his craft's master the first day
no one is a born master

♦ Cf. o latim medieval *nemo nascitur artifex* (ninguém nasce artesão). Diz-se em espanhol: *nadie nace enseñado, si no es a llorar* (ou ainda: *nadie es sabio por lo que supo su padre*).

⇒ On ne naît pas SAVANT

2 NUL ne perd qu'autrui ne gagne (sXV)

'c'est le grand principe de l'éternel recyclage'

ninguém perde sem outro ganhar
o que é bom para um pode não ser para outro
o que é mel para uns para outros é fel
o que para uns é mal para outros é sal
o que para uns é mel para outros é fel
o que para uns é sal para outros é mal

one man's loss is another man's gain
one man's meat is another man's poison
one man's misfortune is another man's happiness

♦ Diz-se em espanhol: *lo que de uno es desechado, es de otro deseado.*

⇒ Le BONHEUR des uns fait le malheur des autres

3 NUL n'est trop bon et peu le sont assez (sXIII)

'en matière de bonté, l'excès n'est jamais de trop'

ninguém é bom demais e poucos são suficientemente bons

good folks are scarce

♦ Diz Monsieur Orgon, em *Le Jeu de l'amour et du hasard*, de Marivaux: "Va, dans ce monde, il faut être un peu trop bon pour l'être assez." (Pois bem, neste mundo é preciso ser bom demais para sê-lo bastante.)

O

OBÉIR *v.t.i.* obedecer; *to obey*

Il faut apprendre à OBÉIR pour savoir commander

'on est fondé à exiger d'autrui ce que l'on a soi-même réussi à surmonter; quand on sait subir, on sait faire subir'

aprende a obedecer, aprenderás a mandar
bem sabe mandar quem soube obedecer
não sabe governar quem não sabe obedecer
não sabe mandar quem nunca soube obedecer
obedece e saberás mandar
quem não é bom soldado não será bom capitão

he that cannot obey, cannot command

♦ Cf. o preceito de Sólon: ἄρχε πρῶτον μαθὼν ἄρχεσθαι (aprenda a obedecer antes de comandar), citado por Diógenes Laércio (*Vidas dos filósofos ilustres*, 1, 60).

♦ J.-P. Sartre (*apud* Paulo Rónai, *DUC*, p. 695) reformula o provérbio: "Il est toujours facile d'obéir, si l'on rêve de commander." (É sempre fácil obedecer quando se sonha comandar.)

♦ Diz-se em espanhol: *no sabe mandar quien no sabe obedecer*.

⇒ Pour être GRAND, il faut avoir été petit

OCCASION *s.f.* ocasião, oportunidade; *occasion, opportunity*

1 L'OCCASION a tous ses cheveux au front (1534)

= L'OCCASION est chauve (par derrière)

∴ Ver abonação em L'OCCASION EST CHAUVE (PAR DERRIÈRE).

2 L'OCCASION est chauve (par derrière) (1534)

'l'occasion doit être promptement saisie: elle ne se présentera une seconde fois'

a fortuna é escura e calva (Jorge Ferreira de Vasconcelos)
a ocasião é calva
a sorte bate uma vez à porta de cada pessoa
é preciso agarrar a ocasião pela calva
é preciso apanhar a ocasião pelos cabelos
o tempo e a ocasião não esperam por ninguém
quando o bem te chegar, mete-o em casa
sempre por via irá direita / quem do oportuno tempo se aproveita (Camões)

fortune knocks once at least at every man's gate
gather ye rosebuds while ye may (Robert Herrick)
grasp time by the forelock
hold opportunity by her forelock, before she turns her tail
opportunity never knocks twice at any man's door
opportunity seldom knocks twice
take time by the forelock
take time when time comes (lest time steals away)
take time while time serves
when fortune knocks, open the door
when fortune smiles, embrace her

"(...) Iceulx je suis d'advis que nous poursuyvons, ce pendent que l'heur est pour nous, car L'OCCASION *a tous ses cheveulx au front*: quand elle est oultre passée, vous ne la povez plus revocquer; elle EST CHAUVE PAR LE DARRIERE de la teste et jamais plus ne retourne. (F. Rabelais, *G*, p. 161)

– (...) Acho que devemos continuar enquanto a sorte estiver conosco, pois A FORTUNA *tem todos os cabelos na fronte*. Quando ela tiver passado, não podereis mais chamá-la: É CALVA ATRÁS DA CABEÇA e nunca mais volta. (Trad. de Aristides Lobo)

♦ De uma alegoria comum na Grécia antiga (Homero,

Ilíada, 10, 173) e difundida sobretudo por um epigrama de Posidipo (*Antologia palatina*, ed. Dübner, II, 16, 275) sobre uma estátua da deusa Ocasião, esculpida por Lisipo de Sícion. Fedro, na fábula intitulada *Tempus* (5, 4), contribuiu para a persistência dessa tradição: *Cursor volucri pendens in novacula, / Calvus comosa fronte, nudo corpore, / (Quem si occuparis teneas; elapsum semel / Non ipse possit Iuppiter reprehendere), / Occasionem rerum significat brevem. / Effectus impediret ne segnis mora, / Finxere antiqui talem effigiem Temporis.* [Um corredor equilibrado sobre o fio de uma navalha alada, / calvo – não fossem os cabelos que traz na frente – e despido / (a quem poderás segurar se o agarrares de surpresa; mas que, uma vez escapado, ficaria fora do alcance até de Júpiter), / é esse o símbolo do momento fugaz. / Não querendo que nossos empreendimentos malograssem por lentidão e indolência, / pintaram-nos os antigos esse retrato do Tempo.] Cf. também Horácio (*Epodon liber*, 13, 3-4): *rapiamus, amici, occasionem de die* (apanhemos, amigos, a ocasião no dia que vivemos), Publílio Siro (*Sententiae*, O 14): *occasio aegre offertur, facile amittitur* (a ocasião dificilmente se oferece e facilmente se perde) e Símaco (*Epistulae*, 1, 7, 2): *occasionem rapere prudentis est* (é próprio do sábio aproveitar a ocasião).

♦ Há provérbios correspondentes em italiano: *l'occasione ha i capelli dinanzi* e em espanhol: *la ocasión la pintan calva.*

⇒ Le plus beau LENDEMAIN ne nous rend pas la veille

3 L'OCCASION fait le larron (1677)

'un méfait peut être conjoncturel: ce sont les circonstances, non son auteur, qui en ont décidé; mais il ne faut pas tenter le diable'

a ocasião faz o ladrão
a tentação nasce da ocasião
o buraco chama o ladrão
o buraco desafia o ladrão

a bad padlock invites a picklock
a fair booty makes many a thief
opportunity makes the thief
the hole calls the thief

Alteração jocosa em J. Giono:

– Savez-vous ce que je ferais à votre place? dit l'homme. Je dessanglerais mon portemanteau et j'irais le poser à l'intérieur sur deux chaises. – Il n'y a pas de voleurs, dit Angélo. – Ben, et moi? dit l'homme. *L'OCCASION FAIT LE LARD ROND.* (HT, p. 19)

– Sabe o que eu faria se fosse o senhor? – perguntou o homem. – Soltaria o cabide e iria colocá-lo lá dentro, em cima de duas cadeiras.
– Aqui não há ladrões – retrucou Angélo.
– Ué, e eu? – disse o homem. – *A OCASIÃO FAZ O TOUCINHO REDONDO.*

♦ Do latim medieval *occasio facit furem*. Há equivalentes em italiano: *l'occasione fa l'uomo ladro*, em espanhol: *la ocasión hace al ladrón* e em alemão: *Gelegenheit macht Diebe.*

⇒ La PORTE ouverte tente le saint

4 L'OCCASION n'a qu'un cheveu

= L'OCCASION est chauve (par derrière)

5 OCCASION trouve qui son chat bat (1495)

= Qui veut noyer son CHIEN l'accuse de la rage

ŒIL (pl. YEUX) *s.m.* olho; *eye*

1 À l'ŒIL malade, la lumière nuit

'les lumières de la raison offusquent l'esprit faux'

ao olho doente até a luz incomoda

the light is naught for

2 À ŒIL ou nez malade, ne touche que du coude (sXVII)

'les yeux sont très sensibles; quand on a mal aux yeux, il n'y faut toucher que du coude'

esfregar os olhos, só com os cotovelos
o mal do olho cura-se com o cotovelo
olhos e calos, nem de leve tocá-los
quem quiser olho são ate a mão
quem quiser ter olho são não lhe toque com a mão
se queres que teu olho sare, limpa-o com o cotovelo

you should never touch your eye but with your elbow

♦ Há correspondentes em italiano: *gli occhi s'hanno a toccare con le gomita* e em espanhol: *al ojo con el codo.*

⇒ Qui veut guérir ses YEUX doit s'attacher les mains

3 Au cas que Lucas n'ait qu'un ŒIL, sa femme épouserait un borgne (1640)

= Si ma TANTE en avait, ce serait mon oncle

⇒ Si PARIS était de beurre, il fondrait au soleil

♦ "C'est une raillerie vulgaire dont on se sert lorsque quelqu'un entame un discours par ces mots, au cas que" (Oudin, *apud* C. Duneton & S. Claval).

4 Ce que les YEUX ne voient pas ne fait pas mal au cœur

'la vision est le sens par lequel la réalité nous convainc le plus violemment'

mal que se ignora, coração que não chora
o que os olhos não vêem o coração não sente
pena que não se vê não se sente

unminded, unmoaned
what the eye doesn't see, the heart doesn't grieve over
what the eye sees not, the heart rues not

what you don't know won't hurt you

♦ Cf. o latim medieval *quod non videt oculus cor non dolet*. O provérbio tem correspondentes em italiano: *occhio non mira, cuore non sospira* (ou ainda: *occhio non vede, cuore non duole*) e em espanhol: *ojos que no ven, corazón que no siente*.

5 Deux YEUX voient plus clair qu'un (1568)

'les affaires sont mieux examinées par deux personnes que par une seule' (Panckoucke)

dois olhos enxergam mais que um só
dois olhos vêem mais que um só
mais vêem dois olhos que um
mais vêem quatro olhos que dois
quatro olhos vêem mais que dois

four eyes see more than two

⇒ Quatre YEUX voient plus que deux

6 Il n'est pour voir que l'ŒIL du maître (1668)

= L'ŒIL du maître engraisse le cheval

Phèdre sur ce sujet dit fort élégamment: / IL N'EST, POUR VOIR, QUE L'ŒIL DU MAÎTRE. (La Fontaine, F, IV, xxi, 37-38)

Qual Fedro, ao encerrar este conto, eu comento: / "O OLHO DO DONO É QUE SABE ENXERGAR." (Trad. de Milton Amado e Eugênio Amado)

⇒ L'ŒIL du fermier vaut fumier

7 Il vaut mieux se fier à ses YEUX qu'à ses oreilles

= Un ŒIL a plus de crédit que deux oreilles n'ont d'audivi

8 Les YEUX sont le miroir de l'âme

'les yeux sont un moyen d'expression tellement subtil qu'on y peut deviner des reflets de la richesse de l'âme'

na face e nos olhos se lê a letra do coração
o mal e o bem à face vêm
os olhos são o espelho da alma

the eye is the window of the heart
the eye is the window of the mind
the eyes are the window of the soul
the heart's letter is read in the eyes

♦ Lê-se em Cícero (*De oratore*, 3, 59, 221): *imago animi vultus, indices oculi* (o rosto é a imagem da alma assim como os olhos são os seus delatores). Há provérbio paralelo em italiano: *gli occhi sono lo specchio dell'anima* (ou ainda: *gli occhi sono la spia del cuore*).

⇒ Au SEMBLANT connaît-on l'homme

9 L'ŒIL du fermier vaut fumier (1672)

'quand on surveille ses affaires, elles se portent mieux'

o pé do dono é o estrume da herdade

the foot of the owner is the best manure for his land
the master's foot makes the ground fat

♦ Há correspondentes em italiano: *il piede del padrone ingrassa il campo*, em espanhol: *el pie del dueño estiércol es para la heredad* e em alemão: *des Herrn Fuss düngt den Acker wohl*.

10 L'ŒIL du maître engraisse le cheval (1568)

'nul n'a le regard plus perspicace que le maître sur son bien, nul n'en peut donc mieux prendre soin'

mais vale uma vista do dono que cem brados do abegão ['feitor de propriedade']
o cavalo engorda com o olho do dono
o olho do dono engorda o cavalo
onde não vai o dono, vai o dolo
os olhos do dono engordam o cavalo
quem engorda o porco é o olho do dono
quem engorda o(s) boi(s) é o olho do dono

matters prosper under the master's eye
no eye like the eye of the master
one eye of the master sees more than ten of the servants
the master's eye makes the horse fat

♦ O "olho do dono" é mencionado por Xenofonte no *Econômico* (12, 20) e lê-se numa obra espúria de Aristóteles, que leva o mesmo título da de Xenofonte: ὸ τοῦ δεσπότου ὀφθαλμὸς μάλιστα ἵππον πιαίνει (o que engorda o cavalo é sobretudo o olho do dono); diziam os latinos, à imitação dos gregos, *oculus domini saginat equum* (o olho do dono engorda o cavalo). Há equivalentes em italiano: *l'occhio del padrone ingrassa il cavallo*, em espanhol: *el ojo del amo engorda al caballo* e em alemão: *des Herrn Auge macht das Pferd fett*.

11 L'ŒIL du maître vaut plus que deux mains

'nul n'a le regard plus perspicace que le maître sur son bien; il en prend donc soin mieux que sa main-d'œuvre'

o olho do dono faz mais que as duas mãos
o olho do dono trabalha mais que as mãos

the eye of a master does more work than both his hands
the eye of the master will do more work than both his hands
the master's eye is worth both his hands

⇒ Qui est loin de son BIEN est près de son dommage

12 Loin des YEUX/(de l'ŒIL), loin du cœur (1610)

'l'éloignement refroidit les sentiments'

afastamento, esquecimento
apartamento, esquecimento
ausência aparta amor
longe da vista, longe do coração
longe dos olhos, longe do coração
olhos que não vêem, coração que não sente
quem não aparece esquece

O

absence hinders love, presence strengthens it
absence sharpens love, presence strengthens it
far from eye, far from heart
long absent, soon forgotten
out of sight, out of mind
seldom seen, soon forgotten

Si l'adage: LOIN DES YEUX, LOIN DU CŒUR, est vrai pour la plupart des femmes, il est vrai surtout en fait de sentiments de famille et de protections ministérielles ou royales. De tout temps les gens qui servent personnellement les rois font très bien leurs affaires: on s'intéresse à un homme, fût-ce un valet, quand on le voit tous les jours. (H. de Balzac, *CA*, p. 387-388)

O provérbio: "LONGE DOS OLHOS, LONGE DO CO-RAÇÃO", se é verdadeiro para a maior parte das mulheres, é verdadeiro, principalmente, quanto aos sentimentos familiares e à proteção ministerial ou real. Em todos os tempos, as pessoas que servem pessoalmente os reis resolvem muito bem os negócios; a gente se interessa sempre por um homem, seja ele um lacaio, se o vê todos os dias. (Trad. de Lia Corrêa Dutra)

♦ A idéia figura em vários autores da Antiguidade, entre os quais Propércio (*Elegiae*, 3, 21, 10): *quantum oculis, animo tam procul ibit amor* (quanto mais longe ela estiver de meus olhares, mais o amor abandonará minha alma). Diz-se em italiano: *lontano dagli occhi, lontano dal cuore.*

⇒ L'ABSENCE est l'ennemie de l'amour

13 ŒIL pour ŒIL, dent pour dent (1690)

'la vengeance veut un assouvissement intégral'

espada por espada, lança por lança
olho por olho, dente por dente

an eye for an eye, a tooth for a tooth
tip for tap
tit for tat

Le Hupain de Laon me fit fort grise mine et il oublia – "oubli pour oubli, ŒIL POUR ŒIL ET DENT POUR DENT" – de venir me chercher au lycée trois dimanches de suite. (M. Blancpain, *FA*, p. 65)

O Hupain de Laon me olhou de cara feia e se esqueceu – "esquecimento por esquecimento, OLHO POR OLHO E DENTE POR DENTE" – de vir buscar-me no liceu nos três domingos seguintes.

♦ A fonte é *Êxodo* 21, 24 (fórmula da lei de talião): *oculum pro oculo, et dentem pro dente.* Há equivalentes em italiano: *occhio per occhio, dente per dente*, em espanhol: *ojo por ojo, diente por diente* e em alemão: *Auge um Auge, Zahn um Zahn.*

14 ŒIL un autre ŒIL voit et non soi (1557)

'on ne se connaît pas soi-même'

olho que tudo vê a si se não vê

the eye that sees all things else sees not itself

Mons Paillard répondit:
– Compère, "ŒIL UN AUTRE ŒIL VOIT, ET NON SOI". Tes paroissiens sont fous, c'est certain. Mais toi, es-tu plus sain? Curé, tu n'as rien à dire; car tu fais tout comme eux. Tes saints valent-ils mieux que leurs lutins et leurs fées?... (R. Rolland, *CB*, p. 69)

Seu Paillard respondeu:
– Meu caro, ESTÁ O PORCO FALANDO MAL DO TOUCINHO. Teus paroquianos são tolos, é verdade. Mas tu, és acaso mais são do que eles? Teus santos valem mais do que seus duendes e fadas?... (Trad. de Ivo Barroso)

♦ "L'image de l'œil qui ne peut se voir lui-même est une illustration commode de la méconnaissance de soi, thème évoqué par de nombreux autres proverbes." (F. Suzzoni)

♦ Diz-se em espanhol: *el ojo no se ve a sí, y ve a otro.*

⇒ Voir une PAILLE dans l'œil de son prochain et ne pas voir une poutre dans le sien

15 On ne doit pas avoir les YEUX plus grands/gros que le ventre (sXV)

'on ne doit pas désirer plus qu'on n'en peut garder'

não se deve ter o olho maior (do) que a barriga
não tenhas mais olhos que barriga
não tenhas os olhos maiores (do) que a boca

better fill a man's belly than his eye

G. Sand reformula e amplifica o provérbio:

Nous savons bien tous la chose, bonnes gens! et plus d'une fois il nous arrive de nous enrichir à rebours en achetant du beau bien à bas prix. Si bas qu'il soit, c'est trop pour nous. NOUS AVONS LES YEUX DE LA CONVOITISE PLUS GRANDS QUE NOTRE BOURSE N'A LE VENTRE GROS, et nous nous donnons bien du mal pour cultiver un champ dont le revenu ne couvre pas la moitié de l'intérêt que réclame le vendeur; et quand nous y avons pioché et sué pendant la moitié de notre pauvre vie, nous sommes ruinés, et il n'y a que la terre qui se soit enrichie de nos peines et labeurs. (*FC*, p. 353)

Bem sabemos como são essas coisas, minha gente! E mais de uma vez já nos enriquecemos contra toda a expectativa, ao comprar por pouco dinheiro o que tem valor. Mas, por pouco que seja, para nós ainda é caro. OS OLHOS DA NOSSA COBIÇA SÃO MAIORES DO QUE O GRANDE VENTRE DA NOSSA BOLSA, e nos esfalfamos para lavrar uma terra cujo rendimento não cobre nem a metade dos juros exigidos pelo vendedor; e, depois de tê-la revolvido e regado com nosso suor a vida inteira, acabamos na miséria: só a terra se enriquece com nosso sofrido labor.

16 Quatre YEUX vêem plus que deux

= Deux YEUX voient plus clair qu'un

⇒ Deux AVIS valent mieux qu'un

17 Qui de l'ŒIL voit, du cœur croit (1568)

'la vision est celui de nos sens par lequel la réalité nous convainc le plus profondément'

olho que vê, coração que crê
ver de perto para contar certo
ver para crer

seeing is believing

⇒ Un ŒIL a plus de crédit que deux oreilles n'ont d'audivi

18 Qui n'a qu'un ŒIL bien le garde (sXVI)

'que l'on prenne d'autant plus soin de son bien qu'il est rare'

quem tem um não tem nenhum

he that has but one eye, must be afraid to lose it
he who has but one coat, cannot lend it

♦ Le Roux de Lincy registra a forma *Qui n'a que ung oel bien le garde* (sXV), e dá para *oel* a acepção de *agneau*.

19 Qui veut guérir ses YEUX doit s'attacher les mains

= À ŒIL ou nez malade, ne touche que du coude

♦ Há equivalentes em italiano: *chi vuol tener l'occhio sano, leghisi la mano* e em espanhol: *quien quiera el ojo sano, átese la mano.*

20 Un ŒIL a plus de crédit que deux oreilles n'ont d'audivi* (sXVI)

* *Audivi*: latinismo forjado para manter a rima.

'le témoignage oculaire a plus de poids que le témoignage verbal'

os ouvidos são mais infiéis que os olhos

one eyewitness is better than ten hear-so's
one eyewitness is better than two hear-so's

♦ Afirmação de Heráclito: ὀφθαλμοὶ... τῶν ὤτων ἀκριβέστεροι μάρτυρες (os olhos são testemunhas mais fiéis do que os ouvidos), citado por R. Tosi, que acrescenta: "A forma semelhante ὦτα γὰρ τυγχάνει... ἀνθρώποισι ὀφθαλμῶν, 'os ouvidos são para os homens menos dignos de fé do que os olhos', volta num famoso trecho de Heródoto (1,8,2), no qual Candaules, orgulhoso da extraordinária beleza da mulher, convida o fiel Giges a confirmá-la pessoalmente, escondendo-se em seu quarto." Há correspondentes em italiano: *val più un testimonio di vista che dieci d'udita* e em alemão: *ein Augenzeuge gilt mehr denn zehn Ohrenzeugen.*

⇒ TÉMOIN qui a vu est meilleur que celui qui a ouï

21 Un ŒIL suffit au marchand, l'acheteur en a besoin de cent

'le marchand ne se trompe jamais quant à la valeur de ce qu'il va vendre, mais l'acheteur doit veiller à ne pas se faire "rouler"'

abre um olho para vender e dois para comprar
quem compra precisa de cem olhos; quem vende, apenas de um

keep your eyes open: a sale is a sale
the buyer needs a hundred eyes, the seller but one
the buyer needs a hundred eyes, the seller not one

♦ Diz-se em italiano: *chi compra ha bisogna di cent'occhi; chi vende n'ha assai di uno.*

⇒ Il y a plus de fous ACHETEURS que de fous vendeurs

ŒUF *s.m.* ovo; egg

1 Donner un ŒUF pour avoir un bœuf (loc. prov.; 1690)

variante humoristique du proverbe: "qui vole un œuf vole un bœuf", destinée à stigmatiser le don intéressé et la générosité calculatrice

com uma sardinha comprar uma truta
dar bilha de leite por bilha de azeite
perde-se a isca para pegar o peixe
quem dá espera (Jorge Ferreira de Vasconcelos)

give a pea for a bean
he who gives a duck expects a goose
throw out a sprat to catch a herring
throw out a sprat to catch a mackerel
throw out a sprat to catch a whale
venture a small fish to catch a great one

♦ Diz-se em italiano: *dare un ago per avere un palo.*

⇒ On ne fait pas d'OMELETTE sans casser des/les œufs

2 D'un ŒUF blanc on voit souvent un poulet éclore bien noir

'une bonne souche porte bien un mauvais rejeton'

de pai santo, filho diabo

many a good cow has a bad calf
many a good cow has an evil calf

3 Il ne faut pas compter l'ŒUF dans le cul/derrière d'une poule

'il ne faut pas disposer d'une chose avant de la posséder'

não conte com os pintos senão depois de nascidos
não contes com o ovo no cu da galinha
não se deve contar com o ovo na bunda da galinha
não se deve contar com o ovo no cu da galinha
não se deve contar com o ovo no rabo da galinha

O

do not count your chickens before they are hatched
don't eat the calf in the cow's belly

⇒ Mieux vaut maintenant un ŒUF que dans le temps un bœuf

4 Il ne faut pas mettre tous ses ŒUFS dans le même panier (1835)

'gestionnaire avisé ne hasarde pas tout son bien dans une seule affaire'

não aposte num cavalo só
não arrisques tudo de uma só vez
não ponhas todos os ovos debaixo da mesma galinha
nunca coloque todos os seus ovos num mesmo cesto

don't put all your eggs in one basket
hang not all your bells upon one horse
venture not all in one bottom ['vessel']

♦ Há provérbios paralelos em italiano: *chi ha tutto il suo in un loco, l'ha nel foco* e em espanhol: *poner toda la carne en el asador es grande error.*

⇒ Qui tout met dans un POT tout a perdu en un matin

5 Mieux vaut maintenant un ŒUF que dans le temps un bœuf (sXIII)

'la possession effective d'une chose vaut mieux que la simple promesse d'une autre de plus grande valeur'

mais vale pão hoje que galinha amanhã
mais vale um ovo hoje (do) que uma galinha amanhã
o frango de hoje é preferível ao galo de amanhã

an egg is better today than a pullet tomorrow
better an egg today than a hen tomorrow

♦ Diz-se em italiano: *meglio un uovo oggi che una gallina domani.*

⇒ Un ŒUF aujourd'hui vaut mieux qu'un poulet pour demain

6 Mieux vaut ŒUF de géline que pet de reine

'la plus humble poule peut être plus précieuse qu'une reine, laquelle, selon le point de vue que l'on adopte, n'est que vent; le vent, fût-il royal, n'a jamais nourri son homme'

mais vale migalha que pêlo de barba
mais vale ovo de galinha que peido de rainha

better fill a man's belly than his eye

7 Mieux vaut ŒUF donné que ŒUF mangé (sXV)

= Mieux vaut une POMME donnée que mangée

⇒ Mieux vaut OS donné que OS mangé

8 Qui vole un ŒUF vole un bœuf (1881)

'en vertu de la logique inflationniste du vice, aucun larcin n'est anodin: il est potentiellement grave'

cesteiro que faz um cesto faz um cento(, dando-lhe verga e tempo)
cesteiro que faz um cesto faz um cento, tendo cipó e tempo faz duzentos
ladrão de agulheta ['agulha grossa e de fundo largo; coisa de pouco valor'] asinha ['depressa'] sobe à barjoleta/barjuleta ['bolsa grande ou mochila de couro ou de linhagem']
ladrão de tostão, ladrão de milhão
ladrãozinho de agulheta depois sobe à barjoleta/barjuleta
o grande ladrão começa pelos dedais
quem faz uma vez faz duas e três
quem foi infiel uma vez sê-lo-á duas ou três
quem uma vez furta, fiel nunca

he that will steal a pin, will steal a better thing
he that will steal a pin, will steal a pound
he that will steal an egg, will steal an ox
who steals the egg will steal the hen

J'avais volé huit sous, c'est vrai – mais ils en abusaient trop! Partant de ce principe que "QUI VOLE UN ŒUF PEUT VOLER UN BŒUF", ils affectaient de ne rien laisser traîner. (S. Guitry, *MT*, p. 25)

Eu havia furtado oito tostões, é verdade – mas eles exageravam a importância do ato! Partindo do princípio de que "O GRANDE LADRÃO COMEÇA PELOS DEDAIS", não disfarçavam a preocupação de esconder tudo.

♦ O cartunista Chaval (*apud* C. Gagnière, *TOM*, p. 816) reformula o provérbio, com humor: "Qui vole un bœuf est vachement musclé." (Quem rouba uma vaca tem de ser um touro.)

♦ Diz-se em italiano: *chi ruba una spilla, ruba una libbra.*

⇒ Qui fait les PANIERS fait les corbeilles

9 Un ŒUF aujourd'hui vaut mieux que deux demain (sXVI)

= Mieux vaut maintenant un ŒUF que dans le temps un bœuf

⇒ Un OISEAU dans la main vaut mieux que deux dans la haie

10 Un ŒUF aujourd'hui vaut mieux qu'un poulet pour demain (1774)

= Mieux vaut maintenant un ŒUF que dans le temps un bœuf

♦ Cf. F. Rabelais (*TL*, p. 202): *ad praesens ova cras pullis sunt meliora* (os ovos de hoje valem mais do que os frangos de amanhã).

11 Veux-tu des ŒUFS, souffre le caquetage des poules

'il faut se donner de la peine pour retirer du profit de quelque chose' quem quer ovos tem que agüentar o cacarejar da galinha

he that would have eggs, must endure the cackling of hens

ŒUVRE *s.f.* obra; *work*

1 À l'ŒUVRE on connaît l'artisan/l'ouvrier (1668)

'le faire donne la mesure de l'être'

a boa obra ao mestre honra
a fé nas obras se vê
no arrumar da isca se vê o pescador
no arrumar da lasca se vê o pescador
no mínimo trabalho se conhece o trabalhador
pela obra e não pelo vestido é o homem conhecido
pela obra se conhece o artista
pela obra se conhece o obreiro
pela voz se conhece o músico
pelo afinar da viola se conhece o tocador
pelo armar da besta se conhece logo o besteiro
pelo calçar da espora se conhece o bom vaqueiro
pelo manear do pau se conhece o jogador
pelo pegar da viola se conhece o repentista
pelo pôr da isca se conhece o pescador
pelo pôr da lasca se conhece o pescador

a good workman is known by his chips
a man is known by his work
by the work, one knows the workman
like author, like book
like carpenter, like chips
the work shows the workman
the workman is known by his work

A L'ŒUVRE ON CONNAÎT L'ARTISAN. / Quelques rayons de miel sans maître se trouvèrent, / Des Frelons les réclamèrent. / Des abeilles s'opposant, / Devant certaine Guêpe on traduisit la cause. (La Fontaine, *F*, I, xxi, 1-5)

NA PRODUÇÃO SE RECONHECE O ARTÍFICE. / Alguns favos de mel não tinham dono; / Logo a si os chamaram os tavões; / As abelhas, opondo-se, levaram / O pleito a certa vespa. (Trad. de Bulhão Pato)

♦ O provérbio tem correspondentes em italiano: *all'opera si conosce il maestro*, em espanhol: *la habilidad del artífice se conoce en su obra* e em alemão: *das Werk lobt den Meister*.

⇒ C'est au PIED du mur que l'on connaît/(qu'on voit) le maçon

2 L'ŒUVRE l'ouvrier découvre

= À l'ŒUVRE on connaît l'artisan/l'ouvrier

3 NUL ne fait si bien l'ŒUVRE que celui à qui elle est (1456)

= On n'EST jamais si bien SERVI que par soi-même

OFFENSEUR *s.m.* ofensor; *offender*

L'OFFENSEUR ne pardonne pas

'la paix s'ensuit-elle nécessairement lorsque, selon la recommandation évangélique, l'offensé pardonne l'offense? Nullement: le pardon confère une supériorité dont l'offenseur peut se sentir derechef offensé; peut-on pardonner l'offense d'avoir été pardonné? Dès lors, l'offenseur préfère camper sur ses positions'

o ofensor não perdoa
quem ofende não perdoa

the offender never pardons

♦ A idéia está em Sêneca (*De ira*, 2, 33, 1): *Hoc habent pessimum animi magna fortuna insolentes: quos laeserunt, et oderunt*. (O que há de mais detestável na insolência da sorte é odiar aqueles a quem se feriu.) Cf. também Tácito (*Agricola*, 42, 4): *Proprium humani ingenii est odisse quem laeseris* (É da natureza do homem odiar aqueles a quem ofendeu).

OIE *s.f.* gansa; *goose*

1 Ce que l'OIE ne se laisse pas faire, elle ne doit pas le faire au canard (Martinique)

= Ne fais pas à AUTRUI ce que tu ne voudrais pas qu'on te fît

2 Qui mange l'OIE du roi, cent ans après en rend les plumes (1493)

'qui s'attaque à plus puissant en supportera longtemps les conséquences'

quem a galinha del-rei come magra, gorda a paga (*Arte de furtar*)
quem a vaca de el-rei come magra, gorda a paga
quem come a galinha magra paga a gorda

he that eats the king's goose, shall be choked with the feathers

⇒ Jamais VASSAL ne gagne à plaider à son seigneur

OISEAU *s.m.* ave, pássaro; *bird*

1 À chaque OISEAU son nid est/paraît beau (sXIII)

'la relation d'intimité avec les objets et les lieux fausse le jugement esthétique; au pauvre bûcheron de la fable "Le Bûcheron et Mercure" (La Fontaine, *F*, V, i) sa cognée de bois paraît plus belle que les outils doré et argenté que lui propose Mercure. "Être content du sien, c'est le plus sûr" (v. 66)'

a cada parvo agrada sua pousada
a cada porco agrada sua pousada
a própria morada a ninguém desagrada
cada passarinho gosta do seu ninho
para o passarinho, não há como seu ninho
todo passarinho gosta do seu ninho

O

every bird likes its own nest best
the bird loves her nest

⇒ La FUMÉE de la maison plaît mieux que le feu du voisin

2 À petit OISEAU, petit nid

'il faut vivre selon ses moyens'

a pequeno passarinho, pequeno ninho

a little bird is content with a little nest
a little bird wants but a little nest

♦ A idéia está no latim *parvum parva decent* (ao pequeno convêm as pequenas coisas), que se lê em Horácio (*Epistulae*, 1, 7, 44). Diz-se em espanhol: *a chico pajarillo, chico nidillo*

3 À tard crie l'OISEAU quand il est pris (sXIV)

'les pièges de la réalité, il est plus aisé de les prévenir que de s'en dépêtrer'

não adianta gritar por São Bento depois que a cobra mordeu

it is no time to stoop when the head is off

⇒ Il ne sert à rien de pleurer sur le LAIT répandu

4 À tous OISEAUX leurs nids sont beaux (1594)

= À chaque OISEAU son nid est/paraît beau

5 Aux petits des OISEAUX Dieu donne leur pâture (sXVII)

'une providence semble protéger miraculeusement les innocents ou les inconscients'

a Providência Divina aos bichinhos sustenta (Jorge Ferreira de Vasconcelos)
Deus protege os inocentes

God tempers ['regulates, restrains'] *the wind to the shorn lamb*

Dieu laissa-t-il jamais ses enfants au besoin? / AUX PETITS DES OISEAUX IL DONNE LEUR PÂTURE, / Et Sa bonté s'étend sur toute la nature. (Racine, *Athalie*, in *TC*, p. 613)

Seus filhos Deus jamais deixou ao desamparo? / ÀS AVES EM SEU NINHO ELE DÁ O ALIMENTO, / e a natureza toda aufere seu sustento. (Trad. de Jenny Klabin Segall)

♦ J. Renard completa o provérbio, com ironia: "Dieu. 'Aux petits des oiseaux il donne la pâture', et il les laisse, ensuite, l'hiver, crever de faim." (*J*, p. 1.217) (Deus. "É quem dá comida aos passarinhos" para depois, no inverno, deixá-los morrer de fome.)

♦ Cf. Mateus 6, 26.

⇒ DIEU aide toujours aux fous, aux amoureux et aux ivrognes

6 Chaque OISEAU chante sa propre chanson

'l'unicité de chacun fait la singularité de son expression'

cada qual canta como tem graça e casa como tem ventura
canta cada pássaro conforme o bico que tem

every bird loves to sing his own song

♦ Diz-se em italiano: *ogni uccello canta il suo verso*.

7 Il vaut mieux être OISEAU de bois que de cage (sXVII)

'la liberté n'a pas de prix; le rossignol chante mieux dans la solitude des nuits qu'à la fenêtre des rois' [c'est cette liberté, dont le chien de la fable de La Fontaine ("Le Loup et le Chien", *F*, I, v, 41) est privé, qui fait que "maître Loup s'enfuit, et court encore"]

a liberdade vale ouro
antes magro no mato que gordo no papo do gato
magro, mas sem coleira
mais vale magro no mato que gordo no papo do gato
nada se compara à liberdade
prefiro apertar o cinto a usar coleira
quem tem saúde e liberdade é rico e não o sabe

a bean in liberty is better than a comfit in prison
lean liberty is better than fat slavery
liberty is a jewel
liberty is a pearl
liberty is more worth than gold

⇒ Le ROSSIGNOL chante mieux dans la solitude des nuits qu'à la fenêtre des rois

8 Juge l'OISEAU à la plume et au chant, et au (grand) parler l'homme bon ou méchant (sXVI)

= À la PLUME et au chant l'oiseau et au parler le bon cerveau

9 L'OISEAU doit beaucoup à son plumage (1810)

= Les belles PLUMES font les beaux oiseaux

10 Même quand l'OISEAU marche on sent qu'il a des ailes (sXVIII)

'tout chez l'homme supérieur porte la marque de son génie'

passarinho cai de voar mas bate suas asinhas no chão
pelo canto se conhece a ave
pelo perfume se conhece a flor

a gentleman will do like a gentleman

Quand elle se place à une contredanse, elle paraît grandir de deux pouces, et on croirait qu'elle va s'envoler; cependant sa danse est modérée, et ses pas sans prétention; elle se contente de circuler avec légèreté, en développant ses formes aimables et gracieuses; mais, à quelques échappées, on devine ses pouvoirs, et on soupçonne que si elle usait de tous ses moyens, madame Montessu aurait une rivale.

MÊME QUAND L'OISEAU MARCHE, ON VOIT QU'IL A DES AILES. (Brillat-Savarin, *PG*, p. 294)

Quando ela se posiciona para uma contradança, parece crescer duas polegadas e dá a impressão de que vai voar; sua dança é porém moderada, e os passos despretensiosos; contenta-se com mover-se com leveza, executando formas agradáveis e graciosas; mas certos movimentos deixam transparecer sua arte, e presume-se que, se ela empregasse todos os seus recursos, a senhora Montessu teria uma rival.
MESMO QUANDO ANDA, A AVE MOSTRA QUE TEM ASAS.

♦ "Do verso alexandrino de Antoine-Marin Lemierre (1723-1793), no poema 'Les Fastes ou les Usages de L'Année'. O verso, realmente muito feliz, tornou-se proverbial e foi outrora muito citado pelos críticos, que o aplicavam a primícias literárias, ainda falhas, mas prometedoras de largos vôos no futuro." (R. Magalhães Júnior).

⇒ À la PLUME et au chant l'oiseau et au parler le bon cerveau

11 OISEAU ne peut voler sans ailes (1495)

'c'est le drame de toutes les déchéances'

é impossível voar sem asas
ninguém voa sem asas

no flying without wings

12 On ne prend pas les OISEAUX à la tarterelle* (sXIII)

* *Tarterelle* = 'crécelle'.

= Qui veut prendre un OISEAU, il ne faut pas l'effaroucher

13 On prend les OISEAUX par le bec et les hommes par la parole (1640)

= On prend/lie les BŒUFS par les cornes et les hommes par les paroles

14 Petit à petit, l'OISEAU fait son nid (1718)

'brindille légère sur légère brindille, duvet délicat sur délicat duvet, la patience ailée finit par façonner des palais'

a pouco e pouco é que fia a velha o copo ['a porção de lã ou linho que se há de fiar']
de grão em grão a galinha enche o papo (e o velho o saco)
de raminho em raminho, o passarinho faz seu ninho
grão a grão, enche a galinha o paparrão
grão a grão, enche a galinha o papo
grão a grão, também se chega a milhão
pouco a pouco fia a velha o copo
pouco e em (boa) paz, muito se faz

by one and one the spindles are made
here a little and there a little

little and often fills the purse
little drops of water, little grains of sand make mighty oceans and pleasant land

Nous sommes en République depuis six heures; "en République de paix et de concorde". J'ai voulu la qualifier de Sociale, je levais mon chapeau, on me l'a renfoncé sur les yeux et on m'a cloué le bec.
– Pas encore!... Laissez *pleurer* le mouton! La République tout court, pour commencer... PETIT À PETIT L'OISEAU FAIT SON NID! *Chi va piano va sano*... Songez donc que l'ennemi est là; que les Prussiens nous regardent! (J. Vallès, *I*, p. 177-178)

Somos uma República faz seis horas; "República de paz e de concórdia". Quis chamá-la Social, ia saudá-la com o chapéu, mas logo mo enfiaram até os olhos e me fizeram calar o bico.
– Ainda é cedo!... Um pouco de paciência. Para começar, República basta... DE GRÃO EM GRÃO A GALINHA ENCHE O PAPO! *Chi va piano va sano*... Não esqueça que o inimigo está aqui; que os prussianos não tiram os olhos de cima de nós!

⇒ Il n'y a pas de petits PROFITS

15 Plus l'OISEAU est vieux, moins il veut se défaire de ses plumes (1640)

'plus on avance en âge, plus on tient à son bien'

pardal velho não muda de ninho (aprox.)

the older the bird the more unwillingly it parts with its feathers

♦ Diz-se em italiano: *più l'uccello è vecchio, meno abbandona le piume*.

⇒ Un vieux PIGEON n'a jamais quitté son pigeonnier

16 Qui veut prendre un OISEAU, il ne faut pas l'effaroucher

'la stratégie de la séduction doit se garder de toute impatience et de toute brutalité'

quem o pássaro quer tomar não o há de enxotar
quem quer pegar galinha não diz "xô"

he who would catch a bird must not frighten it
to scare a bird is not the way to catch it

♦ Cf. Dionísio Catão (*Disticha de moribus ad filium*, 1, 27, 2): *fistula dulce canit, volucrem cum decipit auceps* (é graças ao suave trinado da flauta que o passarinheiro apanha o pássaro). O provérbio tem correspondentes em italiano: *chi vuol pigliare uccelli, non dee trar loro dietro randelli*, em espanhol: *quien pájaros ha de tomar, no ha de ojear* e em alemão: *wer Vögel fangen will, muss nicht mit Knütteln dreinwerfen*.

⇒ Plus fait DOUCEUR que violence

17 Suivant l'OISEAU, le nid; suivant l'homme, le logis (rég., Agen)

= Tel OISEAU, tel nid

18 Tel OISEAU, tel nid

'l'habitation, c'est l'être même'

de tal passarinho, tal ninho

such bird, such nest

◆ O provérbio tem equivalentes em italiano: *quale l'uccello, tale il nido* e em alemão: *kleine Vöglein, kleine Nestlein*.

⇒ Tel SEIGNEUR, telle maison

19 Un OISEAU dans la main vaut mieux que deux dans la haie

'mieux vaut un petit profit qu'une fortune incertaine'

antes pardal na mão que perdiz a voar
mais vale tico-tico no prato que jacu no mato
mais vale um "avache" ['toma lá'] que dois "te darei"
mais vale um pássaro na mão que dois voando
mais vale um "toma" que dois "te darei"
não convém trocar o certo pelo duvidoso
não se deixa o certo pelo duvidoso
não se deve trocar o certo pelo duvidoso
não troques o certo pelo incerto

a bird in the hand is worth two in the bush
a feather in hand is better than a bird in the air
a pullet in the pen is worth a hundred in the fen
better a sparrow in the hand than a pigeon on the roof
better to have than wish

◆ Do latim medieval *plus valet in manibus avis unica fronde duabus* (mais vale um pássaro na mão que dois voando). O provérbio existe em espanhol: *más vale pájaro en mano que buitre volando* (Cervantes, *D. Quijote*, II, xii).

⇒ Il vaut mieux deux SOUS ici que quatre ailleurs

20 Vieil OISEAU ne se prend à rets (1611)

= On ne prend pas les vieux MERLES à la pipée

⇒ Au POISSON à nager ne montre

21 Vilain OISEAU que celui qui salit son nid (sXII)

'il faut respecter son travail, sa famille et son pays'

a própria morada a mesquinho desagrada
é má a ave que em seu ninho caga
é má a ave que seu ninho suja

it is an ill bird that bewrays ['defames'] *its own nest*
it is an ill bird that fouls its own nest

◆ Idéia desenvolvida por La Fontaine em "Le Cerf et la Vigne" (*F*, V, xv). O provérbio tem correspondentes em italiano: *cattivo quell'uccello che sporca il suo nido* e em espanhol: *aquella ave es mala, que en su nido caga* (ou ainda: *reniego del pájaro que se ensucia en su nido*).

⇒ Il faut laver son LINGE sale en famille

OISELET *s.m.* passarinho; *small bird*

Chacun OISELET gazouille comme il est embecqué*

* *Embecqué* = 'nourri'.

'les petits oiseaux ne chantent qu'autant qu'ils sont bien nourris'

canarinho sem alpiste não canta
passarinho sem alpiste não canta

the cow little gives that hardly lives

⇒ Les POULES pondent par le bec

OISIVETÉ *s.f.* ociosidade, ócio; *idleness*

1 L'OISIVETÉ de la jeunesse prépare tourments pour la vieillesse (rég., Bretagne)

= JEUNESSE oiseuse, vieillesse disetteuse

2 L'OISIVETÉ est (la) mère de tous les vices (sXVII)

'ne rien faire dispose à mal faire; qui manque d'énergie pour travailler, en manquera pour résister au vice'

a ociosidade é a ferrugem da alma
a ociosidade é a mãe de todos os vícios
a preguiça começa nas teias de aranha e acaba nas grades da cadeia
a preguiça é a mãe de todos os vícios

he that is busy, is tempted by but one devil; he that is idle, by a legion
idle hands are the devil's workshop
idleness is the mother of all evil
idleness is the mother of all vice
idleness is the root of all evil
idleness is the root of all vice

Et si je n'explique plus, en composition de style, deux fois par an au minimum, pourquoi "L'OISIVETÉ EST LA MÈRE DE TOUS LES VICES", je saurais mieux comprendre comment elle en engendre quelques-uns. (Willy & Colette, *CP*, p. 180)

E se não me explico mais, em composição de estilo, duas vezes por ano no mínimo, por que "A OCIOSIDADE É A MÃE DE TODOS OS VÍCIOS", compreendo melhor que possa gerar alguns deles. (Trad. de Ondina Ferreira)

◆ Cf. o latim *otia dant vitia* (o ócio produz vícios). Cf. também Dionísio Catão (*Disticha de moribus ad filium*, 1, 2, 2): *diuturna quies vitiis alimenta ministrat* (um descanso prolongado fornece alimento aos vícios). O provérbio tem correspondentes em italiano: *l'ozio è il padre di tutti i vizi*, em espanhol: *la ociosidad es madre de todos los vicios* e em alemão: *Müssiggang ist aller Laster Anfang*.

∴ Ver outra abonação em PAUVRETÉ N'EST PAS VICE.

3 L'OISIVETÉ va si lentement que tous les vices l'atteignent

= L'OISIVETÉ est (la) mère de tous les vices

OISON *s.m.* filhote de ganso, gansinho; *gosling*

Les OISONS mènent paître les oies (sXVI; 1640: *les oisons veulent mener paistre leur mère*)

'c'est le monde à l'envers, les petits veulent en remontrer aux grands'

querer ensinar o padre-nosso ao vigário
só tolo pensa ensinar o padre-nosso ao vigário

goslings lead the geese to grass
goslings lead the geese to water

⇒ Il veut montrer à son PÈRE à faire des enfants

OMBRE *s.f.* sombra; *shadow*

1 Il n'est OMBRE que d'étendart (1532)

'l'ombre étant ici une synecdoque du repos, il faut comprendre que le vrai guerrier se contente de fort peu de repos'

a melhor sombra é a do pavilhão

there is no shadow of that of flying colours

Lors dit Pantagruel:
"Allons, enfans, c'est trop musé icy à la viande, car à grand poine voit on advenir que grans bancqueteurs facent beaulx faictz d'armes. IL N'EST UMBRE QUE D'ESTANDARTZ, il n'est fumée que de chevaulx et clycquetys que de harnoys." (F. Rabelais, *P*, p. 145)

Disse então Pantagruel:
– Vamos, meus filhos, já se perdeu aqui muito tempo comendo, e não é comum ver grandes comilões realizarem notáveis proezas bélicas. A ÚNICA SOMBRA É A DOS ESTANDARTES, a única fumaça é a dos cavalos, o único tilintar é o dos arneses.

2 Mieux vaut l'OMBRE d'un sage vieillard que les armes d'un jeune coquart* (sXVI)

* *Coquart* = 'fanfarron'.

'la vieillesse est plus efficace qu'une jeunesse irréfléchie'

antes velho ajuizado que moço desatinado
mais quero asno que me leve que cavalo que me derrube
mais quero velho que me honre que moço que me assombre ['desonre']

better be an old man's darling than a young man's slave
better ride on an ass that carries me than a horse that throws me

OMELETTE *s.f.* omelete; *omelet/omelette*

On ne fait pas d'OMELETTE sans casser des/les œufs (1878; 1815: *on ne peut pas faire des omelettes sans casser les œufs*)

'on n'obtient rien sans sacrifice'

não se faz fritada sem quebrar ovos
não se faz omelete sem quebrar ovos
para os ovos frigir temos de os partir
sem ovos não se fazem omeletes

he who does not kill hogs, will not get black puddings
omelets/omelettes are not made without breaking of eggs
you cannot make an omelet/omelette without breaking eggs

"Tâchons de la faire souffrir le moins possible..." répétait Hector de la Trave; mais lui, qui naguère cédait aux plus absurdes caprices d'Anne, ne pouvait qu'approuver sa femme, disant: "ON NE FAIT PAS D'OMELETTE SANS CASSER LES ŒUFS..." et encore: "Elle nous remerciera un jour." (F. Mauriac, *TD*, p. 64)

"Tratemos de fazê-la sofrer o menos possível...", repetia Heitor de la Trave; mas ele, que pouco antes cedia aos caprichos mais absurdos de Ana, não podia deixar de aprovar sua mulher, dizendo: "NÃO SE FAZ OMELETE SEM QUEBRAR OS OVOS..." e ainda: "Um dia ela nos agradecerá." (Trad. de Carlos Drummond de Andrade)

Var. em P. Gadenne:

Comme l'ancien professeur de philosophie avait acquis de l'expérience et surtout quelques bonnes formules dans la pratique du journal, il répondait que, tout comme la parfaite ménagère, "DIEU NE FAIT PAS D'OMELETTE SANS CASSER DES ŒUFS". (*HQ*, p. 654)

Como o ex-professor de filosofia havia adquirido experiência e principalmente algumas boas frases feitas na prática do jornal, ele respondia que, tal como a boa dona-de-casa, "DEUS NÃO FAZ OMELETE SEM QUEBRAR OVOS".

♦ C. Gagnière (*TOM*, p. 817) escreve com humor: "On ne fait pas d'omelette sans voler un œuf." (Não se faz omelete sem roubar um ovo.) E Coluche (*VTD*, p. 14): "On fait pas d'aveugles sans casser des yeux." (Não se fazem cegos sem quebrar olhos.)

♦ Há correspondentes em italiano: *non si fa nessuna frittata senza rompere le uova* e em espanhol: *no se puede hacer tortilla sin romper huevos*.

⇒ Il faut perdre un VAIRON pour pêcher un saumon

ONCE *s.f.* onça; *ounce*

Mieux vaut une ONCE de fortune qu'une livre de sagesse (1611)

'un coup de pouce de la chance fait pencher la balance plus vite que des tonnes d'application laborieuse'

uma onça de boa sorte vale mais que um arrátel de ciência

an ounce of (good) fortune is worth a pound of discretion

O

an ounce of (good) fortune is worth a pound of forecast
an ounce of luck is worth a pound of wisdom

♦ Do grego θέλω τύχης σταλαγμὸν ἢ φρενῶν πίθον (prefiro uma gota de sorte a um tonel de sabedoria), fragmento de uma tragédia de Diógenes, o Cínico, vertido para o latim medieval: *gutta fortunae prae dolio sapientiae* e transmitido às línguas européias. Cf. Publílio Siro (*Sententiae*, F 27): *fortuna in homine plus quam consilium valet* (para o homem a sorte é mais valiosa que a razão). Diz-se em italiano: *val più un'oncia di sorte che cento libbre di sapere* e em espanhol: *más vale puñado de natural que almorzada de ciencia*.

ONCLE *s.m.* tio; *uncle*

Celui est bien mon ONCLE, qui le ventre me comble (sXIV)

'nourrir quelqu'un, c'est comme tisser un lien de parenté; le lien économique peut équivaloir au lien du sang'

é meu amigo o que mói no meu moinho
esse é meu amigo que mói no meu moinho
quem bem me faz é meu compadre
quem me dá um osso não me quer morto
quem me dá um ovo não me quer morto

he is my friend that grinds at my mill
he loves me well that makes my belly swell
he that gives me small gifts would have me live
he that gives thee a bone would not have thee die

– Travaille bien, mon oncle, m'a dit Fiacre Bolacre, mon hôte le sergent. (C'est le nom qu'il me donne et que j'ai bien gagné: CELUI EST BIEN MON ONCLE, QUI LE VENTRE ME COMBLE.) (R. Rolland, *CB*, p. 36)

– Trabalhe bem, meu tio, disse-me Fiacre Bolacre, o sargento meu hóspede. (É assim que ele me chama e fiz por merecê-lo: É BEM MEU PARENTE QUEM ME FORRA O VENTRE.) (Trad. de Ivo Barroso)

♦ "Jusqu'au XIIIᵉ s. environ, la relation *oncle/neveu* est privilégiée dans les structures de la parenté. – Il s'agit du frère de la mère (l'*avunculus* latin)." (F. Suzzoni)

♦ O provérbio tem correspondentes em italiano: *colui è mio zio, che vuole il ben mio*, em espanhol: *quien bien me hace, ése es mi compadre* e em alemão: *wer mir Brot gibt, den nenn'ich Vater*.

ONGLE *s.m.* unha; *nail*

À l'ONGLE on connaît le lion (1690)

'un détail suffit à révéler un homme'

pela casca se conhece o pau
pela palha se conhece a espiga
pelas unhas se conhece o leão
pelo bordão se conhece o romeiro

pelo dedo se conhece o gigante

by his mark you may know him
by his mark you shall know him
the lion is known by his claws
the lion is known by his paw

♦ Cf. a locução do grego clássico: ἐκ τῶν ὀνύχων τὸν λέοντα γιγνώσκειν (conhecer o leão pelas unhas). Há equivalentes em italiano: *dall'unghia si conosce il leone*, em espanhol: *por las uñas se descubre al león* e em alemão: *an der Klaue erkennt man den Löwen*.

⇒ On connaît le CERF à ses abbatures

OPINION *s.f.* opinião; *opinion*

On donne son OPINION selon sa condition (1559)

'toute vision est frappée de relativité; l'amplitude de son champ varie d'un individu à l'autre'

cada qual diz da feira como lhe vai nela
cada qual diz da festa como lhe vai nela
cada qual fala da feira conforme lhe vai nela
cada um diz da feira como lhe vai nela
cada um fala conforme é

men speak of the fair as things went with them there

– Il n'est rien plus plaisant, dit Nomerfide, que de parler naïvement, ainsi que le cœur le pense. – C'est pour en gausser, répondit Longarine, et je crois que VOUS DONNEZ VOTRE OPINION SELON VOTRE CONDITION. (M. d'Angoulême, Reine de Navarre, *H*, p. 263)

– Nada é mais agradável que falar com simplicidade, tal como nos dita o coração – disse Nomerfide. – É para gracejar – respondeu Longarine –, e julgo que CADA UM FALA CONFORME É.

OR *s.m.* ouro; *gold*

1 Ce n'est pas tout OR ce qui reluit ni farine ce qui blanchit (1568)

= Tout ce qui brille/reluit n'est pas/point OR

2 L'OR ouvre tous les verroux

= L'ARGENT ouvre toutes les portes

3 L'OR se prouve par le feu et les amis par les adversités

'pour évaluer l'authenticité d'une amitié, il faut la soumettre à l'épreuve du feu qu'est le malheur, le revers de fortune'

o fogo prova o ouro; a adversidade, o amigo

as gold is tried in the fire, so is a trusty friend known in trouble
fire is the test of gold, adversity of friendship

♦ Cf. Sêneca (*De providentia*, 5, 10): *ignis aurum probat, miseria fortes viros* (o fogo prova o ouro; a desventura, os homens de valor). Diz-se em italiano: *l'oro s'affina al fuoco e l'amico nelle sventure.*

⇒ Au besoin l'AMI

4 Nul OR sans écume* (1568)

* *Écume* = 'scorie'.

'tout avantage est suivi d'un désavantage, tout bien ne va pas sans mal, toute grandeur s'accompagne de quelque petitesse'

não há ouro sem fezes

no gold without his dross
no silver without his dross

⇒ Toute MÉDAILLE a son revers

5 OR est qui OR vaut (1607)

'les gens sont ce que l'opinion les estime'

ouro é o que ouro vale
ouro é o que vale ouro
tanto vale a coisa quanto dão por ela

that is gold which is worth gold

♦ Diz-se em espanhol: *oro es lo que oro vale.*

6 Tout ce qui brille/reluit n'est pas/point OR (sXIII: *n'est pas tot or ice qui luist et tiex ne peut aidier qui nuist*)

'derrière l'éclat des apparences, on est souvent déçu par ce qu'elles recouvrent' [c'est un des fondements de la critique du Beau à laquelle se livre, par exemple, La Fontaine: "Le Cerf se voyant dans l'eau" (*F*, VI, ix)]

nem tudo (o) que brilha é ouro

nem tudo (o) que luz é ouro, nem farinha tudo (o) que branqueia

nem tudo (o) que luz é ouro, nem toda tosse é catarro

nem tudo (o) que luz é ouro, nem tudo (o) que alveja é prata

nem tudo (o) que luz é ouro, nem tudo (o) que ronca é besouro

nem tudo (o) que reluz é ouro
parecença não é certeza
parecer não é ser

all is not gold, that glitters
all is not gold, that shines bright
all that glitters is not gold
there is many a fair thing full false
things are not always what they seem

En me promenant le lendemain dans les rues, ayant jeté les yeux par hasard dans la boutique d'un quincaillier, je remarquai une chaîne de cuivre doré fort bien travaillée, et je la pris pour une chaîne d'or ou de pur; je demandai au marchand combien elle pesait. Il me répondit en riant que TOUT CE QUI RELUISAIT N'ÉTAIT PAS OR, et que si j'avais envie d'acheter cette chaîne, il m'en ferait très bon marché. (Lesage, *GA*, p. 401)

Passeava eu no dia seguinte pelas ruas quando, ao olhar por acaso para uma loja, vi uma corrente de cobre dourado, muito bem trabalhada, e pensei que fosse de ouro puro; perguntei ao comerciante quanto ela pesava. Respondeu-me rindo que NEM TUDO O QUE RELUZ É OURO, e que se eu queria comprar aquela corrente ele me faria um preço ótimo.

JACQUES. – Notre hôtesse, aimez-vous votre mari?
L'HÔTESSE. – Pas autrement.
JACQUES. – Vous êtes donc bien à plaindre; car il me semble d'une belle santé.
L'HÔTESSE. – TOUT CE QUI RELUIT N'EST PAS OR.
(D. Diderot, *JF*, p. 138)

JACQUES. – Nossa hospedeira ama seu marido?
A HOSPEDEIRA. – Assim, assim.
JACQUES. – É, portanto, digna de lástima; porque ele me parece de uma saúde de ferro.
A HOSPEDEIRA. – NEM TUDO QUE RELUZ É OURO. (Trad. de Antônio Bulhões e Miécio Tati)

Var. em R. Debray:

Fais attention Régis... Enfin tu fais ce que tu veux... TOUT CE QUI BRILLE N'EST PAS DE L'OR tu sais... Ta vieille maman peut se tromper... enfin... t'es assez grand..." (*M*, p. 188)

Tome cuidado, Régis... Enfim, faça o que quiser... NEM TUDO O QUE RELUZ É OURO, sabe... Tua velha mamãe pode estar errada... enfim... você é bastante adulto..." (Trad. de José Augusto Carvalho)

♦ Do latim *non omne quod nitet aurum est* (nem tudo o que reluz é ouro). Há equivalentes em italiano: *non è tutt'oro quel che riluce*, em espanhol: *no es oro todo lo que reluce* e em alemão: *es ist nicht alles Gold, was glänzt.*

⇒ PAROIS blanches, PAROIS fendues

ORAGE *s.m.* tempestade; *storm*

Toujours ne dure ORAGE ni guerre (1495)

'il n'est rien ici-bas d'irrémédiablement négatif; tout a une fin, même le malheur'

temporal e guerra não duram sempre

even the wearest river winds somewhere safe to sea
(Swinburne)

♦ Diz-se em espanhol: *nunca llovió que no escampase.*

⇒ Après la PLUIE le beau temps

ORAISON *s.f.* oração, prece; *prayer*

Brève ORAISON pénètre les cieux

= Courte PRIÈRE monte au ciel

♦ Do latim *brevis oratio penetrat caelum* (uma prece curta entra no céu).

O

ORANGE *s.f.* laranja; *orange*

On presse l'ORANGE, et on jette l'écorce (1751)

'quand on n'a plus besoin de quelqu'un, on l'oublie; c'est la terrible loi de l'exploitation de l'homme par l'homme'

depois de servido, adeus meu amigo
pão comido, pão esquecido

when the orange is squeezed, the skin is thrown away

♦ Frase de Voltaire, *Lettre à Mme Denis* (3 de setembro de 1751), "À propos de l'ingratitude dédaigneuse de Frédéric II, qui se sépara de Voltaire après avoir tiré de lui tous les services qu'il pouvait rendre." (M. Maloux)

ORDURE *s.f.* imundície, lixo; *filth*

Plus on remue l'ORDURE, plus elle pue

= Plus on remue la BOUE, et plus elle pue

OREILLE *s.f.* orelha; *ear*

1 L'OREILLE est le chemin du cœur (sXVII)

= CHÂTEAU qui parle, et femme qui écoute, l'un veut rendre, et l'autre...

• Acrescenta-se às vezes, com uma pitada de malícia: **... et le cœur l'est du reste** (e o coração, do resto).

♦ Dito atribuído a Madeleine de Scudéry, autora dos romances *à clé Le Grand Cyrus* et *Clélie*.

⇒ Oncques PLACE bien assaillie ne fut, qu'elle ne fut prise

2 Qui a des OREILLES entende!

= À bon ENTENDEUR, salut!

♦ A fonte é Mateus 13, 9.

3 Si vos OREILLES vous sifflent, on parle de vous

'dicton superstitieux, fondé sur la croyance en la télépathie'

orelha ardendo, alguém fala mal de ti
orelha vermelha, alguém fala mal de ti

if your ears glow, someone is talking of you

4 Une OREILLE coupée a toujours son conduit

'piteuses apparences réservent souvent des surprises heureuses'

as aparências enganam
as aparências iludem
da feia ostra sai linda pérola
quem vê cara não vê coração

appearances are (often) deceptive
appearances can be misleading

looks are deceiving
the face is no index to the heart
things are seldom what they seem

OREILLER *s.m.* travesseiro; *pillow*

L'OREILLER porte conseil (rég., Auvergne)

= La NUIT porte conseil

ORGUEIL *s.m.* orgulho; *pride*

1 Il n'est ORGUEIL que de pauvre enrichi

'les privilèges les plus fraîchement acquis sont les plus farouchement défendus; les parvenus se reconnaissent à la morgue avec laquelle ils protègent leurs avantages'

gato que nunca comeu azeite, quando o come, se lambuza
não há pior despeito que o de pobre enriquecido
quem nunca comeu mel quando come se lambuza
quem nunca comeu melado quando come se lambuza

bastard brood is always proud
set a beggar on horseback, and he'll ride a gallop
set a beggar on horseback, and he'll ride to the devil

2 Il n'est ORGUEIL que de sot revêtu (1568)

'c'est chez les imbéciles que l'orgueil donne sa pleine mesure'

não há pior tolo como o tolo orgulhoso
tem gosto o burro em ouvir o seu zurro

no proud like a proud fool

3 L'ORGUEIL précède les chutes

= Quand l'ORGUEIL chemine devant, honte et dommage suivent de près

♦ A fonte é o *Livro dos Provérbios*, 16, 18.

4 ORGUEIL n'a pas bon œil (1611)

'l'orgueil pervertit le jugement'

o orgulho cega os homens

pride had rather go out of the way than go behind

5 Quand l'ORGUEIL chemine devant, honte et dommage suivent de près (1568)

'quand on abandonne à l'orgueil la direction de ses affaires, il a tôt fait d'envenimer et de compliquer toute chose'

a soberba precede a ruína
onde há orgulho, falta vergonha

pride goes before destruction (and shame comes after)
when pride rides, shame lacqueys ['follows']

♦ "Proverbe que citait souvent Louis XI." (Panckoucke)

OS *s.m.* osso; *bone*

1 Ce qui vient de l'OS ne peut se retirer de la chair

'les descendants ont les qualités de leurs ancêtres'

o que está na massa do sangue não se pode negar
o que no leite se mama na mortalha se derrama
o que o berço dá, a tumba o leva
o que o berço dá só o túmulo tira

that which we have by nature, remains with us till death
what is bred in the bone will come out in the flesh
what is bred in the bone will not out of the flesh

♦ Cf. o latim medieval *osse radicatum raro de carne recedit* (o que está enraizado no osso raramente se desprende da carne).

⇒ Tel PÈRE, tel fils

2 Les OS sont pour les absents (sXVIII)

'la loi du plus fort, c'est d'abord celle du plus présent'

quem chega no fim só come o pegado
quem tarde vier comerá do que houver
quem tarde vier comerá do que trouxer

late-comers are shent ['ruined']
late-comers can help themselves to whatever is left over glued to the bones

⇒ Au DERNIER les os

3 Mieux vaut OS donné que OS mangé (sXVI)

= Mieux vaut une POMME donnée que mangée

⇒ Ce que l'on GARDE pourrit, ce que l'on donne fleurit

4 Par un OS en bouche se tait qui grouche*

* Grouche (v. *groucher*) = 'gronde'.

'un gain fait oublier une querelle'

lobo com a goela cheia não morde
o lobo, com a goela cheia, não morde

a dog will not howl if you beat him with a bone

OUAILLE* *s.f.* (ant.) ovelha; *ewe*

* Ouaille (< b.-lat. *ovicula*, 'ovelhinha; ovelha') "a été progressivement évincé par *brebis* et ne se maintient que dans les parlers régionaux du Centre, du Sud-Ouest et de l'Ouest". (A. Rey)

Chacune OUAILLE cherche sa pareille (sXVI)

= Qui SE RESSEMBLE s'assemble

OUÏR *v.t.* ouvir; *to hear*

OIS, vois et te tais, si tu veux vivre en paix (sXV)

'il ne faut prêter l'oreille aux indiscrétions, et se garder de les véhiculer'

ouve, vê e cala, viverás vida folgada
para boa vida levar, ver, ouvir e calar
quem neste mundo quiser andar há de ver, ouvir e calar

he that would live in peace and rest, must hear and see, and say the best
hear and see and say nothing
see no evil, hear no evil, speak no evil

♦ O provérbio corresponde à imagem de três macaquinhos que com as mãos cobrem respectivamente os ouvidos, os olhos e a boca. Cf. o latim medieval *audi, vide, tace, si vis vivere in pace*. Há correspondentes em italiano: *ascolta, vede e tace, chi vuol vivere in pace* e em espanhol: *oír, ver y callar son cosas de gran preciar*.

⇒ Qui de tout SE TAIT de tout a paix

OURDIR *v.t.* urdir, tramar; *to warp*

Il ne faut pas OURDIR plus qu'on ne peut tisser

'il faut savoir évaluer ses forces, et ne pas engager plus qu'on ne peut tenir'

cada um despende como seu braço se estende
não dê o passo maior do que a perna

put your hand no further than your sleeve can reach
stretch your arm no further than your sleeve will reach

⇒ Il faut étendre ses PIEDS selon ses draps

OUVRIER *s.m.* operário, obreiro; *workman*

1 Il est plus d'OUVRIERS que de maîtres (1568)

'il y a beaucoup de gens à instruire et peu pour le faire'

há mais aprendizes que mestres
há mais discípulos que apóstolos

there are more apprentices than masters
there are more indians than chiefs

2 Mauvais OUVRIER ne trouve jamais bon outil (sXIII)

'souvent on met sa maladresse sur le compte des moyens dont on dispose; "les outils ont besoin d'être bien conduits pour paraître bons" (Panckoucke)'

a desculpa do aleijado é a muleta
a mau fodedor até os colhões atrapalham
a mau fodedor até os pentelhos atrapalham
a ruim cagador as alças lhe fazem empacho
a ruim cagador até as calças lhe fazem mal
desculpa do amarelo é comer terra
o mau operário queixa-se da ferramenta
para o mau oficial nenhuma ferramenta presta
quando não se sabe, a ferramenta é má
só um mau trabalhador discute as ferramentas

a bad shearer never had a good sickle
a bad workman blames his tools
a bad workman quarrels with his tools

O

357

never had ill workmen good tools

Estropiado em F. Juliard:

Arrivée en cours, elle se faisait d'office remarquer par son manque de matériel, car, c'est bien connu, UN MAUVAIS ÉLÈVE A TOUJOURS DE MAUVAIS OUTILS. (*ED*, p. 38)

Quando ela entrava na aula, a turma logo percebia que ela estava sem material escolar, pois, como se sabe, UM MAU ALUNO SEMPRE CARECE DE FERRAMENTA.

♦ Há correspondentes em italiano: *a cattivo lavoratore, ogni zappa dà dolore* e em espanhol: *para el mal oficial no hay herramienta buena.*

3 Tout OUVRIER aime mieux son ouvrage qu'il n'en est aimé (1580)

= L'amour des PARENTS descend et ne remonte pas

Et parce que nature semble nous l'avoir recommendee, regardant à estendre et faire aller avant les pieces successifves de cette sienne machine, ce n'est pas merveille, si, à reculons, des enfants aux peres, elle n'est pas si grande: ioinct cette aultre consideration aristotelique, que celuy qui bien faict à quelqu'un, l'ayme mieulx qu'il n'en est aymé; et celuy à qui il est deu, ayme mieulx que celuy qui doibt; et TOUT OUVRIER AYME MIEULX SON OUVRAGE QU'IL N'EN SEROIT AYMÉ, si l'ouvrage avoit du sentiment: d'autant que nous avons cher Estre; et Estre consiste en mouvement et action; parquoy chascun est aulcunement en son ouvrage. (Montaigne, *E*, t. I, p. 542)

E por isso que a natureza parece no-la ter recomendado, tendo em vista propagar e tocar para diante as peças sucessivas desta sua máquina, não é de maravilhar se, voltando para trás, dos filhos para os pais, já ela não é tão grande.

Acresce esta outra consideração aristotélica, que aquele que fez um benefício a alguém estima-o mais do que é por ele estimado; e aquele a quem algo é devido quer mais bem do que o outro que deve algo; e TODO O

OBREIRO TEM MAIS AMOR À SUA OBRA DO QUE, se ela tivesse sentimento, TERIA A OBRA POR ELE. Porquanto nos é caro o ser; e ser consiste em movimento e ação. Eis por que cada qual está de alguma forma na sua obra. (Trad. de J. M. de Toledo Malta)

⇒ L'AMITIÉ descend plus souvent qu'elle ne monte

4 Un bon OUVRIER met indifféremment toutes pièces en œuvre (1534)

= Un bon OUVRIER se sert de toute sorte d'outil

– C'est (dist le moyne) bien rentré de picques! Elle pourroit estre aussi layde que Proserpine, elle aura, par Dieu, la saccade puisqu'il y a moynes autour, car UN BON OUVRIER MECT INDIFFERENTEMENT TOUTES PIECES EN ŒUVRE. (F. Rabelais, *G*, p. 186)

– Não se iluda – insiste o frade. – Ela pode ser feia como Prosérpina, mas isso não impede que seja procurada, pois há frades pertinho e UM BOM OPERÁRIO TRABALHA INDIFERENTEMENTE COM TODAS AS PEÇAS. (Trad. de Aristides Lobo)

5 Un bon OUVRIER n'est jamais trop chèrement payé (1611)

'il est des compétences qui n'ont pas de prix'

quem bem serve galardão merece (Jorge Ferreira de Vasconcelos)
quem um amo bem serve bom aluguel espere

a good servant must have good wages
good hand, good hire

6 Un bon OUVRIER se sert de toute sorte d'outil

'ce qu'on a dans la tête et dans les mains vaut mieux que ce qui les prolonge'

a fiandeira laboriosa nunca faltou pano para camisas
para bom mestre não há ferramenta ruim
uma boa lavadeira num pico de pedra lava

a good carpenter will make use of any kind of tool

⇒ Les bons BRAS font les bonnes lames

p

PAILLE *s.f.* palha; *straw*

1 **Avec la PAILLE et le temps se mûrissent les nèfles et les glands** (1568)

= Avec le TEMPS et la paille, les nèfles mûrissent

2 **Souvent celui qui travaille mange la PAILLE, celui qui ne fait rien mange le foin** (rég., Agen)

= Souvent à mauvais CHIEN tombe un bon os en gueule

3 **Voir une PAILLE dans l'œil de son prochain et ne pas voir une poutre dans le sien** (loc. prov.; 1690)

'on développe infiniment plus de talent pour critiquer les autres que pour y voir clair en soi-même'

cada um vê o argueiro no olho do vizinho e não vê a tranca no seu
é o roto falando do esfarrapado (e o sujo do mal lavado)
é o sujo falando do mal lavado
não vê a trave que tem no olho e vê um argueiro no do vizinho
o corcunda não vê a sua bossa e vê a alheia
o corcunda não vê a sua giba mas sim a do próximo
ver a palhinha no olho alheio e não ver a trave no seu
ver um argueiro no olho do vizinho e não ver uma tranca no seu
ver um argueiro no olho do vizinho e não ver uma trave no seu

the eye that sees all things else sees not itself
you can see a mote ['particle of dust'] in another's eye but cannot see a beam in your own

♦ As fontes são Mateus 7, 3 (*quid autem vides festucam in oculo fratris, et trabem in oculo tuo non vides?*) e Lucas 6, 41. Lê-se em Cervantes (*D. Quijote*, II, xliii): *el que mire la mota en el ojo ajeno, que vea la viga en el suyo.*

⇒ Le BOSSU ne voit pas sa bosse, mais il voit celle de son confrère

PAIN *s.m.* pão; *bread*

1 **À mal enfourner on fait les PAINS cornus** (sXIII)

'mauvais début gâte tout le reste'

pau que nasce torto, até a cinza é torta
pau que nasce torto morre torto
pau que nasce torto não tem jeito, morre torto
pau que nasce torto tarde ou nunca se endireita
pepino que nasce torto nunca se endireita
princípios ruins, desgraçados fins
quem mal começa mal acaba
quem mal enforna tira os pães tortos

a bad beginning, a bad ending
an ill beginning, an ill ending
bad beginnings make worse endings

Et pource que, scelon le dict de Hésiode, d'une chascune chose **le commencement est la moytié du tout** et, scelon le proverbe commun, À L'ENFOURNER ON FAICT LES PAINS CORNUZ, j'ay pour de telle anxiété vuider mon entendement, expressément dépesché Malicorne, à ce que par luy je soys acertainé de ton portement sus les premiers jours de ton voyage. (F. Rabelais, *Le quart livre*, in *OC*, p. 590)

E visto que, como diz Hesíodo, **começar é meio caminho andado**, e, segundo o conhecido provérbio, QUEM MAL COMEÇA MAL ACABA, estou tão ansioso por notícias que enviei de propósito Malicorne para que ele me informe como você se comportou nos primeiros dias de viagem.

⇒ BOIS tordu ne se redresse pas

2 **À PAIN de quinzaines, faim de trois semaines**

'qui a faim trouve bon tout ce qu'il mange'

a pão de quinze dias, fome de três semanas
é bom o pão duro quando não há nenhum
para a fome não há mau pão
para a fome não há pão duro
quando se tem fome, não há ruim pão

all's good in a famine
hunger makes hard beans sweet

♦ Há provérbio equivalente em espanhol: *a pan de quin-ce días, hambre de tres semanas.*

⇒ À qui a FAIM, tout est pain

3 À PAIN dur, dent aiguë (1568)

'la rudesse des conditions d'existence développe les capacités à s'y adapter'

a pão duro, dente afiado
a pão duro, dente agudo

tough meat, sharp teeth

♦ Diz-se em espanhol: *a pan duro, diente agudo.*

4 Après blanc PAIN, le bis ou la faim (1568)

= Après grand BANQUET, petit pain

5 Celui qui est né pour un petit PAIN n'en aura jamais un gros (Québec)

'on ne peut rien faire contre les injustices du destin'

nascem paus para serem queimados, outros para serem adorados
quem nasce pataca não chega a vintém
quem nasceu para cangalha não dá para sela
quem nasceu para cinco não chega a dez
quem nasceu para dez-réis não chega a vintém
quem nasceu para pobre não chega a rico
quem nasceu para ser tatu morre cavando
quem nasceu para vintém nunca chega a pataco
quem nasceu pra quebrar ouricuri/uricuri morre com o cu na pedra
quem nasceu pra relar coco morre de coca ['cócoras']

he that was born under a three-halfpenny planet shall never be worth two pence
he that was born under a three-penny planet shall never be worth a groat ['British coin worth four-pence']

♦ Diz-se em espanhol: *el que nace para octavo, nunca llega a cuarto.*

⇒ À pauvres GENS la pâte gèle au four

6 De tel PAIN, telle soupe (1495)

'les bons ingrédients font la bonne cuisine, la bonne matière première fait le bon produit'

tal é o pão, tal é a sopa

ill beef ne'er made good broo ['broth']
such beef, such broth

∴ Ver abonação em Si les NUES tombaient les aloès seraient toutes prises.

⇒ On ne fait pas de rien grasse POTÉE

7 De tout s'avise à qui PAIN faut

'dans le besoin, l'ingéniosité s'exacerbe'

a necessidade aguça o engenho
a necessidade aguça o talento
a necessidade é (a) mãe da indústria
a necessidade é mestra

hunger increases the understanding

♦ Cf. Sêneca (*Epistulae ad Lucilium*, 15, 7): *artificia docuit fames* (a fome ensinou estratagemas).

8 Demi PAIN vaut mieux que rien du tout

'faute de ce que l'on désire, il faut se contenter de ce que l'on a'

antes pouco que nada
mais vale comer palha do que comer nada
mais vale pouco que nada
melhor é alguma coisa que nada
melhor é palha que nada

a crust is better than no bread
bannocks ['unleavened bread'] *are better than no bread*
better a louse in the pot than no flesh at all
better a mouse in the pot than no flesh at all
better are small fish than an empty dish
better some of a pudding than none of a pie
half a loaf is better than no bread
half an egg is better than an empty shell
something is better than nothing

♦ Diz-se em espanhol: *a falta de pan, buenas son tortas* (ou ainda: *más vale duro que ninguno*).

⇒ Faute de TRUITES, on mange des barbeaux

9 Du PAIN et des jeux

'pour contrôler un peuple, il suffit de lui fournir haricots et football – autrement dit: le nourrir et le divertir'

haja pão e satisfação
pão e circo

bread and circuses

Empregado por M. Proust em sua forma original latina:

De quoi pouvaient-ils se plaindre? N'avaient-ils pas (*PANEM ET CIRCENSES*) des petits fours et un beau programme musical? (*RTP*, t. II, p. 669-670)

De que podiam queixar-se? Não tinham *PANEM ET CIRCENSES*, gulodices e um belo programa musical? (Trad. de Mário Quintana)

♦ Expressão de Juvenal (*Saturae*, 10, 80): *duas tantum res anxius optat, panem et circenses* (desejam ardentemente apenas duas coisas: pão e os jogos do circo).

Há correspondentes em italiano: *pane e feste tengon il popol quieto*, em espanhol: *pan y toros* e em alemão: *Brot und Spiele*.

10 Le PAIN d'autrui est toujours amer/dur

'l'aide d'autrui se paie toujours trop cher'

pão alheio caro custa
pão alheio custa caro
quem come do meu pão leva do meu bordão
quem come do meu pilão bebe do meu cinturão
quem come do meu pilão leva do meu cinturão

another's bread costs dear

♦ Há correspondentes em italiano: *il pane degli altri ha sette croste* e em espanhol: *pan ajeno caro cuesta*.

≠ À LA TABLE D'AUTRUI ON MANGE DE MEILLEUR APPÉTIT

⇒ À TARD prend qui à autrui s'attend

11 Le PAIN nous vient lorsqu'on n'a plus de dents

= DIEU donne des noisettes à ceux qui n'ont plus de dents

♦ Diz-se em espanhol: *dio Dios habas a quien no tiene quijadas*.

12 Le PAIN tombe toujours du côté qui est beurré (sXIX)

'telle est la fatalité de la guigne'

o pão só vai ao chão do lado da manteiga
pão de pobre sempre cai com a manteiga para baixo
quando o pão do pobre cai, cai sempre com manteiga

buttered bread falls buttered side (and if it's a sandwich it falls open)
if anything can go wrong, it will
the bread never falls but on its buttered side
the cake never falls but on its buttered side

⇒ Quand un ÂNE va bien, il va sur la glace et se casse une patte

13 Le PAIN vient à qui les dents faillent

= DIEU donne des noisettes à ceux qui n'ont plus de dents

14 Nul PAIN sans peine (1611)

'nul bien sans effort pour l'obtenir'

não há ganho sem trabalho
não se pescam trutas a bragas enxutas

no bees, no honey; no work, no money
no gain(s) without pain(s)

⇒ Nul BIEN sans peine

15 On prête facilement du PAIN à celui qui a de la farine

= On ne prête qu'aux RICHES

16 On se dégoûte de manger tous les jours le même PAIN (1552)

= Même RAGOÛT perd tout son goût

"De advocatz pervertisseurs de droict et pilleurs des paouvres gens, il se dipne ordinairement, et ne luy manquent. Mais ON SE FASCHE DE TOUSJOURS UN PAIN MANGER. (F. Rabelais, *Le quart livre*, in *OC*, p. 705)

"Ele costuma alimentar-se de advogados corruptores do direito e de gatunos que tiram dos mais desamparados, e essa gente nunca lhe falta. Mas COMER SEMPRE DO MESMO PÃO DÁ FASTIO.

17 PAIN coupé n'a point de maître (1752)

'les personnes avisées profitent de la négligence des autres; on ne peut plus revendiquer ses droits une fois qu'on les a abandonnés'

em broa encetada todos querem tirar uma côdea
pão achado não tem dono

a slice off a cut loaf isn't missed

⇒ Ce qui tombe dans le FOSSÉ est (bon) pour le soldat

18 PAIN de vieillesse se pétrit pendant la jeunesse (rég., Auvergne)

= JEUNESSE oiseuse, vieillesse disetteuse

19 PAIN dérobé réveille l'appétit (1789)

'le fruit défendu a un attrait supplémentaire'

fruto proibido é o mais apetecido
não há melhor bocado que o roubado
o melhor bocado é o furtado
o pão furtado aguça o apetite
pão proibido abre o apetite

forbidden fruit is sweet
stolen fruit is sweet
stolen kisses are sweet
stolen pleasures are sweet
stolen waters are sweet (and bread eaten in secret is pleasant)

♦ A fonte é o *Livro dos Provérbios*, 9, 17. Há correspondentes em italiano: *pan rubato ha buon sapore*, em espanhol: *no hay mejor bocado que el hurtado* e em alemão: *gestohlen Brot schmeckt wohl*.

♦ On trouve dans "Les Troqueurs" de La Fontaine (*FCN*, p. 557): "Pain qu'on dérobe, et qu'on mange en cachette, / Vaut mieux que pain qu'on cuit, ou qu'on achète." (Pão roubado, e que se come às escondidas, é mais saboroso que o feito em casa ou comprado.)

⇒ Les FRUITS défendus sont les plus doux

20 PAIN tant qu'il dure, vin à mesure

'pain et vin sont au Français le plaisir minimum alimentaire garanti'

P

come como são e bebe como doente
pão que sobre, carne que baste e vinho que falte
pão que sobre, carne que baste, vinho que farte

eat at pleasure, drink by measure

♦ Há correspondentes em italiano: *pane fin che dura, vino con misura* e em espanhol: *pan a hartura, vino a mesura* (ou ainda: *mete pan, Pedro, que el vino es tretero*).

21 Qui ne pétrit bon PAIN ne mange (1576)

= Il aura bien peu de PÂTE qui ne lui fera un levain

22 Qui tout le mange du soir, lendemain ronge son PAIN noir (1568)

= Si tu manges ton PAIN blanc en premier, tu manges ton PAIN noir plus tard

23 Sans PAIN, sans vin, l'amour n'est rien

= Sans Cérès et Bacchus, Vénus a FROID

⇒ Par la BOUCHE se met le feu au four

24 Selon le PAIN, il faut le couteau

= À PAIN dur, dent aiguë

25 Si tu manges ton PAIN blanc en premier, tu manges ton PAIN noir plus tard (Québec)

'tôt ou tard, il faut affronter les difficultés; si on les évite d'abord, il faudra les assumer plus tard'

quem come sem conta morre sem honra

it is a good thing to eat your brown bread first
stuff today and starve tomorrow

26 Si tu voles un PAIN, tu es un voleur, si tu en voles plusieurs, tu es un roi (rég., Provence)

'en matière d'escroquerie, tout est question d'échelle: les petites remplissent les prisons, les grandes font les vastes empires'

ladrão endinheirado nunca morre enforcado
quem furta pouco é ladrão, quem furta muito é barão
quem rouba pouco é ladrão, quem rouba muito é barão
quem rouba tostão é ladrão, quem rouba milhão é barão

a thief passes for a gentleman when stealing has made him rich
little thieves are hanged, but great ones escape

♦ Cf. Fénelon (*Examen de conscience sur les devoirs de la royauté*, in *TC*, p. 34): "On pend un pauvre malheureux pour avoir volé une pistole sur le grand chemin, dans son besoin extrême, et on traite de héros un homme qui fait la conquête, c'est-à-dire qui subjugue injustement les pays d'un État voisin! L'usurpation d'un pré ou d'une vigne est regardée comme un péché irrémissible au jugement de Dieu, à moins qu'on ne restitue; et on compte pour rien l'usurpation des villes et des provinces!" (Enforca-se um desgraçado porque roubou um pãozinho na estrada, por extrema necessidade, e trata-se como herói o indivíduo que conquista – isto é, que submete injustamente – o território de um Estado vizinho! A apropriação de um campo ou de um vinhedo é, para Deus, um pecado irremissível, a menos que haja restituição, e ninguém leva em conta a tomada de cidades e províncias.)

♦ Diz-se em espanhol: *para quien roba un reino, la gloria; para quien hurta un burro, la horca.*

⇒ Les gros LARRONS pendent/(font pendre) les petits

27 Tel a du PAIN quand il n'a plus de dents

= DIEU donne des noisettes à ceux qui n'ont plus de dents

PAIX *s.f.* paz; *peace*

1 Mieux vaut en PAIX un œuf qu'en guerre un bœuf

'mieux vaut se contenter de peu que de s'attirer des ennuis en voulant beaucoup'

mais vale pedaço de pão com amor que galinha com dor
melhor é um pão com Deus que dez com o demo
melhor é um pão com Deus que dois com o diabo

better a dinner of herbs (where love is) than a stalled ox where hate is
better an egg in peace than an ox in war
dry bread is better with love than a fat capon with fear

♦ Diz-se em espanhol: *más vale pan solo en paz que pollos en agraz.*

2 Mieux vaut PAIX que victoire

'un accord de paix n'engendre pas les rancœurs dangereuses qui suivent les victoires'

mais vale paz que vitória

better a lean peace than a fat victory

3 Si tu veux la PAIX, prépare la guerre

'un pays désarmé attise l'esprit de conquête de ses voisins; en vertu de quoi la Confédération Helvétique est le pays le plus militarisé du monde; c'est le principe polémologique qui sert de justification à la course aux armements atomiques'

não tem seguro o seu estado o rei desarmado
se queres a paz, prepara(-te) para a guerra

although I hold my peace, I gather up stones
if you want peace, (you must) prepare for war
the stick is the surest peacemaker
'tis safest making peace with sword in hand
weapons bode peace
weapons breed peace

♦ Ditado do latim medieval (*si vis pacem, para bellum*), inspirado em Vegécio (*De re militari*, 3, Prólogo): *qui desiderat pacem, praeparet bellum* (quem deseja a paz prepare a guerra). Há correspondentes em italiano: *chi vuol la pace, guerra apparecchi*, em espanhol: *si quieres asegurar la paz, prepárate para la guerra* e em alemão: *wer Frieden haben will, muss zum Kriege rüsten*.

◆ Fénelon (*Examen de conscience sur les devoirs de la royauté*, in *TC*, p. 17-18) discorre sobre a idéia deste provérbio: "C'est le cas où l'on ne pourrait l'éviter qu'en donnant trop de prise et d'avantage à un ennemi injuste, artificieux et trop puissant. Alors, en voulant, par faiblesse, éviter la guerre, on y tomberait encore plus dangereusement; on ferait une paix qui ne serait pas une paix, et qui n'en aurait que l'apparence trompeuse. Alors, il faut, malgré soi, faire vigoureusement la guerre, par le désir sincère d'une bonne et constante paix." (Seria em caso de [a guerra] só ser evitada em troca de muito poder e vantagens concedidos a um inimigo injusto, ardiloso e fortíssimo. Então, ao se desejar, por fraqueza, evitar a guerra, nela se cairia de modo ainda mais perigoso; seria firmada uma paz que não era paz, que de paz só tinha a falsa aparência. Nesse caso é preciso, de mau grado, declarar guerra sem a menor hesitação, movido pelo sincero desejo de uma paz firme e permanente.)

⇒ Une ÉPÉE fait tenir l'autre en son fourreau

4 Si tu veux la PAIX, tiens-toi prêt à la guerre

= Si tu veux la PAIX, prépare la guerre

PANIER *s.m.* cesto; *basket*

1 Adieu, PANIERS, vendanges sont faites! (1534)

'l'occasion est perdue; tout ayant été ravagé, il n'y a plus rien à récolter'

feita(s) a(s) vindima(s), guardam-se os cestos!
Inês é morta!
lá se foi tudo quanto Marta fiou!
o pano desça! a comédia acabou!

(it's all over,) queen Anne is dead!

"C'est, dist il, bien chien chanté! Vertus Dieu, que ne chanter vous:
ADIEU, PANIERS, VENDANGES SONT FAICTES?
"Je me donne au diable s'ilz ne sont en nostre cloz et tant bien couppent et seps et raisins qu'il n'y aura, par le corps Dieu! de quatre années que halleboter dedans. (F. Rabelais, *G*, p. 130)

– Por Deus! – exclama Jean des Entommeures – cantam muito bem! Mas, por que não cantam: "ADEUS, VINDIMAS"? Quero ir para o diabo se não for verdade que eles estão dentro da quinta cortando as videiras e as uvas! Dentro de quatro anos, não tiraremos nada! (Trad. de Aristides Lobo)

Quand il fut vers l'Archipelage, il rencontra une grand

nau venetienne bien armée et bien riche; il l'acommença à la canonner, mais la nau luy rendit bien sa salve: car de la premiere vollée elle luy emporta deux de ses bancs avec leurs forçats tout net, et son lieutenant, qui s'appelloit le capitaine Panier, bon compagnon, qui pourtant eut le loisir de dire ce seul mot, et puis mourir: "ADIEU, PANIERS, VENDANGES SONT FAITES!" Sa mort fut plaisante par ce bon mot. (Brantôme, *DG*, p. 288)

Quando ele chegou às imediações do Arquipélago, encontrou uma grande nau veneziana bem equipada e muito rica; começou a bombardeá-la, mas a nau respondeu à altura: pois na primeira tentativa fez sumir completamente dois bancos com seus galés, levando de roldão o tenente, que se chamava Panier, um bom companheiro; antes de morrer, ele mal teve tempo de exclamar: "LÁ SE FOI TUDO QUANTO MARTA FIOU!" Gracejo que atenuou a tristeza de sua morte.

ARLEQUIN. (...) Je m'en vais tâcher de rencontrer Colombine, et je ferai votre affaire. Je ne veux pas l'aimer; mais si j'ai tant de peine à me retenir, ADIEU PANIERS, je me laisserai aller. (Marivaux, *La Surprise de l'amour*, in *T*, p. 109)

ARLEQUIM. (...) Vou tentar encontrar Colombina, e farei o que o senhor me pede. Não desejo amá-la. Mas, se estou com tanta dificuldade para me conter, ASSIM SEJA, entrego os pontos.

– Il est très bien, ce jeune homme, madame, lui dit-il en lui serrant le bras. ADIEU, PANIERS, VENDANGES SONT FAITES! Il vous faut dire adieu à mademoiselle Grandet, Eugénie sera pour le Parisien. (H. de Balzac, *EG*, p. 54)

– É lindo esse jovem, minha senhora – disse-lhe, apertando o braço. – ADEUS, CESTOS, AS VINDIMAS TERMINARAM! Precisa renunciar à Srta. Grandet. Eugênia será do primo. (Trad. de Gomes da Silveira)

2 Qui fait les PANIERS fait les corbeilles (rég., Savoie)

'on commence par de menus larcins, puis on commet des vols plus importants'

a quem o demo tomou uma vez sempre lhe fica um jeitinho
a quem o diabo tomou uma vez sempre lhe fica o jeito
cesteiro que faz um cesto faz um cento(, dando-lhe verga e tempo)
cesteiro que faz um cesto faz um cento, tendo cipó e tempo faz duzentos
ladrão de agulheta ['agulha grossa e de fundo largo', 'coisa de pouco valor'] asinha ['depressa'] sobe à barjoleta/barjuleta ['bolsa grande ou mochila de couro ou de linhagem']
ladrãozinho de agulheta depois sobe à barjoleta/barjuleta

quem faz uma vez faz duas e três
quem foi infiel uma vez sê-lo-á duas ou três

he that will steal an egg, will steal an ox
he that will steal a pin, will steal a better thing
he that will steal a pin, will steal a pound
who steals the egg will steal the hen

♦ Diz-se em espanhol: *el que hace un cesto, hará ciento, si tiene mimbres y tiempo.*

⇒ Qui ose prendre le VEAU osera prendre vache et troupeau

3 Qui fait un PANIER fait bien une hotte

= Qui fait les PANIERS fait les corbeilles

PANSE *s.f.* pança, barriga; *belly*

1 À PANSE chaude, pied endormi

'le bien-être paralyse l'esprit d'entreprise'

barriga cheia, pé dormente

a full belly neither fights nor flies well

2 Après la PANSE, la danse (1842; 1534: *de la pance vient la dance*)

'après les plaisirs de la table, ceux des prémices ludiques de l'amour'

a alegria vem das tripas
barriga cheia, cara alegre
barriga vazia não conhece alegria
barriga vazia não tem alegria
bem canta Marta depois de farta
com a barriga vazia, ninguém sente alegria
depois de comer e beber cada um dá seu parecer
enchida a pança, vamos à dança
grande prazer não escusa comer
na festa sem comer, não há gaita temperada
não há prazer onde não há comer
sem comer não há prazer

a hungry man, an angry man
when meat is in, anger is out
when the belly is full, the mind is among the maids

– Nous, dist Picrochole, n'aurons que trop mangeailles. Sommes nous icy pour manger ou pour batailler?
– Pour batailler, vrayement, dist Toucquedillon; mais DE LA PANCE VIENT LA DANCE, et *où faim regne, force exule*. (F. Rabelais, *G*, p. 145)

– Nós – respondeu Picrocolo – o que temos é comido demais. Afinal, estamos aqui para comer ou batalhar?
– Para batalhar, não há dúvida – retrucou Toucquedillon – mas É DA PANÇA QUE VEM A DANÇA e *onde reina a fome falta a força*. (Trad. de Aristides Lobo)

♦ A idéia está no latim medieval *ieiunus venter non vult cantare libenter* (barriga vazia não canta com prazer) e no grego οὐδεὶς πεινῶν καλὰ ᾄδει (ninguém canta

bem quando tem fome). Diz-se em espanhol: *de la panza sale la danza* (ou ainda: *tripa vacía, corazón sin alegría*).

⇒ Bonne CHÈRE rend le cœur joyeux

3 Mieux vaut belle PANSE que belle manche (rég., Artois)

'il ne faut pas sacrifier le nécessaire au superflu'

mais vale barriga cheia que barbas untadas
mais vale bem comer que bem vestir
mais vale o bucho que o luxo
mais vale o calor do estômago que o pêlo do melhor veludo
primeiro o bucho, depois o luxo

back may trust, but belly won't
better pay the butcher than the tailor

⇒ Mieux vaut bon REPAS que bel habit

4 Qui a la PANSE pleine croit que les autres sont rassasiés (1456: *qui a la panse pleine, il lui semble que les autres sont soulz*)

'"comment peut-on être Persan?" demandaient les Parisiens à Rica (*Lettres Persanes*, 30); il en va de l'égocentrisme comme de l'ethnocentrisme: "comment peut-on être pauvre?" demande le nanti'

mal se dói o farto do pobre faminto
o farto, de jejum, não tem cuidado algum
para o farto não existe faminto

a well-filled body does not believe in hunger
he that is warm, thinks all so
he whose belly is full believes not him who is fasting
it is ill speaking between a full man and a fasting

♦ O provérbio tem correspondentes em italiano: *corpo sazio non crede al digiuno* e em espanhol: *el harto del ayuno no tiene duelo.*

⇒ Le GRAS ne sait pas de quoi vit le maigre

PAON *s.m.* (*Pavo cristatus, Pavo muticus* etc.) pavão; *peacock*

Le PAON a de belles plumes mais de vilaines pattes

'il n'est pas de parfaite beauté'

não há bonito sem senão, nem feio sem condão
não há ninguém sem o seu pé de pavão

the peacock has fair feathers but foul feet

⇒ Personne/Nul n'est PARFAIT

PAPE *s.m.* papa; *pope*

Tel entre PAPE au conclave qui en sort cardinal

= Il ne faut pas chanter TRIOMPHE avant la victoire

PAPIER *s.m.* papel; *paper*

1 Le PAPIER souffre tout (et ne rougit de rien) (1640)

'de ce qu'une chose est écrite, il ne s'ensuit pas qu'elle soit certaine'; ou bien: 'il est possible d'exprimer par écrit ce que la pudeur interdit par oral'

o papel agüenta tudo
o papel tudo aceita

one can put anything on paper
paper does not blush
paper endures all

♦ Os latinos diziam: *litterae non erubescunt* (as cartas não enrubescem), e a forma *epistula enim non erubescit* (de fato a carta não enrubesce) figura em Cícero (*Ad familiares*, 5, 12, 1). Há correspondentes em italiano: *la carta non diventa rossa* e em espanhol: *el papel todo lo aguanta; hasta que se limpien con él.*

2 On écrit sur le PAPIER tout ce qu'on veut (1752)

= Le PAPIER souffre tout (et ne rougit de rien)

PAPILLON *s.m.* (*Papilionoidea*) borboleta; *butterfly*

1 Le plus beau PAPILLON n'est qu'une chenille habillée (rég., Limousin)

'beauté extérieure, laideur intérieure; être et paraître se démentent l'un l'autre'

enfeitai o cepo, parecerá mancebo
que é uma borboleta? não (é) mais que uma lagarta vestida

dress up a stick and it does not appear to be a stick

♦ Donde a moralidade que a Mãe do Ratinho enunciou (*F*, VI, v, 41-42): "Garde-toi, tant que tu vivras, / De juger des gens sur la mine." (Nunca nesta vida / Julgues os outros pela aparência.) E que o próprio La Fontaine relembra ao começar a fábula intitulada "Le Paysan du Danube" (*F*, XI, vii): "Il ne faut point juger des gens sur l'apparence. / Le conseil en est bon, mais il n'est pas nouveau." (Não se devem julgar as pessoas pelo que aparentam. / É um conselho de valia, e não é novo.)

2 PAPILLON blanc annonce le printemps

dicton météorologique

borboleta branca, primavera franca

when you can see white butterflies in the sky, spring has come

PÂQUES *s.f.pl.* Páscoa; *Easter*

1 Celui qui doit être pendu à PÂQUES trouve le Carême bien court

= Fais une DETTE payable à Pâques, et trouveras le Carême court

2 PÂQUES longtemps désirées sont en un jour passées (1568)

'le désir est long, trop brève sa consommation'

das festas, as vésperas
o melhor da festa é esperar por ela
Páscoas de longe desejadas num dia são passadas

Easter so longed for is gone in a day
expectation is better than realization
it is better to travel hopefully than to arrive
long looked for, soon past

♦ Diz-se em espanhol: *la víspera de la fiesta vale más que ésta.*

PAQUET *s.m.* pacote, embrulho; *bundle, wrapped parcel*

Il ne faut pas juger un PAQUET d'après ses ficelles

= Il ne faut pas juger le SAC à l'étiquette

⇒ La ROBE ne fait pas le médecin

PARDON *s.m.* desculpa, perdão; *pardon*

1 Le PARDON léger fait recommencer en péché (sXIII: *li ligiers pardoners fait renchoir en péché*)

'quand une faute nous est trop aisément pardonnée, on a peu de scrupules à la refaire'

o perdão faz o ladrão
perdoar ao mau é animá-lo a ser
perdoar ao mau é dizer-lhe que o seja

pardon makes offenders

⇒ Le pardonner aisément fait retomber dans le PÉCHÉ

2 "PARDON" ne guérit pas la bosse

= Débander l'ARC ne guérit pas la plaie

PARDONNER *v.t.* perdoar; *to forgive, to pardon*

Qui PARDONNE aisément invite à l'offenser (1711)

= Le PARDON léger fait recommencer en péché

♦ Verso de Corneille (*Cinna*, 7, 2, 1.160) que se tornou proverbial.

PARENT *s.m.* parente; *relative, relation*

1 Il n'y a meilleur PARENT que l'ami fidèle et prudent (sXVI)

= Un bon AMI vaut mieux que cent parents

⇒ Mieux vaut un VOISIN proche qu'un frère éloigné

2 Les PARENTS sont les dents

'les relations de parenté sont plutôt nuisibles'

parentes são os dentes

parentes são os dentes e mordem a gente

many kinsfolk and few friends

♦ Diz-se em espanhol: *parientes, las muelas y los dientes.*

3 Nous sommes tous PARENTS en Adam

= Nous sommes tous ENFANTS d'Adam

PARESSEUX *s.m.* preguiçoso; *lasy person*

1 Le champ du PARESSEUX est plein de mauvaise herbe

= Au paresseux LABOUREUR les rats mangent le meilleur

2 Le PARESSEUX est frère du mendiant

'qui n'aime pas travailler finit dans la pénurie'

a preguiça é a chave da pobreza
o preguiçoso é irmão do mendigo
o preguiçoso sempre é pobre
preguiça, chave de pobreza
preguiça faz precisão

idleness is the key of beggary
idleness must thank itself if it go barefoot
the slothful man is the beggar's brother
the sluggard must be clad in rags

♦ Diz-se em espanhol: *la pereza es llave de la pobreza.*

⇒ PAUVRETÉ est compagne de paresse

3 Les PARESSEUX ne sont jamais riches

= Le PARESSEUX est frère du mendiant

PARFAIT *adj.* perfeito; *perfect*

Personne/Nul n'est PARFAIT (c. 1960)

dicton souvent utilisé à fin de disculpation ironique; c'est le thème récurrent de l'impossibilité terrestre de la perfection

não há dois altos sem uma baixa no meio
não há ninguém sem o seu pé de pavão
ninguém é infalível
ninguém é perfeito
os mais hábeis cometem faltas
todos têm o seu pé de pavão

(even) Homer sometimes nods
nobody is perfect
the wisest man may fall

♦ "par allusion au film de Billy Wilder, *Some Like It Hot* [*Quanto mais quente, melhor*, 1959], où un milliardaire qui veut épouser un garçon travesti a cette parole indulgente devant la révélation du sexe réel de l'être aimé." (A. Rey & S. Chantreau)

PARIS *s.pr.m.* Paris; *Paris*

1 On gagne à PARIS dix mille livres de rente, en portant des gants blancs

= La ROBE fait l'homme

2 PARIS n'a pas été bâti/construit en un jour (sXIX/sXX)

= ROME ne s'est pas faite en un jour

En ce moment, la mode d'estropier les proverbes régnait dans les ateliers de peinture. C'était un triomphe que de trouver un changement de quelques lettres ou d'un mot à peu près semblable qui laissait au proverbe un sens baroque ou cocasse.
– *PARIS N'A PAS ÉTÉ BÂTI DANS UN FOUR*, répondit le maître. (H. de Balzac, *DV*, p. 57-58)

Estava na moda, nesse tempo, nos ateliês de pintura, estropiar os provérbios. Constituía um triunfo achar uma mudança de algumas letras ou de palavra, pouco mais ou menos parecida, que desse ao provérbio um sentido extravagante ou jocoso.
– *PARIS NÃO FOI CONSTRUÍDA NUM FORNO* – respondeu o mestre. (Trad. de Vidal de Oliveira)

3 PARIS ne s'est pas fait en un jour

= ROME ne s'est pas faite en un jour

4 PARIS vaut bien une messe

'petite concession pour gros avantage: le jeu en vaut la chandelle'

Paris bem que vale uma missa

Paris is well worth a mass

Alterado em A. Dumas:

– C'est-à-dire, je me consulte. Que voulez-vous? quand on a vingt ans et qu'on est à peu près roi, ventre-saint-gris! IL Y A DES CHOSES QUI VALENT BIEN UNE MESSE. (*RM*, v. 1, p. 200)

– Vamos ver, estou pensando. Que quer? Quando se tem vinte anos e já se é quase rei, manda-se tudo àquela parte! HÁ COISAS QUE BEM VALEM UMA MISSA.

♦ Frase atribuída a Henrique IV, rei de França de 1589 a 1610, ao se converter ao catolicismo.

5 Si PARIS était de beurre, il fondrait au soleil

= Si la MER bouillait, il y aurait bien des poissons (de) cuits

6 Si PARIS était plus petit, on le mettrait dans un baril

= Si la MER bouillait, il y aurait bien des poissons (de) cuits

⇒ S'il y avait seulement des SCIES, il n'y aurait plus de poteaux

PARLER *v.i.* falar; *to speak*

1 Il est bon de PARLER et meilleur de se taire (1678)

'qui se tait ne s'expose pas'

mais vale calar que mal falar
o muito falar é lodo e o pouco é ouro (Frei Amador Arrais)
o pouco falar é ouro e o muito é lodo
prata é o bom falar, ouro é o bom calar

more have repented speech than silence
speak fitly, or be silent wisely
speech is silver, silence is gold
speech is silvern, silence is golden

IL EST BON DE PARLER, ET MEILLEUR DE SE TAIRE; / Mais tous deux sont mauvais alors qu'ils sont outrés. (La Fontaine, *F*, VIII, x, 6-7)

SE FALAR É BOM, E CALAR AINDA É MELHOR, / Ambos são ruins quando passam da conta.

⇒ La PAROLE est d'argent, (mais) le silence est d'or

2 PARLE peu et tu seras estimé

'le laconisme est une vertu sociale'

fala pouco e bem, serás alguém
fala pouco e bem, ter-te-ão por alguém
sê breve e agradarás

a still tongue makes a wise head
he is wise who speaks little
he that hears much and speaks not at all, shall be welcome both in bower ['lady's room'] *and hall*

♦ Diz-se em italiano: *chi parla rado, è tenuto a grado.*

3 PARLER sans penser, c'est tirer sans gagner

'les bavardages irréfléchis manquent toujours leur but'

falar sem pensar é atirar sem apontar
falar sem pensar vem muitas vezes a falhar

flow of words is not always flow of wisdom
to speak without thinking is to shoot without taking aim

4 Qui PARLE, sème; qui écoute, recueille

'graine lancée ou récoltée, la parole ressemble au dialogue du cultivateur avec la terre, où celui qui écoute s'enrichit'

quem fala semeia, quem escuta colhe

from hearing, comes wisdom; from speaking, repentance (aprox.)
he that speaks sows, and he that holds his peace gathers

♦ Há equivalentes em italiano: *chi parla, semina; chi tace raccoglie* e em espanhol: *quien habla, siembra; quien oye, recoge.*

⇒ La PAROLE est d'argent, (mais) le silence est d'or

5 Trop PARLER nuit plus que trop faire (sXIII)

'l'action l'emporte toujours sur la parole'

o lombo da gente é fiador da língua
quem muito fala a si dana
quem muito fala e pouco entende por tagarela e ruim se vende
quem muito fala muito enfada
quem muito fala muito erra
quem muito fala pouco acerta

better the foot slip than the tongue
much babbling is not without offence
talk much, and err much(, says the Spaniard)

⇒ Trop GRATTER cuit, trop parler nuit

6 Trop PARLER nuit, trop gratter cuit

= Trop GRATTER cuit, trop parler nuit

Estropiado em H. de Balzac:

– Un petit imbécile, dit Georges. Sans lui, le comte se serait amusé. C'est égal, la leçon est bonne, et si jamais on me reprend à parler en voiture!...
– Oh! c'est bien bête, dit Joseph Bridau.
– Et comment, fit Mistigris. *TROP PARLER, SUIT*, d'ailleurs. (*DV*, p. 134)

– Um pobre imbecil – disse Jorge. – Se não fosse ele, o conde se teria divertido. Seja como for, a lição foi boa, e se algum dia tornam a me pilhar conversando em diligência...
– Oh! é uma besteira – disse José Bridau.
– Se é – disse Mistigris. – De resto: *FALAR DEMAIS SEGUE*. (Trad. de Vidal de Oliveira)

PARLEUR *s.m.* falador; *speaker, talker*

Grand PARLEUR, grand menteur

'ceux qui promettent le plus sont ceux qui tiennent le moins'

muito mente quem (muito) dá com a língua no dente
quem muito fala muito mente

a great talker is a great liar
great talkers are great liars

⇒ Les grands VANTEURS sont d'ordinaire grands menteurs

PAROI *s.f.* parede; *wall*

PAROIS blanches, PAROIS fendues (1557)

= Tout ce qui brille/reluit n'est pas/point OR

⇒ Ce n'est pas tout OR ce qui reluit ni farine ce qui blanchit

PAROISSE *s.f.* paróquia; *parish*

P

Chacun prêche pour sa PAROISSE

= Chacun prêche pour son SAINT

PAROLE *s.f.* palavra, discurso; *word, speech*

1 À PAROLES lourdes, oreilles sourdes (1568; 1558: *à folles paroles oreilles sourdes*)

'il ne faut prêter l'oreille aux calomnies ni aux médisances'

(a) palavras loucas, orelhas moucas

for mad words deaf ears
where the demand is a jest, the fittest answer is a scoff

♦ Há correspondentes em italiano: *a parole lorde, orecchie sorde* e em espanhol: *a palabras necias, oídos sordos.*

⇒ À sotte DEMANDE, point de réponse

2 Belles PAROLES n'emplissent pas la bourse

= Les belles PAROLES ne font pas bouillir la marmite

3 Douce PAROLE rompt grand'ire

= PAROLES douces apaisent grande colère

4 La PAROLE est d'argent, (mais) le silence est d'or (1678)

'parler est un don précieux, se taire l'est plus encore'

a palavra é de prata, o silêncio é de ouro
o pouco falar é ouro e o muito é lodo
prata é o bom falar, ouro é o bom calar

speech is silver, silence is gold
speech is silvern, silence is golden

Si LA PAROLE ÉTAIT D'ARGENT ET LE SILENCE D'OR, le cri du cœur serait alors un diamant multicolore. (J. Prévert, *S*, p. 215)

Se A PALAVRA FOR DE PRATA E O SILÊNCIO DE OURO, o grito do coração será então um diamante multicor.

♦ Há equivalentes em italiano: *la parola è d'argento, il silenzio è d'oro* e em espanhol: *la palabra es de plata, el silencio es de oro.*

⇒ Il est bon de PARLER et meilleur de se taire

5 Les belles PAROLES ne font pas bouillir la marmite

'parler n'a aucune incidence sur le réel'

bonitas palavras não engordam gatos
conversa fiada não bota panela no fogo
conversa fiada não enche barriga
palavras não adubam sopas
palavras não enchem barriga

fair words will not make the pot boiling
fair words will not make the pot play ['boiling']

fine words butter no parsnips
good words fill not a sack
many words will not fill a bushel
many words will not fill the firlot ['a dry measure']

⇒ Belles PAROLES n'emplissent pas la bourse

6 Les belles PAROLES n'écorchent pas la langue (1640; 1568: *douce parole n'écorche pas la bouche*)

= Beau parler n'écorche point la LANGUE

⇒ PAROLES douces apaisent grande colère

7 Les PAROLES dites au matin non pas au soir même destin (1842)

'toute affirmation, comme toute vérité est relative: elle convient à une conjoncture donnée'

palavras da noite não são para a manhã

evening words are not like to morning

8 Les PAROLES du soir ne ressemblent pas à celles du matin

= Les PAROLES dites au matin non pas au soir même destin

9 Les PAROLES s'envolent/(s'en vont), les écrits restent (1842)

'aucun support matériel ne conserve témoignage de ce qui est dit, contrairement à ce qui est écrit; proverbe fondateur des civilisations de droit écrit; les civilisations orales, quant à elles, sont convaincues du contraire; les paroles restent confiées à la mémoire, les écrits dépérissent comme toute matière; quant à la civilisation audiovisuelle, pour elle, tout s'envole'

as palavras voam, os escritos permanecem
palavras e plumas, o vento as leva (Camões)
pena e tinta são as melhores testemunhas

deeds are fruits, words are but leaves
words and feathers are tossed by the wind
words and feathers the wind carries away
words are but wind
words fly away, writing remains
words fly, writings remain

Inversão jocosa em J. Prévert:

Qu'est-ce que c'est demande le barbu / Rien dit le facteur une lettre / LES ÉCRITS S'ENVOLENT LES PAROLES RESTENT / Ah dit le barbu (*PBT*, p. 110)

O quê que é indaga o barbudo / Nada diz o carteiro uma carta / OS ESCRITOS VOAM AS PALAVRAS FICAM / Ah diz o barbudo

Citado em latim por A. Dumas:

– Sire, dit Henri, rappelez-vous vos paroles: Qu'importe la religion de qui me sert bien!

– Ha! ha! ha! s'écria Charles en éclatant d'un rire si-

nistre; que je me rappelle mes paroles, dis-tu Henri!
VERBA VOLANT* comme dit ma sœur Margot. (*RM*, v.
1, p. 161)

* O provérbio completo é *verba volant, scripta manent*.

– Majestade – disse Henri –, lembrai-vos de vossas palavras: Pouco importa a religião de quem bem me serve!
– Ah! ah! ah! – exclamou Charles com um riso sinis-
tro. – Recomendas, Henri, que eu me lembre de minhas
palavras. Ora, *VERBA VOLANT*, como diz minha irmã
Margot.

♦ Há equivalentes em italiano: *le parole volano, quel ch'è
scritto rimane* e em espanhol: *las palabras vuelan, y lo escrito permanece*.

10 Les PAROLES sont femelles, et les faits mâles
(1568)

'les paroles sont légères et irréelles, les actes sont
lourds de la réalité où ils s'inscrivent; ainsi la femme et
l'homme'

palavras são fêmeas e fatos são machos

deeds are males, and words are females

♦ Há equivalentes em italiano: *le parole sono femmine e i
fatti sono maschi* e em espanhol: *las palabras son hembras; los hechos, varones*.

11 Méchante PAROLE jetée va partout à la volée
(1611)

'la calomnie se répand plus vite que toute autre parole'

a má palavra corre ao longe

words are but wind, but blows unkind

12 PAROLE de femme, PAROLE de Dieu (Québec)

= Ce que FEMME veut, Dieu le veut

13 PAROLE lâchée ne revient jamais (sXVI)

'irrémédiablement le temps s'en va, emportant avec lui
ce qui a été dit'; ou bien: 'ce qui est dit est irréversiblement dit'

a palavra, como a flecha, despedida não volta
palavra e pedra que se soltam não têm volta
palavra e pedra solta atrás não voltam
palavra e pedra solta não têm volta
palavra fora da boca e pedra fora da mão não voltam
  atrás
palavra que escapou à boca não voltou
pedra sacudida não volta à funda

a word and a stone let go cannot be called back
a word spoken cannot be called back
a word spoken is an arrow let fly
words have wings, and cannot be recalled

♦ Lê-se num fragmento de Eurípides: οὔτ' ἐκ χεϱὸς
μεθέντα καϱτεϱὸν λίθον / ῥᾷον κατασχεῖν, οὔτ'
ἀπὸ γλώσσης λόγον (não é fácil deter uma pedra

que se deixou escapar da mão nem uma palavra da
língua). Lê-se também em Horácio (*Ars poetica*,
390): *nescit vox missa reverti* (a palavra proferida não
pode voltar). Há correspondentes em italiano: *parola
detta e sasso tirato non fu più suo* e em espanhol: *la palabra y la piedra suelta no tienen vuelta*.

⇒ PAROLE une fois volée ne peut plus être rappelée

14 PAROLE mal entendue est mal jugée

'une communication défectueuse est à l'origine des ap-
préciations négatives que l'on porte sur autrui, et aussi
bien des condamnations, des conflits, des procès et des
guerres'

não há má palavra se não for mal tomada
não há palavra mal dita se não for mal entendida

ill hearing makes ill rehearsing

15 PAROLE une fois volée ne peut plus être
rappelée (sXIII: *parole une fois volée ne puet plus estre
rapelée*)

= PAROLE lâchée ne revient jamais

⇒ Puisque la PAROLE est issue du corps, elle n'y peut
jamais entrer

16 PAROLES d'angelot, ongles de diablot

= HABIT de béat a souvent ongles de chat

♦ Há correspondente em italiano: *parole d'angioletto,
unghie di diavoletto*.

⇒ Telle qui a le ROSAIRE en main porte le diable dans
sa jupe

17 PAROLES douces apaisent grande colère

'vertu lénifiante et antispasmodique de la parole'

mais apaga a boa palavra que (a) caldeira de água
palavra boa unge e a má punge
palavra mansa ira abranda e a brava a alvoroça
resposta branda a ira quebranta
resposta comedida, ira vencida

a soft answer turneth away wrath
fair words slake wrath
good words cool more than cold water
hard words break no bones

♦ Cf. o *Livro dos Provérbios*, 15, 1: *responsio mollis frangit
iram* (a resposta branda aquieta a ira). Há correspondentes em italiano: *una buona parola smorza più che
una caldaia d'acqua* e em espanhol: *la palabra blanda
rompe la ira*.

⇒ Courtois de BOUCHE et prompt au chapeau ne coûte guère et est fort beau

18 Puisque la PAROLE est issue du corps, elle n'y
peut jamais entrer (sXV)

= PAROLE lâchée ne revient jamais

P

PARTI *s.m.* partido, escolha; *option*

À PARTI pris point de conseil (1748)

'décision prise, il n'est plus temps de délibérer'

conselho só serve cedo
para resolução tomada não há conselho

counsel is irksome, when the matter is past remedy
when a thing is done, advice comes too late

⇒ À CHOSE faite, conseil pris

PARTIE *s.f.* empreendimento, partida, jogo; *enterprise,*
match

1 Il ne faut pas remettre la PARTIE au lendemain

= Il ne faut pas remettre au LENDEMAIN ce qu'on
peut faire le jour même

⇒ Ce qu'AUJOURD'HUI tu peux faire au lendemain
ne diffère

2 Qui quitte la PARTIE la perd

= Qui va à la CHASSE perd sa place

PARTIR *v.i.* partir; *to leave*

PARTIR, c'est mourir un peu (1891)

'la mort est LA séparation; toute séparation en participe
donc'

partir é morrer um pouco

parting is such sweet sorrow (Shakespeare)

PARTIR, C'EST MOURIR UN PEU, / C'est mourir à ce
qu'on aime: / On laisse un peu de soi-même / En toute
heure et dans tout lieu. (Edmond Haraucourt, *Poesias*
escolhidas, in Paulo Rónai, *DUC*, p. 731)

PARTIR É MORRER UM POUCO / Para tudo que se
adora; / Por toda parte, a toda hora, / Deixa-se a alma,
pouco a pouco. (Trad. de Guilherme de Almeida)

♦ C. Gagnière (*TOM*, p. 720) graceja: "Mourir, c'est
partir beaucoup." (Morrer é partir demais.)

♦ Há equivalentes em italiano: *partire è un po' morire* e
em espanhol: *partir es morir un poco.*

PAS *s.m.* passo; *step*

1 Ce n'est pas pour un mauvais PAS qu'on tue un
bœuf (rég., Savoie)

'il faut que la punition soit proportionnée à la faute'

porque um burro deu um coice não se lhe há de cortar a
  perna
uma passada má qualquer um a dá

every dog is allowed his first bite
one mad action is not enough to prove a man mad

⇒ Il ne faut pas renier son CUL pour un pet

2 Il n'y a que le premier PAS qui coûte (sXVIII)

'le plus difficile en toutes choses est de commencer'

a maior jornada começa por um passo
a maior jornada é o sair de casa
estrada de mil léguas começa por uma passada
o comer e o coçar é questão de começar
o mais difícil é começar
o mais difícil é o primeiro passo
todo começo é difícil

every beginning is hard
it is only the first step that counts
it is only the first step that is difficult
the first blow is half the battle
the first step is the hardest
the greatest step is that out of doors

Var. em G. de Maupassant:

LE PREMIER PAS SEUL COÛTAIT. Une fois le Ru-
bicon passé, on s'en donna carrément. Le panier fut
vidé. (*BS*, p. 27)

SÓ O PRIMEIRO PASSO É QUE CUSTAVA. Uma
vez transposto o Rubicão, ficaram à vontade. O cesto foi
esvaziado. (Trad. de Themistocles Linhares)

Alteração jocosa em San-Antonio:

Je rétrospecte pour bien me remettre dans l'œil les
dédales de la prison. Ça vous chiffonne que je crée le
verbe rétrospecter? Faut pas, mes pommes, faut pas! Ce
qui manque à notre langage ce sont par-dessus tout des
verbes. Le verbe c'est le ferment de la phrase, son sang,
son sens, sa démarche. Je vous engage tous (c'est aux
jeunes que je cause, pas aux vieux kroumirs plus moisis
que leurs manuels scolaires) à fabriquer du verbe (...).
Allons, les gars, verbaillons à qui mieux mieux et
refoulons les purpuristes sur l'île déserte des langues
mortes!
D'ailleurs ça vient tout doucettement, ma marotte du
néologisme. Un peu partout, on assiste à des naissances. Dans les films, dans les bouquins. Oh, c'est encore
timide, mais Y'A QUE LE PREMIER VERBE QUI
COÛTE. (*EÇT*, p. 128-129)

Eu retrospecto para guardar de memória os labirintos
da prisão. Chateia você que eu invente o verbo retros-
pectar? Deixe disso, cara, deixe disso! O que falta na
nossa língua são sobretudo verbos. O verbo é o fermento da frase, seu sangue, sentido e ritmo. Conclamo todos vocês (estou me dirigindo aos jovens, e não às velhas múmias mais mofadas que os manuais escolares) a
fabricarem verbos (...). Vamos, gente, discursilhemos o
mais que pudermos e confinemos os puropuristas na
ilha deserta das línguas mortas!
Aliás, ela chega na maciota, essa minha mania do
neologismo. Em toda a parte, ocorrem nascimentos.

Nos filmes, nos livros. O movimento ainda é tímido mas O MAIS DIFÍCIL É inventar O PRIMEIRO VERBO.

♦ Observação irônica da marquesa du Deffand ao ouvir contar que São Dionísio ['Denis'], depois de decapitado, andou longo trecho com a cabeça cortada na mão: "La distance n'y fait rien; *il n'y a que le premier pas qui coûte.*" (*Lettre à d'Alembert* [7 de julho de 1763].) (A distância não faz diferença; *só o primeiro passo é que custa.*)

♦ Cf. o latim *portam itineri dici longissimam esse* (diz-se que numa viagem o percurso mais longo é o da porta), consignado no *De re rustica* (1, 2, 2), de Varrão. Há correspondentes em italiano: *il peggior passo è quello dell'uscio* (ou ainda: *ogni principio è difficile*), em espanhol: *todos los comienzos son lentos* e em alemão: *aller Anfang ist schwer.*

⇒ Il n'y a que la première PINTE (de) chère

3 PAS à PAS on va bien loin (1568; sXIII: *petit à petit on va bien loing*)

'les plus grands nombres ne résultent jamais que d'une patiente addition d'unités'

a passo chegarás e a chouto cansarás
a passo e passo, anda-se por dia um bom pedaço
a passo e passo, caminha-se muito
devagar se vai ao longe
passinho a passinho se faz muito caminho
pouco a pouco se vai ao longe

fair and softly goes far
soft and fair goes far
soft pace goes far
step after step the ladder is ascended

♦ Há correspondentes em italiano: *piano piano, si va lontano* e em espanhol: *poco a poco, van a lejos; y corriendo, a mal lugar.*

PASSER *v.* passar; *to pass*

1 Ce qui EST PASSÉ ne peut revenir (sXVI)

c'est une des multiples formulations de l'irréversibilité fatale du temps

o passado, passado
o que lá vai lá vai
o que passou não volta
o que passou passou

past cannot be recalled
things past cannot be recalled

2 Tout PASSE, tout casse, tout lasse

= Tout LASSE, tout casse, tout passe

PASSION *s.f.* paixão; *passion*

Une PASSION chasse l'autre (1640)

= Un CLOU chasse l'autre

⇒ UN(E) de perdu(e), dix de retrouvé(e)s

PÂTE *s.f.* massa; *dough*

Il aura bien peu de PÂTE qui ne lui fera un levain (sXVI)

= Qui au soir ne laisse LEVAIN, jamais ne fera au matin lever pâte

⇒ Qui heureux veut manger prépare avant son BONHEUR

PATIENCE *s.f.* paciência; *patience*

1 La PATIENCE a des limites

'certaines circonstances extrêmes viennent à bout des caractères les plus endurants; lorsque le mal est patent, on n'a plus le droit de l'accepter'

paciência tem limite(s)

one must draw the line somewhere
there is a limit to one's patience

⇒ La PATIENCE poussée à bout se tourne en fureur

2 La PATIENCE est amère mais son fruit est doux

'la patience exige bien des sacrifices, mais on en retire ensuite bien des compensations'

a paciência é amarga mas seu fruto é doce

patience is sour but its fruits are sweet

♦ Por alusão à raiz da *Rumex patientia*, vulgarmente denominada "paciência".

3 La PATIENCE est un remède à tous les maux

'la patience vient à bout de tout'

a paciência abranda a dor
a paciência é brandura comum de todos os males (Jorge Ferreira de Vasconcelos)
a paciência é remédio para todos os males
a paciência é ungüento para todas as chagas
com paciência sofre-se menos (e ganha-se o céu)
paciência e sebo de grilo é bom para aquilo
ser paciente e esperar alivia muito pesar

no remedy but patience
patience is a plaster for all sores
patience is a remedy for every grief
patience is the remedy of the world

♦ Alusão à raiz da *Rumex patientia* (ver obs. no provérbio anterior).

♦ Cf. o latim medieval *dolori cuivis remedium patientia* (a paciência é remédio para toda dor). Diz-se em italiano: *d'ogni dolor rimedio è la pazienza.*

4 La PATIENCE poussée à bout se tourne en fureur

'provoquée, une nature douce peut devenir enragée'

P

a lua é calma e tem vulcões no seio
guarda-te da ira de um homem paciente
paciência levada ao extremo torna-se em ira

beware the fury of a patient man (Dryden)
patience provoked turns to fury
take heed of the vinegar of sweet wine

♦ Cf. Publílio Siro (*Sententiae*, F 13): *furor fit laesa saepius patientia* (a paciência, quando muito espicaçada, transforma-se em fúria). Diz-se em italiano: *pazienza irritata diventa furore*.

5 La PATIENCE vient à bout de tout

= PATIENCE et longueur de temps font plus que force ni que rage

Amplificado em C. Nodier:

– (...) Nous ne connoissons de fée à Greenock, au moins entre nous autres charpentiers, mon enfant, que L'INDUSTRIE ET LA PATIENCE AVEC LESQUELLES ON VIENT À BOUT DE TOUT, moyennant la grâce de Dieu, notre souverain maître. ("La Fée aux miettes", in *CF*, t. 1, p. 272)

– (...) Nós aqui em Greenock, meu filho, não conhecemos fada, pelo menos entre nós carpinteiros; conhecemos, sim, O EMPENHO E A PACIÊNCIA COM OS QUAIS TUDO SE CONSEGUE, mercê da graça de Deus, senhor supremo.

6 PATIENCE et longueur de temps font plus que force ni que rage (1668)

'le patient rongeur de la fable réussit à délivrer le lion furieux prisonnier d'un filet; telle est la chute de la fable de La Fontaine "Le Lion et le Rat" (*F*, II, xi)'

com paciência e perseverança tudo se alcança
com paciência tudo se arranja
com tempo e perseverança tudo se alcança
devagar e manso se desata qualquer enliço (Guimarães Rosa)
mais vale paciência pequenina do que arrancos de leão (Monteiro Lobato)
quem espera sempre alcança
tem paciência que o peixe aí vem

all things come to those who wait
patience, money and time bring all things to pass
patience, time and money accommodate all things
patient men win the day
the crutch of time does more than the club of Hercules

"Et ce n'est pas tout, lui dis-je. PATIENCE ET LONGUEUR DE TEMPS FONT PLUS QUE FORCE NI QUE RAGE. Pas un mot avant le dîner. Vous voulez parler de ça en faisant le gratin aux choux? (...)." (J. Giono, *RSD*, p. 225)

– E isso não é tudo – disse eu. – COM PACIÊNCIA E PERSEVERANÇA TUDO SE ALCANÇA. Nem uma pa-

lavra antes do jantar. Ou vai querer tratar disso enquanto faz o suflê de repolho?

⇒ Les BÉQUILLES du temps font plus que la massue d'Hercule

7 PATIENCE passe science (1568)

'la patience est plus précieuse que l'habileté et que le savoir; homophonie parfaite'

mais vale a paciência que o saber
paciência excede sapiência

patience is better than science
patience surpasses learning

♦ "Nos ancêtres disaient: diligence passe science, mais aucuns aujourd'hui disent: patience passe science" (H. Estienne, *Précellence du langage françois*, *apud* F. Suzzoni).

♦ Há equivalente em italiano: *pazienza acquista scienza*.

PATRIE adj. s.f. pátria; *homeland, fatherland*

Un honnête homme trouve sa PATRIE partout

= Le PAYS est là où l'on se peut vivre

PAUVRE adj. s.m. pobre; *poor person*

1 Au plus PAUVRE, la besace (1640)

'comme si ce n'était pas assez d'être pauvre, il faut en outre subir humiliation et infamie'

ao pobre até os cães ladram
ao pobre e ao nogal todos fazem mal
pobre nunca tem razão

the poor man pays for all
the poor suffer all the wrong

⇒ Toujours la MISÈRE tombe aux pauvres

2 Qui donne aux PAUVRES prête à Dieu

'la justice divine ne laissera aucun bienfait sans récompense; en faisant la charité, on devient le créancier de Dieu même'

ninguém empobrece por ter dado muito
quem dá aos pobres empresta a Deus

give and spend, and God will send
giving much to the poor does enrich a man's store
giving much to the poor does increase a man's store
he that has pity upon the poor, lends to the Lord
he who gives to the poor lends to the Lord
whatever is given to the poor is laid up in heaven

♦ A fonte é o *Livro dos Provérbios*, 19, 17.

⇒ Donner l'AUMÔNE n'appauvrit personne

PAUVRETÉ s.f. pobreza; *poverty*

1 En grande PAUVRETÉ ne gît pas grande loyauté (1461)

= La PAUVRETÉ est la mère des crimes

Excuse moy aucunement / Et saiche qu'EN GRANT POVRETÉ, / Ce mot se dit communement, / NE GIST PAS GRANDE LOYAUTÉ. (F. Villon, "Le testament", in *PFV*, p. 30)

Vem-me teu perdão conceder, / E sabe que EM GRAN-DE POBREZA / – Isto é comum ouvir dizer – / NÃO RESIDE GRANDE INTEIREZA. (Trad. de Péricles Eugênio da Silva Ramos)

2 La PAUVRETÉ est la mère des crimes

'la misère pousse aux méfaits et aux vices; à vrai dire, la richesse aussi...'

a pobreza é a mãe dos crimes
a pobreza é inimiga da virtude
nenhuma virtude resiste à pobreza

it is a hard task to be poor and leal ['honest']
poverty breeds strife
poverty is the mother of crime
poverty obstructs the road to virtue
there is no virtue that poverty destroys not

Si LA PAUVRETÉ EST LA MÈRE DES CRIMES, le défaut d'esprit en est le père. (La Bruyère, *C*, p. 267)

Se A POBREZA É A MÃE DOS CRIMES, a falta de inteligência é o pai. (Trad. de Luiz Fontoura)

♦ Diz-se em espanhol: *la pobreza atropella a la honra.*

⇒ BESOGNEUX n'a pas de loi

3 La PAUVRETÉ est mauvaise conseillère

= La PAUVRETÉ est la mère des crimes

4 PAUVRETÉ est compagne de paresse

'ceux que le travail rend allergiques n'ont guère de chances d'échapper à la pauvreté'

a preguiça caminha tão devagar que a pobreza em pouco
    a alcança
a preguiça é a chave da pobreza
a preguiça é a mãe da indigência
a preguiça morreu à sede, andando a nadar
preguiça, chave de pobreza
preguiça não lava a cabeça, e se a lava não a penteia
quem tem preguiça nas pernas ganha ferrugem nos
    dentes

idleness is the key of beggary
poverty is the reward of idleness
sloth is the key to poverty
sloth is the mother of poverty

⇒ Le PARESSEUX est frère du mendiant

5 PAUVRETÉ et maladie en vieillesse, c'est un magasin de tristesse

'lorsqu'aux maux de l'âge s'ajoutent l'indigence et la maladie, c'est une triste accumulation de malheurs en réserve'

a pobreza é um fardo, a velhice um hóspede inoportuno

poverty on an old man's back is a heavy burden

♦ Observa Cícero (*De senectute*, 5, 14): *duo quae maxima putantur onera, paupertatem et senectutem* (a velhice e a pobreza são tidas como os dois maiores fardos). Diz-se em italiano: *la povertà è un peso, la vecchiezza un ospite importuno.*

6 PAUVRETÉ n'est pas vice (1607)

'il est si peu honteux d'être pauvre, que l'indigence est souvent le prix de la probité'

pobreza não é crime
pobreza não é vileza

poverty is no crime
poverty is no sin

Au-dessus des tableaux, une frise de papier crème, sur laquelle se détachent en grosses lettres diverses inscriptions morales: "PAUVRETÉ N'EST PAS VICE." "*Il vaut mieux* SOUFFRIR **le mal que de le** FAIRE." "*L'oisiveté est la* MÈRE *de* TOUS LES VICES." "**Bonne renommée vaut** MIEUX **que ceinture dorée**." Au centre, au-dessus de la chaire: "*L'argent ne fait pas le bonheur*." (M. Pagnol, *T*, p. 9)

Acima desses mapas, um friso de papel no qual se destacam, em grandes caracteres, diversas inscrições de moral: "POBREZA NÃO É VÍCIO." "*É melhor* PADECER *o mal do que* PRATICÁ-lo." "A ociosidade é a MÃE de TODOS OS VÍCIOS." "**Boa fama vale** MAIS **do que coroa de ouro**." No centro, acima da cadeira do professor: "*O dinheiro não faz a felicidade*." (Trad. de Luís de Lima)

♦ Título de uma comédia de Alexandre Ostrovski (1854), um dos criadores da arte dramática russa.

♦ Há equivalente em italiano: *povertà non è vizio*. Diz-se em espanhol: *pobreza no es vileza, mas deslustra la nobleza.*

7 Quand la PAUVRETÉ entre par la porte, l'amour s'en va par la fenêtre (1828)

'il est faux que l'amour ne vive que de pain et d'eau fraîche; les soucis matériels ruinent le couple le plus amoureux'

amor sem vintém não governa ninguém
pobreza nunca em amores fez bom feito
quando a pobreza bate à porta, o amor sai pela janela

haste makes waste, and waste makes want, and want makes
    strife between the goodman and his wife
love lasts as long as money endures
toom ['empty'] *pokes* ['bag, sack'] *will strive*
want makes strife 'twixt man and wife
when poverty comes in at the door, love flies out of the window

P

when poverty comes in at (the) doors, love leaps out at (the) windows

⇒ L'AMOUR et la pauvreté font ensemble mauvais ménage

PAVILLON *s.m.* pavilhão, bandeira; *flag*

Le PAVILLON couvre la marchandise

'les pavillons de complaisance dissimulent souvent des trafics malhonnêtes; un bel emballage cache souvent une méchante marchandise'

a bandeira protege a mercadoria

the flag protects the cargo

PAYEUR *s.m.* pagador; *payer*

Le bon PAYEUR est de bourse d'autrui seigneur (1607)

'qui paie ses dettes augmente son crédit'

o bom pagador da bolsa alheia é senhor
o bom pagador é herdeiro no alheio
quem não deve não teme

a good payer is master of another's purse
out of debt, out of danger

♦ Há provérbios paralelos em italiano: *buon pagatore, dell'altrui borsa è signore* e em espanhol: *el buen pagador es señor de lo ajeno.*

⇒ Qui paie ses DETTES s'enrichit

PAYS *s.m.* país, terra, pátria; *country, motherland*

1 Bon PAYS, mauvais chemin (1568)

'les lieux séduisants et hospitaliers exercent une forte attirance; la fréquentation excessive qui s'ensuit les détériore; phénomène observable dans le domaine du tourisme ou de l'immigration'

boas terras, maus caminhos

ill for the rider, good for the abider
there is good land where there is foul way

⇒ Bonnes TERRES, mauvais chemins

2 Chaque PAYS, chaque coutume

'lois, mœurs, traditions changent avec les climats et les latitudes'

cada terra com seu costume
cada terra com seu uso, cada preta com seu luso(, cada furo com seu parafuso)
cada terra com seu uso, cada roca com seu fuso

so many countries, so many customs

♦ Idéia expressa no provérbio grego νόμος καὶ χώρα – com o equivalente latino *lex et regio*, consignado por

Erasmo nos *Adagia*. Há correspondentes em italiano: *tanti paesi, tanti costumi*, em espanhol: *en cada tierra, su uso* e em alemão: *so manches Land, so manche Sitte.*

3 En tout PAYS il y a une lieue de mauvais chemin

'dans toute entreprise il y a un moment difficile'

cá e lá más fadas há (Camões)
em toda a parte há pedras na estrada
em toda a parte há um pedaço de mau caminho
não há caminho tão plano que não tenha algum barranco

every path has a puddle
there is no door without a puddle
wherever a man dwell, he shall be sure to have a thorn-bush near his door

♦ Há provérbio paralelo em espanhol: *a cada parte hay tres leguas de mal camino.*

⇒ Chacun sa BESACE

4 Le PAYS est là où l'on se peut vivre (sXV)

'tel est le sage Citoyen du Monde qu'ont idéalisé les Anciens (les Stoïciens); le cosmopolitisme était inhérent à la Sagesse; on doute que le mondialisme le soit'

a minha terra é onde me vai bem
ao bom varão, terras alheias pátria são
é minha pátria onde me dou bem

a man's country is where he does well
home is where the heart is
where it is well with me, there is my country

Citado em italiano por V. Larbaud:

Oh, j'ai besoin de voir des cyprès sur des collines! *TUTTO IL MONDO È PAESE*; mais la Toscane est le pays de mon amour. Comment fait-on pour vivre ailleurs? (AOB, p. 324)

Oh! Sinto a necessidade de ver ciprestes nas colinas! *TUTTO IL MONDO È PAESE*; mas a Toscana é minha terra de eleição. Como viver em outro lugar?

♦ Verso de Pacúvio citado por Cícero (*Tusculanae disputationes*, 5, 37, 108): *patria est ubicumque est bene* (a pátria é qualquer lugar em que se esteja bem) e retomado por Sêneca (*De remediis fortuitorum*, 3, 28): *patria mea totus hic mundus est* (todo este mundo é minha terra). O verso de Pacúvio é a tradução do provérbio grego πατρὶς γάρ ἐστι πᾶσ' ἵν' ἂν πράττῃ τις εὖ, registrado por Aristófanes (*Pluto*, 1.151). Há correspondentes em italiano: *la patria è dove si ha del bene* (ou ainda: *tutto il mondo è paese*) e em espanhol: *donde se está bien, allí está la patria.*

⇒ Un honnête homme trouve sa PATRIE partout

5 Si tu arrives au PAYS des culs-de-jatte, traîne-toi par terre

= Il faut vivre à ROME comme à ROME

Aux Antilles, notre science est plus noble et s'appuie davantage sur les forces que sur les choses. Mais enfin, comme me le recommandait Man Yaya: "SI TU ARRIVES AU PAYS DES CULS-DE-JATTE, TRAÎNE-TOI PAR TERRE!" (M. Condé, *MTS*, p. 89)

Nas Antilhas, nossa ciência é mais nobre e se apóia antes nas forças que nas coisas. Mas, enfim, como me recomendava Man Yaya: "EM TERRA DE SAPOS, DE CÓCORAS COMO ELES". (Trad. de Angela Melim)

⇒ À ROME comme à ROME

PEAU *s.f.* pele; *skin*

1 En la PEAU où le loup est, il y meurt (sXVI; sXIII: *en tel pel comme li lous vait en tel le convient mourir*)

= Le LOUP mourra dans/en sa peau

2 En sa PEAU mourra le renard (1752)

= Le LOUP mourra dans/en sa peau

⇒ Toute la PLUIE n'enlève pas la force d'un piment

3 Il faut coudre la PEAU du renard avec celle du lion (1752)

'il faut savoir allier force à ruse'

a raposa faz o que o leão não consegue
consegue a raposa o que o leão não alcança
se não chegar a pele do leão, acrescenta-lhe a da raposa

if the lion's skin cannot, the fox's shall

♦ Consigna Erasmo nos *Adagia*: *si leonina pellis non satis est, vulpina addenda* (se a pele do leão não for suficiente, acrescente a da raposa).

⇒ Mieux vaut RUSE que force

4 Il ne faut pas vendre la PEAU de l'ours avant de l'avoir tué (sXVI; sXV: *il ne faut marchander la peau de l'ours avant que la bête soit prise et morte*)

'il ne faut pas disposer d'une chose avant de la posséder'

antes de se matar a onça, não se faz negócio com o couro
mata o urso antes de lhe venderes a pele
não se deve vender a pele do lobo antes de o matar

do not sell the bear's skin before you have caught the bear
do not sell the lion's skin before you have caught the lion

Ocorre também abreviadamente:

Il passa une heure à écrire le devis de la dépense de son salon. Il sentait qu'il faisait l'enfant, mais n'en écrivait qu'avec plus de rapidité et de sérieux. Cette besogne terminée et l'addition vérifiée, qui portait à 57.350 fr. la dépense de la salle à établir en élevant le toit de sa chambre à coucher, – si ce n'est pas là VENDRE LA PEAU DE L'OURS, se dit Octave en riant, jamais on n'eut ce ridicule... (Stendhal, *A*, p. 26-27)

Passou uma hora escrevendo o orçamento da despesa

de seu salão. Sentia que se comportava como criança mas nem por isso deixava de escrever depressa e com afinco. Terminado o trabalho e verificada a conta, chegava a 57.350 francos a despesa a fixar para a sala com a elevação do teto de seu quarto de dormir. Se eu não me pusesse a SOLTAR FOGUETES ANTES DO TEMPO, nunca chegaria a tal ridículo, disse Octave rindo...

Var. em H. Taine:

Un peu plus loin viennent les fournisseurs "pressés d'argent, qui VENDENT LA PEAU DE L'OURS SANS L'AVOIR MIS PAR TERRE." (*LF*, p. 146)

Mais adiante aparecem os fornecedores "sequiosos de dinheiro, que VENDEM A PELE DO URSO ANTES DE TÊ-LO ABATIDO".

♦ Cf. a fábula "Os Viajantes e o Urso", de Esopo, cuja idéia é aproveitada por La Fontaine em "L'Ours et les deux Compagnons": "– Il m'a dit qu'il ne faut jamais / Vendre la peau de l'Ours qu'on ne l'ait mis par terre." (*F*, V, xx, 37-38) (– O que me disse? Eu já te falo: / – sem prudência e sem sentido / vender a pele do urso antes de liqüidá-lo... – Trad. de Milton Amado e Eugênio Amado)

♦ Diz-se em italiano: *non si vende la pelle prima che s'ammazzi l'orso*.

⇒ Il ne faut pas préparer la POÊLE avant d'avoir le poisson

5 Il n'y a jamais PEAU de lion à bon marché (1651)

'bas prix cache douteuse affaire car tout article rare est nécessairement cher'

mercadoria barata roubo é da bolsa
mercadoria boa e barata alguma malícia tem, roubo é da bolsa

a lion's skin is never cheap

6 La PEAU est plus proche que la chemise (1842)

= La CHEMISE est plus proche que le pourpoint

7 Sur la PEAU d'une brebis*, on écrit ce que l'on veut (1828)

* *Peau d'une brebis* = 'parchemin'.

= Le PAPIER souffre tout (et ne rougit de rien)

8 Vieille PEL* ne peut tenir couture (sXIII)

* *Pel*, do lat. *pellis*, é a forma antiga (documentada em 1080) de *peau*.

'les maux de la vieillesse s'attaquent de préférence aux points faibles de l'individu'

pano velho não agüenta costura

an old sack asks much patching

PÉCHÉ *s.m.* pecado; *sin*

P

1   À tout PÉCHÉ miséricorde (sXIII)

'il faut savoir pardonner à qui se repent'

não há pecado que não mereça perdão
não há pecado sem perdão
o perdão é divino
todo pecado merece perdão

every fault needs pardon
every sin can be forgiven
there is mercy for everything

Il prétend que les auteurs des mémoires que vous avez vus se sont plus attachés à lui rendre de mauvais offices qu'à dire la vérité. Cela peut être, repartit l'archevêque. Il y a dans le monde des esprits bien dangereux. D'ailleurs, je veux que sa conduite n'ait pas toujours été irréprochable: il peut s'en être repenti, et enfin, À TOUT PÉCHÉ MISÉRICORDE. Amène-moi ce licencié; je lève l'interdiction. (Lesage, *GB*, p. 328)

Ele pretende que os autores de memórias que vistes empenharam-se mais em prejudicá-lo do que em dizer a verdade. Pode ser, retomou o bispo. Há neste mundo mentes muito perigosas. Aliás, admito que sua conduta nem sempre tenha sido irrepreensível: talvez ele se tenha arrependido, e, afinal, NÃO HÁ PECADO SEM PERDÃO. Traga-me esse diplomado, que eu suspenda a interdição.

— Non, père, je suis vaincu, je suis la honte de la famille!
— À TOUT PÉCHÉ MISÉRICORDE, dit Mangeclous. C'est donc moi qui vais répondre. (A. Cohen, *V*, p. 124)

— Não, pai, estou vencido, sou a vergonha da família!
— O PERDÃO NÃO PODE SER NEGADO — disse Engole-Pregos. — Portanto, sou eu quem vai responder. (Trad. de Waltensir Dutra)

2   Le pardonner aisément fait retomber dans le PÉCHÉ

= Le PARDON léger fait recommencer en péché

3   On ne doit pas avoir d'un PÉCHÉ deux pénitences

'on ne peut être puni deux fois pour la même faute'

um corpo não padece duas penas
um pecado, uma penitência

like fault, like punishment

♦ Em latim: *non bis in idem*.

4   PÉCHÉ avoué est à moitié pardonné

'il en coûte tant à l'orgueil d'avouer une faute que cette souffrance est déjà une expiation'

a culpa que se confessa com lágrimas de arrependimento começa a ser virtude (Camilo Castelo Branco)
o arrependimento lava a culpa

pecado confessado é meio perdoado
quem confessa merece perdão
quem diz a verdade não merece castigo

a fault confessed is half dressed
a fault confessed is half redressed

♦ C. Gagnière (*TOM*, p. 817) altera jocosamente o provérbio: "Péché avoué ne profite jamais." (Pecado confessado não traz proveito.)

♦ Sentença de cunho claramente cristão, documentada em latim medieval: *ubi est confessio, ibi est remissio* (onde há confissão, aí há perdão). Há equivalente em italiano: *peccato confessato è mezzo perdonato*.

≠ PÉCHÉ CACHÉ EST À DEMI PARDONNÉ

⇒ FAUTE avouée est à moitié pardonnée

5   PÉCHÉ caché est à demi pardonné (sXV: *péché celé est à demi-pardonné*)

'moindre le mal quand la publicité en a été évitée, pire lorsque s'y ajoute le scandale'

pecado escondido é meio perdoado

sin that is hidden is half-forgiven

♦ Diz-se em espanhol: *pecado callado, medio perdonado*.

≠ PÉCHÉ AVOUÉ EST À MOITIÉ PARDONNÉ

6   Que celui qui est sans PÉCHÉ lui jette la première pierre (sXVII)

parole de Jésus aux Pharisiens qui voulaient lapider une femme adultère, comme le prescrivait la loi de Moïse: il les renvoie à leur propre condition pécheresse

aquele que dentre vós estiver sem pecado seja o primeiro que lhe atire pedra
mete a mão em teu seio, não dirás do fado alheio
ninguém aponte faltas alheias com o dedo sujo
quem se sentir sem culpa atire a primeira pedra

he that is without sin among you, let him first cast a stone at her

♦ A fonte é João 8, 7.

7   Qui fait le PÉCHÉ attend la pénitence

'quiconque commet une faute a conscience qu'il devra en subir la punition'

o castigo segue a culpa

every sin brings its punishment with it

⇒ Qui fait la FAUTE la boit

PÊCHE   *s.f.* pêssego; *peach*

La PÊCHE aime le vin

principe de bon goût: il est de fait que la saveur de la pêche s'allie bien avec celle du vin

com pêssego vinho bebas

the peach will have wine and the fig water

⇒ Après la FIGUE, un verre d'eau; après le melon, un verre de vin

PÊCHER   *v.t.* pescar; *to fish*

Toujours PÊCHE qui en prend un (sXV)

'quel que soit le profit que l'on en retire, toute activité a sa noblesse'

quem pesca um peixe pescador é

still he fishes that catches one

PÊCHEUR   *s.m.* pescador; *fisherman*

À grand PÊCHEUR échappe l'anguille (1495)

'le moment vient toujours où l'on atteint son seuil de compétence'

ao melhor galgo escapa a lebre
ao melhor letrado cai a pena
às vezes até o bom Homero cochila

(even) Homer sometimes nods
however good a horse may be, it sometimes stumbles

♦ Diz-se em espanhol: *al mejor cazador se le va la liebre.*

PEINE   *s.f.* pena, tristeza, esforço, dificuldade, trabalho; *sorrow, effort, trouble, difficulty, work*

1   À toute PEINE est dû salaire (1842)

= Toute PEINE mérite salaire

⇒ Toute PEINE est digne de loyer

2   Celui qui commence et ne parfait sa PEINE perd (sXIII)

'il est vain d'entreprendre si l'on ne poursuit pas jusqu'au terme'

quem começa com decisão tem meio caminho andado

be sure you are right, then go ahead
what is worth doing at all, is worth doing well

3   Douce est la PEINE qui amène après tourment contentement (sXVI)

'lorsque paix et soulagement font suite à un malheur, celui-ci s'en trouve rétrospectivement adouci'

o que é duro de passar é bom de lembrar
o que é duro de passar é doce de lembrar
o que é ruim de passar é bom de lembrar

the remembrance of past sorrow is joyful

⇒ Ce qui est GRIEF à supporter est, après, doux à raconter

4   Les PEINES légères se racontent, les grandes se taisent

= Les grandes DOULEURS sont muettes

5   Les PEINES sont bonnes avec le pain (rég., Auvergne)

'elles sont plus lourdes lorsque l'on est dans l'indigence; car le bien-être aide à endurer les malheurs'

dores com pão são menores
penas com pão meias penas são
rixas com pão são menores

all griefs with bread are less
all sorrows are less with bread
fat sorrow is better than lean sorrow

♦ Diz-se em espanhol: *los duelos, con pan son menos.*

⇒ Faute d'ARGENT, c'est douleur non pareille

6   Toute PEINE est digne de loyer (sXVI)

= Toute PEINE mérite salaire

TOUTE PEINE, dit-on, EST DIGNE DE LOYER. / Vois cet homme qui passe; il a de quoi payer. / Adresse-lui tes dons, ils auront leur salaire. (La Fontaine, *F*, XII, xxii, 5-7)

TODO TRABALHO FAZ JUSTIÇA A PAGAMENTO. / Olha quem se aproxima: é um homem opulento. / Dirige-lhe teus dons; terás teu galardão. (Trad. de Milton Amado e Eugênio Amado)

7   Toute PEINE mérite salaire (a1419: *toutes peines méritent salaire*)

'nul effort ne doit demeurer sans récompense'

tal trabalhito, tal tratito
todo trabalho merece paga

no work without pay
service without reward is punishment

♦ Cf. o latim *omnis labor optat praemium* (todo trabalho espera recompensa). Diz-se em italiano: *ogni fatica merita ricompensa.*

⇒ Tout TRAVAIL mérite salaire

PÈLERIN   *s.m.* peregrino; *pilgrim*

PÈLERIN qui chante larron épouvante (1531)

= Tel CHANTE qui ne rit pas

PELLE   *s.f.* pá; *shovel*

La PELLE se moque du fourgon (1640; 1588: *le fourgon se mocque de la paelle*)

= C'est la POÊLE qui se gausse du chaudron

Il est bien plus aysé d'accuser un sexe que d'excuser

P

l'aultre: c'est ce qu'on dict, "LE FOURGON SE MOCQUE DE LA PAELLE." (Montaigne, *E*, t. III, p. 164)

Muito mais fácil é acusar um sexo que escusar o outro. É como diz o adágio: "RI-SE O ROTO DO ESFARRAPADO." (Trad. de J. M. de Toledo Malta)

PENDARD *s.m.* velhaco, sem-vergonha; *rogue, scoundrel*

Dépends un PENDARD, il te pendra (1568)

'dans la brutalité de la nature, l'homme n'est qu'ingratitude'

fazer o bem sem saber a quem (seus) perigos tem quanto se faz ao vilão, tudo é maldição

save a thief from the gallows and he will cut your throat
save a thief from the gallows and he will never love you

- ◆ Diz-se em italiano: *dispicca l'impiccato, impiccherà poi te.*
- ⇒ Baillez à un VILAIN une serviette, il en fera des étrivières

PENSÉE *s.f.* pensamento; *thought*

1 Les PENSÉES ne paient point de péage

'la liberté intérieure est hors de prise du politique; éternel tourment des politiciens, qu'ils soient tyrans ou démocrates'

pensar não paga imposto

thought is free
thoughts are free from toll

- ◆ Cf. Cícero (*Pro Milone*, 29, 79): *liberae enim sunt cogitationes nostrae* (de fato nossos pensamentos são livres) e sobretudo Ulpiano (*Digesta*, 48, 19, 18): *cogitationis poenam nemo patitur* (ninguém pode ser punido por seus pensamentos). Há correspondentes em italiano: *i pensieri non pagano gabelle* e em espanhol: *el pensar no tiene alcabala.*

2 Les secondes PENSÉES sont les meilleures

'il est prudent de laisser mûrir les idées'

os segundos pensamentos são sempre os melhores

second afterwits are best
second thoughts are best
second thoughts are ever wiser

- ◆ Cf. Eurípides (*Hipólito*, 435-436): κἂν βροτοῖς / αἱ δεύτεραί πως φροντίδες σοφώτεραι (também entre os mortais os segundos pensamentos são os mais sábios). Cf. ainda Cícero (*Philippicae*, 12, 2, 5): *posteriores enim cogitationes, ut aiunt, sapientiores solent esse* (diz-se que os pensamentos que vêm depois costumam ser mais sábios). Há provérbio paralelo em italiano: *i secondi pensieri sono i migliori.*

- ⇒ Mal PENSE qui ne repense

PENSER *v.i.* pensar; *to think*

1 Mal PENSE qui ne repense (1557)

'la pensée exige un temps de maturation; la méditation, pour être féconde, doit être obsessionnelle'

mal pensa quem não repensa

he thinks not well, that thinks not again

- ◆ Consignada no século XVI (1557, *Adages françois*), a expressão – que se tornou proverbial – é atribuída ao rei João II, o Bom.
- ◆ Há provérbio paralelo em espanhol: *quien se detiene a pensar no quiere errar.*
- ⇒ Les secondes PENSÉES sont les meilleures

2 PENSE beaucoup, parle peu, écris moins

'la prudence veut que l'on censure sévèrement son expression, orale et plus encore écrite; mais cette surveillance ne doit pas nous éloigner de la réflexion critique'

pensa muito, fala pouco, escreve menos

think much, speak little, and write less

- ◆ Há equivalentes em italiano: *pensa molto, parla poco e scrivi meno*, em espanhol: *piensa mucho, habla poco y escribe menos* e em alemão: *denke viel, rede wenig und schreib' noch weniger.*

PERDRE *v.t.* perder; *to lose*

Ce que l'un PERD l'autre reçoit (sXV)

= NUL ne perd qu'autrui ne gagne

PÈRE *s.m.* pai; *father*

1 À PÈRE amasseur, fils gaspilleur (1611)

= À PÈRE avare, fils prodigue

2 À PÈRE avare, fils prodigue

'ayant eu à en pâtir, le fils prend le contre-pied des défauts de son père'

a pai avarento, filho pródigo
a pai avaro, filho pródigo
a pai guardador, filho gastador
depois de um bom poupador, um bom gastador
filho de avarento sai pródigo
o pai guarda, o filho bota fora, o neto pede esmola (aprox.)

a miserly father makes a lavish son
after a thrifty father a prodigal son
if a man is a miser, he will certainly have a prodigal son

À PÈRE AVARE, dit-on, FILS PRODIGUE; à parents économes, enfant dépensier. Ainsi le veut la Providence, que cependant tout le monde admire. (A. de Musset, *N*, p. 3)

A PAI AVARO, FILHO PRÓDIGO, conforme se diz; a pais poupadores, filho gastador. Assim o quer a Providência, que no entanto é admirada por todos.

Var. em A. France:

À PÈRE AVARE ENFANT PRODIGUE. Le règne de Louis XI avait été un temps de vie intéressée et mesquine. (*GL*, p. 11)

PAI AVARENTO, FILHO GASTADOR. O reinado de Luís XI fora uma época de gente interesseira e mesquinha.

♦ Há equivalentes em italiano: *a padre avaro, figliuol prodigo*, em espanhol: *a padre guardador, hijo gastador* e em alemão: *der Vater ein Sparer, der Sohn ein Vergeuder.*

≠ TEL PÈRE, TEL FILS

⇒ Ce que CHICHE épargne, large le dépense

3 Il veut montrer à son PÈRE à faire des enfants (sXVII)

'niaise jeunesse, qui croit que chacune de ses découvertes est une révélation pour l'humanité, et qu'elle peut en remontrer à ses aînés'

a boi velho não busques abrigo
a boi velho não cates abrigo
quer ensinar o padre a rezar missa
quer ensinar (o) padre-nosso ao vigário
só tolo pensa ensinar o padre-nosso ao vigário

he wants to teach his father to get children
he wants to teach his grandmother to suck eggs

⇒ Au POISSON à nager ne montre

4 Les PÈRES ont mangé des raisins verts, et les dents des enfants en ont été agacées

'les enfants endurent les conséquences des erreurs de leurs parents'

pais comem as uvas verdes e filhos sentem o azedo

the fathers have eaten sour grapes and the children's teeth are set on edge
the sins of the fathers are visited upon their children

♦ Cf. *Ezequiel*, 18, 2 e *Jeremias*, 31, 29-30: *patres comederunt uvam acerbam et dentes filiorum obstupescunt* (os pais comeram uvas verdes, e os dentes dos filhos se embotaram).

5 On ne peut pas contenter tout le monde et son PÈRE (sXVII)

'jadis, si l'on attendait, pour agir, l'approbation de tous, on finissait par ne plus savoir à quel saint se vouer, tant il y avait d'opinions diverses et contraires; aujourd'hui, l'embarras du Meunier (La Fontaine, *F*, III, i) n'aurait plus lieu d'être: la pensée est unique et l'opinion consensuelle'

ainda está para nascer o que agrada a todos
não há banquete, por mais rico, em que alguém não jante mal
não sabe governar quem todos quer contentar (aprox.)
não se pode agradar a gregos e troianos
não se pode agradar a todos
não se pode ser moeda de vinte patacas para agradar a todos
ninguém é moeda de vinte patacas para agradar a todos
quem faz (a) casa na praça, uns dizem que (ela) é alta, outros que (ela) é baixa

a house built by the wayside is either too high or too low
he that all men will please shall never find ease
he that would please all and himself too, undertakes what he cannot do
it is hard to please all parties
not God above gets all men's love
one cannot please all the world and his wife
there is no great banquet, but some fare ill
you can't please everyone

Var. em Willy & Colette:

La couronne maintenant: Ah! qu'elle me va bien! Une petite Ophélie toute jeunette, avec des yeux cernés si drôlement!... Oui, on me disait, quand j'étais petite, que j'avais des yeux de grande personne; plus tard, c'étaient des yeux "pas convenables"; ON NE PEUT PAS CONTENTER TOUT LE MONDE ET SOI-MÊME. J'aime mieux me contenter d'abord... (*CE*, p. 221)

Agora, a coroa. Ah! Como me assenta bem! Uma Ofélia bem jovenzinha e com olheiras tão profundas!... Já me diziam, quando pequena, que eu tinha olhos de gente grande; anos depois, eram olhos "inconvenientes"; NÃO SE PODE AGRADAR A GREGOS E TROIANOS. Prefiro agradar primeiro a mim mesma...

♦ "L'expression est dans La Fontaine, et sa notoriété vient sans aucun doute de la fable *Le Meunier, son Fils et l'Âne* (Parbleu, dit le meunier, est bien fou du cerveau / Qui prétend contenter...). Mais la formulation devait être antérieure et déjà figée, (...)." (A. Rey & S. Chantreau)

♦ A fonte é um pensamento de Sólon citado por Plutarco: Ἔργμασι ἐν μεγάλοις πᾶσιν ἁδεῖν χαλεπόν (em assuntos importantes é muito difícil agradar a todos). Lê-se nos *Adagia* de Erasmo: *ne Iupiter quidem omnibus placet* (nem sequer Júpiter agrada a todos). O provérbio tem correspondentes em italiano: *nessuno può piacere a tutti*, em espanhol: *el sañudo este don no puede tener, que a Dios y a los hombres quiera complacer* e em alemão: *allen Leuten recht getan, ist eine Kunst, die niemand kann.*

⇒ On ne peut complaire à TOUS

6 Tel PÈRE, tel fils

'l'autorité et l'hérédité font les fils à l'image de leur père'

P

cara de um, focinho do outro
filho de arisco nasce matreiro
filho de burro não pode ser cavalo
filho de burro pode ser lindo mas um dia dá coice
filho de gata ratos mata
filho de gato caça rato
filho de gato gosta de rato
filho de gato mata rato
filho de onça já nasce pintado
filho de peixe peixinho é
filho de peixe sabe nadar
filho de rato foge para o palheiro
filho de tigre é pintado
filho de tigre já sai malhado
tal pai, tal filho

like cow, like calf
like father, like son
like hen, like chicken
like mother, like daughter
such a father, such a son
the litter is like to the sire and dam

Que serait-il, cet inconnu affligé du sang de ma mère et menacé par le proverbe TEL PÈRE, TEL FILS? (H. Bazin, *MPC*, p. 303)

O que se tornaria ele, esse desconhecido contaminado pelo sangue de minha mãe e ameaçado pelo provérbio TAL PAI, TAL FILHO?

◆ Diz-se em espanhol: *de tal palo, tal astilla*.

≠ À PÈRE AVARE, FILS PRODIGUE

⇒ Il ne fut une PIE qui ne ressemblât de la queue à sa mère

PERFECTION *s.f.* perfeição; *perfection*

La PERFECTION n'est pas de ce monde

= Personne/Nul n'est PARFAIT

Le lyrisme de l'oiseau qui chante et précipite la beauté de la matinée nous épuise: LA PERFECTION N'EST PAS DE CE MONDE même quand nous la rencontrons. (V. Leduc, *TI*, p. 128)

O lirismo do pássaro que canta e desperta a beleza da manhã nos exaure: A PERFEIÇÃO NÃO É DESTE MUNDO, mesmo quando a encontramos.

PÉRIL *s.m.* perigo; *danger*

1 **À vaincre sans PÉRIL, on triomphe sans gloire** (1636)

'on n'a pas lieu de s'enorgueillir d'une victoire trop facile'

nas coisas árduas cresce a glória dos homens (Jorge Ferreira de Vasconcelos)
sem perigo não se faz façanha

the more danger, the more honour

Ensuite, que risque-t-il? Veulent-ils sournoisement qu'il interrompe le cours de ses exploits? À VAINCRE SANS PÉRIL, ON TRIOMPHE SANS GLOIRE. De plus, je déteste marmonner l'*Ave*, le *Crédo*, et surtout l'acte de contrition. (J.-E. Hallier, *PDR*, p. 100-101)

Em seguida, o que arrisca ele? Querem sorrateiramente que ele interrompa suas proezas? VENCER SEM PERIGO É TRIUNFAR SEM GLÓRIA. Além disso, detesto engrolar a ave-maria, o credo, e sobretudo o ato de contrição.

◆ Verso de Corneille (*Le Cid*, 434) que se tornou proverbial.

2 **PÉRIL passé, promesses oubliées** (1842)

= DANGER passé, saint moqué

◆ Diz-se em espanhol: *rogar al santo, hasta pasar el tranco* ['salto grande'].

3 **Tout ce qui est en PÉRIL n'est pas perdu** (sXIII: *il n'est pas perdu quanques au péril gist*)

'aussi longtemps que l'issue d'un combat n'est pas irréversiblement tranchée, il ne faut pas désespérer d'échapper à toutes ses conséquences'

nem tudo que está em perigo está perdido

all is not lost, that is in danger

⇒ Toujours ne sont DIABLES à l'huis

PERLE *s.f.* pérola; *pearl*

Ne jetez pas vos PERLES aux pourceaux (sXVI: *il ne faut pas semer les margarites aux pourceaux*)

'il ne faut pas faire à quelqu'un une faveur dont il est incapable d'apprécier la valeur'

é semear na areia o cantar a um surdo
não deites pérolas a porcos

cast not pearls before swine
it's no use throwing pearls before swine
throw not pearls to swine

◆ A fonte é Mateus 7, 6.

◆ "O anexim vem do fabulário antigo onde se conta que um *galo* achou no esterquilínio uma pérola, quisera antes um grão de milho, *votior cui multo est cibus* (Fedro, III, 12).
(...)
Temos, porém, outra variante; já não é o galo de Fedro mas um porco, o personagem novo.
Este foi tomado da Bíblia, lá onde diz Salomão com o mesmo desdém do fabulista que a formosura nas mulheres loucas é como argola de ouro em focinho de porco – *circulus aureus in naribus suis*.
O anexim resultou conseguintemente de duas

sentenças – pérola aos *galos* e anel em *porco* – ou, por uma álgebra fácil – *pérola aos porcos*." (João Ribeiro, *FF*, p. 75-76)

⇒ Mieux aime TRUIE bran que rose

PERRUQUE *s.f.* peruca; *wig*

Maître André, faites des PERRUQUES!

= CORDONNIER, mêle-toi/mêlez-vous de ta/votre pantoufle!

Joaquim Manuel de Macedo lembrou-se deste provérbio francês no romance *Memórias da Rua do Ouvidor* (p. 168-169):

As desilusões políticas, o desgosto profundo que lhe causou ao ver que alguns dos liberais e republicanos, em quem muito confiara, tinham quase de súbito desertado para os arraiais conservadores, levaram o Passos a pensar mais seriamente nos cuidados que exigiam as suas erisipelas, a fechar a loja e a vender a casa a M. Décap.
E ainda bem que ninguém pôde dizer ao velho Passos:
– FAITES DES PERRUQUES.

♦ Segundo M. Maloux, o provérbio se teria originado do seguinte fato: "Un perruquier de Langres, Charles André, dit Maître André, s'avisa de faire une tragédie en cinq actes et en vers, ayant pour titre: *le Tremblement de terre de Lisbonne*. En 1670, il envoya sa pièce à Voltaire, avec une épître dans laquelle il l'appelait: 'Mon cher confrère'. Voltaire lui répondit par une lettre de quatre pages ne renfermant que ces mots, cent fois répétés: '*Maître André, faites des perruques.*'"

PETIT-POIS *s.m.* ervilha; *(garden) pea*

Il faut manger les PETITS-POIS avec les riches et les cerises avec les pauvres

'il faut, en société, s'adapter à la compagnie'

com teu amo não jogues as peras, porque ele come as maduras e deixa-te as verdes
favas das mais caras, cerejas das mais baratas

eat peas with the king, and cherries with the beggar
he that eats cherries with noblemen shall have his eyes spirted out with stones

⇒ Qui avec son SEIGNEUR mange poires, il ne choisit pas les meilleures

PEUR *s.f.* medo; *fear*

1 La PEUR a bon pas (1789)

= La PEUR donne des ailes

2 La PEUR donne des ailes

'sous l'empire de la peur, tous les processus s'accélèrent'

não há asas mais leves que as do medo
o medo dá asas

fear gives wings

♦ Imagem de Virgílio (*Aeneis*, 8, 224): *pedibus timor addidit alas* (o medo deu asas aos pés). Há correspondentes em italiano: *la paura fa i passi lunghi* e em alemão: *Furcht macht Beine*.

3 La PEUR garde la vigne

'la peur des conséquences inspire bien des comportements vertueux (le proverbe est souvent utilisé à propos de la vertu des femmes)'

o medo guarda a vinha

fear keeps and looks to the vineyard(, and not the owner)
fear keeps the garden better than the gardener

4 La PEUR grossit les objets

'la peur stimule l'imagination et la mythomanie'

ao medo sobejam olhos
o medo aumenta o perigo
o medo é do tamanho que se quer
o temor sempre suspeita o pior

fear has magnifying eyes
foolish fear doubles danger

♦ Há correspondentes em italiano: *la paura ingrossa il pericolo* e em espanhol: *el miedo abulta las cosas*.

PIE *s.f.* (*Pica pica*) pega; *magpie*

Il ne fut une PIE qui ne ressemblât de la queue à sa mère (1585)

= Tel PÈRE, tel fils

⇒ Qui naît de POULE aime à gratter

P

PIED *s.m.* pé; *foot*

1 Ce que tu jettes aujourd'hui avec le PIED, tu le ramasses demain avec la main (Martinique)

'tel dédaigne aujourd'hui ce qu'il recherchera demain'

guarda o que não presta, acharás o que é preciso
guarda o que não presta, terás o que desejas
guarda o que não queres, acharás o que quiseres
quem dá o que tem a pedir vem

give a loaf, and beg a shive ['slice']
he that lends his pot may seethe his kail ['broth'] *in his loof* ['palm of the hand']
keep a thing seven years and you will find a use for it
lay things by, they may come to use
the leeful ['ready to lend'] *man is the beggar's brother*

⇒ Il viendra un TEMPS où le renard/(la vache)/(le chien) aura besoin de sa queue

2 C'est au PIED du mur que l'on connaît/(qu'on voit) le maçon

= À l'ŒUVRE on connaît l'artisan/l'ouvrier

3 Il est bien aise d'aller à PIED qui tient son cheval par la bride (sXVI; sXIII: *à eise va à pié qui son cheval maine en destre*)

'la privation est aisée, quand on a la possibilité d'y mettre fin'

é fácil andar a pé quando se tem o cavalo pelas rédeas
não custa ir a pé quando se leva o cavalo à rédea

it is good walking with a horse in one's hand
it's good to go on foot, when a man has a horse in his hand

– (...) Vertus guoy! je me repens bien, mais c'est à tard, que n'ay suivy la doctrine des bons philosophes qui disent soy pourmener près la mer et naviguer près la terre estre chose moult sceure et délectable, comme ALLER À PIED QUAND L'ON TIENT SON CHEVAL PAR LA BRIDE. (F. Rabelais, *Le quart livre*, in *OC*, p. 648)

– (...) Raios! Estou arrependido mas agora é tarde, pena eu não ter seguido a doutrina dos bons filósofos que afirmam ser mais seguro e agradável passear à beira-mar e navegar perto da costa, como NÃO É DIFÍCIL ANDAR A PÉ QUANDO SE TEM O CAVALO PELAS RÉDEAS.

♦ Diz-se em italiano: *è facile andare a piedi, quando si ha il caval per la briglia.*

⇒ Aisément garde son PIERRIER qui ne trouve personne pour l'attaquer

4 Il faut étendre ses PIEDS selon ses draps

'ne t'autorise que les envies dont tu as les moyens'

cada qual estica o pé até onde lhe chega o lençol
cada um estenda a perna onde tem coberta
estende as pernas conforme o tapete
estende-se o pé conforme o lençol
não estendas as pernas além do cobertor

he that stretches foot further than the whittle will stretch into the straw
lay your wame ['spending'] to your winning
stretch your legs according to your coverlet

♦ Há provérbio paralelo em italiano: *bisogna stendersi quanto il lenzuolo è lungo.*

♦ Provérbio de origem hebraica: *Talmude, Pirké Aboth* (século V).

⇒ Il faut tailler la ROBE selon le drap

5 Il n'est point de vilain PIED qui ne trouve son mauvais sabot

= Il n'y a si méchante/vieille MARMITE qui ne trouve son couvercle

⇒ Un VOYOU trouve toujours sa voyelle

6 Il vaut mieux glisser du PIED que de la langue (1842)

'*lapsus pedis* prête moins à conséquence que *lapsus linguae*; les blessures physiques se réparent mieux que celles de l'esprit'

antes escorregar do pé que da língua

better the foot slip than the tongue

♦ Há equivalentes em italiano: *è meglio sdrucciolare coi piedi che colla lingua* e em espanhol: *mejor es resbalar del pie que de la lengua.*

⇒ SALIVE d'homme tous serpents domme

7 Le PIED sec, chaude la tête, et du reste vivez en bête

= Tenez chaud les PIEDS et la tête, au demeurant vivez en bête

♦ Diz-se em italiano: *asciutto il piede e calda la testa, e nel resto vivi da bestia.*

8 Meilleur nus PIEDS que nuls PIEDS (1557)

'un petit bien vaut mieux qu'aucun'

antes camonja ['zarolha'] que cega de todo
antes fanhoso que sem nariz
antes focinho que sem nariz
antes roto que esfarrapado
antes torto que cego de todo
mais vale ter mau hálito que não ter hálito nenhum
mais vale um pé no travão que dois no caixão
melhor é alguma coisa que nada
melhor é dente podre que cova na boca
pior está o roto que o descosido
vale mais uma perna sã que duas muletas

better a bare foot than none
better a clout ['patch'] than a hole out
better eye sore than all blind
better to have one eye than be blind altogether
one foot is better than two crutches

⇒ Mieux vaut deux pieds que trois ÉCHASSES

9 Qui marche PIEDS nus ne sème pas d'épines (rég., Auvergne)

'on se garde de susciter des dangers auxquels on est vulnérable'

não fale de rabo quem tem rabo
quem anda descalço não deve plantar espinhos
quem tem rabo de palha não chega perto do fogo
quem tem telhado de vidro não joga pedra no do vizinho
quem tem telhado(s) de vidro não atira pedra(s) ao(s) do vizinho

barefooted folk shouldn't tread on thorns
he that goes barefoot must not plant thorns
he that scatters thorns, let him not go barefoot

⇒ Qui sème des ÉPINES n'aille déchaux

10 Si vous lui donnez un PIED, il vous en prendra quatre

= Si on lui en donne un DOIGT, il en prendra long comme le bras

⇒ Si on lui en donne un POUCE, il en prendra long comme le bras

11 Tenez chaud les PIEDS et la tête, au demeurant vivez en bête (1580)

'en matière de santé, la sagesse animale doit être, pour l'homme, exemplaire'

anda quente, come pouco, bebe assaz e viverás
anda quente, viverás longamente
nem comas cru, nem andes com pé nu
pés quentes, cabeça fria, coração bom e desprezar a medicina
pés quentes, cabeça fria, cu aberto, boa urina, merda para a medicina
pés quentes, ventre livre, cabeça fria e desprezar a medicina

a cool mouth, and warm feet, live long
dry feet, warm head, bring safe to bed
keep your feet dry, and your head hot; and for the rest live like
*   a beast*
the head and feet keep warm, the rest will take no harm

Pour reiglement de nostre santé, les medecins nous proposent l'exemple du vivre des bestes, et leur façon; car ce mot est de tout temps en la bouche du peuple: TENEZ CHAULDS LES PIEDS ET LA TESTE; AU DEMOURANT, VIVEZ EN BESTE. (Montaigne, *E*, t. II, p. 94)

Para nos conservar em boa saúde, aconselham os médicos a vivermos como os animais e o seguinte ditado está na boca do povo: "RESGUARDA OS PÉS E A CABEÇA E QUANTO AO RESTO FAZE COMO OS BICHOS". (Trad. de Sérgio Milliet)

♦ Diz-se em espanhol: *en teniendo yo los pies calientes, la cabeza seca, y el culo corriente, no necesito al Protomedicato.*

PIERRE *s.f.* pedra; *stone*

1 Faire d'une PIERRE deux coups (loc. prov.; 1570)

'obtenir un double profit d'une seule action'

fazer de uma via dois mandados
matar dois coelhos de uma cajadada
matar dois pássaros com uma pedra

he fells two dogs with one stone
to kill two birds with one bolt
to kill two birds with one sling

to kill two birds with one stone
to kill two flies with one flap

LE MAÎTRE. (...) Pourquoi l'histoire de Jacques ne serait-elle pas arrivée au camarade de son capitaine, puisqu'elle est bien arrivée au militaire français de Guerchy? Mais, en me la racontant, tu FERAS D'UNE PIERRE DEUX COUPS, tu m'apprendras l'aventure de ces deux personnages, car je l'ignore. (D. Diderot, *JF*, p. 128-129)

O AMO. (...) Por que a história de Jacques não poderia acontecer com o companheiro de seu capitão, só por ter acontecido com o militar francês de Guerchy? Mas, ao contá-la, MATARÁS DOIS COELHOS DE UMA CAJADADA; narrar-me-ás a aventura dos dois personagens, a qual desconheço. (Trad. de Antônio Bulhões e Miécio Tati)

Alteração jocosa em H. de Balzac:

– Aussi, monsieur, voulez-vous réussir, dit Oscar au comte, allez voir le marquis d'Aiglemont. Si vous avez ce vieil adorateur de madame pour vous, vous aurez d'un seul coup et la femme et le mari.
– C'est ce que nous appelons *FAIRE D'UNE PIERRE DEUX SOUS*, dit Mistigris. (*DV*, p. 101-102)

– Assim, senhor, se quiser ter êxito – disse Oscar ao conde – vá procurar o Marquês d'Aiglemont. Se tiver do seu lado esse velho adorador de madame, conseguirá de um único golpe a mulher e o marido.
– Não é isso que chamamos *FAZER DOIS TOSTÕES COM UMA PEDRA*? – disse Mistigris. (Trad. de Vidal de Oliveira)

⇒ Abattre deux MOUCHES d'un coup de savate

2 Il se trouve toujours quelqu'un pour jeter des PIERRES à l'arbre lourd de fruits

= On ne jette des PIERRES qu'à l'arbre chargé de fruits

3 La PIERRE tombe/va toujours au tas

'l'argent va toujours à l'argent'

dinheiro atrai dinheiro
dinheiro chama dinheiro
dinheiro ganha dinheiro
os rios correm (sempre) para o mar

all rivers run into the sea
money draws money
money would be gotten if there were money to get it with
put two pennies in a purse and they will draw together

⇒ On ne prête qu'aux RICHES

4 On ne jette des PIERRES qu'à l'arbre chargé de fruits

'on n'attaque que ceux qui ont du mérite'

cajueiro doce é que leva pedrada
laranjeira doce é que apanha varada

P

não se atiram pedras senão às árvores que têm fruto
nunca vi veado baleado que não fosse grande e gordo
os garotos só atiram pedras às árvores que dão frutos

it is only at the tree loaded with fruit, that people throw stones

Var. em M.-C. Agnant:

Dépités et un brin craintifs, les hommes marmonnaient:
"Cette femme est un loup-garou. Elle a dû sûrement
manger ses deux maris." Ou encore: "Qui sait? Elle doit
avoir des mœurs suspectes. Ne voyez-vous pas qu'elle
ne travaille qu'avec des femmes?" Hum! Ils se grattaient
la tête. "ON NE LANCE DES PIERRES QUE SUR LES
ARBRES CHARGÉS", clamait Mercilia, lorsqu'on faisait allusion au racontars qui allaient bon train à son
sujet. (*DS*, p. 66)

Despeitados e com certo medo, os homens cochicha-
vam: "Essa mulher é um bicho-papão. Sem dúvida devorou os dois maridos." Ou ainda: "Sabe-se lá! Vai ver
que ela tem hábitos estranhos. Já percebeu que ela só
trabalha com mulheres?" Hum! Eles coçavam a cabeça.
"NÃO SE ATIRAM PEDRAS SENÃO ÀS ÁRVORES
QUE TÊM FRUTO" – proclamava Mercilia, quando lhe
falavam dos boatos que corriam a seu respeito.

⇒ L'ARBRE qui porte des fruits a beaucoup à souffrir

5 PIERRE qui roule n'amasse pas (de) mousse

'comme la mousse n'a pas le temps de se former sur une
pierre en mouvement, ainsi versatilité et inconstance
empêchent de capitaliser biens, savoir, sagesse'

boa romaria faz quem em (sua) casa fica em paz
feliz e boa festa faz quem em sua casa fica em paz
pedra movediça não ajunta musgo
pedra que muito rola não cria bolor
pedra que rola não cria limo
pedra queda musgo cria
pedra roliça não cria bolor

a rolling stone gathers no moss
East or West, home is best
East, West, home's best
there is no place like home

    Sans le secours de mon père, je me vois très bien arri-
ver à mon âge de quarante-trois ans en ignorant
PIERRE QUI ROULE N'AMASSE PAS MOUSSE et *tout
arrive à point qui sait attendre*, ce qui m'aurait bien
gêné dans la vie. (P. Guth, *MN*, p. 118)

    Sem a ajuda de meu pai, eu teria chegado aos 43 anos
ignorando provérbios como PEDRA QUE ROLA NÃO
CRIA MUSGO e *quem espera sempre alcança*, o que me
teria trazido muitos embaraços na vida.

♦ Cf. Erasmo (*Adagia*): λίθος κυλινδόμενος τὸ φῦκος
οὐ ποιεῖ (*musco lapis volutus haud obducitur*). O provérbio tem correspondentes em italiano: *pietra mossa
non fa muschio* e em espanhol: *piedra movediza, no la cubre el musgo*.

⇒ On ne gagne pas beaucoup à courir le MONDE

6 PIERRE souvent remuée de la mousse n'est vellée* (sXVI)

* *Vellée* = 'couverte'.

= PIERRE qui roule n'amasse pas (de) mousse

7 Trébucher deux fois sur la même PIERRE est honteux

'une erreur est toujours pardonnable; une erreur répétée ne l'est pas'

quem em pedra duas vezes tropeça não é muito quebrar
    a cabeça
quem numa pedra duas vezes tropeça merece quebrar a
    cabeça

*he that stumbles twice over one stone, deserves to break his
shins*
it is a silly fish that is caught twice with the same bait

♦ Políbio (*Histórias*, 31, 11, 15) já expressa essa mesma idéia: δὶς πρὸς τὸν αὐτὸν αἰσχρὸν προσκρούειν
λίθον (é vergonhoso tropeçar duas vezes na mesma
pedra).

⇒ Un RENARD ne se laisse pas prendre deux fois à un
piège

PIERRIER *s.m.* roqueira, pedreiro (antiga peça de arti-
lharia); *perrier*

Aisément garde son PIERRIER qui ne trouve per-
sonne pour l'attaquer (sXIII: *à aise garde son perier
qui ne trueve qui y giete*)

= Il est bien aise d'aller à PIED qui tient son cheval par
la bride

⇒ Quiconque a l'ESTOMAC plein bien peut jeûner

PIGEON *s.m.* (*Columba livia*) pombo; *pigeon*

1 Il ne faut pas laisser de semer par crainte des PIGEONS (1835)

'à trop peser les risques, on n'entreprend rien'

por medo dos pardais não se deixa de semear cerais
quem passarinhos receia milho não semeia

forbear not sowing because of birds

♦ Diz-se em espanhol: *por miedo de gorriones no se deja de
sembrar cañamones*.

⇒ Qui ne RISQUE rien n'a rien

2 Le PIGEON saoul* trouve les cerises amères (1611)

* *Saoul* = 'gavé, repu'.

'la satiété fait perdre aux choses leur valeur; la société

de consommation fait de tout acheteur un pigeon, et puis le saoule'

a(o) homem farto, as cerejas (lhe) amargam
barriga cheia, feijão tem bicho
barriga cheia, goiaba tem bicho
barriga cheia, goiabada tem mofo
para barriga cheia goiaba verde tem bicho

full pigeons find cherry bitter
when the mouse has had enough, the meal is bitter

♦ Há correspondentes em espanhol: *al hombre harto las cerezas le amargan* e em alemão: *wenn die Maus satt ist, so schmeckt das Mehl bitter.*

⇒ À VENTRE saoul cerises amères

3 Point de PIGEON pour une obole (1668)

'il faut consentir à payer le juste prix pour tout ce que l'on convoite'

de graça nem vão os cães à caça
de graça só vão os cães à caça

no money, no candy

La Fourmi le pique au talon. / Le Vilain retourne la tête. / La Colombe l'entend, part, et tire de long. / Le soupé du Croquant avec elle s'envole: / POINT DE PIGEON POUR UNE OBOLE. (La Fontaine, *F*, II, xii, 33-37)

A Formiga pica-lhe o calcanhar. / O Aldeão vira a cabeça. / A Pomba ouve o tiro e foge para bem longe. / A ceia do Camponês com ela se vai: / DE GRAÇA SÓ VÃO OS CÃES À CAÇA.

⇒ Pas/Point d'ARGENT, pas/point de Suisse

4 Un vieux PIGEON n'a jamais quitté son pigeon-nier (rég., Auvergne)

= Plus l'OISEAU est vieux, moins il veut se défaire de ses plumes

⇒ Un vieux ROSIER ne se transplante pas

PILOTE *s.m.* piloto; *pilot*

Il n'y a pas de mauvais PILOTE quand le vent est bon

= En TEMPS calme chacun est marinier

PILULE *s.f.* pílula; *pill*

1 Il faut avaler les PILULES sans les mâcher

'ce n'est pas en temporisant qu'on rend un désagré-ment moins amer'

pílulas engolem-se e não se mastigam

it is better to swallow the pill without biting it

⇒ Qui a CUL à baiser n'a que tarder

2 Si la PILULE avait bon goût, on ne la dorerait pas

'ce qui est bon n'a pas besoin d'être vanté'

se a pílula bem soubera, não se dourara por fora

if the pills were pleasant, they would not want gilding

♦ Há equivalente em espanhol: *si la píldora bien supiera, no la doraran por de fuera.*

PIN *s.m.* pinheiro; *pine tree*

Un PIN fait un PIN, il ne peut faire du jasmin

'on ne peut échapper aux lois de la nature'

laranjeira azeda não dá laranja-lima
não busques o figo na ameixeira
não se pode exigir que uma goiabeira dê laranjas

of a thorn springs not a fig
of a thorn springs not a grape

⇒ La POMME ne tombe pas loin du tronc

PINTE *s.f.* pinta (antiga medida de capacidade para lí-quidos, equivalente a 0,93 litro); *quart*

1 Il n'y a que la première PINTE* (de) chère (1640)

'le plus difficile est de commencer'

o mais difícil é começar
todo começo é difícil

the first step is the hardest

2 Il n'y a que la première PINTE qui coûte

= Il n'y a que la première PINTE (de) chère

⇒ Qui entre en nef n'a pas VENT à gré

3 On ne peut pas mettre une PINTE dans un de-miard (Québec)

'le plus grand ne tient pas dans le plus petit'

em bilha não se enfia copo
não queiras meter o Rossio na Betesga [pequenina rua no centro de Lisboa]

you can't get a quart into a pint pot

PIRE *s.m.* pior; *the worst*

Le PIRE n'est pas toujours sûr

'de quelque coefficient de probabilité que soit affecté un malheur annoncé, il ne pourra jamais se prévaloir de la certitude, qui n'advient qu'avec la réalité'

nem sempre o diabo está atrás da porta
o diabo nem sempre está atrás da porta

the devil is not always at a poor man's door
the devil is not always at one door

⇒ Toujours ne sont DIABLES à l'huis

P

PLACE *s.f.* lugar, praça-forte; *place, fortified town, fortress*

1 Oncques* PLACE bien assaillie ne fut, qu'elle ne fût prise (1559)

* *Oncques* = 'jamais'.

= CHASTE est celle qu'on n'a pas priée

– Madame, dit Saffredant, pour confirmer le dire d'Hircan (auquel je me tiens), je vous prie me croire, que *fortune aide aux audacieux*, et qu'il n'y a homme, s'il est aimé d'une dame (mais qu'il ['pourvu qu'il'] sache poursuivre sagement et affectionnément), qu'en la fin n'en ait du tout ce qu'il demande ou en partie; mais l'ignorance et la foible crainte font perdre aux hommes beaucoup de bonnes aventures et fondent leur perte sur la vertu de leur amie, laquelle n'ont jamais expérimentée du bout du doigt seulement; car ONCQUE PLACE NE FUT BIEN ASSAILLIE SANS ÊTRE PRISE. (M. d'Angoulême, Reine de Navarre, *H*, p. 48)

– Senhora – disse Saffredant –, para confirmar o que Hircan acaba de dizer (com o que concordo), rogo-lhe acreditar que *ao homem ousado a fortuna estende a mão*, e que nenhum homem, se for amado por uma dama (contanto que ele saiba agir com acerto e afeição), deixa afinal de obter o que deseja pelo menos em parte; mas a ignorância e um certo temor fazem os homens perderem muitas aventuras; eles justificam essa perda pela virtude da amada, que nunca tocaram nem com a ponta do dedo; com efeito, MULHER HONRADA É A QUE NÃO FOI ROGADA.

⇒ (Toute) VILLE qui parlemente est à moitié rendue

2 Une PLACE pour chaque chose et chaque chose à sa PLACE

'l'ordre de l'univers, immuable, statique, non-aléatoire, n'admet ni extensibilité, ni compressibilité, ni permutabilité'

um lugar para cada coisa, cada coisa em seu lugar

a place for everything and everything in its place

PLAIE *s.f.* ferida; *wound*

1 La mauvaise PLAIE se guérit, la mauvaise réputation tue

'c'est ce que Don Bazile, dans un célèbre mouvement d'éloquence, explique à Bartholo dans *le Barbier de Séville* (II, 8): "La calomnie, Monsieur? Vous ne savez guère ce que vous dédaignez; j'ai vu les plus honnêtes gens près d'en être accablés, etc."; c'est le plus sûr et plus simple moyen de se défaire de quelqu'un; "Calomniez, calomniez! Il en restera toujours quelque chose..."; moins la médisance est fondée, plus elle intéresse, et plus elle est dévastatrice'

a honra é como vidro: quebrando não solda mais credibilidade é como (a) virgindade: só se perde uma vez

quem a fama tem perdida morto anda nesta vida
quem sua reputação perder tarde ou nunca a torna a ver

an ill wound is cured, not an ill name
honour lost is like a Venice glass broken – it can't be mended
 (again)
the evil wound is cured, but not the evil name

⇒ Une fois en mauvais RENOM, jamais puits n'est estimé bon

2 Les PLAIES fraîches sont les plus aisément remédiables (1608)

= À MAL enraciné remède tard apprêté

♦ Palavras de São Francisco de Sales (*Introdução à vida devota*, III, VIII), que se tornaram proverbiais.

3 PLAIE d'argent n'est pas/point mortelle (1812)

'il faut relativiser la gravité des soucis d'argent, en se disant qu'on n'en meurt pas'

dinheiro não compra felicidade
dinheiro não traz felicidade
saúde e paz, dinheiro atrás

money isn't everything
riches alone make no man happy
there are worse things than poverty (aprox.)

– Mais, reprit le général, où sont les difficultés? Je soutiendrai le procès avec les Gravelot, PLAIE D'ARGENT N'EST PAS MORTELLE, et j'afficherai si bien le bail de ma forêt, que, par l'effet de la concurrence, j'en trouverai la véritable valeur... (H. de Balzac, *P*, p. 140)

– Mas onde estão as dificuldades? – prosseguiu o general. – Eu sustentarei a demanda com os Gravelots. PERDA DE DINHEIRO NÃO MATA. E anunciarei tanto o arrendamento da minha floresta que, graças à concorrência, hão de me dar por ela o justo valor... (Trad. de Carlos Drummond de Andrade)

4 PLAIE d'argent peut guérir (sXVIII)

= PLAIE d'argent n'est pas/point mortelle

PLAIRE *v.t.* agradar; *to please*

Ce qui PLAÎT est à demi vendu

= La bonne MARCHANDISE se recommande elle-même

⇒ À bon VIN, point d'enseigne

PLAISANTERIE *s.f.* gracejo, piada; *joke, jest*

Les (plus) courtes PLAISANTERIES sont les meilleures

'l'humour doit savoir garder mesure; à être trop insistant, il perd toute grâce'

os melhores prazeres são sempre os menores (aprox.)

prazeres pequenos são os melhores (aprox.)

short jokes are best

– Filé à Grenoble, quoi! hurla le petit juge hors de lui. Pourquoi pas à Lille, en Flandre? Sacrebleu de sacrebleu! LES COURTES PLAISANTERIES SONT LES MEILLEURES, monsieur. La justice aura le dernier mot, monsieur. (G. Bernanos, *C*, p. 172)

– O quê? Fugiu para Grenoble! – berrou o magistrado fora de si. – E por que não para Lille ou Flandres? Raios o partam! AS PEQUENAS PIADAS SÃO AS MELHORES, senhor. Saiba que a justiça terá a última palavra.

⇒ Les plus courtes FOLIES sont les meilleures

PLAISIR *s.m.* prazer; *pleasure*

1 C'est double PLAISIR de tromper le trompeur (1668)

'il n'est rien de plus jubilatoire que de se jouer de quelqu'un qui a voulu se jouer de vous'

duplo prazer é enganar o enganador
grande prazer é enganar o enganador

it's a double pleasure to trick the trickster

– Adieu, dit le Renard, ma traite est longue à faire: / Nous nous réjouirons du succès de l'affaire / Une autre fois. Le galand aussitôt / Tire ses grègues, gagne au haut, / Mal content de son stratagème; / Et notre vieux Coq en soi-même / Se mit à rire de sa peur; / Car C'EST DOUBLE PLAISIR DE TROMPER LE TROMPEUR. (La Fontaine, *F*, II, xv, 25-32)

– Adeus – disse a Raposa –, tenho um longo caminho a percorrer. / Festejaremos o acontecimento / numa outra ocasião. E imediatamente a marota / Vai-se embora, insatisfeita com seu estratagema; / E nosso velho Galo / Pôs-se a rir consigo mesmo do medo que ela sentiu; / Pois É PRAZER DOBRADO ENGANAR O ENGANADOR.

2 Chacun prend son PLAISIR où il le trouve

'le plaisir est chose toute relative'

cada doido com a sua mania
cada qual come do que gosta
cada um acha prazer onde o encontra
cada um come do que gosta
cada um goza a seu modo
cada um procura (o) prazer onde o acha
cada um se diverte onde gosta

every man as he loves, quoth the good man when he kissed his cow
every man has his delight
every one to his taste(, as the old woman said when she kissed her cow)
everyone knows what fits him

⇒ Chacun son/ses GOÛT(S)

3 Le PLAISIR est plus grand qui vient sans qu'on y pense (1617)

'quand il est inattendu, un bonheur s'accroît du fait de la surprise'

donde esperança o homem não tem, às vezes lhe vem o bem (Jorge Ferreira de Vasconcelos)
donde menos se espera, daí vem o bem

unexpected pleasures are always more pleasant

4 Les PLAISIRS portent ordinairement les douleurs en croupe (sXVII)

'nul plaisir ne va sans son contraire; c'est la loi de l'universelle compensation'

o prazer vai a cavalo e leva a pena à garupa

after pleasure comes pain
pleasure has a sting in its tail
sadness and gladness succeed each other

♦ O provérbio tem correspondentes em italiano: *dopo il contento vien il tormento*, em espanhol: *los placeres suelen ser vísperas de lágrimas* e em alemão: *auf Freud folgt Leid*.

5 Nul PLAISIR sans peine

'tout plaisir est le fruit d'un effort parfois pénible'

as rosas caem e os espinhos ficam
cada doçura custa uma amargura
não há gosto sem desgosto
não há prazer sem amargura
não há prazer sem trabalho
não há proveito sem custo
não há rosa sem espinhos
não há rosa sem espinhos, nem amores sem ciúmes
não há rosa sem espinhos, nem formosa sem senão
não há rosa sem espinhos, nem mel sem abelhão
não há rosas sem espinhos
ninguém se ri que não tenha chorado

after your fling, watch for the sting
every white has its black, and every sweet its sour
no day so clear but has dark clouds
no joy without alloy
no joy without annoy
(there is) no pleasure without pain

Var. em H. de Balzac:

Oh! alors, le soir, ils se rappellent quelquefois assez fortement les droits spécifiés à l'article 213 du Code civil, et leurs femmes les reconnaissent; mais, comme ces forts impôts que les lois établissent sur les marchandises étrangères, elles les souffrent et les acquittent en vertu de cet axiome: "IL N'Y A PAS DE PLAISIR SANS UN PEU DE PEINE." (*PM*, p. 68)

Oh! mas à noite, lembram-se eles muito bem dos direitos especificados no artigo 213 do Código Civil, e suas mulheres os reconhecem; mas como aqueles grandes

P

impostos que as leis estabelecem sobre as mercadorias estrangeiras, elas os suportam e os satisfazem em virtude do axioma seguinte: "NÃO HÁ PRAZER SEM UM POUCO DE DOR". (Trad. de Mário D. Ferreira Santos)

♦ A idéia está em Plauto (*Amphitruo*, 635): *ita di(ui)s est placitum, uoluptatem ut maeror comes consequatur* (foi esta a vontade dos deuses, que a tristeza venha sempre como companheira do prazer) e em Ovídio (*Metamorphoses*, 7, 796): *gaudia principium nostri sunt... doloris* (as alegrias são o princípio de nossa dor). Há paralelos em italiano: *non v'è gioia senza noia* e em espanhol: *cada gusto cuesta un susto.*

⇒ Toute MÉDAILLE a son revers

6   Pour un PLAISIR mille douleurs (1463)

'telle est la terrible arithmétique de notre condition, que la proportion des joies sur les douleurs est de une pour mille'

noites alegres, manhãs tristes
nunca vi grande prazer que não tenha os cabos tristes (Camões)
por um dia de prazer, um ano de sofrer
por um prazer mil dores

one day of pleasure is worth two of sorrow
one pleasure may cost a thousand pains

"De chiens, d'oyseaulx, d'armes, d'amours", / Chascun le dit a la vollée, / "POUR UNG PLAISIR, MILLE DOULOURS ['douleurs']." (F. Villon, "Le testament", in *PFV*, p. 70)

"De armas, de cães, de pássaros, de amores", / Cada qual a qualquer o diz, e bem, / "POR UM PRAZER RECOLHEM-SE MIL DORES." (Trad. de Péricles Eugênio da Silva Ramos)

♦ Diz-se em espanhol: *los placeres son por onzas; los pesares, por arrobas.*

PLANCHER   *s.m.* assoalho, chão; *floor*

On marche toujours de travers sur un PLANCHER qui ne nous appartient pas (Québec)

'position inconfortable de ceux qui dépendent de l'aide des autres'

bem mal ceia quem come da mão alheia
quem à mesa alheia come janta e ceia com fome
quem come à mesa alheia mal janta e pior ceia
quem come de bolsa alheia vive amarrado a dois nós
quem conta com a panela alheia arrisca-se a ficar sem ceia
quem escudela de outro espera frio come

he that lives upon charity has a cold dinner
he who depends on another dines ill and sups worse
who depends upon another man's table often dines late

⇒ Qui s'attend à l'ÉCUELLE d'autrui a souvent mal dîné

PLANTE   *s.f.* planta; *plant*

De noble PLANTE, noble fruit (1568)

= De doux ARBRE douces pommes

PLEUR   *s.m.* choro, pranto; *tear*

1   Par PLEURS, par cris et par hélas, le mal on ne soulage pas (sXVII)

= Les grandes DOULEURS sont muettes

2   PLEUR de femme crocodile semble (sXVI)

'les larmes des femmes sont hypocrites'

chuva de verão e lágrimas de puta quando caem ao chão ficam logo enxutas
em manqueira de cão e lágrimas de mulher não há que crer
lágrimas de mulher, têmpera de malícia
lágrimas de mulher valem muito e custam-lhe pouco

deceit, weeping, spinning, God has given to women kindly, while they may live
early rain and a woman's tear are soon over
trust not a woman that weeps, nor a dog that pisses
trust not a woman when she weeps
women naturally deceive, weep and spin

♦ "Les expressions équivalentes existaient en grec et en latin; elles correspondent à une légende selon laquelle les crocodiles du Nil gémissaient pour attirer leurs victimes (variante désexualisée ou virilisée du mythe des sirènes)." (A. Rey & S. Chantreau) Provérbios paralelos são o italiano *lacrime di donne, fontana di malizia* e o espanhol *cojera de perro y llanto de mujer no hay que creer.*

PLEUVOIR   *v.imp.* chover; *to rain*

Il ne PLEUT pas comme il tonne

= CHIEN qui aboie ne mord pas

PLIER   *v.* dobrar; *to fold*

Mieux vaut PLIER que rompre (1568)

'mieux vaut céder que se perdre en résistant'

melhor torcer (do) que quebrar
melhor vergar (do) que quebrar

a reed before the wind lives on, while mighty oaks do fall
better bend than break
better bow than break
high cedars fall when low shrubs remain
oaks may fall when reeds stand the storm

♦ Cf. Sêneca, *Thyestes* (198-199): *Novi ego ingenium viri / Indocile: flecti non potest / frangi potest.* (Não, sei que sua alma é inflexível: ele não se curva mas pode ser quebrado.)

- Preceito exemplificado na fábula "Le Chêne et le Roseau", de La Fontaine (*F*, I, xxii).

PLUIE *s.f.* chuva; *rain*

1 Après la PLUIE le beau temps (1495)

'le soleil revient toujours après la tempête, il n'est rien ici-bas d'irrémédiablement négatif; tout a une fin, même le malheur'

após a tempestade, a bonança
após a tempestade vêm os dias serenos
após o temporal vem a bonança
depois da chuva, nevoeiro, tens bom tempo, marinheiro
depois da tempestade vem a bonança

after a storm comes a calm
after black clouds, clear weather
after clouds, fair weather
after rain comes sunshine
cloudy mornings turn to clear afternoons
cloudy mornings turn to clear evenings

A mesma idéia em J. Richepin:

TOINET. Au vent noir des mauvais jours, / Hélas!... que deviendront-elles?
ALINE. Si nous nous aimons toujours, / Nul ne pourra rien contre elles. / APRÈS L'HIVER LES BEAUX JOURS! (*C*, p. 21)

TOINET. No vento sombrio dos negros dias, / Oh!... o que acontecerá com elas?
ALINE. Se continuarmos a nos amar, / Ninguém poderá prejudicá-las. / DEPOIS DO INVERNO VIRÁ O BOM TEMPO.

- Do grego χειμὼν μεταβάλλει ῥαδίως εἰς εὐδίαν (o tempo ruim transforma-se facilmente em tempo bom), registrado por Menandro nos *Monósticos*; cf. o latim *post nubila Phoebus* (depois das nuvens, o Sol). Há correspondentes em italiano: *dopo la pioggia risplende il sole* e em espanhol: *la luz despúes de las tinieblas*.

⇒ Rien n'annonce le beau temps comme la PLUIE

2 La PLUIE, le vent et les parents, après trois jours, sont ennuyants

= L'HÔTE et la pluie après trois jours ennuient

3 Les petites PLUIES gâtent les grands chemins

'petites causes entêtées, grands effets déplorés'

neblina acaba uma feira
pequeno azo faz grande dano
pequeno rombo faz soçobrar grande navio

small rains spoil great ways

4 Petite PLUIE abat grand vent (sXV; XIII: *à pou de pluie chiet grans vens, et grans orgueil en pou de tens*)

'un rien, un impondérable suffit à déballonner le Formidable, l'Épouvantable; un virus peut abattre Microsoft'

chuva miúda o vento muda
mais apaga a boa palavra que (a) caldeira de água

small rain allays great winds
small rain lays great dust
small rain lays great winds
soft rain stills high wind

– PETITE PLUYE ABAT GRAND VEND. Longues beuvettes rompent le tonnoire. (F. Rabelais, *G*, p. 61)

– CHUVA FRACA ACABA COM VENTO FORTE. Longas bebedeiras esvaziam o tonel.

"Mais ce que faict la quaresme si hault, par sainct Fiacre de Brye, ce n'est pour aultre chose que
La Penthescoste
Ne vient foys qu'elle ne me couste;
May, hay avant,
PEU DE PLUYE ABAT GRAND VENT. (F. Rabelais, *P*, p. 78)

"Mas o que faz a Quaresma cair tão tarde, por São Fiacre de Brie, é o mesmo que faz com que
Pentecostes
Sempre me saia caro;
Mas, muito antes,
CHUVA MIÚDA O VENTO MUDA.

- Há provérbio paralelo em italiano: *piccola pioggia fa cessar gran vento*.

⇒ Petit HOMME abat grand chêne

5 Petite PLUIE salit la terre, grande PLUIE l'approprie* (rég., Lorraine)

* *Approprie* (v. *approprier*) = 'met en état de propreté'.

= Les petites PLUIES gâtent les grands chemins

6 PLUIE de février vaut un fumier

'les pluies de février fécondent bien la terre'

chuva de fevereiro vale por estrume

February rain makes a full barn

- Há correspondentes em italiano: *pioggia di febbraio, val sugo di letamaio* e em espanhol: *lluvia de febrero, el mejor estercolero*.

7 PLUIE d'été ne fait point pauvreté

dicton météorologique

chuva de agosto*, apanhá-la com gosto (aprox.)

* Agosto evoca para o hemisfério norte o período de verão.

if Summer has no rain, 'tis neither good for hay nor grain

On dit que PLUIE D'ÉTÉ NE FAIT POINT PAUVRETÉ. A ce compte, je devrais être plus riche que Crésus: car il ne cesse de pleuvoir, cet été, sur mon dos; et

P

me voici pourtant sans chemise et sans chausses, ainsi qu'un saint Jeannot. (R. Rolland, *CB*, p. 195)

Dizem que CHUVA DE VERÃO NÃO DEIXA NINGUÉM POBRETÃO. Se fosse assim, eu devia estar mais rico do que Creso; pois não pára de chover, este verão; ando por aí tudo sem camisa e sem calções, tal como um São João. (Trad. de Ivo Barroso)

8 PLUIE du matin n'a jamais submergé un moulin

= PLUIE du matin n'arrête pas le pèlerin

9 PLUIE du matin n'arrête pas le pèlerin

'une difficulté initiale ne décourage pas l'homme décidé'

manhã de nevoeiro, tarde de soalheiro

an evening red and morning grey will set the traveller on his way
evening red and morning grey help the traveller on his way(; evening grey and morning red bring down rain upon his head)

⇒ ROUGE au soir, blanc au matin, c'est la journée/(le souhait) du pèlerin

10 PLUIE matinale n'est pas journale

= PLUIE du matin n'arrête pas le pèlerin

11 PLUIE pour Noël, soleil pour les Rameaux (rég., Auvergne)

= NOËL au balcon, Pâques au tison

⇒ Quand on mange au chaud le GÂTEAU, on mange les œufs derrière le fourneau

12 PLUIES d'août donnent miel et bon moût (rég., Rhône)

= Quand il pleut en AOÛT il pleut miel et moût

13 Rien n'annonce le beau temps comme la PLUIE

= Après la PLUIE le beau temps

⇒ Toujours ni dure ORAGE ni guerre

14 Toute la PLUIE n'enlève pas la force d'un piment (Guadeloupe)

= Le LOUP mourra dans/en sa peau

⇒ Le RENARD change de poil, mais non de naturel

PLUME *s.f.* pena; *feather*

1 À la PLUME et au chant l'oiseau et au parler le bon cerveau (sXVI)

'le bel esprit se révèle par son langage'

pelo canto se conhece o pássaro e pela obra o homem

the bird is known by his note(, the man by his words)

⇒ Juge l'OISEAU à la plume et au chant, et au (grand) parler l'homme bon ou méchant

2 Il n'y a pas de PLUME tombée sans oiseau plumé

= Il n'y a pas d'EFFET sans cause

3 Les belles PLUMES font les beaux oiseaux (1558)

'la parure et les beaux habits font valoir la figure, la taille, l'allure'

o pau se conhece pela casca
pela palha se conhece a espiga
veste-te bem e parecerás alguém

fair feathers make fair fowls
fine feathers make fine birds

♦ Cf. o latim *speciosae plumae avem speciosam constituunt* (belas penas fazem um belo pássaro). O provérbio tem equivalentes em italiano: *le belle penne fanno il bel uccello* e em espanhol: *hermosas plumas hacen hermoso al pájaro.*

⇒ Les beaux HABITS servent fort à la mine

PLUS *adv. s.m.* mais; *more*

1 Quand il n'y en a PLUS, il y en a encore

formulation prosaïque du caractère inépuisable de la nature

Deus é mais largo em dar que nós em pedir
quando uma porta se fecha, muitas janelas se abrem
sempre que Deus fecha uma porta abre uma janela
uma porta se fecha, outra se abre

there are as good fish in the sea as ever came out of it
there are plenty more fish in the sea
when a door shuts, another opens
you never know when you have reached the end

Lorsque le petit garçon, se relevant à demi, passa sa main sur ses yeux et murmura ces mots: "Mère, j'ai bien faim!", le timonier, se levant aussitôt, retira du coffre un morceau de biscuit, l'offrit à l'enfant, et lui dit avec un bon sourire: "Mange, petit, mange! QUAND IL N'Y EN AURA PLUS, IL Y EN AURA peut-être ENCORE!" (J. Verne, *OR*, p. 11)

Quando o menino se ergueu, esfregou os olhos e murmurou: "Mãe, estou com fome!", o timoneiro foi rápido até a arca, pegou um pedaço de biscoito, deu-o à criança e disse sorrindo:
– Coma, pode comer! QUANDO ACABAR, A GENTE HÁ DE ARRANJAR MAIS!

2 Qui peut le PLUS peut le moins (1835)

application à l'action du raisonnement a fortiori

quem pode o mais pode o menos

he who can do more can do less

– J'allais le dire: QUI PEUT LE PLUS PEUT LE MOINS. Et Jésus, ressuscité le troisième jour, est monté aux cieux quarante jours plus tard, après s'être montré en chair et en os à de nombreux disciples. (H. Monteilhet, *N*, p. 320)

– Eu já ia dizer: QUEM PODE O MAIS PODE O MENOS. E Jesus, tendo ressuscitado no terceiro dia, subiu aos céus quarenta dias mais tarde, depois de ter-se mostrado em carne e osso a vários discípulos.

Très calé déjà, il a fait le nègre pour bien des gens renommés, il leur a corrigé leurs fautes d'orthographe musicale, fait du *rewriting*, de l'orchestration. QUI PEUT LE PLUS PEUT LE MOINS, et Marc a commencé à composer des chansons qu'il signait avec de grands interprètes: (...). (E. Triolet, *M*, p. 58)

Já muito competente, ele trabalhou como *ghost-writer* de pessoas famosas, corrigiu-lhes os erros da pauta musical, reescreveu trechos, fez orquestrações. QUEM PODE O MAIS PODE O MENOS: Marc começou a compor canções em que o seu nome vinha ao lado do de grandes intérpretes: (...).

POCHE *s.f.* bolso; *pocket*

1 Au plus fort la POCHE (Québec)

'la force prime le droit'

a razão está com os poderosos

might makes right
might overcomes right

2 Quand la POCHE est pleine, elle renverse (Québec)

'les excès se paient toujours'

fecha o saco antes que ele transborde
rompe-se o saco à força de querer enchê-lo

bind the sack before it be full

⇒ Trop de PROFIT crève la poche

POÊLE *s.f.* frigideira; *frying-pan*

1 C'est la POÊLE qui se gausse du chaudron

'le moqueur pourrait bien être lui-même objet de moquerie'

arre cá, orelhudo, diz o asno ao burro
diz a caldeira à sertã: tira-te para lá, não me enfarrusques
diz o asno ao mulo: tira-te daqui, orelhudo
diz o corvo à pega: chega-te para lá, que és negra
é o roto falando do esfarrapado (e o sujo do mal lavado)
é o sujo falando do mal lavado
zomba o vesgo do zarolho

crooked carlin ['old woman'], *quoth the cripple to his wife*

he finds fault with others and does worse himself
he should have a hale pow ['head'], *that calls his neighbour nitty know* [nitty know = 'stupid person']
he that mocks a cripple ought to be whole
ill may the kiln call the oven burnt-house
ill may the kiln call the oven burnt-tail
the frying-pan said to the kettle: 'Avaunt, black brows!'
the kettle calls the pot black-brows
the kettle calls the pot burnt-arse
the pot calls the kettle black
the snite ['snipe'] *need not the woodcock betwite* ['criticize']
thou art a bitter bird, said the raven to the starling

♦ Há correspondentes em italiano: *la padella dice al paiuolo: fatti in là che mi tingi* e em espanhol: *dijo la sartén a la caldera: "Quítate allá, culinegra"*.

⇒ Le CHAUDRON trouve que la poêle est trop noire

2 Il ne faut pas préparer la POÊLE avant d'avoir le poisson (Québec)

'il ne faut pas disposer d'une chose avant de la posséder'

não contes com o trigo antes de medido e posto no celeiro
tenhamos a pata e então falaremos na salsa
tenhamos a perdiz, depois se tratará do molho

boil not the pap before the child is born
gut no fish till you get them

⇒ C'est VIANDE mal prête que lièvre en buisson

3 Qui tient la POÊLE par la queue*, il la tourne par où il lui plaît (sXV)

* *Qui tient la poêle par la queue* = 'le nanti' (infrm.).

'les riches font ce que bon leur semble'

escolhe a dança quem paga o músico
poderoso cavaleiro é dom Dinheiro
quem tem a faca e o queijo corta onde quer

he who has the frying-pan in his hand turns it at will
he who holds the thread holds the ball
he who pays the piper calls the tune

⇒ Qui paie les VIOLONS choisit la musique

4 Sauter/Tomber de la POÊLE en/dans la braise/ (le feu) (loc. prov.; 1579)

'passer d'une situation mauvaise à une pire'

do lodo saí, no arroio caí
escapei do trovão e dei no relâmpago
fugi do alcaide, caí no meirinho
fugir do fogo, cair nas brasas
fugir do fumo, cair no fogo
fugir do lodo, cair no arroio
fugiu da chuva e caiu no molhado
fugiu de Cila, caiu em Caríbdis
fugiu do alcaide, topou com o meirinho
fugiu do fumo, caiu no fogo

P

sair da lama e cair no atoleiro
sair da lama e meter-se no atoleiro
sair do poço e cair no perau
saiu das brasas para cair nas labaredas
saiu do lodo e caiu no arroio
saltar da frigideira para o fogo

I escaped the thunder, and fell into the lightning
out of the frying-pan into the fire
shunning the smoke, they fall into the fire
to jump from the frying-pan into the fire

Nous allâmes descendre à la porte d'une maison d'assez belle apparence, et dont le maître vint nous accabler de civilités: c'était bien le plus grand fripon qu'il y eût peut-être dans ces quartiers-là, et je ne fis que SAUTER, comme on dit, DE LA POÊLE à frire DANS LE FEU. (Lesage, *GA*, p. 32)

Fomos apear à porta de uma bela casa, cujo dono nos recebeu com muita amabilidade: talvez fosse o maior velhaco que existia nas redondezas, e para mim foi, como se diz, SALTAR DA FRIGIDEIRA PARA O FOGO.

♦ Consigna Erasmo nos *Adagia*: *fumum fugiens, in ignem incidi* (ao fugir da fumaça, caí no fogo). Diz-se em espanhol: *saltar de la sartén y dar en las brasas*.

⇒ Tomber de CHARYBDE en Scylla

POÈTE *s.m.* poeta; *poet*

On naît POÈTE, on devient orateur (sXVI: *le poëte naist, l'orateur se faict*)

'l'art est inné, le métier s'apprend'

o poeta nasce, o orador se faz
os poetas nascem feitos, os oradores são feitos

a poet is born, not made
poets are born, but orators are made

♦ Do latim *poeta nascitur, orator fit*. Há equivalentes em italiano: *poeta si nasce, oratore si diventa* e em espanhol: *el poeta nace, no se hace*.

POIL *s.m.* pêlo; *hair*

1 **Du POIL de la bête qui t'a mordu, ou de son sang seras guéri** (sXVI)

= Contre MORSURE de chien de nuit le même poil très bien y duit

2 **Les POILS du chien guérissent la morsure du chien** (Martinique)

= Contre MORSURE de chien de nuit le même poil très bien y duit

⇒ Les SEMBLABLES se guérissent par les SEMBLABLES

3 **POIL à POIL on épile**

'dépenses accumulées conduisent à la ruine'

gota a gota a talha se esgota
gota a gota o mar se esgota
muita unha e pouca pena depressa se depena
muitas mãos e poucos cabelos asinha ['depressa'] são depenados

feather by feather, the goose is plucked
hair and hair makes the carl's ['man's'] head bare

♦ "Sertorius avait organisé une compétition entre deux centurions; il s'agissait d'épiler la queue d'un cheval. L'un des centurions, violent et pressé, tenta vainement d'arracher tous les crins à la fois; l'autre, mieux inspiré, arracha les poils l'un après l'autre et sortit vainqueur de l'épreuve. – Cf. Valère Maxime, *De dictis factisque memorabilibus*, VII, iii, 6." (M. Maloux)

⇒ GOUTTE à GOUTTE la mer s'égoutte

4 **Quand POIL roux a été fidèle, le diable est monté au ciel** (Monaco)

= BARBE rousse, noir de chevelure, est réputé faux par nature

5 **Un POIL fait ombre** (1611)

'il n'est d'être si insignifiant qui n'ait la pleine dignité d'être'

até um cabelo faz sombra
cada cabelo faz sua sombra na terra
cada cabelo faz sua sombra na testa
não há nada tão pequeno que não possa ser veneno

no hair so small but has his shadow
there is no man, though never so little, but sometimes he can hurt

♦ O provérbio figura em Publílio Siro (*Sententiae*, E 13): *etiam capillus unus habet umbram suam* (até um simples cabelo tem sua sombra). Há correspondentes em italiano: *ogni pelo ha la sua ombra* e em espanhol: *cada cabello hace su sombra en el suelo*.

⇒ Il n'est si petit BUISSON qui ne porte son ombre

POINT *s.m.* ponto; *stitch, dot*

1 **Faute d'un POINT, Martin perd son âne** (1640)

'pour une négligence, on perd tout'

basta um tento para se perder um cento
por falta dum prego, perdeu-se a ferradura
por um cravo se perde um cavalo
por um ponto, perdeu o diabo o mundo

for want of a nail the shoe is lost; for want of a shoe the horse is lost; for want of a horse the rider is lost

♦ Do latim: *uno pro puncto caruit Martinus Asello*. Martin era titular da abadia de Asello, na Itália. Para acolher os viajantes, resolveu pôr na porta o seguinte cartaz: PORTA PATENS ESTO. NULLI CLAUDARIS HONESTO (PORTA, FICA ABERTA. NÃO TE FECHES PARA QUEM FOR HONESTO). Ao escrever a frase, o monge errou o lugar do ponto: PORTA PATENS ESTO NULLI. CLAUDARIS HONESTO (PORTA, NÃO FIQUES ABERTA PARA NINGUÉM. FECHA-TE PARA QUEM FOR HONESTO). O abade Martin foi chamado à ordem pelo papa, que o afastou da abadia de Asello. Ora, Asello em latim significa 'asno'. Portanto, para os franceses, a frase foi entendida como: "Por um ponto, Martin ficou sem o asno", ao passo que os italianos a entenderam como: "Por um ponto, Martin ficou sem Asello".

2 POINT (fait) à temps en épargne cent

'mieux vaut éviter un ennui que remédier à ses inconvénients'

mais vale prevenir que remediar
uma pílula a tempo poupa nove

a stitch in time saves nine
who repairs not his gutter, repairs his whole house

♦ Há equivalente em italiano: *un punto in tempo ne salva cento.*

⇒ Mieux vaut PRÉVENIR que guérir

3 Pour un POINT, Martin perdit son âne

= Faute d'un POINT, Martin perd son âne

4 Tout arrive/vient à POINT à qui sait attendre
(1548: *tout vient à poinct qui peult attendre*)

'avec temps et patience, tout s'obtient enfin; il faut laisser au καιρός "occasion" le temps de mûrir'

a perseverança tudo alcança
com tempo e perseverança tudo se alcança
o que não se faz no dia de Santa Luzia faz-se noutro qualquer dia
o que se não faz no dia de Santa Maria, faz-se no outro dia
quem espera sempre alcança

a mouse in time may bite in two a cable
a mouse in time may cut a cable
all things come to those who wait
everything comes to him who waits
he that can stay obtains
if at first you don't succeed, try, try, try again

"Je foys veu à Dieu, c'est cela! TOUT VIENT À POINCT QUI PEULT ATTENDRE. A la veue du Pape jamais n'avions proficté; à ceste heure, de par tous les Diables! nous profitera, comme je voy." (F. Rabelais, *Le quart livre,* in *OC,* p. 710)

"Foi minha fé em Deus, foi isso! QUEM ESPERA SEMPRE ALCANÇA. Estar na presença do Papa nunca

nos tinha rendido proveito; agora, com mil diabos!, vai nos ser de valia, como estou percebendo."

Sans le secours de mon père, je me vois très bien arriver à mon âge de quarante-trois ans en ignorant *pierre qui roule n'amasse pas mousse* et TOUT ARRIVE À POINT QUI SAIT ATTENDRE, ce qui m'aurait bien gêné dans la vie. (P. Guth, *MN,* p. 118)

Sem a ajuda de meu pai, eu teria chegado aos 43 anos ignorando provérbios como **pedra que rola não cria musgo** e QUEM ESPERA SEMPRE ALCANÇA, o que me teria trazido muitos embaraços na vida.

♦ Diz-se em italiano: *tutto arriva a chi sa attendere.*

POIRE *s.f.* pêra; *pear*

1 Faute de POIRES, on ronge les trognons (rég., Savoie)

= Faute de GRIVES, on mange des merles

2 Il faut garder toujours une POIRE pour la soif (1752)

'il ne faut pas s'engager en ayant épuisé toute ressource; la prévoyance recommande de ménager une réserve'

do tanto que tens, guarda sempre um vintém
guarda hoje que terás amanhã
guarda o teu dinheiro para o mau tempo
quem guarda acha
quem guarda encontra
quem guarda retalhos tem seda

better keep now than seek anon ['soon']
better spare to have of thine own, than ask of other men
for age and want save while you may(: no morning sun lasts a whole day)
in fair weather prepare for foul
keep something for the sore foot
lay up for a rainy day
leave something for the next corner
put out your tubs when it is raining
spare well and have to spend
waste not, want not
wilful waste makes woeful want

⇒ Qui RAMASSE quand il peut trouve quand il veut

3 Quand la POIRE est mûre, il faut qu'elle tombe (1781)

'quand les temps sont révolus, il est vain de s'accrocher à la branche; l'acharnement thérapeutique est une cause désespérée'

a pêra, quando madura, há de cair
a seu tempo se colhem as peras
a seu tempo vêm as uvas e as maçãs maduras

time and straw make medlars ripe
when the pear is ripe, it falls

P

♦ Cf. o latim tardio *pira dum sunt matura sponte cadunt* (quando maduras, as peras caem espontaneamente). Há equivalente em italiano: *quando la pera è matura bisogna che caschi*.

⇒ Chaque CHOSE a/en son temps

POIS *s.m.* ervilha; *pea*

Donner un POIS pour avoir une fève (loc. prov.)

= Donner un ŒUF pour avoir un bœuf

POISSON *s.m.* peixe; *fish*

1 Après le POISSON lait est poison

'ils font un mélange indigeste'

depois de peixe, mal é o leite

fish and milk together make you sick

2 Au POISSON à nager ne montre (1597)

'on se rend ridicule en prétendant donner des leçons à l'homme d'expérience'

a macaco velho não se ensina a fazer caretas
aos peixes não se ensina a nadar
não se deve ensinar o padre a rezar missa
só tolo pensa ensinar o padre-nosso ao vigário

you can't teach an old dog new tricks
you can't teach your grandame to grope ['to handle (poultry)
in order to find whether they have eggs'] *(her) ducks*
you can't teach your grandmother to suck eggs

♦ Expressão paralela figura nos paremiógrafos gregos: δελφῖνα νήχεσθαι διδάσκεις (ensinas o golfinho a nadar). A mesma idéia está em Plauto (*Poenulus*, 880): *doctum doces* (ensinas a quem já sabe).

⇒ La POMME est (toujours) pour le vieux singe

3 Le POISSON commence à sentir/pourrir par la tête (sXVI)

'les chefs se laissent corrompre les premiers'

o peixe começa a apodrecer pela cabeça
o peixe começa a feder pela cabeça
pela cabeça estraga-se o peixe

fish begins to stink at the head
the fish always stinks from the head downwards

♦ Do grego ἰχθύς ἐκ τῆς κεφαλῆς ὄζειν ἄρχεται (um peixe começa a feder pela cabeça), consignado por Apostólio. Há equivalentes em italiano: *il pesce comincia a putir dal capo* e em alemão: *der Fisch stinkt am Kopf zuerst*.

4 Les gros POISSONS mangent les petits (sXV)

'les puissants oppriment les faibles; les sentiments les plus forts font taire les plus faibles'

a cobra maior engole a menor
em todos os tempos peixe grande come peixe pequeno
os grandes peixes devoram os pequenos
os peixes grandes comerão os pequenos
peixão graúdo come peixe miúdo

big fish eat little fish
the big traders cut out the small
the great fish eat up the small
the great put the little on the hook

J. Rouaud emprega o provérbio às avessas:

Rappelez-vous: LE PLUS PETIT MANGE LE PLUS GRAND. Voilà qui est bien raisonné. Inattaquable? Pas vraiment. (*M*, p. 48)

Lembre-se: O MENOR COME O MAIOR. Esse é um bom raciocínio. Irretorquível? Nem tanto.

♦ O provérbio vem das *Saturae Mennippeae* de Varrão: *piscis... saepe minutos / magnu' comest*. Há equivalentes em italiano: *i pesci grossi mangiano i piccini*, em espanhol: *los peces mayores se tragan los menores* e em alemão: *grosse Fische fressen die kleinen*.

5 Les meilleurs POISSONS nagent près du fond

'le mieux n'est pas facile à prendre'

os melhores peixes não saem do fundo

the best fish keep the bottom
the best fish swim near the bottom

⇒ Au premier SON, on ne prend la caille

6 Pas de POISSON sans arête

= Il n'y a pas de ROSE(S) sans épines

7 Petit POISSON deviendra grand (1668)

'les grands doivent respecter les petits qu'ils étaient hier encore, et que les petits prennent leur petitesse en patience'

o que é pequeno crescerá
peixe pequeno será grande um dia

boys will be men
lads will be men

PETIT POISSON DEVIENDRA GRAND, / Pourvu que Dieu lui prête vie. / Mais le lâcher en attendant, / Je tiens pour moi que c'est folie; / Car de le rattraper il n'est pas trop certain. (La Fontaine, *F*, V, iii, 1-5)

PEIXE PEQUENO SERÁ GRANDE UM DIA, / Se Deus vida lhe der; / Mas é falta de siso em demasia / O largá-lo qualquer, / Esp'rando que ele cresça / E depois apareça; / Apanhá-lo outra vez é muito incerto. (Trad. de J. I. de Araújo)

♦ Observa com humor R. Sabatier (*apud* C. Gagnière, *TOM*, p. 109): "Petit poisson deviendra grand si le pêcheur en raconte la prise." (O peixe pequeno

aumentará de tamanho se o pescador contar a sua façanha.)

8 Tous les POISSONS mangent les gens, c'est le requin seul qu'on blâme (Martinique)

= Le MOUTON boit, c'est le cabri qui est saoul

POIVRE *s.m* pimenta; *pepper*

Le POIVRE est noir, et chacun en veut avoir (1610)

'la couleur noire peut être associée à des valeurs positives'

café e pimenta-do-reino são pretos mas ninguém passa
   sem eles
pimenta-do-reino é preta mas faz de-comer gostoso

pepper is black and has a good smack
spice is black and has a good smack

POIX *s.f.* pez; *pitch*

Qui touche à la POIX s'embrouille les doigts (sXV: *qui traite la poix s'embrouille les doigts*)

'on ne manipule pas impunément une matière qui colle aux doigts – l'argent par exemple'

ninguém presuma que se pode entrar no lodo sem se
   enlodar
ninguém toca em carvão que não fique enfarruscado
o que tratar com o pez ficará empezinhado
quem se encosta ao ferro enferruja-se

he that deals in dirt has aye ['always'] *foul fingers*
he that touches pitch, shall be defiled

♦ A fonte é o *Eclesiástico*, 13, 1: *qui tetigerit picem, inquinabitur ab ea* (quem tocar no pez será manchado por ele). Há correspondentes em italiano: *chi tocca la pece s'imbratta* e em espanhol: *quien anda con pez, se manchará los dedos*.

⇒ SACS à charbonnier, l'un gâte l'autre

POLICE *s.f.* polícia; *police*

Où manque la POLICE abonde la malice (1610)

'faute de contrôle, la licence prolifère'

abunda a malícia onde falta polícia

he that corrects not small faults, will not control great ones

POMME *s.f.* maçã; *apple*

1 La POMME est (toujours) pour le vieux singe (1842)

'l'avantage est toujours au plus expérimenté'

macaco velho não mete a mão em cumbuca
macaco velho não põe a mão em cumbuca

peixe velho é entendedor de anzóis
porco velho não se coça em pé de espinho

an old ape has an old eye
an old cat sports not with her prey
the old fish swim near the bottom

⇒ On n'apprend pas à un vieux SINGE/(aux vieux SINGES) à faire la/les/des grimace(s)

2 La POMME ne tombe pas loin du tronc

'on ne peut aller contre l'ordre naturel; on ne trouve pas de pommes sous un cerisier'

a maçã jamais cai longe da macieira

the apple never falls far from the tree

C. Brami alude ao provérbio:

   "Pauvre Si-Moktar... Lui, si bien de sa personne. Si distingué. Presque un Européen... Un tel fils! On peut dire que cette fois, LA POMME EST TOMBÉ LOIN DU POMMIER..." (*PEP*, p. 55)

   "Pobre Si-Moktar... Uma pessoa tão legal. Tão distinta. Quase um europeu... E com um filho assim! Pode-se dizer que, nesse caso, A MAÇÃ CAIU LONGE DA MACIEIRA..."

♦ Há provérbios paralelos em italiano: *la mela non cade lontano dall'albero* e em alemão: *der Apfel fällt nicht gerne weit vom Stamm*.

⇒ Un PIN fait un PIN, il ne peut faire du jasmin

3 Mieux vaut une POMME donnée que mangée (sXIII)

'la générosité est plus gratifiante que le plaisir égoïste'

melhor é maçã dada que comida

better an apple given than eaten

⇒ Mieux vaut ŒUF donné que ŒUF mangé

4 Pour être ridée, une POMME ne perd pas sa bonne odeur (1860)

'les femmes âgées ont des attraits ou des douceurs aussi bien que les jeunes'

beleza não se mede pela idade

there is many a good tune played on an old fiddle

5 Qui mange une POMME tous les jours vit cent ans

= Une POMME chaque matin ôte un écu au médecin

6 Souvent la plus belle POMME est véreuse

'chair appétissante souvent recèle quelque corruption'

por fora bela viola, por dentro molambos só
por fora cordas de viola, por dentro pão bolorento
por fora filó, filó; por dentro, molambo só

por fora grande farofa, por dentro molambo só
por fora muita farofa, por dentro não tem miolo
por fora muito fofó, por dentro molambo só

a fair outside, and a foul within
not every apple that is fair at eye is good

♦ Diz-se em italiano: *bella in vista, dentro è trista.*

7 Toujours sent la POMME le pommier

= Bon SANG ne peut mentir

8 Une POMME chaque matin ôte un écu au méde-cin

règle de santé

uma maçã por dia mantém o médico longe
uma maçã por dia o médico pouparia

an apple a day keeps the doctor away
eat an apple going to bed, make the doctor beg his bread

⇒ Qui mange une POMME tous les jours vit cent ans

9 Une POMME gâtée en gâte cent

'un seul pervers suffit à contaminer toute une société;
le vice se transmet comme les microbes'

a maçã podre estraga a companheira
basta uma maçã podre para estragar toda a cestada
uma maçã pode apodrecer um cento
uma maçã podre apodrece um cento

one ill weed mars a whole pot of pottage
the rotten apple injures its neighbours

♦ A idéia está em Juvenal (*Saturae*, 2, 81), que troca a maçã pela uva: *uvaque conspecta livorem ducit ab uva* (a uva apodrece na presença de uva podre). Consignam também os paremiógrafos gregos: βότρυς πρὸς βότρυν πεπαίνεται (o cacho de uva amadurece na presença de outro cacho). Há correspondentes em italiano: *una pera fradicia ne guasta un monte* e em espanhol: *la manzana podrida pierde a su compañía.*

PONT *s.m.* ponte; *bridge*

Il faut faire un PONT d'argent/d'or à l'ennemi qui fuit (1534)

'il faut faciliter la tâche à celui qui a de bonnes intentions'

ao inimigo que foge, ponte de prata
ao inimigo que te vira a espalda, ponte de prata

for a flying enemy make a golden bridge
for a flying enemy make a silver bridge

Ouvrez tousjours à voz ennemys toutes les portes et chemins, et plustost LEURS FAICTES UN PONT D'ARGENT affin de les renvoyer. (F. Rabelais, *G*, p. 179)

Abri sempre aos vossos inimigos todas as portas e ca-

minhos, e CONSTRUÍ PARA ELES UMA PONTE DE PRATA a fim de mandá-los ir embora.

♦ Consignado por Erasmo (*Apophthegmata*, 8, 14): *hostibus fugientibus pontem argenteum exstruendum esse* (deve-se construir uma ponte de prata para os inimigos em retirada). Há correspondentes em italiano: *a nemico che fugge, ponti d'oro* e em espanhol: *a enemigo que huye, puente de plata.*

♦ "Ce proverbe est tiré d'une réflexion d'Aristide à Thémistocle. – Alors que les Grecs recommandaient à Thémistocle de détruire un pont de bateaux établi pour Xerxès, roi de Perse, Aristide répondit: 'Au lieu de détruire ce pont, il faut en faire un autre, afin que l'ennemi se retire plus vite.'" (M. Maloux)

PORC *s.m.* (*Sus domesticus*) porco; *pig*

À chaque PORC vient la Saint-Martin (sXVI: *à chacun pourceau son saint Martin*)

'à chacun son tour, à chacun son heure fatale'

a cada bacorinho vem o seu São Martinho
cada porco tem seu Natal
cada porco tem seu São Martinho
para cada porco há seu São Martinho
todo mofino tem seu dia

a man has his hour, and a dog has his day
every dog has his day
every hog has its Martinmas
everything has its day

♦ "A explicação conhecida é que no dia de São Martinho é costume e usança matar um porco, e que, portanto, fiquem os suínos de sobreaviso porque cada porco tem seu São Martinho. [...].

Sem contestar o costume dessa matança, creio que o sentido será de que São Martinho os fará melhores, e lá virá um dia que não sejam porcos. Porque, na lenda medieval de São Martinho, este santo sarava os doentes ainda contra a vontade deles. O que fazia com que os falsos mendigos com suas ricas chagas fugissem a todas as gâmbias do santo, por não perderem o emprego." (João Ribeiro, *FF*, p. 166)

♦ O provérbio tem equivalente em espanhol: *a cada puerco le llega su San Martín.*

PORTE *s.f.* porta; *door*

1 Aux grandes PORTES soufflent les gros vents

'plus on étale sa puissance, plus on offre de prise aux tourmentes médiatiques'

grande mar, grande tormenta
grande nau, grande perigo
grande nau, grande tormenta
quanto maior a nau, maior a tormenta

raio não cai em pau deitado

a great tree attracts the wind
high regions are never without storms
huge winds blow on high hills
the post of honour is the post of danger

A mesma idéia em Brantôme:

Davantage, disoit cette dame espagnole, ne void-on pas souvent LES SOMMETS DES HAUTES TOURS PAR LES VENTS, LES ORAGES ET LES TONNERRES ESTRE EMPORTEZ, DESRAUDEZ ET GASTEZ, et le bas en demeurer sain et entier? (*DG*, p. 215)

E mais ainda – dizia a dama espanhola –, não costuma ocorrer que O CIMO DE TORRES MUITO ALTAS SEJA LEVADO, DESTRUÍDO E DEVASTADO PELOS VENTOS, TEMPESTADES E RAIOS, enquanto a base permanece intacta?

◆ Idéia semelhante em Horácio (*Carmina*, 2, 10, 11-2): *feriuntque summos / fulgura montes* (os raios atingem os montes mais altos), retomada por Sêneca no *Agamemnon* (v. 96): *feriunt celsos fulmina colles*. Diz-se em italiano: *più alto è il monte, più neve riceve*.

⇒ La FOUDRE ne tombe que sur les sommets

2 Il faut qu'une PORTE soit ouverte ou fermée (1691)

'il faut prendre un parti dans un sens ou dans un autre; certaines circonstances n'admettent pas de demi-mesures'

uma porta deve estar aberta ou fechada

a door must either be shut or open

"Je me demande, se dit-il, si, en cette occurrence, IL FAUT QU'UNE PORTE SOIT OUVERTE OU FERMÉE?..." (J. Raspail, *CS*, p. 16)

"Não sei se, no presente caso, UMA PORTA DEVE ESTAR ABERTA OU FECHADA..."

Machado de Assis usou este provérbio francês numa de suas crônicas:

O próprio ato do subdelegado, olhando-se bem para ele, foi bem feito. Já lá dissera Musset estas palavras: "IL FAUT QU'UNE PORTE SOIT OUVERTE OU FERMÉE"*. Não podendo estar abertas as da loja de grinaldas, foi muito melhor fechá-las. (*Bons dias!*, in *OC*, v. 3, p. 505)

* Assim se intitula uma comédia de A. de Musset, datada de 1845.

3 La PORTE ouverte tente le saint

'lorsqu'un désir ne rencontre aucune résistance extérieure, personne n'est à l'abri d'y succomber'

arca aberta, justo peca
em frente da arca aberta o justo peca

na arca aberta o justo peca
porta aberta, o justo peca

a bad padlock invites a picklock
an open door may tempt a saint
at open doors dogs come in
the hole calls the thief
the righteous man sins before an open chest

◆ O provérbio tem correspondentes em italiano: *porta aperta i Santi tenta* e em espanhol: *puerta abierta al santo tienta*.

⇒ AISE fait larron

4 PORTE fermée, le diable s'en va (1828)

c'est le proverbe complémentaire du précédent

de porta cerrada, o diabo torna

away goes the devil when he finds the door shut against him

◆ Diz-se em espanhol: *a puerta cerrada, el diablo se vuelve.*

≠ LA PORTE OUVERTE TENTE LE SAINT

⇒ Bon GUET chasse malaventure

5 Que chacun balaie devant sa PORTE et les rues seront nettes

'si chacun fait ce qu'il doit, l'ordre du monde sera préservé'

cada um que varra a sua porta e o mundo ficará menos sujo

if each would sweep before his own door, we should have a clean city
if each would sweep before his own door, we should have a clean street

⇒ Il ne faut pas jeter la FAUX dans la moisson d'autrui

6 Qui écoute aux PORTES entend souvent sa propre honte

'la curiosité est souvent bien punie, et tourne à la confusion du curieux'

quem escuta de si ouve
quem escuta pelas beiras ouve das suas manqueiras
quem escuta pelas cueiras ['fundos da casa'] ouve das suas manqueiras
quem espreita peidos aceita
quem ouve de si escuta
quem por fresta espreita seus males aventa
quem por greta espreita seus doilos ['desgostos'] vê

eavesdroppers never hear any good of themselves
he who peeps through a hole may see what will vex him
listeners hear no good of themselves
listeners never hear good of themselves

◆ Há correspondentes em italiano: *chi sta alle scolte, sente le sue colpe* e em espanhol: *el que escucha, su mal oye* (ou ainda: *quien acecha por agujero, ve su duelo*).

P

7 Qui écoute aux PORTES entendra mal parler sur son compte

= Qui écoute aux PORTES entend souvent sa propre honte

⇒ Qui CHERCHE trouve

8 Qui ne peut passer par la PORTE sort par la fenêtre

= Qui veut la FIN veut les moyens

9 Une PORTE mal graissée chante

= Pour faire aller le CHARIOT, il faut graisser les roues

POSSÉDER *v.t.* possuir; *to possess, to have*

Autant tu POSSÈDES, autant tu vaux

ce proverbe qui fait de l'avoir la mesure de la valeur est particulièrement bien adapté à notre époque, qui ne vénère que ce dieu

quanto tens, tanto vales
tanto vale cada um na praça, quanto vale o que tem na caixa

so much are you worth as you have money

⇒ Tant a HOMME, tant est prisé

POT *s.m.* pote; *jar, pot*

1 À chaque POT son couvercle (1568)

= Il n'y a si méchante/vieille MARMITE qui ne trouve son couvercle

2 À tel POT, telle cuiller (sXV)

= CHACUN (aime/avec) sa CHACUNE

3 Dans les petits POTS, les bons onguents

'la qualité se moque de la quantité'

as boas essências estão nos pequenos frascos
em pequena caixa está o bom ungüento
os bons perfumes e os piores venenos estão nos pequenos frascos
os grandes venenos estão nos pequenos frascos
pequenas caixas têm bons ungüentos

good things are wrapped up in small parcels
small parcels hold fine wares
the best things comes in small packages

♦ Diz-se em italiano: *le spezie migliori stanno nei sacchetti piccoli.*

⇒ Dans le petit TONNELET se trouve le bon vin

4 Dans les vieux POTS, les bonnes soupes (1640)

'les personnes âgées, les vieux objets rendent toujours des services'

coco velho é que dá azeite
em velha gamela também se faz boa sopa
galinha velha (é que) dá bom caldo
panela velha é que faz comida boa
pote velho é que dá boa água

good broth may be made in an old pot
old maids lead apes in hell
the best wine comes out of an old vessel

5 Il n'est que d'être là où on fait le POT bouillir (sXVI)

'il faut savoir être présent au moment opportun'

onde há festa, há doce
quem está perto do lume é que se aquece

where bees are, there is honey

⇒ Il fait bon pétrir près de la FARINE

6 Il n'y a/n'est si méchant POT qui ne trouve son couvercle (1640)

= Il n'y a si méchante/vieille MARMITE qui ne trouve son couvercle

♦ Há correspondentes em italiano: *non vi è pentola sì brutta, che non trovi il suo coperchio*, em espanhol: *no hay olla tan fea que no halle su cobertera* e em alemão: *kein Toft so schief, er findet seinen Deckel.*

7 Les POTS fêlés (sont ceux qui) durent le plus (1842)

= POT fêlé dure longtemps

8 Petit POT tient bien pinte (sXVI)

"proverbe qui valorise une fois de plus les gens de petite taille" (J-Y. Dournon)

tamanho não é documento

as sore fight wrens as cranes

9 POT fêlé dure longtemps (1835)

'cacochymes, égrotants et hypocondres souvent vivent longtemps'

árvore ruim, não a queima a geada
caco de barro não cai do jirau
prata ruim não cai do louceiro
vasilha quebrada dura muito
vasilha ruim não se quebra
vaso feio não quebra
vaso ruim não quebra
vida gemida, vida comprida

a creaking door hangs long on its hinges
a creaking gate hangs long on its hinges
creaky gates last longest
he who never was sick, dies the first fit
the cracked pot lasts longest

♦ Cf. o grego κακὸν ἄγγος οὐ κλᾶται (vaso feio não

quebra), registrado por Apostólio (9, 36). Cf. também o latim *vas malum non frangitur*. Há correspondentes em italiano: *dura più una pentola fessa che una nuova*, em espanhol: *el vaso malo nunca se cae de la mano* e em alemão: *die knarrigen Karren gehen am längsten*.

⇒ Mauvaise HERBE ne meurt point

10 Quand on a un POT de chambre en argent les bords en sont minces (1842)

'le luxe a ses incommodités'

ouro obtido, sono perdido
quanto mais dinheiro, mais cuidados
quanto menos fortuna, menos trabalho

much coin, much care
riches bring care and fears
riches bring oft harm, and ever fear

11 Qui tout met dans un POT tout a perdu en un matin

= Il ne faut pas mettre tous ses ŒUFS dans le même panier

12 Qui vend le POT dit le mot (1607)

'le vendeur doit parler le premier'

quem vende faz o preço

who will sell the cow must say the word

⇒ Qui vend le BŒUF aussi fait le prix

13 Tant va le POT à l'eau/(au puits) qu'il (se) brise (sXIII)

= Tant va la CRUCHE à l'eau qu'à la fin elle se brise/casse

∴ Ver abonação em TANT GRATTE CHÈVRE QUE MAL GÎT.

POTÉE *s.f.* espécie de cozido; *hotpot*

On ne fait pas de rien grasse POTÉE

'pour bien manger, il ne faut pas lésiner sur la qualité des produits'

comer do bom e do barato, nem no Crato
não há bom caldo só com água
só se faz bom queijo com bom leite

ill beef ne'er made good broo ['broth']
such beef, such broth

♦ Diz-se em espanhol: *no hay buena olla con agua sola.*

⇒ Bonne SEMENCE fait bon grain et bons arbres portent bons fruits

POTIER *s.m.* oleiro; *potter*

1 Chaque POTIER loue ses pots et davantage les cassés et rôts

= Chaque PRÊTRE loue/(fait l'éloge de) ses reliques

2 Le POTIER au POTIER porte envie (1656)

'on jalouse d'abord son voisin; c'est la convoitise horizontale'

o homem do teu ofício teu inimigo é
oficial do mesmo ofício meu inimigo é
oficial do teu ofício teu inimigo é
quem é o teu inimigo? é o oficial do teu ofício

one potter envies another
potter hates potter, and poet hates poet
potter is jealous of potter

♦ Cf. Hesíodo (*Os trabalhos e os dias*, 25): καὶ κεραμεὺς κεραμεῖ κοτέει (que o oleiro brigue com o oleiro). Cf. também o latim *figulus figulum invidet*. Há provérbios paralelos em italiano: *il tuo nemico è quello dell'arte tua* e em espanhol: *¿quién es tu enemigo? El de tu oficio.*

≠ UN BARBIER RASE L'AUTRE

⇒ Jamais/Oncques TRIPIÈRE n'aima harengère

POUCE *s.m.* polegar; *thumb*

Si on lui en donne un POUCE, il en prendra long comme le bras

= Si on lui en donne un DOIGT, il en prendra long comme le bras

POULAIN *s.m.* potro; *foal*

1 Ce que POULAIN prend en jeunesse, il le continue en vieillesse (1495; sXIII: *ce qu'apprend le poulain en denture tenir le veult tant comme il dure*)

'les habitudes contractées jeune ne se perdent plus'

o que no leite se mama na mortalha se derrama

what youth is used to, age remembers

⇒ Ce qu'on apprend en sa JEUNESSE faut-il continuer en vieillesse

2 Celui qui ne travaille pas POULAIN* à coup sûr travaillera rossin** (rég., Agen)

* *Poulain* = 'jeune'.
** *Rossin* = 'vieux'.

= JEUNESSE oiseuse, vieillesse disetteuse

3 Méchant POULAIN peut devenir bon cheval (sXVI: *de poulain roigneux ou farcineux vient beau cheval et précieux*)

'mauvaise nature peut être redressée'

cavalo formoso de potro sarnoso

a ragged colt may make a good horse

P

POULE *s.f.* galinha; *hen*

1 Chaque POULE vit de ce qu'elle gratte (rég., Auvergne)

= (À) tel TRAVAIL, tel salaire

2 La POULE ne doit pas/point chanter devant le coq (1643; sXIII: *c'est chose qui moult me deplaist quand poule parle et coq se taist*)

'la femme ne doit pas usurper les prérogatives masculines'

homem governado pela mulher nunca dá carreira certa
mal vai à casa onde a roca manda mais que a espada
mal vai ao fuso quando a barba não anda em cima
na casa do Gonçalo a galinha canta de galo
na casa do Gonçalo a galinha manda mais do que o galo
não há paz onde canta a galinha e canta o galo
onde está o galo não canta a galinha
onde há galo não canta a galinha
triste da casa onde a galinha canta e o galo cala

it is a sad house where the hen crows louder than the cock
it is a silly flock where the ewe bears the bell
the hen ought not to cackle when the cock is by

MARTINE. Ce n'est point à la femme à prescrire, et je sommes / Pour céder le dessus en toute chose aux hommes. /
CHRYSALE. C'est bien dit.
MARTINE. Mon congé cent fois me fût-il hoc, / LA POULE NE DOIT POINT CHANTER DEVANT LE COQ. (Molière, *Les Femmes savantes*, in *OC*, t. III, p. 388-389)

MARTINE. Mulher não tem que abrir o bico em tais arranjos, / E quem tem que ficar por cima é os marmanjos. /
CHRYSALE. Aí!
MARTINE. Por mais que eu leve o fora, é apregoá-lo; / GALINHA NÃO NASCEU PRA CANTAR FRENTE AO GALO. (Trad. de Jenny Klabin Segall)

♦ Cf. Eurípides (*Electra*, 932-933): Καίτοι τόδ' αἰσχρόν, προστατεῖν γε δωμάτων / γυναῖκα. (É, porém, uma vergonha a mulher mandar na casa e não o marido.) Há correspondentes em italiano: *in casa non c'è pace, quando gallina canta e gallo tace*, em espanhol: *casa perdida, donde calla el gallo y canta la gallina* e em alemão: *kräht die Henn' und schweigt der Hahn, ist das Haus gar übel dran.*

⇒ Du côté de la BARBE est la toute-puissance

3 La POULE ne doit pas se confesser au renard

= Folle est la BREBIS qui se confesse au loup

4 La POULE perd son œuf en chantant trop après avoir pondu (rég., Bretagne)

'à trop s'enorgueillir de ses succès, on s'expose à en épuiser les profits'

galinha que canta, faca na garganta
quem muito berra perde o seu e o alheio

hens lost their eggs by cracking too much after laying them

5 Les POULES pondent par le bec

'les poules ne pondent qu'autant qu'elles sont bien nourries'

afaga a tua galinha para te parir galinhos
afaga a tua galinha para te parir pintos

feeding out of course makes mettle out of kind
the cow little gives that hardly lives

♦ Há provérbio paralelo em italiano: *le galline fanno l'uova dal becco.*

⇒ Si à la POULE tu serres le poing, elle te serrera le cul

6 Les POULES qui gloussent le plus fort ne sont pas les meilleures pondeuses (rég., Languedoc)

'les plus agités ni les plus hâbleurs ne sont les plus efficaces'

galinha que muito canta poucos ovos põe

you cackle often, but never lay an egg

⇒ Les VACHES qui remuent tant la queue, ce ne sont pas celles qui ont le plus de lait

7 POULE égarée est bonne pour le renard (rég., Agen)

= L'UNION fait la force

8 Quand on tient la POULE, il faut la plumer

'il ne faut pas laisser passer l'occasion; il faut optimiser son temps'

enquanto venta, é molhar a vela
malha no ferro enquanto está quente
malha o ferro enquanto está quente

make hay while the sun shines
take the current when it serves

⇒ Il faut battre le FER tandis/pendant qu'il est chaud

9 Qui naît de POULE aime à gratter (1611)

'les descendants ont les qualités et les défauts de leurs ancêtres'

filho de gata ratos mata
galinha não nasce que não esgravate
o pinto já sai do ovo com a pinta que o galo tem

he that comes of a hen must scrape

⇒ L'AIGLE n'engendre pas la colombe

10 Qui suit les POULES apprend à gratter (1611)

= Avec les LOUPS on apprend à hurler

11 Si à la POULE tu serres le poing, elle te serrera le cul

= Les POULES pondent par le bec

♦ Há equivalente em espanhol: *a la gallina apriétale el puño y apretarte va el culo.*

⇒ Jamais la CORNEMUSE ne dit mot si elle n'a le ventre plein

12 Une POULE aveugle peut quelquefois trouver son grain

'tout le monde a sa chance, même l'être le plus déshérité'

galinha cega de vez em quando acha um grão

a blind man may perchance hit the mark
a blind man may sometimes catch the crow
a blind man may sometimes catch the hare
a blind man may sometimes hit the mark

♦ Cf. o latim *invenit interdum caeca columba pisum* (uma pomba cega às vezes encontra um grão).

13 Une POULE qui chante comme le coq n'est bonne qu'à tuer (Québec)

= La POULE ne doit pas/point chanter devant le coq

14 Vieille POULE fait bon bouillon (rég., Auvergne)

'une femme mûre est en amour meilleure qu'une jeune'

as mulheres são como as peras: quanto mais maduras, melhores
galinha velha (é que) dá bom caldo
panela velha é que faz comida boa
quanto mais seca a madeira, mais arde

old mares lust after new cruppers

Brantôme cita o provérbio em italiano:

Les courtisanes de Rome et d'Italie, quand elles sont sur l'aage, tiennent cette maxime que *UNA GALLINA VECCHIA FA MIGLIOR BRODO CH'UN ALTRA**. (DG, p. 208)

* A forma consignada pelos paremiógrafos italianos é: *gallina vecchia fa buon brodo.*

As cortesãs de Roma e da Itália, quando chegam a certa idade, repetem esta máxima: *UNA GALLINA VECCHIA FA MIGLIOR BRODO CH'UN ALTRA.*

⇒ Vieille VIANDE fait bonne soupe

POULET *s.m.* frango; *chicken*

Il ne faut pas compter ses POULETS avant qu'ils soient éclos (Québec)

= Il ne faut pas vendre la PEAU de l'ours avant de l'avoir tué

POURCEAU *s.m.* (*Sus domesticus*) porco; *pig*

On ne doit pas à gras POURCEAU le cul oindre (1495)

'il ne faut ajouter à l'opulence; notre société d'abondance suit le principe contraire; toujours plus, c'est sa loi; jamais ne cesseras d'engraisser l'obèse, c'est son évangile'

é inútil chover no molhado
é inútil enfiar toucinho em cu de capado gordo
é inútil levar água ao mar
é inútil socar banha em cu de porco
não adianta enxugar gelo

carry not coals to Newcastle
grease not a fat sow in the tail

⇒ Dedans la MER l'eau n'apporte

POURPOINT *s.m.* gibão; *doublet*

On connaît bien le POURPOINT au collet

'un détail suffit à trahir l'ensemble'

pela amostra se conhece a chita
pela amostra se conhece o pano

you may know the coat by the collar

⇒ On voit bien encore aux TESSONS ce que fut le pot

POUSSIN *s.m.* pinto; *chick*

POUSSIN chante comme le coq lui apprend (sXIII)

'l'éducation façonne la ressemblance des enfants aux parents'

como canta o galo velho, assim cantará o novo
como os pais falam os filhos palram

as the old cock crows, so crows the young
as the old cock crows, so the young one learns
the young pig grunts like the old sow

⇒ Tel chante le vieux COQ, tel le jeune chantera

POUTRE *s.f.* viga, trave; *beam*

En limant on fait d'une POUTRE une aiguille (rég., Bourbonnais)

⇒ De l'ARBRE d'un pressoir, le manche d'un cernoir

PRÉCAUTION *s.f.* precaução, cautela; *precaution*

1 Deux PRÉCAUTIONS valent mieux qu'une

'tel est, en notre siècle, le slogan des assureurs, qui ont transformé l'angoisse de l'avenir en fonds de commerce'

a precaução vale mais que a cura
cautela e caldo de galinha nunca fizeram mal a doentes
cautela e caldo de galinha nunca fizeram mal a ninguém
confiar no futuro mas pôr a casa no seguro
(um) homem prevenido vale por dois

better be safe than sorry
better be sure than sorry

P

one good forewit is worth two afterwits

On y rencontre aussi des vieilles gens qui lisent de vieux journaux, des parents honteux qui poussent des voitures dans lesquelles somnolent des bambins goitreux, prognathes ou idiots. D'une façon générale, tout le monde est habillé de noir, en prévision d'un accident possible. DEUX PRÉCAUTIONS VALENT MIEUX QU'UNE. (H. Calet, *TST*, p. 189)

Lá se vêem também idosos que lêem jornais velhos, pais acanhados que empurram carrinhos onde cochilam crianças com papeira, prognatismo ou idiotia. De modo geral, todo o mundo está vestido de negro, já à espera de um possível acidente. UM HOMEM PREVENIDO VALE POR DOIS.

♦ Diz-se em espanhol: *las precauciones y el caldo de gallina a nadie perjudican.*

⇒ PRUDENCE est mère de sûreté

2 Trop de PRÉCAUTION nuit

'prudence excessive paralyse l'action'

muita cera queima a igreja
muita diligência espanta a fortuna
pensando morreu um burro
por cuidar morreu um burro
quem não (se) arrisca não petisca

care brings grey hair
care is no cure
care killed the cat
too much zeal spoils everything

≠ UN HOMME AVERTI EN VAUT DEUX

PREMIER *s.m.* primeiro; *first*

1 Le PREMIER venu engrène (sXV: *qui premier engrène premier doit mouldre*)

= Qui premier vient au MOULIN premier doit moudre

2 Les PREMIERS seront les derniers (1789: *les premiers sont les derniers*)

'telle est la folle espérance qui soutient les damnés de la terre depuis que Jésus, et, après lui, les utopistes de la cité socialiste, leur ont promis que tout se paiera un jour'

os últimos serão os primeiros

last come, best served
the last shall be first, and the first last

MONGICOURT. (...) J'ai couru à la gare; j'ai demandé à quelle heure le premier train; j'ai sauté dedans, en me disant: "Ça y est. J'arriverai avant elle!" Malheureusement, je n'ai pas réfléchi que le premier train était un omnibus, tandis que le second était un express; de sorte que c'est le second qui arrivait le premier! Comme dans l'Évangile: "LES PREMIERS SERONT LES DER-

NIERS!" (G. Feydeau, *La Dame de Chez Maxim*, in *OA-DCM*, p. 438)

MONGICOURT. (...) Corri até a estação, perguntei qual era o próximo trem, embarquei logo, pensando: "Consegui. Chegarei antes dela!" Infelizmente, não tinha percebido que esse primeiro trem era um parador, enquanto o segundo era um expresso; de modo que o segundo é que chegava primeiro! Como no Evangelho: "OS PRIMEIROS SERÃO OS ÚLTIMOS!"

– Jamais, Ponosse! Pour ça ne comptez pas sur moi. Je veux bien être charitable, mais pas au point de me mettre au niveau des imbéciles.
– Il n'y a pas de leur faute, Madame la baronne.
– Encore moins de la mienne!
– LES PREMIERS SERONT LES DERNIERS, Madame la baronne... (G. Chevallier, *CB*, p. 29)

– Nunca, Ponosse! Para isso não conte comigo. Quero ser caridosa, mas sem chegar ao ponto de me igualar aos imbecis.
– Eles não têm culpa, senhora baronesa.
– E eu, menos ainda!
– OS PRIMEIROS SERÃO OS ÚLTIMOS, senhora baronesa...

♦ "La formule est souvent utilisée, pour illustrer l'instabilité des choses et des personnes. Mais son origine n'est pas, comme on le pense parfois, une version chrétienne de la roue de la fortune: cette allusion renvoie notamment à la parabole évangélique des ouvriers à la vigne (Mathieu 20, 16), dans laquelle tous ceux qui sont allés y travailler seront récompensés sans distinction du temps qu'ils y ont passé, les derniers aussi bien que les premiers, avec lesquels ils seront ainsi à égalité." (P. Rézeau)

⇒ Les DERNIERS seront les premiers

3 Mieux vaut être le PREMIER au village que le second à la ville

'grand parmi les petits est plus gratifiant que petit parmi les grands'

antes ser o primeiro na aldeia que o segundo em Roma
mais vale ser o primeiro na aldeia que o segundo em Roma

better be first in a village than second at Rome
better be the head of the yeomanry ['class of small landed proprietors'] *than the tail of the gentry* ['class of aristocratic landed proprietors']
better to reign in Hell than serve in Heav'n (Milton)
rather be the first in this town, than the second at Rome

♦ Do latim medieval *malo hic esse primus quam Romae secundus* (prefiro ser o primeiro aqui a ser o segundo em Roma), que provém de um episódio sobre a passagem de César por um vilarejo dos Alpes, narrado por Plutarco, *Vida de César*, 11, 3-4: ἐγὼ μὲν ἐβουλόμην ἂν παρὰ τούτοις εἶναι μᾶλλον πρῶτος ἡ παρὰ Ῥωμαίοις δεύτερος (eu preferiria ser o primeiro entre estes a ser o segundo em Roma).

⇒ Mieux vaut être TÊTE de chien que queue de lion

4 PREMIER levé, PREMIER chaussé (1568)

= PREMIER vient, PREMIER prend

5 PREMIER vient, PREMIER prend

'le principe du "premier arrivé" fonde la hiérarchie et le droit de propriété'

o primeiro que chega ao mercado é o primeiro que vende
quem mais cedo anda mais depressa chega
quem primeiro anda primeiro ganha
quem primeiro anda primeiro manja
quem primeiro chega primeiro é servido

first come, first served
he that comes first to the hill may sit where he will

♦ É o princípio que Dame Belette invoca contra Janot Lapin: "La Dame au nez pointu répondit que la terre / Était au premier occupant" (A Dama nariguda / lhe torna que a terra é *primi occupantis* – trad. de Filinto Elísio) na fábula "Le Chat, la Belette et le Petit Lapin", de La Fontaine (*F*, VII, xv, 16-17).

PRENDRE *v.* pegar, apanhar, tomar; *to take, to catch*

1 Qui PREND se vend/s'engage (sXVII)

= Qui d'autrui prend, SUJET se rend

La raison de douter était tous les cadeaux, / Bijoux donnés, et des plus beaux: / QUI PREND SE VEND. Mais l'intérêt du Prince, / Souvent plus fort qu'aucunes lois / L'emporta de quatre ou cinq voix. (La Fontaine, "Imitation d'un livre intitulé *Les Arrêts d'Amour*", in *OD*, p. 585)

O motivo da dúvida eram todos aqueles presentes, / Jóias oferecidas, e das mais belas: / VENDE A PRÓPRIA VONTADE QUEM RECEBE ALHEIO BENEFÍCIO. Mas o interesse do Príncipe, / Quase sempre mais forte que qualquer lei, / Venceu por quatro ou cinco votos.

2 Tel EST PRIS qui croyait PRENDRE (1678)

'les pièges qu'il tend servent souvent à attraper le piégeur lui-même'

foi buscar lã e saiu tosquiado
foi buscar lã e voltou tosquiado
o feitiço cai sobre o feiticeiro
o feitiço virou-se contra o feiticeiro
o tiro saiu pela culatra
quem arma a esparrela às vezes cai nela
quem laço me armou nele caiu

many go out for wool, and come home shorn
the biter is sometimes bit

LAMBOURDE. Foutons le camp, Gorin, sans ça, il ne nous restera même pas une chemise sur le dos.
GORIN. TEL EST PRIS QUI CROYAIT PRENDRE. (M. Aymé, *TA*, p. 190)

LAMBOURDE. Vamos dar o fora, Gorin, senão nos tiram até a pele.
GORIN. O TIRO SAIU PELA CULATRA.

♦ De um verso da fábula "Le Rat et l'Huître", de La Fontaine (*F*, VIII, ix, 19-33, 38-39): "N'étant pas de ces Rats qui les livres rongeants / Se font savants jusques aux dents. / Parmi tant d'Huîtres toutes closes, / Une s'était ouverte, et bâillant au Soleil, / Par un doux Zéphir réjouie, / Humait l'air, respirait, était épanouie, / Blanche, grasse, et d'un goût, à la voir, nonpareil. / D'aussi loin que le Rat voit cette Huître qui bâille: / Qu'aperçois-je? dit-il, c'est quelque victuaille; / Et, si je ne me trompe à la couleur du mets, / Je dois faire aujourd'hui bonne chère, ou jamais. / Là-dessus maître Rat plein de belle espérance, / Approche de l'écaille, allonge un peu le cou, / Se sent pris comme aux lacs; car l'Huître tout d'un coup / Se referme, et voilà ce que fait l'ignorance. (...) / Et puis nous y pouvons apprendre, / QUE TEL EST PRIS QUI CROYAIT PRENDRE", que J. I. de Araújo resumiu assim: "Não era dos que alcançam a sapiência / A roer alfarrábios. / Eis que uma ostra, toda bela, / Aberta vê: – 'Que pitéu!... / É maná que vem do céu!' / Forma pulo, e salta nela. / A ostra, muito ligeira, / Fecha a casca... Coitadinho, / Era uma vez um ratinho / Que acabou na ratoeira! (...) E QUEM QUER APANHAR, tenha paciência / Se APANHADO SE VÊ."

⇒ Qui fait la TRAPPE qu'il n'y choit

PRÉSENT *s.m.* presente; *gift*

1 À petit PRÉSENT, petit merci

= À petit SAINT, petite offrande

2 Petit PRÉSENT trop attendu n'est point donné mais bien vendu (1821)

= DON trop attendu n'est pas donné, mais vendu

PRESQUE *adv.* quase; *almost*

"PRESQUE" et "quasiment" empêchent de mentir

'avec des restrictions, rien n'est absolument faux'

o "quase" e o "talvez" encobrem muita mentira

almost and very nigh ['near'] *saves many a lie*
almost and well nigh saves many a lie

⇒ Peut-être empêche les gens de MENTIR

PRÊTRE *s.m.* padre; *priest*

1 Chaque PRÊTRE loue/(fait l'éloge de) ses reliques (sXIII)

'on tend naturellement à vénérer ce qui nous est proche'

cada bufarinheiro louva seus alfinetes
cada bufarinheiro louva suas agulhas
cada oleiro gaba a sua telha
cada um chega a brasa à sua sardinha
cada um puxa a brasa para a sua sardinha
sempre a galinha puxa para onde lhe estão os pintos

did you ever hear a fishwoman cry stinking fish?
each priest praises his own relics
every cook praises his own broth
every man brings grist to his own mill
every pedlar praises his needles

⇒ Chaque POTIER loue ses pots et davantage les cassés et rôts

2 Fou est le PRÊTRE qui blâme ses reliques (sXIII)

= Vilain OISEAU que celui qui salit son nid

3 Il faut que le PRÊTRE vive de l'autel (1842)

= Qui AUTEL sert d'AUTEL doit vivre

⇒ Le TAVERNIER s'enivre bien de sa taverne

PRÉVENIR *v.t.* prevenir; *to prevent*

Mieux vaut PRÉVENIR que guérir

'mieux vaut éviter un mal que devoir remédier à ses inconvénients'

mais vale prevenir que remediar

prevention is better than cure
thatch your roof before the rain begins

♦ Do latim medieval *praestat cautela quam modela.*

⇒ POINT (fait) à temps en épargne cent

PRIER *v.t.* pedir; *to beg*

1 Mal PRIE qui s'oublie (sXIII)

'les requêtes les plus convaincantes sont toujours inspirées par un intérêt personnel'

quem não se enfeita por si se enjeita
ruim é a galinha que não esgatanha para si
ruim é a galinha que para si não esgaravata/esgravata

he is a fool that forgets himself

⇒ FOU est qui s'oublie

2 Qui ne PRIE ne prend (sXIII)

'on n'obtient rien si on ne fait pas état de ce qu'on veut'

quem não chora não mama

ask and it shall be given you

speak and speed, ask and have
the squeaking wheel gets the grease

♦ Há correspondentes em italiano: *chi non chiede non ottiene* e em espanhol: *quien no pía, no cría* (ou ainda: *quien no llora, no mama*).

⇒ Qui ne DEMANDE rien n'a rien

PRIÈRE *s.f.* prece; *prayer*

1 Courte PRIÈRE monte au ciel (1665)

'l'efficacité de la prière ne se mesure pas à sa longueur'

oração breve depressa chega ao céu

a short prayer penetrates heaven

O provérbio é citado em latim (e amplificado) por F. Rabelais:

– (...) Jamais je ne me assubjectis à heures: les heures sont faictez pour l'homme, et non l'homme pour les heures. Pour tant je foys des miennes à guise d'estrivieres; je les acourcis ou allonge quand bon me semble: *BREVIS ORATIO PENETRAT CELOS, LONGA POTATIO EVACUAT CYPHOS.* (G, p. 173)

– (...) Jamais me sujeito a horas: as horas são feitas para o homem, e não o homem para as horas. Faço com as minhas como com os estribos, encurtando-os ou alongando-os à vontade: *BREVIS ORATIO PENETRAT CELOS, LONGA POTATIO EVACUAT CYPHOS* (BREVE ORAÇÃO PENETRA O CÉU, COMPRIDO GOLE OS COPOS VAZA). (Trad. de Aristides Lobo)

♦ Há correspondentes em italiano: *corta preghiera penetra in cielo*, em espanhol: *la oración breve sube al cielo* e em alemão: *kurz Gebet, tiefe Andacht.*

⇒ Brève ORAISON pénètre les cieux

2 Courtes PRIÈRES pénètrent les cieux (1665)

= Courte PRIÈRE monte au ciel

PRINCE *s.m.* príncipe; *prince*

Les PRINCES ont les mains (et les oreilles) bien longues (1640)

= Les ROIS ont les bras longs

♦ Há provérbio paralelo em italiano: *i principi hanno le mani lunghe.*

PRISON *s.f.* prisão; *prison, jail*

Il n'est pas de belles PRISONS ni de laides amours (1640)

'prisons sont faites pour être honnies, amour pour être aimé... certains considèrent pourtant l'amour comme une belle prison'

não há cárceres bonitos nem amores feios

no love is foul, nor prison fair

♦ Cf. o latim medieval *carcer nunquam pulcher*. Há correspondentes em italiano: *niuna prigione è bella e niuna amante è brutta* e em alemão: *kein Gefängnis ist schön, und keine Braut hässlich*.

PRIX *s.m.* preço, prêmio; *price, prize*

1 Chacun vaut son PRIX (1758)

"chacun a son mérite, ses talents" (Panckoucke)

a pessoa vale quanto se faz valer

a man is valued as he makes himself valuable

2 Chaque chose a son PRIX

'il n'est rien à quoi on ne puisse attribuer aucune valeur, quelque relative qu'elle soit'

cada coisa tem (o) seu preço
tudo tem (o) seu preço

everything can be had for money
everything has its price

3 Le PRIX de la vertu c'est elle-même

= La VERTU porte sa récompense en elle-même

PROCÈS *s.m.* processo; *lawsuit, trial*

1 Gagne assez qui sort de PROCÈS (sXVII)

= Un mauvais ACCOMMODEMENT vaut mieux qu'un bon procès

2 PROCÈS, taverne et urinal chassent l'homme à l'hôpital

'stress, alcool et sexe ruinent la santé'

demandar e urinar levam o homem ao hospital

a suit of law and a urinal bring a man to hospital

♦ Afirma G. Courteline (*apud* C. Gagnière, *TOM*, p. 307), com irreverência: "L'alcool tue lentement. On s'en fout, on n'est pas pressés." (O álcool mata aos poucos. E daí? Não estou com pressa.)

♦ Há equivalente em italiano: *processo, taverna e orinale, mandan l'uomo all'ospedale*.

3 Qui gagne son PROCÈS est en chemise; qui le perd est tout nu (rég., Dauphiné)

= Un mauvais ACCOMMODEMENT vaut mieux qu'un bon procès

PROFIT *s.m.* lucro; *profit*

1 Il n'y a pas de petits PROFITS

'tout bénéfice est bon à prendre; chaque pauvre est d'un maigre rapport, mais les pauvres sont nombreux'

cruzeiro a cruzeiro faz um milheiro
de grão em grão a galinha enche o papo (e o velho o saco)
grão a grão, enche a galinha o paparrão
grão a grão, enche a galinha o papo
tudo o que cai na rede é peixe
um real poupado é um real ganhado
vintém poupado, vintém ganhado

a dollar is a dollar
a penny saved is a penny earned
every little helps
little and often fills the purse
small profits and quick returns
who will not keep a penny never shall have many

⇒ Les petits RUISSEAUX font les grandes rivières

2 Le PROFIT de l'un est le dommage de l'autre (1580)

= NUL ne perd qu'autrui ne gagne

♦ O provérbio é o título de um dos *Essais* de Montaigne (I, xxi).

⇒ La RICHESSE de l'un est la pauvreté de l'autre

3 Plus de PROFIT et moins d'honneur

'le capital n'a aucun état d'âme, aucun amour-propre'

entre a honra e o dinheiro, o segundo é o primeiro
honra sem proveito é mel no dedo
honra sem proveito faz mal ao peito
onde há honra e não proveito, dá o trato por desfeito

praise without profit puts little in the pot

4 Trop de PROFIT crève la poche (Martinique)

= Quand la POCHE est pleine, elle renverse

⇒ Le SURPLUS rompt le couvercle

P

PROIE *s.f.* presa; *prey*

Il ne faut pas lâcher la PROIE pour l'ombre

'il ne faut pas laisser échapper un avantage certain, pour en suivre un autre qui ne l'est pas'

não se deixa o certo pelo duvidoso
não se deve trocar o certo pelo duvidoso
não troques o certo pelo incerto
quem deixa o certo pelo incerto nas coisas do mundo é pouco esperto

catch not at the shadow and lose the substance

HÉLICON. Ne nous affolons pas, c'est l'heure du déjeuner.
LE VIEUX PATRICIEN. C'est juste, IL NE FAUT PAS LÂCHER LA PROIE POUR L'OMBRE. (A. Camus, *M-C*, p. 104)

HÉLICON. Não vamos perder a calma, está na hora do almoço.

O VELHO PATRÍCIO. É verdade, NÃO SE DEVE TROCAR O CERTO PELO DUVIDOSO.

♦ Da fábula "Le Chien qui lâche sa proie pour l'ombre", de La Fontaine (*F*, VI, xvii): "Chacun se trompe ici-bas. / On voit courir après l'ombre / Tant de fous, qu'on n'en sait pas / La plupart du temps le nombre. / Au Chien dont parle Ésope il faut les renvoyer. / Ce Chien, voyant sa proie en l'eau représentée, / La quitta pour l'image, et pensa se noyer; / La rivière devint tout d'un coup agitée. / À toute peine, il regagna les bords, / Et n'eut ni l'ombre ni le corps." (Um cão passando ia um rio a nado, / E levava de carne um bom bocado; / Viu n'água a sua sombra, e presumindo / Que era outro cão que dele ia fugindo, / E que presa maior inda levava, / Com fim de lha tirar se arreganhava. / Naquele abrir de boca lhe caía / A carne, e nem mais sombras dela via.) (Trad. de Couto Guerreiro)

⇒ On sait ce qu'on QUITTE, on ne sait pas ce qu'on trouve

PROMESSE *s.f.* promessa; *promise*

1 PROMESSE de grand n'est pas testament

= PROMESSE des grands/(de seigneur) n'est pas héritage

2 PROMESSE des grands/(de seigneur) n'est pas héritage (sXVI)

'il ne faut pas se fier aux promesses des grands'

bem de senhor não é herdade
não te fies em favores de grandes senhores
quem muito promete nada dá
quem muito promete pouco dá

great men's favours are uncertain
hall benches are slippery*
hall binks ['benches'] *are sliddery* ['slippery']
there is a sliddery stone before the hall door

* This and the next two proverbs reiterate the warning contained in the preceeding proverb.

⇒ AMITIÉ de seigneur n'est pas héritage

PROMETTEUR *s.m.* prometedor; *promise monger*

Grand PROMETTEUR petit donneur (1610)

= Grand PARLEUR, grand menteur

⇒ Il y a grande différence entre PROMETTRE et tenir

PROMETTRE *v.t.* prometer; *to promise*

Il y a grande différence entre PROMETTRE et tenir

= Promettre et tenir sont DEUX

⇒ Grand VANTEUR, petit faiseur

PROPHÈTE *s.m.* profeta; *prophet*

1 Gardez-vous des faux PROPHÈTES

'faux prophètes sont ceux qui abusent de la crédulité publique; il faut d'autant plus s'en méfier qu'ils sont habiles'

guarda-te dos falsos profetas

beware of false prophets

♦ A fonte é Mateus 7, 15.

2 Nul n'est PROPHÈTE en son pays (1557: *en son pays prophète sans pris*)

'on a moins de crédit dans son pays qu'ailleurs'

ninguém é grande em sua casa
ninguém é profeta em sua pátria
ninguém é profeta em sua terra
santo de casa não faz milagre
santos de ao pé da porta não fazem milagres

a prophet is not without honour, save in his own country
never a prophet was valued in his native country
no man is a prophet in his own country
no-one is a prophet in his own land

Tel a esté miraculeux au monde, auquel sa femme et son valet n'ont rien veu seulement de remarquable; *peu d'hommes ont esté admirez par leurs domestiques*; NUL A ESTÉ PROPHETE non seulement en sa maison, mais EN SON PAÏS, dict l'experience des histoires: (...). (Montaigne, *E*, t. III, p. 34-35)

Há quem passe aos olhos do mundo por ter realizado milagres, sem que a mulher ou o criado o tenham percebido. *Poucos homens suscitaram a admiração de seus lacaios*; NINGUÉM É PROFETA em sua casa, nem mesmo EM SEU PAÍS, dizem as lições da História. (Trad. de Sérgio Milliet)

Or bien, pour moy en cela je peux bien pratiquer le proverbe que nostre redempteur Jesus-Christ a profferé de sa propre bouche que: "NUL PROPHETE EN SON PAÏS." Possible, si j'eusse servy des princes estrangers aussi bien que les miens, et cherché l'adventure parmy eux comme j'ay fait parmy les nostres, je serois maintenant plus chargé de biens et dignitez que ne suis d'années et de douleurs. (Brantôme, *DG*, p. 234)

Ora, nesse caso posso empregar em causa própria o provérbio que Jesus Cristo, nosso redentor, proferiu: NINGUÉM É PROFETA EM SUA TERRA. É possível que, se eu tivesse servido príncipes estrangeiros como servi os meus, e tivesse lutado por eles como lutei pelos nossos, estaria agora cumulado de bens e honrarias, ao invés de tanto padecer o cansaço da velhice.

– Vous savez, mademoiselle, que NUL N'EST

PROPHÈTE EN SON PAYS. Nous autres, compatriotes de Napoléon, nous l'aimons peut-être moins que les Français. Quant à moi, bien que ma famille ait été autrefois l'ennemie de la sienne, je l'aime et l'admire. (P. Mérimée, *Co*, p. 30)

– Bem sabe, senhorita, que NINGUÉM É PROFETA EM SUA TERRA. Pode ser que nós, compatriotas de Napoleão, o estimemos menos que os franceses. Quanto a mim, embora a minha família tenha sido antigamente inimiga da sua, eu o estimo e admiro. (Trad. de Mário Quintana)

♦ As fontes são Mateus 13, 57 e Lucas 4, 24. Há correspondentes em italiano: *niuno è profeta in patria*, em espanhol: *nadie es profeta en su patria* e em alemão: *der Prophet gilt nichts in seinem Vaterland*.

⇒ Le SAINT de la ville ne fait pas de miracles

PROPRE *adj.* próprio; *fit*

1 PROPRE à tout, PROPRE à rien (1798)

= Qui est PROPRE à tout n'est PROPRE à rien

2 Qui est PROPRE à tout n'est PROPRE à rien (1798)

'la polyvalence nuit à la compétence; il faut cultiver un domaine d'excellence'

mestre em todas as artes é burro em todas as partes
quem faz tudo não enche fuso
quem muito burro toca algum há de ficar para trás
quem tudo faz não enche fuso

Jack of all trades and master of none
Jack of all trades is of no trade
who meddles in all things may shoe the gosling ['spend one's time in unnecessary labour']

⇒ Douze MÉTIERS, quatorze malheurs

PROPRIÉTÉ *s.f.* propriedade; *property*

La PROPRIÉTÉ, c'est le vol (1840)

'en disciple de Rousseau, Proudhon considère que les malheurs de l'humanité commencèrent avec l'homme qui, le premier, se déclara propriétaire'

a propriedade é o roubo

property is theft

♦ Frase de Proudhon, filósofo francês, partidário do socialismo libertário. Em sua opinião, a terra não pertencia a ninguém, mas a posse de uma parte do solo era justificada, desde que o próprio dono a cultivasse para viver (*Qu'est-ce que la propriété?*).

PROUVER *v.t.* provar; *to prove*

Qui PROUVE trop ne PROUVE rien

'l'acharnement argumentatif devient vite suspect'

quem muito quer provar nada prova

he spoils his case who tries to prove too much
that which proves too much, proves nothing

♦ Cf. Montaigne, em "Sur des vers de Virgile" (*Essais*, III, v [t. III, p. 118]): "les excuses inconsidérées servent d'accusation" (as desculpas inconsideradas servem de acusação).

PROVERBE *s.m.* provérbio; *proverb*

PROVERBE ne peut mentir (sXVII)

'les vérités qu'une sagesse séculaire a établies, nul ne peut prétendre les récuser, d'autant qu'elles se chargent souvent elles-mêmes de s'entre-réfuter'

ditados velhos são evangelhos
os provérbios não mentem

old saws speak truth
proverbs cannot be contradicted
what everybody says must be true

♦ Há correspondentes em italiano: *i proverbi non sbagliano mai* e em espanhol: *no hay refrán que no sea verdadero*.

PROVISOIRE *s.m.* provisório; *temporary*

Il n'y a que le PROVISOIRE qui dure

'le provisoire en architecture, justice, morale, politique est mis en place pour répondre à une nécessité conjoncturelle; parfaitement adapté à cette conjoncture, si celle-ci s'éternise, le provisoire fait de même'

quase sempre o provisório é eterno
tudo o que é provisório torna-se eterno

almost always the temporary becomes permanent

PRUDENCE *s.f.* prudência; *care, caution*

PRUDENCE est mère de sûreté (1869)

'la prudence désamorce les dangers'

barata sabida não atravessa galinheiro
dormir no chão para não cair da cama
em lagoa que tem piranha, macaco bebe água de canudo
em rio que tem piranha, jacaré nada de costas
em terra de sapo, mosquito não dá rasante
galinha de olho torto procura o poleiro cedo
onça que dorme no ponto vira tapete
seguro morreu de velho(, desconfiado inda vive)
seguro morreu de velho e Dona Prudência foi ao seu enterro
seguro morreu de velho(, prevenido ainda está vivo)
(um) homem prevenido vale por dois

distrust is the mother of safety
good watch prevents misfortune

P

safe bind, safe find
safety is born of caution
sudden trust brings sudden repentance
wise distrust is the parent of security

Alteração jocosa em H. de Balzac:

– Dame, on ne dit pas ces choses-là de ses amis dans les voitures publiques, reprit Mistigris. *LA PRUDENCE, jeune homme, EST MÈRE DE LA SURDITÉ.* Moi, je ne vous écoute pas.
– C'est le cas de dire, s'écria Schinner, **dis-moi qui tu hantes, je te dirai qui tu hais**! (*DV*, p. 102)

– Pois então! Não se dizem essas coisas dos amigos, nos veículos públicos – disse Mistigris. – *A PRUDÊNCIA É A MÃE DA SURDEZ.*
– É o caso de dizer – exclamou Schinner – *dize-me a quem freqüentas, dir-te-ei a quem odeias*! (Trad. de Vidal de Oliveira)

≠ QUI NE RISQUE RIEN N'A RIEN

⇒ Deux SÛRETÉS valent mieux qu'une

PUER *v.* feder; *to stink*

C'est PUER que de sentir bon (1580)

= Une FEMME qui sent bon est une FEMME qui ne sent pas

Voylà pourquoi, dict Plaute,
  *Mulier tum bene olet, ubi nihil olet**;
"la plus exquise senteur d'une femme, c'est ne sentir rien." Et les bonnes senteurs estrangieres, on a raison de les tenir pour suspectes à ceulx qui s'en servent, et d'estimer qu'elles soyent employees pour couvrir quelque default naturel de ce costé là. D'où naissent ces rencontres des poëtes anciens, C'EST PUÏR QUE SENTIR BON.
  Rides nos, Coracine, nil olentes:
  *Malo, quam bene olere, nil olere**.* (Montaigne, *E*, t. I, p. 448)

* O texto de Plauto (*Mostellaria*, 273) é, na verdade: *mulier recte olet, ubi nihil olet.* Montaigne provavelmente citou de memória.
** Marcial, 6, 55, 4-5.

Eis por que Plauto diz: "o mais delicioso perfume de uma mulher está na ausência de qualquer odor". Quanto aos bons odores provenientes dos perfumes agregados ao corpo há que desconfiar de quem os usa, pois é de se temer que sirvam a disfarçar algum defeito natural dessa espécie, o que deu aliás origem a estes aforismos de poetas antigos: "É SINAL DE FEDOR O BOM ODOR". "Caçoas de nós, Coracino, porque não nos perfumamos, mas prefiro não ter cheiro nenhum a cheirar bem." (Trad. de Sérgio Milliet)

PUITS *s.m.* poço; *well*

1 Le PUITS où l'on tire souvent a l'eau la plus claire

'parce que l'eau y stagne moins: bienfaits du dynamisme, méfaits de l'inertie'

quanto mais a vaca se ordenha, maior tem a teta
quem não anda desanda

drawn wells are seldom dry
drawn wells have sweetest water
use legs and have legs

⇒ La ROUILLE ronge le fer

2 Ne crachez pas dans le PUITS, vous pouvez en boire l'eau

'à agir inconsidérément, on est sa propre victime; de même si l'on crache en l'air'

não sujes a água que hás de beber

cast no dirt into the well that has given you water
cast not out the foul water till you bring in the clean

⇒ Il ne faut cracher dans la SOUPE

3 Quand le PUITS est à sec, on sait ce que vaut l'eau

'on ne connaît son bien que quand on l'a perdu'

quando a fonte seca é que a água tem valor
quando o poço está seco é que se conhece o valor da água
só se sente (a) falta de água quando o pote está vazio

we never know the worth of water till the well is dry
we never miss the water till the well runs dry

⇒ Une VACHE ne sait ce que vaut sa queue, jusqu'à ce qu'elle la perd

PUNITION *s.f.* castigo, punição; *punishment*

La PUNITION boite mais elle arrive

'rien ici-bas ne demeure impuni; tôt ou tard, d'une façon ou d'une autre, tout s'expie'

o castigo tarda mas não falha

punishment is lame, but it comes

♦ A idéia está em Horácio (*Carmina*, 3, 2, 31-32): *raro antecedentem scelestum / deseruit pede poena claudo* (raramente o Castigo, com seu pé coxo, deixou-o [o criminoso] escapar). Cf. Tibulo (1, 9, 4): *sera tamen tacitis Poena venit pedibus* (o Castigo demora a chegar mas vem com pés de lã).

q

QUALITÉ *s.f.* qualidade; *quality*

La QUALITÉ d'une chose se revèle à l'usage

'il faut, pour juger, passer par l'expérience'

é no uso que se revela a qualidade
só a experiência comprova

the proof of the pudding is in the eating

QUENOUILLE *s.f.* roca; *distaff*

À la QUENOUILLE, le fol s'agenouille (1568)

= La POULE ne doit pas/point chanter devant le coq

QUERELLE *s.f.* querela, discussão; *quarrel*

1 Petites QUERELLES et noisettes* sont aiguillons d'amourettes

* *Noisette* (diminutif de *noise*) = 'petite dispute'.

= QUERELLES d'amants, renouvellement d'amour

A idéia está em F. Rabelais:

"Pareillement CES PETITES NOISETTES, CES RIOTTES, QUI PAR CERTAIN TEMPS SOURDENT ENTRE LES AMANTS, SONT NOULVEAULX REFRAISCHISSEMENS ET AIGUILLONS D'AMOUR. Comme nous voyons par exemple les coustelleurs leurs coz quelques foys marteler, pour mieulx aiguiser les ferremens. (*TL*, p. 87)

"Da mesma forma, ESSAS BRIGUINHAS, ESSES BATE-BOCAS, QUE EM DADO MOMENTO SURGEM ENTRE AMANTES, SÃO NOVOS REFRIGÉRIOS E ESTÍMULOS PARA O AMOR. Como vemos, por exemplo, os cuteleiros baterem algumas vezes em suas pedras para melhor afiar as ferramentas.

2 QUERELLES d'amants, renouvellement d'amour

'fâcheries d'amoureux ravivent leur amour'

arrufos de namorados são amores dobrados
brigas de namorados fortalecem o amor
namorados arrufados, casamentos controlados
rusgas de namorados fortalecem o amor
zangas de namorados, amores dobrados

lovers' quarrels are the renewal of love
lovers' tiffs are harmless
old porridge is sooner heated than new made
old pottage is sooner heated than new made
the falling out of lovers are the renewing of love
the quarrel of lovers is the renewal of love

♦ A mesma idéia já estava presente nos comediógrafos latinos. Em Plauto (*Amphitruo*, 940-943), por exemplo, lê-se: *Irae interueniunt, redeunt rursum in gratiam. / Verum irae si quae forte eueniunt huius modi / Inter eos, rursum si reuentum in gratiam est, / Bis tanto amici sunt inter se quam prius.* (Surgem os arrufos, volta o entendimento. Mas, se sobrévem uma desavença como a nossa e a reconciliação se dá, o amor fica mais forte do que antes.) E em Terêncio (*Andria*, 555): *amantium irae amoris redintegratio est* (os desentendimentos entre namorados fortalecem o amor). Diz-se em espanhol: *ira de enamorados, amores doblados* (ou ainda: *las riñas de los amantes son la renovación del amor*).

⇒ Ruades de JUMENT sont amours pour le roussin

3 QUERELLES de chiens, ils se raccommodent à la soupe (Belgique)

'un bon dîner réconcilie tout le monde'

barriga cheia, cara alegre

a hungry man, an angry man
spread the table, and contention will cease

Q

QUERELLER (SE) *v.pr.* brigar; *to quarrel*

Il faut être deux pour SE QUERELLER

'on peut toujours éviter une dispute'

quando um não quer, dois não baralham (Jorge Ferreira de Vasconcelos)
quando um não quer, dois não brigam

it takes two to make a quarrel
when one will not, two do not quarrel

♦ Diz-se em espanhol: *cuando uno no quiere, dos no barajan* (ou ainda: *dos no riñen si uno no quiere*).

QUESTION *s.f.* pergunta; *question*

À sotte QUESTION, pas de réponse (Québec)

= À sotte DEMANDE, point de réponse

QUEUE *s.f.* cauda, rabo, cabo; *tail, handle*

1 **À la QUEUE gît la difficulté** (sXIII)

= Dans la QUEUE (gît) le venin

2 **Celui qui tient la QUEUE de la poêle, il la tourne là où il veut** (sXIII)

= Qui tient la POÊLE par la queue, il la tourne par où il lui plaît

3 **Dans la QUEUE (gît) le venin** (sXV)

'toute fin est périlleuse; la perfidie d'une œuvre de l'esprit est d'autant plus mortelle qu'elle se réserve pour la fin'

na cauda é que está o veneno

o rabo é o pior de esfolar

the sting (is) in the tail

♦ "Comme le venin du scorpion est renfermé dans sa queue, les Romains tirèrent de cette circonstance le proverbe *In cauda venenum*, qu'ils appliquaient à la dernière partie d'une lettre, d'un discours, débutant sur un ton inoffensif, mais pour montrer ensuite plus de malice." (PL)

♦ Diz-se em italiano: *in coda il veleno*.

4 **Il n'y a rien de plus difficile à écorcher que la QUEUE** (1568)

= Dans la QUEUE (gît) le venin

QUITTER *v.t.* deixar; *to leave, to quit*

On sait ce qu'on QUITTE, on ne sait pas ce qu'on trouve

'il ne faut pas laisser échapper un avantage certain, pour en suivre un autre qui ne l'est pas'

quem deixa o certo pelo incerto nas coisas do mundo é pouco esperto

he that quits certainty and leans to chance, when fools pipe he may dance

♦ Cf. o fragmento de Hesíodo: νήπιος ὃς τὰ ἑτοῖμα λιπὼν τ' ἀνέτοιμα διώκει (tolo é quem abandona as coisas certas para perseguir as incertas). Em latim, cf. Plauto (*Pseudolus*, 685): *Certa mittimus,* [*amittimus*, num manuscrito menos confiável] *dum incerta petimus.* (Deixamos o certo para correr atrás do incerto.)

⇒ Un TIENS vaut mieux que deux tu l'auras

410

r

RACE *s.f.* raça; *race*

Les RACES des petits et des grands seront égales en mille ans

'ce qu'on peut prédire à coup sûr, c'est que les hommes seront toujours les mêmes, et que les transformations resteront superficielles'

depois dos anos mil torna a água a seu carril
tudo como antes no quartel de Abrantes (aprox.)
tudo como dantes, quartel-general em Abrantes (aprox.)

a thousand years hence the river will run as it did
it will be all the same a hundred years hence

♦ A idéia é expressa pelo latim medieval *ad fontes redeunt longo post tempore lymphae* (depois de muito tempo as águas tornam às nascentes).

⇒ Quand une VACHE blanche entre dans une étable, une VACHE blanche en sort cent ans après

RACINE *s.f.* raiz; *root*

1 Coupez le mal dans sa RACINE

'il faut s'opposer au mal dès le commencement'

é preciso cortar o mal pela raiz

best to bend while it is a twig

⇒ Qui ne rapièce pas un petit TROU en rapiècera des grands

2 Telle RACINE, telle feuille (sXVI)

= Tel ARBRE, tel fruit

⇒ De doux ARBRE douces pommes

RAGE *s.f.* raiva; *anger*

1 RAGE d'amour est pire que le mal de dents (sXV)

= RAGE de cul passe le mal de dents

2 RAGE de cul passe le mal de dents (sXV)

'la violence du désir sexuel est telle qu'il fait oublier les pires douleurs'

desgraça grande faz esquecer a pequena (aprox.)
raiva de coração faz passar a dor de dente

the greater grief drives out the less (aprox.)
the greater sorrow drives out the less (aprox.)

♦ Cf. Erasmo (*Similia*, 572c): *maior dolor obscurat minorem* (uma dor maior ofusca a menor).

RAGOÛT *s.m.* guisado, ensopado; *stew*

Même RAGOÛT perd tout son goût

'la répétition fait perdre aux choses leur saveur'

nem sempre galinha, nem sempre sardinha
nem todo dia galinha, nem todo dia rainha*
todos os dias galinha enfastia a cozinha

* "Um rei, apanhado em infidelidade conjugal pela mulher, ordenou ao mordomo que só lhe servisse galinha nas refeições, até segunda ordem. Enjoada de tanta galinha, a rainha protestou. O rei então deu-lhe a resposta acima." (Antenor Nascentes)

all work and no play makes Jack a dull boy
custom takes the taste from the most savoury dishes
new meat begets new appetite

♦ Diz-se em espanhol: *cada día gallina, amarga la cocina* (ou ainda: *¿perdices, todos los días, a quién no cansarían?*).

⇒ CHANGEMENT de corbillon, appétit de pain bénit

R

RAISIN *s.m.* uva; *grape*

De beau RAISIN parfois pauvre vin (sXIV)

'd'heureuses prémices n'annoncent pas nécessairement une heureuse issue'

nem sempre a árvore frondosa dá fruta saborosa

of a beautiful grape, not always a good wine

RAISON *s.f.* razão; *reason*

1 La RAISON du plus fort est toujours la meilleure (sXVI)

'la force est une raison qui passe toutes les autres'

coitados dos cordeiros quando os lobos querem ter razão
contra a força não há argumento(s)
contra a força não há resistência
em terra de cobra, sapo não chia
em terra onde não tem onça, veado escaramuça
em terreiro de galinha, barata e mais bicharia não têm razão
em terreiro de galinha, barata não tem razão
manda quem pode, obedece quem deve
manda quem pode, obedece quem tem juízo
onde está a força maior, cessa a menor
onde força há, direito se perde
onde há força, direito se perde
onde tem onça, macuco não pia

might is (above) right
might makes right
might overcomes right
the reasons of the poor weigh not
when force comes on the scene, right goes packing

LA RAISON DU PLUS FORT EST TOUJOURS LA MEILLEURE: / Nous l'allons montrer tout à l'heure. (La Fontaine, *F*, I, x, 1-2)

A RAZÃO DO MAIS FORTE É A QUE VENCE AO FINAL / (nem sempre o Bem derrota o Mal). (Trad. de Milton Amado e Eugênio Amado)

Supposons que notre poète, ayant relu sa fable du loup et de l'agneau, ne l'ait pas trouvée assez forte et cherche un autre exemple afin de mieux prouver que
LA RAISON DU PLUS FORT EST TOUJOURS LA MEILLEURE.
Pour cela, il faut que le personnage tyrannique soit vingt fois réfuté, et n'en soit pas moins tyrannique. (H. Taine, *LF*, p. 267)

Suponhamos que nosso poeta, ao reler sua fábula do lobo e do cordeiro, não lhe tenha sentido o vigor e procure um outro exemplo convincente para comprovar que
A RAZÃO DO MAIS FORTE É SEMPRE A MELHOR.
Para tal, é preciso que a personagem tirânica seja refutada umas vinte vezes, e não deixe de ser tirânica.

♦ Diz-se em espanhol: *no hay tal razón como la del bastón.*

⇒ Contre TONNERRE ne pète

2 Qui n'écoute la RAISON doit se conduire au bâton

'quand la raison est sans force, il faut que ce soit la force qui en ait raison'

quem não atende aos conselhos de seus pais expõe-se a sofrer males imortais
quem não escuta a mãe escutará a madrasta

he that will not be ruled by his own dame ['mother'] *shall be ruled by his stepdame*
he that will not hear motherhead, shall hear stepmotherhead

3 RAISON fait maison (1640)

'la rationalité est au cœur de tout'

a razão é tão forte que até os fortes querem ter razão
a razão é tudo na vida

hearken ['listen'] *to reason, or she will be heard*
reason binds the man
reason rules all things

RAMASSER *v.t.* colher; *to pick up*

Qui RAMASSE quand il peut trouve quand il veut (rég., Auvergne)

= Il faut garder toujours une POIRE pour la soif

RAPINE *s.f.* roubo, pilhagem; *rapine, plundering*

Ce qui vient par la RAPINE, s'en va par la ruine (Suisse)

= BIEN mal acquis ne profite jamais

RARETÉ *s.f.* raridade; *rarity, rareness*

La RARETÉ augmente le prix

'et c'est pourquoi les économies d'échelle le font baisser'

as coisas raras são estimadas
coisa rara, coisa cara
o que é raro é caro

that thing which is rare is dear

♦ Cf. F. Rabelais (*Le cinquième livre*, in *OC*, p. 895): "Son char triomphant estoit tout couvert de lierre, prins et cueily en la montagne Méros, et ce pour la rarité (laquelle hausse le pris de toutes choses), en Indie expressément, d'icelles herbes." (Seu carro triunfal estava todo recoberto de hera, apanhada e colhida no monte Mero, e isso pela raridade (a qual eleva o valor de todas as coisas), na Índia expressamente, daquela planta.)

RAT *s.m.* (*Rattus rattus*) rato; *rat*

1 À mauvais RAT, faut mauvais chat

'avec la méchanceté, il faut user de méchanceté'

a bom gato, bom rato
a mau amo, mau criado
a mau amo, mau moço (Jorge Ferreira de Vasconcelos)
a mau capelão, mau sacristão (Jorge Ferreira de Vasconcelos)

put an old cat to an old rat
set a thief to catch a thief

⇒ À RENARD, RENARD et demi

2 Les RATS quittent le navire (qui coule)

'le danger permet d'identifier lâches et parasites'

os ratos são os primeiros a abandonar o navio
quando está para cair a árvore, fogem os macacos

rats desert a falling house
rats desert a sinking ship
rats forsake a falling house
rats leave a falling house

Var. em H. de Montherlant:

– A peu près. Mais, vous savez, sitôt qu'elle sentira qu'il n'y a plus d'argent dans la maison... LES RATS FUIENT LE RADEAU QUI SOMBRE... (*C*, p. 60)

– Mais ou menos. Mas, sabe, logo que ela perceber que não há mais dinheiro em casa... OS RATOS FOGEM DA JANGADA QUE AFUNDA... (Trad. de Fernando Py)

♦ O provérbio tem equivalentes em italiano: *i topi abbandonano la nave che affonda* e em espanhol: *las ratas abandonan el barco que se hunde*.

3 Les RATS se promènent à l'aise où il n'y a point de chats

= Quand le CHAT n'est pas là, les souris dansent

⇒ Absent le CHAT, les souris dansent

4 RAT qui n'a qu'un trou est pour le matou (rég., Auvergne)

= SOURIS qui n'a qu'un trou est bientôt prise

⇒ Un RENARD qui n'a qu'un trou est bientôt pris

5 Tel RAT, tel chat (sXVI)

= À bon CHAT(,) bon rat

RATE *s.f.* baço; *spleen*

Quand la RATE s'engraisse, le corps maigrit

'le fisc ne s'enrichit qu'au détriment du peuple'

quanto mais onerosos os impostos, mais pobre o povo

while Inland Revenue gets richer, people get poorer (GB)
while Internal Revenue gets richer, people get poorer (EUA)

♦ "Vérité éternelle qui remonte à TRAJAN 'qui comparait le fisc à la rate qui ne grossit pas sans que les autres parties du corps diminuent' (M. Quitard)." (*Apud* J.-Y. Dournon)

RÉALITÉ *s.f.* realidade; *reality*

La RÉALITÉ dépasse la fiction

'la réalité invente des spectacles que l'imaginaire aurait été incapable de concevoir, la nature produit des phénomènes que l'esprit de l'homme ne peut imaginer; le réel excède l'imaginaire, pour la raison qu'il est son fournisseur; l'imagination ne fait que jouer avec les matériaux que lui offre la réalité; elle ne crée rien'

a realidade ultrapassa a ficção

truth is stranger than fiction

RECELEUR *s.m.* receptador; *receiver*

1 Les RECELEURS sont pires que les malfaiteurs (sXV)

'ceux qui, sans en encourir les risques, vivent des méfaits des autres, sont plus haïssables qu'eux'

o que fica no portão é pior do que o ladrão
quem encobre ladrão é ladrão e meio

the receiver is worse than the thief

2 S'il n'y avait point de RECELEUR, il n'y aurait de voleur

'le recel favorise le vol'

não há ladrão sem encobridor
sem receptador não haveria roubo

no receiver, no thief

♦ Diz-se em espanhol: *si no hubiera encubridores, no habría ladrones*.

⇒ Autant pèche celui qui tient le SAC, que celui qui met dedans

R

RÉCOLTER *v.t.* colher, fazer a colheita; *to collect, to harvest*

On RÉCOLTE ce qu'on sème

= Qui sème le VENT récolte la tempête

J. Rouaud reformula o provérbio:

Les formules tombent désuètes et maladroites, embarrassées et bienveillantes. Ainsi celle-ci à l'intention des orphelins: VOUS RÉCOLTEREZ CE QU'IL A SEMÉ, répétée plusieurs fois, comme pour bien nous en convaincre, et d'un air si pénétré, si plein de certitude, qu'on se demande ce qu'il a bien pu semer, ce père (...). (*M*, p. 98)

As palavras vão caindo obsoletas e desajeitadas, tímidas e complacentes. Como aquela que se dirige aos órfãos: COLHEREIS O QUE ELE SEMEOU, repetida muitas vezes, para que bem a assimilemos, e com um ar tão compenetrado, tão cheio de certezas, que nos leva a matutar sobre o que terá ele, esse pai, semeado (...).

⇒ Comme tu SÈMERAS, tu moissonneras

RECULER *v.* recuar, retroceder; *to move back, to step back*

Il fait bon RECULER pour mieux sauter (sXIII: *il fait bon reculer pour mieux salir*)

'de même qu'on recule pour mieux s'élancer, de même la réussite exige parfois qu'on commence par prendre une voie opposée'

antes de morder, vê com atenção se é pedra ou pão
faz(e) pé atrás, que melhor saltarás
para pular melhor, recua um pouco

draw back and you will leap better
look before you leap
mint ['warm'] *ere* ['before'] *you strike*
one must draw back in order to leap better
we must recoil a little, to the end we may leap the better

REFUSER *v.* recusar; *to refuse*

Qui REFUSE muse* (1690: *tel refuse qui après muse*)

* *Muse* (v. *muser*) = 'fait acte de folie'.

'à trop tergiverser, on finit par se tromper' [se dit particulièrement des filles qui restent à marier après avoir refusé de bons partis]

esperando marido e cavaleiro, chegam-me as tetas ao bragueiro ['pano branco para cobrir as coxas e o baixo ventre']
quem muito escolhe com o pior fica
quem muito escolhe fica com a pior espiga; quem muito namora e não se casa termina morando com rapariga
quem muito escolhe pega no pior
quem muito escolhe pouco acerta

a maiden with many wooers often chooses the worst
choose much and err much

⇒ Entre deux SIÈGES, on tombe à terre

RÈGLE *s.f.* regra; *rule*

1 Il n'est/(n'y a pas) de RÈGLE sans exception

'aucun principe ne peut avoir une portée suffisante pour recouvrir la totalité des cas susceptibles de lui être soumis'

não há regra que não falhe
não há regra sem exceção

no rule is so general, which admits not some exception
the exception proves the rule
there is an exception to every rule

there is no general rule without some exception

Il eut besoin, en écrivant *Bouvard et Pécuchet*, d'une exception à une loi botanique, car, affirmait-il, IL N'Y A PAS DE RÈGLE SANS EXCEPTION, ce serait contraire au sens de production de la nature. (G. de Maupassant, in Flaubert & Maupassant, *C-GF/GM*, p. 326)

Ele sentiu necessidade, ao escrever *Bouvard et Pécuchet*, de encontrar uma exceção para certa lei da botânica, pois, como afirmava, NÃO HÁ REGRA SEM EXCEÇÃO, o que seria contrário ao rumo de produção da natureza.

Pas tout le monde, tout le monde, pourtant, car IL N'EST DE RÈGLE SANS EXCEPTION. (A. Allais, *A*, p. 135)

Mas nem todo o mundo, todo o mundo, pois NÃO HÁ REGRA QUE NÃO FALHE.

◆ Há correspondentes em italiano: *ogni regola patisce eccezione*, em espanhol: *no hay regla sin excepción* e em alemão: *keine Regel ohne Ausnahme*.

Ver *in fine* de L'EXCEPTION CONFIRME LA RÈGLE.

2 Il n'est RÈGLE qui ne faille (sXVI)

= Il n'est/(n'y a pas) de RÈGLE sans exception

⇒ L'EXCEPTION confirme la règle

3 Mieux vaut RÈGLE que rente (1842)

'gestion rigoureuse, mesurée et prévoyante d'un budget vaut mieux que fortune'

a economia é a base da prosperidade
a economia é a base da riqueza
a economia é grande rendimento
mais vale boa regra que boa renda

sparing is a great revenue
sparing is the first gaining

◆ Há equivalente em espanhol: *más vale regla que renta*.

⇒ Un SOU est un SOU

4 Point de RÈGLE sans exception

= Il n'est de RÈGLE sans exception

REINE *s.f.* rainha; *queen*

Il y a raine* et REINE** (Suisse; rég., Jura)

* *Raine* = 'grenouille'.

= Il y a FAGOT(S) et FAGOT(S)

RELIQUE *s.f.* relíquia; *relic*

RELIQUES sont bien perdues entre les pieds de pourceaux (sXV)

= Ne jetez pas vos PERLES aux pourceaux

REMÈDE *s.m.* remédio; *remedy, medicine*

1 Il y a REMÈDE à tout, hors à la mort (sXVI: *il y a remède à tout, fors à la mort*)

'la mort a, jusqu'à ce jour, résisté à l'espérance ultime de la médecine et à tous ses antidotes, médicaments ou vaccins'

há remédio para tudo, menos para a morte
para tudo há remédio, menos para a morte
quando o mal é de morte, não precisa de doutor
só a morte não tem jeito nem conserto
só a morte não tem remédio
só para a morte não há remédio

there is a cure for everything but death
there is a remedy for all things but death

Var. em P. Mérimée:

DOÑA MARÍA. – Je ne vous dirai rien, vous ne m'entendriez pas. Malheureuse que je suis!
FRAY EUGENIO. – IL Y A REMÈDE À TOUT, mon enfant, HORMIS À LA MORT. (*TCG*, p. 190)

DOÑA MARÍA. – Não lhe direi nada, o senhor não me escutaria. Como sou infeliz!
FRAY EUGENIO. – PARA TUDO HÁ REMÉDIO, minha filha, EXCETO PARA A MORTE.

♦ Há provérbios paralelos em italiano: *a tutto c'è rimedio fuorché alla morte* e em espanhol: *a todo hay remedio, sino a la muerte.*

⇒ Contre la MORT il n'y a nul ressort

2 Le REMÈDE est (souvent) pire que le mal (sXVII)

'la force du remède doit être assortie à la gravité du mal, sous peine de l'aggraver'

(é) pior a emenda que o soneto
pior a cura que o mal

the cure is worse than the disease
the cure is worse than the evil
the remedy may be worse than the desease
there are some remedies worse than the disease

♦ Cf. o latim *ex ipso remedio vitia nascuntur* (do próprio remédio nascem os males). Há equivalentes em italiano: *spesso è peggiore il rimedio che il male* e em espanhol: *peor es el remedio que la enfermedad.*

⇒ Il vaut mieux laisser son ENFANT morveux que de lui arracher le nez

3 Rien n'est sans REMÈDE

'tout peut se réparer'

nada é eterno, nem mesmo os nossos problemas
para tudo Deus dá jeito

no wrong without a remedy
there is a salve for every sore

J'écoutais, je comprenais, j'approuvais, je trouvais ces propos rassurants et je n'avais pas tort puisqu'ils visaient à rassurer: RIEN N'EST SANS REMÈDE et, dans le fond, rien ne bouge, les vaines agitations de la surface ne doivent pas nous cacher le calme mortuaire qui est notre lot. (J.-P. Sartre, *Mo*, p. 46-47)

Eu escutava, compreendia, aprovava, achava tais palavras tranqüilizadoras e não estava errado já que se destinavam a tranqüilizar: NADA É IRREMEDIÁVEL e, no fundo, nada se mexe, as vãs agitações da superfície não devem ocultar-nos a calma mortuária que é nosso quinhão. (Trad. de J. Guinsburg)

RENARD *s.m.* (*Vulpes vulpes*) raposa; *fox*

1 À la fin sera le RENARD moine (sXVI)

'la vie est une scénariste d'une telle ingéniosité qu'on doit toujours s'attendre aux dénouements les plus improbables'

com o tempo tudo pode acontecer

at length the fox turns monk

2 À RENARD endormi ne vient bien ni profit (1495: *à renard endormi ne lui chest* ['tombe'] *rien en la gorge*)

'qui veut réussir s'en donne les moyens: fortune n'advient pas à l'oisif'

a pássaro dormente tarde entra o cevo no ventre
a raposa dormente, nada lhe cai na barriga
a raposa dormente, não lhe amanhece galinha no ventre
a raposa dormida, não lhe cai comida na boca
lobo aonde não vai pelo seu pé não se farta
lobo quedo não colhe sebo
raposa que dorme não apanha galinha(s)
zorro deitado não apanha mosca

foxes, when sleeping, have nothing to fall into their mouths
the sleeping fox catches no poultry
the sleepy fox has seldom feathered breakfasts
when the fox is asleep, nothing falls into his mouth

♦ Há correspondentes em italiano: *volpe che dorme, vive sempre di magra* e em espanhol: *a raposo durmiente, no le amanece la gallina en el vientre.*

⇒ À CHIEN endormi rien ne tombe dans la gueule

3 À RENARD endormi rien ne tombe dans la gueule

= À RENARD endormi ne vient bien ni profit

4 À RENARD, RENARD et demi

= À MALIN, MALIN et demi

⇒ À ROUBLARD, ROUBLARD et demi

5 Avec le RENARD on renarde (1576)

'il faut adopter les mœurs de ceux qu'on fréquente et les armes de ceux qu'on affronte'

R

com esperto, esperto e meio
com raposas é bom ser manhoso
em terra de lobos uiva-se com eles
para espertalhão, espertalhão e meio
para velhaco, velhaco e meio

with foxes one must play the fox

♦ A locução ἀλωπεκίζειν πρὸς ἑτέραν ἀλώπεκα (comportar-se como raposa com outra raposa) é consignada pelos paremiógrafos gregos. Cf. também seu equivalente em latim medieval: *vulpinari cum vulpe*. Há equivalente em italiano: *con la volpe convien volpeggiare*.

⇒ Il faut hurler avec les LOUPS

6 Chaque RENARD porte sa queue à sa manière

= Chacun son/ses GOÛT(S)

7 Enfin les RENARDS se trouvent chez le pelletier (1611)

'même les plus rompus à l'esquive ne réussissent pas à échapper à celle dont nul ne réchappe'

ninguém venha com engano, que não faltará quem lhe
   arme o laço
um dia a casa cai

at length the fox is brought to the furrier

♦ O provérbio tem correspondentes em italiano: *tutte le volpi alla fine si riveggono in pellicceria* e em espanhol: *allá nos veremos en el corral de los pellejeros*.

8 Il est avis au RENARD que chacun mange poule comme lui (1828)

'chacun, et notamment le méchant, juge les autres par lui-même'

cada qual julga os outros por si
pelo teu coração, julgas teu irmão
toda raposa pensa que os outros têm o rabo comprido
   como o dela

who is guilty suspects everybody
who is in fault suspects everybody

⇒ Chacun abonde en son SENS

9 Il ne faut pas se confesser au RENARD

= Folle est la BREBIS qui se confesse au loup

♦ "Allusion à un épisode du roman de Renart, où le goupil se fait confesseur pour attraper ses ouailles." (P. Vigerie)

10 Il n'y a si fin RENARD qui ne trouve plus finard (sXVI)

'ne nous flattons jamais d'être le plus malin; notre malice éveillera tôt ou tard une plus grande malice'

muito sabe a raposa mas mais sabe quem a toma

muito sabe a raposa mas quem a apanha sabe mais

if the fox be crafty, more crafty is he that catches him
the fox knows much, but more he that catches him

11 Laissons péter le RENARD (Québec)

= Bien FAIRE et laisser dire

12 Le RENARD cache sa queue (1640)

'l'avisé dissimule ses intentions'

gato sonso dá unhada e esconde a unha

cats hide their claws

13 Le RENARD change de poil, mais non de naturel

'chassez le naturel, il revient au galop, comme celui du Renard de la fable de La Fontaine, vêtu d'une peau de loup, qu'il oublie à la première occasion*'

* "Que sert-il qu'on se contrefasse? / Prétendre ainsi changer est une illusion: / L'on reprend sa première trace / À la première occasion." (*F*, XII, ix, 61-64) (De que adianta fingir o que não somos? / Tentar mudar assim é ilusão: / Tornamos à forma primitiva / Na primeira ocasião.)

a raposa muda de pele mas não de manha
ainda que mude a pele a raposa, seu natural nunca despoja
lobo muda a pele mas não o vezo
o lobo muda o pêlo mas não o vezo
o lobo perde os dentes mas não o costume
o pêlo muda a raposa mas do natural não a despoja
raposa, cai o cabelo, mas não deixa de comer galinha

a leopard cannot change his spots
the fox may grow grey, but never good
the leopard does not change his spots
the wolf may lose his teeth, but never his nature
wolves lose their teeth, but not their memory

♦ A fonte é Suetônio (*Vespasianus*, 16, in *De vita Caesarum*): *vulpem pilum mutare, non mores* (que a raposa muda o pêlo, não os hábitos). Há provérbios paralelos em italiano: *la volpe perde il pelo, ma il vizio mai* e em espanhol: *aunque muda el pelo la raposa, su natural no despoja* (ou ainda: *la zorra mudará los dientes, mas no las mientes*).

⇒ La BREBIS bêle toujours d'une même sorte

14 On ne prend pas deux fois le RENARD au même piège

= Un ÂNE ne trébuche pas deux fois sur la même pierre

15 Quand le RENARD prêche, prenez garde à vos poules

'quand un malfaisant adopte un comportement qui ne lui est pas naturel, c'est qu'il prépare un mauvais coup'

quando a raposa estiver fazendo sermão, cuidado com
   tua galinha

beware the geese, when the fox preaches
when the fox preaches, then beware your geese

♦ Há correspondentes em italiano: *quando la volpe predica, guardatevi galline* e em espanhol: *cuando la zorra predica, no están los pollos seguros.*

⇒ Quand le DIABLE dit ses patenôtres, il veut te tromper

16 RENARD qui dort la matinée n'a pas la gueule emplumée (sXVI: *jamais regnard n'eut gorge emplumée pour dormir grasse matinée*)

= À RENARD endormi ne vient bien ni profit

17 RENARD qui n'a qu'un trou est bientôt pris

= SOURIS qui n'a qu'un trou est bientôt prise

18 Un bon RENARD ne mange jamais les poules de son voisin (1690)

'il n'est pas fort habile de nuire à qui vous connaît nuisible'

a raposa não mata galinhas onde tem os filhos
quando o lobo vai furtar, longe de casa vai cear

foxes prey farthest from their earths
the fox preys farthest from his den
the fox preys farthest from his home

♦ Cf. o latim *vix depraedatur lupus in quo rure moratur* (dificilmente o lobo caça no território onde mora). Há correspondentes em italiano: *la volpe in vicinato non fa mai danno*, em espanhol: *cuando el lobo va a hurtar, lejos de casa va a cazar* e em alemão: *wo der Fuchs sein Lager hat, da raubt er nicht.*

19 Un RENARD ne se laisse pas prendre deux fois à un piège

= Un ÂNE ne trébuche pas deux fois sur la même pierre

♦ Indaga Horácio (*Saturae*, 2, 7, 70-71): *Quae belua ruptis, / cum semel effugit, redit se prava catenis?* (Qual o animal que, depois de romper as peias e escapar, tem a insensatez de voltar para elas?) É do latim medieval o provérbio: *vulpes non iterum capitur laqueo* (a raposa não cai duas vezes no laço), que traduz o grego ἀλλ' οὐκ αὖθις ἀλώπηξ (a raposa, porém, não se deixa prender duas vezes).

20 Un RENARD qui n'a qu'un trou est bientôt pris

= SOURIS qui n'a qu'un trou est bientôt prise

⇒ Si vous n'avez pas d'autre SIFFLET, votre chien est perdu

RENOM *s.m.* reputação, fama, renome; *reputation, renown*

1 Bon RENOM luit même en cachette (sXVI)

'la bonne réputation n'a cure des trompettes de la renommée'

o bom nome nas trevas tem resplendor

a good name keeps its lustre in the dark

♦ Cf. Publílio Siro (*Sententiae*, B 27): *bona fama in tenebris proprium splendorem tenet* (a boa reputação mantém seu brilho mesmo nas trevas).

2 Bon RENOM vaut un héritage (sXVI)

= Bonne RENOMMÉE vaut mieux que ceinture dorée

3 Une fois en mauvais RENOM, jamais puits n'est estimé bon (sXVI)

'la réputation a la peau dure; calomniez, il en restera toujours quelque chose'

quem a fama tem perdida morto anda nesta vida
quem a fama traz perdida anda morto em vida
quem sua reputação perder tarde ou nunca a torna a ver

a wounded reputation is never cured

⇒ On n'est jamais sali que par la BOUE

RENOMMÉE *s.f.* reputação, fama; *reputation, fame*

1 Acquiers bonne RENOMMÉE et dors la grasse matinée

'bonne réputation est un excellent paravent derrière lequel prendre ses aises'

cobra fama e deita-te a dormir
conquista boa fama e dorme a manhã na cama
cria fama e deita-te na cama

his name is up; he may lie abed till noon
win a good reputation, and sleep at your ease

♦ Há provérbios paralelos em italiano: *acquista buona fama e mettiti a dormire* e em espanhol: *cobra buena fama y échate a dormir.*

⇒ Qui a le BRUIT de se lever matin peut dormir tout son saoul

R

2 Bonne RENOMMÉE vaut mieux que ceinture dorée (1654)

'une valeur morale reconnue est préférable à la richesse'

boa fama vale dinheiro
bom nome é melhor que riqueza
bom renome sobrepuja a riqueza
mais vale boa fama que dourada cama
mais vale boa nomeada que cama dourada

a good name is a rich heritage
a good name is better than gold
a good name is better than riches
(a) good name is gold worth
good fame is better than a good face

Il vaut donc mieux que les biens soyent occupés par l'enfant que la bonne renommée se perde: car, comme dit un ancien proverbe, MIEUX VAUT BONNE RE-NOMMÉE QUE CEINTURE DORÉE. De là les théologiens tirent une maxime qui dit que, quand deux préceptes et commandements nous obligent, le moindre doit céder au plus grand. (Brantôme, *DG*, p. 84)

É melhor, portanto, que os bens caibam ao filho do que ver perdida a boa reputação: pois, como diz um velho provérbio, MAIS VALE BOA NOMEADA QUE CAMA DOURADA. Disso tiram os teólogos uma máxima que reza que, quando dois preceitos e leis nos obrigam, o menor deve ceder o passo ao maior.

♦ "C'est au pape LÉON II (mort en 684) que l'on doit le 'baiser de paix' que les fidèles se donnaient lorsque le prêtre prononçait: 'Que la paix du Seigneur soit avec vous.' La reine BLANCHE, épouse de LOUIS VIII, abusée par l'habillement 'honnête' d'une femme 'de mauvaise vie', lui donna ce baiser. Cette méprise lui fit prendre une ordonnance pour interdire aux 'femmes de mauvaise vie' le port de 'la robe à collet renversé et à queue avec la ceinture dorée'. Une ordonnance du parlement de Paris renouvela cet interdit en 1420. Bientôt l'uniformité du vêtement fut de règle et les femmes honnêtes se consolèrent en citant ce proverbe." (J.-Y. Dournon)

♦ O provérbio tem correspondentes em italiano: *è meglio aver buon nome, che molte ricchezze*, em espanhol: *más vale buena fama que dorada cama* e em alemão: *guter Ruf ist Goldes wert* (ou ainda: *ein guter Name ist besser als Silber und Gold*).

∴ Ver outra abonação em PAUVRETÉ N'EST PAS VICE.

3 Mieux vaut bonne RENOMMÉE que grandes richesses

= Bonne RENOMMÉE vaut mieux que ceinture dorée

REPAS *s.m.* refeição; *meal*

Mieux vaut bon REPAS que bel habit

'le nécessaire ne doit pas être sacrifié aux vanités du paraître'

mais vale barriga cheia que barbas untadas
mais vale bem comer que bem vestir
mais vale o bucho que o luxo
mais vale o calor do estômago que o pêlo do melhor veludo
primeiro o bucho, depois o luxo

back may trust, but belly won't
better pay the butcher than the tailor

♦ Diz-se em espanhol: *más vale olla que bambolla* ['boato y ostentación excesiva'].

⇒ Mieux vaut belle PANSE que belle manche

RÉPLIQUE *s.f.* réplica; *reply, retort*

Il n'est RÉPLIQUE si piquante que le mépris silencieux (1580)

'le silence est la plus blessante réponse à une offense'

a maior vingança é o desprezo

contempt is the sharpest reproof
contempt will sooner kill an injury than revenge

Phocion, à un homme qui luy troubloit son propos en l'iniuriant asprement, n'y feit aultre chose que se taire, et luy donner tout loisir d'espuiser sa cholere: cela faict, sans aulcune mention de ce trouble, il recommencea son propos en l'endroict où il l'avoit laissé. IL N'EST REPLIQUE SI PICQUANTE COMME EST UN TEL MESPRIS. (Montaigne, *E*, t. II, p. 452)

Falando Fócion em público, interrompeu-o alguém com violentas injúrias; Fócion calou-se deixando que o interlocutor expandisse sua cólera. Em seguida voltou ao seu discurso sem aludir sequer ao incidente. UM TAL DESDÉM É A RÉPLICA MAIS CAUSTICANTE QUE SE POSSA DAR EM SEMELHANTE CIRCUNSTÂNCIA. (Trad. de Sérgio Milliet)

⇒ Le DARD du mépris perce l'écaille de la tortue

REPOS *s.m.* repouso; *rest*

REPOS est demi-vie (sXVI)

'le loisir donne des forces (mais qui trop se repose ne jouit pas pleinement de la vie)'

dormir é meia mantença
o dormir é meio sustento
o repouso repara as forças
o sono é um alimento

in sleep all passes away
sleep is better than medicine

♦ Cf. Ovídio (*Epistulae ex Ponto*, 1, 4, 21): *Otia corpus alunt; animus quoque pascitur illis.* (O repouso nutre o corpo e a alma também dele se alimenta.) Diz-se em italiano: *il riposo risarcisce le forze*.

⇒ Qui DORT dîne

RESPIRER *v.* respirar; *to breathe*

Tant que je RESPIRE, j'espère

'l'espoir est si profondément enraciné en l'homme qu'il perdure jusqu'au dernier souffle'

a esperança é (sempre) a última que morre
enquando há vida, há esperança
enquanto se vive, se tem esperança

while there is life, there is hope

♦ Do ditado popular latino *dum spiro, spero* (enquanto respiro, tenho esperança).

⇒ Tant qu'il y a de la VIE, il y a de l'espoir

RESSEMBLER (SE) *v.pr.* assemelhar-se; *to look like, to resemble*

Qui SE RESSEMBLE s'assemble (1557)

'les liens se créent de préférence entre ceux qui ont en commun le naturel ou l'éducation; le même attire le même'

aves da mesma pena andam juntas
cada ovelha busca sua parelha
cada ovelha com sua parelha
cada qual com seu igual (e cada ovelha com sua parelha)
cada qual folgue com seu igual
lé com lé, cré com cré (e cada qual com os da sua ralé)
tais com tais e arroz com pardais

birds of a feather ['of the same species'] *flock together*
every cat to her kind
jackdaw always perches by jackdaw
like loves like
like will to like
like with like
likeness begets love
likeness causes liking
marry (with) your equal
marry (with) your like
marry (with) your match
pigs love to lie together

Ils ont vu les deux âmes pures, les deux innocents. Ils l'ont associé, lui, avec cette demeurée. QUI SE RESSEMBLE S'ASSEMBLE... (N. Sarraute, *FO*, p. 77)

Viram as duas almas puras, os dois inocentes. Associaram-no, a ele, com essa maluca. OS SEMELHANTES SE ATRAEM... (Trad. de Raquel Ramalhete)

♦ Cf. o verso de Homero (*Odisséia*, 17, 218): ὡς αἰεὶ τὸν ὁμοῖον ἄγει θεὸς ὡς τὸν ὁμοῖον (como sempre um deus ajunta o semelhante com o semelhante), citado por Erasmo (*Encomium morias*, 13). Cf. também o velho provérbio latino consignado por Cícero (*De senectute*, 3, 7): *pares cum paribus facillime congregantur* (os iguais juntam-se facilmente com seus iguais). Lê-se em Macróbio (*Saturnalia*, 7, 7, 12): *similibus enim similia gaudent* (os semelhantes amam os semelhantes). Há correspondentes em italiano: *ogni simile ama il suo simile* e em espanhol: *cada oveja con su pareja*.

⇒ CHACUN (aime/avec) sa CHACUNE

RETOUR *s.m.* volta, regresso; *return*

Le RETOUR sera pis que matines

'la suite d'une mauvaise affaire est pire encore que le commencement'

princípios ruins, desgraçados fins

a wicked beginning must needs have a wretched ending

RETOURNER (SE) *v.pr.* voltar, regressar; *to return*

Bien foloie* qui à mi-voie SE RETOURNE (sXIII)

* *Foloie* (v. *foloïer*) = 'fait des folies'.

'c'est une grande inconséquence que de rebrousser chemin quand on en a déjà parcouru la moitié'

bem tolo é quem volta na metade do caminho

better never to begin than never to make an end

REVENIR *v.i.* voltar, regressar; *to return*

C'est bien allé quand on REVIENT

'seul le retour fait du départ une réussite; on ne part que pour aimer revenir; "heureux qui, comme Ulysse, a fait un beau voyage, et puis est retourné vivre entre ses parents..." (Du Bellay, *Les Regrets*, xxxi)'

o bom da viagem é quando se chega a casa
quem vai e volta faz boa viagem

he that goes and comes makes a good voyage

RHUBARBE *s.f.* (*Rheum rhaponticum*) ruibarbo; *rhubarb*

Passez-moi la RHUBARBE, je vous passerai le séné (1665)

'formule de compromis; deux médecins se font de mutuelles concessions sur la vertu des remèdes qu'ils préconisent à leurs patients, l'un tenant pour une plante, l'autre pour une autre'

é dando que se recebe
far-te-ei a barba, far-me-ás o topete
faze-me a barba, far-te-ei a tosquia (Jorge Ferreira de Vasconcelos)
faz(e)-me as barbas, eu te pentearei
faz(e)-me as barbas, far-te-ei o cabelo
são elas por elas
toma lá, dá cá

claw me, and I'll claw thee
roll my log and I'll roll yours
scratch my back and I'll scratch yours
scratch my breech and I'll claw your elbow

Alteração jocosa em San-Antonio:

– Mais le mec avec qui il a rembour?
– Tu sais, c'est le genre de brève rencontre... PASSE-MOI LA VALISE, JE TE PASSERAI LE SÉNÉ! Tu penses pas qu'ils sont allés faire la bamboula ensemble? (*PM*, p. 142)

– Mas, e o cara com quem ele marcou encontro?
– Sabe, é aquela jogada rápida... TOMA AÍ A MALETA, PASSA PRA CÁ A ERVA! Ou você está pensando que eles vão cair na farra juntos?

⇒ Passez-moi la CASSE, je vous passerai le séné

R

RICHE *adj. s.* rico; *rich*

1 Du RICHE prospère et opulent chacun est cousin et parent (1568)

'tout le monde veut être le proche de celui qui baigne dans la réussite'

a quem é rico não faltam parentes
entre ricos, até o parentesco dos afins não tem mais fim
os ricos sempre têm parentes

rich folk have many friends

2 Est assez RICHE qui est content

'être satisfait de son sort est déjà une belle richesse'

a felicidade está onde cada um a põe
a quem nada deseja nada (lhe) falta
feliz de quem se contenta com o que tem
não é rico o que tem muito mas o que se contenta com
pouco
o muito torna-se pouco ao se desejar um pouco mais
quem é pobre de desejos é rico de contentamentos
rico é o que nada deseja e pobre é o avaro, por muito
que tenha
rico é quem de nada precisa
tem tudo o que lhe apraz quem com pouco se satisfaz

*blessed is he who expects nothing, for he shall never be
disappointed*
contentment is great riches
he is happy that thinks himself so
*he is not rich that possesses much, but he that is content with
what he has*
he is rich enough that wants nothing
the greatest wealth is contentment with a little

♦ Cf. o latim medieval *dives est qui sibi nihil deesse putat*
(rico é quem julga que nada lhe falta). Há correspondentes em italiano: *chi non ha gran voglie è ricco* e em
espanhol: *ése es rico, el que está contento.*

⇒ CONTENTEMENT passe richesse

3 N'est pas RICHE qui est chiche

'l'avare n'est jamais riche, puisqu'il n'a jamais assez'

na arca do avarento jaz o diabo dentro

covetous men's chests are rich, not they

⇒ L'AVARE regorge de biens et il manque de tout

4 On ne prête qu'aux RICHES

'on ne rend des services qu'à ceux qui sont en état de les
récompenser; (*fig.*) on attribue volontiers certains actes
à ceux qui en sont coutumiers'

a porco gordo unta-se-lhe o rabo
chega-se o ouro para o tesouro
o rio corre (sempre) para o mar
os rios correm (sempre) para o mar
todos os rios vão dar ao mar

all rivers run into the sea
every man bastes the fat hog

C'est beaucoup; et c'est même un peu trop pour la vraisemblance. Mais, ici encore, ON NE PRÊTE QU'AUX
RICHES. On dira bien, plus tard, qu'Alcibiade avait
commis l'inceste avec sa mère, sa fille et sa sœur. (J. de
Romilly, *A*, p. 41)

É muito; e quase beira as raias da inverossimilhança.
Mas, aqui também, CHEGA-SE O OURO PARA O
TESOURO. Dir-se-ia, mais tarde, que Alcibíades cometera incesto com a mãe, a filha e a irmã.

Machado de Assis usou este provérbio francês:

Depois examinou rindo a sabedoria da cabocla; principalmente a sorte grande; era incrível que, conhecendo o
número, não comprasse bilhete. Natividade achou que
era o mais difícil de explicar, mas podia ser invenção do
povo. *ON NE PRÊTE QU'AUX RICHES*, acrescentou rindo. (*Esaú e Jacó*, in *OC*, v. 1, p. 958).

♦ Diz-se em italiano: *a chi ha, sarà dato.*

⇒ Les RIVIÈRES retournent à la mer

**5 Quand le RICHE fait une chute, on lui vient en
aide; quand le pauvre fait une chute, il a des
reproches**

'on n'aide que ceux dont on peut espérer une aide ultérieure; ce proverbe est une règle d'or pour les banquiers'

ao rico mil amigos se deparam; ao pobre seus irmãos o
desamparam
rico bêbado/bêbedo é divertido; pobre bêbado/bêbedo
é pervertido

*when we have gold, everything is right; when we have none,
everything is wrong*

⇒ Qui ARGENT a, on lui fait fête, qui n'en a point,
n'est qu'une bête

6 Qui ne se risque jamais sera RICHE (sXVI)

= Qui ne RISQUE rien n'a rien

**7 Qui veut être RICHE en un an au bout de six
mois est pendu**

'seule la malhonnêteté permet de faire fortune en peu
de temps'

quem quer enricar num ano em seis meses o enforcam

he that wants to be rich in a year will get hanged in six months
he that will be rich before night may be hanged before noon

♦ Há correspondentes em italiano: *chi vuol arricchire in
un anno, è impiccato in sei mesi* e em espanhol: *quien en
un año quiere ser rico, al medio le ahorcan.*

RICHESSE *s.f.* riqueza; *wealth*

1 C'est une grande RICHESSE que de se contenter de ce qu'on a

= Est assez RICHE qui est content

2 De RICHESSE et sainteté ne croyez que la moitié

'richesse et sainteté stimulent volontiers l'hyperbole'

riqueza e santidade, metade da metade

of money, wisdom, and good faith, there is commonly less than men count upon
of money, wit, and virtue, believe one-fourth of what you hear

⇒ D'ARGENT, comme aussi de bonté, défalquer en fault la moitié

3 La RICHESSE de l'un est la pauvreté de l'autre (1580)

= NUL ne perd qu'autrui ne gagne

C'est à la verité un beau nom et plein de dilection, que le nom de frere, et à cette cause en feismes nous luy et moy nostre alliance: mais ce meslange de biens, ces partages, et que LA RICHESSE DE L'UN SOIT LA PAUVRETÉ DE L'AULTRE, cela destrempe merveilleusement et relasche cette soudure fraternelle; les freres ayants à conduire le progrez de leur advancement en mesme sentier et mesme train, il est force qu'ils se heurtent et chocquent souvent. (Montaigne, *E*, t. I, p. 242)

É, em verdade, um belo nome e digno da maior afeição o nome de irmão; e por isso La Boétie e eu o empregamos quando nos tornamos amigos; mas, na realidade, a comunidade de interesses, a partilha dos bens, A POBREZA DE UM COMO CONSEQÜÊNCIA DA RIQUEZA DE OUTRO, destemperam consideravelmente a união formal. Em devendo os irmãos, para vencer neste mundo, seguir o mesmo caminho, andar com passo igual, inevitável se torna que se choquem amiúde. (Trad. de Sérgio Milliet)

4 La RICHESSE ne fait pas le bonheur

= L'ARGENT ne fait pas le bonheur (mais il y contribue)

5 RICHESSE donne hardiesse

= ABONDANCE engendre arrogance

RIDICULE *s.m.* ridículo; *ridicule*

1 Le RIDICULE touche au sublime (c1799)

= Du SUBLIME au ridicule il n'y a qu'un pas

♦ Palavras do escritor francês Jean-François Marmontel.

2 Le RIDICULE tue

'dans certaines sociétés, on ne se relève jamais du ridicule, qui "déshonore plus que le déshonneur" (La Rochefoucauld, Maxime 326)'

o ridículo mata
the ridiculous kills

RIEN *pron.ind.* nada, coisa nenhuma; *nothing*

1 On n'a RIEN pour/sans RIEN (1782)

'rien n'est gratuit, tout s'achète, soit avec de l'argent, soit en payant de sa personne'

as coisas não caem do céu
cada doçura custa uma amargura
não há gosto sem desgosto

no cross, no crown
no gain(s) without pain(s)
you don't get something for nothing

La main fermée, le Colonel mimait le geste de lancer avec les esquives enjouées d'un maître qui leurre son chien mais il gardait la pièce dans sa paume et les gamins plongeaient dans tous les sens, s'essoufflant à rattraper une pièce fantôme que, comble de malheur, ils croyaient avoir perdue.
– Ah! disait le Colonel, en jouant magnifiquement de la formule, ON N'A RIEN POUR RIEN! (P. Constant, *FG*, p. 21)

Com a mão fechada, o Coronel fingia lançar, com gestos de quem tapeia um cão, o níquel que ele segurava firme, e os moleques mergulhavam para todos os lados, esfalfando-se para apanhar uma moeda fantasma que, cúmulo do azar, eles pensavam ter perdido.
– Ah! – dizia o Coronel, fazendo um magnífico jogo de palavras com a expressão – CADA DOÇURA CUSTA UMA AMARGURA!

⇒ Qui ne RISQUE rien n'a rien

2 On ne fait RIEN de RIEN

'en toute origine, il y a investissement'

de nada, nada se faz

nothing can be created out of nothing
nothing comes from nothing
nothing comes (out) of nothing
nothing for nothing (and very little for a halfpenny)

♦ A tradição clássica remonta a Alceu (*AS*, 35, p. 51): οὐδὲν ἐκ δένος γένοιτο (nada nasceria de nada) e a Diógenes Laércio (*Vidas dos filósofos ilustres*, 10, 38): οὐδὲν γίγνεται ἐκ τοῦ μὴ ὄντος (nada nasce do nada), e passa por Pérsio (*Saturae*, 3, 83-84): *gigni / de nihilo nihilum, in nihilum nil posse reverti* (que nada pode nascer de nada, nada voltar a nada). A tradição vulgar registra a forma *ex nihilo nihil fit*. Há correspondentes em italiano: *col nulla non si fa nulla* e em espanhol: *de nada no se hace nada*.

♦ Lê-se em Beaumarchais (*MF*, p. 161): "Les gens qui ne veulent rien faire de rien, n'avancent rien, et ne sont bons à rien." (Quem decide não fazer nada não consegue nada e não serve para nada.)

R

3 Qui RIEN ne sait de RIEN ne doute

'seuls les innocents entreprennent sans envisager les suites'

de nada duvida quem nada sabe
quem não sabe nada de nada duvida
quem não tem dúvidas nada sabe

he that knows nothing, doubts nothing

4 RIEN ne chatouille, qui ne pince (1580)

'notre intérêt ne s'éveille vraiment qu'au spectacle de ce qui terrorise ou fait pitié'

com o mal dos outros posso eu bem
suporta-se com paciência a cólica do próximo (Machado de Assis)

nothing tickles that pinches not

Si cherchons nous avidement de recognoistre, en umbre mesme, et en la fable des theatres, la monstre des ieux tragiques de l'humaine fortune: ce n'est pas sans compassion de ce que nous oyons; mais nous nous plaisons d'esveiller nostre desplaisir par la rareté de ces pitoyables evenements. RIEN NE CHATOUILLE, QUI NE PINCE. Et les bons historiens fuyent, comme une eau dormante et mer morte, des narrations calmes, pour regaigner les seditions, les guerres, où ils sçavent que nous les appellons. (Montaigne, *E*, t. III, p. 375-376)

Buscamos com avidez no teatro as trágicas peripécias do destino humano e, embora nos cause piedade o que ouvimos, apraz-nos o espetáculo; assim, em razão de sua raridade e apesar da tristeza que sentimos, tiramos alguma satisfação em testemunhar os lamentáveis sucessos de uma época. SÓ NOS COMOVEMOS COM O QUE NOS FERE. Por isso os bons historiadores fogem, como das águas dormentes ou dos mares mortos, aos períodos calmos e se interessam especialmente pelas guerras e sedições, a fim de interessar-nos. (Trad. de Sérgio Milliet)

5 RIEN ne se perd, RIEN ne se crée

axiome fondateur des matérialismes de l'Antiquité, de Démocrite à Epicure; c'est le principe de la conservation de la matière énoncé par Lavoisier

nada se cria, nada se perde(, tudo se transforma)

nothing begins, and nothing ends

6 RIEN ne sert de courir, il faut partir à point
(1668; 1534: *ce n'est tout l'advantaige de courir bien toust, mais bien de partir de bonne heure*)

'la hâte est vaine, si les principes n'ont pas été respectés; le temps perdu ne se rattrape plus; *irreparabile tempus*'

a pressa é inimiga da perfeição
a pressa é mãe da imperfeição
quem corre cansa, quem anda alcança

quem corre cansa, quem espera avança

haste makes waste
the more haste, the less speed

"(...) Et me disoit Maistre Tubal (qui feut premier de sa licence à Paris) que CE N'EST TOUT L'ADVANTAIGE DE COURIR BIEN TOUST, MAIS BIEN DE PARTIR DE BONNE HEURE; aussi n'est ce la santé totale de nostre humanité boyre à tas, à tas, à tas, comme canes, mais ouy bien de boyre matin; *unde versus*:
> Lever matin n'est poinct bon heur;
> Boire matin est le meilleur. (F. Rabelais, *G*, p. 108)

– (...) Já me dizia mestre Tubal, tido em Paris como o primeiro de sua especialidade, que NÃO HAVIA VANTAGEM EM APRESSAR-SE, MAS EM PARTIR CEDO, do mesmo modo que a saúde total da nossa gente não consiste em beber aos goles, como os marrecos, mas beber de manhãzinha. *Unde versus*:
> Feliz não é quem cedo se levanta,
> Mas que, cedo bebendo, o mal espanta. (Trad. de Aristides Lobo)

Il essaya de méditer sur son proverbe: "RIEN NE SERT DE COURIR, IL FAUT PARTIR À POINT." Pour lui, il y avait là une évidence ne requérant aucune démonstration, et il songeait avec dégoût à la fable de La Fontaine: *Le Lièvre et la Tortue*. (M. Aymé, *PM*, p. 137)

Tentou meditar sobre seu provérbio: "DE NADA ADIANTA CORRER, É PRECISO PARTIR A TEMPO." Para ele, a idéia era tão óbvia que não requeria nenhuma demonstração, e ele pensava contrariado na fábula "A Lebre e a Tartaruga", de La Fontaine.

♦ Alteração jocosa em J. Renard (*J*, p. 324): "Rien ne sert de mourir: il faut mourir à point." (Não adianta morrer: é preciso morrer na hora certa.)

¹RIRE *v.i.* rir; *to laugh*

1 Après RIRE c'est pleurer

'les plaisirs mondains finissent en pleurs'

após o prazer vem a pena
após o riso, o pranto

after pleasure comes pain
pleasure has a sting in its tail

(...) je prétends que la Toussine n'est qu'une belle inutile, que *la beauté n'a jamais été au marché*, que le tout n'est pas encore de se marier mais de rester ensemble devant les changements des saisons, disait l'une... ils rient à présent, mais APRÈS RIRE C'EST PLEURER, et d'ici à trois mois la bande joyeuse de Minerve se retrouvera avec ses six yeux pour pleurer... disait l'autre. (S. Schwarz-Bart, *PVTM*, p. 18)

(...) acho que Toussine não passa de uma beleza inútil, que *beleza não põe mesa*, que o que conta não é casar mas sim ficar juntos mesmo quando mudam as estações, dizia uma... agora eles riem, mas DEPOIS DO RISO VEM O CHORO e, daqui a três meses, o trio alegre de Minerve vai precisar dos seis olhos para chorar... dizia outra.

♦ Diz-se em italiano: *la fine del riso è il pianto.*

2 Qui RIT le matin le soir pleure (sXVI)

'c'est le thème de la "branloire pérenne" chère à Montaigne; la roue de la fortune tourne incessamment, un jour en haut, un jour en bas; à tout malheur répond un bonheur, et vice-versa; tout se compense, tout s'équilibre, tout se paie; justice immanente'

cantei de manhãzinha, chorei antes do sol-posto
é fácil chorar ao domingo o que ri na sexta-feira
hoje de festa, amanhã de enterro
quem canta antes do almoço chora antes do sol-posto
quem ri hoje chora amanhã

he that laughs in the morning weeps at night
he that sings on Friday will weep on Sunday
if you sing before breakfast, you'll cry before night
laugh before breakfast, you'll cry before supper
present pleasure, future grief
sadness and gladness suceed each other
sorrow treads upon the heels of mirth
sweet meat will have sour sauce

♦ Do latim medieval *is ridet qui cras flebit* (quem ri hoje amanhã há de chorar). Há correspondentes em italiano: *spesso chi ride la mattina, piange la sera*, em espanhol: *tú que riendo estás, mañana llorarás* e em alemão: *wer früh lacht, der weint gern Abends.*

3 RIRE est le propre de l'homme (1534)

'il est de fait que l'étrange faculté de rire, dans le règne animal, n'a été accordée qu'à l'espèce humaine'

rir é próprio do homem

to laugh is proper to the man

Vray est qu'icy peu de perfection / Vous apprendrez, si non en cas de rire; / Aultre argument ne peut mon cueur elire, / Voyant le dueil qui vous mine et consomme: / Mieulx est de ris que de larmes escripre, / Pour ce que RIRE EST LE PROPRE DE L'HOMME. (F. Rabelais, *G*, p. 41)

É verdade que pouca perfeição, / Salvo no riso, aqui podeis obter: / Outra coisa não posso oferecer, / Ao ver as aflições que vos consomem; / Antes risos que prantos descrever, / Sendo certo que RIR É PRÓPRIO DO HOMEM. (Trad. de Aristides Lobo)

4 Tel qui RIT vendredi dimanche pleurera (sXVIII)

= Qui RIT le matin le soir pleure

PETIT-JEAN, *traînant un gros sac de procès.*
Ma foi! sur l'avenir bien fou qui se fiera: / TEL QUI RIT VENDREDI, DIMANCHE PLEURERA. (Racine, *Les Plaideurs*, in *TC*, p. 157)

PETIT-JEAN, *arrastando um enorme saco de processos.*
Pois sim! Louco é quem se fia no futuro: / QUEM RI NA SEXTA-FEIRA CHORA NO DOMINGO.

LA MÔME. Oui! Eh bien, elle l'a épousé, ma chère! Hein? qui aurait cru? "Gustave"! tu te rappelles ce qu'elle en disait?... Enfin, c'est comme ça: c'est comme ça! tout va bien... on dit noir un jour, on dit blanc le lendemain! c'est la vie! on est girouette ou on ne l'est pas. TEL QUI RIT... (G. Feydeau, *La Dame de Chez Maxim*, in *OA-DCM*, p. 404-405)

A MENINOTA. É! Pois foi! Casou com ele, minha cara! Viu só? Quem diria! "Gustave"! lembra-se o que ela dizia dele?... Enfim, é isso: é isso mesmo! tudo bem... um dia diz que é preto, no dia seguinte diz que é branco! É a vida! Tem gente que parece cata-vento. QUEM RI HOJE...

♦ "L'humeur provençal ajoute: on peut pleurer le dimanche sans avoir ri le vendredi." (M. Maloux)

♦ Diz-se em italiano: *chi ride il venerdì, piange la domenica.*

5 Tel RIT au matin qui pleure au soir

= Qui RIT le matin le soir pleure

6 Tel RIT qui mord

= On dit souvent la VÉRITÉ en riant

²RIRE *s.m.* riso; *laugh*

Au RIRE connaît-on le fol et le niais (1568)

'le rire inopportun trahit l'imbécile'

é freqüente o riso na boca de quem não tem siso
muito riso é sinal de pouco siso
muito riso, pouco siso
onde há muito riso há pouco siso
risinho pronto, miolo chocho

laughter is the hiccup of a fool
too much laughter discovers folly

♦ Cf. o monóstico de Menandro: γελᾷ δ' ὁ μῶρος, κἄν τι μὴ γελοῖον ᾖ (o tolo ri mesmo quando não há do que rir). Cf. também Catulo (39, 15), que comenta a respeito de alguém que está sempre a rir: *risu inepto res ineptior nulla est* (nada mais inoportuno do que o riso inoportuno). Há correspondentes em italiano: *i matti si connoscono dal molto ridere*, em espanhol: *es muy frecuente la risa en la boca del necio* e em alemão: *an vielem Lachen erkennt man den Narren.*

RISQUER *v.t.* arriscar; *to risk*

Qui ne RISQUE rien n'a rien (1495)

'il faut, pour mériter de gagner, s'engager et s'exposer'

dos fracos não reza a história
por causa da prudência se perdem os ensejos

R

quem não (se) arrisca não perde nem ganha
quem não (se) arrisca não petisca
quem não (se) arriscou não perdeu nem ganhou
quem não se aventura não anda a cavalo nem em mula
quem não se aventura não passa o mar

he that shoots oft shall at last hit the mark
nothing stake, nothing draw
nothing venture, nothing have
nothing venture, nothing win
nothing ventured, nothing gained
nought lay down, nought take up
nought venture, nought have

– (...) Je te donnerai aussi un mot pour une première de chez Béchoff-David, une ancienne camarade qui n'a pas réussi. Ta garde-robe va changer. QUI NE RISQUE RIEN N'A RIEN. (Colette, *G*, p. 38)

– (...) E eu lhe darei também um cartão para uma das chefes da casa Béchoff-David, uma antiga colega minha que não teve êxito. Seu guarda-roupa vai mudar. QUEM NÃO ARRISCA NÃO PETISCA. (Trad. de Yolanda Steidel de Toledo)

♦ Há provérbios paralelos em italiano: *chi non risica, non rosica* e em espanhol: *quien no arrisca, no aprisca*.

≠ PRUDENCE EST MÈRE DE SÛRETÉ

⇒ Qui ne s'aventure n'a CHEVAL ni mule

RIVIÈRE *s.f.* rio; *river*

1 De petite RIVIÈRE de grands poissons n'espère

'l'étroitesse d'esprit ne peut engendrer de grands desseins'

de rio pequeno não esperes grande peixe

no big fish from little streams

2 Les RIVIÈRES retournent à la mer (1640)

'la pente naturelle de l'argent, c'est de couler vers l'argent'

a quem tem muito, dão-lhe mais
dinheiro atrai dinheiro
dinheiro chama dinheiro
dinheiro ganha dinheiro
o rio corre (sempre) para o mar
os rios correm (sempre) para o mar
todos os rios vão dar ao mar

all rivers run into the sea
follow the river and you'll get to the sea
money begets money
money makes money
much shall have more

♦ Cf. o *Eclesiastes*, 1, 7: *omnia flumina intrant in mare*.

⇒ Un SOU amène l'autre

ROBE *s.f.* roupa, vestido; *clothes, dress*

1 Il faut tailler la ROBE selon le drap

'il ne faut pas vivre au-dessus de ses moyens'

faz-se a roupa conforme o pano
talha a obra conforme o pano

(you must) cut your coat according to your cloth

♦ Cf. Marcial (3, 16, 5-6): *sed te, mihi crede, memento / nunc in pellicula, Cerdo, tenere tua.* (Mas, a partir de agora, presta atenção, Sapateiro, não vás além do teu couro.) Diz-se em italiano: *bisogna fare la veste secondo il panno*.

⇒ Selon ta BOURSE gouverne ta bouche

2 La ROBE fait l'homme

= L'HABIT, c'est l'homme

≠ LA ROBE NE FAIT PAS LE MOINE

⇒ Habillez un BÂTON, il aura l'air d'un baron

3 La ROBE ne fait pas le médecin (1835)

= L'HABIT ne fait pas le moine

4 La ROBE ne fait pas le moine (sXIII)

= L'HABIT ne fait pas le moine

♦ Este provérbio que "n'est en définitive qu'une imitation du proverbe des anciens: *La robe de lin ne fait pas le prêtre d'Isis*, a été vraisemblablement consacré et répandu sous cette forme, par la question qui fut agitée autrefois pour savoir si le noviciat et l'habit suffisaient pour rendre capable d'un bénéfice régulier". (Charles Rozan, *Petites ignorances de la conversation*, apud A. Pierron)

⇒ Il ne faut pas juger le SAC à l'étiquette

5 ROBE d'autrui ne profite à nully* (1568)

* *Nully* = 'personne'.

'de même qu'aucun vêtement ne sera jamais aussi exactement ajusté que celui qui a été taillé pour moi, de même, entrer dans les affaires d'autrui n'est jamais à notre avantage'

uma túnica emprestada nunca aquece; e, se aquece, por
  pouco tempo é

borrowed garments never fit well

ROCHER *s.m.* rocha, rochedo; *rock*

Deux ROCHERS ne se rencontrent pas mais bien deux hommes (rég., Dauphiné)

= Il n'y a que les MONTAGNES qui ne se rencontrent pas

⇒ Deux HOMMES se rencontrent bien, mais jamais deux montagnes

ROI *s.m.* rei; *king*

1 Aujourd'hui ROI, demain rien

= Aujourd'hui CHEVALIER, demain vacher

2 Aussi bien meurent ROI et pape que celui qui n'a point de cape

= MORT n'épargne ni petits ni grands

⇒ La MORT n'épargne ni faible ni fort

3 De nouveau ROI, nouvelle loi

= Tel ROI, telle loi

4 Il ne faut pas être plus royaliste que le ROI (1816)

'zélé, soit; fanatique, point'

não se deve ser mais realista do que o rei
não sejas mais papista que o papa

be not more Irish than the Irish themselves
one should not be more royalist than the king

♦ Frase de Chateaubriand (*La Monarchie selon la charte*) ao se referir ao partido dos ultras nos primeiros tempos da Restauração.

5 Le ROI des souhaits est mort à l'hôpital

= Qui vit d'ESPOIR mourra à jeun

⇒ Oncques SOUHAIT n'emplit le sac

6 Le ROI est mort, vive le ROI (1376?)

cri par lequel un héraut annonçait au peuple la mort du roi et l'avènement de son successeur; selon le principe juridique: "le mort saisit le vif"

morreu o rei, viva o rei
rei morto, rei posto

the king is dead; long live the king!
the king never dies

♦ Máxima provavelmente oriunda do direito consuetudinário, cuja primeira formulação está em Evrart de Trémaugon (*Le Songe du vergier*). Cf. o latim *rex nunquam moritur.*

⇒ Le MORT saisit le vif

7 Le ROI et le berger sont égaux après la mort

'après la mort il n'y a ni riches ni pauvres, ni grands ni petits'

mortalha não tem bolso
não ocupa mais pés de terra o papa que o sacristão
tão rico é no outro mundo Diógenes como Creso
vida infeliz com a afortunada o sono iguala

at the end of the game the king and the pawn go into the same bag
death is the great leveller
death levels all men

the end makes all equal
we shall lie all alike in our graves

♦ Cf. Sêneca (*Epistulae ad Lucilium*, 91, 16): *aequat omnes cinis* (a morte a todos iguala).

⇒ Six pieds de TERRE suffisent au plus grand homme

8 Le ROI règne et ne gouverne pas

'principe de la division de la *potentia* (la puissance) entre autorité et pouvoir, qui fonde toute dyarchie, et les formes tempérées de monarchie'

o rei reina mas não governa

the king reigns, but not governs

Alteração em V. Hugo:

Ce sont les beaux parleurs et les avocats qui gâtent tout, ici comme dans la métropole. Si j'avais l'honneur d'être monsieur le lieutenant-général pour le roi, je jetterais toute cette canaille à la porte. Je dirais: LE ROI RÈGNE, ET MOI JE GOUVERNE. (*BJ*, p. 67)

São os grandes falastrões e os advogados que estragam tudo, tanto aqui como na metrópole. Se me fosse dada a honra de ser o general do rei, punha toda essa corja no olho da rua. Diria: O REI REINA, E EU GOVERNO.

♦ "[formula] con la quale Thiers nel numero del *National* del 18 gennaio 1830 riassunse il programma del partito nazionale. Ma JAN ZAMOYSKI (morto nel 1605) aveva già detto in un discorso innanzi alla Dieta di Polonia, rimproverando il re Sigismondo III: *Rex regnat sed non gubernat.*" (G. Fumagalli)

9 Les ROIS ont les bras longs

'le pouvoir d'un roi s'étend fort loin'

o braço do rei e a lança longe alcança (*sic*)
os reis têm braços compridos

kings have long arms
kings have long hands

♦ Cf. Heródoto (8, 140β 2): καὶ γὰρ δύναμις ὑπὲρ ἄνθρωπον ἡ βασιλέος ἐστὶ καὶ χεὶρ ὑπερμήκης (e de fato o poder do rei é sobre-humano e seus braços são muito longos). Cf. também a sentença μακραὶ τυράννων χεῖρες (grandes são as mãos dos soberanos), consignada na paremiografia grega. Indaga Ovídio nas *Heroides* (17, 166): *an nescis longas regibus esse manus?* (não sabes que as mãos dos reis são compridas?). Há provérbio paralelo em espanhol: *los reyes han los brazos largos.*

⇒ Les PRINCES ont les mains (et les oreilles) bien longues

10 Où il n'y a rien, le ROI perd ses droits

'de celui qui n'a rien, on ne peut rien exiger; le chômage crée des zones de non-droit dangereuses pour les États modernes'

R

onde não há, el-rei o perde
quando não há até o rei perde

where nothing is, the king must lose his right

♦ O provérbio tem correspondentes em italiano: *dove non ce n'è, non ne toglie neanche la piena* e em espanhol: *al que no tiene, el rey lo hace libre.*

11 Quand les ROIS délirent, c'est le peuple qui paie

'les petits subissent les effets de l'extravagance des grands'

quando o mar bate na rocha, quem se lixa é o mexilhão
quando o mar briga com a praia, quem apanha é o caranguejo
quando o mar briga com o rochedo, quem sofre é o marisco
quando os tiranos riem, a nação chora

rich men's luxury makes work for the poor
the dainties of the great are the tears of the poor
the pleasures of the mighty are the tears of the poor
the pride of the rich makes the labour(s) of the poor

♦ Lê-se em Horácio (*Epistulae*, 1, 2, 14): *Quidquid delirant reges, plectuntur Achivi.* (Qualquer que seja o delírio dos reis, quem paga são os aqueus.) Alusão "à briga entre Agamêmnon e Aquiles, contada no primeiro canto da *Ilíada*, que provocou tantas mortes entre os aqueus (...); entre as variações ver a alemã *Wenn sich die Herren raufen, müssen die Bauern die Haare darleihen* (ou seja: 'quando os senhores se engalfinham, os camponeses precisam emprestar-lhes os cabelos') (...)." (R. Tosi). O provérbio tem correspondentes em italiano: *de' peccati de' signori, fanno penitenza i poveri* e em espanhol: *los griegos pagan las locuras de sus reyes.*

⇒ Quand il pleut sur le CURÉ, il dégoutte sur le vicaire

12 Tel ROI, telle loi (1568)

'la loi est l'émanation de la volonté royale'

lá vão leis onde querem cruzados* ['antiga moeda portuguesa, de ouro ou de prata'] (Camões)
lá vão leis onde querem (os) reis
lá vão leis para onde querem (os) reis
novo rei, nova lei
qual o rei, tal a lei; qual a lei, tal a grei
tal rei, tal lei
vão as leis onde querem os reis

* "O (...) verso é uma conclusão bizarra ou um estarambote, como lhe chamavam; *cruzados* está em lugar de reis (= *réis*)." (João Ribeiro, *FF*, p. 129)

like king, like law
new lords, new laws

ROME *s.pr.f.* Roma; *Rome*

1 À ROME comme à ROME

= Il faut vivre à ROME comme à ROME

2 En demandant on va à ROME (sXVI)

= Qui LANGUE a, à Rome va

3 Il faut vivre à ROME comme à ROME

'il faut se conformer aux mœurs de l'endroit où l'on se trouve'

à terra onde fores ter faz(e) como vires fazer
à terra onde fores ter faz(e) o que vires fazer
aonde fores ter farás como vires fazer
é necessário coxear com os coxos
em França como francês, em Roma como romano
em Roma, sê romano
em terra de lobos uiva-se com eles
em terra de mouros, cristão é mouro
em terra de papudos, quem não tem papo é defeituoso
em terra de sapo, de cócoras como ele
entre judeus, judeu como eles
na terra do bom viver, faz(e) como vires fazer
na terra onde fores viver, faz(e) como vires fazer
onde existires faz(e) como vires
por onde vás, assim como vires, assim farás
quando passares pela terra dos tortos, fecha um olho
regra do bom viver, faz(e) como vires fazer
se fores a Roma, faz(e)-te romano
vás onde vás, com os quais te achares tal te farás

it is hard to sit in Rome and strive against the pope
it is ill sitting in Rome and striving against the pope
when in Rome, do as the Romans do
when you are at Rome, do as Rome does

♦ Conselho dado por Santo Ambrósio a Santo Agostinho (*Epistola ad Januarium*, 2, 18): *si fueris Romae, Romano vivito more; si fueris alibi, vivito sicut ibi* (se em Roma estiveres, vive no costume de Roma; se estiveres noutro lugar, vive como vivem lá).

⇒ Quand on est au BAL, il faut danser

4 Qui veut vivre à ROME ne doit pas se quereller avec le pape

= Il faut vivre à ROME comme à ROME

⇒ Quand on est au BAL, il faut danser

5 ROME ne s'est pas faite en un jour (1568; c1190: *Rome ne fut pas faite en un jour*; 1495: *on ne fait pas tout en un jour*)

'les vingt-sept siècles d'existence de Rome doivent inspirer des leçons de patience à ceux qui sont trop empressés d'arriver au terme de leurs entreprises'

em uma hora não se ganhou Samora
Roma e Pavia não se fizeram num dia
Roma não se fez num dia
Roma não se fez numa hora

a strong town is not won in an hour
Rome was not built in a day

♦ Diz-se em italiano: *Roma non fu fatta in un giorno.*

⇒ ZAMORA ne fut pas prise en un jour

ROND *adj.* redondo; *round*

Quand tu es né ROND, tu ne meurs pas pointu
(Martinique)

'on ne change pas (par allusion à la croyance selon laquelle la femme enceinte d'un garçon a le ventre plutôt
rond, et plutôt pointu quand elle porte une fille)'

quem das ervas nasce pelas ervas pasce
quem nasce para cão há de morrer latindo
quem nasce penso morre torto
quem nasce torto morre envesgado
quem nasce torto torto morre

once a rustic, always a rustic
you cannot make a crab walk straight

⇒ BOIS tordu ne se redresse pas

ROSAIRE *s.m.* rosário; *rosary*

Telle qui a le ROSAIRE en main porte le diable dans
sa jupe

= HABIT de béat a souvent ongles de chat

– Qui donne le menu, donne la faim. Allez! ce qui
perd les jeunes filles, ce sont les conseils des femmes
plus que les yeux des hommes. Je ne me fie pas à la plus
sage. TELLE QUI A LE ROSAIRE EN MAIN PORTE LE
DIABLE DANS SA JUPE. (P. Louÿs, *FP*, p. 78)

– Quem dá o cardápio dá a fome. Ora, as jovens de-
sencaminham-se mais pelos conselhos das mulheres do
que pelo olhar dos homens. Não me fio nem na mais
ajuizada. A QUE TRAZ O ROSÁRIO NA MÃO PODE
TRAZER O DIABO NA SAIA.

♦ Há correspondente em espanhol: *el rosario al cuello, y*
el diablo en el cuerpo.

⇒ Au parler ANGE, au faire change

ROSE *s.f.* rosa; *rose*

1 Il n'est si belle ROSE qui ne devienne gratte-cul
(1640)

'le temps banalise les choses les plus admirables'

não há sapato bonito que não dê em chinelo feio
não há sapato bonito que não dê em chinelo velho
todo (o) sapato lindo dá em chinelo feio

beauty fades like a flower
beauty is but a blossom
prettiness dies first
prettiness dies quickly
the fairest flowers soonest fade
the fairest rose at last is withered

♦ Diz-se em italiano: *niuna rosa così bella, che da ultimo*
non avvizzisca.

⇒ Il n'y a si beau SOULIER qui ne devienne savate

2 Il n'y a pas de ROSE(S) sans épines (1690; 1568:
nulle rose sans épines)

'à la beauté même il arrive d'être douloureuse'

não há atalho para o êxito
não há bela sem senão
não há rosa sem espinhos
não há rosa sem espinhos, nem abelha sem mel
não há rosa sem espinhos, nem amores sem ciúmes
não há rosa sem espinhos, nem formosa sem senão
não há rosa sem espinhos, nem mel sem abelhão
não há rosas sem espinhos
toda rosa tem espinhos

every rose has a thorn
honey is sweet, but the bee stings
no garden without its weeds
(there's) no rose without a thorn

"J'ai peur, dit Sigognac, en leur offrant la main pour
franchir les marches descellées et moussues, que vous
ne laissiez quelques morceaux de votre robe aux griffes
des ronces, car si l'on dit qu'IL N'Y A PAS DE ROSE
SANS ÉPINES, il y a, en revanche, des épines sans
rose." (T. Gautier, *CF*, p. 65)

– Receio – disse Sigognac, oferecendo-lhes a mão
para ajudá-las a transpor os degraus descascados e mus-
gosos – que deixem pedaços do vestido nas gavinhas
das silvas, pois se se afirma que NÃO HÁ ROSA SEM
ESPINHOS, em compensação, há espinhos sem rosa.

♦ Lê-se em Horácio (*Carmina*, 2, 16, 27): *nihil est ab*
omni parte beatum (ninguém é feliz sob todos os aspectos). Cf. o latim *urticae proxima saepe rosa est* (a
rosa costuma estar perto da urtiga). Há provérbios
paralelos em italiano: *non c'è rosa senza spine* e em espanhol: *no hay rosas sin espinas.*

⇒ ROSE ne naît pas sans piquerons

R

3 Quand on parle de la ROSE, on en voit les bou-
tons

= Quand on parle du LOUP, on en voit la queue

4 ROSE ne naît pas sans piquerons (1597)

= Il n'y a pas de ROSE(S) sans épines

⇒ Il n'y a pas de VIANDE sans os

ROSEAU *s.m.* (*Phragmites australis*) caniço; *reed*

L'homme n'est qu'un ROSEAU, le plus faible de la
nature(, mais c'est un ROSEAU pensant) (1670)

'de son extrême faiblesse naturelle, l'homme est dé-
dommagé par la supériorité de sa pensée'

o homem não é mais do que um caniço, o mais fraco da natureza(, mas é um caniço pensante)

man is no more than a reed, the weakest in nature(, but a thinking reed)

♦ Frase de B. Pascal (*Pensées*, VI, 347), que J. Renard (*J*, p. 943) reformula, com irreverência: "La femme est un roseau dépensant." (A mulher é um caniço gastador.)

♦ Objeta Machado de Assis (*MPBC*, p. 91-92): "Deixa lá dizer Pascal que o homem é um caniço pensante. Não; é uma errata pensante, isso sim. Cada estação da vida é uma edição, que corrige a anterior, e que será corrigida também, até a edição definitiva, que o editor dá de graça aos vermes."

ROSIER *s.m.* (*Rosa polyantha*) roseira; *rose-tree, rose-bush*

Un vieux ROSIER ne se transplante pas (Québec)

'plus on avance en âge, plus on tient à son propre'

árvore mudada, árvore matada
árvore velha não se muda

remove an old tree and it will wither to death
you cannot shift an old tree without it dying

♦ Cf. o grego δένδρον παλαιὸν μεταφυτεύειν δύσκολον (é difícil transplantar uma árvore velha), consignado nos *Monósticos* de Menandro.

⇒ ARBRE trop souvent transplanté rarement fait fruit à planté

ROSSIGNOL *s.m.* (*Luscinia megarhynchus*) rouxinol; *nightingale*

1 Le ROSSIGNOL chante mieux dans la solitude des nuits qu'à la fenêtre des rois (1847)

'plus libre et plus heureux, qui se tient éloigné du pouvoir'

gaiola bonita não dá de comer a canário
gaiola bonita não faz cantar o canário
o rouxinol na gaiola não canta

a bean in liberty is better than a comfit in prison
lean liberty is better than fat slavery
liberty is more worth than gold

⇒ La belle CAGE ne nourrit pas l'oiseau

2 Quand le ROSSIGNOL a vu ses petits, il ne chante plus

'la paternité rend soucieux'

filhos pequenos – dores de cabeça; filhos grandes – dores de coração
quem diz filhos diz tormentos

children when they are little make parents fool, when they are great they make them mad

RÔT *s.m.* assado, carne assada; *roast*

Il ne faut pas mettre tout son RÔT à une même broche (Québec)

= Il ne faut pas mettre tous ses ŒUFS dans un même panier

ROUBLARD *s.m.* espertalhão, ladino; *crafty devil, cunning person*

À ROUBLARD, ROUBLARD et demi

= À MALIN, MALIN et demi

"– (...) – Ce jeune homme est étonnant, interrompit naïvement M. de Charlus, en montrant Morel. Il joue comme un dieu." Cette réflexion ne plut pas beaucoup au docteur qui répondit: "*Qui vivra verra*. A ROUBLARD, ROUBLARD ET DEMI. (...)" (M. Proust, *RTP*, t. II, p. 964)

– (...) – Esse jovem é espantoso, interrompeu ingenuamente o Sr. de Charlus, designando Morel. – Ele joga como um deus. – Essa reflexão não agradou muito ao doutor, que respondeu: *O tempo dirá*. PARA VELHACO, VELHACO E MEIO. (Trad. de Mário Quintana)

⇒ À TROMPEUR, TROMPEUR et demi

ROUE *s.f.* roda; *wheel*

1 La cinquième ROUE de la charrette/(du carrosse) gêne plus qu'elle n'aide (1960)

'une charrette à cinq roues ne roule pas mieux; le surnuméraire encombre'

a quinta roda do carro não faz senão embaraçar
uma quinta roda ao carro só causa embaraço

the fifth wheel in a coach does not run smoothly

2 La plus mauvaise ROUE du char fait toujours le plus grand bruit (sXIII: *toujours crie la plus mauvaise roue du char*)

'le plus gênant est toujours celui qui se fait le plus remarquer'

a ovelha pior do bando é a (primeira) que espirra
a pior roda é a que mais chia
a roda pior do carro é a que faz mais barulho

the worst wheel of a cart creaks most
the worst wheel of a cart makes most noise

♦ O provérbio tem equivalentes em italiano: *la più cattiva ruota del carro sempre più cigola*, em espanhol: *la peor rueda de una carreta es aquella que rechina más* e em alemão: *das schlimmste Rad am Wagen knarrt am meisten*.

ROUGE *s.m.* vermelho; *red*

ROUGE au soir, blanc au matin, c'est la journée/(le souhait) du pèlerin (sXVIII) 'tout va bien, quand le ciel a la couleur du vin: rougeur du crépuscule promet beau lendemain, comme vin rouge aide à dormir; ciel matinal diaphane annonce belle journée, comme vin blanc maintient en éveil'

arrebóis de manhã trazem água à noite; arrebóis à noite, sol de manhã

sol claro no poente, boa está a noite e a manhã excelente

vermelhão no sertão, velhas no fogão; vermelhão para o mar, velhas a lavar

vermelho para a serra, chuva na terra; vermelho para o mar, calor de rachar

an evening red and morning grey will set the traveller on his way

sky red in the morning is a sailor's warning; sky red at night is the sailor's delight

sky red in the morning is a shepherd's warning; sky red at night is the shepherd's delight

♦ Há correspondentes em italiano: *rosso di sera, bel tempo si spera; rosso di mattina, la pioggia s'avvicina*, em espanhol: *arreboles de la mañana, a la noche son con agua, y arreboles de la noche a la mañana son con sol* e em alemão: *Abendrot, gut Wetter bot; Morgenrot bringt Wind und Kot.*

⇒ TEMPS rouge le soir, laisse bon espoir; TEMPS rouge le matin, pluie en chemin

ROUILLE *s.f.* ferrugem; *rust*

La ROUILLE ronge le fer

'l'oisiveté insensiblement, et pernicieusement, oxyde ceux qui s'y abandonnent'

a ferrugem come o ferro e o cuidado o coração
a ferrugem gasta mais que o trabalho
a ferrugem gasta o ferro
aço que não serve enferruja
ferro que não se usa, gasta-o a ferrugem
o que não mexe enferruja

iron not used soon rusts
iron with use goes bright
rust eats up iron

♦ Do latim *ferrum rubigo consumit* (Quinto Cúrcio, 7, 8, 15). Há provérbios paralelos em italiano: *la ruggine mangia il ferro*, em espanhol: *el orín roe el hierro* e em alemão: *wer rastet, der rostet.*

⇒ Si la VACHE n'est pas tirée ordinairement, elle se tarit

ROUSSIN *s.m.* cavalo, corcel; *horse*

Vieux ROUSSIN demande jeune pouliche (sXIII)

'rien de mieux qu'une jeune femme pour ranimer un homme vieillissant'

a burro velho, capim novo
a burro velho, capim verde
boi velho gosta de erva tenra
burro velho gosta de capim novo
burro velho gosta de capim verde
cavalo velho, capim novo

grey hairs are nourished with green thoughts
old cats lust for young mice

⇒ Un vieux CHAT aime les jeunes souris

RUCHE *s.f.* colméia; *hive*

Compter les RUCHES à miel porte malheur (rég., Landes)

= BREBIS comptées, le loup les mange

RUE *s.f.* rua; *street*

La RUE est à tout le monde (sXIX)

'nul ne peut s'approprier ce que nature a destiné à l'usage commun'

a rua é de todo o mundo
a rua é pública
a rua pertence a todos
o sol aquece igualmente o rico e o indigente
o sol brilha para todos
o sol nasce para todos (e até para quem não merece)
o sol quando nasce é para todos
quando o sol nasce é para todos

nature belongs to everyone
the sun shines upon all alike
when God sends the day, He sends it for all

"LA RUE EST À TOUT LE MONDE", reprenais-je en donnant à ces mots un sens différent et en admirant qu'en effet dans la rue populeuse souvent mouillée de pluie, et qui devenait précieuse comme est parfois la rue dans les vieilles cités de l'Italie, la duchesse de Guermantes mêlât à la vie publique des moments de sa vie secrète, se montrant ainsi à chacun, mystérieuse, coudoyée de tous, avec la splendide gratuité des grands chefs-d'œuvre. (M. Proust, *RTP*, t. II, p. 145)

A RUA PERTENCE A TODOS, prosseguia eu, dando a essas palavras um sentido diferente e admirando-me de que, de fato, na rua apinhada, muitas vezes úmida de chuva e que se tornava preciosa como o é às vezes a rua das velhas cidades da Itália, a duquesa de Guermantes misturasse, à vida pública, momentos de sua vida secreta, mostrando-se assim a cada qual, misteriosa, por entre as pessoas, com a esplêndida gratuidade das grandes obras-primas.

⇒ Le SOLEIL brille/luit pour tout le monde

RUISSEAU *s.m.* riacho; *stream, brook*

R

1 Il ne faut pas puiser au RUISSEAU quand on peut aller à la source (1749)

= Il vaut mieux s'adresser à DIEU qu'à ses saints

⇒ Il vaut mieux avoir AFFAIRE à Dieu qu'à ses saints

2 Les petits RUISSEAUX font les grandes rivières (1640)

'l'immensité de la mer n'est jamais faite que d'une merveilleuse quantité de gouttes d'eau de bonne volonté'

de grão em grão a galinha enche o papo (e o velho o saco)
os grandes rios fazem-se de pequenos ribeiros
poupa o teu vintém, (que) serás um dia alguém
tostão a tostão se faz um milhão

little streams make big rivers
many drops make a flood
many drops make a shower

Julien maintenant répétait: "Tu ne pourras donc jamais t'habituer à ne pas jeter l'argent par les fenêtres?" Et chaque fois qu'il avait rogné quelques sous sur un salaire ou sur une note, il prononçait, avec un sourire, en glissant la monnaie dans sa poche: "LES PETITS RUISSEAUX FONT LES GRANDES RIVIÈRES." (G. de Maupassant, *V*, p. 100)

Julien agora repetia: "Será que você nunca vai habituar-se a não jogar dinheiro pela janela?" E todas as vezes que ele lograva subtrair alguns centavos de um salário ou de uma conta, afirmava, com um sorriso, metendo o dinheiro no bolso: "OS GRANDES RIOS FAZEM-SE DE PEQUENOS RIBEIROS."

♦ Léon Bloy (*ELC*, p. 150) comenta: "Ainsi parle mon épicier empochant le sou des misérables. Ainsi parle tel financier raflant l'épargne des humbles gens. Ainsi parle Chamberlain en voyant couler le sang des petits enfants des Boers. Et tous trois disent exactement la même chose." (É o que diz o meu merceeiro ao meter no bolso a moeda dos miseráveis. É o que diz o capitalista ao afanar a poupança dos humildes. É o que diz Chamberlain ao ver o sangue dos filhos dos bôeres. E os três dizem exatamente a mesma coisa.) Noëlle de Roissy escreve, com humor, em *Pensées du Vampire* (apud C. Gagnière, *TOM*, p. 816): "Les petits suçons font les vieux vampires." (As pequenas mordidas fazem os velhos vampiros.)

♦ O provérbio tem equivalentes em italiano: *i piccoli ruscelli fanno i grandi fiumi* e em alemão: *kleine Bäche machen einen Strom*.

⇒ Un SOU est un SOU

RUMEUR *s.f.* rumor; *rumour*

Grande RUMEUR, petite toison(, dit celui qui tond les moutons)

'la valeur ne se mesure pas à la notoriété audiovisuelle'

é maior o arruído que as nozes
grande gabador, pequeno fazedor
mais vozes que nozes

great cry and little wool (quoth the devil when he sheared his dogs)
much cry and little wool

⇒ Grand BRUIT, petite toison

RUSE *s.f.* astúcia, manha; *cunning, craftiness*

Mieux vaut RUSE que force (1568; sXIII: *mieux vaut engins* ['ruse'] *que ne fait force*)

'on obtient davantage en biaisant qu'en affrontant, en manœuvrant qu'en heurtant'

mais vale astúcia que força
mais vale (o) jeito que (a) força

cunning surpasses strength
wiles help weak folk

Prenez y tous, roys, ducz, rocz et pions, / Enseignement que ENGIN MIEULX VAULT QUE FORCE; / Car la victoire, / Comme est notoire, / Ne gist que en heur. (F. Rabelais, *P*, p. 144)

Aprendei todos vós, reis, duques, torres e peões, / Que MAIS VALE ASTÚCIA QUE FORÇA; / Pois a vitória, / Como é notório, / Está na sorte.

♦ Há equivalente em espanhol: *más vale maña que fuerza*.

⇒ Quand on n'est pas le plus FORT, il faut être le plus malin

RUSSE *s.m.* russo; *Russian*

Grattez le RUSSE et vous trouverez le Tartare

'on conserve toujours trace de ses origines'

apenas tens de arranhar um homem para encontrar o animal
arranhai o russo e descobrireis o cossaco
basta arranhares um homem para encontrares um animal

scratch a Russian and you find a Tartar

♦ Palavras que se costuma atribuir a Joseph de Maistre ou a Napoleão I, mas, como observa G. Fumagalli, "a torto; se mai essa è del Principe de Ligne".

♦ "The proverb is also used allusively, especially of other nationalities. (...) Scratch a Puerto Rican and you find a Spaniard underneath, so the language and home custom of Spain prevail here. (...) Scratch a Pole and you find a Pole, even if he is a Communist." (J. Simpson)

S

SAC *s.m.* saco; *bag, sack*

1 Autant pèche celui qui tient le SAC, que celui qui met dedans

'le malfaiteur n'est pas plus blâmable que celui qui lui donne les possibilités d'exercer sa malfaisance'

tanta pena merece o consentidor como o ladrão
tanto peca o que segura o saco como o que para dentro mete
tão bom é o ladrão como o consentidor
tão bom é o ladrão como o que fica no portão
tão ladrão é o que vai à horta como o que fica à porta
tão ladrão é o que vai à vinha como o que fica à espreita
tão ladrão é o que vai à vinha como o que fica à portinha
tão ladrão é o que vai ao nabal como o que fica no portal

the concealer is as bad as the thief
the receiver is as bad as the thief

♦ De um axioma de Focílides: ἀμφότεροι κλῶπες, καὶ ὁ δεξάμενος καὶ ὁ κλέψας (são ambos ladrões: tanto quem recebeu como quem roubou), com correspondentes em italiano: *tanto è ladro chi ruba come chi tiene il sacco* e em espanhol: *tanto peca el que roba en la huerta como el que guarda a la puerta*.

⇒ S'il n'y avait point de RECELEUR, il n'y aurait de voleur

2 Aux petits SACS sont les meilleures épices (1568)

= Dans les petits POTS, les bons onguents

3 Ce qui est au SAC part du SAC (1597)

= Il ne saurait sortir d'un SAC que ce qui y est

4 Dans les petits SACS sont les bonnes/fines épices (sXVIII/1656)

= Dans les petits POTS, les bons onguents

5 D'un SAC à charbon il ne saurait sortir blanche farine (1835)

'l'effet ne saurait démentir la cause'

cada cuba cheira ao vinho que tem
cada vaso transpira o que dentro arrecada
não sai farinha branca de um saco de carvão

there comes nought out of the sack but what was there

♦ Diz-se em italiano: *dal sacco non può uscir se non quel che vi è.*

⇒ Quand une VACHE blanche entre dans une étable, une VACHE blanche en sort cent ans après

6 Il faut lier le SAC avant qu'il soit plein (sXIII: *on lie bien le sac avant qu'il soit plein*)

'il faut savoir s'arrêter à temps'

fecha o saco antes que ele transborde
rompe-se o saco à força de querer enchê-lo

bind the sack before it be full

♦ Cf. o latim *nec dum repletur saccus persaepe ligatur* (não se costuma fechar o saco antes de estar cheio). Diz-se em italiano: *lega il sacco quantunque non sia pieno.*

7 Il ne faut pas juger le SAC à l'étiquette (1690)

'l'étiquetage a deux fonctions: informer le consommateur, et le séduire; la seconde l'emporte toujours sur la première'

não julgues a casa pela fronteira
não se deixe enganar pelas aparências
não se pode julgar um livro pela capa
ninguém sabe o que está por dentro da roupa alheia

none can guess the jewel by the cabinet

S

none can guess the jewel by the casket
you can't tell a book by its cover

⇒ Sur l'APPARENCE est bien fou qui se fonde

8 Il ne saurait sortir d'un SAC que ce qui y est (sXVII)

'à moins d'être prestidigitateur et de sortir du sac ce qu'on a mis ailleurs, on ne récolte généralement que ce qu'on a semé'

cada vaso transpira o que dentro arrecada
ninguém perde o que não tem
ninguém perde o que nunca teve
ninguém pode despir um homem nu
ninguém pode perder o que nunca teve
o tonel não pode dar senão o vinho que tem

there comes nought out of the sack but what was there
where nothing is, nothing can be had

⇒ (L')HOMME ne peut perdre ce qu'il n'eut oncq

9 Le SAC ne fut oncques* si plein qu'il n'y entrât bien un grain (1568)

* *Oncques* = 'jamais'.

'quand on est riche, il n'y a pas grand embarras à l'être davantage'

a boca do ambicioso só se enche com a terra da sepultura
se temos, mais apetecemos

covetousness is always filling a bottomless vessel
he that has plenty of goods shall have more

⇒ L'AVARICE est comme le feu, plus on y met du bois, plus il brûle

10 On frappe sur le SAC pour que l'âne le sente

= Qui ne peut frapper l'ÂNE frappe le bât

♦ Há correspondentes em italiano: *dico a te figliuola, intendilo tu nuora* e em espanhol: *a ti te lo digo, hijuela, entiéndelo tú, mi nuera.*

11 SAC plein dresse l'oreille (1640)

'la richesse se trahit toujours par quelque jactance, ou par l'anxiété'

de rico a soberbo não há palmo inteiro
saco cheio não se dobra

plenty breeds pride
wealth infatuates as well as beauty

12 SAC vide ne tient pas debout (Guadeloupe)

'faim et besoin nuisent à l'équilibre'

não se vive de vento
ninguém vive de vento
saco vazio não fica em pé
saco vazio não pára em pé
saco vazio não se pode ter em pé

saco vazio não se tem de pé

an empty bag cannot stand upright
an empty belly bears no body
an empty sack cannot stand upright

– (...) Qu'est-ce que vous comprenez, un homme qui travaille est-il un oiseau? et ses enfants sont-ils les petits de l'oiseau? Je frappe ma poitrine et je vous demande: qui peine ici, qui plante ces champs de cannes et qui les coupe et les brûle? Seulement voilà, tout le monde sait qu'un SAC VIDE NE TIENT PAS DEBOUT, il s'affale, il s'affale tout bonnement. (S. Schwarz-Bart, *PVTM*, p. 222)

– (...) O senhor pensa que o homem que trabalha é um pássaro? Que os filhos dele são filhotes de pássaro? Bato no peito e pergunto: quem sofre aqui, quem planta estes canaviais, quem ceifa e quem queima? Ora, todo o mundo sabe que SACO VAZIO NÃO SE AGÜENTA EM PÉ, ele arria, arria mesmo.

♦ Cf. o latim *angulus erigitur in sacco quando repletur* (quando está cheio, o saco fica em pé). Há equivalentes em italiano: *sacco vuoto non sta in piedi* e em espanhol: *el saco vacío no puede mantenerse en pie.*

13 SACS à charbonnier, l'un gâte l'autre (sXVIII)

'du charbonnier ou de son sac, on ne sait lequel noircit l'autre; le vice déteint sur le vice'

ninguém presuma que se pode entrar no lodo sem se enlodar
ninguém toca em carvão que não fique enfarruscado

he that touches pitch, shall be defiled

⇒ Entre TELS, TEL deviendras

14 Un SAC percé ne peut tenir graine

'sac ou panier percé, le prodigue ne peut retenir l'argent'

bolsa rota, dinheiro à solta
não metas dinheiro em saco sem veres se tem buraco

a broken sack will hold no corn

15 Un SAC vide ne saurait se tenir debout

= SAC vide ne tient pas debout

SAFRAN *s.m.* (*Crocus sativus*) açafrão; *saffran*

Plus le SAFRAN est foulé, mieux il fleurit

'version fleurie du proverbe évangélico-dialectique: "Si le grain ne meurt..."; la vie, pour refleurir, a besoin de sa propre négation'

o condimento esmagado tem mais aroma

if you beat spice it will smell the sweeter
the more the camomile is trodden on, the faster it grows

⇒ Le JUSTE et le santal parfument qui les frappe

SAGE *adj. s.* sábio; *wise*

1 Il n'est si SAGE qui ne fasse des sottises (sXIII)

'la sagesse même a ses égarements; ce qui est un comble!'

ninguém é sábio em todas as ocasiões
os mais hábeis cometem faltas

no man is wise at all times
the wisest man may fall

◆ Pensamento de Plínio (*Naturalis historia*, 7, 40, 2): *nemo mortalium omnibus horis sapit* (nenhum mortal é sábio em todos os momentos). A. Allais (*apud* C. Gagnière, *TOM*, p. 56) ironiza: "L'homme est plein d'imperfections, mais on ne peut que se montrer indulgent si l'on songe à l'époque à laquelle il fut créé." (O homem é muito imperfeito mas não se pode ser muito exigente quando se considera a época em que ele foi criado.) Há correspondentes em italiano: *niuno è savio d'ogni tempo* e em espanhol: *nadie es sabio en todas ocasiones*.

2 Il n'y a si SAGE qui parfois ne rage (sXIII: *n'est si sage qui ne foloie*)

'il est des circonstances où même un sage sort de ses gonds'

não há louco sem acerto, nem sábio sem loucura
não há sábio nem douto que de louco não tenha um pouco
não há sábio sem loucura

a wise man may sometimes play the fool

◆ A idéia está num fragmento de um diálogo perdido de Sêneca, o *De superstitione*: *tolerabile est semel anno insanire* (é tolerável perder a razão uma vez por ano).

3 Le SAGE entend à demi-mot

= À bon ENTENDEUR peu de paroles

⇒ Un bon CLERC comprend à demi-mot

4 Les SAGES ont la bouche dans le cœur et les fous le cœur dans la bouche

= BOUCHE en cœur au sage, cœur en BOUCHE au fou

5 Les SAGES portent leurs cornes dans le cœur, et les sots sur leur front

'on doit se garder d'exhiber ses humiliations et ses échecs'

o corno sábio esconde a sua dor

he that has horns in his bosom, let him not put them on his head
wise men wear their horns on their breasts, fools on their front

◆ Cf. o latim medieval: *sapientes portant cornua in pectore, stulti in fronte*. Cf. também Montaigne: "Chascun

de vous a faict quelqu'un cocu: or nature est toute en pareilles, en compensation et vicissitude. La frequence de cet accident en doibt meshuy avoir moderé l'aigreur: le voylà tantost passé en coustume.

Miserable passion! qui a cecy encores, d'estre incommunicable.

Fors etiam nostris invidit questibus aures*:
car à quel amy osez vous fier vos doleances, qui, s'il ne s'en rit, ne s'en serve d'acheminement et d'instruction pour prendre luy mesme sa part à la curee? Les aigreurs comment les doulceurs du mariage se tiennent secrettes par les sages; et parmy les aultres importunes conditions qui se treuvent en iceluy, cette icy, à un homme languagier, comme ie suis, est des principales, que la coustume rende indecent et nuisible qu'on communique à personne tout ce qu'on en sçait et qu'on en sent. (*E*, t. III, p. 124). (Todos nós já chamamos alguém de cornudo; não nos devemos pois espantar com o revide. Compensações e represálias estão na ordem natural das coisas. E a freqüência do acidente por certo tempera-lhe o amargor. Acresce ainda que essa desgraça é incomunicável.

"O destino recusa-se a ouvir nossas lamentações". Com efeito, em que amigo podemos confiar sem que se ria de nós ou sem que se valha da informação em benefício próprio? Os sábios guardam segredo, tanto a respeito dos infortúnios matrimoniais como de seus prazeres. E, nesse caso, consideram indecente comunicar a outrem o que sabemos e sentimos, o que não deixa de aborrecer quem, como eu, é de natural expansivo. – Trad. de Sérgio Milliet)

* Catulo, 67, 170.

6 L'on n'est SAGE tant que l'on n'a follé (sXIV)

= Il n'y a si SAGE qui parfois ne rage

7 Tout le monde sait être SAGE après coup

'la prévoyance est aussi difficile que la déploration est aisée'

a coelho ido, conselho vindo
de obras feitas todos são mestres
depois do barco ir ao fundo, todos sabem dizer como é que ele poderia ter sido salvo
depois do mal acontecido, todos o tinham adivinhado
depois do mal feito, todos o tinham previsto
depois do mal feito, todos sabem como se teria evitado
é fácil ser prudente depois do acontecimento

everybody is wise after the event
if things were to be done twice, all would be wise
it is easy to be wise after the event
it is easy to prophesy after the event

◆ Diz-se em italiano: *dopo il fatto ognuno è savio*.

⇒ Après DOMMAGE, chacun est sage

S

SAGESSE *s.f.* sabedoria; *wisdom*

1 La SAGESSE n'est pas enfermée dans une tête

'la sagesse se nourrit de l'expérience commune'

o saber não está todo numa cabeça

all the wit in the world is not in one head

- ♦ "Il faut que les plus habiles prennent conseil", défi-ne Panckoucke.

- ⇒ Toute la SAGESSE n'est pas enfermée dans une seule tête

2 La SAGESSE vaut mieux que la force (sXV)

'il faut supléer à la puissance par la ruse et l'adresse'

mais vale astúcia que força

better be wise than strong
wisdom goes beyond strength
wisdom is better than strength

- ⇒ Quand on n'est pas le plus FORT, il faut être le plus malin

3 Mieux vaut SAGESSE que richesse (rég., Bretagne)

'la qualité est plus digne d'être convoitée que la quanti-té, l'être plus que l'avoir'

mais vale saber que haver
mais vale saber que ter

better wit than wealth
learning is better than house and land
without wisdom, wealth is worthless

- ♦ Cf. C. Perrault: "Quelque grand que soit l'avantage, / De jouir d'un riche héritage / Venant à nous de père en fils, / Aux jeunes gens pour l'ordinaire, / L'industrie et le savoir-faire / Valent mieux que des biens acquis." ("Le Maître Chat ou le Chat Botté", in *CMO*, p. 127) ("Por maior que seja a vantagem, / De gozar uma herança / Que nos vem de pai para filho, / Aos jovens de modo geral, / O talento e a habilidade / Valem mais do que a riqueza recebida.")

- ♦ Diz-se em espanhol: *más vale saber que haber.*

- ⇒ SCIENCE passe chevance

4 SAGESSE, beauté et gentillesse ne font bouillir aucun chaudron

'le vrai, le beau ni le bon ne sont des valeurs cotées en bourse'

saber, cortesia e formosura não dão pão nem fartura

wisdom, beauty and kindness won't make the pot boil

5 SAGESSE et grand avoir sont rarement en un manoir (sXVI)

'sagesse est peu compatible avec richesse'

a sabedoria não vem dos ricos, vem dos pobres

muita riqueza, pouco saber
na mesma morada raras vezes cabem o saber e o ter

many times wisdom lies under a threadbare coat
(oft times) under a ragged coat lies wisdom
(oft times) under a threadbare coat lies wisdom
wisdom sometimes walks in clouted shoes

- ⇒ FOL et avoir ne se peuvent entr'avoir

6 Toute la SAGESSE n'est pas enfermée dans une seule tête (1752)

= La SAGESSE n'est pas enfermée dans une tête

SAIN *s.m.* são, sadio; *healthful person*

Il est bien aise aux SAINS de consoler le malade

'il n'est pas difficile de prodiguer réconfort à plus malheureux que soi'

o são ao doente em regra mente
quando se está bem, é fácil consolar o doente
quando se está bem, é fácil consolar o infeliz
ri da cicatriz quem não sentiu a dor da ferida
zomba das cicatrizes quem nunca foi ferido

it is easy for a man in health to preach patience to the sick
the healthful man can give counsel to the sick

- ♦ Pensamento de Terêncio (*Andria*, 309): *facile omnes quom ualemus recta consilia aegrotis damus* (quando estamos com saúde, todos damos facilmente bons conselhos aos enfermos). Há correspondentes em italiano: *il sano consiglia bene l'ammalato* e em espanhol: *el sano al doliente su regla le mete.*

SAINT,E *s.* santo; *saint*

1 À chaque SAINT sa chandelle (1557)

'il convient que chacun soit honoré selon son rang, sa qualité'

a cada santo a sua lâmpada
a cada santo o seu candelabro
cada santo quer sua vela
cada santo tem seu círio
cada santo tem seu nicho

to every saint his own candle

- ⇒ CHACUN son dû

2 À la SAINT-André, la nuit l'emporte sur le jour qui suit

dicton météorologique

por Santo André todo o dia noite é

St. Andrew the King, lay candlestick by

- ♦ Dia de Santo André: 30 de novembro.

3 À la SAINT-Martin bois le bon vin et laisse l'eau

courir au moulin (sXV: *à la sainct Martin boit-on le bon vin*)

'le Beaujolais nouveau arrive début novembre'

no dia de São Martinho, fura o teu pipinho
no dia de São Martinho, vai à adega e prova teu vinho
pelo São Martinho bebe teu vinho e deixa a água correr no moinho
pelo São Martinho prova teu vinho; ao cabo do ['de um'] ano, já te não faz dano
por São Martinho prova teu vinho

at Martinmas, drink your wine

♦ Há correspondentes em italiano: *per San Martino, si lascia l'acqua e si beve il vino* e em espanhol: *por San Martín bebe el buen vino, y deja el agua para el molino.*

♦ Dia de São Martinho: 11 de novembro.

4 À la SAINT-Martin tue ton cochon et invite tes voisins

= Pour la SAINT-Martin tue le porc et goûte ton vin

5 À la SAINT-Mathias se fond et se brise la glace

'fin février, l'hiver est terminé'

chova água, chova dias, quem paga é o Matias; água vá, água venha, não se vai ao mato, vai-se a lenha

if it freezes on St. Mathias' Day, it will freeze for a month together
St. Mathias breaks the ice; if he finds none, he will make it

♦ Diz-se em espanhol: *San Matías, marzo al quinto día, entra el sol por las umbrías, y calienta las aguas frías.*

♦ Dia de São Matias: 24 de fevereiro.

6 À la SAINT-Paul l'hiver se casse ou se recolle

'février peut encore être le mois le plus froid'

no dia de São Paulo tanto está molhado como enxuto

if St. Paul be fair and clear, then betides a happy year
if St. Paul's Day be fair and clear, it will betide a happy year

♦ Cf. o latim: *clara dies Pauli bona tempora denotat anni* (um dia de São Paulo com céu claro é sinal de bom tempo o ano inteiro).

♦ Data da Conversão de São Paulo: 25 de janeiro.

7 À la SAINTE-Luce, le jour croît du saut d'une puce* (sXV)

* "N'oublions pas que le pape GRÉGOIRE XIII remit en 1582 les pendules du calendrier à l'heure. Cette 'petite année' supprime dix jours du mois d'octobre – l'on s'endormit le 5 octobre et l'on se réveilla le 15 –, si bien que le saut de puce de la Sainte-Luce (proverbe antérieur à 1582) a lieu non le 13 décembre, jour de sa fête, mais le 23 décembre." (J.-Y. Dournon)

dicton sur la croissance des jours

do Natal à Santa Luzia cresce um palmo o dia

em dia de Santa Luzia cresce a noite e míngua o dia
por Santa Luzia cresce a noite, míngua o dia
por Santa Luzia cresce um palmo o dia
Santa Luzia cresce a noite, míngua o dia

Lucy light, Lucy light, the shortest day and the longest night

♦ A contradição que aparece entre os enunciados dos provérbios portugueses referentes ao dia de Santa Luzia (13 de dezembro) decorre do fato de muitos deles serem de uma época em que a festa coincidia com o solstício de inverno no hemisfério norte. Há correspondentes em italiano: *a Santa Lucia, un passo di gallina* e em espanhol: *por Santa Lucía, mengua la noche y crece el día.*

8 À petit SAINT, petite offrande (sXV)

'on répond à hauteur du demandeur'

para gente pobre, nem repique nem dobre
para gente pobre, pequeno dobre
para quem é, bacalhau basta

a small saint becomes a small offering

♦ Diz-se em espanhol: *según es el santo son las cortinas.*

⇒ Selon le SAINT, l'encens

9 À SAINT-Simon et SAINT-Jude, les navires à l'ancre (rég., Pays Basque)

dicton météorologique: la mer est réputée dangereuse en cette période

andai, barquinhos, andai, que não vos apanhe São Simão no mar
andar, marinheiro, andar, não te apanhe São Simão no mar
no dia de São Simão, semear sim, marear não

Simon and Jude all the ships on the sea home they do crowd

♦ Dia de São Simão e São Judas: 28 de outubro.

10 À tel SAINT, telle offrande (sXVII)

= À petit SAINT, petite offrande

11 Au SAINT qui ne fait pas de miracles, on ne brûle pas d'encens

= À petit SAINT, petite offrande

⇒ Le SAINT qui ne guérit de rien n'a pas de pèlerins

12 Aujourd'hui la SAINT-Lambert, qui quitte sa place la perd

= Qui va à la CHASSE perd sa place

– C'est AUJOURD'HUI LA SAINT-LAMBERT, QUI QUITTE SA PLACE LA PERD, dit Benjamin au Polonais.

– Mon maître vous fermera le bec à tous, répondit Kouski en allant rejoindre Max qui s'établit à l'Hôtel de la Poste. (H. de Balzac, *R*, p. 351)

S

– QUEM VAI AO AR PERDE O LUGAR – disse Benjamim ao polonês.

– Meu patrão tapará a boca de vocês todos – respondeu Kuski, indo juntar-se a Max, que se hospedou no hostel da Posta. (Trad. de Gomes da Silveira)

♦ "À cette époque de l'année, il y a peu de chance pour les domestiques de ferme de retrouver du travail s'ils ont quitté leur patron." (A. Pierron)

♦ Dia de São Lamberto: 17 de setembro.

⇒ Il est aujourd'hui la SAINT-Lambert, qui quitte la partie la perd

13 Avant le SAINT, ne chômons pas la fête

= Il ne faut pas chanter le MAGNIFICAT à matines

14 Chacun prêche pour son SAINT (sXIV)

'chacun plaide pour sa cause, comme le Renard de la fable de La Fontaine ("Le Renard ayant la queue coupée", F, V, v) amputé de sa queue cherchait à convaincre ses confrères de se la faire couper'

cada um chega a brasa à sua sardinha
cada um pede para seu santo
cada um tira para seu santo

every one has an eye to his own interests
every one tries to further his own interests

♦ Diz-se em espanhol: *cada uno arrima el ascua a su sardina.*

⇒ Chaque CURÉ prie Dieu pour sa paroisse

15 Comme on connaît ses SAINTS, on les honore (1752)

'on traite les gens selon le caractère qu'on leur connaît'

a santos que não conheço não lhes rezo nem ofereço

as you know the saint, so you must honour him

16 En descendant, les SAINTS aident (rég., Auvergne)

= Il est plus facile de DESCENDRE que de monter

17 Il est aujourd'hui la SAINT-Lambert, qui quitte la partie la perd

= Qui va à la CHASSE perd sa place

18 Il ne faut pas découvrir SAINT-Paul pour couvrir SAINT-Pierre

'on ne doit pas remplacer un désagrément par un autre'

não rasgue um lençol para remendar outro
não se deve despir um santo para vestir outro
nunca faças um buraco para tapar outro

don't rob Peter to pay Paul
who praises St. Peter does not blame St. Paul

♦ "Referring to Saints Peter and Paul, who are remembered by the Church on the same day (29 June)." (LDEI)

♦ Cf. o latim medieval *non est spoliandus Petrus ut vestiatur Paulus* (não se deve despir Pedro para vestir Paulo). O provérbio tem correspondentes em italiano: *non scopire un altare per ricoprire un altro* e em espanhol: *no devestir un santo para vestir un otro*.

19 Il n'y a si petit SAINT qui ne veuille sa chandelle (1640)

= À chaque SAINT sa chandelle

20 Jeune SAINT, vieux démon (sXVI)

'l'âge corrompt toute pureté'

quem em menino é pousado será velho endiabrado
quem não as faz em novo prega-as em velho

(a) young saint, (an) old devil

⇒ De jeune ANGELOT, vieux diable

21 Le SAINT de la ville ne fait pas de miracles (sXV)

= Nul n'est PROPHÈTE en son pays

22 Le SAINT de la ville n'est pas adoré (1495)

= Nul n'est PROPHÈTE en son pays

⇒ La FAMILIARITÉ engendre le mépris

23 Le SAINT qui ne guérit de rien n'a pas de pèlerins

= À petit SAINT, petite offrande

24 Pour la SAINT-Martin tue le porc et goûte ton vin

dicton agricole

no dia de São Martinho, mata teu porco e bebe teu vinho

at Martinmas, killing of swine and much wine

25 SAINT ne peut si Dieu ne veut

'le pouvoir cède devant l'autorité'

o que Deus rejeita ninguém ajeita
quando Deus não quer, o santo não pode
quando Deus não quer, santo não "voga"
quando Deus não quer, santos não rogam

saint cannot what God will not do
when it pleases not God, the saint can do little

⇒ Quand DIEU ne veut, le saint ne peut

26 Selon le SAINT, l'encens

'la bienséance requiert que l'on mesure les marques de déférence à la position sociale de celui à qui elles s'adressent'

conforme o santo, assim é a oferta
segundo o santo, o incenso

tal o santo, tal a oferta

like saint, like offering
like shrine, like offering

⇒ À GENS de village, trompette de bois

27 Tel SAINT, tel miracle (sXVI)

'selon la qualité des gens sont leurs réalisations'

de tal santo, tal milagre

like saint, like miracle

28 Tous ne sont pas SAINTS qui vont à l'église

'les grimaces de la dévotion ne sont pas la dévotion, les gestes de la religion ne sont pas la religion'

nem todos (os) que rezam são santos
nem todos (os) que vão à guerra são soldados
nem todos (os) que vão ao estudo são letrados

all are not saints that go to church
religion is in the heart, not in the knee
they are not all saints, that use holy water

♦ O provérbio tem correspondentes em italiano: *non son tutti santi quelli che vanno in chiesa* e em espanhol: *no son frailes todos los que traen capilla.*

⇒ Nombreuses sont les porteuses de THYRSE, et rares les bacchantes

29 Un SAINT triste est un triste SAINT (sXIV)

'la joie est le premier signe de la sainteté'

um santo triste é um triste santo

a sad saint is not a true saint

♦ "Recueillie au XVIe s. (1557, *Adages françois*), la formule, devenue proverbiale, est attribuée au roi de France Jean le Bon (XIVe s.)." (A. Rey & S. Chantreau) Lema adotado por São Francisco de Sales.

SAISON *s.f.* estação; *season*

1 De SAISON tout est bon (1568)

= Chaque CHOSE a/en son temps

♦ Diz-se em espanhol: *lo que sin tiempo madura, poco dura.*

2 Il n'est pas toujours SAISON de brebis tondre (sXVI)

= il faut tondre les BREBIS et non pas les écorcher

3 SAISON tardive n'est pas oisive

'pour être tardif, un épanouissement n'en est pas moins productif'

quanto mais tarde, melhor maré

a late Spring is a great blessing

SALADE *s.f.* salada, alface; *salad, lettuce*

SALADE bien lavée et salée, peu de vinaigre et bien huilée

recette culinaire

salada bem salgada, pouco vinagre, bem azeitada

salty salad, little vinegar and well oiled

♦ Diz-se em italiano: *insalata, ben lavata, bene salata, poco aceto, ben oliata, quattro bocconi alla disperata.* Em espanhol, além de *la ensalada, salada; poco vinagre y bien oleada,* há o jocoso: *la ensalada requiere: un pródigo para el aceite, un avaro para el vinagre, un prudente para la sal y un tonto para menearla,* ao qual por vezes se acrescenta: *y un burro para comerla.*

SALIVE *s.f.* saliva; *saliva*

SALIVE d'homme tous serpents domme* (1557)

* *Domme* (v. *dommer*) = 'dompte'.

'calomnie est plus mortelle que morsure de serpent'

palavras ferem mais do que a espada

the tongue is more venomous than a serpent's sting
the tongue stings
there is no venom to that of the tongue

⇒ (Un) coup de LANGUE est pire que/qu'un coup de lance

SAMEDI *s.m.* sábado; *Saturday*

1 Il n'y a pas de SAMEDI dans l'année sans que l'on voit le soleil (rég., Les Vans)

= Nul/(Pas de) SAMEDI sans soleil

2 Nul/(Pas de) SAMEDI sans soleil

on dit qu'il y a toujours un rayon de soleil le samedi pour que la Sainte Vierge puisse faire sécher la chemise du dimanche du petit Jésus

não há sábado sem sol(, nem alecrim sem flor, nem menina bonita sem amor)
não há sábado sem sol, nem rosmaninho sem flor, nem casada sem ciúme, nem solteira sem amor
nem sábado sem sol, nem domingo sem missa, nem segunda sem preguiça
nem sábado sem sol, nem moça sem amor

there is never a Saturday without some sunshine

♦ "Seria efetivamente curioso descobrir a relação que há entre os fenômenos da atmosfera e os dias da semana. Em verdade, não há nem pode haver nenhuma; e todavia a ciência popular afirma-o por um dos seus ditados: *Não há sábado sem sol.* [...] Como não há relação necessária entre o *sol* e o *sábado*, a verdade deve ser outra. Este sol é o *dies solis*, isto é, o domingo (cf. o inglês *Sunday*, o alemão *Sonntag*, e neste

S

caso a relação que parecia absurda ressalta verdadeira, porque não pode haver *sábado sem domingo,* como quem dissera que não pode haver trabalho sem descanso, ou sempre virá um dia depois do outro." (João Ribeiro, *FF,* p. 240)

♦ Diz-se em espanhol: *ni sábado sin sol, ni moza sin amor, ni viejo sin dolor.*

3 Nul SAMEDI sans soleil, nul vieillard sans être jaloux, nulle belle femme sans amours (sXVI)

= Nul/(Pas de) SAMEDI sans soleil

4 Pas de SAMEDI sans soleil ni de femme sans conseil (rég., Agen)

= Nul/(Pas de) SAMEDI sans soleil

5 Pas de SAMEDI sans soleil ni de veuve sans conseil (rég., Provence)

= Nul/(Pas de) SAMEDI sans soleil

SANCTUAIRE *s.m* santuário; *sanctuary, shrine*

Il ne faut pas essayer de pénétrer dans le SANC-TUAIRE

'les interdits, les tabous, les secrets ne sont pas faits pour être violés'

cão na igreja, toda a gente o apedreja

come not to counsel uncalled (aprox.)

SANG *s.m.* sangue; *blood*

1 Bon SANG ne peut mentir (sXVIII)

'la valeur est inscrite dans le patrimoine génétique'

a filha da onça traz pintas que nem a mãe
bem haja quem com os seus parece
boa raça não mente
bom sangue não mente
bom sangue não nega
filho de arisco nasce matreiro
filho de burro não pode ser cavalo
filho de gata ratos mata
filho de gato caça rato
filho de gato gosta de rato
filho de gato mata rato
filho de onça já nasce pintado
filho de peixe peixinho é
filho de peixe sabe nadar
filho de rato foge para o palheiro
filho de tigre é pintado
filho de tigre já sai malhado
o filho do asno uma hora do dia orneja
o pinto já sai do ovo com a pinta que o galo tem
o sangue puxa ao sangue
por linha ['linhagem'] vem a tinha
quem puxa aos seus não degenera

quem sai aos seus não degenera
tal pai, tal filho
tal pássaro, tal ovo

blood will tell
fine blood will always show itself
good blood will always tell
like cow, like calf
like father, like son
like hen, like chicken
like mother, like daughter
such a father, such a son
the litter is like to the sire and dam

Je ne perdis pas un mot de tout ce que ces poètes dirent de mon oncle. Nous avions appris dans la famille qu'il faisait du bruit à Madrid par ses ouvrages. (...) BON SANG toutefois NE PEUT MENTIR. (Lesage, *GB,* p. 105-106)

Não perdi uma palavra de tudo o que esses poetas disseram a respeito de meu tio. Tínhamos sabido na família que suas obras causavam furor em Madri. (...) Mas O SANGUE PUXA AO SANGUE.

Elle avait fait connaissance avec quelques jolies dames de son humeur; elle leur parla par hasard de ma mère, et elle fut fort étonnée d'apprendre qu'elle logeait dans notre voisinage avec une jeune et belle personne qui passait pour sa fille. BON SANG NE PEUT MENTIR. Je ne sus pas sitôt le domicile de ma mère que j'y volai. (Lesage, *GA,* p. 498)

Ela fora apresentada a algumas belas damas simpáticas; falou-lhes por acaso de minha mãe, e ficou muito surpresa ao saber que ela morava na vizinhança com uma moça bonita que era tida como sua filha. O SANGUE NÃO MENTE. Assim que descobri o endereço de minha mãe corri para lá.

(...) elle me dit avec un sourire amène, sans tenir compte de mes dénégations au sujet de l'amiral Julien de la Gravière: "D'ailleurs qu'importe? Monsieur doit avoir le pied marin. BON SANG NE PEUT MENTIR." (M. Proust, *RTP,* t. II, p. 547)

(...) me disse com um sorriso ameno, sem levar em conta minhas denegações a respeito do almirante Julien Gravière: "Aliás, que importa? O cavalheiro deve ter pé de marinheiro. BOM SANGUE NÃO NEGA." (Trad. de Mário Quintana)

JACQUES: BON SANG NE PEUT MENTIR!
JACQUELINE (*elle a compris*): Ah! enfin! le voilà le grand mot lâché! (E. Ionesco, *J,* p. 106)

JACQUES: FILHO DE PEIXE PEIXINHO É.
JACQUELINE (*ela entendeu*): Ah! finalmente! Eis que foi proferida a frase!

♦ Há equivalentes em italiano: *buon sangue non mente* e em espanhol: *la buena sangre nunca miente.*

⇒ Telle TERRE, telle cruche

2 On ne fait pas sortir de SANG d'une pierre (rég., Lyon)

= On ne peut tirer de l'HUILE d'un mur

3 On ne peut pas tirer de SANG d'un navet

= On ne peut tirer de l'HUILE d'un mur

♦ Há provérbio paralelo em italiano: *non si può cavar sangue da una rapa.*

SANTÉ *s.f.* saúde; *health*

1 Qui a SANTÉ a tout; qui n'a SANTÉ n'a rien (sXVI)

= SANTÉ passe richesse

2 SANTÉ passe richesse

'la santé est le capital le plus précieux'

a saúde não tem preço
arrenego da tigelinha de ouro em que hei de cuspir sangue
mais vale a saúde que o dinheiro
mais vale saúde boa que pesada bolsa
mais vale saúde que riqueza
quem tem saúde e liberdade é rico e não o sabe
riqueza a valer é saúde e saber
saúde e paz, dinheiro atrás
saúde é riqueza

he that wants health wants all
health before wealth
health is above wealth
health is better than wealth
health is great riches

♦ Cf. o monóstico de Menandro: Οὐκ ἔσθ' ὑγιείας κρεῖττον οὐδέν ἐν βίῳ. (Nada na vida é mais importante que a saúde.) Há correspondentes em italiano: *la salute val più della ricchezza* e em espanhol: *más vale salud que riqueza* (ou ainda: *entre salud y dinero, salud quiero*).

⇒ Il n'est TRÉSOR que de santé

SATIÉTÉ *s.f.* saciedade; *satiety*

La SATIÉTÉ engendre le dégoût (1580)

'la satiété ôte aux choses leur saveur; opulence engendre écœurement; la société de consommation s'y entend à exploiter cette logique inflationniste'

bocado engolido, sabor perdido
da abundância vem o fastio
da abundância vem o tédio
fartura traz fastio

abundance of things breeds disdainfulness
abundance of things engenders disdainfulness

satiety begets disgust

Le desir et la iouïssance nous mettent pareillement en peine. La rigueur des maistresses est ennuyeuse; mais l'aysance et la facilité l'est, à vray dire, encores plus: d'autant que le mescontentement et la cholere naissent de l'estimation en quoy nous avons la chose desiree, aiguisent l'amour, et le reschauffent; mais LA SATIETÉ ENGENDRE LE DESGOUST; c'est une passion mousse, hebetee, lasse et endormie. (Montaigne, *E*, t. II, p. 310)

O desejo e o gozo fazem-nos sofrer igualmente. A seriedade de nossas amantes aborrece-nos, mas em verdade a facilidade com que porventura se entreguem ainda aborrece mais. Pois o descontentamento e a cólera que nascem do valor que emprestamos ao objeto desejado excitam o amor, ao passo que A SACIEDADE ENGENDRA O DESGOSTO; não passa então o amor de uma paixão embotada, estupidificada, farta e sonolenta. (Trad. de Sérgio Milliet)

⇒ À VENTRE saoul cerises amères

SAUCE *s.f.* molho; *sauce*

1 Il n'est (de) SAUCE que d'appétit (1558)

'pour mettre en valeur une nourriture, aucun assaisonnement ne vaut une bonne faim; le désir donne saveur à tout'

a fome é a melhor mostarda
a fome é boa cozinheira
a fome é o melhor conduto
a fome é o melhor cozinheiro
a fome é o melhor tempero
a melhor mostarda é a fome
asno que tem fome cardos come
boa mostarda é a fome
é bom o pão duro quando não há nenhum
gato com fome come farofa de alfinete
não há melhor molho que a fome
não há melhor mostarda que a fome
não há tempero tão bom como a fome
o lobo com fome cardos come
tempero de comida ruim é fome

a good appetite is the best sauce
all's good in a famine
hunger is the best sauce
hunger makes hard beans sweet
hungry dogs will eat dirty puddings

♦ A idéia está num pensamento atribuído a Sócrates por Cícero (*De finibus*, 2, 28, 90): *cibi condimentum esse famem* ([que] a fome é o tempero da comida). Há correspondentes em italiano: *la miglior salsa è l'appetito* (ou ainda: *la fame è il miglior condimento*), em espanhol: *a buen hambre no hay falta salsa* e em alemão: *Hunger ist die beste Koch/Würze.*

S

⇒ Il n'est VIANDE que d'appétit

2   La SAUCE fait passer le poisson (1640)

'l'accessoire vaut mieux que le principal'

mais vale o cheiro do que o gosto
o melhor da raia é o molho

the sauce is better than the fish

♦ Diz-se em espanhol: *más vale la salsa que los caracoles.*

3   La SAUCE vaut mieux que le poisson (1640)

= La SAUCE fait passer le poisson

SAUMON *s.m.* (*Salmo salar*) salmão; *salmon*

SAUMON comme le sermon en Carême ont leur saison (sXVI)

'le temps de Carême est celui du "maigre" et des dévotions'

salmão e sermão têm na Quaresma a sua estação

salmon and sermon have their season in Lent

♦ Há correspondente em espanhol: *el sermón y el salmón, en la Cuaresma tienen sazón, y después non.*

⇒ En CARÊME, saumon et sermon sont de saison

SAVANT *s.m.* sábio, erudito; *learned person, scholar*

On ne naît pas SAVANT

= NUL ne naît appris et instruit

♦ Há provérbio paralelo em italiano: *nessuno nasce maestro.*

SAVOIR *v.t.* saber; *to know*

De SAVOIR vient avoir (1568)

'le savoir est un investissement rentable'

do saber vem o ter

knowledge is power

♦ A idéia está na fábula *De Simonide* ("Sobre Simônides"), de Fedro (3, 28), cujo primeiro verso é: *Homo doctus in se semper divitias habet.* (O homem culto traz sempre consigo a sua riqueza.)

SCIE *s.f.* serra; *saw*

S'il y avait seulement des SCIES, il n'y aurait plus de poteaux (Québec)

= Si la MER bouillait, il y aurait bien des poissons (de) cuits

⇒ Avec des SI, on mettrait Paris en bouteille

SCIENCE *s.f.* ciência; *science*

1   Grand'SCIENCE est folie si le bon sens ne la guide (sXVI)

'le savoir profite peu à qui le jugement fait défaut'

a ciência é loucura se o bom senso não a cura
a ciência é loucura se o bom siso não a cura

knowledge is folly, except grace guide it

♦ Diz-se em espanhol: *toda ciencia es locura si el buen seso no la cura.*

⇒ SCIENCE sans conscience n'est que ruine de l'âme

2   SCIENCE est mère de doute

'le savoir commence par sa révocation; de Socrate à Descartes, c'est le premier article de la philosophie'

de nada duvida quem nada sabe
quem nada sabe de nada duvida
quem não tem dúvidas nada sabe

doubt is the key of knowledge
he that knows nothing, doubts nothing

3   SCIENCE n'a d'ennemis que les ignorants (sXV: *science n'a ennemis que les ignorans*)

'l'ignorance livre à la science, dont elle convoite le pouvoir, une guerre séculaire'

o pior inimigo da ciência é a ignorância

art has no enemy but ignorance
science has no enemy but the ignorant

V. Hugo modifica o provérbio:

Quand la France saura lire, ne laissez pas sans direction cette intelligence que vous aurez développée. Ce serait un autre désordre. L'IGNORANCE VAUT ENCORE MIEUX QUE LA MAUVAISE SCIENCE. (*BJ*, p. 383)

Quando a França aprender a ler, não deixeis sem rumo o saber que tiverdes despertado. Seria um outro tipo de desordem. A IGNORÂNCIA AINDA É MELHOR QUE A MÁ CIÊNCIA.

♦ Do latim medieval *scientia non habet inimicum praeter ignorantem.*

4   SCIENCE passe chevance*

* *Chevance* = 'richesse'.

= Mieux vaut SAGESSE que richesse

5   SCIENCE sans conscience n'est que ruine de l'âme (1532)

'la passion du savoir doit être contrôlée par la morale; les savants contemporains ont si bien perdu toute conscience (morale ou pas) qu'on les met sous le contrôle de "comités d'éthique"'

ciência sem consciência não passa de ruína da alma

learning without conscience is a dangerous thing

Mais – parce que, selon le saige Salomon, sapience n'entre poinct en ame malivole et SCIENCE SANS CONSCIENCE N'EST QUE RUINE DE L'AME – il te convient servir, aymer et craindre Dieu, et en luy mettre toutes tes pensées et tout ton espoir, et par foy formée de charité estre à luy adjoinct en sorte que jamais n'en soys désamparé par peché. (F. Rabelais, *P*, p. 65)

Mas – como, de acordo com o sábio Salomão, o saber não entra em alma malévola e CIÊNCIA SEM CONS-CIÊNCIA É A RUÍNA DA ALMA – mais vale que comeces a servir, amar, temer a Deus, e nele pôr todos os teus pensamentos e esperança, e, pela fé nutrida de caridade, lhe sejas unido de modo que dele nunca te aparte o pecado.

⇒ Grand'SCIENCE est folie si le bon sens ne la guide

SÉCHER   *v.* secar; *to dry (up)*

Qui reste assis SÈCHE, qui va lèche (sXIII)

= Qui va LÈCHE, qui repose sèche

SECRET   *s.m.* segredo; *secret*

SECRET de deux, SECRET de Dieu; SECRET de trois, SECRET de tous (1498)

'un secret ne peut être gardé par plus de deux personnes, tant est irrésistible la passion de l'indiscrétion'

guardas-me um segredo, amigo? melhor o guardas se to não digo
o segredo melhor guardado é o que a ninguém é revela-do
quem teu segredo guarda muito mal escuta
segredo de dois, segredo de Deus; segredo de três, o diabo o fez
segredo de dois, segredo de Deus; segredo de três, se-gredo de todos
segredo de três não é segredo
segredo entre três? só matando dois
três podem guardar um segredo, se dois morrem

a secret between more than two is no secret
a secret is too little for one, enough for two, too much for three
three may keep a secret if two be away
three may keep a secret if two of them are dead
three people can keep a secret if two are away

♦ Há equivalentes em italiano: *secreto* ['segreto'] *di due, secreto* ['segreto'] *di Dio; secreto* ['segreto'] *di tre, secre-to* ['segreto'] *di tutti* e em espanhol: *secreto de dos, sá-belo Dios; secreto de tres, toda res.*

⇒ Ta CHEMISE ne sache ta guise

SEIGNEUR   *s.m.* senhor; *lord, master*

1   À grands SEIGNEURS peu de paroles (1690)

'il suffit de peu de mots pour exposer aux grands ce qu'on leur veut faire entendre; la litote leur est familiè-re; du reste, ils se flattent de n'avoir qu'une parole'

a grandes personagens, palavras poucas

to a big lord, few words

2   À tout SEIGNEUR tout honneur (1606; c1350: *à tous seigneurs tous honneurs*)

'il faut rendre à chacun selon son rang et sa qualité'

a cada qual as devidas honras
(dai) a César o que é de César
(dai) o seu a seu dono

give credit where credit is due
give the devil his due
honour to whom honour is due

LENI. – C'est le *Frankfurter Zeitung*: on parle de nous.
FRANTZ. – Quoi?
LENI. – De la famille. Ils font une série d'articles: "Les Géants qui ont reconstruit l'Allemagne." A TOUT SEIGNEUR, TOUT HONNEUR; ils commencent par les Gerlach. (J.-P. Sartre, *SA*, p. 192)

LENI. – É o *Frankfurter Zeitung*. Fala de nós.
FRANTZ. – De ti e de mim?
LENI. — Da família. Começou a publicar uma série de artigos: "Os Gigantes que reconstruíram a Alemanha." A CADA QUAL AS DEVIDAS HONRAS: a série come-ça pelos Von Gerlach. (Trad. de António Coimbra Mar-tins)

♦ Diz-se em italiano: *a tal signore, tale onore.*

⇒ À chaque SAINT sa chandelle

3   Le SEIGNEUR ne veut pas la mort du pécheur (1555)

= À tout PÉCHÉ miséricorde

⇒ DIEU ne veut point la mort du pécheur

4   Qui avec son SEIGNEUR mange poires, il ne choisit pas les meilleures (1495)

'mieux vaut donc manger avec des égaux ou des infé-rieurs'

com teu amo não jogues as peras, porque ele come as maduras e deixa-te as verdes
com teu senhor não jogues as peras

share not pears with your master, either in jest or in earnest
share not peas with your master, either in jest or in earnest

♦ Cf. o latim *difficile est multum cerasis cum principe vesci* (não é nada fácil comer cerejas em companhia de um príncipe). Há provérbios paralelos em italiano: *non è buono mangiar ciliege co' signori* e em espanhol: *ni en burlas, ni en veras con tu señor no partas peras.*

⇒ Il faut manger les PETITS-POIS avec les riches et les cerises avec les pauvres

S

5 Qui bon SEIGNEUR sert bon loyer en attend (sXV)

'la première qualité d'un bon maître, c'est de savoir reconnaître et honorer les services qui lui sont rendus'

quem a bom amo serve bom aluguel espere

he that serves a good master shall have good wages

6 Tel SEIGNEUR, telle maison

= À la MAISON se reconnaît le seigneur

7 Un grand SEIGNEUR, un grand clocher et une grande rivière sont trois mauvais voisins (1752)

'politique, religion, forces naturelles sont de grands prédateurs'

são maus vizinhos um grande senhor e um grande rio

a great lord, a great bell, a great river are three ill neighbours
a great man and a great river are often ill neighbours

♦ Há correspondentes em italiano: *né mulo, né mulino, né signore per vicino* e em espanhol: *rey, río y religión, tres malos vecinos son.*

⇒ Grand CHEMIN, grande rivière, grand seigneur sont trois mauvais voisins

SEIN *s.m.* seio; *breast*

Les SEINS ne sont jamais trop lourds pour la poitrine (Martinique)

'la nature n'inflige à chacun que ce qu'il est en mesure de supporter'

Deus dá a canga conforme o pescoço

God makes the back for the burden
God shapes the back for the burthen ['burden']

Var. em S. Schwarz-Bart:

Lorsqu'on voulait relayer Toussine au chevet, elle répondait en souriant d'un air très doux... n'ayez pour moi aucune crainte, SI LOURDS QUE SOIENT LES SEINS D'UNE FEMME, SA POITRINE EST TOUJOURS ASSEZ FORTE POUR LES SUPPORTER. (*PVTM*, p. 24-25)

Quando queriam substituir Toussine junto à menina, ela respondia sorrindo com meiguice... não se preocupem, POR MAIS PESADOS QUE SEJAM OS SEIOS DE UMA MULHER, O PEITO SEMPRE SERÁ CAPAZ DE CARREGÁ-LOS.

⇒ Le Bon DIEU donne des cornes à biquette comme elle peut les porter

SEL *s.m.* sal; *salt*

SEL et conseil ne se donnent qu'à celui qui les demande

'un conseil inopportun reste sans effet, ou produit un effet contraire'

água e conselhos só se dão a quem os pede
conselho e rapé só se dá (*sic*) a quem quer
conselho e tabaco só se dá (*sic*) a quem pede
conselho e torrado só se dá (*sic*) a quem pede
nunca dês conselho, senão a quem o pedir

give neither counsel nor salt till you are asked for it

⇒ Ne donnez jamais CONSEIL avant qu'on vous le demande

SELLE *s.f.* sela; *saddle*

1 Deux gros ne chevaucheront jamais bien une SELLE

= Il n'y a pas deux CRABES mâles dans un même trou

⇒ CHIEN et loup ne font pas longtemps bon ménage

2 Entre deux SELLES, le cul à terre (1190: *entre dous seles chiet cus a terre*)

= Entre deux SIÈGES, on tombe à terre

Ses dents aguysoit d'un sabot, ses mains lavoit de potaige, se pignoit d'un goubelet, se asseoyt ENTRE DEUS SELLES LE CUL À TERRE, se couvroyt d'un sac mouillé, (...). (F. Rabelais, *G*, p. 80)

Afiava os dentes com um tamanco, lavava as mãos com a sopa, penteava-se com um copo, SENTAVA-SE ENTRE DUAS SELAS COM A BUNDA NO CHÃO, cobria-se com um saco molhado. (Trad. de Aristides Lobo)

3 Qui ne veut SELLE, Dieu lui doint* bât

* Doint (*doignet*, subj. prés. du v. *donner*) = 'donne'.

'à celui qui ne sait se satisfaire de sa situation, il lui en advient une pire'

ruim com ele, pior sem ele

better rue sit than rue flit
striving to better, oft we mar what's well (Shakespeare)

SEMBLABLE *s.* semelhante; *like*

Les SEMBLABLES se guérissent par les SEMBLABLES

tel est l'axiome fondateur de la médecine homéopathique

a ferida do cão com o cabelo do mesmo cão se cura
a ferida do cão cura-se com o pêlo do mesmo cão
cura a mordidela do cão com o pêlo do mesmo cão
mordedura de cão cura-se com (o) pêlo do mesmo cão

like cures like

♦ *Similia similibus curantur* (curam-se os semelhantes

com os semelhantes) é o lema da medicina homeo-pática, criada por Samuel Hahnemann.

≠ MAL SUR MAL N'EST PAS SANTÉ

⇒ Contre MORSURE de chien de nuit le même poil très bien y duit

SEMBLANT *s.m.* semblante, rosto; *face*

Au SEMBLANT* connaît-on l'homme (sXIII)

* *Semblant* = 'figure, visage'.

'l'apparence révèle l'être'

o mal e o bem à face vêm
o rosto é o espelho da alma

in the forehead and the eye, the lecture of the mind doth lie
the face is the index of the heart
the face is the index of the mind

⇒ Au VIS le vice

SEMENCE *s.f.* semente; *seed*

1 Bonne SEMENCE fait bon grain et bons arbres portent bons fruits (sXIII)

= De doux ARBRE douces pommes

2 L'on ne doit (pas) semer toute sa SEMENCE en un champ

= Il ne faut mettre pas tous ses ŒUFS dans un même panier

SEMER *v.t.* semear; *to sow*

1 Comme tu SÈMERAS, tu moissonneras

'on subit les conséquences de son imprévoyance, on jouit des fruits de sa prudence'

cada um colhe aquilo que semeia
cada um colhe conforme semeia
cada um colhe o que semeia
como semeares, assim colherás
quem bem semeia bem ceifa
quem bem semeia bem colhe
quem planta colhe
quem semeia recolhe
sua alma, sua palma

as you sow, so you reap
good seed makes a good crop
such seeds he sows, such harvest shall he find
we reap what we sow

♦ Cf. o latim *ut sementem feceris, ita metes* (Cícero, *De oratore*, 2, 65, 262). Há equivalentes em italiano: *come seminerai, così raccoglierai*, em espanhol: *como sembraredes cogeredes* e em alemão: *was der Mensch sät, das wird er ernten*.

⇒ Chacun est ARTISAN de sa fortune

2 En vain plante et SÈME qui ne clôt et ne ferme (1568)

'il faut entourer de sollicitude la fragilité des commencements; qui sème à tous vents perd sa peine'

quem semeia em caminho(s) cansa os bois e perde o trigo

he that sows in the highway tires his oxen and loses his corn

3 Qui partout SÈME en aucun lieu ne récolte (sXIV)

= En vain plante et SÈME qui ne clôt et ne ferme

⇒ VIGNE double si elle est close

4 Qui SÈME en pleurs recueille en heur*

* *Heur* = 'bonheur'.

'les commencements douloureux font souvent les dénouements heureux'

quem semeia chorando colhe sorrindo

they that sow in tears, shall reap in joy

♦ Cf. *Salmos*, 126, 5.

5 Tel SÈME qui ne recueille pas

'aux uns la peine, aux autres le profit'

uns plantam, outros colhem

one sows and another reaps
one sows, another mows

♦ A fonte é o grego ἄλλοι σπείρουσιν, ἄλλοι δ' ἀμήσονται (uns semeiam, outros colhem), consignado pelos paremiógrafos. Cf. João 4, 37: *alius est qui seminat et alius est qui metit* (é um que semeia e outro que colhe). Há provérbios paralelos em italiano: *uno semina e un altro raccoglie* e em espanhol: *uno siembra, otro coge.*

⇒ Le SOLDAT combat et c'est l'officier qui porte les galons

SÉNÉCHAL *s.m.* senescal; *seneschal*

Au SÉNÉCHAL de la maison peut-on connaître le baron (sXIII)

= Tel MAÎTRE, tel valet

⇒ Le BEDEAU de la paroisse est toujours d'accord avec monsieur le curé

SENS *s.m.* sentido; *sense*

1 Chacun abonde en son SENS (1546)

= Qui a la JAUNISSE voit tout jaune

"CHASCUN ABONDE EN SON SENS: mesmement en choses foraines, externes et indifferentes, lesquelles

S

de soy ne sont bonnes ne maulvaises, pource qu'elles ne sortent de nos cœurs et pensées, qui est l'officine de tout bien et tout mal: bien, si bonne est et par le esprit munde reiglée l'affection; mal, si hors æquité par l'esprit maling est l'affection depravée. (F. Rabelais, *TL*, p. 69)

"CADA UM VÊ, MAL OU BEM, CONFORME OS OLHOS QUE TEM: até mesmo em coisas forâneas, externas e indiferentes, que em si não são nem boas nem más pois não saem de nosso coração e pensamento, que é a oficina onde se forja todo o bem e todo o mal: o bem, se boa for e comandada pelo espírito puro estiver a afeição; o mal, se, sem eqüidade, pelo espírito maligno for a afeição depravada.

2 Le bon SENS est la chose du monde la mieux partagée (1637)

'le bon sens est à la fois la faculté naturelle de discerner le vrai du faux, et la sagesse distinguant le bien du mal; cette lumière naturelle est égale chez tous'

o bom senso é a coisa mais bem distribuída no mundo

common sense is the most widely distributed commodity in the world

LE BON SENS EST LA CHOSE DU MONDE LA MIEUX PARTAGÉE: car chacun pense en être si bien pourvu, que ceux même qui sont les plus difficiles à contenter en toute autre chose n'ont point coutume d'en désirer plus qu'ils en ont. (R. Descartes, *DM*, p. 13)

O BOM SENSO É A COISA MAIS BEM DISTRIBUÍDA NO MUNDO: pois cada um acha que o possui em tal grau que, mesmo quem é muito difícil de contentar em outras coisas, dele não almeja mais do que já tem.

3 Qui perd le sien perd le SENS

= Qui perd tout son BIEN, perd aussi la tête

SEPTEMBRE *s.m.* setembro; *September*

SEPTEMBRE est/(se nomme) le mai d'automne (sXVII)

'dans le déclin même, il est des moments dorés'

setembro é o maio do outono

September is May's autumn

SERMENT *s.m.* juramento; *oath*

Les SERMENTS des amoureux ne parviennent pas à l'oreille des dieux

'les dieux font la sourde oreille au langage amoureux, c'est-à-dire qu'ils ne le prennent pas au sérieux'

juramento de quem ama mulher não é para crer
juramentos de amor, juramentos de um dia
juras de amor não chegam aos céus

juras de foder não são para crer (Fernão Lopes)

lovers' perjuries do not reach heaven

♦ Cf. Calímaco (*Epigramas*, 25, 3-4): τοὺς ἐν ἔρωτι / ὅρκους μὴ δύνειν οὔατ' ἐς ἀθανάτων (juras de amor não entram no ouvido dos deuses).

SERMON *s.m.* sermão; *sermon*

Court SERMON et long dîner

'contrairement au ventre, l'âme se satisfait de peu'

missa e pimento são fraco alimento
quem está com fome não escuta conselhos
ventre em jejum não ouve a nenhum

a hungry belly hates a long sermon
a sharp stomach makes short devotion
it is no use preaching to a hungry man
the belly hates a long sermon

♦ Há correspondentes em italiano: *il ventre non si sazia di parole* e em espanhol: *sermón, discurso y visita, media horita.*

⇒ VENTRE affamé n'a point d'oreilles

SERPENT *s.m.* serpente; *snake*

SERPENT qui change de peau est toujours SERPENT (Martinique)

= Le LOUP mourra dans/en sa peau

SERVANTE *s.f.* criada, empregada; *servant, maidservant*

Une SERVANTE de pays lointain a bruit de damoiselle

'on fabrique aisément des réalités virtuelles avec les réalités lointaines'

é quase sempre mentiroso quem vem de longe
em terra onde a gente não vai, banana dá na rama e feijão dá na raiz
mente bem quem de longe vem
na terra aonde eu não fui, dendê dá na raiz

a traveller man has leave to lie
a traveller may lie with authority
who comes from afar may brag without fear

⇒ A beau MENTIR qui vient de loin

SERVICE *s.m.* serviço, trabalho; *duty, service*

SERVICE d'autrui/(des grands) n'est pas (un) héritage (1672)

= AMITIÉ de seigneur n'est pas héritage

MARTINE. Me voilà bien chanceuse! Hélas! l'on dit bien vrai, / *Qui veut noyer son chien l'accuse de la rage;* /

Et SERVICE D'AUTRUI N'EST PAS UN HÉRITAGE. (Molière, *Les Femmes savantes*, in *OC*, t. III, p. 341)

MARTINE. Ah! que azarenta estou! e como se diz certo! / *Quem faz por afogar seu cão, de raiva o acusa,* / E SERVIR GENTE ALHEIA É HERANÇA QUE SE ESCUSA. (Trad. de Jenny Klabin Segall)

SERVIETTE *s.f.* guardanapo; *table napkin*

SERVIETTE damassée devient torchon de cuisine

'la roue de la fortune tourne, pouvant entraîner des variations extrêmes'

hoje pavão, amanhã espanador
não há seda que não venha ter à cozinha

today a man, tomorrow a mouse

⇒ Aujourd'hui CHEVALIER, demain vacher

SERVIR *v.t.* servir; *to serve*

On n'EST jamais si bien SERVI que par soi-même (1807)

'ne t'attends qu'à toi seul'

mais vale ir que mandar
não esperes que o teu amigo te faça o que tu podes fazer
ninguém é melhor criado que cada um de si mesmo
nunca esperes que te faça o amigo o que tu puderes
quem quer vai, quem não quer manda
quem tem boca não diga a outro: "assopra!"
quem tem boca não manda assoprar
se queres ser bem servido, serve-te a ti mesmo

he that by the plough would thrive, himself must either hold or drive
he that has a mouth of his own, must say not to another, 'Blow'
if you want a thing done, go; if not, send
if you want a thing (well) done, do it yourself
if you would be well served, serve yourself
self do, self have
self-done is soon done
the miller got never better moulter ['toll'] than he took with his own hand
the tod ['fox'] never sped better than when he went his own errand

♦ A idéia está em duas fábulas de La Fontaine: "L'Alouette et ses petits, avec le Maître d'un champ" (*F*, IV, xxii) e "Le Fermier, le Chien et le Renard" (*F*, XI, iii), fábula cujos últimos versos (62-65) são: "T'attendre aux yeux d'autrui quand tu dors, c'est erreur. / Couche-toi le dernier, et vois fermer ta porte. / Que si quelque affaire t'importe / Ne la fais point par procureur." (Pai de família quem for, / Só durma fechando a porta; / E se um negócio lhe importa, / Não tenha procurador. – Trad. de Luciano Andrade.) Há correspondentes em italiano: *chi fa da sé, fa per tre* (ou ainda: *chi vuole vada e chi non vuole*

mandi) e em espanhol: *si quieres ser bien servido, sírvete a ti mismo*.

⇒ Ne t'attends qu'à toi SEUL

SEUL *adj.* só; *alone*

1 **Il vaut mieux être SEUL que mal accompagné** (1495)

'il est préférable d'affronter la solitude plutôt que de la fuir en acceptant de mauvaises fréquentations'

antes só que mal acompanhado
mais vale só que mal acompanhado

better alone than in bad company
better be alone than in bad company
better be alone than in ill company

♦ Cf. o latim *malo soli quam perverso sociari*. O provérbio existe em italiano: *meglio soli che male accompagnati* e em espanhol: *más vale solo que mal acompañado* (ou ainda: *más vale señero* ['solitario'] *que ruin compañero*).

♦ P. Valéry (*apud* C. Gagnière, *TOM*, p. 714), pouco sensível aos benefícios da solidão, responde: "Un homme seul est toujours en mauvaise compagnie." (O homem só está sempre em má companhia.)

⇒ Il vaut mieux être seul qu'en mauvaise COMPAGNIE

2 **Ne t'attends qu'à toi SEUL** (sXVI)

'il ne faut compter que sur soi-même'

não fies, nem confies

rely on yourself

NE T'ATTENDS QU'À TOI SEUL, c'est un commun Proverbe. (La Fontaine, *F*, IV, xxii, 1)

"CONFIA EM TI SOMENTE" é provérbio sabido. (Trad. de Milton Amado e Eugênio Amado)

⇒ À TARD prend qui à autrui s'attend

SI *s.m.inv.* se; *if*

1 **Avec des SI, on mettrait Paris en bouteille** (sXVIII)

= Si la MER bouillait, il y aurait bien des poissons (de) cuits

2 **Si ce n'était le SI et le mais, nous serions tous riches à jamais**

= Si la MER bouillait, il y aurait bien des poissons (de) cuits

♦ Há correspondentes em italiano: *se non ci fosse il se e il ma, si sarebbe ricchi* e em espanhol: *si no fuera por el "si" y por el "pero", ¿quién no tendría dinero?*

⇒ Si ma TANTE en avait, ce serait mon oncle

S

SIÈGE *s.m.* cadeira, assento; *seat*

1 Entre deux SIÈGES, on tombe à terre

'à force de choisir, on finit par se tromper'

quem corre pelo muro não dá passo seguro
quem muito escolhe com o pior fica
quem muito escolhe pega no pior
quem muito escolhe pouco acerta

between two stools one falls upon the ground
between two stools one goes to the ground

♦ A idéia está em Sêneca, o Retórico (*Controversiae*, 3, 189): *duabus sellis sedit* (está sentado em duas cadeiras).

⇒ À force de CHOISIR on prend le pire

2 Qui n'a pas de SIÈGE s'accote contre le mur

= Qui ne peut GALOPER, qu'il trotte

⇒ Faute de SOULIER, on va nu-pieds

SIFFLET *s.m.* apito; *whistle*

Si vous n'avez pas d'autre SIFFLET, votre chien est perdu

'il faut, en s'engageant, s'assurer plusieurs solutions de rechange'

depressa se apanha o rato que só conhece um buraco
infeliz do rato que só conhece um buraco
rato que não conhece mais que um buraco, depressa o apanha o gato
rato que só conhece um buraco é asinha ['logo'] tomado

the mouse that has but one hole is quickly taken

⇒ SOURIS qui n'a qu'un trou est bientôt prise

SINGE *s.m.* (*Macacus* ou *Macaca*) macaco; *monkey*

1 Le SINGE, fût-il vêtu de pourpre, est toujours SINGE

= Un SINGE vêtu de pourpre est toujours un SINGE

⇒ Oncques vieil SINGE ne fut belle moue

2 On n'apprend pas à un vieux SINGE/(aux vieux SINGES) à faire la/les/des grimace(s) (1893)

'le demi-habile, c'est-à-dire, selon Pascal, le plus méprisable des hommes, est celui qui prétend damer le pion aux habiles'

a macaco velho não se ensina a fazer caretas
macaco velho não aprende arte nova
peixe velho é entendedor de anzóis

an old fox needs learn no craft
you can't teach an old dog new tricks

Var. em A. Cohen:

– (...) alors je me suis dit ça sent la friture d'amour, vous vous rappelez, je vous l'ai dit, parce que C'EST PAS À UN VIEUX SINGE QU'elle y APPRENDRA À FAIRE LES GRIMACES, alors voilà (...). (*BS*, p. 444)

– (...) então pensei comigo mesma isso cheira a tormentos de amor, eu já tinha dito ao senhor, porque NÃO É ELA QUE VAI ENSINAR A UMA BURRA VELHA QUE NEM EU, portanto (...).

♦ Diz-se em espanhol: *pez viejo no traga el anzuelo*.

⇒ VIEILLE qui danse fait lever force poussière

3 Oncques* vieil SINGE ne fut belle moue (1546)

* *Oncques* = 'jamais'.

'le vieux singe est un symbole de laideur, d'hypocrisie et de mauvaiseté; il n'y a rien de bon à en attendre'

de burro ruim só se espera coice
pau que nasce torto não tem jeito, morre torto
quem é preto de nação nem a poder de sabão

black will take no other hue
what can you expect from a hog but a grunt
what can you expect from a pig but a grunt

Pource qu'ilz ne sont de bien, ains de mal, et de ce mal duquel journellement à Dieu requerons estre delivrez, quoy qu'ilz contrefacent quelques foys des gueux. ONCQUES VIEIL CINGE NE FEIT BELLE MOUE. Arriere, mastins! Hors de la quarriere, hors de mon soleil, cahuaille au Diable! (F. Rabelais, *TL*, p. 43)

Porque eles não são do bem, e sim do mal, desse mal que pedimos a Deus cada dia nos livre, embora às vezes eles se façam passar por mendigos. PAU QUE NASCE TORTO NÃO TEM JEITO, MORRE TORTO. Arredem daí, mastins! Já pra fora do meu caminho, fora da minha vista, canalhada do Diabo!

4 Plus haut monte le SINGE, plus il montre son cul (sXVI)

= Plus le SINGE s'élève, plus il montre son cul pelé

♦ Cf. Montaigne: "I'ay bien trouvé le chemin plus court et plus aysé, avecques le conseil de mes bons amis du temps passé, de me desfaire de ce desir, et de me tenir coy;
Cui sit conditio dulcis sine pulvere palmae*:
iugeant aussi bien sainement de mes forces, qu'elles n'estoient pas capables de grandes choses; et me souvenant de ce mot du feu chancelier Olivier, 'que les François semblent des guenons qui vont grimpant contremont un arbre, de branche en branche, et ne cessent d'aller, iusques à ce qu'elles soyent arrivees à la plus haulte branche; et y monstrent le cul quand elles y sont'." (*E*, t. II, p. 356) (Eu, felizmente, graças aos conselhos de bons amigos, encontrei um meio mais rápido e fácil de me libertar de tais veleidades e sossegar.

Haverá coisa mais suave do que gozar a vitória sem ter combatido?

Pois percebi que minhas forças não dão para grandes coisas e recordo sempre as palavras do Chanceler Olivier: "os franceses assemelham-se a macacos que pulam de galho em galho até o topo das árvores, só parando quando atingem a mais alta e aí, então, mostram o traseiro".) (Trad. de Sérgio Milliet)

* Horácio (*Epistulae*, 1, 1, 51).

5 Plus le SINGE s'élève, plus il montre son cul pelé (1842)

'plus on s'élève en société, plus on s'expose, et plus on devient vulnérable'

macaco que sobe muito mostra o rabo
quanto mais alto o macaco sobe, mais mostra o rabo
quanto mais o tolo sobe, tanto mais mostra quem é

the higher the ape climbs, the more he shows his tail
the higher the ape goes, the more he shows his tail
the higher the monkey climbs, the more he shows his tail

♦ Diz-se em italiano: *quanto più la scimmia va in alto, più mostra il deretano.*

⇒ Bien bas CHOIT qui trop haut monte

6 Un SINGE vêtu de pourpre est toujours un SINGE

'brillantes apparences n'affectent pas la nature profonde'

ainda que vistas a mona de seda, mona se queda
quando um mono se veste de seda, se mono era, mono se queda

an ape is never so like an ape, as when he wears a doctor's cape
an ape's an ape, a varlet's a varlet, though they be clad in silk or scarlet
an ass is but an ass, though laden with gold

♦ Do latim *simia est simia, etiamsi purpura vestiatur* (Erasmo, *Adagia*). Há correspondentes em italiano: *la scimmia è sempre scimmia, anco vestita di seta* e em espanhol: *aunque la mona se vista de seda, mona se queda.*

⇒ À blanchir/laver la TÊTE d'un âne, on perd sa lessive

7 Un vieux SINGE se/s'y connaît en grimaces

'la comédie sociale n'a plus de secrets pour l'homme d'expérience'

macaco velho não se aperta

an old ape has an old eye

– Oui, reprit Peyrade. (...) Non seulement Contenson vous confirmera ce que j'ai l'honneur de vous dire, mais vous verrez venir la femme de chambre de Mme du Val-Noble, qui doit nous apporter ce matin le consentement à mes propositions, ou les conditions de sa maîtresse. UN VIEUX SINGE SE* CONNAÎT EN GRIMACES: j'ai offert mille francs par mois, une voiture; (...). (H. de Balzac, *SMC*, p. 212)

* No texto da edição de La Pléiade de 1948 (t. V, p. 854), estabelecido por Marcel Bouteron, lê-se S'Y em vez de SE.

– Sim – respondeu Peyrade. (...) Ele não somente confirmará o que tenho a honra de lhe dizer, senão que o senhor mesmo verá chegar a criada de quarto da Sra. du Val-Noble, que deve trazer-nos esta manhã o consentimento às minhas propostas ou as condições da ama. EU SOU MACACO VELHO... Ofereci mil francos por mês e carruagem; (...). (Trad. de Casimiro Fernandes)

SOBRE *s.m.* sóbrio; *sober man*

Ce que le SOBRE tient au cœur est sur la langue du buveur (1842)

'l'alcool délie la langue, et le cœur'

cachaceiro não tem segredo
o que o sábio guarda no coração tem na boca o beberrão
o que o sóbrio guarda no coração tem na boca o beberrão
o vinho faz falar os mudos
quando o vinho desce, as palavras sobem

ale will make a cat speak
he speaks in his drink what he thought in his drouth ['drought, thirst']
what soberness conceals, drunkenness reveals

♦ Do grego τὸ ἐν τῇ καρδίᾳ τοῦ νήφοντος ἐπὶ τῆς γλώσσης τοῦ μεθύοντος (o que está no coração do sóbrio está na língua do ébrio), registrado em Plutarco, cuja tradução em latim é: *quod in corde / animo sobrii, id in lingua ebrii.* Diz-se em italiano: *bocca ubriaca scopre il fondo del cuore.*

⇒ La VÉRITÉ est dans le vin

SOIF *s.f.* sede; *thirst*

Qui se couche avec la SOIF se lève avec la santé

règle de santé

encurtar a ceia, alongar a vida

he that goes to bed thirsty rises healthy

SOIR *s.m.* noite; *evening*

1 Attends le SOIR pour louer le bon jour, et la mort pour louer la vie

'il ne faut trop tôt chanter victoire'

espere a morte para louvar a vida e a tarde para louvar o dia
não gabes um dia bom sem lhe veres o fim
não louves o homem enquanto vive
não me chames bem-fadada até me veres enterrada

praise a fair day at night
praise day at night, and life at the end
the evening crowns the day

S

the evening praises the day

- Há correspondentes em italiano: *non lodar il bel giorno innanzi sera* e em espanhol: *al fin loa a la vida y a la tarde loa al día.*

⇒ Il ne faut pas chanter TRIOMPHE avant la victoire

2 Le SOIR montre ce qu'a été le jour

= JEUNESSE oiseuse, vieillesse disetteuse

- Do latim medieval *vespere laudatur dies.*

SOLDAT *s.m.* soldado; *soldier*

1 À jeune SOLDAT vieil cheval (1568)

'il est prudent de compenser l'inexpérience par la sagesse d'un guide âgé'

a soldado novo, cavalo velho

a young trooper should have an old horse

2 Le SOLDAT combat et c'est l'officier qui porte les galons (Martinique)

'aux uns le sacrifice et la lutte, aux autres les honneurs'

o soldado paga com o sangue a fama do capitão

soldiers fight, and kings are heroes
the blood of the soldiers makes the glory of the general

3 Le SOLDAT paie de son sang la renommée du capitaine

= Le SOLDAT combat et c'est l'officier qui porte les galons

⇒ L'un a battu les BUISSONS, l'autre a pris les oisillons

SOLEIL *s.m.* sol; *sun*

1 En parlant du SOLEIL on voit ses rayons (Québec)

= Quand on parle du LOUP, on en voit la queue

2 Il n'y a rien de nouveau sous le SOLEIL

'tout a été dit, fait, pensé; nous sommes condamnés à rejouer éternellement la même pièce, dont le dénouement est connu'

não há nada de novo debaixo do sol

there is no new thing under the sun
(there is) nothing new under the sun

Au bureau des plaintes:
Un monsieur blasé (parlant en aparté): Hélas! IL N'Y A RIEN DE NOUVEAU SOUS LE SOLEIL!
Un autre monsieur blasé (de même, soliloquant de son côté): Du nouveau... encore du nouveau... toujours du nouveau... Quand-est-ce donc que ça va changer! (J. Prévert, *S*, p. 218)

Na seção de reclamações:
Um senhor com ar de enfado (falando à parte): Que tristeza! NADA DE NOVO SOB O SOL!
Um outro senhor com ar de enfado (também resmungando sozinho): Novidade... mais novidade... sempre novidades... Quando é que isto vai mudar?!

- A fonte é o *Eclesiastes*, 1, 9: *nihil sub sole novum.* Há equivalentes em italiano: *nulla è nuovo sotto la cappa del sole*, em espanhol: *nada hay nuevo debajo del sol* e em alemão: *nichts Neues unter der Sonne.*

⇒ L'HISTOIRE se répète

3 Là où entre le SOLEIL, le médecin n'entre pas

'les bienfaits naturels passent ceux de la science'

casa onde não entra o sol entra o médico
casa onde não entra o sol entra remédio
onde entra o sol, não entra o médico

where the sun enters, the doctor does not

- Provérbio de origem italiana: *dove va il sole non va il medico.*

⇒ Qui a le SOLEIL ne meurt jamais

4 Le même SOLEIL fait fondre la cire et sécher l'argile

'la même cause peut produire des effets opposés'

o mesmo sol que derrete a cera seca a argila

the same heat that melts the wax will harden the clay
the same sunshine that melts the wax will harden the clay

- "Clément d'Alexandrie, *les Stromates*, VIII, ix, 32; IIIe s." (M. Maloux)

5 Le SOLEIL brille/luit pour tout le monde (1835)

'la nature se moque des barrières érigées entre les hommes'

o sol aquece igualmente o rico e o indigente
o sol brilha para todos
o sol nasce para todos (e até para quem não merece)
o sol quando nasce é para todos
quando o sol nasce é para todos

the sun shines everywhere
the sun shines upon all alike

- Acrescenta-se às vezes, com malícia: **... mais bien des gens sont à l'ombre** (mas muita gente está na sombra).

- Cf. Mateus 5, 45: *solem suum oriri facit super bonos et super malos* (Deus fez o sol nascer sobre os bons e os maus).

6 Le SOLEIL par excellence au samedi fait la révérence (1618)

= Nul/(Pas de) SAMEDI sans soleil

7 On adore plutôt le SOLEIL levant que le SOLEIL couchant (1690)

'l'homme est plus recherché jeune que vieux'

antes se adora o sol nascente que o poente
muitos preferem o amanhecer ao entardecer

men use to worship the rising sun

♦ Do latim *plures adorant solem orientem quam occidentem.* Diz-se em italiano: *il sole che nasce ha più adoratori di quel che tramonta.*

8 Où le SOLEIL luit, la lune n'y a que faire (sXVI)

'dans le grand éclat solaire, on se passe des services de la lune'

quando brilha o sol, não luzem as estrelas

the moon's not seen where the sun shines
the stars are not seen where the sun shines

♦ Há correspondentes em italiano: *quando il sol ti splende, non ti curar della luna*, em espanhol: *el sol me luzga, que de la luna no he cura* e em alemão: *wem die Sonne scheint, der fragt nicht nach den Sternen.*

⇒ Où la GUÊPE a passé, le moucheron demeure

9 Quand le SOLEIL est couché, il y a bien des bêtes à l'ombre (1640; 1532: *quand le soleil est couché, toutes bestes sont à l'ombre*)

'il y a bien des ignorants au monde'

o número dos tolos é infinito
os tolos crescem sem ser regados
os tolos não se semeiam nem se plantam: nascem espontaneamente
se a estupidez fosse música, a humanidade seria uma orquestra
se burrice pagasse imposto, o país estaria rico

if all fools had baubles, we should want fuel*
if all fools wore feathers, we should seem a flock of geese
if all fools wore white caps, we should seem a flock of geese
the world is full of fools

* "The implication is that if all fools carried the jester's 'baubles' or stick, firewood would be in short supply". (R. Fergusson)

"Aulcunes foys nous pensons l'un, mais Dieu faict l'aultre, et, QUAND LE SOLEIL EST COUCHÉ, TOUTES BESTES SONT À L'OMBRE. Je n'en veulx estre creu si je ne le prouve hugrement par gens de plain jour. (F. Rabelais, *P*, p. 82)

"Às vezes pensamos uma coisa mas Deus faz outra, e, QUANDO O SOL SE PÕE, TODAS AS BESTAS FICAM À SOMBRA. Não quero que creiam em mim se eu não conseguir me fazer entender com clareza às pessoas que estão à luz do dia.

⇒ Les CORNICHONS ne sont pas tous dans les pots

10 Quand on parle du SOLEIL, on en voit les rayons

= Quand on parle du LOUP, on en voit la queue

11 Qui a le SOLEIL n'a jamais nuit (sXVI)

= Là où entre le SOLEIL, le médecin n'entre pas

12 Qui a le SOLEIL ne meurt jamais (sXVI)

= Là où entre le SOLEIL, le médecin n'entre pas

13 Qui se chauffe au SOLEIL à Noël, le Saint jour, devra brûler du bois quand Pâques aura son tour (rég., Dauphiné)

= NOËL au balcon, Pâques au tison

14 Si le SOLEIL clair luit à la Chandeleur, vous croirez qu'encore un hiver vous aurez

= À la CHANDELEUR l'hiver se passe/(s'en va) ou prend vigueur

15 SOLEIL qui luisarne* au matin, femme qui parle latin, et enfant nourri de vin ne viennent jamais à bonne fin (sXVII)

* *Luisarne* (v. luisarner) = 'luit'.

= FEMME qui parle latin, enfant qui est nourri de vin, et soleil qui luisarne au matin ne viennent jamais à bonne fin

SOMMEIL *s.m.* sono; *sleep*

Le SOMMEIL est le frère de la mort

'dormir, c'est mourir un peu'

o sono é irmão da morte

sleep is the brother of death

♦ Cf. Homero, *Ilíada*, 14, 231: Ἔνθ' Ὕπνῳ ξύμβλητο κασιγνήτῳ Θανάτοιο (Ela [Afrodite] aí encontra o Sono, irmão da Morte).

SON *s.m.* som; *sound*

1 Au premier SON, on ne prend la caille (sXV)

'l'appeau n'agit pas du premier coup: le succès requiert persévérance'

as coisas querem-se com tempo, peso e medida
as cousas árduas e lustrosas se alcançam com trabalho e com fadiga (Camões)

the best things are hard to come by

⇒ Les meilleurs POISSONS nagent près du fond

2 Tel SON, tel écho

= Telle DEMANDE, telle réponse

SONGE *s.m.* sonho; *dream*

Tous SONGES sont mensonges (1616)

'des rêves, aucune vérité ne se peut tirer'

S

e os sonhos sonhos são
sonhava o cego que via, sonhava o que queria
sonhos são quimeras
sonhos são sonhos

a dream itself is but a dream (Shakespeare)
dreams are just illusions
dreams are lies
dreams go by contraries

♦ Cf. Dionísio Catão (*Disticha de moribus ad filium*, 2, 31): *Somnia ne cures; nam mens humana quod optas, / dum vigilat, sperat per somnum cernit id ipsum.* (Não te preocupes com os sonhos: pois o espírito que, antes de adormecer, pensa no objeto de seus desejos, o vê no sono como uma realidade.) Há correspondentes em italiano: *non bisogna fidarsi nei sogni*, em espanhol: *y los sueños, sueños son* (Calderón de la Barca) e em alemão: *Träume sind Schäume.*

SONNETTE *s.f.* guizo, sineta; *bell*

Personne ne veut attacher la SONNETTE au cou du chat (1640)

'aucun rat de la fable de La Fontaine (II, ii) ne se porta volontaire pour attacher un grelot au cou du chat Rodilard, qui décimait leur population; tout le monde consent à donner des conseils; il n'y a plus personne quand il s'agit de les mettre à exécution'

ninguém quer pôr o guizo no pescoço do gato
quem vai amarrar o guizo no pescoço de Faro-Fino?
(Monteiro Lobato)

none is willing to bell the cat

SORT *s.m.* sorte, destino; *lot, fate*

1 Le SORT en est jeté (sXVII)

'la décision est irrévocable'

a sorte está lançada

the die is cast

LE COMTE. LE SORT EN EST JETÉ, Monsieur, n'en parlons plus. (Corneille, *Le Cid*, in *Œ*, t. III, p. 127)

O CONDE. A SORTE ESTÁ LANÇADA, meu Senhor, não falemos mais disso.

Rues vides. Les pas résonnent. Façades sombres. Mais c'est la chance, c'est le destin, c'est le sort propice, cette fenêtre, sa fenêtre à lui, encore éclairée... Allons, LE SORT EN EST JETÉ... (N. Sarraute, *FO*, p. 14)

Ruas vazias. Os passos ressoam. Fachadas sombrias. Mas é a sorte, é o destino, é o fado propício, esta janela, a janela dele, ainda acesa... Vamos, A SORTE ESTÁ LANÇADA... (Trad. de Raquel Ramalhete)

⇒ Le(s) DÉ(S) en est/sont jeté(s)

2 Le SORT fait les parents, le choix fait les amis (1803)

'les liens du sang sont imposés par le destin génétique, ceux de l'amitié sont librement posés par l'individu; c'est aussi bien l'antithèse inné/acquis, nature/culture'

a sorte faz os parentes e a escolha os amigos
o destino dá-nos a família; os amigos, escolhemo-los nós
parentes, Deus os dá; amigos, escolhe-os a gente

a man cannot choose all his kin, but he can select all his friends

LE SORT FAIT LES PARENTS, LE CHOIX FAIT LES AMIS. Hélas, cher Delille*! Comme on ne choisit pas la femme de ses amis, qui n'ont pas non plus choisi la vôtre, comme à quatre personnes dont chacune en juge trois, il y a une chance sur douze pour que tout le monde s'adore, on voit vite ce que l'on sauve! (H. Bazin, *M*, p. 76)

* Deve-se a esse autor, na obra *Malheur et pitié* (publicada em 1803), a paternidade deste provérbio.

A SORTE FAZ OS PARENTES E A ESCOLHA OS AMIGOS. Ah! meu caro Delille. Como ninguém escolhe a mulher dos amigos, que por sua vez também não escolheram a tua, como num grupo de quatro pessoas cada uma julga as outras três, resta uma probabilidade em doze de que todos se adorem, logo se percebe que não sobra muita coisa!

3 On n'est jamais content de son SORT

= De sa FORTUNE nul n'est content

Toujours la même chose: j'enrage, devant moi-même, d'être encore si jeune; la pensée que je suis riche me torture et je suis jaloux de mes milliards parce qu'ils semblent diminuer mon mérite aux yeux d'autrui; et enfin l'idée que je suis un colonial m'ôte tout courage! Et cependant... Cartuyvels dirait: "ON N'EST JAMAIS CONTENT DE SON SORT." (V. Larbaud, *AOB*, p. 33)

É sempre a mesma coisa: fico furioso comigo mesmo, por ser ainda tão novo; saber que sou rico me tortura e tenho ciúmes de meus bilhões porque parecem diminuir-me o mérito aos olhos dos outros; afinal, quando penso que sou de uma colônia, perco o ânimo! E no entanto... Cartuyvels diria: "NINGUÉM ESTÁ CONTENTE COM A PRÓPRIA SORTE".

SOT *adj. s.m.* tolo, idiota; *foolish, silly, fool*

1 À la bouche du SOT le rire abonde

= Au RIRE connaît-on le fol et le niais

2 Il est des SOTS de tous pays

'la bêtise est une puissante multinationale'

a burrice é universal

folly is the product of all countries and ages

3 Un SOT savant est SOT plus qu'un SOT ignorant (1672)

'savoir ne garantit pas intelligence, et, sans elle, mieux vaut ignorance'

pior do que a imbecilidade dos imbecis é a imbecilidade dos sábios (Aldu)
um tolo sábio é mais tolo que um tolo ignorante

a learned fool is more foolish than an ignorant fool

CLITANDRE. Vous avez cru fort mal, et je vous suis garant / Qu'UN SOT SAVANT EST SOT PLUS QU'UN SOT IGNORANT. (Molière, *Les Femmes savantes*, in *OC*, t. III, p. 376)

CLITANDRE. Acreditaste mal, e sem mais se garante / Que ASNO SÁBIO MAIOR ASNO É QUE ASNO IGNORANTE. (Trad. de Jenny Klabin Segall)

♦ O provérbio tem correspondentes em italiano: *i pazzi per lettera sono i maggiori pazzi* e em espanhol: *necio con estudios, necio rabudo.*

4 Un SOT trouve toujours un plus SOT qui l'admire (sXVII)

'les capacités de la bêtise sont insondables, et propres à donner le sentiment de l'infini'

um tolo tem sempre outro que o admira

daws love another's prattle
one fool praises another

L'Ouvrage le plus plat a chez les Courtisans / De tout temps rencontré de zelez partisans; / Et pour finir enfin par un trait de Satire, / UN SOT TROUVE TOUJOURS UN PLUS SOT QUI L'ADMIRE. (Boileau, *Art poétique*, in *OC*, p. 162)

A obra mais vulgar tem encontrado, entre os cortesãos, em todo o tempo, partidários zelosos. E para terminar enfim com uma nota de sátira: UM TOLO SEMPRE ENCONTRA UM MAIS TOLO QUE O ADMIRA. (Trad. de Célia Berrettini)

♦ Há equivalente em italiano: *uno sciocco trova sempre un altro che l'ammira.*

⇒ À sot AUTEUR, sot admirateur

SOU *s.m.* soldo (moeda antiga), tostão; *penny*

1 Épargnez les SOUS, les louis auront soin d'eux-mêmes

= Un SOU est un SOU

2 Il vaut mieux deux SOUS ici que quatre ailleurs

= Il vaut mieux TENIR que courir

3 Qui n'épargne pas un SOU n'en aura jamais deux (rég., Auvergne)

= Un SOU est un SOU

4 Un SOU amène l'autre

'l'argent va à l'argent'

dinheiro atrai dinheiro
dinheiro chama dinheiro
dinheiro ganha dinheiro

money begets money
much shall have more

⇒ Il ne pleut que sur la VENDANGE

5 Un SOU est un SOU (sXIX)

'on ne doit négliger aucun bénéfice, aucune économie, aucune perte'

a economia é a base da prosperidade
a economia é a base da riqueza
alquimia é provada, ter renda e não gastar nada
alquimia é provada, ter renda e não pagar nada
cruzeiro a cruzeiro faz um milheiro
de tostão em tostão vai-se ao milhão
grão a grão, também se chega a milhão
guarda retalho(s) e terás seda
não junta tostões quem não poupa reais
quem não poupa reais não junta cabedais
um real poupado é um real ganhado
vintém poupado, vintém ganhado

a dollar is a dollar
a penny saved is a penny earned
a pin a day is a groat ['British coin worth four-pence'] *a year*
every penny counts
penny and penny laid up will be many
penny saved, penny gained
small winnings make a heavy purse
take care of the pence, and the pounds will take care of themselves
who will not keep a penny never shall have many

Mais ils y mangeaient une partie de la fortune paternelle, parce qu'ils n'étaient pas capables ni de l'assiduité, ni de la comptabilité stricte, UN SOU EST UN SOU, qui ne s'apprennent que sous la pression d'une rigoureuse nécessité. (R. Vailland, *JHS*, p. 198)

Mas desse modo consumiam parte da riqueza paterna, porque não estavam preparados nem para a assiduidade, nem para a contabilidade rigorosa – TOSTÃO É TOSTÃO –, que só se aprendem sob a imperiosa pressão da necessidade.

⇒ DENIER sur DENIER bâtit la maison

SOUCI *s.m.* cuidado, preocupação; *worry, concern*

1 À défaut de SOUCI pour soi, on a du tracas pour les autres

= DIEU a ôté les enfants aux prêtres, le diable leur a donné des neveux

S

2 Les SOUCIS partagés sont à demi soulagés

'comme pour une charge physique, les soucis confiés à autrui s'en trouvent allégés'

dor compartilhada é dor aliviada

a trouble shared is a trouble halved

SOUFFLER *v.* soprar; *to blow*

On ne peut SOUFFLER et humer ensemble

= On ne saurait boire et souffler le FEU

♦ A idéia está em Plauto (*Mostellaria*, 791): *simul flare sorbereque haud factu facile est* (não é fácil soprar e engolir ao mesmo tempo). Há correspondentes em italiano: *non si può tenere la farina in bocca e soffiare*, em espanhol: *soplar y sorber, no puede ser* (ou ainda: *teta y sopa no caben en la boca*) e em alemão: *niemand kann zugleich blasen und schlucken.*

SOUFFRIR *v.* sofrer; *to suffer*

Plutôt SOUFFRIR que mourir, c'est la devise des hommes (1668)

'le bûcheron de la fable de La Fontaine avait cru la mort préférable à toutes ses souffrances; lorsque celle-ci répondit à son appel, il comprit la pertinence de ce proverbe'

antes sofrer que morrer

rather suffer than die is man's motto

Le trépas vient tout guérir; / Mais ne bougeons d'où nous sommes. / PLUTÔT SOUFFRIR QUE MOURIR, C'EST LA DEVISE DES HOMMES. (La Fontaine, *F*, I, xvi, 17-20)

A morte tudo conserta, / mas pressa não deve haver, / pois a sentença é bem certa: / ANTES SOFRER QUE MORRER. (Trad. de Milton Amado e Eugênio Amado)

SOUHAIT *s.m.* desejo; *wish*

1 Oncques* SOUHAIT n'emplit le sac (1568)

* *Oncques* = 'jamais'.

'tous les porteurs de talisman et tous les velléitaires vous diront le contraire... ce qui ne signifie pas qu'ils ont raison'

desejo e satisfação raro de acordo estão

wishes can never fill a sack

♦ Diz-se em italiano: *i desideri non empiono il sacco.*

⇒ En SOUHAITANT nul n'enrichit

2 Si SOUHAITS fussent vrais, pastoureaux seraient rois (1495)

'l'optatif rend tout possible'

se chegasse ao céu oração de cão, choveriam ossos
se vontade fosse jeito, pobreza tinha fim

if wishes were butter-cakes, beggars might bite
if wishes were horses, beggars would ride
if wishes were truths, then beggars would eat birds
if wishes would bide, beggars would ride

♦ Diz-se em italiano: *se i desideri giovassero, tutti sarebbero ricchi.*

⇒ SI ce n'était le SI et le mais, nous serions tous riches à jamais

SOUHAITER *v.t.* desejar; *to hope, to wish*

En SOUHAITANT nul n'enrichit (1568)

= Oncques SOUHAIT n'emplit le sac

⇒ Au château de l'ESPÉRANCE ils sont tous morts d'abstinence

SOULIER *s.m.* sapato; *shoe*

1 Beau SOULIER devient laide savate (1597: *beau soulier vient laide savate*)

= Il n'y a si beau SOULIER qui ne devienne savate

2 Chacun sait le mieux où son SOULIER le blesse (1656)

'mieux que quiconque, nous savons par où nous sommes vulnérables'

a colher é que sabe a quentura da panela
cada qual sabe onde lhe aperta o sapato
cada qual sente o seu mal
cada um entende das passas que passou (Mário Zambujal)
não sabe o couro onde aperta o sapato
quem cospe a semente é que sabe o gosto da fruta
quem mexe o angu sabe a dureza que ele tem
quem puxa a carroça é que sabe o que ela pesa

everyone knows best where his own shoe pinches
I know best where the shoe wrings me
no one but the wearer knows where the shoe pinches
none knows where the shoe wrings so well, as he that wears it
the foot knows where the shoe pinches
the shoe knows whether the stocking has holes

♦ "Καὶ γὰρ οὗτος (*sc.* κάλτιος) καλὸς ἰδεῖν καὶ καινός, ἀλλ' οὐδεὶς οἶδεν, ὅπου με θλίβει. (Este [sapato] também é bonito e novo, mas ninguém sabe onde me machuca.) Desse modo, segundo Plutarco (*Coniugalia praecepta*, 141a, *Vida de Emílio Paulo*, 5,1 s.), um romano teria respondido a quem o censurava por ter-se divorciado de uma mulher jovem e bela: o seu sapato também era aparentemente bonito e novo, mas na realidade era apertado e machucava." (R. Tosi) Há correspondentes em italiano: *dove stringe la scarpa, no lo sa altro che chi l'ha in piede* e em espanhol: *cada uno sabe donde le aprieta el zapato.*

⇒ Nul ne sait mieux que l'ÂNE où le bât blesse

3   En attendant les SOULIERS des morts, on peut aller longtemps pieds nus (rég.)

'à trop investir sur l'avenir, on reste pauvre; n'est héritier que celui qui jouit'

não esperes por sapatos de defunto
quem espera por sapatos de defunto toda a vida anda descalço

don't wait for dead men's shoes
he goes long barefoot that waits for dead men's shoes
he goes long barefoot that wears dead men's shoes
he should wear iron shoes that bides his neighbour's dead ['death']
it's ill waiting for dead men's shoes
one should not reckon with a dead man's boots to hit the road

⇒ À longue CORDE tire qui d'autrui mort désire

4   Faute de SOULIER, on va nu-pieds

'faute de ce que l'on désire, il faut se contenter de ce que l'on a'

melhor é palha que nada
melhor é sapato roto que pé formoso (aprox.)
melhor é ser torto que cego de todo

better a bare foot than none

5   Il ne faut pas compter sur les SOULIERS d'un mort pour se mettre en route

= En attendant les SOULIERS des morts, on peut aller longtemps pieds nus

Var. em H. de Balzac:

– Ma femme, répondit le petit tailleur, NE COMPTONS PAS SUR LES SOULIERS D'UN MORT POUR ÊTRE BIEN CHAUSSÉS. (*CP*, p. 103)

– Minha velha – respondeu o alfaiatezinho –, NÃO CONTEMOS COM OS SAPATOS DE UM MORTO PARA ANDAR BEM CALÇADOS. (Trad. de Gomes da Silveira)

6   Il n'y a si beau SOULIER qui ne devienne savate (sXVI)

'le temps ne respecte rien; "le temps aux plus belles choses / se plaît à faire un affront" (Corneille)'

a beleza depressa acaba
formosura pouco dura
não há sapato bonito que não dê em chinelo feio
não há sapato bonito que não dê em chinelo velho
todo (o) sapato lindo dá em chinelo feio

fine shoes wear out
the fairest rose at last is withered

♦ "(...) d'après l'emploi érotique du soulier qu'on chausse (et ses synonymes *sabot, savate, chaussure*), termes symbolisant la féminité." (A. Rey & S. Chantreau)

♦ Diz-se em italiano: *non fu mai sì bella scarpa, che non diventasse una ciabatta.*

⇒ La FEUILLE tombe à terre, ainsi tombe la beauté

7   Mieux vaut user des SOULIERS que des draps

'mieux vaut être debout que couché'

mais vale estragar sapatos que lençóis

better to wear out than to rust out
better wear out shoes than sheets

8   Qui court après les SOULIERS d'un mort risque souvent d'aller nu-pieds

= En attendant les SOULIERS des morts, on peut aller longtemps pieds nus

9   Tous les SOULIERS ne sont pas taillés sur le même patron

'tous les accouplements, tous les appareillements ne sont pas possibles; ni tous les accointements, ni tous les accolements, ni tous les accommodements, ni tous les ajustements, ni tous les assemblements, ni tous les commerces, ni toutes les conjonctions'

o mesmo sapato não serve em todos os pés

all feet tread not in one shoe
all things fit not all persons
every shoe fits not every foot
one shoe will not fit all feet

♦ O provérbio tem correspondentes em italiano: *una scarpa non è buona per ogni piede* e em alemão: *ein Schuh ist nicht jedem gerecht.*

SOUPE   *s.f.* sopa; *soup*

1   Des SOUPES et des amours les premières sont les meilleures (1558)

'plus goûteux l'amour avec des produits frais'

as sopas e os amores, os primeiros são os melhores
de sopa e de amores, os primeiros, os melhores
frutos e amores, os primeiros são os melhores

of soup and love, the first is the best

⇒ On revient toujours à ses premières AMOURS

2   Il ne faut cracher dans la SOUPE

'il ne faut pas mépriser ce qui nous est donné; il ne faut pas faire la fine bouche face à ce qui nous échoit; à trop faire le difficile, bientôt on se repent'

não cuspa no prato em que comeu

it's ill spitting into his own soup

S

⇒ Ne crachez pas dans le PUITS, vous pouvez en boire l'eau

3 La SOUPE fait le soldat (1781)

'de qui est beaucoup exigé, il le faut sustenter en conséquence'

a barriga manda a perna
as tripas estejam cheias, que elas levam as pernas
é pela barriga que melhor se governa o mundo
são as tripas que levam os pés e não os pés as tripas

an army marches on its stomach

⇒ C'est le VENTRE qui porte les pieds

4 La SOUPE réchauffée ne vaut rien

'*bis repetita displacent*: passé l'effet de nouveauté, tout lasse'

jamais serão bons a couve requentada e a mulher a casa tornada

take heed of meat twice boiled

♦ "A metáfora usada era do direito antigo. As viúvas em tempos idos e bárbaros não podiam casar de novo sem grandes dificuldades e dispêndios e às vezes não sem infâmia; em qualquer caso os casamentos se diziam requentados *maritagia* [sic] *recalefacta* ou *matrimonium recalefactum*, e se faziam quase a furto, sem testemunhas, à noite." (João Ribeiro, *FF*, p. 131)

5 Qui boit en mangeant sa SOUPE, quand il est mort, il n'y voit goutte (1532)

'c'est un des nombreux préceptes tracassiers du bien manger; il joue sur le sens du mot "goutte"'

depois da sopa, molha-se a boca
sopa entornada, boca lavada

if you drink in your pottage, you'll cough in your grave

"Doibs je endurer que, à l'heure que je mange, au pair, ma souppe, sans mal penser ny mal dire, l'on me vienne ratisser et tabuster le cerveau, me sonnant l'antiquaille et disant:
QUI BOIT EN MANGEANT SA SOUPPE
QUAND IL EST MORT, IL N'Y VOIT GOUTTE?
(F. Rabelais, *P*, p. 81)

"E ainda tenho de aturar que, na hora em que vou comer, tranqüilo, minha sopa, sem pensar nem dizer mal de ninguém, me venham azucrinar e apoquentar os miolos com a velha arenga:
QUEM BEBE ENQUANTO TOMA A SOPA,
QUANDO MORRE, NÃO VÊ PATAVINA?

SOUPER *v.i.* cear; *to have supper*

1 Mal SOUPE qui tout dîne

'celui qui ne prépare pas sa retraite aura une vieillesse difficile'

quem almoça vinho janta água

he sups ill who eats all at dinner

⇒ Qui garde son DÎNER, il a mieux à souper

2 Qui s'en va coucher sans SOUPER ne cesse la nuit de se démener (sXVI)

'l'affamé ne connaît jamais de repos'

barriga vazia toda a noite pia
quem se deita sem ceia toda a noite rabeia

who goes to bed supperless, all night tumbles and tosses

♦ Há equivalentes em italiano: *chi va a letto senza cena, tutta la notte si dimena* e em espanhol: *quien se echa sin cena toda la noche devanea*.

SOURD *adj. s.m.* surdo; *deaf*

Il n'est pire SOURD que celui qui ne veut (pas) entendre (sXIII: *n'est si mal sourd comme cil qui ne veut ouïr goutte*)

'le préjugé est plus invalidant que la surdité'

não há ninguém mais surdo do que aquele que não quer ouvir
não há pior surdo que o que não quer ouvir

none so deaf as those who will not hear

LISETTE. On dit bien vrai qu'IL N'Y A POINT DE PIRE SOURDS QUE CEUX QUI NE VEULENT POINT ENTENDRE. (Molière, *L'Amour médecin*, in *OC*, t. II, p. 105)

LISETTE. É bem verdade que NÃO HÁ PIOR SURDO QUE AQUELE QUE NÃO QUER OUVIR.

♦ Cf. o latim *deterior surdus eo nullus qui renuit audire* (nenhum surdo é pior do que aquele que se nega a ouvir). Há correspondentes em italiano: *gran sordo è quello che non vuol udire*, em espanhol: *no hay peor sordo que el que no quiere oír* e em alemão: *es gibt keine ärgeren Tauben, als die nicht hören wollen*.

⇒ Il n'est pire AVEUGLE que celui qui ne veut pas voir

SOURIS *s.f.* camundongo; *mouse*

SOURIS qui n'a qu'un trou est bientôt prise (sXII: *dolente la souris qui n'a qu'un seul pertuis*)

'il faut toujours prévoir plusieurs solutions de repli, plusieurs roues de secours'

coelho duma cama só morre depressa
depressa se apanha o rato que só conhece um buraco
infeliz do rato que só conhece um buraco
mal vai ao rato que não sabe mais que um buraco

rato que não conhece mais que um buraco, depressa o
apanha o gato

rato que só conhece um buraco é asinha ['logo'] tomado

the mouse that has but one hole is quickly taken

♦ Lê-se em Plauto (*Truculentus*, 868-870): *Cogitato mus
pusillus quam sit sapiens bestia, / Aetatem qui non cubili
uni umquam committit suam, / Quia si unum ostium obsideatur alium perfugium gerit.* (Lembre-se do rato, pense em como é prudente esse bichinho! Jamais confia
sua vida a um único buraco; assim, se lhe fecham
uma saída, ele escapa pela outra.) Donde uma série
de provérbios com a mesma idéia em latim medieval: *mus miser est antro qui tantum clauditur uno* (infeliz
do rato que só se esconde num buraco), *mus cito decipitur, cui tantum rimula scitur* (depressa é capturado o
rato que só conhece uma fresta) etc. Há correspondentes em italiano: *guai a quel topo che ha un sol buco
per salvarsi*, em espanhol: *ratón que no sabe más que un
horado/agujero, presto es cazado* e em alemão: *es ist eine
schlechte Maus, die nur ein Loch weiss.*

⇒ Il faut toujours garder un ATOUT dans sa manche

SUBLIME *s.m.* sublime; *sublime*

Du SUBLIME au ridicule il n'y a qu'un pas (1812)

'c'est une loi dialectique de la nature, que les qualités
les plus extrêmes se renversent en leur contraire'

é apenas um passo do sublime ao ridículo

there is but one step from the sublime to the ridiculous

♦ Esta frase proverbial é atribuída a várias personagens, entre as quais Talleyrand. Mas seu autor mais
provável é Napoleão Bonaparte ao responder ao bispo de Malines. (O prelado considerava sublimes os
incríveis sacrifícios realizados pelo exército francês
durante a retirada da Rússia.)

⇒ Les EXTRÊMES se touchent

SUCCÈS *s.m.* êxito; *success*

Rien ne réussit comme le SUCCÈS (1851)

'les succès produisent les succès, comme l'argent produit l'argent'

o sucesso leva ao sucesso
sucesso gera sucesso

nothing succeeds like success

♦ "A. Dumas père, *Ange Pitou*, I, vii." (M. Maloux)

SUER *v.* suar; *to sweat*

Mieux vaut SUER que grelotter

ces deux réactions opposées du corps indiquent une
rupture de l'équilibre physiologique, mais grelotter

connote un état de misère, tandis que suer sera plutôt le
signe d'un surcroît d'abondance et de confort

é melhor suar que gemer
mais vale que sobeje do que falte
mais vale suar que tremer
melhor é ser invejado que misericordiado

better be envied than pitied

♦ Há correspondentes em italiano: *meglio sudare che tre-
mare* e em espanhol: *más vale sudar que estornudar.*

SUFFISANCE *s.f.* suficiência; *sufficiency, adequacy*

SUFFISANCE fait richesse et convoitise fait pauvresse

'la pauvreté est un état de manque créé par l'envie; c'est
pourquoi la pauvreté s'étend en notre société de consommation, qui nous apprend à convoiter toujours davantage'

assaz tem quem se contenta com o que tem
desejar é um dos modos de ser pobre
nada tem quem não se contenta com o que tem
não é pobre o que tem pouco mas o que muito cobiça
não é pobre o que tem pouco, salvo o que deseja muito
não é pobre o que tem pouco, senão quem muito quer
não tem nada quem nada lhe basta
tem bastante quem com o que tem se contenta
tem tudo o que lhe apraz quem com pouco se satisfaz

he is not poor that has little, but he that desires much
the greatest wealth is contentment with a little
they need much whom nothing will content

♦ A idéia está em Horácio (*Carmina*, 3, 16, 42-44):
*Multa petentibus / desunt multa; bene est cui deus obtulit /
parca quod satis est manu.* (A quem muito pede muito
falta. Feliz de quem a divindade, com mão parcimo-
niosa, deu o suficiente.) Há correspondentes em italiano: *non è povero chi ha poco, ma chi molto desidera* e
em espanhol: *nada necesita quien tiene lo bastante.*

⇒ Est assez RICHE qui est content

SUJET *s.m.* súdito; *subject*

Qui d'autrui prend, SUJET se rend

'le demandeur devient dépendant de son bienfaiteur'

vende a própria vontade quem recebe alheio benefício

bound is he that gift takes
*she that takes gifts, herself she sells, and she that gives, does
not else*
who receives a gift, sells his liberty

♦ Cf. Publílio Siro (*Sententiae*, B 5): *beneficium accipere
libertatem est vendere* (aceitar um benefício é vender a
liberdade).

⇒ Grand DON fait juge aveugler, droit abattre, tort
élever

S

SUPERFLU *s.m.* supérfluo; *surplus*

Qui achète le SUPERFLU vendra bientôt le nécessaire

'à vivre dans l'artifice, on perd le sens du réel'

quem compra o supérfluo vende o necessário
quem compra sem poder vende sem querer

he that buys what he does not want must often sell what he does want
waste makes want
waste not, want not
wilful waste makes woeful want

♦ Cf. a máxima de Catão, documentada por Sêneca (*Epistulae ad Lucilium*, 94, 27): *Emas non quod opus est, sed quod necesse est. Quod non opus est, asse carum est.* (Não compres aquilo que possa vir a te servir, mas aquilo que te é necessário. Para aquilo que não serve, até um asse é caro.) Há equivalentes em italiano: *chi compra il superfluo, venderà il necessario* e em espanhol: *quien compra lo que no puede, venderá lo que no debe.*

⇒ Qui mange son CAPITAL prend le chemin de l'hôpital

SUPPORTER *v.t.* suportar, agüentar, sofrer; *to bear, to suffer*

SUPPORTE et abstiens-toi

maxime stoïcienne, qui exhorte à l'endurance des misères et à la retenue

abstém-te e sofre

bear and forbear

B. Pascal cita o provérbio em latim:

68. *Ordre.* – Pourquoi prendrai-je plutôt à diviser ma morale en quatre qu'en six? Pourquoi établirai-je plutôt la vertu en quatre, en deux, en un? Pourquoi en *ABSTINE ET SUSTINE* plutôt qu'*en suivre nature*, ou *faire ses affaires particulières sans injustice*, comme Platon, ou autre chose? (*P*, p. 39)

68. *Ordem.* – Por que é que vou dividir a minha moral em quatro e não em seis? Por que vou estabelecer a virtude em quatro e não em dois ou em um? Por que em *ABSTINE ET SUSTINE* e não *em seguir a natureza*, ou *conduzir os negócios privados sem cometer injustiça*, como Platão, ou optar por qualquer outra coisa?

♦ Cf. o latim *sustine et abstine*, tradução do grego ἀνέχου καὶ ἀπέχου, frase de Epicteto, citada por Aulo Gélio (*Noctes Atticae*, 17, 19, 6).

SÛRETÉ *s.f.* segurança; *safety*

Deux SÛRETÉS valent mieux qu'une (1668)

= Deux PRÉCAUTIONS valent mieux qu'une

DEUX SÛRETÉS VALENT MIEUX QU'UNE, / Et le trop en cela ne fut jamais perdu. (La Fontaine, *F*, IV, xv, 28-29)

UMA SEGURANÇA É POUCO, / um trunfo a mais, jamais será trunfo perdido. (Trad. de Milton Amado e Eugênio Amado.)

Certes, beaucoup d'incroyants acceptent de passer sur le prie-Dieu de velours, par politesse, parce que leurs parents l'ont fait ainsi, parce que leur fiancée, leur belle-mère ou leur situation les y contraignent, parce que le mariage civil, après tout, n'est qu'une formalité, parce que DEUX SÛRETÉS VALENT MIEUX QU'UNE quand il s'agit d'éviter l'épithète de concubins et d'avoir droit à l'estime de sa portière. (H. Bazin, *MPC*, p. 226)

É bem verdade que muito rapaz sem religião aceita ajoelhar-se no genuflexório de veludo, por deferência, porque seus pais assim haviam feito, porque a noiva, a sogra ou a própria posição social o obrigam a isso, porque o casamento civil, afinal, é mera formalidade, porque UM HOMEM PREVENIDO VALE POR DOIS se pretende não ser chamado de concubino e merecer o respeito da sua zeladora.

⇒ Un HOMME averti en vaut deux

SURPLUS *s.m.* excedente, excesso; *surplus*

Le SURPLUS rompt le couvercle (1576)

= Quand la POCHE est pleine, elle renverse

t

TABLE *s.f.* mesa; *table*

1 À la TABLE d'autrui on mange de meilleur appétit

'non seulement on est volontiers prodigue du bien d'autrui, mais encore l'envie le fait trouver meilleur que le nôtre'

de coiro/couro alheio, correias compridas
de coiro/couro alheio, largas correias (João de Barros)
de pataca alheia, a mão cheia
pão alheio tem bom gosto
pão de vizinho tira fastio

it is good beef that costs nothing
it is safe cutting large shives ['slices'] *of another's loaf*
the best wine is that a body drinks of another man's cost
the wholesomest meat is at another man's cost
wine that cost nothing is digested before it be drunk

♦ Diz-se em espanhol: *el mejor pan es el que nos dan.*

≠ LE PAIN D'AUTRUI EST TOUJOURS AMER/DUR

⇒ VIANDE d'ami est bientôt prête

2 À ronde TABLE n'y a débat pour être plus près du meilleur plat (sXVI)

'le cercle est la plus démocratique des figures géométriques'

em mesa redonda não há cabeceira
mesa redonda não tem cabeceira

at a round table, there is no dispute of place

TAILLE *s.f.* tamanho, altura; *height, size*

De toutes TAILLES bons lévriers (1584)

'la taille n'a rien à voir avec le mérite'

os homens não se medem aos palmos
tamanho não é documento

as sore fight wrens as cranes
men are not to be measured by inches

Toutesfois, comme l'on dit: *DE TOUTES TAILLES BONS LEVRIERS*, aussi y a-t-il de petites femmes nabottes qui ont le geste, la grace, la façon en ces choses un peu approchante des autres, ou les veulent imiter, et si sont aussi chaudes et aspres à la curée, voire plus (je m'en rapporte aux maistres en ces arts), ainsi qu'un petit cheval se remue aussi prestement qu'un grand; et, comme disoit un honneste homme, que la femme ressembloit à plusieurs animaux, et principalement à un singe, quand dans le lict elle ne fait que se mouvoir et remuer. (Brantôme, *DG*, p. 20)

No entanto, como se diz, "HÁ GALGOS DE TODOS OS TAMANHOS", pois existem mulheres nanicas que têm, nesses misteres, porte, graça e modos semelhantes aos das outras, ou procuram imitá-las; e se são tão ardentes e prontas para o amor, ou até mais (segundo dizem os mestres nessas artes), à semelhança de um potro que se mexe com tanta agilidade quanto um cavalo, é assim que, tal como dizia um homem honrado, a mulher lembra vários animais, principalmente o macaco, quando se torce e se retorce na cama.

T

TAILLIS *s.m.* bosque, mata de corte; *coppice, thicket*

Au fond du TAILLIS sont les mûres (sXIII)

= Il faut casser la NOIX pour en avoir la chair

⇒ Pour avoir la MOELLE, il faut briser/sucer l'os

TAIRE (SE) *v.pr.* calar-se; *to fall silent, to say nothing*

1 Il vaut mieux SE TAIRE que mal parler

'parler est un don précieux, se taire l'est plus encore'

boca calada é remédio
bom é saber calar até ser tempo de falar
bom saber é calar, até ser tempo de falar
não fales mais que a boca
quem não sabe falar é melhor calar

be silent or say something better than silence
better say nothing than not to the purpose
speak fitly, or be silent wisely

♦ Observa com humor Pierre Dac (*apud* C. Gagnière, *TOM*, p. 312): "Parler pour ne rien dire ou ne rien dire pour parler sont les deux principes majeurs de tous ceux qui feraient mieux de la fermer avant de l'ouvrir." (Falar para não dizer nada ou não dizer nada ao falar são os dois preceitos essenciais de quem devia fechar a matraca antes mesmo de abri-la.)

♦ Há correspondentes em italiano: *chi sa tacer all'occa-sione guadagna più che col parlare* e em espanhol: *vale más callarse que hablar*.

⇒ Il est bon de PARLER et meilleur de se taire

2 Qui de tout SE TAIT de tout a paix

= OIS, vois et te tais, si tu veux vivre en paix

TAMBOUR *s.m.* tambor; *drum*

1 À bon TAMBOUR, bonne baguette (sXVII)

'à bon méchant, bonne correction'

tal erro, tal castigo

like fault, like punishment

2 Ce qui vient du TAMBOUR s'en retourne à la flûte (1654)

= BIEN mal acquis ne profite jamais

3 TAMBOUR de loin n'a pas de son (1842)

'menace lointaine n'émeut pas'

sombra de pau não mata cobra
trovão ronca mas não assusta

all clouds bring not rain
dogs barking at a distance do not frighten

4 TAMBOUR payé d'avance ne fait pas beaucoup de bruit

'les services rémunérés par anticipation sont accomplis sans zèle ni passion'

a obra pagada, braços quebrados
obra paga, braços quebrados
quem paga adiantado acaba mal servido
quem paga adiantado não tem bom resultado

pay beforehand and your work will be behindhand
pay beforehand was never well served

TANTE *s.f.* tia; *aunt*

Si ma TANTE en avait, ce serait mon oncle (sXIX)

lapalissade servant à moquer les faiseurs de conjectures

se eu esta cotovia mato, faltam-me três para quatro
se meu pai não morresse, ainda agora era vivo
se minha tia tivesse bigode, ela seria meu tio
se uma mato, faltam três para quatro

if my aunt had been a man, she'd have been my uncle
pigs could fly, if they had wings
pigs might fly, if they had wings

♦ Pierre Dac (*apud* C. Gagnière, *TOM*, p. 314) completa o provérbio com humor: "Si ma tante en avait, ce serait mon oncle, et si mon oncle en était, ce serait ma tante." (Se minha tia tivesse ["documentos"] seria meu tio, e se meu tio fosse maricas seria minha tia.)

⇒ Si les CHIENS chiaient des haches, ils se fendraient le cul

TARD *adv.* tarde; *late*

1 À TARD prend qui à autrui s'attend (sXIII)

= On n'EST jamais si bien SERVI que par soi-même

⇒ De ce que tu pourras FAIRE, jamais n'attends à autrui

2 Il n'est jamais trop TARD pour bien faire (1568: *il n'est jamais tard à bien faire*)

= Mieux vaut TARD que jamais

3 Mieux vaut TARD que jamais (sXV)

'quand le temps est passé, il est temps encore; le retard n'est jamais une excuse recevable pour ne rien faire'

antes tarde do que nunca

better late than never

Moi j'aurai mis seulement un peu plus longtemps, mais, n'est-ce pas, il n'est jamais trop tard... MIEUX VAUT TARD QUE JAMAIS... (N. Sarraute, *FO*, p. 135)

Eu apenas demorei mais um pouco, mas, não é mesmo, nunca é tarde demais... ANTES TARDE DO QUE NUNCA... (Trad. de Raquel Ramalhete)

♦ A. Rey & S. Chantreau consignam a deturpação jocosa *vieux moutard que j'aimais* (velho garoto de quem eu gostava).

♦ Do latim *potius sero quam nunquam* (Tito Lívio, 4, 2, 11). Há equivalentes em italiano: *meglio tardi che mai*, em espanhol: *más vale tarde que nunca* e em alemão: *besser spät als nie*.

4 Plus on se presse, et plus TARD on arrive (1731)

= La trop grande HÂTE est cause du retardement

5 Qui TARD se marie mal se marie (sXVI)

'il est une saison pour se marier, qu'il ne faut laisser passer'

quem tarde casa mal casa

he that marries late, marries ill

◆ Comenta Montaigne acerca da idade ideal para contrair núpcias ("De l'affection des pères aux enfants", *Essais*, II, viii, p. 547): "Ie me mariay à trente trois ans, et loue l'opinion de trente cinq, qu'on dict estre d'Aristote. Platon ne veult pas qu'on se marie avant les trente; mais il a raison de se mocquer de ceulx qui font les œuvres de mariage aprez cinquante cinq, et condemne leur engeance indigne d'aliment et de vie. Thales y donna les plus vrayes bornes; qui, ieune, respondit à sa mere le pressant de se marier, 'qu'il n'estoit pas temps;' et, devenu sur l'aage, 'qu'il n'estoit plus temps.' Il fault refuser l'opportunité à toute action importune." (Casei-me com trinta e três anos, mas acho que deveríamos fazê-lo aos trinta e cinco, como sugere Aristóteles. Platão não quer tampouco que casemos antes dos trinta, mas caçoa com razão dos que contratam núpcias após os cinqüenta e cinco, declarando que sua progenitura é indigna de viver. Tales fixou melhor ainda os limites da idade. Na mocidade, a sua mãe, que instava para que casasse, respondeu que "ainda não era tempo". Mais tarde, já maduro, objetou "que não era mais tempo". Cada coisa tem sua hora; o que não chega no momento certo deve ser afastado. – Trad. de Sérgio Milliet)

◆ Há equivalente em espanhol: *quien tarde casa, mal casa.*

6 Qui vient TARD les autres il regarde (1597)

= Les OS sont pour les absents

TASSE *s.f.* xícara; *cup*

Ce n'est pas la TASSE fêlée qui casse (Martinique)

= POT fêlé dure longtemps

TAUPE *s.f.* (*Talpa*) toupeira; *mole*

Si TAUPE voyait, si sourd entendait, homme sur terre ne vivrait

= La VIPÈRE n'a ni père ni mère; si elle en avait, personne ne pourrait vivre sur terre

TAUREAU *s.m.* touro; *bull*

Il faut toujours attaquer le TAUREAU par les cornes

'il faut affronter résolument le danger par son côté le plus redoutable'

convém pegar o pião à unha

convém pegar o touro à unha
convém pegar o touro pelos chifres
convém tomar o pião na unha

he that handles a nettle tenderly, is soonest stung
if you gently touch a nettle it'll sting you for your pains; grasp it like a lad of mettle, and it soft as silk remains
it is better to take the bull by the horns
tender-handed stroke of a nettle, and it stings you for your pains; grasp it like a man of mettle, and it soft as silk remains (Aaron Hill)

– (...) Serait-ce à toi qu'il obéirait? IL FAUT TOUJOURS ATTAQUER LE TAUREAU PAR LES CORNES, dit un proverbe castillan*; une fois qu'il a vu l'inutilité de ses défenses et de sa force, il est dompté. (H. de Balzac, *CM*, p. 611)

– (...) Seria a ti que ele obedeceria? É PRECISO ATACAR SEMPRE O TOURO PELAS ASPAS, diz um provérbio castelhano*; logo que ele perceber a inutilidade de suas defesas e de sua força, estará dominado. (Trad. de Gomes da Silveira)

* Oriundo, muito provavelmente, das touradas.

TAVERNIER *s.m.* taberneiro; *taverner, innkeeper*

Le TAVERNIER s'enivre bien de sa taverne (sXVI)

= Qui AUTEL sert d'AUTEL doit vivre

TEIGNEUX *s.m.* tinhoso; *scabby person*

Jamais TEIGNEUX n'aima le peigne (sXVI)

'le méchant abhorre la morale'

tinhoso não gosta de pente

rub a galled horse on the gall and he will wince
rub a scabbed horse on the back and he will wince
scabbed horse cannot abide the comb
scabby heads love not the comb

TEL *pron.ind.* tal; *such*

Entre TELS, TEL deviendras (1495)

= Dis-moi qui tu HANTES et je te dirai qui tu es

⇒ On ne saurait manier le BEURRE qu'on ne s'en graisse les doigts

TÉMOIN *s.m.* testemunha; *witness*

1 TÉMOIN qui a vu est meilleur que celui qui a ouï (sXVI)

= Un ŒIL a plus de crédit que deux oreilles n'ont d'audivi

◆ Cf. Plauto (*Truculentus*, 489-490): *Pluris est oculatus testis unus quam auriti decem. / Qui audiunt audita dicunt, qui uident plane sciunt.* (Uma única testemunha ocular vale mais do que dez auriculares. Quem ouviu dizer só fala por ouvir dizer; quem vê sabe com plena certeza.) Cf. também Sêneca (*Epistulae ad Lucilium*, 6, 5): *Homines amplius oculis quam auribus credunt* (os homens crêem mais nos olhos do que nos ouvidos) e o latim medieval *oculis magis habenda fides quam auribus* (deve-se ter mais confiança nos olhos que nos ouvidos).

⇒ Qui de l'ŒIL voit, du cœur croit

2   TÉMOINS passent lettres (1607)

'les sérieux témoignages oraux peuvent l'emporter sur les pièces écrites

mais vale testemunha séria que pena e tinta

one serious eyewitness is of more value than many written letters

TEMPS *s.m.* tempo; *time, weather*

1   Autres TEMPS, autres mœurs (1835)

'les mœurs changent avec le temps'

ano novo, vida nova
mudado o tempo, muda-se o tento
mudam-se os tempos, mudam-se as idéias
mudam-se os tempos, mudam-se as vontades (Camões)
mudam-se os tempos, mudam-se os pensamentos
outros tempos, outros costumes

other days, other ways
other times, other customs
other times, other manners
other times, other ways
time changes manners
times change and we with them

En réalité, la malheureuse, sous prétexte qu'"AUTRES TEMPS AUTRES MŒURS" et que le mariage ne se concluait plus à l'ancienne mode, faisait fuir les maris en ne se montrant pas assez rebelle. (R. Radiguet, *DC*, p. 159)

Na realidade, a infeliz, a pretexto de que "OUTROS TEMPOS, OUTROS COSTUMES" e de que o casamento já não se fazia à moda antiga, afugentava os maridos por não se mostrar rebelde o bastante.

♦ O provérbio existe em grego: ἄλλοτ' ἀλλοῖα φρόνει (outra vida, outros hábitos) (Píndaro, fragmento CCXXV) e em latim (Terêncio, *Andria*, 189): *nunc hic dies aliam uitam defert, alios mores postulat* (agora este dia traz nova vida, exige novos costumes). Há equivalentes em italiano: *altri tempi, altri costumi* e em espanhol: *otros tiempos, otras costumbres.*

2   Avec le TEMPS et la paille, les nèfles mûrissent

'il faut laisser au temps le temps qu'advienne chaque chose; l'être a sa temporalité propre'

com o tempo maduram as uvas

com tempo e pachorra muito se consegue
com tempo e perseverança tudo se alcança

time and perseverance drive snails to Jerusalem
time and straw make medlars ripe

♦ Há equivalentes em italiano: *col tempo e con la paglia maturano le nespole* e em espanhol: *con el tiempo y la paja se maduran los nísperos.*

3   Avec TEMPS et patience, feuilles de mûrier deviennent soie

'avec temps et patience, tout s'obtient enfin; il faut laisser au καιρός "occasion" le temps de mûrir'

com tempo e paciência tudo se consegue(, até à ciência)
com tempo, o pequeno cresce e o verde amadurece

with time and art, the leaf of the mulberry-tree becomes satin

⇒ Chaque CHOSE a/en son temps

4   Bon TEMPS et bonne vie, père et mère oublie (sXVI)

'la réussite rend amnésique; le bonheur fait l'ingrat; les gens heureux n'ont pas de mémoire'

boa vida pai e mãe olvida

kindness is lost that's bestowed on children

♦ Há provérbio paralelo em espanhol: *la buena vida, padre y madre olvida.*

5   En TEMPS calme chacun est marinier

'nul mérite à réussir avec les faveurs de la fortune'

conhece-se o marinheiro quando vem a tempestade
não há mau piloto quando o tempo é bom

in a calm sea, every man is a pilot

♦ Pensamento comum entre os autores latinos; em Sêneca (*Epistulae ad Lucilium*, 85, 34), por exemplo, lê-se: *tranquillo (...) quilibet gubernator est* (qualquer um é piloto em mar calmo). Diz-se em italiano: *ognuno sa navigare quando è buon vento.*

⇒ Il n'y a pas de mauvais PILOTE quand le vent est bon

6   Il faut laisser du TEMPS au TEMPS

'il faut consentir à chaque chose sa temporalité propre, et d'abord au temps lui-même'

a lua não fica cheia em um dia
é preciso dar tempo ao tempo
não há nada em que o tempo não dê jeito

time tries all (things)
time works wonders

7   Il faut prendre le TEMPS comme il vient (sXVII)

'il faut prendre le temps comme il vient, les hommes pour ce qu'ils sont, l'argent pour ce qu'il vaut: sagesse du consentement à ce qui est'

é preciso receber o bem conforme ele vem
o tempo rende muito quando é aproveitado

take time as it comes
take time when time comes (lest time steals away)
take time while time serves
you must take things as they come, the rough with the smooth

♦ *Tempori serviendum est* (deve-se obedecer às circuns-tâncias), diz Cícero em suas cartas. Cf. Sêneca (*Medea*, 175): *Compesce verba; parce iam demens minis / Animosque minue: tempori aptari decet.* (Retém tuas palavras, insensato, e chega de ameaças, cala o teu orgulho: convém que te curves às circunstâncias.) A. Arthaber cita o correspondente italiano *bisogna accomodarsi ai tempi* e a máxima de Metastasio: *è l'adattarsi al tempo necessaria virtù*. Há provérbio paralelo em espanhol: *hay que tomar el tiempo conforme viene.*

⇒ Ce qui doit ÊTRE, ne peut manquer

8 Il n'est rien si bien caché que le TEMPS ne découvre

= Il n'y a CHOSE tant soit celée que le temps ne rende avérée

♦ *Tempus omnia revelat*, consigna Erasmo nos *Adagia*.

9 Il viendra un TEMPS où le renard/(le chien)/(la vache) aura besoin de sa queue (1640)

'l'inutile peut devenir nécessaire'

guarda o que não presta, acharás o que é preciso
guarda o que não presta, terás o que desejas
guarda o que não queres, acharás o que quiseres
quem dá o que tem a pedir vem

give a loaf, and beg a shive ['slice']
keep a thing seven years and you will find a use for it
nothing so bad as not to be good for something

⇒ Ce que tu jettes aujourd'hui avec le PIED, tu le ramasses demain avec la main

10 Il y a un TEMPS pour naître, et un TEMPS pour mourir

'le temps semble découpé en "époques", qui ont chacune leur génie propre'

há tempo para nascer e tempo para morrer

there is a time to be born, and a time to die

♦ Cf. *Eclesiastes*, 3, 2.

11 Le mauvais TEMPS passe, et revient le bon, pendant qu'on trinque autour du gras jambon (1552)

vigoureuse formulation du mythe de l'Éternel Retour

não há bem que cem anos dure, nem mal que a eles ature
não há mal que sempre dure, nem bem que nunca (se) acabe

não há tão mau tempo que o tempo não alivie seu tormento
sofra quem penas tem que atrás de tempo tempo vem
sofra quem pesares tem que atrás de tempo tempo vem

while jolly companions carouse it together, a fig for the storm,
it gives way to good weather

De mode que par cestuy excessif haulsement de temps advint au Ciel nouveau mouvement de titubation et trépidation, tant controvers et débatu entre les folz astrologues.

– C'est (dist Panurge) ce que l'on dit en proverbe commun:
LE MAL TEMPS PASSE ET RETOURNE LE BON,
    PENDENT QU'ON TRINQUE AUTOUR DE GRAS JAMBON. (F. Rabelais, *Le quart livre*, in *OC*, p. 759)

De modo que, por essa excessiva mudança do tempo ocorreu no Céu novo movimento de titubeio e trepidação, tão controvertido e debatido pelos loucos astrólogos.

– É (disse Panurgo) como reza o conhecido provérbio:
NÃO HÁ TÃO MAU TEMPO QUE O TEMPO NÃO ALIVIE SEU TORMENTO,
    ENQUANTO SE BRINDA EM REDOR DE UM BOM PERNIL.

12 Le TEMPS blanchit les têtes sans mûrir la raison

'les années font des vieux, pas forcément des sages'

barba branca não dá juízo

old age doesn't protect from folly
the head grey and no brains yet

13 Le TEMPS c'est de l'argent

'le temps est unité monétaire comme l'argent est unité temporelle'

o tempo vale ouro
tempo é dinheiro

gain time, gain life
time is money

– Bonjour, murmure-t-il.
– Salut, Maresco, fais-je. Vous êtes rudement matinal, dites donc. Il est vrai que, dans ce p... de pays, LE TEMPS C'EST DE L'ARGENT, dit-on. (San-Antonio, *BP*, p. 120)

– Bom dia – balbucia ele.
– Salve, Maresco – respondo. 'Tava com formiga na cama, só pode. É verdade que, nesta m... de terra, TEMPO É DINHEIRO, como se costuma dizer.

♦ Tradução do inglês *time is money*, cuja autoria é atribuída a Benjamin Franklin (1748): "Remember that Time is Money. He that can earn Ten Shillings a Day.. has really.. thrown away Five Shillings." [*Apud* J. Simpson, que lembra um correspondente em gre-

T

go clássico: "τὸ πολυτελέστατον... ἀνάλωμα, τὸν χρόνον, the most costly outlay is time (attributed to Antiphon)."]

14 Le TEMPS dévore tout

'rien ne peut résister à la boulimie ravageuse du temps'

o tempo tudo consome
o tempo tudo devora

time devours all things

♦ Lê-se em Ovídio (*Metamorphoses*, 15, 234-236): *Tempus edax rerum, tuque, invidiosa vetustas, / Omnia destruitis vitiataque dentibus aevi / Paulatim lenta consumitis omnia morte.* (Ó tempo voraz, e tu, velhice invejosa, vós destruís tudo; o que é atacado pelos dentes da idade é pouco a pouco consumido pela morte lenta.)

15 Le TEMPS est galant homme

= Le TEMPS est un grand maître

Citado em italiano por Beaumarchais:

FIGARO. Eh! qui le sait, Monseigneur? *TEMPO È GALANT'UOMO*, dit l'italien; il dit toujours la vérité: c'est lui qui m'apprendra qui me veut du mal ou du bien. (*MF*, p. 164)

FÍGARO. Ah! Quem sabe, meu fidalgo. *TEMPO È GALANT'UOMO*, como se diz em italiano; ele nunca mente: e há de me mostrar quem me quer mal ou bem.

16 Le TEMPS est père de vérité (1546)

'avec le temps, toutes les vérités finissent par être révélées'

a verdade é filha do tempo
o tempo corre e tudo descobre

time is the father of truth

"Tiercement, comme vous aultres, messieurs, je consydere que le temps meurist toutes choses; par temps toutes choses viennent en evidence: LE TEMPS EST PERE DE VERITÉ, gl. in l. j, C. de servit., Autent., de restit. et ea quae pa., et Spec. tit. de requis. cons. (F. Rabelais, *TL*, p. 196)

"Em terceiro lugar, assim como vós, senhores, considero que o tempo amadurece todas as coisas; com o tempo todas as coisas vêm à tona: O TEMPO É PAI DA VERDADE, gl. in l. j, C. de servit., Autent., de restit. et ea quae pa., et Spec. tit. de requis. cons.

⇒ La VÉRITÉ est fille du temps

17 Le TEMPS est un grand maître (1662)

'le temps apporte l'expérience, l'expérience enseigne la sagesse'

o tempo é mestre de tudo
o tempo é um grande mestre

time shall teach thee all things

time teaches all
time will show
time will tell

VIRIATE. Rompons, Perpenna, rompons cette partie; / Donnons ordre au présent; et quant à l'avenir, / Suivant l'occasion nous saurons y fournir. / LE TEMPS EST UN GRAND MAÎTRE, il règle bien des choses. (Corneille, *Sertorius*, in *TC*, t. III, p. 183)

VIRIATA. Deixemos de lado, Perpena, esta parte; / Vamos cuidar do presente; e, quanto ao futuro, / De acordo com a ocasião acharemos um modo de agir. / O TEMPO É UM BOM MESTRE e sabe resolver as coisas.

Estropiado em H. de Balzac:

– Il est allé reprendre son avoine à l'écurie, répondit l'Auvergnat au fait de toutes les ruses en usage pour faire patienter les voyageurs.
– Après tout, dit Mistigris, *LE TEMPS EST UN GRAND MAIGRE.* (*DV*, p. 57)

– Ele foi buscar aveia na cocheira – respondeu o alverniano, que estava a par de todas as manhas em uso para fazer os viajantes terem paciência.
– Afinal de contas – disse Mistigris –, *O TEMPO É UM GRANDE MAGRO.* (Trad. de Vidal de Oliveira)

18 Le TEMPS est une lime qui travaille sans bruit

'le travail destructeur du temps s'exerce insidieusement'

não há coisa que o tempo não consuma
o tempo gasta tudo

time is a file that wears and makes no noise

19 Le TEMPS et la marée n'attendent personne

'pas plus que les phénomènes naturels, le temps n'est à la disposition de l'homme'

tempo e maré não esperam por ninguém

time and tide wait for no man

20 Le TEMPS et l'usage rendent l'homme sage (1610)

'le temps enseigne la sagesse'

não há melhor aio e doutrinador que o tempo
o tempo e a ocasião mostram o que fazer

time and practice make perfectness

21 Le TEMPS fuit et nous traîne avec lui

'les humains disent que le temps passe; le temps dit que les humains passent (proverbe sanscrit)'

escoa-se o tempo sem o sentirmos
ninguém pode pôr rédeas ao tempo
o tempo vai-se e com ele nós vamos

time flies with us behind his car

♦ Lê-se em Dante (*Purgatorio*, IV, 9): *vassene il tempo, e l'uom non se n'avvede* (o tempo passa sem que o sinta a gente). E nas *Pièces retranchées* de Ronsard: "Le temps s'en va, le temps s'en va, Madame, / Las! Le temps non, mais nous nous en allons." (O tempo passa, o tempo passa, minha senhora, / Oh! O tempo não, nós é que passamos.)

22 Le TEMPS guérit les douleurs et les querelles (1670)

'avec le temps, tout s'estompe, tout s'oublie'

o tempo cura o enfermo que não o ungüento
o tempo cura o que a razão não pode curar
o tempo cura todas as feridas
o tempo cura tudo
o tempo tudo cura
tempo é remédio

time tames the strongest grief

♦ Frase de B. Pascal (*Pensées*, II, 112): "Le temps guérit les douleurs et les querelles, parce qu'on change, on n'est plus la même personne. Ni l'offensant, ni l'offensé, ne sont plus eux-mêmes. C'est comme un peuple qu'on a irrité, et qu'on reverrait après deux générations. Ce sont encore les Français, mais non les mêmes." (O tempo cura dores e desavenças, porque mudamos, já não somos a mesma pessoa. Nem o ofensor nem o ofendido são os mesmos. É como um povo que houvéssemos irritado e tornássemos a ver duas gerações depois. Ainda são franceses, mas não os mesmos.)

♦ Lê-se num fragmento de Dífilo: λύπης δὲ πάσης γίνεται ἰατρὸς χρόνος (o tempo torna-se médico para toda e qualquer dor). Cf. Terêncio (*Heautontimorumenos*, 422): *diem adimere aegritudinem hominibus* (que o tempo afaste a tristeza dos homens). Cf. também Sêneca (*Thyestes*, 304): *Iam tempus illi fecit aerumnas leves.* (O tempo já aliviou o seu sofrer.) Consigna Erasmo nos *Adagia*: *dies adimit aegritudinem* (o tempo apaga a dor).

23 Le TEMPS n'a pas de loisir (1914)

'la marche inexorable du temps ne connaît aucun répit'

o tempo não pára
o tempo voa

time flees away without delay
time flies

24 Le TEMPS ne maintient que ce qu'il a élevé

= Le TEMPS n'épargne pas ce qu'on a fait sans lui

25 Le TEMPS ne revient jamais

'à cette conception de l'inarrêtable course du temps s'oppose celle du temps cyclique de l'Éternel Retour'

lugar de dia perdido nunca é preenchido

o momento que passa é gota de vida que não volta a cair
o tempo e a ocasião não esperam por ninguém
o tempo é como a honra: uma vez perdido, nunca mais se recupera
(o) tempo perdido não se recupera
o tempo vai e não volta
voa o tempo como o vento

one cannot put back the clock
time lost cannot be recalled
time once past never returns
time past cannot be won again
yesterday will not be called again

♦ Cf. Virgílio (*Georgica*, 3, 284): *fugit irreparabile tempus* (o tempo foge, perdido para sempre). Cf. também Ovídio (*Ars amatoria*, 3, 63-64): *Nec quae praeteriit, iterum revocabitur unda, / Nec quae praeteriit, hora redire potest.* (A onda que passou nunca mais retornará à sua fonte; também a hora que passou já não pode voltar.)

26 Le TEMPS n'épargne pas ce qu'on a fait sans lui (1801)

'la précipitation est maîtresse d'erreur, et le temps qu'on a refusé de respecter prend ultérieurement sa revanche'

o tempo não poupa o que se faz sem ele

a hasty man never wants woe
he that soon deemeth ['considers'], *soon repenteth*

Var. em Willy & Colette:

– Prenez vos cahiers. En titre: *Composition française.* Expliquez et commentez cette pensée: "LE TEMPS NE RESPECTE PAS CE QU'ON A FAIT SANS LUI." Vous avez une heure et demie. (*CE*, p. 71)

– Peguem os cadernos. Cabeçalho: *Redação em francês.* Explique e comente esta idéia: "O TEMPO NÃO POUPA O QUE SE FAZ SEM ELE". Vocês têm uma hora e meia.

⇒ Le TEMPS ne maintient que ce qu'il a élevé

27 Le TEMPS perdu ne se rattrape jamais

= Le TEMPS ne revient jamais

♦ Há provérbio paralelo em italiano: *tempo perduto mai non si riacquista.*

28 On ne perd pas de TEMPS quand on aiguise ses outils

'l'homme bien préparé rend sa tâche plus facile'

boas ferramentas ajudam a ganhar tempo

whet brings not let

29 Plus le TEMPS de fermer l'écurie quand le cheval en est sorti (rég., Auvergne)

= Il est trop tard pour fermer l'ÉCURIE quand le cheval s'est sauvé

30 Qui a le TEMPS a la vie

'qui prend son temps le donne à la vie; qui n'a jamais le temps s'empêche de vivre'

quem tem tempo tem vida

he that has time, has life

31 Qui TEMPS a, et TEMPS attend, le TEMPS perd, et puis s'en repent

'qui a trop de temps devant lui le retrouve bientôt derrière'

quem tem tempo e espera tempo, tem maré e espera maré, tem vento e espera vento, não teve conhecimento da fortuna que cousa é
quem tem tempo e tempo perde, lá vem (o) tempo em que se arrepende

he that has time, and looks for time, loses his time
take time by the forelock
take time when time comes (lest time steals away)

♦ Há provérbios paralelos em italiano: *chi tempo ha e tempo aspetta, tempo perde* e em espanhol: *quien tiempo tiene y tiempo atiende, tiempo viene que se arrepiente.*

32 Selon le TEMPS, la manière (sXVII)

= Autres TEMPS, autres mœurs

33 TEMPS rouge le soir, laisse bon espoir; TEMPS rouge le matin, pluie en chemin

'rougeoiement du ciel s'interprète tout à l'opposé selon qu'il est du soir ou du matin'

arrebóis de manhã trazem água à noite; arrebóis à noite, sol de manhã
vermelha alvorada vem mal encarada
vermelhão no sertão, velhas no fogão; vermelhão para o mar, velhas a lavar
vermelho para a serra, chuva na terra; vermelho para o mar, calor de rachar

sky red in the morning is a sailor's warning; sky red at night is the sailor's delight
sky red in the morning is a shepherd's warning; sky red at night is the shepherd's delight

♦ Refere João Ribeiro (*FF*, p. 392) que "um refranista alemão, o Dr. Joseph Haller, cita uma fórmula latina, mas sem dizer donde provém:
   – *Nocte rubens coelum cras indicat esse serenum.*
   – À tarde, céu vermelho indica ser o dia seguinte de bom tempo."

⇒ CIEL rouge au soir, blanc au matin, c'est le souhait du pèlerin

34 TEMPS vient et TEMPS passe, fol est qui se compasse (1610)

'il est insensé de prétendre mépriser le cours du temps'

quem tem tempo e por tempo espera, tempo é que o demo lhe (*sic*) leve

time stays not the fool's leisure

35 Tout vient à TEMPS pour qui peut attendre (1835)

= Tout arrive/vient à POINT à qui sait attendre

TENIR *v.* segurar; *to hold*

1 Il vaut mieux TENIR que courir (sXVII: *il vaut mieux tenir que quérir*)

= Un TIENS vaut mieux que deux tu l'auras

2 Un TIENS vaut mieux que deux tu l'auras (sXVII; sXIII: *mieux vaut un "tiens" que deux "tu auras"*)

'petit gain effectif doit être préféré à grand gain hypothétique'

mais vale pão hoje que galinha amanhã
mais vale um "avache" ['toma lá'] que dois "te darei"
mais vale um hoje que dois amanhã
mais vale um pássaro na mão que dois voando
mais vale um "toma" que dois "te darei"
não convém trocar o certo pelo duvidoso
não se deixa o certo pelo duvidoso
não se deve trocar o certo pelo duvidoso
não troques o certo pelo incerto

a bird in the hand is worth two in the bush
a feather in hand is better than a bird in the air
a pound in the purse is worth two in the book
a pullet in the pen is worth a hundred in the fen
better a sparrow in the hand than a pigeon on the roof
better an egg today than a hen tomorrow
better is one 'Accipe' ['take it'], *than twice to say, 'Dabo tibi'*
   ['I shall give it to you']
better to have than wish

UN TIENS VAUT, ce dit-on, MIEUX QUE DEUX TU L'AURAS: / L'un est sûr, l'autre ne l'est pas. (La Fontaine, *F*, V, iii, 24-25)

Diz-nos desta maneira / Certo rifão que achei / E vem de molde para casos tais: / UM TOMA VALE MAIS / QUE DOIS EU TE DAREI! (Trad. de J. I. de Araújo)

♦ Há equivalentes em italiano: *è meglio un "tò", che cento "ti darò"* e em espanhol: *más vale un "toma" que dos "te daré".* Diz-se jocosamente no Québec: **un chien vaut mieux que deux angoras** (mais vale um cachorro que dois angorás).

⇒ Le/Un MOINEAU dans la main vaut mieux que la/qu'une grue qui vole

TERME *s.m.* termo, fim, limite, prazo; *end, limit, term*

1 Le TERME vaut l'argent (sXVI)

'lorsqu'on obtient un délai de paiement, on peut espérer trouver l'argent pour acquitter une dette'

por falta de tempo se perde o navio
quem tem tempo tem vida

gain time, gain life
he that has time, has life

2 Qui a TERME ne doit rien (1690: *qui terme a, ne doit rien*)

'une créance non échue ne peut être exigée'

ninguém é obrigado a pagar antes do vencimento

a debt cannot be claimed before it is due

– (...) Voilà nos cent mille écus payés: QUI A TERME NE DOIT RIEN. Quand les effets arriveront à échéance, nous les acquitterons avec nos gains. (H. de Balzac, *CB*, p. 13)

– (...) E aí estão os nossos cem mil escudos pagos, pois ENQUANTO NÃO SE VENCE O PRAZO NÃO SE DEVE NADA. Quando as letras se vencerem, nós as resgataremos com nossos ganhos. (Trad. de Gomes da Silveira)

TERRE *s.f.* terra, país; *land, country*

1 Bonnes TERRES, mauvais chemins

= Bon PAYS, mauvais chemin

2 De longues TERRES, longues nouvelles

= A beau MENTIR qui vient de loin

3 Il n'est si grand sur la TERRE que n'abatte un coup de tonnerre

'nul, si puissant qu'il soit, n'est à l'abri d'un événement imprévu'

o destino não poupa (nem) o fraco nem o forte

the rain falls on every roof

♦ Diz-se em espanhol: *por grande que sea el barco, se lo traga el charco.*

⇒ Au CHAUDRON des douleurs, chacun porte son écuelle

4 La TERRE fait marier bouse (rég., Savoie)

'toute fille, même la plus laide, trouve un époux dès lors qu'elle est riche'

linda casa, meio dote

a tocherless ['without a dowry'] dame sits long at hame
a tocherless dame sits long at home
many a one for land takes a fool by the hand
money makes marriage

5 Nulle TERRE sans guerre (sXVI)

= Qui TERRE a guerre a

6 On ne doit pas dire mal de ceux qui sont à TERRE

= On ne doit dire mal des MORTS

⇒ On ne doit pas troubler les CENDRES d'un mort

7 Qui TERRE a guerre a (sXV; XVI: *qui a terre ne vit sans guerre*)

'la propriété est fauteuse de troubles et de conflits'

quem tem terra tem guerra
questão de terra mata como guerra

he that has land has trouble at hand
he that has lands has quarrels
he that has lands has war
riches lead to lawsuit

SGANARELLE. Ah! l'étrange chose que la vie! et que je puis bien dire, avec ce grand philosophe de l'antiquité, que QUI TERRE A GUERRE A, et qu'*un malheur ne vient jamais sans l'autre*! (Molière, *L'Amour médecin*, in *OC*, t. II, p. 101)

SGANARELLE. Ah! Que coisa estranha é a vida! Posso dizer, como aquele grande filósofo da Antiguidade, que QUEM TEM TERRA TEM GUERRA, e que *uma desgraça nunca vem só*!

Var. em H. de Balzac:

Eh! mon ami, QUI A TERRE A GUERRE. Les hommes qui désirent ton argent sont encore bien plus nombreux que ceux qui désirent ta femme. (*PM*, p. 65)

Oh! meu amigo, QUEM TEM TERRA TEM GUERRA. Os homens que desejam o teu dinheiro ainda são mais numerosos do que os que desejam a tua mulher. (Trad. de Mário D. Ferreira Santos)

♦ Diz-se em italiano: *chi ha terra, ha guerra.*

8 Six pieds de TERRE suffisent au plus grand homme

'dans la mort, tous sommes égaux'

não ocupa mais pés de terra o papa que o sacristão

six feet of earth make all men equal

⇒ En la BALANCE l'or et le fer sont un

9 Telle TERRE, telle cruche

= Tel PÈRE, tel fils

⇒ De doux ARBRE douces pommes

TERROIR *s.m.* terra, solo; *land, soil*

De bon TERROIR, bon vin (sXV)

= De doux ARBRE douces pommes

TESSON *s.m.* caco, fragmento; *shard, fragment*

T

On voit bien encore aux TESSONS ce que fut le pot
(sXIII: *bien pert au tès qués li pot furent*)

'on peut juger des personnes par un détail'

pela amostra se conhece a chita
pela amostra se conhece o pano
pela base se conhece o edifício
pela listra se conhece a touca
pela palha se conhece a espiga
pelo punhado se conhece o saco
pelos cacos sabe-se como era a caçoila/caçoula

the half shows what the whole means
the sack is known by the sample
the self-edge makes show of the cloth
you may know by a handful the whole sack
you may see by a bit what the bread is

⇒ On juge de la pièce par l'ÉCHANTILLON

TÊTE *s.f.* cabeça; *head*

1 À blanchir/laver la TÊTE d'un âne/nègre, on perd sa lessive (1557: *à laver la tête d'un âne, on y perd que la lessive*)

'les défauts naturels ne se corrigent pas'

a quem a fortuna pintou negro, nenhum tempo o pode fazer alvo
ensaboar a cabeça do asno é perder sabão
não gastes cera com mau defunto
não gastes cera com ruim defunto
não gastes cera com ruins defuntos
não gastes sebo com ruins defuntos
não serve de nada deitar pérolas a porcos
negro ensaboado, tempo perdido, sabão esperdiçado
quem é preto de nação ['raça, origem'] nem a poder de sabão
quem faz a barba a um cão perde o tempo e o sabão
quem perfuma o porco perde cheiro e juízo
quem quiser branquear um preto perde o seu sabão

a crow is never the whiter for washing herself often
black will take no other hue
do what you will, you can never change him
he that washes an ass' head loses both his soap and his labour
it is no use flogging a dead horse
the bath of the blackamoor has sworn not to whiten
there is no washing a blackamoor white
there is no washing a Moor
there is no washing an Ethiop white

Var. antitética em F. Rabelais:

Je vy après grand nombre de ses officiers susdits, lesquels blanchissoient les Éthiopiens en peu d'heure, du fond d'un panier leur frottant seulement le ventre. (...)
Autres LAVOIENT LES TÊTES DES ASNES, ET N'Y PERDOIENT LA LAIXIVE. (*Le cinquième livre*, in *OC*, p. 842)

Vi, mais tarde, um grande contingente dos citados oficiais que rapidamente embranqueciam os etíopes ao friccionar-lhes a barriga com um fundo de cesto. (...)
Outros ENSABOAVAM AS CABEÇAS DOS ASNOS E NÃO PERDIAM O SABÃO.

♦ Do latim *qui lavat asinum perdit aquam et saponem* (quem dá banho em asno desperdiça água e sabão). Diz-se em espanhol: *quien predica en desierto, pierde el sermón, y quien lava la cabeza al asno, pierde el jabón*.

⇒ Savonnez un ÂNE noir, vous ne le rendrez jamais blanc

2 À qui la TÊTE fait mal souffre partout le corps
(sXIII: *cui li chies deut est tuit li membre*)

'la tête commande le corps'

a quem dói a cabeça, dói todo o corpo
a quem dói o dente, dói a dentuça
dói a cabeça, doem-se os membros todos (Aquilino Ribeiro)

the grief of the head is the grief of the griefs
when the head aches, all the body is the worse

♦ Do latim *si caput dolet, omnia membra languent* (se dói a cabeça, doem todos os membros). Lê-se em Cervantes (*D. Quijote*, II, iii): *del dolor de la cabeza han de participar los miembros*. Provérbio semelhante em italiano: *quando la testa duole, tutte le membra languono*.

⇒ Tout le reste est peu sain quand la TÊTE est malsaine

3 À se cogner la TÊTE contre les murs, il ne vient que des bosses (1897)

'il est des entreprises résolument désespérées'

quem dá murro em ponta de faca acaba por se ferir

he that blows in the dust fills his eyes with it
it is ill running your head against a stone wall

⇒ Celui qui regimbe contre l'AIGUILLON deux fois se pique

4 Autant de TÊTES, autant d'avis (1842)

'la variété infinie des avis fait que les sondages d'opinion sont nécessairement menteurs, et les consensus purement fictifs; tant de gens, tant de guises'

cada cabeça, cada sentença
cada cabeça, sua sentença
quantas cabeças, quantas carapuças
quantos homens, tantas opiniões
tantas cabeças, quantas sentenças

every man to his (own) taste
so many heads, so many wits
(so) many men, (so) many minds
(so) many men, (so) many opinions

♦ Do latim *quot homines, tot sententiae* (Terêncio, *Phormio*, 454; Cícero, *De finibus*, 1, 15). Há correspondentes em italiano: *tante teste, tanti cervelli*, em espanhol: *cuantos hombres, tantos pareceres* e em alemão: *so viele Köpfe, so viel Sinne.*

⇒ Autant de GENS, autant de sens

5 En petite TÊTE gît bon/grand sens (sXIV/sXVI)

'l'intelligence est inversement proportionnelle à la taille de la tête'

nem sempre testa grande é sinal de inteligência

little head and great sense

6 Grosse TÊTE, peu de sens

'l'intelligence est inversement proportionnelle à la taille de la tête; la craniométrie n'a pas confirmé ce préjugé populaire'

cavalo grande, besta de pau
quem não tem cabeça é mais cabeçudo

great head and little sense
mickle ['big'] head, little wit

♦ "C'est une opinion fort ancienne et fort répandue que la nature développe le corps outre mesure aux dépens de l'esprit, et que ce qu'elle ajoute au premier elle le retranche au second." (M. Quitard)

♦ Diz-se em italiano: *testa grossa, cervello piccolo.*

⇒ Quand la MAISON est trop haute, il n'y a rien au grenier

7 Mieux vaut être TÊTE de chien que queue de lion

'le premier rang chez les humbles est préférable au dernier chez les grands'

mais vale ser cabeça de burro que rabo de leão
melhor é dente podre que cova na boca (aprox.)
preferível ser sapão de pocinho a ser sapinho de poção

better be the head of a dog than the tail of a lion
better be the head of a fox than the tail of a lion
better be the head of a lizard than the tail of a lion
better be the head of a mouse than the tail of a lion
better be the head of a pike than the tail of a sturgeon
better be the head of an ass than the tail of a horse

♦ Há correspondentes em italiano: *meglio essere capo di gatto che coda di leone* (ou ainda: *meglio testa di gamberetto che coda di pescecane*) e em espanhol: *más vale ser cabeza de ratón que cola de león.*

8 Mieux vaut être TÊTE de souris que queue de lion (Québec)

= Mieux vaut être TÊTE de chien que queue de lion

⇒ Mieux vaut être le PREMIER au village que le second à la ville

9 Quand on n'a pas de TÊTE, il faut avoir des jambes (sXIX)

'les insuffisances intellectuelles doivent être compensées par de grandes capacités dans d'autres domaines'

cabeça que não tem juízo, quem paga é o corpo
quando a cabeça erra, o corpo é que paga
quando a cabeça não pensa, o corpo padece
quando a cabeça não regula, o corpo é que paga
quando a cabeça não regula, o corpo padece
quem não tem cabeça tem pernas

a forgetful head makes a weary pair of heels
little wit in the head makes much work for the feet
little wit in the head makes much work for the heel

♦ Há correspondentes em italiano: *chi non ha testa abbia gambe* e em espanhol: *el que no tenga cabeza, que tenga pies.*

⇒ Quand on n'a pas d'IDÉES, il faut avoir des jambes

10 Qui a bonne TÊTE ne manque pas de chapeau (1842)

'l'avisé n'est jamais à court d'expédients'

a quem sabe não faltam meios

where there's a wit, there's a way

11 Qui a TÊTE de cire ne doit pas s'approcher du feu

'qui a conscience de ses faiblesses ne doit pas les exposer'

não sejas forneira se tens cabeça de manteiga
quem tem cabeça de cera não a põe ao sol
quem tem rabo de palha não chega perto do fogo
quem tem rabo de palha não toca fogo no dos outros
quem tem telhado de vidro não joga pedra no do vizinho
quem tem telhado(s) de vidro não atira pedra(s) ao(s) do vizinho

be not a baker, if your head be of butter
he that has a head of glass, must not throw stones at another
he that has a head of wax, must not walk in the sun
he that has a house of glass, must not throw stones at another
those who live in glass houses should not throw stones

♦ O provérbio tem equivalente em italiano: *chi ha il capo di cera, non vada al sole.*

⇒ Ne sois pas BOULANGER si ta tête est en beurre

12 Qui n'a point de TÊTE n'a que faire de chaperon (1611)

'sans le nécessaire, le superflu est vain'

quem em casa deixa a cabeça na praça perde o turbante
quem não tem cabeça não carrega chapéu
quem não tem cabeça não há mister carapuça

he that has no head, needs no hat

13 TÊTE de fou ne blanchit pas (1835)

'la fantaisie conserve à l'esprit sa jeunesse'

maluco não fica velho
quem rala morre cedo

T

quem se cansa morre cedo

a fool's head never whitens

♦ Aforismo espirituoso de G. Clémenceau: "Quand on est jeune, c'est pour la vie." (Quem é jovem fica jovem até morrer.)

14 Tout le reste est peu sain quand la TÊTE est malsaine (1579)

= À qui la TÊTE fait mal souffre partout le corps

15 Une TÊTE oisive est l'atelier du diable

'on est enclin à faire le mal quand on n'a rien à faire'

a mente ociosa é o jardim do diabo
cabeça de vadio, hospedaria do diabo
cabeça de vadio, hospedeira do diabo
corpo vadio quer folia
um cérebro ocioso é a oficina do diabo

an idle brain is the devil's cushion
an idle brain is the devil's shop
he that is busy, is tempted by but one devil; he that is idle, by a legion
idle hands are the devil's workshop
if the devil find a man idle, he'll set him to work
the devil finds work for idle hands to do

♦ Há correspondentes em italiano: *un uomo ozioso è il capezzale del diavolo* e em espanhol: *un hombre ocioso es la oreja del diablo*.

⇒ L'OISIVETÉ est (la) mère de tous les vices

THYRSE *s.m.* tirso; *thyrsus*

Nombreuses sont les porteuses de THYRSE, et rares les bacchantes

'c'est une des innombrables formulations de la mise en garde contre les apparences, qui sont aisément trompeuses; il ne suffit pas de porter un bâton de thyrse, c'est-à-dire entouré de feuilles de lierre ou de vigne, et surmonté d'une pomme de pin, pour être habilité à servir Bacchus'

muitos trazem tirsos e poucos são Bacos

many are the thyrsus-bearers, but the bacchants are few

♦ Cf. Platão (*Fédon*, 69c): Πολλοὶ μὲν ναρθηκοφόροι, βάκχοι δέ τε παῦροι (numerosos são os portadores de tirso, mas poucos os bacantes). Cf. também Varrão (*De re rustica*, 2, 1, 3): *Non omnes qui habent citharam sunt citharoedi* (nem todos os que têm cítara são citaredos) e o latim medieval *nec coquus in cultro, nec virgo crine probatur, nec omnis venator est qui cornua sufflat* (não se conhece o cozinheiro pela faca, nem a virgem pelas madeixas, nem são caçadores todos os que sopram a trompa).

⇒ On ne connaît pas le VIN au cercle

TISON *s.m.* tição; *brand*

Toujours fume le mauvais TISON

'on ne peut rien contre un mauvais naturel'

pela fumaça se conhece o pau do tição
pelo cheiro do tição sabe-se a madeira que queimou

reek ['smoke'] *aye* ['always'] *down again however high it flees*

TOILE *s.f.* tela, tecido; *cloth, canvas*

À TOILE ourdie Dieu envoie le fil

'la Providence vient en aide à ceux qui ont le courage d'entreprendre'

a tela urdida dá Deus o fio

get thy spindle and thy distaff ready, and God will send thee flax

TOMBEAU *s.m.* túmulo; *grave, tomb*

Coucher de poule et lever de corbeau écartent l'homme du TOMBEAU

règle de santé

deitar cedo e cedo erguer dá saúde e faz crescer
deitar cedo e levantar cedo dá saúde, contentamento e dinheiro

early to bed and early to rise, makes a man healthy, wealthy, and wise
go to bed with the lamb, and rise with the lark

⇒ LEVER à six, manger à dix, souper à six, coucher à dix, font vivre l'homme dix fois dix

TOMBER *v.* cair; *to fall*

Souvent TOMBE qui trop galope (rég., Auvergne)

'à vouloir trop entreprendre l'on risque l'échec'

quem anda muito depressa passa por cima do que precisa
quem em caminho leva pressa em caminho chão tropeça

haste trips up its own heels
he that runs fast will not run long

⇒ Qui trop s'aventure perd CHEVAL et mule

TON *s.m.* tom; *tune*

C'est le TON qui fait la chanson/musique (1842)

'la manière de dire est plus décisive que ce qu'on dit'

com grito não se afina rabeca
o que vale é a intenção (aprox.)

great strokes make not sweet music

⇒ La bonne VOLONTÉ est réputée pour le fait

TONNEAU *s.m.* tonel, barril; *barrel*

Les TONNEAUX vides sont ceux qui font le plus de bruit (1821)

'les ignorants sont forts en gueule'

a caixa menos cheia é a que mais chocalha
caixa vazia é a que mais chocalha
cântaro vazio soa muito
panelas vazias são as mais barulhentas

empty barrels make the most sound
empty vessels make the greatest sound
empty vessels make the most noise
empty vessels make the most sound
shallow streams make the most din
the empty vessel makes the greatest sound (Shakespeare)
toom ['empty'] *bags rattle*

♦ Do latim medieval *vasa inania multum strepunt* (os vasos vazios ressoam muito). Há correspondentes em italiano: *sono le botti vuote quelle che cantano* e em espanhol: *el tonel vacío mete más ruido*.

⇒ Un VAISSEAU vide sonne plus haut que le plein

TONNELET *s.m.* barril; *barrel*

Dans le petit TONNELET se trouve le bon vin (Monaco)

= Dans les petits POTS, les bons onguents

⇒ Dans les petites BOÎTES, sont/(on met) les bons onguents

TONNER *v.imp.* trovejar; *to thunder*

1 Quand il A TONNÉ et encore TONNÉ, la pluie approche et montre la corne

dicton météorologique

trovão longe, chuva perto

sound travelling far and wide, a stormy day will betide

2 Tant TONNE qu'il pleut

'après les menaces viennent les coups'

ronca o trovão, chuva no chão

after great thunderings, we should have rain
after thunder comes rain

♦ Conta-se que Xantipa, mulher de Sócrates, depois de muito ameaçar o marido, perdeu a paciência e pela janela despejou-lhe um penico na cabeça. O filósofo disse sorrindo: "Agora entendo por que depois da trovoada sempre vem chuva".

≠ IL NE PLEUT PAS COMME IL TONNE

TONNERRE *s.m.* trovão; *thunder*

1 Après gros TONNERRE, force eau sur la terre

dicton météorologique

ares sarrabulhentos dão chuva ou ventos
trovoadas nos montes levam moinhos e pontes

after thunder comes rain

⇒ Tant TONNE qu'il pleut

2 Contre TONNERRE ne pète (1576)

= La RAISON du plus fort est toujours la meilleure

⇒ Au milieu des ARMES, les lois sont silencieuses

3 Le TONNERRE au matin, de grand vent signe certain

dicton météorologique

trovão de manhã é sinal de muito vento

when it thunders in the morning, it brings wind

4 Toutes les fois qu'il tonne, le TONNERRE ne tombe pas (1835)

'toute menace n'est pas suivie d'effet'

água de trovão cala até o chão
água de trovão em parte dá, em parte não
chuva que troveja não cai
fumaça não assa carne (aprox.)
muito trovão é sinal de pouca chuva

barking dogs don't bite
barking dogs seldom bite
dogs that bark at a distance bite not at hand
dogs that bark at a distance never bite

⇒ Toujours ne sont DIABLES à l'huis

TORCHON *s.m.* esfregão, pano de limpeza; *cloth, dish towel*

1 Il ne faut pas mélanger/mêler les TORCHONS et/avec les serviettes (sXIX)

'il faut séparer, traiter différemment les gens selon leur condition sociale, les choses selon leur valeur'

cada qual folgue com seu igual
lé com lé, cré com cré (e cada qual com os da sua ralé)
não se deve(m) misturar alhos com bugalhos

like blood, like good, and like age, make the happiest marriage
like with like
marry (with) your equal
marry (with) your like
marry (with) your match

Comme quoi IL NE FAUT PAS MÉLANGER LES TORCHONS ET LES SERVIETTES! (San-Antonio, *EVM*, p. 232)

Assim sendo, NÃO SE DEVE MISTURAR ALHOS COM BUGALHOS!

T

♦ "L'expression renvoie à un ordre hiérarchique de nature sociale, le torchon étant le symbole des domestiques tandis que la serviette évoque l'usage bourgeois ou mondain." (C. Bernet & P. Rézeau)

⇒ Il faut séparer le bon GRAIN de l'ivraie

2 Un TORCHON trouve toujours sa guenille (Québec)

= Il n'y a si méchante/vieille MARMITE qui ne trouve son couvercle

♦ "On remarquera le jeu de mots grivois sur 'guenille'." (A. Pierron)

TÔT *adv.* cedo; *early*

Le plus TÔT c'est/sera le mieux

'tout ajournement est dommageable'

quanto antes, melhor
quanto mais cedo, melhor

the sooner the better

"(...) Pensons à vous. Oui, nous partirons, LE PLUS TÔT SERA LE MIEUX. Arrangez tout: je vous suivrai. C'est beau de laisser là Paris et le monde. Je vais faire mes préparatifs de manière que l'on ne puisse rien soupçonner." (H. de Balzac, *CA*, p. 331-332)

– (...) Pensemos em você. Sim, partiremos. QUANTO MAIS CEDO, MELHOR. Prepare tudo. Eu o seguirei! É belo deixar Paris e o mundo. Vou fazer meus preparativos de maneira que ninguém suspeite de nada. (Trad. de Lia Corrêa Dutra)

Tenez, croyez-moi, il faut partir, et LE PLUS TÔT, C'EST LE MIEUX. Vous êtes devenu ici trois fois plus savant qu'il ne convient à un gentilhomme de bonne maison. (P. Mérimée, *Les Âmes du purgatoire*, in *AP*, p. 251)

Olha, acredita-me, é preciso ir embora daqui, e QUANTO MAIS CEDO MELHOR. Já te tornaste três vezes mais sábio do que convém a um gentil-homem de boa estirpe. (Trad. de Mário Quintana)

⇒ Il ne faut pas renvoyer à DEMAIN ce qu'on peut faire aujourd'hui

TOUR *s.m.* vez; *turn*

(À) chacun son TOUR

'invitation à la patience: les pulsions égoïstes doivent se plier aux contraintes d'un ordre, d'une hiérarchie, des préséances'

cada um por seu turno
hoje é o meu dia, amanhã será o teu
hoje meu, amanhã teu
hoje por mim, amanhã por ti

*every man will have his own turn served
today me, tomorrow thee*

Comme il s'attarde maintenant sur la partie droite des bancs où vous n'êtes pas, vous éprouvez sur le coup un vif soulagement, plein de compassion pour le pauvre élu de l'autre côté de l'allée centrale, mais après tout autant que ce soit lui que vous. À CHACUN SON TOUR. (J. Rouaud, *M*, p. 56)

Como o professor agora se detém na fila das carteiras à direita, onde você não está, a sua sensação é logo de alívio, com muita pena do coitado escolhido lá no outro lado da sala, mas, afinal, antes ele que você. CADA UM TEM SEU DIA.

⇒ AUJOURD'HUI à moi, demain à toi

TOUSSAINT *s.f.* dia de Todos os Santos; *All Saint's day*

À la TOUSSAINT, les blés semés et tous les fruits rentrés (rég., Auvergne)

dicton agricole

por Todos os Santos semeia trigo, colhe cardos

on the first of November, if the weather holds clear, an end of wheat-sowing do make for this year

TOUT *pron.ind.* tudo, todo; *everything, all*

1 Le TOUT ne vaut pas la moitié (1792)

= La MOITIÉ est plus que l'entier

De la société ceci nous peint l'image: / Je ne connais de biens que ceux que l'on partage. / Cœurs dignes de sentir le prix de l'amitié, / Retenez cet ancien adage: / *LE TOUT NE VAUT PAS LA MOITIÉ.* (Florian, *F*, I, xxi, p. 23)

Da sociedade isto nos dá uma idéia: / Só considero bens aqueles que se compartilham. / Corações dignos de sentir o valor da amizade, / Decorai este velho adágio: / *MAIS DO QUE O TODO É A METADE.*

2 On ne peut complaire à TOUS (1495)

= On ne peut pas contenter tout le monde et son PÈRE

⇒ On ne peut pas ménager la CHÈVRE et le chou

3 On ne peut pas TOUT avoir

'souvent il faut choisir'

não se pode ter tudo

you cannot have it both ways

⇒ On ne peut avoir la BÛCHETTE et le cul chauffé

4 On ne saurait penser à TOUT

= Il faut laisser quelque chose au HASARD

♦ Título e assunto de uma peça de Alfred de Musset.

5 TOUT est bien qui finit bien

'un heureux dénouement assure la rédemption de la totalité, la fin fait tout'

é bem o que acaba bem
no fim dá tudo certo
tudo é bom quando acaba bem
tudo é sorte quando não é morte
tudo está bem quando termina bem

all is well that ends well
if the end be well, all will be well

– Ah! fit Madame d'Esparvieu, s'il fallait croire tout ce que disent les journaux!...
– Enfin, chère madame, vous avez retrouvé vos trésors. TOUT EST BIEN QUI FINIT BIEN. (A. France, *RA*, p. 73)

– Ah! – disse a Sra. d'Esparvieu – se formos acreditar em tudo o que dizem os jornais!...
– Afinal, minha cara, a senhora conseguiu recuperar seus objetos preciosos. TUDO É BOM QUANDO ACABA BEM.

Thérèse vit se tendre vers elle la main de l'avocat, ses durs ongles noirs: "TOUT EST BIEN QUI FINIT BIEN", dit-il; et c'était du fond du cœur; (...). (F. Mauriac, *TD*, p. 16-17)

Teresa viu se estender para ela a mão do advogado, de duras unhas pretas. AINDA BEM QUE TUDO ACABOU BEM, disse ele; e era do fundo d'alma; (...). (Trad. de Carlos Drummond de Andrade)

♦ Do latim medieval *si finis bonum est, totum bonum est* (se o fim é bom, tudo é bom).

∴ Ver outra abonação em QUI CHERCHE TROUVE.

⇒ C'est la FIN qui couronne l'œuvre

TRAHIR *v.t.* trair; *to betray*

On n'EST jamais TRAHI que par les siens

'il n'est de trahison que de ses proches; c'est pourquoi elle est aussi odieuse'

não há traição como a dos amigos

in trust is treason
nothing worse than a familiar ['of one's own house'] *enemy*
when you go to dance, take heed whom you take by the hand

TRAHISON *s.f.* traição; *treason*

1 On aime la TRAHISON, mais le traître est odieux

= TRAHISON plaît, traître déplaît

2 TRAHISON plaît, traître déplaît

'quand même sa trahison est jugée utile, le traître ne trouve jamais indulgence'

ainda que a traição agrade, o traidor sempre aborrece
ama el-rei a traição e o traidor não
ama-se a traição, aborrece-se o traidor
paga-se o rei da traição, mas do traidor não
prega-se a traição e detesta-se o traidor

a king loves the treason but hates the traitor
a prince loves the treason but hates the traitor
the treason is loved, but the traitor is hated

♦ Da máxima grega φιλεῖν μὲν προδοσίαν, προδότην δὲ μισεῖν (amar a traição mas odiar o traidor), citada por Plutarco (*Rômulo*, 17, 7). Em latim medieval: *amo proditionem, odi proditorem* (amo a traição, mas odeio o traidor). Há correspondentes em italiano: *tradimento piace assai, traditor non piacque mai* e em espanhol: *aunque la traición place al traidor se aborrece* (Cervantes, *D. Quijote*, I, xxxix).

TRAPPE *s.f.* armadilha; *trap*

Qui fait la TRAPPE qu'il n'y choit (1597: *qui fait la trappe qu'il n'y cheie*)

'prenons garde à ne pas être victime de nos propres pièges'

quem arma a esparrela às vezes cai nela
quem laço me armou nele caiu
quem para os outros abre buraco nele cai

let him not be taken in his own net

♦ Diz-se em espanhol: *quien lazo me armó, en el cayó.*

⇒ Tel donne les VERGES dont il sera battu

TRAVAIL *s.m.* trabalho; *work*

1 (À) tel TRAVAIL, tel salaire

'tout travail mérite une rémunération proportionnelle'

a tal trabalho, tal salário
o trabalho regula a paga
tal trabalhito, tal tratito

a lean fee is a fit reward for a lazy clerk
as the work, so the pay
good hand, good hire

♦ Há equivalentes em italiano: *secondo la paga, il lavoro* e em espanhol: *cual el trabajo, tal la paga.*

⇒ Tout TRAVAIL mérite salaire

2 Sans un peu de TRAVAIL on n'a point de plaisir (1792)

'tout plaisir se mérite'

o trabalho é a fonte de todas as alegrias
o trabalho nos alegra o corpo e a vida

no sweet without sweat

"Votre mère eut raison, ma mie / Les noix ont fort bon

T

goût, mais il faut les ouvrir; / Souvenez-vous que, dans la vie, / SANS UN PEU DE TRAVAIL ON N'A POINT DE PLAISIR." (Florian, *F*, IV, xii, p. 87-88)

"Sua mãe estava certa, minha amiga, / As nozes são muito gostosas, mas é preciso quebrá-las; / Lembre-se que, na vida, O TRABALHO É A FONTE DE TODAS AS ALEGRIAS."

◆ Cf. Voltaire (*Discours sur l'homme*, IV, 115): "Le travail est souvent le père du plaisir." (O trabalho é muitas vezes o pai do prazer.)

3 Tout TRAVAIL mérite salaire

= Toute PEINE mérite salaire

⇒ À toute PEINE est dû salaire

4 TRAVAIL bien reparti ne tue pas

= À plusieurs MAINS l'ouvrage avance

⇒ Quand les BŒUFS vont à deux, le labourage en va mieux

5 Un TRAVAIL bien commencé est à demi achevé

'le bon début d'une entreprise est garant du succès final'

bem começado é meio acabado
bem começado é meio feito
bom começo já é metade
coisa bem começada é meio acabada
metade da obra tem feito quem começa bem e com jeito
quem começa com decisão tem meio caminho andado
tarefa bem começada é meio acabada
trabalho bem começado é meio caminho andado
trabalho bem começado, meio acabado
um bom começo já é meio caminho andado

a beard well lathered is half shaved
well begun is half done

◆ Diz-se em italiano: *chi ben comincia è a metà dell'opera*.

⇒ BARBE bien étuvée ou bien savonnée est à demi rasée

6 Un TRAVAIL opiniâtre vient à bout de tout

'avec temps et patience, tout s'obtient enfin'

com trabalho e perseverança tudo se alcança
com trabalho tudo se alcança

he that labours and thrives spins gold
labour overcomes all things

◆ Cf. Virgílio (*Georgica*, 1, 145-146): *Labor omnia vicit / improbus* (o trabalho incansável a tudo venceu).

⇒ Celui qui commence et ne parfait sa PEINE perd

TRAVAILLER *v.* trabalhar; *to work*

1 Il faut TRAVAILLER, qui veut manger

= Qui ne TRAVAILLE ne mange pas

2 Qui ne TRAVAILLE ne mange pas (sXVI: *qui ne travaille pas ne manigera pas*)

'qui fuit le travail fuit le profit'

na casa do bom homem quem não trabalha não come
não há casa farta onde a roca não anda
nesta vida caduca quem não trabalha não manduca
quem come de graça é impingem
quem não trabalha não come
quem não trabalha não ganha
quem não trabalha não mantém casa farta
quem não trabuca não manduca
quem procura trabalho tem comida no borralho
quem quiser comer depene
quem tem preguiça nas pernas ganha ferrugem nos dentes
quem trabalha ganha alfaia

he that will not work, shall not eat
if you won't work you shan't eat
no bees, no honey; no work, no money
no mill, no meal

Cette apostrophe est bien évidemment à mettre en relation avec l'article de foi qui est le sien, et selon lequel: "QUI NE TRAVAILLE PAS NE MANGE PAS". (Santo Cappon, *MAS*, p. 55)

Observação que está muito relacionada com seu lema preferido: "QUEM NÃO TRABALHA NÃO COME".

◆ Do latim medieval *qui non laborat non manducet*. Há equivalentes em italiano: *chi non lavora, non mangia* e em espanhol: *el que no trabaja, no come* (ou ainda: *en esta vida caduca, el que no trabaja no manduca*).

⇒ CHIEN qui chemine ne meurt pas de famine

3 Qui TRAVAILLE, prie

'qui travaille œuvre à l'exaucement de ses prières; travail et prière sont tendus vers le même résultat'

a quem trabalha Deus ajuda
a quem trate com Deus nada falta
Deus ajuda a quem trabalha(, que é o capital que menos falha)
trabalha que Deus te ajudará
trabalhemos e roguemos, que Deus fará com que alcancemos

God provides for him that trusts
they that work not, cannot pray

◆ Cf. o latim *laborare est orare*, "velha máxima dos beneditinos atribuída a Santo Agostinho", como refere Paulo Rónai (*NPSL*).

∴ Ver abonação em QUI PAIE SES DETTES S'ENRICHIT.

4 TRAVAILLEZ, chacun en sa vocation (1534)

'travailler n'est pas tout: encore faut-il être compétent et aimer son travail'

cada qual trabalhe em seu ofício
cada um toca o que sabe

every man should labour in his vocation

"Allez vous en, pauvres gens, au nom de Dieu le crea-teur, lequel vous soit en guide perpetuelle, et dorena-vant ne soyez faciles à ces otieux et inutilles voyages. Entretenez voz familles, TRAVAILLEZ, CHASCUN EN SA VOCATION, instruez voz enfans, et vivez comme vous enseigne le bon apostre sainct Paoul. (F. Rabelais, *G*, p. 186)

– Pobres homens, vão-se embora, em nome de Deus Criador, que sempre os acompanhe! E, doravante, não abusem dessas ociosas e inúteis viagens. Cuidem de suas famílias, TRABALHEM, CADA QUAL EM SUA PROFISSÃO, eduquem seus filhos e vivam como lhes ensina o bom apóstolo São Paulo. (Trad. de Aristides Lobo)

TRÉSOR   *s.m.* tesouro; *treasure*

Il n'est TRÉSOR que de santé

'la santé est le capital le plus précieux'

a saúde é o maior tesouro
a saúde não tem preço
mais vale saúde boa que pesada bolsa

health is a (great) treasure
health is a jewel

⇒ C'est une belle BARONNIE que la santé

TRIOMPHE   *s.m.* triunfo, vitória; *triumph, victory*

Il ne faut pas chanter TRIOMPHE avant la victoire

'il ne faut jamais anticiper sur un dénouement'

atravessa o rio antes de injuriar o crocodilo
não atires foguetes antes da festa
não cantes vitória antes do tempo
não se deve festejar o santo antes do seu dia
não soltes foguetes antes do tempo

do not triumph before the victory

♦ Do latim *ante victoriam ne canas triumphum* (não can-tes vitória antes de alcançá-la). Há equivalentes em italiano: *non convien cantare trionfo prima della vittoria* e em alemão: *singe nicht Viktoria, bevor der Sieg erfochten ist.*

⇒ À la fin se chante le GLORIA

TRIPE   *s.f.* tripa; *tripe*

Nul ne peut donner des TRIPES sinon celui qui tue son pourceau (sXVI)

'un don n'a de valeur que si l'on s'y investit personnel-lement'

quem não tem leitoa não pode vender leitão

he who does not kill hogs, will not get black puddings

⇒ Il faut perdre un VAIRON pour pêcher un saumon

TRIPIÈRE   *s.f.* tripeira; *tripe butcher*

Jamais/Oncques* TRIPIÈRE n'aima harengère (1568)

* *Oncques* = 'jamais'.

'voisinage suscite envie et concurrence; c'est la guerre de proximité, au sens où l'on parle de commerce de pro-ximité'

aranha, quem te arranha? outra aranha (como eu)
arranhado, quem te arranhou? outro arranhador como
   eu
o homem do teu ofício teu inimigo é
oficial do mesmo ofício meu inimigo é
oficial do teu ofício teu inimigo é
quem diz mal de ti é o homem do teu ofício
quem é teu inimigo? o oficial do teu ofício
sempre será teu inimigo o oficial do teu ofício

the herringman hates the fisherman
two of a trade never agree

≠ UN BARBIER RASE L'AUTRE

⇒ Le POTIER au POTIER porte envie

TRISTESSE   *s.f.* tristeza; *sadness*

De TRISTESSE et ennui nul fruit (sXVI)

'le spleen improductif ne fait que "se cogner la tête à des plafonds pourris" (Baudelaire, *Spleen*)'

lágrimas não pagam dívidas
rir é o melhor remédio
tristezas não pagam dívidas

laugh and grow fat
laughter is the best medicine
sorrow will pay no debt

TROIS   *s.m.* três; *three*

1 **Quand (il) y en a pour TROIS, (il) y en a pour quatre** (1807: *quand on a pour trois, on a toujours pour quatre*)

= Quand y en a pour DEUX, y en a pour trois

♦ Diz-se em espanhol: *en la mesa de San Francisco, donde comen cuatro, comen cinco.*

2 **Toutes les bonnes choses sont au nombre de TROIS**

'vertu magique du nombre de la Sainte Trinité'

três foi a conta que Deus fez

T

all things thrive at thrice
the third time's luck

◆ Do latim medieval *omne trinum est perfectum* (toda tríade é perfeita).

TROMPEUR *s.m.* enganador; *cheat, deceiver*

À TROMPEUR, TROMPEUR et demi (1585)

= À MALIN, MALIN et demi

⇒ À VILAIN, VILAIN et demi

TROP *adv. s.* demais, demasiado; *too much*

1 Entre TROP et TROP peu est la juste mesure

'μηδὲν ἄγαν (*ne quid nimis*): par excès comme par défaut, le trop est nuisible, la démesure est toujours préjudiciable'

bastante equivale a uma festa
nem muito ao mar nem muito à terra
nem oito nem oitenta
nem tanto à terra nem tanto ao mar
nem tanto ao mar nem tanto à terra
nem tanto nem tão pouco
no meio é que está a virtude
o necessário deleita, o desnecessário atormenta (e não se agüenta)
só o necessário deleita, o sobejo atormenta
tanto se perde por carta de mais como por carta de menos

enough is as good as a feast
good enough is never ought
more than enough is too much
neither too much, nor too little
too much spoils, too little does not satisfy

2 Il y a deux sortes de TROP: le TROP et le TROP peu (sXIII: *nul trop n'est bon, nul peu n'est assez*)

= Entre TROP et TROP peu est la juste mesure

⇒ La VERTU gît au milieu

3 Mieux vaut TROP que TROP peu (sXIII: *en nul trop n'a reson, n'en poi* ['petite quantité'] *se petit non*)

'l'excès est préférable à l'insuffisance'

antes sobejar que faltar
antes sobrar do que faltar

better leave than lack

4 TROP tranchant ne coupe pas, TROP pointu ne perce pas

'l'excès s'inverse en son contraire'

o que é demais aborrece
o que é demais é conta errada
o que é demais é moléstia

o que é demais não presta
(tudo) o que é demais enjoa

abundance, like want, ruins many
too much of a good thing is good for nothing
too much of one thing is not good
too much of ought is good for nought

⇒ Les EXTRÊMES se touchent

TROU *s.m.* buraco; *hole*

1 À petit TROU, petite cheville

'il faut, en tout, une proportion; c'est le secret des couples harmonieux'

para tais beiços, tais alfaces
para tal patrão, tal criado
para um cão uma pedra, para uma pedra um ferro, para um homem uma mulher

like with like

2 Il ne faut pas creuser un TROU pour en boucher un autre

= Il ne faut pas découvrir SAINT-Paul pour couvrir SAINT-Pierre

3 Il vaut mieux avoir TROU ou reprise aux cotillons que pli au ventre (rég., Auvergne)

= Mieux vaut belle PANSE que belle manche

4 Qui ne rapièce pas un petit TROU en rapiècera des grands (rég., Auvergne)

'mieux vaut résoudre une difficulté avant qu'elle ne s'aggrave'

melhor é curar goteira que casa inteira

he that repairs not a part, builds all
who repairs not his gutter, repairs his whole house

⇒ Il faut étouffer le MONSTRE au berceau

5 Si on savait les TROUS, on prendrait les loups

= Si on savait où le LOUP passe, on irait l'attendre au trou

TROUPEAU *s.m.* rebanho; *herd, flock*

C'est un fâcheux TROUPEAU à garder, que de sottes filles à marier

'"sotte" ou pas, nombreuses ou unique, fille nubile requiert vigilance extrême'

a peixe fresco gasta-o cedo e à tua filha crescida dá-lhe marido
ao peixe fresco, gasta-o cedo e, havendo tua filha crescido, dá-lhe marido
menina e vinha muito custam a guardar
triste sina é guardar donzelas e moças por casar

daughters and dead fish are no keeping wares
marry your daughter and eat fresh fish (betimes ['early'])

⇒ Les FILLES et les pommes est une même chose

TRUAND *s.m.* mendigo, vadio; *beggar, crook*

Deux TRUANDS ne s'entraimeront* ja** à un huis*** (sXV)

* *Entraimeront* = 'accorderont'.
** *Ja* = 'jamais'.
*** *Huis* = 'porte'.

'l'un des principes de la méchanceté, c'est l'égoïsme; il ne faut donc pas attendre d'un méchant qu'il consente à partager quelque bonne affaire que ce soit'

dois pobres à mesma porta, um deles fica sem esmola
dois pobres a uma porta não fazem negócio

one beggar is enough at a door

♦ "Le mot [truand] désigne au moyen âge un mendiant professionnel, sens jugé vieux et bas à l'époque classique mais remis en usage par les romantiques (Hugo, Gautier). Son emploi adjectif en ancien français pour qualifier une personne misérable, méprisable (v. 1190) a disparu au XVIe s.; appliqué à ce qui est propre aux mendiants (1379), il semble peu utilisé bien que Hugo l'ait remis à l'honneur au XIXe siècle." (A. Rey). Diz-se em espanhol: *no están bien dos pobres a una puerta.*

⇒ Deux CHIENS à un os ne s'accordent

TRUIE *s.f.* porca; *sow*

1 Mieux aime TRUIE bran que rose (sXIII)

'il est vain de donner des roses à un cochon, puisque le bran fait ses délices'

cada um sonha como vive
nunca sonha o porco senão com a pia
porco que tem fome sonha com bolota

a thistle is a fat salad for an ass's mouth
a turd is as good for a sow as pancake
draff ['hogwash'] is good enough for swine

⇒ Un ÂNE n'entend rien en musique

2 Une TRUIE songe toujours bran (1640)

= Mieux aime TRUIE bran que rose

♦ Diz-se em italiano: *il porco sogna ghiande.*

TRUITE *s.f.* (*Salmo trutta*) truta; *trout*

1 Faute de TRUITES, on mange des barbeaux

= À faute de CHAPON, pain et oignon

2 On chatouille la TRUITE pour mieux la prendre (1842)

= On caresse la VACHE pour mieux la traire

TUER *v.t.* matar; *to kill*

1 Il ne faut jamais TUER la poule aux œufs d'or

'on ne doit jamais détruire, par avidité ou impatience, une source de profits importants'

não se deve matar a galinha dos ovos de ouro
nunca mates a galinha que põe ovos de ouro

kill not the goose that lays the golden eggs

– (...) Mais cette femme-là veut de l'argent, et rien que de l'argent. En sortant de chez monsieur, madame la baronne disait en riant: "Si cela continue, cette fille-là me rendra veuve."
– Diable! répondit Asie, IL NE FAUT JAMAIS TUER LA POULE AUX ŒUFS D'OR! (H. de Balzac, *SMC*, p. 185)

– (...) O que ela quer é dinheiro e apenas dinheiro. A senhora baronesa, quando saía do quarto do marido, dizia sorridente: "Se isto continua, a rapariga me põe viúva".
– Diabo! – respondeu Ásia. – NUNCA SE DEVE MATAR A GALINHA DOS OVOS DE OURO! (Trad. de Casimiro Fernandes)

♦ "Allusion aux fables d'Ésope, de Babrius, puis de La Fontaine: une poule qui pondait des œufs d'or est tuée par un avare qui croyait y trouver un trésor. *L'avarice perd tout en voulant tout gagner. / Je ne veux, pour le témoigner, / Que celui dont la poule, à ce que dit la fable, / Pondait tous les jours un œuf d'or.* LA FONTAINE, *la Poule aux œufs d'or.*" (P. Vigerie)

⇒ L'AVARICE perd tout en voulant tout gagner

2 Quand l'un dit TUE! l'autre dit assomme!

se dit de deux personnes qui sont en accord parfait

quando um diz "mata!", o outro diz "esfola!"
se um diz "mata!", o outro diz "esfola!"

they agree like pickpockets in a fair
they agree like the fiddle and the stick

♦ A mesma idéia em S. Schwarz-Bart:

Lorsqu'Amboise me parlait de citrons, je lui répondais en citrons et SI JE DISAIS COUPE, IL AJOUTAIT HACHE. (*PVTM*, p. 211)

Quando Amboise me falava de limões, eu respondia com limões e, SE EU DIZIA MATA, ELE ACRESCENTAVA ESFOLA.

T

u

UN,E *s.m.* um, uma; *one*

1 Quand il y en a pour UN, y en a pour douze

= Quand y en a pour DEUX, y en a pour trois

San-Antonio dá uma conotação erótica ao provérbio:

C'est idiot du reste de voir les hommes faire du rififi parce qu'ils sont plusieurs à servir dans le même corps. QUAND IL Y EN A POUR UN, Y EN A POUR DOUZE! (*SM*, p. 42)

Aliás, é uma idiotice os homens brigarem para servir no mesmo corpo. ONDE ENTRA UM ENTRAM DOZE!

2 Qui n'entend qu'UN, n'entend personne

= Qui n'entend qu'une CLOCHE n'entend qu'un son

3 Tous pour UN, UN pour tous (1844)

'la collectivité au service de l'individu, l'individu au service de la collectivité, telle est la devise de la démocratie idéale'

um por todos e todos por um

all for one, one for all

Les enfants n'avaient qu'à bien se tenir. L'appartement abritant un certain nombre de chats, on ne savait jamais lequel ou lesquels avai(en)t commis le forfait. Alors c'était la raclée, TOUS POUR UN, UN POUR TOUS. (F. Juliard, *ED*, p. 67)

As crianças tinham de se comportar bem. Como no apartamento havia alguns gatos, nunca se sabia qual ou quais tinha(m) cometido o delito. Então a sova era geral, UM POR TODOS E TODOS POR UM.

♦ "Devise des *Trois Mousquetaires* d'Alexandre Dumas, dictée par le quatrième, d'Artagnan, et répétée solennellement par Athos, Porthos et Aramis, la main tendue (ch. IX)." (J. C. Bologne)

⇒ L'UNION fait la force

4 UN(E) de perdu(e), dix de retrouvé(e)s (sXIII: *pour un perdu, deux retrouvés*)

'une perte n'est pas irrémédiable'

atrás de um ônibus vem outro
quando uma porta se fecha, muitas janelas se abrem
um amor com outro se tira (Jorge Ferreira de Vasconcelos)
um cravo com outro se tira
um cravo tira outro, um amor faz esquecer outro
um prego empurra outro
uma onda se vai e outra vem
uma porta se fecha, outra se abre
vai-se um amor e vem outro
vão-se uns, vêm outros

many a heart is caught in the rebound ['after a repulse by another']
one love expels another
one man goes and another steps in
one man goes and another takes his place
one nail drives out another

Ça ne durait pas longtemps, il est vrai, car, comme elle disait: UN DE PERDU, DIX DE RETROUVÉS; mais tout de même elle souffrait bien. "Moi qui comptais sur lui pour payer mon terme!" disait-elle invariablement dans ces moments-là; (...). (P. Léautaud, *PA*, p. 87)

É verdade que não era por muito tempo, pois, como dizia ela, UM AMOR FAZ ESQUECER OUTRO; mas, assim mesmo, ela sofria. "Eu que estava contando com ele para pagar o aluguel!" dizia ela invariavelmente nessas ocasiões; (...).

♦ Diz-se em espanhol: *los novios son como los moncos: vanse unos, vienen otros.*

⇒ Un AMOUR en amène un autre

U

UNION *s.f.* união; *union*

L'UNION fait la force (1749)

'on est plus fort quand on est uni ou quand on pense de la même manière'

a união faz a força
caititu fora da manada cai no papo da onça
da união nasce a força
o povo unido jamais será vencido
unidos resistimos, divididos caímos

a house divided against itself cannot stand
a threefold cord is not quickly broken
kingdoms divided soon fall
the lone sheep is in danger of the wolf
union is strength
united we stand, divided we fall

Puis, peu à peu, une espèce de consolation nous vint et nous réconforta, née au contraire d'un sentiment confus de solidarité.
Tomahawk, qui ne parlait guère, formula ce début de rassérénement par ces mots:
– Ma foi, tant pis, L'UNION FAIT LA FORCE. (G. de Maupassant, *IB*, p. 122)

Depois, pouco a pouco, uma espécie de consolo nos reconfortou, oriundo, pelo contrário, de um confuso sentimento de solidariedade.
Tomahawk, que não falava nunca, expressou esse início de apaziguamento com as seguintes palavras:
– Paciência. A UNIÃO FAZ A FORÇA. (Trad. de Mário Quintana)

♦ Conceito ilustrado por La Fontaine em "Le Vieillard et ses Enfants" (*F*, IV, xviii): "Toute puissance est faible, à moins que d'être unie." (Não há força que não seja fraca se não houver união.) A idéia está em Homero (*Ilíada*, 13, 237): Συμφερτὴ δ' ἀρετὴ πέλει ἀνδρῶν καὶ μάλα λυγρῶν. (Homens de nada, se bem unidos, alguma coisa valem. – Trad. do P.ᵉ M. Alves Correia.)

♦ Há equivalentes em italiano: *l'unione fa la forza*, em espanhol: *la unión hace la fuerza* e em alemão: *Eintracht bringt Macht*. Diz-se jocosamente no Québec: **L'union fait la force, les coups de poing font les bosses.** (A união faz a força, socos fazem galos na cabeça.)

⇒ Tous pour UN, UN pour tous

USAGE *s.m.* uso, costume, hábito; *use, custom*

1 L'USAGE fait la loi

'la coutume prime le droit; c'est le principe qui fonde tout droit coutumier'

a continuação do cachimbo faz a boca torta
duro é deixar o costume
duro é deixar o usado
não valem leis sem costumes; valem costumes sem leis
o costume é uma segunda natureza
o costume faz a lei
o hábito é uma segunda natureza
o longo uso dos anos se converte em natureza (Camões)
o uso do cachimbo faz a boca torta
o uso do cachimbo põe a boca à banda
o uso é rei, porque faz lei
sestro tomado, nunca mudado

custom is (almost) a second nature
custom rules the law
once a use and ever a custom

♦ O provérbio tem correspondentes em italiano: *l'uso fa legge*, em espanhol: *costumbre hace ley* (ou ainda: *la costumbre tiene fuerza de ley*) e em alemão: *Gewohnheit wird Recht*.

⇒ COUTUME vainct droit

2 L'USAGE rend maître (sXIII)

'l'habitude mène à la perfection'

a prática faz o mestre
a prática faz o monge
o uso faz o mestre
usa e serás mestre

use makes mastery
use makes perfect
use makes perfectness

♦ Há provérbios paralelos em italiano: *l'esercizio è un buon maestro* e em espanhol: *el uso hace maestro*.

⇒ Les AFFAIRES font les hommes

V

VACHE *s.f.* vaca; *cow*

1 Il est avis à vieille VACHE qu'elle ne fut jamais veau (1498: *il est avis à vieille vache qu'elle ne fut jamais génisse*)

'on oublie aisément ce qu'on a été'

não se lembra a sogra que foi nora
parece sempre à vaca velha que nunca foi bezerra
vaca velha parece que nunca foi bezerra

the mother-in-law remembers not that she was a daughter-in-law
the old cow thinks she was never a calf
the parish priest forgets that ever he has been parish clerk
the priest forgets that he was clerk

2 Les VACHES qui remuent tant la queue, ce ne sont pas celles qui ont le plus de lait (rég., Auvergne)

'les plus agités ne sont pas les plus efficaces'

galinha que muito canta poucos ovos põe

you cackle often, but never lay an egg

⇒ De grand VENT petite pluie

3 Menez la VACHE au château et elle s'enfuira vers l'étable

'on ne peut aller contre la nature; tous les efforts pour la contrarier ou la redresser sont vains'

pra banda que vira é que a carga cai
todas as voltas da enguia vão dar à água
todos os tombos da enguia são para a água
toma a cabra a silva e a porca a pocilga

bring a cow to the hall and she'll run to the byre ['cow-shed']

⇒ L'ARBRE tombe toujours du côté où il penche

4 On caresse la VACHE pour mieux la traire

'bien des amabilités sont intéressées'

à honra dos santos se beijam as pedras
por amor dos santos se adoram os altares
por amor dos santos se adornam os altares
por causa dos santos se beijam as pedras

many kiss the child for the nurse's sake

⇒ Pour AMOUR du chevalier baise la dame l'écuyer

5 Où la VACHE est attachée, il faut qu'elle broute

= Où la CHÈVRE est attachée/liée, il faut qu'elle broute

6 Quand une VACHE blanche entre dans une étable, une VACHE blanche en sort cent ans après

= Bon SANG ne peut mentir

⇒ Toujours le VIN sent son terroir

7 Qui mange la VACHE du roi, à cent ans de là en paie les os (1690)

= Qui mange l'OIE du roi, cent ans après en rend les plumes

♦ Há provérbios paralelos em italiano: *chi mangia la vacca del re a cent'anni a là ne paga le ossa* e em espanhol: *quien come la vaca del rey, cien años paga los huesos.*

⇒ Jamais VASSAL ne gagne à plaider à son seigneur

V

8 Si la VACHE n'est pas tirée ordinairement, elle se tarit (1585)

'c'est un principe d'entretien du vivant: on ne capitalise pas la matière vivante comme la matière inerte; la vie s'entretient par la vie, par l'action, par sa consommation'

quanto mais se ordenha a vaca, maior é a teta

use legs and have legs

⇒ La CLÉ dont on se sert est toujours claire

9 S'il ne tient qu'à jurer, la VACHE est à nous (1640)

'promesses et serments ne coûtent rien'

ovos e juras são (feitos) para quebrar
promessas e cascas fizeram-se para se quebrarem

eggs and oaths are easily broken

10 Une VACHE ne sait ce que vaut sa queue, jusqu'à ce qu'elle la perd (1456)

'on ne connaît son bien que quand on l'a perdu'

vaca sabe quanto vale o rabo logo que lho cortam

the cow knows not what her tail is worth till she has lost it

♦ O provérbio tem correspondentes em italiano: *l'asino non conosce la coda, se non quando non l'ha più* e em espanhol: *el asno conoce la cola cuando le falta.*

⇒ BIEN perdu, BIEN connu

11 Une VACHE prend bien un lièvre (sXVI)

'si une tortue peut vaincre un lièvre à la course, à plus forte raison, une vache'

muitas vezes pode uma vaca alcançar a lebre

set a cow to catch a hare
the hindmost dog may catch the hare

12 VACHE de loin a assez de lait (1585)

'la réalité est moins séduisante en microphotographie que sur écran panoramique et chez soi que chez autrui'

a cabra da (minha) vizinha mais leite dá que a minha
a cabra da vizinha dá mais leite do que a minha
a cabra de minha vizinha é mais gorda que a minha
a galinha da minha vizinha é mais gorda do que a minha
a galinha da minha vizinha sempre é melhor do que a minha
a galinha da vizinha é mais gorda do que a nossa
boa é a galinha que o outro cria

our neighbour's cow yields more milk than ours
our neighbour's ground yields better corn than ours

♦ Há correspondentes em italiano: *sempre par più grande la parte del compagno* e em espanhol: *la gallina de mi vecina más huevos pone que la mía.*

⇒ Le CHEVAL de mon voisin vaut mieux que le mien

13 VACHE qui vient de loin a gros pis

= VACHE de loin a assez de lait

Var. em M. Blancpain:

Ma mère enrageait et rappelait à qui voulait l'entendre que l'Indochine était le pays des fièvres, que l'argent, le plus souvent, part plus vite encore qu'il n'est arrivé, et

que "LES VACHES DES PRÉS LOINTAINS ONT TOUJOURS DE GROS PIS". (*FA*, p. 334)

Minha mãe, furiosa, dizia a quem quisesse ouvir que a Indochina é o país das febres, que o dinheiro é muito mais fácil de gastar do que de ganhar, e que "AS VACAS DA FAZENDA DISTANTE DÃO MAIS LEITE DO QUE AS MINHAS".

VAINQUEUR *s.m.* vencedor; *conqueror, victor*

Dans la guerre d'amour, le VAINQUEUR est celui qui fuit

'ainsi le veulent les subtilités de la séduction et du marivaudage'

no amor quem foge é o vencedor

in love's wars, he who flies is conqueror

♦ Cf. a frase de Napoleão Bonaparte: "Le vrai courage, devant une femme, c'est de fuir." (A verdadeira coragem, diante de uma mulher, é fugir.)

VAIRON *s.m.* (*Phoxinus phoxinus*) foxino; *minnow*

Il faut perdre un VAIRON* pour pêcher un saumon (1610)

* *Vairon* = 'petit poisson de rivière utilisé comme appât'.

'on n'obtient rien sans sacrifices'

com uma sardinha comprar uma truta
não se faz fritada sem quebrar ovos
não se faz omelete sem quebrar ovos
não se pescam trutas a bragas enxutas
perde-se a isca para pegar o peixe

a hook's well lost to catch a salmon
throw out a sprat to catch a herring
throw out a sprat to catch a mackerel
throw out a sprat to catch a whale
venture a small fish to catch a great one
you must lose a fly to catch a trout

♦ Diz-se em italiano: *bisogna rischiare la scardova per avere il salmone.*

⇒ Il faut toujours tendre un VER pour avoir une truite

VAISSEAU *s.m.* (frm.) vaso, recipiente; *cask, vessel*

1 De mauvais VAISSEAU ne sortira ja* bon boire (sXV)

* *Ja* = 'jamais'.

= Dis-moi qui tu HANTES et je te dirai qui tu es

2 Tel VAISSEAU, tel vin (1568)

= Dis-moi qui tu HANTES et je te dirai qui tu es

3 Un VAISSEAU vide sonne plus haut que le plein (1557)

= Les TONNEAUX vides sont ceux qui font le plus de bruit

4 VAISSEAU mauvais fait vin punais (sXIV)

= Dis-moi qui tu HANTES et je te dirai qui tu es

VALET *s.m.* criado; *manservant*

1 Autant de VALETS, autant d'ennemis (1842)

'il faut se défier de ses subordonnés'

criados são inimigos pagos
quem tem criados tem inimigos forçados
quem tem criados tem inimigos não escusados

so many servants, so many enemies

♦ Cf. Catão, o Censor, citado por Sêneca (*Epistulae ad Lucilium*, 47, 5): *quot servi, tot hostes*; cf. também Macróbio (*Saturnalia*, 1, 11, 13): *totidem hostes esse quot servos* (tantos servos, tantos inimigos). Há equivalentes em italiano: *tanti servitori, tanti nemici*, em espanhol: *tantos criados, tantos enemigos* e em alemão: *wie viel Knechte, so viel Feinde.*

2 En pont, en planche et en rivière, VALET devant, maître derrière

'en cas de danger, le maître envoie son serviteur en reconnaissance'

na ponte e no vau, criado à frente, amo atrás

he that worst may, shall hold the candle

⇒ Au plus DÉBILE la chandelle à la main

3 Le VALET du diable fait plus qu'on ne lui demande

'mauvais maître fait le serviteur pire encore'

ruim senhor cria ruim servidor

an ill master, an ill servant

⇒ Tel MAÎTRE, tel valet

VALOIR *v.* valer; *to be worth*

1 Mieux VAUT "je me suis sauvé" que "il a été tué" (1938)

'il ne faut pas se sacrifier inutilement'

é melhor dizer "bem fiz eu" do que "se eu soubera"
mais vale dizer "bem fiz eu" do que "por aqui fiquei"
mais vale dizer "bem fiz eu" do que "por aqui passei"
mais vale dizer "bem fiz eu" do que "se eu soubera"

better say 'Here it is', than 'Here it was'
beware of 'Had I wist'

2 Tant VAUT la chose comme elle peut être vendue (sXV)

'un bien n'a que la valeur qu'autrui lui reconnaît'

as coisas não valem senão o que se fazem valer

the worth of a thing is what it will bring

3 Tant VAUT la chose comme on en peut avoir

= Tant VAUT la chose comme elle peut être vendue

VANITÉ *s.f.* vaidade; *vanity*

1 Une once de VANITÉ gâte un quintal de mérite (1718)

'l'autocélébration est si déplaisante qu'elle ruine la juste estime que les autres aimeraient vous accorder'

uma onça de vaidade estraga um arrátel de mérito

an ounce of vanity spoils a pound of mirth

2 VANITÉ des VANITÉS et tout n'est que VANITÉ

'tout est ordonné au néant; tel est l'effrayant nihilisme de Qohéleth*'

* Qohéleth = *Ecclésiaste.*

no mundo tudo é vaidade
vaidade das vaidades, tudo é vaidade

all is vanity in the world
vanity of vanity, all is vanity

♦ Do latim *vanitas vanitatum, et omnia vanitas* (*Eclesiastes*, 1, 2); em grego: ματαιότης ματαιοτήτων, τὰ πάντα ματαιότης.

⇒ Tout LASSE, tout casse, tout passe

VANTER (SE) *v.pr.* gabar-se; *to boast*

Il SE VANTE de battre sa femme, celui qui n'en a pas (sXIV)

'on fait le fanfaron à bon compte, lorsque le danger est loin'

quem não tem filhos todos os dias mata um

bachelors' wives and maids' children are well taught
he that has no children brings them up well
he that has no wife, beats her oft

VANTEUR *s.m.* gabola, prosa; *boaster*

1 Grand VANTEUR, petit faiseur (1456: *de grand vanteur, petit faiseur*)

= Les grands DISEURS ne sont pas les grands faiseurs

2 Les grands VANTEURS sont d'ordinaire grands menteurs (sXVII)

= Grands PARLEURS, grands menteurs

⇒ Du DIT au fait, il y a grand trait

VASE *s.m.* vaso; *vase*

481

Quand le VASE est trop plein, il faut qu'il déborde

'lorsqu'un sentiment violent – haine ou amour – arrive à son paroxysme, il faut qu'il s'exprime'

quando o campo fica cheio, é preciso que se alivie
quando o coração está cheio, transborda a boca

when the well is full, it will run over

⇒ De l'ABONDANCE du cœur la bouche parle

VASSAL *s.m.* vassalo; *vassal*

Jamais VASSAL ne gagne à plaider à son seigneur

= Qui mange l'OIE du roi, cent ans après en rend les plumes

⇒ Jamais HOMME ne gagne qui plaide à son maître

VEAU *s.m.* bezerro, vitela; *calf*

1 Autant meurt VEAU que vache (sXIII)

'le destin frappe indifféremment jeunes et vieux'

a morte não escolhe idade(s)
a morte não escolhe novo nem velho
de bezerras e vacas vão peles às praças
tanto morrem os cordeiros como os carneiros
tão depressa morrem de carneiros como de cordeiros

as soon goes the young lamb's skin to the market as the old ewe's
as soon goes the young sheep as the old to market
as soon goes the young sheep to the pot as the old
death devours lambs as well as sheep

♦ O provérbio tem correspondente em espanhol: *tan presto se va el cordero, como el carnero.*

⇒ La mort prend tout à sa FAUX, aussitôt les jeunes comme les vieux

2 De VEAUX comme de vaches vont les peaux à la place

= Autant meurt VEAU que vache

♦ Diz-se em espanhol: *de becerros y vacas van pieles a la plaza.*

3 Qui ose prendre le VEAU osera prendre vache et troupeau (1568)

= Qui vole un ŒUF vole un bœuf

⇒ Quelques CRIMES toujours précèdent les grands CRIMES

4 VEAUX, poulets et poissons crus font les cimetières bossus (1591; sXV: *veau mal cuit et poulles crues font les cimetières bossus*)

règle de santé

carne mal cozida encurta a vida

raw pulleyn ['poultry'], veal, and fish, make the churchyards fat
raw veal and pullets make the churchyard full of graves

VENDANGE *s.f.* colheita; *harvest*

Il ne pleut que sur la VENDANGE (1610)

= L'EAU va (toujours) à la rivière

⇒ L'ARGENT fait l'ARGENT

VENGEANCE *s.f.* vingança; *revenge, vengeance*

1 La VENGEANCE est boiteuse, mais elle arrive

= La VENGEANCE se mange froide

2 La VENGEANCE est douce

'le malheur de qui vous a nui procure une exquise délectation'

a vingança é doce
a vingança é o prazer dos deuses

revenge is a morsel for God
revenge is sweet

♦ A idéia está em Homero, que na *Ilíada* (18, 109) afirma ser a vingança mais doce do que o mel (γλυκίων μέλιτος). Trata-se de máxima anticristã, oposta à prática da caridade e do perdão. Há provérbios paralelos em italiano: *vendetta, boccon di Dio* e em espanhol: *la venganza es mui sabrosa.*

3 La VENGEANCE est un plat qui se mange froid

'ressentiment de qualité n'est pas pressé; tout le plaisir de la vengeance raffinée est dans son patient mûrissement'

a vingança é (um) prato que se come frio
a vingança se come fria
é preciso saber esperar para se vingar

revenge is a dish that can be eaten cold
revenge is a dish that should be eaten cold
revenge of a hundred years still has its sucking teeth
revenge, the longer it is delayed, the crueller it grows
vengeance does not spoil with keeping

♦ Diz-se em italiano: *la vendetta è un piato da mangiar freddo.*

4 La VENGEANCE se mange froide

= La VENGEANCE est un plat qui se mange froid

LA VENGEANCE SE MANGE FROIDE et la police déguste, un vil contentement agitant ses babines. (J. Raspail, *CS*, p. 254)

A VINGANÇA SE COME FRIA e a polícia saboreia, com um vil contentamento a agitar-lhe os beiços.

VENIN *s.m.* veneno; *poison*

Au VENIN on connaît le remède et au mal le miracle (sXIII: *au venin cognoist le triacle et an grant meshain le miracle*)

'la gravité de l'atteinte décide de l'importance du remède'

pelo veneno se conhece o remédio e pelo mal o milagre

like poison, like miracle

VENT *s.m.* vento; *wind*

1 À pisser contre le VENT, on mouille sa chemise (Monaco)

'c'est toujours à ses propres dépens qu'on tente de s'opposer aux volontés de la nature'

quem cospe para cima na cara lhe cai
quem cospe para o alto, cai-lhe na cara
quem cospe para o ar, cai-lhe na cara
quem pedra para cima deita, cai-lhe na cabeça
ventos contra a corrente levantam mar imediatamente

he that blows in the dust fills his eyes with it
piss not against the wind
puff not against the wind
who spits against heaven, it falls in his face
who spits against the wind, it falls in his face

⇒ Qui pisse contre le VENT mouille sa chemise

2 Autant en emporte le VENT (sXVI; sXV: *pas tant come a porte il van*)

'le vent, comme le temps, balaie tout et ne se rattrape guère; tel est la devise de notre civilisation audiovisuelle'

e o vento levou
palavras, leva-as o vento

gone with the wind
that's all moonshine

Princes a mort sont destinez, / Et tous autres qui sont vivans: / S'ilz en sont courciez n'ataynez, / AUTANT EN EMPORTE LY VENS. (F. Villon, "Ballade en vieil langage françois", in *PFV*, p. 52)

Príncipe à morte é sempre destinado, / E os outros todos que têm vida e alento; / Se por isso alguém fica aflito ou irado, / TANTO É O QUE LEVA DESTE MUNDO O VENTO. (Trad. de Péricles Eugênio da Silva Ramos)

À Athènes, de beaux "munera" se déroulent au pied de l'Acropole, sur la scène du théâtre de Dionysos, et il se trouve quelques philosophes pour flairer là une faute de goût, voire une impiété. Mais AUTANT EN EMPORTE LE VENT! (H. Monteilhet, *N*, p. 162)

Em Atenas, belos *munera* são representados ao pé da Acrópole, no palco do teatro de Dioniso, e há filósofos que aí farejam um deslize estético, ou mesmo um desrespeito aos deuses. Mas SÃO COMO PALAVRAS AO VENTO!

♦ Título de um provérbio dramático de Théodore Leclercq: *La Société intime ou Autant en emporte le vent*.

Serviu também como título da tradução francesa do conhecido romance de Margaret Mitchell *Gone With the Wind*, publicado em 1936.

3 Avec VENT, on nettoie froment, et vice avec supplice et châtiment

'l'impureté naturelle s'élimine par des moyens naturels, mais on ne peut abandonner à la nature le soin d'éliminer le mal qui est en l'homme'

com vento se limpa o trigo e os vícios com o castigo

corn is cleansed with wind, and the soul with chastenings

4 Bien mauvais est le VENT qui ne sert à personne

= Il faut que le VENT soit bien mauvais pour n'être bon à personne

5 De grand VENT petite pluie

'grande cause, petits effets'

muita zoada é sinal de pouca cousa
muitas vozes, poucas nozes
muito peido é sinal de pouca bosta
muito trovão é sinal de pouca chuva
quem muito fala pouco faz

great braggers, little doers
great cry and little wool (quoth the devil when he sheared his dogs)
great talkers are little doers
great talkers are no good doers
great talkers fire too fast to take aim
loud talking, little doing
much ado for nothing (Shakespeare)
much cry and little wool
the greatest crakers are (always) the least doers
the greatest talkers are (always) the least doers

⇒ BREBIS qui bêle a moins de lait

6 Il faut que le VENT soit bien mauvais pour n'être bon à personne

'il est rare que ce qui est mauvais pour les uns ne soit pas bon pour les autres'

não há mal que bem não traga

ill blows the wind that profits nobody (Shakespeare)
it is an ill wind that blows no man to good
it is an ill wind that blows nobody good

7 Le VENT de prospérité change bien souvent de côté (1774)

'la fortune finit toujours par tourner'

a ventura é pano de pouca dura
vento e ventura pouco dura (*sic*)
ventura nunca é segura e pouco dura

fortune is fickle
the highest spoke in fortune's wheel, may soon turn lowest

◆ Diz-se em espanhol: *viento y ventura, poco dura.*

⇒ Les ARMES sont journalières

8 On ne vit pas de VENT

'vivre, c'est transformer de la matière en immatériel, et non l'inverse (le pouvoir nutritionnel de l'air étant fort limité)'

não se vive de vento
ninguém vive de vento
saco vazio não fica em pé
saco vazio não pára em pé

a man cannot live by air
an empty bag cannot stand upright
an empty sack cannot stand upright

⇒ SAC vide ne tient pas debout

9 On va de tout VENT à un même endroit

'les moyens les plus contraires convergent tôt ou tard vers un même résultat; c'est, déjà, une vérité statistique'

todo caminho dá na venda
todos os caminhos levam a Roma
todos os caminhos vão dar a Roma
todos os rios vão dar ao mar

all roads lead to Rome
there are many roads that lead to Rome
there are more ways to the wood than one

⇒ Tous les CHEMINS mènent à Rome

10 Qui entre en nef n'a pas VENT à gré

'les débuts sont difficiles'

o mais difícil é começar
o mais difícil é o primeiro passo
todo começo é difícil

every beginning is hard

⇒ Il n'y a que le premier PAS qui coûte

11 Qui pisse contre le VENT mouille sa chemise

= À pisser contre le VENT, on mouille sa chemise

⇒ Celui qui regimbe contre l'AIGUILLON deux fois se pique

12 Qui sème le VENT récolte la tempête (1749)

'les apprentis sorciers sont toujours frappés en retour par les mauvais démons qu'ils ont voulu manipuler'

colhe espinhos quem semeia abrolhos
quem semeia ódios colhe vinganças
quem semeia urzes colhe espinhos
quem semeia ventos colhe tempestades

he that sows the wind shall reap the whirlwind
he that sows thistles shall reap prickles
sow the wind and reap the whirlwind

– (...) Comme dit un beau proverbe arabe: *"Les chiens aboient, la caravane passe."* Après avoir jeté cette citation, M. de Norpois s'arrêta pour nous regarder et juger de l'effet qu'elle avait produit sur nous. Il fut grand: le proverbe nous était connu: il avait remplacé cette année-là chez les hommes de haute valeur cet autre: "QUI SÈME LE VENT RÉCOLTE LA TEMPÊTE", lequel avait besoin de repos, n'étant pas infatigable et vivace comme: "Travailler pour le roi de Prusse". (M. Proust, *RTP*, t. I, p. 461-462)

– (...) Como diz um velho provérbio árabe: *"Ladram os cães e a caravana passa."* Depois de lançar essa citação, o Sr. de Norpois interrompeu-se para olhar-nos e verificar o efeito que provocara em nós. Foi grande, o provérbio já nos era conhecido. Naquele ano esse provérbio substituíra, entre os homens importantes, este outro: "QUEM SEMEIA VENTOS COLHE TEMPESTADES", o qual tinha necessidade de repouso, pois não era tão infatigável e vivaz como: "Trabalhar para o rei da Prússia". (Trad. de Mário Quintana)

∴ Ver outra abonação em LES CHIENS ABOIENT, LA CARAVANE PASSE.

◆ Frase do *Livro de Oséias* (8, 7): *ventum seminabunt et turbinem metent* (semearão vento e colherão tempestade). Há equivalentes em italiano: *chi semina vento, raccoglie tempesta*, em espanhol: *quien siembra vientos, recoge tempestades* e em alemão: *wer Wind sät, wird Sturm ernten.*

⇒ Chacun est ARTISAN de sa fortune

13 Qui trop regarde quel VENT vente jamais ne sème ni ne plante

'on ne fait rien sans risque'

quem muito olha para o vento não semeia nem planta a tempo

he that observes the wind shall not sow; and he that regards the clouds shall not reap

⇒ Qui prend GARDE à chaque nuage ne fait jamais voyage

14 Selon le VENT, la voile (1835)

'chaque situation exige des moyens appropriés'

enquanto há vento, molha-se a vela
enquanto venta, é molhar a vela
enquanto venta, molha-se a vela
molha-se a vela conforme o vento
vento bom, água na vela

as the wind blows, you must set your sail
hoist your sail when the wind is fair
pull down your hat on the wind('s) side

♦ Diz-se em espanhol: *según es el viento, tal es el tiento.*

⇒ Il faut tendre VOILE selon le vent

15 S'il fait du VENT la veille de la Madeleine, les figues tombent

dicton agricole

pela Madalena recorre à tua figueira

figs are ripe in July

♦ Dia de Santa Madalena: 22 de julho.

16 VENT au visage rend l'homme sage (1568)

'c'est dans l'adversité que se façonne la sagesse'

tem tento quando te der no rosto o vento
vento no rosto torna o homem sábio

adversity makes a man wise, not rich
the wind in one's face makes one wise

♦ Diz-se em italiano: *vento o disagio, rende l'uomo saggio.*

17 VENT chaud a la queue blanche (rég., Provence)

dicton météorologique: vent chaud est suivi de neige

vento quente tem a cauda branca

hot wind brings frost in the tail

18 VENT de mars et pluies d'avril font fleurir les fleurs de mai

dicton météorologique

vento de março, chuva de abril fazem o maio florir

a windy March and a rainy April make a beautiful May
March winds and April showers bring forth May flowers

19 VENT du nord, pas de brouillard, chemins secs

dicton météorologique

vento de Arouca*: seca muita, chuva pouca

* Cidade ao sul do rio Douro.

northern wind brings weather fair

20 VENT du sud: pluie sur la tête

dicton météorologique

vento suão, chuva na mão
vento sul friinho, água no focinho

when the wind is in the south, it's in the rain's mouth

21 VENT du sud-est, tempête; VENT du sud-ouest, orage

dicton météorologique

vento sudoeste brandinho e panga – é tremer dele quando se zanga
vento sudoeste, mauzinho, teme dele em teu caminho

the rain comes scouth ['abundantly'] when the wind's in the south (aprox.)

VENTER *v.imp.* ventar; *to blow*

Qu'il VENTE ou qu'il pleuve, celui qui doit aller va
(sXIII: *ou vente ou pleut, si vet qui estuet*)

= NÉCESSITÉ fait loi

VENTRE *s.m.* ventre, barriga, estômago; *stomach, belly*

1 À VENTRE saoul* cerises amères

* *Saoul* = 'gavé, repu'.

'la satiété ôte aux choses leur saveur; opulence engendre écœurement; la société de consommation s'y entend à exploiter cette logique inflationniste'

a ventre farto (o) mel amarga
ao gosto danado o doce é amargo
a(o) homem farto, as cerejas (lhe) amargam
barriga cheia, goiabada tem mofo
para barriga cheia goiaba verde tem bicho
quando a barriga está cheia, toda goiaba tem bicho
(tudo) o que é demais enjoa

full pigeons find cherry bitter
to a full belly all meat is bad
when the mouse has had enough, the meal is bitter

♦ Cf. o provérbio do latim medieval: *mus satur insipidam deiudicat esse farinam* (o rato saciado acha a farinha insípida).

⇒ À COLOMBES saoules cerises sont amères

2 C'est le VENTRE qui porte les pieds

= L'ESTOMAC porte les pieds

3 Tout fait VENTRE (1690)

'l'homme est un grand prédateur, capable de tout phagocyter'

o que não mata engorda
tudo o que cai na rede é peixe
tudo quanto vem é ganho

all is fish that comes to (the) net
all's grist that comes to the mill

– Je dirais qu'en amour, TOUT FAIT VENTRE, comme vous dites en France. C'est une très jolie expression que vous avez, déclare Ellen. (B. Groult, *VC*, p. 123)

– Eu diria que, em matéria de amor, TOUT FAIT VENTRE, TUDO O QUE CAI NA REDE É PEIXE, como vocês dizem na França. É uma expressão muito bonita que vocês têm – declara Ellen. (Trad. de Paula Rosas)

♦ Diz-se em espanhol: *al vientre, todo lo que entre.*

4 Tout fait VENTRE pourvu que ça y entre (rég., Auvergne)

= Tout fait VENTRE

5 VENTRE affamé n'a point d'oreilles (1546)

'la nécessité égare le sens moral; le besoin est amoral, il rend inopérant la sagesse des proverbes'

barriga vazia não tem ouvidos
estômago vazio não tem ouvidos
homem em jejum não ouve a nenhum
palavras bonitas não enchem barriga
quem está com fome não escuta conselhos
ventre em jejum não ouve a nenhum

a hungry belly has no ears
a hungry man has no ears
an empty belly has no ears
an empty belly hears nobody
no man can be wise on an empty stomach
the belly wants ears

– Dieu (dist Panurge) guard de mal qui void bien et n'oyt goutte. Je vous voy tresbien, mais je ne vous oy poinct. Et ne sçay que dictez. LE VENTRE AFFAMÉ N'A POINCT D'AUREILLES. Je brame, par Dieu, de mal rage de faim! (F. Rabelais, *TL*, p. 99)

– Deus – disse Panurgo – preserva do mal quem vê bem e não ouve nada. Vejo-vos muito bem, mas não vos ouço. E não sei o que dizeis. ESTÔMAGO VAZIO NÃO TEM OUVIDOS. Por Deus, que estou berrando de tanta fome!

Le Milan alors lui réplique: / Vraiment, nous voici bien: lorsque je suis à jeun, / Tu me viens parler de musique. / – J'en parle bien aux rois. – Quand un roi te prendra, / Tu peux lui conter ces merveilles. / Pour un milan, il s'en rira: / VENTRE AFFAMÉ N'A POINT D'OREILLES. (La Fontaine, *F*, IX, xviii, 14-20)

O Milhafre responde-lhe, a zombar: / – "Só esta me faltava! Estou eu em jejum / e tu me vens falar de peças musicais?"/ – "Disso é que falo aos reis." – "Quando um rei te apanhar, / contar-lhe poderás maravilhas iguais. / De teus cantos rirei; comigo, são perdidos. / VENTRE FAMINTO NUNCA TEVE OUVIDOS." (Trad. de Milton Amado e Eugênio Amado)

Alteração jocosa em H. de Balzac:

– Vous avez pris ma défense, dit vivement le comte, et j'espère que vous me ferez le plaisir de dîner avec moi, ainsi que notre spirituel Mistigris.
– Votre Seigneurie ne sait pas à quoi elle s'expose, dit l'effronté rapin. *VENTRE AFFAMÉ N'A PAS D'ORTEILS.* (*DV*, p. 132)

– O senhor tomou minha defesa – disse vivamente o conde – e espero que me dê o prazer de jantar comigo, bem como o nosso espirituoso Mistigris.
– Vossa Senhoria não sabe ao que se expõe – disse o descarado aprendiz. – *VENTRE FAMINTO NÃO TEM DEDOS.* (Trad. de Vidal de Oliveira)

♦ Do latim medieval *venter auribus caret* (a barriga não

tem ouvidos). Este provérbio foi "documentado principalmente por Plutarco entre os apotegmas de Catão [*venter famelicus auriculis caret*] (...). Essa figura severa, pronunciando-se contra o luxo e os gastos excessivos (provavelmente a propósito da ab-rogação da *lex Orchia* em 181, que limitava o número de participantes nos banquetes), iniciou seu discurso lembrando ironicamente que χαλεπόν ἐστι πρὸς γαστέρα λέγειν ὦτα μὴ ἔχουσαν, 'é difícil falar ao ventre, que não tem ouvidos'." (R. Tosi) Há correspondentes em italiano: *ventre digiuno non ode nessuno*, em espanhol: *el vientre ayuno no oye a ninguno* e em alemão: *der Bauch hat keine Ohren*.

⇒ À ESTOMAC vide pas d'oreilles

6 VENTRE affamé prend tout en gré

'la faim est mauvaise conseillère et peut conduire les hommes aux pires extrémités'

a fome é inimiga da alma
a fome é inimiga da virtude
a fome é má conselheira
a fome não tem lei
fome e esperar fazem rabiar

a hungry man, an angry man
hunger breaks stone walls
hunger knows no friend

♦ Diz-se em italiano: *ventre affamato prende tutto di buon grado.*

⇒ La FAIM est mauvaise conseillère

7 VENTRE de son et robe de velours (1690)

= HABIT de velours, ventre de son

VER *s.m.* verme; *worm*

1 Il faut toujours tendre un VER pour avoir une truite (rég., Auvergne)

= Il faut perdre un VAIRON pour pêcher un saumon

⇒ Petit DON est le hameçon du plus grand DON

2 Il n'y a point de si petit VER qui ne se recroqueville si l'on marche dessus

'il n'y a point de si petit ennemi qui ne songe à se défendre quand on l'attaque'

a formiga ainda que pequena mata o crocodilo
boi manso, aperreado, arremete

the smallest worm will turn, being trodden on (Shakespeare)

3 Le VER est dans le fruit (sXIX)

'la chose porte en elle-même le germe de sa destruction; le mal a commencé son œuvre'

o defeito está na origem
o mal está na raiz

the rot has already set in

ADÈLE. (...) – Et puis, à quoi bon? Pour quoi faire? Tu ne peux plus avoir pour moi qu'une affection sans confiance, et dans ces conditions j'aime mieux y renoncer. Je tiens à ton amour, mais plus encore à ton estime; LE VER EST DANS LE FRUIT, jetons-le. (G. Courteline, *B*, p. 48)

ADÈLE. (...) – E depois, para quê? De que adianta? Você só pode ter por mim uma afeição sem confiança, e desse jeito prefiro desistir. Quero o seu amor, mas quero mais ainda a sua estima; O FRUTO DA NOSSA PAIXÃO ESTÁ BICHADO, para o lixo com ele.

VERGE *s.f.* vara; *rod*

Tel donne les VERGES dont il sera battu (sXIV)

'il arrive que de mauvais traitements se retournent contre celui qui les a administrés'

quem laço me armou nele caiu

he makes a rod for his own back
let his own wand ['rod'] ding ['beat'] him

⇒ L'ARROSEUR arrosé

VÉRITÉ *s.f.* verdade; *truth*

1 À vouloir connaître la VÉRITÉ à tout prix, l'on risque de se brûler soi-même

'le spectacle des grandes vérités est insoutenable: les devins les plus célèbres de l'Antiquité étaient aveugles'

galinha ciscadeira acha cobra
quem brinca com fogo acaba por se queimar

follow not truth too near the heels, lest it dash out thy teeth
search not too curiously lest you find trouble

⇒ Qui CHERCHE trouve

2 Il n'y a que la VÉRITÉ qui blesse/offense (1690)

'un mot hasardé comme un coup de sonde peut devenir une vérité, s'il rencontre celui qui, par une réaction trop vive, prouve sa pertinence'

nada dói mais do que a verdade
nada enfurece tanto o homem como a verdade
não há quem sofra o aziar ('tormento') da verdade (Jorge Ferreira de Vasconcelos)

nothing gives offence like the truth
nothing hurts like the truth
the sting of a reproach is (in) the truth of it
the truest jests sound worst in guilty ears
truths and roses have thorns about them

◆ Observa com humor R. Sabatier: "S'il n'y a que la vérité qui blesse, à quoi sert le mensonge?". (Se só a verdade já fere, para que serve a mentira?)

3 La VÉRITÉ comme l'huile vient au-dessus (1610)

'la vérité finit toujours par surnager'

a verdade é como o azeite: vem sempre ao lume da água
a verdade e o azeite andam à tona da água
a verdade e o azeite andam de cima
a verdade e o azeite sempre bóiam acima da água
a verdade sempre vem à tona

truth and oil are ever above
truth will (break) out
truth will come to light

◆ Lê-se em Cervantes (*D. Quijote*, II, x): *la verdad adelgaza y no quiebra, y siempre anda sobre la mentira, como el aceite sobre el agua.* Diz-se em italiano: *la verità viene a galla come l'olio.*

⇒ On ne peut cacher AIGUILLE en sac

4 La VÉRITÉ est (cachée) au fond du puits (1752)

'chez les Grecs déjà, la vérité (ἀλήθεια) est d'essence privative, et ne se donne qu'à celui qui l'extrait de sa latence'

a verdade está no fundo do poço
a verdade jaz no fundo do poço

truth lies at the bottom of a well

"(...) je te notifie que à toutes heures me trouveras prest de optemperer à une chascune de tes requestes selon mon petit pouvoir, combien que plus de toy je deusse apprendre que toy de moy; mais, comme as protesté, nous confererons de tes doubtes ensemble, et en chercherons la resolution jusques AU FOND DU PUIS inespuisable auquel disoit Heraclite* ESTRE LA VÉRITÉ CACHÉE. (F. Rabelais, *P*, p. 112)

"(...) anuncio-te que a qualquer hora me encontrarás pronto para atender a cada um de teus pedidos dentro do pouco que me é possível, ainda que eu devesse aprender mais de ti que tu de mim; mas, como declaraste, veremos juntos tuas dúvidas, e procuraremos solucioná-las até O FUNDO DO POÇO inesgotável NO QUAL, dizia Heráclito*, ESTÁ ESCONDIDA A VERDADE.

* A paternidade da sentença é creditada a Demócrito pelos antigos (ver *infra*).

Por alusão:

Mais, que voulez-vous, l'Histoire est l'Histoire, et LA VÉRITÉ TOUTE NUE N'A PAS D'HEURE POUR SORTIR DU PUITS. (P. Combescot, *FS*, p. 33)

Porém, o que se há de fazer, a História é a História, e A VERDADE NUA E CRUA NÃO TEM HORA CERTA PARA SAIR DO POÇO. (Trad. de Ana Maria Scherer)

◆ Cf. o grego ἐτεὸν δὲ οὐδὲν ἴδμεν ἐν βυθῷ γάρ ή ἀλήθεια (nada sabemos com segurança, pois a verdade está no fundo [do mar]), atribuído a Demócrito; e o latim *in puteo... veritatem iacere submersam.*

♦ Conhecedor desse provérbio em toda a sua extensão, Machado de Assis (*MPBC*, p. 195) credita a Quincas Borba o seguinte comentário: "– Venha para o Humanitismo; ele é o grande regaço dos espíritos, o mar eterno em que mergulhei para arrancar de lá a verdade. Os gregos faziam-na sair de um poço. Que concepção mesquinha! Um poço! Mas é por isso mesmo que nunca atinaram com ela. Gregos, subgregos, antigregos, toda a longa série dos homens tem-se debruçado sobre o poço, para ver sair a verdade, que não está lá. Gastaram cordas e caçambas; alguns mais afoitos desceram ao fundo e trouxeram um sapo. Eu fui diretamente ao mar."

5 La VÉRITÉ est dans le vin

'l'alcool démantèle les inhibitions et libère bien des vérités prisonnières de l'habitude ou des convenances'

a verdade está no vinho
o vinho faz falar os mudos
vinho e medo descobrem o segredo
vinho em excesso nem guarda segredo nem cumpre
　　promessas

ale in, truth out
ale in, wit out
in wine (there) is truth
there is truth in wine
truth comes out in wine
when the wine is in, the wit is out
wine in, truth out
wine in, wit out
wine is the glass of the mind

Var. em A. France:

Au bas de l'escalier, ils se trouvèrent en face d'un portail de jaspe, d'ordre dorique, sur lequel était écrit en lettres d'or: ἐν οἴνῳ ἀλήθεια. DANS LE VIN LA VÉRITÉ. (*R*, p. 230)

Ao descerem a escada, deram com um pórtico de jaspe, de estilo dórico, no qual estava escrito com letras de ouro: ἐν οἴνῳ ἀλήθεια. NO VINHO ESTÁ A VERDADE.

♦ *In vino veritas* é provérbio do latim medieval. O grego ἐν οἴνῳ ἀλήθεια está consignado pelo paremiógrafo Zenóbio. Há correspondentes em italiano: *la verità è nel vino*, em espanhol: *en el vino está la verdad* e em alemão: *im Wein liegt die Wahrheit*.

⇒ Ce que le SOBRE tient au cœur est sur la langue du buveur

6 La VÉRITÉ est fille du temps

'le temps mûrit toute chose en l'amenant jusqu'à sa vérité propre'

a verdade com o tempo se descobre
a verdade é filha do tempo
com o tempo descobre-se a verdade

o tempo corre e tudo descobre

time is the father of truth
truth is time's daughter

♦ Leia-se o seguinte passo de Aulo Gélio (*Noctes Atticae*, 12, 11), elucidativo da origem deste provérbio:

Propterea versus istos Sophocli, prudentissimi poetarum, in ore esse habendos dicebat:
　　Πρὸς ταῦτα κρύπτη μηδὲν, ὡς ἀπανθ' ὁρῶν
　　Καὶ πάντ' ἀκούων πάντ' ἀναπτύσσει χρόνος.
Alius quidam veterum poetarum, cuius nomen mihi nunc memoriae non est, "veritatem temporis filiam esse" dixit.

(E ele aconselhava que se repetissem com freqüência estes dois versos de Sófocles, o mais sábio dos poetas:
　　Por isso, nada dissimule, pois o tempo que tudo vê, e tudo ouve, tudo revela.
　　Outro poeta antigo, cujo nome não me acode agora, disse que "a verdade era filha do tempo".)

⇒ Le TEMPS est le père de (la) vérité

7 La VÉRITÉ parle aussi bien contre les femmes que contre les hommes (1559)

'nul n'a jamais raison dans l'éternelle guerre des sexes'

há uma única verdade para mulheres e homens
homens e mulheres têm direitos iguais

what's sauce for the goose is sauce for the gander

"Je ne veux pas, Mesdames, par cela louer la conscience du président, mais oui bien montrer la légèreté d'une femme et la grande patience et prudence d'un homme. Vous suppliant, Mesdames, ne vous courroucer de LA VÉRITÉ qui PARLE quelquefois CONTRE VOUS [FEMMES] AUSSI BIEN QUE CONTRE LES HOMMES, car les femmes sont communes aux vices et vertus. (M. d'Angoulême, Reine de Navarre, *H*, p. 278)

"Não desejo com isso, Senhoras, enaltecer a consciência do presidente, e sim mostrar com clareza a leviandade de uma mulher e a grande paciência e prudência de um homem. E suplico-vos, Senhoras, não vos irriteis com A VERDADE que FALA às vezes CONTRA VÓS [MULHERES] TANTO QUANTO CONTRA OS HOMENS, pois as mulheres são afeitas aos vícios e às virtudes.

8 La VÉRITÉ sort de la bouche des enfants (sXIX)

'la parole des enfants, échappant à l'encodage social, délivre des vérités d'une virginité qui émerveille'

a verdade sai da boca das crianças
crianças dizem verdades

out of the mouths of babes and sucklings comes forth truth

Ce n'est pas assez que mon naturel soit bon; il faut qu'il soit prophétique: LA VÉRITÉ SORT DE LA BOUCHE DES ENFANTS. Tout proches encore de la nature, ils sont les cousins du vent et de la mer: leurs balbutiements offrent à qui sait les entendre des enseignements larges et vagues. (J.-P. Sartre, *Mo*, p. 27)

Não basta que minha índole seja boa; cumpre que seja profética: A VERDADE SAI DA BOCA DAS CRIANÇAS. Muito próximas ainda da natureza, são primas do vento e do mar: seus balbucios oferecem, a quem sabe ouvi-los, amplos e vagos ensinamentos. (Trad. de J. Guinsburg)

♦ Diz-se em espanhol: *los niños y los locos dicen las verdades*.

⇒ Ce que l'ENFANT écoute au foyer, est bientôt connu jusqu'au moustier

9 On dit souvent la VÉRITÉ en riant

'd'Aristophane à Beaumarchais, en passant par Plaute et Molière, on sait que le rire est le meilleur compagnon de la vérité, devant laquelle il aplanit tout obstacle'

a rir, a rir, muitas verdades se dizem

many a true word is spoken in jest
mows ['jestings'] may come to earnest

♦ É conhecidíssimo o provérbio latino *castigat ridendo mores* (rindo castiga os costumes), cunhado pelo poeta francês Jean de Santeuil para um busto do célebre arlequim Domenico Biancolelli. Aplicou-se depois à própria comédia e figurou como lema na fachada de vários teatros, entre os quais a Opéra Comique de Paris. Diz-se em espanhol: *burlando se dicen las verdades*.

⇒ Tel RIT qui mord

10 Qui dit toute la VÉRITÉ finit pendu au gibet

'il n'est pas toujours prudent de dire ce que l'on sait, car "il n'y a que la vérité qui blesse"'

quem confessa pela boca morre pelo pescoço

he that strikes with his tongue, must ward with his head
the tongue talks at the head's cost

11 Qui veut la VÉRITÉ s'abstient de questionner

'l'incommodité des interrogatoires pousse les gens à mentir'

não perguntes e não serás enganado

ask no questions and hear no lies
ask no questions and you will be told no lies

12 Toute VÉRITÉ n'est pas bonne à dire (sXIII: *aucune fois voir dire nuit*; 1690: *toutes vérités ne sont pas bonnes à dire*)

'la vérité, qui se plaît au recel, gagne souvent à y confiner son pouvoir de perturbation'

mal me querem as comadres por lhes dizer as verdades
mal me querem as comadres, porque lhes digo as verdades

nem sempre é conveniente dizer inteiramente a verdade
nem todas as verdades se dizem(, apesar de verdadeiras)
nem todas as verdades se querem ditas
nem tudo o que é verdade se diz

all truths are not to be spoken at all times
all truths are not to be told
some truths are better left unsaid
the truth is sometimes best left unsaid

FIGARO. Oh! que oui. Depuis qu'on a remarqué qu'avec le temps vieilles folies deviennent sagesse, et qu'anciens petits mensonges assez mal plantés ont produit de grosses, grosses vérités, on en a de mille espèces. Et celles qu'on sait sans oser les divulguer, car TOUTE VÉRITÉ N'EST PAS BONNE À DIRE; (...). (Beaumarchais, *MF*, p. 208)

FÍGARO. Ah! Claro. Desde que se observou que com o passar do tempo a insânia se transforma em prudência e que pequenas mentiras soltas acabam virando imensas verdades, surge qualquer tipo de afirmação. Algumas são conhecidas e não divulgadas, pois NEM TODA VERDADE SE DIZ; (...).

♦ É a moral da fábula *Aesopus et Domina* ("Esopo e sua Ama"), de Fedro (*Appendix Perottina*, 15): *quam noceat saepe verum dicere*. Cf. também o latim medieval: *non omnia quae vera sunt, recte dixeris* (não é correto dizer tudo o que é verdade). Há correspondentes em italiano: *ogni ver detto non è ben detto* e em espanhol: *mal me quieren mis comadres porque les digo las verdades*.

⇒ Bien servir fait AMIS, et vrai dire ennemis

13 VÉRITÉ au-deçà des Pyrénées, erreur au-delà (1670)

'la géographie enseigne la relativité; la mondialisation menace cet enseignement majeur de la sagesse'

cada terra com seu costume
cada terra com seu uso, cada preta com seu luso(, cada furo com seu parafuso)
cada terra com seu uso, cada roca com seu fuso
verdade aqui, erro além

so many countries, so many customs

♦ Pensamento de B. Pascal que se tornou proverbial (*P*, IX, 230): "Trois degrés d'élévation du pôle renversent toute la jurisprudence; un méridien décide de la vérité; en peu d'années de possession, les lois fondamentales changent; le droit a ses époques; l'entrée de Saturne au Lion nous marque l'origine d'un tel crime. Plaisante justice qu'une rivière borne! VÉRITÉ AU-DEÇÀ DES PYRÉNÉES, ERREUR AU-DELÀ." (Três graus de elevação do pólo alteram toda a jurisprudência; um meridiano decide qual é a verdade; em poucos anos de posse, as leis fundamentais mudam; o direito tem épocas; a entrada de Saturno na casa de Leão marca a origem de um cri-

me. Risível justiça que é limitada por um rio! VER-
DADE AQUÉM DOS PIRENEUS, ERRO ALÉM.)

14 VÉRITÉ engendre haine (sXV)

'il s'en faut que la vérité soit toujours bien acueillie;
quand un reproche touche juste, on ne doit s'attendre à
nulle reconnaissance de celui à qui on a pourtant rendu
le service de montrer la vérité'

a verdade é amarga
dizendo-se as verdades, perdem-se as amizades
nada enfurece tanto o homem como a verdade

truth breeds hatred
truth finds foes, where it makes none

◆ A idéia está em Terêncio (*Andria*, 68): *obsequium amicos, ueritas odium parit* (um favor – ou a lisonja – faz
amigos; a verdade, inimigos). Há correspondentes
em italiano: *la verità è madre dell'odio* (ou ainda: *la verità genera odio*), em espanhol: *la verdad engendra odio*
(ou ainda: *quien dice la verdad cobra odio*) e em alemão:
Wahrheit bringt Hass.

VERRE *s.m.* copo, vidro; *glass*

1 Qui casse les VERRES les paie (sXIX)

'qui cause un dommage doit le réparer'

quem parte os vidros que os pague
quem quebra os copos os paga

who breaks pays

◆ Há correspondentes em italiano: *chi rompe paga (e i
cocci sono suoi)* e em espanhol: *el que rompe, paga*.

**2 Un VERRE de vin tire souvent mieux que deux
bœufs** (rég., Savoie)

'l'alcool décuple l'énergie; c'est l'effet de toute drogue
en général; les sportifs contemporains sont plus mus-
clés que des bœufs'

um copo de vinho por dia mantém o médico à distância

a spur in the head is worth two in the heel

⇒ Après bon VIN, bon cheval

VERT,E *adj.* verde; *unripe, green*

1 Entre deux VERTES une mûre (1576; sXIII: *entre
deux vers la tierce meure*)

'parmi des choses déplaisantes, on finit toujours par
trouver son bonheur – vieil instinct statistique'

entre duas verdes uma madura

one ripe between two green

∴ Ver abonação em SI LES NUES TOMBAIENT LES
ALOÈS SERAIENT TOUTES PRISES.

**2 Qui ne cueille des VERTES, il ne mangera des
mûres** (sXV)

'avant le plaisir de la maturité, il faut consentir au plaisir de la maturation; c'est un principe que l'hédonisme
contemporain a banni'

não merece o doce quem não prova do amargo
quem não sofreu o mal não sabe apreciar o bem
quem planta e cria tem alegria

he deserves not the sweet that will not taste the sour
you must take the fat with the lean

VERTU *s.f.* virtude; *virtue*

1 Ainsi comme la VERTU, le crime a ses degrés
(1677)

'ce proverbe se fonde sur une conviction anti-mani-
chéenne, qui est l'essence même de la conception chrétienne du bien et du mal'

assim como a virtude, o crime tem seus graus

crime, like vertue, has its degrees
no man ever became thoroughly bad all at once

HIPPOLYTE. *Quelques crimes toujours précèdent les
grands crimes*; / Quiconque a pu franchir les bornes légitimes / Peut violer enfin les droits les plus sacrés: /
AINSI COMME LA VERTU, LE CRIME A SES DE-
GRÉS; / Et jamais on n'a vu la timide innocence / Passer subitement à l'extrême licence. (Racine, *Phèdre*, in
TC, p. 524)

HIPÓLITO. *Pequenos crimes sempre antecedem os grandes crimes*; / Quem conseguiu transpor os limites corretos / Também pode violar os mais sagrados direitos: /
ASSIM COMO A VIRTUDE, O CRIME TEM SEUS
DEGRAUS; / E jamais se viu a tímida inocência / Passar
de repente para a extrema libertinagem.

◆ Cf. Juvenal (*Saturae*, 2, 83): *nemo repente fuit turpissimus* (ninguém chega repentinamente ao ápice da
imoralidade).

2 La VERTU est sa propre récompense

= La VERTU porte sa récompense en elle-même

◆ Cf. Claudiano, *In Fl. Mallii Theodori Consulatum*, 21:
ipsa quidem virtus pretium sibi (o preço da virtude é ela
mesma). Diz-se em italiano: *la virtù è premio a se stessa*.

3 La VERTU gît au milieu (1495)

'la sagesse fuit les extrêmes, réprouve l'excès, et cultive
l'*aurea mediocritas* de la mesure'

nem com toda a fome ao cesto, nem com toda a sede ao
      pote
nem tanto à terra nem tanto ao mar
nem tanto ao mar nem tanto à terra
nem tanto nem tão pouco

nem te abaixes por pobreza, nem te alevantes por riqueza (aprox.)
no meio é que está a virtude
tudo na vida quer tempo e medida

every extremity is a fault
reason lies between the spur and the bridle
safety lies in the middle course
virtue is found in the middle

Do latim *in medio stat virtus*, que R. Rolland emprega,
traduzindo em francês apenas a palavra *virtus*:

Heureusement, nous étions trois, moi, Jean Bobin pour
saint Crépin, Émond Poifou pour saint Vincent, qui
n'étions pas plus disposés, pour faire la leçon au duc, à
lui baiser qu'à lui botter le cul. *IN MEDIO STAT* LA
VERTU. (*CB*, p. 245-246)

Felizmente, éramos três, eu, e Jean Bobin por São Cris-
pim, Edmond Poifou por São Vicente, que não estávamos dispostos, para dar uma lição ao duque, nem a bei-
jar-lhe a mão nem a chutar-lhe o rabo. *IN MEDIO STAT*
A VIRTUDE. (Trad. de Ivo Barroso)

⇒ En toute chose le MIEUX est au juste milieu

4   La VERTU porte sa récompense en elle-même

'le plaisir de la bonne conscience dédommage des déplaisirs qu'elle a pu coûter'

a virtude é feliz na sua desgraça, o vício infeliz na sua
ventura (aprox.)
o preço da virtude é ela mesma

virtue is her own reward
virtue is its own reward

◆ "Na literatura latina também existe o *topos* comple-
mentar, segundo o qual o mal é castigo para si mesmo (...); no Pseudo-Sêneca (*Monita*, 64) lê-se: *nequitia ipsa sui poena est*, 'a perversidade é a punição de si
mesma'. É semelhante a esta última formulação o
provérbio brasileiro *O castigo do vício é o próprio vício*."
(R. Tosi)

⇒ Le PRIX de la vertu c'est elle-même

VEUVE *s.f.* viúva; *widow*

Qui épouse la VEUVE épouse les dettes

'les meilleures choses peuvent avoir leurs mauvais côtés'

quem casa com viúva paga as dívidas

he that marries a widow and three children marries four
thieves
he that marries a widow and two children marries three thieves

⇒ Qui épouse la FEMME épouse les dettes

VIANDE *s.f.* carne; *meat*

1   C'est VIANDE mal prête que lièvre en buisson

'il ne faut pas disposer d'une chose avant de la posséder'

antes de se matar a onça, não se faz negócio com o couro
tenhamos a pata e então falaremos na salsa
tenhamos a perdiz, depois se tratará do molho

do not shout dinner till you have your knife in the loaf
don't boil your fish till they are hooked
make not your sauce till you have caught your fish

⇒ Attends d'avoir le CABRI et sa corde en main avant
d'affûter ton poignard

2   Il n'est VIANDE que d'appétit

'pour faire apprécier un plat, aucune recette culinaire
ne vaut l'appétit'

a fome é a melhor mostarda
a fome é boa cozinheira
a fome é o melhor cozinheiro
a fome é o melhor tempero
não há melhor molho que a fome
não há melhor mostarda que a fome
para a fome não há mau pão
para a fome não há pão duro
quando a comida tarda, boa é a mostarda
quando a jabuticaba é pouca, a gente engole o caroço
quando se está com fome, carne rançosa se come
quem tem fome cardos come
quem tem fome tudo come

hunger finds no fault with the cookery
hunger is good kitchen meat*
hunger is the best sauce

* *Kitchen meat* = 'anything eaten with bread as a relish'.

◆ Há correspondentes em italiano: *la fame condisce tutte
le vivande* e em espanhol: *a hambre no hay pan duro* (ou
ainda: *a la hambre no hay mal pan*).

⇒ DENTS aiguës et ventre plat trouvent tout bon
qu'est au plat

3   Il n'y a pas de VIANDE sans os

'il n'y a pas de joie sans peine; aucun plaisir n'est absolu'

ainda que doce seja o mel, a mordidela da abelha é cruel
não há carne sem osso nem farinha sem caroço
não há carne sem osso nem fruta sem caroço

every rose has a thorn
honey is sweet, but the bee stings
no gain(s) without pain(s)
no land without stones, no meat without bones

◆ Há equivalente em espanhol: *no hay carne sin hueso*.

⇒ Toute MÉDAILLE a son revers

4   Tout état est VIANDE à vers

'si important que nous soyons, nous sommes promis
aux asticots'

V

a morte é a coroa de todos na terra
à morte e à sorte ninguém foge
basta estar vivo para morrer
para morrer basta estar vivo

death is sure to all
golden lads and girls all must, as chimney sweepers, come to dust
grass and hay, we are all mortal

- ◆ Diz-se em espanhol: *se muere el rey, el papa, el duque y el prior de Guadalupe.*

5 VIANDE d'ami est bientôt prête

'on est enclin à minorer les difficultés vécues par nos voisins'

em casa alheia depressa se guisa a ceia

it is easy to cry Yule at other men's cost

⇒ Du BIEN d'autrui, bon jouet

6 VIANDE et boisson, perdition de maison

= Le JEU, la femme et vin friand font l'homme pauvre tout en riant

7 Vieille VIANDE fait bonne soupe

= Vieille POULE fait bon bouillon

⇒ Un vieux FOUR est plus aisé à chauffer qu'un neuf

VICE *s.m.* vício; *vice*

Quand tous les VICES sont vieux, avarice est encore jeune (sXVI)

'l'âge peut estomper tous les défauts, il reste sans prise sur la passion de posséder'

quando todo o vício envelhece, avareza reverdece

when all sins grow old, covetousness is young

- ◆ Do latim *cum omnia vitia senescunt, sola avaritia iuvenescit* (quando todos os vícios envelhecem, só a avareza rejuvenesce). Diz-se em italiano: *quando tutti i peccati sono vecchi, l'avarizia è ancora giovane.*

VICTOIRE *s.f.* vitória; *victory*

Ce n'est pas VICTOIRE, si elle ne met fin à la guerre (1580)

'combien de victoires jettent les bases des guerres ultérieures!... La victoire existe-t-elle?'

tréguas não são pazes

it is not to be called a victory that puts not an end to the war

Mais enfin que peult il attendre de mieulx que ce qu'il vient de perdre? Ce n'est pas comme à l'escrime, où le nombre des touches donne gaing: tant que l'ennemy est en pieds, c'est à recommencer de plus belle; CE N'EST PAS VICTOIRE, SI ELLE NE MET FIN À LA GUERRE. (Montaigne, *E*, t. I, p. 406)

Mesmo porque, que há de esperar melhor do que o que deixou escapar? A guerra não é como a esgrima em que quem consegue maior número de toques ganha; se continua de pé cumpre recomeçar, sempre com mais resolução, NÃO HAVENDO VITÓRIA ENQUANTO NÃO TERMINEM AS HOSTILIDADES. (Trad. de Sérgio Milliet)

VIE *s.f.* vida; *life*

1 Bonne VIE attrait bonne fin (1498)

= De telle VIE, telle mort/fin

2 De mauvaise VIE, mauvaise fin (sXVI)

= JEUNESSE oiseuse, vieillesse disetteuse

3 De telle VIE, telle mort/fin (1498)

'on meurt comme on a vécu, la mort est le reflet de la vie, belle humanité fait belle mort'

quem mal vive mal acaba
segundo a vida, é a morte
tal vida, tal morte

an ill life, an ill end
such a life, such a death

4 Il faut faire VIE qui dure

= Il faut faire FEU qui dure

5 La VIE est un combat

'dans les règnes animal aussi bien que végétal, seules survivent les espèces les mieux armées'

a vida é uma eterna luta
viver é lutar (Gonçalves Dias)

life is but a struggle
life means strife

Deformação jocosa em H. de Balzac:

Après tout, comme dit ce farceur de Mistigris, qui retourne ou calembourdise tous les proverbes, LA VIE EST UN QU'ON BAT. Que fais-tu donc à Issoudun? Adieu. (*R-LP*, p. 267-268)

Afinal, como disse este trocista Mistigris, que altera ou transforma em trocadilhos todos os provérbios, VIVER É COMO BATER. Que estás fazendo em Issoudun? Adeus. (Trad. de Gomes da Silveira)

- ◆ Pensamento de Eurípides (*As suplicantes*, 550): παλαίσμαθ' ἡμῶν ὁ βίος (nossa existência é um perpétuo combate), retomado por Sêneca (*Epistulae ad Lucilium*, 96, 5): *vivere, mi Lucili, militare est* (viver, meu caro Lucílio, é combater). Há correspondentes em italiano: *la vita dell'uom su questa terra altro non è che una continua guerra*, em espanhol: *la vida del hombre es batalla sobre la tierra* e em alemão: *leben heisst kämpfen.*

6 Qui méprise sa VIE est maître de celle d'autrui

'le désespéré possède un avantage immense sur celui qui tient à la vie; c'est cet avantage qui fait la supériorité infinie du terrorisme kamikaze, et qui a rendu possible l'intifada, la déflagration du 11.9.2001 à New York, etc.'

quem despreza a própria vida é senhor da vida do próximo

he who despises his own life is soon master of another's

♦ Cf. Sêneca (*Epistulae ad Lucilium*, 4, 8): *Quisquis vitam suam contempsit, tuae dominus est* (quem despreza sua própria vida é senhor da tua).

7 Tant qu'il y a de la VIE, il y a de l'espoir (sXIX)

'l'espoir est à l'esprit ce que la vie est au corps'

a esperança é (sempre) a última que morre
enquanto há vida, há esperança
enquanto se vive, se tem esperança

hope springs eternal in the human breast (Alexander Pope)
never was cat or dog drowned, that could but see the shore
while there is life, there is hope

– Ah! il est vivant, s'écria le duc avec un soupir de soulagement. On s'attend, on s'attend! Satan vous-même. TANT QU'IL Y A DE LA VIE, IL Y A DE L'ESPOIR, nous dit le duc d'un air joyeux. (M. Proust, *RTP*, t. II, p. 588)

– Ah! está vivo – exclamou o duque com um suspiro de alívio. – Esperam! Esperam! Belo agoureiro é você! ENQUANTO HÁ VIDA HÁ ESPERANÇA – nos disse o duque em tom radiante. (Trad. de Mário Quintana)

Voyons la tête. On dirait que quelque chose y bouge, de loin en loin. Il n'y a donc pas à désespérer d'une congestion cérébrale. Quoi encore? Les organes de digestion et d'évacuation, quoique paresseux, s'agitent par moments, témoin les soins dont je suis l'objet. C'est encourageant. TANT QU'IL Y A DE LA VIE, IL Y A DE L'ESPOIR. (S. Beckett, *I*, p. 78)

Vejamos a cabeça. Dir-se-ia que alguma coisa nela se mexe, de vez em quando. Não há portanto motivo para temer uma congestão cerebral. E o que mais? Os órgãos da digestão e da evacuação, embora preguiçosos, agitam-se por momentos, como demonstram os cuidados de que sou objeto. É encorajador. ENQUANTO HÁ VIDA, HÁ ESPERANÇA. (Trad. de Waltensir Dutra)

♦ Lê-se em Cícero (*Ad Atticum*, 9, 10, 3): *aegroto, dum anima est spes esse dicitur* (diz-se que, para o doente, enquanto há vida há esperança). Há correspondentes em italiano: *finché c'è fiato/vita c'è speranza*, em espanhol: *mientras hay vida, hay esperanza* e em alemão: *es hofft des Mensch, so lang' er lebt.*

⇒ L'ESPOIR fait vivre

VIEILLARD *s.m.* velho; *old man*

1 Un VIEILLARD est deux fois enfant

'songeuse comme l'enfance était rêveuse, détachée du réel mais dépendante des autres, la vieillesse est une seconde enfance'

a velhice é segunda meninice
com a idade torna o velho a menino
de velho se torna a menino
depois de velho se torna a menino
o velho torna a engatinhar
um velho é duas vezes menino
velhice, segunda meninice

an old man is twice a child (Shakespeare)
old men are twice children

♦ Pensamento de Aristófanes (*As nuvens*, 1.417): ἐγὼ δέ γ' ἀντείποιμ' ἄν, ὡς δὶς παῖδες οἱ γέροντες (eu te responderia que os velhos são duas vezes crianças). O provérbio figura também nos *Adagia* de Erasmo: *bis pueri senes*. Há correspondentes em italiano: *i vecchi sono due volte fanciulli*, em espanhol: *la vejez es una segunda niñez* e em alemão: *die Alten werden zweimal Kinder.*

2 VIEILLARD de soi ayant cure cent ans vit, s'il dure (sXV)

= Il faut devenir VIEUX de bonne heure, si l'on veut l'être longtemps

VIEILLE *s.f.* velha; *old woman*

VIEILLE qui danse fait lever force poussière

'l'expérience fait grand effet, d'autant qu'elle sait donner le change'

a velha com a cana muito anda
boi velho, passo seguro
velha experimentada vai por água arregaçada

no playing with a straw before an old cat

♦ Do latim medieval *anus saltans magnum pulverem excitat* (a velha quando dança levanta muita poeira). Diz-se em espanhol: *vieja que baila, mucho polvo levanta.*

⇒ Avec l'ÂGE, on devient sage

VIEILLESSE *s.f.* velhice; *old age*

1 La VIEILLESSE est elle-même une maladie

'l'inguérissable maladie de la vieillesse offre un terrain propice à tous les autres maux'

a saúde dos velhos é muito remendada
a velhice é uma eterna doença
até aos quarenta bem eu passo; depois... ai a minha perna, ai o meu braço...
homem velho, saco de azares

mal que não tem cura é (velhice e) loucura
velho não se senta sem "ui" nem se levanta sem "ai"

an old man is a bed full of bones
old age is a hospital that takes in all diseases
old age is sickness of itself

♦ Lê-se em Terêncio (*Phormio*, 575): *senectus ipsast morbus* (a velhice é em si uma doença). Diz-se também em espanhol: *la propia vejez es enfermedad*. George Sand (*La Petite Fadette*, XXXII) vai além: "(...) l'âge est la pire des maladies (...)" (a velhice é a pior doença).

♦ Observa com ironia E. M. Cioran (*apud* C. Gagnière, *TOM*, p. 108): "La vieillesse, en définitive, n'est que la punition d'avoir vécu." (Afinal, a velhice nada mais é do que o castigo de quem viveu.)

⇒ Vieille CHARRETTE crie à chaque tour

2 La VIEILLESSE est un pesant fardeau

'la pesanteur ne grève nul autre âge plus que la vieillesse'

a vida passada faz a velhice pesada

age is a heavy burden

♦ Há equivalentes em italiano: *la vecchiaia è una grave soma* e em alemão: *das Alter ist eine schwere Last*.

VIEUX *adj. s.m.* velho, ancião; *old, old man*

1 C'est grand-peine d'être VIEUX, mais ne l'est pas qui veut (1568)

'la vieillesse est un douloureux privilège, mais c'est un privilège'

a velhice é mal desejado
a velhice não presta mas todos a querem
ninguém é tão velho que não acredite que não possa viver mais um dia

none so old that he hopes not for a year of life
old age, though despised, is coveted by all

♦ Cf. Cícero (*De senectute*, 7, 24): *nemo enim est tam senex, qui se annum non putet posse vivere* (pois não há ninguém, por mais velho que seja, que não cuide que não possa viver mais um ano). Diz-se em espanhol: *vejez, mal deseado es*.

2 Il faut devenir VIEUX de bonne heure, si l'on veut l'être longtemps

'à vie précocement rangée, longévité assurée'

como te curas, duras
quem quiser ser muito tempo velho comece cedo a sê-lo
quem usa de loucuras cedo cai nas sepulturas
se queres ser velho moço, faze-te velho cedo
se queres viver são, faz(e)-te velho temporão
velho que de si cura cem anos dura

he that would be old long must be old betimes ['early']

he that would be well old must be old betimes
if you want to be old long, be old young
old young and old long
old young, young old

♦ Lê-se em Cícero (*De senectute*, 32): *mature fieri senem, si diu velis senex esse* (torna-te velho cedo, se quiseres ser velho por muito tempo). Há provérbios paralelos em italiano: *se vuoi viver sano e lesto, fatti vecchio un po' più presto* e em espanhol: *si quieres vivir sano, hazte viejo temprano*.

♦ Observa, porém, Montaigne em "Sur des vers de Virgile" (*Essais*, III, v, p. 81): "C'est grand' simplesse d'alonger et anticiper, comme chascun faict, les incommoditez humaines: i'ayme mieulx estre moins long temps vieil, que d'estre vieil avant que de l'estre; iusques aux moindres occasions de plaisir que ie puis rencontrer, ie les empoigne." (É, no fundo, bem simplista o que fazemos todos: prolongamos os incômodos humanos, antecipamo-nos a eles, privando-nos dos prazeres que ainda nos restam. Prefiro ser velho durante menos tempo a sê-lo antecipadamente; por isso aproveito os menores prazeres que encontro. – Trad. de Sérgio Milliet)

⇒ Pour vivre longtemps il faut être VIEUX de bonne heure

3 Les VIEUX fous sont plus fous que les jeunes (1665)

'la folie est plus extravagante en la vieillesse qu'en la jeunesse, à qui elle est plus naturelle'

não há maior louco do que o que tem obrigação de ter juízo
ninguém é tão tolo quanto um velho tolo

a fool at forty is a fool indeed
no fool like an old fool
no fool to the old fool

♦ Máxima 444 de La Rochefoucauld (*Réflexions ou Sentences et Maximes morales*). Recorde-se a amarga reflexão de Machado de Assis (*MPBC*, p. 163): "A velhice ridícula é, porventura, a mais triste e derradeira surpresa da vida humana."

4 Lorsqu'un VIEUX fait l'amour, la mort court alentour/(à l'entour) (1842)

'l'activité sexuelle abrège la vieillesse'

albarda nova em burro velho – matadura pela certa
homem velho e mulher nova, ou corno ou cova
marido velho e mulher nova, ou corno ou cova
por velho casado se reza como finado
velho com amor, morte em redor
velho enamorado, cedo enterrado
velho recém-casado, reza-lhe por finado

aged lovers are always haunted by the spectre of death
an old man in love has one foot in grave

old men, when they marry young women, make much of death

♦ Diz-se em espanhol: *veinte con sesenta, o sepultura o cornamenta* (ou ainda: *al tomar mujer un viejo, o tocan a muerto o a cuerno*).

5   Pour vivre longtemps il faut être VIEUX de bonne heure

= Il faut devenir VIEUX de bonne heure, si l'on veut l'être longtemps

VIGNE *s.f.* vinha, videira; *vine*

1   Belle VIGNE sans raisin ne vaut rien (sXV)

'la beauté seule n'a aucune valeur nutritive'

beleza e formosura nem dão pão nem fartura
beleza não põe mesa

*beauty may have fair leaves, yet bitter fruit
the handsomest flower is not the sweetest*

2   Il y a moins de mal souvent à perdre sa VIGNE qu'à la plaider (1580)

= Un mauvais ACCOMMODEMENT vaut mieux qu'un bon procès

Aux evenements, ie me porte virilement; en la conduicte, puerilement: l'horreur de la cheute me donne plus de fiebvre que le coup. *Le jeu ne vault pas la chandelle*: l'avaricieux a plus mauvais compte de sa passion, que n'a le pauvre, et le ialoux, que le cocu; et Y A MOINS DE MAL SOUVENT À PERDRE SA VIGNE, QU'À LA PLAIDER. (Montaigne, *E*, t. II, p. 354)

Na hora dos acontecimentos conduzo-me virilmente, depois de ter agido como uma criança nas circunstâncias que os provocam. O receio da queda dói-me mais que a própria queda, **custa mais a mecha que o sebo**. O avarento vive pior que o pobre por causa de sua paixão; e o ciumento pior que o enganado; e NÃO RARO HÁ MENOR PREJUÍZO EM PERDER O VINHEDO DO QUE LHE DISPUTAR A POSSE NOS TRIBUNAIS. (Trad. de Sérgio Milliet)

3   Jamais ne grêle en une VIGNE qu'en une autre il ne provigne (1752)

= La NATURE fait bien les choses

⇒ Le HASARD fait bien les choses

4   Plante ta VIGNE de bons plants, prends la fille de bonnes gens

'pour toute entreprise de longue haleine, il faut s'entourer des meilleures garanties'

se queres casar na vila, pergunta pela mãe e não pela filha
se queres conhecer uma rapariga, olha para a mãe; se a queres conhecer melhor, olha para a avó

take a vine of a good soil, and the daughter of a good mother

5   Quand nous serons morts, fouira la VIGNE qui pourra

= Après moi le DÉLUGE!

6   VIGNE double si elle est close (1597)

= En vain plante et SÈME qui ne clôt et ne ferme

VILAIN *s.m.* camponês, vilão; *villein, naughty boy*

1   À VILAIN*, charbonnée** d'âne (1640)

* *Vilain* = 'paysan'.
** *Charbonnée* = 'grillade'.

'il faut traiter un vilain comme il mérite'

ao ruim, ruim e meio
com esperto, esperto e meio
para espertalhão, espertalhão e meio
para velhaco, velhaco e meio

*against a rogue set a rogue and a half
to a crafty man, a crafty and a half*

2   À VILAIN, VILAIN et demi (1789)

= À MALIN, MALIN et demi

⇒ À CHAIR de loup sauce de chien

3   Baillez à un VILAIN une serviette, il en fera des étrivières (1547)

= Oignez VILAIN, il vous poindra; poignez VILAIN, il vous oindra

4   Nul n'est VILAIN, si le cœur* ne lui meurt (sXIII: *nul n'est vilain si du cœur ne lui vient*)

* *Cœur* = 'courage'.

'le courage est l'ultime garantie de la valeur humaine'

a coragem é meia batalha ganha

a bold heart is half the battle

5   Oignez VILAIN, il vous poindra; poignez VILAIN, il vous oindra (XIIIᵉ s.: *poignez, il vous oindra; oignez, il vous poindra*)

'dans la brutalité de la nature, l'homme n'est qu'ingratitude ou servilité'

dêem ofício ao vilão, conhecê-lo-ão
faz(e) bem ao vilão, morder-te-á a mão; castiga o vilão, beijar-te-á a mão
não ensebes as botas do vilão – dirá que lhas fazes num tição
não faças bem a vilão ruim nem te fies de beleguim
não te fies em vilão, nem bebas água de charqueirão
o vilão morde a mão que o afaga e beija o pé que o esmaga
quem faz bem a ingrato compra caro e vende barato

anoint a clown and he'll grip you, grip a clown and he'll anoint you

V

don't waste good deeds on a bad fellow

Voylà que c'est: le bon traictement et la grande familiarité que leurs avez par cy davant tenue vous ont rendu envers eulx comtemptible: OIGNEZ VILLAIN, IL VOUS POINDRA; POIGNEZ VILLAIN, IL VOUS OINDRA. (F. Rabelais, *G*, p. 145)

Aí está: o bom tratamento e a grande familiaridade que lhes dispensastes antes vos tornaram desprezível a seus olhos: FAZEI BEM A VILÃO, MORDER-VOS-Á A MÃO; CASTIGAI O VILÃO, BEIJAR-VOS-Á A MÃO.

♦ Diz-se em espanhol: *al villano no le hagas bien, que es perdido; ni mal, que es pecado.*

⇒ Fais du BIEN à un cochon et il viendra chier sur ton balcon

6 Priez le VILAIN il en fera moins (1568)

= Qui prie le VILAIN, se fatigue en vain

7 Qui prie le VILAIN, se fatigue en vain (1568)

'd'une nature grossière, il ne faut espérer ni merci ni partage'

quem pede a vilão cansa-se em vão

ask a kite for a feather, and she'll say, she has but just enough to fly with

⇒ Fais du BIEN à un cochon et il viendra chier sur ton balcon

8 VILAIN enrichi ne connaît parent ni ami (1568)

'le parvenu est sans foi ni loi; le nouveau riche n'honore aucune valeur; on ne saurait s'étonner qu'une société de parvenus comme la nôtre se soit débarrassée de toute morale'

o avarento rico não tem parente nem amigo (aprox.)
quando o vilão está rico, não tem parente nem amigo

a rascal grown rich has lost all his kindred
when a knave is in a plum-tree, he has neither friend nor kin

♦ Lê-se em Claudiano (*In Eutropium*, 1, 181): *asperius nihil est humili, cum surgit in altum* (nada pior do que um indivíduo que, egresso das classes inferiores, ascende a um cargo importante). Há provérbio semelhante em latim medieval: *nihil humili peius, cum se sors ampliat eius* (nada é pior do que o humilde quando a fortuna o põe em evidência). O provérbio tem equivalentes em italiano: *il villan nobilitato non conosce il parentado* e em espanhol: *cuando el villano está rico, ni tiene parientes ni amigos.*

VILLE *s.f.* cidade; *city*

1 Autant de VILLES, autant de guises (1610)

= Autant de TÊTES, autant d'avis

2 Selon la VILLE, les bourgeois (sXVI)

= Chaque PAYS, chaque coutume

3 (Toute) VILLE qui parlemente est à moitié rendue (1597)

'consentir à négocier, c'est commencer à capituler; femme qui prête l'oreille aux galanteries est déjà prise'

cidade que parlamenta por pouco tempo se agüenta
praça que parlamenta está prestes a render-se
mulher que escuta por pouco tempo se agüenta
quem lágrimas escuta está perto de perdoar

a castle that parleys is half gotten
a city that parleys is half gotten
a maid that laughs is half taken
cities are taken by ears
the woman that deliberates is lost
the woman that hesitates is lost

4 VILLES et filles qui parlementent sont à moitié rendues

= (Toute) VILLE qui parlemente est à moitié rendue

⇒ CHASTE est celle qu'on n'a pas priée

VIN *s.m.* vinho; *wine*

1 À bon VIN il ne faut pas de bouchon* (1640)

* *Bouchon* = 'faisceau de branches vertes, qui servait d'enseigne aux débits de boisson'.

= À bon VIN, point d'enseigne

2 À bon VIN, point d'écriteau

= À bon VIN, point d'enseigne

3 À bon VIN, point d'enseigne (1495: *à bon vin ne faut pas d'enseigne*)

'bon produit se passe de publicité; la publicité se développe à mesure que baisse la qualité des produits; on comprend pourquoi notre siècle est celui de son triomphe'

bom vinho dispensa ramo
o bom mosto sai ao rosto
o bom pano na arca se vende
o bom vinho escusa pregão
o bom vinho não há mister ramo
o que é bom por si se gaba

good ware makes quick markets
good wine needs no bush
good wine needs no crier
good wine praises itself

♦ Cf. o latim medieval *laudato vino non opus est hedera* (o bom vinho não há mister ramo). Há correspondentes em italiano: *il buon vino non ha bisogno frasca*, em espanhol: *vino que es bueno, no ha menester pregonero* e em alemão: *guter Wein bedarf keines Kranzes.*

≠ LE BON DIEU LUI-MÊME A BESOIN DE CLOCHES

⇒ La bonne MARCHANDISE se recommande elle-même

4 Après bon VIN, bon cheval (1648)

'bon vin rend l'homme vaillant; ancienne formulation de la vertu des drogues'

depuis de beber cada qual dá seu parecer (aprox.)
depois de beber todos são valentes (aprox.)

a spur in the head is worth two in the heel
wine is a whetstone to wit

⇒ Un VERRE de vin tire souvent mieux que deux bœufs

5 Bon VIN, bon éperon (1640)

= Après bon VIN, bon cheval

6 Chaque VIN a sa lie (1640)

'les meilleures choses ont leur désagrément'

não há bela sem senão
não há nada sem algum defeito
não há rosa sem espinhos
não há rosa sem espinhos, nem amores sem ciúmes
não há rosa sem espinhos, nem formosa sem senão
não há rosa sem espinhos, nem mel sem abelhão
não há rosas sem espinhos
não há trigo sem joio
não há trigo tão joeirado que não tenha alguma ervilha-ca (Camões)
todo caju tem pigarro

every bean has its black
every grain has its bran
no garden without its weeds
(there's) no rose without a thorn

⇒ Le bon BLÉ porte l'ivraie

7 De bon VIN, bon vinaigre (1656)

'quand la qualité est là, elle est sensible partout, même sous ses formes dégradées'

de bom vinho, bom vinagre

from the sweetest wine, the tartest vinegar

♦ H. de Montherlant reformula o provérbio: "Les mauvais écrivains font les bons critiques, comme les mauvais vins font les bons vinaigres." (Os maus escritores dão bons críticos tal como o mau vinho dá bom vinagre.)

8 Le bon VIN réjouit le cœur de l'homme

'le bon vin irrigue les fibres les plus profondes du bien-être, en délogeant tous les atomes de morosité'

o bom vinho alegra o coração do homem

wine makes glad the heart of man

Autre exemple: chez les peuples du Nord, on aime à boire le vin, flot rayonnant où dort le cher soleil. Notre religion nationale nous avertit même que "LE BON VIN RÉJOUIT LE CŒUR". (V. de l'Isle-Adam, *CC*, p. 11)

Outro exemplo: os povos do Norte gostam de beber vinho, líquido radiante onde dorme o querido sol. Nossa religião nacional chega a nos advertir que "O BOM VINHO ALEGRA O CORAÇÃO".

● Acrescenta-se às vezes, com malícia: **... et il n'attriste pas celui des femmes** (e não entristece o das mulheres).

♦ Provérbio inspirado no *Eclesiastes* (40, 20), cujo texto exato é *vinum et musica laetificat cor*, e nos *Salmos* (104, 15): "E o vinho que alegra o coração do homem, e o azeite que faz reluzir o seu rosto, e o pão que fortalece o coração do homem." As virtudes do vinho foram enaltecidas por Homero (*Ilíada*, 6, 261): ἀνδρὶ δὲ κεκμεῶτι μένος μέγα οἶνος ἀέξει (um homem cansado vê o vinho aumentar muito o seu ardor) e por outros autores da Antiguidade, como Alceu, Eurípides, Horácio e Ovídio.

9 Le VIN est le lait des vieillards (sXVI)

'le vin soutient les vieillards, comme le lait nourrit les enfants'

o vinho é o leite dos velhos

wine is old men's milk

Depuis quand êtes-vous devenu si contraire à vous-même? Vous ne sauriez vous excuser sur votre âge, puisque, dans un endroit de vos écrits, vous définissez la vieillesse une phtisie naturelle qui nous dessèche et nous consume, que, sur cette définition, vous déplorez l'ignorance des personnes qui appellent LE VIN LE LAIT DES VIEILLARDS. (Lesage, *GB*, p. 468-469)

Desde quando vos tornastes tão diferente de vós mesmo? Não vos é lícita a desculpa da idade, visto que, em certo trecho de vossa obra, definis a velhice como uma tísica natural que nos resseca e consome, e, com base nessa definição, deplorais a ignorância das pessoas que chamam aO VINHO O LEITE DOS VELHOS.

♦ Do latim medieval *vinum lac senum*. Há correspondentes em italiano: *il vino buono è il latte dei vecchi*, em espanhol: *la leche de los viejos es el vino* e em alemão: *guter Wein ist der Alten Milch*.

10 L'on dit par bourgs, villes et villages, VIN et femmes attrapent les plus sages

= FEMME et vin ont leur venin

11 On ne connaît pas le VIN au cercle* (1568)

* *Au cercle* = 'en tonneaux cerclés'.

'le contenant n'apprend rien sur le contenu'

não se pode julgar um livro pela capa

you cannot know the wine by the barrel

V

you can't tell a book by its cover

⇒ Qui se fie au VISAGE n'est pas dans le sens

12 On ne met pas le VIN nouveau dans de vieilles outres

'rien à espérer d'un changement qui ne touche pas aux structures'

não se deita vinho novo em odres velhos

put not new wine into old bottles

♦ A fonte é Mateus 9, 17.

13 Quand le VIN entre, la raison sort

'l'alcool émousse les facultés intellectuelles'

enquanto o vinho desce, as palavras sobem
o vinho faz falar os mudos
onde entra o beber, sai o saber
onde entra o vinho, sai a razão
quando o vinho desce, as palavras sobem
quem bebe muito vinho perde o tino
vinho e medo descobrem o segredo
vinho em excesso nem guarda segredo nem cumpre
promessas

what soberness conceals, drunkenness reveals
when the wine is in, the wit is out
wine in, truth out
wine in, wit out
wine wears no breeches

♦ Provérbio de origem hebraica: *Talmude, Erubin* (século V). Há provérbios paralelos em italiano: *dove entra il bere, esce il parere/sapere* e em espanhol: *donde entra el beber, sale el saber* (ou ainda: *hombre avinado, hombre desatinado*).

14 Quand le VIN est tiré, il faut le boire (1576)

'toute affaire engagée doit être menée à son terme, quelqu'amers qu'en soient les effets'

pirão feito não se deixa
vinho tirado é vinho bebido

milk once drawn from the dug never goes back
the wine is drawn; it must be drunk
when the cork is drawn, the wine must be drunk

VALÈRE, *mettant l'épée à la main.* Il faut voir sur-le-champ si les vice-baillis / Sont si francs du collier que vous l'avez promis.
LE MARQUIS. Mais faut-il nous brouiller pour un sot point de gloire?
VALÈRE. Oh! LE VIN EST TIRÉ, monsieur; IL FAUT LE BOIRE. (Regnard, *Le Joueur,* in *TC*, t. I, p. 81)

VALÈRE, *empunhando a espada.* Temos de ver logo se os vice-bailios / São tão leais quanto o senhor anunciou.
O MARQUÊS. Mas valerá a pena nos desentendermos por tão pouco?

VALÈRE. Oh, meu senhor: TARDE DEMAIS PARA RECUAR.

Il se fit un grand silence. Maintenant les policiers pensaient à toutes les vengeances que ne manquera pas d'exercer Matteo Brigante. Il n'y avait pas un seul d'entre eux dont la carrière ne pût être brisée par une indiscrétion du racketer.
Le commissaire Attilio rompit le silence:
– QUAND LE VIN EST TIRÉ, dit-il... (R. Vailland, *L,* p. 248)

Fez-se um silêncio pesado. Agora os policiais pensavam em todas as vinganças que não escapariam a Matteo Brigante. Para qualquer um deles a carreira podia ser cortada por uma indiscrição do extorsionário.
O comissário Attilio quebrou o silêncio:
– PERDIDO POR POUCO...

♦ Há provérbio paralelo em espanhol: *vino sacado hay que beberlo.*

⇒ Qui fait la FAUTE la boit

15 Qui bon VIN boit, Dieu voit

'le vin, élixir divin, a des vertus théogéniques – il a remplacé l'antique nectar ou hydromel'

o bom vinho traz consigo a ventura
quem bebe vinho vê Deus no caminho

good wine is a great enchantment

Seigneur, je vous honore, et crois, sans me vanter, que nous nous rencontrons plus d'une fois par jour, si le dicton est vrai, le bon dicton gaulois: QUI BON VIN BOIT, DIEU VOIT. (R. Rolland, *CB,* p. 32)

Senhor, eu vos venero, e creio, sem me gabar disso, que nos encontramos mais de uma vez por dia, se for certo o ditado, o bom ditado gaulês que diz: QUEM BEBE VINHO VÊ DEUS NO CAMINHO. (Trad. de Ivo Barroso)

16 Qui VIN ne boit après salade est en danger d'être malade (1594)

règle du bien manger, aujourd'hui rendue caduque par l'habitude d'assaisonner la salade avec de la vinaigrette: le vinaigre empêche d'apprécier le vin

quem sobre salada não bebe não sabe o bem que perde

he that drinks not wine after salad is in danger of being sick

17 Toujours le VIN sent son terroir (sXIII)

'les origines restent sensibles jusque dans les produits les plus dérivés; le fleuve garde mémoire de la source'

cada cuba cheira ao vinho que tem
cada vaso transpira o que dentro arrecada
o tonel nunca perde o cheiro do vinho

the cask savours of the first fill
the vessel long retains the scent which it first receives

◆ Há equivalentes em italiano: *la botte da il vino che ha* e em espanhol: *cada cuba huele al vino que tiene.*

⇒ La CAQUE sent toujours le hareng

18 VIN à la saveur et pain à la couleur (sXVI)

'le bon vin se connaît par le palais, le bon pain par les yeux'

o pão pela cor e o vinho pelo sabor

wine by the savour, bread by the colour
wine by the savour, bread by the heat

◆ Há correspondente em italiano: *il vino al sapore, il pane all'odore.*

19 VIN délicat, friand et bon n'a métier* lierre** ni brandon (sXV)

* *Métier* = 'besoin'.
** *Lierre* = 'symbole bachique servant d'enseigne aux marchands de vin'.

= À bon VIN, point d'enseigne

20 VIN du milieu, huile de dessus et miel de dessous

'les liquides se stratifient selon leur densité; toute perturbation de cet ordre immuable signale une altération d'un des éléments; c'est aussi une règle gastronomique: il faut commencer par huiler l'estomac, continuer par les aliments plus violents, et terminer par des douceurs'

aceita sem receio azeite de cima, mel do fundo e vinho do meio

of wine the middle, of oil the top, and of honey the bottom, is the best

◆ Lê-se em Macróbio (*Saturnalia*, 7, 12, 13): *Quaero igitur cur oleum quod in summo est, vinum quod in medio, mel quod in fundo, optima esse credantur.* (Portanto eu te pergunto por que é que o azeite de cima, o vinho do meio e o mel do fundo são tidos como de melhor qualidade.) Diz-se em italiano: *vino di mezzo, olio di sopra e miele di sotto.*

21 VIN loyal n'a pas besoin de lierre* (sXVI)

* *Lierre* = 'symbole bachique servant d'enseigne aux marchands de vin'.

= À bon VIN, point d'enseigne

22 VIN sur lait bien fait, lait sur VIN venin

= VIN sur lait c'est santé/souhait, lait sur VIN c'est venin

23 VIN sur lait c'est santé/souhait, lait sur VIN c'est venin (1752)

'l'hygiène digestive exige que le vin succède au lait, et jamais l'inverse'

disse o leite ao vinho: venhas em boa hora, amigo!
o leite disse ao vinho: vem-te cá, meu amiguinho!

milk says to wine, 'Welcome friend'

◆ Há correspondentes em italiano: *latte su vino è veleno, ma vino su latte è buono per tutti* e em espanhol: *dijo la leche al vino: Bien seáis venido, amigo, si no eres mi enemigo.*

24 VIN trouble, pain chaud et bois vert encheminent l'homme au désert

'avant de les consommer, il convient de laisser décanter le vin, refroidir le pain et sécher le bois: consommation prématurée nuit à la santé'

vinho turvo, madeira verde e pão quente são três inimigos da gente

cloudy wine, hot bread and green wood will hinder any man

25 VIN versé, il faut le boire (1597)

= Quand le VIN est tiré, il faut le boire

26 VIN versé n'est pas avalé (1821)

'il est presque inéluctable que le vin dont on a rempli mon verre finisse bientôt son existence dans ma bouche, mais les quelques décimètres qui restent à parcourir peuvent encore réserver bien des surprises'

da colher à boca se perde a sopa
da mão à boca se perde a sopa
do prato à boca se perde (muitas vezes) a sopa

there is many a slip between the cup and the lip
there's many a slip 'twixt the cup and the lip

VIOLENCE *s.f.* violência; *violence*

VIOLENCE engendre VIOLENCE

= Qui/Quiconque se sert de l'ÉPÉE périra par l'ÉPÉE

VIOLENT *adj.* violento; *violent*

Tout ce qui est VIOLENT n'est pas durable

'le temps a raison de tout ce qui cherche à le brusquer'

o que é violento não é durável
paixões violentas duram pouco
tudo o que é violento não dura muito tempo

all that is sharp is short
hot love is soon cold
nothing that is violent is permanent
the sharper the storm, the sooner it's over

◆ Cf. o latim *nil violentum est perpetuum.* Há correspondentes em italiano: *violenza non dura a lungo* e em espanhol: *lo que es violento no puede durar.*

V

VIOLON *s.m.* violino; *violin*

Qui paie les VIOLONS choisit la musique

'l'argent mène la danse'

escolhe a dança quem paga o músico
quem paga a conta encomenda a música

he who pays the piper calls the tune

⇒ Qui a la LANCE au poing, tout lui vient à point

VIPÈRE *s.f.* víbora; *viper, adder*

La VIPÈRE n'a ni père ni mère; si elle en avait, personne ne pourrait vivre sur terre

'le mal est un phénomène de génération spontanée, sans ancrage dans le temps, ce qui en limite heureusement les méfaits'

Deus não dá asa a cobra
se o alicranço visse e a bicha ouvisse, não havia ninguém que no mundo existisse
se o escorpião visse e a víbora ouvisse, não haveria homem que ao campo saísse
se o escorpião visse e a víbora ouvisse, não haveria quem lhes resistisse
se o lacrau visse e a víbora ouvisse, não havia no mundo ninguém que existisse

if the adder could hear, and the blind worm could see, neither man nor beast would ever go free

⇒ Si TAUPE voyait, si sourd entendait, homme sur terre ne vivrait

VISAGE *s.m.* rosto; *face*

1 Au VIS* le vice (1656)

* *Vis* = 'visage'.

'le vice se voit au visage; jeu homophonique'

de ruim rosto, nunca bom feito
o mal e o bem à face vêm
o rosto é o espelho da alma
pela aragem se conhece (logo) quem vem na carruagem (aprox.)

in the forehead and the eye, the lecture of the mind doth lie
the eyes are the window of the soul
the face is the index of the heart
the face is the index of the mind

♦ Em latim: *vultus est index animi.*

≠ QUI SE FIE AU VISAGE N'EST PAS DANS LE SENS

⇒ Au SEMBLANT connaît-on l'homme

2 Beau VISAGE apporte sa dot en naissant

= Jolie FILLE porte sur son front sa dot

3 Qui se fie au VISAGE n'est pas dans le sens

'la physiognomonie est la plus improbable des sciences'

nem sempre pela cara se conhece quem tem lombrigas
parecença não é certeza
parecer não é ser

quem vê cara não vê coração

appearances are (often) deceptive
appearances can be misleading
every one's faults are not written in their foreheads
looks are deceiving
the face is no index to the heart
vice is often clothed in virtue's habit

≠ AU VIS LE VICE

⇒ L'AIR ne fait pas la chanson

4 Qui son VISAGE farde à son cul pense

'raccourci brutal de la chaîne des causes et des effets; quand une femme se fait belle, c'est évidemment pour séduire, et l'on sait où s'achève une séduction réussie'

a mulher muito louçã dar-se quer à vida vã

a woman that paints, puts up a bill that she is to be let

VITE *adv.* rapidamente, depressa; *quickly*

1 VITE et bien ne s'accordent pas

= VITE et bien ne vont jamais ensemble

2 VITE et bien ne vont jamais ensemble

'la qualité d'un travail pâtit toujours de sa précipitation'

depressa e bem não há quem
depressa e bem não o faz ninguém

good and quickly seldom meet

♦ Cf. o latim *vix bene et cito* (a muito custo bem e depressa). Há equivalentes em italiano: *presto e bene rado/raro avviene* e em espanhol: *pronto y bien, rara vez juntos se ven.*

⇒ La trop grande HÂTE est cause du retardement

VIVIER *s.m.* viveiro, aquário; *fishpond, fish-tank*

Il n'est que pêcher en grand VIVIER (1568)

'il est bien agréable de travailler dans des conditions optimales; c'est pourquoi l'on aime servir ceux qui peuvent vous les offrir'

nada como pescar nos grandes rios
nos grandes mares se encontram os maiores peixes

it's good swimming in large waters
no fishing to fishing in the sea

⇒ Il n'est que nager en grande EAU

VIVRE *v.* viver; *to live*

1 Celui sait assez qui bien VIT (sXVI)

'bien vivre est une science qui surpasse toutes les autres'

vida é prazer de quem não tem saber

he that lives well is learned enough

2 Il fait bon VIVRE et ne rien savoir

'la connaissance est source de mal-être; Adam et Ève les premiers en ont fait l'amère expérience'

quem muito sabe muito sofre

he that increaseth knowledge increaseth sorrow

♦ Cf. *Eclesiastes*, 1, 18: "Porque na muita sabedoria há muito enfado; e o que se aumenta em ciência acrescenta o trabalho."

3 Mal VIT qui ne s'amende

'celui qui ne sait pas profiter des leçons de la vie pour s'améliorer, se condamne au mal-être'

mal vive quem não se emenda

he lives ill that not amends

4 Qui plus VIT plus languit (sXVI)

Ambrose Bierce définit la vieillesse comme une "prolongation inconfortable de la peur de mourir" (*Dictionnaire du diable*, 1906)

quem mais vive mais sofre

he that lives long suffers much

⇒ Qui bientôt MEURT, on dit qu'il languit moins

5 Qui VIVRA verra (sXV)

'seul l'avenir permettra de juger'

o futuro a Deus pertence
o que será será
o tempo dirá
quem viver verá (as voltas que o mundo dá)

live and learn
time will show
time will tell
wait and see
what will be, will be

– (...) Ce jeune homme est étonnant, interrompit naïvement M. de Charlus, en montrant Morel. Il joue comme un dieu." Cette réflexion ne plut pas beaucoup au docteur qui répondit: "QUI VIVRA VERRA. *A roublard, roublard et demi*". (M. Proust, *RTP*, t. II, p. 964)

– (...) Esse jovem é espantoso, interrompeu ingenuamente o Sr. de Charlus, designando Morel. – Ele joga como um deus. – Essa reflexão não agradou muito ao doutor, que respondeu: O TEMPO DIRÁ. *Para velhaco, velhaco e meio*. (Trad. de Mário Quintana)

♦ Diz-se em italiano: *chi vivrà vedrà*.

⇒ On ne sait qui MORD ni qui rue

VOIE *s.f.* via, caminho; *way*

1 À longue VOIE paille pèse (1456)

'le temps alourdit la moindre charge'

em caminho longo, palha pesa
o que é demais aborrece
(tudo) o que é demais enjoa

in a long journey, straw weighs
in the long run weight tells
light burdens far heavy
light burdens, long borne, grow heavy
too long burden makes weary bones

♦ O provérbio tem equivalentes em italiano: *in lungo viaggio anche una paglia pesa*, em espanhol: *en luengo camino paja pesa* e em alemão: *die Länge trägt die Last*.

⇒ Au long aller, petit FARDEAU pèse

2 Les VOIES du Seigneur sont impénétrables/insondables

'incommensurables sont l'entendement de Dieu et le cerveau de l'homme; si étendue que soit la portée de celui-ci, si profond qu'il touche, les volontés divines l'excèdent infiniment et lui demeurent inaccessibles'

os caminhos do Senhor são impenetráveis
os desígnios de Deus são impenetráveis

the ways of God are unfanthomable

– LES VOIES DU SEIGNEUR SONT IMPÉNÉTRABLES; et puis, son confesseur est un jésuite, et cela doit être suffisant! (P. Combescot, *FS*, p. 348)

– OS CAMINHOS DO SENHOR SÃO IMPENETRÁVEIS; depois, seu confessor é um jesuíta, e isso deve bastar! (Trad. de Ana Maria Scherer)

3 Mieux vaut la vieille VOIE que le nouveau sentier (1495; sXIII: *meuz valent les vieilles veyes que les noves*)

'mieux vaut une incommodité connue que le hasard de la nouveauté'

estrada batida, estrada sabida
mais vale estrada velha que vereda nova
não deixes a estrada real para seguir o atalho
quem caminha por atalhos nunca sai de sobressaltos
quem cuida que atalha rodeia
quem se mete por atalhos nunca se livra de trabalhos
quem troca caminhos por atalhos nunca lhe faltam trabalhos

better the devil you know than the devil you don't know
he that leaves the highway to cut short commonly goes about
keep the common road, and you are safe
no safe wading in an unknown water
the beaten road is the safest
who leaves the old way for the new, will find himself deceived

♦ Há correspondentes em italiano: *chi lascia la strada vecchia per la nuova, sa quel che lascia ma non sa quel che*

V

trova e em espanhol: *quien deja camino por vereda, atrás se queda.*

VOILE *s.f.* vela; *sail*

1 Il faut tendre VOILE selon le vent (sXVI)

= Selon le VENT, la voile

2 On tend les VOILES du côté que vient le vent

= Selon le VENT, la voile

VOISIN *s.m.* vizinho; *neighbour*

1 Aimez votre VOISIN, mais n'abattez pas la haie

'il est des bornes que la familiarité ne peut transgresser sans devenir importune'

a chave na cinta faz a mim boa e à minha vizinha
boas cercas fazem bons vizinhos
cerra a porta e farás a tua vizinha boa

a hedge between keeps friendship green
a wall preserves love
good fences make good neighbours
love your neighbour, yet pull not down your hedge

♦ Diz-se em espanhol: *cierra tu puerta, y loa tus vecinos.*

⇒ La BORNE sied très bien entre le champs de deux frères

2 Bon VOISIN, bon jour

= Qui a bon VOISIN a bon matin

3 J'aime bien mes VOISINS, mais je n'ai cure d'eux

'le souci se borne à un cercle restreint; la sociabilité ne l'exige pas, ni la solidarité, qui révèle ainsi ses limites'

farei primeiro aos meus, então aos alheios
primeiro aos meus, depois aos alheios
primeiro nós, depois vós

I love my friends well, but myself better
love your friend, but look to yourself

– La meilleure façon de garder sa maison, c'est de défendre celle des autres.
– Le plus pressé d'abord. Chacun défend le sien.
– Je connais le refrain: "J'AIME BIEN MES VOISINS, MAIS JE N'AI CURE D'EUX"... (R. Rolland, *CB*, p. 218)

– A melhor maneira de se guardar uma casa é defendendo a casa dos outros.
– Primeiro o mais arriscado. Cada qual defende o seu.
– Conheço o ditado: AMO O VIZINHO, MAS CUIDO DE MEU NINHO... (Trad. de Ivo Barroso)

⇒ La CHEMISE est plus proche que le pourpoint

4 Mieux vaut un VOISIN proche qu'un frère éloigné

'les liens de proximité sont souvent plus forts que ceux de la parenté'

mais vale bom amigo que parente ou primo
mais vale bom vizinho que parentesco
mais vale um amigo próximo que um parente afastado
mais vale um vizinho à mão do que longe o nosso irmão
quem é teu irmão? o vizinho mais à mão

a near neighbour is better than a far-dwelling kinsman
better is a neighbour that is near than a brother far off
we can live without our friends, but not without our neighbours

♦ A fonte é o *Livro dos Provérbios*, 27, 10: *Melior est vicinus iuxta, quam frater procul.* Há correspondentes em italiano: *meglio un prossimo vicino, che un lontano cugino* e em espanhol: *más vale un amigo que pariente ni primo.*

⇒ Un bon VOISIN vaut mieux qu'un parent

5 Qui a bon VOISIN a bon matin (1568)

'on se lève dispos quand les ennuis ne sont pas à la porte de chez soi'

cada um só goza a paz que o vizinho quer
quem tem bom vizinho não teme arruído

a good neighbour, a good morrow
all is well with him who is beloved of his neighbours

♦ Há equivalentes em italiano: *chi ha il buon vicino, ha il buon mattino* e em espanhol: *quien ha buen vecino, ha buen maitino* ['mañana'].

6 Qui a mauvais VOISIN a mauvais matin (sXII-sXIII: *qui a mal voisin il a souvent mal matin – Roman de Renart*; sXIII: *qui a maul voisin si a maul matin*)

'nul repos assuré quand on sait les ennuis en embuscade; paix avec soi-même sans paix avec autrui à la tranquillité ne suffit'

cada um só goza a paz que o vizinho quer
Deus me livre de maus vizinhos ao pé da porta
má vizinha à porta é pior que lagarta na horta
quem com mau vizinho há de avizinhar com um olho há de dormir e com outro velar (Jorge Ferreira de Vasconcelos)
quem com mau(s) vizinho(s) vizinhar com um olho há de dormir e com o outro vigiar

a bad neighbour is a great misfortune as a good is a great blessing
you must ask your neighbour if you shall live in peace

♦ A idéia está em Hesíodo (*Os trabalhos e os dias*, 346): πῆμα κακὸς γείτων (um mau vizinho é uma calamidade). Diz-se em italiano: *chi ha cattivo vicino, ha mal mattino.*

7 Un bon VOISIN vaut mieux qu'un parent (Québec)

= Mieux vaut un VOISIN proche qu'un frère éloigné

⇒ Un bon AMI vaut mieux que cent parents

VOIX *s.f.* voz; *voice*

La VOIX du peuple est la VOIX de Dieu (1568)

'Dieu s'exprime par le truchement du peuple, dont la volonté est sacrée; cette divinisation de l'expression populaire est propre aux démocraties absolues de droit divin'

a voz do povo é a voz de Deus

the people's voice, God's voice
the voice of the people is the voice of God

Le récit précédent suffit / Pour montrer que le PEUPLE est juge récusable. / En quel sens est donc véritable / Ce que j'ai lu dans certain lieu, / Que SA VOIX EST LA VOIX DE DIEU? (La Fontaine, *F*, VIII, xxvi, 45-49)

Basta o que foi dito / para mostrar que o povo é recusável juiz. / Em que sentido, pois, amigos meus, / é verdadeiro aquilo que se diz / e até já não sei onde eu vi escrito: / que A VOZ DO POVO É A VOZ DE DEUS? (Trad. de Milton Amado e Eugênio Amado)

♦ Provérbio do latim medieval: *vox populi, vox Dei* (Alcuíno, *Capitulare admonitionis ad Carolum* [*Epístola a Carlos Magno*]). "Na época clássica, esse mesmo conceito já era gnômico, a partir de Hesíodo (*Os trabalhos e os dias*, 763-764: φήμη δ' οὔ τις πάμπαν ἀπόλλυται, ἥν τινα πολλοὶ / λαοὶ φημίξωσι· θεός νύ τίς ἐστι καὶ αὐτή, 'a bisbilhotice, que muita gente propaga, nunca perece completamente: no fundo até ela é uma deusa'", informa R. Tosi, que lembra também o latim *sacra populi lingua est* (a língua do povo é sagrada), consignado em Sêneca, o Retórico (*Controversiae*, 1, 1). Há provérbios paralelos em italiano: *voce di popolo, voce di Dio* e em espanhol: *voz del pueblo, voz de Dios* (ou ainda: *voz del pueblo, voz del cielo*).

VOLEUR *s.m.* ladrão; *thief*

1 Le VOLEUR prend facilement là où on fait mauvaise garde (sXIII: *lerres emble de légier là où il n'a garde*)

= L'OCCASION fait le larron

2 Les grands VOLEURS pendent les petits

= Les gros LARRONS pendent/(font pendre) les petits

3 Qui vole une fois est appelé VOLEUR

= Vu une FOIS, cru cent FOIS

4 Si un VOLEUR vole l'autre, le diable s'en rit

= Bien est LARRON qui LARRON emble/dérobe/vole

MOI. Et le voliez-vous, sans remords?
LUI. Oh, sans remords. On dit que SI UN VOLEUR VOLE L'AUTRE, LE DIABLE S'EN RIT. Les parents re-gorgeaient d'une fortune acquise, Dieu sait comment; (...). (D. Diderot, *NR*, p. 63)

EU. E roubáveis sem remorso?
ELE. Mas claro! LADRÃO QUE ROUBA LADRÃO TEM CEM ANOS DE PERDÃO! Deus sabe como os pais ganharam a fortuna que regurgitavam. (Trad. de Marilena de Souza Chauí)

5 Voler un VOLEUR n'est pas voler

= Bien est LARRON qui LARRON emble/dérobe/vole

VOLONTÉ *s.f.* vontade; *will*

1 La bonne VOLONTÉ est réputée pour le fait

= L'INTENTION vaut le fait

♦ Do latim medieval *voluntas bona pro facto est*. A idéia estava presente em vários autores latinos, como Ovídio (*Epistulae ex Ponto*, 3, 4, 79): *Ut desint vires, tamen est laudanda voluntas* (Ainda que faltem forças, a vontade deve ser enaltecida), Propércio (2, 10, 5-6): *Quod si deficiant vires, audacia certe / laus erit: in magnis et voluisse sat est.* (Se me faltarem forças, terei ao menos o mérito de haver ousado; nas grandes empresas, o querer já é muito.) E Apuleio (*Florida*, 20): *omnibus bonis in rebus conatus in laude, effectus in casu est* (em toda boa ação, o que se deve louvar é o esforço).

2 VOLONTÉ de roi fait loi

'où la force s'impose, le droit s'incline'

vontade de rei não conhece lei

what the king wills, that the law wills

⇒ La RAISON du plus fort est toujours la meilleure

VOULOIR *v.t.* querer; *to want*

VOULOIR, c'est pouvoir

'rien n'est impossible dès lors que la volonté s'en mêle'

a quem quer nada é difícil
a quem quer não faltam meios
muito pode a vontade
querer é poder
tudo alcança quem não espera sentado
tudo pode o ânimo, se quer (Frei Amador Arrais)

a wilful man will have his way
where there is a will, there is a way

♦ O provérbio tem equivalentes em italiano: *volere è potere* e em espanhol: *querer es poder* (ou ainda: *querer y poder hermanos vienen a ser*).

VOYAGE *s.m.* viagem; *trip, journey*

1 Les VOYAGES forment la jeunesse

'la découverte du monde a une forte valeur pédagogique'

o mundo é um livro, mas aqueles que não viajam lêem apenas uma página

quem anda por toda a parte por toda a parte aprende

home-keeping youth have ever homely ['unlearned'] *wits* (Shakespeare)
travel broadens the mind (of youth)

Estropiado em H. de Balzac:

– Allons, Mistigris, dit le jeune homme au rapin, souviens-toi du respect que tu dois à la vieillesse? tu ne sais pas combien tu peux être affreusement vieux: *LES VOYAGES DÉFORMENT LA JEUNESSE*; ainsi cède ta place à monsieur. (*DV*, p. 58)

– Vamos, Mistigris – disse o mestre ao *rapin* –, lembra-te do respeito que deves à velhice, pois não sabes quanto poderás vir a ser horrivelmente velho. *AS VIAGENS DEFORMAM A MOCIDADE*. Cede portanto teu lugar ao senhor. (Trad. de Vidal de Oliveira)

Var. em A. France:

Il ne fondait pas, à la vérité, grand espoir de découvertes sur un explorateur qui ignorait la botanique et ne savait se servir ni de la boussole ni du compas, mais il estimait que LES GRANDS VOYAGES SONT PROFITABLES AUX JEUNES GENS (...). (*GL*, p. 299)

Ele não esperava, de fato, muitas descobertas de um explorador que ignorava a botânica e não sabia usar a bússola nem o compasso, mas acreditava que AS GRANDES VIAGENS SÃO ÚTEIS AOS JOVENS (...).

♦ Diz-se em italiano: *viaggiando, s'impara*.

≠ ON NE GAGNE PAS BEAUCOUP À COURIR LE MONDE

⇒ Qui CHIEN s'en va à Rome mâtin s'en revient

2 VOYAGES de maîtres, noces de valets

'vacance de pouvoir donne aux sujets des vacances'

enquanto dorme o amo, folgam os fâmulos
onde o patrão dorme, ressonam os criados
patrão fora, dia santo na loja

let the cat wink, and let the mouse run
well kens the mouse when the cat's out of the house
when the cat is away, the mice will play

⇒ Quand l'ABBÉ tient taverne, les moines peuvent aller au vin

VOYOU *s.m.* vadio, vagabundo; *lout, hoodlum*

Un VOYOU trouve toujours sa voyelle (Québec)

= Il n'y a si méchante/vieille MARMITE qui ne trouve son couvercle

⇒ Chaque CHAUDRON trouve son couvercle

Z

ZAMORA *s.pr.f.* Samora; *Zamora*

ZAMORA ne fut pas prise en un jour (sXVII)

'il faut du temps pour les grandes entreprises'

em uma hora não se ganhou Samora
não se ganhou Samora em uma hora

Rome was not built in a day

♦ O provérbio é de origem espanhola: *no se ganó Zamo-ra en una hora* (Cervantes, *D. Quijote*, II, lxxi). Grego-rio Doval registra também a forma: *no se ganó Zamora en una hora, ni Roma se fundó luego toda*. A cidade de Samora, situada à margem do Douro, foi alvo de fre-qüentes disputas entre mouros e cristãos. Tomada pelos espanhóis em 748, foi conquistada pelos ára-bes em 945 e retomada pelo Cid em 1093. Após um breve período sob o domínio de Portugal no século XV, foi finalmente reconquistada por Fernando II de Aragão em 1475.

⇒ ROME ne s'est pas faite en un jour

ZÈLE *s.m.* zelo; *zeal*

Le ZÈLE des amis est parfois plus néfaste que la haine des ennemis (sXVIII)

'il arrive que l'amitié embarrasse plus que l'inimitié ne nuit'

mais sofrível é inimigo imprudente que amigo imperti-nente

friends agree best at a distance
little intermeddling makes good friends

Bibliografia

1. Obras de referência

ALMEIDA, Luiz R. de. *Proverbios francêses*. Rio de Janeiro: Almanak Laemmert, 1937.

ANDRADE, Gentil de. *Pensamentos e reflexões de Machado de Assis*. Rio de Janeiro: Civilização Brasileira, 1990.

ARAUJO, Christovam. *Os bichos nos provérbios*. Rio de Janeiro: Ronega, 1950.

ARTHABER, Augusto. *Dizionario comparato di proverbi e modi proverbiali in sette lingue*. Milano: Ulrico Hoepli, 1981.

AULETE, F. J. Caldas. *Diccionario contemporaneo da lingua portugueza*. s. l.: s. n., 1881. 2 v.

_____. *Dicionário contemporâneo da língua portuguesa*. 2ª edição brasileira, novamente revista, atualizada e aumentada pela introdução de termos da tecnologia recente, pelo exaustivo registro dos vocábulos usados no Brasil e pela extensão dos apêndices por Hamílcar de Garcia. Rio de Janeiro: Delta, 1964. 5 v.

BAILLY, René. *Dictionnaire des synonymes de la langue française*. Paris: Larousse, 1947.

BASUAUX, G. *Idiomes et proverbes. Anglais-français – français-anglais de la tête... aux pieds*. Paris: Spratbrow, 1990.

BATALHA, Ladislau. *História geral dos adágios portugueses*. Paris-Lisboa: Aillaud & Bertrand, 1924. (*HGAP*)

BAUMGARTNER, Emmanuèle & MÉNARD, Philippe. *Dictionnaire étymologique et historique de la langue française*. Paris: Librairie Générale Française, 1996.

BEAUJEAN, A. *Dictionnaire de la langue française d'Émile Littré*, abrégé par A. Beaujean (PETIT LITTRÉ). Paris: Gallimard-Hachette, 1959.

BÉNAC, Henri. *Dictionnaire des synonymes*. Paris: Hachette, 1956.

BERNET, Charles & RÉZEAU, Pierre. *Dictionnaire du français parlé*. Paris: Seuil, 1989.

BERTHIER, Pierre-Valentin & COLIGNON, Jean-Pierre. *Le Français écorché*. Paris: Belin, 1987.

BESCHERELLE Aîné. *Dictionnaire national ou Dictionnaire universel de la langue française*. 18. éd. Paris: Garnier Frères, 1881. 2 v.

BLISS, A. J. *A Dictionary of Foreign Words and Phrases in Current English*. London: Routledge & Kegan Paul, 1980.

BLUTEAU, Raphael. *Vocabulario portuguez e latino...* Coimbra-Lisboa: s. n., 1712-1728. 8 v. e 2 v. de Suplemento.

BOCH, Raoul (con la collaborazione di Carla Salvioni). *La Boîte à images. Dizionario fraseologico delle locuzioni francesi*. Bologna: Zanichelli, 1990.

BOLOGNE, Jean Claude. *Les Allusions littéraires. Dictionnaire commenté des expressions d'origine littéraire*. Paris: Larousse, 1989.

BOUVIER, Jean-Claude & MARTEL, Claude. *Anthologie des expressions en Provence*. Paris: Rivages, 1988.

BRANDÃO, Junito de Souza. *Dicionário mítico-etimológico*. Petrópolis: Vozes, 1991. 2 v.

BRENOT, Philippe. *Les mots du corps (Dictionnaire des clins d'œil populaires)*. Paris: Le Hameau, 1987.

BUGNARD, Catherin. *La plaisante sagesse lyonnaise*. Lyon: Tixier & Fils, s. d.

CAMPOS, Aluizio Mendes. *Dicionário francês-português de locuções*. São Paulo: Ática, 1980.

CASCUDO, Luís da Câmara. *Dicionário do folclore brasileiro*. Rio de Janeiro: INL, 1962. (*DFB*)

CASCUDO, Luís da Câmara. *Locuções tradicionais no Brasil*. Belo Horizonte: Itatiaia; São Paulo: Editora da Universidade de São Paulo, 1986. (*LTB*)

CHASSANY, Jean-Philippe. *Dictionnaire de Météorologie populaire*. Paris: Maisonneuve & Larose, 1989.

CHAVES, Pedro. *Rifoneiro português*. Porto: Domingos Barreira, 1945.

COHEN, J. M. *The Penguin Dictionary of Quotations*. Harmondsworth, Middlesex: Penguin Books, 1968.

COLLINS, V. H. *A Book of English Proverbs (with origins and explanations)*. London: Longman, 1970.

COLUCHE. *Et vous trouvez ça drôle?* Paris: Le Cherche Midi, 1998. (*VTD*)

COWIE, A. P. *Oxford Advanced Learner's Dictionary of Current English*. Oxford-New York-Toronto: Oxford University Press, 1989 (sixth impression: 1991).

COWIE, A. P., MACKIN, R. & MCCAIG, I. R. *Oxford Dictionary of Current Idiomatic English*. London: Oxford University Press, 1975-1983. 2 v.

DAUZAT, Albert, DUBOIS, Jean & MITTERAND, Henri. *Nouveau dictionnaire étimologique et historique*. Paris: Larousse–Paris-VI, 1971.

DECKER, Thomas. *Dictionnaire des citations, maximes, dictons et proverbes français*. Paris: Moréna, 1997.

DELICADO, Antonio. *Adagios portugueses reduzidos a lugares comuns*. Nova edição revista e prefaciada por Luís Chaves. Lisboa: Livraria Universal, 1923. 1. ed. 1651. (*AP*)

DEPECKER, Loïc. *Les Mots des régions de France*. Paris: Belin, 1992.

DEPRAS, Alphonse. *Le Français de tous les jours. Formules usuelles de conversation*. Gallicismes-argot. 2. éd. Paris: Leleu et Vasner, 1926.

DESRUISSEAUX, Pierre. *Le petit proverbier. Proverbes français, québécois et anglais*. Montréal: Bibliothèque Nationale du Québec, 1997.

DFCl. Ver DUBOIS, Jean.

DFCo. Ver DICTIONNAIRE du français contemporain.

DICTIONNAIRE du français contemporain (dir. de Jean Dubois). Paris: Larousse, 1971. (*DFCo*)

DOURNON, Jean-Yves. *Le dictionnaire des proverbes et dictons de France*. Paris: Hachette, 1986.

DOVAL, Gregorio. *Refranero temático español*. Madrid: Del Prado, 1997.

DUBOIS, Jean, LAGANE, Ren, & LEROND, Alain. *Dictionnaire du français classique*. Paris: Larousse, 1971. (*DFCl*)

DUMONG, Michel, POUVELLE Jean & KNOTT Christine. *Du mot à la phrase*. Paris: Ellipses, 1994.

DUNETON, Claude & CLAVAL, Sylvie. *Le Bouquet des expressions imagées*. Paris: Seuil, 1990.

DUPRET, P. *Encyclopédie des citations*. Paris: Trévise, 1959.

ÉDOUARD, Robert. *Nouveau dictionnaire des injures*. Paris: Sand & Tchou, 1983.

ENCICLOPÉDIA Mirador Internacional. São Paulo-Rio de Janeiro: Encyclopaedia Britannica do Brasil Publicações, 1976. 20 v.

ESNAULT, Gaston. *Dictionnaire historique des argots français*. Paris: Larousse, 1965.

FERGUSSON, Rosalind. *The Penguin Dictionary of Proverbs*. London: Penguin Books, 1983.

FERREIRA, Aurélio Buarque de Holanda. *Novo Aurélio Século XXI : o dicionário da língua portuguesa*. 3. ed. rev. ampl. Rio de Janeiro: Nova Fronteira, 1999.

FREEMAN, William. *A Concise Dictionary of English Idioms*. 3. ed. London-Sydney-Auckland-Toronto: Hodder and Stoughton, 1978.

FUMAGALLI, Giuseppe. *Chi l'ha detto?* Milano: Ulrico Hoepli, 1946.

_____. *L'Ape latina*. 2. ed. Milano: Ulrico Hoepli, 1997.

GAGNIÈRE, Claude. *Pour tout l'or des mots*. Paris: Robert Laffont, 1996. (*TOM*)

GILBERT, Pierre. *Dictionnaire des mots nouveaux*. Paris: Les Usuels du Robert, 1979.

GLUSKI, Jerzy. *Proverbs*. Amsterdam, London and New York: Elsevier, 1971.

GOMES, Abeylard Pereira. *Legendas de caminhão*. Rio de Janeiro: Arsgráfica, 1979.

GOMES, Lindolfo. *Nihil novi... Estudos de literatura comparada, de tradições populares e de anecdotas*. Juiz de Fora: Typ. Brasil, 1927. (*NN*)

GRAND LAROUSSE de la langue française (dir. de Louis Guilbert). Paris: Larousse, 1971-1978. 7 v.

GRANDE ENCICLOPÉDIA Delta Larousse. Rio de Janeiro: Delta, 1973. 15 v.

GRANDE ENCICLOPÉDIA Portuguesa e Brasileira – ilustrada com cerca de 15.000 gravuras e 400 horstextes a cores. Lisboa-Rio de Janeiro: Editorial Enciclopédia, [1935-1958]. 45 v.

GRIMAL, Pierre. *Dictionnaire de la mythologie grecque et romaine*. Paris: PUF, 1951.

GRLF. (LE GRAND ROBERT) Ver ROBERT, Paul.

GUÉRIOS, Rosário Farâni MANSUR. *Tabus lingüísticos*. Rio de Janeiro: Simões, 1956. (*TL*)

GUIRAUD, Pierre. *Dictionnaire des étymologies obscures*. Paris: Payot, 1982.

_____. *Dictionnaire érotique*. Paris: Payot, 1993.

_____. *Les Locutions françaises*. 5. éd. Paris: PUF, 1980.

HAUTERIVE, R. Grandsaignes d'. *Dictionnaire d'ancien français*. Paris: Larousse, 1947.

HÉRAIL, René James & LOVATT, Edwin A. *Dictionary*

of Modern Colloquial French. London and New York: Routledge & Kegan Paul, 1984.

HESPANHA, Jayme Rebelo. *Dicionário de máximas, adágios e provérbios*. Lisboa: Procural, 1936.

HOUAISS, Antônio. *Dicionário Houaiss da língua portuguesa*. Rio de Janeiro: Objetiva, 2001.

IBIAPINA, Fontes. *Paremiologia nordestina*. 2. ed. rev. aum. s. l.: s. n., 1982. (*PN*)

JOLLES, André. *Formas simples*. Trad. Álvaro Cabral. São Paulo: Cultrix, 1976.

JUNCEDA, Luis. *Refranes*. Madrid: Espasa-Calpe, 1996.

LABRUNIE, Alain. *Proverbes et dictons d'Auvergne*. Paris: Rivages, 1985.

LADERO, Lazaro Sanchez. *Refranes*. Barcelona: Ramón Sopena, 1997.

LAFLEUR, Bruno. *Dictionnaire des expressions*. Paris: Bordas, 1984.

LAGANE, René. *Locutions et proverbes d'autrefois*. Paris: Belin, 1983.

LAMENZA, Mario. *Provérbios*. 3. ed. Rio de Janeiro: F. Briguiet, 1950.

LAMESANGÈRE. *Dictionnaire des proverbes français*. Paris, 1821.

LAROUSSE, Pierre. *Flore latine des dames et des gens du monde, ou clef des citations latines que l'on rencontre fréquemment dans les ouvrages des écrivains français*. Paris: Larousse et Boyer, [1870]. (*FL*)

LAROUSSE du XXᵉ siècle. (dir. de Claude Augé). Paris: Larousse, 1928-1933. 6 v.

LAROUSSE Universel (dir. de Claude Augé). Paris: Larousse, 1922. 2 v. (*LU*)

LAVEDAN, Pierre. *Dictionnaire illustré de la mythologie et des antiquités grecques et romaines*. 4. éd. Paris: Hachette, 1959.

LDEI. Ver LONGMAN Dictionary of English Idioms.

LE GRAND ROBERT. Ver ROBERT, Paul.

LE LITTRÉ. Dictionnaire de la langue française classique. 1. éd. 1872. 5 v.; éd. CD-ROM. Marsanne: Redon, 1998.

LE PETIT ROBERT 2, sous la direction de Paul Robert; rédaction A. Rey. 2. éd. rev. Paris: SEPRET, 1975.

LE ROBERT & Collins Senior. Dictionnaire Français-Anglais, Anglais-Français, ed. by Atkins, Beryl, Cousin, Pierre-Henri *et alii*. 3. ed. Glasgow: HarperCollins and Paris: Dictionnaires Le Robert, 1994.

LE ROUX DE LINCY [, Adrien-Jean-Victor]. *Le Livre des proverbes français*. Paris: Hachette, 1996. 1. éd. Paris: Paulin, 1842. 2 v.

LELLO Universal. Dicionário enciclopédico luso-brasileiro. Porto: Lello & Irmão, 1992. 2 v.

LÉVI, Florence. Le langage idiomatique du secret en

français et en portugais. *Sigila*, 1 (Dire le secret) jan. 1998: 18-29.

LEXIS. Dictionnaire de la langue française (dir. de Jean Dubois). Paris: Larousse, 1975.

LONGMAN Dictionary of English Idioms. London: 1985. (*LDEI*)

LU. Ver LAROUSSE Universel.

LUCAS, Maria Margarida dos Santos. *Recolha de provérbios*. Figueiró dos Vinhos, Portugal: 1997. 86 p. (Manuscrito inédito).

LURKER, Manfred. *Dicionário de simbologia*. Trad. Mario Krauss & Vera Barkow. São Paulo: Martins Fontes, 1997. (*DS*)

LUSTOZA, Monsenhor Vicente. *Phrases e locuções da literatura. Sua origem e applicação*. Rio de Janeiro: Typographia Leuzinger, 1902.

MACHADO, José Pedro. *O grande livro dos provérbios*. Lisboa: Editorial Notícias, 1996.

MACRONE, Michael. *Brush up your Shakespeare!* Nova York: HarperCollins, 2000.

MAGALHÃES JÚNIOR, R. *Dicionário brasileiro de provérbios, locuções e ditos curiosos, bem como de curiosidades verbais, frases feitas, ditos históricos e citações literárias, de curso corrente na língua falada e escrita*. 4. ed. Rio de Janeiro: Ed. Documentário, 1977. (*DBP*)

MALOUX, Maurice. *Dictionnaire des proverbes, sentences et maximes*. 18. éd. Paris: Larousse, 1960.

MANSION, J. E. *Harrap's New Standard French and English Dictionary*, revised and edited by LEDÉSERT, D. M. e LEDÉSERT, R. P. L. London: Harrap, 1980. 4 v.

MAQUET, Charles. *Dictionnaire analogique*. Paris: Larousse, 1970.

MARTEL, L. *Petit recueil des proverbes français*. 15. éd. Paris: Garnier, 1939.

MASUCCI, Oberdan. *Provérbios em quatro línguas*. São Paulo: Leia, 1959.

MAURY, P. *Proverbes et dictons*. Alleur, Belgique: Marabout, 1996.

MEISS, Honel. *Traditions populaires alsaciennes*. Nice: Imprimerie du Palais, 1928. (*TPA*)

MELLO, Fernando Ribeiro de. (Coordenação e introdução Manuel João Gomes.) *Nova recolha de provérbios e outros lugares comuns portugueses*. 3. ed. Lisboa: Afrodite, 1988.

MONTREYNAUD, Florence, PIERRON, Agnès & SUZZONI, François. *Dictionnaire de proverbes et dictons*. Paris: Le Robert, 1989.

MOREIRA, António. *Provérbios portugueses*. Lisboa: Editorial Notícias, 1996.

MOTA, Leonardo. *Adagiário brasileiro*. Fortaleza: Universidade Federal do Ceará; Rio de Janeiro: José Olympio, 1982. (*AB*)

NASCENTES, Antenor. *Tesouro da fraseologia brasileira.* 3. ed. Rio de Janeiro: Nova Fronteira, 1986.

NEVES, Isabel A. P. Campos & Pinho, M. T. Costa. *Provérbios e dizeres populares – português-inglês.* Coimbra, 1996.

NPSL. Ver RÓNAI, P. *Não perca o seu latim.*

ODEP. Ver THE OXFORD Dictionary of English Proverbs.

ORTÊNCIO, Waldomiro BARIANI. *Dicionário do Brasil Central.* São Paulo: Ática, 1983. (*DBC*)

PALACÍN, P.e Luís. *Santos do atual calendário litúrgico.* São Paulo: Loyola, 1979. (*SCL*)

PANCKOUCKE, J. *Dictionnaire des proverbes françois, et des façons de parler comiques, burlesques et familiaires, etc. avec l'explication, et les étymologies les plus avérées.* Paris: Savoye, 1758.

PAPIN, Yves D. *Les Expressions bibliques et mythologiques.* Paris: Belin, 1992.

PÉREZ, José. *Provérbios brasileiros.* São Paulo: Coleção "Sancho Pança", 1961.

PESSANHA, Nely Maria & BASTIAN, Vera Regina Figueiredo (orgs.). *Vinho e pensamento.* Rio de Janeiro: Tempo Brasileiro, 1991. (*VP*)

PETIT LAROUSSE illustré (dir. de Gillon, Étienne et alii). Paris: 1976.

PETIT LITTRÉ. Ver BEAUJEAN, A.

PETIT ROBERT. Le nouveau Petit Robert 1, sous la direction de J. Rey-Debove & A. Rey. 3. éd. Paris: Le Robert, 1993.

PIERRON, Agnès. *Dictionnaire des dictons.* Alleur, Belgique: Marabout, 1997.

_____. *Dictionnaire des dictons et proverbes.* Alleur, Belgique: Marabout, 2000.

_____. *Dictionnaire des proverbes.* Alleur, Belgique: Marabout, 1997.

PINEAUX, Jacques. *Proverbes et dictons français.* Paris: PUF, 1956.

PRADEZ, El. *Dictionnaire des gallicismes.* Paris: Payot, 1958.

PROENÇA, M. CAVALCANTI. *Roteiro de Macunaíma.* Rio de Janeiro: Civilização Brasileira, 1969. (*M*)

QUITARD, M. *Proverbes sur les femmes, l'amitié, l'amour et le mariage.* Paris: Garnier, s. d. 1. éd. 1842.

RAMALHO, Ênio. *Dicionário estrutural, estilístico e sintático da língua portuguesa.* Porto: Chardron de Lello & Irmão, 1985.

RAT, Maurice. *Dictionnaire des locutions françaises.* Paris: Larousse, 1957.

REAL ACADEMIA ESPAÑOLA. *Diccionario manual e ilustrado de la lengua española.* 2. ed. Madrid: Espasa-Calpe, 1950.

REES, Nigel. *The Cassell Dictionary of Word and Phrase Origins.* London: Cassell, 1999.

REIS, José Alves. *Provérbios e ditos populares.* Lisboa–Porto: Litexa, 1996.

REY, Alain. *Dictionnaire historique de la langue française.* Paris: Le Robert, 1994.

REY, Alain & CHANTREAU, Sophie. *Dictionnaire des expressions et locutions.* 2. éd. Paris: Le Robert, 1993.

REY-DEBOVE, Josette & GAGNON, Gilberte. *Dictionnaire des anglicismes.* Paris: Le Robert, 1986.

RÉZEAU, Pierre. *Petit dictionnaire des chiffres en toutes lettres.* Paris: Seuil, 1993.

REZENDE, Arthur. *Phrases e curiosidades latinas.* 5. ed. Rio de Janeiro: s. n., 1955. (*FCL*)

REZENDE, Maurício CARNEIRO DE. *English and portuguese proverbs. Maxims, sentences etc. – Provérbios ingleses e portugueses. Maximas, sentenças, etc.* Rio de Janeiro: s. n., 1945.

RIBEIRO, João. *Frases feitas.* 2. ed. Rio de Janeiro: Francisco Alves, 1960.

RIPERT, Pierre. *Dictionnaire des maximes, dictons et proverbes français.* Paris: Maxi-Livres-Profrance, 1998.

ROBERT, Paul. *Dictionnaire alphabétique et analogique de la langue française.* Paris: Le Robert, 1975. 7 v. et suppl. 1974. (*GRLF*)

_____, _____. Nouvelle édition par Alain Rey. Paris: Le Robert, 1985. 9 v. (*GRLF*)

ROCHA, Regina. *A enunciação dos provérbios. Descrições em francês e português.* São Paulo: Annablume, 1995.

RODALE, Jerome Irving. *The Phrase Finder.* Emmaus, Pa.: Rodale Press, 1955.

ROGET'S Thesaurus of English Words and Phrases, ed. by Betty Kirkpatrick. Harlow, Essex: Longman, 1987.

ROGIVUE, Ernest. *Le Musée des gallicismes.* Genève: Georg, 1965.

RÓNAI, Paulo. *A tradução vivida.* 2. ed. Rio de Janeiro: Nova Fronteira, 1981.

_____. *Dicionário francês-português/português-francês.* Rio de Janeiro: Nova Fronteira, 1989. (*DFP*)

_____. *Dicionário universal de citações.* 3. ed. Rio de Janeiro: Nova Fronteira, 1985. (*DUC*)

_____. *Escola de tradutores.* 5. ed. Rio de Janeiro: Nova Fronteira, 1987. (*ET*)

_____. *Não perca o seu latim.* 3. ed. Rio de Janeiro: Nova Fronteira, 1984. (*NPSL*)

_____. *O teatro de Molière.* Brasília: Ed. Univ. de Brasília, 1981. (*TM*)

RUBIO, Dario. *Refranes, proverbios y dichos y dicharachos mexicanos*. 2. ed. México: A. P. Márquez, 1940. 2. v.

RUDDER, Orlando de. *Dictionnaire commenté des expressions latines*. Aperto libro. 2. ed. Paris: Larousse, 1999. (*DCEL*)

SARAIVA, Gumercindo. *Adágios, provérbios e termos musicais*. Belo Horizonte: Itatiaia, 1985.

SARAIVA, Vicente de Paulo. *Expressões latinas jurídicas e forenses*. São Paulo: Saraiva, 1999.

SBARBI, José María. *Gran diccionario de refranes de la lengua española*. Obra póstuma ordenada, corregida y publicada bajo la dirección de Manuel J. García. Buenos Aires: Joaquín Gil, 1943.

SCHOPENHAUER, Arthur. *O mundo como vontade e representação. Crítica da filosofia kantiana. Parerga e paralipomena*. 2. ed. São Paulo: Abril Cultural, 1985 (Os Pensadores).

SCHWAMENTHAL, Riccardo & STRANIERO, Michele A. *Dizionario dei proverbi italiani*. 2. ed. Milano: Rizzoli, 1993.

SILVA, Helena Maria Quintão DUARTE & QUINTÃO, José Luís. *Pequeno dicionário de provérbios (alemão, francês, inglês, português)*. Lisboa: Moraes, 1983.

SILVA, Silvestre P. *Frutas no Brasil*. São Paulo: Empresa das artes, 1996.

SIMÕES, Guilherme Augusto. *Dicionário* – Expressões populares portuguesas. Lisboa: Perspectivas & Realidades, [1985]. (*D*)

SIMON, Albert & LARTIGUE, Robert. *Les dictons météorologiques de nos campagnes*. 2. éd. Condé-sur-Noireau: Charles Corlet, 1985.

SIMPSON, John. *The Concise Oxford Dictionary of Proverbs*. Oxford-New York: Oxford University Press, 1985.

SOUZA, Josué Rodrigues. *Provérbios e máximas*. Rio de Janeiro: Lucerna, 1999.

STEINBERG, Martha. *1001 provérbios em contraste*. Provérbios ingleses e brasileiros. São Paulo: Ática, 1985.

THE NEW ENCYCLOPAEDIA Britannica. 15. ed. Chicago: Encyclopaedia Britannica, 1993. 32 v.

THE OXFORD Classical Dictionary. Edited by M. Cary *et alii*. Oxford: Clarendon Press, 1964.

THE OXFORD Dictionary of English Proverbs, third edition revised by Wilson, F. P., with an introduction by Joanna Wilson. Oxford: Oxford University Press, 1995. (*ODEP*)

THE OXFORD-HACHETTE French Dictionary, ed. by Corréard, Marie-Hélène & Grundy, Valerie. Oxford-New York-Toronto: Oxford University Press, 1994.

TOSI, Renzo. *Dicionário de sentenças latinas e gregas*. Trad. Ivone Castilho Benedetti. São Paulo: Martins Fontes, 1996.

TRÉSOR de la langue française (dir. B. Quémada). Paris: Klincksieck-Gallimard, 1971-1994. 16 v.

VALLANDRO, Leonel & VALLANDRO, Lino. *Dicionário inglês-português*. 2. ed. Porto Alegre: Globo, 1970.

VASCONCELLOS, J. LEITE DE. *Lições de filologia portuguesa*. 3. ed. Rio de Janeiro: Livros de Portugal, 1959. (*LFP*)

_____. *Opúsculos. Filologia*. Coimbra: Imprensa da Universidade, 1928. V. 1, pt. 1.

_____. *Opúsculos. Etnologia*. Lisboa: Imprensa Nacional de Lisboa, 1938. V. 7, pt. 2.

VIGERIE, Patricia. *La Symphonie animale*. Paris: Larousse, 1992.

VIGNER, Gérard. *Façons de parler*. Paris: Hachette, 1981.

WEIL, Sylvie & RAMEAU, Louise. *Trésor des expressions françaises*. Paris: Belin, 1981.

2. Fontes gregas e latinas

ALCÉE – SAPHO. Texte établi et traduit par Théodore Reinach, avec la collaboration de Aimé Puech. Paris: Les Belles Lettres, 1960. (*AS*)

APULÉE. *Apologie; Florides; Traités philosophiques*. Trad. Henri Clouard. Paris: Garnier, 1933.

ARISTOPHANE. *Les nuées*. Notice et notes par P. Schricke. Paris: A. Hatier, 1939.

ARISTOPHANES. *The Lysistrata – The Thesmophoriazusae – The Ecclesiazusae – The Plutus*. With the English translation of Benjamin Bickley Rogers. Londres: William Heinemann; Cambridge, Massachusetts: Harvard University Press, 1955.

ARISTOTE. *Éthique de Nicomaque*. Texte, traduction, préface et notes par Jean Voilquin. Paris: Garnier, 1950.

AULU-GELLE. *Les nuits attiques*. Trad. et notes Maurice Mignon. Paris: Garnier, 1934. 2 v.

CATULLE. *Poésies*. Texte établi et traduit par Georges Lafaye. 4. éd. Paris: Les Belles Lettres, 1958.

CATULLE, TIBULLE ET PROPERCE. *Œuvres*. Traduction de la collection Panckoucke par Héguin de Guerle, A. Valatour et J. Genouille, revue par A. Valatour. Paris: Garnier, s. d.

CÉSAR. *Guerre des Gaules*. Texte établi et traduit par L.-A. Constans. Paris: Les Belles Lettres, 1967. 2 v.

CICERO. *De oratore; De fato; Paradoxa stoicorum; Partitiones oratoriae*. With an English translation by E. W. Sutton and H. Rackham. Londres: William Heinemann; Cambridge, Massachusetts: Harvard University Press, 1948. 2 v.

CICÉRON. *De la République; Des lois*. Traduction, notices et notes par Charles Appuhn. Paris: Garnier, [1932].

_____. *De la vieillesse; De l'amitié; Des devoirs*. Traduction, notices et notes par Charles Appuhn. Paris: Garnier, [1933].

_____. *Divisions de l'art oratoire – Topiques*. Texte établi et traduit par Henri Bornecque. Paris: Les Belles Lettres, 1924.

_____. *Œuvres. Discours contre C. Pison, Pour Plancius, Pour C. Postumus, Pour Milon*. Trad. J.-P. Charpentier. *Pour Marcellus*. Trad. Héguin de Guerle. Paris: Garnier, s. d.

_____. *Œuvres. Discours contre Marc Antoine*. Trad. Ch. du Rozoir, revue par Héguin de Guerle. Paris: Garnier, s. d. 2 v.

_____. *Tusculanes*. Traduction, notice et notes par Charles Appuhn. Paris: Garnier, 1934. (*T*)

CLAUDIEN. *Œuvres complètes*. Traduction, notice et notes par V. Crépin. Paris: Garnier, s. d. 2 v.

DIOGENES LAERTIUS. *Lives of Eminent Philosophers*. Translated by R. D. Hicks. Loeb Classical Library: Cambridge, Massachusetts, London, 2000. 2 v.

ÉRASME. *Éloge de la folie*. Trad. Pierre de Nolhac, annotations Maurice Rat. Paris: Garnier, 1953. 1. éd. 1676. (*EF*)

ESCHYLE. *Agamemnon – Les Choéphores – Les Euménides*. Texte établi et traduit par Paul Mazon. 6. éd. Paris: Les Belles Lettres, 1955. V. 2.

_____. *Les suppliantes – Les Perses – Les Sept contre Thèbes – Prométhée Enchaîné*. Texte établi et traduit par Paul Mazon. Paris: Les Belles Lettres, 1920. V. 1.

ÉSOPE. *Fables*. Texte établi et traduit par Émile Chambry. Paris: Les Belles Lettres, 1925.

ESOPO. *Fábulas escolhidas*. Introdução, notas e vocabulário de António Pinto de Carvalho. Coimbra: Edição do autor, 1946.

EURIPIDE. *Hélène; Les Phéniciennes*. Texte établi et traduit par Henri Grégoire et Louis Méridier. Paris: Les Belles Lettres, 1950. V. 5.

_____. *Le Cyclope; Alceste; Médée; Les Héraclides*. Texte établi et traduit par Louis Méridier. Paris: Les Belles Lettres, 1956. V. 1.

HÉRODOTE. *Histoires*. Texte établi et traduit par Ph.-E. Legrand. Paris: Les Belles Lettres, 1946. V. 1.

HOMÈRE. *Iliade*. Texte établi et traduit par Paul Mazon. Paris: Les Belles Lettres, 1946-1947. 4 v.

_____. *L'Odyssée – "Poésie homérique"*. Texte établi et traduit par Victor Bérard. 5. éd. Paris: Les Belles Lettres, 1955-1956. 3 v.

HORACE. *Épitres*. Texte établi et traduit par François Villeneuve. 4. éd. Paris: Les Belles Lettres, 1961.

_____. *Odes et épodes*. Texte établi et traduit par François Villeneuve. 6. éd. Paris: Les Belles Lettres, 1959.

_____. *Œuvres complètes. Satires; Épîtres; Art poétique*. Trad., introd. et notes François Richard. Paris: Garnier, 1950. 2 v.

JUVÉNAL. *Satires*. Texte établi et traduit par Pierre Labriolle & François Villeneuve. Paris: Les Belles Lettres, 1957.

LUCIEN. *Luciani Samosatensis opera*. Paris: Firmin Didot, 1862.

LUCRÈCE. *De la nature*. Texte établi et traduit par Alfred Ernout. 8. éd. Paris: Les Belles Lettres, 1948-1956. 2 v.

MACROBE. *Les Saturnales*. Trad., introd. et notes Henri Bornecque. Paris: Garnier, [1937]. 2 v.

MARTIAL. *Les Épigrammes*. Texte établi, traduit et annoté par Pierre Richard. Paris: Garnier, 1931. 2 v.

OVIDE. *L'Art d'aimer*. Texte établi et traduit par Henri Bornecque. 4. éd. Paris: Les Belles Lettres, 1960.

_____. *Les Amours*. Texte établi et traduit par Henri Bornecque. 3. éd. Paris: Les Belles Lettres, 1961.

_____. *Les Héroïdes*. Trad., introd., notes et texte établis par Émile Ripert. Paris: Garnier, [1932].

_____. *Les Métamorphoses*. Texte établi et traduit par Georges Lafaye. 3. éd. Paris: Les Belles Lettres, 1961. 3. v.

_____. *Les Tristes; Les Pontiques; Ibis; Le Noyer; Halieutiques*. Trad., introd., notes et texte établis par Émile Ripert. Paris: Garnier, 1957.

PERSE. *Satires*. Texte établi et traduit par A. Cartault. Paris: Les Belles Lettres, 1951.

PÉTRONE. *Le Satiricon*. Texte établi et traduit par Alfred Ernout. Paris: Les Belles Lettres, 1958.

PHÈDRE. *Fables. – Fables d'Avianus; Sentences de Publilius Syrus; Distiques moraux de Denys Caton*. Trad., introd. et notes Pierre Constant. Paris: Garnier, [1937].

PINDARE. *Olympiques*. Texte établi et traduit par Aimé Puech. 4. éd. Paris: Les Belles Lettres, 1958.

PLATON. *La République*. Texte établi et traduit par Émile Chambry. Paris: Les Belles Lettres, 1959. 3 v.

_____. *Phédon*. Texte grec publié avec une introduction et des notes par Paul Couvreur. 2. éd. Paris: Hachette, 1896.

PLAUTE. *Comédies*. Texte établi et traduit par Alfred Ernout. Paris: Les Belles Lettres, 1932-1961. 7 v.

POETARUM SCENICORUM GRAECORUM Aeschyli Sophoclis Euripidis et Aristophanis fabulae superstites et perditarum fragmenta ex recensione et cum prolegomenis Guilelmi Dindorfii. 5. ed. Lipsiae: Teubner, 1869.

QUINTE-CURCE. *Histoires*. Texte établi et traduit par H. Bardon. Paris: Les Belles Lettres, 1947-1948. 2 v.

SALLUSTE. *Catilina – Jugurtha – Fragments des histoires*. Texte établi et traduit par Alfred Ernout. 4. éd. rev. cor. Paris: Les Belles Lettres, 1960.

SÉNÈQUE. *Tragédies*. Trad., introd. et notes par Maurice Mignon. Paris: Garnier, s. d. 2 v.

SOPHOCLE. *Ajax; Œdipe roi; Électre*. Texte établi par Alphonse Dain et traduit par Paul Mazon. Paris: Les Belles Lettres, 1958. V. 2.

STACE. *Silvae*. Traduction, introduction et notes par Henri Clouard. Paris: Garnier, s. d.

TACITE. *Annales* Texte établi, et, d'après Burnouf, traduit par Henri Bornecque. Paris: Garnier, 1947. 2 v.

_____. *Dialogue des orateurs; Vie d'Agricola; La Germanie*. Texte établi, et, d'après Burnouf, traduit par André Cordier. Paris: Garnier, 1949.

TÉRENCE. *Comédies*. Texte établi et traduit par J. Marouzeau. 2. éd. Paris: Les Belles Lettres, 1956. V. 2.

_____. *Les Adelphes*. Texte latin publié avec une introduction, des notes en français, etc., par Jean Psichari. Paris: Hachette, 1914.

THÉOCRITE. Les auteurs grecs expliqués d'après une méthode nouvelle par deux traductions françaises. Traduit en français et annoté par Léon Renier. Paris: Hachette, 1894.

THÉOGNIS. *Poèmes élégiaques*. Texte établi, traduit et commenté par Jean Carrière. Paris: Les Belles Lettres, 1948.

TIBULLE et les auteurs du *Corpus Tibullianum*. Texte établi et traduit par Max Ponchont. 3. éd. Paris: Les Belles Lettres, 1950.

VIRGILE. *Énéide*. Texte établi par Henri Goelzer et traduit par André Bellessort. 9. éd. Paris: Les Belles Lettres, 1959. V. 1

_____, _____. Texte établi par René Durand et traduit par André Bellessort. 5. éd. Paris: Les Belles Lettres, 1952. V. 2

_____. *Les Bucoliques et Les Géorgiques*. Trad., introd. et notes Maurice Rat. Paris: Garnier, 1953.

3. *Corpus* das abonações

AGNANT, Marie-Célie. *La Dot de Sara*. Montréal: Remue-ménage, 1995. (DS)

AJAR, Émile. *Gros-Câlin*. Paris: Mercure de France, 1974. (GC)

ALLAIS, Alphonse. *Allais... grement*. Paris: Le Livre de Poche, 1965. (A)

_____. *L'Affaire Blaireau*. Paris: Librio, 1994. (AB)

AMIEL, Henri-Frédéric. *Fragments d'un journal intime*. Paris: Stock, 1927. 2 v. 1. éd. 1883. (JI)

ANATRELLA, Tony. *Le Sexe oublié*. Paris: Flammarion, 1990. (SO)

ASSIS, Joaquim Maria MACHADO DE. *A semana*. Rio de Janeiro: W. M. Jackson, 1944. 3 v. (S)

_____. *Memorial de Aires*. Rio de Janeiro: Civilização Brasileira, 1975. 1. ed. 1908. (MA)

_____. *Memórias póstumas de Brás Cubas*. Rio de Janeiro: Ediouro, 1968. 1. ed. 1881. (MPBC)

_____. *Obra completa*. Rio de Janeiro: José Aguilar, 1962. 3 v. (OC)

AYMÉ, Marcel. *La Tête des autres*. Paris: Grasset, 1952. (TA)

_____. *Le Passe-Muraille*. Paris: Gallimard, 1951. 1. éd. 1943. (PM)

BALZAC, Honoré de. *Eugénie Grandet*. Paris: Garnier-Flammarion, 1964. 1. éd. 1833. (EG)

_____. *Histoire de la grandeur et de la décadence de César Birotteau*. Paris: Le Club du Meilleur Livre, 1961. 1. éd. 1838. (CB)

_____. *La Cousine Bette*. Paris: Garnier Frères, 1959. 1. éd. 1846. (CBe)

_____. *La Rabouilleuse* (introduction, notes, bibliographie et choix de variantes par Pierre Citron). Paris: Garnier, 1966. 1. éd. 1841. (R)

_____. *La Rabouilleuse*. Paris: Le Livre de Poche, 1972. (R-LP)

_____. *Le Cabinet des antiques*. Paris: Le Livre de Poche, 1964. 1. éd. 1839. (CA)

_____. *Le Contrat de mariage*, in *La Comédie humaine*, t. III. Paris: Gallimard-La Pléiade, 1976. 1. éd. 1835. (CM)

_____. *Le Cousin Pons*. Paris: Larousse, s. d. 1. éd. 1847. (CP)

_____. *Le Lys dans la vallée*. Paris: Garnier-Flammarion, 1972. 1. éd. 1836. (LV)

_____. *Le Père Goriot* (extraits). Paris: Larousse, 1934. 1. éd. 1834. (PG)

_____. *Les Chouans*. Paris: Nelson, s. d. 1. éd. 1829. (C)

BALZAC, Honoré de. *Les Contes drolatiques*. Paris: Gründ, s. d. 2 v. 1. éd. 1832-1837. (*CD*)

_____. *Les Paysans*. Paris: Garnier, 1964. 1. éd. 1845-1855. (*P*)

_____. *Modeste Mignon*. Paris: Nelson, 1932. 1. éd. 1844. (*MM*)

_____. *Physiologie du mariage*. Paris: Calmann-Lévy, 1924. 1. éd. 1829. (*PM*)

_____. *Splendeurs et misères des courtisanes*. Paris: Panthéon, 1956. 1. éd. 1838. (*SMC*)

_____. *Un début dans la vie*. Genève: Droz/Lille: Giard, 1950. 1. éd. 1842. (*DV*)

_____. *Ursule Mirouët*. Paris: Nelson, 1930. 1. éd. 1842. (*UM*)

BARBEY D'AUREVILLY, Jules. *Les Diaboliques*. Paris: Garnier, 1963. 1. éd. 1874. (*D*)

BARBUSSE, Henri. *Le Feu*. Paris: Flammarion, s. d. 1. éd. 1916. (*F*)

BAZIN, Hervé. *Chapeau bas*. Paris: Seuil, 1963. (*CB*)

_____. *La Mort du petit cheval*. Paris: Bernard Grasset, 1958. 1. éd. 1950. (*MPC*)

_____. *Le Matrimoine*. Paris: Seuil, 1967. (*M*)

_____. *Vipère au poing*. Paris: Bernard Grasset, 1957. 1. éd. 1948. (*VP*)

BEAUMARCHAIS, Pierre Augustin Caron de. *Le Mariage de Figaro*. Paris: Seuil, 1953. 1. éd. 1784. (*MF*)

BEAUVOIR, Simone de. *Le Sang des autres*. Paris: Gallimard, 1956. 1. éd. 1945. (*SA*)

_____. *L'Invitée*. Paris: Gallimard, 1956. 1. éd. 1943. (*I*)

_____. *Une mort très douce*. Paris: Gallimard, 1971. (*MTD*)

BECKETT, Samuel. *L'Innommable*. Paris: Minuit, 1983. 1. éd. 1953. (*I*)

_____. *Molloy*. Paris: Minuit, 1970. 1. éd. 1951. (*Mo*)

BERNANOS, Georges. *Un crime*. Paris: Plon, 1935. (*C*)

BERNARD, Tristan. *Théâtre*. Paris: Calmann-Lévy, s.d. v. 1. (*T*)

BLANCPAIN, Marc. *La Femme d'Arnaud vient de mourir*. Paris: Denoël, 1958. (*FA*)

BLOY, Léon. *Exégèse des lieux communs*. Paris: Mercure de France, 1953. 1. éd. 1902. (*ELC*)

BOILEAU, Nicolas. *Œuvres complètes*. Paris: Gallimard-La Pléiade, 1966. 1. éd. 1674. (*OC*)

BRAMI, Claude. *Parfums des étés perdus*. Paris: Gallimard, 1990. (*PEP*)

BRANTÔME. *Les Dames galantes*. Paris: Garnier, 1955. 1. éd. 1665. (*DG*)

BRASSENS, Georges. *La Tour des miracles*. Paris: Union Générale d'Éditions, 1968. (*TM*)

BRILLAT-SAVARIN, Anthelme. *La Physiologie du goût*. Paris: Flammarion, 1982. (*PG*)

CABANÈS, Docteur. *La goutte et l'humour*. Anecdotes et curiosités sur la goutte. Paris: Pipérazine Midy, 1926. (*GH*)

CALET, Henri. *Le Tout sur le tout*. Paris: Gallimard, 1948. (*TST*)

CAMUS, Albert. *La Peste*. Paris: Gallimard, 1982. 1. éd. 1947. (*P*)

_____. *Le Malentendu* suivi de *Caligula*. Paris: Gallimard, 1947. 1. éd. 1944. (*M-C*)

CARRÈRE, Emmanuel. *La Moustache*. Paris: P.O.L., 1986 (*M*)

CASANOVA, Giacomo. *Mémoires*. Paris: Le Livre de Poche, 1967. V. II. 1. éd. 1826-1838. (*M*)

CAZOTTE, Jacques. *Le diable amoureux*. Paris: Librio, 1994. 1. éd. 1772. (*DA*).

CÉLINE, Louis-Ferdinand. *Mort à crédit*. Paris: Gallimard, 1952. 2 v. 1. éd. 1936. (*MC*)

CHATEAUBRIAND, René. *Les Martyrs*. Paris: Garnier, s. d. 1. éd. 1809. (*M*)

CHEVALLIER, Gabriel. *Clochemerle Babylone*. Paris: PUF, 1954. (*CB*)

_____. *Sainte-Colline*. Paris: PUF, 1973. 1. éd. 1937. (*SC*)

COCTEAU, Jean. *Le grand écart*. 19. éd. Paris: Stock, s. d. 1. éd. 1923. (*GE*)

COHEN, Albert. *Belle du seigneur*. Paris: Gallimard, 1968. (*BS*)

_____. *Les Valeureux*. Paris: Gallimard, 1969. (*V*)

COLETTE. *Gigi*. Paris: J. Ferenczi, 1954. 1. éd. 1943. (*G*)

_____. *L'Ingénue libertine*. Paris: Albin Michel, s. d. 1. éd. 1909. (*IL*)

COMBESCOT, Pierre. *Les Funérailles de la Sardine*. Paris: Grasset, 1986. (*FS*)

CONDÉ, Maryse. *Moi, tituba sorcière... noire de Salem*. Paris: Mercure de France, 1986. (*MTS*)

CONSTANT, Paule. *La fille du Gobernator*. Paris: Gallimard-Folio, 1994. (*FG*)

CONTEURS FRANÇAIS du XVIe siècle. Textes présentés et annotés par Pierre Jourda. Paris: Gallimard-La Pléiade, 1965. (*CF*)

CORNEILLE, Pierre. *Horace*. Paris: Larousse, 1960. 1. éd. 1641. (*H*)

_____. *Œuvres*, t. III. Paris: Hachette, 1930. (*Œ*)

_____. *Théâtre complet*, t. III. Paris: Garnier, 1942. (*TC*)

_____. *Théâtre complet: comédies*. Paris: Flammarion, 1968. 1. éd. 1629-1674. (*TCC*)

COURTELINE, Georges. *Boubouroche*. Paris: Garnier-Flammarion, 1965. 1. éd. 1892. (*B*)

DABIT, Eugène. *Petit-Louis*. Paris: Gallimard, 1930. (*PL*)

DAUDET, Alphonse. *Le Petit Chose*. Paris: Fasquelle, 1974. 1. éd. 1868. (*PC*)

_____. *Lettres de mon moulin*. Paris: Nelson, s.d. 1. éd. 1869. (*LM*)

_____. *Lettres de mon moulin*. Paris: Flammarion, 1954. 1. éd. 1869. (*LMM*)

_____. *Tartarin sur les Alpes*. Paris: Flammarion, 1931. 1. éd. 1885. (*TA*)

DEBRAY, Régis. *Les Masques*. Paris: Gallimard, 1987. (*M*)

DEPESTRE, René. *Le Mât de cocagne*. Paris: Gallimard, 1979. (*MC*)

DESCARTES, René. *Discours de la méthode*. Paris: Larousse, 1967. 1. éd. 1637. (*DM*)

DIDEROT, Denis. *Jacques le fataliste*. Paris: Le Livre de Poche, 1972. 1. éd. 1796. (*JF*)

_____. *Le Neveu de Rameau*. Paris: Gallimard, 1972. 1. éd. 1805. (*NR*)

DUHAMEL, Georges. *Journal de Salavin*. Paris: Le Livre de Poche, 1963. 1. éd. 1927. (*JS*)

DUMAS, Alexandre. *La reine Margot*. Paris: Louis Conard, 1929. 2. v. (*RM*)

FÉNELON. *Textes choisis* par Marcel Raymond. Fribourg: Éditions de la Librairie de l'Université, 1943. (*TC*)

FEYDEAU, Georges. *Occupe-toi d'Amélie* suivi de *La Dame de Chez Maxim*. Paris: Bélier, 1960. (*OA-DCM*)

FLAUBERT, Gustave & MAUPASSANT, Guy de. *Correspondance*. Paris: Flammarion, 1993. (*C-GF/GM*)

FLAUBERT, Gustave & SAND, George. *Correspondance*. Paris: Flammarion, 1981. (*C-GF/GS*)

FLORIAN. *Fables*. Paris: Hachette, 1913. 1. éd. 1792. (*F*)

FRANCE, Anatole. *La Révolte des anges*. Paris: Calmann-Lévy, 1924. 1. éd. 1914. (*RA*)

_____. *Le Génie latin*. Paris: Calmann-Lévy, 1917. (*GL*)

_____. *Les Contes de Jacques Tournebroche*. Paris: Calmann-Lévy, 1921. (*CJT*)

_____. *Rabelais*. Paris: Calmann-Lévy, 1928. (*R*)

GADENNE, Paul. *Les Hauts-Quartiers*. Paris: Seuil, 1973. (*HQ*)

GAGNOL, Alain. *La Femme patiente*. Paris: Le Cherche Midi, 2002. (*FP*)

GARY, Romain. *La Promesse de l'aube*. Paris: Gallimard, 1980. (*PA*)

GAUTIER, Théophile. *Le Capitaine Fracasse*. Paris: Garnier-Flammarion, 1967. 1. éd. 1863. (*CF*)

GENET, Jean. *Notre-Dame-des-Fleurs*. Paris: Marc Barbezat/L'Arbalète, 1976. 1. éd. 1948. (*NDF*)

GIONO, Jean. *Le Déserteur et autres récits*. Paris: Gallimard, 1973. (*D*)

_____. *Le Hussard sur le toit*. Paris: Gallimard, 1985. 1. éd. 1951. (*HT*)

_____. *Le Serpent d'étoiles*. Paris: Bernard Grasset, 1995. 1. éd. 1934. (*SE*)

_____. *Les grands chemins*. Paris: Le Club du Meilleur Livre, 1961. (*GC*)

_____. *Un roi sans divertissement*. Paris: Gallimard, 1947. (*RSD*)

GIRAUD, Brigitte. "La Fin de l'histoire", in *Histoires de lecture*. Paris: Lire en Fête 2002 (CNL – Ministère de la Culture et de la Communication).

GROULT, Benoîte. *Les Vaisseaux du cœur*. Paris: Grasset, 1988. (*VC*)

GUITRY, Sacha. *Mémoires d'un tricheur*. Paris: Gallimard, 1973. (*MT*)

GUTH, Paul. *Le Mariage du naïf*. Paris: Albin Michel, 1957. (*MaN*)

_____. *Mémoires d'un naïf*. Paris: Albin Michel, 1953. (*MN*)

HALLIER, Jean-Edern. *Le premier qui dort réveille l'autre*. Paris: Le Sagittaire, 1977. (*PDR*)

HARAUCOURT, Edmond. Poesias escolhidas. In RÓNAI, P. *Dicionário universal de citações*. 3. ed. Rio de Janeiro: Nova Fronteira, 1985. (*DUC*)

HUGO, Victor. *Bug-Jargal, Le dernier jour d'un condamné* et *Claude Gueux*. Paris: Nelson, s. d. (*BJ*)

IONESCO, Eugène. *Jacques ou la soumission*, in *Théâtre*, t. I. Paris: Gallimard, 1981. (*J*)

_____. *Les Chaises*, in *Théâtre*, t. II. Paris: Gallimard, 1975. 1. éd. 1952. (*C*)

JARRY, Alfred. *Tout Ubu*. Paris: Le Livre de Poche, 1962. (*TU*)

JOLLIVET, Gaston. *Souvenirs de la vie de plaisir sous le Second Empire*. Paris: Jules Tallandier, 1927. (*SVP*)

JULIARD, Florence. *L'Enfer à domicile*. Paris: Le Cherche Midi, 2002. (*ED*)

KOJÈVE, Alexandre. *Introduction à la lecture de Hegel*. Paris: Gallimard, 1947. (*ILH*)

LA BRUYÈRE, Jean de. *Les Caractères de Théophraste* traduits du grec avec *Les caractères ou les mœurs de ce siècle*. Paris: Garnier-Flammarion, 1965. 1. éd. 1688. (*C*)

LA FONTAINE, Jean de. *Contes*. Texte intégral des *Contes et Nouvelles en vers de 1665 à 1671*. Paris: Garnier, 1922. (*CN*)

_____. *Fables*. Paris: Garnier-Flammarion, 1966. 1. éd. 1668-1694. (*F*)

_____. *Fables, contes et nouvelles*. Paris: Gallimard-La Pléiade, 1954. (*FCN*)

LA FONTAINE, Jean de. *Œuvres diverses*. Paris: Gallimard-La Pléiade, 1958. (*OD*)

LACARRIÈRE, Jacques. *Promenades dans la Grèce antique*. Paris: Hachette, 1978. (*PGA*)

LAMAISON, Didier. *Œdipe roi*. Paris: Gallimard, 1994. (*Œ*)

LAPOUGE, Gilles. *La Bataille de Wagram*. Paris: Flammarion, 1986. (*BW*)

LARBAUD, Valéry. *A. O. Barnabooth* – son journal intime. Paris: Gallimard, 1923. (*AOB*)

_____. *Fermina Marquez*. Paris: Gallimard, 1960. 1. éd. 1911. (*FM*)

LEDUC, Violette. *Thérèse et Isabelle*. Paris: Gallimard, 2000. (*TI*)

LESAGE. *Histoire de Gil Blas de Santillane*. Chronologie, introduction, bibliographie, établissement du texte, glossaire, notes par Roger Laufer. Paris: Garnier-Flammarion, 1977. 1. éd. 1715-1735. (*GB*)

_____. *Histoire de Guzman D'Alfarrache*. Paris: Garnier, s.d. 1. éd. 1732. (*GA*)

LOUŸS, Pierre. *La Femme et le pantin*. Paris: Albin Michel, 1981. 1. éd. 1898. (*FP*)

MALHERBE. *Les poésies de Malherbe*. Texte publié pour la première fois d'après les éditions revues et corrigées par Malherbe et disposé dans un ordre nouveau par Philippe Martinon. Paris: Garnier, 1960.

MARGUERITE d'ANGOULÊME, REINE DE NAVARRE. Ver CONTEURS FRANÇAIS du XVIe siècle.

_____. *L'Heptaméron*. Contes de la reine de Navarre. Paris: Garnier, s. d. 1. éd. 1558-1559. (*H*)

MARIN, Louis. *Le récit est un piège*. Paris: Minuit, 1978. (*RP*)

MAUPASSANT, Guy de. *Bel-Ami*. Paris: Albin Michel, 1983. 1. éd. 1885. (*BA*)

_____. *Boule de suif*. Paris: Albin Michel, 1957. 1. éd. 1880. (*BS*)

_____. *Contes et nouvelles*. Paris: Gallimard-La Pléiade, 1974. 2 v. 1. éd. 1880-1890. (*CN*)

_____. *La Maison Tellier*. Paris: Albin Michel, [s. d.]. 1. éd. 1881. (*MT*)

_____. *L'Inutile beauté*. Paris: Albin Michel, 1926. 1. éd. 1890. (*IB*)

_____. *Mademoiselle Fifi*. Paris: Albin Michel, 1925. 1. éd. 1882. (*MF*)

_____. *Sur l'eau*. Paris: Albin Michel, 1932. 1. éd. 1888. (*SE*)

_____. *Une vie*. Paris: Albin Michel, 1960. 1. éd. 1883. (*V*)

_____. *Yvette*. Paris: Albin Michel, 1926. 1. éd. 1885. (*Y*)

MAURIAC, François. *Galigaï*. Paris: Flammarion, 1952. (*Ga*)

_____. *Le Désert de l'amour*. Paris: Calmann-Lévy, 1948. 1. éd. 1925. (*DA*)

_____. *Le Nœud de vipères*. Paris: Calmann-Lévy, 1948. 1. éd. 1932. (*NV*)

_____. *Thérèse Desqueyroux*. Paris: Bernard Grasset, 1970. 1. éd. 1927. (*TD*)

MÉRIMÉE, Prosper. *Carmen*. Paris: Gründ, 1937. 1. éd. 1845. (*Ca*)

_____. *Colomba*. Paris: Garnier-Flammarion, 1964. 1. éd. 1840. (*Co*)

_____. *Les Âmes du purgatoire*. In: *Colomba*. Paris: Nelson, 1927. 1. éd. 1834. (*AP*)

_____. *Théâtre de Clara Gazul*. Paris: Garnier, 1928. 1. éd. 1825. (*TCG*)

MIRBEAU, Octave. *Le Journal d'une femme de chambre*. Paris: Fasquelle, 1937. 1. éd. 1900. (*JFC*)

MODIANO, Patrick. *Du plus loin de l'oubli*. Paris: Gallimard, 1996. (*PLO*)

MOHRT, Michel. *Mon royaume pour un cheval*. Paris: Albin Michel, 1988. 1. éd. 1949. (*MRPC*)

MOINOT, Pierre. *Jeanne d'Arc, le pouvoir et l'innocence*. Paris: Flammarion, 1988. (*JA*)

MOLIÈRE. *L'Avare*. Paris: Hatier, 1947. 1. éd. 1669. (*A*)

_____. *Le Tartuffe*, commentaires de Pierre Clarac. Paris: Larousse, 1933. 1. éd. 1670. (*T*)

_____. *Œuvres complètes*. Berlin: A. Asher, s. d. 3 v. 1. éd. 1655-1673. (*OC*)

MONTAIGNE, Michel de. *Essais*. Paris: Nelson, s. d. 3 v. 1. éd. 1572-1588. (*E*)

MONTEILHET, Hubert. *Néropolis*. Roman des temps néroniens. Paris: Julliard/Pauvert, 1984. (*N*)

MONTHERLANT, Henry de. *Les Célibataires*. Paris: Gallimard, 1954. 1. éd. 1934. (*C*)

_____. *Pitié pour les femmes*. Paris: Gallimard, 1936. (*PF*)

MUSSET, Alfred de. *Comédies et proverbes*. Paris: Nelson, s. d. 2 v. 1. éd. 1840. (*CP*)

_____. *Nouvelles*. Paris: Garnier, 1948. (*N*)

NÈGRE, Hervé. *Dictionnaire des histoires drôles*. Paris: Fayard, 1973. (*DHD*)

NERVAL, Gérard de. *Œuvres*. Paris: Gallimard-La Pléiade, 1952. (*Œ*)

NODIER, Charles. *Contes fantastiques*. Paris: Jean-Jacques Pauvert, 1957. (*CF*)

NOTHOMB, Amélie. *Stupeur et tremblements*. Paris: Le Livre de Poche, 1999. (*ST*)

PAGNOL, Marcel. *Marius*. Paris: Le Livre de Poche, 1962. 1. éd. 1931. (*M*)

_____. *Topaze*. Paris: Fasquelle, 1951. 1. éd. 1928. (*T*)

PASCAL, Blaise. *Pensées*. Paris: Le Livre de Poche, 1962. 1. éd. 1670. (*P*)

PENNAC, Daniel. *Comme un roman*. Paris: Gallimard, 1992. (*CR*)

_____. *La petite marchande de prose*. Paris: Gallimard, 1989. (*PMP*)

PÉPIN, Ernest. *Le Tango de la haine*. Paris: Gallimard, 1999. (*TH*)

PERRAULT, Charles. *Contes de ma mère l'Oie*. Paris: Gallimard, 1931. 1. éd. 1697. (*CMO*)

PEYREFITTE, Roger. *Du Vésuve à l'Etna*. Paris: Flammarion, 1952. (*VE*)

PIRES, José Cardoso. *Cartilha do marialva* ou das negações libertinas. 4. ed. Lisboa: Moraes, 1970. 1. ed. 1960. (*CM*)

PRÉVERT, Jacques. *Histoires... et d'autres histoires*. Paris: Le Point du Jour, 1949. 1. éd. 1946. (*H*).

_____. *La Pluie et le beau temps*. Paris: NRF, 1955. (*PBT*)

_____. *Le Chat et l'oiseau*. In VEIGA, C. *Antologia da poesia francesa*. Rio de Janeiro: Record, 1991. (*APF*)

_____. *Spectacle*. Paris: Gallimard, 1960. 1. éd. 1949. (*S*)

PROUST, Marcel. *À la recherche du temps perdu*. Paris: Gallimard-La Pléiade, 1954. 3 v. 1. éd. 1913-1927. (*RTP*)

QUEIRÓS, EÇA DE. *Obras*. Porto: Lello, s. d. 3 v. (*O*)

QUENEAU, Raymond. *Les Œuvres complètes de Sally Mara*. Paris: Gallimard, 1962. (*SM*)

RABELAIS, François. *La Vie tres horrificque du grand Gargantua*. Paris: Garnier-Flammarion, 1968. 1. éd. 1534. (*G*)

_____. *Le tiers livre*. Paris: Garnier-Flammarion, 1970. 1. éd. 1546 (*TL*)

_____. *Œuvres complètes*. Édition établie, annotée et préfacée par Guy Demerson. Paris: Seuil, 1973. 1. éd. 1534-1565. (*OC*)

_____. *Œuvres complètes*. Édition établie, présentée et annotée par Mireille Huchon avec la collaboration de François Moreau. Paris: Gallimard-La Pléiade, 1994. (*OC-Pléiade*)

_____. *Pantagruel*. Paris: Garnier-Flammarion, 1969. 1. éd. 1532. (*P*)

RACINE, J. *Théâtre complet*. Paris: Garnier, s. d. 1. éd. 1664-1691. (*TC*)

RADIGUET, Raymond. *Le Diable au corps*. Paris: Le Livre de Poche, 1968. 1. éd. 1923. (*DC*)

RASPAIL, Jean. *Le Camp des Saints*. Paris: Robert Laffont, 1993. 1. éd. 1973. (*CS*)

REGNARD. *Théâtre choisi*. Paris: Bibliothèque Larousse, 1926. 2 v. 1. éd. 1694-1708. (*TC*)

RENARD, Jules. *Journal*. Paris: Gallimard-La Pléiade, 1960. 1. éd. 1925-1927. (*J*)

_____. *Poil de Carotte*. Paris: Garnier-Flammarion, 1965. 1. éd. 1894. (*PC*)

RICHEPIN, Jean. *Le Chemineau*. Paris: Charpentier et Fasquelle, 1907. (*C*)

ROLLAND, Romain. *Colas Breugnon*. Paris: Albin Michel, 1926. 1. éd. 1919. (*CB*)

ROMILLY, Jacqueline de. *Alcibiade*. Paris: Fallois, 1995. (*A*)

ROUAUD, Jean. *Le Monde à peu près*. Paris: Minuit, 1996. (*M*)

SAN-ANTONIO. *Au suivant de ces messieurs*. Paris: Fleuve Noir, 1991. 1. éd. 1957. (*SM*)

_____. *Bas les pattes*. Paris: Fleuve Noir, 1976. (*BP*)

_____. *Du poulet au menu*. Paris: Fleuve Noir, 1971. (*PM*)

_____. *Entre la vie et la morgue*. Paris: Fleuve Noir, 1971. (*EVM*)

_____. *Tango chinetoque*. Paris: Fleuve Noir, 1974. (*TC*)

_____. *Un éléphant, ça trompe*. Paris: Fleuve Noir, 1968. (*EÇT*)

SAND, George. *François Le Champi*. Paris: Garnier-Flammarion, 1964. 1. éd. 1847-1848. (*FC*)

_____. *La Mare au diable*. Paris: Garnier-Flammarion, 1964. 1. éd. 1846. (*MD*)

SANTO CAPPON. *Mémoires de l'assassin de Sissi*. Paris: Le Cherche Midi, 1998. (*MAS*)

SARRAUTE, Nathalie. *Les Fruits d'or*. Paris: Gallimard, 1963. (*FO*)

SARTRE, Jean-Paul. *Huis clos*. Paris: Gallimard, 1979. 1. éd. 1945. (*HC*)

_____. *La Mort dans l'âme*. Paris: Gallimard, 1970. 1. éd. 1949. (*MA*)

_____. *La P... respectueuse*, suivi de *Morts sans sépulture*. Paris: Gallimard, 1981. 1. éd. 1947. (*PR*)

_____. *L'Âge de raison*. Paris: Gallimard, 1945. (*AR*)

_____. *Le Sursis*. Paris: Gallimard, 1970. (*S*)

_____. *Les Mots*. Paris: Gallimard, 1964. (*Mo*)

_____. *Les Séquestrés d'Altona*. Paris: Gallimard, 1964. 1. éd. 1959. (*SA*)

SCARRON. *Le Roman comique*. Paris: P. Jannet, 1857. 2 v. 1. éd. 1651-1657. (*RC*)

SCHOENDOERFFER, Pierre. *L'Adieu au roi*. Paris: Grasset, 1969. (*AR*)

SCHWARZ-BART, Simone. *Pluie et vent sur Télumée Miracle*. Paris: Seuil, 1972. (*PVTM*)

SEMPRUN, Jorge. *L'écriture ou la vie*. Paris: Gallimard, 1994. (*EV*)

SILVA, António José da – o Judeu. *Obras completas*. Lisboa: Sá da Costa, 1957-1958. 4 v. (*OC*)

SIMENON, George. *Le Voleur de Maigret*, in *Tout Simenon*. Paris: Presses de la Cité, 1989. V. 13. 1. éd. 1966. (*VM*)

SIMENON, George. *L'Homme qui regardait passer les trains*, in *Tout Simenon*. Paris: Presses de la Cité, 1992. V. 21. 1. éd. 1936. (*HRT*)

SIMONIN, Albert. *Touchez pas au grisbi!* Paris: Gallimard, 1953. (*TG*)

STENDHAL. *Armance*. Paris: Garnier, 1950. 1. éd. 1827. (*A*)

_____. *Le Rouge et le noir*. Paris: Garnier-Flammarion, 1964. 1. éd. 1830. (*RN*)

_____. *Lucien Leuwen*, in *Romans*, t. 1. Paris: Seuil, 1969. 1. éd. 1894. (*LL*)

TAINE, Hippolyte. *La Fontaine et ses fables*. Paris: Hachette, 1907. 1. éd. 1861. (*LF*)

TILLIER, Claude. *Mon oncle Benjamin*. Paris: Le Club Français du Livre, 1948. 1. éd. 1843. (*OB*)

TRIOLET, Elsa. *Les Manigances*. Paris: Gallimard, 1972. 1. éd. 1962. (*M*)

VAILLAND, Roger. *La Loi*. Paris: Gallimard, 1972. 1. éd. 1957. (*L*)

_____. *Les mauvais coups*. Paris: Sagittaire, 1948. (*MC*)

_____. *Un jeune homme seul*. Paris: Buchet-Chastel, 1967. 1. éd. 1951. (*JHS*)

VALLÈS, Jules. *L'Insurgé*. Paris: Garnier-Flammarion, 1970. 1. éd. 1866. (*I*)

VAUVENARGUES. In Fontenelle et Vauvenargues. *Œuvres choisies*. Paris: La Renaissance du Livre, s. d. (*OC*)

VERNE, Jules. *L'Oncle Robinson*. Paris: Le Cherche Midi, 1991. (*OR*)

VIAN, Boris. *L'Écume des jours*. Paris: UGE, 1980. 1. éd. 1947. (*EJ*)

_____. *L'Herbe rouge*. Paris: Jean-Jacques Pauvert, 1962. 1. éd. 1950. (*HR*)

VILLIERS DE L'ISLE-ADAM, Auguste de. *Contes cruels*. Paris: José Corti, 1954. 1. éd. 1883. (*CC*)

VILLON, François. *Œuvres complètes*. Lausanne: Guilde du Livre, 1948. 1. éd. 1456. (*OC*)

_____. *Poemas de François Villon*; tradução, notícia e notas de Péricles Eugênio da Silva Ramos. São Paulo: Art, 1986. (*PFV*)

VOLTAIRE. *Romans et contes*. Paris: Garnier, 1960. 1. éd. 1747-1767. (*RC*)

WILLY & COLETTE. *Claudine à l'école*. Paris: Albin Michel, 1962. 1. éd. 1900. (*CE*)

_____. *Claudine à Paris*. Paris: Albin Michel, 1960. 1. éd. 1901. (*CP*)

YOURCENAR, Marguerite. *Archives du Nord*. Paris: Gallimard, 1982. 1. éd. 1977. (*AN*)

_____. *Le Coup de grâce*, in *Alexis*. Paris: Gallimard, 1994. 1. éd. 1939. (*CG*)

_____. *Mémoires d'Hadrien*. Paris: Gallimard, 1974. (*MH*)

ZOLA, Émile. *L'Assommoir*. Paris: Fasquelle, 1974. 1. éd. 1877. (*As*)

_____. *Germinal*. Paris: Fasquelle, 1969. 1. éd. 1885. (*G*)

Índice das palavras de referência*

---

* Quando há mais de um provérbio por palavra de referência, essa freqüência vem indicada entre parênteses. Os números depois das vírgulas designam páginas.

Índice dos provérbios franceses*

à aise garde son perier qui ne trueve qui y giete → PIERRIER
à BARBE de fou on apprend à raser
à BARQUE désespérée Dieu fait trouver le port
à bâtir trop se hâte qui commence à BOURSE plate
à battre faut l'AMOUR
à beau JEU beau retour
à beau MENSONGE, longue mémoire
a beau MENTIR qui vient de loin
à blanchir la TÊTE d'un âne/nègre, on perd sa lessive
à BOIS noueux hache affilée
à bon APPÉTIT il ne faut pas/point de sauce
à bon CHAT(,) bon rat
à bon CHEVAL, bon gué
à bon CHEVAL, point d'éperon
à bon CHIEN il n'arrive jamais un bon os
à bon chouleur la pelote lui vient → JOUEUR
à bon DEMANDEUR, bon refuseur
à bon entendeur ne faut que une parolle → ENTENDEUR, 1
à bon ENTENDEUR peu de paroles
à bon ENTENDEUR, salut(!)
à bon GENDARME, bonne lance
à bon GOÛT et faim n'y a mauvais pain
à bon JEU bon argent
à bon jour bone euvre → JOUR, 3
à bon TAMBOUR, bonne baguette
à bon VIN il ne faut pas de bouchon
à bon vin ne faut pas d'enseigne → VIN, 3
à bon VIN, point d'écriteau
à bon VIN, point d'enseigne
à BOSSU la bosse
à BOURSE de joueur, il n'y a point de loquet
à BREBIS tondue, Dieu (lui) mesure le froid/vent
à chacun pourceau son saint Martin → PORC
à chacun sent bon sa MERDE

à chacun son MÉTIER
à chacun son MÉTIER, les vaches seront bien gardées
à chacun son TOUR
à CHAIR de loup sauce de chien
à chaque FOU (plaît) sa marotte
à chaque JOUR suffit sa peine
à chaque OISEAU son nid est/paraît beau
à chaque PORC vient la Saint-Martin
à chaque POT son couvercle
à chaque SAINT sa chandelle
à CHEMIN battu ne croît point d'herbe
à CHEVAL donné on ne regarde pas/point la bouche/bride
à CHIEN endormi rien ne tombe dans la gueule
à CHIEN qui mord il faut jeter des pierres
à CHOSE faite, conseil pris
à cinquante ANS, ouvre ta cave et ferme tes culottes
à CŒUR vaillant rien d'impossible
à COLOMBES saoules cerises sont amères
à CONFESSEURS, avocats, la vérité ne cèle de ton cas
à CONSEIL de fol, cloche de bois
à COQUIN honteux plate besace
à CORSAIRE, CORSAIRE et demi
à coucher avec les CHIENS, on se lève avec des puces
à cul de foyrard toujours abonde merde → CUL, 1
à CUL foireux toujours merde abonde
à défaut de SOUCI pour soi, on a du tracas pour les autres
à DIEU rien n'est impossible
à dure ENCLUME, marteau de plume
à eise va à pié qui son cheval maine en destre → PIED, 3
à ESTOMAC vide pas d'oreilles
à faute de CHAPON, pain et oignon
à FLEUR de femme, FLEUR de vin

---

* As formas em itálico correspondem a provérbios do francês antigo.

525

à *folles paroles oreilles sourdes* → PAROLE, 1

à force d'aller à la FONTAINE, la cruche y reste

à force de caresser son petit le MACAQUE l'a tué

à force de CHOISIR on prend le pire

à force de mal ALLER, tout IRA bien

à *force de mal, tout ira bien* → ALLER, 1

à force de tirer sur la CORDE, elle casse

à *forger on devient forgeron* → FORGERON

à GENS de village, trompette de bois

à GOUPIL endormi rien ne lui tombe en la gueule

à grand PÊCHEUR échappe l'anguille

à grands SEIGNEURS peu de paroles

à grasse CUISINE pauvreté voisine

à haute MONTÉE le fais encombre

à jeune CHEVAL, vieux cavalier

à jeune SOLDAT vieil cheval

à la bouche du SOT le rire abonde

à la BOUCHERIE, toutes les vaches sont bœufs et à la tannerie tous les bœufs sont vaches

à la CHANDELEUR l'hiver se passe/(s'en va) ou prend vigueur

à la CHANDELLE la chèvre semble demoiselle

à la CHANDELLE toute fille est belle

à la CHASSE comme en amour, on commence quand on veut et on finit quand on peut

à la CONVERSION de saint Paul, l'hiver se renoue ou se casse le col

à *la cort le roi chascuns i est pour soi* → COUR, 1

à la COUR le roi, chacun y est pour soi

à la fête de la CHANDELEUR, les jours croissent plus d'une heure, et le froid pique avec douleur

à la fin saura-t-on qui a mangé le LARD

à la fin se chante le GLORIA

à la fin sera le RENARD moine

à la GOUTTE le médecin ne voit GOUTTE

à la GRANGE va li blé

à *la grange vet li blez* → GRANGE

à la GUERRE comme à la GUERRE

à la LAINE on connaît la brebis

à *la maisnie se reconnaît le seigneur* → MAISON, 2

à la MAISON acheter, au marché vendre

à la MAISON se reconnaît le seigneur

à la PLUME et au chant l'oiseau et au parler le bon cerveau

à la porte des GRANDS, le seuil est glissant

à la presse vont les FOUS

à la QUENOUILLE, le fol s'agenouille

à la QUEUE gît la difficulté

à *la sainct Martin boit-on le bon vin* → SAINT, 3

à la SAINT-André, la nuit l'emporte sur le jour qui suit

à la SAINT-Martin bois le bon vin et laisse l'eau courir au moulin

à la SAINT-Martin tue ton cochon et invite tes voisins

à la SAINT-Mathias se fond et se brise la glace

à la SAINT-Paul l'hiver se casse ou se recolle

à la SAINTE-Luce, le jour croît du saut d'une puce

à la TABLE d'autrui on mange de meilleur appétit

à la TOUSSAINT, les blés semés et tous les fruits rentrés

à l'ÂNE l'ÂNE semble très beau

à laver la TÊTE d'un âne/nègre, on perd sa lessive

à *laver la tête d'un âne, on y perd que la lessive* → TÊTE, 1

à l'AVEUGLE ne duit peinture, couleur, miroir, ni figure

à l'IMPOSSIBLE nul n'est tenu

à l'ŒIL malade, la lumière nuit

à l'ŒUVRE on connaît l'artisan/l'ouvrier

à l'ONGLE on connaît le lion

à longue CORDE tire qui d'autrui mort désire

à longue VOIE paille pèse

à mal enfourner on fait les PAINS cornus

à MAL enraciné remède tard apprêté

à MAL mortel remède ni médecine

à MALIN, MALIN et demi

à manger avec le DIABLE, la fourchette n'est jamais trop longue

à MARMITE qui bout mouche n'attaque

à mauvais CHIEN on ne peut montrer le loup

à mauvais RAT, faut mauvais chat

à méchant CHEVAL, bon éperon

à méchant CHIEN, court lien

à MENTEUR, MENTEUR et demi

a MOITIÉ fait qui commence bien

à NAVIRE brisé tous les vents sont contraires

à NOËL les moucherons, à Pâques les glaçons

à *Noël souvent moucherons, et à Pasques sont les glaçons* → NOËL, 1

à ŒIL ou nez malade, ne touche que du coude

à PAIN de quinzaines, faim de trois semaines

à PAIN dur, dent aiguë

à PANSE chaude, pied endormi

à PAROLES lourdes, oreilles sourdes

à PARTI pris point de conseil

à pauvre CŒUR petit souhait

à pauvres GENS la pâte gèle au four

à pauvres GENS, menue monnaie

à peine endure le MAL qui ne l'a appris

à PÈRE amasseur, fils gaspilleur

à PÈRE avare, fils prodigue

à petit MANGER bien boire

à petit MERCIER, petit panier

à petit OISEAU, petit nid

à petit PRÉSENT, petit merci

à petit SAINT, petite offrande

à petit TROU, petite cheville

à petites CAUSES, grands effets

à pisser contre le VENT, on mouille sa chemise

à plusieurs MAINS l'ouvrage avance

à point d'ARGENT, point de varlet

à *pou de pluie chiet grans vens, et grans orgueil en pou de tens* → PLUIE, 4

à quelque BIEN duit fange et fien

à *quelque chose est malheurté bonne* → MALHEUR, 1

à quelque chose MALHEUR est bon

à quelque chose sert le MALHEUR

à qui a FAIM, tout est pain
à qui DIEU veut aider, sa femme meurt
à qui il arrive un MALHEUR, il en advient un autre
à qui la FORTUNE est belle son bœuf bêle
à qui la TÊTE fait mal souffre partout le corps
à qui perd sa FEMME et un denier c'est grand
    dommage de l'argent → FEMME, 50
à qui se lève MATIN, Dieu aide et prête la main
à raconter ses MAUX souvent on les soulage
à renard endormi ne lui chest rien en la gorge → RENARD, 2
à RENARD endormi ne vient bien ni profit
à RENARD endormi rien ne tombe dans la gueule
à RENARD, RENARD et demi
à ROME comme à ROME
à ronde TABLE n'y a débat pour être plus près du
    meilleur plat
à ROUBLARD, ROUBLARD et demi
à SAINT-Simon et SAINT-Jude, les navires à l'ancre
à se cogner la TÊTE contre les murs, il ne vient que
    des bosses
à sentier qui est batus ne croit point d'erbe → CHEMIN, 1
à sot AUTEUR, sot admirateur
à sotte DEMANDE, point de réponse
à sotte QUESTION, pas de réponse
à tard crie l'OISEAU quand il est pris
à TARD prend qui à autrui s'attend
à tart ferme on l'estable, quant li chevauz est perduz →
    ÉCURIE, 1
à tel POT, telle cuiller
à tel SAINT, telle offrande
à tel TRAVAIL, tel salaire
à telle DAME, telle chambrière
à TOILE ourdie Dieu envoie le fil
à ton CONFESSEUR et à ton médecin, ne cache
    jamais rien
à tort se lamente de la MER qui ne s'ennuye d'y
    retourner
à tous OISEAUX leurs nids sont beaux
à tous seigneurs tous honneurs → SEIGNEUR, 2
à tout PÉCHÉ miséricorde
à tout SEIGNEUR tout honneur
à toute HEURE, chien pisse et femme pleure
à toute PEINE est dû salaire
à TROMPEUR, TROMPEUR et demi
à vaillant HOMME, courte épée
à vaincre sans PÉRIL, on triomphe sans gloire
à VENTRE saoul cerises amères
à vieille MULE, frein doré
à vieille MULE frein doré, riche habit fait fol honorer
à vieux CORPS, point de remède
à VILAIN, charbonnée d'âne
à VILAIN, VILAIN et demi
à vouloir connaître la VÉRITÉ à tout prix, l'on risque
    de se brûler soi-même
abattre deux MOUCHES d'un coup de savate
ABONDANCE de biens ne nuit pas
ABONDANCE engendre arrogance
ABONDANCE engendre fâcherie

ABONDANCE engendre nausée
absent le CHAT, les souris dansent
ABSENT n'est point sans coulpe, ni présent sans
    excuse
acquiers bonne RENOMMÉE et dort la grasse matinée
adieu, PANIERS, vendanges sont faites!
ADMIRATION est fille de l'ignorance
AFFECTION aveugle raison
aide-toi, Dieu t'aidera → CIEL, 1
aide-toi, le CIEL t'aidera
AIMER est bon, mieux: ÊTRE AIMÉ
AIMER n'est pas sans amer
aimez votre VOISIN, mais n'abattez pas la haie
ainsi comme la VERTU, le crime a ses degrés
AISE et mal se suivent de près
AISE fait larron
aisément garde son PIERRIER qui ne trouve personne
    pour l'attaquer
al premier cop arbres ne chiet → ARBRE, 8
alène ne se puet celer en sac → AIGUILLE, 2
ALORS comme ALORS
ÂME saine dans un corps sain
AMI au prêter, ennemi au rendre
ami de plusieurs, ami de nully → AMI, 2
AMI de plusieurs, AMI de nuls
AMI de table est bien variable
AMI du topin et de tasse de vin, tenir ne dois-tu pour
    bon voisin
AMI, or et vin vieux sont bons en tous lieux
AMIS jusqu'aux autels
AMITIÉ de gendre, soleil d'hiver
AMITIÉ de seigneur n'est pas héritage
AMITIÉ réconciliée, choux réchauffés, mauvais dîner
AMITIÉ rompue n'est jamais bien soudée
AMOUR a de coutume d'entremêler ses plaisirs
    d'amertume
AMOUR apprend aux ânes à danser
AMOUR de seigneur n'est pas héritage
AMOUR et mort, rien n'est plus fort
AMOUR et seigneurerie ne vont pas de compagnie
AMOUR peut moult, argent peut tout
AMOUR, toux, fumée et argent ne se peuvent cacher
    longtemps
AMOUR vainct tout et argent fait tout
AMOURS et mariages qui se font par amourettes
    finissent par noisettes
AMOURS nouvelles oublient les vieilles
âne avec le cheval n'attèle → ÂNE, 14
ÂNE convié à noces, eau et bois y doit apporter
ANNÉE neigeuse, année fructueuse
APPRENTI n'est pas maître
apprentis ne sont pas maîtres → APPRENTI
après BESOGNE faite le repos est doux
après blanc PAIN, le bis ou la faim
après bon VIN, bon cheval
après DÎNER repose un peu, après souper promène
    une mille
après DOMMAGE, chacun est sage

après grand BANQUET, petit pain

après grande MONTAGNE, grande vallée

après gros TONNERRE, force eau sur la terre

après la CHAIR vient le fromage

après la FÊTE, on gratte la tête

après la FIGUE, un verre d'eau; après le melon, un verre de vin

après la MORT, le médecin

après la PANSE, la danse

après la PLUIE le beau temps

après le DÎNER, la moutarde

après le fait ne faut souhait → FAIT, 1

après le FAIT ne vaut souhait

après le POISSON lait est poison

après les MATINES doit-on chanter le Te Deum

après manger, NAPPE

après moi le DÉLUGE!

après rastel n'a métier FOURCHE

après RIRE c'est pleurer

ARAIGNÉE du matin, chagrin(; ARAIGNÉE du soir, espoir)

ARBRE trop souvent transplanté rarement fait fruit à planté

ARC toujours tendu se gâte

arc trop tendu, tôt lâché ou rompu → ARC, 1

ARC-EN-CIEL du matin fait tomber le moulin; ARC-EN-CIEL du soir fait mourir l'arrosoir

ARC-EN-CIEL du matin, pluie sans fin; ARC-EN-CIEL du soir, il faut voir

ARC-EN-CIEL du soir met le bœuf au repos, ARC-EN-CIEL du matin met le bœuf en chemin

ARC-EN-CIEL et vent d'ouest, signe de température douce

ARGENT ard gens/gent

ARGENT changé, ARGENT mangé

ARGENT comptant porte médecine

ARGENT fait le jeu

ARGENT fait perdre et pendre gens

argent fait perdre et pendre gent → ARGENT, 6

argent porte médecine à l'estomac et poitrine → ARGENT, 4

ARGENT prêté ne doit être redemandé

aseür dort qui n'a que perdre → DORMIR, 2

assez boit qui a DEUIL

assez gagne qui MALHEUR perd

attends d'avoir le CABRI et sa corde en main avant d'affûter ton poignard

attends le SOIR pour louer le bon jour, et la mort pour louer la vie

ATTENDS, quelque chose adviendra

ATTENTE tourmente

au besoin l'AMI

au besoin voit-on son ami → AMI, 7

au bon JOUEUR la pelote lui vient

au bout de l'AUNE fault le drap

au bout du FOSSÉ la culbute

au bout du JEU voit-on qui a gagné

au cas que Lucas n'ait qu'un ŒIL, sa femme épouserait un borgne

au CHANT on connaît l'oiseau

au château de l'ESPÉRANCE ils sont tous morts d'abstinence

au CHAUDRON des douleurs, chacun porte son écuelle

au COL on connaît l'habit

au CRÉDITEUR mieux souvient qu'au débiteur de son argent

au DANGER on connaît les braves

au DÉGOUTÉ le miel est amer

au DERNIER les os

au fond du TAILLIS sont les mûres

au FOUR et au moulin on apprend/sait les nouvelles

au four et au moulin oyt l'en les nouvelles → FOUR, 1

au FROMAGE et jambon, connaît-on voisin et compagnon

au jour du JUGEMENT dernier, autant vaudra la merde que l'argent

au long aller la LIME mange le fer

au long aller, petit FARDEAU pèse

au MALHEUREUX fait confort avoir compagnie dans son sort

au MÉDECIN, à l'avocat et au curé, il faut dire la vérité

au milieu des ARMES, les lois sont silencieuses

au mois de MAI, les essaims font les charrettes de foin

au MORT et à l'absent, ni injure, ni tourment

au paresseux LABOUREUR les rats mangent le meilleur

au parler ANGE, au faire change

au pays des AVEUGLES croit qui a un œil y est roi

au pays des AVEUGLES, les borgnes sont rois

au plus DÉBILE la chandelle à la main

au plus fort la POCHE

au plus LARRON la bourse

au plus PAUVRE, la besace

au POISSON à nager ne se montre

au premier SON, on ne prend la caille

au prêter ANGE, au rendre diable

au prêter COUSIN, au rendre fils de putain

au riche HOMME souvent sa vache vêle, et du pauvre le loup veau emmène

au RIRE connaît-on le fol et le niais

au royaume des AVEUGLES, les borgnes sont rois → AVEUGLE, 3

au SAINT qui ne fait pas de miracles, on ne brûle pas d'encens

au semblant cognoit-on l'homme → SEMBLANT

au SEMBLANT connaît-on l'homme

au SÉNÉCHAL de la maison peut-on connaître le baron

au venin cognoist le triacle et an grant meshain le miracle → VENIN

au VENIN on connaît le remède et au mal le miracle

au VIS le vice → VISAGE, 1

aucun CHEMIN de fleurs ne conduit à la gloire

aucune fois voir dire nuit → VÉRITÉ, 12

aucune on seut baiser la main qu'on voudroit qui fust arse →
    MAIN, 14
aucunes fois le bon Homère sommeille → HOMÈRE
AUJOURD'HUI à moi, demain à toi
aujourd'hui CHEVALIER, demain vacher
aujourd'hui en CHAIR, demain en bière
aujourd'hui en CHÈRE, demain en bière
aujourd'hui en FLEUR(S), demain en pleur(s)
aujourd'hui la SAINT-Lambert, qui quitte sa place la
    perd
aujourd'hui MAÎTRE, demain valet
aujourd'hui ROI, demain rien
aussi bien meurent ROI et pape que celui qui n'a
    point de cape
aussi bien sont AMOURETTES sous bureau que sous
    brunettes
AUSSITÔT dit, AUSSITÔT fait
autant chie un bœuf que mille moucherons → BŒUF, 9
autant de GENS, autant de sens
autant de MARIAGES, autant de ménages
autant de TÊTES, autant d'avis
autant de VALETS, autant d'ennemis
autant de VILLES, autant de guises
autant DÉPENSE chiche que large
autant despend chiche que large et à la fin plus davantage →
    CHICHE, 1
autant en emporte le VENT
autant meurt VEAU que vache
autant pèche celui qui tient le SAC, que celui qui met
    dedans
autant tu POSSÈDES, autant tu vaux
autant vaut celui qui chasse et ne prend comme celui qui lit et
    rien n'entend → LIRE
autant vaut l'HOMME comme il s'estime
autres TEMPS, autres mœurs
aux CHEVAUX maigres vont les mouches
aux COCHONS la merde ne pue point
aux DERNIERS les bons
aux grandes PORTES soufflent les gros vents
aux grands MAUX les grands remèdes
aux GUEUX la besace
aux INNOCENTS les mains pleines
aux petits des OISEAUX Dieu donne leur pâture
aux petits SACS sont les meilleures épices
avant de consulter ta FANTAISIE, consulte ta bourse
avant de te marier, aie MAISON pour habiter
avant le SAINT, ne chômons pas la fête
avant l'HEURE ce n'est pas l'HEURE, après l'HEURE
    ce n'est plus l'HEURE
avec des SI, on mettrait Paris en bouteille
avec du BAGOUT on va partout
avec la PAILLE et le temps se mûrissent les nèfles et
    les glands
avec l'ÂGE, on devient sage
avec le BLÉ se cueillent et la paille et l'ivraie
avec le FLORIN, la langue et le latin, par tout
    l'univers on trouve son chemin
avec le RENARD on renarde

avec le TEMPS et la paille, les nèfles mûrissent
avec les LOUPS on apprend à hurler
avec TEMPS et patience, feuilles de mûrier deviennent
    soie
avec VENT, on nettoie froment, et vice avec supplice
    et châtiment
avoine de FÉVRIER remplit le grenier
avoir des AMIS, c'est être riche
AVRIL et mai de l'année font tous seuls la destinée
AVRIL et mai sont la clé de l'année
AVRIL pleut aux hommes, mai pleut aux bêtes
AVRIL pluvieux, mai gai et venteux annoncent an
    fécond et même gracieux
aymer est bon, mieulx estre aymé, l'ung est servir et l'autre
    dominer → AIMER, 1

BAGUE au doigt, corde au cou
baillez à un VILAIN une serviette, il en fera des
    étrivières
BAISER sans barbe, omelette sans sel
BARBE bien étuvée ou bien savonnée est à demi rasée
barbe mouillée à demi rée → BARBE, 2
BARBE rousse et noirs cheveux ne t'y fie pas, si tu
    veux
BARBE rousse, noir de chevelure, est réputé faux par
    nature
beau BOUCAUT, mauvaise morue
BEAU et bon ne sont pas souvent compagnons
beau NOYAU gît sous faible écorce
beau parler n'écorche point la LANGUE
beau SOULIER devient laide savate
beau soulier vient laide savate → SOULIER, 1
beau temps en JUIN, abondance de grains
beau VISAGE apporte sa dot en naissant
beaucoup de BRUIT, peu de fruit
BEAUCOUP sont appelés, mais peu sont élus
BEAUTÉ de femme n'enrichit homme
beauté ne vaut sans bonté → BEAUTÉ, 4
BEAUTÉ n'est qu'image fardée
BEAUTÉ passe, bonté reste
BEAUTÉ sans bonté, ce n'est rien à compter
BEAUTÉ sans bonté est comme vin éventé
BEAUTÉ sans bonté ne vaut pas un dé
belle CHÈRE et cœur arrière
belle FEMME a peine à rester chaste
belle FILLE et méchante robe trouvent toujours qui
    les accroche
belle HÔTESSE c'est un mal pour la bourse
belle MONTRE et peu de rapport
belle VIGNE sans raisin ne vaut rien
belles PAROLES n'emplissent pas la bourse
BESOGNE qui plaît est à moitié faite
BESOGNEUX n'a pas de loi
besoin fait vieille troter → BESOIN, 1
biaux noiaux gist sos foible escorce → NOYAU, 1
bien ATTEND qui parattend
bien bas CHOIT qui trop haut monte
bien danse à qui la FORTUNE chante

BIEN de fortune passe comme la lune
bien DIRE fait rire, bien faire fait taire
BIEN donné ne se reprend plus
BIEN en commun ne fait pas monceau
bien est LARRON qui LARRON emble/dérobe/vole
bien est MALHEUREUX qui est cause de son malheur
bien est qui ne SE BOUGE
bien est venu qui APPORTE
bien FAIRE et laisser dire
bien foloie qui à mi-voie SE RETOURNE
bien jeûne le JOUR qui le soir a assez à manger
bien labeure qui chastoie son enfant → AIMER, 5
BIEN mal acquis ne profite jamais
bien mauvais est le VENT qui ne sert à personne
BIEN perdu, BIEN connu
bien pert au tès qués li pot furent → TESSON
bien sait le CHAT quelle barbe il lèche
bien sait li chas quel barbe il lèche → CHAT, 3
bien servir fait AMIS, et vrai dire ennemis
blâme ton AMI en secret; vante-le devant les autres
BŒUF las va doucement
bœuf lassé va souef → BŒUF, 1
BOIS ont des oreilles et champs ont œillets
BOIS tordu ne se redresse pas
BON à tout, BON à rien
bon AVOCAT, mauvais voisin
bon BERGER tond, n'écorche pas
bon CAPITAINE, bon soldat
bon CAVALIER monte à toute main
bon CHEVAL, mauvais CHEVAL veut l'éperon; bonne
    femme, mauvaise femme veut le bâton
bon CHIEN chasse de race
bon CŒUR ne peut mentir
bon DROIT a besoin d'aide
bon droit a bon mestier d'ayde → DROIT
bon ENDUREUR est toujours vainqueur
bon est le DEUIL qui après aide
bon FRUIT vient de bonne semence
bon GRAIN périt, paille demeure
bon GUET chasse malaventure
bon JOUR, bonne œuvre
bon LOUP mauvais compagnon, dit la brebis
BON MARCHÉ fait argent débourser
BON MARCHÉ ruine
BON MARCHÉ tire argent de bourse
bon mire fait plaie puante → MÉDECIN, 5
bon NAGEUR, bon noyeur
bon PAYS, mauvais chemin
bon RENOM luit même en cachette
bon RENOM vaut un héritage
bon SANG ne peut mentir
bon TEMPS et bonne vie, père et mère oublie
bon VIN, bon éperon
bon VOISIN, bon jour
bonheur gît en MÉDIOCRITÉ, ne veut ni maître ni
    valet
bonhomme est MAÎTRE chez soi
bonjour LUNETTES, adieu fillettes

bonne CHÈRE rend le cœur joyeux
bonne la MAILLE qui sauve le denier
bonne MAISON n'a prêtre, moine ni pigeons
bonne MULE, mauvaise bête
bonne RENOMMÉE vaut mieux que ceinture dorée
bonne SEMENCE fait bon grain et bons arbres
    portent bons fruits
bonne VIE attrait bonne fin
bonnes sont les DENTS qui retiennent la langue
bonnes TERRES, mauvais chemins
bons nageurs sont à la fin noyés → NAGEUR, 1
*bouche baisée ne perd jamais sa fortune, mais bien la
    renouvelle ainsi que la lune* → BOUCHE, 12
BOUCHE de miel, cœur de fiel
BOUCHE en cœur au sage, cœur en BOUCHE au fou
BOUTEILLE débouchée, BOUTEILLE vidée
BREBIS comptées, le loup les mange
BREBIS par trop apprivoisée de chaque agneau est
    tétée
BREBIS qui bêle a moins de lait
BREBIS qui bêle perd sa goulée/(son morceau)
brebis trop apprivoisée de trop d'agneaux est tétée →
    BREBIS, 3
brève ORAISON pénètre les cieux
BROUILLARD du matin n'arrête pas le pèlerin
BÛCHE tortue fait bon feu
BUISSON a oreilles
BUREAU vaut bien écarlate
BUVEZ, ou allez-vous-en

ça n'est pas tous les JOURS fête → JOUR, 5
cache ton CHAGRIN et dit ta joie
CALOMNIEZ, CALOMNIEZ: il en restera toujours
    quelque chose
CARESSE de chien donne des puces
ce ne sont pas les CHEVAUX qui tirent le plus fort
    qui mangent l'avoine
ce n'est pas celui qui fait la MOISSON qui mange la
    galette
ce n'est pas HONTE de choir mais de trop gésir
ce n'est pas la TASSE fêlée qui casse
ce n'est pas pour un mauvais PAS qu'on tue un bœuf
ce n'est pas toujours celui qui lève le LIÈVRE qui le
    prend
ce n'est pas tout ÉVANGILE ce qu'on dit parmi la
    ville
ce n'est pas tout OR ce qui reluit ni farine ce qui
    blanchit
ce n'est pas VICTOIRE, si elle ne met fin à la guerre
*ce n'est tout l'advantaige de courir bien toust, mais bien de
    partir de bonne heure* → RIEN, 6
*ce qu'apprend le poulain en denture tenir le veult tant comme
    il dure* → POULAIN, 1
ce qu'art ne peut, HASARD achève
ce qu'AUJOURD'HUI tu peux faire au lendemain ne
    diffère
ce que chante la CORNEILLE, chante le corneillon

ce que chante la corneille si chante le cornillon → CORNEILLE, 1

ce que CHICHE épargne, large le dépense → CHICHE, 2

ce que DIEU trempe, DIEU le sèche

ce que FEMME veut, Dieu le veut

ce que l'ART ne peut, le hasard achève

ce que le GANTELET gagne, le gorgerin le mange

ce que le SOBRE tient au cœur est sur la langue du buveur

ce que l'ENFANT écoute au foyer, est bientôt connu jusqu'au moustier

ce que les YEUX ne voient pas ne fait pas mal au cœur → ŒIL, 4

ce que l'homme épargne de sa BOUCHE, le chat ou le chien vient qui l'embouche

ce que l'OIE ne se laisse pas faire, elle ne doit pas le faire au canard

ce que l'on GARDE pourrit, ce que l'on donne fleurit

ce que l'on MANGE pourrit, ce que l'on donne fleurit

ce que l'un PERD l'autre reçoit

ce que ne veut Martin veut son ÂNE

ce que pense l'ÂNE ne pense l'ânier

ce que POULAIN prend en jeunesse, il le continue en vieillesse

ce que tu jettes aujourd'hui avec le PIED, tu le ramasses demain avec la main

ce que tu peux faire au matin n'attens vespres ne lendemain → LENDEMAIN, 2

ce que vous avez perdu dans le FEU, vous le retrouverez dans la cendre

ce qui ABONDE ne nuit/vicie pas

ce qui croît soudain périt le LENDEMAIN

ce qui doit ARRIVER ARRIVE

ce qui doit ÊTRE, ne peut manquer

ce qui doit être ne peut manquer non plus que la pluie en hiver → ÊTRE, 1

ce qui est amer à la BOUCHE est doux à l'estomac

ce qui est au SAC part du SAC

ce qui est bon pour le FOIE est mauvais pour la rate

ce qui EST DIFFÉRÉ n'est pas perdu

ce qui est ÉCRIT est ÉCRIT

ce qui EST FAIT EST FAIT

ce qui EST FAIT ne se peut défaire

ce qui EST FAIT n'est pas/plus à FAIRE

ce qui est GRIEF à supporter est, après, doux à raconter

ce qui EST PASSÉ ne peut revenir

ce qui est venu de la flûte s'en reva au taborin → FLÛTE, 1

ce qui ne fut jamais ni ne sera, c'est le NID d'une souris dans l'oreille d'un chat

ce qui NUIT à l'un duit à l'autre

ce qui PLAÎT est à demi vendu

ce qui se fait de NUIT paraît au grand jour

ce qui tombe dans le FOSSÉ est (bon) pour le soldat

ce qui vient de la FLÛTE retourne au tambour

ce qui vient de l'OS ne peut se retirer de la chair

ce qui vient du DIABLE retourne au DIABLE

ce qui vient du FIFRE retourne au tambour

ce qui vient du FLOT s'en retourne d'èbe/(de marée)

ce qui vient du TAMBOUR s'en retourne à la flûte

ce qui vient par la RAPINE, s'en va par la ruine

ce qu'on apprend dès le BERCEAU dure jusqu'au tombeau

ce qu'on apprend en sa JEUNESSE faut-il continuer en vieillesse

ce qu'on suce avec le LAIT au suaire se répand

ce sont deux promettre et tenir → DEUX, 3

ce sont FAUCILLES après août

ce sont les FOUS qui troublent l'eau et ce sont les sages qui pêchent

ceil ton duel et conte ta joie → CHAGRIN, 1

celui à qui on DONNE ne choisit pas

celui est bien mon ONCLE, qui le ventre me comble

celui que l'AFFAIRE touche de plus près est le dernier à le savoir

celui qui aime le DANGER y trouvera sa perte

celui qui commence et ne parfait sa PEINE perd

celui qui CROIT légèrement est trompé facilement

celui qui doit être pendu à PÂQUES trouve le Carême bien court

celui qui emprunte est l'ESCLAVE de celui qui prête

celui qui est échaudé craint l'EAU chaude

celui qui est né pour un petit PAIN n'en aura jamais un gros

celui qui est trop endormi doit prendre garde à la FOURMI

celui qui mange à l'ESTOMAC plein creuse sa tombe avec les dents

celui qui n'a qu'un ENFANT n'en a aucun

celui qui ne s'aventure n'a ni CHEVAL ni monture/voiture

celui qui ne travaille pas POULAIN à coup sûr travaillera rossin

celui qui regimbe contre l'AIGUILLON deux fois se pique

celui qui se contente de ce qu'il a est HEUREUX

celui qui tient la QUEUE de la poêle, il la tourne là où il veut

celui qui tôt SE MARIE peut bien dire au bon temps adieu

celui sait assez qui bien VIT

cent ans de CHAGRIN ne paient pas un sou de dettes

cent livres de MÉLANCOLIE ne payent pas un sou de dettes

c'est au FRUIT qu'on connaît l'arbre

c'est au PIED du mur que l'on connaît/(qu'on voit) le maçon

c'est aux ÉPLUCHURES qu'on reconnaît la ménagère

c'est aux MIRACLES qu'on connaît les saints

c'est avec des CENTS qu'on fait des piastres

c'est bien allé quand on REVIENT

c'est bien tard d'ÉPARGNER quand tout est dissipé

c'est chose qui moult me deplaist quand poule parle et coq se taist → POULE, 2

c'est comme au BAL des pompiers, ce sont toujours les mêmes qui dausent → BAL, 1 c'est dans le MALHEUR qu'on connaît ses amis

c'est double PLAISIR de tromper le trompeur

c'est en faisant des FAUTES qu'on apprend

c'est en forgeant qu'on devient FORGERON

c'est FOLIE de faire de son médecin son héritier

c'est FOLIE de semer les roses aux pourceaux

c'est FOLIE porter l'eau en la mer

c'est FOLIE puiser l'eau au cribeau

c'est grand-peine d'être VIEUX, mais ne l'est pas qui veut

c'est Gros-Jean qui en remontre/(qui veut en remontrer) à son CURÉ

c'est la bonne FEMME qui fait le bon mari

c'est la FIN qui couronne l'œuvre

c'est la FOI qui transporte les montagnes

c'est la GOUTTE d'eau qui fait déborder le vase

c'est la GRAISSE du cochon qui a cuit le cochon

c'est la POÊLE qui se gausse du chaudron

c'est là qui gist le lievre → LIÈVRE, 14

c'est le BAL des pompiers, ce sont toujours les mêmes qui dansent

c'est le COUVERCLE qui sait ce qu'il y a dans la marmite

c'est le DIABLE qui bat sa femme (et marie sa fille)

c'est le NEZ qui reçoit le coup et ce sont les yeux qui pleurent

c'est le TON qui fait la chanson/musique

c'est le VENTRE qui porte les pieds

c'est les MEILLEURS qui s'en vont(!)

c'est l'HÔPITAL qui se fiche/moque de la Charité

c'est l'INTENTION qui compte

c'est l'INTENTION qui fait plaisir

c'est PUER que de sentir bon

c'est toujours FÊTE quand des amis se retrouvent

c'est toujours les MEILLEURS qui s'en vont(!)

c'est trop AIMER quand on en meurt

c'est trop BEAU pour être vrai

c'est trop parler qui a fait que le CRABE n'a pas de tête

c'est un beau CHIEN s'il voulait mordre

c'est un fâcheux TROUPEAU à garder, que de sottes filles à marier

c'est un lourd FARDEAU que de porter l'enfant d'un mort

c'est une belle BARONNIE que la santé

c'est une dure LOI, mais c'est la LOI

c'est une grande RICHESSE que de se contenter de ce qu'on a

c'est VIANDE mal prête que lièvre en buisson

ceux qui font les LOIS doivent les observer

ceux qui ont la GOUTTE ont des écus

ceux qui portent les longs COUTEAUX ne sont pas tous queux ni bourreaux

chacun a un fol dans sa manche, il le monstre quand il veut → FOU, 4

chacun a un FOU dans sa manche

chacun abonde en son SENS

CHACUN aime/avec sa CHACUNE

chacun chien qui aboye ne mord pas → CHIEN, 15

chacun CROIT (fort) aisément ce qu'il craint et ce qu'il désire

chacun est ARTISAN de sa fortune

chacun est BOSSU quand il se baisse

chacun MERCIER prise ses aiguilles et son panier

CHACUN n'est pas joyeux qui danse

chacun OISELET gazouille comme il est embecqué

chacun porte sa CROIX

CHACUN pour soi

CHACUN pour soi et Dieu pour tous

chacun prêche pour sa PAROISSE

chacun prêche pour son SAINT

chacun prend son PLAISIR où il le trouve

chacun sa BESACE

CHACUN sa CHACUNE

chacun sa MERDE

chacun sait ce qui bout dans sa MARMITE

chacun sait le mieux où son SOULIER le blesse

chacun sait où le BÂT le blesse

chacun se fait fouetter à sa GUISE

chacun se plaint que son GRENIER n'est pas plein

chacun ses GOÛTS

CHACUN son dû

chacun son GOÛT

chacun son LOT

chacun son MÉTIER

chacun son TOUR

chacun tire l'EAU à son moulin

chacun vaut son PRIX

chacun voit avec ses LUNETTES

chacun voit MIDI à sa porte/(son clocher)

chacune OUAILLE cherche sa pareille

CHAGRIN d'autrui semble querelle

CHANCE vaut mieux que bien jouer

CHANGEMENT de corbillon, appétit de pain bénit

CHANGEMENT de corbillon fait trouver le pain bon

CHANGEMENT de pâture réjouit les veaux

CHANGEMENT de temps, entretien de sot

CHANGEMENT d'herbe réjouit les veaux

chante, CRAPAUD, nous aurons de l'eau!

chantez à l'ÂNE, il vous fera des pets

chaque ÂGE a ses plaisirs

chaque ARBRE se connaît à son fruit

chaque BŒUF connaît son piquet

chaque CHAUDRON trouve son couvercle

chaque CHEVALIER parle de ses armes

chaque CHIEN lèche sa queue selon son goût

chaque chose a son PRIX

chaque CHOSE a son temps

chaque CHOSE en son temps

chaque CORNEILLE pique sa noix

chaque CURÉ prie Dieu pour sa paroisse

chaque GRAIN a sa paille

chaque LUCIOLE éclaire pour elle-même

chaque MOULIN trait l'eau à lui

chaque OISEAU chante sa propre chanson

chaque PAYS, chaque coutume

COURROUX est vain sans forte main
court SERMON et long dîner
courte PRIÈRE monte au ciel
courtes folies sont les meilleures → FOLIE, 5
courtes PRIÈRES pénètrent les cieux
courtois de BOUCHE et prompt au chapeau ne coûte
    guère et est fort beau
COURTOISIE qui ne vient que d'un côté ne peut
    longtemps durer
courtoisie qui ne vient que d'ung costé ne peult longuement
    durer → COURTOISIE
COUSIN germain, quand tu prêteras; fils de putain,
    quand tu réclameras
COUTUME vainct droit
craignez la COLÈRE de la colombe
CRÉDIT est mort, les mauvais payeurs l'ont tué
CROIX de bois, CROIX de fer(, si je meurs, je vais en
    enfer)
CROYEZ ça et buvez de l'eau!
cueille une FIGUE pour ton ami et une pêche pour
    ton ennemi
cui advient une n'advient seule → MALHEUR, 12
cui li chies deut est tuit li membre → TÊTE, 2
cuisine estroite fait bâtir grande maison → MAISON, 8

DAME blanche a le cul noir
DAME qui moult se mire, peu file
DANGER passé, saint moqué
dans BOUCHE fermée rien ne rentre
dans ce MONDE, il faut être un peu trop bon pour
    l'être assez
dans ce MONDE il n'y a rien d'assuré que la mort et
    les impôts
dans la guerre d'amour, le VAINQUEUR est celui qui
    fuit
dans la NÉCESSITÉ on a recours à Dieu
dans la QUEUE (gît) le venin
dans l'ARGILE sable vaut fumier
dans le COUVENT du diable, on est profès sans
    noviciat
dans le DOUTE, abstiens-toi
dans le petit TONNELET se trouve le bon vin
dans les petites BOÎTES, sont/(on met) les bons
    onguents
dans les petits POTS, les bons onguents
dans les petits SACS sont les bonnes/fines épices
dans les vieux POTS, les bonnes soupes
dans tout ce que tu fais, considère la FIN
dans un MORTIER de l'eau ne pile
d'ARGENT, comme aussi de bonté, défalquer en fault
    la moitié
d'autrui cuir font large corroie → CUIR
de beau RAISIN parfois pauvre vin
de belle FEMME et fleur de mai en un jour s'en va la
    beauté
de BIEN mal acquis courte joie
de BOIS noué courent grandes vendanges
de bon TERROIR, bon vin

de bon VIN, bon vinaigre
de ce que tu pourras FAIRE, jamais n'attends à autrui
de deux MAUX, il faut choisir le moindre → MAL, 7
de deux MAUX, il faut éviter le pire
de deux max prend-en le menor → MAL, 7
de diable vient, à diable ira → DIABLE, 2
de douce ASSEMBLÉE, dure desservée
de doux ARBRE douces pommes
de forte COUTURE, forte déchirure
de fou JUGE, briève sentence
de grand MAÎTRE, hardi valet
de grand MENACEUR, peu de fait
de grand vanteur, petit faiseur → VANTEUR, 1
de grand VENT petite pluie
de grande MONTÉE, grande chute
de grands LANGAGES, grandes baies
de grasse MATINÉE robe déchirée
de GUERRE mortelle fait-on bien la paix
de jeune ANGE, vieux diable
de jeune ANGELOT, vieux diable
de jeune ERMITE, vieux diable
de jeune MÉDECIN, cimetière bossu
de la COUPE à la bouche il y a souvent bien du vin
    perdu
de la DISCUSSION jaillit la lumière
de la MAIN à la bouche se perd souvent la soupe
de la pance vient la dance → PANSE, 2
de l'ABONDANCE du cœur la bouche parle
de l'abondance du cœur la langue parle → ABONDANCE, 5
de l'ARBRE d'un pressoir, le manche d'un cernoir
de l'eau sur la MARIÉE, de l'or dans le panier
de longues TERRES, longues nouvelles
de MAINS vides, prières vaines
de MANGEUR gourmand mauvais partageur
de MARCHAND en MARCHAND il n'y a que la main
de mauvais CORBEAU, mauvais œuf
de mauvais GRAIN jamais de bon pain
de mauvais VAISSEAU ne sortira ja bon boire
de mauvaise VIE, mauvaise fin
de méchant FONDEMENT jamais bon bâtiment
de méchant GRAIN trésor vain
de noble PLANTE, noble fruit
de nouveau ROI, nouvelle loi
de nouvel tout m'est bel → NOUVEAU
de NUIT, tout blé semble farine
de petite RIVIÈRE de grands poissons n'espère
de petite scintille s'enflamme une ville → ÉTINCELLE
de peu de DRAP, courte cape
de poulain roigneux ou farcineux vient beau cheval et
    précieux → POULAIN, 3
de RICHESSE et sainteté ne croyez que la moitié
de sa FORTUNE nul n'est content
de SAISON tout est bon
de SAVOIR vient avoir
de soir FONTAINES, de matin montaignes
de son ENNEMI réconcilié, il faut se méfier/(se
    garder)
de tel PAIN, telle soupe

de telle VIE, telle mort/fin
de torte bûche fait l'en droit feu → BÛCHE, 1
de tout s'avise à qui PAIN faut
de toutes les DOULEURS, on ne peut faire qu'une mort
de toutes TAILLES bons lévriers
de TRISTESSE et ennui nul fruit
de trop près SE CHAUFFE qui se brûle
de VEAUX comme de vaches vont les peaux à la place
de wide main, wide prière → MAIN, 3
débander l'ARC ne guérit pas la plaie
dedans la MER de l'eau n'apporte
DÉJEUNER de clercs, dîner de procureur, goûter de commères et souper de marchands
DEMAIN est un autre jour
DEMAIN il fera jour
DEMAIN sera un autre jour
demi PAIN vaut mieux que rien du tout
d'enfrun mangéour mauvais départéour → MANGEUR
DENIER sur DENIER bâtit la maison
DENTS aiguës et ventre plat trouvent tout bon qu'est au plat
dépends un PENDARD, il te pendra
depuis Pasques au leu, depuis Noël au feu → NOËL, 3
des choses mal acquises le troisième HÉRITIER ne jouira
des FEMMES et des chevaux, il n'y en a point sans défaut
des GOÛTS et des couleurs, on ne discute pas
des SOUPES et des amours les premières sont les meilleures
DÉSIR ne peut mourir
DETTE de jeu, DETTE d'honneur
DEUIL de femme morte dure jusqu'à la porte
deux amis à une BOURSE, l'un chante, l'autre grousse
deux ANCRES sont bons au navire
deux AVIS valent mieux qu'un
deux bons JOURS à l'homme sur terre, quand il prend femme et quand il l'enterre → JOUR, 4
deux CHIENS à un os ne s'accordent
deux COQS vivaient en paix: une poule survint
deux FEMMES font un plaid, trois un grand caquet, quatre un plein marché
deux GLOUTONS ne s'accordent pas à une même assiette
deux gros ne chevaucheront jamais bien une SELLE
deux HOMMES se rencontrent bien, mais jamais deux montagnes
deux MOINEAUX sur un même épi ne sont pas longtemps unis
deux NOIRES ne font pas une blanche
deux PRÉCAUTIONS valent mieux qu'une
deux ROCHERS ne se rencontrent pas mais bien deux hommes
deux SÛRETÉS valent mieux qu'une
deux TRUANDS ne s'entraimeront ja à un huis
deux YEUX voient plus clair qu'un → ŒIL, 5

DIEU a ôté les enfants aux prêtres, le diable leur a donné des neveux
DIEU aide toujours aux fous, aux amoureux et aux ivrognes
DIEU donne des noisettes à ceux qui n'ont plus de dents
DIEU donne fil à toile ourdie
DIEU donne la gale, mais il donne aussi des ongles pour se gratter
DIEU donne le bœuf et non les cornes
DIEU donne le froid selon la robe/(le drap)
DIEU est celui qui guérit, et le médecin emporte l'argent
DIEU est pour les gros escadrons/bataillons
DIEU fait les gens et le diable les accouple
DIEU guérit et le médecin encaisse
DIEU me garde de mes amis, quant aux ennemis je m'en charge
DIEU mesure le froid à la brebis tondue
DIEU ne veut point la mort du pécheur
Dieu nous garde d'un homme qui n'a qu'une AFFAIRE
DÎEU qui donne la plaie donne le remède
DÎNER de chien, pain et eau
d'injuste GAIN juste daim
dire et faire sont DEUX
DISEUR de bons mots, mauvais caractère
dis-moi qui tu FRÉQUENTES, je te dirai qui tu es
dis-moi qui tu HANTES et je te dirai qui tu es
dites une seule fois à une FEMME qu'elle est jolie, le diable le lui répétera dix fois par jour
DIVERSITÉ, c'est ma devise
DIVISER pour régner
dolente la souris qui n'a qu'un seul pertuis → SOURIS
DOMMAGE rend sage
DON trop attendu n'est pas donné, mais vendu
DONNER et retenir n'en vaut
donner l'AUMÔNE n'appauvrit personne
donner un ŒUF pour avoir un bœuf
donner un POIS pour avoir une fève
donner une chandelle à Dieu et une/(l'autre) au diable → CHANDELLE, 3
d'où vient l'AGNEAU, là retourne la peau
douce est la PEINE qui amène après tourment contentement
douce parole n'écorche pas la bouche → PAROLE, 6
douce PAROLE rompt grand'ire
douze MÉTIERS, quatorze malheurs
du BÂTON que l'on tient on est souvent battu
du BIEN d'autrui, bon jouet
du CHARBON, on ne peut sortir blanche farine
du côté de la BARBE est la toute-puissance
du CUIR d'autrui, large courroie
du DIT au fait, il y a grand trait
du PAIN et des jeux
du POIL de la bête qui t'a mordu, ou de son sang seras guéri

du RICHE prospère et opulent chacun est cousin et
parent
du SUBLIME au ridicule il n'y a qu'un pas
d'un ÂNE on ne peut pas demander de la viande de
bœuf
d'un ENNEMI vient parfois un bon conseil
d'un ŒUF blanc on voit souvent un poulet éclore bien
noir
d'un petit GLAND provient un grand chêne
d'un petit gland sourd ung grand chêne → GLAND
d'un petit HOMME souvent grand ombre
d'un SAC à charbon il ne saurait sortir blanche farine
dure chose est regimber contre AIGUILLON

eau et pain, c'est la viande d'un chien → DÎNER, 3
EAU qui court ne porte point d'ordure
écorcher son CHIEN pour en avoir la peau
ÉCOUTE beaucoup et parle peu
ÉCU changé, ÉCU mangé
égal est le MAL qui ne nuit au bien qui ne donne
profit
élève un CORBEAU, il te crèvera l'œil
élever des MÉCHANTS, c'est couver son malheur
en AMOUR, il y a plus d'aloès que de miel
en AOÛT quiconque dormira sur midi s'en repentira
en attendant les SOULIERS des morts, on peut aller
longtemps pieds nus
en AVRIL, ne te découvre pas (d')un fil; en mai, fais
ce qu'il te plaît
en AVRIL, n'ôte pas un fil; en mai, fais ce qu'il te plaît
en BOUCHE close n'entre mouche
en CARÊME, saumon et sermon sont de saison
en CHERCHANT on trouve
en CONSEIL écoute l'homme âgé
en conseil oy le vieil → CONSEIL, 3
en demandant on va à ROME
en dementres que li fers est chaus le doit l'en battre → FER, 1
en descendant, les SAINTS aident
en faisant du BIEN, on fait des ingrats
en FAISANT on apprend
en fait de GOÛT, chacun doit être le maître chez soi
en forgeant devient-on febure → FORGERON
en FOUR chaud ne croît point d'herbe
en grand FARDEAU n'est pas l'acquêt
en grande PAUVRETÉ ne gît pas grande loyauté
en jeu d'armes et d'amours, pour une JOIE cent
douleurs
en JUIN, et août, ni huîtres, ni choux
en JUIN, juillet et août, ni femme ni choux
en la BALANCE l'or et le fer sont un
en la grande BARBE ne gît pas le savoir
en la MAISON du ménétrier chacun est danseur
en l'ABSENCE du seigneur, se connaît le serviteur
en limant on fait d'une POUTRE une aiguille
en lit à chien ne quers jà soyn → LIT, 2
en LIT de chien ne cherche jamais soin

en MÉDECINE comme en amour, ni jamais ni
toujours
en nul trop n'a reson, n'en poi se petit non → TROP, 3
en parlant du SOLEIL on voit ses rayons
en petit LIT et grand chemin se connaît l'ami et l'affin
en petite CHEMINÉE fait on bien grand feu
en petite maison a Diex grant porcion → MAISON, 6
en petite MAISON, la part de Dieu est grande
en petite TÊTE gît bon/grand sens
en pont, en planche et en rivière, VALET devant,
maître derrière
en sa PEAU mourra le renard
en son pays prophète sans pris → PROPHÈTE, 2
en SOUHAITANT nul n'enrichit
en tel pel comme li lous vait en tel le convient mourir →
PEAU, 1
en TEMPS calme chacun est marinier
en temps de GUERRE ne mange ni ne plante menthe
en tout PAYS il y a une lieue de mauvais chemin
en toute chose, il faut considérer la FIN
en toute chose le MIEUX est au juste milieu
en toutes choses a MESURE
en une belle GAINE d'or, couteau de plomb gît et dort
en une étroite couche, le sage au MILIEU se couche
en vain plante et SÈME qui ne clôt et ne ferme
en vain quiert CONSEIL qui ne le croit
en vieille MAISON, il y a toujours quelque gouttière
ENFANT nourri de vin, femme parlant latin, rarement
font bonne fin
ENFANT par trop caressé, mal appris et pis réglé
ENFANTS sont richesse de pauvres gens
enfin les RENARDS se trouvent chez le pelletier
ENTEND premier, parle le dernier
ENTRAILLES, cœurs et boursettes, aux amis doivent
être ouvertes
entre BOUCHE et cuiller, vient grand encombrier
entre deux FRÈRES, deux témoins et un notaire
entre deux MAUX, il faut choisir le moindre → MAL, 7
entre deux montagnes vallée → MONTAGNE, 1
entre deux SELLES, le cul à terre
entre deux SIÈGES, on tombe à terre
entre deux vers la tierce meure → VERT, 1
entre deux VERTES une mûre
entre dous seles chiet cus a terre → SELLE, 2
entre la chair et la chemise, il faut cacher le BIEN
qu'on fait
entre l'arbre et le doigt il ne faut point mettre l'écorce →
ARBRE, 5
entre l'ARBRE et l'écorce ne mettez pas le doigt
entre l'ENCLUME et le marteau il ne faut pas mettre
le doigt
entre TELS, TEL deviendras
entre TROP et TROP peu est la juste mesure
envie ne peut mourir, mais envieux meurent → ENVIE, 1
envieux meurent, mais ENVIE ne meurt jamais
ÉPARGNE de bouche vaut rente de pré
épargnez les SOUS, les louis auront soin
d'eux-mêmes

FUMÉE, pluie et femme sans raison chassent
l'homme de sa maison

gagne assez qui sort de PROCÈS
gardez-vous de l'HOMME secret et du chien muet
gardez-vous des faux PROPHÈTES
gardez-vous des GENS qui font patte de velours
GÂTEAU et mauvais coutume se doivent rompre
GLOUTON n'est jamais saoul, plus a plus veut
GOUTTE à GOUTTE la mer s'égoutte
GOUTTE à GOUTTE l'eau creuse la pierre
GOUTTE à GOUTTE on emplit la cuve
GRAIN à GRAIN, la poule remplit son ventre
graissez les BOTTES à un/(d'un) vilain, il dira qu'on
les (lui) brûle
grand bandon fait les gens LARRONS
grand BRUIT, petite toison
grand CHEMIN, grande rivière, grand seigneur sont
trois mauvais voisins
grand DON fait juge aveugler, droit abattre, tort
élever
grand PARLEUR, grand menteur
grand PROMETTEUR petit donneur
grand VANTEUR, petit faiseur
grande CHÈRE, petit testament
grande LANTERNE, petite lumière
grande RUMEUR, petite toison(, dit celui qui tond les
moutons)
grandes MAISONS se font par petite cuisine
grand'SCIENCE est folie si le bon sens ne la guide
grasse CUISINE, maigre testament
grattez le RUSSE et vous trouverez le Tartare
grosse TÊTE, peu de sens
GUÉRIR parfois, soulager souvent, consoler toujours
GUERRE est la fête des morts

habillez un BÂTON, il aura l'air d'un baron
HABIT de béat a souvent ongles de chat
HABIT de velours, ventre de son
HARDI de la langue, couard de la lance
HÂTE ne vient seule
HÂTEZ-VOUS lentement
Héraclès lui-même ne combat contre deux
ADVERSAIRES
HÉRAUT ni messager ne doivent être en danger
HEURE du matin, HEURE du gain
heureuse la NATION qui n'a pas d'histoire
heureux au JEU, malheureux en amour
heureux COMMENCEMENT est la moitié de l'œuvre
heureux est le MÉDECIN qui est appelé sur le déclin
de la maladie
hier vacher, huy chevalier → CHEVALIER, 1
HIPPOCRATE dit oui et Gallien dit non
HIVER neigeux emplit le grenier
HIVER pluvieux, été abondant
HIVER rude et tardif rend l'été productif
home nu ne puet nus home despoillier → HOMME, 26

HOMME hutineux et cheval coureur, flacon de vin ont
tôt leur fin
HOMME mort ne fait pas la guerre
homme ne connaît mieux la MALICE que l'abbé qui a
été moine
HOMME ne peut perdre ce qu'il n'eut oncq →
HOMME, 22
HOMME sans ennemis, HOMME sans valeur
HOMME seul est viande à loups
HONNEUR perdu ne se retrouve plus
HONNEURS changent mœurs
HONNI soit qui mal y pense
HORLOGE à entretenir, jeune femme à gré servir,
vieille maison à réparer, c'est toujours à
recommencer
HÔTES et valets et poissons, trois jours passés ne
semblent bons

IGNORANCE est mère de tous les maux
il a beau mentir qui vient de loin → MENTIR, 1
il a la LANGUE à la bouche et non à la bourse
il advient en une HEURE ce qui n'arrive pas en une
année
il arrive beaucoup de choses entre la BOUCHE et le
verre
il aura bien peu de PÂTE qui ne lui fera un levain
il commence bien à mourir qui abandonne son DÉSIR
il coulera de l'EAU sous le(s) pont(s)
il en est ainsi en ce MONDE, quand l'un descend
l'autre monte
il est allé chercher de la LAINE et est revenu tondu
il est aujourd'hui la SAINT-Lambert, qui quitte la
partie la perd
il est avis à vieille vache qu'elle ne fut jamais génisse →
VACHE, 1
il est avis à vieille VACHE qu'elle ne fut jamais veau
il est avis au RENARD que chacun mange poule
comme lui
il est bien aise aux SAINS de consoler le malade
il est bien aise d'aller à PIED qui tient son cheval par
la bride
il est bon avoir aucune chose sous le MORTIER
il est bon de PARLER et meilleur de se taire
il est des SOTS de tous pays
il est facile de nager quand on vous tient le MENTON
il est plus d'OUVRIERS que de maîtres
il est plus facile à un CHAMEAU de passer par le trou
d'une aiguille, qu'à un riche d'entrer dans le
royaume de Dieu
il est plus facile de CONSEILLER que de faire
il est plus facile de DESCENDRE que de monter
il est préférable de souffrir d'une INJUSTICE que de la
commettre
il est trop tard pour fermer l'ÉCURIE quand le cheval
s'est sauvé
il est voirs que muis vaut uns mort cortois c'uns vilain vis →
COURTOIS
il fait bon battre un GLORIEUX, il ne s'en vante pas

il ne faut pas compter l'ŒUF dans le cul/derrière d'une poule

il ne faut pas compter ses POULETS avant qu'ils soient éclos

il ne faut pas compter sur les SOULIERS d'un mort pour se mettre en route

il ne faut pas confondre le COCO et l'abricot: le COCO a de l'eau, l'abricot un noyau

il ne faut pas courir deux LIÈVRES à la fois

il ne faut pas creuser un TROU pour en boucher un autre

il ne faut pas découvrir SAINT-Paul pour couvrir SAINT-Pierre

il ne faut pas dire: FONTAINE, je ne boirai pas de ton eau

il ne faut pas donner de BREBIS à garder au loup

il ne faut pas émouvoir/irriter les FRELONS

il ne faut pas essayer de pénétrer dans le SANCTUAIRE

il ne faut pas être plus royaliste que le ROI

il ne faut pas faire cuire l'AGNEAU dans le lait de sa mère

il ne faut pas faire l'ÉTABLE au veau avant qu'il soit né

il ne faut pas jeter de l'HUILE sur le feu

il ne faut pas jeter la FAUX dans la moisson d'autrui

il ne faut pas juger de la LIQUEUR d'après le vase

il ne faut pas juger le SAC à l'étiquette

il ne faut pas juger un PAQUET d'après ses ficelles

il ne faut pas lâcher la PROIE pour l'ombre

il ne faut pas laisser croître l'HERBE sur le chemin de l'amitié

il ne faut pas laisser de semer par crainte des PIGEONS

il ne faut pas mélanger/mêler les TORCHONS et/avec les serviettes

il ne faut pas mettre dans une CAVE un ivrogne qui a renoncé au vin

il ne faut pas mettre la CHARRUE avant/devant les bœufs

il ne faut pas mettre le DOIGT entre l'arbre et l'écorce

il ne faut pas mettre le LIÈVRE en sauce avant de l'avoir attrapé

il ne faut pas mettre le LOUP berger

il ne faut pas mettre tous ses ŒUFS dans le même panier

il ne faut pas mettre tout son RÔT à une même broche

il ne faut pas OURDIR plus qu'on ne peut tisser

il ne faut pas parler de CORDE dans la maison d'un pendu

il ne faut pas parler LATIN devant les clercs/cordeliers

il ne faut pas passer tous les CHATS pour des sorciers

il ne faut pas prendre la MÉDECINE en plusieurs verres

il ne faut pas prendre les ENFANTS du Bon Dieu pour des canards sauvages

il ne faut pas préparer la POÊLE avant d'avoir le poisson

il ne faut pas puiser au RUISSEAU quand on peut aller à la source

il ne faut pas remettre au LENDEMAIN ce qu'on peut faire le jour même

il ne faut pas remettre la PARTIE au lendemain

il ne faut pas renier son CUL pour un pet

il ne faut pas renvoyer à DEMAIN ce qu'on peut faire aujourd'hui

il ne faut pas réveiller le CHAT qui dort

il ne faut pas se confesser au RENARD

il ne faut pas SE DÉPOUILLER avant de se coucher

il ne faut pas se fier à qui entend deux MESSES

il ne faut pas se fier à un HOMME qui entend deux messes

il ne faut pas se moquer des CHIENS que l'on ne soit hors du village

il ne faut pas se moucher plus haut que le NEZ

il ne faut pas s'embarquer sans BISCUIT

il ne faut pas semer les margarites aux pourceaux → PERLE

il ne faut pas tenter le DIABLE

il ne faut pas vendre la PEAU de l'ours avant de l'avoir tué

il ne faut point faire GRENIER des filles

il ne faut point parler de CORDE dans la maison d'un pendu

il ne faut point se moquer des CHIENS que l'on ne soit hors du village

il ne faut prendre ni FEMME ni étoffe à la chandelle

il ne faut prêter ni son ÉPÉE, ni son cheval, ni sa femme

il ne faut prêter ni son épée, ni son chien, ni sa femme → ÉPÉE, 1

il ne faut qu'une BREBIS galeuse pour gâter (tout) un troupeau

il ne fut une PIE qui ne ressemblât de la queue à sa mère

il ne PLEUT pas comme il tonne

il ne pleut que sur la VENDANGE

il ne saurait sortir d'un SAC que ce qui y est

il ne s'enfuit pas qui à sa MAISON va

il ne sert à rien de montrer les DENTS lorsqu'on/(quand on) est édenté

il ne sert à rien de pleurer sur le LAIT répandu

il n'est BANQUET que d'homme chiche

il n'est BOIS si vert qui ne s'allume

il n'est CHASSE que de vieux chiens

il n'est CHASSE que de vieux loup

il n'est CHÈRE que d'appétit

il n'est chère que d'avaricieux → CHÈRE, 6

il n'est CHÈRE que de vilain

il n'est de BOIS si vert qui ne s'allume

il n'est de RÈGLE sans exception

il n'est de SAUCE que d'appétit

il n'est déjeuner que d'écoliers, dîner que d'avocats, souper que de marchans, regoubillonner que de chambrières → DÉJEUNER, 2

il n'est FAGOT qui ne trouve son lien
il n'est FERVEUR que de novice
il n'est FESTIN que de gens chiches
il n'est FEU que de bois vert
il n'est FEU que de gros bois
il n'est HOMME ni femme où il n'y ait un si
il n'est jamais FEU sans fumée
il n'est jamais plus tard que MINUIT
il n'est jamais tard à bien faire → TARD, 2
il n'est jamais trop TARD pour bien faire
il n'est MAL dont bien ne vienne
il n'est meilleur MIROIR qu'un ami vieux
il n'est MURAILLE que de os
il n'est nulles laides AMOURS
il n'est OMBRE que d'étendart
il n'est ORGUEIL que de pauvre enrichi
il n'est ORGUEIL que de sot revêtu
il n'est pas bon MAÇON qui pierre refuse
il n'est pas de belles PRISONS ni de laides amours
il n'est pas de bonne(s) FÊTE(S) sans lendemain
il n'est pas donné à tout le monde d'aller à
   CORINTHE
il n'est pas MARCHAND qui toujours gagne
il n'est pas perdu quanques au péril gist → PÉRIL, 3
il n'est pas permis de tuer le CHIEN pour sauver la
   queue de la chatte
il n'est pas toujours SAISON de brebis tondre
il n'est pas tous les JOURS fête
il n'est pire AVEUGLE que celui qui ne veut pas voir
il n'est pire EAU que l'EAU qui dort
il n'est pire SOURD que celui qui ne veut (pas)
   entendre
il n'est point beau de voir un vieil GENDARME ni un
   vieil amoureux
il n'est point de petit CHEZ-SOI
il n'est point de vilain PIED qui ne trouve son
   mauvais sabot
il n'est pour voir que l'ŒIL du maître
il n'est que DÉJEUNERS de clercs, dîners de traitants
   et soupers de seigneurs
il n'est que d'être crotté pour affronter le BOURBIER
il n'est que d'être là où on fait le POT bouillir
il n'est que nager en grande EAU
il n'est que pêcher en EAU trouble
il n'est que pêcher en grand VIVIER
il n'est qu'HEUR et malheur
il n'est RÈGLE qui ne faille
il n'est RÉPLIQUE si piquante que le mépris silencieux
il n'est rien comme les vieux CISEAUX pour couper la
   soie
il n'est rien que BALAI neuf
il n'est rien si bien caché que le TEMPS ne découvre
il n'est SAUCE que d'appétit
il n'est si belle ROSE qui ne devienne gratte-cul
il n'est si bon chartier qui ne verse → CHARRETIER
il n'est si bon CHEVAL qui ne devienne rosse
il n'est si bonne COMPAGNIE qu'on ne quitte →
   COMPAGNIE, 3

il n'est si grand sur la TERRE que n'abatte un coup de
   tonnerre
il n'est si méchant POT qui ne trouve son couvercle →
   POT, 6
il n'est si MÉCHANT qui ne trouve sa MÉCHANTE
il n'est si périllouse eau que la coye → EAU, 5
il n'est si petit BUISSON qui ne porte son ombre
il n'est si petit CHAT qui n'égratigne
il n'est si SAGE qui ne fasse des sottises
il n'est TRÉSOR que de santé
il n'est VIANDE que d'appétit
il n'y a CHANCE qui ne rechange
il n'y a CHOSE tant soit celée que le temps ne rende
   avérée
il n'y a ENNEMI plus venefie que le familier et
   domestique
il n'y a FEMME, cheval, ni vache, qui n'ait toujours
   quelque tache
il n'y a jamais PEAU de lion à bon marché
il n'y a meilleur PARENT que l'ami fidèle et prudent
il n'y a pas d'AMOUR sans jalousie
il n'y a pas de FUMÉE sans feu
il n'y a pas de grand HOMME pour son valet de
   chambre
il n'y a pas de GRENOUILLE qui ne trouve son
   crapaud
il n'y a pas de mauvais PILOTE quand le vent est bon
il n'y a pas de méchant LIÈVRE ni de petit loup
il n'y a pas de petit ENNEMI
il n'y a pas de petites ÉCONOMIES
il n'y a pas de petits PROFITS
il n'y a pas de PLUME tombée sans oiseau plumé
il n'y a pas de RÈGLE sans exception → RÈGLE, 1
il n'y a pas de ROSE(S) sans épines
il n'y a pas de SAMEDI dans l'année sans que l'on voit
   le soleil
il n'y a pas de sot MÉTIER(, il n'y a que de sottes
   gens)
il n'y a pas de VIANDE sans os
il n'y a pas d'EFFET sans cause
il n'y a pas deux CRABES mâles dans un même trou
il n'y a pas d'HEURE pour les braves
il n'y a plus d'ENFANTS
il n'y a point de belle CHAIR près des os
il n'y a point de DETTE si tôt payée que le mépris
il n'y a point de grands ESPRITS sans un grain de folie
il n'y a point de HÉROS pour son valet de chambre
il n'y a point de plus sage ABBÉ que celui qui a été
   moine
il n'y a point de si petit VER qui ne se recroqueville si
   l'on marche dessus
il n'y a point meilleur MESSAGER que soi-même
il n'y a que la FOI qui sauve!
il n'y a que la première PINTE (de) chère
il n'y a que la première PINTE qui coûte
il n'y a que la VÉRITÉ qui blesse/offense
il n'y a que le premier PAS qui coûte
il n'y a que le PROVISOIRE qui dure

il n'y a que les BONS MARCHÉS qui ruinent

il n'y a que les fous qui écrivent sur les murailles →
MURAILLE, 2

il n'y a que les FOUS qui ne changent pas d'avis

il n'y a que les HONTEUX qui perdent

il n'y a que les IMBÉCILES qui ne changent pas d'avis

il n'y a que les MONTAGNES qui ne se rencontrent
pas

il n'y a qu'une ENTRÉE à la vie, et cent mille issues

il n'y a rien de nouveau sous le SOLEIL

il n'y a rien de plus difficile à écorcher que la QUEUE

il n'y a rien de plus éloquent que l'ARGENT comptant

il n'y a rien si caché sous la NEIGE que le temps ne
découvre

il n'y a si beau SOULIER qui ne devienne savate

il n'y a si bon CHARRETIER qui ne verse

il n'y a si bon CHEVAL qui ne bronche

il n'y a si bon CHEVAL qui ne devienne rosse →
CHEVAL, 14

il n'y a si bonne COMPAGNIE qu'on ne quitte

il n'y a si dur FRUIT et acerbe qui ne mûrisse

il n'y a si fin RENARD qui ne trouve plus finard

il n'y a si long JOUR qui ne vienne à la nuit

il n'y a si méchant POT qui ne trouve son couvercle

il n'y a si méchante MARMITE qui ne trouve son
couvercle

il n'y a si petit MÉTIER qui ne nourrisse son maître

il n'y a si petit SAINT qui ne veuille sa chandelle

il n'y a si petite DEMOISELLE qui ne veuille être priée

il n'y a si SAGE qui parfois ne rage

il n'y a si vieille MARMITE qui ne trouve son
couvercle

il n'y a si vilain COUVERCLE qui ne trouve son pot

il passera bien de l'eau dessous le pont → EAU, 4

il passera de l'EAU sous le(s) pont(s)

il rit assez qui rit le dernier → DERNIER, 8

il se faut tenir au gros de l'arbre → ARBRE, 7

il se trouve toujours quelqu'un pour jeter des
PIERRES à l'arbre lourd de fruits

il SE VANTE de battre sa femme, celui qui n'en a pas

il semble à un LARRON que chacun lui est
compagnon

il souvient toujours à Robin de ses FLÛTES

il tient quelque anguille cachée sous roche → ANGUILLE, 2

il tombe sur le DOS et se casse le nez

il va plus au MARCHÉ de peaux d'agneaux que de
vieilles brebis

il vaut autant être mordu d'un CHIEN que d'une
CHIENNE

il vaut mieulx Dieu prier que ses saints → DIEU, 19

il vaut mieux aller au BOULANGER qu'au médecin

il vaut mieux aller au MOULIN qu'au médecin

il vaut mieux allonger le BRAS que le cou

il vaut mieux arriver en retard qu'arriver en
CORBILLARD

il vaut mieux avoir AFFAIRE à Dieu qu'à ses saints

il vaut mieux avoir TROU ou reprise aux cotillons que
pli au ventre

il vaut mieux deux SOUS ici que quatre ailleurs

il vaut mieux être CHEVAL que charrette

il vaut mieux être COCU que trépassé

il vaut mieux être FOU avec tous que sage tout seul

il vaut mieux être MARTEAU qu'enclume

il vaut mieux être MÛRIER qu'amandier

il vaut mieux être OISEAU de bois que de cage

il vaut mieux être SEUL que mal accompagné

il vaut mieux être seul qu'en mauvaise COMPAGNIE

il vaut mieux faire ENVIE que pitié

il vaut mieux glisser du PIED que de la langue

il vaut mieux laisser son ENFANT morveux que de lui
arracher le nez

il vaut mieux l'avoir été en HERBE, et ne l'être point
en gerbe

il vaut mieux nourrir le CHAT que le rat

il vaut mieux pain sans NAPPE que NAPPE sans pain

il vaut mieux parler à Dieu qu'à ses saints → DIEU, 19

il vaut mieux perdre un bon MOT qu'un ami

il vaut mieux s'adresser à DIEU qu'à ses saints

il vaut mieux se coucher sans souper, que de se lever
avec des DETTES

il vaut mieux se fier à ses YEUX qu'à ses oreilles →
ŒIL, 7

il vaut mieux SE TAIRE que mal parler

il vaut mieux souffrir le MAL que (de) le faire/rendre

il vaut mieux tendre la MAIN que le cou

il vaut mieux TENIR que courir

il vaut mieux tenir que quérir → TENIR, 1

il vaut mieux un LIÈVRE au carnier que trois dans un
champ

il veut montrer à son PÈRE à faire des enfants

il viendra un TEMPS où le renard/(le chien)/(la
vache) aura besoin de sa queue

il vient toujours un JOUR qui n'est pas encore venu

il y a ANGUILLE sous roche

il y a assez à faire de regarder ce qui cuit dans sa
MARMITE, sans aller regarder ce qui cuit dans
celle du voisin

il y a COMMENCEMENT à tout

il y a dans la JALOUSIE plus d'amour-propre que
d'amour

il y a deux CHOSES qui gagnent de vieillir, le bon vin
et les amis

il y a deux sortes de TROP: le TROP et le TROP peu

il y a FAGOT(S) et FAGOT(S)

il y a GENS et GENS

il y a grande DIFFÉRENCE d'homme à homme

il y a grande différence entre PROMETTRE et tenir

il y a loin de la COUPE aux lèvres

il y a moins de mal souvent à perdre sa VIGNE qu'à la
plaider

il y a peu de CHOIX parmi les pommes pourries

il y a plus de fous ACHETEURS que de fous vendeurs

il y a plus d'un ÂNE (à la foire) qui s'appelle Martin

il y a raine et REINE

il y a remède à tout, fors à la mort → REMÈDE, 1

il y a REMÈDE à tout, hors à la mort

il y a toujours un DIABLE pour empêcher la procession de passer

il y a un COMMENCEMENT à tout

il y a un DIEU pour les enfants/ivrognes

il y a un TEMPS pour naître, et un TEMPS pour mourir

ils font comme les grands CHIENS, ils veulent pisser contre les murailles

IMPOSSIBLE n'est pas français

inutile de landangier le CHAT, quand le fromage est mangé

IVRES et forcenés disent toute leur pensée

j'aime bien mes VOISINS, mais je n'ai cure d'eux

jamais à un bon CHIEN, il ne vient un bon os

jamais belle CHAIR ne fut près des os

jamais bon CHEVAL ne devint rosse

jamais bon chien n'abboye à faute → CHIEN, 27

jamais bon CHIEN n'aboie à faux

jamais CHEVAL ni méchant homme n'amenda pour aller à Rome

jamais CHICHE ne fut riche

jamais DEUX sans trois

jamais grand NEZ n'a déparé beau visage

jamais HOMME ne gagne qui plaide à son maître

jamais HOMME ni cheval n'amenda d'aller à Rome

jamais HOMME noble ne hait le bon vin

jamais HONTEUX n'eut belle amie

jamais la CORNEMUSE ne dit mot si elle n'a le ventre plein

jamais mal acquit ne profite → BIEN, 5

jamais MÂTIN n'aima lévrier

jamais n'ait BON MARCHÉ qui ne l'ose demander

jamais ne grêle en une VIGNE qu'en une autre il ne provigne

jamais NOCE sans réveillon

jamais regnard n'eut gorge emplumée pour dormir grasse matinée → RENARD, 16

jamais TEIGNEUX n'aima le peigne

jamais TRIPIÈRE n'aima harengère

jamais un CORBEAU n'a fait un canari

jamais un coup de pied de JUMENT ne fit mal à un cheval

jamais VASSAL ne gagne à plaider à son seigneur

JANVIER a fait la faute, mais c'est mars qu'on accuse

JANVIER commet le péché, et mars est accusé

JARDIN loin, gombo gâté

JEU de main(s), JEU de vilain(s)

jeune BARBIER, vieux médecin: s'ils sont autres ne valent pas un brin

jeune CHAIR et vieux poisson

jeune SAINT, vieux démon

JEUNESSE n'a pas de sagesse

JEUNESSE oiseuse, vieillesse disetteuse

JEUNESSE paresseuse, vieillesse pouilleuse

JEUX de main(s), JEUX de vilain(s)

JOIE au cœur fait beau/bon teint

joli DESSUS, vilaine doublure

jolie à l'EXTÉRIEUR, rien à l'interieur

jolie FILLE porte sur son front sa dot

JUGE hâtif est périlleux

juge l'OISEAU à la plume et au chant, et au (grand) parler l'homme bon ou méchant

juifs en Pasques, mores en nopces, chrestiens en plaidoyers despendent leurs deniers → JUIF

JUIN bien fleuri, vrai paradis

JUIN et juillet, la bouche mouillée et le reste net

JUIN larmoyeux rend le laboureur joyeux

JUSTICE punit petit cas

ki autel sert, d'autel doit vivre → AUTEL

la BALLE cherche le joueur

la BARBE ne fait pas l'homme

la BAVE du crapaud n'atteint pas la blanche colombe

la BEAUTÉ, ça se met pas sur la table

la BEAUTÉ n'a jamais été au marché

la BEAUTÉ ne sale pas la marmite

la BEAUTÉ ne se mange pas en salade

la belle CAGE ne nourrit pas l'oiseau

la bonne MARCHANDISE se recommande elle-même

la bonne MÈRE ne dit pas: veux-tu?

la bonne VOLONTÉ est réputée pour le fait

la BORNE sied très bien entre les champs de deux frères

la BOURSE ouvre la bouche

la BREBIS bêle toujours d'une même sorte

la CAQUE sent toujours le hareng

la CHAIR est faible

la CHANCE est en l'air, elle tombe sur la canaille

la CHANDELEUR claire laisse un hiver derrière

la CHANDELLE éclaire chacun et allume, et soi-même se détruit, fond et consume

la CHANDELLE n'en vaut pas le jeu

la CHANDELLE qui va devant éclaire mieux que celle qui va derrière

la CHEMISE est plus proche que le pourpoint

la CHERTÉ donne goût à la viande

la CHÈVRE a mordu les cailloux, les dents du mouton sont tombés

la CHÈVRE a pris le loup

la cinquième ROUE de la charrette/(du carrosse) gêne plus qu'elle n'aide

la CLÉ dont on se sert est toujours claire

la CLÉ d'or ouvre partout

la COLÈRE est mauvaise conseillère

la COLÈRE se passe en disant l'alphabet

la continuelle goutière rompt la pierre → GOUTTE, 5

la CONVOITISE rompt le sac

la CORDE se rompt où elle est plus faible

la COUARDISE est mère de la cruauté

la COUTUME contraint la nature

la CRITIQUE est aisée (mais l'art est difficile)

la CROIX est l'échelle des cieux

la DANSE vient de la panse

la dernière GOUTTE est celle qui fait déborder le vase

la DOULEUR est toujours moins forte que la plainte
la FAÇON de donner vaut mieux que ce qu'on donne
la FAIM chasse le loup (hors) du bois
la faim enchace le loup du bois → FAIM, 4
la FAIM est mauvaise conseillère
la FAIM étouffe l'orgueil
la FAIM fait sortir le loup (hors) du bois → FAIM, 4
la FAIM fait sortir le serpent du buisson
la FAMILIARITÉ engendre le mépris
la FAMINE est bien grande quand les loups
    s'entremangent
la FAUTE du médecin la terre la recouvre
la FEMME de César ne doit pas être soupçonnée
la FEMME est la clef du ménage
la FEMME est un animal à cheveux longs et à idées
    courtes
la FEMME est un mal nécessaire
la FEMME et la poule se perdent par trop courir
la FEMME et le verre sont toujours en danger
la FEMME ne doit pas apporter de tête en ménage
la FEMME sait un art avant le diable
la FEUILLE tombe à terre, ainsi tombe la beauté
la FIN justifie les moyens
la FLAMME suit de près la fumée
la FLÛTE fait entendre de doux sons quand l'oiseleur
    trompe l'oiseau
la FOIRE n'est pas sur le pont
la FONCTION crée l'organe
la FORTUNE aide aux audacieux
la FORTUNE est aveugle
la FORTUNE favorise aux sots
la FORTUNE rend fou celui qu'elle veut perdre
la FORTUNE rit aux sots → FORTUNE, 6
la FORTUNE sourit aux audacieux → FORTUNE, 4
la FORTUNE vient en dormant
la FOUDRE ne tombe que sur les sommets
la FOURCHETTE tue plus de monde que l'épée
la FOURMI a sa colère
la FUMÉE de la maison plaît mieux que le feu du
    voisin
la FUMÉE s'attache au blanc
la FUMÉE sort de tous les toits
la GLOIRE est vaine et fausse monnaie
la GOURMANDISE tue plus de gens que l'épée
la goutte qui fait répandre le verre → GOUTTE, 2
la GOUTTE vient de la feuillette ou de la fillette
la GUÉRISON n'est jamais si prompte que la blessure
la GUERRE engendre pauvreté
la GUERRE, la peste et la famine sont les trois fléaux
    de Dieu
la GUERRE nourrit la GUERRE
la GUEULE fait périr plus de gens que le glaive
la HART sent toujours le fagot
la JALOUSIE est inflexible comme le séjour des morts
la JALOUSIE est la sœur de l'amour
la JEUNESSE est forte à passer
la JUSTICE de Dieu a des pieds de plomb
la LAME use le fourreau

la LANGUE des femmes est leur épée, et elles ne la
    laissent pas rouiller
la LANGUE est un beau bâton
la LANGUE humaine n'a pas d'os et peut casser les os
la langue va où deult la dent → LANGUE, 7
la LANGUE va où la dent fait mal
la LETTRE tue, mais l'esprit vivifie
la LOUANGE de soi-même fait la bouche puante
la LUNE est à l'abri des loups
la LUNE pâle est pluvieuse; la rougeâtre est toujours
    venteuse; la blanche amène le beau temps
la MAIN de fer dans/sous un gant de velours
la MAISON est à l'envers lorsque la poule chante
    aussi haut que le coq
la MARMITE dit au chaudron: "tu as le derrière noir"
la mauvaise PLAIE se guérit, la mauvaise réputation
    tue
la MÉFIANCE est mère de la sûreté
la MEULE de Dieu moud lentement, mais fin
la MOITIÉ du monde ne sait comment l'autre vit
la MOITIÉ est plus que l'entier
la MONTAGNE accouche d'une souris
la MORT assise à la porte des vieux guette les jeunes
la MORT n'épargne ni faible ni fort
la MORT nous acquitte de toutes nos obligations
la MORT nous guérit de tous nos maux
la MORT prend tout à sa faux, aussitôt les jeunes
    comme les vieux
la MORT vient, mais on ne sait l'heure
la MOUCHE se brûle à la chandelle
la MOUCHE va si souvent au lait qu'elle y demeure
la MULE du pape ne mange qu'à ses heures
la NATURE a horreur du vide
la NATURE abhorre le vide
la NATURE fait bien les choses
la NATURE ne fait pas de sauts
la NUIT porte conseil
la NUIT, tous les chats sont gris
là où CHAT n'est, la souris se/s'y révèle
là où DIEU a son église, le diable a sa chapelle
là où DIEU veut, il pleut
là où entre le SOLEIL, le médecin n'entre pas
là où la BARRIÈRE est basse le bœuf enjambe
la PAROLE est d'argent, (mais) le silence est d'or
la PATIENCE a des limites
la PATIENCE est amère mais son fruit est doux
la PATIENCE est un remède à tous les maux
la PATIENCE poussée à bout se tourne en fureur
la PATIENCE vient à bout de tout
la PAUVRETÉ est la mère des crimes
la PAUVRETÉ est mauvaise conseillère
la PEAU est plus proche que la chemise
la PÊCHE aime le vin
la PELLE se moque du fourgon
la PERFECTION n'est pas de ce monde
la PEUR a bon pas
la PEUR donne des ailes
la PEUR garde la vigne

l'ARGENT des sots est le patrimoine des gens d'esprit

l'ARGENT est bon serviteur et mauvais/méchant maître ➔ ARGENT, 15

l'ARGENT est le nerf de la guerre

l'argent est plat pour s'entasser ➔ ARGENT, 14

l'ARGENT est rond pour rouler

l'ARGENT est un bon serviteur et un mauvais/méchant maître

l'ARGENT fait l'ARGENT

l'ARGENT n'a pas de queue

l'ARGENT n'a pas d'odeur

l'ARGENT n'a pas/point de maître ➔ ARGENT, 23

l'ARGENT ne fait pas le bonheur (mais il y contribue)

l'ARGENT ne pousse pas sur les arbres

l'ARGENT ne tombe pas du ciel

l'ARGENT ouvre toutes les portes

l'ARGENT trouvé n'a pas/point de maître

l'ARGENT va à l'ARGENT

LARRON est le nom d'un homme

l'ARROSEUR arrosé

l'ART est de cacher l'ART

l'ART est long, la vie est courte

l'ART ne fait que des vers, le cœur seul est poète

l'AURORE est amie des Muses

l'AVARE crierait famine sur un tas de blé

l'AVARE et le cochon ne sont bons qu'après leur mort

l'AVARE ne possède pas son or, c'est son or qui le possède

l'AVARE regorge de biens et il manque de tout

l'AVARICE est comme le feu, plus on y met du bois, plus il brûle

l'AVARICE perd tout en voulant tout gagner

lavez CHIEN, peignez CHIEN, toutefois n'est CHIEN que CHIEN

l'AVIS de la femme est de peu de prix, mais qui ne le prend pas est un sot

le BÂILLEMENT ne ment pas: faim, sommeil ou ennui

le beau JOUR se prouve au soir

le BEAU pour le crapaud est la crapaude

le BEC de l'oie est ourlé

le BEDEAU de la paroisse est toujours d'accord avec monsieur le curé

le BESOIN fait la vieille trotter

le BIEN cherche le BIEN

le BIEN que l'on fait parfume l'âme

le BOIS a oreilles, et le champ des yeux

le BOIS tortu fait le feu droit

le bon BLÉ porte l'ivraie

le bon COMMENCEMENT attrait la bonne fin

le Bon DIEU donne des cornes à biquette comme elle peut les porter

le Bon DIEU lui-même a besoin de cloches

le bon PAYEUR est de bourse d'autrui seigneur

le bon SENS est la chose du monde la mieux partagée

le bon VIN réjouit le cœur de l'homme

le BONHEUR des uns fait le malheur des autres

le BONHEUR n'est jamais parfait

le BONHEUR n'habite pas sous des lambris dorés

le BOSSU ne voit pas sa bosse, mais il voit celle de son confrère

le BRUIT est pour le fat, la plainte est pour le sot

le BRUIT pend l'homme

le CADAVRE d'un ennemi sent toujours bon

le CHAMEAU a demandé des cornes et ses oreilles lui ont été enlevées

le champ du PARESSEUX est plein de mauvaise herbe

le CHAT aime le poisson mais n'aime pas se mouiller les pattes

le CHAT parti, les souris dansent

le CHAUDRON mâchure la poêle

le CHAUDRON trouve que la poêle est trop noire

le CHEVAL a quatre pattes et pourtant il bronche

le CHEVAL de mon voisin vaut mieux que le mien

le CHEVAL qui traîne son lien n'est pas échappé

le CHIEN a quatre pattes, mais il n'est pas capable de prendre quatre chemins

le CHIEN attaque toujours celui qui a les pantalons déchirés

le CHIEN du jardinier ne mange pas de choux et ne veut pas que personne en mange

le CHIEN peureux n'a jamais son saoul de lard

le CHIEN remue la queue non pour toi mais pour le pain

le CIEL est bleu partout

le COCHON ne défèque pas là où il dort

le CŒUR a ses raisons que la raison ne connaît pas

le CŒUR mène où il va

le COMMENCEMENT est la moitié du tout

le COQ et le serviteur un seul an sont en vigueur

le COUCOU ne fait pas de merles

le COUP de l'âne va au lion devenu vieux

le COURROUX est un conseiller dangereux

le CRÉANCIER a meilleure mémoire que le débiteur

le CRI public sert quelquefois de preuve, ou du moins fortifie la preuve

le CYGNE plus il vieillit, plus il embellit

le DARD du mépris perce l'écaille de la tortue

le DÉ en est jeté

le DERNIER ferme la porte ou la laisse ouverte

le dernier le loup le mange ➔ DERNIER, 6

le DERNIER venu est le mieux aimé

le DIABLE bat sa femme (et marie sa fille) ➔ DIABLE, 3

le diable devenu vieux se fit ermite ➔ DIABLE, 17

le DIABLE était beau quand il était jeune

le DIABLE n'est pas toujours à la porte d'un pauvre homme

le diable n'est pas toujours à ung huis ➔ DIABLE, 20

le DIABLE n'est pas toujours si laid qu'on le dit

le DIABLE parle toujours en l'Évangile

le DIABLE sait beaucoup parce qu'il est vieux

le DOUTE est le commencement de la sagesse

le FAIT juge l'homme

le FARDEAU qu'on aime n'est point pesant

le RIDICULE touche au sublime
le RIDICULE tue
le ROI des souhaits est mort à l'hôpital
le ROI est mort, vive le ROI
le ROI et le berger sont égaux après la mort
le ROI règne et ne gouverne pas
le ROSSIGNOL chante mieux dans la solitude des
    nuits qu'à la fenêtre des rois
le SAC ne fut oncques si plein qu'il n'y entrât bien un
    grain
le SAGE entend à demi-mot
le SAINT de la ville ne fait pas de miracles
le SAINT de la ville n'est pas adoré
le SAINT qui ne guérit de rien n'a pas de pèlerins
le second JOUR est disciple du premier
le SEIGNEUR ne veut pas la mort du pécheur
le SINGE, fût-il vêtu de pourpre, est toujours SINGE
le SOIR montre ce qu'a été le jour
le SOLDAT combat et c'est l'officier qui porte les
    galons
le SOLDAT paie de son sang la renommée du
    capitaine
le SOLEIL brille/luit pour tout le monde
le SOLEIL par excellence au samedi fait la révérence
le SOMMEIL est le frère de la mort
le SORT en est jeté
le SORT fait les parents, le choix fait les amis
le SURPLUS rompt le couvercle
le TAVERNIER s'enivre bien de sa taverne
le TEMPS blanchit les têtes sans mûrir la raison
le TEMPS c'est de l'argent
le TEMPS dévore tout
le TEMPS est galant homme
le TEMPS est père de vérité
le TEMPS est un grand maître
le TEMPS est une lime qui travaille sans bruit
le TEMPS et la marée n'attendent personne
le TEMPS et l'usage rendent l'homme sage
le TEMPS fuit et nous traîne avec lui
le TEMPS guérit les douleurs et les querelles
le TEMPS n'a pas de loisir
le TEMPS ne maintient que ce qu'il a élevé
le TEMPS ne revient jamais
le TEMPS n'épargne pas ce qu'on a fait sans lui
le TEMPS perdu ne se rattrape jamais
le TERME vaut l'argent
le TONNERRE au matin, de grand vent signe certain
le TOUT ne vaut pas la moitié
le VALET du diable fait plus qu'on ne lui demande
le VENT de prospérité change bien souvent de côté
le VER est dans le fruit
le VIN est le lait des vieillards
le VOLEUR prend facilement là où on fait mauvaise
    garde
le ZÈLE des amis est parfois plus néfaste que la haine
    des ennemis
l'eau court toujours en la mer → EAU, 11

l'EAU de la Saint-Jean ôte le vin et ne donne pas de
    pain
l'eau dormant vaut pis que l'eau courant → EAU, 5
l'EAU gâte le vin, la charrette le chemin, et la femme
    l'homme
l'EAU trouble est le gain du pêcheur
l'eau trouble fait le gain du pêcheur → EAU, 10
l'EAU va (toujours) à la rivière
l'ÉCOUTANT fait le médisant
l'ÉCURIE use plus (le cheval) que la course
l'EMPEREUR de l'Allemagne est le roi des rois, le Roi
    d'Espagne roi des hommes, le Roi de France roi
    des ânes et le Roi d'Angleterre roi des diables
l'ENFANT est sage qui son père connaît
l'ENFER est pavé de bonnes intentions
l'ENNUI est la maladie des paresseux
l'ENVIEUX maigrit de l'embonpoint d'autrui
l'ÉPARGNE est la meilleure rente
l'ÉPARGNE est une grande richesse
l'ÉPÉE use le fourreau
l'ÉPINE en naissant va la pointe devant
lerres emble de légier là où il n'a garde → VOLEUR, 1
l'ERREUR est humaine
les ABEILLES, en juillet, ne valent grain de millet
les ABSENTS ont (toujours) tort
les AFFAIRES du cabri ne sont pas celles du mouton
les AFFAIRES font les hommes
les AFFAIRES sont les AFFAIRES
les ALOUETTES rôties ne se trouvent pas sur les haies
les AMIS de mes/nos AMIS sont mes/nos AMIS
les AMIS ont tout en commun
les AMIS sont des voleurs de temps
les AMOURS qui s'accommancent par anneaux se
    finissent par couteaux
les ANNÉES en savent plus que les livres
les APPARENCES sont (souvent) trompeuses
les ARBRES cachent la forêt
les ARMES sont journalières
les aulx resentent le mortier, barat de barat est portier →
    MORTIER, 3
les BATTUS payent l'amende
les beaux ESPRITS se rencontrent
les beaux HABITS servent fort à la mine
les beaux jours de JANVIER trompent l'homme en
    février
les BÈGUES sont ceux qui ont le plus de bec
les belles PAROLES ne font pas bouillir la marmite
les belles PAROLES n'écorchent pas la langue
les belles PLUMES font les beaux oiseaux
les BÉQUILLES du temps font plus que la massue
    d'Hercule
les BIENFAITS s'écrivent sur le sable et les injures sur
    l'airain
les BLESSURES d'amour ne peuvent guérir que par
    celui qui les a faites
les bons BRAS font les bonnes lames
les bons COMPTES font les bons amis
les bons ESPRITS se rencontrent

les OISONS mènent paître les oies

les oisons veulent mener paistre leur mère ➜ OISON

les OS sont pour les absents

les PARENTS sont les dents

les PARESSEUX ne sont jamais riches

les PAROLES dites au matin non pas au soir même destin

les PAROLES du soir ne ressemblent pas à celles du matin

les PAROLES s'en vont, les écrits restent

les PAROLES s'envolent, les écrits restent

les PAROLES sont femelles, et les faits mâles

les PEINES légères se racontent, les grandes se taisent

les PEINES sont bonnes avec le pain

les PENSÉES ne paient point de péage

les PÈRES ont mangé des raisins verts, et les dents des enfants en ont été agacées

les petites PLUIES gâtent les grands chemins

les petits CADEAUX entretiennent l'amitié

les petits présents entretiennent l'amitié ➜ CADEAU

les petits RUISSEAUX font les grandes rivières

les PLAIES fraîches sont les plus aisément remédiables

les PLAISIRS portent ordinairement les douleurs en croupe

les plus courtes FOLIES sont les meilleures

les (plus) courtes PLAISANTERIES sont les meilleures

les plus grands CLERCS ne sont pas les plus fins

les POILS du chien guérissent la morsure du chien

les POTS fêlés (sont ceux qui) durent le plus

les POULES pondent par le bec

les POULES qui gloussent le plus fort ne sont pas les meilleures pondeuses

les premières GAUFRES sont pour les enfants

les premiers BILLETS doux sont lancés par les yeux

les premiers MORCEAUX nuisent aux derniers

les PREMIERS seront les derniers

les premiers sont les derniers ➜ PREMIER, 2

les PRINCES ont les mains (et les oreilles) bien longues

les RACES des petits et des grands seront égales en mille ans

les RATS quittent le navire (qui coule)

les RATS se promènent à l'aise où il n'y a point de chats

les RECELEURS sont pires que les malfaiteurs

les RIVIÈRES retournent à la mer

les ROIS ont les bras longs

les SAGES ont la bouche dans le cœur et les fous le cœur dans la bouche

les SAGES portent leurs cornes dans le cœur, et les sots sur leur front

les secondes PENSÉES sont les meilleures

les SEINS ne sont jamais trop lourds pour la poitrine

les SEMBLABLES se guérissent par les SEMBLABLES

les SERMENTS des amoureux ne parviennent pas à l'oreille des dieux

les SOUCIS partagés sont à demi soulagés

les TONNEAUX vides sont ceux qui font le plus de bruit

les uns lèvent le LIÈVRE, les autres le tuent

les VACHES qui remuent tant la queue, ce ne sont pas celles qui ont le plus de lait

les vieilles MOUCHES ne se laissent pas engluer ni prendre aisément

les vieux AMIS et les vieux écus sont les meilleurs

les VIEUX fous sont plus fous que les jeunes

les VOIES du Seigneur sont impénétrables/ insondables

les VOYAGES forment la jeunesse

les YEUX sont le miroir de l'âme ➜ ŒIL, 8

l'ESPÉRANCE est le pain des malheureux

l'ESPÉRANCE est le songe d'un homme éveillé

l'ESPOIR fait vivre

l'ESPRIT court les rues

l'ESPRIT est prompt mais la chair est faible

l'ESPRIT qu'on veut avoir gâte celui qu'on a

l'ESPRIT souffle où il veut

l'ESTOMAC affamé n'a point d'oreilles

l'ESTOMAC porte les pieds

LEVER à six, manger à dix, souper à six, coucher à dix, font vivre l'homme dix fois dix

lever MATIN, ce n'est pas bonheur; boire MATIN, c'est bien meilleur

l'EXACTITUDE est la politesse des rois

l'EXCEPTION confirme la règle

l'EXCÈS d'un très grand bien devient un mal très grand

l'EXCÈS en tout est un défaut

l'HABIT, c'est l'homme

l'habit ne faict poinct le moyne ➜ HABIT, 5

l'HABIT ne fait pas le moine

l'HABIT volé ne va pas au voleur

l'HABITUDE est une seconde nature

l'HEURE qu'on regarde devient immobile

l'HISTOIRE se répète

l'HOMME est la mesure de toutes les choses

l'HOMME est le feu, la femme est l'étoupe, et le diable vient qui souffle

l'homme est un LOUP pour l'homme

l'HOMME heureux n'a pas de chemise

l'HOMME marié est un oiseau en cage

l'HOMME naquit pour travailler, comme l'oiseau pour voler

l'HOMME ne peut perdre ce qu'il n'eut oncq

l'homme ne se mesure pas à l'AUNE

l'HOMME ne vit pas seulement de pain

l'homme n'est qu'un ROSEAU, le plus faible de la nature(, mais c'est un ROSEAU pensant)

l'HOMME propose, Dieu dispose

l'HOMME qui est seul est fol

l'HONNEUR sans le profit est une bague au doigt

l'HÔTE et la pluie après trois jours ennuient

l'HÔTE et le poisson après trois jours puent

l'HUILE et la vérité finissent par venir au sommet

mauvaise COMPAGNIE au gibet l'homme convie

mauvaise GARDE permet au loup de se repaître

mauvaise GRAINE est tôt venue

mauvaise GRAINE, prompte croissance

mauvaise HERBE croît soudain/toujours

mauvaise HERBE ne meurt point

mauvaises NOUVELLES sont toujours vraies

méchant POULAIN peut devenir bon cheval

méchante PAROLE jetée va partout à la volée

MÉDECIN avisé fait plaie puante

MÉDECIN, guéris toi-même!

MÉDECINS et paveurs de rue, la terre recouvre leur faute

MÉFIANCE est mère de sûreté

méfie-toi des FEMMES par devant, des mules par derrière et des moines de tous côtés

meilleur nus PIEDS que nuls PIEDS

même le divin HOMÈRE sommeille quelquefois

même quand l'OISEAU marche on sent qu'il a des ailes

même RAGOÛT perd tout son goût

MÉMOIRE du mal a longue trace, MÉMOIRE du bien tantôt passe

MENACES ne sont lances

menez la VACHE au château et elle s'enfuira vers l'étable

MÈRE piteuse fait fille teigneuse

MÈRE trop piteuse fait sa famille teigneuse

MESSAGER ne doit périr ni mal avoir

meuz valent les vieilles veyes que les noves ➜ VOIE, 3

MIEL sur la bouche, fiel sur le cœur

mieux aime TRUIE bran que rose

mieux vaut ACHETER qu'emprunter

mieux vaut AMI en place qu'argent en bourse

mieux vaut AMI en voie que denier en courroie

mieux vaut belle PANSE que belle manche

mieux vaut bon REPAS que bel habit

mieux vaut bonne RENOMMÉE que grandes richesses

mieux vaut CORPS que bien

mieux vaut deux pieds que trois ÉCHASSES

mieux vaut en PAIX un œuf qu'en guerre un bœuf

mieux vaut engins que ne fait force ➜ RUSE

mieux vaut être envié qu'apitoyé ➜ ENVIE, 2

mieux vaut être le PREMIER au village que le second à la ville

mieux vaut être TÊTE de chien que queue de lion

mieux vaut être TÊTE de souris que queue de lion

mieux vaut faire le tour du FOSSÉ que d'y tomber

mieux vaut GIGOT voisin et prochain qu'un gros mouton lointain

mieux vaut goujat debout qu'EMPEREUR enterré

mieux VAUT "je me suis sauvé" que "il a été tué"

mieux vaut la vieille VOIE que le nouveau sentier

mieux vaut l'OMBRE d'un sage vieillard que les armes d'un jeune coquart

mieux vaut maintenant un ŒUF que dans le temps un bœuf

mieux vaut MOINEAU en cage que poule d'eau qui nage

mieux vaut mourir avec HONNEUR que vivre avec honte

mieux vaut NATURE que nourriture

mieux vaut ŒUF de géline que pet de reine

mieux vaut ŒUF donné que ŒUF mangé

mieux vaut OS donné que OS mangé

mieux vaut PAIX que victoire

mieux vaut perdre la LAINE que la brebis

mieux vaut PLIER que rompre

mieux vaut PRÉVENIR que guérir

mieux vaut RÈGLE que rente

mieux vaut RUSE que force

mieux vaut SAGESSE que richesse

mieux vaut SUER que grelotter

mieux vaut ta propre MORUE que le dindon des autres

mieux vaut TARD que jamais

mieux vaut tondre l'AGNEAU que le pourceau

mieux vaut TROP que TROP peu

mieux vaut un COURTOIS mort qu'un vilain vif

mieux vaut un LIÈVRE pris que trois en liberté

mieux vaut un petit CHEZ-SOI qu'un grand chez les autres

mieux vaut un "tiens" que deux "tu auras" ➜ TENIR, 2

mieux vaut un VOISIN proche qu'un frère éloigné

mieux vaut une ONCE de fortune qu'une livre de sagesse

mieux vaut une POMME donnée que mangée

mieux vaut user des SOULIERS que des draps

mieux vaut vieilles DETTES que nouveau melon

MISÈRE et pauvreté font mauvais ménage

MOINEAU en main vaut mieux que perdrix qui vole

moins grave le MAL duquel on prend garde

mois de FÉVRIER, le plus petit, le plus diable

MOISSON d'autrui plus belle que la sienne

MONNAIE fait tout

MORCEAU avalé n'a plus de goût

MORS doré ne rend pas le cheval meilleur

MORT n'épargne ni petits ni grands

morte la BÊTE, mort le venin

morte la FILLE, mort le gendre

MOUCHES noires à Noël, MOUCHES blanches à Pâques

MOULIN de ça, MOULIN de là, si l'un ne meult, l'autre meuldra

MOUTON crotté bien souvent aux autres cherche à se frotter

MURAILLE blanche, papier de fol

n'attèle pas ensemble l'ÂNE et le cheval

n'attendre pas à faire au vespre ce que tu puès faire au matin ➜ DEMAIN, 3

NATURE est contente de peu

NATURE ne peut mentir

NATURE peut tout et fait tout

ne confie pas ta FARINE à qui lèche la cendre

ne confiez pas votre AGNEAU à qui en veut la peau
ne crachez pas dans le PUITS, vous pouvez en boire l'eau
ne criez pas "des MOULES" avant qu'elles ne soient au bord
ne donnez jamais CONSEIL avant qu'on vous le demande
ne fais pas à AUTRUI ce que tu ne voudrais pas qu'on te fît
ne fourrez pas votre NEZ dans les soupes d'autrui
ne jetez pas vos PERLES aux pourceaux
ne JUGE pas tout ce que tu vois; ne crois pas tout ce que tu ois; ne dis pas tout ce que tu sais et penses; ne donne pas tout ce que tu as
ne lance pas une FLÈCHE que tu ne puisses retrouver
ne mesurez pas autrui à votre AUNE
ne peut noier qui doit pendre → NOYER
ne sois pas BOULANGER si ta tête est en beurre
ne sont pas tous BOURREAUX qui portent de longs couteaux
ne sont pas tous CHASSEURS qui sonnent du cor
ne sont pas tous CHEVALIERS qui sur cheval montent
ne t'attends qu'à toi SEUL
ne te fie jamais à l'AMI réconcilié
NÉCESSITÉ apprend les gens
NÉCESSITÉ est mère d'industrie
NÉCESSITÉ fait gens méprendre
NÉCESSITÉ fait loi
NÉCESSITÉ fait trouver
NÉCESSITÉ n'a pas de loi
nécessité n'a point de loi → NÉCESSITÉ, 6
née de GÉLINE aime à gratter
NEIGE huit jours terre nourrit, mais au-delà, terre appauvrit
n'épargne pas la CHAIR qui pourrira en terre
n'est pas libre qui traîne son LIEN
n'est pas RICHE qui est chiche
n'est pas tot or ice qui luist et tiex ne peut aidier qui nuist → OR, 6
n'est si mal sourd comme cil qui ne veut ouïr goutte → SOURD
n'est si sage qui ne foloie → SAGE, 2
n'être pas si DIABLE qu'on est noir
n'éveillez pas le chat qui dort → CHAT, 10
NID tissu et achevé, oiseau perdu et envolé
NOBLESSE oblige
NOBLESSE vient de vertu
NOCES de mai, NOCES mortelles
NOËL à la vie, Pâques à l'acie
NOËL au balcon, Pâques au tison
NOËL au jeu, Pâques au feu
noire geline pond blanc oef → GÉLINE, 2
noire GÉLINE pond œuf blanc
nombreuses sont les porteuses de THYRSE, et rares les bacchantes
nourris un CORBEAU, il te crèvera l'œil → CORBEAU, 2

NOURRITURE passe nature
nous avons perdu une BATAILLE, pas la guerre
nous MOURONS tous les jours
nous sommes tous ENFANTS d'Adam
nous sommes tous PARENTS en Adam
nouvelle CHEMINÉE est bientôt enfumée
nouvelle LOI, nouvelle fraude
nul avant mourir ne peut être dit HEUREUX
nul BIEN sans peine
nul JOUR sans soir
nul MIEL sans fiel
nul ne fait si bien l'ŒUVRE que celui à qui elle est
NUL ne naît appris et instruit
nul ne pèle son FROMAGE qu'il n'y ait perte ou dommage
NUL ne perd qu'autrui ne gagne
nul ne peut donner des TRIPES sinon celui qui tue son pourceau
nul ne peut servir deux MAÎTRES
nul ne sache danser quand la FORTUNE joue du violon
nul ne sait mieux que l'ÂNE où le bât le blesse
nul ne SE MARIE qui ne s'en repente
nul n'est censé d'ignorer la LOI
nul n'est PARFAIT → PARFAIT
nul n'est PROPHÈTE en son pays
NUL n'est trop bon et peu le sont assez
nul n'est VILAIN, si le cœur ne lui meurt
nul n'est vilain si du cœur ne lui vient → VILAIN, 4
nul OR sans écume
nul PAIN sans peine
nul PLAISIR sans peine
nul SAMEDI sans soleil
nul SAMEDI sans soleil, nul vieillard sans être jaloux, nulle belle femme sans amours
nul trop n'est bon, nul peu n'est assez → TROP, 2
nulle MONTAGNE sans vallée
nulle NOIX sans coque
nulle rose sans épines → ROSE, 2
nulle TERRE sans guerre
nulles DAMES belles se font vieilles de la ceinture jusqu'en bas

obliger un INGRAT c'est acheter la haine
obliger un INGRAT c'est perdre le bienfait
OCCASION trouve qui son chat bat
ŒIL pour ŒIL, dent pour dent
ŒIL un autre ŒIL voit et non soi
oignez VILAIN, il vous poindra; poignez VILAIN, il vous oindra
OIS, vois et te tais, si tu veux vivre en paix
OISEAU ne peut voler sans ailes
on a beau mener le BŒUF à l'eau s'il n'a pas soif
on a l'ÂGE de ses artères
on a l'ÂGE de son cœur
on a souvent BESOIN d'un plus petit que soi
on a tant crié(, on a tant chanté) NOËL, qu'à la fin il est venu

on adore plutôt le SOLEIL levant que le SOLEIL couchant
on aime la JUSTICE en la maison d'autrui
on aime la TRAHISON, mais le traître est odieux
on aime l'EMPEREUR pour l'amour de l'empire
on apprend à tout ÂGE
on APPREND en faillant
on attrape plus vite un MENTEUR qu'un voleur
on avance mieux avec un CHEVAL emprunté qu'avec le sien propre
on caresse la VACHE pour mieux la traire
on chatouille la TRUITE pour mieux la prendre
on connaît bien le POURPOINT au collet
on connaît le CERF à ses abbatures
on connaît le DIABLE à ses griffes
on crie toujours le LOUP plus grand/gros qu'il n'est
on dit souvent la VÉRITÉ en riant
on doit quérir en JEUNESSE dont on vive en la vieillesse
on donne son OPINION selon sa condition
on écrit sur le PAPIER tout ce qu'on veut
on EST ce qu'on EST
on est gai le MATIN, on est pendu le soir
on FAIT plus en un jour qu'en un an
on fait toujours le LOUP plus grand/gros qu'il n'est
on frappe sur le SAC pour que l'âne le sente
on gagne à PARIS dix mille livres de rente, en portant des gants blancs
on juge de la pièce par l'ÉCHANTILLON
on lie bien le sac avant qu'il soit plein → SAC, 6
on lie les BŒUFS par les cornes et les hommes par les paroles
on marche toujours de travers sur un PLANCHER qui ne nous appartient pas
on n'a jamais bon marché de mauvaise MARCHANDISE
on n'a jamais vu FEMME belle qui aussi ne fût rebelle
on n'a jamais vu (une) CHÈVRE morte de faim
on n'a RIEN pour/sans RIEN
on n'abat pas un CHÊNE au premier coup
on naît POÈTE, on devient orateur
on n'apporte pas de HIBOUX à Athènes
on n'apprend pas à un vieux SINGE/(aux vieux SINGES) à faire la/les/des grimace(s)
on n'attrape pas de LIÈVRE avec un/(au son du) tambour
on ne badine pas avec l'AMOUR
on ne congnoist pas les gens aux robbes, ne les chiens aux poilz → GENS, 7
on ne connaît pas le VIN au cercle
on ne connaît pas les GENS aux robes, ni les chiens aux poils
on ne CORRIGE pas celui qu'on pend, on corrige les autres par lui
on ne dîne point quand on est de NOCES le soir
on ne dit guère Martin qu'il n'y ait d'ÂNE
on ne doit pas à gras POURCEAU le cul oindre
on ne doit pas avoir d'un PÉCHÉ deux pénitences

on ne doit pas avoir les YEUX plus grands/gros que le ventre → ŒIL, 15
on ne doit pas dire mal de ceux qui sont à TERRE
on ne doit pas dire mal des MORTS
on ne doit pas jeter le BÉBÉ avec l'eau du bain
on ne doit pas troubler les CENDRES d'un mort
on ne fait pas boire un ÂNE qui n'a pas soif
on ne fait pas de rien grasse POTÉE
on ne fait pas d'OMELETTE sans casser des/les œufs
on ne fait pas sortir de SANG d'une pierre
on ne fait pas tout en un jour → ROME, 5
on ne fait RIEN de RIEN
on ne gagne pas beaucoup à courir le MONDE
on ne jette des PIERRES qu'à l'arbre chargé de fruits
on ne lie pas les CHIENS avec des saucisses
on ne met pas le VIN nouveau dans de vieilles outres
on ne MEURT qu'une fois
on ne MEURT qu'une fois, et c'est pour si longtemps
on ne naît pas SAVANT
on ne perd pas de TEMPS quand on aiguise ses outils
on ne peut à la fois courir et sonner du COR
on ne peut avoir la BÛCHETTE et le cul chauffé
on ne peut avoir le DRAP et l'argent
on ne peut avoir le LARD et le cochon
on ne peut cacher AIGUILLE en sac
on ne peut complaire à TOUS
on ne peut empêcher les CHIENS d'aboyer et les menteurs de mentir
on ne peut être à la fois au FOUR et au moulin
on ne peut être à la fois JUGE et partie
on ne peut être en même temps au CARILLON et à la procession
on ne peut ÊTRE et AVOIR ÉTÉ
on ne peut faire d'un HIBOU un épervier
on ne peut faire d'une buse un épervier → BUSE
on ne peut faire d'une FILLE deux gendres
on ne peut HOMME nu dépouiller
on ne peut MÂCHER amer et cracher doux
on ne peut mourir que d'une mort → MOURIR, 4
on ne peut NOYER celui qui doit être pendu
on ne peut pas avoir le BEURRE et l'argent du BEURRE
on ne peut pas avoir le LARD et le cochon
on ne peut pas contenter tout le monde et son PÈRE
on ne peut pas ÊTRE et AVOIR ÉTÉ
on ne peut pas faire des omelettes sans casser les œufs → OMELETTE
on ne peut pas ménager la CHÈVRE et le chou
on ne peut pas mettre une PINTE dans un demiard
on ne peut pas peigner un DIABLE qui/s'il n'a pas de cheveux
on ne peut pas réclamer le BEURRE et l'argent du BEURRE
on ne peut pas tirer de SANG d'un navet
on ne peut pas TOUT avoir
on ne peut prendre un HOMME rasé aux cheveux
on ne peut rester longtemps dans la BOUTIQUE d'un parfumeur sans en emporter l'odeur

on ne peut sonner les CLOCHES et aller à la procession

on ne peut SOUFFLER et humer ensemble

on ne peut tirer de la FARINE d'un sac de son

on ne peut tirer de l'HUILE d'un mur

on ne prend pas deux fois le RENARD au même piège

on ne prend pas le LIÈVRE au tambourin

on ne prend pas les MOUCHES avec du vinaigre

on ne prend pas les OISEAUX à la tarterelle

on ne prend pas les vieux MERLES à la pipée

on ne prend pas les vieux MOINEAUX avec de la paille

on ne prête qu'aux RICHES

on ne sait qui MORD ni qui rue

on ne saurait BOIRE et souffler à la fois

on ne saurait boire et souffler le FEU

on ne saurait chanter plus haut que la BOUCHE

on ne saurait faire d'une BUSE un épervier

on ne saurait faire le FEU si bas que la fumée n'en sorte

on ne saurait manier le BEURRE qu'on ne s'en graisse les doigts

on ne saurait penser à TOUT

on ne saurait retenir le CHAT quand il a goûté de la crème

on ne saurait si peu BOIRE qu'on ne s'en ressente

on ne se baigne jamais/pas deux fois dans le même FLEUVE

on ne s'en va pas des FOIRES comme du marché

on ne va pas aux MÛRES sans crochet

on ne va pas avec la BEAUTÉ de sa femme au moulin

on ne va point aux NOCES sans manger

on ne vit pas de VENT

on n'engraisse pas les COCHONS avec de l'eau claire

on n'est jamais content de son SORT

on n'est jamais sali que par la BOUE

on n'EST jamais si bien SERVI que par soi-même

on n'EST jamais TRAHI que par les siens

on oublie plutôt le BIEN que le mal

on passe la HAIE par où elle est la plus basse

on peut vivre sans FRÈRE, mais pas sans ami

on prend les BÊTES par les cornes et les hommes par les paroles

on prend les BŒUFS par les cornes et les hommes par les paroles

on prend les OISEAUX par le bec et les hommes par la parole

on prend plus de MOUCHES avec du miel/sucre qu'avec du vinaigre

on presse l'ORANGE, et on jette l'écorce

on prête facilement du PAIN à celui qui a de la farine

on RÉCOLTE ce qu'on sème

on revient toujours à ses premières AMOURS

on sait ce qu'on QUITTE, on ne sait pas ce qu'on trouve

on se croit toujours plus sage que sa MÈRE

on se dégoûte de manger tous les jours le même PAIN

on tend les VOILES du côté que vient le vent

on tombe (toujours) du CÔTÉ où l'on penche

on touche toujours sur le CHEVAL qui tire

on va bien LOIN encore quand on est las

on va de tout VENT à un même endroit

on vendrait le DIABLE s'il était cuit

on voit bien encore aux TESSONS ce que fut le pot

on voit plus de vieux ivrognes que de vieux MÉDECINS

oncques bon cheval ne devint rosse → CHEVAL, 17

oncques feu ne fut sans fumée → FUMÉE, 2

oncques PLACE bien assaillie ne fut, qu'elle ne fût prise

oncques SOUHAIT n'emplit le sac

oncques TRIPIÈRE n'aima harengère

oncques vieil SINGE ne fut belle moue

OR est qui OR vaut

ORGUEIL n'a pas bon œil

où Diex veut se pleut → DIEU, 22

où FAIM règne, force exule

où FEMME gouverne et domine, tout s'en va bientôt en ruine

où FORCE domine, raison n'a point de lieu

où FORCE règne, raison n'a lieu

où il est plus faible, le FIL se rompt

où il n'y a rien, le ROI perd ses droits

où il y a de la GÊNE, il n'y a pas de plaisir

où il y a ÉGLISE à Dieu, le diable bâtit une chapelle

où il y a un ÉCU, il y a un diable; où il n'y en a pas, il y en a deux

où il y a un joli COCHON, il y a bonne soupe

où la CHÈVRE est attachée/liée, il faut qu'elle broute

où la GUÊPE a passé, le moucheron demeure

où la VACHE est attachée, il faut qu'elle broute

où le LOUP trouve un agneau, il y en cherche un nouveau

où le SOLEIL luit, la lune n'y a que faire

où manque la POLICE abonde la malice

ou vente ou pleut, si vet qui estuet → VENTER

où y a de la GÊNE, y a pas de plaisir

PAIN coupé n'a point de maître

PAIN de vieillesse se pétrit pendant la jeunesse

PAIN dérobé réveille l'appétit

PAIN tant qu'il dure, vin à mesure

PAPILLON blanc annonce le printemps

PÂQUES longtemps désirées sont en un jour passées

par COMPAGNIE, on se fait pendre

par la BOUCHE se met le feu au four

par le FIL tu tireras le peloton, et par le passé l'avenir

par nuit semble tout blé farine → NUIT, 2

par PLEURS, par cris et par hélas, le mal on ne soulage pas

par trop presser l'ANGUILLE, on la perd

par trop tendre la CORDE, on la rompt

par un OS en bouche se tait qui grouche

"PARDON" ne guérit pas la bosse

pardonner au MÉCHANT, c'est frapper l'innocent

parez un HÉRISSON, il semblera baron

PARIS n'a pas été bâti/construit en un jour
PARIS ne s'est pas fait en un jour
PARIS vaut bien une messe
PARLE peu et tu seras estimé
PARLER sans penser, c'est tirer sans gagner
PAROIS blanches, PAROIS fendues
PAROLE de femme, PAROLE de Dieu
PAROLE lâchée ne revient jamais
PAROLE mal entendue est mal jugée
PAROLE une fois volée ne peut plus être rappelée
parole une fois volée ne puet plus estre rapelée ➜ PAROLE, 15
PAROLES d'angelot, ongles de diablot
PAROLES douces apaisent grande colère
PARTIR, c'est mourir un peu
PAS à PAS on va bien loin
pas d'ARGENT, pas de Suisse
pas d'argent, pas de Suisses ➜ ARGENT, 25
pas de MESSE(S) basse(s) (sans curé)
pas de NOUVELLES, bonnes NOUVELLES
pas de POISSON sans arête
pas de SAMEDI sans soleil ➜ SAMEDI, 2
pas de SAMEDI sans soleil ni de femme sans conseil
pas de SAMEDI sans soleil ni de veuve sans conseil
pas DEUX sans trois ➜ DEUX, 2
pas tant come an porte il van ➜ VENT, 2
passée la FÊTE, adieu le saint
passez-moi la CASSE, je vous passerai le séné
passez-moi la RHUBARBE, je vous passerai le séné
PATIENCE et longueur de temps font plus que force ni que rage
PATIENCE passe science
PAUVRETÉ est compagne de paresse
PAUVRETÉ et maladie en vieillesse, c'est un magasin de tristesse
PAUVRETÉ n'est pas vice
PÉCHÉ avoué est à moitié pardonné
PÉCHÉ caché est à demi pardonné
péché celé est à demi-pardonné ➜ PÉCHÉ, 5
PÈLERIN qui chante larron épouvante
pendant que le BÂTON va et vient, les épaules se reposent
pendant que le CHIEN pisse, le lièvre/loup s'en va
pendant que le FER est chaud il le faut battre
pendant que l'HERBE pousse, le cheval meurt
PENSE beaucoup, parle peu, écris moins
PÉRIL passé, promesses oubliées
personne ne veut attacher la SONNETTE au cou du chat
personne n'est PARFAIT
petit à petit, l'OISEAU fait son nid
petit à petit on va bien loing ➜ PAS, 3
petit AIGUILLON pique un gros âne
petit CHAUDRON, grandes oreilles
petit DON est le hameçon du plus grand DON
petit GAIN est bel quand il vient souvent
petit HOMME abat bien grand chêne et douce parole grande ire

petit HOMME abat grand chêne
petit POISSON deviendra grand
petit POT tient bien pinte
petit PRÉSENT trop attendu n'est point donné mais bien vendu
petite CUISINE agrandit la maison
petite ÉTINCELLE engendre grand feu
petite HACHETTE coupe gros bois
petite NÉGLIGENCE accouche d'un grand mal
petite PLUIE abat grand vent
petite PLUIE salit la terre, grande PLUIE l'approprie
petites QUERELLES et noisettes sont aiguillons d'amourettes
petits ENFANTS, petite peine, grands ENFANTS, grande peine
petits ENFANTS, petits tourments, grands ENFANTS, grands tourments
peu d'HOMMES ont été admirés par leurs domestiques
peut-être empêche les gens de MENTIR
PIERRE qui roule n'amasse pas (de) mousse
PIERRE souvent remuée de la mousse n'est vellée
PLAIE d'argent n'est pas/point mortelle
PLAIE d'argent peut guérir
plante ta VIGNE de bons plants, prends la fille de bonnes gens
PLEUR de femme crocodile semble
PLUIE de février vaut un fumier
PLUIE d'été ne fait point pauvreté
PLUIE du matin n'a jamais submergé un moulin
PLUIE du matin n'arrête pas le pèlerin
PLUIE matinale n'est pas journale
PLUIE pour Noël, soleil pour les Rameaux
PLUIES d'août donnent miel et bon moût
plus a le diable, plus veut avoir ➜ DIABLE, 16
plus ça change, plus c'est la même CHOSE
plus de BRUIT que de besogne
plus de PROFIT et moins d'honneur
plus FAIT celui qui veut que celui qui peut
plus fait DOUCEUR que violence
plus haut monte le SINGE, plus il montre son cul
plus le DIABLE a, plus il veut avoir
plus le SAFRAN est foulé, mieux il fleurit
plus le SINGE s'élève, plus il montre son cul pelé
plus le TEMPS de fermer l'écurie quand le cheval en est sorti
plus l'ÉTAT est corrompu, plus il y a de lois
plus l'OISEAU est vieux, moins il veut se défaire de ses plumes
plus ME HÂTE, plus me gâte
plus on A, plus on veut AVOIR
plus on est de FOUS, plus on rit
plus on remue la BOUE, et plus elle pue
plus on remue la MERDE, et plus elle pue
plus on remue l'ORDURE, plus elle pue
plus on se découvre, plus on a FROID
plus on se presse, et plus TARD on arrive
plus sont de COMPÈRES que d'amis

plutôt SOUFFRIR que mourir, c'est la devise des hommes

poignez, il vous oindra; oignez, il vous poindra → VILAIN, 5

POIL à POIL on épile

point d'ARGENT, point de Suisse → ARGENT, 25

point de MÉMOIRE à table

point de nouvelles, bonnes nouvelles → NOUVELLE, 3

point de PIGEON pour une obole

point de RÈGLE sans exception

POINT (fait) à temps en épargne cent

point ne se fane une BOUCHE baisée

PORTE fermée, le diable s'en va

POT fêlé dure longtemps

POULE égarée est bonne pour le renard

pour amour dou saint baise on les reliques → AMOUR, 27

pour AMOUR du chevalier baise la dame l'écuyer

pour avoir la MOELLE, il faut briser/sucer l'os

pour épargner un CLOU, on perd un cheval

pour être GRAND, il faut avoir été petit

pour être ridée, une POMME ne perd pas sa bonne odeur

pour faire aller le CHARIOT, il faut graisser les roues

pour la SAINT-Martin tue le porc et goûte ton vin

pour l'ALOUETTE le chien perd son maître

pour l'AMOUR du saint baise-t-on les reliques

pour l'amour le chevalier baise la dame l'escuier → AMOUR, 26

pour laver ses MAINS on ne vend pas sa terre

pour manger la NOIX, il faut casser la coque

pour peu que l'on MANGE, on MANGE assez

pour se dire AMIS, il faut avoir mangé ensemble un minot de sel

pour trouver le Carême court, il faut avoir une dette payable à Pâques → DETTE, 2

pour un MOINE l'abbaye ne se perd pas/(ne chôme pas)/(ne faut pas)/(ne manque pas)

pour un MOINE ne faut couvent

pour un moine, on ne laisse pas de faire un abbé → MOINE, 2

pour un perdu, deux retrouvés → UN, 4

pour un PLAISIR mille douleurs

pour un POINT, Martin perdit son âne

pour une bonne FESSÉE, le derrière ne tombe pas

pour une JOIE mille douleurs

pour vivre HEUREUX, vivons cachés

pour vivre longtemps il faut être VIEUX de bonne heure

POUSSIN chante comme le coq lui apprend

PREMIER levé, PREMIER chaussé

PREMIER vient, PREMIER prend

prendre on ne doit à la CHANDELLE: argent, toile, ni pucelle

prends CONSEIL à l'oreiller, la nuit est mère des pensées

prends garde à l'HOMME d'un seul livre

prends le premier CONSEIL d'une femme, et non le second

près des ÂNES l'on attrape des coups de pieds

"PRESQUE" et "quasiment" empêchent de mentir

prêter ARGENT fait perdre la mémoire

priez DIEU, mais n'offensez pas le diable

priez le VILAIN il en fera moins

PROCÈS, taverne et urinal chassent l'homme à l'hôpital

PROMESSE de grand n'est pas testament

PROMESSE de seigneur n'est pas héritage → PROMESSE, 2

PROMESSE des grands n'est pas héritage

promettre et tenir sont DEUX

PROPRE à tout, PROPRE à rien

PROVERBE ne peut mentir

PRUDENCE est mère de sûreté

puisque la FAUTE est faite, il faut la boire

puisque la PAROLE est issue du corps, elle n'y peut jamais entrer

qant oportet vyent enplace il ny ad que pati → BESOIN, 3

quand à NOËL on voit les moucherons, à Pâques on voit les glaçons

quand à NOËL tu prends le soleil, à Pâques tu te rôtiras l'orteil

quand AVARICE entre au cerveau Vénus s'en va

quand chante le COUCOU, le matin mouillé, le soir séché

quand décroîtra la LUNE, ne sème chose aucune

quand DIEU donne de la farine, le diable clôt le sac

quand Dieu donne farine, le diable clost le sac → DIEU, 27

quand DIEU ne veut, le saint ne peut

quand FAUT y aller, FAUT y aller

quand il A TONNÉ et encore TONNÉ, la pluie approche et montre la corne

quand il fait beau, prends ton MANTEAU; quand il pleut, prends-le si tu veux

quand il FAUT y aller, il FAUT y aller

quand il NEIGE sur les hauteurs, il fait froid dans les vallées

quand il n'y en a PLUS, il y en a encore

quand il pleut en AOÛT il pleut miel et moût

quand il pleut sur le CURÉ, il dégoutte sur le vicaire

quand il y en a pour TROIS, il y en a pour quatre

quand il y en a pour UN, y en a pour douze

quand JANVIER met de l'herbe, si tu as du grain, garde-le

quand Jean-Bête est mort, il a laissé bien des HÉRITIERS

quand la BOURSE se rétrécit, la conscience s'élargit

quand la CAGE est faite, l'oiseau s'envole

quand la CORNEMUSE est gonflée, on en chante que mieux

quand la FILLE est mariée, viennent les gendres

quand la FOLIE est faite, le conseil en est pris

quand la JUMENT est sortie, il n'est plus temps de fermer l'étable

quand la MAISON est trop haute, il n'y a rien au grenier

quand la MESSE fut chantée, si fut la dame parée

quand la NEIGE est sur le mont, on ne peut attendre
que le froid aux vallées

quand la PAUVRETÉ entre par la porte, l'amour s'en
va par la fenêtre

quand la POCHE est pleine, elle renverse

quand la POIRE est mûre, il faut qu'elle tombe

quand la RATE s'engraisse, le corps maigrit

quand l'ABBÉ danse à la cour, les moines sont en rut
aux forêts

quand l'ABBÉ tient taverne, les moines peuvent aller
au vin

quand l'ARBRE est tombé, tout le monde court aux
branches

quand l'ARGENT fault, tout fault

quand le BÂTIMENT va, tout va

quand le CAMELOT a pris son pli, c'est pour toujours

quand le CHAT n'est pas là, les souris dansent

quand le CHÊNE est tombé, chacun se fait bûcheron

quand le CHIEN avec le loup s'entend, la bergère a
mauvais temps

quand le COQ chante le soir, c'est signe qu'il va
bientôt pleuvoir

quand le DIABLE devient vieux, il se fait ermite

quand le DIABLE dit ses patenôtres, il veut te
tromper

quand le FOIN manque au râtelier, les chevaux se
battent

quand le GUIGNON est à nos trousses, on se noie
dans un crachat

quand le LOUP est pris, tous les chiens lui lardent/
mordent les fesses

quand le MALHEUR entre dans une maison, faut lui
donner une chaise

quand le PUITS est à sec, on sait ce que vaut l'eau

quand le RENARD prêche, prenez garde à vos poules

quand le RICHE fait une chute, on lui vient en aide;
quand le pauvre fait une chute, il a des reproches

quand le ROSSIGNOL a vu ses petits, il ne chante
plus

quand le SOLEIL est couché, il y a bien des bêtes à
l'ombre

quand le soleil est couché, toutes bestes sont à l'ombre →
SOLEIL, 9

quand le VASE est trop plein, il faut qu'il déborde

quand le VIN entre, la raison sort

quand le VIN est tiré, il faut le boire

quand les BŒUFS vont à deux, le labourage en va
mieux

quand les BREBIS enragent, elles sont pires que les
loups

quand les BREBIS vont aux champs, la plus sage va
devant

quand les CHATS siffleront, à beaucoup de choses
nous croirons

quand les CHEVEUX commencent à blanchir, laisse la
femme et prends le vin

quand les COCHONS sont saouls, ils renversent leur
auge

quand les COCUS s'assembleront, tu porteras la
bannière

quand les DRAPS ne sont pas froissés, les époux ne
tardent pas à l'être

*quand les neiges sont es montaignes, il n'y a pas grand
chaleur par les valées* → NEIGE, 3

quand les ROIS délirent, c'est le peuple qui paie

quand l'ORGUEIL chemine devant, honte et
dommage suivent de près

quand l'un dit TUE! l'autre dit assomme!

quand ma FILLE est mariée, tout le monde la
demande

quand notre FILLE est mariée, nous trouvons trop de
gendres

quand nous serons morts, fouira la VIGNE qui pourra

quand on a avalé le BŒUF, il ne faut pas s'arrêter à la
queue

quand on a la DENT, on n'a pas d'argent et quand on
a l'argent, on n'a plus la DENT

quand on a pour trois, on a toujours pour quatre → TROIS, 1

quand on a un POT de chambre en argent les bords en
sont minces

quand on carillonne au CLOCHER, il est fête en la
paroisse

quand on court après l'ESPRIT, on attrape la sottise

quand on EMPRUNTE, on ne choisit pas

quand on en A, on en veut

quand on est à l'EAU, il faut nager

quand on est au BAL, il faut danser

quand on est MALHEUREUX, on se noyerait dans
son crachat

quand on est MORT, c'est pour longtemps

quand on mange au chaud le GÂTEAU, on mange les
œufs derrière le fourneau

quand on met la MAIN à la pâte, il en reste toujours
quelque chose aux doigts

quand on n'a pas ce que l'on AIME, il faut AIMER ce
que l'on a

quand on n'a pas de TÊTE, il faut avoir des jambes

quand on n'a pas d'IDÉES, il faut avoir des jambes

quand on ne peut FAIRE comme on veut, il faut
FAIRE comme on peut

quand on n'est pas le plus FORT, il faut être le plus
malin

quand on parle de la ROSE, on en voit les boutons

quand on parle des CORNES, on voit la bête

quand on parle du LOUP, on en voit la queue

quand on parle du SOLEIL, on en voit les rayons

quand on prend du GALON, on n'en saurait trop
prendre

quand on prend lunettes, adieu fillettes → LUNETTES, 1

quand on serre trop l'ANGUILLE, on la laisse partir

quand on tient la POULE, il faut la plumer

quand on tire trop, on fait deux BOUTS

quand on voit brûler la MAISON du voisin, on a
raison d'avoir peur

quand *oportet* vient en place, il est BESOIN qu'on le
face

qui CHIEN s'en va à Rome mâtin s'en revient

qui compte sans son HÔTE compte deux fois

qui CONTENTE tout le monde ne CONTENTE jamais personne

qui contre aguilon regibe, deux fois se point ➔ AIGUILLON, 1

qui coupe son NEZ dégarnit son visage

qui court après les SOULIERS d'un mort risque souvent d'aller nu-pieds

qui court deux LIÈVRES n'en prend aucun

qui crache contre le CIEL, il lui tombe sur la tête/(le visage)

qui crache en l'air reçoit le crachat sur soi ➔ CIEL, 6

qui CRAINT de souffrir, il souffre déjà ce qu'il CRAINT

qui craint le DANGER, ne doit pas aller sur mer

qui craint les FEUILLES n'aille point au bois

qui CRAPAUD aime lunette lui ressemble

qui croit sa FEMME et son curé est en danger d'être damné

qui d'AMOUR se prend, de rage se quitte

qui d'autrui prend, SUJET se rend

qui de DANGER son pied retire, soudain du saint vient à se rire

qui de glaive vit, de glaive périt ➔ ÉPÉE, 3

qui de l'ŒIL voit, du cœur croit

qui de loup parole près en a la coue ➔ LOUP, 15

qui de MÂTIN fait son compère, plus de bâton ne doit porter

qui de tout SE TAIT de tout a paix

qui DEMANDE apprend

qui dénigre veut ACHETER

qui deux CHOSES chasse ni l'une ni l'autre ne prend

qui DIABLE achète, DIABLE vend

qui dîne avec son JUGE a gagné son procès

qui DIRA tout ce qu'il voudra, ouïra ce qui lui ne plaira

qui dit mal de l'ÂNE le voudrait à la maison

qui dit toute la VÉRITÉ finit pendu au gibet

qui dit un MENSONGE en dit cent

qui donne aux PAUVRES prête à Dieu

qui donne le sien avant MOURIR, bientôt s'apprête à grand souffrir

qui DORT dîne

qui dort en AOÛT, dort à son coût

qui écoute aux PORTES entend souvent sa propre honte

qui écoute aux PORTES entendra mal parler sur son compte

qui en JEU entre JEU consente

qui entre dans un MOULIN, il convient de nécessité qu'il enfarine

qui entre en nef n'a pas VENT à gré

qui entretient FEMME et dés mourra en pauvreté

qui ÉPARGNE gagne

qui épouse la FEMME épouse les dettes

qui épouse la VEUVE épouse les dettes

qui épouse le CORPS épouse les dettes

qui est ÂNE et veut être cerf se connaît au saut du fossé

qui est GARNI, il n'est surpris

qui est le DERNIER, le loup le mange

qui est loin de son BIEN est près de son dommage

qui est MAUVAIS, il croit que chacun lui ressemble

qui est né HONGRE ne sera jamais étalon

qui est né pour le GIBET, ne se noyera jamais dans l'eau

qui est près de l'ÉGLISE est souvent loin de Dieu

qui est PROPRE à tout n'est PROPRE à rien

qui est sur la MER il ne fait pas des vents ce qu'il veut

qui fait HAIE souvent dit aïe

qui fait haye souvent dit haye ➔ HAIE, 3

qui fait la FAUTE la boit

qui fait la trappe qu'il n'y cheie ➔ TRAPPE

qui fait la TRAPPE qu'il n'y choit

qui fait le PÉCHÉ, attend la pénitence

qui fait les PANIERS fait les corbeilles

qui fait NOCES et maison, il met le sien en abandon

qui fait un PANIER fait bien une hotte

qui femme a nois'a ➔ FEMME, 49

qui FEMME a, noise/guerre a

qui ferme la BOUCHE ne montre pas ses dents

qui FOL envoie FOL attend

qui frappe avec le FER périra par le FER

qui fréquente le BOITEUX apprend à boiter

qui fuit la MEULE fuit la farine

qui GAGNE a toujours bien joué

qui gagne bien et bien dépend n'a métier BOURSE pour son argent

qui gagne son PROCÈS est en chemise; qui le perd est tout nu

qui garde son DÎNER, il a mieux à souper

qui hante CHIEN(S) puces remporte

qui hante CUISINE vit de fumée

qui hante la femme et le dé mourra en pauvreté ➔ FEMME, 47

qui heureux veut manger prépare avant son BONHEUR

qui JEUNE est fou, vieil en a les frissons

qui la maison de son voisin voit ardre, il doit avoir peur de la sienne ➔ MAISON, 16

qui LANGUE a, à Rome va

qui lave le CORBEAU ne le fait pas blanc

qui le BOIT aussi le solde

qui loin va SE MARIER sera trompé ou veut tromper

qui m'aime aime mon CHIEN

qui m'AIME me suive!

qui MAL cherche MAL trouve

qui MAL dit MAL lui vient

qui mal ENTEND mal répond

qui MAL fait, MAL trouvera

qui mal fait son LIT mal couche et gît

qui mange la VACHE du roi, à cent ans de là en paie les os

qui mange l'OIE du roi, cent ans après en rend les plumes

qui mange son CAPITAL prend le chemin de l'hôpital

qui mange une POMME tous les jours vit cent ans

qui manie le MIEL s'en lèche les doigts

qui marche PIEDS nus ne sème pas d'épines

qui me ayme si me suyve → AIMER, 6

qui menace son ENNEMI combattre ne veut contre lui

qui méprise sa VIE est maître de celle d'autrui

qui monte la MULE la ferre

qui n'a honte il n'aura pas honneur → HONTE, 2

qui n'a HONTE n'aura pas honneur

qui n'a pas de SIÈGE s'accote contre le mur

qui n'a point ARGENT en bourse ait miel en bouche

qui n'a point de TÊTE n'a que faire de chaperon

qui n'a point d'ENNEMIS est fort à plaindre

qui n'a qu'un FILS le fait fol, qui n'a qu'un pourceau le fait gras

qui n'a que ung oel bien le garde → OEIL, 18

qui n'a qu'un ŒIL bien le garde

qui naît de POULE aime à gratter

qui naît FOU n'en guérit jamais

qui n'amorce son HAMEÇON pêche en vain

qui naquit CHAT court après les souris

qui ne cueille des VERTES, il ne mangera des mûres

qui ne DEMANDE rien n'a rien

qui ne dit MOT consent

qui ne FAIT quand il peut ne FAIT non plus quand il veut

qui ne HASARDE rien n'a rien

qui ne NOURRIT le petit n'aura ja le grand

qui ne nourrit pas le CHAT nourrit le rat

qui ne nourrit pas le CHIEN, nourrit le voleur

qui ne pétrit bon PAIN ne mange

qui ne peut à un MOULIN aille ailleurs

qui ne peut battre le CHEVAL bat la selle

qui ne peut frapper l'ÂNE frappe le bât

qui ne peut GALOPER, qu'il trotte

qui ne peut MOISSONNER, qu'il se contente de glaner

qui ne peut passer par la PORTE sort par la fenêtre

qui ne PRIE ne prend

qui ne rapièce pas un petit TROU en rapiècera des grands

qui ne RISQUE rien n'a rien

qui ne s'aventure n'a CHEVAL ni mule

qui ne se risque jamais sera RICHE

qui ne TRAVAILLE ne mange pas

qui ne travaille pas ne manigera pas → TRAVAILLER, 2

qui ne veut SELLE, Dieu lui doint bât

qui n'écoute la RAISON doit se conduire au bâton

qui n'entend qu'UN, n'entend personne

qui n'entend qu'une CLOCHE n'entend qu'un son

qui n'épargne pas un SOU n'en aura jamais deux

qui n'EST pas pour/avec moi EST contre moi

qui n'est riche à vingt ANS, qui à trente ANS ne sait, et à quarante n'a, de sa vie riche ne sera, et jamais ni saura ni n'aura

qui ose prendre le VEAU osera prendre vache et troupeau

qui ôte son MANTEAU à Noël se coiffera à Pâques

qui paie les VIOLONS choisit la musique

qui paie ses DETTES s'enrichit

qui PARDONNE aisément invite à l'offenser

qui pardonne aux MAUVAIS nuit aux bons

qui PARLE, sème; qui écoute, recueille

qui partout SÈME en aucun lieu ne récolte

qui passe un jour d'HIVER si passe un de ses ennemis mortels

qui paye sa dette fait grande acqueste → DETTE, 6

qui perd le bien perd le sens → BIEN, 20

qui perd le sien perd le SENS

qui perd sa FEMME et quinze sous c'est dommage pour l'argent

qui perd sa MATINÉE perd les trois quarts de sa journée

qui perd tout son BIEN, perd aussi la tête

qui petit me DONNE, il veut que je vive

qui peu DONNE veut qu'on vive

qui peu ENDURE bien peu dure

qui peut le PLUS peut le moins

qui pisse contre le VENT mouille sa chemise

qui plus dépense qu'il n'a vaillant, il fait la CORDE où il se pend

qui plus VIT plus languit

qui pour NOËL prend le soleil, à Pâques brûlera son bois

qui premier engrène premier doit mouldre → PREMIER, 1

qui premier vient au MOULIN premier doit moudre

qui prend GARDE à chaque nuage ne fait jamais voyage

qui prend l'ANGUILLE par la queue et la femme par la parole peut dire qu'il ne tient rien

qui PREND se vend/s'engage

qui prend une FEMME pour sa dot à la liberté tourne le dos

qui prête à l'AMI perd au double

qui prête ne recouvre, s'il recouvre, non tout; si tout, non tel; si tel, ENNEMI mortel

qui prie le VILAIN, se fatigue en vain

qui PROUVE trop ne PROUVE rien

qui quitte la PARTIE la perd

qui RAMASSE quand il peut trouve quand il veut

qui REFUSE muse

qui reste assis SÈCHE, qui va lèche

qui reste dans son DÉSERT, si rien n'y manque, rien n'y perd

qui RIEN ne sait de RIEN ne doute

qui RIT le matin le soir pleure

qui sans l'IMPRÉVU compte maintes fois se mécompte

qui s'attend à l'ÉCUELLE d'autrui a souvent mal dîné

qui s'attend à l'écuelle d'autrui dîne bien tard → ÉCUELLE, 1

qui s'attend à l'ÉCUELLE d'autrui dîne par cœur plus d'un midi

qui se chauffe au SOLEIL à Noël, le Saint jour, devra brûler du bois quand Pâques aura son tour

qui se couche avec des/les CHIENS(, il) se lève avec des puces

qui se couche avec la SOIF se lève avec la santé

qui se fait AGNEAU, le loup le mange

qui se fait BÊTE, le loup le mange

qui se fait BREBIS, le loup le mange

qui se fait trop doux, les MOUCHES le mangent

qui se fie au VISAGE n'est pas dans le sens

qui se frotte à l'AIL ne peut sentir la giroflée

qui se garde à CARREAU n'est jamais capot

qui se LOUE s'emboue

qui se marie ou édifie sa propre BOURSE il purifie

qui se marie par AMOUR a bonnes nuits et mauvais jours

qui se marie par AMOURETTES a pour une nuit beaucoup de mauvais jours

qui se mêle du MÉTIER d'autrui, trait sa vache dans un panier

qui se remue son lieu perd → CHASSE, 4

qui SE RESSEMBLE s'assemble

qui se sent GALEUX se gratte

qui se sent le CUL merdeux, qu'il se torche

qui se sent MORVEUX, qu'il se mouche

qui se sert de la LAMPE, au moins de l'huile y met

qui se sert de l'ÉPÉE périra par l'ÉPÉE

qui se tient aux écoutes entend souvent son FAIT

qui s'éloigne de la COUR, la COUR s'éloigne de lui

qui sème bon GRAIN recueille bon pain

qui sème des ÉPINES n'aille déchaux

qui SÈME en pleurs recueille en heur

qui sème le VENT récolte la tempête

qui s'en va coucher sans SOUPER ne cesse la nuit de se démener

qui sert au COMMUN a un méchant maître

qui sert au COMMUN ne sert pas un

qui sert DIEU, il sert un bon maître

qui S'EXCUSE s'accuse

qui s'obstine à mordre un CAILLOU ne réussit qu'à se briser les dents

qui son chien veut tuer la raige li met seuze → CHIEN, 50

qui son VISAGE farde à son cul pense

qui suit les POULES apprend à gratter

qui S'y FROTTE s'y pique

qui t'a mis au MONDE, qu'il te débarbouille!

qui TARD se marie mal se marie

qui te CRAINT en ta présence te nuit en ton absence

qui te FLATTE veut te tromper

qui TEMPS a, et TEMPS attend, le TEMPS perd, et puis s'en repent

qui terme a, ne doit rien → TERME, 2

qui TERRE a guerre a

qui tient la POÊLE par la queue, il la tourne par où il lui plaît

qui tient l'anguille par la cue il ne l'a mie → ANGUILLE, 7

qui tient l'ANGUILLE par la queue, il ne l'a pas

qui tôt accorde DONNE deux fois

qui touche à la POIX s'embrouille les doigts

qui tout CONVOITE tout perd

qui tout le mange du soir, lendemain ronge son PAIN noir

qui tout met dans un POT tout a perdu en un matin

qui traite la poix s'embrouille les doigts → POIX

qui TRAVAILLE, prie

qui trop EMBRASSE mal étreint

qui trop embrasse peu estraint → EMBRASSER

qui trop étend son mantel, la penne en ront → MANTEAU, 1

qui trop regarde quel VENT vente jamais ne sème ni ne plante

qui trop s'aventure perd CHEVAL et mule

qui trop se hâte en beau CHEMIN se fourvoie

qui trop se hâte reste en CHEMIN

qui trop SE HÂTE se fourvoie

qui trop SE HÂTE s'empêche

qui une FOIS écorche, deux FOIS ne tond

qui une fois escorche ne deux, ne trois, ne tont → FOIS, 1

qui va à la CHASSE perd sa place

qui va à NOCE sans prier s'en revient sans dîner

qui va LÈCHE, qui repose sèche

qui vend le BŒUF aussi fait le prix

qui vend le POT dit le mot

qui veut apprendre à prier, qu'il aille sur la MER

qui veut avoir la FILLE doit flatter la mère

qui veut CHOISIR souvent prend le pire

qui veut DURER doit endurer

qui veut être RICHE en un an au bout de six mois est pendu

qui veut frapper un CHIEN facilement trouve un bâton

qui veut guérir ses YEUX doit s'attacher les mains → ŒIL, 19

qui veut la FIN veut les moyens

qui veut la VÉRITÉ s'abstient de questionner

qui veut noyer son CHIEN l'accuse de la rage

qui veut prendre un OISEAU, il ne faut pas l'effaroucher

qui veut tenir nette sa MAISON n'y mette femme, prêtre ni pigeon

qui veut un CHEVAL sans défaut doit aller à pied

qui veut vivre à ROME ne doit pas se quereller avec le pape

qui veut voyager loin ménage sa MONTURE

qui vient le DERNIER pleure le premier

qui vient TARD les autres il regarde

qui VIN ne boit après salade est en danger d'être malade

qui vit d'ESPOIR meurt de désir

qui vit d'ESPOIR mourra à jeun

qui vit en ESPÉRANCE danse sans tambourin

qui VIVRA verra

qui vole un ŒUF vole un bœuf

qui vole une fois est appelé VOLEUR

quiconque a l'ESTOMAC plein bien peut jeûner

quiconque est LOUP agisse en LOUP

quiconque se sert de l'ÉPÉE périra par l'ÉPÉE

qu'il VENTE ou qu'il pleuve, celui qui doit aller va

qu'importe le FLACON (pourvu qu'on ait l'ivresse)

RAGE d'amour est pire que le mal de dents
RAGE de cul passe le mal de dents
RAISON fait maison
RAT qui n'a qu'un trou est pour le matou
recevoir sans donner fait tourner l'AMITIÉ
recours à DIEU, l'ancre est rompue
RELIQUES sont bien perdues entre les pieds de
    pourceaux
RENARD qui dort la matinée n'a pas la gueule
    emplumée
RENARD qui n'a qu'un trou est bientôt pris
REPOS est demi-vie
riche HABIT fait fol honorer
riche HOMME ne sait qui ami lui est
RICHESSE donne hardiesse
rien n'aigrit comme le LAIT
rien n'annonce le beau temps comme la PLUIE
RIEN ne chatouille, qui ne pince
rien ne réussit comme le SUCCÈS
rien ne réussit si DIEU n'y donne sa bénédiction
RIEN ne se donne si libéralement que les CONSEILS
RIEN ne se perd, RIEN ne se crée
rien ne sèche plus vite que les LARMES
RIEN ne sert de courir, il faut partir à point
rien ne vieillit plus vite qu'un BIENFAIT
rien n'est plus certain que la MORT, rien n'est plus
    incertain que l'heure de la MORT
rien n'est plus CHER vendu que le prié
rien n'est sans REMÈDE
rien n'est si CHER que ce qui est donné
rira bien qui rira le DERNIER
RIRE est le propre de l'homme
ROBE d'autrui ne profite à nully
Rome ne fut pas faite en un jour ➔ ROME, 5
ROME ne s'est pas faite en un jour
ROSE ne naît pas sans piquerons
ROUGE au soir, blanc au matin, c'est la journée/(le
    souhait) du pèlerin
ruades de JUMENT sont amours pour le roussin

SAC plein dresse l'oreille
SAC vide ne tient pas debout
SACS à charbonnier, l'un gâte l'autre
SAGESSE, beauté et gentillesse ne font bouillir aucun
    chaudron
SAGESSE et grand avoir sont rarement en un manoir
SAINT ne peut si Dieu ne veut
SAISON tardive n'est pas oisive
SALADE bien lavée et salée, peu de vinaigre et bien
    huilée
SALIVE d'homme tous serpents domme
sans Cérès et Bacchus, Vénus a FROID
sans DANGER on ne vient jamais au-dessus du
    DANGER
sans DENIERS George ne chante pas
sans les FOUS et les sots les avocats porteraient
    sabots
sans PAIN, sans vin, l'amour n'est rien

sans un peu de TRAVAIL on n'a point de plaisir
SANTÉ passe richesse
SAUMON comme le sermon en Carême ont leur
    saison
saute, CRAPAUD, nous aurons de l'eau!
sauter de la POÊLE en/dans la braise/(le feu)
savonnez un ÂNE noir, vous ne le rendrez jamais blanc
SCIENCE est mère de doute
SCIENCE n'a d'ennemis que les ignorants
science n'a ennemis que les ignorans ➔ SCIENCE, 3
SCIENCE passe chevance
SCIENCE sans conscience n'est que ruine de l'âme
se jeter/(se mettre) à l'EAU de/par peur de la pluie
SECRET de deux, SECRET de Dieu; SECRET de trois,
    SECRET de tous
SEL et conseil ne se donnent qu'à celui qui les
    demande
selon la JAMBE, la chausse
selon la VILLE, les bourgeois
selon l'ARGENT, la besogne
selon le BRAS, (fais) la saignée
selon le PAIN, il faut le couteau
selon le SAINT, l'encens
selon le TEMPS, la manière
selon le VENT, la voile
selon les GENS, l'encens
selon ta BOURSE gouverne ta bouche
sept HEURES de lit pour un homme, huit pour une
    femme, neuf pour un porc
SEPTEMBRE est/(se nomme) le mai d'automne
SERPENT qui change de peau est toujours SERPENT
SERVICE d'autrui n'est pas (un) héritage
SERVICE des grands n'est pas héritage
SERVIETTE damassée devient torchon de cuisine
si à la CHANDELEUR le soleil fait lanterne, quarante
    jours après il hiverne
si à la POULE tu serres le poing, elle te serrera le cul
si bas que soit la BRAISE, la fumée en sort
si ce n'était le SI et le mais, nous serions tous riches à
    jamais
si Dieu n'existait pas, il faudrait l'inventer ➔ DIEU, 15
si ja ne chante le coq, si vient le jour ➔ COQ, 1
si JANVIER est doux comme février, février est rude
    comme JANVIER
si JANVIER ne le fait pas, mars ne le manquera pas
si JEUNESSE savait, si vieillesse pouvait
si la LOUTRE voit son ombre le jour de la
    Chandeleur, elle rentre dans son trou pour
    quarante jours
si la MER bouillait, il y aurait bien des poissons (de)
    cuits
si la MONTAGNE ne va pas à Mahomet, Mahomet va
    à la MONTAGNE
si la PILULE avait bon goût, on ne la dorerait pas
si la VACHE n'est pas tirée ordinairement, elle se tarit
si le CIEL tombait, il y aurait bien des alouettes de
    prises
si le grain ne meurt... ➔ SAFFRAN

si le premier JUILLET est pluvieux, tout le mois sera douteux

si le SOLEIL clair luit à la Chandeleur, vous croirez qu'encore un hiver vous aurez

si les CHIENS chiaient des haches, ils se fendraient le cul

si les COCHONS avaient des ailes, ça ferait des beaux serins

si les CONS volaient, tu serais chef d'escadrille

si les nues chéoit les aloès sont toutes prises → NUE

si les NUES tombaient les aloès seraient toutes prises

si l'HIVER va droit son chemin, vous l'aurez à la Saint-Martin

si l'HIVER va droit son train, on l'aura à la Saint-Martin

si l'on n'est pas brûlé par le FEU, on est noirci par la fumée

si ma GRAND-MÈRE avait eu des roues, elle aurait pu être un autobus

si ma TANTE en avait, ce serait mon oncle

si MARS commence en courroux, il finira tout doux

si n'étaient messieurs les CLERCS, nous vivrions comme bêtes

si on lui en donne un DOIGT, il en prendra long comme le bras

si on lui en donne un POUCE, il en prendra long comme le bras

si on savait les TROUS, on prendrait les loups

si on savait où le LOUP passe, on irait l'attendre au trou

si PARIS était de beurre, il fondrait au soleil

si PARIS était plus petit, on le mettrait dans un baril

si pour avoir la BARBE blanche on était réputé sage, les chèvres le devraient être

si SOUHAITS fussent vrais, pastoureaux seraient rois

si TAUPE voyait, si sourd entendait, homme sur terre ne vivrait

si tous les FOUS portaient un bonnet blanc, nous ressemblerions à un troupeau d'oies

si tu aimes le MIEL, ne crains pas les abeilles

si tu arrives au PAYS des culs-de-jatte, traîne-toi par terre

si tu écoutes derrière le MUR, tu entendras ton tort et ton droit

si tu fais quelque CHOSE, fais-le

si tu manges ton PAIN blanc en premier, tu manges ton PAIN noir plus tard

si tu te trouves sans CHAPON, contente-toi de pain et oignon!

si tu veux la PAIX, prépare la guerre

si tu veux la PAIX, tiens-toi prêt à la guerre

si tu vois la BARBE de ton voisin brûler, tu peux mettre la tienne à tremper

si tu vois l'herbe en JANVIER, serre ton grain dans le grenier

si tu voles un PAIN, tu es un voleur, si tu en voles plusieurs, tu es un roi

si un AVEUGLE en conduit un autre, ils tomberont tous les deux

si un VOLEUR vole l'autre, le diable s'en rit

si vos OREILLES vous sifflent, on parle de vous

si vous donnez de l'AVOINE à un âne, il vous paiera avec des pets

si vous faites le MOUTON, on vous tondra

si vous lui donnez un PIED, il vous en prendra quatre

si vous n'avez pas d'autre SIFFLET, votre chien est perdu

si vous ne pouvez pas mordre, ne montrez pas les DENTS

si vous voulez savoir le prix de l'ARGENT, essayez d'en emprunter

s'il fait beau, prends ton MANTEAU, s'il pleut, prends-le si tu le veux

s'il fait du VENT la veille de la Madeleine, les figues tombent

s'il faut baiser le CUL du chien, tant vaut aujourd'hui que demain

s'il ne tient qu'à jurer, la VACHE est à nous

s'il n'y avait point de RECELEUR, il n'y aurait de voleur

s'il pleut le jour du MARIAGE, les écus rentreront dans le ménage

s'il y avait seulement des SCIES, il n'y aurait plus de poteaux

six pieds de TERRE suffisent au plus grand homme

SOLEIL qui luisarne au matin, femme qui parle latin, et enfant nourri de vin ne viennent jamais à bonne fin

son NID fini, morte est la pie

SOURIS qui n'a qu'un trou est bientôt prise

sous la CRASSE, la beauté s'y cache

sous les HAILLONS sont les louis d'or

souvent à mauvais CHIEN tombe un bon os en gueule

souvent celui qui travaille mange la PAILLE, celui qui ne fait rien mange le foin

souvent FEMME varie(,) bien fol (est) qui s'y fie

souvent la plus belle POMME est véreuse

souvent on a coutume de baiser la MAIN qu'on voudrait qui fût brûlée

souvent sous un beau GANT se cache une laide main

souvent TOMBE qui trop galope

soyez FOU avec les FOUS

SUFFISANCE fait richesse et convoitise fait pauvresse

suivant l'OISEAU, le nid; suivant l'homme, le logis

SUPPORTE et abstiens-toi

sur la PEAU d'une brebis, on écrit ce que l'on veut

sur l'APPARENCE est bien fou qui se fonde

sur le CHEMIN de l'amitié ne laissez pas croître l'herbe

sur les DÉFAUTS d'autrui, l'homme a des yeux perçants

ta CHEMISE ne sache ta guise

TAMBOUR de loin n'a pas de son

TAMBOUR payé d'avance ne fait pas beaucoup de bruit

tandis que le LOUP chie, la brebis s'enfuit

tant a HOMME, tant est prisé

tant chauffe-t-on le FER qu'il rougit

tant crie-t-on Noël qu'il vient ➜ NOËL, 5

tant de GENS, tant de guises

tant gratte CHÈVRE que mal gît

tant que je RESPIRE, j'espère

tant que tu seras heureux, tu compteras beaucoup d'AMIS(; si le ciel se couvre de nuages, tu seras seul)

tant qu'il y a de la VIE, il y a de l'espoir

tant TONNE qu'il pleut

tant va la CRUCHE à l'eau qu'à la fin elle se brise/ casse

tant va la cruche à l'eau qu'enfin elle se brise ➜ CRUCHE

tant va le POT à l'eau/(au puits) qu'il (se) brise

tant VAUT la chose comme elle peut être vendue

tant VAUT la chose comme on en peut avoir

tant vaut l'HOMME comme on le prise

tard MÉDECINE est apprêtée à maladie enracinée

tarde qui tarde en AVRIL aura Pâques

tel a du PAIN quand il n'a plus de dents

tel ARBRE, tel fruit

tel chante le vieux COQ, tel le jeune chantera

tel chante qui n'a JOIE

tel CHANTE qui ne rit pas

tel CHAPELAIN, tel sacristain

tel CHIEN, tel lien

tel COMMENCEMENT, telle fin

tel croit guiller Guillot que Guillot le guille ➜ GUILLAUME

tel croit tromper GUILLAUME que GUILLAUME le trompe

tel donne les VERGES dont il sera battu

tel entre PAPE au conclave qui en sort cardinal

tel EST PRIS qui croyait PRENDRE

tel JUGE, tel jugement

tel LOUP, tel chien

tel MAÎTRE, tel valet

tel menace qui a grand-peur ➜ MENACER

tel MENACE qui craint/tremble

tel montre la DENT qui de mordre n'a talent

tel OISEAU, tel nid

tel pense fuir la LOUVE qui rencontre le LOUP

tel PÈRE, tel fils

tel qui RIT vendredi dimanche pleurera

tel RAT, tel chat

tel refuse qui après muse ➜ REFUSER

tel RIT au matin qui pleure au soir

tel RIT qui mord

tel ROI, telle loi

tel SAINT, tel miracle

tel SEIGNEUR, telle maison

tel SÈME qui ne reccueille pas

tel SON, tel écho

tel TRAVAIL, tel salaire ➜ TRAVAIL, 1

tel VAISSEAU, tel vin

telle BÊTE, telle tête

telle DEMANDE, telle réponse

telle qui a le ROSAIRE en main porte le diable dans sa jupe

telle RACINE, telle feuille

telle TERRE, telle cruche

TÉMOIN qui a vu est meilleur que celui qui a ouï

TÉMOINS passent lettres

TEMPS rouge le soir, laisse bon espoir; TEMPS rouge le matin, pluie en chemin

TEMPS vient et TEMPS passe, fol est qui se compasse

tenez chaud les PIEDS et la tête, au demeurant vivez en bête

TÊTE de fou ne blanchit pas

tex est compères n'est amis ➜ COMPÈRE

tierce fois, c'est droit ➜ DEUX, 2

tirer les CHÂTAIGNES du feu avec la patte du lévrier

tirer les marrons de la patte du chat ➜ MARRON

tirer les MARRONS du feu avec la patte du chat

toille, femme layde ny belle, prendre ne doibt à la chandelle ➜ FEMME, 28

tomber de CHARYBDE en Scylla

tomber de FIÈVRE en chaud mal

tomber de la POÊLE en/dans la braise/(le feu) ➜ POÊLE, 4

tôt GAGNÉ tôt gaspillé

tôt pique ce qui sera ÉPINE

tôt sait le LOUP ce que mauvaise bête pense

toujours crie la plus mauvaise roue du char ➜ ROUE, 2

toujours fume le mauvais TISON

toujours la MISÈRE tombe aux pauvres

toujours laisse aux COUILLES une amorce qui son cul sale de papier torche

toujours le VIN sent son terroir

toujours ne dure ORAGE ni guerre

toujours ne sont DIABLES à l'huis

toujours PÊCHE qui en prend un

toujours sent la POMME le pommier

toujours sent le MORTIER les aulx

toujours VA qui danse

tous les ÂNES ne portent pas sac

tous les CHEMINS mènent à Rome

tous les CRABES connaissent leur trou

tous les GOÛTS sont dans la nature

tous les JOURS de chasse ne sont pas des JOURS de prise

tous les JOURS ne sont pas noces

tous les POISSONS mangent les gens, c'est le requin seul qu'on blâme

tous les SOULIERS ne sont pas taillés sur le même patron

tous ne sont pas SAINTS qui vont à l'église

tous nos CHEVEUX sont comptés

tous pour UN, UN pour tous

tous SONGES sont mensonges

tout ÂNE qui tombe et qui se relève n'est pas une rosse

tout arrive/vient à POINT à qui sait attendre

tout BEAU(,) tout nouveau
tout BOIS n'est pas bon à faire flèche
tout ce qui BRANLE ne tombe pas
tout ce qui brille/reluit n'est pas/point OR
tout ce qui est en PÉRIL n'est pas perdu
tout ce qui est VIOLENT n'est pas durable
tout ce qu'on AIME paraît beau
tout CHIEN est fort à la porte de son maître
TOUT est bien qui finit bien
tout est bon dans le COCHON
tout est pour le mieux dans le meilleur des MONDES
(possibles)
tout état est VIANDE à vers
tout fait VENTRE
tout fait VENTRE pourvu que ça y entre
tout finit par des CHANSONS
tout FLATTEUR vit aux dépens de celui qui l'écoute
tout ira bien, fors MARIAGE de vieille
tout LASSE, tout casse, tout passe
tout le monde sait être SAGE après coup
tout le reste est peu sain quand la TÊTE est malsaine
tout MÉTIER fait vivre son maître
tout NOUVEAU, tout beau
tout OUVRIER aime mieux son ouvrage qu'il n'en est
aimé
tout paraît jaune à qui a la JAUNISSE
tout PASSE, tout casse, tout lasse
tout se fait pour COMPAGNON et compère
tout TRAVAIL mérite salaire
tout vient à poinct qui peult attendre → POINT, 4
tout vient à TEMPS pour qui peut attendre
toute BOISSON enivre: c'est le rhum qui a bon dos
toute bonne CHOSE a une fin
toute CHOSE a son temps
toute COMPARAISON est odieuse
toute DEMANDE ne mérite réponse
toute DISCUSSION porte profit
toute JOIE fault en tristesse
toute la PLUIE n'enlève pas la force d'un piment
toute la SAGESSE n'est pas enfermée dans une seule
tête
toute MÉDAILLE a son revers
toute NATION a le gouvernement qu'elle mérite
toute PEINE est digne de loyer
toute PEINE mérite salaire
toute VÉRITÉ n'est pas bonne à dire
toute VILLE qui parlemente est à moitié rendue
toutes CHOSES ont leur saison
toutes les bonnes choses sont au nombre de TROIS
toutes les choses obéissent à l'ARGENT
toutes les fois qu'il tonne, la FOUDRE ne tombe pas
toutes les fois qu'il tonne, le TONNERRE ne tombe
pas
toutes peines méritent salaire → PEINE, 7
toutes vérités ne sont pas bonnes à dire → VÉRITÉ, 12
toutes vous autres FEMMES êtes ou fûtes, d'effet ou
de volonté, putes
TRAHISON plaît, traître déplait

tranquille DORT qui n'a que perdre
TRAVAIL bien reparti ne tue pas
TRAVAILLEZ, chacun en sa vocation
trébucher deux fois sur la même PIERRE est honteux
trente-six MÉTIERS, trente-six misères
trois CHOSES chassent l'homme de sa maison: la
fumée, la pluie et une femme querelleuse
trois DÉMÉNAGEMENTS valent un incendie
trois FEMMES font un marché
trois JOURS ne sont pas noces
trop achatte le miel qui sur espine le lesche → MIEL, 8
trop achète le MIEL qui sur épine le lèche
trop boire noie la MÉMOIRE
trop de CUISINIERS gâtent le potage/(la soupe)
trop de PRÉCAUTION nuit
trop de PROFIT crève la poche
trop GRATTER cuit, trop parler nuit
trop PARLER nuit plus que trop faire
trop PARLER nuit, trop gratter cuit
trop tard vient la GLOIRE qui fleurit sur la tombe
trop tendue, la CORDE casse
trop tirer rompt la CORDE
TROP tranchant ne coupe pas, TROP pointu ne perce
pas
tu as bu le bon, bois la LIE

un AMOUR en amène un autre
un ÂNE affamé ne se soucie pas des coups
un ÂNE appelle l'autre rogneux
un ÂNE chargé ne laisse pas de braire
un ÂNE gratte l'autre
un ÂNE ne trébuche pas deux fois sur la même pierre
un ÂNE n'entend rien en musique
un ARBRE qui t'abrite, salue-le, il le mérite
un AVEUGLE mène l'autre dans la fosse
un BARBIER rase l'autre
un BIENFAIT n'est jamais perdu
un bon AMI vaut mieux que cent parents
un bon ARBRE ne peut porter de mauvais fruit
un bon AVIS vaut un œil dans la main
un bon BÂILLEUR en fait bâiller deux
un bon CLERC comprend à demi-mot
un bon MARIAGE se dressait d'une femme aveugle
avec un mari sourd
un bon OUVRIER met indifféremment toutes pièces
en œuvre
un bon OUVRIER n'est jamais trop chèrement payé
un bon OUVRIER se sert de toute sorte d'outil
un bon RENARD ne mange jamais les poules de son
voisin
un bon VOISIN vaut mieux qu'un parent
un BONHEUR ne vient jamais sans l'autre
un BROCHET fait plus qu'une lettre de
recommandation
un CHEVEU de qui l'on aime tire mieux que quatre
bœufs
un CHIEN en vie vaut mieux qu'un lion mort →
CHIEN, 58

une FOIS n'est pas coutume
une HIRONDELLE ne fait pas le printemps
une MAIN de fer dans/sous un gant de velours ➜
    MAIN, 8
une MAIN lave l'autre
une mauvaise LOUANGE vaut un grand blâme
une MYRTILLE parmi les orties est une MYRTILLE
une once de VANITÉ gâte un quintal de mérite
une OREILLE coupée a toujours son conduit
une panse li asne et autre li asnier ➜ ÂNE, 4
une PASSION chasse l'autre
une petite MOUCHE fait péter un bel âne
une PLACE pour chaque chose et chaque chose à sa
    PLACE
une POMME chaque matin ôte un écu au médecin
une POMME gâtée en gâte cent
une PORTE mal graissée chante
une POULE aveugle peut quelquefois trouver son
    grain
une POULE qui chante comme le coq n'est bonne
    qu'à tuer
une SERVANTE de pays lointain a bruit de damoiselle
une TÊTE oisive est l'atelier du diable
une TRUIE songe toujours bran
une VACHE ne sait ce que vaut sa queue, jusqu'à ce
    qu'elle la perd
une VACHE prend bien un lièvre
ung loup ne mange point l'autre ➜ LOUP, 10

VACHE de loin a assez de lait
VACHE qui vient de loin a gros pis
VAISSEAU mauvais fait vin punais
VANITÉ des VANITÉS et tout n'est que VANITÉ
veau mal cuit et poulles crues font les cimetières bossus ➜
    VEAU, 4
VEAUX, poulets et poissons crus font les cimetières
    bossus
VENT au visage rend l'homme sage
VENT chaud a la queue blanche
VENT de mars et pluies d'avril font fleurir les fleurs
    de mai
VENT du nord, pas de brouillard, chemins secs
VENT du sud: pluie sur la tête
VENT du sud-est, tempête; VENT du sud-ouest,
    orage
VENTRE affamé n'a point d'oreilles
VENTRE affamé prend tout en gré
VENTRE de son et robe de velours
Venus se morfond sans la compaignie de Ceres et Bacchus ➜
    FROID, 3
VÉRITÉ au-deçà des Pyrénées, erreur au-delà
VÉRITÉ engendre haine
verte BÛCHE fait chaud feu
veux-tu des ŒUFS, souffre le caquetage des poules

VIANDE d'ami est bientôt prête
VIANDE et boisson, perdition de maison
vides CHAMBRES font dames folles
vieil ARBRE d'un coup ne s'arrache
vieil CHIEN est mal à mettre en lien
vieil OISEAU ne se prend à rets
VIEILLARD de soi ayant cure cent ans vit, s'il dure
vieille CHARRETTE crie à chaque tour
vieille PEL ne peut tenir couture ➜ PEAU, 8
vieille POULE fait bon bouillon
VIEILLE qui danse fait lever force poussière
vieille VIANDE fait bonne soupe
vieilles AMOURS et vieux tisons s'allument en toutes
    saisons
vient JOUR, vient conseil
vieux AMIS et comptes nouveaux
vieux BŒUF fait la raie droite
vieux BŒUF fait sillon droit
vieux MÉDECIN et jeune barbier sont à louer et à
    apprécier
vieux ROUSSIN demande jeune pouliche
VIGNE double si elle est close
VILAIN enrichi ne connaît parent ni ami
vilain OISEAU que celui qui salit son nid
VILLE qui parlemente est à moitié rendue
VILLES et filles qui parlementent sont à moitié
    rendues
VIN à la saveur et pain à la couleur
VIN délicat, friand et bon n'a métier lierre ni brandon
VIN du milieu, huile de dessus et miel de dessous
VIN loyal n'a pas besoin de lierre
VIN sur lait bien fait, lait sur VIN venin
VIN sur lait c'est santé/souhait, lait sur VIN c'est
    venin
VIN trouble, pain chaud et bois vert encheminent
    l'homme au désert
VIN versé, il faut le boire
VIN versé n'est pas avalé
VIOLENCE engendre VIOLENCE
VITE et bien ne s'accordent pas
VITE et bien ne vont jamais ensemble
voilà où gît le LIÈVRE
voir une PAILLE dans l'œil de son prochain et ne pas
    voir une poutre dans le sien
voler un VOLEUR n'est pas voler
VOLONTÉ de roi fait loi
VOULOIR, c'est pouvoir
vous ne pouvez pas empêcher un CHIEN de chier sur
    une église
VOYAGES de maîtres, noces de valets
vu une FOIS, cru cent FOIS

ZAMORA ne fut pas prise en un jour

Índice dos provérbios portugueses

a burrice é universal → SOT, 2

a burro velho, albarda nova → MULE, 1

a burro velho, capim novo/verde → CHAT, 24 •
ROUSSIN

a cabra da (minha) vizinha mais leite dá que a minha
→ CHEVAL, 20 • VACHE, 12

a cabra da vizinha dá mais leite do que a minha →
CHEVAL, 20 • VACHE, 12

a cabra de minha vizinha é mais gorda que a minha →
CHEVAL, 20 • VACHE, 12

a cada bacorinho vem o seu São Martinho → PORC

a cada dia basta seu cuidado → JOUR, 1

a cada dia dá Deus a dor e a alegria → JOUR, 1

a cada dia, sua pena e sua esperança → JOUR, 1

a cada parvo/porco agrada sua pousada → OISEAU, 1

a cada qual as devidas honras → SEIGNEUR, 2

a cada santo a sua lâmpada → CHACUN, 5 • SAINT, 1

a cada santo o seu candelabro → CHACUN, 5 •
SAINT, 1

a cada um contenta seu rosto a sua arte e cheira bem
o seu suor → MERDE, 1

a cada um o que lhe é devido → CHACUN, 5

a caixa menos cheia é a que mais chocalha →
TONNEAU

a candeia a si queima e a outros "alumeia" →
CHANDELLE, 4

a candeia que vai na frente é a que (mais) "alumeia"
→ CHANDELLE, 6

a cão fraco acodem as moscas → CHEVAL, 6

a cão mordido todos chicoteiam → CHEVAL, 24

a cão mordido, todos o mordem → CHEVAL, 24

a cão raivoso todos atiram pedras → CHIEN, 3

a carapuça é para quem a enfia/põe → BONNET

a carga bem se leva, a sobrecarga causa a queda →
ÂNE, 9

a carga leve ao longe pesa → FARDEAU, 1

a caridade bem entendida começa por nós → CHARITÉ

a caridade bem ordenada começa em casa → CHARITÉ

a caridade bem ordenada por nós é começada →
CHARITÉ

a caridade começa por casa → CHARITÉ

a carne de lobo, dente de cão/leão → CHAIR, 1 •
CHAT, 1

a carne é fraca (enquanto ela é forte) → CHAIR, 7

a carro entornado todos dão de mão → LOUP, 14

a cavalo comedor, cabresto curto → CHEVAL, 5

a cavalo dado não se abre a boca → CHEVAL, 3

a cavalo dado não se olha a boca/muda → CHEVAL, 3

a cavalo dado não se olha o dente → CHEVAL, 3

a cavalo magro não lhe falta mosca → CHEVAL, 6

a cavalo novo, cavaleiro velho → CHEVAL, 4

a cavalo que é dado não se abre a boca → CHEVAL, 3

a cavalo roedor, cabresto curto → CHEVAL, 5 •
CHIEN, 6

a cem avisa/fustiga quem um castiga → CORRIGER

a certeza da vida é a morte → MONDE, 2

a César o que é de César → CÉSAR • SEIGNEUR, 2

a chaga do amor quem a faz a sara → BLESSURE

a chave na cinta faz a mim boa e à minha vizinha →
VOISIN, 1

a ciência é loucura se o bom senso/siso não a cura →
SCIENCE, 1

a cobiça rompe o saco → AVARICE, 2 • CONVOITISE

a cobra maior engole a menor → LARRON, 6 •
POISSON, 4

a coelho ido, conselho vindo → SAGE, 7

a coisa mais fácil de fazer é aconselhar e repreender →
CONSEIL, 8

a colher é que sabe a quentura da panela → BÂT •
SOULIER, 2

a consciência é o melhor travesseiro → CONSCIENCE

a conta dos mortos quem faz são os vivos → ²MORT, 6

a continuação do cachimbo faz a boca torta →
USAGE, 1

a coragem cresce com a ocasião → BESOIN, 1 •
NÉCESSITÉ, 5

a coragem é meia batalha ganha → VILAIN, 4

a corda da mentira é muito curta → MENSONGE, 3

a corda muito puxada arrebenta → ARC, 1

a corda quebra/rebenta sempre pelo lado mais fraco →
FIL, 1

a covardia é mãe da crueldade → COUARDISE

a cruz na boca e o diabo no coração → ANGE, 1 •
BOUCHE, 1 • CHÈRE, 2 • ÉGLISE, 2 • HABIT, 1

a cruz nos peitos e o diabo nos feitos → BOUCHE, 1 •
CHÈRE, 2 • ÉGLISE, 2 • HABIT, 1

a culpa que se confessa com lágrimas de
arrependimento começa a ser virtude → PÉCHÉ, 4

a desconfiança é a sentinela da segurança →
MÉFIANCE

a desconfiança é mãe da discrição e da prudência →
MÉFIANCE

a desculpa do aleijado é a muleta → OUVRIER, 2

a desgraça de uns é o bem de outros → MALHEUR, 6

a desgraça entra às braçadas e sai às polegadas →
MALHEUR, 10

a desgraça para ser boa precisa ser bem desgraçada →
MALHEUR, 12

a desgraça vem às braçadas e vai às polegadas →
MALHEUR, 10

a Deus nada é impossível → DIEU, 1

a doença vem a cavalo e vai a pé → GUÉRISON •
MALADIE

a doença vem às carradas e sai às gotas → MALADIE

a dois ruins e a dois tições, nunca bem os compões →
CHIEN, 13

a dor ensina a gemer/parir → BESOIN, 1 • NÉCESSITÉ, 3

a dúvida é a sala de espera do conhecimento →
DOUTE, 2

a dúvida é mãe do saber → DOUTE, 2

a economia é a base da prosperidade/riqueza →
ÉPARGNE, 2 • RÈGLE, 3 • SOU, 5

a economia é grande rendimento → ÉPARGNE, 2 •
RÈGLE, 3

a homem farto, as cerejas (lhe) amargam → PIGEON, 2
• VENTRE, 1
à honra dos santos se beijam as pedras → VACHE, 4
a honra é como o vidro: quebrando não solda mais →
PLAIE, 1
a honra muda os costumes → HONNEUR, 2
a honra sustenta as artes → HONNEUR, 4
a hora é incerta mas a morte é certa → MONDE, 2,
¹MORT, 8
a idade do homem está na mente e no coração →
ÂGE, 5
a idade e o tempo arrefecem as paixões →
GENDARME, 2
a ignorância da lei não escusa ninguém → LOI, 5
a ignorância é a mãe de todos os vícios → IGNORANCE
a ingratidão é a sombra do benefício → BIEN, 9
a intenção é que faz a ação → FAÇON • INTENTION, 3
a isca é que engana e não o pescador que tem a cana
→ AMORCE
a justiça a todos guarda, mas ninguém a quer em casa
→ JUSTICE, 4
a juventude deve seguir seu curso → JEUNESSE, 3, 8
a juventude é extravagante: salta por cima do riacho
quando há uma ponte ao lado → JEUNESSE, 3
a lã não pesa à ovelha e a barba não pesa ao bode →
MAL, 3
a lavrador descuidado, os ratos lhe comem o semeado
→ LABOUREUR
a lavrador preguiçoso levam os ratos o precioso →
LABOUREUR
a lei é dura mas é (a) lei → LOI, 1
a lei protege os fortes/grandes → LOI, 3
a letra mata e o espírito vivifica → LETTRE
a liberdade vale ouro → OISEAU, 7
a lima lima a lima → COUTEAU, 3
a língua bate onde dói o dente → LANGUE, 7
a língua das mulheres é a sua espada → LANGUE, 4
a língua do maldizente e o ouvido do que ouve são
irmãos → ÉCOUTANT
a língua fala à custa da cabeça - → CRABE, 1 •
GRATTER
a língua não é de aço mas corta → LANGUE, 5
a língua não mente o que o coração sente →
ABONDANCE, 5
a língua não tem osso mas quebra osso → LANGUE, 6
a língua vai onde o dente dói → LANGUE, 7
a língua volta-se sempre para o dente que dói →
LANGUE, 7
a lua é calma e tem vulcões no seio → PATIENCE, 4
a lua não fica cheia em um dia → TEMPS, 6
a luta contra a desgraça é inútil → MALHEUR, 10
à luz da candeia, não há mulher feia → CHANDELLE, 1
a luz que vai adiante é que alumia → CHANDELLE, 6
a má chaga sara e a má fama cresce sempre → BRUIT, 4
a má palavra corre ao longe → PAROLE, 11
a maçã jamais cai longe da macieira → POMME, 2
a maçã podre estraga a companheira → POMME, 9

a macaco velho não se ensina a fazer caretas →
POISSON, 2 • SINGE, 2
a maior jornada começa por um passo → PAS, 2
a maior jornada é o sair de casa → PAS, 2
a maior pressa é o maior vagar → HÂTE, 2
a maior vingança é o desprezo → DARD • DETTE, 3 •
INJURE, 1 • RÉPLIQUE
a mal desesperado, remédio heróico → MAL, 5
a maluco, maluco e meio → MALIN
a mancebo mau, com mão e com pau → MONSTRE
a mau amo, mau criado → RAT, 1
a mau amo, mau moço → RAT, 1
a mau bácoro, boa lande → CHEVAL, 22 • CHIEN, 52
a mau capelão, mau sacristão → RAT, 1
a mau fodedor até os colhões/pentelhos atrapalham →
OUVRIER, 2
a melhor entidade da terra é uma boa mulher e a pior
a que é má → MALHEUR, 8
a melhor espiga é para o pior porco → CHEVAL, 22 •
CHIEN, 26, 52
a melhor mostarda é a fome → SAUCE, 1
a melhor sombra é a do pavilhão → OMBRE, 1
a mente ociosa é o jardim do diabo → TÊTE, 15
a mentira tem pernas curtas → MENSONGE, 3 •
MENTEUR, 3
a mentiroso, boa memória → MENTEUR, 2
a merda é a mesma, as moscas é que mudam → BAL, 1
• CHOSE, 12
a merda é que muda, as moscas são sempre as
mesmas → BAL, 1 • CHOSE, 12
a metade do mundo não sabe como a outra metade
vive → MOITIÉ, 3
a metade é mais do que o todo → MOITIÉ, 4
à míngua de pão, broas tortas → CHAPON, 1
a minha terra é onde me vai bem → PAYS, 4
a mocidade é defeito que se corrige dia a dia →
JEUNESSE, 8
a montanha pariu um rato → MONTAGNE, 3
a morte, até matar, mata → MOURIR, 2
a morte cresce em nós como uma flor → MOURIR, 2
a morte de cada um já está em edital → MOURIR, 2
a morte é a coroa de todos na terra → VIANDE, 4
à morte e à sorte ninguém foge → VIANDE, 4
a morte leva os bons e deixa os ruins → MEILLEUR
a morte liquida todas as contas → ¹MORT, 5
a morte não escolhe idade(s) → ¹MORT, 3 • VEAU, 1
a morte não escolhe nem reis nem pobres → ¹MORT, 9
a morte não escolhe novo nem velho → VEAU, 1
à morte não há casa forte → ¹MORT, 2
a morte não poupa (nem) o fraco nem o forte →
¹MORT, 9
à morte, o remédio é abrir-lhe a boca/cova → ¹MORT, 2
a morte tudo cura → ¹MORT, 6
a mortos e a idos não há amigos → HOMME, 38,
²MORT, 7
a mosca nunca pousa senão na fraqueza → CHEVAL, 6
a mouro morto, grande lançada → LOUP, 14

a passo e passo, anda-se por dia um bom pedaço ➔ PAS, 3

a passo e passo, caminha-se muito ➔ PAS, 3

a pedra é dura, a gota de água miúda, mas caindo sempre faz cavadura ➔ GOUTTE, 5

a peixe fresco gasta-o cedo e à tua filha crescida dá-lhe marido ➔ TROUPEAU

a pequeno passarinho, pequeno ninho ➔ MERCIER, 1 • OISEAU, 2

a pêra, quando madura, há de cair ➔ POIRE, 3

a perder se ganha e a ganhar se perde ➔ MARCHAND, 3

a pergunta astuta, resposta aguda ➔ DEMANDE, 2

a pergunta disparatada não se dá resposta ➔ DEMANDE, 1

a pergunta insolente, resposta valente ➔ DEMANDE, 2

a pergunta tola não dês resposta ➔ DEMANDE, 1

a perseverança tudo alcança ➔ CHERCHER, 1 • ENDUREUR • POINT, 4

a pessoa vale quanto se faz valer ➔ HOMME, 3 • PRIX, 1

a pia é a mesma, os porcos é que mudam ➔ BAL, 1

a pior cunha é a do mesmo pau ➔ COUTURE • ENNEMI, 3

a pior roda é a que mais chia ➔ BREBIS, 4 • ROUE, 2

a pobreza é a mãe dos crimes ➔ PAUVRETÉ, 2

a pobreza é inimiga da virtude ➔ PAUVRETÉ, 2

a pobreza é um fardo, a velhice um hóspede inoportuno ➔ PAUVRETÉ, 5

a pontualidade é a cortesia/delicadeza dos reis ➔ EXACTITUDE

a porco gordo unta-se-lhe o rabo ➔ RICHE, 4

à porta do farol faz escuro ➔ AFFAIRE, 1

a portas arrombadas, varões de ferro ➔ ÉCURIE, 1

a pouco e pouco é que fia a velha o copo ➔ ÉCONOMIE • MAILLE, 2 • OISEAU, 14

a prática ensina mais que os livros ➔ APPRENTI • FORGERON

a prática faz o mestre/monge ➔ AFFAIRE, 5 • APPRENTI • FORGERON • USAGE, 2

a precaução vale mais que a cura ➔ PRÉCAUTION, 1

a preguiça caminha tão devagar que a pobreza em pouco a alcança ➔ PAUVRETÉ, 4

a preguiça começa nas teias de aranha e acaba nas grades da cadeia ➔ OISIVETÉ, 2

a preguiça é a chave da pobreza ➔ PARESSEUX, 2 • PAUVRETÉ, 4

a preguiça é a mãe da indigência ➔ PAUVRETÉ, 4

a preguiça é a mãe de todos os vícios ➔ OISIVETÉ, 2

a preguiça morreu à sede, andando a nadar ➔ PAUVRETÉ, 4

a preso e cativo não há amigo ➔ MALHEUREUX, 3

a pressa anda acompanhada ➔ HÂTE, 1

a pressa é inimiga da perfeição ➔ CHEMIN, 5 • HÂTE, 2 • HÂTER (SE), 2 • RIEN, 6

a pressa é mãe da imperfeição ➔ CHEMIN, 5 • HÂTE, 2 • HÂTER (SE), 2 • RIEN, 6

a primeira machadada não derriba o pau ➔ ARBRE, 8

a propaganda é a alma do negócio ➔ DIABLE, 15 • DIEU, 24

a própria morada a mesquinho desagrada ➔ OISEAU, 21

a própria morada a ninguém desagrada ➔ CHEZ-SOI, 2 • OISEAU, 1

a propriedade é o roubo ➔ PROPRIÉTÉ

a prova da teoria está na prática ➔ EXPÉRIENCE, 2

a Providência Divina aos bichinhos sustenta ➔ OISEAU, 5

a qualidade pesa mais que a quantidade ➔ FARDEAU, 3

a Quaresma é muito pequena para quem tem de pagar na Páscoa ➔ DETTE, 2

a quem a fortuna deseja destruir, ela o torna louco ➔ FORTUNE, 7

a quem a fortuna pintou negro, nenhum tempo o pode fazer alvo ➔ CORBEAU, 5 • TÊTE, 1

a quem dá esmola não míngua a bolsa ➔ AUMÔNE

a quem Deus ajuda, o vento lhe junta a lenha/palha ➔ FORTUNE, 1

a quem Deus não dá filhos o diabo dá cadilhos/sobrinhos ➔ DIEU, 4

a quem Deus quer ajudar, o vento lhe apanha a lenha ➔ FORTUNE, 1

a quem Deus quer bem, o vento lhe apanha a lenha ➔ FORTUNE, 1

a quem Deus quer dar fortuna tira-lhe a mulher ➔ DIEU, 2

a quem Deus quis bem, ao rosto lhe vem ➔ FORTUNE, 1

a quem disseste o teu segredo fizeste senhor de ti ➔ ESCLAVE, 2

a quem dizes o teu segredo, a ele ficarás sujeito ➔ ESCLAVE, 2

a quem dizes tua puridade, dás-lhe tua liberdade ➔ ESCLAVE, 2

a quem dói a cabeça, dói todo o corpo ➔ TÊTE, 2

a quem dói o dente, dói a dentuça ➔ TÊTE, 2

a quem é rico não faltam parentes ➔ HOMME, 32 • RICHE, 1

a quem entra no moinho apega-se-lhe a farinha à roupa ➔ MOULIN, 6

a quem madruga Deus ajuda ➔ AURORE

a quem muito se abaixa, o rabo lhe aparece ➔ BÊTE, 5 • BREBIS, 14

a quem nada deseja nada (lhe) falta ➔ CONTENTEMENT • RICHE, 2

a quem nada tem, Deus o mantém ➔ DIEU, 29 • MAISON, 6

a quem nasce torto, nenhum enfeite adorna ➔ BUSE

a quem nasceu para ser pobre o ouro se torna em cobre ➔ GENS, 2 • GUEUX, 1

a quem o demo tomou uma vez sempre lhe fica um jeitinho ➔ PANIER, 2

a quem o diabo tomou uma vez sempre lhe fica o jeito ➔ PANIER, 2

a verdade está no vinho → VÉRITÉ, 5
a verdade jaz no fundo do poço → VÉRITÉ, 4
a verdade sai da boca das crianças → VÉRITÉ, 8
a verdade sempre vem à tona → LARD, 1 • VÉRITÉ, 3
a vida é cheia de altos e baixos → HEUR, 2
a vida é o caminho da morte → MOURIR, 2
a vida é uma eterna luta → VIE, 5
a vida melhor do mundo é a dos outros → MOISSON, 2
a vida não é só prazer → HEUR, 2
a vida passada faz a velhice pesada → VIEILLESSE, 2
a vingança é doce → VENGEANCE, 2
a vingança é o prazer dos deuses → VENGEANCE, 2
a vingança é (um) prato que se come frio →
    VENGEANCE, 3
a vingança se come fria → VENGEANCE, 3
a viola quer-se na mão do tocador → JOUEUR
a virtude é feliz na sua desgraça, o vício infeliz na sua
    ventura → VERTU, 4
a voz do povo é a voz de Deus → VOIX
abalaram-se os montes e pariram um ratinho →
    MONTAGNE, 3
abre um olho para vender e dois para comprar →
    ŒIL, 21
abril, águas mil, coadas por um mandil → AVRIL, 6
abril, águas mil, e em maio três ou quatro → AVRIL, 6
abril, águas mil, ou coadas por um funil → AVRIL, 6
abril chove para os homens e maio para as bestas →
    AVRIL, 3
abril chuvoso, maio ventoso anunciam ano fecundo e
    gracioso → AVRIL, 2
abril e maio são as chaves do ano (todo) → AVRIL, 2
abstém-te e sofre → SUPPORTER
abunda a malícia onde falta polícia → POLICE
abundância gera fastio → ABONDANCE, 3
acaba-se a amizade quando começa a familiaridade →
    FAMILIARITÉ
aceita sem receio azeite de cima, mel do fundo e vinho
    do meio → VIN, 20
achado não é roubado → FOSSÉ, 2
aço que não serve enferruja → ROUILLE
acredite se quiser! → CROIRE, 3
Adão vivia no paraíso porque não tinha sogra →
    MARÂTRE
afaga a tua galinha para te parir galinhos/pintos →
    POULE, 5
afastamento, esquecimento → ŒIL, 12
agora é que a porca torce o rabo → LIÈVRE, 14
agora, frades, agora, que o guardião está fora → CHAT,
    20
agora seja o que Deus quiser → JEU, 8
água corrente esterco não consente → EAU, 3
água corrente não mata a gente → EAU, 3
água de maio, pão para todo o ano → MAI, 2
água de trovão cala até o chão → TONNERRE, 4
água de trovão em parte dá, em parte não →
    TONNERRE, 4
água do São João tira vinho e não dá pão → EAU, 8
água e conselhos só se dão a quem os pede → SEL

água e pão, comida/jantar de cão → DÎNER, 3
água mole em pedra dura tanto bate/dá até que fura
    → CHERCHER, 1 • GOUTTE, 5
água passada não toca monjolo → MOULIN, 4
água suja também lava → BOIS, 8
águas passadas não moem/movem moinho(s) →
    MOULIN, 4
águas quietas são profundas → EAU, 12
águias não caçam moscas → AIGLE, 1
agulhas em saco não podem estar que não deitem a
    cabeça fora → AIGUILLE, 2
aí é que a porca torce o rabo → LIÈVRE, 14
aí é que está o busílis → LIÈVRE, 14
ainda está para nascer o que agrada a todos → PÈRE, 5
ainda não tem cueiro e já quer ter calças → CHIEN, 25
ainda que a traição agrade, o traidor sempre aborrece
    → TRAHISON, 2
ainda que doce seja o mel, a mordidela da abelha é
    cruel → BIEN, 15 • MIEL, 2 • VIANDE, 3
ainda que mude a pele a raposa, seu natural nunca
    despoja → RENARD, 13
ainda que o galo não cante, a manhã sempre rompe →
    COQ, 1
ainda que vistas a mona de seda, mona se queda →
    SINGE, 6
ajuda a Deus e ele te ajudará → CIEL, 1
ajuda-te que Deus te ajudará → CIEL, 1
albarda nova em burro velho – matadura pela certa →
    VIEUX, 4
albarde-se o burro à vontade do dono → GOÛT, 2
alcança quem não cansa → ENDUREUR
alfaiate mal vestido, sapateiro mal calçado →
    CORDONNIER, 2
alma que vai não volta → ²MORT, 5
alquimia é provada, ter renda e não gastar/pagar nada
    → SOU, 5
altas ou baixas, em abril vêm as Páscoas → AVRIL, 7
ama el-rei a traição e o traidor não → TRAHISON, 2
amanhã é/será outro dia → DEMAIN, 1, 2 • JOUR, 7
amanhã também é dia → DEMAIN, 2
amar e reinar – nunca dois a par → AMOUR, 6
amar é sofrer → AIMER, 2
amarra-se o burro à vontade do dono → GOÛT, 2
amarra-se o burro como o dono manda → GOÛT, 2
ama-se a traição, aborrece-se o traidor → TRAHISON, 2
ame-me ou deixe-me! → AIMER, 6 • BOIRE, 1
amigo a pedir, inimigo a restituir → AMI, 1
amigo, amigo, de longe te trouxe um figo, assim que
    te vi, comi-o → FIGUE, 2
amigo até a bolsa → COMPTE
amigo até o altar → AMI, 6
amigo certo se conhece na fortuna incerta → AMI, 7
amigo de bom tempo muda-se com o vento → AMI, 21
amigo de mesa não é de firmeza → AMI, 3
amigo de todos, amigo de ninguém → AMI, 2
amigo de todos e de nenhum, tudo é um → AMI, 2
amigo do meu amigo meu amigo é → AMI, 11

amigo quebrado soldará, mas não sarará → AMITIÉ, 4

amigo reconciliado, inimigo dobrado → AMITIÉ, 4

amigo reconciliado, nunca dele bom bocado → AMITIÉ, 4

amigo remendado, café requentado → AMITIÉ, 3

amigos, amigos, negócios à parte → COMPTE

amigos até onde não se ofenda a religião → AMI, 6

amigos de longe, contas de perto → COMPTE

amigos no emprestar, inimigos no entregar → AMI, 1

amigos reconciliados, inimigos disfarçados → AMITIÉ, 4

amigos são ladrões de tempo → AMI, 13

amizade de genro, sol de inverno → AMITIÉ, 1

amizade quebrada pode soldar mas não há de sarar → AMITIÉ, 4

amizade reconciliada, café requentado → AMITIÉ, 3

amizade reconciliada é como café requentado → AMITIÉ, 3

amizade reconciliada é um café requentado → AMITIÉ, 3

amizade reconciliada, chaga mal cicatrizada/fechada → AMITIÉ, 4

amor antigo não enferruja (e se enferrujar limpa-se) → AMOURS, 7

amor apaixonado não admite arrazoado → AMOURS, 3

amor com amor se paga → AMOUR, 24

amor com dor se paga → AIMER, 2

amor de bugios que mata os filhos por os apertar muito → MACAQUE, 1

amor de mãe não envelhece → MÈRE, 2

amor e dinheiro – nada é mais forte → AMOUR, 9

amor e morte, nada é mais forte → AMOUR, 18

amor e reino não quer parceiro → AMOUR, 6

amor e senhoria não querem/suportam companhia → AMOUR, 6

amor faz muito, dinheiro tudo → AMOUR, 9

amor, fogo e tosse a seu dono descobrem → AMOUR, 8

amor não enche barriga → AMOUR, 23

amor primeiro, amor verdadeiro → AMOURS, 6

amor primeiro não tem companheiro → AMOURS, 6

amor sem dinheiro não é bom companheiro → AMOUR, 20

amor sem vintém não governa ninguém → AMOUR, 20 • PAUVRETÉ, 7

amores arrufados – amores dobrados → JUMENT, 1

amores velhos nunca se esquecem → AMOURS, 7

anda a cabra de roça em roça, como o bocejo de boca em boca → BÂILLEUR

anda em capa de letrado muito asno disfarçado → EXTÉRIEUR

anda o bocejo de boca em boca, como o passarinho de moita em moita → BÂILLEUR

anda quente, come pouco, bebe assaz e viverás → PIED, 11

anda quente, viverás longamente → PIED, 11

andai, barquinhos, andai, que não vos apanhe São Simão no mar → SAINT, 9

andando de dois se encurta o caminho → COMPAGNON, 3

andar, marinheiro, andar, não te apanhe São Simão no mar → SAINT, 9

ano de nevão, ano de pão → ANNÉE, 1

ano de neve, ano de bens/Deus → ANNÉE, 1

ano de neve, muito pão e muitos crescentes → ANNÉE, 1

ano de neve, paga o que deves → ANNÉE, 1

ano novo, vida nova → TEMPS, 1

antes a criança chore que a mãe suspire → AIMER, 5

antes assim que amortalhado → COCU, 1

antes camonja que cega de todo → PIED, 8

antes conselho mudar que no erro ficar → IMBÉCILE

antes contente do que rico → CONTENTEMENT

antes dar ao gato do que leve o rato → CHAT, 23

antes de casar, arranja casa para morar, terras que lavrar e vinhas que podar → MARIAGE, 1

antes de consultar a fantasia, consulta a tua bolsa → FANTAISIE

antes de escarneceres do coxo, vê se andas direito → BOITEUX, 1

antes de mais que de menos → ABONDANCE, 1

antes de morder, vê com atenção se é pedra ou pão → RECULER

antes de perder a cabeça, conte até dez → COLÈRE, 4

antes de se matar a onça, não se faz negócio com o couro → ÉTABLE • PEAU, 4 • VIANDE, 1

antes escorregar do pé que da língua → PIED, 6

antes fanhoso que sem nariz → ENFANT, 8 • PIED, 8

antes focinho que sem nariz → PIED, 8

antes invejado que coitado/lastimado → ENVIE, 2

antes magro no mato que gordo no papo do gato → OISEAU, 7

antes mais que menos → ABONDANCE, 1

antes malho que bigorna → CHEVAL, 16 • MARTEAU, 1

antes mau concerto que boa demanda → ACCOMMODEMENT

antes moreira que amendoeira → MÛRIER

antes pardal na mão que perdiz a voar → OISEAU, 19

antes perder a lã que o carneiro → LAINE, 3

antes perder um bom dito que um amigo → MOT, 1

antes pouco que nada → PAIN, 8

antes que o mal cresça, corta-se(-lhe) a cabeça → MONSTRE

antes roto que esfarrapado → PIED, 8

antes se adora o sol nascente que o poente → SOLEIL, 7

antes se perca a lã que a ovelha → LAINE, 3

antes ser aguilhão/ferrão que boi → CHEVAL, 16

antes ser martelo que bigorna → CHEVAL, 16 • MARTEAU, 1

antes ser o primeiro na aldeia que o segundo em Roma → PREMIER, 3

antes só que mal acompanhado → SEUL, 1

antes sobejar que faltar → ABONDANCE, 1 • TROP, 3

antes sobrar do que faltar → TROP, 3

antes sofrer que morrer → SOUFFRIR

antes tarde do que nunca → TARD, 3

antes torto que cego de todo → PIED, 8

antes um mau amanho que uma boa demanda → ACCOMMODEMENT

antes velho ajuizado que moço desatinado → OMBRE, 2

ao afortunado, até os galos põem ovos → FORTUNE, 1

ao amigo o segredo diz, ter-te-á preso pelo nariz → ESCLAVE, 2

ao amigo que pede não se diz amanhã → ENTRAILLES

ao avarento falta o que não tem e falta o que tem → AVARE, 4

ao avaro não se pode saciar → AVARICE, 1

ao baixel sem esperança, Deus depara o porto → BARQUE

ao boi pelo corno, ao homem pela palavra → BŒUF, 5

ao bom varão, terras alheias pátria são → PAYS, 4

ao cabo de um ano tem o criado as manhas do amo → MAÎTRE, 7

ao cego não dão cuidado os espelhos → AVEUGLE, 1

ao casamento segue-se o arrependimento → MARIER (SE), 2

ao cuco não cuques e ao ladrão não furtes → BOITEUX, 1

ao derradeiro morde o cão → DERNIER, 1

ao diabo e à mulher nunca falta o que fazer → MALICE, 2

ao feito, remédio; ao por fazer, conselho → CHOSE, 1

ao filho que pede a mãe nunca diz "amanhã" → MÈRE, 1

ao gosto danado o doce é amargo → VENTRE, 1

ao homem farto, as cerejas (lhe) amargam → MORCEAU, 1 • PIGEON, 2 • VENTRE, 1

ao homem ousado a fortuna estende a mão → CŒUR, 1 • FORTUNE, 4 • HONTEUX, 1

ao homem ousado(,) a fortuna (lhe) dá a mão → CŒUR, 1 • FORTUNE, 4 • HONTEUX, 1

ao homem ousado, a fortuna lhe põe a mão → CŒUR, 1 • FORTUNE, 4 • HONTEUX, 1

ao homem ousado, a fortuna lhe põe o ombro → CŒUR, 1 • FORTUNE, 4 • HONTEUX, 1

ao inimigo que foge, ponte de prata → PONT

ao inimigo que te vira a espalda, ponte de prata → PONT

ao lavrador descuidado, os ratos lhe comem o semeado → LABOUREUR

ao lavrador preguiçoso levam os ratos o precioso → LABOUREUR

ao lavrador preguiçoso, os ratos lhe comem o precioso → LABOUREUR

ao mais ladrão, a bolsa → LARRON, 1

ao médico, ao advogado e ao abade, falar a verdade → MÉDECIN, 1

ao médico, confessor e letrado nunca enganes → MÉDECIN, 1

ao medo sobejam olhos → PEUR, 4

ao melhor galgo escapa a lebre → CHEVAL, 15 • PÊCHEUR

ao melhor letrado cai a pena → PÊCHEUR

ao menino e ao borracho põe Deus/Jesus a mão por baixo → DIEU, 20 • INNOCENT

ao minguar a lua não comeces coisa alguma → LUNE, 5

ao moço e ao galo, um ano → COQ, 3

ao moinho vai a água → EAU, 11

ao olho doente até a luz incomoda → ŒIL, 1

ao peixe fresco, gasta-o cedo e, havendo tua filha crescido, dá-lhe marido → FILLE, 18 • TROUPEAU

ao pobre até os cães ladram → HOMME, 2 • MISÈRE, 2 • PAUVRE, 1

ao pobre até os cães lhe mijam nas botas/pernas → HOMME, 2

ao pobre e ao nogal todos fazem mal → MISÈRE, 2 • PAUVRE, 1

ao pobre o ouro se transforma em cobre → GENS, 2 • MISÈRE, 2

ao que demais comer, abre-lhe o garfo a cova → CHÈRE, 1 • ESTOMAC, 2 • GOURMAND, 2

ao que erra perdoa-lhe uma vez, não duas ou três → HONTE, 1

ao que não é leal no pouco não confies o muito → FARINE, 5

ao rico até o galo põe ovos → CHAPON, 2

ao rico crescem-lhe os bois → CHAPON, 2

ao rico mil amigos se deparam; ao pobre seus irmãos o desamparam → ARGENT, 30 • RICHE, 5

ao ruim, ruim e meio → MALIN • VILAIN, 1

ao vilão, dão-lhe o pé e toma a mão → DOIGT, 3 • INGRAT, 1

aonde fores ter farás como vires fazer → ROME, 3

aos mortos e aos ausentes não os insultes nem os atormentes → ²MORT, 8

aos peixes não se ensina a nadar → POISSON, 2

aos vinte anos cabeça oca, aos trinta riqueza pouca → JEUNESSE, 6

apanha-se mais depressa um mentiroso que um coxo → MENTEUR, 3

apartamento, esquecimento → ŒIL, 12

apenas a águia pode olhar para o sol → AIGLE, 3

apenas tens de arranhar um homem para encontrar o animal → RUSSE

após a tempestade, a bonança → PLUIE, 1

após a tempestade vêm os dias serenos → PLUIE, 1

após o prazer vem a pena → JOIE, 5, ¹RIRE, 1

após o riso, o pranto → ¹RIRE, 1

após o temporal vem a bonança → PLUIE, 1

aprende a obedecer, aprenderás a mandar → ABBÉ, 1 • OBÉIR

aprende e serás mestre → AFFAIRE, 5 • APPRENTI

aprende o barbeiro novo na barba do tolo velho → BARBE, 1

aprendiz de muitos ofícios não chega a mestre em nenhum (deles) → MÉTIER, 9

aproveita-te do que diz o velho e valerá por dois o teu conselho → CONSEIL, 3 aproveita-te do velho, valerá teu voto em conselho ➜ CONSEIL, 3

aproveita-te enquanto for tempo ➜ CHAIR, 9

aquela é casta que não foi rogada ➜ CHASTE • FEMME, 53

aquele que conta dez amigos não tem um ➜ AMI, 2

aquele que dentre vós estiver sem pecado seja o primeiro que lhe atire pedra ➜ PÉCHÉ, 6

aquele que despreza o moinho despreza a farinha ➜ MEULE, 2

aquentas a água para outro tomar mate ➜ BUISSON, 3

aqui há dente de coelho ➜ ANGUILLE, 2

aqui há gato ➜ ANGUILLE, 2

aqui torce a porca o rabo ➜ LIÈVRE, 14

aranha matutina envenena a sina ➜ ARAIGNÉE

aranha, quem te arranha? outra aranha (como eu) ➜ TRIPIÈRE

arca aberta, justo peca ➜ PORTE, 3

arco de tarde, serenidade ➜ ARC-EN-CIEL, 4

arco muito retesado é arco quebrado ➜ ARC, 1

arco sempre armado, ou frouxo ou quebrado ➜ ARC, 1

arco-íris contra a serra, chuva na terra; arco-íris contra o mar, tira os bois e põe-te a lavrar ➜ ARC-EN-CIEL, 2

ares sarrabulhentos dão chuva ou ventos ➜ TONNERRE, 1

arranhado, quem te arranhou? outro arranhador como eu ➜ TRIPIÈRE

arranhai o russo e descobrireis o cossaco ➜ RUSSE

arre cá, orelhudo, diz o asno ao burro ➜ POÊLE, 1

arrebóis de manhã trazem água à noite; arrebóis à noite, sol de manhã ➜ CIEL, 4 • ROUGE • TEMPS, 33

arrenegai do amante que não ousa tudo ➜ CŒUR, 1

arrenego da tigelinha de ouro em que hei de cuspir sangue ➜ SANTÉ, 2

arrufos de namorados são amores dobrados ➜ JUMENT, 1 • QUERELLE, 2

árvore mudada, árvore matada ➜ ARBRE, 1 • ROSIER

árvore ruim, não a queima a geada ➜ POT, 9

árvore ruim não dá bom fruto ➜ ARBRE, 3

árvore velha não é fácil de arrancar ➜ ARBRE, 17

árvore velha não se muda ➜ ROSIER

as águas correm todas para o mar ➜ EAU, 11

as águias não caçam moscas ➜ AIGLE, 1

as águias não dão pombos ➜ AIGLE, 2

as aparências enganam/iludem ➜ AIR • APPARENCE, 1 • OREILLE, 4

as armas são volúveis ➜ ARME, 2

as árvores escondem a floresta ➜ ARBRE, 11 • MAISON, 12

as belas palavras têm muita força e custam pouco ➜ LANGUE, 1

as boas contas fazem os bons amigos ➜ COMPTE

as boas essências estão nos pequenos frascos ➜ POT, 3

as boas palavras custam pouco e valem muito ➜ LANGUE, 1

as cãs afugentam o amor ➜ LUNETTES, 1

as coisas não caem do céu ➜ RIEN, 1

as coisas não valem senão o que se fazem valer ➜ VALOIR, 2

as coisas querem-se com tempo, peso e medida ➜ SON, 1

as coisas raras são estimadas ➜ FILLE, 8 • RARETÉ

as cousas árduas e lustrosas se alcançam com trabalho e com fadiga ➜ SON, 1

as crianças sempre têm as orelhas em pé ➜ CHAUDRON, 5

as enfermidades vêm a cavalo e retiram-se a pé ➜ MALADIE

as grandes dores são mudas ➜ DOULEUR, 3

as injúrias são as razões dos que as não têm ➜ INJURE, 3

as leis são como teias de aranha: retêm os fracos e deixam escapar os fortes ➜ LOI, 3

as madrastas o diabo que as arraste ➜ MARÂTRE

as más notícias chegam depressa ➜ NOUVELLE, 1

as más notícias espalham-se rapidamente ➜ NOUVELLE, 1

as más notícias são sempre verdadeiras ➜ NOUVELLE, 2

as más novas logo soam ➜ NOUVELLE, 1

as moedas são redondas para rolarem ➜ ARGENT, 14

as moscas apanham-se com mel (e não com fel) ➜ MOUCHE, 6

as moscas são sempre as mesmas ➜ BAL, 1

as mulheres cheiram bem quando não cheiram a outra coisa ➜ FEMME, 56

as mulheres são anjos na igreja, diabos em casa e putas na cama ➜ FEMME, 23

as mulheres são como as peras: quanto mais maduras, melhores ➜ POULE, 14

as palavras voam, os escritos permanecem ➜ PAROLE, 9

as paredes brancas são o papel dos tolos ➜ MURAILLE, 2

as paredes têm olhos e ouvidos ➜ BOIS, 7 • MUR, 1

as paredes têm ouvidos ➜ BOIS, 7 • MUR, 1

as pequenas loucuras são as melhores ➜ FOLIE, 5

as pragas dão duas voltas ao redor e metem-se no rogador ➜ MALÉDICTION

as pragas são como as procissões: de onde saem, recolhem ➜ MALÉDICTION

as pressas dão (sempre) em vagares ➜ HÂTE, 2

as primeiras experiências são inesquecíveis ➜ FLÛTE, 2

as rosas caem e os espinhos ficam ➜ MEILLEUR • PLAISIR, 5

as sedas e os veludos às vezes apagam o fogo da cozinha ➜ HABIT, 2

as sopas e os amores, os primeiros são os melhores ➜ SOUPE, 1

as tripas estejam cheias, que elas levam as pernas ➜ SOUPE, 3

às vezes até o bom Homero cochila ➜ HOMÈRE • PÊCHEUR

às vezes muito ameaça quem de medroso não passa → CHIEN, 8 • COURROUX, 2 • HARDI • MENACER

asna velha, cinta amarela → MULE, 1

asno de Arcádia, cheio de ouro e come palha → ÂNE, 28

asno de muitos, lobos o comem → ÂNE, 12

asno não conhece música → ÂNE, 31

asno que a Roma vá asno vem/volta de lá → BÊTE, 4 • CHEVAL, 18

asno que entra em despensa alheia levará pau em vez de aveia → ÂNE, 2

asno que entra em devesa alheia sairá carregado de lenha → ÂNE, 2

asno que tem fome cardos come → SAUCE, 1

assaz caro compra quem roga → CHER, 1

assaz tem quem se contenta com o que tem → SUFFISANCE

assim como a virtude, o crime tem seus graus → VERTU, 1

assim como fizeres, assim acharás → FAIRE, 15 • JEU, 1

até a coruja acha os filhos bonitos → AIMER, 7

até aos quarenta bem eu passo; depois... ai a minha perna, ai o meu braço... → VIEILLESSE, 1

até as pedras se encontram, quanto mais as criaturas → MONTAGNE, 2

até morrer fazer bem e deixar dizer → FAIRE, 1

até o diabo quando era moço era bonito → DIABLE, 6

até passado o rio ou barranco, pega-te ao santo → CHIEN, 22

até um asno não tropeça duas vezes na mesma pedra → ÂNE, 30

até um cabelo faz sombra → BUISSON, 2 • POIL, 5

atire o barro à parede até que ele pegue → BOUE, 1 • CALOMNIER

atrás de queda coice → MALHEUR, 12

atrás de tempo, tempo vem → JOUR, 12

atrás de um ônibus vem outro → UN, 4

atrás do apedrejado, correm as pedras → BATTU • MALHEUREUX, 4

atrás do apedrejado, pedras chovem → BATTU • MALHEUREUX, 4

atravessa o rio antes de injuriar o crocodilo → TRIOMPHE

atravessa o rio onde ele é mais raso → HAIE, 2

aurora ruiva, ou chuva ou vento → MATINÉE, 2

ausência aparta amor → ŒIL, 12

aveia em fevereiro enche o celeiro → FÉVRIER, 1

aves da mesma pena andam juntas → RESSEMBLER (SE)

azar no jogo, sorte no amor → JEU, 4

bainha de ouro, faca de chumbo → GAINE

banana madura não sustenta no cacho → MARIAGE, 1

barata sabida não atravessa galinheiro → PRUDENCE

barba bem ensaboada está meio raspada → BARBE, 2

barba branca não dá juízo → BARBE, 8 • TEMPS, 12

barba de três cores, barba de traidores → BARBE, 4

barba não é documento → BARBE, 6

barba remolhada, meia rapada → BARBE, 2

barbeiro não paga a barbeiro → ÂNE, 29 • BARBIER, 2

barbeiro novo aprende nas barbas do tolo → BARBE, 1

barbeiro novo, médico velho → BARBIER, 1

barco de muitos mestres dá na costa → ÂNE, 12

barqueiro não paga a barqueiro → ÂNE, 29 • BARBIER, 2

barriga cheia, cara alegre → PANSE, 2 • QUERELLE, 3

barriga cheia, feijão/goiaba tem bicho → PIGEON, 2

barriga cheia, goiabada tem mofo → PIGEON, 2 • VENTRE, 1

barriga cheia, pé dormente → PANSE, 1

barriga vazia não conhece/tem alegria → PANSE, 2

barriga vazia não tem ouvidos → VENTRE, 5

barriga vazia toda a noite pia → SOUPER, 2

basta arranhares um homem para encontrares um animal → RUSSE

basta estar vivo para morrer → VIANDE, 4

basta um tento para se perder um cento → POINT, 1

basta uma maçã podre para estragar toda a cestada → POMME, 9

basta uma ovelha ronhosa para perder um rebanho → BREBIS, 9

bastante equivale a uma festa → TROP, 1

bate-se o ferro enquanto está quente → FER, 1

batendo o ferro é que se fica ferreiro → FORGERON

bêbedo e doido dizem o que lhes vai no coração → IVRE

beber para esquecer → DEUIL, 1

bebeu, jogou, furtou: beberá, furtará, jogará → BOIRE, 4

beijo sem bigode, goiabada sem queijo → BAISER

beleza e formosura nem dão pão nem fartura → VIGNE, 1

beleza não põe mesa → BEAUTÉ, 10 • VIGNE, 1

beleza não se mede pela idade → CYGNE • POMME, 4

beleza sem bondade não vale metade → BEAUTÉ, 6

beleza sem virtude é rosa sem cheiro → BEAUTÉ, 6

bem baila a quem a fortuna toca o som → FORTUNE, 2, 9 • GAGNER, 1

bem canta Marta depois de farta → PANSE, 2

bem caro se compra o que com rogos se adquire → CHER, 1

bem começado é bem acabado → COMMENCEMENT, 3

bem começado é meio acabado/feito → BARBE, 2 • TRAVAIL, 5

bem de senhor não é herdade → AMITIÉ, 2 • PROMESSE, 2

bem dança a quem a fortuna faz o som → FORTUNE, 2, 9 • GAGNER, 1

bem dizer faz rir, bem fazer faz calar → DIRE, 1

bem haja quem com os seus parece → SANG, 1

bem mal ceia quem come da mão alheia → ÉCUELLE, 1 • PLANCHER

bem muito esperado não é dado, mas vendido → DON, 1

bem perdido é conhecido → BIEN, 6

bem prega frei Tomás: fazei o que ele diz e não o que ele faz → CLOCHE, 2

bem sabe a burra diante de quem zurra → CHAT, 3

bem sabe a rola em que mão pousa → CHAT, 3

bem sabe mandar quem soube obedecer → OBÉIR

bem sabe o asno em cuja casa ronca → CHAT, 3

bem sabe o gato cujas barbas lambe → CHAT, 3

bem tolo é quem volta na metade do caminho → RETOURNER (SE)

bem toucada não há mulher feia → HABIT, 3

bens de sacristão cantando vêm, cantando vão → BIEN, 5

bens de sacristão para o diabo são → BIEN, 5

bens mal adquiridos não chegam a netos → BIEN, 5 • HÉRITIER, 4

bens mal adquiridos vão como vieram → BIEN, 5 • HÉRITIER, 4

bens mal ganhos a ninguém enriquecem → BIEN, 5

besta de carga, cangalhas ao lombo → BÊTE, 5

boa aparência é carta de apresentação → FILLE, 9

boa asa voa com todo o tempo → CHEVAL, 2

boa é a galinha que o outro cria → CHEVAL, 20 • VACHE, 12

boa fama vale dinheiro → RENOMMÉE, 2

boa mostarda é a fome → SAUCE, 1

boa raça não mente → SANG, 1

boa romaria faz quem em (sua) casa fica em paz → MONDE, 10 • PIERRE, 5

boa vida pai e mãe olvida → TEMPS, 4

boas cercas fazem bons vizinhos → VOISIN, 1

boas contas fazem boa amizade → COMPTE

boas contas fazem bons amigos → COMPTE

boas ferramentas ajudam a ganhar tempo → TEMPS, 28

boas terras, maus caminhos → PAYS, 1

boca aberta, ou sono ou fome certa → BÂILLEMENT

boca beijada não perde o viço → BOUCHE, 12

boca calada é remédio → TAIRE (SE), 1

boca de mel, coração/entranhas de fel → BOUCHE, 1 • CHÈRE, 2

boca fechada tira-me de baralha → CHEMISE, 2

boca que apetece, coração que deseja → BOUCHE, 12

bocado engolido, sabor perdido → MORCEAU, 2 • SATIÉTÉ

bocejo longo, fome ou sono → BÂILLEMENT

bocejo longo, fome, sono ou ruindade do dono → BÂILLEMENT

bocejo longo, fome, sono, preguiça ou ruindade do dono → BÂILLEMENT

bocejo longo, ou é fome, ou sono ou manha do dono → BÂILLEMENT

boda e mortalha no céu se talha → MARIAGE, 2

bode não morre de fome → CHÈVRE, 4

boi atolado, pau nele → LOUP, 14

boi cansado, passo seguro → BŒUF, 1

boi manso, aperreado, arremete → FOURMI, 2 • INTESTIN • VER, 2

boi morto vaca é → BOUCHERIE

boi sabe a cerca que fura → CHAT, 3

boi velhaco conhece o outro pelo berro → MARCHAND, 4

boi velho gosta de erva tenra → CHAT, 24 • ROUSSIN

boi velho, passo seguro → BŒUF, 11 • VIEILLE

boi velho, rego/sulco direito → BŒUF, 11

bole (com) o rabo o cão, não por ti mas pelo pão → CHIEN, 33

bolo torto não perde o gosto → BOIS, 8

bolsa de jogador não tem fecho → BOURSE, 2

bolsa rota, dinheiro à solta → SAC, 14

bom advogado, mau vizinho → AVOCAT

bom amigo é o gato, senão que arranha → LIÈVRE, 4 • MULE, 3

bom amigo era o gato, se não arranhasse → LIÈVRE, 4 • MULE, 3

bom começo já é metade → BARBE, 2 • TRAVAIL, 5

bom comer traz mau comer → ¹MANGER, 4

bom comer traz mau morrer → ¹MANGER, 4

bom coração não mente → CŒUR, 3

bom dia, boa obra → JOUR, 3

bom é de encaminhar o gato para o toicinho → CHAT, 19

bom é ferir o soberbo quando está só → GLORIEUX

bom é o mal que vem por bem → DEUIL, 2

bom é saber calar até ser tempo de falar → TAIRE (SE), 1

bom nome é melhor que riqueza → RENOMMÉE, 2

bom renome sobrepuja a riqueza → RENOMMÉE, 2

bom saber é calar, até ser tempo de falar → TAIRE (SE), 1

bom sangue não mente/nega → SANG, 1

bom traje encobre ruim linhagem → GANT

bom vinho dispensa ramo → VIN, 3

bonitas palavras não engordam gatos → PAROLE, 5

boniteza não se põe na mesa → BEAUTÉ, 10

bons dias em janeiro enganam o homem em fevereiro → JANVIER, 6

bons dias em janeiro vêm-se a pagar em fevereiro → JANVIER, 6

borboleta branca, primavera franca → PAPILLON, 2

botas e luvas encobrem muito mal → GANT

brevidade e novidade muito agradam → NOUVEAU

briga o rochedo com a onda e quem paga é o marisco → MULÂTRE

brigas de namorados fortalecem o amor → QUERELLE, 2

brincadeira de homem cheira a defunto → JEU, 5

brincadeira de homem fede a defunto → JEU, 5

brincadeira de mãos, beijos de burro → JEU, 5

brincai com o asno, dar-vos-á na barba com o rabo → ÂNE, 5

brinquedo de mão, brinquedo de vilão → JEU, 5

burro e burriqueiro nunca pensam do mesmo modo → ÂNE, 4

burro e carroceiro nunca estão de acordo → ÂNE, 4

burro quando está desinfeliz até no lajeiro se atola ➔
MALHEUREUX, 4

burro velho gosta de capim novo/verde ➔ CHAT, 24 •
ROUSSIN

cá e lá más fadas há ➔ CHAUDRON, 1 • PAYS, 3

cabaça que leva leite nunca mais perde a catinga ➔
CAQUE

cabaça que teve pimenta nunca perde o azedume ➔
CAQUE

cabeça de vadio, hospedaria/hospedeira do diabo ➔
TÊTE, 15

cabeça que não tem juízo, quem paga é o corpo ➔
TÊTE, 9

cabelo branco é capim do cemitério ➔ NEIGE, 3

cabelo longo e curto o siso ➔ CHEVEU, 1

cabelos brancos, flores de cemitério ➔ NEIGE, 3

cabelos longos, idéias curtas ➔ CHEVEU, 1

cabra manca não tem sesta ➔ CHEVAL, 24

cachaceiro não tem segredo ➔ SOBRE

cachorra apressada pare filhos cegos ➔ HÂTER (SE), 2

cachorro de cozinha não quer colega ➔ CHIEN, 12

cachorro de dois donos morre de fome ➔ ÂNE, 12 •
COMMUN, 2

cachorro que engole osso toma a medida do pescoço
➔ CHAT, 4

cachorro que muito anda apanha pau ou rabugem ➔
MONDE, 10

cachorro velho não late à toa ➔ CHIEN, 27

cachorro velho não se acostuma com coleira ➔
CHIEN, 59

caco de barro não cai do jirau ➔ POT, 9

cada bufarinheiro louva seus alfinetes ➔ MERCIER, 2 •
PRÊTRE, 1

cada bufarinheiro louva suas agulhas ➔ MERCIER, 2 •
PRÊTRE, 1

cada cabeça, cada/sua sentença ➔ LUNETTES, 2 •
TÊTE, 4

cada cabelo faz sua sombra na terra/testa ➔ POIL, 5

cada coisa a seu tempo ➔ CHOSE, 2

cada coisa por sua vez ➔ CHOSE, 2

cada coisa tem (o) seu preço ➔ PRIX, 2

cada coisa tem (o) seu tempo ➔ CHOSE, 2

cada cuba cheira ao vinho que tem ➔ MORTIER, 3 •
SAC, 5 • VIN, 17

cada dia de vida é um passo dado para a morte ➔
MOURIR, 2

cada dia três e quatro, breve chegarás ao fundo do
saco ➔ GOUTTE, 4

cada doçura custa uma amargura ➔ BIEN, 15 •
PLAISIR, 5 • RIEN, 1

cada doido com a sua mania ➔ FOU, 1 • GOÛT, 2 •
PLAISIR, 2

cada doido tem sua doidice/tolice ➔ FOU, 1

cada formiga tem sua ira ➔ CHAT, 11 • FOURMI, 2 •
FRELON

cada homem faz o seu destino ➔ ARTISAN

cada idade com seu prazer ➔ ÂGE, 2

cada louco com sua mania ➔ FOU, 1

cada louco com sua teima(, cada maluco com sua
mania) ➔ FOU, 1

cada macaco no seu galho ➔ MÉTIER, 1

cada oleiro gaba a sua telha ➔ MERCIER, 2 • PRÊTRE, 1

cada ovelha busca sua parelha ➔ RESSEMBLER (SE)

cada ovelha com sua parelha ➔ ÂNE, 14 • CHACUN, 1
• RESSEMBLER (SE)

cada passarinho gosta do seu ninho ➔ OISEAU, 1

cada porco em seu chiqueiro e cada pinto em seu
poleiro ➔ MÉTIER, 1

cada porco tem seu Natal ➔ PORC

cada porco tem seu São Martinho ➔ PORC

cada povo tem o governo que merece ➔ NATION, 2

cada qual canta como tem graça e casa como tem
ventura ➔ OISEAU, 6

cada qual com a sua cruz ➔ BESACE • CROIX, 1

cada qual com o que Deus lhe deu ➔ LOT

cada qual com seu bocado (de mau caminho) ➔ LOT

cada qual com seu igual (e cada ovelha com sua
parelha) ➔ ÂNE, 14 • CHACUN, 1 • RESSEMBLER
(SE)

cada qual com seu ofício ➔ MÉTIER, 1

cada qual com seu saraquá ➔ MÉTIER, 1

cada qual com sua baixeza; cada qual com sua altura
➔ MONDE, 4

cada qual come do que gosta ➔ GUISE • PLAISIR, 2

cada qual como Deus o fez ➔ ÊTRE, 2

cada qual como se amanha ➔ GUISE

cada qual conforme seu natural ➔ BŒUF, 2 •
NATUREL

cada qual constrói o seu destino ➔ ARTISAN

cada qual cuide de si e Deus de todos ➔ MÉTIER, 2

cada qual diz da feira/festa como lhe vai nela ➔ MIDI,
1 • OPINION

cada qual é dono das/de suas ventas ➔ GUISE

cada qual é filho de suas obras ➔ ARTISAN

cada qual enterra seu pai como pode ➔ BRAS, 3

cada qual estica o pé até onde lhe chega o lençol ➔
BOURSE, 8 • BRAS, 3 • PIED, 4

cada qual faça por si, que Deus fará por todos ➔
MÉTIER, 2

cada qual fala da feira conforme lhe vai nela ➔ MIDI, 1
• OPINION

cada qual folgue com seu igual ➔ RESSEMBLER (SE) •
TORCHON, 1

cada qual julga os outros por si ➔ JAUNISSE, 1 •
LARRON, 4 • RENARD, 8

cada qual no seu ofício ➔ MÉTIER, 1

cada qual pendura o chapéu onde o braço alcança ➔
BOURSE, 8 • BRAS, 3

cada qual sabe com quantas linhas se cose ➔ BŒUF, 2

cada qual sabe onde lhe aperta o sapato ➔ BÂT •
SOULIER, 2

cada qual sente o seu mal ➔ BÂT • SOULIER, 2

cada qual tem a idade que aparenta ➔ ÂGE, 3

cantam os melros, calam-se os pardais → GUÊPE

cântaro que muitas vezes vai à fonte, ou deixa lá a asa ou a fronte → CRUCHE

cântaro vazio soa muito → TONNEAU

cantei de manhãzinha, chorei antes do sol-posto → ¹RIRE, 2

canudo de seringa só rebenta em cu de pobre → HOMME, 2

canudo que teve pimenta guarda o ardume → CAQUE

cão bom nunca ladra em falso → CHIEN, 27

cão de boa raça se não caça hoje amanhã caça → CHIEN, 7

cão de caça puxa à raça → CHIEN, 7

cão de caça vem de raça → CHIEN, 7

cão de moleiro não come nem deixa comer → CHIEN, 31

cão de palheiro nem come nem deixa comer → CHIEN, 31

cão de raça caça (bem) → CHIEN, 7

cão ladrador, mau mordedor → CHIEN, 15 • HARDI • MENACEUR

cão mordido de cobra tem medo até de corda/lingüiça → CHAT, 4

cão na igreja, toda a gente o apedreja → SANCTUAIRE

cão quando come não quer companhia → CHIEN, 12

cão que ladra não morde → CHIEN, 15

capa e merenda nunca pesaram → GARNI • MANTEAU, 2

cara de beato, unhas de gato → CHÈRE, 2 • HABIT, 1

cara de um, focinho do outro → PÈRE, 6

cara e contas de beato, unhas de gato → CHÈRE, 2

caranguejo, por ser muito cortês, perdeu a cabeça → BREBIS, 14

caranguejo quando anda infeliz cai de costas e quebra o nariz → MALHEUREUX, 4

cardo que há de picar logo nasce com espinho → ÉPINE, 1

careca não gasta pente → AVEUGLE, 1 • DIABLE, 14

carga leve ao longe pesa → FARDEAU, 1

carga que agrada não pesa → FARDEAU, 4

caridade bem ordenada começa em casa → CHARITÉ

carne jovem e peixe velho → CHAIR, 6

carne mal cozida encurta a vida → VEAU, 4

caro compra quem roga → CHER, 1

caro custa o que bem sabe → BON, 2 • MIEL, 8

caro se compra o que se pede → CHER, 2

carro que chia quer untura → CHARIOT

casa arrombada, trancas à porta → ÉCURIE, 1, ¹MORT, 1

casa com os da tua igualha → CHACUN, 1

casa de ferreiro, espeto de pau → CORDONNIER, 2

casa de mulher feia não precisa de fechadura/tramela → HAUT

casa em que não há pão, todos pelejam/ralham e ninguém tem razão → AMOUR, 20 • FAIM, 8

casa feita, mulher por fazer → MAISON, 13

casa feita, morte à espreita → NID, 3

casa feita, sepultura aberta → NID, 3

casa feita, tumba à porta → NID, 3

casa nova, tumba à porta → NID, 3

casa onde comem dois, comem três → DEUX, 4

casa onde não entra o sol entra o médico → SOLEIL, 3

casa onde não entra o sol entra remédio → SOLEIL, 3

casa roubada, trancas à porta → ÉCURIE, 1, ¹MORT, 1

casa teu filho quando quiseres e tua filha quando puderes → FILS, 1

casa tua filha com o filho de teu vizinho → DRAP, 2

casa velha e mulher nova é que quebra a gente → HORLOGE

casa velha tem baratas → MAISON, 7

casamento, apartamento → FILLE, 3

casamento chuvoso, casamento venturoso → MARIAGE, 6

casamento com chuva é sinal de felicidade → MARIAGE, 6

casamento é destino → MARIAGE, 2

casamento e mortalha no céu se talha → MARIAGE, 2

casamento feito, noivo arrependido → FIANÇAILLES • MARIER (SE), 2

casamento molhado, casamento abençoado → MARIAGE, 6

casamento perfeito é o da mulher cega com o homem surdo → MARIAGE, 8

casar, casar – soa bem e sabe mal → MARIER (SE), 2

casar e compadrar, cada um com seu igual → CHACUN, 1

casa-te e verás: perdes o sono e mal dormirás → FEMME, 49 • MARIER (SE), 2

cautela e caldo de galinha nunca fizeram mal a doentes/ninguém → PRÉCAUTION, 1

cavalo alugado não cansa → CHEVAL, 23

cavalo bom de picado não faz dois rastros → CHEVAL, 1

cavalo bom não quer espora → CHEVAL, 2

cavalo bom nunca perde a marcha → CHEVAL, 17

cavalo corrente, sepultura aberta → CHEVAL, 10

cavalo feito e criado por fazer → CHEVAL, 13

cavalo feito, mulher por fazer → CHEVAL, 12

cavalo formoso de potro sarnoso → POULAIN, 3

cavalo grande, besta de pau → TÊTE, 6

cavalo que voa não quer espora → CHEVAL, 2

cavalo, todo ele topa → CHEVAL, 15

cavalo velho, arreata nova → MULE, 1

cavalo velho, capim novo → CHAT, 24 • ROUSSIN

cavalo velho não toma andar → CHIEN, 59

caxumba no pescoço dos outros não dói → CHAGRIN, 3

cedo ou tarde o forte precisa do fraco → BESOIN, 2

cego é o que não vê através de uma peneira → ENTENDEUR, 1

cerca malfeita convida o boi a passear → GARDE, 1

cerca ruim é que ensina boi a ser ladrão → GARDE, 1

cerca ruim e timbó podre é que ensina boi a ser ladrão → GARDE, 1

cerra a porta e farás a tua vizinha boa → VOISIN, 1

com o tempo maduram as uvas → TEMPS, 2

com o tempo o pequeno cresce e o verde amadurece → FRUIT, 5

com o tempo tudo pode acontecer → RENARD, 1

com o tempo, vem o tento → ÂGE, 1

com paciência e perseverança tudo se alcança → PATIENCE, 6

com paciência sofre-se menos (e ganha-se o céu) → PATIENCE, 3

com paciência tudo se arranja → PATIENCE, 6

com palha e milho leva-se o burro ao trilho → CHIEN, 21

com pau se quer mula e mulher → CHEVAL, 7 • FEMME, 41

com peso e medida, governa-se a vida → MESURE

com pêssego vinho bebas → PÊCHE

com raposas é bom ser manhoso → RENARD, 5

com tempo e pachorra muito se consegue → BÉQUILLE • TEMPS, 2

com tempo e paciência tudo se consegue(, até a ciência) → TEMPS, 3

com tempo e perseverança tudo se alcança → PATIENCE, 6 • POINT, 4 • TEMPS, 2

com tempo, o pequeno cresce e o verde amadurece → TEMPS, 3

com teu amo não jogues as peras, porque ele come as maduras e deixa-te as verdes → PETIT-POIS • SEIGNEUR, 4

com teu senhor não jogues as peras → SEIGNEUR, 4

com trabalho e perseverança tudo se alcança → TRAVAIL, 6

com trabalho tudo se alcança → TRAVAIL, 6

com um pedaço de toicinho leva-se longe um cão → CHIEN, 2

com uma bolsa ao pescoço ninguém é enforcado → BOURSE, 4 • LARRON, 6

com uma sardinha comprar uma truta → ŒUF, 1 • VAIRON

com vento se limpa o trigo e os vícios com o castigo → VENT, 3

come como são e bebe como doente → [1]MANGER, 3 • PAIN, 20

come para viver e não vivas para comer → [1]MANGER, 2

começar é meio caminho andado → COMMENCEMENT, 4

comer a horas, vestir a tempo → MULE, 4

comer do bom e do barato, nem no Crato → POTÉE

comer e coçar, tudo está em começar → APPÉTIT, 2 • BOUTEILLE

comida feita, companhia desfeita → AMI, 3

como a noite segue ao dia, segue a dor à alegria → AISE, 1

como canta o abade, assim responde o sacristão → MOINE, 1

como canta o galo velho, assim cantará o novo → COQ, 5 • POUSSIN

como canta o padre, responde o sacristão → MOINE, 1

como o braço, assim é a sangria → BRAS, 3

como o mundo é pequeno! → MONDE, 6

como os pais falam os filhos palram → COQ, 5 • ENFANT, 1 • POUSSIN

como semeares, assim colherás → SEMER, 1

como te curas, duras → VIEUX, 2

companhia de dois, companhia de bons → COMPAGNIE, 1

companhia de um, companhia de nenhum → COMPAGNIE, 2

comparação não é razão → COMPARAISON, 1

comparar não é provar → COMPARAISON, 1

comprar em casa e vender em feira → MAISON, 1

composta não há mulher feia → HABIT, 3

conduzem-se os bois pelos chifres e os homens pela língua → BŒUF, 5

confiar desconfiando → MÉFIANCE

confiar no futuro mas pôr a casa no seguro → MÉFIANCE • PRÉCAUTION, 1

conforme a pergunta, assim a resposta → DEMANDE, 2

conforme o santo, assim é a oferta → SAINT, 26

conhece-se o marinheiro quando vem a tempestade → TEMPS, 5

conhece-te a ti mesmo → CONNAÎTRE

conquista boa fama e dorme a manhã na cama → BRUIT, 6 • RENOMMÉE, 1

consegue a raposa o que o leão não alcança → PEAU, 3

conselho de louco vale pouco → CONSEIL, 1

conselho e rapé só se dá a quem quer → SEL

conselho e tabaco/torrado só se dá a quem pede → SEL

conselho só serve cedo → CHOSE, 1 • PARTI

conselho sussurrado não vale nada → CONSEIL, 2

conta de perto, amigo de longe → COMPTE

contas na mão, borracha à cinta → ÉGLISE, 2 • HABIT, 1

contas na mão, coração de ladrão → ÉGLISE, 2 • HABIT, 1

contas na mão e o diabo no coração → ÉGLISE, 2 • HABIT, 1

contas na mão e o olho ladrão → ÉGLISE, 2 • HABIT, 1

contínua goteira faz sinal na pedra → GOUTTE, 5

contra a força não há argumento(s)/resistência → ARME, 1 • FORCE, 1 • RAISON, 1

contra a morte e o amor, ninguém tem valor → AMOUR, 18

contra a morte não há coisa forte → [1]MORT, 2

contra a morte não há remédio → [1]MORT, 2

contra a morte não há reza forte → [1]MORT, 2

contra si levanta pedras quem contra os outros quer lançá-las → ÉPÉE, 3

convém conversar com o travesseiro → NUIT, 3

convém jogar com muitos trunfos na mão → ATOUT • CORDE, 3

convém pegar o pião/touro à unha → TAUREAU

convém pegar o touro pelos chifres → TAUREAU

convém tomar o pião na unha → TAUREAU

conversa fiada não bota panela no fogo → PAROLE, 5

conversa fiada não enche barriga → PAROLE, 5

dar antes de morrer é dispor-se a sofrer → MOURIR, 6

dar bilha de leite por bilha de azeite → ŒUF, 1

dar esmola não empobrece → AUMÔNE

dar nome aos bois → CHAT, 7

dá-se-lhe o pé (ao vilão) e ele toma a mão → DOIGT, 3

das festas, as vésperas → PÂQUES, 2

de amigo reconciliado e de caldo requentado nunca bom bocado → AMITIÉ, 3

de árvore caída todos fazem lenha → ARBRE, 12

de bago em bago, enche a velha o saco → GRAIN, 5

de bezerras e vacas vão peles às praças → VEAU, 1

de boa árvore, bom fruto → ARBRE, 3

de boa guerra, boa paz → GUERRE, 2

de boa semente, bom fruto → ARBRE, 3

de boas intenções o inferno está cheio → ENFER

de bom madeiro, boa acha → ARBRE, 3

de bom mestre, bom discípulo → MAÎTRE, 5

de bom pastor é tosquiar mas não esfolar → BREBIS, 7

de bom vinho, bom vinagre → VIN, 7

de bons propósitos o inferno está cheio → ENFER

de borla ninguém trabalha → ARGENT, 25

de burro ruim só se espera coice → BÊTE, 6 • SINGE, 3

de calar ninguém se arrepende e de falar sempre → DENT, 1

de cobra não nasce passarinho → AIGLE, 2

de coiro/couro alheio, correias compridas → BIEN, 8 • CUIR • TABLE, 1

de coiro/couro alheio, largas correias → BIEN, 8 • CUIR • TABLE, 1

de corsário a corsário não se perdem mais que os barris → CORSAIRE, 2, ²FIN

de curral alheio, nunca bom cordeiro → ÉCUELLE, 1

de dia em dia morreu minha tia → MOURIR, 2

de dinheiro, de juízo e de virtude não acredites senão a quarta parte → ARGENT, 8

de dinheiro e santidade, a metade da metade → ARGENT, 8

de doido, pedrada ou má palavra → BÊTE, 6 • FOU, 7

de dois males, escolhe o menor → MAL, 7

de esperança se vive até a morte → ESPOIR, 2

de esperança também se vive → ESPOIR, 2

de farei, farei, nunca me pagarei → LANGUE, 2

de ferreiro a ferreiro não passa dinheiro → ÂNE, 29 • BARBIER, 2

de flor de janeiro ninguém enche o celeiro → JANVIER, 1

de fome ninguém vi morrer, porém a muitos de muito comer → CHÈRE, 1 • ESTOMAC, 2 • GOURMAND, 2

de graça nem vão os cães à caça → PIGEON, 3

de graça só vão os cães à caça → PIGEON, 3

de grandes ceias estão as campas/covas/sepulturas cheias → CHÈRE, 1 • ESTOMAC, 2 • GOURMAND, 2

de grão em grão a galinha enche o papo (e o velho o saco) → ÉCONOMIE • GRAIN, 5 • OISEAU, 14 • PROFIT, 1 • RUISSEAU, 2

de grão em grão enche a galinha o paparrão → ÉCONOMIE • GRAIN, 5

de homem muito cortês foge de vez → BOUCHE, 1

de juiz tolo, sentença pronta → JUGE, 1

de longas vias, longas mentiras → MENTIR, 1

de má mata, nunca boa caça → CORBEAU, 1

de madrasta o nome basta → MARÂTRE

de mau corvo, mau ovo → CORBEAU, 1

de mau grão, nunca bom pão → CORBEAU, 1 • GRAIN, 3 • LIT, 2

de médico e de louco, cada um tem um pouco → FOU, 4

de médico e de louco, todo o mundo tem um pouco → FOU, 4

de médico e de louco, todos nós temos um pouco → FOU, 4

de médico, engenheiro e louco, todos (nós) temos um pouco → FOU, 4

de médico, poeta e louco, todos (nós) temos um pouco → FOU, 4

de muito comer, de vinho e de mulher, livre-se quem gota tiver → GOUTTE, 8

de nada duvida quem nada sabe → DOUTE, 2 • RIEN, 3 • SCIENCE, 2

de nada, nada se faz → RIEN, 2

de noite, à candeia, a burra/velha parece donzela → CHANDELLE, 1

de noite, à candeia, não há mulher feia → CHANDELLE, 1

de noite, à candeia, parece bonita a feia → CHANDELLE, 1

de noite todos os gatos são pardos → NUIT, 4

de obras feitas todos são mestres → SAGE, 7

de pai santo, filho diabo → ŒUF, 2

de panela que ferve se arredam as moscas → MARMITE, 1

de pano escasso capote curto → MANTEAU, 1

de pataca alheia, a mão cheia → TABLE, 1

de pequena bostela se levanta grande mazela → NÉGLIGENCE

de pequena candeia, grande fogueira → CHEMINÉE, 1

de pequena fagulha, grande labareda → ÉTINCELLE • HOMME, 5

de pequenino é que se torce o pepino → MONSTRE

de pequenino se torce o pé ao pepino → MONSTRE

de pequeninos grãos se junta grande monte → GRAIN, 5

de pequeno verás que boi terás → ÉPINE, 1

de pessoa calada afasta tua morada → HOMME, 6

de porta cerrada, o diabo torna → PORTE, 4

de quedas e ceias estão as covas/sepulturas cheias → ESTOMAC, 2 • GOURMAND, 2

de raminho em raminho, o passarinho faz seu ninho → OISEAU, 14

de rico a soberbo não há palmo inteiro → SAC, 11

de rio pequeno não esperes grande peixe → RIVIÈRE, 1

de ruim cabeça não sai bom conselho → CONSEIL, 1

de ruim rosto, nunca bom feito → VISAGE, 1

desgraça grande faz esquecer a pequena → RAGE, 2

desgraça pouca é bobagem → MALHEUR, 12

desgraça, quando vem, vem de chorrilho → MALHEUR, 12

desmanchar e fazer, tudo é aprender → FAIRE, 6

Deus ajuda a quem cedo/muito madruga → AURORE

Deus ajuda a quem trabalha(, que é o capital que menos falha) → TRAVAILLER, 3

Deus ajuda quem cedo/muito madruga → AURORE

Deus assim como dá a doença dá o médico → DIEU, 18

Deus castiga sem pau nem pedra → MEULE, 1

Deus cura os doentes e o médico recebe o dinheiro → DIEU, 11

Deus dá a canga conforme o pescoço → DIEU, 10 • SEIN

Deus dá couves a quem não tem toucinho → DIEU, 6

Deus dá nozes a quem não tem dentes → DIEU, 6

Deus dá nozes mas não as parte → DIEU, 9

Deus dá o frio conforme a roupa → BREBIS, 1 • DIEU, 10

Deus dá o frio conforme o cobertor → BREBIS, 1 • DIEU, 10

Deus dá o mal e (dá) a mezinha → DIEU, 18

Deus dá o pão, mas não amassa a farinha → DIEU, 9

Deus dá peneira a quem não tem farinha → DIEU, 6

Deus disse ao homem: trabalha e eu te ajudarei → CIEL, 1 • DIEU, 9

Deus diz: faze tu que eu te ajudarei → CIEL, 1 • DIEU, 9

Deus é bom trabalhador mas gosta que o ajudem → CIEL, 1

Deus é mais largo em dar que nós em pedir → PLUS, 1

Deus é que cura, e o médico leva o dinheiro → DIEU, 11

Deus é que sara, e o mestre leva a prata → DIEU, 11

Deus está ao lado dos mais fortes → DIEU, 12 • FORCE, 1

Deus fez os dedos antes dos garfos → MAIN, 10

Deus me defenda do amigo, que do inimigo me defendo eu → DIEU, 15

Deus me livre de maus vizinhos ao pé da porta → VOISIN, 6

Deus mede o vento à ovelha tosquiada → BREBIS, 1

Deus não dá asa a cobra → VIPÈRE

Deus não se queixa mas o (que é) seu não deixa → JUSTICE, 3 • MEULE, 1

Deus nos dá o boi e não o chifre → DIEU, 9

Deus nos guarde de mula que faz "him" e de mulher que sabe latim → FEMME, 18

Deus nos livre de inimizades de amigos → DIEU, 15

Deus nos livre de quem mal nos quer e bem nos fala → GENS, 5

Deus protege os inocentes → OISEAU, 5

Deus, quando quer perder os homens, tira-lhes a razão → FORTUNE, 7

Deus quando tarda vem chegando → BARQUE

Deus tarda mas não falha → JUSTICE, 3 • MEULE, 1

devagar e manso se desata qualquer enliço → PATIENCE, 6

devagar e sempre se chega lá → CHEMIN, 5 • HÂTER (SE), 1

devagar que tenho pressa → CHEMIN, 5 • HÂTER (SE), 1

devagar se vai ao longe → CHEMIN, 5 • HÂTER (SE), 1 • PAS, 3

devagar se vai ao longe, e quem depressa caminha se consome → MONTURE

devagar também é pressa → CHEMIN, 5 • HÂTER (SE), 1

deve-se confiar alguma coisa ao acaso → HASARD, 2

deve-se deixar os mortos sepultar seus próprios mortos → [2]MORT, 2

dia a dia morreu minha tia → MOURIR, 2

dia de muito, véspera de nada → BANQUET, 1

dinheiro achado não é roubado → ARGENT, 23

dinheiro, assim como veio, assim vai → ARGENT, 11

dinheiro atrai/chama dinheiro → ARGENT, 16 • BIEN, 13 • PIERRE, 3 • RIVIÈRE, 2 • SOU, 4

dinheiro dá senhoria → ARGENT, 5

dinheiro de tolo é patrimônio do avisado → ARGENT, 12

dinheiro de trouxa é farra de sabido → ARGENT, 12

dinheiro é água → ARGENT, 11

dinheiro é chave que destranca toda porta → ARGENT, 22

dinheiro é remédio(, fiado só amanhã) → ARGENT, 4

dinheiro é remédio para todos os males → ARGENT, 4

dinheiro é saúde, fiado só amanhã → ARGENT, 4

dinheiro emprestado não seja mais reclamado → ARGENT, 7

dinheiro emprestado parte rindo e volta chorando → ARGENT, 7

dinheiro ganha dinheiro → ARGENT, 16 • PIERRE, 3 • RIVIÈRE, 2 • SOU, 4

dinheiro mal ganhado/ganho, água o deu, água o levou → BIEN, 5

dinheiro mal ganho não aproveita a ninguém → BIEN, 5

dinheiro não cai do céu → ARGENT, 20 • COLOMBE, 2

dinheiro não compra felicidade → ARGENT, 19 • PLAIE, 3

dinheiro não dá em árvore → ARGENT, 20

dinheiro não dá felicidade → ARGENT, 19

dinheiro não dá no mato → ARGENT, 20

dinheiro não deita cheiro → ARGENT, 18

dinheiro não é capim → ARGENT, 20

dinheiro não tem cheiro → ARGENT, 18

dinheiro não traz felicidade → PLAIE, 3

dinheiro não traz felicidade sobretudo quando é pouco → ARGENT, 19

dinheiro no chão não tem dono → ARGENT, 23

dinheiros de sacristão cantando vêm, cantando vão → BIEN, 5

disse o leite ao vinho: venhas em boa hora, amigo! → VIN, 23

duplo prazer é enganar o enganador → PLAISIR, 1

duro com duro não faz bom muro → CHIEN, 13, [2]FIN •
MÂTIN, 1

duro com duro não levanta muro → CHIEN, 13, [2]FIN •
MÂTIN, 1

duro como a sepultura é o ciúme → JALOUSIE, 2

duro é deixar o costume/usado → COUTUME, 2 •
USAGE, 1

é a dificuldade que prova a amizade → AMI, 7

é a última gota que faz transbordar o copo →
GOUTTE, 2

é andando que cachorro acha osso → CHIEN, 2, 16

é apenas um passo do sublime ao ridículo → SUBLIME

é bem infeliz quem de seu mal é a razão →
MALHEUREUX, 2

é bem o que acaba bem → TOUT, 5

é boa e honrada a viúva sepultada → [2]MORT, 8

é bom demais para ser verdade → BEAU, 2

é bom ladrão quem ladrão rouba → LARRON, 2

é bom ladrão quem rouba a ladrão → LARRON, 2

é bom o pão duro quando não há nenhum → FAIM, 1 •
PAIN, 2 • SAUCE, 1

é coisa bem sabida: o esterco fede mais quando é
mexido → BOUE, 2

é com mel que se pega abelha → MOUCHE, 6

é como a enguia de Melun: grita antes de ser esfolada
→ ANGUILLE, 1

é comum perder-se o bom por querer o melhor →
MIEUX, 2

é da proibição que nasce a tentação → FRUIT, 6

é dando que se recebe → COMPAGNON, 5 •
RHUBARBE

é de pequeno que se torce o pepino → MONSTRE

é difícil livrar-se do rabo de palha, por mal pregado
que seja → CALOMNIER

é errando que se aprende → FAUTE, 1

é fácil andar a pé quando se tem o cavalo pelas rédeas
→ ESTOMAC, 5 • PIED, 3

é fácil chorar ao domingo o que ri na sexta-feira →
[1]RIRE, 2

é fácil ser prudente depois do acontecimento → SAGE,
7

é freqüente o riso na boca de quem não tem siso →
[2]RIRE

é grande a disputa que não se resolve entre lençóis →
DRAP, 4

é impossível voar sem asas → OISEAU, 11

é inútil chover no molhado → FOLIE, 4 • MER, 2 •
POURCEAU

é inútil enfiar toucinho em cu de capado gordo →
POURCEAU

é inútil levar água ao mar → FOLIE, 4 • MER, 2 •
POURCEAU

é inútil socar banha em cu de porco → POURCEAU

é leve o fardo no ombro alheio → CHAGRIN, 3

é má a ave que em seu ninho caga → OISEAU, 21

é má a ave que seu ninho suja → OISEAU, 21

é maior o arruído que as nozes → BRUIT, 2 • RUMEUR

é mais fácil aconselhar que praticar → CONSEILLER

é mais fácil caçar moscas com mel do que com vinagre
→ MOUCHE, 6

é mais fácil descer do que subir → DESCENDRE

é mais fácil destruir que construir → CRITIQUE

é mais fácil dizer que fazer → DIT

é mais fácil esquecer um favor do que uma ofensa →
BIENFAIT, 1

é mais fácil passar um camelo pelo fundo de uma
agulha do que entrar um rico no reino de Deus →
CHAMEAU, 1

é mais fácil pegar o mentiroso que o coxo →
MENTEUR, 3

é mais fácil rasgar que costurar → CRITIQUE

é mais fácil um burro (criar asas e) voar → CHAT, 21 •
NID, 1

é mais fácil um camelo passar pelo buraco de uma
agulha que um rico entrar no reino dos céus →
CHAMEAU, 1

é mais fácil uma vaca voar → CHAT, 21

é meio dote uma cara bonita → FILLE, 9

é melhor deitar sem ceia que levantar com dívidas →
DETTE, 4

é melhor dizer "bem fiz eu" do que "se eu soubera" →
VALOIR, 1

é melhor errar com muitos que acertar com poucos →
FOU, 13

é melhor pedir (do) que roubar → MAIN, 7

é melhor ser estilingue que vidraça → MARTEAU, 1

é melhor suar que gemer → SUER

é melhor uma ruim acomodação que uma boa questão
→ ACCOMMODEMENT

é meu amigo o que mói no meu moinho → ONCLE

é minha pátria onde me dou bem → PAYS, 4

é na adversidade que se conhece o amigo → AMI, 7

é na ausência do senhor que se conhece o servidor →
ABSENCE, 1

é na ausência que se conhece a falta → BIEN, 6

é na cara dos pobres que os barbeiros aprendem →
BARBE, 1

é na desgraça que se conhecem os amigos → AMI, 7 •
MALHEUR, 5

é na desventura que se conhece o amigo → AMI, 7

é na intenção que está o valor da ação → INTENTION, 3

é na necessidade que se conhecem os amigos → AMI,
7 • MALHEUR, 5

é na tempestade que se conhece o marinheiro →
DANGER, 1

é necessário coxear com os coxos → ROME, 3

é no perigo que se conhecem os bravos → DANGER, 1

é no uso que se revela a qualidade → QUALITÉ

é nos tempos maus que se conhecem os amigos bons
→ AMI, 7 • MALHEUR, 5

é o comer que faz a fome → APPÉTIT, 2

é o parto da montanha → MONTAGNE, 3

em festa de formiga não se elogia tamanduá → CORDE, 6

em festa de jacaré, não entra inhambu → GUÊPE

em festa de jacu, inhambu não pia → GUÊPE

em festa de jacu, não entra inhambu → GUÊPE

em França como francês, em Roma como romano → ROME, 3

em frente da arca aberta o justo peca → PORTE, 3

em havendo má fortuna, não há carro que não tombe → MALHEUREUX, 4

em lagoa que tem piranha, macaco bebe água de canudo → PRUDENCE

em longa estrada e cama apertada verás quem te ama → LIT, 3

em manqueira de cão e lágrimas de mulher não há que crer → HEURE, 1 • PLEUR, 2

em matéria de ofender, antes réu que autor ser → MAL, 10

em mesa redonda não há cabeceira → TABLE, 2

em pau caído todo o mundo faz graveto → ARBRE, 12 • LOUP, 14

em pequena caixa está o bom ungüento → POT, 3

em pequena fonte se bebe à vontade → CHEMINÉE, 1

em pequeno corpo, coração grande → HOMME, 5

em rio quedo não metas o dedo → EAU, 5

em rio que tem piranha, jacaré nada de costas → PRUDENCE

em Roma, sê romano → LOUP, 3 • ROME, 3

em ruim corpo se esconde bom senhor → CRASSE

em sua casa cada qual é rei → CHARBONNIER • CHIEN, 17

em sua casa governa o carvoeiro como o galo em seu poleiro → COQ, 6

em tempo de guerra, as leis são mudas → ARME, 1

em tempo de guerra, calam-se as leis → ARME, 1

em tempo de guerra não se limpam armas → GUERRE, 1

em tempo de guerra não se planta nem se come menta → GUERRE, 3

em tempo, lugar e sazão, o dar é corrupção → DON, 2

em terra de cegos, o torto é rei → AVEUGLE, 3

em terra de cegos, quem tem um olho é rei → AVEUGLE, 3

em terra de cobra, sapo não chia → FORCE, 1 • GUÊPE • RAISON, 1

em terra de gavião, galinha não vinga pinto → GUÊPE

em terra de lobos uiva-se com eles → LOUP, 3 • RENARD, 5 • ROME, 3

em terra de mouros, cristão é mouro → LOUP, 3 • ROME, 3

em terra de papudos, quem não tem papo é defeituoso → ROME, 3

em terra de sapo, de cócoras como ele → LOUP, 3 • ROME, 3

em terra de sapo, mosquito não dá rasante → PRUDENCE

em terra onde a gente não vai, banana dá na rama e feijão dá na raiz → SERVANTE

em terra onde não tem carne, espinha de peixe é lombo → CHAPON, 1

em terra onde não tem galinha, inhambu/urubu é frango → CHAPON, 1

em terra onde não tem onça, veado escaramuça → RAISON, 1

em terreiro de galinha, barata e mais bicharia não têm razão → FORCE, 1 • GUÊPE • RAISON, 1

em terreiro de galinha, barata não tem razão → FORCE, 1 • GUÊPE • RAISON, 1

em toda a casa há roupa suja → BESACE

em toda a parte há pedras na estrada → CHAUDRON, 1 • PAYS, 3

em toda a parte há um pedaço de mau caminho → CHAUDRON, 1 • PAYS, 3

em todo céu escuro existe ao menos uma estrela → ALLER, 1

em todos os tempos peixe grande come peixe pequeno → POISSON, 4

em tudo quanto fizeres olha o fim → ¹FIN, 3

em uma hora não se ganhou Samora → ROME, 5 • ZAMORA

em vão os cães ladram à lua → LUNE, 1

em velha gamela também se faz boa sopa → POT, 4

emprenha de ar, parirás vento → LIT, 4

emprestaste e não cobraste; e, se cobraste, não tanto; e, se tanto, não tal; e, se tal, inimigo mortal → ENNEMI, 7

enchida a pança, vamos à dança → PANSE, 2

encomenda sem dinheiro fica no Rio de Janeiro → ARGENT, 25

encomenda sem dinheiro fica no tinteiro → ARGENT, 25

encomendas sem dinheiro esquecem ao primeiro ribeiro → ARGENT, 25

encomendas sem dinheiro ficam na toca de um sobreiro → ARGENT, 25

encomendas sem dinheiro ficam no cais de Aveiro → ARGENT, 25

encosta-te a boa árvore e gozarás de boa sombra → ARBRE, 7

encosta-te a boa árvore, que boa sombra te cobre → ARBRE, 7

encurtar a ceia, alongar a vida → SOIF

enfeitai o cepo, parecerá mancebo → BÂTON, 2 • PAPILLON, 1

engolir um boi e engasgar com um mosquito → BŒUF, 7

enquanto a erva cresce, o cavalo morre → HERBE, 5

enquanto disputam os cães, come o lobo a ovelha → CHIEN, 39

enquanto dorme o amo, folgam os fâmulos → VOYAGE, 2

enquanto dormem os gatos, comem os ratos → CHAT, 20

fala pouco e bem, serás alguém → BÈGUE • FOU, 10 • PARLER, 2

fala pouco e bem, ter-te-ão por alguém → BÈGUE • FOU, 10 é PARLER, 2

falai do ruim e olhai para a porta → LOUP, 15

falai no lobo, ver-lhe-eis a pele → LOUP, 15

falai no mau, aparelhai/aprontai/preparai o pau → LOUP, 15

falai no Mendes, aqui o tendes → LOUP, 15

falai no Mendes e à porta o tendes → LOUP, 15

falando do diabo, aparece o rabo → LOUP, 15

falar bem não custa a ninguém → LANGUE, 1

falar sem pensar é atirar sem apontar → LANGUE, 3 • PARLER, 3

falar sem pensar vem muitas vezes a falhar → PARLER, 3

falas de mel, coração de fel → ANGE, 1 • FLÛTE, 3

falso por natura, cabelo negro, barba ruiva → BARBE, 4

falta de notícias, boas notícias → NOUVELLE, 3

falta de notícias é boa notícia → NOUVELLE, 3

família criada, paz arrasada → ENFANT, 13

farei primeiro aos meus, então aos alheios → VOISIN, 3

farinha pouca, meu pirão primeiro → MILIEU, 1

far-te-ei a barba, far-me-ás o topete → RHUBARBE

fartura traz fastio → ABONDANCE, 3 • SATIÉTÉ

favas das mais caras, cerejas das mais baratas → PETIT-POIS

favor ao comum, favor a nenhum → COMMUN, 2

faz bem jejuar depois de jantar → ESTOMAC, 5

faz(e) aquilo para que és feito e conhece-te a ti mesmo → FAIT, 2

faz(e) bem à gata, saltar-te-á na cara → INGRAT, 1 • LIT, 2

faz(e) bem ao vilão, morder-te-á a mão → LIT, 2

faz(e) bem ao vilão, morder-te-á a mão; castiga o vilão, beijar-te-á a mão → VILAIN, 5

faz(e) o bem, não temerás ninguém → FAIRE, 1

faz(e) o bem e não olhes a quem → FAIRE, 9

faz(e) o que deves fazer, suceda o que suceder → FAIRE, 9

faz(e) o que estás fazendo → FAIRE, 11

faz(e) o que eu disser e não faças o que eu fizer → FAIRE, 10

faz(e) o teu dever, suceda o que suceder → FAIRE, 9

faz(e) pé atrás, que melhor saltarás → ATOUT • RECULER

faz(e) tu e Deus te ajudará → DEVOIR

faz(e) tua seara onde canta a cigarra → FRUIT, 4

fazei o bem que digo e não o mal que faço → FAIRE, 10

fazei-vos mel, comer-vos-ão as moscas → MIEL, 1

faze-me a barba, far-te-ei a tosquia → RHUBARBE

faz(e)-me as barbas, eu te pentearei → RHUBARBE

faz(e)-me as barbas, far-te-ei o cabelo → RHUBARBE

fazendo e desfazendo, se vai aprendendo → FAIRE, 6

fazer bem a velhacos é deitar água a pintos → INGRAT, 2

fazer bem a velhacos é lançar água ao mar → INGRAT, 2

fazer bem a vilão ruim é lançar água em cesto roto → INGRAT, 2

fazer de uma via dois mandados → PIERRE, 1

fazer e desmanchar, tudo é trabalhar → FAIRE, 7

fazer festa a um velhaco é lançar água ao mar → INGRAT, 2

fazer o bem, não temer a ninguém → FAIRE, 1

fazer o bem sem saber a quem (seus) perigos tem → PENDARD

fazer tudo com tento, peso e medida → MESURE

faz-se a roupa conforme o pano → MANTEAU, 1 • ROBE, 1

febre outonal ou longa ou mortal → FIÈVRE, 1

febres outonais ou longas ou mortais → FIÈVRE, 1

fecha o saco antes que ele transborde → POCHE, 2 • SAC, 6

feita a lei, cuidada a malícia → LOI, 4

feita(s) a(s) vindima(s), guardam-se os cestos! → PANIER, 1

feliz a nação que não tem história → NATION, 1

feliz da porta por onde sai mulher morta → DEUIL, 3

feliz de quem se contenta com o que tem → HEUREUX, 1 • RICHE, 2

feliz é a criança que a seu pai conhece → ENFANT, 9

feliz e boa festa faz quem em sua casa fica em paz → MONDE, 10 • PIERRE, 5

feliz é irmão de freira, que entra no céu como cunhado → COMPAGNON, 5

feliz no jogo, infeliz nos amores → JEU, 4

ferida muito alforada vira bouba → MÉDECIN, 5

ferro que não se usa, gasta-o a ferrugem → ÉCURIE, 2 • ROUILLE

festa acabada, músicos a pé → FÊTE, 6

festa acabada, músicos aos pontapés → FÊTE, 6

fevereiro – o mais curto mês e o menos cortês → FÉVRIER, 3

fiado nem a meu cunhado → CRÉDIT

fiado só amanhã → CRÉDIT

fiado vendeu, inimigo ganhou; amigo perdeu se dinheiro emprestou → CRÉDIT

fia-te em santo e não corras... → DIEU, 9

fia-te na Virgem e não corras... → DIEU, 9

fia-te na Virgem e não corras e verás o tombo que levas → DIEU, 9

fia-te na Virgem e não te agarres aos fueiros → DIEU, 9

filha casada, não faltam casões → FILLE, 16

filha casada, não lhe faltam noivos → FILLE, 16

filha casada, pretendentes à porta → FILLE, 16

filha desposada, filha apartada → FILLE, 3

filho alheio, brasa em seio → FARDEAU, 2

filho de arisco nasce matreiro → PÈRE, 6 • SANG, 1

filho de avarento sai pródigo → CHICHE, 2 • PÈRE, 2

filho de burro não pode ser cavalo → PÈRE, 6 • SANG, 1

filho de burro pode ser lindo mas um dia dá coice → PÈRE, 6

filho de gata ratos mata → PÈRE, 6 • POULE, 9 • SANG, 1

gostos não se discutem → GOÛT, 3

gota a gota a talha se esgota → GOUTTE, 4 • POIL, 3

gota a gota o mar se esgota → GOUTTE, 4 • POIL, 3

gota é mal de rico; cura-se fechando o bico → GOUTTE, 3

gota não tem cura → GOUTTE, 1

goteira é que enche bacia → GOUTTE, 6

grande bem me quer minha mulher, se da banda do (meu) punhal há dinheiro que lhe dar → FEMME, 13

grande bem me quer minha mulher, se no bolso tiver dinheiro para lhe dar → FEMME, 13

grande cozinha de pobreza avizinha → FARINE, 3 • MAISON, 8

grande cozinha, pequeno testamento → MAISON, 8

grande gabador, pequeno fazedor → RUMEUR

grande mar, grande tormenta → PORTE, 1

grande nau, grande perigo/tormenta → PORTE, 1

grande prazer é enganar o enganador → PLAISIR, 1

grande prazer não escusa comer → PANSE, 2

grandes atoardas, tudo nada → BRUIT, 2

grandes caminhadas, grandes mentiras → MENTIR, 1

grão a grão, enche a galinha o paparrão/papo → OISEAU, 14 • PROFIT, 1

grão a grão, também se chega a milhão → GAIN, 2 • GOUTTE, 6 • GRAIN, 5 • OISEAU, 14 • SOU, 5

guarda hoje que terás amanhã → POIRE, 2

guarda o que não presta, acharás o que é preciso → PIED, 1 • TEMPS, 9

guarda o que não presta, terás o que desejas → PIED, 1 • TEMPS, 9

guarda o que não queres, acharás o que quiseres → PIED, 1 • TEMPS, 9

guarda o que puderes, terás o que quiseres → FEU, 3

guarda o teu dinheiro para o mau tempo → FEU, 3 • POIRE, 2

guarda pão para maio e lenha para abril → AVRIL, 6

guarda retalho(s) e terás seda → ÉCONOMIE • SOU, 5

guardas-me um segredo, amigo? melhor o guardas se to não digo → SECRET

guarda-te da ira de um homem paciente → PATIENCE, 4

guarda-te da traseira da mula, da ilharga do carro, da dianteira do frade e de vento que entra pelo buraco → FEMME, 26

guarda-te do boi pela frente, do burro por detrás e do frade por todos os lados → FEMME, 26

guarda-te do cão que não ladra e do homem que não fala → HOMME, 6 • LAIT, 4

guarda-te do homem de um livro só → HOMME, 31

guarda-te do homem que não fala e do cão que não ladra → HOMME, 6 • LAIT, 4

guarda-te do inimigo reconciliado → ENNEMI, 1

guarda-te dos falsos profetas → PROPHÈTE, 1

guarde-vos Deus de físico experimentador e de asno ornejador → MÉDECIN, 2

guardou-se da mosca, comeu-o a aranha → LOUP, 21

guerra bem guerreada traz boa paz → GUERRE, 2

guerra, caça e amores, por um prazer, cem dores → JOIE, 1

guerra é guerra → GUERRE, 1

guerra, peste e carestia estão sempre em companhia → GUERRE, 7

há gosto para tudo → GOÛT, 2, 3

há gostos para todas as coisas → GOÛT, 2, 3

há homens e homens → DIFFÉRENCE

há mais aprendizes que mestres → OUVRIER, 1

há mais bêbados/bêbedos vivos que médicos velhos → MÉDECIN, 8

há mais discípulos que apóstolos → OUVRIER, 1

há mais loucos fora do que dentro do hospício → CORNICHON

há mais Marias na Terra → ÂNE, 8

há mais tolos que compram do que tolos que vendem → ACHETEUR

há males que vêm para/por bem → MAL, 9 • MALHEUR, 1

há mar e mar, há ir e voltar → FAGOT, 3

há mil modos de morrer e só um de nascer → ENTRÉE

há moiro/mouro na costa → ANGUILLE, 2

há muitas maneiras de matar pulgas → MOULIN, 5

há muitas Marias na Terra → ÂNE, 8

há muitos burros do mesmo pêlo → ÂNE, 8

há remédio para tudo, menos para a morte → REMÈDE, 1

há sempre um chinelo velho para um pé doente → MARMITE, 3

há tempo para nascer e tempo para morrer → TEMPS, 10

há todo o tipo de gente nesta vida → MONDE, 4

há uma única verdade para mulheres e homens → VÉRITÉ, 7

hábito de frade e saia de mulher chega onde quer → FEMME, 22

haja pão e satisfação → PAIN, 9

herói é no que dói → DANGER, 1

Hipócrates diz sim e Galeno diz não → HIPPOCRATE

hoje canto, amanhã pranto → FLEUR, 2

hoje com saúde, amanhã no ataúde → CHAIR, 3

hoje de festa, amanhã de enterro → ¹RIRE, 2

hoje de humana figura, amanhã na sepultura → CHAIR, 3 • FLEUR, 2

hoje é o meu dia, amanhã será o teu → AUJOURD'HUI, 1 • TOUR

hoje meu, amanhã teu → TOUR

hoje na figura, amanhã na sepultura → CHAIR, 3 • FLEUR, 2

hoje pavão, amanhã espanador → SERVIETTE

hoje por mim, amanhã por ti → AUJOURD'HUI, 1 • MAIN, 15 • TOUR

hoje rico e festejado, amanhã pobre e desprezado → CHEVALIER, 1

hoje somos, amanhã não → CHAIR, 3 • FLEUR, 2

homem astroso, barba até ao olho → BOSSU, 1

ladrão endinheirado nunca morre enforcado ➔
 LARRON, 6 • PAIN, 26

ladrão não furta/rouba a ladrão ➔ CORBEAU, 4 •
 LOUP, 10

ladrão que furta/rouba a ladrão tem cem anos de
 perdão ➔ LARRON, 2

ladrãozinho de agulheta depois sobe à barjoleta/
 barjuleta ➔ ŒUF, 8 • PANIER, 2

lagartixa de tanto cumprimentar perdeu a cabeça ➔
 BREBIS, 14

lagartixa sabe em que pau bate a cabeça ➔ CHAT, 3

lágrimas de herdeiro são sorrisos forçados ➔
 HÉRITIER, 3

lágrimas de herdeiros, risos secretos/sorrateiros ➔
 HÉRITIER, 3

lágrimas de mulher, têmpera de malícia ➔ PLEUR, 2

lágrimas de mulher valem muito e custam-lhe pouco
 ➔ PLEUR, 2

lágrimas não pagam dívidas ➔ CHAGRIN, 2 •
 TRISTESSE

laranjeira azeda não dá laranja-lima ➔ PIN

laranjeira doce é que apanha varada ➔ MIEL, 1 •
 PIERRE, 4

lavra a terra enquanto o preguiçoso dorme e terás
 trigo para vender e guardar ➔ MAIN, 9

lé com lé, cré com cré (e cada qual com os da sua ralé)
 ➔ ÂNE, 14 • CHACUN, 1 • MARIER (SE), 3 • MOU •
 RESSEMBLER (SE) • TORCHON, 1

leito apertado e longos caminhos fazem amigos ➔
 LIT, 3

lembra-se mais o credor que o devedor ➔ ARGENT, 26

lenha verde é que faz fumaça ➔ BÛCHE, 2

ler sem entender é caçar sem colher ➔ LIRE

levantas a lebre para que outrem medre ➔ BUISSON, 3

levanta-te às seis, almoça às dez, (janta às seis,)
 deita-te às dez, viverás dez vezes dez ➔ LEVER (SE)

leve é a fortuna e cedo pede o que deu ➔ CHANCE, 2

linda cara, meio dote ➔ FILLE, 9 • MARCHANDISE, 3

linda casa, meio dote ➔ TERRE, 4

língua comprida/longa, (sinal de) mão curta ➔
 LANGUE, 7

língua de mel, coração de fel ➔ LANGUE, 8

livra-te do homem que não fala e do cão que não ladra
 ➔ HOMME, 6

lobo aonde não vai pelo seu pé não se farta ➔
 RENARD, 2

lobo com a goela cheia não morde ➔ OS, 4

lobo muda a pele mas não o vezo ➔ RENARD, 13

lobo não/nunca come lobo ➔ CORBEAU, 4, ²FIN •
 LOUP, 10

lobo quedo não colhe sebo ➔ RENARD, 2

lobo velho não cai em armadilha ➔ ÂGE, 1 • CHASSE, 2

longa amizade, pouca intimidade ➔ BORNE

longa corda tira quem por morte alheia suspira ➔
 CORDE, 2

longa é a arte, curta a vida ➔ ART, 3

longas vias, longas mentiras ➔ MENTIR, 1

longe da vista, longe do coração ➔ ŒIL, 12

longe de mim mulher que sabe latim e burra que faz
 "him" ➔ FEMME, 18

longe dos olhos, longe do coração ➔ ŒIL, 12

louvor em boca própria é menosprezo/vitupério ➔
 ESPRIT, 5 • LOUANGE, 1

lua à tardinha com seu anel dá chuva à noite ou vento
 a granel ➔ LUNE, 2

lua (nova) com "circo" água traz no bico ➔ LUNE, 3

lugar de dia perdido nunca é preenchido ➔ TEMPS, 25

luta a onda com o rochedo, quem paga é o mexilhão
 ➔ MULÂTRE

má vizinha à porta é pior que lagarta na horta ➔
 VOISIN, 6

macaco não enxerga o seu rabo mas enxerga o da cutia
 ➔ BOSSU, 3

macaco que sobe muito mostra o rabo ➔ SINGE, 5

macaco ri do rabo da cutia e não olha o seu ➔ BOSSU, 3

macaco velho não aprende arte nova ➔ SINGE, 2

macaco velho não dá pulo em galho seco ➔ ÂGE, 1

macaco velho não mete/põe a mão em cumbuca ➔
 ÂGE, 1 • MERLE • POMME, 1

macaco velho não se acostuma com coleira ➔ CHIEN,
 59

macaco velho não se aperta ➔ SINGE, 7

macaco velho não trepa em galho/ramo seco ➔ ÂGE, 1

madeira verde faz fogueira alta ➔ BÛCHE, 2

madrasta, nem de pasta ➔ MARÂTRE

madrasta, o diabo arrasta ➔ MARÂTRE

madrasta, o nome lhe basta ➔ MARÂTRE

madrugar não é folgar, beber cedo é que é prazer ➔
 MATIN, 2

mãe cuidadosa, filha preguiçosa ➔ MÈRE, 3

mãe preguiçosa faz a filha opiniosa ➔ MÈRE, 3

magreza não é beleza ➔ CHAIR, 5 • GRAISSE, 2

magro, mas sem coleira ➔ OISEAU, 7

maio chuvoso faz o lavrador venturoso ➔ MAI, 2

maio chuvoso ou pardo faz o pão vistoso e grado ➔
 MAI, 2

maio pardo, ano farto ➔ MAI, 2

maio pardo e ventoso faz o ano venturoso ➔ MAI, 2

maio pardo enche o saco ➔ MAI, 2

maio pardo, junho claro, fazem o lavrador honrado ➔
 MAI, 2

mais anda quem tem bom vento do que quem muito
 rema ➔ FORTUNE, 1

mais apaga a boa palavra que (a) caldeira de água ➔
 PAROLE, 17 • PLUIE, 4

mais barato é o que se compra que o que se pede ➔
 CHER, 1

mais caga um boi que um milhão de mosquitos ➔
 BŒUF, 9

mais cedo ou mais tarde não há coisa que não acabe ➔
 CHOSE, 11

mais come o boi de uma lambida que a ovelha em
 todo o dia ➔ BŒUF, 9

mais come o boi de uma lambida que cem andorinhas → BŒUF, 9

mais consegue a brandura que a violência → DOUCEUR

mais cura a dieta que a lanceta → MOULIN, 3

mais custa a mecha que o sebo → JEU, 7

mais depressa morre um cordeiro que um carneiro → MARCHÉ, 2

mais depressa se apanha um mentiroso que um coxo → MENTEUR, 3

mais fácil é ao burro perguntar que ao sábio responder → FOU, 25

mais faz quem quer do que quem pode → FAIRE, 13

mais faz um amigo do que um parente → AMI, 22

mais fere (a) má palavra (do) que espada afiada → LANGUE, 11

mais Marias há na Terra → ÂNE, 8

mais matou a ceia que sarou Avicena → GOURMAND, 2

mais pobre é quem cobiça do que quem pouco tem → CONVOITER

mais pode Deus ajudar que velar e madrugar → DIEU, 32

mais puxa moça bonita que corda ou guita → CHEVEU, 4

mais puxa moça que corda → CHEVEU, 4

mais puxam duas tetas que duas cordas de carreta → CHEVEU, 4

mais quero a meus dentes que a meus parentes → CHEMISE, 1

mais quero asno que me leve que cavalo que me derrube → OMBRE, 2

mais quero para meus dentes que para meus parentes → CHEMISE, 1

mais quero velho que me honre que moço que me assombre → OMBRE, 2

mais se pode fazer em um dia do que em um ano inteiro → FAIRE, 12

mais se sabe por experiência que por aprender → APPRENTI • EXPÉRIENCE, 1

mais sofrível é inimigo imprudente que amigo impertinente → ZÈLE

mais tiram tetas que calabre de nau → CHEVEU, 4

mais vale a paciência que o saber → PATIENCE, 7

mais vale a prática que a gramática → FORGERON

mais vale a saúde que o dinheiro → SANTÉ, 2

mais vale adormecer sem ceia do que acordar com dívidas → DETTE, 4

mais vale amigo na praça do que dinheiro na caixa → AMI, 15

mais vale amigo na praça que dinheiro na arca → AMI, 15

mais vale andar neste mundo em muletas que no outro em carretas → CHIEN, 58

mais vale astúcia que força → FORT • RUSE • SAGESSE, 2

mais vale barriga cheia que barbas untadas → PANSE, 3 • REPAS

mais vale bem comer que bem vestir → PANSE, 3 • REPAS

mais vale boa fama que dourada cama → RENOMMÉE, 2

mais vale boa nomeada que cama dourada → RENOMMÉE, 2

mais vale boa regra que boa renda → RÈGLE, 3

mais vale bom amigo que parente ou primo → AMI, 22 • VOISIN, 4

mais vale bom vagar que má pressa → HÂTER (SE), 1

mais vale bom vizinho que parentesco → VOISIN, 4

mais vale burro vivo que sábio morto → CHIEN, 58

mais vale calar que mal falar → FOU, 10 • PARLER, 1

mais vale cão vivo que leão morto → CHIEN, 58

mais vale comer palha do que comer nada → PAIN, 8

mais vale deitar-se sem ceia que levantar-se com dívidas → DETTE, 4

mais vale descoser do que romper → DÉCOUDRE

mais vale dizer "bem fiz eu" do que "por aqui fiquei" → VALOIR, 1

mais vale dizer "bem fiz eu" do que "por aqui passei" → VALOIR, 1

mais vale dizer "bem fiz eu" do que "se eu soubera" → VALOIR, 1

mais vale dívida velha que tinha nova → DETTE, 5

mais vale estrada velha que vereda nova → VOIE, 3

mais vale estragar sapatos que lençóis → SOULIER, 7

mais vale ir que mandar → FAIRE, 5 • SERVIR

mais vale jeito que força → BÉQUILLE • CONCORDE • FORT • RUSE

mais vale lograr um rico do que um pobre → AGNEAU, 3

mais vale má avença que boa sentença → ACCOMMODEMENT

mais vale magro no mato que gordo no papo do gato → OISEAU, 7

mais vale mal de inveja que bem de piedade → ENVIE, 2

mais vale mau ajuste que bom pleito → ACCOMMODEMENT

mais vale migalha que pêlo de barba → ŒUF, 6

mais vale morte com honra que vida desonrada → HONNEUR, 6

mais vale morte que vergonha → COURTOIS • HONNEUR, 6

mais vale o bucho que o luxo → NAPPE, 2 • PANSE, 3 • REPAS

mais vale o calor do estômago que o pêlo do melhor veludo → PANSE, 3 • REPAS

mais vale o cheiro do que o gosto → SAUCE, 2

mais vale o jeito que a força → BÉQUILLE • CONCORDE • FORT • RUSE

mais vale ovo de galinha que peido de rainha → ŒUF, 6

mais vale paciência pequenina do que arrancos de leão → PATIENCE, 6

mais vale pão hoje que galinha amanhã → ŒUF, 5 •
TENIR, 2

mais vale paz que vitória → PAIX, 2

mais vale pedaço de pão com amor que galinha com
dor → CHAUMIÈRE • PAIX, 1

mais vale pedir e mendigar que na forca espernear →
MAIN, 7

mais vale perder que mais perder → LAINE, 3

mais vale perder um minuto na vida do que perder a
vida num minuto → CORBILLARD

mais vale pouco que nada → PAIN, 8

mais vale prevenir que remediar → POINT, 2 •
PRÉVENIR

mais vale qualidade que quantidade → FARDEAU, 3

mais vale que sobeje do que falte → ABONDANCE, 1 •
SUER

mais vale quem Deus ajuda que quem cedo madruga
→ DIEU, 32

mais vale rodear que afogar → FOSSÉ, 3

mais vale ruim composição do que boa demanda →
ACCOMMODEMENT

mais vale saber que haver/ter → SAGESSE, 3

mais vale saúde boa que pesada bolsa → BARONNIE •
SANTÉ, 2 • TRÉSOR

mais vale saúde que riqueza → SANTÉ, 2

mais vale ser cabeça de burro que rabo de leão →
TÊTE, 7

mais vale ser enganado do que ser morto e enterrado
→ COCU, 1

mais vale ser feliz numa cabana que infeliz num
castelo → CHAUMIÈRE

mais vale ser feliz que rico → CONTENTEMENT

mais vale ser invejado que lamentado → ENVIE, 2

mais vale ser marido enganado que enterrado →
COCU, 1

mais vale ser o primeiro na aldeia que o segundo em
Roma → PREMIER, 3

mais vale só que mal acompanhado → SEUL, 1

mais vale sofrer muitas injúrias do que fazer uma →
MAL, 10

mais vale suar que tremer → SUER

mais vale ter mau hálito que não ter hálito nenhum →
PIED, 8

mais vale testemunha séria que pena e tinta →
TÉMOIN, 2

mais vale tico-tico no prato que jacu no mato →
OISEAU, 19

mais vale um amigo na praça que cem mil-réis na
algibeira → AMI, 15

mais vale um amigo próximo que um parente afastado
→ VOISIN, 4

mais vale um asno vivo que um doutor morto →
CHIEN, 58

mais vale um "avache" que dois "te darei" → OISEAU,
19 • TENIR, 2

mais vale um gosto do que quatro vinténs → ARGENT,
14

mais vale um gosto na vida que seis vinténs (na
algibeira) → ARGENT, 14

mais vale um hoje que dois amanhã → TENIR, 2

mais vale um mau acordo que uma boa sentença →
ACCOMMODEMENT

mais vale um ovo hoje (do) que uma galinha amanhã
→ ŒUF, 5

mais vale um pássaro na mão que dois voando →
OISEAU, 19 • TENIR, 2

mais vale um pé no travão que dois no caixão →
PIED, 8

mais vale um pé que duas muletas → ÉCHASSE

mais vale um "toma" que dois "te darei" → OISEAU,
19 • TENIR, 2

mais vale um vizinho à mão do que longe o nosso
irmão → VOISIN, 4

mais vale uma vista do dono que cem brados do
abegão → ŒIL, 10

mais vêem dois olhos que um → AVIS, 1 •
DISCUSSION, 1 • ŒIL, 5

mais vêem quatro olhos que dois → AVIS, 1 • ŒIL, 5

mais velha é a igreja e vão a ela → CYGNE

mais vozes que nozes → BRUIT, 2 • RUMEUR

mal alheio de cabelo pende → MAL, 13

mal alheio não pesa a quem não o tem → MAL, 13

mal alheio pesa como um cabelo (por grande que seja)
→ MAL, 13

mal de amor não tem cura → COEUR, 4

mal de muitos consolo é → MALHEUREUX, 5

mal é dizer que o cão é danado → CHIEN, 50

mal haja quem mal cuida → HONNI

mal ladra o cão quando ladra de medo → CHIEN, 5

mal me querem as comadres por lhes dizer as
verdades → VÉRITÉ, 12

mal me querem as comadres, porque lhes digo as
verdades → VÉRITÉ, 12

mal não cura mal → MAL, 18

mal pensa quem não repensa → PENSER, 1

mal que não tem cura é (velhice e) loucura → FOU, 19
• VIEILLESSE, 1

mal que se ignora, coração que não chora → ŒIL, 4

mal se dói o farto do pobre faminto → PANSE, 4

mal vai à casa onde a roca manda mais que a espada →
BARBE, 5 • FEMME, 44 • POULE, 2

mal vai à grande fortuna se a economia não a dirige →
ÉPARGNER, 1

mal vai ao fuso quando a barba não anda em cima →
BARBE, 5 • FEMME, 44 • POULE, 2

mal vai ao rato que não sabe mais que um buraco →
SOURIS

mal vive quem não se emenda → VIVRE, 3

maldito seja quem nisso põe malícia → HONNI

malha no/o ferro enquanto está quente → FER, 1 •
POULE, 8

maluco não fica velho → TÊTE, 13

manda quem pode, obedece quem deve → RAISON, 1

meus filhos criados, meus males dobrados; meus filhos casados, meus males acrescentados → ENFANT, 13

mija um português, mijam dois ou três → CHIEN, 56

missa e pimento são fraco alimento → SERMON

mocidade desprevenida, velhice arrependida → JEUNESSE, 6

mocidade ociosa faz velhice trabalhosa → JEUNESSE, 6

mocidade ociosa não faz velhice contente → JEUNESSE, 6

mocidade ociosa, velhice desonrosa/vergonhosa → JEUNESSE, 6

mocidade preguiçosa, velhice trabalhosa → JEUNESSE, 6

mocidade viciosa, velhice penosa → JEUNESSE, 6

moço de recado não merece castigo → MESSAGER, 2

moço desprevenido, velho arrependido → JEUNESSE, 6

molha-se a vela conforme o vento → VENT, 14

mordedura de cão cura-se com (o) pêlo do mesmo cão → MORSURE • SEMBLABLE

morre a flor desde que nasce → MOURIR, 2

morre jovem quem os deuses amam → MEILLEUR

morre o cavalo a bem do urubu → MALHEUR, 6

morrem os gatos, banqueteiam-se os ratos → CHAT, 20

morreu o rei, viva o rei → ROI, 6

morta a cobra, acaba/morto o veneno → BÊTE, 1

morta minha filha, morto meu genro → AMITIÉ, 1

mortalha não tem bolso → LINCEUL • ROI, 7

morte certa, hora incerta → ^{1}MORT, 8

morto eu, morto o mundo → DÉLUGE

morto o bicho, acaba/morta a peçonha → BÊTE, 1, ^{2}MORT, 4

mudado o tempo, muda-se o tento → TEMPS, 1

mudam-se os tempos, mudam-se as idéias/vontades → TEMPS, 1

mudam-se os tempos, mudam-se os pensamentos → TEMPS, 1

mudança de tempo, bordão de néscios → CHANGEMENT, 4

mudança descansa → DIVERSITÉ

muita água correrá/passará debaixo da ponte → EAU, 4

muita cera queima a igreja → PRÉCAUTION, 2

muita diligência espanta a fortuna → PRÉCAUTION, 2

muita palha, pouco grão/trigo → DISEUR, 2

muita parra, pouca uva → DISEUR, 2

muita riqueza, pouco saber → FOU, 6 • SAGESSE, 5

muita unha e pouca pena depressa se depena → POIL, 3

muita zoada é sinal de pouca cousa → DISEUR, 2 • VENT, 5

muitas mãos e poucos cabelos asinha são depenados → POIL, 3

muitas mãos tornam leve o trabalho → BŒUF, 6 • MAIN, 1

muitas vezes a má folha esconde o melhor fruto → CRASSE • NOYAU, 1

muitas vezes pode uma vaca alcançar a lebre → VACHE, 11

muitas vezes não é feliz quem o diz → CHACUN, 2 • JOIE, 4

muitas vozes, poucas nozes → DISEUR, 2 • VENT, 5

muito ama quem por amor morre → AIMER, 3

muito ameaça quem de medroso não passa → CHIEN, 8 • COURROUX, 2 • HARDI • MENACER

muito barulho por nada → BRUIT, 2

muito beber faz esquecer → MÉMOIRE, 3

muito cego é quem não vê através de uma peneira → ENTENDEUR, 1

muito fala quem ouve de muitos → ÉCOUTANT

muito grande dita tem a mulher que é formosa → FILLE, 9

muito mente quem (muito) dá com a língua no dente → PARLEUR

muito mente quem muito deve → MENSONGE, 2

muito padece quem ama → AIMER, 2

muito peido é sinal de pouca bosta → DISEUR, 2 • LANGUE, 9 • VENT, 5

muito pior que um inimigo é um falso amigo → DIEU, 15

muito pode a vontade → VOULOIR

muito pode o galo no seu poleiro/terreiro → COQ, 6

muito pode o gato no seu fato/lar → CHIEN, 17

muito pode o homem em sua casa → CHARBONNIER • CHIEN, 17

muito riso é sinal de pouco siso → ^{2}RIRE

muito riso, pouco siso → ^{2}RIRE

muito roncar antes da ocasião é sinal de dormir nela → CHIEN, 15 • DISEUR, 2

muito sabe a raposa mas mais sabe quem a toma → RENARD, 10

muito sabe a raposa mas quem a apanha sabe mais → RENARD, 10

muito se apressa a construir quem dinheiro não tem → BOURSE, 1

muito trovão é sinal de pouca chuva → CHIEN, 15 • DISEUR, 2 • MENACEUR • TONNERRE, 4 • VENT, 5

muito vai de alhos a bugalhos → CHAT, 9

muito vai de Pedro a Pedro → CHAT, 9

muitos animais comem palha e só o burro disso tem fama → MOUTON, 1

muitos beijam as mãos que gostariam de ver cortadas → MAIN, 14

muitos conhecidos, poucos amigos → COMPÈRE

muitos fogem da chuva, e apanha-os o granizo → LOUP, 21

muitos padeiros não fazem bom pão → CUISINIER

muitos poucos fazem muito → DENIER, 1 • GAIN, 2

muitos preferem o amanhecer ao entardecer → SOLEIL, 7

muitos são os chamados, (e) poucos os escolhidos → BEAUCOUP

muitos se ocupam mais em saber o alheio que em entender o próprio → MARMITE, 4

muitos trazem tirsos e poucos são Bacos → THYRSE

muitos vão buscar lã e saem tosquiados → LAINE, 2

nada mais fácil do que aconselhar → CONSEIL, 8

nada sabe tanto como o fruto proibido → FRUIT, 6

nada se compara à liberdade → OISEAU, 7

nada se cria, nada se perde(, tudo se transforma) → RIEN, 5

nada seca mais depressa que as lágrimas → LARME

nada tem quem não se contenta com o que tem → CONVOITER • SUFFISANCE

namorados arrufados, casamentos controlados → QUERELLE, 2

não acharás um avarento que não viva num tormento → AVARE, 1

não aconselhes quem te não pede que o faças → CONSEIL, 5

não acordes a má sorte quando ela está dormindo → CHIEN, 20

não acordes o cão quando ele está dormindo → CHIEN, 20

não acordeis o cão que dorme → CHIEN, 20

não adianta chorar depois do leite entornado → LAIT, 2

não adianta chorar (sobre) o leite derramado → LAIT, 2

não adianta contrariar o destino → ÊTRE, 1

não adianta dar murro em ponta de faca → AIGUILLON, 1

não adianta enxugar gelo → MIDI, 2 • POURCEAU

não adianta fugir com o cu à seringa → CUL, 4

não adianta gritar por São Bento depois que a cobra mordeu → LAIT, 2 • OISEAU, 3

não adianta remar contra a maré → AIGUILLON, 1 • MIDI, 2

não anda descalço quem semeia tojos → ÉPINE, 2

não ande descalço quem semeia espinhos → ÉPINE, 2

não aposte num cavalo só → ŒUF, 4

não arrisques tudo de uma só vez → ŒUF, 4

não atires foguetes antes da festa → GLORIA • MAGNIFICAT • TRIOMPHE

não basta numa nação a força sem a união → CONCORDE

não batas em homem morto → [2]MORT, 8

não busques o figo na ameixeira → PIN

não cai o mosteiro por falta de um frade → MOINE, 2

não cantes ao asno, que te responde a coices → ÂNE, 5

não cantes vitória antes do tempo → GLORIA • MAGNIFICAT • TRIOMPHE

não comer por ter comido não é doença de perigo → ESTOMAC, 5

não compres nabos em sacos → CHAT, 8

não concorda com o velho a moça → LUNETTES, 1

não confunda Zé Germano com gênero humano → ENFANT, 6

não conte com os pintos senão depois de nascidos → ŒUF, 3

não contes a tua pobreza a quem te não há de dar da sua fazenda → FROID, 1

não contes com o ovo no cu da galinha → ŒUF, 3

não contes com o trigo antes de medido e posto no celeiro → CABRI • POÊLE, 2

não contes os pintos senão depois de nascidos → CABRI • ÉTABLE

não cortes o que puderes desatar → DÉCOUDRE

não convém trocar o certo pelo duvidoso → OISEAU, 19 • TENIR, 2

não cozerás o cabrito no leite de sua mãe → AGNEAU, 2

não cresce erva em caminho batido → CHEMIN, 1

não crie cão quem lhe não sobre pão → BOURSE, 8 • BRAS, 3

não crie cão quem não lhe sobeja pão → BOURSE, 8 • BRAS, 3

não cuides em filho alheio que não sabes qual sairá → FARDEAU, 2

não cuspa no prato em que comeu → SOUPE, 2

não cuspa para o alto que lhe cai na boca → CIEL, 6

não cuspas para cima que te cai na testa → CIEL, 6

não custa ir a pé quando se leva o cavalo à rédea → PIED, 3

não dê murro(s) em ponta de faca → AIGUILLON, 1

não dê o passo maior do que a perna → BOURSE, 8 • BRAS, 3 • OURDIR

não deites fogo à casa para matar os ratos → BÉBÉ • CHIEN, 23 • MAIN, 12 • NEZ, 6

não deites óleo ao fogo → HUILE, 1

não deixes crescer erva no caminho da amizade → HERBE, 1

não deites pérolas a porcos → PERLE

não deixes a estrada real para seguir o atalho → VOIE, 3

não deixes para amanhã o que podes/puderes fazer hoje → DEMAIN, 3 • LENDEMAIN, 2

não dês a ovelha a guardar ao lobo → BREBIS, 8

não dês coice contra o aguilhão → AIGUILLON, 1

não dês conselho sem que to peçam → CONSEIL, 5

não dês o dedo ao vilão, porque te tomará a mão → DOIGT, 3

não dês ovelhas a guardar ao lobo → BREBIS, 8

não desanimar ajuda a ganhar → MANCHE

não desanimar é dar mais um passo na vida → MANCHE

não despertes o cão que dorme → CHIEN, 20

não digas tudo o que sabes, nem creias tudo o que ouves, nem faças tudo o que podes → JUGER, 1

não duram mais as amizades que enquanto dura a prosperidade → AMI, 21

não é cada dia Páscoa nem vindima → JOUR, 5

não é com vinagre que se apanham moscas → MOUCHE, 6

não é fácil o caminho do céu → CROIX, 3

não é livre o cão que usa coleira → CHEVAL, 21

não é o mel/pão para a boca dos asnos → MIEL, 3

não é pelo galo cantar que há de madrugar → COQ, 1

não é pobre o que tem pouco mas o que muito cobiça → SUFFISANCE

não é pobre o que tem pouco, salvo o que deseja muito → SUFFISANCE não é pobre o que tem pouco, senão quem muito quer → SUFFISANCE

não é rico o que tem muito, mas o que se contenta com pouco → RICHE, 2

não é tão bravo o leão como o pintam → DIABLE, 8 • LOUP, 12

não é tolo quem tropeça e se levanta → ÂNE, 25

não ensebes as botas do vilão – dirá que lhas fazes num tição → BOTTE • VILAIN, 5

não ensines o padre-nosso ao vigário → LATIN

não esconda a candeia debaixo do alqueire → LAMPE, 1

não esperes por sapatos de defunto → SOULIER, 3

não esperes que o teu amigo te faça o que tu podes fazer → SERVIR

não estendas as pernas além do cobertor → BOURSE, 8 • BRAS, 3 • PIED, 4

não faças aos outros o que não desejas para ti → AUTRUI

não faças aos outros o que não queres que te façam a ti → AUTRUI

não faças bem a vilão ruim nem te fies de beleguim → INGRAT, 2 • VILAIN, 5

não fale de rabo quem tem rabo → PIED, 9

não fales mais que a boca → DENT, 1 • TAIRE (SE), 1

não falta pé inchado para sapato velho → MARMITE, 3

não faz passo largo quem tem perna curta → BOURSE, 8 • BRAS, 3

não fazer as coisas pela metade → MOITIÉ, 2

não fazer o que os outros fazem não é pecado → FAIRE, 14

não fies, nem confies → SEUL, 2

não foge quem a casa torna → MAISON, 9

não foi morte de homem nem casa queimada → FOIRE, 1

não gabes um dia bom sem lhe veres o fim → SOIR, 1

não gastes cera com mau/ruim defunto → TÊTE, 1

não gastes cera/sebo com ruins defuntos → TÊTE, 1

não há água mais perigosa que a que não soa → EAU, 5

não há alfaiate bem vestido → CORDONNIER, 2

não há almoço como o do oficial, jantar como o do advogado e ceia como a do fidalgo → DÉJEUNER, 2

não há amor como o primeiro → AMOURS, 6

não há amor sem amargor → AMOUR, 10

não há amor sem ciúme → AMOUR, 11

não há asas mais leves que as do medo → PEUR, 2

não há atalho para o êxito → ROSE, 2

não há atalho sem trabalho → BIEN, 15

não há banquete, por mais rico, em que alguém não jante mal → PÈRE, 5

não há bela sem senão → ROSE, 2 • VIN, 6

não há bem que cem anos dure, nem mal que a eles ature → AUNE, 1 • MALHEUR, 9 • TEMPS, 11

não há bem que sempre ature, nem mal que não acabe → AUNE, 1 • MALHEUR, 9

não há bem que sempre dure, nem mal que muito ature → AUNE, 1 • MALHEUR, 9

não há bem que sempre dure, nem mal que nunca acabe → AUNE, 1 • COMPAGNIE, 3 • MALHEUR, 9

não há bem-estar como em casa estar → CHEZ-SOI, 2

não há boda sem torna-boda → FÊTE, 5

não há bom caldo só com água → POTÉE

não há bom pano sem seu avesso → MÉDAILLE

não há bonito sem senão, nem feio sem condão → PAON

não há caminho tão plano que não tenha algum barranco → PAYS, 3

não há cárceres bonitos nem amores feios → PRISON

não há carne sem osso nem farinha/fruta sem caroço → BIEN, 15 • VIANDE, 3

não há casa farta onde a roca não anda → TRAVAILLER, 2

não há casamento pobre nem mortalha rica → LINCEUL

não há cavalo, por bom que seja, que não tropece → CHEVAL, 15

não há cavalo que não tropece → CHEVAL, 15

não há cavalo sem tacha → CHEVAL, 15

não há cego que se veja, nem torto que se conheça → BOSSU, 3

não há cerradura se de ouro é a gazua → ARGENT, 22

não há coisa mais leal que o bom coração → CŒUR, 3

não há coisa que o tempo não consuma → TEMPS, 18

não há coisa rogada que não seja cara → CHER, 2

não há dia sem tarde(, nem gosto sem desgosto) → JOUR, 13 • MONTAGNE, 1

não há dois altos sem uma baixa no meio → PARFAIT

não há dois sem três → DEUX, 2

não há efeito sem causa → EFFET

não há fechadura tão forte que uma gazua de ouro não possa abrir → ARGENT, 22

não há felicidade completa → BONHEUR, 2

não há fumaça/fumo sem fogo → FUMÉE, 2

não há ganho sem trabalho → PAIN, 14

não há gosto sem desgosto → BIEN, 15 • PLAISIR, 5 • RIEN, 1

não há grande causa que dispense ajuda → DROIT

não há inimigo pequeno → ENNEMI, 4

não há ladrão sem encobridor → RECELEUR, 2

não há louco sem acerto, nem sábio sem loucura → SAGE, 2

não há luar como o de janeiro, nem amor como o primeiro → AMOURS, 6

não há má palavra se não for mal tomada → PAROLE, 14

não há madeira tão verde que não ateie → BOIS, 6

não há maior dor do que a falta de dinheiro → ARGENT, 9

não há maior louco do que o que tem obrigação de ter juízo → VIEUX, 3

não há maior prova do delito que o papel escrito → ÉCRIT

não há mal que bem não traga → MAL, 9 • MALHEUR, 1 • VENT, 6 não há mal que sempre dure → AUNE, 1 • MALHEUR, 9

não há mal que sempre dure nem bem que nunca (se) acabe → AUNE, 1 • TEMPS, 11

não há mal sem bem, cata para quem → MAL, 9 • MALHEUR, 1

não há mau piloto quando o tempo é bom → TEMPS, 5

não há mel sem fel → MIEL, 5

não há melhor aio e doutrinador que o tempo → TEMPS, 20

não há melhor bocado que o roubado → PAIN, 19

não há melhor espelho que (o) amigo velho → MIROIR

não há melhor molho/mostarda que a fome → SAUCE, 1 • VIANDE, 2

não há melhor parente que amigo fiel e prudente → AMI, 22

não há montanha sem nevoeiro, nem mérito sem calúnia → MONTAGNE, 1

não há nada como um dia depois do outro → DEMAIN, 2

não há nada de novo debaixo do sol → SOLEIL, 2

não há nada em que o tempo não dê jeito → TEMPS, 6

não há nada sem algum defeito → VIN, 6

não há nada tão forte que o não derrube a morte → [1]MORT, 2

não há nada tão pequeno que não possa ser veneno → INTESTIN • POIL, 5

não há nada tão ruim que não traga algum bem → BIEN, 1

não há ninguém mais surdo do que aquele que não quer ouvir → SOURD

não há ninguém que não carregue a sua cruz → BESACE • CROIX, 1

não há ninguém sem o seu pé de pavão → PAON • PARFAIT

não há obra-prima sem suor → GÉNIE

não há ouro sem fezes → OR, 4

não há palavra mal dita se não for mal entendida → PAROLE, 14

não há panela sem testo, nem penico sem tampa → MARMITE, 3

não há paz onde canta a galinha e canta o galo → BARBE, 5 • POULE, 2

não há pecado que não mereça perdão → PÉCHÉ, 1

não há pecado sem perdão → PÉCHÉ, 1

não há pechincha por pouco dinheiro → MARCHÉ (BON), 3 • MARCHANDISE, 4

não há penico sem tampa → MARMITE, 3

não há pior despeito que o de pobre enriquecido → ORGUEIL, 1

não há pior surdo que o que não quer ouvir → SOURD

não há pior tolo como o tolo orgulhoso → ORGUEIL, 2

não há prazer onde não há comer → FAIM, 8 • PANSE, 2

não há prazer sem amargura/trabalho → PLAISIR, 5

não há proveito sem custo → PLAISIR, 5

não há quem sofra o aziar da verdade → VÉRITÉ, 2

não há quinze anos feios → DIABLE, 6

não há regra que não falhe → RÈGLE, 1

não há regra sem exceção → RÈGLE, 1

não há regra sem exceção, nem mulher sem senão → FEMME, 7

não há rio sem vão, nem regra sem exceção → MONTAGNE, 1

não há riqueza sem miséria → HAILLON

não há rosa sem espinhos → PLAISIR, 5 • ROSE, 2 • VIN, 6

não há rosa sem espinhos, nem abelha sem mel → MIEL, 5 • ROSE, 2

não há rosa sem espinhos, nem amores sem ciúmes → PLAISIR, 5 • ROSE, 2 • VIN, 6

não há rosa sem espinhos, nem formosa sem senão → PLAISIR, 5 • ROSE, 2 • VIN, 6

não há rosa sem espinhos, nem mel sem abelhão → MIEL, 5 • PLAISIR, 5 • ROSE, 2 • VIN, 6

não há rosas sem espinhos → PLAISIR, 5 • ROSE, 2 • VIN, 6

não há sábado sem sol(, nem alecrim sem flor, nem menina bonita sem amor) → SAMEDI, 2

não há sábado sem sol, nem rosmaninho sem flor, nem casada sem ciúme, nem solteira sem amor → SAMEDI, 2

não há sábio nem douto que de louco não tenha um pouco → SAGE, 2

não há sábio sem loucura → ESPRIT, 1 • SAGE, 2

não há sapato bonito que não dê em chinelo feio/velho → CHEVAL, 14 • ROSE, 1 • SOULIER, 6

não há seda que não venha ter à cozinha → SERVIETTE

não há segredo que tarde ou cedo não seja descoberto → CHOSE, 9 • NEIGE, 1

não há semana sem quinta-feira → MONTAGNE, 1

não há tão mau tempo que o tempo não alivie seu tormento → MALHEUR, 9 • TEMPS, 11

não há tempero tão bom como a fome → SAUCE, 1

não há torto nem direito que não tenha seu jeito → BOIS, 8

não há traição como a dos amigos → ENNEMI, 3 • TRAHIR

não há trigo sem joio → BLÉ, 2 • MÉDAILLE • VIN, 6

não há trigo tão joeirado que não tenha alguma ervilhaca → BLÉ, 2 • MÉDAILLE • VIN, 6

não há uma sem duas nem duas sem três → MALHEUR, 12

não julgueis para que não sejais julgados → JUGER, 2

não julgues a casa pela fronteira → SAC, 7

não julgues ninguém por teus próprios atos → AUNE, 3

não julgues os outros por aquilo que tu és → AUNE, 3

não junta tostões quem não poupa reais → SOU, 5

não louves o homem enquanto vive → HEUREUX, 2 • SOIR, 1

não me chames bem-fadada até me veres enterrada → HEUREUX, 2 • SOIR, 1

não merece o doce quem não prova do amargo → VERT, 2

não meta o bedelho onde não for chamado → NEZ, 4

não se pode exigir que uma goiabeira dê laranjas ➔
PIN

não se pode fazer a par: comer e assoprar ➔ FEU, 12

não se pode julgar um livro pela capa ➔ LIQUEUR •
SAC, 7 • VIN, 11

não se pode repicar e ir na procissão ➔ CHIEN, 29 •
CLOCHE, 3 • FOUR, 4

não se pode ser e ter sido ➔ ÊTRE, 3

não se pode ser juiz em causa própria ➔ JUGE, 3

não se pode ser moeda de vinte patacas para agradar a
todos ➔ CHÈVRE, 5 • PÈRE, 5

não se pode servir a Deus e ao diabo ao mesmo tempo
➔ MAÎTRE, 6

não se pode servir a um tempo a dois senhores ➔
MAÎTRE, 6

não se pode soprar e engolir ao mesmo tempo ➔ FEU,
12

não se pode ter sol na eira e chuva no nabal ➔
BEURRE, 1 • BÛCHETTE • LARD, 2

não se pode ter tudo ➔ BÛCHETTE • TOUT, 3

não se pode tirar leite de pedra ➔ DIABLE, 14 •
HUILE, 3

não se pode tocar sino e acompanhar a procissão ➔
CHIEN, 29 • CLOCHE, 3

não se pode tomar duas vezes banho na mesma água
do rio ➔ FLEUVE

não se pode ver o bosque por causa das árvores ➔
ARBRE, 11

não se põe pé em ramo verde ➔ FEU, 6

não se ponha o carro adiante dos bois ➔ CHARRUE

não se tiram dois proveitos de um saco só ➔ FILLE, 14

não se vence perigo sem perigo ➔ DANGER, 6

não se vive de vento ➔ SAC, 12 • VENT, 8

não sejas forneira se tens cabeça de manteiga ➔
BOULANGER, 2 • TÊTE, 11

não sejas mais papista que o papa ➔ ROI, 4

não serve de nada deitar pérolas a porcos ➔ TÊTE, 1

não soltes foguetes antes do tempo ➔ GLORIA •
MAGNIFICAT • TRIOMPHE

não suba o sapateiro além da chinela ➔
CORDONNIER, 1

não sujes a água que hás de beber ➔ PUITS, 2

não te deves fiar senão daquele com quem já comeste
um molho de sal ➔ AMI, 18

não te faças mel, que (as) moscas te comem ➔ BÊTE, 5

não te fies em água que não corra, nem em gato que
não mie ➔ EAU, 5

não te fies em favores de grandes senhores ➔
PROMESSE, 2

não te fies em vilão, nem bebas água de charqueirão
➔ VILAIN, 5

não te hás de fiar senão daquele com quem comeres
um moio de sal ➔ AMI, 18

não te importes com moitas que não são do teu
alqueive ➔ FAUX

não tem nada quem nada lhe basta ➔ CONVOITER •
SUFFISANCE

não tem seguro o seu estado o rei desarmado ➔ ÉPÉE,
4 • PAIX, 3

não tenhas mais olhos que barriga ➔ ŒIL, 15

não tenhas os olhos maiores (do) que a boca ➔ ŒIL,
15

não tenho tudo o que amo, mas amo tudo o que tenho
➔ AIMER, 4

não tira bom resultado quem vai onde não é chamado
➔ NOCE, 2

não troques o certo pelo incerto ➔ OISEAU, 19 •
PROIE • TENIR, 2

não use apenas os olhos para escolher uma mulher ➔
FEMME, 25

não vale a pena chorar (sobre) o leite derramado ➔
LAIT, 2

não valem leis sem costumes; valem costumes sem
leis ➔ USAGE, 1

não vê a trave que tem no olho e vê um argueiro no do
vizinho ➔ BOSSU, 3 • PAILLE, 3

não vos fieis em aparências ➔ APPARENCE, 2

nariz não é feição ➔ NEZ, 3

nas barbas do homem astroso se ensina o barbeiro
novo ➔ BARBE, 1

nas coisas árduas cresce a glória dos homens ➔
PÉRIL, 1

nas grandes dores vêem-se poucas lágrimas ➔
DOULEUR, 3

nascem paus para serem queimados, outros para
serem adorados ➔ PAIN, 5

Natal na praça, Páscoa em casa ➔ NOËL, 3

Natal na praça, Páscoa no borralho ➔ NOËL, 3

natural e figura, até à sepultura ➔ NATUREL

neblina acaba uma feira ➔ PLUIE, 3

necessita de uma colher comprida o que janta com o
diabo ➔ DIABLE, 1

negócio é negócio ➔ AFFAIRE, 6

negócio, palavra de pedra e cal ➔ COMPAGNON, 1

negra é a ceia em casa alheia ➔ ÉCUELLE, 1

negro ensaboado, tempo perdido, sabão esperdiçado
➔ TÊTE, 1

nem a camisa seja ciente do que a tua alma sente ➔
CHEMISE, 2

nem a todos é dado chegar a Corinto ➔ CORINTHE

nem amigo reconciliado, nem manjar duas vezes
guisado ➔ AMITIÉ, 3

nem ausente sem culpa, nem presente sem desculpa
➔ ABSENT, 1

nem bois à noite, nem mulheres à candeia ➔ FEMME,
28

nem com toda a fome ao cesto, nem com toda a sede
ao pote ➔ VERTU, 3

nem comas cru, nem andes com pé nu ➔ PIED, 11

nem em todo mato se faz lenha ➔ FAGOT, 3

nem estopa com tições, nem mulher com varões ➔
ÉTOUPE • HOMME, 18

nem mesmo Hércules pode lutar contra dois
adversários ➔ ADVERSAIRE

néscio é quem cuida que os outros são burros ➜ ENFANT, 6

néscios e porfiados tornam ricos os letrados ➜ ARGENT, 12

nesta vida caduca quem não trabalha não manduca ➜ CHIEN, 2 • TRAVAILLER, 2

neste mundo é preciso ser um pouco bom demais para sê-lo bastante ➜ MONDE, 1

neto é como pum: só se suportam os próprios ➜ ENFANT, 10

nevada de uma semana, terra estrumada; nevada prolongada, terra estragada ➜ NEIGE, 2

ninguém antes da morte se pode chamar ditoso ➜ HEUREUX, 2

ninguém aponte faltas alheias com o dedo sujo ➜ PÉCHÉ, 6

ninguém consegue subir às estrelas ➜ BOUCHE, 10

ninguém corta a mão porque lhe dói o dedo ➜ ENFANT, 8

ninguém dá o que não tem, nem mais do que tem ➜ FILLE, 10 • IMPOSSIBLE, 1

ninguém dá senão do que tem ➜ IMPOSSIBLE, 1

ninguém deve correr sem ver de quê ➜ FOIRE, 1

ninguém diga: fonte, da tua água não beberei ➜ FONTAINE, 3

ninguém é bom demais e poucos são suficientemente bons ➜ NUL, 3

ninguém é bom juiz em causa própria ➜ JUGE, 3

ninguém é de ferro ➜ CHAIR, 7

ninguém é grande em sua casa ➜ PROPHÈTE, 2

ninguém é infalível ➜ ERREUR, 2 • PARFAIT

ninguém é juiz em causa sua ➜ JUGE, 3

ninguém é melhor criado que cada um de si mesmo ➜ SERVIR

ninguém é moeda de vinte patacas para agradar a todos ➜ CHÈVRE, 5 • PÈRE, 5

ninguém é obrigado a fazer mais do que pode ➜ BOUCHE, 10 • IMPOSSIBLE, 1

ninguém é obrigado a fazer o impossível ➜ BOUCHE, 10 • IMPOSSIBLE, 1

ninguém é obrigado a pagar antes do vencimento ➜ TERME, 2

ninguém é perfeito ➜ PARFAIT

ninguém é profeta em sua pátria/terra ➜ PROPHÈTE, 2

ninguém é sábio em todas as ocasiões ➜ SAGE, 1

ninguém é tão poderoso que não precise da ajuda de um pequeno ➜ BESOIN, 2

ninguém é tão tolo quanto um velho tolo ➜ VIEUX, 3

ninguém é tão velho que não acredite que não possa viver mais um dia ➜ VIEUX, 1

ninguém empobrece por ter dado muito ➜ AUMÔNE • PAUVRE, 2

ninguém está bem com a vida que tem ➜ FORTUNE, 3

ninguém está contente com a sua sorte ➜ FORTUNE, 3

ninguém fica para semente ➜ MONDE, 2

ninguém meta a mão entre duas pedras ➜ ARBRE, 5

ninguém morre duas vezes ➜ MOURIR, 3

ninguém muda ninguém ➜ ÊTRE, 2

ninguém nasce ensinado/sabendo ➜ NUL, 1

ninguém perde o que não tem ➜ HOMME, 22 • SAC, 8

ninguém perde o que nunca teve ➜ HOMME, 22 • SAC, 8

ninguém perde sem outro ganhar ➜ NUL, 2

ninguém pode despir um homem nu ➜ FILLE, 10 • HOMME, 26 • SAC, 8

ninguém pode fazer o impossível ➜ BOUCHE, 10 • IMPOSSIBLE, 1

ninguém pode perder o que nunca teve ➜ HOMME, 22 • SAC, 8

ninguém pode pôr rédeas ao tempo ➜ TEMPS, 21

ninguém pode servir a dois senhores ➜ MAÎTRE, 6

ninguém pode tocar flauta e chupar cana ao mesmo tempo ➜ FEU, 12

ninguém possui o dom da ubiqüidade ➜ FOUR, 4

ninguém precisa vender suas terras para ter mãos limpas ➜ MAIN, 12

ninguém presuma que se pode entrar no lodo sem se enlodar ➜ COUILLE • HANTER • MAIN, 13 • POIX • SAC, 13

ninguém quer justiça em casa ➜ JUSTICE, 4

ninguém quer pôr o guizo no pescoço do gato ➜ SONNETTE

ninguém sabe do porvir ➜ MORDRE

ninguém sabe melhor que o jumento onde lhe aperta a cangalha ➜ ÂNE, 15 • BÂT

ninguém sabe o que está para vir ➜ MORDRE

ninguém sabe o que está por dentro da roupa alheia ➜ SAC, 7

ninguém se faça mel que o lamberão ➜ MIEL, 1

ninguém se livra de pedrada de doido nem de coice de burro ➜ BÊTE, 6

ninguém se meta onde não é chamado ➜ MÉTIER, 7

ninguém se pode dizer feliz antes de morrer ➜ HEUREUX, 2

ninguém se ri que não tenha chorado ➜ PLAISIR, 5

ninguém seria vendeiro se não fosse o dinheiro ➜ ARGENT, 25

ninguém toca em carvão que não fique enfarruscado ➜ FEU, 14 • MIEL, 6 • POIX • SAC, 13

ninguém venha com engano, que não faltará quem lhe arme o laço ➜ RENARD, 7

ninguém vive de vento ➜ SAC, 12 • VENT, 8

ninguém voa sem asas ➜ OISEAU, 11

ninho feito, pega morta ➜ NID, 3

no amor e na caça, começa-se quando se quer e acaba-se quando se pode ➜ CHASSE, 1

no amor e na medicina, nem sempre nem nunca ➜ MÉDECINE, 1

no amor quem foge é o vencedor ➜ VAINQUEUR

no andar e no vestir serás julgado entre cem/mil ➜ HABIT, 4

no aperto e no perigo é que se conhece o amigo ➜ AMI, 7

no arrumar da isca/lasca se vê o pescador ➜ ŒUVRE, 1

o amor é como a espada de Aquiles: tanto fere como cura → AMOUR, 15

o amor é como o sarampo, todos temos de passar por ele → AMOUR, 16

o amor é eterno enquanto dura → AMOUR, 17

o amor é forte como a morte → AMOUR, 18

o amor e o reino não querem parceiro → AMOUR, 6

o amor faz milagres → AMOUR, 3

o amor faz passar o tempo e o tempo faz passar o amor → AMOUR, 22

o amor não enxerga as cores das pessoas → BUREAU

o amor pode muito → AMOUR, 3

o apressado come cru → HÂTER (SE), 2

o ar que cada um se quer dar não vale o que procura deixar → ESPRIT, 5

o arrependimento lava a culpa → PÉCHÉ, 4

o asno agüenta a carga, mas não a sobrecarga → ÂNE, 9

o áspide e a víbora se emprestam peçonha → MAIN, 15

o avarento e o cevado só se tornam úteis quando morrem → AVARE, 2

o avarento por cinco réis perde um cento → AVARICE, 2

o avarento por um real perde um cento → AVARICE, 2

o avarento rico não tem parente nem amigo → VILAIN, 8

o avaro é causa da sua miséria → AVARE, 4

o avaro e o porco, só depois de morto → AVARE, 2

o azar anda acompanhado → MALHEUR, 12

o barato sai caro → CHICHE, 1 • MARCHANDISE, 4 • MARCHÉ (BON), 3

o bater do ferro é que faz o ferreiro → FORGERON

o bem é mal conhecido enquanto não é perdido → BIEN, 6

o bem não se conhece senão depois que se perde → BIEN, 6

o bem só é conhecido depois de perdido → BIEN, 6

o bem só é sabido depois de perdido → BIEN, 6

o bem só se conhece quando se perde → BIEN, 6

o besouro também ronca: vai-se ver, não é ninguém → CHIEN 8 • CHIEN, 15

o bocado não é para quem o faz, e sim para quem o logra → BUISSON, 3 • CHEVAL, 22 • CORDONNIER, 2

o boi é que sofre, o carro é que geme → NEZ, 1

o boi pela ponta, o homem pela palavra → BŒUF, 5

o bom amigo é o parente mais próximo → AMI, 22

o bom amo faz o criado → MAÎTRE, 5

o bom bocado não é para quem o faz mas para quem o come → BUISSON, 3 • CHEVAL, 22 • CORDONNIER, 2

o bom cão não ladra em vão → CHIEN, 27

o bom companheiro encurta o caminho → COMPAGNON, 3

o bom da viagem é quando se chega a casa → REVENIR

o bom filho à casa torna → LIÈVRE, 6

o bom ganhar faz o bom gastar → FLÛTE, 1

o bom juiz ouve o que cada um diz → CLOCHE, 4

o bom médico é o do terceiro dia → MÉDECIN, 3

o bom mosto sai ao rosto → VIN, 3

o bom nadador acaba afogado → NAGEUR, 1

o bom nome nas trevas tem resplendor → RENOM, 1

o bom pagador da bolsa alheia é senhor → PAYEUR

o bom pagador é herdeiro no alheio → PAYEUR

o bom pano na arca se vende → MARCHANDISE, 1 • VIN, 3

o bom passadio faz o homem sadio → MOULIN, 3

o bom senso é a coisa mais bem distribuída no mundo → SENS, 2

o bom vinho alegra o coração do homem → VIN, 8

o bom vinho escusa pregão → VIN, 3

o bom vinho não há mister ramo → VIN, 3

o bom vinho traz consigo a ventura → VIN, 15

o braço do rei e a lança longe alcança → ROI, 9

o brilho intelectual é moeda corrente → ESPRIT, 3

o buraco chama/desafia o ladrão → AISE, 2 • OCCASION, 1

o cadáver do inimigo cheira sempre bem → CADAVRE

o cão e o gato comem o que está mal arrecadado → BOUCHE, 3

o cão velho quando ladra dá conselho → CHIEN, 27

o carro não deve andar adiante dos bois → CHARRUE

o carvoeiro é senhor em sua casa → CHARBONNIER

o casamento é uma loteria → MARIAGE, 2

o castigo anda/vem a cavalo → MAL, 22

o castigo do vício é o próprio vício → VERTU, 4

o castigo segue a culpa → PÉCHÉ, 7

o castigo tarda mas não falha → JUSTICE, 3 • MEULE, 1 • PUNITION

o cavalo engorda com o olho do dono → ŒIL, 10

o cavalo nobre só da sombra da espora se governa → CHEVAL, 2

o cavalo procura sempre voltar à querência → LIÈVRE, 6

o cavalo sempre volta à sua baia → LIÈVRE, 6

o cetim e os veludos apagam o lume da cozinha → HABIT, 2

o ciúme depende mais da vaidade que do amor → JALOUSIE, 1

o ciúme é duro como a sepultura → JALOUSIE, 2

o cobiçoso quanto vê quanto cobiça → AVARICE, 1

o coice da égua não faz mal ao potro → FESSÉE

o comer e o coçar é questão de começar → APPÉTIT, 2 • BOUTEILLE • PAS, 2

o condimento esmagado tem mais aroma → JUSTE • SAFRAN

o conselho da mulher é pouco, mas quem o não toma é bem louco → AVIS, 2

o coração alegre torna o semblante agradável → JOIE, 2

o coração tem razões que a própria razão desconhece → CŒUR, 8

o corcunda não vê a sua bossa e vê a alheia → BOSSU, 3 • PAILLE, 3

o corcunda não vê a sua giba mas sim a do próximo →
BOSSU, 3 • PAILLE, 3

o corno é o último a saber (que o é) → AFFAIRE, 1

o corno sábio esconde a sua dor → SAGE, 5

o costume é uma segunda natureza → HABITUDE •
USAGE, 1

o costume faz a lei → USAGE, 1

o coxo bem sabe de que pé coxeia → BÂT

o crime não compensa → GIBET, 1

o dano da mulher entra-lhe pelo ouvido → FILLE, 4

"ô de casa!" é melhor que "boa noite!" → MAL, 19

o defeito está na origem → VER, 3

o demo sabe muito porque é velho → DIABLE, 10

o destino dá-nos a família; os amigos, escolhemo-los
nós → SORT, 2

o destino não poupa (nem) o fraco nem o forte →
TERRE, 3

o dia da graça é o da véspera da ingratidão → BIEN, 9 •
BIENFAIT, 2

o dia do benefício é a véspera da ingratidão → BIEN, 9
• BIENFAIT, 2

o dia em que bem farão é o da véspera da ingratidão
→ BIEN, 9 • BIENFAIT, 2

o diabo depois de velho fez-se ermitão → DIABLE, 17

o diabo não é tão feio como o pintam → DIABLE, 8 •
LOUP, 12

o diabo não é tão feio como se pinta → DIABLE, 8 •
LOUP, 12

o diabo não é tão feio quanto parece → DIABLE, 8 •
LOUP, 12

o diabo nem sempre está atrás da porta → DIABLE, 20
• PIRE

o diabo sabe muito porque é velho → DIABLE, 10

o diabo se fez homem de bem quando ficou velho →
DIABLE, 17

o diabo tanto buliu no nariz da mãe até que o
entortou para o resto da vida → CHAMEAU, 2

o diabo tanto endireitou o nariz do filho que afinal
saiu torto → ARBRE, 4 • CHAMEAU, 2 • MIEUX, 2

o diabo tanto mexe com o olho do filho que afinal o
fura → CHAMEAU, 2

o dinheiro abre todas as portas → ARGENT, 22 •
BOURSE, 4

o dinheiro é a mola real → ARGENT, 34

o dinheiro é a raiz de todo mal → ARGENT, 2

o dinheiro do avarento duas vezes vai à feira →
CHICHE, 1

o dinheiro é bom servidor mas mau amo → ARGENT,
15

o dinheiro é o nervo da guerra → ARGENT, 13

o dinheiro é redondo para circular → ARGENT, 14

o dinheiro é redondo para correr mais depressa →
ARGENT, 14

o dinheiro faz o homem inteiro → HOMME, 39

o dinheiro faz o jogo → ARGENT, 5

o dinheiro faz o mar chão → ARGENT, 22

o dinheiro foi feito para se gastar → ARGENT, 14

o dinheiro será teu senhor, se não for teu escravo →
ARGENT, 15

o dinheiro tem asas → ARGENT, 11

o dinheiro voa → ARGENT, 11

o dom que um homem faz lhe abre caminho →
BROCHET

o dono da massa que pendure o tipiti → MULE, 5

o dormir é meio sustento → DORMIR, 1 • REPOS

o encontro de amigos é sempre uma festa → FÊTE, 2

o erro dos médicos a terra cobre, e o dos ricos, o
dinheiro → MÉDECIN, 7

o escaravelho a seus filhos chama grãos de ouro →
AIMER, 7 • BEAU, 3 • HIBOU, 1

o escasso cuida que poupa um e gasta quatro →
AVARICE, 2

o escorregar da língua é pior do que o do pé →
LANGUE, 11

o espinho quando nasce leva o bico adiante → ÉPINE, 1

o espírito está pronto mas a carne é fraca → ESPRIT, 4

o fácil de (se) dizer é difícil de (se) fazer → DISEUR, 2

o farto, de jejum, não tem cuidado algum → PANSE, 4

o fazer e o dizer não costumam comer à mesma mesa
→ FAIRE, 8

o feitiço cai sobre o feiticeiro → GUILLAUME •
PRENDRE, 2

o feitiço virou-se contra o feiticeiro → GUILLAUME •
PRENDRE, 2

o feito é inimigo do perfeito → MIEUX, 2

o filho da gata ratos mata → CHAT, 22

o filho do asno uma hora do dia orneja → SANG, 1

o fim coroa a obra → ^{1}FIN, 1

o fim justifica os meios → ^{1}FIN, 4

o fogo e a água são maus amos e bons criados → FEU,
8

o fogo no coração atira o fumo para a cabeça → FEU, 9

o fogo prova o ouro; a adversidade, o amigo → OR, 3

o fogo tudo purifica → FEU, 10

o formoso e o bom poucas vezes são companheiros →
BEAU, 1

o frango de hoje é preferível ao galo de amanhã →
ŒUF, 5

o futuro a Deus pertence → JURER • MORDRE •
VIVRE, 5

o gato tem sete vidas → CHAT, 18

o gênio não passa de uma longa paciência → GÉNIE

o grande ladrão começa pelos dedais → ŒUF, 8

o grão em março, nem na terra nem no saco → FRUIT,
3

o hábito é uma segunda natureza → HABITUDE •
USAGE, 1

o hábito elegante cobre às vezes um tratante →
CHEVALIER, 3 • GANT • HABIT, 5

o hábito faz o monge → HABIT, 4

o hábito não faz o monge(, mas fá-lo parecer, de
longe) → HABIT, 5

o homem brigão tem sempre um arranhão → CHIEN,
14 • HARGNE • HOMME, 7

o homem do teu ofício teu inimigo é → POTIER, 2 •
TRIPIÈRE

o homem dos sete instrumentos não toca nenhum →
MÉTIER, 9

o homem é a medida de todas as coisas → HOMME, 17

o homem é fogo, a mulher é pólvora, vem o diabo e
sopra → ÉTOUPE • HOMME, 18

o homem é fogo, a mulher estopa, vem o diabo e
assopra/sopra → ÉTOUPE • HOMME, 18

o homem é o lobo do homem → LOUP, 11

o homem feliz não tem camisa → HOMME, 19

o homem não é mais do que um caniço, o mais fraco
da natureza(, mas é um caniço pensante) →
ROSEAU

o homem nasce para o trabalho como a ave para o vôo
→ HOMME, 21

o homem põe e Deus dispõe → HOMME, 24

o homem que acerta no casar nada lhe falta acertar →
MALHEUR, 10

o homem que não sabe sorrir não deve abrir uma loja
→ MOUCHE, 6

o homem que se casa duas vezes não era digno de ter
enviuvado → JOUR, 4

o homem quer e Deus manda → HOMME, 24

o hóspede e o peixe aos três dias fede → HÔTE, 2

o Imperador da Alemanha é o rei dos reis, o Rei da
Espanha, o rei dos homens, o Rei da França, o rei
dos asnos e o Rei da Inglaterra, o rei dos demônios
→ EMPEREUR, 1

o imprevisto é mais freqüente do que se pensa →
IMPRÉVU, 1

o imprevisto é menos raro do que se pensa →
IMPRÉVU, 1

o invejoso emagrece de ver a gordura alheia →
ENVIEUX

o italiano é sábio de antemão, o alemão no feito e o
francês depois da hora → ITALIEN

o jovem pode morrer mas o ancião deve morrer →
JEUNE, 2

o ladrão cuida que todos o são → LARRON, 4

o ladrão julga pelo seu mau coração → LARRON, 4

o lapidário conhece a pedra → MARCHAND, 4

o leão não caça pardais → AIGLE, 1

o leão não é tão mau como o pintam → DIABLE, 8 •
LOUP, 12

o leão pode precisar do rato → BESOIN, 2

o leite disse ao vinho: vem-te cá, meu amiguinho! →
VIN, 23

o linho quem o alisa esse o fia → MULE, 5

o lobo, com a goela cheia, não morde → OS, 4

o lobo com fome cardos come → SAUCE, 1

o lobo e a golpelha/raposa ambos são de um conselho
→ CHIEN, 40 • LOUP, 8

o lobo muda o pêlo mas não o vezo → LOUP, 7 •
RENARD, 13

o lobo perde os dentes mas não o costume → LOUP, 7
• RENARD, 13

o lombo da gente é fiador da língua → GRATTER •
PARLER, 5

o longo uso dos anos se converte em natureza →
USAGE, 1

o macaco é bonito veado aos olhos de sua mãe →
BEAU, 3 • HIBOU, 1

o maior carvalho saiu de uma bolota → GLAND

o mais difícil é começar → PAS, 2 • PINTE, 1 • VENT, 10

o mais difícil é o primeiro passo → PAS, 2 • VENT, 10

o mal adquirido não chega a netos → BIEN, 5 •
HÉRITIER, 4

o mal do cornudo, ele não o sabe e sabe-o todo o
mundo → AFFAIRE, 1

o mal do olho cura-se com o cotovelo → ŒIL, 2

o mal e o bem à face vêm → ŒIL, 8 • SEMBLANT •
VISAGE, 1

o mal entra às braçadas e sai à polegadas → MAL, 12 •
MALHEUR, 10

o mal está na raiz → VER, 3

o mal fechado, mal guardado → ABANDON

o mal ganhado mal se há de despender → BIEN, 5

o mal ganhado o diabo leva → BIEN, 5 • DIABLE, 2

o mal que da tua boca sai em teu peito/seio cai →
MAL, 22

o mal que não tem cura é loucura → FOU, 19

o mal tem asas e o bem anda com passo de tartaruga
→ MAL, 11

o mal vem a cavalo e vai a pé → MAL, 12

o mal vem às braçadas e sai às polegadas → MAL, 12 •
MALHEUR, 10

o mal voa, o bem soa → MAL, 11

o manso boi touro foi → DIABLE, 17

o mar também ronca e eu mijo nele → CHIEN, 15

o marido é (sempre) o último a saber → AFFAIRE, 1

o mau costume é como um bolo bom: melhor partido
que guardado → GÂTEAU, 1

o mau operário queixa-se da ferramenta → OUVRIER,
2

o medo aumenta o perigo → PEUR, 4

o medo dá asas → PEUR, 2

o medo é do tamanho que se quer → PEUR, 4

o medo guarda a vinha → PEUR, 3

o mel não é para a boca do asno → MIEL, 3

o melão e a mulher maus são de conhecer → FEMME,
14

o melhor bocado é o furtado → PAIN, 19

o melhor caju é do porco → CHEVAL, 22 • CHIEN, 26,
52

o melhor cavalo tropeça → CHEVAL, 15

o melhor cavalo já encheu barriga de urubu →
CHEVAL, 14

o melhor da festa é esperar por ela → PÂQUES, 2

o melhor da raia é o molho → SAUCE, 2

o melhor é inimigo do bom → MIEUX, 2

o melhor espelho é amigo velho → MIROIR

o melhor médico é o que chega no fim da doença →
MÉDECIN, 3

o menino e o escaravelho a sua mãe parecem de ouro → AIMER, 7 • BEAU, 3 • HIBOU, 1

o menino e o escaravelho a sua mãe parecem espelho → AIMER, 7 • BEAU, 3 • HIBOU, 1

o menino é pai do homem → JEUNESSE, 1

o mentir exige memória → MENTEUR, 2

o mesmo sapato não serve em todos os pés → SOULIER, 9

o mesmo sol que derrete a cera seca a argila → SOLEIL, 4

o mimo desensina → AIMER, 5

o moço e o galo, um só ano → COQ, 3

o moço pode morrer mas o velho não pode viver → JEUNE, 2

o moço por não saber e o velho por não poder deitam as coisas a perder → JEUNESSE, 10

o moço por não saber e o velho por não poder deixam as coisas perder → JEUNESSE, 10

o momento que passa é gota de vida que não volta a cair → TEMPS, 25

o morto apodrece e o moço cresce → ²MORT, 3

o muito escusar-se equivale a acusar-se → EXCUSER (S')

o muito falar é lodo e o pouco é ouro → PARLER, 1

o muito mimo perde os filhos → AIMER, 5

o muito puxar desata → ARC, 1

o muito torna-se pouco ao se desejar um pouco mais → RICHE, 2

o mundo é pequeno! → MONDE, 6

o mundo é um livro, mas aqueles que não viajam lêem apenas uma página → VOYAGE, 1

o mundo é uma bola, quem anda nele é que se amola → MONDE, 7

o mundo é uma bola, tanto anda como desanda → MONDE, 8

o mundo é uma escadaria, sobem uns, descem outros → MONDE, 8

o nascimento é o começo da morte → MOURIR, 2

o Natal ao soalhar e a Páscoa ao luar → NOËL, 3

o necessário deleita, o desnecessário atormenta (e não se agüenta) → TROP, 1

o noivado vai a cavalo e o arrependimento à garupa → FIANÇAILLES

o número dos tolos é infinito → FOU, 14 • SOLEIL, 9

o ofensor não perdoa → OFFENSEUR

o olho do dono engorda o cavalo → ŒIL, 10

o olho do dono faz mais que as duas mãos → ŒIL, 11

o olho do dono trabalha mais que as mãos → ŒIL, 11

o orgulho cega os homens → ORGUEIL, 4

o ótimo é inimigo do bom → MIEUX, 2

o pai guarda, o filho bota fora, o neto pede esmola → PÈRE, 2

o pano desça! a comédia acabou! → PANIER, 1

o pão furtado aguça o apetite → PAIN, 19

o pão pela cor e o vinho pelo sabor → VIN, 18

o pão só vai ao chão do lado da manteiga → PAIN, 12

o papel agüenta tudo → PAPIER, 1

o papel tudo aceita → PAPIER, 1

o parvo, se é calado, por sábio é reputado → FOU, 10

o passado dá saudades, o presente dissabores e o futuro receio → AN, 2

o passado, passado → PASSER, 1

o pau entorta no cu do rico e parte no do pobre → HOMME, 2

o pau se conhece pela casca → HABIT, 4 • PLUME, 3

o pé do candeeiro é o pior iluminado → AFFAIRE, 1

o pé do dono é o estrume da herdade → BIEN, 19 • ŒIL, 9

o peixe começa a apodrecer/feder pela cabeça → POISSON, 3

o peixe morre pela boca → CHÈRE, 1 • ESTOMAC, 2 • GOURMAND, 2 • GRATTER

o peixe que foge do anzol parece sempre maior → MOISSON, 2

o pêlo muda a raposa mas do natural não a despoja → RENARD, 13

o perdão é divino → PÉCHÉ, 1

o perdão faz o ladrão → PARDON, 1

o perro do hortelão não come as versas nem a outrem as deixa comer → CHIEN, 31

o pinto já sai do ovo com a pinta que o galo tem → COQ, 5 • POULE, 9 • SANG, 1

o pior cego é o que não quer ver → AVEUGLE, 4

o pior inimigo da ciência é a ignorância → SCIENCE, 3

o pior porco come a melhor bolota → CHEVAL, 22 • CHIEN, 26, 52

o poeta nasce, o orador se faz → POÈTE

o pomo vedado é o mais desejado → FRUIT, 6

o porco depois de comer vira a pia → COCHON, 6

o porco sabe o pau em que coça → CHAT, 3

o pouco com Deus é muito(, o muito sem Deus é nada) → MAISON, 6

o pouco falar é ouro e o muito é lodo → PARLER, 1 • PAROLE, 4

o povo unido jamais será vencido → UNION

o prato não é para quem o faz: é para quem o come → BUISSON, 3 • CHEVAL, 22 • CORDONNIER, 2

o prazer vai a cavalo e leva a pena à garupa → PLAISIR, 4

o preço da virtude é ela mesma → VERTU, 4

o preguiçoso é irmão do mendigo → PARESSEUX, 2

o preguiçoso sempre é pobre → PARESSEUX, 2

o prevenido procede seguro → MAL, 19

o primeiro milho é dos pintos → GAUFRE

o primeiro milho é para os pardais → GAUFRE

o primeiro que chega ao mercado é o primeiro que vende → PREMIER, 5

o princípio admite remédio e ao fim não o compadece → CHOSE, 1

o proibido aguça o dente → FRUIT, 6

o proibido é desejado → FRUIT, 6

o prometido é devido → CHOSE, 7

o "quase" e o "talvez" encobrem muita mentira → MENTIR, 2 • PRESQUE

o que a água dá, a água o leva ➜ BIEN, 5 • DIABLE, 2

o que a mulher quer, Deus o quer ➜ FEMME, 2 • MALICE, 2

o que a mulher quer nem o diabo dá jeito ➜ FEMME, 5

o que a natureza deu até a morte há de durar ➜ NATUREL

o que a si mesmo se faz convidar é difícil de contentar ➜ NOCE, 7

o que à terra deres já, ela depois to dará ➜ MAIN, 9

o que a todos é necessário deve estar ao alcance de todos ➜ CLOCHER, 1

o que aperta segura, o que é amargo cura ➜ BOUCHE, 4

o que arde cura, o que aperta segura ➜ BOUCHE, 4

o que berço dá só a cova tira ➜ BERCEAU

o que cair na rede é peixe ➜ FOSSÉ, 2

o que cair no jiqui é peixe ➜ FOSSÉ, 2

o que cedo amadurece cedo apodrece ➜ FRUIT, 3 • LENDEMAIN, 1

o que começa bem acaba bem ➜ COMMENCEMENT, 3

o que custa caro é que tem valor ➜ CHERTÉ

o que Deus dá o diabo não tira ➜ ÊTRE, 1

o que Deus guarda guardado está ➜ ÊTRE, 1

o que Deus risca ninguém rabisca ➜ ÊTRE, 1

o que Deus rejeita ninguém ajeita ➜ DIEU, 28 • SAINT, 25

o que é adiado não está esquecido ➜ DIFFÉRER

o que é barato sai caro e o que é bom custa caro ➜ MARCHÉ (BON), 3

o que é bom custa caro ➜ BON, 2

o que é bom dura pouco ➜ COMPAGNIE, 3

o que é bom nunca é demais ➜ ABONDANCE, 1

o que é bom para o ventre é mau para o dente ➜ FOIE

o que é bom para um pode não ser para outro ➜ BONHEUR, 1 • MALHEUR, 6 • MOURIR, 1 • NUL, 2

o que é bom por si se gaba ➜ MARCHANDISE, 1 • VIN, 3

o que é brinquedo para o gato é mal/morte para o rato ➜ MOURIR, 1

o que é brinquedo para o rato é mal para o gato ➜ MOURIR, 1

o que é de gosto regala a vida ➜ FARDEAU, 4

o que é de gosto regala o peito ➜ FARDEAU, 4

o que é de nação nunca fica são ➜ NATUREL

o que é demais aborrece ➜ ABONDANCE, 3 • TROP, 4 • VOIE, 1

o que é demais é conta errada ➜ TROP, 4

o que é demais é moléstia ➜ TROP, 4

o que é demais enjoa ➜ ABONDANCE, 3 • MULE, 4 • TROP, 4 • VENTRE, 1 • VOIE, 1

o que é demais mal não faz ➜ ABONDANCE, 1

o que é demais não presta ➜ TROP, 4

o que é difícil de conseguir tem mais valor ➜ CHOSE, 8

o que é do gosto, regalo da vida ➜ FARDEAU, 4

o que é do homem o bicho não come ➜ MOU

o que é duro de passar é bom/doce de lembrar ➜ GRIEF • PEINE, 3

o que é mal adquirido pela mão escorrega ➜ BIEN, 5 • DIABLE, 2

o que é mel para uns para outros é fel ➜ NUL, 2

o que é novo depressa envelhece ➜ CHEMINÉE, 2

o que é novo sempre agrada ➜ NOUVEAU

o que é pequeno crescerá ➜ POISSON, 7

o que é raro é caro ➜ RARETÉ

o que é ruim de passar é bom de lembrar ➜ GRIEF • PEINE, 3

o que é violento não é durável ➜ VIOLENT

o que está escrito escrito está ➜ ÉCRIT

o que está escrito faz lei ➜ ÉCRIT

o que está feito está feito ➜ FAIRE, 2

o que está feito feito está ➜ FAIRE, 2

o que está feito não está por fazer ➜ FAIRE, 4

o que está feito não se desfaz ➜ FAIRE, 3

o que está feito não tem remédio ➜ FAIT, 1

o que está na massa do sangue não se pode negar ➜ OS, 1

o que está no chão não tem dono ➜ FOSSÉ, 2

o que faz bem ao fígado faz mal ao baço/bofe ➜ FOIE

o que faz o ladrão é a ocasião ➜ ABANDON

o que fica no portão é pior do que o ladrão ➜ RECELEUR, 1

o que lá vai lá vai ➜ PASSER, 1

o que mais custa melhor sabe ➜ CHERTÉ

o que muito custa muito vale ➜ CHOSE, 8

o que não mata engorda ➜ VENTRE, 3

o que não mexe enferruja ➜ ROUILLE

o que não ouve senão um som não sabe mais que um tom ➜ CLOCHE, 4

o que não se faz no dia de Santa Luzia faz-se noutro qualquer dia ➜ POINT, 4

o que não tem remédio remediado está ➜ BESOIN, 3 • FAIRE, 2

o que não vem de natural não se finge muito tempo ➜ LIÈVRE, 4

o que no leite se mama na mortalha se derrama ➜ LAIT, 1 • OS, 1 • POULAIN, 1

o que o berço dá, a cova o tira ➜ BERCEAU

o que o berço dá, a tumba o leva ➜ BERCEAU • LOUP, 7 • OS, 1

o que o berço dá só o túmulo tira ➜ BERCEAU • OS, 1

o que o diabo dá o diabo leva ➜ DIABLE, 2

o que o diabo não pode, a mulher o faz ➜ FEMME, 2

o que o diabo não pode, consegue-o a mulher ➜ FEMME, 2 • MALICE, 2

o que o doido faz à primeira faz o sisudo à derradeira ➜ FOU, 8

o que o menino ouviu no lar repete no portal ➜ ENFANT, 1

o que o sábio guarda no coração tem na boca o beberrão ➜ BOUCHE, 2 • SOBRE

o que o sóbrio guarda no coração tem na boca o beberrão ➜ SOBRE

o que os olhos não vêem o coração não sente ➜ ŒIL, 4

o tempo tudo devora → TEMPS, 14

o tempo vai e não volta → TEMPS, 25

o tempo vai-se e com ele nós vamos → TEMPS, 21

o tempo vale ouro → TEMPS, 13

o tempo voa → TEMPS, 23

o tiro saiu pela culatra → CHÈVRE, 3 • PRENDRE, 2

o tolo faz o jantar e o esperto come-o → FOU, 15

o tonel não pode dar senão o vinho que tem → SAC, 8

o tonel nunca perde o cheiro do vinho → CAQUE • MORTIER, 3 • VIN, 17

o trabalho é a fonte de todas as alegrias → TRAVAIL, 2

o trabalho nos alegra o corpo e a vida → TRAVAIL, 2

o trabalho regula a paga → TRAVAIL, 1

o trágico não vem a conta-gotas → MAL, 11

o tramposo asinha engana o cobiçoso → GUILLAUME

o travesseiro é o melhor conselheiro → NUIT, 3

o último a chegar é mulher do padre → DERNIER, 6

o último a chegar é o mais querido → DERNIER, 4

o último sempre paga o pato → DERNIER, 1

o uso do cachimbo faz a boca torta → USAGE, 1

o uso do cachimbo põe a boca à banda → USAGE, 1

o uso é rei, porque faz lei → USAGE, 1

o uso faz o mestre → EXPÉRIENCE, 2 • FORGERON • USAGE, 2

o velho por não poder e o moço por não saber deitam as coisas a perder → JEUNESSE, 10

o velho torna a engatinhar → VIEILLARD, 1

o veludo e a seda apagam o fogo da cozinha → HABIT, 2

o vento assopra onde quer → ESPRIT, 6

o vício da natureza até a sepultura chega → BERCEAU • NATUREL

o vício dispensa professores → COUVENT

o vilão morde a mão que o afaga e beija o pé que o esmaga → VILAIN, 5

o vinho é o leite dos velhos → VIN, 9

o vinho faz falar os mudos → SOBRE • VÉRITÉ, 5 • VIN, 13

obedece e saberás mandar → ABBÉ, 1 • OBÉIR

obra paga, braços quebrados → TAMBOUR, 4

ódio de irmão, ódio de diabos → COURROUX, 1

oficial do mesmo ofício meu inimigo é → POTIER, 2 • TRIPIÈRE

oficial do teu ofício teu inimigo é → POTIER, 2 • TRIPIÈRE

olhar não tira pedaço → CHIEN, 57

olho por olho, dente por dente → CHAT, 1 • JEU, 1 • ŒIL, 13

olho que tudo vê a si se não vê → ŒIL, 14

olho que vê, coração que crê → ŒIL, 17

olho que vê, mão que pilha → MAIN, 5

olhos e calos, nem de leve tocá-los → ŒIL, 2

olhos que não vêem, coração que não sente → ŒIL, 12

onça que dorme no ponto vira tapete → PRUDENCE

onde a mulher reina e governa, raras vezes mora a paz → COQ, 2

onde come um, comem dois → DEUX, 4

onde comem dois, comem três → DEUX, 4

onde Deus constrói uma igreja, o diabo ergue uma capela → ÉGLISE, 1

onde entra o beber, sai o saber → VIN, 13

onde entra o sol, não entra o médico → SOLEIL, 3

onde entra o vinho, sai a razão → VIN, 13

onde está a cabra amarrada é onde ela pasta → CHÈVRE, 6

onde está a força maior, cessa a menor → RAISON, 1

onde está o dinheiro, ou fala ou faz falar → BOURSE, 4

onde está o galo não canta a galinha → BARBE, 5 • POULE, 2

onde está o vosso tesouro, lá está o vosso coração → CŒUR, 9

onde estão galos de fama, não têm pintos que fazer → GUÊPE

onde existires faz(e) como vires → ROME, 3

onde fogo há, fumo se levanta → FEU, 13

onde força há, direito se perde → ARME, 1 • FORCE, 1 • RAISON, 1

onde há amor, há dor → AIMER, 2

onde há ciúme, há amor → AMOUR, 11

onde há festa, há doce → POT, 5

onde há fogo logo fumega → FEU, 13

onde há força, direito se perde → ARME, 1 • FORCE, 1 • RAISON, 1

onde há fumaça/fumo há fogo → FUMÉE, 2

onde há galo não canta a galinha → BARBE, 5 • POULE, 2

onde há honra e não proveito, dá o trato por desfeito → PROFIT, 3

onde há muito riso há pouco siso → [2]RIRE

onde há orgulho, falta vergonha → ORGUEIL, 5

onde há riqueza tudo é beleza → COCHON, 5

onde há vontade, há possibilidade → FAIRE, 13

onde irá o boi que não are/lavre? → ÂNE, 2

onde manda o amor não há outro senhor → AMOUR, 6

onde mora raposa, não se cria galinha → GUÊPE

onde não há concordança não há i festa nem dança → GÊNE

onde não há, el-rei o perde → ROI, 10

onde não vai o dono, vai o dolo → ŒIL, 10

onde nasceu a lagarta, aí se farta → CHÈVRE, 6

onde o galo canta, aí janta → CHÈVRE, 6

onde o lobo acha um cordeiro busca outro → LOUP, 13

onde o ouro fala, tudo cala → ARGENT, 34

onde o padre canta, aí janta → CHÈVRE, 6

onde o patrão dorme, ressonam os criados → VOYAGE, 2

onde prendem a cabra, aí pasta → CHÈVRE, 6

onde se tira e não se põe logo o monte diminui → GOUTTE, 4

onde te querem, aí te convidam → NOCE, 2

onde tem onça, macuco não pia → FORCE, 1 • GUÊPE • RAISON, 1

ontem vaqueiro, hoje cavaleiro → CHEVALIER, 1

oração breve depressa chega ao céu → PRIÈRE, 1

orelha ardendo/vermelha, alguém fala mal de ti ➙ OREILLE, 3

os amigos e os caminhos, se não se freqüentam, ganham espinhos ➙ HERBE, 1

os amigos são para as ocasiões ➙ AMI, 7

os ausentes nunca têm razão ➙ ABSENT, 2

os benefícios são um fogo que não aquece senão de perto ➙ BIENFAIT, 2

os bons amos fazem os bons criados ➙ MAÎTRE, 5

os bons perfumes e os piores venenos estão nos pequenos frascos ➙ POT, 3

os bravos não conhecem calendário ➙ HEURE, 5

os cães ladram, (e) a caravana passa ➙ CHIEN, 34

os caminhos do Senhor são impenetráveis ➙ VOIE, 2

os credores têm melhor memória que os devedores ➙ ARGENT, 26 • CRÉANCIER

os dados estão lançados ➙ DÉ • JEU, 8

os dedos da mão não são iguais ➙ DOIGT, 2

os dedos da mão são irmãos, mas não são iguais ➙ DOIGT, 2

os desígnios de Deus são impenetráveis ➙ VOIE, 2

os dias são do mesmo tamanho mas não se parecem ➙ JOUR, 12

os doidos fazem a festa, os avisados a gozam ➙ FOU, 15

os doidos fazem a festa, os sisudos gostam dela ➙ FOU, 15

os doidos inventam as modas e o povo as segue ➙ FOU, 16

os erros de uns são lições de outros ➙ FAUTE, 1

os erros sempre podem ser corrigidos ➙ ERREUR, 1

os extremos se atraem/encontram ➙ EXTRÊME

os extremos tocam-se ➙ EXTRÊME

os filhos dizem ao soalheiro o que ouvem ao fumeiro ➙ ENFANT, 1

os filhos nunca cheiram mal aos pais ➙ CRAPAUD, 2 • ENFANT, 10 • MERDE, 1

os filhos são a riqueza do pobre ➙ ENFANT, 5

os fins justificam os meios ➙ [1]FIN, 4

os garotos só atiram pedras às árvores que dão frutos ➙ PIERRE, 4

os gênios se atraem ➙ ESPRIT, 2

os grandes cães nunca se mordem ➙ LOUP, 10

os grandes ladrões enforcam os pequenos ➙ LARRON, 6

os grandes peixes devoram os pequenos ➙ POISSON, 4

os grandes rios fazem-se de pequenos ribeiros ➙ RUISSEAU, 2

os grandes venenos estão nos pequenos frascos ➙ POT, 3

os homens fazem projetos e Deus dispõe dos acontecimentos ➙ HOMME, 24

os homens formam os projetos e Deus dispõe dos acontecimentos ➙ HOMME, 24

os homens inteligentes mudam de opinião, os loucos não ➙ IMBÉCILE

os homens não se medem aos palmos ➙ TAILLE

os homens preferem as louras ➙ BLONDE

os leões não se entretêm a caçar pardais ➙ AIGLE, 1

os livros não ensinam tudo ➙ ANNÉE, 3

os loucos dão os banquetes, os avisados comem-nos ➙ FOU, 15

os loucos dão os banquetes, os prudentes os aceitam ➙ FOU, 15

os maiores clérigos não são os maiores sábios ➙ CLERC, 1

os maiores não são os mais sábios ➙ AUNE, 2 • CLERC, 1

os mais hábeis cometem faltas ➙ PARFAIT • SAGE, 1

os mais sábios não são os mais perspicazes ➙ CLERC, 1

os mares mais calmos são os mais profundos ➙ EAU, 12

os médicos enterram seus enganos ➙ MÉDECIN, 7

os melhores peixes não saem do fundo ➙ POISSON, 5

os melhores prazeres são sempre os menores ➙ PLAISANTERIE

os mortos não fazem mal a ninguém ➙ [2]MORT, 4

os mortos não voltam mais ➙ [2]MORT, 5

os números ímpares agradam aos deuses ➙ NOMBRE

os olhos da namorada têm luz mais viva que o Sol ➙ BILLET

os olhos do dono engordam o cavalo ➙ ŒIL, 10

os olhos e os anos não medem da mesma maneira ➙ ÂGE, 3

os olhos são o espelho da alma ➙ ŒIL, 8

os ouvidos são mais infiéis que os olhos ➙ ŒIL, 20

os países altos protegem os países baixos ➙ HAUT

os peixes grandes comerão os pequenos ➙ POISSON, 4

os pequenos prazeres são sempre os melhores ➙ FOLIE, 5

os poetas nascem feitos, os oradores são feitos ➙ POÈTE

os próprios cabelos da vossa cabeça estão todos contados ➙ CHEVEU, 3

os provérbios não mentem ➙ PROVERBE

os que fazem a lei devem ser os primeiros a cumpri-la ➙ LOI, 2

os que se casam por amor têm noites alegres e dias pesados ➙ AMOUR, 29

os ratos são os primeiros a abandonar o navio ➙ RAT, 2

os reis têm braços compridos ➙ ROI, 9

os ricos sempre têm parentes ➙ RICHE, 1

os rios correm (sempre) para o mar ➙ ARGENT, 16 • CHAPON, 2 • EAU, 11 • PIERRE, 3 • RICHE, 4 • RIVIÈRE, 2

os segundos pensamentos são sempre os melhores ➙ PENSÉE, 2

os tolos crescem sem ser regados ➙ FOU, 14 • SOLEIL, 9

os tolos e os teimosos enriquecem os advogados ➙ GENTILHOMME • MAISON, 11

os tolos fazem a festa e os sisudos a gozam ➙ FOU, 15

os tolos não se semeiam nem se plantam: nascem espontaneamente → FOU, 14 • SOLEIL, 9

os trovões e o mar ensinam a rezar → DIEU, 31

os últimos serão os primeiros → DERNIER, 2 • PREMIER, 2

ou bem se vende o porco ou se come a lingüiça → BEURRE, 1 • BÛCHETTE • LARD, 2

ou o boi, ou o couro → LARD, 2

ouro é o que ouro vale → OR, 5

ouro é o que vale ouro → OR, 5

ouro obtido, sono perdido → BIEN, 17 • POT, 10

outros tempos, outros costumes → TEMPS, 1

ouve cem vezes e fala uma só → ÉCOUTER

ouve muito e fala pouco → ÉCOUTER

ouve primeiro, fala derradeiro → ENTENDRE 1

ouvi primeiro e falai derradeiro → ENTENDRE 1

ouve um som apenas quem ouve um sino só → CLOCHE, 4

ouve, vê e cala, viverás vida folgada → OUÏR

ouvir maus é criar maldades → ÉCOUTANT

ovelha gafada gafa um rebanho → BREBIS, 9

ovelha gafeirosa deseja gafeirar um cento → BREBIS, 9

ovelha mansa mama a sua mama e mais a alheia → BREBIS, 3

ovelha mansa mama na sua e na da vizinha → BREBIS, 3

ovelha que bala bocado perde → BREBIS, 5

ovelha que barrega perde o bocado → BREBIS, 5

ovelha que berra, bocado que perde → BREBIS, 5

ovelha que berra bocados perde → BREBIS, 5

ovelha que berra, dentada que perde → BREBIS, 5

ovelha ruim tolhe as outras → BREBIS, 9

ovelhas tolas, por onde vai uma vão todas → BREBIS, 13 • FOU, 2

ovos e juras são (feitos) para quebrar → JURER • VACHE, 9

paciência e sebo de grilo é bom para aquilo → PATIENCE, 3

paciência excede sapiência → PATIENCE, 7

paciência levada ao extremo torna-se em ira → PATIENCE, 4

paciência tem limite(s) → PATIENCE, 1

padres, pombos e primos, onde entram sujam → MAISON, 4

paga-se o rei da traição, mas do traidor não → TRAHISON, 2

pai fazendeiro, filho cavalheiro, neto sapateiro → HÉRITIER, 4

pai fazendeiro, filho doutor, neto pescador → HÉRITIER, 4

pai não tiveste, mãe não temeste, diabo te fizeste → MONSTRE

pai rico, filho nobre, neto pobre → HÉRITIER, 4

pais comem as uvas verdes e filhos sentem o azedo → PÈRE, 4

paixão cega a razão → AFFECTION

paixões violentas duram pouco → VIOLENT

palavra boa unge e a má punge → PAROLE, 17

palavra dada, vida empenhada → COMPAGNON, 1 • MARCHAND, 1

palavra de homem/rei não volta atrás → COMPAGNON, 1 • MARCHAND, 1

palavra é palavra → COMPAGNON, 1 • MARCHAND, 1

palavra e pedra que se soltam não têm volta → PAROLE, 13

palavra e pedra solta atrás não voltam → PAROLE, 13

palavra e pedra solta não têm volta → PAROLE, 13

palavra fora da boca e pedra fora da mão não voltam atrás → PAROLE, 13

palavra mansa ira abranda e a brava a alvoroça → HOMME, 28 • PAROLE, 17

palavra que escapou à boca não voltou → PAROLE, 13

palavras bonitas, mau caráter → DISEUR, 1

palavras bonitas não enchem barriga → VENTRE, 5

palavras da noite não são para a manhã → PAROLE, 7

palavras ditas à mesa na mesa devem ficar → MÉMOIRE, 2

palavras e plumas, o vento as leva → PAROLE, 9

palavras fazem muitas vezes mais que as pancadas → LANGUE, 11

palavras ferem mais do que a espada → SALIVE

palavras, leva-as o vento → VENT, 2

palavras loucas, orelhas moucas → PAROLE, 1

palavras não adubam sopas → PAROLE, 5

palavras não enchem barriga → PAROLE, 5

palavras são fêmeas e fatos são machos → PAROLE, 10

pancada de amor não dói → JUMENT, 1

pancada de mãe não mata filho → FESSÉE

panela de muita criada, ou insossa ou salgada → ÂNE, 12 • CUISINIER

panela de muitos, mal comida e pior mexida → ÂNE, 12 • CUISINIER

panela de pobre, Deus a tempera → DIEU, 29

panela mexida por muitos não presta → ÂNE, 12 • CUISINIER

panela que cozinha para três dá de comer a cinco ou seis → DEUX, 4

panela que muitos mexem, ou sai insossa ou salgada → ÂNE, 12 • CUISINIER

panela velha é que faz comida boa → POT, 4 • POULE, 14

panela vigiada não ferve → HEURE, 6

panelas vazias são as mais barulhentas → TONNEAU

pano velho não agüenta costura → PEAU, 8

pão achado não tem dono → FOSSÉ, 2 • PAIN, 17

pão alheio caro custa → MORUE • PAIN, 10

pão alheio custa caro → MORUE • PAIN, 10

pão alheio tem bom gosto → TABLE, 1

pão comido, pão esquecido → MORCEAU, 2 • ORANGE

pão de pobre sempre cai com a manteiga para baixo → HOMME, 2 • PAIN, 12

pão de vizinho tira fastio → TABLE, 1

pão e circo → PAIN, 9

pão numa mão e pau na outra → HABIT, 1

pão pão, queijo queijo → CHAT, 7

pão proibido abre o apetite → PAIN, 19

pão que sobre, carne que baste e vinho que falte →
PAIN, 20

pão que sobre, carne que baste, vinho que farte →
PAIN, 20

pão quente fome mete → FARINE, 3

papagaio come milho, periquito leva a fama →
MOUTON, 1

para a fome não há mau pão → DENT, 2 • FAIM, 1 •
PAIN, 2 • VIANDE, 2

para a fome não há pão duro → DENT, 2 • FAIM, 1 •
PAIN, 2 • VIANDE, 2

para a gente boa ser, ou se há de ir ou há de morrer →
²MORT, 8

para arrombar porta de ferro não há como martelo de
prata → ARGENT, 22

para baixo todo (o) santo ajuda → DESCENDRE

para baixo todos os santos ajudam → DESCENDRE

para barriga cheia goiaba verde tem bicho → PIGEON,
2 • VENTRE, 1

para bigorna de ferro, martelo de pena → ENCLUME, 1

para boa fome não há ruim pão → DENT, 2

para boa vida levar, ver, ouvir e calar → OUÏR

para bom entendedor piscada de olho é mandado →
ENTENDEUR, 1

para bom mestre não há ferramenta ruim → BRAS, 2 •
OUVRIER, 6

para cada porco há seu São Martinho → PORC

para cada sapa há um sapo → MARMITE, 3

para conservar a amizade, parede-meia → BORNE

para Deus nada é impossível → DIEU, 1

para Deus tudo é possível → DIEU, 1

para espertalhão, espertalhão e meio → CHAT, 1 •
MALIN • RENARD, 5 • VILAIN, 1

para gato velho, camundongo → CHAT, 24

para gente pobre, nem repique nem dobre → GENS, 1
• SAINT, 8

para gente pobre, pequeno dobre → GENS, 1 • SAINT, 8

para grandes males, grandes remédios → FALLOIR, 1 •
MAL, 5

para lograr o proveito, há de se sofrer o dano →
BÉNÉFICE • MOELLE • NOIX, 1

para má chaga, má erva → BOIS, 1

para mentiroso, mentiroso e meio → MENTEUR, 1

para morrer basta estar vivo → VIANDE, 4

para o amigo, figo; para o inimigo, pêssego → FIGUE, 2

para o céu não se vai de carruagem → CHEMIN, 2 •
CROIX, 3

para o farto não existe faminto → PANSE, 4

para o mau oficial nenhuma ferramenta presta →
OUVRIER, 2

para o passarinho, não há como seu ninho →
OISEAU, 1

para onde era pasteiro, para aí é que o burro foge →
CHAT, 19

para onde o coração se inclina, o pé caminha →
CŒUR, 9

para os entendidos, acenos lhes bastam →
ENTENDEUR, 1

para os ovos frigir temos de os partir → OMELETTE

para pé de pobre, qualquer calçado serve → GENS, 1

para porta de ferro, martelo de prata → ARGENT, 22

para pular melhor, recua um pouco → RECULER

para que a amizade se mantenha é preciso que vá e
venha → COURTOISIE

para quem ama, catinga de bode é cheiro → AMOURS, 4

para quem diz "já!" e não "depois!", um dia vale doze
→ LENDEMAIN, 2

para quem é, bacalhau basta → SAINT, 8

para quem paga dívida, o tempo é curto → DETTE, 2

para quem perde a mulher e um tostão, a maior perda
é a do dinheiro → FEMME, 50 • JOUR, 4

para quem sabe ler, um pingo é letra → ENTENDEUR, 1

para resolução tomada não há conselho → CHOSE, 1 •
PARTI

para seu proveito cada um sabe → GUISE

para tais beiços, tais alfaces → TROU, 1

para tal patrão, tal criado → MAÎTRE, 7 • TROU, 1

para teu conselheiro não esqueças o travesseiro →
NUIT, 3

para tudo Deus dá jeito → REMÈDE, 3

para tudo há remédio, menos para a morte →
REMÈDE, 1

para um cão uma pedra, para uma pedra um ferro,
para um homem uma mulher → TROU, 1

para velhaco, velhaco e meio → CHAIR, 1 • CHAT, 1 •
MALIN • RENARD, 5 • VILAIN, 1

parar é morrer → DÉSIR, 2

pardal velho não muda de ninho → OISEAU, 15

pardal velho não se deixa apanhar em qualquer rede
→ MERLE

parece sempre à vaca velha que nunca foi bezerra →
VACHE, 1

parecença não é certeza → OR, 6 • VISAGE, 3

parecer não é ser → OR, 6 • VISAGE, 3

parentes, Deus os dá; amigos, escolhe-os a gente →
SORT, 2

parentes são os dentes → PARENT, 2

parentes são os dentes e mordem a gente → PARENT, 2

Paris bem que vale uma missa → PARIS, 4

partir é morrer um pouco → PARTIR

parvo calado pouco dista do avisado → FOU, 10

Páscoas de longe desejadas num dia são passadas →
PÂQUES, 2

passa por atilado um tolo calado → FOU, 10

passada a festa, esquecido o santo → FÊTE, 6

passado o perigo, esquece-se o santo → DANGER, 3 •
MAL, 17

passado o perigo, esquecido o santo → DANGER, 3 •
MAL, 17

passarinho cai de voar mas bate suas asinhas no chão
→ OISEAU, 10

passarinho que anda com morcego amanhece de cabeça para baixo → CHIEN, 45

passarinho que na água se cria sempre por ela pia → CHAT, 19 • COUTUME, 2

passarinho sem alpiste não canta → CORNEMUSE, 1 • OISELET

passinho a passinho se faz muito caminho → PAS, 3

patrão fora, dia santo na loja → CHAT, 20 • VOYAGE, 2

patrão pobre, criado miserável → MAÎTRE, 4

pau que nasce torto, até a cinza é torta → BOIS, 3 • PAIN, 1

pau que nasce torto morre torto → BOIS, 3 • PAIN, 1

pau que nasce torto não tem jeito, morre torto → BOIS, 3 • PAIN, 1 • SINGE, 3

pau que nasce torto tarde ou nunca se endireita → BOIS, 3 • PAIN, 1

pé de galinha não mata pinto → FESSÉE

pé grande, pau grande → NEZ, 5

pecado confessado é meio perdoado → PÉCHÉ, 4

pecado escondido é meio perdoado → PÉCHÉ, 5

pedra movediça não ajunta musgo → PIERRE, 5

pedra que muito rola não cria bolor → PIERRE, 5

pedra que rola não cria limo → PIERRE, 5

pedra queda musgo cria → PIERRE, 5

pedra roliça não cria bolor → PIERRE, 5

pedra sacudida não volta à funda → PAROLE, 13

peixão graúdo come peixe miúdo → POISSON, 4

peixe e visita em três dias fedem → HÔTE, 2

peixe pequeno será grande um dia → POISSON, 7

peixe velho é entendedor de anzóis → MERLE • POMME, 1 • SINGE, 2

pela amostra se conhece a chita → ÉCHANTILLON • POURPOINT • TESSON

pela amostra se conhece o pano → ÉCHANTILLON • POURPOINT • TESSON

pela aragem se conhece (logo) quem vem na carruagem → VISAGE, 1

pela base se conhece o edifício → TESSON

pela boca se aquenta o forno → BOUCHE, 11 • FROID, 3

pela cabeça estraga-se o peixe → POISSON, 3

pela casca se conhece o pau → ONGLE

pela fumaça se conhece o pau do tição → TISON

pela listra se conhece a touca → TESSON

pela Madalena recorre à tua figueira → VENT, 15

pela mãe se beija a criança → AMOUR, 26 • FILLE, 19

pela obra e não pelo vestido é o homem conhecido → ŒUVRE, 1

pela obra se conhece o artista → ŒUVRE, 1

pela obra se conhece o obreiro → ŒUVRE, 1

pela palha se conhece a espiga → ONGLE • PLUME, 3 • TESSON

pela voz se conhece o músico → CHANT • ŒUVRE, 1

pelas abelhas de São Pedro pagam as de São Paulo → MOUTON, 1

pelas unhas se conhece o leão → ONGLE

pelo afinar da viola se conhece o tocador → ŒUVRE, 1

pelo armar da besta se conhece logo o besteiro → ŒUVRE, 1

pelo bordão se conhece o romeiro → ONGLE

pelo calçar da espora se conhece o bom vaqueiro → ŒUVRE, 1

pelo canto se conhece a ave → CHANT • OISEAU, 10

pelo canto se conhece o pássaro e pela obra o homem → CHANT • PLUME, 1

pelo cheiro do tição sabe-se a madeira que queimou → TISON

pelo dedo se conhece o gigante → ONGLE

pelo fio tirarás o novelo e pelo passado o que está para vir → FIL, 2

pelo fruto se conhece a árvore → FRUIT, 2

pelo manear do pau se conhece o jogador → ŒUVRE, 1

pelo milagre se conhece o santo → MIRACLE

pelo pegar da viola se conhece o repentista → ŒUVRE, 1

pelo perfume se conhece a flor → OISEAU, 10

pelo pôr da isca/lasca se conhece o pescador → ŒUVRE, 1

pelo punhado se conhece o saco → TESSON

pelo São Martinho bebe teu vinho e deixa a água correr no moinho → SAINT, 3

pelo São Martinho prova teu vinho; ao cabo do ano, já te não faz dano → SAINT, 3

pelo teu coração, julgas o de teu irmão → JAUNISSE, 1 • LARRON, 4

pelo teu coração, julgas teu irmão → JAUNISSE, 1 • LARRON, 4 • RENARD, 8

pelo veneno se conhece o remédio e pelo mal o milagre → VENIN

pelos amores novos se esquecem os velhos → CLOU, 2

pelos cacos sabe-se como era a caçoila/caçoula → TESSON

pelos santos novos se esquecem os velhos → CLOU, 2

pena e tinta são as melhores testemunhas → PAROLE, 9

pena passada, pena esquecida → DANGER, 3

pena que não se vê não se sente → ŒIL, 4

penas com pão meias penas são → PEINE, 5

pensa muito, fala pouco, escreve menos → PENSER, 2

pensa o avarento que possui o ouro, mas é o ouro quem o possui → AVARE, 3

pensando morreu um burro → PRÉCAUTION, 2

pensar não paga imposto → PENSÉE, 1

pepino que nasce torto nunca se endireita → BOIS, 3 • PAIN, 1

pequena faísca faz grande chama → ÉTINCELLE

pequenas caixas têm bons ungüentos → POT, 3

pequenas causas produzem grandes efeitos → CAUSE

pequenas lembranças conservam viva a amizade → CADEAU

pequeno azo faz grande dano → PLUIE, 3

pequeno machado derruba grande árvore/sobreiro → HOMME, 29

pequeno machado parte grande carvalho → HOMME, 29

pequeno rombo faz soçobrar grande navio → HOMME, 29 • PLUIE, 3

pequenos descuidos produzem grandes males → NÉGLIGENCE

pequenos golpes repetidos derrubam grandes árvores → HOMME, 29

pequenos males acarretam grandes estragos → ÉTINCELLE

pequenos mananciais formam grandes rios → CAUSE

perdemos uma batalha mas não a guerra → BATAILLE

perder uma batalha não é perder a guerra → BATAILLE

perde-se a isca para pegar o peixe → DON, 3 • ŒUF, 1 • VAIRON

perde-se o velho por não poder e o novo por não saber → JEUNESSE, 10

perdido por cem, perdido por mil (e quinhentos) → BOURBIER

perdido por dez, perdido por vinte → BOURBIER

perdido por pouco, perdido por muito → BOURBIER • CHIEN, 24

perdido por um, perdido por cem → BOURBIER • CHIEN, 24

perdido por um, perdido por mil (e quinhentos) → BOURBIER

perdigão perdeu a pena, não há mal que lhe não venha → MALHEUR, 12

perdoar ao mau é animá-lo a ser → PARDON, 1

perdoar ao mau é dizer-lhe que o seja → PARDON, 1

perdoar aos maus é danar os bons → MÉCHANT, 3

perdoa-se enquanto se ama → FAUTE, 4

perigo vai, presunção volta → DANGER, 3 • MAL, 17

perto vai o fumo da chama → FLAMME

pés acostumados a andar não podem parar → COUTUME, 2

pés quentes, cabeça fria, coração bom e desprezar a medicina → PIED, 11

pés quentes, cabeça fria, cu aberto, boa urina, merda para a medicina → PIED, 11

pés quentes, ventre livre, cabeça fria e desprezar a medicina → PIED, 11

pesar alheio sente-se só meio → CHAGRIN, 3 • MAL, 13

pescador apressado perde o peixe → HÂTER (SE), 2

peso e medida tiram o homem da porfia → MESURE

pílulas engolem-se e não se mastigam → PILULE, 1

pimenta no cu dos outros é refresco → CHAGRIN, 3 • MAL, 13

pimenta no rabo dos outros não arde → CHAGRIN, 3 • MAL, 13

pimenta nos olhos dos outros é colírio/refresco → CHAGRIN, 3 • MAL, 13

pimenta nos olhos dos outros não arde → CHAGRIN, 3 • MAL, 13

pimenta-do-reino é preta mas faz de-comer gostoso → POIVRE

pingo a pingo faz goteira → GOUTTE, 6

pingo, pingo... faz goteira → GOUTTE, 6

pior a calmaria que a tormenta → EAU, 5

pior a cura que o mal → REMÈDE, 2

pior a emenda que o soneto → REMÈDE, 2

pior do que a imbecilidade dos imbecis é a imbecilidade dos sábios → SOT, 3

pior é fingido amigo que declarado inimigo → DIEU, 15

pior está o roto que o descosido → PIED, 8

pirão feito não se deixa → VIN, 14

planta muito mudada não medra, nem cresce nada → ARBRE, 1

pobre com pouco se alegra → CHÈVRE, 4

pobre com rica casado, mais que marido, é criado → FEMME, 51

pobre muda de patrão mas não de condição → GUEUX, 2

pobre não carrega luxo → CHÈVRE, 4

pobre nunca tem razão → MÉRITE • PAUVRE, 1

pobre quando acha um ovo é goro → HOMME, 2

pobre se engasga com cuspe → MALHEUREUX, 4

pobreza e alegria nunca dormem na mesma cama → ARGENT, 9 • MISÈRE, 2

pobreza e alegria nunca dormem numa cama → ARGENT, 9 • MISÈRE, 2,

pobreza não é crime/vileza → PAUVRETÉ, 6

pobreza nunca em amores fez bom feito → AVARICE, 3 • MISÈRE, 1 • PAUVRETÉ, 7

pobreza obriga a vileza → ÉCU, 3

podão mau corta o dedo e não o pau → COUTEAU, 2

poderoso cavaleiro é dom Dinheiro → ARGENT, 34 • POÊLE, 3

põe tu a mão e Deus te ajudará → DIEU, 9

poeta bom já nasce feito → ART, 4

polidez pouco custa e muito vale → BOUCHE, 5 • LANGUE, 1

pólvora alheia, tiro grande → CHEVAL, 23

por afeição (te) casaste, a trabalhos te entregaste → AMOUR, 29

por amor dos santos se adoram/adornam os altares → AMOUR, 26 • VACHE, 4

por baixo da manta, tanto vai preta como vai branca → AMOURETTE, 1 • BUREAU

por bem fazer, mal haver → BIEN, 9

por causa da prudência se perdem os ensejos → RISQUER

por causa de bens sem medida, há muita alma perdida → EXCÈS, 1

por causa de mulheres, cães e águas, não faltam mágoas → EAU, 9

por causa de um vintém se gasta(m) cem → AVARICE, 2 • CHICHE, 1

por causa dos santos se beijam as pedras → AMOUR, 26 • VACHE, 4

por cima folhos e renda, por baixo nem fraldas tem → DAME, 2

por cima púrpura, por baixo andrajos → DAME, 2

por cobiça de florim, não te cases com mulher ruim → FEMME, 51

por cuidar morreu um burro → PRÉCAUTION, 2

por dar esmola nunca falta bolsa → AUMÔNE

por dinheiro baila o cão e por pão se lho dão → CHIEN, 33

por falta de tempo se perde o navio → TERME, 1

por falta de um alho nunca deixou de se fazer alhada → MOINE, 2

por falta dum prego, perdeu-se a ferradura → POINT, 1

por fora bela viola, por dentro molambos só → BOUCAUT • DAME, 2 • POMME, 6

por fora casquete de veludo, por dentro miolos de burro → DAME, 2 • EXTÉRIEUR

por fora cordas de viola, por dentro pão bolorento → BOUCAUT • POMME, 6

por fora, filó, filó; por dentro, molambo só → BOUCAUT • POMME, 6

por fora grande farofa, por dentro molambo só → BOUCAUT • POMME, 6

por fora muita farofa, por dentro não tem miolo → BOUCAUT • POMME, 6

por fora muito fofó, por dentro molambo só → BOUCAUT • POMME, 6

por fora tudo são rendas, por dentro nem fralda tem → DAME, 2

por linha vem a tinha → SANG, 1

por me fazer mel comeram-me as moscas → MIEL, 1

por medo dos pardais não se deixa de semear cerais → PIGEON, 1

por morrer o sacristão o sino não se cala não → MOINE, 2

por morrer um caranguejo o mangue não bota luto → MOINE, 2

por morrer uma andorinha não acaba a primavera → MOINE, 2

por Natal ao jogo e por Páscoa ao fogo → NOËL, 3

por Natal sol e por Páscoa carvão → NOËL, 3

por onde salta a cabra, salta a cabrita → BREBIS, 13

por onde vás, assim como vires, assim farás → LOUP, 3 • ROME, 3

por pequena brasa arde grande casa → ÉTINCELLE

por Santa Luzia cresce a noite, míngua o dia → SAINT, 7

por Santa Luzia cresce um palmo o dia → SAINT, 7

por Santo André todo o dia noite é → SAINT, 2

por São Martinho prova teu vinho → SAINT, 3

por se andar vestido de lã não se é carneiro → BOURREAU • HABIT, 5

por todo (o) abril mau é descobrir → AVRIL, 6

por Todos os Santos semeia trigo, colhe cardos → TOUSSAINT

por um cravo se perde um cavalo → CLOU, 1 • POINT, 1

por um cravo se perde um cavalo, por um cavalo um cavaleiro, por um cavaleiro um exército → CLOU, 1

por um cravo se perde uma ferradura; por uma ferradura, um cavalo; por um cavalo, um cavaleiro; por um cavaleiro, um exército inteiro → CLOU, 1

por um dia de prazer, um ano de sofrer → PLAISIR, 6

por um ponto, perdeu o diabo o mundo → POINT, 1

por um prazer mil dores → PLAISIR, 6

por uma dúzia de pardais se deixa voar um açor → ALOUETTE, 3 • LIÈVRE, 3

por uma única vez, pode-se abrir uma exceção → FOIS, 2

por velho casado se reza como finado → VIEUX, 4

por vil seja tido quem a isso der mau sentido → HONNI

porco que tem fome sonha com bolota → TRUIE, 1

porco velho não se coça em pé de espinho → ÂGE, 1 • CHASSE, 2 • POMME, 1

porfia mata caça → CHERCHER, 1 • ENDUREUR

porfia mata veado, e não besteiro cansado → ENDUREUR

porque um burro deu um coice não se lhe há de cortar a perna → PAS, 1

porta aberta, o justo peca → PORTE, 3

portador não merece pancada → MESSAGER, 2

pote velho é que dá boa água → POT, 4

poucas leis, bom governo → ÉTAT

pouco a pouco fia a velha o copo → ÉCONOMIE • GOUTTE, 6 • GRAIN, 5 • MAILLE, 2 • OISEAU, 14

pouco a pouco se vai ao longe → PAS, 3

pouco comer para bem beber → ²MANGER

pouco dói o mal alheio → CHAGRIN, 3 • MAL, 13

pouco e em (boa) paz, muito se faz → OISEAU, 14

pouco fel dana muito mel → FIEL

pouco fel faz azedo muito mel → FIEL

pouco fermento leveda muita massa → LEVAIN, 2

pouco importa o frasco se tivermos o perfume → FLACON

poupa na (tua) cozinha e aumentarás a tua casinha → MAISON, 8

poupa o teu vintém, (que) serás um dia alguém → FEU, 3 • RUISSEAU, 2

poupanças de farelo – estragos de farinha → CHICHE, 1

poupar enquanto há, depois é privação → ÉPARGNER, 1

poupar vintém para perder pataca → CHICHE, 1

pra banda que vira é que a carga cai → CÔTÉ • VACHE, 3

pra uns, as vacas morrem... pra outros, até boi pega a parir → FORTUNE, 1

praça que parlamenta está prestes a render-se → VILLE, 3

praga de urubu (magro) não mata cavalo (gordo) → BAVE

prata é o bom falar, ouro é o bom calar → BOUCHE, 2 • PARLER, 1 • PAROLE, 4

prata ruim não cai do louceiro → POT, 9

prazeres pequenos são os melhores → PLAISANTERIE

preferível ser sapão de pocinho a ser sapinho de poção → TÊTE, 7

prefiro apertar o cinto a usar coleira → OISEAU, 7

prega-se a traição e detesta-se o traidor → TRAHISON, 2

preguiça, chave de pobreza → PARESSEUX, 2 • PAUVRETÉ, 4

quando muito arde o sol – nem mulher, nem carnes, nem caracol... → JUIN, 5

quando não há até o rei perde → ROI, 10

quando não há lombo, lingüiça como → CHAPON, 1

quando não há trigo, come-se de milho → CHAPON, 1

quando não se sabe, a ferramenta é má → OUVRIER, 2

quando neste vale estou, outro melhor me parece, não assim quando lá vou → MOISSON, 2

quando o amor acaba, são muitos os defeitos → FAUTE, 4

quando o amor nos visita, a amizade se despede → AMOUR, 21

quando o bem te chegar, mete-o em casa → OCCASION, 2

quando o cabra é bom, toda hora é hora → HEURE, 5

quando o campo fica cheio, é preciso que se alivie → VASE

quando o coração está cheio, transborda a boca → ABONDANCE, 5 • VASE

quando o diabo reza, enganar-te quer → DIABLE, 9, 18

quando o diabo rezar é porque te quer enganar → DIABLE, 9, 18

quando o dinheiro fala, tudo cala → ARGENT, 34

quando o ferro estiver acendido, então há de ser batido → FER, 1 • MOULIN, 2

quando o gato está longe, os ratos aproveitam/brincam → CHAT, 20

quando o inimigo foge, todos são valentes → LOUP, 14

quando o lobo come outro, fome há no souto → FAMINE

quando o lobo vai furtar, longe de casa vai cear → RENARD, 18

quando o mal é de morte, não precisa de doutor → ¹MORT, 2 • REMÈDE, 1

quando o mal é de morte, o remédio é morrer → ¹MORT, 2

quando o mal nos visita, a amizade se perde → AMI, 21

quando o mar bate na rocha, quem se lixa é o mexilhão → MULÂTRE • NEIGER • ROI, 11

quando o mar briga com a praia, quem apanha é o caranguejo → MULÂTRE • NEIGER • ROI, 11

quando o mar briga com o rochedo, quem sofre é o marisco → MULÂTRE • NEIGER • ROI, 11

quando o marido vai cavar, deve a mulher fiar → FUSEAU

quando o pão do pobre cai, cai sempre com manteiga → PAIN, 12

quando o pequeno toca, o grande já tocou → ENFANT, 1

quando o poço está seco é que se conhece o valor da água → PUITS, 3

quando o rico geme, o pobre é quem sente a dor → MULÂTRE • NEIGER

quando o sol nasce é para todos → RUE • SOLEIL, 5

quando o vilão está rico, não tem parente nem amigo → VILAIN, 8

quando o vinho desce, as palavras sobem → SOBRE • VIN, 13

quando *oportet* tem vez, assim terá de ser feito → BESOIN, 3

quando os gatos não estão em casa, os ratos passeiam por cima da mesa → CHAT, 20

quando os meus males forem velhos, os de alguém serão novos → AUJOURD'HUI, 1

quando os sinos tocam, o coração está em festa → CLOCHER, 2

quando os tiranos riem, a nação chora → ROI, 11

quando passares pela terra dos tortos, fecha um olho → LOUP, 3 • ROME, 3

quando pequenos, os filhos pisam-nos os pés; quando grandes, pisam-nos o coração → ENFANT, 13

quando se come não se fala → BREBIS, 5

quando se está bem, é fácil consolar o doente/infeliz → SAIN

quando se está com a corda na garganta, todo o mundo puxa a ponta → LOUP, 14

quando se está com fome, carne rançosa se come → VIANDE, 2

quando se está na dança, é preciso dançar → BAL, 2

quando se fala na albarda aparece logo o burro → LOUP, 15

quando se faz uma panela, faz-se logo um testo para ela → MARMITE, 3

quando se pisa o alho, o almofariz conserva o cheiro → AIL

quando se tem fome, não há ruim pão → FAIM, 1 • PAIN, 2

quando te derem a vaca, vem logo com a corda → DONNER, 1

quando te derem o porquinho, acode logo com o baracinho → DONNER, 1

quando te derem o porquinho, segura-o pelo rabinho → DONNER, 1

quando todo o vício envelhece, avareza reverdece → VICE

quando um avarento resolve abrir a mão, não tem rival → BANQUET, 2 • CHÈRE, 6

quando um cão se afoga, todos lhe trazem água → CHIEN, 41

quando um diz "mata!", o outro diz "esfola!" → TUER, 2

quando um mono se veste de seda, se mono era, mono se queda → SINGE, 6

quando um não quer, dois não baralham/brigam → QUERELLER (SE)

quando uma porta se fecha, muitas janelas se abrem → PLUS, 1 • UN, 4

quando urubu está de azar, o de baixo caga no de cima → MALHEUREUX, 4

quando urubu está infeliz, o de baixo borra no de cima → MALHEUREUX, 4

quando vires as barbas do vizinho a arder, põe as tuas de molho → BARBE, 9 • MAISON, 16

quem anda caipora até cachorro lhe mija na perna ➙ MALHEUREUX, 4

quem anda depressa é quem mais tropeça ➙ HÂTER (SE), 2

quem anda descalço não deve plantar espinhos ➙ ÉPINE, 2 • PIED, 9

quem anda muito depressa passa por cima do que precisa ➙ HÂTER (SE), 2 • TOMBER

quem anda na chuva molha-se ➙ JEU, 9

quem anda no mar aprende a rezar ➙ MER, 4

quem anda no mar não faz do vento o que quer ➙ MER, 3

quem anda por toda a parte por toda a parte aprende ➙ VOYAGE, 1

quem ao fim do valo vai às vezes cai ➙ FOSSÉ, 1

quem ao longe vai casar leva pulha ou vai buscar ➙ MARIER (SE), 3

quem ao longe vai casar ou se engana ou vai enganar ➙ MARIER (SE), 3

quem ao moinho vai enfarinhado sai ➙ MOULIN, 6

quem aos trinta não pode, aos quarenta não sabe e aos cinqüenta não tem... não pode, não sabe e não tem ➙ AN, 3

quem aos trinta não pode, aos quarenta não sabe e aos cinqüenta não tem... nunca será ninguém ➙ AN, 3

quem aos vinte não barba, aos trinta não casa e aos quarenta não tem... nem barba, nem casa, nem tem ➙ AN, 3

quem aos vinte não barba, aos trinta não casa e aos quarenta não tem... tarde barba, tarde casa e tarde tem ➙ AN, 3

quem arma a esparrela às vezes cai nela ➙ GUILLAUME • PRENDRE, 2 • TRAPPE

quem arranja o colombro que o leve ao ombro ➙ FAUTE, 6

quem as arme que as desarme ➙ FAUTE, 6

quem as faz que as pague ➙ FAUTE, 6

quem atira com pólvora alheia dá tiro grande ➙ BIEN, 8

quem atira com pólvora alheia enche mais a medida ➙ BIEN, 8

quem atira com pólvora alheia não toma chegada ➙ BIEN, 8

quem azeite mede as mãos unta ➙ BEURRE, 2 • MAIN, 13 • MIEL, 6

quem bebe afoga as mágoas ➙ DEUIL, 1

quem bebe muito vinho perde o tino ➙ BOIRE, 3 • VIN, 13

quem bebe vinho vê Deus no caminho ➙ VIN, 15

quem beija os filhos a boca dos pais adoça ➙ FILLE, 19

quem bem ama bem castiga ➙ AIMER, 5

quem bem começa bem acaba ➙ COMMENCEMENT, 3

quem bem está deixa-se estar ➙ BOUGER (SE)

quem bem faz a cama nela se deita ➙ LIT, 1

quem bem faz para si faz ➙ BIENFAIT, 1

quem bem me faz é meu compadre ➙ ONCLE

quem bem quer a Beltrão bem quer a seu cão ➙ AMI, 11 • CHIEN, 42

quem bem semeia bem ceifa/colhe ➙ SEMER, 1

quem bem serve galardão merece ➙ OUVRIER, 5

quem bem trabalhou melhor descansou ➙ BESOGNE, 1

quem boa cama faz nela se deita ➙ LIT, 1

quem boa cama fizer nela se deitará ➙ LIT, 1

quem brinca com espinhos arranha-se ➙ FROTTER (SE) • HAIE, 3

quem brinca com fogo acaba por se queimar ➙ FROTTER (SE) • VÉRITÉ, 1

quem brinca com fogo faz xixi na cama ➙ FEU, 4

quem bulir em casa de marimbondo sairá picado ➙ FROTTER (SE)

quem burro vai a Roma burro de lá vem ➙ BÊTE, 4 • CHEVAL, 18

quem burro vai a Roma/Santarém burro vai, (e) burro vem ➙ BÊTE, 4 • CHEVAL, 18

quem busca perigo em perigo morre ➙ DANGER, 2

quem cala consente ➙ MOT, 2

quem caminha por atalhos nunca sai de sobressaltos ➙ VOIE, 3

quem canta antes do almoço chora antes do sol-posto ➙ ¹RIRE, 2

quem canta de graça é galo ➙ ARGENT, 25

quem canta fadas más espanta ➙ MAL, 20

quem canta maus fados espanta(, quem chora mais os aumenta) ➙ MAL, 20

quem canta seus males espanta ➙ MAL, 20

quem carrega é que sabe o peso que pega ➙ ÂNE, 15 • BÂT

quem casa a correr toda a vida tem para se arrepender ➙ FIANÇAILLES • MARIER (SE), 2

quem casa com a gata por causa da prata perde a prata e fica com a gata ➙ AMOURS, 5

quem casa com amores vive com dores ➙ AMOURS, 1 • FEMME, 49

quem casa com viúva paga as dívidas ➙ VEUVE

quem casa muito prontamente arrepende-se muito longamente ➙ FIANÇAILLES • MARIER (SE), 2

quem casa por amor vive sempre com dor ➙ AMOURS, 1

quem casa por amores sempre vive em dores ➙ AMOURS, 1

quem casa por dinheiro paga-o bem pago ➙ AMOURS, 5

quem casa quer casa(, longe da casa em que casa) ➙ MARIAGE, 1

quem castiga um avisa cento ➙ CORRIGER

quem cedo casa cedo se arrepende ➙ MARIER (SE), 1

quem cedo dá dá duas vezes ➙ DONNER, 5

quem cedo trabuca melhor manduca ➙ HEURE, 3

quem chega cedo/primeiro é que bebe da água limpa ➙ DERNIER, 1 • HEURE, 3

quem chega no fim só come o pegado ➙ OS, 2

quem chega tarde acha o lugar tomado ➙ DERNIER, 1

quem chega tarde não assiste à missa nem come carne ➙ DERNIER, 1

quem cochicha o rabo espicha ➙ MESSE, 2

quem colhe a rosa sofra o espinho → NOIX, 1

quem com cães se deita com pulgas se levanta → CHIEN, 45 • FEU, 14

quem com coxo anda aprende a mancar → BOITEUX, 2 • CHIEN, 45 • FEU, 14 • LOUP, 1

quem com doido há de se entender de muito siso há mister → DIABLE, 1

quem com elas joga o vinte ou sai pobre ou pedinte → FEMME, 47 • JEU, 6

quem com ferro fere com ferro será ferido → ÉPÉE, 3

quem com ferro mata com ferro morre → ÉPÉE, 3

quem com lobo dorme aprende a uivar → CHIEN, 45 • LOUP, 1

quem com mau vizinho há de avizinhar com um olho há de dormir e com outro velar → VOISIN, 6

quem com mau(s) vizinho(s) vizinhar com um olho há de dormir e com o outro vigiar → VOISIN, 6

quem com morcegos anda dorme de cabeça para baixo → CHIEN, 45 • FEU, 14

quem com muitas pedras bate com alguma se fere → FROTTER (SE)

quem com porcos se mistura farelos come → CHIEN, 45

quem come a carne (que lhe) roa o osso → FEMME, 48 • LIE • MOELLE

quem come a galinha magra paga a gorda → OIE, 2

quem come à mesa alheia mal janta e pior ceia → ÉCUELLE, 1 • PLANCHER

quem come a papa que reze o *Pater Noster* → MULE, 5

quem come de bolsa alheia vive amarrado a dois nós → ÉCUELLE, 1 • PLANCHER

quem come de graça é impingem → TRAVAILLER, 2

quem come do meu pão leva do meu bordão → PAIN, 10

quem come do meu pilão bebe/leva do meu cinturão → PAIN, 10

quem come fel não cospe/(pode cuspir) mel → MÂCHER

quem come sem conta morre sem honra → PAIN, 25

quem começa com decisão tem meio caminho andado → PEINE, 2 • TRAVAIL, 5

quem comeu a carne que roa o(s) osso(s) → LARD, 3

quem comeu as maduras chuche as duras → LIE

quem como besta vai a Roma como asno retorna → BÊTE, 4 • CHEVAL, 18

quem compra o supérfluo vende o necessário → CAPITAL • SUPERFLU

quem compra precisa de cem olhos; quem vende, apenas de um → ŒIL, 21

quem compra sem poder vende sem querer → SUPERFLU

quem confessa merece perdão → PÉCHÉ, 4

quem confessa pela boca morre pelo pescoço → VÉRITÉ, 10

quem conta com a panela alheia arrisca-se a ficar sem ceia → ÉCUELLE, 1 • PLANCHER

quem conta sem o hóspede conta duas vezes → HÔTE, 4

quem conta um conto aumenta um ponto → DIABLE, 8 • LOUP, 12

quem corre a duas lebres não apanha nenhuma → LIÈVRE, 3

quem corre cansa, quem anda alcança → RIEN, 6

quem corre cansa, quem espera avança → RIEN, 6

quem corre pelo muro não dá passo seguro → SIÈGE, 1

quem corta o nariz sua cara enfeia → NEZ, 6

quem cospe a semente é que sabe o gosto da fruta → SOULIER, 2

quem cospe para cima na cara lhe cai → CIEL, 6 • VENT, 1

quem cospe para o alto/ar, cai-lhe na cara → CIEL, 6 • VENT, 1

quem crê de ligeiro água recolhe em cesto → CROIRE, 1

quem crê de ligeiro água recolhe no seio → CROIRE, 1

quem cria e não castiga mal cria → AIMER, 5

quem cria tem lei → AIMER, 5

quem cuida que atalha rodeia → VOIE, 3

quem dá a papa lambe o dedo → MIEL, 6 • MULE, 5

quem dá a papa os dedos lambe → MIEL, 6 • MULE, 5

quem dá antes da morte terá má sorte → MOURIR, 6

quem dá aos pobres empresta a Deus → PAUVRE, 2

quem dá e tira ao inferno vai cair/parar → BIEN, 3 • CHOSE, 6

quem dá e tira fica corcunda → BIEN, 3 • CHOSE, 6

quem dá e tira para o inferno gira → BIEN, 3 • CHOSE, 6

quem dá e torna a pedir ao inferno vai cair → BIEN, 3 • CHOSE, 6

quem dá e torna a pedir rebenta como um funil → BIEN, 3 • CHOSE, 6

quem dá e torna a tomar vira a cacunda para o mar → BIEN, 3 • CHOSE, 6

quem dá espera → ŒUF, 1

quem dá logo dá duas vezes → DONNER, 5

quem dá muito à taramela não sabe nunca o que diz → CRABE, 1

quem dá murro em ponta de faca acaba por se ferir → CAILLOU • TÊTE, 3

quem dá o pão dá a educação/o castigo/o ensino → AIMER, 5

quem dá o pão sem castigo não vai ao paraíso → AIMER, 5

quem dá o que tem a pedir vem → PIED, 1 • TEMPS, 9

quem dá o seu antes de morrer aparelhe-se a bem sofrer → MOURIR, 6

quem dá prontamente dá duas vezes → DONNER, 5

quem dá rouba o coração → CADEAU

quem das ervas nasce pelas ervas pasce → ROND

quem de doidice adoece tarde ou nunca guaresce → FOU, 19

quem de novo não morre de velho não escapa → JEUNE, 1

quem de si faz lixo, pisam-no as galinhas → BREBIS, 14 • MIEL, 1

quem defeitos ruins há tarde ou nunca os perderá → BOIRE, 4

quem deita água de golpe mais derrama do que colhe → FROMAGE, 2

quem deixa de ser amigo não o foi nunca → AMI, 19

quem deixa o certo pelo incerto nas coisas do mundo é pouco esperto → PROIE • QUITTER

quem desconfia fica sábio → DOUTE, 2

quem desdenha quer comprar → ACHETER, 2 • ÂNE, 20

quem despreza a própria vida é senhor da vida do próximo → VIE, 6

quem deu seu nó que o desate → FAUTE, 6

quem diabos compra diabos vende → DIABLE, 19

quem dinheiro tem faz o que quer e tudo vai bem → ARGENT, 28

quem dinheiro tiver fará o que quiser → ARGENT, 28

quem dinheiro tiver terá sempre o que quiser → ARGENT, 28

quem diz a verdade não merece castigo → PÉCHÉ, 4

quem diz filhos diz tormentos → ROSSIGNOL, 2

quem diz mal de ti é o homem do teu ofício → TRIPIÈRE

quem diz o que quer ouve o que não quer → DIRE, 2

quem do escorpião está/foi picado, a sombra o espanta → CHAT, 4

quem do seu se desapossa antes da morte, dêem-lhe com um maço na fronte → MOURIR, 6

quem dorme come/engorda → DORMIR, 1

quem dorme, dorme-lhe a fazenda → LABOUREUR

quem é amigo de todos não o é de ninguém → AMI, 2

quem é infeliz cai de costas e quebra o nariz → DOS, 1 • MALHEUREUX, 4

quem é mensageiro não merece pancada → MESSAGER, 2

quem é o teu inimigo? é o oficial do teu ofício → POTIER, 2

quem é pobre de desejos é rico de contentamentos → RICHE, 2

quem é preto de nação nem a poder de sabão → SINGE, 3 TÊTE, 1

quem é só é senhor de si → COMPAGNON, 4

quem é teu inimigo? o oficial do teu ofício → TRIPIÈRE

quem é teu irmão? o vizinho mais à mão → VOISIN, 4

quem em agosto ara riquezas prepara → AOÛT, 3

quem em caminho leva pressa em caminho chão tropeça → HÂTER (SE), 2 • TOMBER

quem em casa deixa a cabeça na praça perde o turbante → TÊTE, 12

quem em doido se fia mais doido é que ele → FOU, 18

quem em menino é pousado será velho endiabrado → ANGELOT • SAINT, 20

quem em muitas pedras bole em uma se fere → FROTTER (SE)

quem em novo não trabalha em velho come palha → JEUNESSE, 6

quem em novo não trabalha em velho dorme numa palha → JEUNESSE, 6

quem em pedra duas vezes tropeça não é muito quebrar a cabeça → PIERRE, 7

quem em vida se deserda, dá-se-lhe com um maço ou uma pedra → MOURIR, 6

quem em vida se deserda para si só tem merda → MOURIR, 6

quem empresta a um amigo cobra a um inimigo → AMI, 1 • ARGENT, 7

quem empresta dinheiro perde o amigo e o dinheiro → AMI, 1, 20 • ARGENT, 7

quem encobre ladrão é ladrão e meio → RECELEUR, 1

quem encontrou um amigo encontrou um tesouro → AMI, 8

quem engana o ladrão tem cem anos de perdão → LARRON, 2

quem engorda o porco é o olho do dono → ŒIL, 10

quem engorda o(s) boi(s) é o olho do dono → BIEN, 19 • ŒIL, 10

quem entra na dança deve dançar → BAL, 2

quem entra na roda tem de dançar → BAL, 2

quem entra no pilão vira paçoca → FROTTER (SE)

quem envelhece arrefece → HOMME, 40

quem escudela de outro espera fria a come → ÉCUELLE, 1 • PLANCHER

quem escuta de si ouve → PORTE, 6

quem escuta pelas beiras/cueiras ouve das suas manqueiras → PORTE, 6

quem espera por sapatos de defunto toda a vida anda descalço → SOULIER, 3

quem espera sempre alcança → PATIENCE, 6 • POINT, 4

quem espreita peidos aceita → PORTE, 6

quem está ausente não há mal que não tenha e que não tema → ABSENT, 2

quem está com fome não escuta conselhos → SERMON • VENTRE, 5

quem está em ventura, até a formiga o ajuda → FORTUNE, 1

quem está na chuva é para se molhar → JEU, 9

quem está perto do fogo é que se queima → FEU, 14

quem está perto do lume é que se aquece → POT, 5

quem fala muito dá bom-dia a cavalo → CRABE, 1 • GRATTER

quem fala semeia, quem escuta colhe → PARLER, 4

quem faz a barba a um cão perde o tempo e o sabão → TÊTE, 1

quem faz a burla faça a escapula → LOI, 4

quem faz a casa na praça, uns dizem que (ela) é alta, outros que (ela) é baixa → PÈRE, 5

quem faz aqui acha acolá → GIBET, 1

quem faz bem a ingrato compra caro e vende barato → VILAIN, 5

quem faz casa na praça, uns dizem que (ela) é alta, outros que (ela) é baixa → PÈRE, 5

quem muito escolhe com o pior fica → CHOISIR, 1 •
COEUR, 6 • REFUSER • SIÈGE, 1

quem muito escolhe fica com a pior espiga; quem
muito namora e não se casa termina morando com
rapariga → CHOISIR, 1 • REFUSER

quem muito escolhe pega no pior → CHOISIR, 1 •
COEUR, 6 • REFUSER • SIÈGE, 1

quem muito escolhe pouco acerta → CHOISIR, 1 •
COEUR, 6 • REFUSER • SIÈGE, 1

quem muito fala a si dana → CRABE, 1 • GRATTER •
PARLER, 5

quem muito fala e pouco entende por tagarela e ruim
se vende → CRABE, 1 • PARLER, 5

quem muito fala muito enfada → GRATTER • PARLER,
5

quem muito fala muito erra → GRATTER • PARLER, 5

quem muito fala muito mente → PARLEUR

quem muito fala não é quem mais faz → LANGUE, 9

quem muito fala pouco acerta → GRATTER • PARLER, 5

quem muito fala pouco faz → BRUIT, 2 • DISEUR, 2 •
VENT, 5

quem muito faz ou arrisca um dia o demo o petisca →
CHAUFFER (SE)

quem muito lê muito treslê → LAME

quem muito olha para o vento não semeia nem planta
a tempo → VENT, 13

quem muito pede muito fede → DEMANDEUR

quem muito promete nada/pouco dá → LANGUE, 2 •
PROMESSE, 2

quem muito quer provar nada prova → PROUVER

quem muito sabe a miúdo se engana → NAGEUR, 1

quem muito sabe de nada duvida → DOUTE, 2

quem muito sabe muito sofre → VIVRE, 2

quem muito se abaixa, a calva lhe aparece → BREBIS,
14

quem muito tem visto muito tem aprendido →
CHIEN, 44

quem muito viaja muito aprende → CHIEN, 44

quem na despesa é frugal logo aumenta o capital →
MAISON, 8

quem nada sabe de nada duvida → DOUTE, 2 •
SCIENCE, 2

quem não agüenta o repuxo se amafumbe em casa →
FLÈCHE

quem não anda desanda → ÉCURIE, 2 • PUITS, 1

quem não anda não ganha → LÉCHER

quem não aparece esquece → OEIL, 12

quem não arrisca não perde nem ganha → GARDE, 2 •
RISQUER

quem não arrisca não petisca → COQUIN • FORTUNE,
4 • GARDE, 2 • PRÉCAUTION, 2 • RISQUER

quem não arriscou não perdeu nem ganhou →
RISQUER

quem não as faz em novo prega-as em velho → SAINT,
20

quem não atende aos conselhos de seus pais expõe-se
a sofrer males imortais → RAISON, 2

quem não castiga não cria → AIMER, 5

quem não chora não mama → DEMANDER, 2 • PRIER,
2

quem não dá pra fubá desocupa o lugar → GUERRE, 5

quem não debulha em agosto debulha com mau rosto
→ AOÛT, 3

quem não debulha em agosto debulha contra seu
gosto → AOÛT, 3

quem não deve não teme → FAIRE, 1 • PAYEUR

quem não é bom soldado não será bom capitão →
OBÉIR

quem não é por mim é contra mim → ÊTRE, 4

quem não envelhece morre novo → JEUNE, 1

quem não escuta a mãe escutará a madrasta →
RAISON, 2

quem não está comigo está contra mim → ÊTRE, 4

quem não faz filho chorar chora por ele → AIMER, 5

quem não faz o que quer faz o que pode → FAIRE, 14

quem não faz quando pode não fará quando quiser →
FAIRE, 16

quem não faz sacrifícios poucas vezes alcança
benefícios → BÉNÉFICE • NOIX, 1

quem não pode andar a cavalo anda a pé → BOEUF, 3

quem não pode com mandinga não carrega patuá →
GUERRE, 5

quem não pode com mochila não segura no bornal →
FEUILLE, 2

quem não pode com o pote não pega na rodilha →
FEUILLE, 2 • FLÈCHE

quem não pode com o tempo não inventa modas →
FLÈCHE • GUERRE, 5

quem não pode como quer faça como puder →
GALOPER

quem não pode dar no asno dá na albarda → ÂNE, 22
• CHEVAL, 25

quem não pode morder arranha → GALOPER

quem não pode morder não mostra os dentes →
DENT, 6 • FLÈCHE

quem não pode vingar-se do senhor vinga-se do criado
→ ÂNE, 22

quem não poupa reais não junta cabedais → SOU, 5

quem não puder morder não mostre os dentes →
COURROUX, 2 • DENT, 6

quem não quer ouvir conselhos em vão os pede →
CONSEIL, 4

quem não quer quando pode não poderá quando
quiser → FAIRE, 16

quem não quer ser lobo não lhe veste a pele → LOUP,
16

quem não regateia não consegue bom preço →
MARCHÉ (BON), 5

quem não sabe falar é melhor calar → CRABE, 1 •
TAIRE (SE), 1

quem não sabe nada de nada duvida → RIEN, 3

quem não sabe sofrer não sabe vencer → ENDUREUR

quem não se arrisca não perde nem ganha → GARDE,
2 • RISQUER

quem pede não escolhe → EMPRUNTER

quem pede vende-se e quem dá compra → ESCLAVE, 1

quem pedra para cima deita, cai-lhe na cabeça → CIEL, 6 • VENT, 1

quem pega peso de graça é balança → ARGENT, 25

quem pensa muito não casa → MARIER (SE), 2

quem perde a mulher perde muito, quem perde dinheiro perde muito mais → FEMME, 50

quem perde a vontade perde tudo → DÉSIR, 2

quem perfuma o porco perde cheiro e juízo → TÊTE, 1

quem pergunta quer saber → DEMANDER, 1

quem pés não tem coices não promete → DENT, 6

quem pesca um peixe pescador é → PÊCHER

quem planta colhe → SEMER, 1

quem planta e cria tem alegria → VERT, 2

quem pode o mais pode o menos → PLUS, 2

quem por fresta espreita seus males aventa → PORTE, 6

quem por greta espreita seus doilos vê → PORTE, 6

quem por morte alheia espera a sua lhe chega primeiro → CORDE, 2

quem porfia mata caça → CHERCHER, 1 • ENDUREUR

quem poupa a despesa foge ao lucro → CHAT, 23 • NOURRIR

quem precisa de candeia, que traga azeite → LAMPE, 2

quem primeiro anda primeiro ganha/manja → MOULIN, 8 • PREMIER, 5

quem primeiro chega primeiro é servido → MOULIN, 8 • PREMIER, 5

quem procede bem não teme ninguém → FAIRE, 1

quem procura acha → CHERCHER, 2 • MAL, 15

quem procura agradar a todos não agrada a ninguém → CONTENTER

quem procura sempre acha, se não é um prego é uma tacha → CHERCHER, 1

quem procura sempre alcança → CHERCHER, 1 • LÉCHER

quem procura trabalho tem comida no borralho → TRAVAILLER, 2

quem puxa a carroça é que sabe o que ela pesa → SOULIER, 2

quem puxa aos seus não degenera → SANG, 1

quem quebra os copos os paga → VERRE, 1

quem queira durar aprenda a suportar → DURER

quem quer a bolota, que trepe → [1]FIN, 5 • NOIX, 1

quem quer aprender a rezar que entre no mar → MER, 4

quem quer bolota, que trepe → [1]FIN, 5 • NOIX, 1

quem quer bulir com a moça bole com o pé e com a bolsa → BÊTE, 3 • MULE, 5

quem quer cavalo sem tacha anda a pé → CHEVAL, 28

quem quer cavalo sem tacha sem ele se acha → CHEVAL, 28

quem quer comer pela festa sua pela testa → LEVAIN, 1

quem quer enricar num ano em seis meses o enforcam → RICHE, 7

quem quer fogo busque a lenha → FEU, 2

quem quer ganhar a moça anda do pé e joga da bolsa → BÊTE, 3 • MULE, 5

quem quer ir longe prepara a montada → BISCUIT

quem quer já fez melhor → FAIRE, 13

quem quer mulher ou cavalo sem tacha a pé se acha → FEMME, 7

quem quer os fins quer os meios → [1]FIN, 5

quem quer ovos tem que agüentar o cacarejar da galinha → ŒUF, 11

quem quer pegar galinha não diz "xô" → FLÛTE, 3 • OISEAU, 16

quem quer pescar há de se molhar → NOIX, 1

quem quer vai, quem não quer manda → FAIRE, 5 • SERVIR

quem quiser bem cear de tarde vá buscar → DÎNER, 4

quem quiser bom conselheiro consulte o travesseiro → NUIT, 3

quem quiser branquear um preto perde o seu sabão → TÊTE, 1

quem quiser caça vá à praça → CHIEN, 16

quem quiser comer depene → MOELLE • TRAVAILLER, 2

quem quiser ir (ao) longe poupa a montada → MONTURE

quem quiser ir (ao) longe poupe o cavalo → MONTURE

quem quiser morrer de fome e devagar é fazer roça e não ir lá → BIEN, 19

quem quiser olho são ate a mão → ŒIL, 2

quem quiser que enfie/meta/ponha a carapuça → BONNET

quem quiser que o amigo se afaste empreste-lhe dinheiro ou traste → AMI, 1

quem quiser ser muito tempo velho comece cedo a sê-lo → VIEUX, 2

quem quiser ter olho são não lhe toque com a mão → ŒIL, 2

quem rala morre cedo → TÊTE, 13

quem ri hoje chora amanhã → [1]RIRE, 2

quem ri por último ri melhor → DERNIER, 8

quem rogou não recebeu de graça → CHER, 2

quem rouba a ladrão tem cem anos de perdão → LARRON, 2

quem rouba pouco é ladrão, quem rouba muito é barão → PAIN, 26

quem rouba tostão é ladrão, quem rouba milhão é barão → PAIN, 26

quem ruins manhas há tarde ou nunca as perderá → LOUP, 7

quem sai aos seus não degenera → SANG, 1

quem se abaixa faz corcunda → MONDE, 5

quem se afoga às palhas se agarra → NOYÉ, 2

quem se apressa logo cansa → CHEMIN, 5

quem se cansa morre cedo → TÊTE, 13

quem se casa por amores, maus dias e boas noites → AMOUR, 29 quem se deita com crianças amanhece borrado → CHIEN, 45

quem se deita com meninos amanhece mijado → CHIEN, 45

quem se deita sem ceia toda a noite rabeia → SOUPER, 2

quem se encosta ao ferro enferruja-se → POIX

quem se esconde bem vive bem → HEUREUX, 3 • JARDIN, 1

quem se escusa se acusa → EXCUSER (S')

quem se faz de açúcar mela no sereno → BÊTE, 5

quem se faz de mel, abelhas/vespas o comem → BREBIS, 14 • MIEL, 1

quem se faz de ovelha(,) o lobo (o) come → BÊTE, 5 • BREBIS, 14

quem se faz de Redentor sai crucificado → BREBIS, 14

quem se livra de um mal ganhou (o) seu dia → MALHEUR, 4

quem se mete a amar despede-se a padecer → AMOUR, 28

quem se mete a Cristo morre na cruz → BREBIS, 14

quem se mete em bulhas sai arranhado → CHIEN, 14 • HARGNE

quem se mete por atalhos nunca se livra de trabalhos → VOIE, 3

quem se não guarda não se salva → IMPRÉVU, 2

quem se sentir sem culpa atire a primeira pedra → PÉCHÉ, 6

quem se veste de ruim pano veste-se duas vezes no ano → BON, 2 • MARCHANDISE, 4

quem segredos quer saber busque-os na mesa e no prazer → FOUR, 1

quem segura a enguia pelo rabo e a mulher pela palavra pode dizer que nada segura → ANGUILLE, 6

quem segura enguia pelo rabo nada segura → ANGUILLE, 7

quem semeia bom grão terá bom pão → GRAIN, 7

quem semeia chorando colhe sorrindo → SEMER, 4

quem semeia em caminho(s) cansa os bois e perde o trigo → SEMER, 2

quem semeia ódios colhe vinganças → VENT, 12

quem semeia recolhe → SEMER, 1

quem semeia urzes colhe espinhos → VENT, 12

quem semeia ventos colhe tempestades → VENT, 12

quem sempre me mente nunca me engana → MENTEUR, 4

quem sempre se recata nunca acaba nada → GARDE, 2

quem serve a Deus serve a bom senhor → DIEU, 30

quem serve a dois senhores a algum há de agravar/ enganar → MAÎTRE, 6

quem serve a moço, à mulher e ao comum não serve a nenhum → COMMUN, 2

quem serve a todos não serve a ninguém → COMMUN, 2

quem serve ao comum não serve a nenhum → COMMUN, 2

quem serve no Paço sempre tem embaraço → GRAND, 1

quem serve o altar dele há de viver → AUTEL

quem seu carro enseba/unta seus bois ajuda → CHARIOT

quem só é sapateiro não toque rabecão → CORDONNIER, 1

quem só está só se aborrece → HOMME, 25

quem só ouve um sino só ouve um som → CLOCHE, 4

quem só ouve uma das partes só sabe parte da verdade → CLOCHE, 4

quem só vê de noite mente de dia → NUIT, 4

quem sobre salada não bebe não sabe o bem que perde → VIN, 16

quem sobrevive a um dia de inverno vence um inimigo mortal → HIVER, 4

quem sofre de cãibra não atravessa rio a nado → DANGER, 4

quem sua reputação perder tarde ou nunca a torna a ver → HONNEUR, 1 • PLAIE, 1 • RENOM, 3

quem tarde casa mal casa → TARD, 5

quem tarde se levanta todo o dia trota → MATINÉE, 1

quem tarde vier comerá do que houver/trouxer → OS, 2

quem te dá um osso não te quer ver morto → DONNER, 4

quem te honra mais do que sói, ou te quer enganar ou ver se pode → FLATTER

quem te lisonjeia enganar-te quer → FLATTER

quem te manda a ti, sapateiro, tocar rabecão? → CORDONNIER, 1

quem te mandou, urubu pelado, meter-se no meio dos coroados? → GUÊPE

quem te não ama em jogo/praça te difama → CRAINDRE, 2

quem tem a cabra, esse a mama → BÊTE, 3 • MULE, 5

quem tem a consciência limpa dorme tranqüilo → CONSCIENCE

quem tem a faca e o queijo corta onde quer → LANCE • POÊLE, 3

quem tem amargo na boca não pode cuspir doce → MÂCHER

quem tem amigos é rico → AMI, 8

quem tem amor tem ciúme → AMOUR, 11

quem tem boca vai a Roma → LANGUE, 10

quem tem boca não diga a outro: "assopra!" → SERVIR

quem tem boca não manda assoprar → SERVIR

quem tem bom vizinho não teme arruído → VOISIN, 5

quem tem cabeça de cera não a põe ao sol → BOULANGER, 2 • TÊTE, 11

quem tem calos não vai a apertos → ÉPINE, 2

quem tem capa sempre escapa → COMPAGNON, 5

quem tem cara grande não cospe pra cima → ÉPINE, 2

quem tem companheiro tem amo → COMPAGNON, 4

quem tem costa quente é valente → MENTON

quem tem criados tem inimigos forçados → VALET, 1

quem tem criados tem inimigos não escusados ➙ VALET, 1

quem tem culpa no cartório não pode dormir em paz ➙ CUL, 5

quem tem defeitos é que põe defeitos ➙ LARRON, 4

quem tem dentes não tem nozes; quem tem nozes não tem dentes ➙ DENT, 4

quem tem dinheiro quebra penedos ➙ ARGENT, 22

quem tem duas asas e quer voar com seis logo cansará e chorará ➙ CONVOITISE

quem tem esperança dança sem música ➙ ESPÉRANCE, 5

quem tem fome cardos/tudo come ➙ VIANDE, 2

quem tem mazela todos lhe dão nela ➙ LOUP, 14

quem tem medo compra um cão ➙ BOIS, 5 • FEUILLE, 2

quem tem medo de cagar não come ➙ BOIS, 5 • FEUILLE, 2

quem tem medo de se molhar não vai à chuva ➙ GUERRE, 5

quem tem medo do mar não se embarque ➙ DANGER, 4 • FEUILLE, 2 • LOUP, 16

quem tem medo não mama em onça ➙ BOIS, 5 • FEUILLE, 2 • LOUP, 16

quem tem medo não piroca joelho ➙ BOIS, 5

quem tem medo não se chega quando o touro escarva a terra ➙ BOIS, 5 • LOUP, 16

quem tem medo não veste armadura ➙ GUERRE, 5

quem tem medo recolhe para casa cedo ➙ BOIS, 5

quem tem muita manteiga assa-a na ponta do espeto ➙ COCHON, 5

quem tem mulher bonita, castelo na fronteira e videiras na estrada nunca verá o fim da guerra ➙ CHEMIN, 3 • FEMME, 45

quem tem mulher bonita e castelo na fronteira viverá sempre em canseira ➙ CHEMIN, 3 • FEMME, 45

quem tem mulher má está na vizinhança do purgatório ➙ HOMME, 37 • MALHEUR, 8

quem tem o que perder tem o que temer ➙ BIEN, 17

quem tem ofício não morre de fome ➙ MÉTIER, 5

quem tem ofício tem benefício ➙ MÉTIER, 5

quem tem ouvidos para ouvir, ouça! ➙ ENTENDEUR, 2

quem tem padrinho não morre mouro ➙ JUGE, 4

quem tem padrinho não morre na cadeia ➙ JUGE, 4

quem tem padrinho não morre pagão ➙ JUGE, 4

quem tem preguiça nas pernas ganha ferrugem nos dentes ➙ LEVAIN, 1 • PAUVRETÉ, 4 • TRAVAILLER, 2

quem tem pressa come cru e quente ➙ HÂTER (SE), 2

quem tem pronta a língua não tem prontas as mãos ➙ DISEUR, 2

quem tem quatro e gasta cinco não há mister bolsa nem bolsinho ➙ BOURSE, 6

quem tem rabo de palha julga que tudo o que vem atrás é lume ➙ CUL, 5

quem tem rabo de palha não chega perto do fogo ➙ CUL, 5 • PIED, 9 • TÊTE, 11

quem tem rabo de palha não toca fogo no dos outros ➙ TÊTE, 11

quem tem rabo de palha sempre cuida que lhe vai arder ➙ CUL, 5

quem tem saúde e liberdade é rico e não o sabe ➙ OISEAU, 7 • SANTÉ, 2

quem tem sorte, até os cães lhe põem ovos ➙ FORTUNE, 1

quem tem telhado de vidro não joga pedra no do vizinho ➙ PIED, 9 • TÊTE, 11

quem tem telhado(s) de vidro não atira pedra(s) ao(s) do vizinho ➙ PIED, 9 • TÊTE, 11

quem tem tempo e espera tempo, tem maré e espera maré, tem vento e espera vento, não teve conhecimento da fortuna que cousa é ➙ TEMPS, 31

quem tem tempo e por tempo espera, tempo é que o demo lhe leve ➙ TEMPS, 34

quem tem tempo e tempo perde, lá vem (o) tempo em que se arrepende ➙ TEMPS, 31

quem tem tempo tem vida ➙ TEMPS, 30 • TERME, 1

quem tem terra tem guerra ➙ TERRE, 7

quem tem três e gasta quatro depressa esvazia o saco ➙ BOURSE, 6

quem tem um filho não tem nenhum ➙ ENFANT, 2

quem tem um não tem nenhum ➙ ENFANT, 2 • ŒIL, 18

quem tem uma manha nunca a perde ➙ BOIRE, 4

quem tem vergonha cai de magro ➙ COQUIN • HONTEUX, 1

quem tem vergonha morre de fome ➙ COQUIN • HONTEUX, 1

quem teme sofrer sofre mais do que receia ➙ CRAINDRE, 1

quem teu segredo guarda muito mal escuta ➙ SECRET

quem toca o carrilhão não vai na procissão ➙ CHIEN, 29 • CLOCHE, 3

quem tolo vai a Santarém tolo de lá vem ➙ BÊTE, 4

quem trabalha de graça é relógio(, assim mesmo é porque lhe dão corda e ele não faz força) ➙ ARGENT, 25

quem trabalha ganha alfaia ➙ TRAVAILLER, 2

quem trabalha o dia inteiro acha mole o travesseiro ➙ BESOGNE, 1 • CONSCIENCE

quem traz é sempre bem recebido ➙ APPORTER • BROCHET • CADEAU

quem troca caminhos por atalhos nunca lhe faltam trabalhos ➙ VOIE, 3

quem tudo abarca pouco ata ➙ EMBRASSER

quem tudo faz não enche fuso ➙ EMBRASSER • PROPRE, 2

quem tudo nega tudo confessa ➙ EXCUSER (S')

quem tudo perdeu seu siso perdeu ➙ BIEN, 20

quem tudo quer saber mexerico quer/vai fazer ➙ ÉCOUTANT

quem tudo quer tudo perde ➙ CONVOITER • CONVOITISE • EMBRASSER • MIEUX, 2

quem um amo bem serve bom aluguel espere →
OUVRIER, 5

quem um mau hábito ganhou escravo dele ficou →
BOIRE, 4 • JOUER

quem uma vez furta, fiel nunca → ŒUF, 8

quem usa cuida → AMOUR, 11

quem usa de loucuras cedo cai nas sepulturas →
VIEUX, 2

quem vai à guerra dá e leva → JEU, 9

quem vai a Portugal perde o seu lugar → CHASSE, 4

quem vai à roça perde a carroça → CHASSE, 4

quem vai amarrar o guizo no pescoço de Faro-Fino? →
SONNETTE

quem vai ao ar perde o lugar → CHASSE, 4

quem vai ao mar perde o lugar → CHASSE, 4

quem vai ao moinho enfarinha-se → MOULIN, 6

quem vai ao vento perde o assento → CHASSE, 4

quem vai dar vai apanhar → DON, 3

quem vai e volta faz boa viagem → REVENIR

quem vai para o mar aparelha-se em terra → BISCUIT

quem vai para o mar avia-se (primeiro) em terra →
BISCUIT

quem vê a barba do vizinho arder bota a sua de molho
→ MAISON, 16

quem vê cara não vê coração → OREILLE, 4 • VISAGE, 3

quem vem de longe é mentiroso → MENTIR, 1

quem vende faz o preço → BŒUF, 8 • POT, 12

quem vive de esperanças morre de fome → ESPOIR, 4

quem vive de esperanças morre de desenganos →
ESPOIR, 4

quem vive de promessa é santo → ESPOIR, 4

quem vive em paz dorme com sossego →
CONSCIENCE

quem vive receoso nunca será livre → CRAINDRE, 1

quem vive só na flauta no final sempre desafina →
JEUNESSE, 6

quem viver verá (as voltas que o mundo dá) →
VIVRE, 5

quer ensinar o padre a rezar missa → PÈRE, 3

quer ensinar (o) padre-nosso ao vigário → PÈRE, 3

quereis saber quem é o vilão? ponde-lhe o cetro na
mão → DOIGT, 3

querer é poder → VOULOIR

querer ensinar o padre-nosso ao vigário → OISON

questão de terra mata como guerra → TERRE, 7

rainha sou, enquanto em minha casa estou →
CHARBONNIER

raio não cai em pau deitado → FOUDRE, 1 • PORTE, 1

raiva de coração faz passar a dor de dente → RAGE, 2

ramo curto, vindima longa → BOIS, 4

raposa, cai o cabelo, mas não deixa de comer galinha
→ RENARD, 13

raposa de luvas não chega às uvas → CHAT, 6

raposa que dorme não apanha galinha(s) → CHIEN, 2
• RENARD, 2

rato que não conhece mais que um buraco, depressa o
apanha o gato → SIFFLET • SOURIS

rato que só conhece um buraco é asinha tomado →
SIFFLET • SOURIS

rego aberto meia jeira é → MOITIÉ, 4

regra do bom viver, faz(e) como vires fazer → ROME, 3

rei morto, rei posto → ROI, 6

remédio de doido é doido e meio → MALIN

remédio só serve cedo → CHOSE, 1 • MAL, 1

resposta branda a ira quebranta → PAROLE, 17

resposta comedida, ira vencida → PAROLE, 17

respostas cretinas para perguntas imbecis →
DEMANDE, 2

ri da cicatriz quem não sentiu a dor da ferida → SAIN

rico bêbado/bêbedo é divertido; pobre bêbado/bêbedo
é pervertido → ARGENT, 30 • RICHE, 5

rico é o que nada deseja e pobre é o avaro, por muito
que tenha → HEUREUX, 1 • RICHE, 2

rico é quem de nada precisa → HEUREUX, 1 • RICHE, 2

rico é quem se contenta com o que tem →
CONTENTEMENT

rio passado, santo esquecido → DANGER, 3 • MAL, 17

rio passado, santo não lembrado → DANGER, 3 •
MAL, 17

riqueza a valer é saúde e saber → SANTÉ, 2

riqueza abandonada ensina a ser ladrões → ABANDON

riqueza e santidade, metade da metade → RICHESSE, 2

rir é o melhor remédio → TRISTESSE

rir é próprio do homem → ¹RIRE, 3

risinho pronto, miolo chocho → ²RIRE

rixas com pão são menores → ÉCU, 3 • PEINE, 5

rogar ao santo até passar o barranco → CHIEN, 22

Roma e Pavia não se fizeram num dia → ROME, 5

Roma não se fez num dia → ROME, 5

Roma não se fez numa hora → ROME, 5

romaria prometida em tempestade nunca foi cumprida
em bonança → DANGER, 3

rompe-se o saco à força de querer enchê-lo → POCHE,
2 • SAC, 6

ronca o trovão, chuva no chão → TONNER, 2

roupa suja lava-se em casa → LINGE

roupa suja se lava em casa → LINGE

ruim com ele, pior sem ele → SELLE, 3

ruim é a galinha que não esgatanha para si → PRIER, 1

ruim é a galinha que para si não esgaravata/esgravata
→ PRIER, 1

ruim senhor cria ruim servidor → MAÎTRE, 7 • VALET, 3

ruivas de manhã, chuvas de tarde → MATIN, 3 •
MATINÉE, 2

ruivo de mau pêlo mete o demo no capelo → BARBE, 4

ruivo ruivel, nunca fiel → BARBE, 4

rusgas de namorados fortalecem o amor → QUERELLE,
2

sabe mais quem fala menos → BOUCHE, 2

saber, cortesia e formosura não dão pão nem fartura
→ SAGESSE, 4

saco cheio não se dobra → SAC, 11

saco vazio não fica/pára em pé → FAIM, 9 • SAC, 12 • VENT, 8

saco vazio não se pode ter em pé → SAC, 12

saco vazio não se tem de pé → SAC, 12

sai mais cara a mecha que o sebo → JEU, 7

saiba viver oculto quem quiser ser feliz → HEUREUX, 3

sair da lama e cair no atoleiro → POÊLE, 4

sair da lama e meter-se no atoleiro → POÊLE, 4

sair do poço e cair no perau → CHARYBDE • POÊLE, 4

saiu das brasas para cair nas labaredas → POÊLE, 4

saiu do lodo e caiu no arroio → POÊLE, 4

salada bem salgada, pouco vinagre, bem azeitada → SALADE

salmão e sermão têm na Quaresma a sua estação → SAUMON

salta o barranco e não rogues o santo → DIEU, 9

saltar da frigideira para o fogo → CHARYBDE • POÊLE, 4

saltou a cabra na vinha, também saltará a filha → BREBIS, 13

sandeu calado passa por avisado → FOU, 10

Santa Luzia cresce a noite, míngua o dia → SAINT, 7

santo de casa não faz milagre → PROPHÈTE, 2

santos de ao pé da porta não fazem milagres → PROPHÈTE, 2

são as tripas que levam os pés e não os pés as tripas → SOUPE, 3

São Bartolomeu claroso faz o ano formoso → CIGOGNE

são elas por elas → RHUBARBE

são maus vizinhos um grande senhor e um grande rio → SEIGNEUR, 7

sapo não pula por boniteza e sim por precisão → BESOIN, 1

sapo na água coaxando, chuva beirando → CRAPAUD, 1

sapo que salta, água não falta → CRAPAUD, 1

sara a mulher e adoece quando quer → FEMME, 19

saram cutiladas e não más palavras → LANGUE, 11

saúda a árvore que te abriga, que bem o merece → ARBRE, 15

saúde é o maior tesouro → BARONNIE

saúde e paz, dinheiro atrás → PLAIE, 3 • SANTÉ, 2

saúde é riqueza → BARONNIE • SANTÉ, 2

se a barba fosse tudo, podia o bode pregar → BARBE, 8

se a estupidez fosse música, a humanidade seria uma orquestra → SOLEIL, 9

se a mocidade soubesse, se a velhice pudesse → JEUNESSE, 10

se a montanha não vai a Maomé, Maomé vai à montanha → MONTAGNE, 5

se a Páscoa é atrás do lar, é o Natal a assoalhar → NOËL, 3

se a pílula bem soubera, não se dourara por fora → PILULE, 2

se a Senhora da Luz está a chorar, está o inverno a acabar; se está a rir, está o inverno para vir → CHANDELEUR, 1

se as armas falam, as leis se calam → ARME, 1 • FORCE, 1

se barbas fossem documentos, camarão era dono do mar → BARBE, 8

se bem canta o abade, não lhe fica atrás o noviço → MOINE, 1

se bobeira desse rasteira, você não saía do chão → CON

sê breve e agradarás → BÈGUE • PARLER, 2

se burrice pagasse imposto, o país estaria rico → FOU, 14 • SOLEIL, 9

se caiu no chão é para quem varrer a casa → FOSSÉ, 2

se cantas a burro, responde-te a coices → ÂNE, 5 • INGRAT, 1

se chegasse ao céu oração de cão, choveriam ossos → SOUHAIT, 2

se chover em agosto, não gastes dinheiro em mosto → AOÛT, 2

sê como o sândalo que perfuma o machado que o fere → JUSTE

se desejas mel, não temas as abelhas → MIEL, 7

se Deus não perdoasse a ladrão, Ele ficaria sozinho no céu → LARRON, 5

se estás bem, mudares-te não convém → FOU, 5

se eu esta cotovia mato, faltam-me três para quatro → TANTE

se eu pudesse adivinhar, jogava na loteria → LOUP, 18

se fores a passo, chegarás; se choutares, cansarás → HÂTER (SE), 1

se fores a Roma, faz(e)-te romano → ROME, 3

se ignorância pagasse imposto, você estaria perdido → CON

se meu pai não morresse, ainda agora era vivo → TANTE

se minha tia tivesse bigode, ela seria meu tio → TANTE

se não chegar a pele do leão, acrescenta-lhe a da raposa → PEAU, 3

se não chove em abril, perde o lavrador o carro e o carril → MARS, 4

se não gostou, coma menos → ENTENDEUR, 2

se não fossem os senhores clérigos, viveríamos como animais → CLERC, 3

se não há dinheiro, não há suíço → ARGENT, 25

se não houvesse mau gosto, amarelo não tinha graça → GOÛT, 3

se não houvesse mau gosto, não se usava o amarelo → GOÛT, 3

se não houvesse quem escutasse não havia quem falasse → ÉCOUTANT

se não podes com o teu inimigo, alia-te a ele → COCHON, 2

se não podes vencer os teus inimigos, junta-te a eles → COCHON, 2

se não puderes com o inimigo, junta-te a ele → COCHON, 2

se não queres que o mal cresça, corta-lhe a cabeça → MONSTRE

sem ovos não se fazem omeletes → OMELETTE

sem perigo não se faz façanha → PÉRIL, 1

sem razão se queixa do mar quem outra vez navega → MER, 1

sem receptador não haveria roubo → RECELEUR, 2

sem ser convidado, não vás a bodas e a batizados → NOCE, 2, 7

sem vinho nem pão o amor é vão → FROID, 3

sempre a galinha puxa para onde lhe estão os pintos → PRÊTRE, 1

sempre a tirar gota, também o tonel se esgota → GOUTTE, 4

sempre cheira a panela ao primeiro legume que se mete nela → CAQUE

sempre o mesmo, pra variar! → CHOSE, 12

sempre por via irá direita quem do oportuno tempo se aproveita → OCCASION, 1

sempre que Deus fecha uma porta abre uma janela → PLUS, 1

sempre sai caro o barato, sempre o tolo paga o pato → CHICHE, 1 • CLOU, 1 • MARCHÉ (BON), 3

sempre será teu inimigo o oficial do teu ofício → TRIPIÈRE

sempre tem majestade aquele que foi rei → CHEVAL, 17

senhores empobrecem, criados padecem → NEIGER

ser paciente e esperar alivia muito pesar → PATIENCE, 3

ser rico não é nada, o que é muito é ser feliz → ARGENT, 19

ser um breve contra a luxúria → HAUT

serve o senhor e saberás o que é dor → AMITIÉ, 2

sestro tomado, nunca mudado → USAGE, 1

sete ofícios, quatorze desgraças → MÉTIER, 9

setembro é o maio do outono → SEPTEMBRE

sinto mais e é-me mais precisa a pele que a camisa → CHEMISE, 1

só a experiência comprova → EXPÉRIENCE, 2 • QUALITÉ

só a morte não tem jeito nem conserto → MONDE, 2, [1]MORT, 2 • REMÈDE, 1

só a morte não tem remédio → MONDE, 2, [1]MORT, 2 • REMÈDE, 1

só Deus sabe o que está para vir → MORDRE

só lembra Santa Bárbara quando troveja → DIEU, 31

só o necessário deleita, o sobejo atormenta → TROP, 1

só o tolo cai duas vezes no mesmo buraco → ÂNE, 30

só para a morte não há remédio → MONDE, 2, [1]MORT, 2 • REMÈDE, 1

só se confia num amigo depois de comer com ele um quilo de sal → AMI, 18

só se confia num amigo depois de comer com ele uma rasa de sal → AMI, 18

só se faz bom queijo com bom leite → POTÉE

só se lembra de Santa Bárbara quando há trovões → DIEU, 31

só se morre uma vez → MOURIR, 3

só se morre uma vez mas dessa ninguém escapa → MONDE, 2, [2]MORT, 9 • MOURIR, 4

só se sabe a felicidade depois que ela vai embora → BIEN, 6

só se sabe o que é saúde quando se está doente → BIEN, 6

só se sente (a) falta de água quando o pote está vazio → PUITS, 3

só te lembras de Santa Bárbara quando troveja → DIEU, 31

só tolo pensa ensinar o padre-nosso ao vigário → OISON • PÈRE, 3 • POISSON, 2

só um mau trabalhador discute as ferramentas → OUVRIER, 2

só uma porta a vida tem, enquanto a morte tem cem → ENTRÉE • MOURIR, 4

só vão à forca os ladrões pequenos → GIBET, 2

sobram culpas, onde falta amor → FAUTE, 4

sobre comer, dormir; sobre cear, passear → DÎNER, 1

sobre negrura não há tintura → ÊTRE, 2

sofra quem penas/pesares tem que atrás de tempo tempo vem → MALHEUR, 9 • TEMPS, 11

sofrerei filha gulosa, muito feia mas não janeleira → FILLE, 2

sol claro no poente, boa está a noite e a manhã excelente → ROUGE

sol de junho madruga muito → JOUR, 10

sol e chuva, casamento de viúva → DIABLE, 3

sol que muito madruga pouco dura → LENDEMAIN, 1

soldado bom não gasta a munição toda de uma vez → ANCRE • ATOUT • CORDE, 3

sombra de pau não mata cobra → TAMBOUR, 3

somos todos filhos de Adão → ENFANT, 11

sonhava o cego que via, sonhava o que queria → SONGE

sonhos são quimeras/sonhos → SONGE

sopa de mel não se fez para a boca do asno → MIEL, 3

sopa entornada, boca lavada → SOUPE, 5

sopra o fogo quem tem frio → FROID, 2

sovina no farelo e pródigo na farinha → CHICHE, 1

sua alma, sua palma → SEMER, 1

sucesso gera sucesso → SUCCÈS

suje-se gordo! → BOURBIER

suporta-se com paciência a cólica do próximo → MAL, 13 • RIEN, 4

sustenta um bezerro e terás um boi → NOURRIR

tais alfaces para tais beiços → GENS, 1

tais com tais e arroz com pardais → RESSEMBLER (SE)

tal acha, tal racha → ARBRE, 14

tal amo, tal criado → MAÎTRE, 7

tal árvore, tais frutos → ARBRE, 14

tal árvore, tal fruto → ARBRE, 14

tal casou de manhã que à tarde está arrependido → MARIER (SE), 2

tal começo, tal fim → COMMENCEMENT, 5

tal é a casa como o senhor → MAISON, 2

temporal e guerra não duram sempre → ORAGE

tenhamos a pata e então falaremos na salsa → LIÈVRE, 2 • POÊLE, 2 • VIANDE, 1

tenhamos a perdiz, depois se tratará do molho → LIÈVRE, 2 • POÊLE, 2 • VIANDE, 1

terra de ladeira e moça de janela, o diabo pegue nela → FEMME, 40

tinhoso não gosta de pente → TEIGNEUX

tira um pouco cada dia, terás a bolsa vazia → BOURSE, 6

tirados os azos, tirados os pecados → AISE, 2

tiram-me os dentes e dão-me milho torrado → DENT, 4

tirar a brasa com a mão do gato → MARRON

tirar a castanha/galinha do fogo com a mão do gato → MARRON

tirar a sardinha das brasas com a pata do gato → MARRON

toda a gente é corcunda quando se abaixa → MONDE, 5

toda a medalha tem seu reverso → MÉDAILLE

toda alegria acaba em tristeza → JOIE, 5

toda coisa nova apraz → NOUVEAU

toda comparação é odiosa → COMPARAISON, 2

toda medalha tem seu reverso → MÉDAILLE

toda nação tem o governo que merece → NATION, 2

toda profissão é honrosa → MÉTIER, 4

toda raposa pensa que os outros têm o rabo comprido como o dela → LARRON, 4 • RENARD, 8

toda rosa tem espinhos → ROSE, 2

toda unanimidade é burra → ÉTOURNEAU

todas as coisas têm horas → CHOSE, 2

todas as voltas da enguia vão dar à água → ARBRE, 10 • VACHE, 3

todo ausente acusado sempre com culpa é achado → ABSENT, 2, ²MORT, 6

todo boato tem um fundo de verdade → ÂNE, 16

todo caju tem pigarro → VIN, 6

todo caminho dá na venda → CHEMIN, 7 • VENT, 9

todo começo é difícil → PAS, 2 • PINTE, 1 • VENT, 10

todo inimigo se há de temer → ENNEMI, 4 • FRELON

todo mofino tem seu dia → PORC

todo o acusado sempre com culpa é achado → ABSENT, 2, ²MORT, 6

todo o ganho é fidalgo → GAIN, 2

todo o inimigo se há de temer → ENNEMI, 4 • FRELON

todo o mundo quer justiça mas não em sua casa → JUSTICE, 4

todo o pássaro come trigo mas quem paga é o pardal → MOUTON, 1

todo o que crê de ligeiro água recolhe em peneiro → CROIRE, 1

todo o sapato lindo dá em chinelo feio → CHEVAL, 14 • ROSE, 1 • SOULIER, 6

todo o tempo passado foi melhor → AN, 2

todo passarinho gosta do seu ninho → OISEAU, 1

todo pássaro come trigo mas quem paga é o pardal → MOUTON, 1

todo pé aleijado procura uma bota torta → MARMITE, 3

todo pecado merece perdão → PÉCHÉ, 1

todo sapato lindo dá em chinelo feio → CHEVAL, 14 • ROSE, 1 • SOULIER, 6

todo tempo passado foi melhor → AN, 2

todo tempo tem seu tempo certo → HEURE, 2

todo trabalho é digno → MÉTIER, 4

todo trabalho merece paga → PEINE, 7

todos folgam de tirar a castanha do borralho com a mão do gato → MARRON

todos os caminhos levam a Roma → CHEMIN, 7 • VENT, 9

todos os caminhos vão dar a Roma → CHEMIN, 7 • VENT, 9

todos os dias galinha enfastia a cozinha → RAGOÛT

todos os dias se aprende algo → ÂGE, 6

todos os pássaros comem trigo, só o pardal tem a culpa → MOUTON, 1

todos os rios vão dar ao mar → CHEMIN, 7 • RICHE, 4 • RIVIÈRE, 2 • VENT, 9

todos os tombos da enguia são para a água → ARBRE, 10 • VACHE, 3

todos rirão mas rirá mais quem rir por último → DERNIER, 8

todos se julgam mais espertos que os pais → MÈRE, 5

todos têm a sua cruz → BESACE • CHAUDRON, 1 • CROIX, 1

todos têm o seu pé de pavão → PARFAIT

tola é a ovelha que ao lobo se confessa → BREBIS, 6

tolo é o cordeiro que faz do lobo seu confessor → BREBIS, 6

tolo é quem faz de seu médico seu herdeiro → FOLIE, 1

tolo é quem se esquece de si mesmo → FOU, 9

toma a cabra a silva e a porca a pocilga → CHAT, 19 • VACHE, 3

toma lá, dá cá → RHUBARBE

toma o primeiro conselho de uma mulher, não o segundo → CONSEIL, 7

Tomé, deixa o ofício para quem é → MÉTIER, 1

tosse, amor e febre ninguém esconde → AMOUR, 8

tostão a tostão se faz um milhão → GAIN, 2 • RUISSEAU, 2

trabalha o feio para o bonito comer → FOU, 15

trabalha que Deus te ajudará → DEVOIR • TRAVAILLER, 3

trabalhemos e roguemos, que Deus fará com que alcancemos → TRAVAILLER, 3

trabalho bem começado é meio caminho andado → BARBE, 2 • TRAVAIL, 5

trabalho bem começado, meio acabado → TRAVAIL, 5

trai la ri la ri lo lé quem o foi sempre o é → LOUP, 7

traíra não come a seu parente → LOUP, 10

trás trabalho vem descanso → FONTAINE

tréguas não são pazes → VICTOIRE

três à carga, carga no chão → ÂNE, 12

três coisas tiram o homem de casa: fumaça, chuva e mulher rabugenta → CHOSE, 18

três foi a conta que Deus fez → TROIS, 2

um dia pior, outro melhor → JOUR, 14

um dia segue outro, como um amor faz esquecer outro → JOUR, 12

um é pouco, dois é bom, três é demais → COMPAGNIE, 1

um erro não justifica outro → NOIRE

um fósforo acaba um palácio → ÉTINCELLE

um gambá cheira outro → ÂNE, 13

um grão não enche celeiro mas ajuda ao companheiro → GRAIN, 5

um guloso nunca é generoso → MANGEUR

um herói não precisa de armas → HOMME, 1

um homem de palha vale uma mulher de ouro → HOMME, 36

um homem e uma mulher juntos não rezam padre-nossos → ÉTOUPE • HOMME, 18

um homem prevenido vale por dois → HOMME, 35 • LOUP, 18 • MAL, 19 • PRÉCAUTION, 1 • PRUDENCE

um homem sem dinheiro é um lobo sem dente → HOMME, 39

um homem só não é feliz → HOMME, 25

um homem surdo e uma mulher cega fazem um casamento feliz → MARIAGE, 8

um hóspede ao cabo de três dias enjoa → HÔTE, 2

um infeliz acha outro → MALHEUREUX, 5

um infeliz até mesmo na cama é capaz de encontrar espinhos → MALHEUREUX, 4

um inimigo dá às vezes um bom conselho → ENNEMI, 2

um louco é capaz de fazer cem loucos → FOU, 24

um louco faz cem → FOU, 24

um lugar para cada coisa, cada coisa em seu lugar → PLACE, 2

um mal nunca vem só → MALHEUR, 12

um pau só não faz mata → HIRONDELLE

um pecado, uma penitência → PÉCHÉ, 3

um por todos e todos por um → UN, 3

um prego empurra outro → CLOU, 2 • UN, 4

um real poupado é um real ganhado → PROFIT, 1 • SOU, 5

um sabido não engole outro → MARCHAND, 4

um sábio muda de opinião; um tolo, nunca → IMBÉCILE

um sabor tem a caça mas o porco cento alcança → COCHON, 8

um santo triste é um triste santo → SAINT, 29

um só ato não faz hábito → FOIS, 2

um só pau não faz mato → HIRONDELLE

um só polegar não vai ao tear → DOIGT, 4

um "talvez" impede muita mentira → MENTIR, 2

um tolo pode fazer tantas perguntas em uma hora, que um sábio não poderia responder em um ano → FOU, 25

um tolo sábio é mais tolo que um tolo ignorante → SOT, 3

um tolo tem sempre outro que o admira → ÂNE, 13 • SOT, 4

um valente acha outro → HARGNE

um velho é duas vezes menino → VIEILLARD, 1

uma andorinha só não faz verão → HIRONDELLE

uma boa ação jamais é esquecida → BIENFAIT, 3

uma boa lavadeira num pico de pedra lava → ÉPLUCHURE • OUVRIER, 6

uma cabeça perdida deita muitas a perder → BREBIS, 9

uma chave de ouro abre todas as portas → ARGENT, 22

uma coisa é buriti, outra buritirana → FAGOT, 3

uma coisa é prometer, outra é dar → DEUX, 3

uma coisa é uma coisa, outra coisa é outra coisa → FAGOT, 3

uma coisa pensa o baio, outra pensa o selador → ÂNE, 4

uma criança aos ombros de um gigante enxerga mais do que o gigante → NAIN

uma desgraça nunca vem só → MALHEUR, 12

uma faca amola a outra → COUTEAU, 3 • MAIN, 15

uma felicidade nunca vem só → BONHEUR, 5

uma flor não faz primavera → HIRONDELLE

uma gota de mel apanha mais moscas que um tonel de vinagre → MOUCHE, 6

uma hora acaba o que muitas não puderam azar → HEURE, 4

uma hora de bom vento compensa muitos males → HEURE, 7

uma irmã a outra irmã não quer ver mais louça → FRÈRE, 2

uma má ovelha deita um rebanho a perder → BREBIS, 9

uma maçã pode apodrecer um cento → POMME, 9

uma maçã podre apodrece um cento → POMME, 9

uma maçã por dia mantém o médico longe → POMME, 8

uma maçã por dia o médico pouparia → POMME, 8

uma mão lava a outra (e ambas lavam a cara) → JEU, 1 • MAIN, 15

uma mão lava a outra (e ambas o rosto) → JEU, 1 • MAIN, 15

uma mentira acarreta/requer outra → MENSONGE, 5

uma onça de boa sorte vale mais que um arrátel de ciência → ONCE

uma onça de vaidade estraga um arrátel de mérito → VANITÉ, 1

uma onda se vai e outra vem → UN, 4

uma ovelha ronhosa deita um rebanho a perder → BREBIS, 9

uma ovelha ruim bota um rebanho a perder → BREBIS, 9

uma ovelha tinhosa faz todo o rebanho tinhoso → BREBIS, 9

uma palavra boa custa pouco e vai longe → LANGUE, 1

uma passada má qualquer um a dá → PAS, 1

uma pílula a tempo poupa nove → MAILLE, 1 • POINT, 2

uma porta deve estar aberta ou fechada → PORTE, 2

uma porta se fecha, outra se abre → PLUS, 1 • UN, 4

viajas com gente boa, levas a fortuna à proa → AMI, 16
• COMPAGNON, 3

vida é prazer de quem não tem saber → VIVRE, 1

vida gemida, vida comprida → POT, 9

vida infeliz com a afortunada o sono iguala → ROI, 7

vilão ruim dá sempre mau pago a quem o serve →
BOTTE

vinho e medo descobrem o segredo → VÉRITÉ, 5 •
VIN, 13

vinho em excesso nem guarda segredo nem cumpre
promessas → BOIRE, 3 • VÉRITÉ, 5 • VIN, 13

vinho, mulheres e tabaco põem o homem fraco →
FEMME, 15 • JEU, 6

vinho, ouro e amigo, quanto mais velho melhor →
AMI, 5

vinho tirado é vinho bebido → VIN, 14

vinho turvo, madeira verde e pão quente são três
inimigos da gente → VIN, 24

vinho velho, amigo velho, ouro velho → AMI, 5

vintém poupado, vintém ganhado → PROFIT, 1 •
SOU, 5

vira o disco e a música é sempre a mesma → CHOSE,
12

viúva rica com um olho chora com o outro repenica →
HÉRITIER, 3

vive bem aquele que vive escondido → HEUREUX, 3 •
JARDIN, 1

vive o lisonjeiro à custa de quem o atende →
FLATTEUR

viver é lutar → VIE, 5

voa o tempo como o vento → TEMPS, 25

vontade de rei não conhece lei → VOLONTÉ, 2

xexéu e vira-bosta, cada qual do rabo gosta → FOU, 1
• MERDE, 1

zangas de namorados, amores dobrados → QUERELLE,
2

zomba das cicatrizes quem nunca foi ferido → SAIN

zomba o vesgo do zarolho → POÊLE, 1

zorro deitado não apanha mosca → CHIEN, 2 •
RENARD, 2

Índice dos provérbios ingleses

649

a common servant is no man's servant → COMMUN, 2

a constant guest is never welcome → HÔTE, 2

a cool mouth, and warm feet, live long → PIED, 11

a covetous man does nothing that he should till he dies → AVARE, 2

a covetous man serves his riches, not they him → AVARE, 3

a creaking door/gate hangs long on its hinges → POT, 9

a crow is never the whiter for washing herself often → CORBEAU, 5 • TÊTE, 1

a crust is better than no bread → CHAPON, 1 • PAIN, 8

a curst cur/dog must be tied short → CHEVAL, 5 • CHIEN, 3, 6

a danger foreseen is half avoided → LOUP, 18 • MAL, 19

a dead wife's the best goods in a man's house → DIEU, 2 • JOUR, 4

a deadly disease neither physician nor physic can ease → [1]MORT, 2

a deaf husband and a blind wife are always a happy couple → MARIAGE, 8

a debt cannot be claimed before it is due → TERME, 2

a dog in the morning, sailor take warning; a dog in the night is the sailor's delight → ARC-EN-CIEL → 2

a dog will not howl if you beat him with a bone → OS, 4

a dollar is a dollar → PROFIT, 1

a door must either be shut or open → PORTE, 2

a dozen trades, thirteen miseries → MÉTIER, 9

a dream itself is but a dream → SONGE

a dripping June sets all in tune → JUIN, 6

a drowning man will catch/clutch at a straw → NOYÉ, 2

a dwarf on a giant's shoulders sees further of the two → NAIN

a fair booty makes many a thief → OCCASION, 3

a fair face is half a portion → FILLE, 9

a fair outside, and a foul within → BOUCAUT • DAME • EXTÉRIEUR • POMME, 6

a fair wife and a frontier castle breed quarrels → FEMME, 45

a fair woman and a slashed gown find always some nail in the way → FILLE, 1

a fair woman without virtue is like palled wine → BEAUTÉ, 6

a fat kitchen, a lean will → MAISON, 8

a fat kitchen is near to poverty → FARINE, 3 • MAISON, 8

a father is a treasure, a brother a comfort, but a good friend is both → AMI, 22

a fault confessed is half dressed/redressed → PÉCHÉ, 4

a feather in hand is better than a bird in the air → OISEAU, 19 • TENIR, 2

a fool always rushes to the fore → FOU, 2

a fool and his money are soon parted → ARGENT, 12 • FOU, 6

a fool at forty is a fool indeed → VIEUX, 3

a fool believes everything → FOU, 8

a fool may ask more questions in an hour than a wise man can answer in seven years → FOU, 25

a fool may give a wise man counsel → FOU, 23

a fool's bolt is soon shot → JUGE, 1

a fool's head never whitens → TÊTE, 13

a fool's tongue is long enough to cut his own throat → CRABE, 1 • GRATTER

a forgetful head makes a weary pair of heels → TÊTE, 9

a fox should not be of the jury at a goose's trial → JUGE, 3

a friend as far as the altar → AMI, 6

a friend in court is better than a penny in purse → COMPAGNON, 5 • JUGE, 4

a friend in need is a friend indeed → AMI, 7 • MALHEUR, 5

a friend in the market is better than money in the chest → AMI, 15

a friend in the way is better than a penny in the purse → AMI, 16

a friend is never known but in time of need → AMI, 7 • MALHEUR, 5

a friend is never known till a man have need → FROMAGE, 1

a friend is never known till needed → AMI, 7 • MALHEUR, 5

a friend to all is a friend to none → AMI, 2

a friend to everybody is a friend to nobody → AMI, 2

a full belly neither fights nor flies well → PANSE, 1

a gentleman will do like a gentleman → CHEVAL, 17 • OISEAU, 10

a gift long waited for is sold, not given → DON, 1

a gift much expected is paid, not given → DON, 1

a glutton is never generous → MANGEUR

a going foot is aye getting → CHIEN, 16 • LÉCHER

a golden key opens all doors → ARGENT, 22

a golden key opens every door → ARGENT, 22

a good appetite is the best sauce → DENT, 2 • SAUCE, 1

a good bargain is a pick-purse → MARCHÉ (BON), 3

a good beginning makes a good ending → BARBE, 2 • COMMENCEMENT, 3

a good carpenter will make use of any kind of tool → OUVRIER, 6

a good conscience is a continual feast → CONSCIENCE

a good conscience is a soft pillow → CONSCIENCE

a good death is far better and more eligible than an ill life → HONNEUR, 6

a good deed is never lost → BIENFAIT, 3

a good dog hunts from natural instinct → CHIEN, 7

a good face is a letter of recommendation → FILLE, 9 • MARCHANDISE, 3

a good friend is my nearest relation → AMI, 22

a good heart cannot lie → CŒUR, 3

a good lather is half the shave → BARBE, 2

a good lawyer, an evil neighbour → AVOCAT

a good name is a rich heritage → RENOMMÉE, 2

a long tongue is a sign of a short hand → LANGUE, 9

a lord without riches is a soldier without arms → HOMME, 39

a maid oft seen, and a gown oft worn, are disesteemed and held in scorn → FILLE, 8

a maid that laughs is half taken → VILLE, 3

a maiden with many wooers often chooses the worst → CHOISIR, 1 • REFUSER

a man can die but once → MOURIR, 3

a man can do no more than he can → IMPOSSIBLE, 1

a man cannot be in two places at once → CHIEN, 29 • CLOCHE, 3 • FOUR, 4

a man cannot choose all his kin, but he can select all his friends → SORT, 2

a man cannot die more than once, and it is the end of all → MOURIR, 4

a man cannot give what he hasn't got → FILLE, 10

a man cannot live by air → VENT, 8

a man cannot spin and reel at the same time → CLOCHE, 3 • FOUR, 4

a man has choice to begin love, but not to end it → CHASSE, 1

a man has his hour, and a dog has his day → PORC

a man is as old as he feels, and a woman as old as she looks → ÂGE, 3

a man is as old as his blood vessels → ÂGE, 4

a man is as old as his heart → ÂGE, 5

a man is known by his company/friends → FOIN, 1 • HANTER

a man is known by his work → CHANT • ŒUVRE, 1

a man is known by the company he keeps → FOIN, 1 • HANTER

a man is master in his own house → CHARBONNIER

a man is not so soon healed as hurt → GUÉRISON

a man is valued as he makes himself valuable → HOMME, 3 • PRIX, 1

a man knows his companion in a long way and a little inn → LIT, 3

a man may learn wit every day → ÂGE, 6

a man of many trades begs his bread on Sundays → MÉTIER, 9

a man of straw is worth a woman of gold → HOMME, 36

a man who fears suffering is already suffering from what he fears → CRAINDRE, 1

a man without a smiling face must not open a shop → MOUCHE, 6

a man without money is a body without soul → HOMME, 39

a man without money is a bow without an arrow → HOMME, 39

a man without money is no man at all → HOMME, 39

a man without reason is a beast in season → INJURE, 3

a man's best fortune, or his worst, is a wife → MALHEUR, 8

a man's country is where he does well → PAYS, 4

a man's gift makes room for him → BROCHET

a man's hat in his hand never did him any harm → BOUCHE, 5

a man's house is his castle → CHARBONNIER

a man's praise in his own mouth stinks → LOUANGE, 1 • LOUER

a married man turns his staff into a stake → HOMME, 20

a melon and a woman are hard to select → FEMME, 14

a merry companion is a waggon in the way → COMPAGNON, 3

a merry companion on the road is as good as a nag → COMPAGNON, 3

a merry companion on the road is music in a journey → COMPAGNON, 3

a miserly father makes a lavish son → PÈRE, 2

a morning sun, and a wine-bred child, and a Latin-bred woman, seldom end well → FEMME, 18

a mouse in time may bite in two a cable → POINT, 4

a mouse may help a lion → BESOIN, 2

a muffled cat catches no mice → CHAT, 6

a myrtle among nettles, is a myrtle still → MYRTILLE

a near neighbour is better than a far-dwelling kinsman → AMI, 22 • VOISIN, 4

a new broom sweeps clean → BALAI • FERVEUR

a penny saved is a penny earned → PROFIT, 1 • SOU, 5

a pin a day is a groat a year → ÉCONOMIE • GAIN, 2 • SOU, 5

a pitiful mother makes a scabby daughter → MÈRE, 3

a place for everything and everything in its place → PLACE, 2

a player's purse needs no tie → BOURSE, 2

a plough that works glisters, but the still water stinks → EAU, 3

a pocketful of right needs a pocketful of gold → DROIT

a poet is born, not made → ART, 4 • POÈTE

a poor compromise is better than costly litigation → ACCOMMODEMENT

a pot that belongs to many is ill stirred and worse boiled → CUISINIER

a pound in the purse is worth two in the book → TENIR, 2

a pound of care will not pay an ounce of debt → CHAGRIN, 2

a promise is a promise → CHOSE, 7

a prophet is not without honour, save in his own country → PROPHÈTE, 2

a pullet in the pen is worth a hundred in the fen → OISEAU, 19 • TENIR, 2

a quiet conscience is a soft pillow → CONSCIENCE

a quiet conscience sleeps in thunder → CONSCIENCE

a ragged colt may make a good horse → POULAIN, 3

a rainbow at morn, put your hook in the corn; a rainbow at eve, put your head in the sheave → ARC-EN-CIEL, 2

a rainbow in the morning is the shepherd's warning; a rainbow at night is the shepherd's delight → ARC-EN-CIEL, 2

a woman that paints, puts up a bill that she is to be let → VISAGE, 4

a woman that parleys is half gotten → CHÂTEAU • FILLE, 4

a woman's advice is no great thing, but he who won't take it is a fool → AVIS, 2

a woman's inward nature is as hidden and impredictable as a melon inside → FEMME, 14

a woman's mind and winter wind change oft → FEMME, 52

a woman's sword is her tongue, and she does not let it rust → LANGUE, 4

a word and a stone let go cannot be called back → PAROLE, 13

a word before is worth two behind → CHOSE, 1 • ¹MORT, 1

a word spoken cannot be called back → PAROLE, 13

a word spoken is an arrow let fly → PAROLE, 13

a word to the wise is enough → ENTENDEUR, 1

a wounded reputation is never cured → HONNEUR, 1 • RENOM, 3

a young barber and an old physician → BARBIER, 1

a young courtier, an old beggar → JEUNESSE, 6

a young horse should have an old master → CHEVAL, 4

a young man idle, an old man needy → JEUNESSE, 6

a young man married is a man that's marr'd → HOMME, 20

a young physician fattens the churchyard → MÉDECIN, 2

a young saint, an old devil → ANGELOT • SAINT, 20

a young trooper should have an old horse → SOLDAT, 1

a young whore, an old saint → DIABLE, 17

absence hinders/sharpens love, presence strengthens it → ŒIL, 12

absence is the mother of disillusion → ABSENCE, 2

abundance, like want, ruins many → TROP, 4

abundance of things breeds/engenders disdainfulness → ABONDANCE, 3 • SATIÉTÉ

actions speak louder than words → DIRE, 1

add not oil to the fire → HUILE, 1

admonish your friends in private, praise them in public → AMI, 10

adversity is the school of wisdom → DOMMAGE, 2

adversity makes a man wise, not rich → DOMMAGE, 2 • VENT, 16

adversity makes men, prosperity monsters → DOMMAGE, 2

adversity makes strange bedfellows → NÉCESSITÉ, 5

advice whispered in the ear is not worth a tare → CONSEIL, 2

advice whispered is worthless → CONSEIL, 2

advisers run no risk → CONSEILLEUR

affection blinds reason → AFFECTION

after a delay comes a let → BÂTON, 3

after a feast, a man thinks of the bill → FÊTE, 1

after a rainy winter, a plentiful summer → HIVER, 1, 2

after a storm comes a calm → PLUIE, 1

after a thrifty father a prodigal son → PÈRE, 2

after all, something must be left to chance → HASARD, 2

after black clouds, clear weather → PLUIE, 1

after Christmas comes Lent → BANQUET, 1

after clouds, fair weather → PLUIE, 1

after death, the doctor → ¹MORT, 1

after dinner rest a while, after supper walk a mile → DÎNER, 1

after dinner sit awhile, after supper walk a mile → DÎNER, 1

after great thunderings, we should have rain → TONNER, 2

after me the deluge! → DÉLUGE

after me the heavens can fall! → DÉLUGE

after meat comes cheese → CHAIR, 2

after meat, mustard → DÎNER, 2

after pleasure comes pain → JOIE, 5 • PLAISIR, 4, ¹RIRE, 1

after rain comes sunshine → PLUIE, 1

after scorning comes catching → ÂNE, 20

after the house is finished, leave it → NID, 3

after the nest is finished, the bird leaves it → NID, 3

after the work is done, repose is sweet → BESOGNE, 1

after thunder, comes rain → TONNER, 2 • TONNERRE, 1

after wit comes ower late → CHOSE, 1

after your fling, watch for the sting → JOIE, 5 • PLAISIR, 5

against a rogue set a rogue and a half → MALIN • VILAIN, 1

age and time tames soldier and lover → GENDARME, 2

age is a heavy burden → VIEILLESSE, 2

aged lovers are always haunted by the spectre of death → VIEUX, 4

agree, for the law is costly → ACCOMMODEMENT

agues come on horseback, but go away on foot → MALADIE

ale in, truth/wit out → VÉRITÉ, 5

ale will make a cat speak → IVRE • SOBRE

all are not friends, that speak us fair → CHÈRE, 2 • GENS, 5

all are not hunters, that blow the horn → CHASSEUR • CHEVALIER, 3

all are not maidens, that wear bare hair → BOURREAU • CHEVALIER, 3

all are not merry, that dance lightly → CHACUN, 2 • JOIE, 4

all are not saints that go to church → HOMME, 11 • SAINT, 28

all are not thieves, that dogs bark at → BOURREAU

all cats are alike grey in the night → NUIT, 4

all cats are grey in the dark → NUIT, 4

all clouds bring not rain → TAMBOUR, 3

all covet, all lose → CONVOITER

all fag(g)ots are not alike → FAGOT, 3

all feet tread not in one shoe → SOULIER, 9

an eye for an eye, a tooth for a tooth → ŒIL, 13

an handful of trade is an handful of gold → MÉTIER, 5

an honest man's word is as good as his bond → COMPAGNON, 1 • MARCHAND, 1

an hour in the morning before breakfast is worth two all the rest of the day → AURORE • HEURE, 3

an hour in the morning is worth two in the evening → AURORE • HEURE, 3 • MATINÉE, 3

an hundred pounds of sorrow pays not one ounce of debt → CHAGRIN, 2

an idle brain is the devil's cushion/shop → TÊTE, 15

an idle youth, a needy age → JEUNESSE, 6

an ill agreement is better than a good judgement → ACCOMMODEMENT

an ill beginning, an ill ending → COMMENCEMENT, 5 • PAIN, 1

an ill life, an ill end → VIE, 3

an ill master, an ill servant → VALET, 3

an ill spun weft will out either now or eft → NEIGE, 1

an ill wound is cured, not an ill name → PLAIE, 1

an iron anvil should have a hammer of feathers → ENCLUME, 1

an iron fist/hand in a velvet glove → MAIN, 8

an oak is not felled at one stroke → CHÊNE, 1 • HOMME, 29

an old ape has an old eye → POMME, 1 • SINGE, 7

an old cat sports not with her prey → CHASSE, 2 • POMME, 1

an old dog barks not in vain → ÂGE, 1 • CHIEN, 27

an old dog does not bark for nought → ÂGE, 1 • CHIEN, 27

an old fox is not easily snared → MARCHAND, 4 • MERLE

an old fox needs learn no craft → SINGE, 2

an old man in love has one foot in grave → VIEUX, 4

an old man is a bed full of bones → MAISON, 7 • VIEILLESSE, 1

an old man is twice a child → VIEILLARD, 1

an old ox makes a straight furrow → BŒUF, 11

an old poacher makes the best gamekeeper → CHASSE, 2

an old sack asks much patching → PEAU, 8

an old tree is not felled at one stroke → ARBRE, 17

an open door may tempt a saint → CAVE • PORTE, 3

an ounce of (good) fortune is worth a pound of discretion/forecast → ONCE

an ounce of luck is worth a pound of wisdom → ONCE

an ounce of practice is worth a pound of precept → EXPÉRIENCE, 2

an ounce of vanity spoils a pound of mirth → VANITÉ, 1

an ox eats more than a hundred swallows → BŒUF, 9

an ox is taken by the horns, and a man by his word → BŒUF, 5

an ox is taken by the horns, and a man by the tongue → BŒUF, 5

an unbidden guest knows not where to sit → NOCE, 7

an unbidden guest must bring his stool with him → NOCE, 7

an unfortunate man will be drowned in a tea-cup → DOS, 1 • MALHEUREUX, 4

an unhappy man's cart is eith to tumble → BOSSU, 1 • MALHEUREUX, 4

anger cannot stand without a strong hand → COURROUX, 2

anger is a bad counsellor → COURROUX, 3

anger is a short madness → COURROUX, 3

anoint a clown and he'll grip you, grip a clown and he'll anoint you → BOTTE • VILAIN, 5

another's bread costs dear → PAIN, 10

any port in a storm → NOYÉ, 2

apes are so fond of their young that they kill with kindness → MACAQUE, 1

apparel makes the man → HABIT, 4

appearances are (often) deceptive → AIR • APPARENCE, 1 • OREILLE, 4 • VISAGE, 3

appearances can be misleading → AIR • APPARENCE, 1 • OREILLE, 4 • VISAGE, 3

appetite comes with eating → APPÉTIT, 2 • BOUTEILLE

apples and daughters are no keeping wares → FILLE, 11

April and May are the keys of the year → AVRIL, 2

April rains for corn, May for grass → AVRIL, 3

April rains for men, May for beasts → AVRIL, 3

art consists in concealing art → ART, 2

art has no enemy but ignorance → SCIENCE, 3

art is long and life is short → ART, 3

art lies in concealing art → ART, 2

as a man is friended, so the law is ended → JUGE, 4

as gold is tried in the fire, so is a trusty friend known in trouble → OR, 3

as good be hanged for a sheep as a lamb → BOURBIER

as good eat the devil as the broth he is boiled in → CHIEN, 24

as long as I am rich reputed, with solemn voice I am saluted → ARGENT, 30

as soon as man is born he begins to die → MOURIR, 2

as soon goes the young lamb's skin to the market as the old ewe's → ^{1}MORT, 3 • VEAU, 1

as soon goes the young sheep as the old to market → VEAU, 1

as soon goes the young sheep to the pot as the old → ^{1}MORT, 3 • VEAU, 1

as sore fight wrens as cranes → POT, 8 • TAILLE

as the goodman says, so we say; but as the good wife says, so must it be → FEMME, 2

as the old cock crows, so crows the young → COQ, 5 • POUSSIN

as the old cock crows, so the young one learns → COQ, 5 • POUSSIN

as the parson chants, so the clerk replies → MOINE, 1

as the spear of Achilles that could both wound and heal, so love is → AMOUR, 15

better a glorious death than a shameful life → HONNEUR, 6

better a lean jade than an empty halter → GALOPER

better a lean peace than a fat victory → PAIX, 2

better a louse/mouse in the pot than no flesh at all → PAIN, 8

better a snotty child than his nose wiped off → ENFANT, 8

better a sparrow in the hand than a pigeon on the roof → OISEAU, 19 • TENIR, 2

better a wee fire to warm us than a mickle fire to burn us → MÛRIER

better alone than in bad company → SEUL, 1

better an apple given than eaten → POMME, 3

better an egg in peace than an ox in war → PAIX, 1

better an egg today than a hen tomorrow → ŒUF, 5 • TENIR, 2

better an open enemy than a false friend → DIEU, 15

better are small fish than an empty dish → CHAPON, 1 • PAIN, 8

better be alone than in bad/ill company → SEUL, 1

better be an old man's darling than a young man's slave → OMBRE, 2

better be biter than bit → CHEVAL, 16 • MARTEAU, 1

better be cuckold before marriage than after it → HERBE, 2

better be envied than pitied → ENVIE, 2 • SUER

better be first in a village than second at Rome → PREMIER, 3

better be half hanged than ill wed → HOMME, 37

better be joy in a cottage than sorrow in a palace → CAGE, 1 • CHAUMIÈRE

better be mad with the crowd than wise by yourself → FOU, 13

better be safe/sure than sorry → HOMME, 35 • PRÉCAUTION, 1

better be the head of a dog/fox/lizard/mouse than the tail of a lion → TÊTE, 7

better be the head of a pike than the tail of a sturgeon → TÊTE, 7

better be the head of an ass than the tail of a horse → TÊTE, 7

better be the head of the yeomanry than the tail of the gentry → PREMIER, 3

better be wise than strong → SAGESSE, 2

better beg than steal → MAIN, 7

better bend/bow than break → PLIER

better buy than borrow → ACHETER, 1

better die with honour than live with shame → COURTOIS

better do in life than after death → CHANDELLE, 6

better eye sore than all blind → PIED, 8

better fill a man's belly than his eye → NAPPE, 2 • ŒIL, 15 • ŒUF, 6

better fleech the devil than fight him → COCHON, 2

better give the wool than the sheep → LAINE, 3

better go to bed supperless than (to) rise in debt → DETTE, 4

better go to heaven in rags than to hell in embroidery → HONNEUR, 6

better is a neighbour that is near than a brother far off → VOISIN, 4

better is one 'Accipe', than twice to say, 'Dabo tibi' → TENIR, 2

better keep now than seek anon → POIRE, 2

better late than never → TARD, 3

better leave than lack → TROP, 3

better lose a jest than a friend → MOT, 1

better lose the saddle than the horse → LAINE, 3

better my hog dirty home than no hog at all → CHAPON, 1

better never to begin than never to make an end → RETOURNER (SE)

better pay the butcher than the tailor → PANSE, 3 • REPAS

better pray to God than to the saints → DIEU, 19

better ride on an ass that carries me than a horse that throws me → OMBRE, 2

better rue sit than rue flit → SELLE, 3

better say 'Here it is', than 'Here it was' → VALOIR, 1

better say nothing than not to the purpose → FOU, 10 • TAIRE (SE), 1

better skin the rich than the poor → AGNEAU, 3

better some of a pudding than none of a pie → CHAPON, 1 • PAIN, 8

better spare at brim than at bottom → ÉPARGNER, 1

better spare to have of thine own, than ask of other men → POIRE, 2

better suffer ill than do ill → MAL, 10

better the devil you know than the devil you don't know → VOIE, 3

better the foot slip than the tongue → PARLER, 5 • PIED, 6

better the last smile, than the first laughter → DERNIER, 8

better to ask the way than go astray → LANGUE, 10

better to be blind than to see ill → AVEUGLE, 4

better to go about than to fall into the ditch → FOSSÉ, 3

better to have one eye than be blind altogether → PIED, 8

better to have than wish → OISEAU, 19 • TENIR, 2

better to reign in Hell than serve in Heav'n → PREMIER, 3

better to wear out than to rust out → SOULIER, 7

better wear out shoes than sheets → SOULIER, 7

better wed over the mixen than over the moor → DRAP, 2

better wit than wealth → SAGESSE, 3

between promising and performing, a man may marry his daughter → DEUX, 3

between two stools one falls upon the ground → SIÈGE, 1

claw me, and I'll claw thee ➜ RHUBARBE

close mouths catch no flies ➜ BOUCHE, 7

close my shirt but closer my skin ➜ CHEMISE, 1

clothe the back and starve the belly ➜ HABIT, 2

clothes do not make the man ➜ HABIT, 5

clothes make people ➜ HABIT, 4

cloudy mornings turn to clear afternoons/evenings ➜ PLUIE, 1

cloudy wine, hot bread and green wood will hinder any man ➜ VIN, 24

cold hands, warm heart ➜ MAIN, 4

come blows, love goes ➜ AMOUR, 1

come not to counsel uncalled ➜ CONSEIL, 5 • SANCTUAIRE

come with the wind, go with the water ➜ BIEN, 5

common fame is seldom to blame ➜ CRI

common sense is the most widely distributed commodity in the world ➜ SENS, 2

company in misery makes it light ➜ MALHEUREUX, 5

comparison is no evidence ➜ COMPARAISON, 1

comparisons are odious ➜ COMPARAISON, 2

constant dripping wears away stones ➜ GOUTTE, 5

constant dropping wears the stone ➜ GOUTTE, 5

contempt is the sharpest reproof ➜ DETTE, 3 • INJURE, 1 • RÉPLIQUE

contempt pierces even through the shell of the tortoise ➜ DARD

contempt will sooner kill an injury than revenge ➜ INJURE, 1 • RÉPLIQUE

content lodges oftener in cottages than palaces ➜ CHAUMIÈRE

contentment is above wealth ➜ CONTENTEMENT

contentment is great riches ➜ RICHE, 2

corn is cleansed with wind, and the soul with chastenings ➜ VENT, 3

counsel is easier than help ➜ CONSEILLER

counsel is irksome, when the matter is past remedy ➜ CHOSE, 1 • PARTI

courtesy on one side only lasts not long ➜ BONTÉ • COURTOISIE

covetous men's chests are rich, not they ➜ RICHE, 3

covetousness breaks the sack ➜ AVARICE, 2 • CONVOITISE

covetousness is always filling a bottomless vessel ➜ SAC, 9

cowards are cruel ➜ COUARDISE

craft needs no teacher ➜ COUVENT

creaky gates last longest ➜ POT, 9

creditors have better memories than debtors ➜ ARGENT, 26 • CRÉANCIER

crime, like vertue, has its degrees ➜ VERTU, 1

crimes are made secure by greater crimes ➜ CRIME, 2

criticism is easy and art is difficult ➜ CRITIQUE

crooked carlin, quoth the cripple to his wife ➜ POÊLE, 1

crooked logs make straight fires ➜ BOIS, 8

cross my heart (and hope to die) ➜ CROIX, 2

cross the stream where it is ebbest ➜ HAIE, 2

crosses are ladders (that lead) to Heaven ➜ CROIX, 3

crows will not pick out crows' eyes ➜ CORBEAU, 4

cruelty is more cruel, if we defer the pain ➜ CUL, 4

cunning surpasses strength ➜ FORT • RUSE

curses are like birds that return again to there own nests ➜ MALÉDICTION

curses, like chickens, come home to roost ➜ MALÉDICTION

custom is (almost) a second nature ➜ HABITUDE • USAGE, 1

custom reconciles us to everything ➜ COUTUME, 2 • MAL, 3

custom rules the law ➜ USAGE, 1

custom takes the taste from the most savoury dishes ➜ CHANGEMENT, 2 • RAGOÛT

cut your coat according to your cloth ➜ MANTEAU, 1 • ROBE, 1

danger makes men devout ➜ DIEU, 31 • NÉCESSITÉ, 1

daub yourself with honey, and you'll never want for flies ➜ BREBIS, 14 • MIEL, 1

daughters and dead fish are no keeping wares ➜ FILLE, 18 • TROUPEAU

daws love another's prattle ➜ ÂNE, 13 • SOT, 4

dead dogs cannot bite ➜ BÊTE, 1, [2]MORT, 4

dead dogs do not bite ➜ BÊTE, 1, [2]MORT, 4

dead men do no harm ➜ BÊTE, 1, [2]MORT, 4

dead men don't bite ➜ BÊTE, 1, [2]MORT, 4

dead men have no friends ➜ [2]MORT, 7

dead men tell no tales ➜ HOMME, 8

dear bought is the honey that is licked from the thorn ➜ MIEL, 8

dear-bought and far-fetched are dainties for ladies ➜ FEMME, 13

death carries a king on his shoulders as easily as a beggar ➜ [1]MORT, 9

death combs us all with the same comb ➜ [1]MORT, 9

death comes first to better people ➜ MEILLEUR

death defies the doctor ➜ [1]MORT, 2

death devours lambs as well as sheep ➜ VEAU, 1

death is a remedy for all ills ➜ [1]MORT, 6

death is sure to all ➜ VIANDE, 4

death is the great leveller ➜ ROI, 7

death keeps no calendar ➜ [1]MORT, 8

death levels all men ➜ ROI, 7

death pays all debts ➜ [1]MORT, 5

deceit, weeping, spinning, God has given to women kindly, while they may live ➜ PLEUR, 2

deeds are fruits, words are but leaves ➜ PAROLE, 9

deeds are males, and words are females ➜ PAROLE, 10

deep calleth to deep ➜ ABÎME

desert and reward seldom keep company ➜ BUISSON, 3

desire has no rest ➜ AVOIR, 2

despair gives courage to a coward ➜ BESOIN, 1 • NÉCESSITÉ, 5

dreams are just illusions → SONGE

dreams are lies → SONGE

dreams go by contraries → SONGE

dress up a stick and it does not appear to be a stick → BÂTON, 2 • PAPILLON, 1

drop by drop, the sea is drained → GOUTTE, 4

drunkards and children have good guardian angels → DIEU, 20

dry bread at home is better than roast meat abroad → MORUE

dry bread is better with love than a fat capon with fear → PAIX, 1

dry feet, warm head, bring safe to bed → PIED, 11

dumb dogs are dangerous → HOMME, 6

dura lex, sed lex → LOI, 1

each bird loves to hear himself sing → MERDE, 1

each outside has its inside → MÉDAILLE

each priest praises his own relics → PRÊTRE, 1

eagles catch no flies → AIGLE, 1

eagles do not breed doves → AIGLE, 2

early rain and a woman's tear are soon over → PLEUR, 2

early to bed and early to rise, makes a man healthy, wealthy, and wise → HEURE, 3 • LEVER (SE) • TOMBEAU

ease makes thief → AISE, 2

easier said than done → FAIRE, 8

East or West, home is best → MONDE, 10 • PIERRE, 5

East, West, home's best → MONDE, 10 • PIERRE, 5

Easter so longed for is gone in a day → PÂQUES, 2

easy come, easy go → DIABLE, 2 • FLÛTE, 1

eat an apple going to bed, make the doctor beg his bread → POMME, 8

eat at pleasure, drink by measure → [1]MANGER, 3 • PAIN, 20

eat peas with the king, and cherries with the beggar → PETIT-POIS

eat to live and not live to eat → [1]MANGER, 2

eaten bread is soon forgotten → MORCEAU, 2

eating and drinking/scratching wants but a beginning → APPÉTIT, 2 • BOUTEILLE

eating, drabbing and drinking make men suffer from gout → GOUTTE, 8

eating whets the appetite → APPÉTIT, 2

eavesdroppers never hear any good of themselves → PORTE, 6

eggs and oaths are easily broken → VACHE, 9

elbow grease gives the best polish → MAIN, 9

empty barrels make the most sound → TONNEAU

empty hands no hawks allure → MOUCHE, 6

empty vessels make the greatest sound → DISEUR, 2 • TONNEAU

empty vessels make the most noise/sound → DISEUR, 2 • TONNEAU

enough is as good as a feast → TROP, 1

enquire not what boils in another's pot → MARMITE, 4

envy never dies → ENVIE, 1

even a fly has its spleen → FOURMI, 2

even a worm will turn → FOURMI, 2 • INTESTIN

even an ass will not fall twice in the same quicksand → ÂNE, 30

even Homer sometimes nods → HOMÈRE • PARFAIT • PÊCHEUR

even reckoning makes long friends → COMPTE

even the weariest river winds somewhere safe to sea → MALHEUR, 9 • ORAGE

evening red and morning grey help the traveller on his way(; evening grey and morning red bring down rain upon his head) → PLUIE, 9

evening words are not like to morning → PAROLE, 7

every ass loves to hear himself bray → MERDE, 1

every bean has its black → VIN, 6

every beginning is hard → PAS, 2 • VENT, 10

every bird likes its own nest best → OISEAU, 1

every bird loves to sing his own song → OISEAU, 6

every cat to her kind → CHACUN, 1 • RESSEMBLER (SE)

every cloud has a silver lining → MALHEUR, 1

every cock is bold on his own dunghill → COQ, 6

every cock is crouse on his own midden → COQ, 6

every cock scratches toward himself → EAU, 2

every cock will crow upon his own dunghill → COQ, 6

every coin has its dark side → MÉDAILLE

every cook praises his own broth → MERCIER, 2 • PRÊTRE, 1

every day is no Yule-day → JOUR, 5

every day is not Sunday → JOUR, 5

every dog has his day → PORC

every dog is a lion at home → CHIEN, 17

every dog is allowed his first bite → PAS, 1

every dog is valiant at his own door → CHIEN, 17

every door may be shut but death's door → [1]MORT, 2

every extremity is a fault → VERTU, 3

every fault needs pardon → PÉCHÉ, 1

every flow has its ebb → MONTAGNE, 1

every fool likes his own bauble best → FOU, 1

every fool rides his own hobby → FOU, 1

every good question requires a good answer → DEMANDE, 2

every grain has its bran → VIN, 6

every groom is a king at home → CHARBONNIER

every heart has its own ache → BESACE • CHAUDRON, 1

every hog has its Martinmas → PORC

every Jack has his Jill → CHACUN, 1 • MARMITE, 3

every Jack to his trade → MÉTIER, 1

every little helps → PROFIT, 1

every man after his fashion → BŒUF, 2 • GUISE • MIDI, 1

every man as he loves, quoth the good man when he kissed his cow → GOÛT, 2 • GUISE • PLAISIR, 2

every man as his business lies → MÉTIER, 1

every man bastes the fat hog → RICHE, 4

fair face, foul heart → DAME, 2 • EXTÉRIEUR

fair feathers make fair fowls → PLUME, 3

fair is not fair, but that which pleases → AIMER, 7 • BEAU, 3

fair without, false within → BOUCAUT

fair words hurt not the mouth → LANGUE, 1

fair words slake wrath → PAROLE, 17

fair words will not make the pot boiling/play → PAROLE, 5

faith is a marvellous thing! → FOI, 2

faith is everything! → FOI, 2

faith will move mountains → FOI, 1

false with one can be false with two → FOIS, 3

familiarity breeds contempt → FAMILIARITÉ

famine, pestilence and war are the destruction of a people → GUERRE, 7

far from eye, far from heart → ŒIL, 12

far-fetched and dear-bought is good for ladies → FEMME, 13

fat housekeepers make lean executors → MAISON, 8

fat sorrow is better than lean sorrow → ÉCU, 3 • PEINE, 5

fate leads the willing, but drives the stubborn → ÊTRE, 1

faults are thick where love is thin → FAUTE, 4

fear gives wings → PEUR, 2

fear has magnifying eyes → PEUR, 4

fear keeps and looks to the vineyard(, and not the owner) → PEUR, 3

fear keeps the garden better than the gardener → PEUR, 3

fear not the bees, if you want honey → MIEL, 7

feather by feather, the goose is plucked → GOUTTE, 4 • POIL, 3

February is as kind as a kite, for what he cannot eat he'll always hide → FÉVRIER, 3

February rain makes a full barn → PLUIE, 6

feeding out of course makes mettle out of kind → POULE, 5

fields have eyes, and woods have ears → MUR, 1

fight fire with fire → CLOU, 2

figs are ripe in July → VENT, 15

find a woman without a fault, and find a hare without a meuse → FEMME, 7

finders keepers, losers weepers → ARGENT, 23 • FOSSÉ, 2

finding's keeping → ARGENT, 23 • FOSSÉ, 2

fine blood will always show itself → SANG, 1

fine feathers make fine birds → PLUME, 3

fine shoes wear out → CHEVAL, 14 • SOULIER, 6

fine words butter no parsnips → PAROLE, 5

fingers were made before forks(, and hands before knives) → MAIN, 10

fire and water are good servants, but bad masters → FEU, 8

fire cleanses everything → FEU, 10

fire is not to be quenched with tow → ÉTOUPE • HOMME, 18

fire is the test of gold, adversity of friendship → OR, 3

fire that's closest kept burns most of all → FEU, 9

first catch your hare(, then cook him) → LIÈVRE, 2

first come, first served → MOULIN, 8 • PREMIER, 5

first think, and then speak → ENTENDRE, 1

fish and guest stink after three days → HÔTE, 2

fish and guests smell in three days → HÔTE, 2

fish and milk together make you sick → POISSON, 1

fish begins to stink at the head → POISSON, 3

flesh is frail/weak → CHAIR, 7

flies go to lean horses → CHEVAL, 6

flies haunt lean horses → CHEVAL, 6

flies will not light on a boiling pot → MARMITE, 1

fling dirt enough, and some will stick → BOUE, 1 • CALOMNIER

flow of words is not always flow of wisdom → PARLER, 3

fly will not light on a boiling pot → MARMITE, 1

follow not truth too near the heels, lest it dash out thy teeth → VÉRITÉ, 1

follow the river and you'll get to the sea → RIVIÈRE, 2

folly and learning often dwell together → ESPRIT, 1

folly is the product of all countries and ages → SOT, 2

foolish fear doubles danger → PEUR, 4

foolish hope often deludes man → ESPÉRANCE, 2

fools are fain of flitting (and wisemen of sitting) → FOU, 5

fools are wise as long as silent → FOU, 10

fools build houses, and wise men live in them → CHEVAL, 22

fools grow without watering → FOU, 14

fool's haste is no speed → HÂTE, 2

fools make feasts, and wise men eat/enjoy them → FOU, 15

fools make up fashions for wise people to go after → FOU, 16

fools' promises are but wind → FOU, 7

for a flying enemy make a golden/silver bridge → PONT

for a web begun God sends the thread → DEVOIR • DIEU, 9

for age and want save while you may(: no morning sun lasts a whole day) → JEUNESSE, 6 • POIRE, 2

for mad words deaf ears → PAROLE, 1

for one that is missing there's no spoiling a wedding → MOINE, 2

for the busy man time passes quickly → ENNUI, 1

for the hungry man, to sleep is to dine → DORMIR, 1

for want of a nail the shoe is lost; for want of a shoe the horse is lost; for want of a horse the rider is lost → CLOU, 1 • POINT, 1

for washing his hands, none sells his lands → MAIN, 12

forbear not sowing because of birds → PIGEON, 1

forbidden fruit is sweet → FRUIT, 6 • PAIN, 19

God is always on the side of the big battalions → DIEU, 12

God makes the back for the burden → DIEU, 10 • SEIN

God oft has a great share in a little house → MAISON, 6

God provides for him that trusts → TRAVAILLER, 3

God provides for the poor → DIEU, 29

God save us from our friends → DIEU, 15

God sends cold according to clothes → DIEU, 10

God sends cold after clothes → DIEU, 10

God sends corn and the devil mars the sack → DIEU, 27

God sends fortune to fools → FORTUNE, 6

God shapes the back for the burthen → DIEU, 10 • SEIN

God spares the weak → BREBIS, 1

God stays long, but strikes at last → JUSTICE, 3 • MEULE, 1

God tempers the wind to the shorn lamb → BREBIS, 1 • DIEU, 10 • OISEAU, 5

God's help is better than early rising → DIEU, 32

God's lambs will play → JEUNESSE, 3

God's mill grinds slow but sure → MEULE, 1

gold does not belong to the miser, but miser to gold → AVARE, 3

gold is an orator → BOURSE, 4

golden lads and girls all must, as chimney sweepers, come to dust → VIANDE, 4

gone with the wind → VENT, 2

good advice is as good as an eye in the hand → AVIS, 3

good advice is beyond price → AVIS, 3

good and quickly seldom meet → VITE, 2

good beginning makes good ending → BARBE, 2 • COMMENCEMENT, 3

good blood will always tell → SANG, 1

good broth may be made in an old pot → POT, 4

good cheap is dear → MARCHÉ (BON), 3

good clothes open all doors → HABIT, 3

good company upon the road is the shortest cut → COMPAGNON, 3

good counsel has no price → AVIS, 3

good enough is never ought → TROP, 1

good fame is better than a good face → BRUIT, 6 • RENOMMÉE, 2

good fences make good neighbours → VOISIN, 1

good finds good → JOUEUR

good folks are scarce → NUL, 3

good for the liver may be bad for the spleen → FOIE

good fruit of a good tree → ARBRE, 3

good hand, good hire → OUVRIER, 5 • TRAVAIL, 1

good horses make short miles → CHEVAL, 1

good is good, but better carries it → MIEUX, 2

good masters make good servants → MAÎTRE, 5

good name is gold worth → RENOMMÉE, 2

good riding at two anchors, men have told, for if one break the other may hold → ANCRE

good seed makes a good crop → SEMER, 1

good swimmers at length are drowned → NAGEUR, 1

good that the teeth guard the tongue → DENT, 1

good things are wrapped up in small parcels → POT, 3

good things come to some when they are asleep → FORTUNE, 8

good to begin well, better to end well → [1]FIN, 3

good ware makes quick markets → DIABLE, 15 • MARCHANDISE, 1 • VIN, 3

good watch prevents misfortune → MAL, 19 • PRUDENCE

good weight and measure is heaven's treasure → MESURE

good will and welcome is your best cheer → DEUX, 4

good wine is a great enchantment → VIN, 15

good wine needs no bush/crier → VIN, 3

good wine praises itself → VIN, 3

good wits jump → ESPRIT, 2

good words cool more than cold water → PAROLE, 17

good words cost nought → LANGUE, 1

good words fill not a sack → PAROLE, 5

good words without deeds are rushes and reeds → DIRE, 1

goodness is not tied to greatness → FARDEAU, 3

goslings lead the geese to grass/water → OISON

gossiping and lying go together → ÉCOUTANT

gossips are frogs, they drink and talk → MESSE, 2

grain by grain, and the hen fills her belly → GRAIN, 5

grasp all, lose all → CONVOITER

grasp time by the forelock → OCCASION, 2

grass and hay, we are all mortal → VIANDE, 4

grass grows not at the market cross → CHEMIN, 1

grass grows not upon the highway → CHEMIN, 1

grease not a fat sow in the tail → POURCEAU

great almsgiving lessens no man's living → AUMÔNE

great barkers are no biters → CHIEN, 15 • MENACEUR

great braggers, little doers → VENT, 5

great cry and little wool (quoth the devil when he sheared his dogs) → BRUIT, 2 • RUMEUR • VENT, 5

great gain makes work easy → ESPOIR, 1

great head and little sense → TÊTE, 6

great men's favours are uncertain → AMITIÉ, 2 • PROMESSE, 2

great oaks from little acorns grow → GLAND

great promises and small performances → LANGUE, 2

great sorrows are dumb → DOULEUR, 3

great strokes make not sweet music → DOUCEUR • TON

great talkers are great liars → PARLEUR

great talkers are little doers → DISEUR, 2 • VENT, 5

great talkers are no good doers → DISEUR, 2 • VENT, 5

great talkers fire too fast to take aim → DISEUR, 2 • VENT, 5

great wits have short memories → HONNEUR, 3

great wits jump together → ESPRIT, 2

greedy eaters dig their graves with their teeth → ESTOMAC, 2 • GOURMAND, 2

green Christmas brings/means a white Easter → NOËL, 3

he is blind enough who sees not through the holes of a sieve → ENTENDEUR, 1

he is false by nature that has a black head and a red beard → BARBE, 4

he is happy that thinks himself so → HEUREUX, 1 • RICHE, 2

he is lifeless that is faultless → ERREUR, 2

he is like the Melun eels, he cries (out) before he is hurt → ANGUILLE, 1

he is my friend that grinds at my mill → ONCLE

he is neither absent without fault, nor present without excuse → ABSENT, 1

he is not a fool that falls and rises again → ÂNE, 25

he is not poor that has little, but he that desires much → SUFFISANCE

he is not rich that possesses much, but he that is content with what he has → RICHE, 2

he is not such a fool as he looks → ENFANT, 6

he is rich enough that wants nothing → HEUREUX, 1 • RICHE, 2

he is wise who speaks little → GRATTER • PARLER, 2

he is worth no weal that can bide no woe → LIE

he knows most who speaks least → FOU, 10

he laughs best who laughs last → DERNIER, 8

he lives ill that not amends → VIVRE, 3

he lives unsafely that looks too near on things → CHERCHER, 2

he lives well that lives closely → HEUREUX, 3

he lives well that well has lurked → HEUREUX, 3

he loses many a good bit that strives with his betters → HOMME, 14

he loves me well that makes my belly swell → ONCLE

he makes a rod for his own back → VERGE

he marries ill that marries very soon → MARIER (SE), 1

he must have iron nails that scratches a bear → DIABLE, 1

he must needs swim, that is held up by the chin → MENTON

he plays best/well that wins → GAGNER, 1

he praises who wishes to sell → BOUCHERIE

he promises mountains and performs molehills → LANGUE, 2

he pulls with a long rope that waits for another's death → CORDE, 2

he runs far that never returns → MAISON, 9

he runs far that never turns not again → MAISON, 9

he should have a hale pow, that calls his neighbour nitty know → POÊLE, 1

he should wear iron shoes that bides his neighbours' dead → SOULIER, 3

he sits not sure that sits too high → CHOIR

he speaks in his drink what he thought in his drouth → SOBRE

he spoils his case who tries to prove too much → PROUVER

he sups ill who eats all at dinner → SOUPER, 1

he teaches ill, who teaches all → MÉTIER, 9

he that all men will please shall never find ease → PÈRE, 5

he that asks everything begs a denial → DEMANDEUR

he that asks everything deserves nothing → DEMANDEUR

he that blames would buy → ACHETER, 2

he that blows in the dust fills his eyes with it → AIGUILLON, 1 • TÊTE, 3 • VENT, 1

he that borrows binds himself with his neighbour's rope → ESCLAVE, 1

he that brings a present finds the door open → APPORTER • BROCHET • CADEAU

he that buys magistracy must sell justice → DON, 2

he that buys what he does not want must often sell what he does want → SUPERFLU

he that by the plough would thrive, himself must either hold or drive → SERVIR

he that can stay obtains → POINT, 4

he that cannot beat the ass, beats the saddle → ÂNE, 22

he that cannot beat the horse, beats the saddle → CHEVAL, 25

he that cannot make sport, should mar none → GUERRE, 5 • JEU, 9

he that cannot obey, cannot command → OBÉIR

he that ceases to be a friend, never was a good one → AMI, 19

he that changes his trade makes sup in a basket → MÉTIER, 9

he that chastises one amends many → CORRIGER

he that comes first to the hill may sit where he will → PREMIER, 5

he that comes last to the pot is the soonest wroth → DERNIER, 2

he that comes of a hen must scrape → POULE, 9

he that commits a fault, thinks everyone speaks of it → LARRON, 4

he that corrects not small faults, will not control great ones → POLICE

he that counts all costs, will ne'er put plough in the earth → GARDE, 2

he that counts all the pins in the plough, will never yoke her → GARDE, 2

he that cuts off his nose spites his face → NEZ, 6

he that deals in dirt has aye foul fingers → POIX

he that demands misses not, unless his demands be foolish → DEMANDE, 1

he that died half a year ago, is as dead as Adam → ²MORT, 7

he that dies pays all debts → ¹MORT, 5

he that does ill, will suffer ill → MAL, 23

he that does lend, loses money and friend → AMI, 1

he that drinks not wine after salad is in danger of being sick → VIN, 16

he that dwells next door to a cripple, will learn to halt → BOITEUX, 2 • CHIEN, 45 • FEU, 14

he that eats cherries with noblemen shall have his eyes spirted out with stones → PETIT-POIS

he that is afraid of wounds, must not come nigh a battle → BOIS, 5 • GUERRE, 5

he that is angry, is seldom at ease → GÊNE

he that is born to be hanged, shall never be drowned → NOYER

he that is busy, is tempted by but one devil; he that is idle, by a legion → OISIVETÉ, 2 • TÊTE, 15

he that is carried down the stream, need not row → FORTUNE, 1

he that is down, down with him → LOUP, 14

he that is fed at another's hand/table, may stay long ere he be full → ÉCUELLE, 1

he that is giddy, thinks the world turns round → JAUNISSE, 1

he that is not handsome at twenty, nor strong at thirty, nor rich at forty, nor wise at fifty, will never be handsome, strong, rich, or wise → AN, 3

he that is not with me, is against me → ÊTRE, 4

he that is once born, once must die → MONDE, 2

he that is secure is not safe → HOMME, 35

he that is warm, thinks all so → PANSE, 4

he that is without sin among you, let him first cast a stone at her → PÉCHÉ, 6

he that keeps another man's dog, shall have nothing left him but the line → INGRAT, 2

he that knows nothing, doubts nothing → DOUTE, 2 • RIEN, 3 • SCIENCE, 2

he that labours and thrives spins gold → TRAVAIL, 6

he that laughs in the morning weeps at night → ¹RIRE, 2

he that leaves the highway to cut short commonly goes about → VOIE, 3

he that lends his pot may seethe his kail in his loof → PIED, 1

he that lies down with dogs, must rise up with fleas → CHIEN, 45 • FOIN, 1

he that lies long abed, his estate feels it → FOURMI, 1 • LABOUREUR

he that lives ill, fear follows him → CUL, 5

he that lives in hope dances without music → ESPÉRANCE, 5

he that lives long suffers much → VIVRE, 4

he that lives upon charity has a cold dinner → ÉCUELLE, 1 • PLANCHER

he that lives well is learned enough → VIVRE, 1

he that loses all his fortune, loses all his sense → BIEN, 20

he that loses his wife and sixpence, has lost a tester → FEMME, 50

he that loses is merchant, as well as he that gains → MARCHAND, 3

he that loves danger shall perish in it → DANGER, 2

he that loves the tree, loves the branch → ARBRE, 13 • CHIEN, 42

he that makes a good war makes a good peace → GUERRE, 2

he that makes a thing too fine breaks it → ARBRE, 4

he that makes himself a sheep, shall be eaten by the wolf → BÊTE, 5 • BREBIS, 14

he that makes his bed ill, lies there → LIT, 4

he that makes the war makes the peace → GUERRE, 9

he that marries a widow and two/three children marries three/four thieves → VEUVE

he that marries for wealth, sells his liberty → FEMME, 51

he that marries late, marries ill → TARD, 5

he that may not do as he would must do as he may → FAIRE, 14

he that measures oil, shall anoint his fingers → BEURRE, 2 • MAIN, 13 • MIEL, 6

he that mischief hatches, mischief catches → MAL, 15

he that mocks a cripple ought to be whole → POÊLE, 1

he that never climbed/rode never fell → GARDE, 2

he that nothing questions, nothing learns → DEMANDER, 1

he that observes the wind shall not sow; and he that regards the clouds shall not reap → VENT, 13

he that once deceives is ever suspected → FOIS, 3

he that passes a winter's day, escapes an enemy → HIVER, 4

he that passes judgement as he runs, overtakes repentance → JUGE, 1

he that plants a tree plants for posterity → ARBRE, 6

he that praises himself spatters himself → LOUANGE, 1 • LOUER

he that promises too much, means nothing → LANGUE, 9

he that quits certainty and leans to chance, when fools pipe he may dance → QUITTER

he that reckons without his host must reckon again/twice → HÔTE, 4

he that repairs not a part, builds all → TROU, 4

he that respects is not respected → MONDE, 5

he that rises late, must trot all day → MATINÉE, 1

he that rises not early, never does a good day's work → HEURE, 3 • MATINÉE, 1

he that runs fast will not run long → TOMBER

he that runs fastest, gets the ring → DERNIER, 6

he that sails the sea will not make of the wind all he wants → MER, 3

he that saves his dinner will have the more for his supper → DÎNER, 4 • JEUNESSE, 6

he that scatters thorns, let him not go barefoot → ÉPINE, 2 • PIED, 9

he that seeks a horse or a wife without fault, has neither steed in his stable nor angel in his bed → FEMME, 7

he that seeks trouble never misses → CHERCHER, 2 • HARGNE • HOMME, 7

he that sends a fool, expects one → FOU, 18

he that sends a fool, means to follow him → FOU, 18

he that serves a good master shall have good wages → SEIGNEUR, 5

he wants to teach his grandmother to suck eggs → PÈRE, 3

he warms too near that burns → CHAUFFER (SE)

he who begins many things finishes but few → EMBRASSER

he who can do more can do less → PLUS, 2

he who cannot get bacon must be content with cabbage → CHAPON, 1

he who cheats a cheat and robs a thief, earns a dispensation of a hundred years → LARRON, 2

he who depends on another dines ill and sups worse → ÉCUELLE, 1 • PLANCHER

he who despises his own life is soon master of another's → VIE, 6

he who does not kill hogs, will not get black puddings → OMELETTE • TRIPE

he who eats the meat, let him pick the bone → BÊTE, 3 • LARD, 3 • MOELLE • MULE, 5

he who excuses himself, accuses himself → EXCUSER (S')

he who gives a duck expects a goose → ŒUF, 1

he who gives to the poor lends to the Lord → PAUVRE, 2

he who goes into a mill comes out powdered → MOULIN, 6

he who grasps at too much loses everything → CONVOITER • EMBRASSER

he who greases his wheels helps his oxen → CHARIOT

he who has a fellow-ruler has an over-ruler → COMPAGNON, 4

he who has an art, has everywhere a part → MÉTIER, 5

he who has an art, lives everywhere → MÉTIER, 5

he who has but one coat, cannot lend it → ŒIL, 18

he who has the frying-pan in his hand turns it at will → LANCE • POÊLE, 3

he who hesitates is lost → HONTEUX, 2

he who holds the thread holds the ball → POÊLE, 3

he who is born a fool is never cured → BUSE • FOU, 19 • HONGRE

he who is born to misfortune falls on his back and fractures his nose → DOS, 1 • MALHEUREUX, 4

he who is near the Church is often far from God → ÉGLISE, 2

he who laughs last laughs longest → DERNIER, 8

he who laughs the last laughs the loudest → DERNIER, 8

he who leaves his place loses it → CHASSE, 4

he who lives with cats will get a taste for mice → LOUP, 1

he who makes himself a sheep is devoured by the wolves → BREBIS, 14

he who makes no mistakes, makes nothing → ERREUR, 1

he who marls sand, may buy the land → ARGILE

he who never was sick, dies the first fit → POT, 9

he who pays his debts grows rich → DETTE, 6

he who pays the piper calls the tune → POÊLE, 3 • VIOLON

he who peeps through a hole may see what will vex him → PORTE, 6

he who praises wishes to sell → DIEU, 24 • MARCHANDISE, 2

he who saves for tomorrow saves for the cat → BOUCHE, 3

he who says what he likes shall hear what he does not like → DIRE, 2

he who sings chases away his sorrows → MAL, 20

he who slays with the sword, shall perish with the sword → ÉPÉE, 3

he who sleeps in August may go a-begging all the year → AOÛT, 3

he who sows his wild oats should reap the harvest → JEUNESSE, 6

he who sups with the devil should have a long spoon → DIABLE, 1

he who takes it slow and steady goes a long way → MONTURE

he who wants a mule without fault, must walk on foot → CHEVAL, 28

he who will not when he may, when he will/would he shall have nay → FAIRE, 16

he who wills the end, wills the means → ¹FIN, 5

he who would catch a bird must not frighten it → OISEAU, 16

he whose belly is full believes not him who is fasting → ESTOMAC, 5 • PANSE, 4

he whose father is judge goes safe to his trial → COMPAGNON, 5 • JUGE, 4

he will never have a good thing cheap, that is afraid to ask the price → MARCHÉ (BON), 5

health before wealth → SANTÉ, 2

health is a great treasure → BARONNIE • TRÉSOR

health is a jewel/treasure → BARONNIE • TRÉSOR

health is above wealth → SANTÉ, 2

health is better than wealth → SANTÉ, 2

health is great riches → BARONNIE • SANTÉ, 2

health is not valued till sickness comes → BIEN, 6

hear and see and say nothing → ÉCOUTER • OUÏR

hear much and say little/nothing → ÉCOUTER

hear much, speak little → ÉCOUTER

hear twice before you speak once → ÉCOUTER • LANGUE, 3

hearken to reason, or she will be heard → RAISON, 3

Heaven helps them that help themselves → CIEL, 1 • DIEU, 9

Heaven takes care of children, sailors, and drunken men → DIEU, 20 • INNOCENT

hedges have eyes, and walls have ears → MUR, 1

heir's tears, crocodile tears → HÉRITIER, 3

hell is full of good meanings and wishes → ENFER

hell is paved with good intentions → ENFER

help yourself and God will help you → CIEL, 1 • DIEU, 9

hens lost their eggs by cracking too much after laying them → POULE, 4

here a little and there a little → OISEAU, 14

here today and gone tomorrow → CHAIR, 3 • FLEUR, 2

hide nothing from thy minister, physician, and lawyer → MÉDECIN, 1

high cedars fall when low shrubs remain → PLIER

high floods have low ebbs → MONTAGNE, 1

high regions are never without storms → FOUDRE, 1 • PORTE, 1

Hippocrates says yes and Galen says no → HIPPOCRATE

his name is up; he may lie abed till noon → RENOMMÉE, 1

history repeats itself → HISTOIRE

hoist with his own petard → CHÈVRE, 3 • GUILLAUME

hoist your sail when the wind is fair → VENT, 14

hold opportunity by her forelock, before she turns her tail → OCCASION, 2

home is home, be it never so homely → CHEZ-SOI, 2 • MONDE, 10

home is home, though it be never so homely → CHEZ-SOI, 2 • MONDE, 10

home is where the heart is → PAYS, 4

home-keeping youth have ever homely wits → VOYAGE, 1

Homer sometimes nods → HOMÈRE • PARFAIT • PÊCHEUR

honesty is the best policy → FAIRE, 9

honey catches more flies than vinegar → MOUCHE, 6

honey is dear bought if licked off thorns → MIEL, 8

honey is not for the ass's mouth → MIEL, 3

honey is sweet, but the bee stings → BIEN, 15 • MIEL, 2 • ROSE, 2 • VIANDE, 3

honour comes too late when all is consumed → GLOIRE, 2

honour lost is like a Venice glass broken – it can't be mended (again) → PLAIE, 1

honour the tree that gives you shelter → ARBRE, 15

honour to whom honour is due → CHACUN, 5 • SEIGNEUR, 2

honour without profit is a ring on the finger → HONNEUR, 5

honours change manners → HONNEUR, 2

honours nourish arts → HONNEUR, 4

hope deferred maketh the heart sick → CŒUR, 7

hope is but the dream of those that wake → ESPÉRANCE, 4

hope is the poor man's bread → ESPÉRANCE, 3

hope keeps man alive → ESPOIR, 2

hope springs eternal in the human breast → VIE, 7

horse play is the rough's play → JEU, 5

hot love is soon cold → VIOLENT

hot wind brings frost in the tail → VENT, 17

how much the fool who goes to Rome excels the fool who stays at home? → BÊTE, 4 • CHEVAL, 18

however good a horse may be, it sometimes stumbles → CHEVAL, 15 • PÊCHEUR

huge winds blow on high hills → FOUDRE, 1 • PORTE, 1

humble hearts have humble desires → CHÈVRE, 4 • CŒUR, 2

hunger acknowledges no law → FAIM, 5

hunger and cold deliver a man up to his enemy → FAIM, 4

hunger breaks stone walls → FAIM, 4 • VENTRE, 6

hunger drives the wolf out of the wood(s) → FAIM, 4

hunger finds no fault with the cookery → DENT, 2 • VIANDE, 2

hunger increases the understanding → PAIN, 7

hunger is good kitchen meat → DENT, 2 • FAIM, 1 • VIANDE, 2

hunger is stronger than love → AMOUR, 20

hunger is stronger than pride → FAIM, 6

hunger is the best sauce → DENT, 2 • FAIM, 1 • SAUCE, 1 • VIANDE, 2

hunger is the teacher of the arts → FAIM, 4

hunger knows no friend → VENTRE, 6

hunger makes dinners, pastime suppers → FAIM, 2

hunger makes hard beans sweet → DENT, 2 • FAIM, 1 • PAIN, 2 • SAUCE, 1

hungry dogs will eat dirty puddings → FAIM, 1 • SAUCE, 1

hunting, hawking, and paramours, for one joy a hundred displeasures → JOIE, 1

I cannot be at York and London at the same time → CLOCHE, 3 • FOUR, 4

I escaped the thunder, and fell into the lightning → POÊLE, 4

I fear March in Janiveer, Janiveer in March → JANVIER, 6

I know best where the shoe wrings me → SOULIER, 2

I love my friends well, but myself better → VOISIN, 3

idle hands are the devil's workshop → OISIVETÉ, 2 • TÊTE, 15

idleness is the key of beggary → PARESSEUX, 2 • PAUVRETÉ, 4

idleness is the mother/root of all evil/vice → OISIVETÉ, 2

idleness must thank itself if it go barefoot → PARESSEUX, 2

if a man is a miser, he will certainly have a prodigal son → CHICHE, 2 • PÈRE, 2

if all cuckolds meet, you will hold the candle → COCU, 2

if all fools had baubles, we should want fuel → FOU, 14 • SOLEIL, 9

if all fools wore feathers, we should seem a flock of geese → FOU, 14 • SOLEIL, 9

if all fools wore white caps, we should seem a flock of geese → FOU, 14 • SOLEIL, 9 if all were equal, if all were rich, and if all were at table, who would lay the cloth? → ÂNE, 24

if an ass goes a-travelling, he'll not come home a horse → BÊTE, 4 • CHEVAL, 18

if anything can go wrong, it will → MALHEUREUX, 4 • PAIN, 12

if at first you don't succeed, try, try, try again → ALLER, 2 • POINT, 4

if Candlemas day be sunny and bright, winter will have another flight; if Candlemas day be cloudy with rain, winter is gone, and won't come again → CHANDELEUR, 1

if each would sweep before his own door, we should have a clean city/street → PORTE, 5

if folly were grief, every house would weep → FOU, 14

if ifs and ands were pots and pans, there'd be no work for tinkers' hands → MER, 5

if ifs and an's were pots and pans, there'd be no trade for tinkers → MER, 5

if in excess even nectar is poison → MULE, 4

if it freezes on St. Mathias' Day, it will freeze for a month together → SAINT, 5

if it rains when the sun is shining, the devil is beating his wife → DIABLE, 3

if it wasn't for meat and good drink, the women might gnaw the sheets → BOUCHE, 11 • FROID, 3

if it were not for clerks, we should live like beasts → CLERC, 3

if it were not for hope, the heart would break → ESPOIR, 1

if it were not for the belly, the back might wear gold → HABIT, 2 • MAISON, 8

if Jack's in love, he's no judge of Jill's beauty → AIMER, 7 • AMOURS, 4 • BEAU, 3

if Janiveer's calends be summerly gay, 'twill be winterly weather till the calends of May → JANVIER, 6

if my aunt had been a man, she'd have been my uncle → GRAND-MÈRE • TANTE

if my shirt knew my design, I'd burn it → CHEMISE, 2

if one sheep leap o'er the dyke, all the rest will follow → BREBIS, 13 • CHIEN, 56

if red the sun begins his race, expect that rain will flow apace → MATIN, 3

if St. John's Day be rainy weather, you will not have wine or bread → EAU, 8

if St. Paul be fair and clear, then betides a happy year → SAINT, 6

if St. Paul's Day be fair and clear, it will betide a happy year → SAINT, 6

if Summer has no rain, 'tis neither good for hay nor grain → PLUIE, 7

if the adder could hear, and the blind worm could see, neither man nor beast would ever go free → VIPÈRE

if the ball does not stick to the wall, it will at least leave a mark → CALOMNIER

if the beard were all, the goat might preach → BARBE, 8

if the blind lead the blind, both shall fall into the ditch → AVEUGLE, 6

if the cap fits, wear it → BONNET

if the cock crows on going to bed, he's sure to rise with a watery head → COQ, 4

if the devil find a man idle, he'll set him to work → TÊTE, 15

if the doctor cures, the sun sees it; but if he kills, the earth hides it → MÉDECIN, 7

if the end be well, all will be well → TOUT, 5

if the first of July, it be rainy weather, 'twill rain more or less four weeks together → JUILLET

if the fox be crafty, more crafty is he that catches him → RENARD, 10

if the hill will not come to Mahomet, Mahomet will go to the hill → MONTAGNE, 5

if the lion's skin cannot, the fox's shall → PEAU, 3

if the moon shows a silver shield, be not afraid to reap your field; but if she rises haloed round, soon we'll tread on deluged ground → LUNE, 2

if the mountain will not come to Mahomet, Mahomet must go to the mountain → MONTAGNE, 5

if the pills were pleasant, they would not want gilding → PILULE, 2

if the shoe fits, wear it → BONNET

if the sky falls we shall catch/have larks → CIEL, 7

if the sun goes pale to bed, 'twill rain tomorrow, it is said → CIEL, 4

if the sun in red should set, the next day surely will be wet; if the sun should set in grey, the next day will be a rainy day → CIEL, 4

if the twenty-fourth of August be fair and clear, then hope for a prosperous autumn that year → CIGOGNE

if things were to be done twice, all would be wise → SAGE, 7

if thou hast not a capon, feed on an onion → CHAPON, 1

if thou thyself canst do it, attend no other's help or hand → FAIRE, 5 • FEU, 2

if today will not, tomorrow may → DEMAIN, 2 • JOUR, 7

if wishes were butter-cakes, beggars might bite → SOUHAIT, 2

if wishes were horses, beggars would ride → SOUHAIT, 2

if wishes were truths, then beggars would eat birds → SOUHAIT, 2

if wishes would bide, beggars would ride → SOUHAIT, 2

if you beat spice it will smell the sweeter → SAFRAN

if you can kiss the mistress, never kiss the maid → DIEU, 19

if you can spend much, put the more to the fire → FEU, 3

if you cannot bite, never show your teeth → DENT, 6 • FLÈCHE

in jealousy, there is more self-love than love itself → JALOUSIE, 1

in June, July and August, forget women and wine → JUIN, 3

in love and in medicine nothing is impossible → MÉDECINE, 1

in love, seek your salve where you get your sore → BLESSURE

in love's wars, he who flies is conqueror → VAINQUEUR

in prosperity no altars smoke → NÉCESSITÉ, 1

in sleep all passes away → REPOS

in the best cloth the thread is rough → FUMÉE, 4

in the country of the blind, the one-eyed man is king → AVEUGLE, 3

in the eyes of the lover, pock-marks are dimples → AIMER, 7 • BEAU, 3

in the forehead and the eye, the lecture of the mind doth lie → SEMBLANT • VISAGE,1

in the house of a fiddler, all fiddle → MAISON, 5

in the kingdom of blind men, the one-eyed is king → AVEUGLE, 3

in the long run weight tells → FARDEAU, 1 • VOIE, 1

in the morning mountains, in the evening fountains → FONTAINE, 2

in the troubled water is the best fishing → EAU, 10

in the world who knows not to swim goes to the bottom → MONDE, 7

in things that must be, it is good to be resolute → FALLOIR, 2

in time of hardship you have to make the best of things → GUERRE, 1

in time of prosperity, friends are plenty; in time of adversity, not one amongst twenty → AMI, 21

in trust is treason → LARRON, 1 • TRAHIR

in vain he craves advice that will not follow it → CONSEIL, 4

in war neither eat nor plant mint → GUERRE, 3

in wine (there) is truth → VÉRITÉ, 5

ingratitude is the reward in the world → BIEN, 9

injuries are written in brass → BIENFAIT, 1

injuries don't use to be written on ice → BIENFAIT, 1

intimacy lessens fame → FAMILIARITÉ

into a shut mouth flies fly not → BOUCHE, 7 • CHIEN, 2

into the mouth of a bad dog, often falls a good bone → CHEVAL, 22 • CHIEN, 26, 52

iron not used soon rusts → ROUILLE

iron whets iron → COUTEAU, 3

iron with use goes bright → CLÉ, 2 • ROUILLE

it chances in an hour, that happens not in seven years → HEURE, 4

it early pricks that will be a thorn → ÉPINE, 1

it is a bad knife that cuts fingers and not wood → COUTEAU, 2

it is a blind goose that comes to the fox's sermon → BREBIS, 6

it is a foolish sheep that makes the wolf his confessor → BREBIS, 6

it is a good thing to eat your brown bread first → PAIN, 25

it is a great danger to play with fire → FEU, 4

it is a hard task to be poor and leal → PAUVRETÉ, 2

it is a hard winter when one wolf eats another → FAMINE

it is a sad burden to carry a dead man's child → FARDEAU, 2

it is a sad house where the hen crows louder than the cock → BARBE, 5 • FEMME, 44 • POULE, 2

it is a silly fish that is caught twice with the same bait → PIERRE, 7

it is a silly flock where the ewe bears the bell → POULE, 2

it is a silly goose that comes to the fox's sermon → BREBIS, 6

it is a wise child that knows its own father → ENFANT, 9

it is an easy thing to find a staff/stick to beat a dog → CHIEN, 50

it is an easy thing to find a stone to throw at a dog → CHIEN, 50

it is an ill bird that bewrays/fouls its own nest → OISEAU, 21

it is an ill wind that blows no man to good → VENT, 6

it is an ill wind that blows nobody good → VENT, 6

it is an ill-bred dog that will beat a bitch → FEMME, 27

it is as hard to please a knave as a knight → CHÈVRE, 5

it is better to be a coward for a minute than dead for the rest of your life → CORBILLARD

it is better to be a cuckold than a dead man → COCU, 1

it is better to be on the right side of the hedge → ARBRE, 7

it is better to suffer wrong than to do it → MAL, 10

it is better to sup with a cutty than want a spoon → NAPPE, 2

it is better to swallow the pill without biting it → PILULE, 1

it is better to take the bull by the horns → TAUREAU

it is better to travel hopefully than to arrive → PÂQUES, 2

it is comparison that makes men miserable → COMPARAISON, 2

it is dogged that does it → ENDUREUR

it is easier for a camel to go through the eye of a needle than for a rich man to enter into the kingdom of God → CHAMEAU, 1

it is easier said than done → FAIRE, 8

it is easier to descend than to ascend → DESCENDRE

it is easier to fall than to rise → DESCENDRE

it is easier to pull down than to build up → CRITIQUE • DESCENDRE

it is easy for a man in health to preach patience to the sick → SAIN

it is easy to be wise after the event → SAGE, 7

it is easy to bear the misfortunes of others →
CHAGRIN, 3 • MAL, 13

it is easy to criticize → CRITIQUE

it is easy to cry Yule at other men's cost → BIEN, 8 •
VIANDE, 5

it is easy to do what one's own self wills → CŒUR, 9 •
FAIRE, 13

it is easy to prophesy after the event → SAGE, 7

it is easy to rob an orchard when none keeps it →
GARDE, 1

it is good beating proud folks, for they'll not complain
→ GLORIEUX

it is good beef that costs nothing → TABLE, 1

it is good fishing in troubled waters → EAU, 10

it is good sheltering under an old hedge → CONSEIL, 3

it is good to be neither too high nor too low →
MÉDIOCRITÉ

it is good to follow the old fox → CHASSE, 2

it is good to have some friends both in heaven and
hell → CHANDELLE, 3 • COMPAGNON, 5

it is good walking with a horse in one's hand →
ESTOMAC, 5 • PIED, 3

it is hard halting before a cripple → BOITEUX, 1

it is hard to break a hog of an ill custom → CHAT, 19

it is hard to kick against the prick → AIGUILLON, 1

it is hard to laugh and cry both with a breath → FEU,
12

it is hard to make an old dog stoop → CHIEN, 59

it is hard to make an old mare leave flinging → CHIEN,
59

it is hard to please all parties → CHÈVRE, 5 • PÈRE, 5

it is hard to sit in Rome and strive against the pope →
ROME, 3

it is hard to teach an old dog tricks → CHIEN, 59

it is idle to swallow the cow and choke on the tail →
BŒUF, 7

it is ill fishing before the net → ÉTABLE

it is ill healing of an old sore → MAL, 1

it is ill jesting with edged tools → FROTTER (SE)

it is ill killing a crow with an empty sling → MÛRE

it is ill running your head against a stone wall →
CAILLOU • TÊTE, 3

it is ill sitting in Rome and striving against the pope
→ ROME, 3

it is ill speaking between a full man and a fasting →
PANSE, 4

it is ill striving against the stream → AIGUILLON, 1

it is merry in hall when beards wag all → FÊTE, 2

it is merry when friends meet → FÊTE, 2

it is misery enough to have once been happy → BIEN, 6

it is never too late/old to learn → ÂGE, 6

it is no more pity to see a woman weep, than to see a
goose go barefoot → HEURE, 1

it is no time to stoop when the head is off → OISEAU, 3

it is no use crying over spilt milk → LAIT, 2

it is no use drawing water in a sieve → FOLIE, 4

it is no use fetching water in a sieve → FOLIE, 4

it is no use flogging a dead horse → TÊTE, 1

it is no use preaching to a hungry man → SERMON

it is no use reading without understanding → LIRE

it is no use reckoning without one's host → HÔTE, 4

it is not every question that deserves an answer →
DEMANDE, 3

it is not for asses to like honey → MIEL, 3

it is not given to every man to go to Corinth →
CORINTHE

it is not good jesting with edged tools → FROTTER (SE)

it is not the beard that makes the philosopher →
BARBE, 6

it is not the burden, but the overburden, that kills the
beast → ÂNE, 9

it is not the gay coat that makes the gentleman →
CHEVALIER, 3 • GANT • HABIT, 5

it is not to be called a victory that puts not an end to
the war → VICTOIRE

it is not with saying 'Honey, honey', that sweetness
will come into the mouth → COLOMBE, 2

it is nothing when you are used to it, as the eels said
when they were being skinned alive → MAL, 3

it is only at the tree loaded with fruit, that people
throw stones → PIERRE, 4

it is only the dead who do not return → ²MORT, 5

it is only the first step that counts → PAS, 2

it is only the first step that is difficult → PAS, 2

it is safe cutting large shives of another's loaf →
TABLE, 1

it is safe riding in a good haven → ARBRE, 7

it is the bridle and spur that makes a good horse →
CHEVAL, 5

it is the intention/thought that counts → FAÇON •
INTENTION, 3

it is the unforeseen that always happens → IMPRÉVU, 1

it is too good to be true → BEAU, 2

it is too late to grieve when the chance is past →
LAIT, 2

it is too late to shut the stable-door after the horse
has bolted → ÉCURIE, 1

it is too late to shut the stable-door when the steed is
stolen → ÉCURIE, 1

it is too late to spare when all is spent → ÉPARGNER, 1

it is too late to spare when the bottom is bare →
ÉPARGNER, 1

it is very hard to shave an egg → DIABLE, 14

it never rains but it pours → MALHEUR, 12

it takes all sorts to make a world → MONDE, 4

it takes two to make a quarrel → QUERELLER (SE)

it will all come right in the wash → CHANSON

it will be all the same a hundred years hence → RACE

it's a double pleasure to trick the trickster → PLAISIR, 1

it's a small world! → MONDE, 6

it's all over, queen Anne is dead! → PANIER, 1

it's always the same people who lead the dance →
BAL, 1

it's good swimming in large waters → EAU, 6 • VIVIER

it's good to go on foot, when a man has a horse in his hand → PIED, 3

it's good to have many/two strings to one's bow → ATOUT • CORDE, 3

it's ill spitting into his own soup → SOUPE, 2

it's ill waiting for dead men's shoes → SOULIER, 3

it's kindly that the poke savour of the herring → CAQUE • MORTIER, 3

it's like Satan reproving sin → MORVEUX, 1

it's no use throwing pearls before swine → PERLE

it's no use wishing when the thing is done → FAIT, 1

it's not the cowl that makes the friar/monk → HABIT, 5

it's sometimes good to hold a candle to the devil → CHANDELLE, 3

it's the early bird that catches the worm → HEURE, 3

it's the silent sow that sucks the wash → BREBIS, 3, 5

Jack of all trades and master of none → PROPRE, 2

Jack of all trades is of no trade → PROPRE, 2

jackdaw always perches by jackdaw → RESSEMBLER (SE)

January commits the fault, and May bears the blame → JANVIER, 2

jealousy is cruel as the grave → JALOUSIE, 2

Joan is as good as my lady in the dark → AMOURETTE, 1 • BUREAU

Jove laughs at lovers' perjuries → AMANT

judge not, that ye be not judged → JUGER, 2

Jupiter laughs at lovers' perjuries → AMANT

justice pleases few in their own house → JUSTICE, 4

keep a thing seven years and you will find a use for it → PIED, 1 • TEMPS, 9

keep always an ace up your sleeve → ATOUT

keep good men company, and you shall be of the number → HANTER

keep not ill men company, lest you increase the number → FEU, 14

keep something for him that rides on the white horse → JEUNESSE, 6

keep something for the sore foot → FEU, 3 • POIRE, 2

keep the common road, and you are safe → VOIE, 3

keep your eyes open: a sale is a sale → ŒIL, 21

keep your feet dry, and your head hot; and for the rest live like a beast → PIED, 11

keep your mouth shut and you will swallow no flies → BOUCHE, 7

keep your mouth shut and your ears open → ÉCOUTER

kill not the goose that lays the golden eggs → TUER, 1

kindle not a fire that you cannot extinguish → DENT, 6 • FLÈCHE

kindness is lost that's bestowed on children → TEMPS, 4

kingdoms divided soon fall → UNION

kings have long arms/hands → ROI, 9

kitchen physic is the best physic → MOULIN, 3

knotty timber must have sharp wedges → BOIS, 1

knotty timber requires sharp wedges → BOIS, 1

know thyself → CONNAÎTRE

knowledge is folly, except grace guide it → SCIENCE, 1

knowledge is power → SAVOIR

knowledge without practice makes but half an artist → APPRENTI

labour overcomes all things → TRAVAIL, 6

lads will be men → POISSON, 7

last come, best served → DERNIER, 2 • PREMIER, 2

late-comers are shent → DERNIER, 1 • OS, 2

late-comers can help themselves to whatever is left over glued to the bones → DERNIER, 1 • OS, 2

laugh and grow fat → TRISTESSE

laugh before breakfast, you'll cry before supper → [1]RIRE, 1

laughter is the best medicine → TRISTESSE

laughter is the hiccup of a fool → [2]RIRE

law is a lickpenny → ACCOMMODEMENT

law makers should not be law breakers → LOI, 2

laws catch flies but let hornets go free → LOI, 3

lawyers' gowns are lined with the wilfulness of their clients → MAISON, 11

lawyers' houses are built on the heads of fools → MAISON, 11

lay up for a rainy day → FEU, 3 • POIRE, 2

lay things by, they may come to use → PIED, 1

lay your wame to your winning → BOURSE, 8 • PIED, 4

laziness spells ruin to the farmer → FOURMI, 1 • LABOUREUR • MATINÉE, 1

lazy youth makes lousy age → JEUNESSE, 6

lead a pig to the Rhine, it remains a pig → BÊTE, 4

lean liberty is better than fat slavery → OISEAU, 7 • ROSSIGNOL, 1

learning is better than house and land → SAGESSE, 3

learning without conscience is a dangerous thing → SCIENCE, 5

least said, soonest mended → FOU, 10

leave family jars severely alone → ARBRE, 5

leave not more to do when you die than you have done → CHANDELLE, 6

leave off while the play is good → BOIRE, 1

leave something for the next corner → POIRE, 2

leave well enough alone → MIEUX, 2

lend, and lose the loan, or gain an enemy → AMI, 1 • ARGENT, 7

lend your money and lose your friend → AMI, 1 • ARGENT, 7

let alone makes many a loon → ABANDON

let bygones be bygones → [2]MORT, 2

let every man be content with his own kevel → LOT

let every pedlar carry his own burden → MONDE, 11

let him not be taken in his own net → TRAPPE

let him not budge that finds himself well seated → BOUGER (SE)

loud talking, little doing → DISEUR, 2 • VENT, 3

love and a cough/light cannot be hid → AMOUR, 8

love and lordship like no fellowship → AMOUR, 6

love covers many infirmities → FAUTE, 4

love does much, money does everything/more → AMOUR, 9

love is a bitter-sweet → AMOUR, 10

love is a sweet torment → AMOUR, 10

love is as strong as death → AMOUR, 18

love is blind → AMOUR, 14

love is eternal as it lasts → AMOUR, 17

love is full of troubles → AIMER, 2

love is like the measles; we all have to go through it → AMOUR, 16

love is never without jealousy → AMOUR, 11

love is not to be treated lightly → AMOUR, 25

love is sweet in the beginning but sour in the ending → AMOUR, 28 • AMOURS, 1

love is the true price/reward of love → AMOUR, 24

love lasts as long as money endures → AMOUR, 20 • AVARICE, 3 • FAIM, 8 • PAUVRETÉ, 7

love lives in cottages as well as in courts → BUREAU

love makes a wit of the fool → AMOUR, 3

love makes all hard hearts gentle → AMOUR, 3

love me, love my dog → CHIEN, 42

love me or leave me! → AIMER, 6

love sees no faults → AIMER, 7 • BEAU, 3

love should be taken seriously → AMOUR, 25

love whiles away time, time wastes away love → AMOUR, 22

love won't make the pot boil → AMOUR, 23

love works miracles → AMOUR, 3

love your friend, but look to yourself → VOISIN, 3

love your neighbour, yet pull not down your hedge → VOISIN, 1

lovers are madmen → AMOURS, 3

lover's head is always in the clouds → CŒUR, 6

lovers' perjuries do not reach heaven → SERMENT

lovers' quarrels are the renewal of love → QUERELLE, 2

lovers' tiffs are harmless → QUERELLE, 2

lucky at cards, unlucky in love → JEU, 4

Lucy light, Lucy light, the shortest day and the longest night → SAINT, 7

lying rides upon debt's back → MENSONGE, 2

mackerel sky and painted woman are never to be trusted → CIEL, 3

make ado and have ado → HARGNE • MAL, 15

make haste slowly → HÂTER (SE), 1

make hay while the sun shines → FER, 1 • MOULIN, 2 • POULE, 8

make not even the devil blacker than he is → DIABLE, 8

make not your sauce till you have caught your fish → VIANDE, 1

make short the miles with talk and smiles → COMPAGNON, 3

make yourself all honey, and the flies will devour you → BÊTE, 5 • MIEL, 1

man cannot/(does not) live by bread alone → HOMME, 23

man does what he can, and God what He will → HOMME, 24

man is a wolf to man → LOUP, 11

man is no more than a reed, the weakest in nature(, but a thinking reed) → ROSEAU

man is the fire, woman the tow, and the devil comes and fans the flame → ÉTOUPE • HOMME, 18

man is the measure of all things → HOMME, 17

man of wit, bad character → DISEUR, 1

man proposes, God disposes → HOMME, 24

man shall not live by bread alone → HOMME, 23

man-like is to fall into sin → ERREUR, 2

many a good cow has a bad/(an evil) calf → ŒUF, 2

many a heart is caught in the rebound → UN, 4

many a little/pickle makes a mickle → GOUTTE, 6 • GRAIN, 5

many a one for land takes a fool by the hand → TERRE, 4

many a true word is spoken in jest → VÉRITÉ, 9

many are called, but few are chosen → BEAUCOUP

many are the thyrsus-bearers, but the bacchants are few → THYRSE

many drops make a flood/shower → DENIER, 1 • GOUTTE, 6 • RUISSEAU, 2

many go out for wool, and come home shorn → CHÈVRE, 3 • GUILLAUME • LAINE, 2 • PRENDRE, 2

many hands make light/quick work → MAIN, 1

many have been ruined by buying good pennyworths → CHICHE, 1

many heads are better than one → DISCUSSION, 1

many irons in the fire, part/some must cool → EMBRASSER

many kinsfolk and few friends → COMPÈRE • PARENT, 2

many kiss the child for the nurse's sake → AMOUR, 26 • FILLE, 19 • VACHE, 4

many kiss the hand they wish cut off → MAIN, 14

many men, many minds/opinions → TÊTE, 4

many old camels carry the skins of the young ones to the market → MARCHÉ, 2

many things fall between the cup and the lip → COUPE, 2 • MAIN, 2

many times wisdom lies under a threadbare coat → SAGESSE, 5

many wits are better than one → DISCUSSION, 1

many words hurt more than swords → LANGUE, 11

many words will not fill a bushel → PAROLE, 5

many words will not fill the firlot → PAROLE, 5

March comes in like a lion and goes out like a lamb → MARS, 5

March comes in with adder heads, and goes out with peacock tails → MARS, 5

much babbling is not without offence → PARLER, 5

much bruit, little fruit → BRUIT, 2

much coin, much care → BIEN, 17 • POT, 10

much cry and little wool → BRUIT, 2 • DISEUR, 2 • RUMEUR • VENT, 5

much learning makes men mad → LAME

much matter of a wooden platter → BRUIT, 2

much shall have more → RIVIÈRE, 2 • SOU, 4

much smoke, little fire → BRUIT, 2

much water has run under the bridge since then → EAU, 4

much water will have flow under the bridge → EAU, 4

much would have more → AVOIR, 2

my next neighbour's scathe is my present peril → MAISON, 16

my word is my bond → COMPAGNON, 1 • MARCHAND, 1

name not a rope in his house that hanged himself → CORDE, 6

name not a rope where one has hanged himself → CORDE, 6

narrow gathered, widely spent → CHICHE, 2

nature abhors a vacuum → NATURE, 1

nature belongs to everyone → RUE

nature does nothing in vain → NATURE, 3

nature hates all sudden changes → NATURE, 4

nature is content with a little → NATURE, 6

nature is the true law → NATURE, 8

nature passes/surpasses nurture → NATURE, 5

near is my coat but nearer is my shirt → CHEMISE, 1

near is my kirtle but nearer is my smock → CHEMISE, 1

near is my petticoat but nearer is my smock → CHEMISE, 1

near is my shirt but nearer is my skin → CHEMISE, 1

necessity breaks iron → BESOIN, 4

necessity has no law → NÉCESSITÉ, 7

necessity is the mother of invention → NÉCESSITÉ, 3

necessity knows no law → BESOGNEUX • NÉCESSITÉ, 7

need has no law → BESOGNEUX • NÉCESSITÉ, 7

need makes the naked man run (and sorrow makes websters spin) → BESOIN, 1

need makes the old wife trot → BESOIN, 1

need makes virtue → NÉCESSITÉ, 1

need will have its course → NÉCESSITÉ, 5

needles and pins, needles and pins: when a man marries his trouble begins → FEMME, 49

needs must → FALLOIR, 1

needs must (when the devil drives) → NÉCESSITÉ, 5

ne'er cast a clout till May be out → AVRIL, 6

neither a borrower nor a lender be → AMI, 1

neither too much, nor too little → TROP, 1

never a prophet was valued in his native country → PROPHÈTE, 2

never bite, unless you make your teeth meet → DENT, 6 • FLÈCHE

never choose your women or your linen by candle-light → FEMME, 28

never did a man of worth dislike good wine → HOMME, 16

never do things by halves → MOITIÉ, 2

never go to a wedding without being invited → NOCE, 2

never grieve for what you cannot help → LAIT, 2

never had ill workmen good tools → OUVRIER, 2

never judge from appearances → APPARENCE, 2

never look a gift horse in the mouth → CHEVAL, 3

never put off till tomorrow what may be done today → DEMAIN, 3 • LENDEMAIN, 2

never put off till tomorrow what you can do today → DEMAIN, 3 • LENDEMAIN, 2

never put the kite to watch your chickens → BREBIS, 8

never say die → MANCHE

never say never → FONTAINE, 3 • JURER

never talk of rope in the house of a man who has been hanged → CORDE, 6

never tell your enemy that your foot aches → ESCLAVE, 2

never throw up the sponge → MANCHE

never trifle with love → AMOUR, 25

never trouble trouble till trouble troubles you → CHIEN, 20

never was cat or dog drowned, that could but see the shore → ESPOIR, 2 • VIE, 7

new law, new fraud → LOI, 4

new lords, new laws → ROI, 12

new meat begets a new appetite → CHANGEMENT, 2 • RAGOÛT

new things are fair → NOUVEAU

night is the mother of counsel → JOUR, 18 • NUIT, 3

no alchemy to saving → ÉCONOMIE

no art can make a fool wise → FOU, 19

no autumn fruit without spring blossoms → EFFET

no bees, no honey; no work, no money → PAIN, 14 • TRAVAILLER, 2

no big fish from little streams → RIVIÈRE, 1

no chain is stronger than its weakest link → FIL, 1

no coming to heaven with dry eyes → BIEN, 15 • CROIX, 3

no cross, no crown → BIEN, 15 • RIEN, 1

no day passes without evening → JOUR, 13

no day passes without some grief → JOUR, 13

no day so clear but has dark clouds → JOUR, 13 • PLAISIR, 5

no devil so bad as a she-devil → MALHEUR, 8 • MALICE, 2

no eye like the eye of the master → ŒIL, 10

no feast to a churl's/miser's → BANQUET, 2 • CHÈRE, 6

no fine cloth can hide the clown → HABIT, 5

no fire, no smoke → FUMÉE, 2

no fishing to fishing in the sea → EAU, 6 • VIVIER

no flowery road leads to glory → CHEMIN, 2

no flying from fate → ÊTRE, 1

no flying without wings → MÛRE • OISEAU, 11

no folly to being in love → AMOURS, 3

no fool like an old fool → VIEUX, 3

no fool to the old fool → VIEUX, 3

no friendship lives long that owes its rise to the pot → AMI, 3

no gain(s) without pain(s) → BIEN, 15 • PAIN, 14 • RIEN, 1 • VIANDE, 3

no garden without its weeds → BLÉ, 2 • ROSE, 2 • VIN, 6

no gold without his dross → OR, 4

no good apple on a sour stock → FEU, 14

no good building without a good foundation → FONDEMENT

no great loss but some small profit → MALHEUR, 1

no hair so small but has his shadow → BUISSON, 2 • POIL, 5

no halting before a cripple → CORDE, 6

no haste but good speed → HÂTER (SE), 1

no herb will cure love → CŒUR, 4

no joy emanates from a lonely man → HOMME, 25

no joy without alloy/annoy → BONHEUR, 2 • JOIE, 5 • PLAISIR, 5

no knave to the learned knave → GUILLAUME

no land without stones, no meat without bones → VIANDE, 3

no like is the same → DOIGT, 2 • JOUR, 12

no lock will hold against the power of gold → ARGENT, 22

no love is foul, nor prison fair → PRISON

no love like the first love → AMOURS, 6

no lunch like a clerk's, no dinner like a physician's and no supper like a lord's → DÉJEUNER, 2

no man can be wise on an empty stomach → VENTRE, 5

no man can do two things at once → FEU, 12

no man can flay a stone → HUILE, 3

no man can serve two masters → MAÎTRE, 6

no man can sup and blow together → FEU, 12

no man ever became thoroughly bad all at once → VERTU, 1

no man is a hero to his valet → FAMILIARITÉ

no man is a prophet in his own country → PROPHÈTE, 2

no man is born wise → NUL, 1

no man is content with his lot → FORTUNE, 3

no man is his craft's master the first day → NUL, 1

no man is infallible → ERREUR, 2

no man is wise at all times → SAGE, 1

no man knows when he shall die, although he knows he must die → MONDE, 2, [1]MORT, 10

no man ought to be judge in his own cause → JUGE, 3

no mill, no meal → CHIEN, 2 • MEULE, 2 • TRAVAILLER, 2

no mirror like an old friend → MIROIR

no mischief but a woman or a priest is at the bottom of it → FEMME, 46

no money, no candy → ARGENT, 25 • DENIER, 2 • PIGEON, 3

no money, no Swiss → ARGENT, 25

no mountain without valley → MONTAGNE, 1

no naked man is sought after to be rifled → FILLE, 10 • HOMME, 26

no news is good news → NOUVELLE, 3

no one but the wearer knows where the shoe pinches → BÂT • SOULIER, 2

no one is a born master → NUL, 1

no one is bound to do impossibilities → BOUCHE, 10 • FILLE, 10 • IMPOSSIBLE, 1

no one is obliged to do impossibilities → IMPOSSIBLE, 1

no pain, no cure → BOUCHE, 4

no pains, no gains → MIEL, 5

no pay, no piper → ARGENT, 25 • DENIER, 2

no penny, no paternoster/placebo → ARGENT, 25

no playing with a straw before an old cat → VIEILLE

no pleasure without pain → BIEN, 15 • MIEL, 5 • PLAISIR, 5

no proud like a proud fool → ORGUEIL, 2

no receiver, no thief → RECELEUR, 2

no remedy but patience → PATIENCE, 3

no rose without a thorn → MIEL, 5 • ROSE, 2 • VIN, 6

no rule is so general, which admits not some exception → EXCEPTION • RÈGLE, 1

no safe wading in an unknown water → FOSSÉ, 1 • VOIE, 3

no silver, no servant → ARGENT, 25 • DENIER, 2

no silver without its dross → DAME, 2 • OR, 4

no simile runs on all fours → DIFFÉRENCE

no smoke without some fire → FUMÉE, 2

no sooner said than done → AUSSITÔT

no sweet without sweat → TRAVAIL, 2

no time like the present → [2]MORT, 2

no ugly woman from the waist downwards → DAME, 4

no viper so little, but has its venom → CHAT, 11 • FOURMI, 2

no war without a woman → COQ, 2

no wealth without misery → HAILLON

no work without pay → PEINE, 7

no wrong without a remedy → REMÈDE, 3

noblesse oblige → NOBLESSE, 1

nobody is perfect → LARRON, 5 • PARFAIT

nobody is so apt to go without shoes as the shoemaker's wife → CORDONNIER, 2

none can beg breeches of a bare-arsed man → HOMME, 26

none can guess the jewel by the cabinet/casket → FLACON • SAC, 7

none is satisfied with his fortune → FORTUNE, 3

none is willing to bell the cat → SONNETTE

none knows the weight of another's burden → ÂNE, 15

none knows what will be → MORDRE

none knows where the shoe wrings so well, as he that wears it → SOULIER, 2

none more bare than the shoemaker's wife and the smith's mare → CORDONNIER, 2

none so blind as those who won't see → AVEUGLE, 4

none so deaf as those who will not hear → SOURD

none so old that he hopes not for a year of life → VIEUX, 1

none worse shod than the shoemaker's wife and the smith's mare → CORDONNIER, 2

no-one is a prophet in his own land → PROPHÈTE, 2

northern wind brings weather fair → VENT, 19

not even Hercules could contend against two → ADVERSAIRE

not every apple that is fair at eye is good → POMME, 6

not God above gets all men's love → PÈRE, 5

nothing begins, and nothing ends → RIEN, 5

nothing can be created out of nothing → RIEN, 2

nothing comes from nothing → RIEN, 2

nothing comes out of a close hand → CŒUR, 5

nothing comes (out) of nothing → RIEN, 2

nothing costs so much as what is given us → CHER, 2

nothing dries so fast as tears → LARME

nothing dries sooner than tears → LARME

nothing for nothing (and very little for a halfpenny) → RIEN, 2

nothing gives offence like the truth → VÉRITÉ, 2

nothing grows old more quickly than a kindness → BIENFAIT, 2

nothing hurts like the truth → VÉRITÉ, 2

nothing is certain but death and (the) taxes → MONDE, 2

nothing is certain but the unexpected/unforeseen → IMPRÉVU, 1

nothing is given so freely as advice → CONSEIL, 8

nothing is impossible to a willing heart → CŒUR, 1

nothing is impossible to God → DIEU, 1

nothing is so certain as death → MONDE, 2

nothing is stolen without hands → MAIN, 5

nothing new under the sun → SOLEIL, 2

nothing seek, nothing find → CHERCHER, 1

nothing should be done in haste but gripping a flea → HÂTER (SE), 2

nothing so bad as not to be good for something → BIEN, 1 • TEMPS, 9

nothing so necessary for travellers as languages → LANGUE, 10

nothing stake, nothing draw → RISQUER

nothing succeeds like success → SUCCÈS

nothing that is violent is permanent → VIOLENT

nothing tickles that pinches not → RIEN, 4

nothing turns sourer than milk → FOURMI, 2 • LAIT, 4

nothing venture, nothing have/win → COQUIN • RISQUER

nothing ventured, nothing gained → COQUIN • RISQUER

nothing worse than a familiar enemy → ENNEMI, 3 • TRAHIR

nought lay down, nought take up → RISQUER

nought venture, nought have → RISQUER

nought's impossible, as t'auld woman said when they told her cauf had swallowed grindlestone → NID, 1

nourish a snake in your bosom, and it will sting your heart → CORBEAU, 2

now is now, and then was then → ÊTRE, 3

nurture is above nature → NOURRITURE

oaks may fall when reeds stand the storm → PLIER

of a beautiful grape, not always a good wine → RAISIN

of a small spark, a great fire → ÉTINCELLE • NÉGLIGENCE

of a thorn springs not a fig/grape → PIN

of an evil crow, an evil egg → CORBEAU, 1

of evil grain, no good seed can come → GRAIN, 3

of honey and gall in love there is store → AIMER, 2 • AMOUR, 10

of little meddling comes great rest → FAUX

of money, wisdom, and good faith, there is commonly less than men count upon → ARGENT, 8 • RICHESSE, 2

of money, wit, and virtue, believe one-fourth of what you hear → ARGENT, 8 • RICHESSE, 2

of one ill come many → MALHEUR, 12

of saving, comes gaining/having → ÉCONOMIE

of soup and love, the first is the best → SOUPE, 1

of the dead be nothing said but what is good → ^{2}MORT, 8

of two disputants, the warmer is generally in the wrong → INJURE, 3

of two evils, choose the less → MAL, 7

of wine the middle, of oil the top, and of honey the bottom, is the best → VIN, 20

of young men die many, of old men scape not any → JEUNE, 2

oft rape rueth → HÂTER (SE), 2

oft times beauty is hidden under filthy → CRASSE

oft times for sparing of a little cost a man has lost the large coat for the hood → CHAT, 23 • CHICHE, 1

oft times one day is better than sometimes a whole year → FAIRE, 12 • HEURE, 7

oft times under a ragged/threadbare coat lies wisdom → NOYAU, 1 • SAGESSE, 5

often a full dexterous smith forges a very weak knife → ARBRE, 4

often times excusing a fault does make the fault the worse by the excuse → EXCUSER (S')

old age doesn't protect from folly → TEMPS, 12

old age is a hospital that takes in all diseases → VIEILLESSE, 1

old age is sickness of itself → VIEILLESSE, 1

old age, though despised, is coveted by all → VIEUX, 1

old and cold, ill to lie beside → LUNETTES, 1 • NEIGE, 3

one man goes and another steps in → CLOU, 2 • UN, 4
one man goes and another takes his place → CLOU, 2 • UN, 4
one man may lead an ass to the pond's brink but twenty men cannot may him drink → ÂNE, 17
one man's breath, another man's death → MOURIR, 1
one man's company is no company → COMPAGNIE, 2
one man's death, another man's breath → MOURIR, 1
one man's loss is another man's gain → BONHEUR, 1 • MALHEUR, 6 • NUL, 2
one man's meat is another man's poison → BONHEUR, 1 • MALHEUR, 6 • NUL, 2
one man's misfortune is another man's happiness → MALHEUR, 6 • NUL, 2
one may go a long way after one is weary → LOIN
one may mend a torn friendship but it soon falls in tatters → AMITIÉ, 4
one misfortune comes on the back/neck of another → MALHEUR, 12
one mouth does nothing without another → ÉCOUTANT
one mule does scrub another → ÂNE, 29
one must draw back in order to leap better → RECULER
one must draw the line somewhere → PATIENCE, 1
one must howl with the wolves → LOUP, 3
one must not mention hemp in the house of one who has been hanged → CORDE, 6
one nail drives out another → CLOU, 2 • UN, 4
one never loses anything by civility/politeness → BOUCHE, 5 • LANGUE, 1
one only dies once – but one is dead so long → ²MORT, 9
one pair of ears draws dry a hundred tongues → ÉCOUTANT
one pirate gets nothing of another but his cask → CORSAIRE, 2
one pleasure may cost a thousand pains → PLAISIR, 6
one potter envies another → POTIER, 2
one ripe between two green → VERT, 1
one scabbed sheep infects a whole flock → BREBIS, 9
one scabbed sheep will mar a whole flock → BREBIS, 9
one serious eyewitness is of more value than many written letters → TÉMOIN, 2
one sheep follows another → BREBIS, 13 • CHIEN, 56
one shoe will not fit all feet → SOULIER, 9
one should be a little too good to be good enough → MONDE, 1
one should hear both sides of a question → CLOCHE, 4
one should never allow oneself to be influenced by anger → COURROUX, 3
one should not be more royalist than the king → ROI, 4
one should not reckon with a dead man's boots to hit the road → SOULIER, 3
one should separate the grain/wheat from the chaff → GRAIN, 6
one slumber invites another → BÂILLEUR

one sows and another reaps → SEMER, 5
one sows, another mows → SEMER, 5
one swallow does not make a summer → HIRONDELLE
one sword keeps another in the scabbard/sheath → ÉPÉE, 4
one thief will not rob another → CORBEAU, 4 • LOUP, 10
one thing at a time, and that done well, it is a very good thing, as many can tell → EMBRASSER
one thing comes on the neck of another → DEUX, 2
one thing thinks the bear, and another he that leads him → ÂNE, 4
one thing thinks the horse, and another he that saddles him → ÂNE, 4
one today is worth two tomorrows → LENDEMAIN, 2
one unjust penny eats ten → FARINE, 2
one woodcock does not make a winter → HIRONDELLE
only the eagle can gaze at the sun → AIGLE, 3
opportunity makes the thief → LARRON, 5 • OCCASION, 3
opportunity never knocks twice at any man's door → FAIRE, 16 • OCCASION, 2
opportunity seldom knocks twice → OCCASION, 2
other days, other ways → TEMPS, 1
other times, other customs/manners/ways → TEMPS, 1
our children always smell good → CRAPAUD, 2 • ENFANT, 10
our last garment is made without pockets → LINCEUL
our lives are but our marches to the grave → MOURIR, 2
our neighbour's cow yields more milk than ours → CHEVAL, 20 • VACHE, 12
our neighbour's ground yields better corn than ours → CHEVAL, 20 • MOISSON, 2 • VACHE, 12
our own opinion is never wrong → LUNETTES, 2
out of debt, out of danger → PAYEUR
out of sight, out of mind → ŒIL, 12
out of the abundance of the heart the mouth speaks → ABONDANCE, 5
out of the frying-pan into the fire → POÊLE, 4
out of the mouths of babes and sucklings comes forth truth → VÉRITÉ, 8

pain is forgotten where gain follows → ESPOIR, 1
pale moon does rain, red moon does blow: white moon does neither rain nor snow → LUNE, 2
paper does not blush → PAPIER, 1
paper endures all → PAPIER, 1
pardon makes offenders → PARDON, 1
pardoning the bad is injuring the good → MÉCHANT, 3
parents' love is stronger than their children's love → AMOUR, 13
Paris is well worth a mass → PARIS, 4
parting is such sweet sorrow → PARTIR
past cannot be recalled → PASSER, 1

put not fire to flax → ÉTOUPE • HOMME, 18
put not new wine into old bottles → VIN, 12
put not the bucket too often in the well → CRUCHE
put not the cart before the horse → CHARRUE
put not thy hand between the bark and the tree →
    ARBRE, 5
put out your tubs when it is raining → FER, 1 •
    POIRE, 2
put that in your pipe and smoke it → ENTENDEUR, 2
put two pennies in a purse and they will draw
    together → ARGENT, 16 • PIERRE, 3
put your hand no further than your sleeve will reach
    → BOURSE, 8 • BRAS, 3 • OURDIR
put your trust in God, but keep your powder dry →
    DIEU, 9

quarrelling dogs come halting home → CHIEN, 14
quarrelsome curs have dirty coats → CHIEN, 14
quarrelsome dogs get dirty coats → CHIEN, 14
queen Anne is dead! → PANIER, 1
quick believers need broad shoulders → CROIRE, 1
quick tongue, slow hand → LANGUE, 9

raise no more devils than you can lay → DENT, 6 •
    FLÈCHE
raise no more spirits than you can conjure down →
    FLÈCHE
rank has its obligations → NOBLESSE, 1
rather be the first in this town, than the second at
    Rome → PREMIER, 3
rather suffer than die is man's motto → SOUFFRIR
rats desert a falling house → RAT, 2
rats desert a sinking ship → RAT, 2
rats forsake/leave a falling house → RAT, 2
raw pulleyn, veal, and fish, make the churchyards fat
    → VEAU, 4
raw veal and pullets make the churchyard full of
    graves → VEAU, 4
ready money is a ready medicine → ARGENT, 4
ready money will away → ÉCU, 1
rear crows and they will pick out your eyes →
    CORBEAU, 2
reason binds the man → RAISON, 3
reason lies between the spur and the bridle →
    VERTU, 3
reason rules all things → RAISON, 3
red clouds in the east, rain the next day → MATINÉE, 2
reek aye down again however high it flees → TISON
religion is in the heart, not in the knee → SAINT, 28
rely on yourself → SEUL, 2
remove an old tree and it will wither to death →
    ROSIER
render unto Caesar the things which be Caesar's (and
    unto God the things which be God's) → CÉSAR
respect is greater from a distance → FAMILIARITÉ
rest on your laurels → BRUIT, 6

revenge is a dish that can/should be eaten cold →
    VENGEANCE, 3
revenge is a morsel for God → VENGEANCE, 2
revenge is sweet → VENGEANCE, 2
revenge of a hundred years still has its sucking teeth
    → VENGEANCE, 3
revenge, the longer it is delayed, the crueller it grows
    → VENGEANCE, 3
rich folk have many friends → RICHE, 1
rich man's luxury makes work for the poor → ROI, 11
rich men may have what they will → BOURSE, 4
riches alone make no man happy → PLAIE, 3
riches bring care and fears → BIEN, 17 • POT, 10
riches bring oft harm, and ever fear → BIEN, 17 • POT,
    10
riches have wings → ARGENT, 11
riches lead to lawsuit → TERRE, 7
riches rather enlarge than satisfy appetites → GALON
roll my log and I'll roll yours → RHUBARBE
Rome was not built in a day → ROME, 5 • ZAMORA
rough play often ends to tears → JEU, 5
royet lads make sober men → DIABLE, 17
rub a galled horse on the gall and he will wince →
    TEIGNEUX
rub a scabbed horse on the back and he will wince →
    TEIGNEUX
rust eats up iron → ROUILLE

sadness and gladness succeed each other → AISE,1 •
    PLAISIR, 4, ¹RIRE, 2
safe bind, safe find → PRUDENCE
safety is born of caution → MÉFIANCE • PRUDENCE
safety lies in the middle course → VERTU, 3
sailors have a port in every storm → BARQUE
St. Andrew the King, lay candlestick by → SAINT, 2
saint cannot what God will not do → DIEU, 28 •
    SAINT, 25
St. Mathias breaks the ice; if he finds none, he will
    make it → SAINT, 5
salmon and sermon have their season in Lent →
    SAUMON
salty salad, little vinegar and well oiled → SALADE
satiety begets disgust → SATIÉTÉ
save a thief from the gallows and he will cut your
    throat → PENDARD
save a thief from the gallows and he will never love
    you → PENDARD
save something for the man that rides on the white
    horse → JEUNESSE, 6
saying and doing are two things → DIT • FAIRE, 8
saying is one thing, and doing another → DIT • FAIRE,
    8
scabbed horse cannot abide the comb → TEIGNEUX
scabby heads love not the comb → TEIGNEUX
scald not your lips in another man's pottage → NEZ, 4
science has no enemy but the ignorant → SCIENCE, 3
score twice before you cut once → LANGUE, 3

so much are you worth as you have money ➔ POSSÉDER

so much is a man worth as he esteems himself ➔ HOMME, 3

soft and fair goes far ➔ PAS, 3

soft pace goes far ➔ HÂTER (SE), 1 • PAS, 3

soft rain stills high wind ➔ PLUIE, 4

soldiers fight, and kings are heroes ➔ SOLDAT, 2

some truths are better left unsaid ➔ VÉRITÉ, 12

something is better than nothing ➔ PAIN, 8

something must be left to chance ➔ HASARD, 2

soon gotten, soon spent ➔ DIABLE, 2

soon ripe, soon rotten ➔ FRUIT, 3 • JANVIER, 1 • LENDEMAIN, 1

sooner fall than rise ➔ DESCENDRE

sooner named, sooner come ➔ LOUP, 15

sooner or later, in April there will be Easter ➔ AVRIL, 7

sooner said than done ➔ FAIRE, 8

sore upon sore is not a salve ➔ MAL, 18

sorrow is always dry ➔ DEUIL, 1

sorrow treads upon the heels of mirth ➔ ¹RIRE, 2

sorrow will pay no debt ➔ CHAGRIN, 2 • TRISTESSE

sorrows remembered sweeten present joy ➔ GRIEF

sound travelling far and wide, a stormy day will betide ➔ TONNER, 1

sow nothing in the wane of the moon ➔ LUNE, 5

sow the wind and reap the whirlwind ➔ VENT, 12

spare at the spigot, and let out at the bung-hole ➔ CHICHE, 1

spare the rod and spoil the child ➔ AIMER, 5

spare well and have to spend ➔ POIRE, 2

sparing is a great revenue ➔ ÉCONOMIE • GAIN, 2 • RÈGLE, 3

sparing is the first gaining ➔ ÉCONOMIE • GAIN, 2 • RÈGLE, 3

speak and speed, ask and have ➔ DEMANDER, 2 • PRIER, 2

speak fitly, or be silent wisely ➔ PARLER, 1 • TAIRE (SE), 1

speak of the wolf and you will see his tail ➔ LOUP, 15

speak well of the dead ➔ ²MORT, 8

speech is silver, silence is gold ➔ PARLER, 1 • PAROLE, 4

speech is silvern, silence is golden ➔ PARLER, 1 • PAROLE, 4

spend as you get ➔ FANTAISIE

spice is black and has a good smack ➔ POIVRE

spiders in the morning, annoy; spiders at night, joy ➔ ARAIGNÉE

spread the table, and contention will cease ➔ AMOUR, 20 • QUERELLE, 3

standing pools gather filth ➔ EAU, 3

step after step the ladder is ascended ➔ PAS, 3

sticks and stones may break my bones, but words will never hurt me ➔ BAVE

still he fishes that catches one ➔ PÊCHER

still waters run deep ➔ EAU, 12

stolen fruit is sweet ➔ PAIN, 19

stolen kisses are sweet ➔ PAIN, 19

stolen pleasures are sweet ➔ PAIN, 19

stolen waters are sweet (and bread eaten in secret is pleasant) ➔ PAIN, 19

stone-dead has no fellow ➔ HOMME, 38 • ²MORT, 7

store is no sore ➔ ABONDANCE, 1

stretch your arm no further than your sleeve will reach ➔ BOURSE, 8 • BRAS, 3 • OURDIR

stretch your legs according to your coverlet ➔ BOURSE, 8 • BRAS, 3 • PIED, 4

stretching and yawning lead to bed ➔ BÂILLEMENT

strike while the iron is hot ➔ FER, 1 • MOULIN, 2

strings high stretched either soon crack or quickly grow out of tune ➔ ARC, 1

striving to better, oft we mar what's well ➔ MIEUX, 2 • SELLE, 3

stuff today and starve tomorrow ➔ BANQUET, 1 • PAIN, 25

such a father, such a son ➔ CORBEAU, 1 • PÈRE, 6 • SANG, 1

such a life, such a death ➔ VIE, 3

such beef, such broth ➔ PAIN, 6 • POTÉE

such beginning, such end ➔ COMMENCEMENT, 5

such bird, such nest ➔ MAISON, 2 • OISEAU, 18

such captain, such retinue ➔ MAÎTRE, 5

such mistress, such Nan; such master, such man ➔ DAME, 1

such seeds he sows, such harvest shall he find ➔ SEMER, 1

sudden trust brings sudden repentance ➔ CROIRE, 1 • MÉFIANCE • PRUDENCE

sufficient unto the day is the evil thereof ➔ JOUR, 1

sweet are the uses of adversity ➔ DEUIL, 2 • DOMMAGE, 2 • MAL, 9

sweet is the nut, but bitter/hard is the shell ➔ NOIX, 1

sweet meat will have sour sauce ➔ ¹RIRE, 2

swine, women and bees cannot be turned ➔ FEMME, 5

take a hair of the dog that bit you ➔ MORSURE

take a vine of a good soil, and the daughter of a good mother ➔ VIGNE, 4

take care of the pence, and the pounds will take care of themselves ➔ SOU, 5

take counsel of your pillow ➔ NUIT, 3

take heed of a person marked and a woman with a beard ➔ FEMME, 10

take heed of a stepmother: the very name of her suffices ➔ MARÂTRE

take heed of a young wench, a prophetess, and a Latin woman ➔ FEMME, 18

take heed of an ox before, of a horse behind, of a monk on all sides ➔ FEMME, 26

take heed of meat twice boiled ➔ SOUPE, 4

take heed of meat twice boiled, a reconciled friend and a woman with a beard ➔ AMITIÉ, 3

the brother had rather see the sister rich than make her so → FRÈRE, 2

the buyer needs a hundred eyes, the seller but/not one → ŒIL, 21

the cake never falls but on its buttered side → PAIN, 12

the camel going to seek horns, lost his ears → CHAMEAU, 2

the camel never sees its own hump, but that of its brother is always before its eyes → BOSSU, 3

the cask savours of the first fill → CAQUE • MORTIER, 3 • VIN, 17

the cat and dog may kiss, yet are none the better friends → CHIEN, 13

the cat knows whose beard/lips she licks → CHAT, 3

the cat would eat fish and would not wet her feet → CHAT, 15

the chain is no stronger than its weakest link → FIL, 1

the chamber of sickness is the chapel of devotion → NÉCESSITÉ, 1

the charge backfired → CHÈVRE, 3

the charitable gives out at the door and God puts in at the window → AUMÔME

the cheese goes half way in parings → FROMAGE, 2

the child is father of the man → JEUNESSE, 1

the child says nothing, but what it heard by the fire → ENFANT, 1

the childhood shows the man → JEUNESSE, 1

the chips are down → JEU, 8

the coat makes the man → HABIT, 4

the cobbler should stick to his last → CORDONNIER, 1

the cobbler's wife is always the worst shod → CORDONNIER, 2

the comforter's head never aches → CHAGRIN, 3 • MAL, 13

the common horse is worst shod → ÂNE, 12

the concealer is as bad as the thief → SAC, 1

the course of true love never did run smooth → AIMER, 2

the covetous man is good to none and worst to himself → AVARE, 4

the covetous man the more he has the more he wants → AVARICE, 1

the cow knows not what her tail is worth till she has lost it → VACHE, 10

the cow little gives that hardly lives → OISELET • POULE, 5

the cow that's first up, gets the first of the dew → DERNIER, 1

the cowl does not make the monk → HABIT, 5

the cracked pot last longest → POT, 9

the cross on the breast, and the devil in the heart → HABIT, 1

the crow thinks her own bird(s) fairest/whitest → AIMER, 7 • HIBOU, 1

the crutch of time does more than the club of Hercules → BÉQUILLE • PATIENCE, 6

the cuckold is the last that knows of it → AFFAIRE, 1

the cuckoo comes in April, and stays the month of May; sings a song at midsummer, and then goes away → COUCOU, 3

the cuckoo comes in April, sings a song in May; then in June another tune, and then she flies away → COUCOU, 3

the cure is worse than the disease/evil → REMÈDE, 2

the dainties of the great are the tears of the poor → ROI, 11

the danger passed, the saint is mocked → DANGER, 3

the danger past and God forgotten → DANGER, 3

the darkest hour is that before the dawn → BARQUE • MINUIT

the darkest place is under the candlestick → AFFAIRE, 1

the day is short, and the work is much → ART, 3

the days follow each other, but are no alike → JOUR, 12

the days go by and each is different → JOUR, 12

the dead are always wrong → ²MORT, 6

the dead seizes the quick → ²MORT, 3

the dearer is the best → BON, 2

the dearer is the cheaper → CHICHE, 1

the death of the wolves is the safety of the sheep → MALHEUR, 6

the deeper the ocean, the calmer/stiller the ocean → EAU, 12

the devil can cite Scripture for his purpose → DIABLE, 9

the devil dances in an empty pocket → NÉCESSITÉ, 4

the devil finds work for idle hands to do → TÊTE, 15

the devil gets up to the belfry by the vicar's skirts → CLOCHER, 1

the devil is known by his claws/(cloven feet)/horns → DIABLE, 13

the devil is no worse than he's called → DIABLE, 8

the devil is not always at a poor man's door → DIABLE, 20 • PIRE

the devil is not always at one door → DIABLE, 20 • PIRE

the devil is not so black as he is painted → DIABLE, 8 • LOUP, 12

the devil is not so ill as he's called → DIABLE, 8 • LOUP, 12

the devil knows many things because he is old → DIABLE, 10

the devil take the hindmost → DERNIER, 6

the devil was sick, the devil a monk/saint would be; the devil was well, the devil a monk/saint was he → NÉCESSITÉ, 1

the devil's meal is all/half bran → FARINE, 2

the die is cast → DÉ • JEU, 8 • SORT, 1

the difference is wide that the sheets will not decide → DRAP, 4

the difficult is done at once; the impossible takes a little longer → IMPOSSIBLE, 2

the dog barks in vain at the moon → LUNE, 1

the dog returns to his vomit → LOUP, 13

the dog that fetches, will carry → ÉCOUTANT

the dog that licks ashes trust not with meal → FARINE, 5

the dog that trots about finds a bone → CHIEN, 16

the dogs bark, but the caravan goes on → CHIEN, 34

the dress proclaims the man → HABIT, 4

the early bird catches the worm → HEURE, 3

the earthen pot must keep clear of the brass kettle → MULÂTRE

the Emperor of Germany is the king of kings; the King of Spain, king of men; the King of France, king of asses; the King of England, the king of devils → EMPEREUR, 1

the empty vessel makes the greatest sound → TONNEAU

the end crowns all/(the work) → ¹FIN, 1

the end justifies the means → ¹FIN, 4

the end makes all equal → BALANCE • ROI, 7

the enemy's body smells good → CADAVRE

the escaped mouse ever feels the taste of the bait → CHAT, 4

the evening crowns/praises the day → SOIR, 1

the evil that men do lives after them, the good is oft interred with their bones → BIENFAIT, 1

the evil wound is cured, but not the evil name → PLAIE, 1

the evils we bring on ourselves are the hardest to bear → MALHEUREUX, 2

the exception proves the rule → EXCEPTION • RÈGLE, 1

the eye is the window of the heart/mind → ŒIL, 8

the eye of a master does more work than both his hands → ŒIL, 11

the eye of the master will do more work than both his hands → ŒIL, 11

the eye that sees all things else sees not itself → BOSSU, 3 • ŒIL, 14 • PAILLE, 3

the eyes are the window of the soul → ŒIL, 8 • VISAGE, 1

the face is no index to the heart → OREILLE, 4 • VISAGE, 3

the face is the index of the heart/mind → SEMBLANT • VISAGE, 1

the fair and the foul, by dark are like store → CHANDELLE, 7

the fairer the hostess, the fouler/heavier the reckoning → HÔTESSE

the fairer the paper, the fowler the blot → FUMÉE, 4

the fairest flowers soonest fade → ROSE, 1

the fairest rose at last is withered → ROSE, 1 • SOULIER, 6

the fairest silk is soonest stained → FUMÉE, 4

the falling out of lovers are the renewing of love → QUERELLE, 2

the fate will happen → COQ, 1

the father buys, the son bigs, the grandchild sells, and his son thigs → HÉRITIER, 4

the fathers have eaten sour grapes and the children's teeth are set on edge → PÈRE, 4

the female of the species is more deadly than the male → MALICE, 2

the fifth wheel in a coach does not run smoothly → ROUE, 1

the filth under the white snow, the sun discovers → NEIGE, 1

the first blow is half the battle → COMMENCEMENT, 4 • PAS, 2

the first breath is the beginning of death → MOURIR, 2

the first dish is aye best eaten → MORCEAU, 1

the first dish pleases all → MORCEAU, 1

the first glass for thirst, the second for nourishment, the third for pleasure, and the fourth for madness → BOIRE, 3

the first step is the hardest → PAS, 2 • PINTE, 1

the fish always stinks from the head downwards → POISSON, 3

the flag protects the cargo → PAVILLON

the flatterer lives at the expense of those who listen to him → FLATTEUR

the flesh is aye fairest that is farthest from the bone → CHAIR, 5 • GRAISSE, 2

the flesh is weak → CHAIR, 7

the fly has her spleen, and the ant her gall → FOURMI, 2

the fly that plays too long in the candle singes his wings at last → MOUCHE, 3

the foot knows where the shoe pinches → SOULIER, 2

the foot of the owner is the best manure for his land → ŒIL, 9

the footsteps of fortune are slippery → ARME, 2 • BIEN, 2

the foremost dog catches the hare → MOULIN, 8

the forbidden fruit is sweetest → FRUIT, 6

the fowler's pipe sounds sweet till the bird is caught → FLÛTE, 3

the fox knows much, but more he that catches him → RENARD, 10

the fox may grow grey, but never good → LOUP, 7 • RENARD, 13

the fox preys farthest from his den/home → RENARD, 18

the friends of my friends are also my friends → AMI, 11

the frog croaks before the rain → CRAPAUD, 1

the frying-pan said to the kettle: 'Avaunt, black brows!' → POÊLE, 1

the function creates the organ → FONCTION

the gallows will have its own at last → GIBET, 1

the game is not worth the candle → JEU, 7

the gardener's dog neither eats cabbages himself, nor lets anybody else → CHIEN, 31

the goat must bleat/browse where she is tied → CHÈVRE, 6

the gods send nuts to those who have no teeth → DENT, 4 • DIEU, 6

the golden age was never the present age → AN, 2

the good die young → MEILLEUR

the good mother says, Will you? but gives → MÈRE, 1

the good shepherd shears his sheep and does not skin them → BREBIS, 7

the goodman is the last who knows what's amiss at home → AFFAIRE, 1

the gouty man has a heavy purse → GOUTTE, 3

the grass is (always) greener on the other side of the fence → MOISSON, 2

the great and the little have need one of another → BESOIN, 2

the great fish eat up the small → GUÊPE • POISSON, 4

the great put the little on the hook → LARRON, 6 • POISSON, 4

the great thieves hang/punish the little ones → LARRON, 6

the greater grief/sorrow drives out the less → RAGE, 2

the greatest burdens are not the gainfullest → FARDEAU, 3

the greatest clerks are not the wisest men → AUNE, 2 • CLERC, 1

the greatest crakers are (always) the least doers → BREBIS, 4 • DISEUR, 2 • VENT, 5

the greatest hate springs from the greatest love → COUTURE

the greatest scholars are not the best preachers → AUNE, 2 • CLERC, 1

the greatest step is that out of doors → PAS, 2

the greatest talkers are (always) the least doers → BREBIS, 4 • DISEUR, 2 • VENT, 5

the greatest wealth is contentment with a little → CONTENTEMENT • HEUREUX, 1 • RICHE, 2 • SUFFISANCE

the grief of the head is the grief of the griefs → TÊTE, 2

the gunner to his linstock, and the steersman to the helm → MÉTIER, 1

the guts uphold the heart, and not the heart the guts → ESTOMAC, 4

the habit does not make the monk → HABIT, 5

the half is better than the whole → MOITIÉ, 4

the half shows what the whole means → TESSON

the hand that gave the wound must give the cure/salve → DIEU, 18

the handsomest flower is not the sweetest → VIGNE, 1

the hare always returns to her form → LIÈVRE, 6

the hasty bitch brings forth blind whelps → HÂTER (SE), 2

the head and feet keep warm, the rest will take no harm → PIED, 11

the head grey and no brains yet → TEMPS, 12

the healthful man can give counsel to the sick → SAIN

the heart has its reasons, which are quite unknown to the head → CŒUR, 8

the heart has reasons reason knows nothing about → CŒUR, 8

the heart's letter is read in the eyes → BILLET • ŒIL, 8

the hen ought not to cackle when the cock is by → BARBE, 5 • FEMME, 44 • POULE, 2

the herringman hates the fisherman → TRIPIÈRE

the higher standing, the lower fall → MONTÉE, 2

the higher the ape climbs/goes, the more he shows his tail → SINGE, 5

the higher the monkey climbs, the more he shows his tail → SINGE, 5

the higher the mountain, the greater descent → MONTÉE, 2

the higher the mountain, the lower the vale → MONTAGNE, 1

the higher up, the greater fall → MONTÉE, 2

the highest spoke in fortune's wheel, may soon turn lowest → ARME, 2 • BIEN, 2 • MAÎTRE, 1 • VENT, 7

the hindmost dog may catch the hare → VACHE, 11

the hog never looks up to him that threshes down the acorns → INGRAT, 2

the hole calls the thief → OCCASION, 3 • PORTE, 3

the hood does not make the monk → HABIT, 5

the horse that draws after him his halter, is not altogether escaped → CHEVAL, 21

the horse that draws most is most whipped → CHEVAL, 24

the horse thinks one thing and he that rides him another → ÂNE, 4

the house shows the owner → MAISON, 2

the hunchback does not see his own hump, but sees his companion's → BOSSU, 3

the huntsman's breakfast, the lawyer's dinner → GENTILHOMME

the husband is always the last to know → AFFAIRE, 1

the Italians are wise before the deed, the Germans in the deed, the French after the deed → ITALIEN

the Jews spend at Easter, the Moors at marriages, the Christians in suits → JUIF

the kettle calls the pot black-brows/burnt-arse → POÊLE, 1

the kick of the dam hurts not the colt → FESSÉE

the kick of the mare hurts not the stallion → JUMENT, 1

the king is dead; long live the king! → ROI, 6

the king never dies → ROI, 6

the king reigns, but not governs → ROI, 8

the lame tongue gets nothing → DEMANDER, 2

the last drop makes the cup run over → GOUTTE, 2

the last shall be first, and the first last → PREMIER, 2

the last straw breaks the camel's back → GOUTTE, 2

the last suitor wins the maid → DERNIER, 4

the least boy always carries the greatest fiddle → BREBIS, 3 • CHEVAL, 24

the leeful man is the beggar's brother → PIED, 1

the leopard does not change his spots → LOUP, 7 • RENARD, 13

the pride of the rich makes the labour(s) of the poor → ROI, 11

the priest forgets that he was clerk → VACHE, 1

the prodigal robs his heirs, the miser robs himself → AVARE, 4

the proof of the pudding is in the eating → QUALITÉ

the proverbs teach and common people say, it's ill to marry in the month of May → NOCE, 3

the quarrel of lovers is the renewal of love → QUERELLE, 2

the rain comes scouth when the wind's in the south → VENT, 21

the rain falls on every roof → BESACE • TERRE, 3

the reasons of the poor weigh not → RAISON, 1

the receiver is as bad as the thief → SAC, 1

the receiver is worse than the thief → RECELEUR, 1

the remedy for injuries is not to remember them → INJURE, 1

the remedy may be worse than the disease → REMÈDE, 2

the remembrance of past sorrow is joyful → GRIEF • PEINE, 3

the rich knows not who is his friend → HOMME, 32

the rich man has his ice in the summer and the poor man gets his in the winter → HOMME, 2

the rich widow cries with one eye, and laughs with the other → HÉRITIER, 3

the ridiculous kills → RIDICULE, 2

the righteous man sins before an open chest → PORTE, 3

the river past and God forgotten → DANGER, 3

the road to hell is paved with good intentions → ENFER

the rot has already set in → VER, 3

the rotten apple injures its neighbours → POMME, 9

the sack is known by the sample → TESSON

the saint is known by his miracles → MIRACLE

the same heat/sunshine that melts the wax will harden the clay → SOLEIL, 4

the sandal tree perfumes the axe that fells it → JUSTE

the sauce is better than the fish → SAUCE, 2

the self-edge makes show of the cloth → ÉCHANTILLON • TESSON

the sharper the storm, the sooner it's over → VIOLENT

the shoe knows whether the stocking has holes → SOULIER, 2

the shoemaker should stick to his last → CORDONNIER, 1

the shoemaker's son always goes barefoot → CORDONNIER, 2

the shoemaker's wife is always the worst shod → CORDONNIER, 2

the sins of the fathers are visited upon their children → PÈRE, 4

the skilfullest wanting money is scorned → MÉRITE

the sleeping fox catches no poultry → RENARD, 2

the sleepy fox has seldom feathered breakfasts → COULEUVRE • RENARD, 2

the slothful man is the beggar's brother → PARESSEUX, 2

the sluggard must be clad in rags → PARESSEUX, 2

the smallest boy always carries the biggest fiddle → BREBIS, 3 • CHEVAL, 24

the smallest worm will turn, being trodden on → FOURMI, 2 • INTESTIN • VER, 2

the smell of garlic takes away the smell of onions → AIL

the smoke follows the fairest → FUMÉE, 4

the smoke of a man's own country/house is better than the fire of another's → ÂNE, 6 • CHEZ-SOI, 2 • FUMÉE, 3

the smoke of our own country is better than the fire of another's → FUMÉE, 3

the snite need not the woodcock betwite → POÊLE, 1

the sooner the better → TÔT

the spirit is willing, but the flesh is weak → ESPRIT, 4

the squeaking wheel gets the grease → DEMANDER, 2 • PRIER, 2

the stars are not seen where the sun shines → GUÊPE • SOLEIL, 8

the stick is the surest peacemaker → PAIX, 3

the still sow eats up all the draff → BREBIS, 3

the sting (is) in the tail → QUEUE, 3

the sting of a reproach is (in) the truth of it → VÉRITÉ, 4

the stone that lies not in your gate breaks not your toes → FAUX

the sun is still beautiful, though ready to set → CYGNE

the sun shines everywhere → SOLEIL, 5

the sun shines upon all alike → RUE • SOLEIL, 5

the table robs more than the thief → MAISON, 8

the tail does often catch the fox → DOS, 2

the tailor makes the man → HABIT, 3

the tailor's wife is the worst clad → CORDONNIER, 2

the tale runs as it pleases the teller → LOUP, 12

the thief doth fear each bush an officer → LARRON, 4

the thing that's done is not to do → FAIRE, 4

the thing that's fristed is not forgiven → DIFFÉRER

the third time's lucky → TROIS, 2

the thorn comes forth with the point forwards → ÉPINE, 1

the thread breaks where it is weakest → FIL, 1

the tide must be taken when it comes → MOULIN, 2

the tide never goes out so far but it always comes in again → MALHEUR, 9

the tired ox treads surest → BŒUF, 1

the toad croaks before the rain → CRAPAUD, 1

the tod never sped better than when he went his own errand → SERVIR

the tongue ever turns to the aching tooth → LANGUE, 7

there is a salve for every sore → REMÈDE, 3

there is a skeleton in every house → BESACE

there is a sliddery stone before the hall door → GRAND, 1 • PROMESSE, 2

there is a snake in the grass → ANGUILLE, 2

there is a time for (all things)/everything → CHOSE, 2

there is a time to be born, and a time to die → TEMPS, 10

there is a witness everywhere → MUR, 1

there is an exception to every rule → EXCEPTION • RÈGLE, 1

there is beild aneath an auld man's beard → CONSEIL, 3

there is but one step from the sublime to the ridiculous → SUBLIME

there is but one way to enter this life, but the gates of death are without number → ENTRÉE

there is good land where there is foul way → PAYS, 1

there is honour among thieves → CORBEAU, 4 • LOUP, 10

there is little for the rake after the besom → FOIS, 1 • FOURCHE

there is luck in odd numbers → NOMBRE

there is many a fair thing full false → BOUCAUT • GANT • OR, 6

there is many a good tune played on an old fiddle → POMME, 4

there is many a slip between the cup and the lip → COUPE, 2 • MAIN, 2 • VIN, 26

there is mercy for everything → PÉCHÉ, 1

there is more pleasure in being beloved than in loving → AIMER, 1

there is more than one way to skin a cat → MOULIN, 5

there is never a Saturday without some sunshine → SAMEDI, 2

there is no accounting for tastes → GOÛT, 3

there is no building a bridge across the ocean → BOUCHE, 10

there is no disputing about tastes → GOÛT, 3

there is no door without a puddle → BESACE • CHAUDRON, 1 • PAYS, 3

there is no general rule without some exception → EXCEPTION • RÈGLE, 1

there is no going to heaven in a sedan → CHEMIN, 2 • CROIX, 3

there is no goose so grey in the lake, that cannot find a gander for her make → MARMITE, 3

there is no great banquet, but some fare ill → PÈRE, 5

there is no hate like that of a brother → COURROUX, 1

there is no ill in life that is not worse without bread → ARGENT, 9

there is no little enemy → ENNEMI, 4 • FRELON

there is no man, though never so little, but sometimes he can hurt → FOURMI, 2 • POIL, 5

there is no new thing under the sun → SOLEIL, 2

there is no place like home → MONDE, 10

there is no pleasure without pain → BIEN, 15 • PLAISIR, 5

there is no pot so misshapen but finds its cover → MARMITE, 3

there is no shadow of that of flying colours → OMBRE, 1

there is no short cut to success → BIEN, 15

there is no such a grief as lack of money → ARGENT, 9

there is no such a thing as a good old wolf → LIÈVRE, 4 • MULE, 3

there is no venom to that of the tongue → SALIVE

there is no virtue that poverty destroys not → NÉCESSITÉ, 4 • PAUVRETÉ, 2

there is no wall but of bones → MURAILLE, 1

there is no washing a blackamour/Moor/(an Ethiop) white → TÊTE, 1

there is no wear in cheap clothes → MARCHANDISE, 4

there is none so blind as they that won't see → AVEUGLE, 4

there is not the thickness of a sixpence between good and evil → AISE, 1

there is nothing either good or bad, but thinking makes it so → INTENTION, 3

there is nothing lost by civility → LANGUE, 1

there is nothing new under the sun → SOLEIL, 2

there is nothing to choose between bad tongues and wicked ears → ÉCOUTANT

there is small choice in rotten apples → CHOIX

there is some difference between Peter and Peter → CHAT, 9

there is something in the wind → ANGUILLE, 2

there is truth in wine → VÉRITÉ, 5

there may be blue and better blue → FAGOT, 3

there may be mistaking in giving and taking → BIEN, 3 • CHOSE, 6

there's a nigger in the wood-pile → ANGUILLE, 2

there's always a happy ending → CHANSON

there's many a slip 'twixt the cup and the lip → COUPE, 2 • MAIN, 2 • VIN, 26

there's more than one Jack at the fair → ÂNE, 8

there's no mischief in the world done, but a woman is always one → MALICE, 2

there's no rose without a thorn → MIEL, 5 • ROSE, 2 • VIN, 6

there's no smoke without fire → FUMÉE, 2

there's no such thing as a one-day party → FÊTE, 5

there's no such word as can't/impossible → IMPOSSIBLE, 2

there's nothing like a little present between friends → CADEAU

there's only one pretty child in the world, and every mother has it → AIMER, 7

there's where the shoe pinches/wrings → LIÈVRE, 14

they agree like pickpockets in a fair → TUER, 2

they agree like the fiddle and the stick → TUER, 2

they are not all saints, that use holy water → SAINT, 28

time tries all (things) → TEMPS, 6
time will show/tell → TEMPS, 17 • VIVRE, 5
time works wonders → TEMPS, 6
timely blossom, timely ripe → FRUIT, 3 • LENDEMAIN, 1
times change and we with them → TEMPS, 1
tine heart, tine all → DÉSIR, 2
tip for tap → JEU, 1 • ŒIL, 13
'tis safest making peace with sword in hand → PAIX, 3
tit for tat → JEU, 1 • ŒIL, 13
to a big lord, few words → SEIGNEUR, 1
to a boiling pot, flies come not → MARMITE, 1
to a crafty man, a crafty and a half → CHAT, 1 • MALIN • VILAIN, 1
to a full belly all meat is bad → VENTRE, 1
to a good question, a good answer → DEMANDE, 2
to a liar a liar and a half → MENTEUR, 1
to a shitten tail fails never ordure → CUL, 1
to a valiant heart nothing is impossible → CŒUR, 1 • HONTEUX, 2
to an old mule, new trappings → MULE, 1
to be between Scylla and Charybdis → CHARYBDE
to catch a thief, another thief → CHAT, 1
to confessors, doctors, and lawyers tell the truth about yourself → MÉDECIN, 1
to cure sometimes, to relieve often, to comfort always is doctor's motto → GUÉRIR
to deceive a deceiver is no deceit → LARRON, 2
to do good to an ingrateful man is to throw rose-water in the sea → INGRAT, 2
to err is human → ERREUR, 2
to every saint his own candle → SAINT, 1
to fall into sin is human, to remain in sin is devilish → ERREUR, 2
to him that has shall more be given → EAU, 11
to jump from the frying-pan into the fire → CHARYBDE • POÊLE, 4
to kill the goose that lays the golden eggs → CHIEN, 19
to kill two birds with one bolt/sling/stone → PIERRE, 1
to kill two flies with one flap → PIERRE, 1
to laugh is proper to the man → ¹RIRE, 3
to little eating, much drinking → ²MANGER
to lose a battle does not mean to lose the war → BATAILLE
to promise is a thing and to keep is another → DEUX, 3
to reach the oyster, you must break the shell → MOELLE
to rise betimes is no good hour, to drink betimes is better sure → MATIN, 2
to scare a bird is not the way to catch it → OISEAU, 16
to speak without thinking is to shoot without taking aim → PARLER, 3
to take the chestnuts out of the fire with the cat's paw → MARRON
to take the nuts from the fire with the dog's paw → MARRON
to the counsel of fools, a wooden bell → CONSEIL, 1

to the gout, all physicians are blind → GOUTTE, 1
to the grave a pall, and that is all → LINCEUL
to the jaundiced eye, all things look yellow → JAUNISSE, 1
to what place can the ox go, where he must not plough? → MISÈRE, 2
today a man, tomorrow a mouse → SERVIETTE
today a man, tomorrow none → CHAIR, 3 • FLEUR, 2
today gold, tomorrow dust → CHAIR, 3 • FLEUR, 2
today is the scholar of yesterday → JOUR, 11
today me, tomorrow thee → AUJOURD'HUI, 1 • TOUR
Tom Fool wants to learn his goodam to make milk kail → CURÉ, 1
Tom Fool wants to teach his grandmother to suck eggs → CURÉ, 1
tomorrow is a new day → DEMAIN, 1 • JOUR, 7
tomorrow is another day → DEMAIN, 1 • JOUR, 7
tongue breaks bone, and herself has none → LANGUE, 6
too far east is west → EXTRÊME
too long burden makes weary bones → FARDEAU, 1 • VOIE, 1
too many cooks spoil the broth → CUISINIER
too much covetousness bursts the sack → AVARICE, 2 • CONVOITISE
too much honey cloys the stomach → MULE, 4
too much laughter discovers folly → ²RIRE
too much of a good thing is good for nothing → TROP, 4
too much of one thing is not good → TROP, 4
too much of ought is good for nought → TROP, 4
too much spoils, too little does not satisfy → MIEUX, 1 • TROP, 1
too much zeal spoils everything → PRÉCAUTION, 2
toom bags rattle → TONNEAU
toom pokes will strive → PAUVRETÉ, 7
too-too will in two → ARC, 1 • BOUT
tough meat, sharp teeth → PAIN, 3
tramp on a snail, and she'll shoot out her horns → FOURMI, 2
travel broadens the mind (of youth) → VOYAGE, 1
travel makes a wise man better, but a fool worse → BÊTE, 4 • CHIEN, 44
tread on a worm and it will turn → FOURMI, 2
trim tram, like master like man → MAÎTRE, 7
true art hides art → ART, 2
true love kythes in time of need → AMI, 7
true love never grows old → AMOURS, 7
trust is dead, ill payment killed it → CRÉDIT
trust not a woman that weeps, nor a dog that pisses → PLEUR, 2
trust not a woman when she weeps → PLEUR, 2
truth and oil are ever above → VÉRITÉ, 3
truth breeds hatred → VÉRITÉ, 14
truth comes out in wine → VÉRITÉ, 5
truth finds foes, where it makes none → VÉRITÉ, 14
truth is stranger than fiction → RÉALITÉ

wealth does no harm → ABONDANCE, 1
wealth infatuates as well as beauty → SAC, 11
wealth is best known by want → BIEN, 6
weapons bode/breed peace → PAIX, 3
wedlock is a padlock → HOMME, 20
weeds want no sowing → HERBE, 4
welcome is the best cheer → DEUX, 4
well begun is half done → BARBE, 2 •
COMMENCEMENT, 4 • MOITIÉ, 1 • TRAVAIL, 5
well kens the mouse when the cat's out of the house
→ ABBÉ, 3 • CHAT, 20 • VOYAGE, 2
well thrives he whom God loves → FORTUNE, 1
well thrives that well suffers → ENDUREUR
were there no hearers, there would be no backbiters
→ ÉCOUTANT
what can you expect from a hog/pig but a grunt? →
BÊTE, 6 • SINGE, 3
what can't be cured must be endured → LAIT, 2
what children hear at home, soon flies abroad →
ENFANT, 1
what costs little, is less esteemed → CHERTÉ •
CHOSE, 8
what everybody says must be true → PROVERBE
what is bitter to some may be sweet to others →
MALHEUR, 6
what is bred in the bone will come out in the flesh →
ÊTRE, 2 • OS, 1
what is bred in the bone will not out of the flesh →
ÊTRE, 2 • OS, 1
what is deferred is not abandoned → DIFFÉRER
what is done by night appears by day → NUIT, 1
what is got by begging is dear bought → CHER, 1
what is got over the devil's back is spent under his
belly → DIABLE, 2
what is learnt in the cradle lasts till the tomb →
BERCEAU • JEUNESSE, 1
what is lost in the fire will be found in the embers →
FEU, 1
what is promised is due → CHOSE, 7
what is sweet in the mouth is oft bitter in the
stomach → BOUCHE, 4
what is worth doing at all, is worth doing well →
FAIRE, 11 • PEINE, 2
what may be, may not be → MENTIR, 2
what must be must be → ARRIVER • ÊTRE, 1
what should a cow do with a nutmeg? → MIEL, 3
what soberness conceals, drunkenness reveals → IVRE
• SOBRE • VIN, 13
what the eye doesn't see, the heart doesn't grieve over
→ ŒIL, 4
what the eye sees not, the heart rues not → ŒIL, 4
what the good wife spares, the cat eats → BOUCHE, 3
what the heart thinks, the tongue speaks →
ABONDANCE, 5
what the king wills, that the law wills → VOLONTÉ, 2
what we first learn, we best can → JEUNESSE, 1
what will be, will be → ARRIVER • ÊTRE, 1 • VIVRE, 5

what woman wills, God wills → FEMME, 2
what you don't know won't hurt you → ŒIL, 4
what youth is used to, age remembers → FLÛTE, 2 •
JEUNESSE, 1 • POULAIN, 1
whatever happens at all happens as it should → COQ, 1
whatever is given to the poor is laid up in heaven →
PAUVRE, 2
what's done cannot be undone → FAIRE, 3
what's done is done → FAIRE, 2
what's enough for one is enough for two → DEUX, 4
what's sauce for the goose is sauce for the gander →
VÉRITÉ, 7
when a couple are newly married, the first month is
honeymoon, or smick smack: the second is, hither
and thither: the third is, thwick thwack: the fourth,
the devil take them that brought thee and I
together → ANNÉE, 2
when a dog is drowning, every one offers him drink →
CHIEN, 41
when a door shuts, another opens → PLUS, 1
when a knave is in a plum-tree, he has neither friend
nor kin → VILAIN, 8
when a man is going down hill, everyone will give him
a push → LOUP, 14
when a man is happy he does not hear the clock →
HEURE, 6
when a thing is done, advice comes too late → CHOSE,
1 • PARTI
when all sins grow old, covetousness is young → VICE
when angry, count a hundred → COLÈRE, 4
when building is well, all is well → BÂTIMENT
when candles are away, all cats are grey → NUIT, 4
when candles are out, all women are fair →
CHANDELLE, 1
when everyone takes care of himself, care is taken of
all → MÉTIER, 2
when force comes on the scene, right goes packing →
FORCE, 1 • RAISON, 1
when fortune knocks, open the door → OCCASION, 2
when fortune smiles, embrace her → OCCASION, 2
when fortune wishes to destroy, she first makes mad
→ FORTUNE, 7
when friends meet, hearts warm → FÊTE, 2
when God sends the day, He sends it for all → RUE
when God will, no frost can kill → DIEU, 28 •
FORTUNE, 1
when God will, no wind but brings rain → DIEU, 28 •
FORTUNE, 1
when God will punish, he will first take away the
understanding → FORTUNE, 7
when good cheer is lacking, our friends will be
packing → AMI, 3
when Greek meets Greek, then comes the tug of war
→ CHIEN, 13 • MÂTIN, 1
when I die, the world dies with me → DÉLUGE
when I lent, I was a friend; and when I asked, I was
unkind(. So of my friend I made a foe; therefore I

when your neighbour's house does burn, then look to your own → BARBE, 9 • MAISON, 16

where bad's the best, bad must be the choice → MAL, 7

where bees are, there is honey → POT, 5

where coin is not common, commons must be scant → ARGENT, 27

where drums beat, laws are silent → ARME, 1 • FORCE, 1

where every hand fleeces, the sheep go naked → ÂNE, 12

where God dwells, the devil also has his nest → ÉGLISE, 1

where God has his church/temple, the devil will have his chapel → ÉGLISE, 1

where God will help, nothing does harm → FORTUNE, 1

where honour ceases, (there) knowledge decreases → HONNEUR, 4

where it is well with me, there is my country → PAYS, 4

where love fails, we espy all faults → FAUTE, 4

where nothing is, nothing can be had → FILLE, 10 • SAC, 8

where nothing is, the king must lose his right → ROI, 10

where the dam leaps over, the kid follows → BREBIS, 13

where the demand is a jest, the fittest answer is a scoff → DEMANDE, 1 • PAROLE, 1

where the goat is fettered/tethered she must browse → CHÈVRE, 6

where the hedge is lowest, men may soonest over → HAIE, 2

where the sun enters, the doctor does not → SOLEIL, 3

where the wind is on Martinmas Eve, there it will be the rest of the winter → HIVER, 5

where there are reeds, there is water → ÂNE, 16

where there are women and geese, there wants no noise → FEMME, 54

where there is a will, there is a way → VOULOIR

where there is store of oatmeal, you may put enough in the crock → COCHON, 5

where there's a wit, there's a way → TÊTE, 10

where your will is ready, your feet are light → CŒUR, 9 • FAIRE, 13

wherever a man dwell, he shall be sure to have a thorn-bush near his door → PAYS, 3

wherever an ass falls, there will he never fall again → ÂNE, 30

where's the fire? → FOIRE, 1

whet brings not let → TEMPS, 28

whether the pitcher strikes the stone, or the stone the pitcher, it is bad for the pitcher → MULÂTRE

while Adam delves, Eve should spin → FUSEAU

while Inland/Internal Revenue gets richer, people get poorer → RATE

while jolly companions carouse it together, a fig for the storm, it gives way to good weather → TEMPS, 11

while the dog gnaws bone, companions would be none → CHIEN, 12

while the grass grows, the horse/steed starves → HERBE, 5

while the hound gnaws bone, companions would be none → CHIEN, 12

while there is life, there is hope → RESPIRER • VIE, 7

whispered words are heard afar → MOT, 3

white silver draws black lines → DAME, 2 • EXTÉRIEUR

whither shall the ox go where he shall not labour? → ÂNE, 2

who breaks pays → VERRE, 1

who cannot beat the horse, let him beat the saddle → ÂNE, 22 • CHEVAL, 25

who chatters to you will chatter of you → ÉCOUTANT

who comes from afar may brag without fear → MENTIR, 1 • SERVANTE

who comes late, lodges ill → DERNIER, 1

who comes uncalled, sits unserved → NOCE, 7

who depends upon another man's table often dines late → ÉCUELLE, 1 • PLANCHER

who first comes to the mill first grinds → MOULIN, 8

who goes to bed supperless, all night tumbles and tosses → SOUPER, 2

who greases his way travels easily → BROCHET

who has a trade, has a share everywhere → MÉTIER, 6

who has a wet eel by the tail, has nothing → ANGUILLE, 7

who has a woman has an eel by the tail → ANGUILLE, 6

who has bitter in his mouth, spits not all sweet → MÂCHER

who has no horse, may ride on a staff → BŒUF, 3 • GALOPER

who has skirts of straw, needs fear the fire → CUL, 5

who his foul tail with paper wipes, shall at his ballocks leave some chips → COUILLE

who in Janiveer sows oats, gets gold and groat; who sows in May, gets little that way → FÉVRIER, 1

who is born fair is born married → FILLE, 9

who is guilty/(in fault) suspects everybody → LARRON, 4 • RENARD, 8

who is worse shod than the shoemaker's wife? → CORDONNIER, 2

who keeps company with the wolf, will learn to howl → CHIEN, 45 • LOUP, 1

who leaves the old way for the new, will find himself deceived → VOIE, 3

who lives by hope will die by hunger → ESPOIR, 4

who loves to roam may lose his home → CHASSE, 4

who marries for love without money, has good nights but sorry days → AMOUR, 29

who meddles in all things may shoe the gosling → MÉTIER, 7 • PROPRE, 2

who more than he is worth does spend, he makes a rope his life to end → CAPITAL

wood that grows crooked will hardly be straightened → BOIS, 3

words and feathers are tossed by the wind → PAROLE, 9

words and feathers the wind carries away → PAROLE, 9

words are but wind → PAROLE, 9

words are but wind, but blows unkind → LANGUE, 11 • PAROLE, 11

words bind men → BŒUF, 5

words cut more than swords → LANGUE, 11

words fly away, writing remains → PAROLE, 9

words fly, writings remain → PAROLE, 9

words have wings, and cannot be recalled → PAROLE, 13

work provides plenty → MAIN, 9

years know more than books → ANNÉE, 3 • EXPÉRIENCE, 2

yesterday cowherd, today a gentleman → CHEVALIER, 1

yesterday will not be called again → TEMPS, 25

you cackle often, but never lay an egg → POULE, 6 • VACHE, 2

you can drive out nature with a pitchfork, but she keeps on coming back → NATUREL

you can see a mote in another's eye but cannot see a beam in your own → BOSSU, 3 • PAILLE, 3

you cannot catch a hare with a tabor → LIÈVRE, 11

you cannot eat your cake and have it → BEURRE, 1 • BÛCHETTE • LARD, 2

you cannot have it both ways → BEURRE, 1 • BÛCHETTE • LARD, 2 • TOUT, 3

you cannot hide an eel in a sack → AIGUILLE, 2

you cannot hunt for a hare with a tabor → LIÈVRE, 11

you cannot know (the) wine by the barrel → VIN, 11

you cannot leave the fair as you leave the market → FOIRE, 2

you cannot lose what you never had → HOMME, 22

you cannot make a crab walk straight → ROND

you cannot make an omelet/omelette without breaking eggs → OMELETTE

you cannot make the fire so low, but it will get out → FEU, 13

you cannot promise one horse to two riders → FILLE, 14

you cannot see the city for the houses → MAISON, 12

you cannot see the wood for the trees → ARBRE, 11

you cannot sell the cow and drink/sup the milk → BEURRE, 1 • LARD, 2

you cannot serve God and mammon → MAÎTRE, 6

you cannot shift an old tree without it dying → ROSIER

you can't catch an old bird with chaff → MERLE

you can't expect anybody to do what is impossible → IMPOSSIBLE, 1

you can't get a quart into a pint pot → PINTE, 3

you can't please everyone → PÈRE, 5

you can't teach an old dog new tricks → CHIEN, 59 • POISSON, 2 • SINGE, 2

you can't teach your grandame to grope (her) ducks → POISSON, 2

you can't teach your grandmother to suck eggs → POISSON, 2

you can't tell a book by its cover → LIQUEUR • SAC, 7 • VIN, 11

you catch more flies with honey than with verjuice → MOUCHE, 6

you don't get something for nothing → LAMPE, 2 • RIEN, 1

you eat and eat, but you do not drink to fill you → [1]MANGER, 3

you may know by a handful the whole sack → TESSON

you may know the coat by the collar → POURPOINT

you may poke a man's fire, after you've known him seven years, but not before → AMI, 18

you may see by a bit what the bread is → TESSON

you may take a horse to the water, but you can't make him drink → BŒUF, 4

you must ask your neighbour if you shall live in peace → VOISIN, 6

you must call a spade a spade → CHAT, 7

you must cut your coat according to your cloth → MANTEAU, 1 • ROBE, 1

you must lose a fly to catch a trout → VAIRON

you must not expect old heads on young shoulders → JEUNESSE, 5

you must spoil before you spin → FORGERON

you must take the fat with the lean → MOELLE • VERT, 2

you must take things as they come, the rough with the smooth → TEMPS, 7

you never know when you have reached the end → PLUS, 1

you only die once → MOURIR, 3

you should always think twice → LANGUE, 3

you should know a man seven years before you stir his fire → AMI, 18

you should never touch your eye but with your elbow → ŒIL, 2

you show bread in one hand, and a stone in the other → HABIT, 1

young men may die, but old must die → JEUNE, 2

young men's knocks old men feel → JEUNESSE, 6

young prodigal in a coach will be old beggar barefoot → JEUNESSE, 6

young saint, old devil → ANGELOT • SAINT, 20

your broken pot seems better than my whole one → MOISSON, 2

youth makes a blooming visage → DIABLE, 6

youth will have its course/way → JEUNESSE, 8

Índice das citações
e provérbios gregos

ἐν τοῖς κακοῖς γὰρ ἀγαθοὶ σαφέστατοι / φίλοι → AMI, 7

ἐν τυφλῶν πόλει γλαμυρὸς βασιλεύει → AVEUGLE, 3

Ἔνθ' Ὕπνῳ ξύμβλητο κασιγνήτῳ Θανάτοιο → SOMMEIL

Ἐπίσημα γὰρ γήμαντι καὶ μείζω λέχη / τἀνδρὸς μὲν οὐδείς, τῶν δὲ θηλειῶν λόγος → FEMME, 44

Ἔργμασι ἐν μεγάλοις πᾶσιν ἀδεῖν χαλεπόν → PÈRE, 5

ἔρδοι τις ἣν ἕκαστος εἰδείη τέχνην → MÉTIER, 1

ἐρωτηθεὶς τί ἐστιν ἐλπίς; Ἐγρηγορότος, εἶπεν, ἐνύπνιον → ESPÉRANCE, 4

ἐτεὸν δὲ οὐδὲν ἴδμεν ἐν βυθῷ γὰρ ἡ ἀλήθεια → VÉRITÉ, 4

ζεῖ χύτρα, ζεῖ φιλία → AMI, 3

ζῆν αἰσχρὸν αἰσχρῶς τοῖς καλῶς πεφυκόσιν → HONNEUR, 6

ἡ ἅμαξα τὸν βοῦν → CHARRUE

ἡ δ' ὁμιλία / πάντων βροτοῖσι γίγνεται διδάσκαλος → EXPÉRIENCE, 1

ἡ μεγίστη τῶν ἐν ἀνθρώποις νόσων πασῶν, ἀναίδεια → HONTE, 2

ἥλῳ ὁ ἧλος → CLOU, 2

Ἢν τις ἔμαζε μᾶζαν, ταύτην καὶ ἐσθιέτω → FAUTE, 6

θέλω τύχης σταλαγμὸν ἢ φρενῶν πίθον → ONCE

Θεοῦ δὲ δῶρόν ἐστιν εὐτυχεῖν βροτοῦς → DIEU, 32

ἰατρέ, θεράπευσον σεαυτόν → MÉDECIN, 6

ἰχθὺς ἐκ τῆς κεφαλῆς ὄζειν ἄρχεται → POISSON, 3

καθάπερ οἱ παῖδες, ὅτι ὀρθῶς δοθέντων ἀφαίρεσις οὐκ ἔστι → CHOSE, 6

καὶ γὰρ δύναμις ὑπὲρ ἄνθρωπον ἡ βασιλέος ἐστὶ καὶ χεὶρ ὑπερμήκης → ROI, 9

Καὶ γὰρ οὗτος (sc. κάλτιος) καλὸς ἰδεῖν καὶ καινός, ἀλλ' οὐδεὶς οἶδεν, ὅπου με θλίβει → SOULIER, 2

καὶ κεραμεὺς κεραμεῖ κοτέει → POTIER, 2

Καίτοι τόδ' αἰσχρόν, προστατεῖν γε δωμάτων / γυναῖκα → POULE, 2

κακὰ κέρδεα ἶσ' ἄτεισι → BIEN, 5

κακῆς ἀπ' ἀρχῆς γίγνεται τέλος κακόν → COMMENCEMENT, 5

κακὸν ἄγγος οὐ κλᾶται → POT, 9

κακὸν ἀναγκαῖον γυνή → FEMME, 33

κακὸν κακῷ ἐστήρικτο → MALHEUR, 12

κἂν βροτοῖς / αἱ δεύτεραί πως φροντίδες σοφώτεραι → PENSÉE, 2

κοινὰ τὰ τῶν φίλων → AMI, 12

κύων κυνὸς οὐχ ἅπτεται → LOUP, 10

λάθε βιώσας → HEUREUX, 3

λίθος κυλινδόμενος τὸ φῦκος οὐ ποιεῖ → PIERRE, 5

λύπης δὲ πάσης γίνεται ἰατρὸς χρόνος → TEMPS, 22

μακραὶ τυράννων χεῖρες → ROI, 9

μακρὸς δὲ καὶ ὄρθιος οἶμος ἐς αὐτὴν → CROIX, 3

ματαιότης ματαιοτήτων, τὰ πάντα ματαιότης → VANITÉ, 2

Μετὰ τὴν δόσιν τάχιστα γηράσκει χάρις → BIENFAIT, 2

μεταβολὴ πάντων γλυκύ → DIVERSITÉ

μὴ κινεῖν εὖ κείμενον → CHIEN, 20

μὴ κινεῖν τὰ ἀκίνητα → CHIEN, 20

μηδὲ δίκην δικάσῃς, πρὶν ἀμφοῖν μῦθον ἀκούσῃς → CLOCHE, 4

μηδὲν ἄγαν → TROP, 1

μία χελιδὼν ἔαρ οὐ ποιεῖ → HIRONDELLE

μοῦνον δ' ἀνδρὶ γένοιτο τύχη → FORTUNE, 1

ναῦν τοι μί' ἄγκυρ' οὐχ ὅμως σῴζειν φιλεῖ → ANCRE

Νεκρὸς οὐ δάκνει → [2]MORT, 4

νήπιος ὃς τὰ ἔτοιμα λιπὼν τ' ἀνέτοιμα διώκει → QUITTER

νόμος καὶ χώρα → PAYS, 2

ξύλον ἀγκύλον οὐδέποτ' ὀρθόν → BOIS, 3

ὁ βίος βραχύς, ἡ δὲ τέχνη μακρή → ART, 3

Ὁ μὴ δαρεὶς ἄνθρωπος οὐ παιδεύεται → AIMER, 5

ὁ τοῦ δεσπότου ὀφθαλμὸς μάλιστα ἵππον πιαίνει → ŒIL, 10

ὁ φεύγων μύλον ἄλφιτα φεύγει → MEULE, 2

Οἱ μεγάλοι κλέπται τὸν μικρὸν ἀπάγουσι → LARRON, 6

οἴνου δὲ μηκέτ' ὄντος οὐκ ἔστιν Κύπρις → FROID, 3

ὀλβίσαι δὲ χρὴ / βίον τελευτήσαντ' ἐν εὐεστοῖ φίλη → HEUREUX, 2

ὅν οἱ θεοὶ φιλοῦσιν ἀποθνήσκει νέος → MEILLEUR

ὄνος λύρας ἀκούων → ÂNE, 31

ὅπλον τοι λόγος ἀνδρὶ τομώτερόν ἐστι σιδήρου → LANGUE, 11

ὅπου βία πάρεστιν, οὐδὲν ἰσχύει νόμος → ARME, 1

Ὅπου τις ἀλγεῖ, κεῖθι καὶ τὴν χεῖρ' ἔχει → LANGUE, 7

οὐ γὰρ γένοιτ' ἂν ταῦθ' ὅπως οὐχ ὧδ' ἔχει → FAIRE, 2

οὐ γάρ πώ τις ἑὸν γόνον αὐτὸς ἀνέγνω → ENFANT, 9

οὐ παντὸς ἀνδρὸς ἐς Κόρινθον ἔσθ' ὁ πλοῦς → CORINTHE

οὐδεὶς πεινῶν καλὰ ᾄδει → PANSE, 2

οὐδεὶς φίλος ᾧ πολλοὶ φίλοι → AMI, 2

οὐδὲν γίγνεται ἐκ τοῦ μὴ ὄντος → RIEN, 2

Οὐδέν, Κύρν', ἀγαθῆς γλυκερώτερόν ἐστι γυναικός → FEMME, 11

οὐδὲν ἐκ δενὸς γένοιτο → RIEN, 2

οὐκ ἀγοράζω τοσούτου μετανοῆσαι → CORINTHE

Οὐκ ἔσθ' ὑγιείας κρεῖττον οὐδὲν ἐν βίῳ → SANTÉ, 2

οὔτ' ἐκ χερὸς μεθέντα καρτερὸν λίθον / ῥᾷον κατασχεῖν, οὔτ' ἀπὸ γλώσσης λόγον → PAROLE, 13

Índice das citações e provérbios latinos

aurea mediocritas → MÉDIOCRITÉ

Aurea sunt vere nunc saecula; plurimus auro / venit honos, auro conciliatur amor → AMOUR, 9

auroque solent adamantinae etiam perfringi fores → ARGENT, 22

aurora Musis amica est → AURORE

avarus nisi cum moritur, nihil recte facit → AVARE, 2

barba non facit philosophum → BARBE, 6

beneficiorum memoria labilis est, iniuriarum vero tenax → BIENFAIT, 1

beneficium accipere libertatem est vendere → SUJET

Beneficium non in eo quod fit aut datur consistit, sed in ipso dantis aut facientis animo → FAÇON

bis pueri senes → VIEILLARD, 1

bis repetita displacent → SOUPE, 4

bona fama in tenebris proprium splendorem tenet → RENOM, 1

boni pastoris est tondere pecus, non deglubere → BREBIS, 7

bonis nocet si quis malis pepercerit → MÉCHANT, 3

bos lassus fortius figat pedem → BŒUF, 1

brevis oratio penetrat caelum → ORAISON

brevis oratio penetrat celos, longa potatio evacuat cyphos → PRIÈRE, 1

caecus autem si caeco ducatum praestet, ambo in foveam cadunt → AVEUGLE, 6

caelum, non animum mutant, qui trans mare currunt → BÊTE, 4

camelus desiderans cornua etiam aures perdidit → CHAMEAU, 2

canem timidum vehementius latrare, quam mordere → CHIEN, 15

canes plurimum latrantes raro mordent → CHIEN, 15

canis caninam non est → LOUP, 10

canis qui mordet mordetur → CHIEN, 14

carcer nunquam pulcher → PRISON

casta quam nemo rogavit → CHASTE

castigat ridendo mores → VÉRITÉ, 9

cattus amat piscem, sed non vult tangere flumen → CHAT, 15

causa debet praecedere effectum → EFFET

cave ab homine unius libri → HOMME, 31

cave tibi a cane muto et aqua silenti → HOMME, 6

Cernis, ut ignavum corrumpant otia corpus, / Ut capiant vitium, ni moveantur, aquae → EAU, 3

Certa mittimus/amittimus, dum incerta petimus → QUITTER

cibi condimentum esse famem → SAUCE, 1

cineri gloria sera venit → GLOIRE, 2

cineri nunc medicina datur → ¹MORT, 1

circulus aureus in naribus suis → PERLE

cito enim exarescit lacrima → LARME

cito rumpes arcum semper si tensum habueris → ARC, 1

clara dies Pauli bona tempora denotat anni → SAINT, 6

clipeum post vulnera sumo → ÉCURIE, 1

cogitationis poenam nemo patitur → PENSÉE, 1

Cogitato mus pusillus quam sit sapiens bestia, / Aetatem qui non cubili uni umquam committit suam, / Quia si unum ostium obsideatur alium perfugium gerit → SOURIS

comes facundus in via pro vehiculo est → COMPAGNON, 3

communia esse amicorum inter se omnia → AMI, 12

Compesce verba; parce iam demens minis / Animosque minue: tempori aptari decet → TEMPS, 7

concordia parvae res crescunt, discordia maxumae dilabuntur → CONCORDE

Coniugis iratae noli tu verba timere: / nam lacrimis struit insidias cum femina plorat → FEMME, 19

conscia mens recti famae mendacia risit → CONSCIENCE

consuetudine quasi alteram quandam naturam effici → HABITUDE

contra vim mortis non est medicamen in hortis → ¹MORT, 2

Contumeliam si dices, audies → DIRE, 2

copia parit fastidium → ABONDANCE, 3

corruptissima republica plurimae leges → ÉTAT

cotidie est deterior posterior dies → AN, 2

crede mihi, bene qui latuit bene vixit → HEUREUX, 3

credebas dormienti haec tibi confecturos deos? → COLOMBE, 2

Crescentem sequitur cura pecuniam → BIEN, 17

crescit amor nummi, quantum ipsa pecunia crevit → AVOIR, 2

crescit avaritia quantum crescit tua gaza → AVARICE, 1

cribro aquam haurire → FOLIE, 4

cucullus non facit monachum, sed professio regularis → HABIT, 5

cui sit conditio dulcis sine pulvere palmae → SINGE, 4

cum omnia vitia senescunt, sola avaritia iuvenescit → VICE

cum quo aliquis iungitur talis erit → HANTER

curae leves loquuntur, ingentes stupent → DOULEUR, 3

Cursor volucri pendens in novacula etc. → OCCASION, 2

daemonium vendit qui daemonium prius emit → DIABLE, 19

dat veniam corvis, vexat censura columbas → GIBET, 2

de gustibus et coloribus non disputandum → GOÛT, 3

de male quaesitis vix gaudet tertius haeres → HÉRITIER, 4

de minimis non curat praetor → AIGLE, 1

de mortuis nil nisi bonum → ²MORT, 8

de nuce fit corylus, de glande fit ardua quercus → GLAND

dedecus ille domus sciet ultimus → AFFAIRE, 1

deiecta arbore, quivis ligna colligit → ARBRE, 12

delectat varietas → DIVERSITÉ

demonium repetit quidquid procedit ab ipso → FARINE, 2

deterior surdus eo nullus qui renuit audire → SOURD

dicique beatus / Ante obitum nemo supremaque funera debet → HEUREUX, 2

dictum factum → AUSSITÔT

dictum sapienti sat est → ENTENDEUR, 1

diem adimere aegritudinem hominibus → TEMPS, 22

dies adimit aegritudinem → TEMPS, 22

dies diem docet → JOUR, 11

difficile est multum cerasis cum principe vesci → SEIGNEUR, 4

dii facientes adiuvant → DIEU, 9

Dimidium facti, qui coepit, habet → COMMENCEMENT, 4

dimidium plus toto → MOITIÉ, 4

discipulus est prioris posterior dies → JOUR, 11

diuturna quies vitiis alimenta ministrat → OISIVETÉ, 2

dives est qui sibi nihil deesse putat → RICHE, 2

divide et impera → DIVISER

divinum ingenium plena crumena facit → ARGENT, 30

doctum doces → POISSON, 2

dolori cuivis remedium patientia → PATIENCE, 3

Donec eris felix, multos numerabis amicos: / tempora si fuerint nubila, solus eris → AMI, 21

duabus sellis sedit → SIÈGE, 1

duas tantum res anxius optat, panem et circenses → PAIN, 9

dubium sapientiae initium → DOUTE, 2

dum abbas apponit tesseras, ludunt monachi → ABBÉ, 3

dum canis os rodit, sociari pluribus odit → CHIEN, 12

dum excusare credis, accusas → EXCUSER (S')

dum femina plorat decipere laborat → FEMME, 19

dum fugans canis mingit fugiens lupus evasit → CHIEN, 39

dum herba crescit equus moritur → HERBE, 5

dum spiro, spero → RESPIRER

duo quae maxima putantur onera, paupertatem et senectutem → PAUVRETÉ, 5

duos insequens lepores neutrum capit → LIÈVRE, 3

dura lex, sed lex → LOI, 1

durum et durum non faciunt murum → ²FIN

dux femina facti → FEMME, 4

e fimbria de texto iudicatur → ÉCHANTILLON

Emas non quod opus est, sed quod necesse est. Quod non opus est, asse carum est → SUPERFLU

epistula enim non erubescit → PAPIER, 1

Ergo fungar vice cotis, acutum / Reddere quae ferrum valet exsors ipsa secandi → AIGUILLE, 1

errando discitur → FAUTE, 1

errare humanum est, perseverare diabolicum → ERREUR, 2

est captu facilis turbata piscis in unda → EAU, 10

est quoque cunctarum novitas carissima rerum → NOUVEAU

et vitrum et mulier sunt in discrimine semper → FEMME, 35

etiam capillus unus habet umbram suam → POIL, 5

etiam novo quodam amore veterem amorem tanquam clavo clavum eiiciundum putant → CLOU, 2

ex abundantia cordis enim os loquitur → ABONDANCE, 5

ex alieno tergore lata secantur lora → CUIR

ex fructu cognoscitur arbor → FRUIT, 2

ex ipso remedio vitia nascuntur → REMÈDE, 2

ex malis eligere minima opportere → MAL, 7

ex nihilo nihil fit → RIEN, 2

excelsis multo facilius casus nocet → MONTÉE, 2

exceptio firmat regulam in casibus non exceptis → EXCEPTION

excusatio non petita, accusatio manifesta → EXCUSER (S')

extrema gaudii luctus occupat → JOIE, 5

extremis malis extrema remedia → MAL, 5

extremitates, aequalitates → EXTRÊME

faber est suae quisque fortunae → ARTISAN

fabricando fit faber → FORGERON

Fac si facis → CHOSE, 14

facile omnes quom ualemus recta consilia aegrotis damus → SAIN

Fallaces enim sunt rerum species → APPARENCE, 1

fallaci nimium ne crede lucernae → CHANDELLE, 7

fallacia / alia aliam trudit → MENSONGE, 5

Fallitur augurio spes bona saepe suo → ESPÉRANCE, 2

fama bona lente volat et mala fama repente → NOUVELLE, 1

Fama, malum qua non aliud velocius ullum → NOUVELLE, 1

fas est et ab hoste doceri → ENNEMI, 2

feriunt celsos fulmina colles → PORTE, 1

feriuntque summos / fulgura montes → PORTE, 1

ferrum cudendum est dum candet in igne → FER, 1

ferrum rubigo consumit → ROUILLE

fertilior seges est alienis semper in agris, / vicinumque pecus grandius uber habet → MOISSON, 2

festina lente → HÂTER (SE), 1

figulus figulum invidet → POTIER, 2

finis coronat opus → ¹FIN, 1

fistula dulce canit, volucrem cum decipit auceps → OISEAU, 16

fit puer angelicus daemon veniente senecta → ANGELOT

formicae inest sua bilis → FOURMI, 2

formosa facies muta commendatio est → FILLE, 9

formosa virgo est: dotis dimidium vocant → FILLE, 9

Fors etiam nostris invidit questibus aures → SAGE, 5

fortis fortuna adiuuat → FORTUNE, 4

fortuna caeca est → FORTUNE, 5

fortuna favet fatuis → FORTUNE, 6

fortuna in homine plus quam consilium valet → ONCE

fortuna multis dat nimis, satis nulli → FORTUNE, 3

fortuna obesse nulli contenta est semel → MALHEUR, 12

fortuna vitrea est: tum cum splendet frangitur → ÂNE, 19

fortunam suam quisque parat → ARTISAN

fugit irreparabile tempus → TEMPS, 25

fumum fugiens, in ignem incidi → POÊLE, 4

furor fit laesa saepius patientia → PATIENCE, 4

gallus in suo sterquilinio plurimum potest → COQ, 6

gaudia principium nostri sunt... doloris → PLAISIR, 5

gigni de nihilo nihilum, in nihilum nil posse reverti → RIEN, 2

grata quies post exhaustum solet esse laborem → BESOGNE, 1

gravissimi sunt morsus irritatae necessitatis → NÉCESSITÉ, 3

gravissimum est imperium consuetudinis → HABITUDE

grex totus in agris unius scabie cadit → BREBIS, 9

gutta cavat lapidem, consumitur annulus usu → GOUTTE, 5

gutta fortunae prae dolio sapientiae → ONCE

habenti dabitur → CHAPON, 2

habitus non facit monachum, sed professio regularis → HABIT, 5

heredis fletus sub persona risus est → HÉRITIER, 3

hic iacet lepus → LIÈVRE, 14

Hoc est / Eorum officium, ut mauelis lupos apud ouis quam hos domi / Linquere custodes → BREBIS, 8

Homines amplius oculis quam auribus credunt → TÉMOIN, 1

Homo doctus in se semper divitias habet → SAVOIR

homo homini lupus → LOUP, 11

homo proponit, sed Deus disponit → HOMME, 24

homo sine pecunia est imago mortis → HOMME, 39

homo unius libri → HOMME, 31

honesta mors turpi vita potior → HONNEUR, 6

honestum laedis, cum pro indigno intervenis → MÉCHANT, 3

honoratur arbor ob umbram → ARBRE, 15

honores mutant mores → HONNEUR, 2

honos alit artes → HONNEUR, 4

hostibus fugientibus pontem argenteum exstruendum esse → PONT

Humiles laborant ubi potentes dissident → MULÂTRE

iacta alea est/esto → DÉ

Iam tempus illi fecit aerumnas leves → TEMPS, 22

ieiunus venter non vult cantare libenter → PANSE, 2

ignarus rediit Romam deductus asellus → BÊTE, 4

igne semel tactus timet ignem postmodo cattus → CHAT, 4

ignis aurum probat, miseria fortes viros → OR, 3

ignorantia iuris neminem excusat → LOI, 5

imago animi vultus, indices oculi → ŒIL, 8

impatiens socii est omnis amor → AMOUR, 6

imperat aut servit collecta pecunia cuique → ARGENT, 15

improba vita mors optabilior → HONNEUR, 6

improbe Neptunum accusat, qui iterum naufragium facit → MER, 1

in cauda venenum → QUEUE, 3

in eburna vagina plumbeus gladius → GAINE

in expuentis recidit faciem, quod in caelum expuit → CIEL, 6

in medio stat virtus → VERTU, 3

In melle sunt linguae sitae uostrae atque orationis, / Facta atque corda in felle sunt sita atque acerbo aceto → BOUCHE, 1

in nocte consilium → NUIT, 3

in puteo... veritatem iacere submersam → VÉRITÉ, 4

in venere semper certat dolor et gaudium → AIMER, 2

in vino veritas → VÉRITÉ, 5

In vitium ducit culpae fuga → ENFANT, 8

incertus animus remedium est sapientiae → DOUTE, 2

incidis in Scyllam, cupiens vitare Charybdin → CHARYBDE

inimicum quamvis humilem docti est metuere → ENNEMI, 4

iniuriarum remedium est oblivium → INJURE, 1

inopi beneficium bis dat qui dat celeriter → DONNER, 5

insperata accidunt magis quam speres → IMPRÉVU, 1

inter caecos regnat strabus → AVEUGLE, 3

inter manum et mentum (multa cadunt) → COUPE, 2

inter os et offam multa intervenire posse → COUPE, 2

inter verba et actus magnus quidam mons est → DIT

Interea pleno cum turgit sacculus ore, / crescit amor nummi, quantum pecunia crevit → AVARICE, 1

interior tunica secretorum sit inconscia → CHEMISE, 2

invenit interdum caeca columba pisum → POULE, 12

Invidus alterius macrescit rebus opimis → ENVIEUX

Ipsa dies ideo nos grato perluit haustu / Quod permutatis hora recurrit equis → NOUVEAU

ipsa quidem virtus pretium sibi → VERTU, 2

ira furor brevis est → COURROUX, 3

ira initium insaniae → COURROUX, 3

Irae interueniunt, redeunt rursum in gratiam. / Verum irae si quae forte eueniunt huius modi / Inter eos, rursum si reuentum in gratiam est, / Bis tanto amici sunt inter se quam prius → QUERELLE, 2

irritare canem noli dormire volentem → CHIEN, 20

is ridet qui cras flebit → [1]RIRE, 2

ita di(ui)s est placitum, uoluptatem ut maeror comes consequatur → PLAISIR, 5

Iuppiter ex alto periuria ridet amantum / et iubet Aeolios inrita ferre Notos → AMANT

iuventus, ventus → JEUNESSE, 3

labor omnia vicit / improbus → TRAVAIL, 6

laborare est orare → TRAVAILLER, 3

latet anguis in herba → ANGUILLE, 2

latrante uno, latrat statim et alter canis → CHIEN, 56

laudato vino non opus est hedera → VIN, 3

laus in proprio ore sordescit → LOUANGE, 1

legatus nec cogitur nec violatur → MESSAGER, 2

legem non habet necessitas → NÉCESSITÉ, 7

legere enim et non intellegere neglegere est → LIRE

leonem mortuum et catuli morsicant → LOUP, 14

leonis catulum ne alas → CORBEAU, 2

lex est araneae tela; quia, si in eam inciderit quid debile, retinetur; grave autem pertransit tela rescissa → LOI, 3

lex et regio → PAYS, 2

libenter homines id quod volunt credunt → CROIRE, 2

liberae enim sunt cogitationes nostrae → PENSÉE, 1

ligere et non intelligere est burrigere → LIRE

lignum, quod tortum, haud unquam vidimus rectum → BOIS, 3

litterae non erubescunt → PAPIER, 1

lucri bonus est odor ex re / qualibet → ARGENT, 18

lucrum sine damno alterius fieri non potest → MALHEUR, 6

lucrum unius est alterius damnum → MALHEUR, 6

ludis de alieno corio → MARRON

lupus est homo homini → LOUP, 11

lupus ovium non curat numerum → BREBIS, 2

lupus pilum mutat, non mentem → LOUP, 6

lurida praeterea fiunt quaecumque tuentur arquati → JAUNISSE, 1

magis consiliarius est, quam auxiliarius → CONSEILLER

magis Deus miseri quam beati colunt → NÉCESSITÉ, 1

magis magni clerici non sunt magis sapientes → CLERC, 1

magis magnos clericos non sunt magis magnos sapientes → CLERC, 1

magni fures parvum ducunt → LARRON, 6

Magnificat anima mea Dominum → MAGNIFICAT

maior dolor obscurat minorem → RAGE, 2

mala vicini pecoris contagia laedent → BREBIS, 9

malam herbam non perire → HERBE, 4

male facere qui vult, nunquam non causam invenit → CHIEN, 50

male parta, male dilabuntur → BIEN, 5

male partum, male disperit → BIEN, 5

male secum agit aeger, medicum qui haeredem facit → FOLIE, 1

malesuada Fames → FAIM, 5

mali corvi malum ovum → CORBEAU, 1

malo cani brevis tendatur copula → CHIEN, 6

malo hic esse primus quam Romae secundus → PREMIER, 3

malo si quid benefacias, id beneficium interit → INGRAT, 2

malo soli quam perverso sociari → SEUL, 1

Malum est, malum est, dicit omnis emptor → ACHETER, 2

manus manum lavat → MAIN, 15

maritagia recalefacta → SOUPE, 4

mater artium necessitas → NÉCESSITÉ, 3

matrimonium recalefactum → SOUPE, 4

mature fieri senem, si diu velis senex esse → VIEUX, 2

maximo periculo custoditur, quod multis placet → FEMME, 45

medice, cura te ipsum! → MÉDECIN, 6

mel in ore, fel in corde → BOUCHE, 1

melior canis vivus leone mortuo → CHIEN, 58

melior est amicus in platea quam aurum in cista → AMI, 15

Melior est vicinus iuxta, quam frater procul → VOISIN, 4

melior tutiorque est certa pax, quam sperata victoria → ACCOMMODEMENT

melius duo defendunt retinacula navim → ANCRE

mendacem memorem esse oportet → MENTEUR, 2

mendaci homini, ne verum quidem dicenti, credere solemus → MENTEUR, 4

mens sana in corpore sano → ÂME

mense malas maio nubere → NOCE, 3

mihi heri, et tibi hodie → AUJOURD'HUI, 1

mille vie ducunt hominem per secula Romam → CHEMIN, 7

miserrima est fortuna, quae inimico caret → HOMME, 9

monas numerus esse non dicitur → COMPAGNIE, 2

morbi autumnales, aut longi, aut mortales → FIÈVRE, 1

moriendum enim certe est; et id incertum, an eo ipso die → [1]MORT, 8

morte nihil certius est, nihil vero incerta quam eius hora → [1]MORT, 8

mortui non mordent → [2]MORT, 4

mota quietare, quieta non movere → CHIEN, 20

mula senex fulvis ornatur saepe lupatis → MULE, 1

muliebris lacrima condimentum est malitiae → FEMME, 19

mulier recte olet, ubi nihil olet → FEMME, 56 • PUER

mulier tum bene olet, ubi nihil olet → PUER

mulieribus longam esse caesariem, brevem autem sensum → FEMME, 32

Multa petentibus / desunt multa; bene est cui deus obtulit / parca quod satis est manu → SUFFISANCE

multae manus onus levius reddunt → MAIN, 1

multi enim sunt vocati, pauci vero electi → BEAUCOUP

multi manum palpant, quam amputatam vellent → MAIN, 14

multis rigida quercus domatur ictibus → HOMME, 29

multo quam ferrum lingua atrocior ferit → LANGUE, 11

multos modios salis simul edendos esse, ut amicitiae munus expletum sit → AMI, 18

Munera, crede mihi, capiunt hominesque deosque; / Placatur donis Iuppiter ipse datis → APPORTER

muribus id dapinat quod crastina cura reclinat → BOUCHE, 3

mus cito decipitur, cui tantum rimula scitur → SOURIS

mus debaccatur, ubi cattus non dominatur → CHAT, 20

mus miser est antro qui tantum clauditur uno → SOURIS

mus satur insipidam deiudicat esse farinam → VENTRE, 1

musco lapis volutus haud obducitur → PIERRE, 5

mutuum muli scabunt → ÂNE, 29

nam hospes nullus tam in amici hospitium devorti potest, quin, ubi triduom continuom fuerit, iam odiosus siet → HÔTE, 2

Nam sapiens quidem pol ipsus fingit fortunam sibi → ARTISAN

nam tua res agitur, paries cum proximus ardet → MAISON, 16

nascentes morimur, finisque ab origine pendet → MOURIR, 2

nascimur uno modo, multis morimur → ENTRÉE

nati prudentes sunt qui novere parentes → ENFANT, 9

natura abhorret vacuum → NATURE, 2

natura non facit saltus → NATURE, 4

Natura in operationibus suis non facit saltum → NATURE, 4

natura tamen infirmitatis humanae tardiora sunt remedia quam mala → MALADIE

Naturam expelles furca, tamen usque recurret → NATUREL

ne Hercules quidem adversus duos → ADVERSAIRE

ne Iupiter quidem omnibus placet → PÈRE, 5

ne quid nimis → TROP, 1

ne sutor supra crepidam → CORDONNIER, 1

nec coquus in cultro, nec virgo crine probatur, nec omnis venator est qui cornua sufflat → THYRSE

nec dum repletur saccus persaepe ligatur → SAC, 6

Nec iam validis radicibus haerens, / Pondere tuta suo est → BRANLER

Nec quae praeteriit, iterum revocabitur unda, / Nec quae praeteriit, hora redire potest → TEMPS, 25

necessitas dat legem, non ipsa accipit → NÉCESSITÉ, 5

nemo ad impossibile tenetur → IMPOSSIBLE, 1

nemo debet esse iudex in propria causa → JUGE, 3

nemo enim est tam senex, qui se annum non putet posse vivere → VIEUX, 1

nemo mortalium omnibus horis sapit → SAGE, 1

nemo nascitur artifex → NUL, 1

nemo potest nudo vestimenta detrahere → HOMME, 26

nemo potest duobus dominis servire → MAÎTRE, 6

nemo repente fuit turpissimus → VERTU, 1

nemo sua sorte contentus → FORTUNE, 3

neque imbellem feroces progenerant aquilae columbam → AIGLE, 2

nequitia ipsa sui poena est → VERTU, 4

Nescioquid peccati portat haec purgatio → EXCUSER (S')

nescit vox missa reverti → PAROLE, 13

nihil est ab omni parte beatum → ROSE, 2

nihil humili peius, cum se sors ampliat eius → VILAIN, 8

nihil magis amat cupiditas quam quod non licet → FRUIT, 6

nihil melius muliere bona → FEMME, 11

nihil sub sole novum → HISTOIRE • SOLEIL, 2

nil ait esse prius, melius nil caelibe vita → HOMME, 20

nil vento, sorte, femina infidius → FEMME, 24

nil violentum est perpetuum → VIOLENT

nimia familiaritas parit contemptum → FAMILIARITÉ

Nitimur in vetitum semper, cupimusque negata → FRUIT, 6

Nobilis equus umbra quoque virgae regitur; ignavus ne calcari quidem concitari potest → CHEVAL, 2

nocte latent mendae → CHANDELLE, 1

nocte rubens coelum cras indicat esse serenum → TEMPS, 33

nocumentum, documentum → DOMMAGE, 2

Noli, ut vulgare est proverbium, equi dentes inspicere donati → CHEVAL, 3

non bene cum sociis regna Venusque manent → AMOUR, 6

non bis in idem → PÉCHÉ, 3

non cuivis homini contingit adire Corinthum → CORINTHE

non est spoliandus Petrus ut vestiatur Paulus → SAINT, 18

non est venator quivis per cornua flator → CHASSEUR

non facile solus serves quod multis placet → FEMME, 45

non habet anguillam per caudam qui tenet illam → ANGUILLE, 7

non in solo pane vivit homo → HOMME, 23

Non olet → ARGENT, 18

non omne quod nitet aurum est → OR, 6

Non omnes qui habent citharam sunt citharoedi → THYRSE

non omnia quae vera sunt, recte dixeris → VÉRITÉ, 12

non qui parum habet, sed qui plus cupit, pauper est → HEUREUX, 1

non semper ea sunt quae videntur, decipit / Frons prima multos → APPARENCE, 1

non semper Saturnalia sunt → JOUR, 5

non vivas ut edas, sed edas ut vivere possis → [1]MANGER, 1

non volat in buccas assa columba tuas → COLOMBE, 2

Nonne vides etiam guttas in saxa cadentis / umoris longo in spatio pertundere saxa? → GOUTTE, 5

nosce te ipsum → CONNAÎTRE

Novi ego ingenium viri / Indocile: flecti non potest / frangi potest → PLIER

nuces relinquere → DIEU, 6

nulla fere causa est in qua non femina litem moverit → MALICE, 2

nulla magis constat quam quae precibus empta est → CHER, 1

Nulli nisi ex alterius damno quaestus est → MALHEUR, 6

nullum magnum ingenium sine mixtura dementiae fuit → ESPRIT, 1

nullus est tam tutus quaestus, quam quod habeas parcere → ÉPARGNER, 2

numero deus impare gaudet → NOMBRE

nummus nummum parit → ARGENT, 16

nunc hic dies aliam uitam defert, alios mores postulat → TEMPS, 1

nunquam autem recte faciet, qui cito credit → CROIRE, 1

nunquam exuas te, antequam cubitum eas → DÉPOUILLER (SE)

nunquam periculo sine periculo vincitur → DANGER, 6

nunquam, ubi diu fuit ignis, deficit vapor → FUMÉE, 2

nux, asinus, mulier verbere opus habent → CHEVAL, 7

O di immortales! non intellegunt homines quam magnum vectigal sit parsimonia! → ÉPARGNE, 2

obsequium amicos, ueritas odium parit → VÉRITÉ, 14

occasio aegre offertur, facile amittitur → OCCASION, 2

occasio facit furem → OCCASION, 3

occasionem rapere prudentis est → OCCASION, 2

occidit miseros crambe repetita magistros → CHOU

oculis magis habenda fides quam auribus → TÉMOIN, 1

oculum pro oculo, et dentem pro dente → ŒIL, 13

oculus domini saginat equum → ŒIL, 10

omne ignotum pro magnifico → MENTIR, 1

Omne malum nascens facile opprimitur: inveteratum fit plerumque robustius → MONSTRE

omne trinum est perfectum → TROIS, 2

omnes sibi melius esse malunt, quam alteri → CHARITÉ

omnia flumina intrant in mare → RIVIÈRE, 2

Omnia tempus habent et suis spatiis transeunt universa sub caelo → CHOSE, 2

omnia vincit amor → AMOUR, 9

omnibus bonis in rebus conatus in laude, effectus in casu est → VOLONTÉ, 1

omnis labor optat praemium → PEINE, 7

Optat ephippia bos piger, optat arare caballus → FOU, 5

Optime olere occisum hostem, et melius civem → CADAVRE

Optimum autem et in privatis familiis et in republica vectigal duco esse, parsimoniam → ÉPARGNE, 2

oscitante uno, deinde oscitat alter → BÂILLEUR

osse radicatum raro de carne recedit → OS, 1

Otia corpus alunt; animus quoque pascitur illis → REPOS

otia dant vitia → OISIVETÉ, 2

Pallida Mors aequo pulsat pede pauperum tabernas / regumque turris → ¹MORT, 9

panem et circenses → PAIN, 9

parce sepultis → ²MORT, 8

pares cum paribus facillime congregantur → RESSEMBLER (SE)

parturient montes, nascetur ridiculus mus → MONTAGNE, 3

parvum parva decent → OISEAU, 2

patres comederunt uvam acerbam et dentes filiorum obstupescunt → PÈRE, 4

patria est ubicumque est bene → PAYS, 4

patria mea totus hic mundus est → PAYS, 4

patriae fumus igni alieno luculentior → FUMÉE, 3

pedibus timor addidit alas → PEUR, 2

per aspera ad astra → CROIX, 3

per scelera semper sceleribus tutum est iter → CRIME, 2

periuria ridet amantum / Iuppiter et ventos inrita ferre iubet → AMANT

pira dum sunt matura sponte cadunt → POIRE, 3

piscis... saepe minutos / magnu' comest → POISSON, 4

plures adorant solem orientem quam occidentem → SOLEIL, 7

Pluris est oculatus testis unus quam auriti decem. / Qui audiunt audita dicunt, qui uident plane sciunt → TÉMOIN, 1

plus valet in manibus avis unica fronde duabus → OISEAU, 19

poeta nascitur, orator fit → POÈTE

portam itineri dici longissimam esse → PAS, 2

post coitum omne animal triste → JOIE, 5

post nubila Phoebus → PLUIE, 1

post prandium stabis, post coenam ambulabis → DÎNER, 1

post tres dies piscis vilescit et hospes → HÔTE, 3

posteriores enim cogitationes, ut aiunt, sapientiores solent esse → PENSÉE, 2

potius amicum quam dictum perdidi → MOT, 1

potius sero quam nunquam → TARD, 3

praecedenti spectatur mantica tergo → BOSSU, 3

praemonitus, praemunitus → HOMME, 35

praestat amicitia propinquitati → AMI, 22

praestat cautela quam modela → PRÉVENIR

praeterita mutare non possumus → FAIRE, 3

prima est ne ars videatur → ART, 2

primum nervos belli, pecuniam infinitam, qua nunc eget → ARGENT, 13

pro ratione Deus dispertit frigora vestis → DIEU, 10

proba merx facile emptorem reperit → MARCHANDISE, 1

prona veniti cupidis in sua vota fides → CROIRE, 2

Proprium humani ingenii est odisse quem laeseris → OFFENSEUR

pygmaei gigantum humeris impositi plus quam ipsi gigantes vident → NAIN

Quae belua ruptis, / cum semel effugit, reddit se prava catenis? → RENARD, 19

Quae fuit durum pati, / meminisse dulce est → GRIEF

Quaero igitur cur oleum quod in summo est, vinum quod in medio, mel quod in fundo, optima esse credantur → VIN, 20

quale principium, talis est clausula → COMMENCEMENT, 5

qualis dominus, talis et servus → MAÎTRE, 7

qualis hera tales pedissequae → DAME, 1

quam cara sint bona, homines carendo intelligent → BIEN, 6

quam noceat saepe verum dicere → VÉRITÉ, 12

Quam quisque norit artem, in hac se exerceat ➔ MÉTIER, 1

quam scit uterque, libens, censebo, exerceat artem ➔ MÉTIER, 1

quandoque bonus dormitat Homerus ➔ HOMÈRE

quandoquidem accepto claudenda est ianua damno ➔ ÉCURIE, 1

quanto altior gradus, tanto profundior casus ➔ MONTÉE, 2

quantum oculis, animo tam procul ibit amor ➔ ŒIL, 12

quem di diligunt, adulescens moritur ➔ MEILLEUR

quem fata pendere volunt, non mergitur undis ➔ NOYER

qui amat periculum in illo peribit ➔ DANGER, 2

qui asinum non potest, stratum caedit ➔ ÂNE, 22

qui autem invenit illum [amicum] invenit thesaurum ➔ AMI, 8

qui bene amat bene castigat ➔ AIMER, 5

Qui caret uxore, lite caret atque dolore. / Qui capit uxorem, capit absque quiete dolorem ➔ FEMME, 49

qui cum canibus concumbunt cum pulicibus surgent ➔ CHIEN, 48

qui dat pauperi non indigebit ➔ AUMÔNE

qui desiderat pacem, praeparet bellum ➔ PAIX, 3

qui e nuce nuculeum esse uolt, frangit nucem ➔ NOIX, 1

qui fugit molam farinam non invenit ➔ MEULE, 2

qui gladio ferit gladio perit ➔ ÉPÉE, 3

qui lavat asinum perdit aquam et saponem ➔ TÊTE, 1

qui me amat, amat et canem meum ➔ CHIEN, 42

qui nimis capit parum stringit ➔ EMBRASSER

Qui non est mecum, contra me est ➔ ÊTRE, 4

qui non laborat non manducet ➔ TRAVAILLER, 2

qui non zelat non amat ➔ AMOUR, 11

Qui parcit virgae odit filium suum; qui autem diligit illum instanter irudit ➔ AIMER, 5

qui primus venerit primus molet ➔ MOULIN, 8

qui se ipse laudet, cito derisorem invenit ➔ LOUANGE, 1

qui statuit aliquid parte inaudita altera, / aequum licet statuerit, haud aequus fuit ➔ CLOCHE, 4

qui tacet consentire videtur ➔ MOT, 2

qui tetigerit picem, inquinabitur ab ea ➔ POIX

quid autem vides festucam in oculo fratris, et trabem in oculo tuo non vides? ➔ PAILLE, 3

Quid uis fieri? factum est illud; fieri infectum non potest ➔ FAIRE, 3

quidquid agis, prudenter agas et respice finem ➔ ¹FIN, 3

quidquid conaris, quo pervenias, cogites ➔ ¹FIN, 3

Quidquid delirant reges, plectuntur Achivi ➔ ROI, 11

quisquis amat ranam, ranam putat esse Dianam ➔ CRAPAUD, 2

Quisquis vitam suam contempsit, tuae dominus est ➔ VIE, 6

quo semel est imbuta recens, servabit odorem / testa diu ➔ CAQUE

quod abundat non nocet vitiat ➔ ABONDER

quod ali cibus est aliis fuat acre venenum ➔ MOURIR, 1

quod flumen placidum est, forsan latet altius unda ➔ EAU, 5

quod in corde / animo sobrii, id in lingua ebrii ➔ SOBRE

quod in iuventute non discitur, in matura aetate nescitur ➔ CHIEN, 59

quod non videt oculus cor non dolet ➔ ŒIL, 4

quod nova testa capit, inveterata sapit ➔ BERCEAU

quod senior loquitur, omnes consilium putant ➔ CONSEIL, 3

Quod si deficiant vires, audacia certe / laus erit: in magnis et voluisse sat est ➔ VOLONTÉ, 1

quod tibi fieri nolueris alteri ne feceris ➔ AUTRUI

Quoi homini di sunt propitii, lucrum ei profecto obiciunt ➔ DIEU, 32

Quomodo adulator ab amico internoscatur ➔ CALOMNIER

quoniam non potest id fieri quod uis id uelis quod possit ➔ FAIRE, 14

quoque magis tegitur, tectus magis aestuat ignis ➔ FEU, 9

quos Deus vult perdere, prius dementat ➔ FORTUNE, 7

quos laeserunt et oderunt ➔ OFFENSEUR

quot capitum vivunt, totidem studiorum / millia ➔ GOÛT, 2

quot homines, tot sententiae ➔ TÊTE, 4

quot servi, tot hostes ➔ VALET, 1

rapiamus, amici, occasionem de die ➔ OCCASION, 2

raro antecedentem scelestum / deseruit pede poena claudo ➔ PUNITION

reddite ergo quae sunt Caesaris, Caesari et quae sunt Dei, Deo ➔ CÉSAR

res satis est nota: foetent plus stercora mota ➔ BOUE, 2

responsio mollis frangit iram ➔ PAROLE, 17

rex nunquam moritur ➔ ROI, 6

rex regnat sed non gubernat ➔ ROI, 8

Rides nos, Coracine, nil olentes: / Malo, quam bene olere, nil olere ➔ PUER

risu inepto res ineptior nulla est ➔ ²RIRE

rumor publicus non omnino frustra ➔ FUMÉE, 2

sacra populi lingua est ➔ VOIX

saepe dat una dies, quod totus denegat annus ➔ HEURE, 2

Saepe est etiam sub palliolo sordido sapientia ➔ NOYAU, 1

saeva quidem plures leto gula tradit acerbo / quam gladius ➔ GOURMAND, 2

Sapiens, ut loquatur, multo prius consideret ➔ LANGUE, 3

sapientes portant cornua in pectore, stulti in fronte ➔ SAGE, 5 scientia non habet inimicum praeter ignorantem → SCIENCE, 3

sed credula vitam / Spes fovet et fore cras semper ait melius → DEMAIN, 1

sed me timor ipse malorum / Saepe supervacuos cogit habere metus etc. → CHAT, 4

sed scilicet ultima semper / Exspectanda dies homini est, dicique beatus / Ante obitum nemo supremaque funera debet → HEUR, 1

sed te, mihi crede, memento / nunc in pellicula, Cerdo, tenere tua → ROBE, 1

semper cum dente remanebit lingua dolente → LANGUE, 7

semper flamma fumo est proxuma → FUMÉE, 2

senectus ipsast morbus → VIEILLESSE, 1

senem iuventus pigra mendicum creat → JEUNESSE, 6

sera est in fundo parsimonia → ÉPARGNER, 1

sera tamen tacitis Poena venit pedibus → PUNITION

serit arbores, quae alteri saeculo prosint → ARBRE, 6

sero molunt deorum molae → MEULE, 1

si caput dolet, omnia membra languent → TÊTE, 2

si finis bonum est, totum bonum est → TOUT, 5

si fueris Romae, Romano vivito more; si fueris alibi, vivito sicut ibi → ROME, 3

si herbescit ianuarius, conde triticum → JANVIER, 8

si iuxta claudum habites, subclaudicare disces → BOITEUX, 2

si leonina pellis non satis est, vulpina addenda → PEAU, 3

si mihi perget, quae uolt, dicere ea, quae non uolt, audiet → DIRE, 2

si prestabis, non habebis; si habebis, non tam cito; si tam cito, non tam bonus; si tam bonus, perdes amicum → ENNEMI, 7

si qua voles apte nubere, nube pari → CHACUN, 1

si quis dat mannos, ne quaere in dentibus annos → CHEVAL, 3

si stimulos pugnis caedis, manibus plus dolet → AIGUILLON, 1

si tua das cunctis omnia, multa feres → MOURIR, 6

si vis pacem, para bellum → PAIX, 3

Sic vos non vobis nidificatis avis / Sic vos non vobis vellera fertis oves, / Sic vos non vobis mellificatis apes, / Sic vos non vobis fertis aratra boves → BUISSON, 3

silent enim leges inter arma → ARME, 1

simia est simia, etiamsi purpura vestiatur → SINGE, 6

similia similibus curantur → SEMBLABLE

similibus enim similia gaudent → RESSEMBLER (SE)

simul flare sorbereque haud factu facile est → SOUFFLER

Sine Cerere et Libero friget Venus → FROID, 3

sine verecundia nihil rectum esse potest, nihil honestum → HONTE, 2

sociorum olla male fervet, et ubi semel res inclinata est, amici de medio → AMI, 3

solem suum oriri facit super bonos et super malos → SOLEIL, 5

solet hora, quod multi anni abstulerunt, reddere → HEURE, 4

Somnia ne cures; nam mens humana quod optas, / dum vigilat, sperat per somnum cernit id ipsum → SONGE

speciosae plumae avem speciosam constituunt → PLUME, 3

spiritus quidem promptus est, caro autem infirma → CHAIR, 7

spiritus ubi vult spirat → ESPRIT, 6

stercus cuique suum bene olet → MERDE, 1

Strenuos equos non esse opere defatigandos → CHEVAL, 2

stultorum infinitus est numerus → FOU, 14

sub qua nunc recubas arbore, virga fuit → GLAND

sublata lucerna nihil interest inter mulieres → CHANDELLE, 1

sufficit diei malitia sua → JOUR, 1

sui cuique mores fingunt fortunam → ARTISAN

summum jus, summa injuria → JUSTICE, 1

superanda omnis fortuna ferendo est → DURER

sustine et abstine → SUPPORTER

tam deest avaro quod habet quam quod non habet → AVARE, 4

tarde venientibus ossa → DERNIER, 1

tempori serviendum est → TEMPS, 7

Tempus edax rerum, tuque, invidiosa vetustas, / Omnia destruitis vitiataque dentibus aevi / Paulatim lenta consumitis omnia morte → TEMPS, 14

tempus omnia revelat → TEMPS, 8

Tibi ducitur uxor. / Sparge, marite, nuces → DIEU, 6

tolerabile est semel anno insanire → SAGE, 2

Tota mihi dormitur hiems et pinguior illo / Tempore sum, quo me nil nisi somnus alit → DORMIR, 1

totidem hostes esse quot servos → VALET, 1

trahit sua quemque voluptas → GOÛT, 2

tranquillo... quilibet gubernator est → TEMPS, 5

tres feminae et tres anseres sunt nundinae → FEMME, 54

tria sunt enim quae non sinunt hominem in domo permanere: fumus, stillicidium, et mala uxor → CHOSE, 18

triste est omne animal post coitum, praeter mulierem gallumque → JOIE, 5

tunica propior palliost → CHEMISE, 1

Turpe senex miles, turpe senilis amor → GENDARME, 2

tute hoc intristi, tibi omne exedendum est → FAUTE, 6

ubi dolor ibi digitus → LANGUE, 7

ubi est confessio, ibi est remissio → PÉCHÉ, 4

una hirundo non facit ver → HIRONDELLE

uno pro puncto caruit Martinus Asello → POINT, 1

urticae proxima saepe rosa est → ROSE, 2

Ut desint vires, tamen est laudanda voluntas → VOLONTÉ, 1

ut sementem feceris, ita metes → SEMER, 1

Utendum est aetate; cito pede labitur aetas / Nec bona tam sequitur quam bona prima fuit → AN, 2

uvaque conspecta livorem ducit ab uva → POMME, 9

vana est sine viribus ira → COURROUX, 2

vanitas vanitatum, et omnia vanitas → VANITÉ, 2

varium et mutabile semper femina → FEMME, 52

vas malum non frangitur → POT, 9

vasa inania multum strepunt → TONNEAU

venter auribus caret → VENTRE, 5

venter famelicus auriculis caret → VENTRE, 5

ventum seminabunt et turbinem metent → VENT, 12

Verae amicitiae sempiternae sunt → AMI, 19

verba ligant homines, taurorum cornua funes → BŒUF, 5

verba volant, scripta manent → PAROLE, 9

Verum uetus est uerbum quod memoratur: ubi amici, ibidem opes → AMI, 8

vespere laudatur dies → SOIR, 2

vestis virum facit → HABIT, 4

veterrima quaque, ut ea vina, quae vetustatem ferunt, esse debent suavissimae → AMI, 5

video meliora proboque: / deteriora sequor → FRUIT, 6

vilis aqua, et panis, potus et esca canis → DÎNER, 3

vilis saepe cadus nobile nectar habet → LIQUEUR

vinum et musica laetificat cor → VIN, 8

vinum lac senum → VIN, 9

Vivendi qui recte prorogat horam, rusticus expectat dum defluat amnis → COMMENCEMENT, 4

vivere, mi Lucili, militare est → VIE, 5

vivitur parvo bene → CONTENTEMENT

vix bene et cito → VITE, 2

vix depraedatur lupus in quo rure moratur → RENARD, 18

voluntas bona pro facto est → VOLONTÉ, 1

votior cui multo est cibus → PERLE

vox populi, vox Dei → VOIX

vulpem pilum mutare, non mores → RENARD, 13

vulpes non iterum capitur laqueo → RENARD, 19

vulpinari cum vulpe → RENARD, 5

vultus est index animi → VISAGE, 1

Índice dos provérbios
em outras línguas

1
Alemães

Abendrot, gut Wetter bot; Morgenrot bringt Wind und Kot → ROUGE

Abwechslung stärkt den Appetit → CHANGEMENT, 2

allen Leuten recht getan, ist eine Kunst, die niemand kann → PÈRE, 5

aller Anfang ist schwer → PAS, 2

Almosen geben macht nicht arm → AUMÔNE

alte Krähen sind schwer zu fangen → MERLE

alte Liebe rostet nicht → AMOURS, 6

am Bart des Narren lernt man scheren → BARBE, 1

an der Klaue erkennt man den Löwen → ONGLE

an vielem Lachen erkennt man den Narren → ²RIRE

auf Freud folgt Leid → PLAISIR, 4

Auge um Auge, Zahn um Zahn → ŒIL, 13

Ausnahmen bestätigen die Regel → EXCEPTION

bei Nacht sind alle Katzen grau → NUIT, 4

beredter Gefährte ist so gut wie ein Wagen → COMPAGNON, 3

besser beneidet als bemitleidet → ENVIE, 2

besser ein lebender Hund als ein toter Löne → CHIEN, 58

besser spät als nie → TARD, 3

bissige Hunde haben zerbissene Ohren → CHIEN, 14

Brot und Spiele → PAIN, 9

das Alter ist eine schwere Last → VIEILLESSE, 2

das Kleid macht keinen Mönch → HABIT, 5

das schlimmste Rad am Wagen knarrt am meisten → ROUE, 2

das strengste Recht, das grösste Unrecht → JUSTICE, 1

das Werk lobt den Meister → ŒUVRE, 1

denke viel, rede wenig und schreib' noch weniger → PENSER, 2

der Apfel fällt nicht gerne weit vom Stamm → POMME, 2

der Bauch hat keine Ohren → VENTRE, 5

der Berg hat eine Maus geboren → MONTAGNE, 3

der eine klopft auf den Busch, der andere fängt den Vogel → BUISSON, 3

der Erben Weinen ist heimliches Lachen → HÉRITIER, 3

der Esel geht nur einmal aufs Eis → ÂNE, 30

der Fisch stinkt am Kopf zuerst → POISSON, 3

der Hund ist tapfer auf seinem Mist → CHIEN, 17

der Hunger treibt den Wolf aus dem Walde → FAIM, 4

der Krieg macht einen reich und zehn arm → GUERRE, 6

der Krug geht so lange zum Brunnen bis er bricht → CRUCHE

der Mensch ist des Menschen Wolf → LOUP, 11

der Mönch antwortet wie der Abt singt → MOINE, 1

der Prophet gilt nichts in seinem Vaterland → PROPHÈTE, 2

der Schuster hat die schlechtesten Schuhe → CORDONNIER, 2

der Teufel ist nicht so schwarz, als man ihn malt → DIABLE, 8

der Vater ein Sparer, der Sohn ein Vergeuder → PÈRE, 2

der Würfel ist gefallen → DÉ

des Herrn Auge macht das Pferd fett → ŒIL, 10

des Herrn Fuss düngt den Acker wohl → ŒIL, 9

die Alten werden zweimal Kinder → VIEILLARD, 1

die knarrigen Karren gehen am längsten → POT, 9

die Länge trägt die Last → VOIE, 1

die Toten kehren nicht zurück → ²MORT, 5

drei Weiber und eine Gans machen einen Jahrmarkt → FEMME, 54

Ehre mehrt Kunst → HONNEUR, 4

ein Augenzeuge gilt mehr denn zehn Ohrenzeugen → ŒIL, 20

ein böser Name ist halb gehängt → BRUIT, 4

ein guter Name ist besser als Silber und Gold → RENOMMÉE, 2

ein jeder für sich, und Gott für alle → CHACUN, 4

ein Schuh ist nicht jedem gerecht → SOULIER, 9

ein Ubel ruft das andere → MALHEUR, 11

ein Unglück kommt selten allein → MALHEUR, 12

eine Schwalbe macht keinen Sommer → HIRONDELLE

Eintracht bringt Macht → UNION

Erfahrung ist die Mutter der Wissenschaft → EXPÉRIENCE, 1

es führen viele Wege nach Rom → CHEMIN, 6

es gibt keinen Vorteil ohne Mühe → BIEN, 15

es gibt keine ärgeren Tauben, als die nicht hören wollen → SOURD

es hält ein Schwert das andre in der Scheide → ÉPÉE, 4

es hofft des Mensch, so lang' er lebt → VIE, 7

es ist eine schlechte Maus, die nur ein Loch weiss → SOURIS

es ist nicht alles Gold, was glänzt → OR, 6

es sind nicht alle Köche, die lange Messer tragen → BOURREAU

faule Jugend, lausig Alter → JEUNESSE, 6

Faustspiel, Bauernspiel → JEU, 5

für andre die Kastanien aus dem Feuer holen → MARRON

Furcht macht Beine → PEUR, 2

gebranntes Kind fürchtet das Feuer → CHAT, 4

Gelegenheit macht Diebe → OCCASION, 3

gestohlen Brot schmeckt wohl → PAIN, 19

Gewohnheit wird Recht → USAGE, 6

Glück im Spiel, Unglück in der Liebe → JEU, 4

grosse Diebe hängen die kleinen → LARRON, 6

grosse Fische fressen die kleinen → POISSON, 4

grüne Weihnachten, weisse Ostern → NOËL, 3

Gut macht müssig → ABONDANCE, 2

guter Ruf ist Goldes wert → RENOMMÉE, 2

guter Wein bedarf keines Kranzes → VIN, 3

guter Wein ist der Alten Milch → VIN, 9

Hunger ist die beste Koch/Würze → SAUCE, 1

im Hause des Gehängten sprich nicht vom Strick → CORDE, 6

im Wein liegt die Wahrheit → VÉRITÉ, 5

in Maien gehn Huren und Buben zu Kirchen → NOCE, 3

Jugend muss sich austoben → JEUNESSE, 3

kein Gefängnis ist schön, und keine Braut hässlich → PRISON

kein Geld, keine Musik → ARGENT, 25

kein Toft so schief, er findet seinen Deckel → POT, 6

keine Regel ohne Ausnahme → RÈGLE, 1

kleine Bäche machen einen Strom → RUISSEAU, 2

kleine Vöglein, kleine Nestlein → OISEAU, 18

kräht die Henn' und schweigt der Hahn, ist das Haus gar übel dran → POULE, 2

kurz Gebet, tiefe Andacht → PRIÈRE, 1

leben heisst kämpfen → VIE, 6

Lügen haben kurze Beine → MENSONGE, 3

man soll Eisen schmieden, solange es heiss ist → FER, 1

mancher geht nach Wolle aus und kommt geschoren dann nach Haus → LAINE, 2

mehr sterben vom Frass, denn vom Schwert → GOURMAND, 2

mit Geld, Latein und gutem Gaul kommt einer durch die Welt → FLORIN, 1

mitenfangen, mitenhangen → COMPAGNIE, 6

Morgen ist auch ein Tag → DEMAIN, 1

Müssiggang ist alle Laster Anfang → OISIVETÉ, 2

neue Besen kehren gut → BALAI

nicht vom Brot allein lebt der Mensch → HOMME, 23

nichts Neues unter der Sonne → SOLEIL, 2

niemand ist vor seinem Tode glücklich zu preisen → HEUREUX, 2

niemand kann zugleich blasen und schlucken → SOUFFLER

schlimme Nachrichten sind immer wahr → NOUVELLE, 2

schmutzige Wäsche soll man zuhause waschen → LINGE

Schuster, bleib bei deinen Leisten! → CORDONNIER, 1

schwarze Kühe geben auch weisse Milch → GÉLINE, 2

sieht doch die Katz den Kaiser an → CHIEN, 57

singe nicht Viktoria, bevor der Sieg erfochten ist → TRIOMPHE

so manches Land, so manche Sitte → PAYS, 2

so viele Köpfe, so viel Sinne → TÊTE, 4

Träume sind Schäume → SONGE

unrecht Gut hat kurze Währ' der dritte Erbe sieht's nicht mehr → HÉRITIER, 4

viel Geschrei und wenig Wolle → BRUIT, 2

viele Hände machen bald ein Ende → MAIN, 1

viele Köche verderben den Brei → CUISINIER

von der Hand bis zum Mund verschüttet man die Suppe → MAIN, 2

Wahrheit bringt Hass → VÉRITÉ, 14

wände haben Ohren → MUR, 1

was der Mensch sät, das wird er ernten → SEMER, 1

wem das Glück pfeift, der tanzet wohl → FORTUNE, 2

wem die Sonne scheint, der fragt nicht nach den Sternen → SOLEIL, 8

wenn die Katze aus dem Hause ist, springen die Mäuse über Tische und Bänke → CHAT, 20

2
*Espanhóis**

a barba de necio aprenden todos a rapar → BARBE, 1

a boda ni bautizado no vayas sin ser llamado → NOCE, 2

a buen hambre no hay falta salsa → SAUCE, 1

a buen hambre no hay pan duro, ni falta salsa a ninguno → FAIM, 1

a caballo nuevo, jinete viejo → CHEVAL, 4

a caballo que se empaca, darle estaca → CHEVAL, 5

a caballo regalado, no le mires el diente → CHEVAL, 3

a cada día le basta su pena → JOUR, 1

a cada necio agrada su porrada → FOU, 1

a cada parte hay tres leguas de mal camino → PAYS, 3

a cada puerco le llega su San Martín → PORC

a carne de lobo, diente de perro → CHAIR, 1

a chico pajarillo, chico nidillo → OISEAU, 2

a consejo de ruin, campana de madera → CONSEIL, 1

a dos pardales en una espiga, nunca hay liga → MOINEAU, 1

a enemigo que huye, puente de plata → PONT

a falta de olla, bueno es pan y una cebolla → CHAPON, 1

a falta de pan, buenas son tortas → PAIN, 8

a falta de vaca, buenos son pollos con tocino → GRIVE

a gato viejo, pollo nuevo/(rata tierna) → CHAT, 24

a gran salto, gran quebranto → CHOIR

a grandes males, grandes remedios → MAL, 5

a hambre no hay pan duro → VIANDE, 2

a la gallina apriétale el puño y apretarte va el culo → POULE, 11

a la hambre no hay mal pan → VIANDE, 2

a la hija casada sálennos yernos → FILLE, 16

a la luz de la vela no hay mujer fea → CHANDELLE, 1

a la muerte no hay cosa fuerte → ¹MORT, 2

a la mujer barbuda, de lejos se la saluda → FEMME, 10

a la olla que hierve, ninguna mosca se atreve → MARMITE, 1

a la vasija nueva dura el resabio de lo que se echó en ella → CAQUE

a las veces dormita el buen Homero → HOMÈRE

a las veces mal perro roye buena coyunda → CHIEN, 52

a luengas vías, luengas mentiras → MENTIR, 1

a mal nudo, mal cuño → BOIS, 1

a más prisa, más vagar → HÂTE, 2

a muertos y a idos no hay amigos → HOMME, 38

a mocedad ociosa, vejez trabajosa → JEUNESSE, 6

a padre guardador, hijo gastador → PÈRE, 2

a palabras necias, oídos sordos → PAROLE, 1

a pan de quince días, hambre de tres semanas → PAIN, 2

a pan duro, diente agudo → PAIN, 3

a perro flaco, todas son pulgas → CHEVAL, 6

a puerta cerrada, el diablo se vuelve → PORTE, 4

a quien Dios quiere bien, la perra le pare puercos → FORTUNE, 1

a raposo durmiente, no le amanece la gallina en el vientre → RENARD, 2

a tal casa, tal aldaba → MAISON, 2

a tal señor, tal servidor → MAÎTRE, 7

a ti te lo digo, hijuela, entiéndelo tú, mi nuera → SAC, 10

a todo hay remedio, sino a la muerte → REMÈDE, 1

afeita un cepo, parecerá mancebo → BÂTON, 2

afortunado en el juego, desgraciado en amores → JEU, 4

agua de por San Juan, quita vino y no da pan → EAU, 8

---

* Observam-se as normas de alfabetação universal, de acordo com a decisão do X Congreso de la Asociación de Academias de la Lengua Española, abril de 1994.

agua pasada no muele molino → MOULIN, 4

agua que corre, nunca mal coge → EAU, 3

al arbolito, desde chiquito → MONSTRE

al buen consejo no se halla precio → AVIS, 3

al buen entendedor pocas palabras → ENTENDEUR, 1

al buey, por el cuerno; y al hombre, por la palabra →
BŒUF, 5

al cruel, serlo con él → MALIN

al desdichado, las desgracias lo buscan →
MALHEUREUX, 4

al fin loa a la vida y a la tarde loa al día → SOIR, 1

al hombre harto las cerezas le amargan → PIGEON, 2

al hombre osado, la fortuna le da la mano →
FORTUNE, 4

al mal capellán mal sacristán → CHAPELAIN, 2

al más ruin puerco, la mejor bellota → CHIEN, 52

al médico, confesor y letrado, hablarles claro →
MÉDECIN, 1

al mejor cazador se le va la liebre → PÊCHEUR

al mentiroso le conviene ser memorioso →
MENTEUR, 2

al ojo con el codo → ŒIL, 2

al postrero muerde el perro → DERNIER, 6

al que Dios no le da hijos, el diablo le da sobrinos →
DIEU, 4

al que no tiene, el rey lo hace libre → ROI, 10

al tomar mujer un viejo, o tocan a muerto o a cuerno
→ VIEUX, 4

al vientre, todo lo que entre → VENTRE, 3

al villano no le hagas bien, que es perdido; ni mal, que
es pecado → VILAIN, 5

alevia el trabajo del camino el compañero elocuente →
COMPAGNON, 3

allá nos veremos en el corral de los pellejeros →
RENARD, 7

allá va la lengua, do duele la muela → LANGUE, 7

amantes, amentes → AFFECTION

amigo reconciliado, enemigo doblado → AMITIÉ, 4

amistad de yerno, sol de invierno → AMITIÉ, 1

amor y señoría no quieren compañía → AMOUR, 6

anda, malo, tras tu hermano → MALHEUR, 12

antes pillan al mentiroso que al cojo → MENTEUR, 3

año de nieves, año de bienes → ANNÉE, 1

aquel que celos no tiene, no tiene amor verdadero →
AMOUR, 11

aquella ave es mala, que en su nido caga → OISEAU, 21

arco siempre armado, o flojo o quebrado → ARC, 1

arreboles de la mañana, a la noche son con agua, y
arreboles de la noche a la mañana son con sol →
ROUGE

aunque la mona se vista de seda, mona se queda →
SINGE, 6

aunque la traición place al traidor se aborrece →
TRAHISON, 2

aunque muda el pelo la raposa, su natural no despoja
→ RENARD, 13

aunque tu seas mucho mayor, no menosprecies al
enemigo menor → ENNEMI, 4

boca de miel, corazón de hiel → BOUCHE, 1

boda en mayo, qué fallo → NOCE, 3

botas y gabán encubren mucho mal → GANT

buen amigo es el gato, sino que rasguña → MULE, 3

buen principio, la mitad es hecho →
COMMENCEMENT, 4

buena olla y mal testamento → CUISINE, 2

buey viejo, surco derecho → BŒUF, 11

burlando se dicen las verdades → VÉRITÉ, 9

caballo que vuela no quiere espuela → CHEVAL, 2

cabello largo, meollo corto → CHEVEU, 1

cabello luengo, y corto el seso → CHEVEU, 1

cada buhonero alaba sus cuchillos → MERCIER, 2

cada cabello hace su sombra en el suelo → POIL, 5

cada cosa en su tiempo, y los nabos, en adviento →
CHOSE, 2

cada cuba huele al vino que tiene → VIN, 17

cada día gallina, amarga la cocina → RAGOÛT

cada gallo canta en su muladar → COQ, 6

cada gusto cuesta un susto → PLAISIR, 5

cada loco con su tema → FOU, 1

cada oveja con su pareja → RESSEMBLER (SE)

cada puerta anda bien en su quicio, y cada uno en su
oficio → MÉTIER, 2

cada uno arrima el ascua a su sardina → SAINT, 14

cada uno lleva un loco en la manga → FOU, 4

cada uno para si, y Dios para todos → CHACUN, 4

cada uno quiere llevar el agua a su molino, y dejar en
seco el del vecino → EAU, 2

cada uno sabe donde le aprieta el zapato → SOULIER, 2

calumnia, que algo queda → CALOMNIER

cara de beato, y uñas de gato → CHÈRE, 2

casa a tu hija como pudieres, y a tu hijo como
quisieres → FILS, 1

casa hecha y mujer por hacer → MAISON, 13

casa perdida, donde calla el gallo y canta la gallina →
POULE, 2

casa vieja, toda es goteras → MAISON, 7

casamiento, cansamiento, y el arrepentimiento en su
seguimiento → MARIER (SE), 2

cedazuelo nuevo tres días en estaca → BALAI

cerca de la iglesia, lejos de Dios → ÉGLISE, 2

cerco de luna, agua en laguna → LUNE, 3

cierra tu puerta, y loa tus vecinos → VOISIN, 1

cobra buena fama y échate a dormir → RENOMMÉE, 1

cojera de perro y llanto de mujer no hay que creer →
PLEUR, 2

como canta el abad, así responde el sacristán →
MOINE, 1

como sembraredes cogeredes → SEMER, 1

con ajena mano sacar la culebra del horado →
MARRON

con el tiempo y la paja se maduran los nísperos →
TEMPS, 2

con hermosura sola no se pone la olla → BEAUTÉ, 10

con las glorias se olvidan las memorias → HONNEUR, 3

con latín, rocín y florín andarás el mundo → FLORIN, 1

el buen suceso disculpa la temeridad → ¹FIN, 5

el casado casa quiere → MARIAGE, 1

el cerdo y el avariento sólo dan un día bueno → AVARE, 2

el consejo de la mujer es poco, y el que no lo toma es loco → AVIS, 2

el dar limosna nunca mengua la bolsa → AUMÔNE

el diablo, harto de carne, se metió fraile → DIABLE, 17

el diablo sabe mucho, porque es viejo → DIABLE, 10

el diablo se está riendo → DIABLE, 3

el dinero es bueno para siervo, pero malo para amo → ARGENT, 15

el envidioso enflaquece de lo que a otro engorda → ENVIEUX

el favo es dulce, mas pica la abeja → MIEL, 2

el gato escaldado del agua fría huye → CHAT, 4

el hacer bien a villanos es echar agua en la mar → INGRAT, 2

el hambre echa al lobo del monte → FAIM, 4

el hambre es mala consejera → FAIM, 5

el harto del ayuno no tiene duelo → PANSE, 4

el hombre es el lobo del hombre → LOUP, 11

el hombre es fuego; la mujer, estopa; llega el diablo y sopla → HOMME, 18

el hombre no vivirá de solo pan → HOMME, 23

el honor sostiene las artes → HONNEUR, 4

el huésped y la pesca, a los tres días apestan → HÔTE, 3

el joven puede morir, pero el viejo no puede vivir → JEUNE, 2

el juego, la mujer y el vino sacan al hombre de tino → JEU, 6

el llanto del heredero, risa es so el capelo → HÉRITIER, 3

el lobo y la vulpeja, ambos son de una conseja → LOUP, 8

el mal ajeno, de pelo cuelga → MAL, 13

el mal entra a brazadas y sale a pulgaradas → MAL, 12

el mal llama al mal → MALHEUR, 11

el mejor nadador es del agua → NAGEUR, 1

el mejor pan es el que nos dan → TABLE, 1

el mentir pide memoria → MENTEUR, 2

el miedo abulta las cosas → PEUR, 4

el mundo es un pañuelo → MONDE, 6

el ojo del amo engorda al caballo → ŒIL, 10

el ojo no se ve a sí, y ve a otro → ŒIL, 14

el orín roe el hierro → ROUILLE

el papel todo lo aguanta; hasta que se limpien con él → PAPIER, 1

el pensar no tiene alcabala → PENSÉE, 1

el perro del hortelano ni come, ni deja comer a su amo → CHIEN, 31

el perro viejo no ladra a tocón → CHIEN, 27

el pie del dueño estiércol es para la heredad → ŒIL, 9

el poeta nace, no se hace → POÈTE

el que escucha, su mal oye → PORTE, 6

el que desalaba la yegua, ése la merca → MULE, 5

el que hace un cesto, hará ciento, si tiene mimbres y tiempo → PANIER, 2

el que mire la mota en el ojo ajeno, que vea la viga en el suyo → PAILLE, 3

el que nace para octavo, nunca llega a cuarto → PAIN, 5

el que no puede morder, que no enseñe los dientes → DENT, 6

el que no tenga cabeza, que tenga pies → TÊTE, 9

el que no trabaja, no come → TRAVAILLER, 2

el que pregunta, no yerra → DEMANDER, 1

el que rompe, paga → VERRE, 1

el que se excusa, se acusa → EXCUSER (S')

el rosario al cuello, y el diablo en el cuerpo → ROSAIRE, 16

el saco vacío no puede mantenerse en pie → SAC, 12

el sano al doliente su regla le mete → SAIN

el sañudo este don no puede tener, que a Dios y a los hombres quiera complacer → PÈRE, 5

el sermón y el salmón, en la Cuaresma tienen sazón, y después non → SAUMON

el sol me luzca, que de la luna no he cura → SOLEIL, 8

el tonel vacío mete más ruido → TONNEAU

el uso hace maestro → USAGE, 2

el vaso malo nunca se cae de la mano → POT, 9

el vientre ayuno non oye a ninguno → VENTRE, 5

el zapatero, juzgue de su oficio y deje el ajeno → CORDONNIER, 1

en abril no quites fil → AVRIL, 6

en boca cerrada no entra mosca → BOUCHE, 7

en cada tierra, su uso → PAYS, 2

en casa de ahorcado no se ha de mentar la soga → CORDE, 6

en casa del gaitero, todos son danzantes → MAISON, 5

en casa del herrero, cuchillo de palo → CORDONNIER, 2

en el peligro mayor se muestran los corazones valerosos → DANGER, 1

en el vino está la verdad → VÉRITÉ, 5

en esta vida caduca, el que no trabaja no manduca → TRAVAILLER, 2

en la boca del mentiroso, el cierto se hace dudoso → MENTEUR, 4

en la guerra, como en la guerra → GUERRE, 1

en la mesa de San Francisco, donde comen cuatro, comen cinco → TROIS, 1

en las grandes desgracias, faltan las lágrimas → DOULEUR, 3

en lo amargo está lo sano → BOUCHE, 4

en luengo camino paja pesa → VOIE, 1

en nombrando al ruin de Roma, por la puerta asoma → LOUP, 15

en río quedo no pongas el dedo → EAU, 5

en teniendo yo los pies calientes, la cabeza seca, y el culo corriente, no necesito al Protomedicato → PIED, 11

enmudecen las leyes con el estrépito de las armas → ARME, 1

enojo sin poder es flojo → COURROUX, 2

la luz después de las tinieblas → PLUIE, 1

la manzana podrida pierde a su compañía → POMME, 9

la mentira no tiene pies → MENSONGE, 3

la mujer, cuanto más mira la cara, tanto más destruye la casa → FILLE, 5

la mujer hace al hombre → FEMME, 3

la mujer trocó el seso por el cabello → FEMME, 32

la mujer y la gallina por andar se pierden aína → FEMME, 34

la necesidad es madre de la industria → NÉCESSITÉ, 3

la necesidad hace a la vieja trotar → BESOIN, 1

la ocasión hace al ladrón → OCCASION, 3

la ocasión la pintan calva → OCCASION, 2

la ociosidad es madre de todos los vicios → OISIVETÉ, 2

la oración breve sube al cielo → PRIÈRE, 1

la palabra blanda rompe la ira → PAROLE, 17

la palabra es de plata, el silencio es de oro → PAROLE, 4

la palabra y la piedra suelta no tienen vuelta → PAROLE, 13

la pared oye y ve → MUR, 1

la pasión tapa los ojos a la razón → AFFECTION

la peor rueda del carro es siempre la que más rechina → ROUE, 2

la pereza es llave de la pobreza → PARESSEUX, 2

la perseverancia toda cosa alcanza → ENDUREUR

la pobreza atropella a la honra → PAUVRETÉ, 2

la propia vejez es enfermedad → VIEILLESSE, 1

la suerte está echada → DÉ

la unión hace la fuerza → UNION

la vejez es una segunda niñez → VIEILLARD, 1

la venganza es mui sabrosa → VENGEANCE, 2

la verdad adelgaza y no quiebra, y siempre anda sobre la mentira, como el aceite sobre el agua → VÉRITÉ, 3

la verdad engendra odio → VÉRITÉ, 14

la vida del hombre es batalla sobre la tierra → VIE, 6

la víspera de la fiesta vale más que ésta → PÂQUES, 2

la zorra mudará los dientes, mas no las mientes → RENARD, 13

las lágrimas del heredero son risas encubiertas → HÉRITIER, 3

las malas nuevas siempre son ciertas → NOUVELLE, 2

las manos del oficial, envueltas en cendal → MAIN, 8

las palabras son hembras; los hechos, varones → PAROLE, 10

las palabras vuelan, y lo escrito permanece → PAROLE, 9

las paredes tienen oídos → MUR, 1

las piedras son piedras y se topan, cuanto más las personas → MONTAGNE, 2

las precauciones y el caldo de gallina a nadie perjudican → PRÉCAUTION, 1

las ratas abandonan el barco que se hunde → RAT, 2

las riñas de los amantes son la renovación del amor → QUERELLE, 2

leer y no entender es mirar y no ver → LIRE

lluvia de febrero, el mejor estercolero → PLUIE, 6

lo mejor es enemigo de lo bueno → MIEUX, 2

lo ordenado en el cielo por fuerza se ha de cumplir en el suelo → ÊTRE, 1

lo que de uno es desechado, es de otro deseado → NUL, 2

lo que el niño oyó en el hogar, eso dice en el portal → ENFANT, 1

lo que en la leche se mama, en la mortaja se derrama → LAIT, 1

lo que es bueno para el hígado es malo para el bazo → FOIE

lo que es violento no puede durar → VIOLENT

lo que se aprende con bragas, no se olvida con canas → JEUNESSE, 1

lo que se aprende en la cuna, siempre dura → BERCEAU

lo que sin tiempo madura, poco dura → SAISON, 1

lo que todos dicen, o es, o quiere ser → CRI

loca es la oveja que al lobo se confiesa → BREBIS, 6

locura tras locura la mocedad madura → JEUNESSE, 3

los duelos, con pan son menos → PEINE, 5

los extremos se tocan → EXTRÊME

los grandes ladrones ahorcan a los menores → LARRON, 6

los griegos pagan las locuras de sus reyes → ROI, 11

los locos dan banquetes para los cuerdos → FOU, 15

los niños y los locos dicen las verdades → VÉRITÉ, 8

los novios son como los moncos: vanse unos, vienen otros → UN, 4

los números ímpares son gratos a los dioses → NOMBRE

los peces mayores se tragan los menores → POISSON, 4

los placeres son por onzas; los pesares, por arrobas → PLAISIR, 6

los placeres suelen ser vísperas de lágrimas → PLAISIR, 4

los reyes han los brazos largos → ROI, 9

los trapos sucios se lavan en casa → LINGE

los últimos son los primeros → DERNIER, 5

luna que amarillea, agua otea → LUNE, 3

machacar en hierro frío, tiempo y trabajo perdido → FER, 1

madrasta, madre áspera, ni de cera ni de pasta → MARÂTRE

madre piadosa cría hija merdosa → MÈRE, 3

magra olla y gordo testamento → CUISINE, 3

mal me quieren mis comadres porque les digo las verdades → VÉRITÉ, 12

mal va el enfermo que nombra a su médico heredero → FOLIE, 1

marzo ventoso y abril lluvioso, sacan a mayo florido y hermoso → MARS, 4

más cerca está la camisa de la carne que el jubón → CHEMISE, 1

más dura la memoria de las injurias recibidas que la de los beneficios → BIENFAIT, 1

más es el ruido que las nueces → BRUIT, 2

no hay mal que por bien no venga → MALHEUR, 1

no hay mejor bocado que el hurtado → PAIN, 19

no hay mejor desprecio que no hacer aprecio → INJURE, 1

no hay mejor espejo que el amigo viejo → MIROIR

no hay miel sin hiel → MIEL, 5

no hay olla tan fea que no halle su cobertera → POT, 6

no hay peor ciego que el que no quiere ver → AVEUGLE, 4

no hay peor enemigo que el de casa → ENNEMI, 3

no hay peor enemigo que el que vive conmigo → ENNEMI, 3

no hay peor sordo que el que no quiere oír → SOURD

no hay refrán que no sea verdadero → PROVERBE

no hay regla sin excepción → RÈGLE, 1

no hay rosas sin espinas → ROSE, 2

no hay secreto que tarde o temprano no sea descubierto → NEIGE, 1

no hay tal razón como la del bastón → RAISON, 1

no hay tal señal de agua como oír cantar las ranas → CRAPAUD, 1

no prestes libro o caballo, ni la mujer ni el reló, que los pierdes de seguro o te nace un cornalón → ÉPÉE, 1

no sabe mandar quien no sabe obedecer → OBÉIR

no se cogen truchas a bragas enjutas → CHAT, 15

no se ganó Zamora en una hora(, ni Roma se fundó luego toda) → ZAMORA

no se hizo la miel para la boca del asno → MIEL, 3

no se pescan truchas a bragas enjutas → CHAT, 15

no se puede hacer tortilla sin romper huevos → OMELETTE

no se puede repicar y andar a la procesión → CLOCHE, 3

no seáis hornera, si tenéis la cabeza de manteca → BOULANGER, 2

no son frailes todos los que traen capilla → SAINT, 28

no todos los hombres comen la caza que matan → LIÈVRE, 1

no todos los que llevan espuelas tienen caballo → CHEVALIER, 3

nunca amor se engendró sin celos → AMOUR, 11

nunca falta un perdido para un mal hallado → MARMITE, 3

nunca falta un roto para un descosido → MARMITE, 3

nunca llovió que no escampase → ORAGE

obra empezada, media acabada → COMMENCEMENT, 4

oficial de mucho, maestro de nada → MÉTIER, 9

oír, ver y callar son cosas de gran preciar → OUÏR

ojo por ojo, diente por diente → ŒIL, 13

ojos que no ven, corazón que no siente → ŒIL, 4

olla de muchos, mal mejida y peor cocida → CUISINIER

oro es lo que oro vale → OR, 5

otros tiempos, otras costumbres → TEMPS, 1

oveja que bala, bocado pierde → BREBIS, 5

ovejas bobas, por do va una, van todas → BREBIS, 13

pájaro viejo no entra en jaula → MERLE

palo compuesto no parece palo → BÂTON, 2

pan a hartura, vino a mesura → PAIN, 20

pan ajeno caro cuesta → PAIN, 10

pan tierno y leña verde, la casa pierden → FARINE, 3

pan y toros → PAIN, 9

para el mal oficial no hay herramienta buena → OUVRIER, 2

para quien roba un reino, la gloria; para quien hurta un burro, la horca → PAIN, 26

parientes, las muelas y los dientes → PARENT, 2

parieron los montes, y nació un ratoncito ridículo → MONTAGNE, 3

partir es morir un poco → PARTIR

pecado callado, medio perdonado → PÉCHÉ, 5

penas contadas, penas aliviadas → MALHEUREUX, 5

peor es el remedio que la enfermedad → REMÈDE, 2

pequeños regalos conservan la amistad → CADEAU

¿perdices, todos los días, a quién no cansarían? → RAGOÛT

perro ladrador, nunca buen mordedor → CHIEN, 15

pez viejo no traga el anzuelo → SINGE, 2

piedra movediza, no la cubre el musgo → PIERRE, 5

piensa el ladrón que todos son de su condición → LARRON, 4

piensa mucho, habla poco y escribe menos → PENSER, 2

pierde el lobo los dientes, mas no las mientes → LOUP, 6

pobre con rica casado, más que marido, es criado → FEMME, 51

pobreza no es vileza, mas deslustra la nobleza → PAUVRETÉ, 6

poca hiel hace amarga mucha miel → FIEL

poco a poco, van a lejos; y corriendo, a mal lugar → PAS, 3

poner toda la carne en el asador es grande error → ŒUF, 4

por conservar amistad, pared en medio → BORNE

por donde salta la cabra, salta el chivo → BREBIS, 13

por el canto se conoce el pájaro → CHANT

por el hilo se saca el ovillo → FIL, 2

por grande que sea el barco, se lo traga el charco → TERRE, 3

por la Candelera está el invierno fuera; si nevó o quiere nevar, el invierno por pasar → CHANDELEUR, 1

por la prueba se conoce al amigo → MALHEUR, 5

por las uñas se descubre al león → ONGLE

por miedo de gorriones no se deja de sembrar cañamones → PIGEON, 1

por San Martín bebe el buen vino, y deja el agua para el molino → SAINT, 3

por Santa Lucía, mengua la noche y crece el día → SAINT, 7

por un clavo se pierde una herradura → CLOU, 1

primero es la carne que la camisa → CHAIR, 8

pronto y bien, rara vez juntos se ven → VITE, 2

rey, río y religión, tres malos vecinos son → SEIGNEUR, 7

ríe mejor quien ríe el último → DERNIER, 8

rogar al santo, hasta pasar el tranco → PÉRIL, 2

saltar de la sartén y dar en las brasas → POÊLE, 4

San Matías, marzo al quinto día, entra el sol por las umbrías, y calienta las aguas frías → SAINT, 5

se muere el rey, el papa, el duque y el prior de Guadalupe → VIANDE, 4

secreto de dos, sábelo Dios; secreto de tres, toda res → SECRET

según es el santo son las cortinas → SAINT, 8

según es el viento, tal es el tiento → VENT, 14

según se hace uno la cama, así se acuesta → LIT, 1

sermón, discurso y visita, media horita → SERMON

si el prior juega a los naipes, ¿qué harán los frailes? → ABBÉ, 3

si entre burros te ves, rebuzna alguna vez → LOUP, 3

si es de oro la ganzúa, no hay cerradura segura → ARGENT, 22

si la píldora bien supiera, no la doraran por de fuera → PILULE, 2

si no fuera por el "si" y por el "pero", ¿quién no tendría dinero? → SI, 2

si no hubiera encubridores, no habría ladrones → RECELEUR, 2

si quieres aprender a orar, entra en la mar → MER, 4

si quieres asegurar la paz, prepárate para la guerra → PAIX, 3

si quieres ser bien servido, sírvete a ti mismo → SERVIR

si quieres vivir sano, hazte viejo temprano → VIEUX, 2

si tu enemigo es una hormiga, cátalo como a un camello → FOURMI, 2

si tu mujer quiere que te eches de un tejado abajo, pídele a Dios que sea bajo → FEMME, 2

siempre la horca lleva lo suyo → GIBET, 1

siempre quiebra el hilo por lo más fino → FIL, 1

sin Ceres y Baco, Venus se enfría → FROID, 3

sin razón se queja del mar quien otra vez navega → MER, 1

sobre gustos no hay nada escrito → GOÛT, 3

sobre un buen cimiento se puede levantar un buen edificio → FONDEMENT

sólo has de fiar del que comió contigo una fanega de sal → AMI, 18

soplar y sorber, no puede ser → SOUFFLER

tabaco, vino y mujer, echan al hombre a perder → FEMME, 15

tal amo, tal criado → MAÎTRE, 7

tan presto se va el cordero, como el carnero → VEAU, 1

tantas veces va el cántaro a la fuente que alguna se quiebra → CRUCHE

tanto peca el que roba en la huerta como el que guarda a la puerta → SAC, 1

tantos criados, tantos enemigos → VALET, 1

tañendo cencerros no se cogen liebres ni conejos → LIÈVRE, 11

tenga el juez una oreja para el demandante, y la otra, para la otra parte → CLOCHE, 4

teta y sopa no caben en la boca → SOUFFLER

toda ciencia es locura si el buen seso no la cura → SCIENCE, 1

toda comparación es odiosa → COMPARAISON, 2

todas las medallas tienen su reverso → MÉDAILLE

todo camino va a Roma → CHEMIN, 7

todo en el mundo tiene fin, hasta los higos del cofín → AUNE, 1

todos los comienzos son lentos → PAS, 2

toma el primer consejo de tu mujer; el segundo, no → CONSEIL, 7

tópanse los hombres, y no los montes → MONTAGNE, 2

tras de cornudo, apaleado → BATTU

tres mudanzas equivalen a un incendio → DÉMÉNAGEMENT

tres mujeres y un ganso hacen un mercado → FEMME, 54

tripa vacía, corazón sin alegría → PANSE, 2

tu camisón no sepa tu intención → CHEMISE, 2

tú que riendo estás, mañana llorarás → [1]RIRE, 2

un buen bostezador hace bostezar a dos → BÂILLEUR

un clavo saca otro clavo → CLOU, 2

un hombre ocioso es la oreja del diablo → TÊTE, 15

un lobo a otro no se muerden → LOUP, 10

un loco hace (un) ciento → FOU, 24

una cara hermosa lleva en si secreta recomendación → FILLE, 9

una golondrina no hace verano → HIRONDELLE

una mano lava la otra, y ambas a la cara → MAIN, 15

uno levanta la caza, y otro la mata → LIÈVRE, 1

uno piensa el bayo, y otro el que lo ensilla → ÂNE, 4

uno siembra, otro coge → SEMER, 5

vale más callarse que hablar → TAIRE (SE), 1

veinte con sesenta, o sepultura o cornamenta → VIEUX, 4

vejez, mal deseado es → VIEUX, 1

vieja que baila, mucho polvo levanta → VIEILLE

viento, mujer y fortuna, mudables como la luna → FEMME, 24

viento y ventura, poco dura → VENT, 7

vino que es bueno, no ha menester pregonero → VIN, 3

vino sacado hay que beberlo → VIN, 14

virtud con hermosura, poco dura → FILLE, 1

voz del pueblo, voz de Dios → VOIX

voz del pueblo, voz del cielo → VOIX

y los sueños, sueños son → SONGE

ya se murió el emprestar, que lo mató el mal pagar → CRÉDIT

zapatero, a tu zapato! → CORDONNIER, 1

3
Italianos

a buon intenditor poche parole → ENTENDEUR, 1

a can che lecca cenere, non gli fidar farina → FARINE, 5

a cani magri, mosche ingorde → CHEVAL, 6

a carne di lupo, dente/zanne di cane → CHAIR, 1

a cattivo cane, corto legame → CHIEN, 6

a cattivo lavoratore, ogni zappa dà dolore → OUVRIER, 2

a caval donato non si guarda in bocca → CHEVAL, 3

a Cesare quel ch'è di Cesare, a Dio quel ch'è di Dio → CÉSAR

a chi ha fortuna, il bue gli fa un vitello → FORTUNE, 1

a chi ha, sarà dato → RICHE, 4

a chi il Signore non dà figlioli, il diavolo dà nipoti → DIEU, 4

a goccia a goccia si scava la pietra → GOUTTE, 5

a granello a granello s'empie lo staio e si fa il monte → GRAIN, 5

a legno duro, accetta tagliente → BOIS, 1

a lunga corda tira, chi morte altrui desira → CORDE, 2

a mali estremi, estremi rimedi → MAL, 5

a nave malconcia, ogni vento è contrario → NAVIRE

a nemico che fugge, ponti d'oro → PONT

a nessuno piovono le lasagne in bocca → COLOMBE, 2

a padre avaro, figliuol prodigo → PÈRE, 2

a parole lorde, orecchie sorde → PAROLE, 1

a quattrino su quattrino si fa il fiorino → DENIER, 1

a questo mondo bisogna essere incudine o martello → ENCLUME, 3

a rubare a un ladro non è peccato → LARRON, 2

a San Martino, l'inverno è vicino → HIVER, 5

a Santa Lucia, un passo di gallina → SAINT, 7

a sentire una campana sola si giudica male → CLOCHE, 4

a tal signore, tale onore → SEIGNEUR, 2

a torto si lagna del mare, chi due volte ci vuol tornare → MER, 1

a tutto c'è rimedio fuorché alla morte → REMÈDE, 1

abbondanza genera baldanza → ABONDANCE, 2

acqua che corre, non porta veleno → EAU, 3

acqua passata non macina più → MOULIN, 4

acquista buona fama e mettiti a dormire → RENOMMÉE, 1

affezione acceca ragione → AFFECTION

ai cani e cavalli magri vanno addosso le mosche → CHEVAL, 6

ai più tristi porci vanno le migliori pere → CHIEN, 52

aiutati che Dio t'aiuta → CIEL, 1

al buio tutte le gatte sono bigie → NUIT, 4

al lavoratore trascurato, i sorci mangiano il seminato → LABOUREUR

al morto non si deve far torto → ^{2}MORT, 8

al nascer la spina porta la punta in cima → ÉPINE, 1

al piccolino giusta il testino → MONSTRE

albero spesso trapiantato, mai di frutti è caricato → ARBRE, 1

alla barba dei pazzi il barbiere impara a radere → BARBE, 1

alle lacrime di un erede, è ben matto chi ci crede → HÉRITIER, 3

all'impossibile niuno è tenuto → IMPOSSIBLE, 1

all'opera si conosce il maestro → ŒUVRE, 1

all'orsa paion belli i suoi orsacchistini → BEAU, 3

all'ultimo tocca il peggio → DERNIER, 1

altra cosa è il dire, altra il fare → DEUX, 1

altri tempi, altri costumi → TEMPS, 1

altro è dire altro è fare → FAIRE, 8

altro è promettere, altro è mantenere → DEUX, 3

amicizia riconciliata è una piaga mal saldata → AMITIÉ, 4

amor fa molto, il denaro tutto → AMOUR, 7

amor vecchio non fa ruggine → AMOURS, 7

amore e signoria, non soffron/voglion compagnia → AMOUR, 6

amore e tosse si fanno conoscere → AMOUR, 8

amore non è senza amaro → AIMER, 2

anche il pazzo dice talvolta parole da savio → FOU, 23

anche la legna storta dà fuoco diritto → BOIS, 8

anche la mosca ha la sua collera → FOURMI, 2

andar per lana e tornarsene tosi → LAINE, 2

aprile, ogni giorno un barile → AVRIL, 6

asciutto il piede e calda la testa, e nel resto vivi da bestia → PIED, 7

ascolta, vede e tace, chi vuol vivere in pace → OUÏR

assai ben balla, a chi fortuna suona → FORTUNE, 2

assai rumore e poca lana → BRUIT, 2

avanti la morte non lice chiamar alcun felice → HEUREUX, 2

barba rossa e mal colore, sotto il cielo non è peggiore → BARBE, 4

bella in vista, dentro è trista → POMME, 6

bella ostessa, brutti conti → HÔTESSE

belle o brutte, si sposan tutte → MARMITE, 3

bellezza è come un fiore che nasce e presto muore → FEMME, 6

bellezza senza bontà è casa senza porta, nave senza vento, fonte senza acqua → BEAUTÉ, 6

bellezza senza bontà è come vino svanito → BEAUTÉ, 5

beva la feccia chi ha bevuto il vino → LIE

bisogna accomodarsi ai tempi → TEMPS, 7

bisogna fare la veste secondo il panno → ROBE, 1

bisogna rischiare la scardova per avere il salmone → VAIRON

bisogna rispettare l'albero per la sua ombra → ARBRE, 15

bisogna rompere la noce se si vuol mangiare il nocciolo → NOIX, 1

bisogna stendersi quanto il lenzuolo è lungo → PIED, 4

bocca ubriaca scopre il fondo del cuore → SOBRE

bue fiacco stampa più forte il piè in terra → BŒUF, 1

bue vecchio, solco diritto → BŒUF, 11

buon pagatore, dell'altrui borsa è signore → PAYEUR

buon sangue non mente → SANG, 1

calcio di cavalla non fece mai male a puledro → JUMENT, 1

calcio di stallone non fa mai male a cavalla → JUMENT, 1

can che abbaia non morde → CHIEN, 15

can ringhioso e non forzoso, guai alla sua pelle! → CHIEN, 14

cane vecchio non abbaia invano → CHIEN, 27

canta che ti passa → MAL, 20

capelli lunghi e cervello corto → CHEVEU, 1

carne giovane, pesce vecchio → CHAIR, 6

caro è quel miele che bisogna leccar sulle spine → MIEL, 8

casa mia, casa mia, per piccina che tu sia, tu mi sembri una badia → CHEZ-SOI, 2

cattive lingue tagliano più che spade → LANGUE, 11

cattivo quell'uccello che sporca il suo nido → OISEAU, 21

caval che corre, non ha bisogno di sprone → CHEVAL, 2

cavar le castagne dal fuoco colla zampa del gatto → MARRON

chi affoga s'appiccherebbe alle funi del cielo → NOYÉ, 2

chi ben comincia è a metà dell'opera → TRAVAIL, 5

chi bestia va a Roma, bestia ritorna → BÊTE, 4

chi cerca, trova → CHERCHER, 1

chi compra ha bisogna di cent' occhi; chi vende n'ha assai di uno → ŒIL, 21

chi compra il magistrato, vende la giustizia → DON, 2

chi compra il superfluo, venderà il necessario → SUPERFLU

chi da gatta nasce sorici piglia → CHAT, 22

chi dà il suo avanti di morire, si prepari pure a ben soffrire → MOURIR, 6

chi dà presto, è come se desse due volte → DONNER, 5

chi davver aiutar vuole, abbia fatti e non parole → CONSEILLER

chi dice quel che vuole, sente quel che non vorrebbe → DIRE, 2

chi dorme d'agosto, dorme a suo costo → AOÛT, 3

chi due lepri caccia, l'una piglia e l'altra lascia → LIÈVRE, 3

chi dura la vince → ENDUREUR

chi è diffamato, è mezzo impiccato → BRUIT, 4

chi è primo al mulino, primo macina → MOULIN, 8

chi è ricco è savio → ARGENT, 30

chi fa da sé, fa per tre → SERVIR

chi fa del bene agli ingrati, Dio l'ha per male → INGRAT, 2

chi fa del bene al villano, si sputa in mano → BIEN, 12

chi fa il ceppo al sole, fa la Pasqua al fuoco → NOËL, 3

chi fa la legge, la serva → LOI, 2

chi fa quel che può, non è tenuto a far di più → IMPOSSIBLE, 1

chi guarda ad ogni nuvola, non fa mai viaggio → GARDE, 2

chi ha bella donna e castello in frontiera, non ha mai pace in lettiera → FEMME, 45

chi ha cattivo vicino, ha mal mattino → VOISIN, 6

chi ha coda di paglia, non s'avvicini al fuoco → CUL, 5

chi ha compagno, ha padrone → COMPAGNON, 4

chi ha da morir di forca, può ballare sul fiume → NOYER

chi ha fretta, vada adagio → HÂTER (SE), 1

chi ha il buon vicino, ha il buon mattino → VOISIN, 5

chi ha il capo di cera, non vada al sole → TÊTE, 11

chi ha il danno, ha pur le beffe → BATTU

chi ha il lupo in bocca, l'ha sulla groppa → LOUP, 15

chi ha mangiato la carne deve godere gli ossi → LARD, 3

chi ha paura d'ogni foglia, non vada al bosco → FEUILLE, 2

chi ha paura, non vada alla guerra → GUERRE, 5

chi ha terra, ha guerra → TERRE, 7

chi ha tutto il suo in un loco, l'ha nel foco → ŒUF, 4

davanti agli zoppi non bisogna zoppicare → BOITEUX, 1

de' peccati de' signori, fanno penitenza i poveri → ROI, 11

del viver che è un correre alla morte → MOURIR, 2

della roba di mal acquisto non ne gode il terzo erede → HÉRITIER, 4

denari e santità, metà della metà → ARGENT, 8

di buone volontà è pien l'inferno → ENFER

di novello tutto è bello → NOUVEAU

dico a te figliuola, intendilo tu nuora → SAC, 10

dimmi con chi vai, e ti dirò chi sei → HANTER

Dio guarisce e il medico è ringraziato → DIEU, 11

Dio manda i biscotti a quelli che non hanno denti → DIEU, 6

Dio manda il freddo secondo i panni → DIEU, 10

Dio misura il vento all'agnello tosato → DIEU, 16

dispicca l'impiccato, impiccherà poi te → PENDARD

doglia di moglie morta dura fino alla porta → DEUIL, 3

d'ogni dolor rimedio è la pazienza → PATIENCE, 3

donna buona vale una corona → FEMME, 11

donna della finestra non fa buona minestra → FILLE, 2

donna e luna, oggi serena e domani bruna → FEMME, 24

donna si lagna, donna si duole, donna s'ammala, quando la vuole → FEMME, 20

donne e buoi dei paesi tuoi → MARIER(SE), 3

dopo desinare, non camminare; dopo cena, con dolce lena → DÎNER, 1

dopo il contento vien il tormento → PLAISIR, 4

dopo il fatto il consiglio non vale → CHOSE, 1

dopo il fatto ognuno è savio → SAGE, 7

dopo il lavoro, è dolce il riposo → BESOGNE, 1

dopo la morte non val medicina → [1]MORT, 1

dopo la pioggia risplende il sole → PLUIE, 1

dove è guerra non fu mai dovizia → GUERRE, 6

dove entra il bere, esce il parere/sapere → VIN, 13

dove la donna domina e governa, ivi sovente la pace non sverna → FEMME, 44

dove la siepe è bassa, ognun vuol passare → HAIE, 2

dove non ce n'è, non ne toglie neanche la piena → ROI, 10

dove parlano i cannoni, taccion le leggi → ARME, 1

dove stringe la scarpa, no lo sa altro che chi l'ha in piede → SOULIER, 2

dove va il sole non va il medico → SOLEIL, 3

due cani che un sol osso hanno, difficilmente in pace stanno → CHIEN, 18

dura più una pentola fessa che una nuova → POT, 9

è ardito il gallo sopra il suo letame → COQ, 6

è bene accendere una candela a Dio e due al diavolo → CHANDELLE, 3

è facile andare a piedi, quando si ha il caval per la briglia → PIED, 3

è l'adattarsi al tempo necessaria virtù → TEMPS, 7

è meglio aver buon nome, che molte ricchezze → RENOMMÉE, 2

è meglio esser invidiato che compassionato → ENVIE, 2

è meglio essere invidiati che compianti → ENVIE, 2

è meglio sdrucciolare coi piedi che colla lingua → PIED, 6

è meglio un "tò", che cento "ti darò" → TENIR, 2

è più facile consigliare che fare → CONSEILLER

è sempre buono avere due corde per un arco → CORDE, 3

esperienza, madre di scienza → EXPÉRIENCE, 1

faccia di miele, cuor di fiele → CHÈRE, 2

fanciulli angeli, in età son diavoli → ANGELOT

fanciulli piccoli, dolor di testa; fanciulli grandi, dolor di cuore → ENFANT, 13

fare e disfare, è tutto un lavorare → FAIRE, 7

fatta la legge, pensata la malizia → LOI, 4

fatti di miele e ti mangeranno le mosche → MIEL, 1

febbraio, febbraietto, mese corto e maledetto → FÉVRIER, 3

febbre autunnale, o lunga o mortale → FIÈVRE, 1

femmine e galline per girellar troppo si perdono → FEMME, 34

figli piccoli, fastidi piccoli; figli grandi, fastidi grandi → ENFANT, 13

finché c'è fiato/vita c'è speranza → VIE, 7

fortunato in amor, non giochi a carte → JEU, 4

frutto proibito, più saporito → FRUIT, 6

gallina vecchia fa buon brodo → POULE, 14

gatta inguantata non prese mai topi → CHAT, 6

gatto inguantato, nessun topo ha mai acchiappato → CHAT, 6

gatto scottato dall'acqua calda ha paura della fredda → CHAT, 4

gatto vecchio vuole sorcio tenerello → CHAT, 24

gennaio fa il peccato e maggio è il incolpato → JANVIER, 2

gioco di mano, gioco di villano → JEU, 5

giovane ozioso, vecchio bisognoso → JEUNESSE, 6

gioventù vuol fare il corso suo → JEUNESSE, 3

gli estremi si toccano → EXTRÊME

gli occhi s'hanno a toccare con le gomita → ŒIL, 2

gli occhi sono la spia del cuore → ŒIL, 8

gli occhi sono lo specchio dell'anima → ŒIL, 8

gli onori cambiano i costumi e le maniere → HONNEUR, 2

gli sciocchi e gli ostinati fanno ricchi gli avvocati → MAISON, 11

gran giustizia, grande offesa → JUSTICE, 1

gran sordo è quello che non vuol udire → SOURD

granata nuova, tre dì buona → BALAI

grandi ricchezze, mille pensieri → BIEN, 17

grassa cucina, povertà vicina → CUISINE, 1

guai a quel topo che ha un sol buco per salvarsi → SOURIS

guardati dal davanti della donna, dal di dietro d'un mulo e da tutti i lati dal frate → FEMME, 26

la lingua non ha osso e sa rompere il dosso →
   LANGUE, 6
la luna non cura l'abbaiar dei cani → LUNE, 1
la madre pietosa fa la figlia tignosa → MÈRE, 3
la mal erba non si spegne mai → HERBE, 4
la mela non cade lontano dall'albero → POMME, 2
la metà è più dell'intero → MOITIÉ, 4
la miglior salsa è l'appetito → SAUCE, 1
la moglie, il fucile, il cane non si prestano a nessuno
   → ÉPÉE, 1
la nave è più sicura con due ancore che con una sola
   → ANCRE
la neve si strugge e le immondezze si scoprono →
   NEIGE, 1
la notte porta consiglio → NUIT, 3
la padella dice al paiuolo: fatti in là che mi tingi →
   POÊLE, 1
la parola è d'argento, il silenzio è d'oro → PAROLE, 4
la patria è dove si ha del bene → PAYS, 4
la paura fa i passi lunghi → PEUR, 2
la paura ingrossa il pericolo → PEUR, 4
la pecora che più bela, ha manco latte → BREBIS, 4
la più cattiva ruota del carro sempre più cigola →
   ROUE, 2
la povertà è un peso, la vecchiezza un ospite
   importuno → PAUVRETÉ, 5
la prima carità comincia da se stessi → CHARITÉ
la ruggine mangia il ferro → ROUILLE
la saetta non cade in luoghi bassi → FOUDRE, 1
la salute val più della ricchezza → SANTÉ, 2
la scimmia è sempre scimmia, anco vestita di seta →
   SINGE, 6
la sorte è come uno se la fa → ARTISAN
la speranza è il pan dei miseri → ESPÉRANCE, 3
la sventura fa conoscere l'amico → MALHEUR, 5
la vecchiaia è una grave soma → VIEILLESSE, 2
la vendetta è un piato da mangiar freddo →
   VENGEANCE, 3
la vera ricchezza è accontentarsi → CONTENTEMENT
la verità è madre dell'odio → VÉRITÉ, 14
la verità è nel vino → VÉRITÉ, 5
la verità genera odio → VÉRITÉ, 14
la verità viene a galla come l'olio → VÉRITÉ, 3
la virtù è premio a se stessa → VERTU, 2
la vita dell'uom su questa terra altro non è che una
   continua guerra → VIE, 5
la volpe in vicinato non fa mai danno → RENARD, 18
la volpe perde il pelo, ma il vizio mai → RENARD, 13
l'abito non fa il monaco → HABIT, 5
l'acqua cheta rovina i ponti → EAU, 5
l'acqua di giugno rovina tutto → EAU, 8
lacrime di donne, fontana di malizia → PLEUR, 2
l'amore e la tosse non si possono nascondere →
   AMOUR, 8
l'asino, dove è cascato una volta, non ci casca più →
   ÂNE, 30
l'asino e il mullatiero no hanno lo stesso pensiero →
   ÂNE, 4

l'asino non conosce la coda, se non quando non l'ha
   più → VACHE, 10
l'asino, quando ha mangiato la biada, tira calci al
   corbello → COCHON, 6
latte su vino è veleno, ma vino su latte è buono per
   tutti → VIN, 23
l'avaro è come il porco, che è buono dopo morto →
   AVARE, 2
le belle penne fanno il bel uccello → PLUME, 3
le bellezze non si mangiano → BEAUTÉ, 10
le bugie hanno le gambe corte → MENSONGE, 3
le cattive compagnie conducono l'uomo alla forca →
   COMPAGNIE, 5
le cattive nuove volano → NOUVELLE, 1
le dita della mano non sono uguali → DOIGT, 2
le donne hanno lunghi capelli e corti cervelli →
   FEMME, 32
le galline fanno l'uova dal becco → POULE, 5
le male nuove son sempre vere → NOUVELLE, 2
le offese si scrivono nel marmo, i benefizi tosto si
   dimenticano → BIENFAIT, 1
le ore del mattino hanno l'oro in bocca → HEURE, 3
le parole sono femmine e i fatti sono maschi →
   PAROLE, 10
le parole volano, quel ch'è scritto rimane → PAROLE, 9
le spezie migliori stanno nei sacchetti piccoli → POT, 3
l'eccezione conferma la regola → EXCEPTION
lega il sacco quantunque non sia pieno → SAC, 6
leggere e non intendere è come cacciar e non prendere
   → LIRE
l'elemosina non fa impoverire → AUMÔNE
l'erba del vicino è sempre più alta/verde → MOISSON, 2
l'erba non cresce sulla strada maestra → CHEMIN, 1
l'esercizio è un buon maestro → USAGE, 2
l'invidia non muore mai → ENVIE, 1
l'ira senza forza non vale una scorza → COURROUX, 2
l'ira turba la mente ed acceca la ragione →
   COURROUX, 3
lo sbadiglio non vuol mentire: o ha fame o vuol
   dormire → BÂILLEMENT
l'occasione fa l'uomo ladro → OCCASION, 3
l'occasione ha i capelli dinanzi → OCCASION, 2
l'occhio del padrone ingrassa il cavallo → ŒIL, 10
l'olio e la verità, tornano alla sommità → HUILE, 2
l'onore nutrisce le arti → HONNEUR, 4
lontano da Roma, più vicino a Dio → ÉGLISE, 2
lontano dagli occhi, lontano dal cuore → ŒIL, 12
l'oro s'affina al fuoco e l'amico nelle sventure → OR, 3
l'ospite è come il pesce, dopo tre giorni puzza →
   HÔTE, 3
l'ozio è il padre di tutti i vizi → OISIVETÉ, 2
l'ultimo vestito ce lo fanno senza tasche → LINCEUL
luna bianca, tempo bello; luna rossa, vento; luna
   pallida, pioggia → LUNE, 2
l'unione fa la forza → UNION
l'uomo è lupo all'uomo → LOUP, 11
l'uomo non vive di solo pane → HOMME, 23
l'uso fa legge → USAGE, 1

ogni agio porta seco il suo disagio → BIEN, 15

ogni cosa vuol misura → MESURE

ogni fatica merita ricompensa → PEINE, 7

ogni medaglia ha il suo rovescio → MÉDAILLE

ogni monte ha la sua vallata → MONTAGNE, 1

ogni pelo ha la sua ombra → POIL, 5

ogni principio è difficile → PAS, 2

ogni promessa è debito → CHOSE, 7

ogni regola patisce eccezione → RÈGLE, 1

ogni simile ama il suo simile → RESSEMBLER (SE)

ogni tristo cane abbaia da casa sua → CHIEN, 17

ogni tua guisa non sappia la tua camicia → CHEMISE, 2

ogni uccello canta il suo verso → OISEAU, 6

ogni ver detto non è ben detto → VÉRITÉ, 12

ognun ch'ha gran coltello, non è boia → BOURREAU

ognuno badi ai fatti propri e tutto andrà per il meglio → MÉTIER, 2

ognuno ha un ramo di pazzia → FOU, 4

ognuno per sé e Dio per tutti → CHACUN, 4

ognuno sa navigare quando è buon vento → TEMPS, 5

ognuno tira l'acqua al suo mulino → EAU, 2

pan rubato ha buon sapore → PAIN, 19

pane e feste tengon il popol quieto → PAIN, 9

pane fin che dura, vino con misura → PAIN, 20

parla poco, ascolta assai e giammai non fallirai → ÉCOUTER

parola detta e sasso tirato non fu più suo → PAROLE, 13

parole d'angioletto, unghie di diavoletto → PAROLE, 16

partire è un po' morire → PARTIR

partoriscono i monti e nasce un topo → MONTAGNE, 3

passata la festa, gabbato lo santo → FÊTE, 6

passato il pericolo, gabbato il santo → DANGER, 3

passero vecchio non entra in gabbia → MERLE

pazienza acquista scienza → PATIENCE, 7

pazienza irritata diventa furore → PATIENCE, 4

peccato confessato è mezzo perdonato → PÉCHÉ, 4

pecora che bela, perde il boccone → BREBIS, 5

pecore contate, il lupo se le mangia → BREBIS, 2

pensa molto, parla poco e scrivi meno → PENSER, 2

per conoscere un furbo ci vuole un furbo e mezzo → MALIN

per la Santa Candelora, se nevica o se plora, dell'inverno siamo fora; ma se è sole o solicello, siamo sempre a mezzo inverno → CHANDELEUR, 1

per San Martino, si lascia l'acqua e si beve il vino → SAINT, 3

piano piano, si va lontano → PAS, 3

piccola pioggia fa cessar gran vento → PLUIE, 4

piccola scintilla può bruciare una villa → ÉTINCELLE

piccoli regali mantengono l'amicizia → CADEAU

pietra mossa non fa muschio → PIERRE, 5

pioggia di febbraio, val sugo di letamaio → PLUIE, 6

più alto è il monte, più neve riceve → PORTE, 1

più l'uccello è vecchio, meno abbandona le piume → OISEAU, 15

più vanno vitelli che bovi ai macelli → MARCHÉ, 2

piuttosto cane vivo che leon morto → CHIEN, 58

poco fiele fa amaro molto miele → FIEL

poeta si nasce, oratore si diventa → POÈTE

porta aperta i Santi tenta → PORTE, 3

povertà non è vizio → PAUVRETÉ, 6

presto e bene rado/raro avviene → VITE, 2

processo, taverna e orinale, mandan l'uomo all'ospedale → PROCÈS, 2

qual principio, tal fine → COMMENCEMENT, 5

qual proposta, tal risposta → DEMANDE, 2

qualche volta anche Omero sonnecchia → HOMÈRE

quale è il cappellano, tale è il sagrestano → CHAPELAIN, 2

quale l'uccello, tale il nido → OISEAU, 18

quando Dio ci vuol punire, dal vero senno ci fa uscire → FORTUNE, 7

quando Dio non vuole, i santi non possono → DIEU, 28

quando egli arde in vicinanza, porta l'acqua a casa tua → MAISON, 16

quando il guardiano gioca alle carte, cosa faranno i frati? → ABBÉ, 3

quando il lupo mangia il compagno, creder si deve sterile la campagna → FAMINE

quando il pagliaio vecchio piglia fuoco, si spegne male → FOUR, 5

quando il piccolo parla, il grande ha parlato → ENFANT, 1

quando il sol ti splende, non ti curar della luna → SOLEIL, 8

quando la fame entra dalla porta, l'amore esce dalla finestra → FAIM, 8

quando la gatta non è in paese, i topi ballano → CHAT, 20

quando la pera è matura bisogna che caschi → POIRE, 3

quando la testa duole, tutte le membra languono → TÊTE, 2

quando la volpe predica, guardatevi galline → RENARD, 15

quando non dice niente, non è dal savio il pazzo differente → FOU, 10

quando non sai, frequenta in domandare → DEMANDER, 1

quando piove col sole il diavolo fa l'amore → DIABLE, 3

quando piove col sole le vecchie fanno l'amore → DIABLE, 3

quando tutti i peccati sono vecchi, l'avarizia è ancora giovane → VICE

quanto più la scimmia va in alto, più mostra il deretano → SINGE, 5

quattordici mestieri, quindici infortuni → MÉTIER, 9

quel ch'è disposto in cielo, convien che sia → ÊTRE, 1

quel che è fatto è fatto → FAIRE, 2

quel che ha da essere, sarà → ÊTRE, 1

quel che si impara in gioventù, non si dimentica mai più → JEUNESSE, 1

vento o disagio, rende l'uomo saggio → VENT, 16

ventre affamato prende tutto di buon grado →
  VENTRE, 6

ventre digiuno non ode nessuno → VENTRE, 5

vesti un legno, pare un regno → BÂTON, 2

via il gatto, ballano i topi → CHAT, 20

viaggiando, s'impara → VOYAGE, 1

vicinanza senza siepe porta inimicizia in casa → BORNE

vino di mezzo, olio di sopra e miele di sotto → VIN, 20

violenza non dura a lungo → VIOLENT

voce di popolo, voce di Dio → VOIX

volere è potere → VOULOIR

volpe che dorme, vive sempre di magra → RENARD, 2

volto di miele, cuor di fiele → BOUCHE, 1

Índice das abonações

CABANÈS, Docteur. (*GH*) : ESPRIT, 3 • GOUTTE, 1, 3, 8

CALET, Henri. (*TST*) : CHEZ-SOI, 2 • DEUX, 2 • PRÉCAUTION, 1

CAMUS, Albert. (*M-C*) : FUMÉE, 2 • JEUNESSE, 3 • MÉTIER, 1 • PROIE

___. (*P*) : CRUCHE

CARRÈRE, Emmanuel. (*M*) : CIEL, 1

CASANOVA, Giacomo. (*M*) : CHARYBDE

CAZOTTE, Jacques. (*DA*) : DIABLE, 8

CÉLINE, Louis-Ferdinand. (*MC*) : JEU, 7 • JOUR, 1 • MALHEUR, 12

CHATEAUBRIAND, René. (*M*) : FAIM, 5

CHEVALLIER, Gabriel. (*CB*) : CHAIR, 7 • [1]FIN, 5 • PREMIER, 2

___. (*SC*) : ENTENDEUR, 2

COCTEAU, Jean. (*GE*) : EXTRÊME • GOÛT, 5

COHEN, Albert. (*BS*) : SINGE, 2

___. (*V*) : BOUCHE, 7 • DEMAIN, 3 • PÉCHÉ, 1

COLETTE. (*G*) : RISQUER

___. (*IL*) : FEMME, 4

COMBESCOT, Pierre. (*FS*) : CHEMIN, 7 • ÉPÉE, 3 • VÉRITÉ, 4 • VOIE, 2

CONDÉ, Maryse. (*MTS*) : PAYS, 5

CONSTANT, Paule. (*FG*) : RIEN, 1

CORNEILLE, Pierre. (*H*) : DEVOIR

___. (*Œ – Le Cid*) : SORT, 1

___. (*TC – Sertorius*) : TEMPS, 17

___. (*TCC – Le Menteur*) : FAÇON

COURTELINE, Georges. (*B*) : VER, 3

DABIT, Eugène. (*PL*) : CHACUN, 3

DAUDET, Alphonse. (*LM*) : ÉTOURNEAU

___.(*LMM*) : BARBE, 8 • BŒUF, 5 • LUNE, 4

___. (*PC*) : ARAIGNÉE

___. (*TA*) : AIMER, 6 • FEMME, 50

DEBRAY, Régis. (*M*) : MALHEUR, 1 • NÉCESSITÉ, 5 • OR, 6

DEPESTRE, René. (*MC*) : FUMÉE, 2

DESCARTES, René. (*DM*) : SENS, 2

DIDEROT, Denis. (*JF*) : MER, 5 • OR, 6 • PIERRE, 1

___. (*NR*) : ARGENT, 12 • ESPRIT, 1 • VOLEUR, 4

DUHAMEL, Georges (*JS*) : LIÈVRE, 14

DUMAS, Alexandre. (*RM*) : CADAVRE • CHIEN, 7 • COMPAGNIE, 3 • PARIS, 4 • PAROLE, 9

FEYDEAU, Georges. (*OA-DCM*) : ÂNE, 8 • PREMIER, 2 • [1]RIRE, 4

FLAUBERT, Gustave. (*C-GF/GS*) : MALHEUR, 1

FLORIAN. (*F*) : EXCÈS, 1 • HEUREUX, 3 • MAL, 10 • MÈRE, 5 • TOUT, 1 • TRAVAIL, 2

FRANCE, Anatole. (*CJT*) : HEUR, 2

___. (*GL*) : MOUCHE, 6 • PÈRE, 2 • VOYAGE, 1

___. (*R*) : AMOUR, 14 • MOELLE • VÉRITÉ, 5

___. (*RA*) : GUERRE, 8 • TOUT, 5

GADENNE, Paul. (*HQ*) : OMELETTE

GAGNOL, Alain. (*FP*) : IMBÉCILE

GARY, Romain. (*PA*) : FEMME, 2 • IMPOSSIBLE, 1

GAUTIER, Théophile. (*CF*) : ART, 3 • CHARRUE • LOUP, 10 • MUR, 1 • ROSE, 2

GENET, Jean. (*NDF*) : ARAIGNÉE • MAIN, 8

GIONO, Jean. (*D*) : MÉTIER, 1

___. (*GC*) : CROIX, 2 • HOMME, 35

___. (*HT*) : CHOSE, 2 • CORDE, 6 • OCCASION, 3

___. (*RSD*) : CHIEN, 57 • PATIENCE, 6

___. (*SE*) : AVIS, 1

GIRAUD, Brigitte. (*Histoires de Lecture*) : COMMENCEMENT, 5

GROULT, Benoîte. (*VC*) : VENTRE, 3

GUITRY, Sacha. (*MT*) : ŒUF, 8

GUTH, Paul. (*MaN*) : CORDONNIER, 2

___. (*MN*) : PIERRE, 5 • POINT, 4

HALLIER, Jean-Edern. (*PDR*) : PÉRIL, 1

HARAUCOURT, Edmond (1856-1941) → PARTIR

HUGO, Victor. (*BJ*) : [2]MORT, 5 • ROI, 8 • SCIENCE, 3

IONESCO, Eugène. (*C*) : MÉTIER, 4

___. (*J*) : SANG, 1

JARRY, Alfred. (*TU*) : NUIT, 3

JOLLIVET, Gaston. (*SVP*) : CHIEN, 57

JULIARD, Florence. (*ED*) : FAUTE, 2 • OUVRIER, 2 • UN, 3

KOJÈVE, Alexandre. (*ILH*) : BEAU, 2

LA BRUYÈRE, Jean de. (*C*) : PAUVRETÉ, 2

LA FONTAINE, Jean de. (*F*) : ABSENCE, 2 • BESOIN, 2 • CHEMIN, 2 • CHIEN, 14 • CIEL, 1 • COQ, 2 • CORSAIRE, 3 • CROIRE, 2 • DOULEUR, 2 • [1]FIN, 3 • FLATTEUR • GRAINE, 1 • GUÊPE • LOUP, 17 • MÉFIANCE • ŒIL, 6 • ŒUVRE, 1 • PARLER, 1 • PEINE, 6 • PIGEON, 3 • PLAISIR, 1 • POISSON, 7 • PRENDRE, 1 • RAISON, 1 • SEUL, 2 • SOUFFRIR • SÛRETÉ • TENIR, 2 • VENTRE, 5 • VOIX

___. (*FCN*) : DIVERSITÉ • EMPEREUR, 2

___. (*OD*) : PRENDRE, 1

LACARRIÈRE, Jacques. (*PGA*) : CIEL, 1

LAPOUGE, Gilles. (*BW*) : FOSSÉ, 2

LARBAUD, Valéry. (*AOB*) : BÂT • JEU, 7 • NOBLESSE, 1 • PAYS, 4 • SORT, 3

___. (*FM*) : CAQUE • LIT, 1

LÉAUTAUD, Paul. (*PA*) : UN, 4

LEDUC, Violette. (*TI*) : PERFECTION

LESAGE, Alain-René. (*GA*) : APPÉTIT, 1 • BATTU • BONHEUR, 5 • BREBIS, 2 • CONVOITISE • CORDE, 7 • DIABLE, 12 • EAU, 6 • FAIM, 4 • FLÛTE, 1 • GRAIN, 5 • LOUP, 1 • MAL, 23 • OR, 6 • POÊLE, 4 • SANG, 1

___. (*GB*) : APPARENCE, 1 • ARME, 2 • BÂT • CAVE • FAIM, 4 • FOLIE, 5 • JURER • LANGUE, 10 • MALHEUR, 1 • [1]MANGER, 4 • PÉCHÉ, 1 • SANG, 1 • VIN, 9

LOUŸS, Pierre. (*FP*) : HEURE, 6 • ROSAIRE

Índice onomástico

BOCAGE, Manuel Maria Barbosa du (1765-1815) →
BUSE • FLATTEUR

BOMFIM, Paulo (1926-) → MOURIR, 2

BONAPARTE, Napoleão, ver NAPOLEÃO I

BOUFFLERS, Stanislas Jean, cavaleiro de (1738-1815)
→ JALOUSIE, 3

BRANTÔME, Pierre de Bourdeilles, abade e senhor de
(c. 1538-1614) → CHANDELLE, 3

BRASSENS, Georges (1921-1981) → [1]MORT, 6

BRETON, André (1896-1966) → CÉSAR

BUFFON, Georges-Louis Leclerc, conde de
(1707-1788) → GÉNIE

BÜRGER, Gottfried August (1747-1794) → [2]MORT, 7

BUSSY-RABUTIN, Roger de Rabutin, conde de Bussy,
dito (1618-1693) → AIMER, 4 • DIEU, 12

CALDERÓN de la Barca (1600-1680) → SONGE

CALÍMACO (c. 305-c. 240) → SERMENT

CAMÕES, Luís Vaz de (1524-1580) → BLÉ, 2 •
CHAUDRON, 1 • CHIEN, 20 • FILLE, 9 • HEUREUX,
1, 2 • IMPOSSIBLE, 1 • MALHEUR, 12 • MÉDAILLE •
MOURIR, 2 • NEIGE, 1 • OCCASION, 2 • PAROLE, 9 •
PAYS, 3 • PLAISIR, 6 • ROI, 12 • SON, 1 • TEMPS, 1 •
USAGE, 1 • VIN, 6

CARLOS V, imperador da Alemanha (1500-1558) →
FRANCE

CARLOS VII (1403-1461) → CŒUR, 1

CARLOS MAGNO (742-814) → VOIX

CASSIODORO (c. 487-583) → CHIEN, 59

CASTELO BRANCO, CAMILO Ferreira Botelho
(1825-1890) → MALHEUR, 10 • PÉCHÉ, 4

CATÃO, DIONÍSIO (fl. c. fins do sIII) → EAU, 5 •
FEMME, 19 • LIRE • MALIN • OISEAU, 16 • OISIVETÉ,
2 • SONGE

CATÃO o Antigo (234-149) → CHOSE, 17 • COUPE, 2
• SUPERFLU • VALET, 1 • VENTRE, 5

CATARINA DE MÉDICIS (1519-1589) → DIVISER

CATULO (c. 84-c. 54) → BREBIS, 2 • [2]RIRE • SAGE, 5

CAZALIS, Henry (1840-1909) → ÂGE, 4

CECÍLIO ESTÁCIO (?-168 a.C.) → ARBRE, 6 •
NOYAU, 1

CERVANTES Saavedra, Miguel de (1547-1616) →
ABSENT, 2 • ÂNE, 9 • AVIS, 2 • BÂTON, 2 • BOUCHE,
7 • CONVOITISE • CORDE, 6 • DIEU, 18 • DOIGT, 1 •
DONNER, 1 • FONDEMENT • FONTAINE, 3 •
INGRAT, 2 • LAINE, 2 • MIEL, 1 • MONDE, 4 • NUIT,
4 • OISEAU, 19 • PAILLE, 3 • TÊTE, 2 • TRAHISON, 2
• VÉRITÉ, 3 • ZAMORA

CÉSAR, Júlio (100-44) → CROIRE, 2 • DÉ • FEMME, 30
• [2]MORT, 4 • PREMIER, 3

CÉSTIO PIO (s?I a.C.) → ENTRÉE

CHACRINHA, Abelardo Barbosa, dito – apresentador
brasileiro de programas de TV (1918-1988) →
DIEU, 24

CHAMBERLAIN, Joseph, político britânico
(1836-1914) → RUISSEAU, 2

CHAMFORT, Sébastien Roch Nicolas, moralista
francês (1741-1794) → ÊTRE, 3

CHARCOT, Jean-Marie, médico francês (1825-1893)
→ CONNAÎTRE

CHASE, J. H. (1906-1985) → DEMAIN, 1

CHATEAUBRIAND, François-René de (1768-1848)
→ ROI, 4

CHAVAL, Yvan Le Louarn (1915-1968) → ŒUF, 8

CHIADO, Antônio Ribeiro (1520?-1591) → ESCLAVE,
2

CÍCERO (106-43)? → AMI, 5, 7, 18, 19 • ARBRE, 5, 6 •
ARGENT, 13 • ARME, 1 • BIEN, 5 • CLOCHE, 4 •
CLOU, 2 • DAME, 1 • DÉLUGE • ÉPARGNE, 2 • FAIRE,
3 • HABITUDE • HONNEUR, 4 • HONTE, 2 • JUSTICE,
1 • LARME • MAL, 7 • MENTEUR, 4 • MÉTIER, 1 •
MONSTRE • [1]MORT, 8 • NOYAU, 1 • ŒIL, 8 • PAPIER,
1 • PAUVRETÉ, 5 • PAYS, 4 • PENSÉE, 1, 2 •
RESSEMBLER (SE) • SAUCE, 1 • SEMER, 1 • TEMPS, 7
• TÊTE, 4 • VIE, 7 • VIEUX, 1, 2

CID, El (1043-1099) → ZAMORA

CIORAN, Émile M. (1911-1995) → VIEILLESSE, 1

CIRO II, o Grande (590/580-c. 529) → AIMER, 6

CLAUDIANO (c. 370-c. 404)? → VERTU, 2 • VILAIN, 8

CLÉMENCEAU, Georges (1841-1929) → TÊTE, 13

CLEMENTE DE ALEXANDRIA (c. 150-c. 215) →
SOLEIL, 4

CLEOBULO (sVI a.C.) → ÉCOUTER

CLEÓPATRA VII (69-30) → [2]MORT, 4

CLÓDIO (93-52) → FEMME, 30

CŒUR, Jacques (1395-1456) → CŒUR, 1

COLMAN, George, o Jovem (1762-1836) → AFFAIRE,
6

CORNEILLE, Pierre (1606-1684) → CROIRE, 1 • MAL,
4 • PARDONNER • PÉRIL, 1 • SOULIER, 6

CORNEILLE, Thomas (1625-1709), dramaturgo,
irmão de Pierre Corneille → AIMER, 4

COURTELINE, Georges (1858-1929) → PROCÈS, 2

CROMWELL, Oliver, estadista inglês (1599-1658) →
DIEU, 9

DAC, Pierre (1898-1975) → TAIRE (SE), 1 • TANTE

DANTE, ver ALIGHIERI, Dante

DEFFAND, Marie-Anne de Vichy-Chamrond,
marquesa du (1697-1780) → PAS, 2

DELILLE, Jacques (1738-1813) → SORT, 2

DEMÓCRITO (460-370) → CLOCHE, 4 • HEUREUX, 3
• RIEN, 5 • VÉRITÉ, 4

DEMÓSTENES (c. 384-322) → CORINTHE

DÉSAUGIERS, Antoine (1772-1827) → [2]MORT, 9

DESCARTES, René (1596-1650) → HÂTE, 1 •
NATURE, 1 • SCIENCE, 2

DESTOUCHES, Philippe Néricault, dito (1680-1754)
→ ABSENT, 2 • CRITIQUE • NATUREL

DIAS, Antônio GONÇALVES (1823-1864) → VIE, 5

DIDEROT, Denis (1713-1784) → DOULEUR, 3

DÍFILO (a340-c. 290) → TEMPS, 22

DIÓGENES, o Cínico (sIV a.C.) → LARRON, 6 • ONCE

DIÓGENES LAÉRCIO (início do sIII a.C.) → AVARE,
3 • ESPÉRANCE, 4 • LARRON, 6 • [1]MANGER, 2 •
[2]MORT, 8 • OBÉIR • RIEN, 2

• FOU, 5 • GOÛT, 2 • HEUREUX, 3 • HOMÈRE •
HOMME, 20 • MAISON, 16 • MÉTIER, 1 • MOISSON,
2 • MONTAGNE, 3 • [1]MORT, 9 • NATUREL •
OCCASION, 2 • OISEAU, 2 • PAROLE, 13 • PORTE, 1
• PUNITION • RENARD, 19 • ROI, 11 • ROSE, 2 •
SINGE, 4 • SUFFISANCE • VIN, 8
HUGO, Victor (1802-1885) → TRUAND

INOCÊNCIO III, papa (Giovanni Lotario)
(1160-1216) → CHOSE, 18
ISABEL DE LORENA (Isabelle de Lorraine)
(1410-1453) → ARC, 2
ISÓCRATES (436-338) → AUTRUI

JERÔNIMO, São (c. 347-419/420) → AUTRUI • BŒUF,
1 • CHEVAL, 3 • COMMENCEMENT, 5 • EXCUSER (S')
• LANGUE, 3
JESUS CRISTO (c. 6 a.C.-c. 30 d.C.) → CHAIR, 7 •
CIEL, 4 • LARRON, 1 • PÉCHÉ, 6 • PLUS, 2 •
PREMIER, 2 • PROPHÈTE, 2
JOÃO II, o Bom (Jean Le Bon) (1319-1364) →
PENSER, 1 • SAINT, 29
JONAS, Hans (1903-1993) → DÉLUGE
JUVENAL (60-c. 130) → AFFAIRE, 1 • ÂME • ARGENT,
18 • AVARICE, 1 • AVOIR, 2 • BREBIS, 9 • CHOU •
ÉCURIE, 1 • GIBET, 2 • MALICE, 2 • PAIN, 9 •
POMME, 9 • VERTU, 1

KARR, Alphonse (1808-1890) → CHOSE, 12
KIPLING, Rudyard (1865-1936) → MALICE, 2

LA BRUYÈRE, Jean de (1645-1696) → AMOUR, 11, 21
LA FONTAINE, Jean de (1621-1695) → ÂNE, 20 •
AVARICE, 2 • BEAU, 3 • BIEN, 10, 17 • BREBIS, 5 •
CHIEN, 50 • CONSEILLEUR • COQ, 2 • COUP •
DANGER, 1, 3 • DOUCEUR • EAU, 5 • [1]FIN, 1 •
GUÊPE • HÂTER (SE), 1 • INGRAT, 2 • LARRON, 6 •
MALHEUR, 1 • MARRON • MONTAGNE, 3 • MOULIN,
8 • MULÂTRE • OISEAU, 1, 7, 21 • OR, 6 • PAIN, 19 •
PAPILLON, 1 • PATIENCE, 6 • PEAU, 4 • PÈRE, 5 •
PLIER • PREMIER, 5 • PRENDRE, 2 • PROIE •
RENARD, 13 • RIEN, 6 • SAINT, 14 • SERVIR •
SONNETTE • SOUFFRIR • TUER, 1 • UNION
LA ROCHEFOUCAULD, François, duque de
(1613-1680) → CONSEIL, 8 • JALOUSIE, 1 •
RIDICULE, 2 • VIEUX, 3
LAMARCK, Jean-Baptiste de Monet, cavaleiro de
(1744-1829) → FONCTION
LAMARTINE, Alphonse de (1790-1869) → DOULEUR,
3
LAVOISIER, Antoine-Laurent (1743-1794) → RIEN, 5
LEÃO II, São (papa de 682 a 684) → RENOMMÉE, 2
LECLERCQ, Théodore (1777-1851) → FEU, 4 • VENT,
2
LEDUC, Violette (1907-1972) → PERFECTION
LEIBNIZ, Gottfried Wilhelm (1646-1716) → MONDE,
12 • NATURE, 4

LEMIERRE, Antoine-Marin (1723-1793) → OISEAU,
10
LEOPARDI, Giacomo (1798-1837) → MEILLEUR
LESAGE, Alain-René (1668-1747) → AMOUR, 2 •
HÉRITIER, 3
LÉVIS, Gaston, duque de (1764-1830) → NOBLESSE, 1
LIGNE, Charles-Joseph, príncipe de (1735-1814) →
RUSSE
LINEU, Carl von (1707-1778) → NATURE, 4
LISIPO de Sícion (c. 390-c. 310) → OCCASION, 2
LOBATO, José Bento MONTEIRO (1882-1948) →
PATIENCE, 6 • SONNETTE
LOGAU, Friedrich von (1604-1655) → JUSTICE, 3 •
MEULE, 1
LONGFELLOW, Henry Wadsworth (1807-1882) →
JUSTICE, 3 • MEULE, 1
LOOS, Anita (1893-1981) → BLONDE
LOPES, Fernão (1380?-1450?) → SERMENT
LUCANO (39-65) → BRANLER
LUCIANO DE SAMÓSATA (c. 120-c. 190) →
CHARRUE
LUCRÉCIO (c. 94-c. 53) → ÉTINCELLE • GOUTTE, 5 •
JAUNISSE, 1 • MOURIR, 1
LUÍS VIII, rei de França (1187-1226) → RENOMMÉE, 2
LUÍS XI, rei de França (1423-1483) → DIVISER •
ORGUEIL, 5
LUÍS XII, rei de França (1462-1515) → CHEVAL, 22 •
FROTTER (SE)
LUÍS XV, rei de França (1710-1774) → DÉLUGE
LUÍS XVIII, rei de França (1755-1824) →
EXACTITUDE
LUMIÈRE, Louis (1864-1948) → ARROSEUR

MACÁRIO CRISOCÉFALO (1306-1382) → FAUTE, 6
MACEDO, Joaquim Manuel de (1820-1882) →
MÉTIER, 2
MACRÓBIO (?-415 d.C.) → COMPAGNIE, 2 •
CORINTHE • RESSEMBLER (SE) • VALET, 1 • VIN, 20
MAISTRE, Joseph de (1763-1821) → NATION, 2 •
RUSSE
MALHERBE, François de (1555-1628) → [1]MORT, 9
MANÍLIO, Marco (s. I d.C.) → MOURIR, 2
MAQUIAVEL, Nicolau (1469-1527) → DIVISER
MARCIAL (c. 40-c. 104) → CHOSE, 14 • DORMIR, 1 •
FORTUNE, 3 • GLOIRE, 2 • PUER • ROBE, 1
MARICÁ, Marquês de (Mariano José Pereira da
Fonseca) (1773-1848) → AMOUR, 21 • ARGENT, 12
MARIVAUX, Pierre Carlet de Chamblain de
(1688-1763) → NUL, 3
MARMONTEL, Jean-François (1723-1799) →
RIDICULE, 1
MAROT, Clément (1495-1544) → AMOUR, 2 •
MALHEUR, 12
MELANCHTHON, Philipp Schwartzerd, dito
(1497-1560) → ABBÉ, 3
MENANDRO (c. 342-292) → AIMER, 5 • AMI, 8, 12 •
ÂNE, 31 • ARBRE, 12 • ARGENT, 22 • ARME, 1 •
BIENFAIT, 2 • DÉ • FORTUNE, 5 • MAIN, 15 •

QUINTANA, MÁRIO Miranda (1906-1994) →
MALHEUREUX, 4
QUINTILIANO (c. 30-c. 100) → ART, 2 • MENTEUR, 2
• MOT, 1
QUINTO CÚRCIO (sI a.C.) → CHEVAL, 2 • CHIEN, 15
• EAU, 5 • ROUILLE

RABELAIS, François (c. 1494-1553) → BUISSON, 3 •
CHAT, 7 • DÉLUGE • MOELLE • MULE, 4 • ŒUF, 10 •
RARETÉ
RÉGNIER, Henri de (1864-1936) → AUNE, 3
RENARD, Jules (1864-1910) → ABSENT, 2 •
CHAGRIN, 3 • MOURIR, 1 • OISEAU, 5 • RIEN, 6 •
ROSEAU
RENÉ I, duque de Anjou (1409-1480) → ARC, 2
RIBEIRO, Aquilino (1885-1963) → FONDEMENT •
TÊTE, 2
RICHELIEU, marechal de (1696-1788) → AMOUR, 15
RIVAROL, Antoine Rivaroli, conde de (1753-1801) →
ESPÉRANCE, 5
ROBERTO I, o Magnífico (?-1035) → DIABLE, 17
RODRIGUES, NELSON Falcão (1912-1980 →
ÉTOURNEAU
ROISSY, Noëlle de (?) → RUISSEAU, 2
RONSARD, Pierre de (1524-1585) → TEMPS, 21
ROSA, João Guimarães (1908-1967) → DANGER, 1 •
FAUTE, 1 • FORTUNE, 1 • FROTTER (SE) • MAL, 11 •
MONDE, 4 • MOURIR, 2 • PATIENCE, 6
ROUGEMONT, Denis de (1906-1985) → AIMER, 3
ROUSSEAU, Jean-Jacques (1712-1778) →
CONNAÎTRE

SABATIER, R. (1923-) → POISSON, 7 • VÉRITÉ, 2
SALOMÃO (c. 972-c. 932) → AIMER, 5 • PERLE
SALÚSTIO (86-c. 34) → ARTISAN • CONCORDE
SAN-ANTONIO, Frédéric Dard (1921-2000) →
MONDE, 4
SAND, George (1804-1876) → VIEILLESSE, 1
SANTEUIL, Jean de (1630-1697) → VÉRITÉ, 9
SARTRE, Jean-Paul (1905-1980) → OBÉIR
SCHILLER, Friedrich von (1759-1805) → GUERRE, 8
SCUDÉRY, Madeleine de (1607-1701) → OREILLE, 1
SÊNECA (c. 4 a.C.-65 d.C.) → ANCRE • APPARENCE, 1
• ART, 3 • BERCEAU • BOSSU, 3 • CHER, 1 •
CLOCHE, 4 • COQ, 6 • CRAINDRE, 1 • CRIME, 2 •
DÉLUGE • DOULEUR, 3 • ÉPARGNER, 1 • ESPRIT, 1 •
FAÇON • GRIEF • HEUREUX, 1 • JOUR, 5 • MAIN, 15
• MALHEUR, 6 • OFFENSEUR • OR, 3 • PAIN, 7 •
PAYS, 4 • PLIER • PORTE, 1 • ROI, 7 • SAGE, 2 •
SUPERFLU • TÉMOIN, 1 • TEMPS, 5, 7, 22 • VALET, 1
• VERTU, 4 • VIE, 5, 6
SÊNECA, o Retórico (c. 55 a.C.-c. 39 d.C.) → ENTRÉE
• NÉCESSITÉ, 1 • SIÈGE, 1 • VOIX
SERTÓRIO, general romano (c.123-c. 72) → POIL, 3
SÉVIGNÉ, Marie de Rabutin-Chantal, marquesa de
(1626-1696) → AIMER, 4
SEXTO EMPÍRICO (sIII a.C.) → MEULE, 1

SHAKESPEARE, William (batizado em 1564-1616) →
AIMER, 2 • ALLER, 1 • AMANT • AMI, 1 • BÈGUE •
BIEN, 3 • BIENFAIT, 1 • BRUIT, 2 • CHAT, 4 •
CHÈVRE, 3 • CHIEN, 20 • CHOIX • CHOSE, 6 • CLOU,
2 • DEUIL, 2 • DIABLE, 9 • DOMMAGE, 2 • EAU, 12 •
ENFANT, 1 • ESPÉRANCE, 3 • ESPRIT, 2 • EXCUSER
(S') • FAIRE, 2 • FEMME, 5 • FOURMI, 2 •
GUILLAUME • HOMME, 20 • INTENTION, 3 •
INTESTIN • LARRON, 4 • MAL, 9 • MIEUX, 2 •
MONTAGNE, 3 • [1]MORT, 5 • NÉCESSITÉ, 5 • PARTIR
• SELLE, 3 • SONGE • TONNEAU • VENT, 5, 6 • VER,
2 • VIEILLARD, 1 • VOYAGE, 1
SIGISMUNDO III VASA, rei da Polônia (1566-1632)
→ ROI, 8
SILVA, ANTÔNIO JOSÉ DA, dito o Judeu
(1705-1739) → HÔTE, 2
SÍMACO (fl. c. 100 a.C.) → OCCASION, 2
SÓCRATES (c. 470-399) → CONNAÎTRE • HOMME, 20
• MAIN, 15 • MAL, 7 • [1]MANGER, 2 • SAUCE, 1 •
SCIENCE, 2 • TONNER, 2
SÓFOCLES (496-406) → CHERCHER, 1 • CHOSE, 2 •
FAIRE, 2 • FORTUNE, 7 • HEUREUX, 2 • HONNEUR,
6 • MALHEUR, 12 • VÉRITÉ, 6
SOLJÉNITSYNE, Alexandre Isaac (1918-) → ARBRE, 6
SÓLON (c. 630-c. 560) → HEUREUX, 2 • OBÉIR • PÈRE,
5
STELLATO, Marcello Palingenio (sXVI) →
GOURMAND, 2
SUETÔNIO (c. 70-c. 140) → BREBIS, 7 • CADAVRE •
DÉ • DÉLUGE • HÂTER (SE), 1 • RENARD, 13
SWINBURNE, Algernon Charles (1837-1909) →
MALHEUR, 9 • ORAGE

TÁCITO (56-120) → ÉTAT • HONNEUR, 6 • MALADIE •
NID, 3 • OFFENSEUR
TALES de Mileto (fl. sVI a.C.) → TARD, 5
TALLEYRAND-Périgord, Charles Maurice de
(1754-1838) → SUBLIME
TAVARES, Adelmar (1888-1963) → MAIN, 4
TEMÍSTOCLES, estadista ateniense (c. 525-c. 460) →
PONT
TEÓCRITO (315/310-c. 250) → AMOUR, 14 •
DEMAIN, 1
TEÓDOTO DE QUIO (sI a.C.) → [2]MORT, 4
TEOFRASTO (372/369-288/285) → AMI, 6
TEÓGNIS (fl. 544-541) → APPARENCE, 1 • FAIRE, 3 •
FEMME, 11 • FORTUNE, 1
TERÊNCIO (c. 195-159) → AFFECTION • AIMER, 4 •
AMI, 12 • AUSSITÔT • CHARITÉ • COLOMBE, 2 •
DIRE, 2 • ENTENDEUR, 1 • EXCUSER (S') • FAIRE, 14
• FAUTE, 6 • FILLE, 9 • FORTUNE, 4 • FROID, 3 •
MALHEUR, 12 • MENSONGE, 5 • QUERELLE, 2 •
SAIN • TEMPS, 1, 22 • TÊTE, 4 • VÉRITÉ, 14 •
VIEILLESSE, 1
THIBOUST, Lambert (1826-1867) → INNOCENT
THIERS, Louis Adolphe (1797-1877) → ROI, 8
TIBÉRIO, imperador romano (42 a.C.-37 d.C) →
BREBIS, 7 • DÉLUGE • MOURIR, 2

Espaço do leitor

a

b

c

d

e

f

g

h

i

j

l

m

n

o

p

q

r

s

t

u

v

z

SOBRE O LIVRO

Formato: 17 x 24 cm
Mancha: 34 x 48 paicas
Tipologia: Iowan Old Style 8/10
Papel: Offset 90g/m² (miolo)
Couchê fosco 120 g/m² encartonado (capa)
2ª edição: 2004
1ª reimpressão: 2022

EQUIPE DE REALIZAÇÃO

Coordenação Geral
Sidnei Simonelli

Produção Gráfica
Anderson Nobara

Diagramação
Guacira Simonelli

Impressão e Acabamento

assahi
gráfica e editora ltda.

Estruturação dos Verbetes

palavra de referência

TABLE *s.f.* mesa; *table*

1 À la TABLE d'autrui on mange de meilleur appétit

'non seulement on est volontiers prodigue du bien d'autrui, mais encore l'envie le fait trouver meilleur que le nôtre'

definição do provérbio francês

formas alternativas

de coiro/couro alheio, correias compridas
de coiro/couro alheio, largas correias (João de Barros)
de pataca alheia, a mão cheia
pão alheio tem bom gosto
pão de vizinho tira fastio

acepção de arcaísmo

it is good beef that costs nothing
it is safe cutting large shives ['slices'] *of another's loaf*
the best wine is that a body drinks of another man's cost
the wholesomest meat is at another man's cost
wine that cost nothing is digested before it be drunk

♦ Diz-se em espanhol: *el mejor pan es el que nos dan.*

provérbio antonímico

≠ LE PAIN D'AUTRUI EST TOUJOURS AMER/DUR.

⇒ VIANDE d'ami est bientôt prête

categoria gramatical da palavra de referência

TARD *adv.* tarde; *late*

1 À TARD prend qui à autrui s'attend (sXIII)

= On n'EST jamais si bien SERVI que par soi-même

remissão a provérbio sinônimo

⇒ De ce que tu pourras FAIRE, jamais n'attends à autrui

2 Il n'est jamais trop TARD pour bien faire (1568: *il n'est jamais tard à bien faire*)

= Mieux vaut TARD que jamais

3 Mieux vaut TARD que jamais (sXV)

datação

'quand le temps est passé, il est temps encore; le retard n'est jamais une excuse recevable pour ne rien faire'

antes tarde do que nunca

better late than never

abonação

Moi j'aurai mis seulement un peu plus longtemps, mais, n'est-ce pas, il n'est jamais trop tard... MIEUX VAUT TARD QUE JAMAIS... (N. Sarraute, *FO*, p. 135)

Eu apenas demorei mais um pouco, mas, não é mesmo, nunca é tarde demais... ANTES TARDE DO QUE NUNCA... (Trad. de Raquel Ramalhete)

tradução da abonação

comentário

♦ A. Rey & S. Chantreau consignam a deturpação jocosa *vieux moutard que j'aimais* (velho garoto de quem eu gostava).

♦ Do latim *potius sero quam nunquam* (Tito Lívio, 4, 2, 11). Há equivalentes em italiano: *meglio tardi che mai*, em espanhol: *más vale tarde que nunca* e em alemão: *besser spät als nie.*